제12판

조직이론

오석홍 저

Organization
Theories

박영사

머리말

　이 책은 현대조직이론(조직학)이 이룩해 놓은 연구성과를 간추려 정리한 것이다. 이 책의 내용을 꾸밀 때 종단적으로나 횡단적으로나 시야의 포괄성을 유지하려고 노력하였다. 여기서 종단적 시야라고 하는 것은 이론사의 전개과정에 대한 역사적 시야를 말하며 횡단적 시야라고 하는 것은 조직학이 품고 있는 연구영역의 범위에 대한 시야를 말한다. 이 책에서 다룰 연구영역들을 선정할 때는 조직연구인들의 다수의견을 균형 있게 종합한 조직관에 의거하였다.

　이 책의 편별은 다섯 개의 장으로 구성하였다. 제1장에서는 조직이론사를 개관하고 시대별로 선도적인 역할을 하거나 큰 영향을 미친 학파들은 골라 따로 설명하였다. 그리고 연구대상인 조직의 의미를 정의하였다.

　제2장부터는 조직을 하나의 체제로 보는 관점에서 파악한 조직의 구성요소들에 관한 연구들을 고찰하였다. 조직의 구성요소는 인간, 목표, 구조, 과정, 그리고 투입과 산출을 주고받는 환경과의 관계로 범주화하였다.

　제2장에서는 동기이론을 중심으로 조직 내의 인간에 관한 이론들을 고찰하였다. 사람들이 조직 내에서 구성하는 집단에 대해서도 함께 설명하였다. 제3장에서는 조직의 목표와 구조에 관한 이론들을 소개하였다. 조직의 구조를 설명하면서 가장 역점을 둔 것은 구조형성의 원리에 관한 이론이다. 제4장에서는 의사전달, 의사결정, 리더십, 갈등관리, 통제, 관리과정 등 조직의 주요과정들에 관한 이론을 고찰하였다. 제5장에서는 조직개혁에 관한 이론을 고찰하였다. 조직의 변동에 인위적으로 개입하는 조직개혁은 조직이 살아남고 발전하기 위한 필수적 기능이다. 제5장에서는 조직과 그 환경의 교호작용에 관한 문헌들도 함께 다루었다.

이 책은 초판 출간 이래 많은 변화를 겪어왔다. 나는 조직사회와 조직학의 변화추세에 부응하여 이 책의 개정을 거듭해 왔다. 이번에 다시 열한 번째 개정작업을 해서 제12판을 간행하게 되었다.

이 책의 주(註)는 두 가지 종류로 나누었다. 본문을 해설하거나 본문의 설명을 보충하는 주[a) b) c)…]는 본문이 있는 각 면의 하단에 각주로 싣고, 기술내용의 출처를 밝히는 참고문헌에 관한 주[1) 2) 3)…]는 책의 말미에 후주(後註)로 실었다.

이 책은 선행 연구인들의 연구업적에 의존해 있다. 직접·간접으로 신세를 진 많은 연구인들에게 감사한다. 출판사 관계자 여러분의 협조에 감사한다. 어느덧 내 책들의 단골편집인이 된 전채린 차장의 노고를 치하한다.

언제나처럼 尹先明 엘리사벳을 위해 축복한다.

2024년 7월

吳 錫 泓

차례

Chapter 01 조직과 조직이론

section 01 조직이론사 고찰의 준거 ··· 3

Ⅰ. 조직이론이란 무엇인가? 3

Ⅱ. 조직이론사의 출발시기와 시대구분 6

section 02 고전이론과 신고전이론 ··· 10

Ⅰ. 고전이론 10

Ⅱ. 신고전이론 21

section 03 현대이론 ··· 33

Ⅰ. 1950년대 이후의 발자취 33

Ⅱ. 현대이론의 배경과 특성 35

Ⅲ. 현대이론에 포함되는 학파들 40

Ⅳ. 우리나라의 조직이론 61

section 04 조직이란 무엇인가? ··· 63

Ⅰ. 조직의 정의 63

Ⅱ. 조직의 유형 73

Chapter
02 조직 내의 인간

section 01 동기이론의 개요 ··· 97

Ⅰ. 인간의 동기와 욕구 97

Ⅱ. 동기이론의 분류 102

Ⅲ. 내용이론 104

Ⅳ. 과정이론 112

section 02 성장이론의 인간모형 ··· 141

Ⅰ. 성장이론의 중요성 141

Ⅱ. Maslow의 욕구단계이론 142

Ⅲ. Herzberg의 욕구충족요인이원론 153

Ⅳ. McGregor의 X이론과 Y이론 159

Ⅴ. Likert의 관리체제 유형론·Argyris의 미성숙—성숙이론 168

section 03 개인차의 이해 ·· 173

Ⅰ. 행동유발에 작용하는 요인의 복잡성 173

Ⅱ. 성 격 174

Ⅲ. 지 각 189

Ⅳ. 태도와 감정 196

Ⅴ. 조직문화 205

section 04 조직 내의 집단 ··· 217

Ⅰ. 집단이란 무엇인가? 217

Ⅱ. 집단의 형성: 자발적 형성의 경우 228

Ⅲ. 집단 간의 관계: 경쟁과 갈등 235

Ⅳ. 집단적 문제해결 240

Chapter 03 조직의 목표와 구조

section 01 조직의 목표 ··· 249

Ⅰ. 조직의 목표란 무엇인가? 249

Ⅱ. 조직목표의 유형 254

Ⅲ. 조직목표의 변동 262

Ⅳ. 목표와 조직평가 270

section 02 구조의 구성요소 ··· 282

Ⅰ. 구조와 그 구성요소 282

Ⅱ. 역 할 283

Ⅲ. 지 위 287

Ⅳ. 권 력 291

Ⅴ. 기 술 309

section 03 구조형성의 원리 ··· 322

Ⅰ. 논의의 출발점과 범위 322

Ⅱ. 구조적 특성의 지표 323

Ⅲ. 구조형성에 관한 고전적 원리 332

Ⅳ. 고전적 원리에 대한 비판 346

Ⅴ. 관료제모형 364

Ⅵ. 탈관료화의 원리(Ⅰ): 수정모형 375

Ⅶ. 탈관료화의 원리(Ⅱ): 반관료제적 모형 384

Chapter 04 조직의 과정

section 01 의사전달 ·· **409**

　Ⅰ. 의사전달이란 무엇인가?　409

　Ⅱ. 의사전달체제의 구성요소　418

　Ⅲ. 의사전달의 장애　426

　Ⅳ. 정보관리체제　437

section 02 의사결정 ·· **449**

　Ⅰ. 의사결정이란 무엇인가?　449

　Ⅱ. 의사결정의 과정　453

　Ⅲ. 문제의 발견과 대안의 선택　462

　Ⅳ. 의사결정모형 해설　487

section 03 리더십 ·· **511**

　Ⅰ. 리더십 논의의 준거　511

　Ⅱ. 리더십이란 무엇인가?　512

　Ⅲ. 리더십 연구의 접근방법　518

　Ⅳ. 리더십의 유형　538

　Ⅴ. 리더십의 발전　554

section 04 갈등관리 · 통제과정 ··· **557**

　Ⅰ. 갈등관리　557

　Ⅱ. 통제과정　574

section 05 관리과정 ·· **587**

　Ⅰ. 관리란 무엇인가?　587

　Ⅱ. 현대적 관리모형의 예시　592

Chapter 05 조직개혁

section 01 조직개혁 일반론 ·· 613

    Ⅰ. 조직개혁이란 무엇인가? 613

    Ⅱ. 조직개혁의 과정 622

    Ⅲ. 개혁의 촉발과 개혁추진자 631

    Ⅳ. 개혁에 대한 저항 635

section 02 '조직발전': 행태적 접근방법 ································ 648

    Ⅰ. 조직발전이란 무엇인가? 648

    Ⅱ. 조직발전의 개입기법 659

    Ⅲ. 조직발전의 한계와 성공조건 672

section 03 조직과 환경 ·· 677

    Ⅰ. 조직의 환경이란 무엇인가? 677

    Ⅱ. 일반적 환경 680

    Ⅲ. 조직과 환경의 교호작용 689

    Ⅳ. 구체적 환경: 조직 간의 관계 698

후주 705

찾아보기 737

조직과 조직이론

이 책의 문을 여는 제1장에서는 조직이론의 변천사를 고찰하고 연구대상인 조직의 의미를 규명하려 한다. 제1장의 논의는 제2장 이후의 내용을 편성하는 데 준거틀을 제공할 것이다.

제1절에서는 조직이론사의 고찰에 선행되어야 할 전제설정작업을 하려 한다. 전제설정작업이란 조직이론의 의미, 조직이론의 출발연대, 그리고 조직이론사의 시대구분에 대한 관점을 확인하는 작업을 의미한다. 조직이론사의 시대구분은 크게 세 가지, 즉 고전기, 신고전기, 현대로 나눌 것이다.

제2절에서는 고전이론과 신고전이론의 개요와 분파들을 설명할 것이다. 제3절에서는 현대이론의 개요와 주요 학파, 그리고 우리나라의 조직이론을 설명할 것이다.

제4절에서는 조직이라는 개념을 정의하고 조직유형론을 설명할 것이다.

조직이론은 조직에 관한 이론이므로 이론사의 고찰에 앞서 조직의 의미에 관한 입장을 밝혀둘 필요가 있다. 그러므로 제1절에서도 조직의 정의에 대해 간단히 언급하려 한다. 그러나 조직의 개념정의에 대한 본격적 논의는 제4절로 미룰 것이다. 조직이론사를 알아야 현대조직학의 지배적인 연구경향에 부합되는 조직의 정의를 제대로 할 수 있을 것이기 때문이다.

01 조직이론사 고찰의 준거

Ⅰ. 조직이론이란 무엇인가?

조직이론사의 정리는 조직현상에 관한 설명을 온전히 이해할 수 있도록 도와주는 배경적 정보를 제공하고, 우리가 조직을 연구해 나갈 때에 의지해야 할 이론적인 틀을 마련하는 데 길 h잡이가 된다.

학문의 이론사적 고찰에서는 몇 가지 문제에 관하여 미리 입장을 밝히고 전제를 설정할 필요가 있다. 조직이론의 전개과정을 검토하려 할 때에는 논의를 시작하는 단계에서 또는 시작하기에 앞서 제기되는 문제들이 있다. 그러한 문제들에 관하여 어떤 해답(전제나 가정 등)을 제시하지 않으면 이론사의 내용을 조리 있게 설명할 수가 없다. 미리 제기되는 문제들이란 조직이론의 의미, 조직이론사의 출발시기, 시대구분과 학파분류 등에 관한 것이다. 조직이론의 의미에 관한 이야기부터 시작하기로 한다.

1. 조직이론의 정의

일반적으로 이론(理論: theory)은 "경험적으로 입증되고 논리적으로 상호 연관된 명제(命題)"라고 정의되어 왔다. 이러한 전통적 정의방식은 실증주의적 사고를 반영하는 것이다. 그런데 근래에는 경험과학주의에 회의를 표시하는 이론도 이론으로서 중요한 위치를 점하게 되었으므로 이론에 관한 전통적 정의가 통용될 수 있는 범위는 한정된다. 저자가 조직이론을 이야기할 때에는 이론을 넓은 의미로 파악하려 한다. 이론은 "무엇인가 중요한 이야기를 가장

간명하게 해 주는 것"이라는 설명을 받아들이려 한다.[1]

이론의 유형은 다양하게 분류되는데, 그 기초적인 유형으로 기술적·설명적 이론, 규범적 이론, 전제적 이론, 수단적 이론 등을 들 수 있다. 기술적·설명적 이론(記述的·說明的 理論: descriptive-explanatory theory)은 현상을 정확하게 파악하여 기록하고 설명하는 이론이다. 규범적 이론(規範的 理論: normative theory)은 장래의 상태를 처방적으로 설정하려는 이론으로서 처방적 이론(prescriptive theory)이라고도 한다. 전제적 이론(前提的 理論: assumptive theory)은 이론의 전제가 되는 기본적 가정 즉 근가정(根假定: root assumptions)을 밝히는 이론이다. 수단적 이론(手段的 理論: instrumental theory)은 개선처방의 실천수단에 관한 이론이다.

기술적·설명적 이론은 무엇(what)과 왜(why)에 관한 이론이고, 규범적 이론은 해야 하는 것(should)과 좋은 것(good)에 관한 이론이며, 전제적 이론은 전제조건(preconditions)과 가능성(possibilities)에 관한 이론이라고 한다면 수단적 이론은 어떻게(how)와 언제(when)에 관한 이론이라 할 수 있다.[2]

조직이론(組織理論: organization theory)은 조직을 연구대상으로 하는 이론이다. 조직이론은 조직현상과 그에 연관된 요인의 상호관계에 관하여 기술·설명·처방하고 처방의 실천수단을 제시하는 이론이다. 조직이론의 범주에는 느슨하게 연계된 여러 가지의, 그리고 다양한 이론들이 포함된다. 집합적으로 파악된 조직이론은 고도로 학제적(복합과학적)이며 연구목적, 연구대상, 설명형식 등이 아주 다양하다.

조직이론은 조직을 연구대상으로 한다고 하였으므로 조직이 무엇인가를 간단하게나마 밝히고 넘어가야 한다. 조직(組織: organization)이란 인간의 집합체로서 어떤 목표의 추구를 위하여 의식적으로 구성한 사회적 단위이다. 다방면에 걸친 조직연구활동의 결합체로 파악되는 조직이론이 일반적인 대상으로 삼고 있는 조직은 산업사회와 그 이후 사회의 산물인 대규모의 복잡한 조직이다.

조직의 정의에 관한 보다 상세한 논의는 제4절에서 하게 될 것이다.

2. 조직학에 대한 이해

조직학(組織學: study of organizations)은 조직이론으로 구성되는 하나의 사회과학이다. 조직학은 조직에 관하여 체계적으로 획득·정리한 지식체계이며, 그 주된 표현은 조직이론이다. 조직학의 연구활동이 조직의 체계적 관찰과 분석이라 한다면 조직이론은 그 주된 산출물이다. 개념적 명료화를 위해 조직학과 조직이론의 의미를 구별해 보았으나 양자의 관계는 긴밀하고 서로 겹치는 부분이 많다. 조직이론은 조직학이라는 과학활동의 결과이며 동시에 조직학의 내용을 구성하는 것이기 때문이다. 조직이론을 모아 놓은 것이 조직학이라고 하는 표현도 가능하다. 조직이론사의 고찰에서 조직학과 조직이론이라는 말을 반드시 엄격하게 구별하지 않고 혼용할 때가 많을 것이므로 독자들은 이 점 유의하기 바란다.

이 책은 조직이론 또는 조직학의 학문적 독자성을 전제하고 있다. 따로 고찰할 수 있는 하나의 학문(a separate discipline)임을 인정하고 조직학의 문제를 논의하려 한다.

그러나 조직학의 정체성 내지 독자성에 대해 의문을 표시하고 논쟁을 벌이는 사람들도 있었다. 그들이 제기한 의문의 논거는 역사가 짧아 학문적 응집력이 비교적 약하다는 것, 조직학의 출발이 여러 학문의 연관된 노력으로 이루어졌고 현재도 전반적인 특성이 학제적이라는 것, 그리고 여러 학문분야에 조직연구활동이 분산되어 있다는 것 등이다.

그러나 응집력이 비교적 약하고 역사가 짧은 연구영역이기는 하지만 조직학은 공동의 관심대상을 가지고 있다. 그리고 많은 연구정보의 축적도 있고 다기화된 접근방법의 통합을 위한 노력도 성숙되어 가고 있다. 조직학에 관한 교과서들이 양산되어 있고 많은 대학들이 조직학에 관한 강의를 개설하고 있다. 조직연구분야에서 일어난 최근의 급속한 발전을 상기하면서 조직학을 하나의 독자적인 학문이라고 보는 것이 저자의 견해이다.

II. 조직이론사의 출발시기와 시대구분

1. 조직이론사의 출발시기

역사적 고찰을 통해 어떤 학문의 특성을 규명하려 할 때에는 문헌사의 출발점 또는 출발시기가 있음을 전제하며, 역사적으로 검토할 만한 문헌의 계속된 집적이 있음을 또한 전제한다. 따라서 우리는 조직이론사의 출발연대를 어떻게 잡을 것인가 하는 중요한 문제를 해결하여야 한다.

인류의 문명이 시작되면서 어떤 형태로든 조직현상이 생겨나게 되었고 그에 관한 논객(연구인)도 나타나게 되었으므로 조직이론의 연원을 고대사회에까지 거슬러 올라가 찾을 수도 있을 것이다. 그러나 실로 오랫동안 조직에 관한 연구는 체계적인 학문으로서의 면모를 갖추지 못했다. 고대로부터 19세기 중반에 이르기까지 단편적·분산적으로 진행된 조직에 대한 사색을 우리가 논의하는 조직학의 범위에 포괄하는 데는 무리가 있다. 오늘날의 조직학과 근대 이전의 조직연구 사이에 어느 정도의 연계가 있다 하더라도 그것을 연속적·직접적인 것으로 보기는 어렵다. 산업화시대 이전의 조직이론이 오늘날의 조직문제를 설명하고 해결하는 데 직접적인 도움을 주는 바는 크지 않다.

이 책에서는 산업화시대로부터 발전해 온 조직이론에 초점을 맞추고 있다.

1) 판단의 기준

오늘날 우리가 논구의 대상으로 삼는 조직학의 성립연대를 발견하려는 시도에 기준이 될 수 있는 것으로 여러 가지를 생각할 수 있다.

첫째, 조직에 대한 과학적 연구들이 어느 정도나 집적되었으며 그들 상호간의 교호충실화 정도는 어떠한가 하는 것이다.

둘째, 조직연구를 전업으로 하는 연구인들이 얼마나 되느냐 하는 것이다.

셋째, 오늘날의 조직학자들이 그들의 연구에 참고가 되는 정보로 널리 인용하고 있는 고전들의 출판연대를 생각할 수 있다.

넷째, 조직이론에 관한 전문학술지(정기간행물)가 나오기 시작한 연대를 생각할 수 있다.

다섯째, 대학에 조직이론과목이 설치되고 교과서들이 나온 연대가 언제인가 하는 것이다.

끝으로 학계에서, 특히 조직학자들이 조직학의 출발이 언제부터라고 인식하고 있는가 하는 것이다.

2) 출발시기의 설정

위에서 말한 여러 가지 기준에 비추어 볼 때 조직이론사의 출발시기는 1900년경부터 1950년대 중반까지의 사이에서 정해질 수 있다고 생각한다.

미국 학계에서 주도하여 발전시킨 조직학은 1950년대에 이르러 그 성숙한 모습을 드러냈다. 1950년대 중반부터 조직이론 또는 조직학이라는 말이 특정한 학문영역을 지칭하는 것으로 사용되기 시작하였고, 조직이론의 교과서들이 여럿 나왔으며, 여러 대학에 조직이론과목이 개설되기 시작하였고, 조직이론에 관한 전문학술지인 *Administrative Science Quarterly*가 1956년부터 출간되었으며, 1950년대와 1960년대에 걸쳐 조직연구인들의 수가 크게 늘고 조직에 관한 경험적 연구정보가 폭증하였다는 점 등을 고려하면 현대적인 의미의 조직이론이 본격적인 기틀을 잡기 시작한 것은 1950년대 중반에 이르러서부터라고 말할 수 있다.

그러나 오늘날의 조직학에 매우 중요한 초석을 제공했으며, 지금까지 조직이론에 많은 영향을 미치고 있는 고전적 조직이론의 출발시기는 훨씬 거슬러 올라가는 것이다. 비록 많지는 않았지만 1900년을 전후하여 고전적인 문헌이 나타나기 시작하였다. 그러한 '선조적 문헌'들은 오늘날에도 중요한 인용가치를 지닌 것들이다. 선조적 문헌의 등장 이후 1930년대와 1940년대의 발전을 거치면서 고전이론이 성숙하였다.

저자는 1900년 전후의 시기를 조직이론의 출발연대로 잡고 이론사를 고찰해 나갈 것이다.

2. 조직이론사의 시대구분

이론사의 연구에서는 시대구분 또는 내용변천과정의 단계구분을 하게 된다.

이론사는 연속성의 추정 위에 성립한다. 조직연구는 주장과 반론, 수정과 재반론의 연속적인 과정을 거치면서 변천해 왔다. 때에 따라서는 연구경향의 급진적 방향전환이 일어나기도 했다. 사람들은 그것을 '단절적' 변화라고 표현하기도 한다. 그러나 그러한 급진적 변화를 완전한 단절적 전환이라고 규정해서는 안 될 것이다. 만약 진정한 의미의 단절적 변화가 일어나 학문으로서의 정체성이 파괴된다면 그것은 학설사의 중단을 의미한다.

조직이론사의 변천과정은 흐르는 강물에 비유할 수 있다. 그 안에서 이은 자국이나 구획선을 찾는 일은 쉽지 않다. 그러나 이론사의 논의에서는 그러한 흐름을 단순화한 모형을 쓰지 않을 수 없다. 이론사의 줄거리를 요약하여 전달하고 이해를 촉진하기 위한 단순화작업의 대표적인 것이 개괄적인 시대구분 또는 발전단계의 구획이다.

이론사의 시대구분은 일종의 학파분류이다. 그러므로 이론의 등장시기뿐만 아니라 이론의 내용 또는 조직관을 함께 분류기준으로 삼는다. 이론의 내용에 구분이 없는 단순한 시대구분은 이론사의 정리에서 별로 의미가 없다.

저자는 시기와 내용을 기준삼아 조직이론의 경향변천과정을 3단계로 우선 크게 나누려 한다. 고전이론, 신고전이론, 그리고 현대이론으로 대체적인 구분을 하여 고찰하려 한다. 그러나 각 단계의 구분은 시점으로 규정하지 않고 어느 정도 지속되는 시간선상에서 융통성 있게 규정하려 한다.[a]

1900년경부터 싹트기 시작하여 1930년대에는 거의 확실한 윤곽을 드러내고 1940년대에 이르기까지 성숙을 본 조직이론의 한 가닥 흐름을 고전이론이라 하고, 1930년대를 전후하여 출발해서 1940년대에는 상당한 세력을 떨쳤으며 1950년대에 이르러 보다 넓은 시야를 갖게 된 한 줄기의 연구경향을 신고전이론이라 부르게 될 것이다. 1950년대부터 위의 두 가지 연구경향을 포용하면서 오늘날까지 영역확장과 발전을 거듭해 온 조직이론을 현대이론이라 부르게 될 것이다.

후속학파는 선행학파가 지배적인 위치를 점하던 시기에 출발하고 점진적

---

a) 조직이론사의 단계구분은 학자에 따라 서로 다를 수 있다. 저자와 같이 세 가지로 시대구분을 한 대표적인 학자는 Dwight Waldo이다. 그는 일찍이 조직이론의 발전단계를 고전이론, 신고전이론, 그리고 현대이론으로 구분하였다. Waldo, "Theory of Organization: Status and Problems," in D. Waldo and M. Landau, *The Study of Organizational Behavior: Status, Problems, and Trends*(CAG Papers, no. 8, 1966).

인 수용과정을 거쳐 선행학파를 대체하여 지배적인 학파의 자리를 차지한다. 이런 과정이 되풀이된다. 한때 지배적이었던 학파는 중앙무대를 잃을 수 있지만 소멸되지는 않고 후속학파들에 여러 가지 영향을 미친다.

02 고전이론과 신고전이론

Ⅰ. 고전이론

1. 고전이론의 시대적 배경

고전기의 조직이론인 고전이론(古典理論: classical organization theory)의 생성·발전은 시대사적 배경과 상관되어 있다. 그러한 배경을 이해해야 이론의 전개과정과 그 내용을 제대로 파악할 수 있다.

우리가 여기서 논의하는 조직이론은 아직도 우리에게는 외래적인 것이다. 고전적 조직이론 생성의 주산지는 구미선진산업사회이므로 고전기의 시대적 배경은 구미제국을 준거로 삼아 파악해야 한다. 미국과 서구제국에서 산업혁명과 더불어 시작된 산업자본주의의 발전사와 조직이론의 발전사는 그 궤를 같이한다. 조직이론에 관련된 고전기적 시대상의 특징을 간추려 보면 다음과 같다.

(1) 산업혁명과 조직혁명 산업혁명과 더불어 민간부문의 공업생산구조가 확대되고 공장조직을 비롯한 대규모의 근대적 산업조직들이 빠른 속도로 번창해 가고 있었다. 정부부문의 조직들도 역할과 기구의 획기적인 변화를 겪고 있었다.

산업혁명이 촉발시킨 조직혁명(組織革命)[a]으로 조직들이 많이 생기고 그 규모가 커져감에 따라 조직의 합리성과 생산성을 높이기 위한 연구활동의 필요도 커졌다. 그리고 조직을 연구하는 사람들은 날로 팽창하는 조직사회에서

[a) 조직혁명이란 산업화에 따라 근대적인 대규모의 조직들이 급격히 번창하게 된 현상을 지칭하는 것이다.

광범한 실험장 또는 실습장을 발견하게 되었다.

(2) 정치적·경제적 자유주의 　정치적·경제적 자유주의와 개인주의가 팽배해 있었다. 정치적·경제적 결정은 개인의 자유의사에 맡겨야 한다는 사상이 지배적이었다. 지배·복종의 관계설정방법은 '신분에서 계약'으로 전환되었다. 자유경쟁과 합리주의, 생산활동의 능률추구 등을 미덕으로 삼았던 고전적 경제사상이 널리 파급되고 있었다.

(3) 기계적 세계관 　자연과학·기술의 급속한 발전과 응용확산은 세상을 기계시하는 풍조를 낳았다. 조직도 기계처럼 생각하는 사고방식이 유행하였다. 그러한 조직관 아래서 교육수준과 숙련도가 비교적 낮았던 노동력은 조직이라는 기계의 부속품처럼 파악되고 있었다.

(4) 물질숭상적 가치의 풍미 　산업구조를 움직이는 데 자본이 핵심적 역할을 하게 되었으며 물질생산이 크게 성장하고 그것이 소비심리를 자극하게 되었다. 그에 따라 경제적 이익과 물질적 풍요를 추구하는 사람들의 가치지향이 팽배하게 되었다. 사회가 추구하는 여러 가치 가운데서 물질숭상의 가치가 전면에 부각된 것이다.

(5) 비교적 안정적인 환경 　고전기에 조직이 처해 있었던 환경은 비교적 안정적이었다. 조직이 처리하는 투입과 산출의 흐름에 대한 예측가능성은 비교적 높은 편이었다. 고전기의 환경이 안정적이었다고 하는 것은 그 이후의 환경변동에 견주어서 하는 말이다.[b]

(6) 전통적 유산의 영향 　고전기에는 사회 각 분야와 조직사회에 획기적인 변화가 일어나고 그러한 변화가 정착되던 시기이다. 그러나 역사를 완전히 단절시킨 시기는 아니었다. 과거로부터 많은 유산을 물려받았으며, 그러한 유산은 조직이론의 전개에 분명한 영향을 끼쳤다. 권위주의적 계층구조에 의한 집권적 지배, 외재적 통제에 의한 지배, 권위주의적 리더십, 강압적 방법에 의한 복종의 확보 등은 전통적 군주제 시대로부터 내려 온 유산이었으며 그러한 요소들은 고전적 조직이론에 스며들었다.

---

b) 고전기에도 많은 변동이 일어나고 있었으므로 당시의 사람들은 환경이 격변하고 있다는 생각을 했을 것이다. 그러나 역사적으로 비교하면 고전기의 시대상황은 오늘날의 상황에 비해 안정적이었다고 말하지 않을 수 없다.

2. 고전이론의 일반적 특성

고전이론이 출발되던 단계에서 연구인들 사이의 체계적인 정보교환이나 유의미한 협동적 노력은 드물었다. 초창기의 연구활동은 기존의 여러 학문분야에 속해 있었던 것이 많았다. 학자, 실업인 등 연구인들의 경력배경도 다양하였다.

고전이론은 다양한 배경을 가진 연구인들의 활동결과 그리고 여러 갈래의 연구경향을 한데 묶은 조직이론의 범주이다.[c] 그와 같은 연구업적을 한데 묶는 까닭은 연구활동이 널리 협동적이었다거나 구체적인 접근방법이 완전히 통일되어 있었다고 보기 때문이 아니다. 다만 고전이론의 여러 분파들이 연구의 일반적인 지향성과 기본적인 조직관에 관하여 매우 중요한 공통성을 지니고 있었기 때문에 그들을 묶어 한 범주의 학파로 고찰하는 것이다.

고전이론은 조직을 명확하게 주어진 목표의 추구를 위해 만들어 놓은 도구 또는 기계와 같은 것이라고 이해하였다. 조직의 관리자들은 합리적으로 설정된 목표를 달성하기 위해 조직구성원들을 조종·통제할 수 있다고 전제하였다. 그러므로 공식적으로 예정하지 않은 불확실한, 또는 비공식적인 요인의 고찰은 게을리하였다. 조직 내의 인간문제보다는 조직의 구조와 조직이 하는 통제에 더 많은 관심을 보였다. 경제적 욕구의 충족을 합리적으로 추구하려는 인간속성을 중시하였다.

이러한 고전이론의 집합적인 특성을 다음에 몇 가지로 나누어 요약해 보려 한다.

(1) 능률주의　고전이론은 능률(能率: efficiency)이라는 가치기준의 인도를 받는 것이었다. 능률이라는 가치기준은 고전이론가들에게 연구문제 선정과

---

c) 조직학의 출발단계에서부터 구체적인 접근방법의 분화는 이미 있었기 때문에 고전이론을 집합적으로 설명하는 연구인들 가운데는 연구경향의 어떤 국면에서 더 많은 인상을 받았느냐에 따라 고전이론(classical theory)에 여러 가지 별칭을 붙이는 사람들이 있다. 그러한 별칭에는 공식적 접근법(formal approach), 조직에 대한 기술적 견해(technical view of organization), 기계모형(machine model), 폐쇄모형(closed model), 합리적 모형(rational model), 자연과학적 모형(natural science model), 정통이론(orthodox theory), 목표모형(goal model) 등이 있다. 그리고 어떤 논자들은 보다 한정된 하나의 학파로써 전체적인 고전이론을 대변시켜 설명하기도 한다. 저자는 이러한 여러 가지 명칭이나 분파적 설명을 포괄하는 의미로 고전이론이라는 말을 쓰고 있다.

연구결과 평가의 핵심적 기준을 제공하였다. 능률을 조직이 추구해야 할 가장 중요한 가치라고 생각한 사람들은 조직의 능률향상을 위해 투입을 산출로 전환시키는 과정의 에너지 손실(energy loss)을 줄이는 공식적 장치를 발전시키는 데 주력하였다.

고전이론가들은 능률 이외의 가치들을 소홀히 하였기 때문에 단일가치기준적이었다는 말을 듣기도 한다. 조직 내의 인간, 대환경적 책임 등에 관한 도덕적 가치들을 외면하였기 때문에 고전이론은 몰가치적(沒價値的)이었다고 평하는 사람들도 있다.

(2) 공식적 구조와 과정의 중시　고전이론은 조직의 공식적인 구조와 과정을 주된 연구대상으로 삼았으며 조직설계와 관리의 합리적 계획을 강조하였다. 고전이론은 조직의 연구에서 공식적 배열을 수정하고 제약하는, 미리 계획되지 않은, 또는 비공식적인 요인들을 간과하는 경향을 보였다.

조직은 정당한 권력을 가진 관리층이 계획하고 통제하는 기계적 체제이며 공식적으로 표방한 생산목표를 달성하기 위해 만든 도구라고 보았다.[d] 고전이론에서는 조직의 요체가 조직구성원들이 명확한 권한의 계층에 따라 일하게 만들어 놓은 분업과 조정의 방식에 있다고 보았다.

(3) 폐쇄체제적 관점　고전이론에서는 연구대상인 조직을 폐쇄체제인 것처럼 다루었다. 한정적인 공식적 요인에 집착하여 비합리적 요인의 고려에 실패하고 조직과 환경의 상호작용을 연구하는 데도 소홀하였다.

(4) 합리적·경제적 인간모형　고전이론가들은 인간과 조직이 합리적·경제적 원리에 따라 행동한다는 가정을 가지고 있었다. 고전이론의 인간에 관한 근본적 가정은 합리적·경제적 인간관에 기초한 것이었다. 조직에 참여하는 인간은 합리적이고 경제적인 존재로서 자기에게 이익이 가장 큰 행동방안을 타산적으로 선택할 수 있는 존재이며, 동기유발의 유인(誘因)은 원칙적으로 경제적인 것이라고 보는 견해는 고전이론의 지배적인 가정이었다.

(5) 과학성의 추구와 그 미숙성　자연과학의 업적을 선망하고 조직연구의 과학성을 높이려고 하였다. 과학적 탐구를 통해 유일최선의 방법을 발견할 수

---

d) 조직은 사람·자본·기계를 부품으로 사용하는 기계장치처럼 작동한다고 생각한 고전이론가들의 관심은 공식적 조직에 대한 구조론적·해부학적 관심이라고 말하는 사람들도 있다.

있다고 믿고 관리과정이나 조직구조형성에 관한 원리들을 개발하였다. 그리고 업무수행의 능률제고를 위한 과학적 기법을 고안하려고 노력하였다.

그러나 고전이론의 과학화를 위한 노력은 대체로 미숙하였으며 형식화되는 경향을 보였다. 고전이론이 개발한 조직의 원리들은 대부분 비조직적인 과거의 경험과 직감에 따라 만들어졌으며, 과학적인 법칙이라고 할 수 없는 것들이었다.

3. 고전이론에 대한 평가

1) 고전이론의 기여

고전이론은 조직의 합리화에 대한 시대적 요청에 부응하려고 노력하였으며, 조직의 공식적인 구조설계를 발전시키고 조직의 기본적인 질서를 정비하는 데 적지 않은 기여를 하였다. 그리고 비록 미숙하기는 했지만, 조직은 원칙적으로 합리성에 기초를 두어야 하며 조직의 연구는 과학적이어야 한다고 본 고전이론의 기본적인 관점은 오늘날 우리가 조직을 연구할 때에 채택하는 관점과 크게 다를 바가 없다. 고전이론은 또한 학문사적으로 매우 중요한 공적을 남겼는데 그것은 다름 아닌 독자적 연구영역의 개척이었다.

고전이론은 한때 태어났다가 죽어버린 것이 아니라 조직학분야의 연구활동과 교육 그리고 조직의 실천적인 운영에 오늘날까지 꾸준한 영향을 미쳐왔다. 고전이론이 조직운영의 실천세계에 끼친 영향은 그 뒤에 나온 어떤 학파의 영향보다 뿌리 깊다고 할 수 있다.

2) 고전이론의 한계

조직사회의 여건이 달라지고 연구인들의 안목이 넓어짐에 따라 고전이론은 여러 가지로 비판을 받게 되었다. 비판적 논점들을 요약하면 다음과 같다.

❶ 가치문제의 경시 능률에만 집착함으로써 조직이 추구하거나 추구해야 할 다른 많은 가치들을 경시하거나 도외시하였다.

❷ 비공식적 요인의 간과 공식적 요인의 연구에 편중함으로써 비공식적 요인의 고찰에 실패하였다.

❸ 환경적 요인의 간과 폐쇄체제적인 관점 때문에 환경적 요인을 포함

한 너무나 많은 요인들을 간과함으로써 사회적 체제인 조직의 모습을 온전히 관찰하지 못했다.

❹ 원리의 비과학성   보편적이지 못한 '원리'들을 과학적인 법칙처럼 제시하였다. 원리들은 상식적이거나 모호하거나 상충되는 것들이었다.

❺ 인간문제의 경시   쾌락주의적·경제적 논리로 규정한 인간모형은 너무 편협한 것이었으며 고전이론의 인간문제 경시풍조를 유도하였다.

❻ 한정된 연구대상   연구대상이 제한되어 있었으며 균형 있는 비교연구가 이루어지지 않았다.

4. 고전이론에 포함되는 학파들

앞에서 본 고전이론의 다섯 가지 특성은 집합적으로 파악한, 다시 말하면 큰 범주로 묶은 고전이론의 대체적인 경향을 요약한 것이다. 물론 고전이론의 모든 문헌에 그러한 특성들이 고루 들어 있는 것은 아니다. 고전이론의 중요한 논객으로 Frederick W. Taylor, Luther Gulick, Lyndall Urwick, Mary Parker Follett, Henri Fayol, Max Weber, James D. Mooney 등이 자주 거명되고 있는데, 이들이 대변하는 문헌계열에 따라 고전이론에 나타난 각개 특성의 짙고 흐림이 서로 다르다는 사실을 잊어서는 안 된다.[1]

고전이론의 범주에 포함되는 주요학파는 세 가지이다. 그 첫째는 Weber가 패러다임을 제시한 관료제학파이며, 둘째는 Gulick, Urwick 등이 이끈 행정관리학파이고, 셋째는 Taylor가 개척한 과학적 관리학파이다.

1) 고전적 관료제론

고전적인 관료제론(官僚制論: theory of bureaucracy)은 Max Weber의 개척적 연구에 기초를 두고 있다. 관료제에 관한 그의 저서는 1921년에 독일에서 처음 간행되었다. 그러나 이 책이 미국에서 번역출간되고 조직학계에서 널리 인용되기 시작한 것은 1940년대의 일이다.[2]

Weber의 관료제이론은 그의 권한구조에 관한 이론에 기초를 두고 있다. Weber의 조직이론에 대한 기여는 합리적·법적 권한에 근거한 합리적·법적 관료제(合理的·法的 官僚制: rational-legal bureaucracy)의 이념형을 제시한 데서 찾아 볼 수 있다. Weber가 사용한 이념형이라는 용어는 일종의 개념적 설명틀을 지칭하는 것이다.

Weber는 권한(또는 권위: authority)의 유형을 위광적(카리스마틱)인 것, 전통적인 것, 그리고 합리적·법적인 것으로 분류하고, 합리적·법적 권한에 기초를 둔 관료제모형이 근대사회의 대규모 조직을 설명하는 데 가장 적합한 모형이라고 하였다. 추상적인(일반적인) 법규의 지배, 계층적 구조, 전문화, 전임직원(專任職員), 금전으로 지급하는 보수, 사무소와 구성원이 사는 집(사저: 私邸)의 구별, 문서주의 등의 특색을 지닌 합리적·법적 관료제는 특정한 목표의 성취를 위해 계획적으로 만든 수단 또는 도구이기 때문에 합리적이라고 한다. 그리고 권한이 법규와 절차의 체계를 통해 행사되기 때문에 법적이라고 한다. Weber가 제시한 고전적 관료제모형은 폐쇄체제적 논리에 입각한 것이며 기본적인 가치기준은 능률이었다.

Weber는 관료제가 임무수행에서 정확성, 신속성, 명확성, 통일성, 부하들의 철저한 복종, 마찰의 감소, 인적·물적 비용의 감소 등을 보장함으로써 능률을 높일 수 있다고 믿었다.

관료제모형은 제3장에서 자세히 설명할 것이다.

2) 행정관리학파

행정관리학파(行政管理學派: administrative management school)는 조직의 관리기능을 중요시하고 관리층에서 맡아야 할 조직 및 관리작용의 원리들을 개척하는 데 주력하였다. 행정관리학파는 행정(administration)은 정부부문이나 민간부문을 막론하고 그것이 어디 있건 같은 행정이라고 보았다. 이 학파는 행정의 공통적 속성을 전제하고 어디서나 적용할 수 있는 행정 또는 관리의 보편적 원리를 발견하려고 했다.[e]

행정관리학파는 능률을 기본적인 가치로 채택하고 조직단위들의 구조적인 관계, 관리기능의 유형, 관리의 과정, 분업과 조정에 관련된 원리 등을 연구하였다. 이 학파가 발전시킨 이른바 원리들은 대개 조직활동의 분화(분업)와 통합(조정)에 관한 것이다. 이 학파에 속하는 연구인들은 합리적인 분업(전문화)과 분업화된 일들의 집단화(부성화), 그리고 조정을 통해 능률을 높일 수

---

e) 행정관리학파는 관리과정학파(management process school)라고도 부른다.

있다고 믿었다. 분업과 조정을 조직관리의 핵심적인 요소라고 보아 그에 연관된 분업의 원리, 조정의 원리, 명령통일의 원리, 통솔범위의 원리, 계층화의 원리, 부성화의 원리, 참모조직의 원리 등을 발전시키는 데 주력하였다.3)

행정관리학파의 논객들 가운데서 학설사적으로 가장 앞선 사람은 프랑스의 Henri Fayol이었다. 그는 최고관리자의 관점에서 관리의 문제를 연구한 저술을 1916년에 펴냈다. 그는 계획·조직·명령·조정·통제 등 관리의 요소를 확인하였으며 분업, 명령통일, 집권화, 계층제 등 14개 국면에 관한 관리의 원리를 제시하였다. 그의 전체적인 논조는 집권화되고 기능적으로 전문화된 조직구조 그리고 면밀한 감독과 통제를 강조하는 것이었다. 미국에서는 1930년대에 이르러 James Mooney, Allen Reilly, Luther Gulick, Lyndall Urwick 등이 관리의 기능, 조직관리의 원리 등에 관한 연구문헌들을 출간하기 시작하였다.

행정관리학파는 그들이 개척한 원리 때문에 많은 비판을 받았다. 그들의 원리들은 사람들이 경제적 욕구만 지녔다든지, 일을 싫어한다든지, 지시받기를 원한다든지 하는 '의심스러운' 전제에 바탕을 둔 것이다. 원리들은 자명한 내용이거나 모호하거나 상충되는 것들이다. 보편성이 없는 것을 보편적 원리라 하였다. 이런 것들이 비판의 논점들이다.

그러나 행정관리학파는 조직학의 출범 초기에 그 초석을 놓는 데 크게 기여하였다. 그들의 이론은 후대의 이론발전에 준거를 제공해 왔다. 그들의 원리가 비록 보편적인 것이 아니라고는 하지만 오늘날에도 조직설계와 운영의 실제에서 중요한 기준을 제시해 주고 있다.

행정관리학파가 발전시킨 원리들도 제3장에서 설명할 것이다.

3) 과학적 관리학파

과학적 관리학파(科學的 管理學派: scientific management school) 역시 능률 또는 생산성을 가장 중요한 가치기준으로 삼아 과학적인 업무수행 기법들의 채택문제뿐만 아니라 노사협조를 위한 정신혁명, 관리의 역할과 과학적 관리의 기본원리 등을 연구하였다. 이 학파가 개발한 이른바 과학적 기법들은 주로 공업생산업체들의 하급계층업무수행을 능률화할 수 있는 기법들이다.4)

(1) 과학적 관리학파의 출범 과학적 관리학파 또는 과학적 관리운동을 출

범시킨 획기적 계기를 만든 것은 1900년 전후에 Frederick W. Taylor가 주도한 관리개혁운동과 그의 저술들이었다. 과학적 관리운동을 이끈 Taylor의 공로와 영향이 대단히 컸기 때문에 과학적 관리의 접근방법을 '테일러주의'(Taylorism)라고도 부른다.[f]

테일러주의는 기독교적 윤리(신교도적 윤리: Protestant ethics), 경제적 합리주의, 그리고 공학적 사고의 영향을 많이 받은 것이었다. 과학적 관리학파는 힘든 일을 열심히 하는 행동의 미덕, 경제적 합리성, 개인주의적 가치 등을 존중하는 바탕 위에서 연구를 진행하였다.

(2) 과학적 관리학파의 기본적 전제 과학적 관리학파의 기본적 전제 또는 가정은 다음과 같다.

❶ 유일최선의 방법 발견 가능성 과학적 분석을 통해 유일최선(唯一最善)의 작업방법(one best way)을 발견할 수 있다.

❷ 생산성 향상의 효용 과학적 방법으로 생산성을 향상시키면 노동자와 사용자를 다 같이 이롭게 하고 나아가서 국민일반의 생활수준을 향상시키는 데 기여할 수 있다.

❸ 인간의 경제성·타산성 조직 내의 인간은 경제적 유인에 의하여 동기가 유발되는 타산적 존재이다.

❹ 명확한 목표·반복적 업무 조직의 목표는 명확하게 알려져 있고 업무는 반복적이다.

(3) 정신혁명의 제창 Taylor는 과학적 관리의 요체를 사고방식의 대전환, 즉 정신혁명(mental revolution)이라고 하였다. 그는 두 가지 방면의 정신혁명을 제안하였다.

❶ 생산증진을 위한 노·사 협력 기업주(관리층)와 근로자는 기왕에 얻은 기업잉여를 분배하는 데만 관심을 갖고 서로 더 많은 몫을 차지하려고 다툴

---

f) 1856년에 출생한 Taylor는 18세에 강철회사의 공원(직공)으로 취직한 후 빠른 승진을 거듭해 관리자의 지위에까지 오르면서 과학적 관리라는 접근방법의 터전을 닦아 놓았다. 그의 아이디어들은 Midvale, Bethlehem 등 강철회사에서의 실제경험과 여러 산업조직에 대한 상담업무를 통해서 터득된 것들이다. Taylor는 처음에 자기의 접근방법을 '업무관리'(task management)라고 불렀다. '과학적 관리'라는 말은 1910년에 Louis Brandeis가 만들었다고 한다. Taylor의 노력을 이어받아 과학적 관리학파의 기반을 공고히 하는 데 기여한 사람들은 Frank Gilbreth, Lillian Gilbreth, Henry Gantt, Charles Bedeux 등이다.

것이 아니라 기업잉여를 늘리는 데 관심을 모으고 노·사가 서로 협조할 필요를 깨닫는 '위대한' 정신혁명을 일으켜야 한다고 주장하였다. Taylor는 과학적 관리가 노·사 갈등의 해결을 지향하는 것이며, 노·사의 조화를 촉진할 새로운 사고방식이라고 생각하였다.

❷ 과학적 사고 Taylor는 모든 일의 처리에서 과학적 방법을 활용하려는 정신혁명이 또한 필요하다고 하였다. 근로자와 관리자가 과학적 방법이 관리의 오직 하나뿐인 건전한 기초라는 사실을 함께 받아들인다면 노·사간의 갈등도 해소되고 생산활동의 능률도 향상된다고 하였다.

(4) 과학적 관리의 원리 과학적 관리에서는 관리층의 역할도 과학적인 것으로 변해야 한다고 하였다. 관리작용은 과학적 조사와 법칙화의 대상으로 되어야 하며, 관리자들은 생산활동을 계획·조직·통제하는 역할의 수행에서 경험적 연구를 통해 발전시킨 법칙과 규칙의 지배를 받아야 한다고 하였다.

Taylor는 과학적 관리에서 관리자들이 새로이 맡아야 할 임무에 관련하여 관리의 원리를 다음과 같이 규정한 바 있다.

❶ 과학적 업무설계 업무기준을 과학적으로 설정하여야 한다. 개별적인 업무는 과학적 분석을 통해 설계하여야 하며, 업무수행에 관한 유일최선의 방법을 규정해야 한다.

❷ 과학적 인력선발 조직에 종사할 근로자들을 과학적인 방법으로 선발하고 훈련시켜야 한다.

❸ 업무와 인력의 적정한 결합 과학적으로 설계한 업무와 과학적으로 선발·훈련한 인력을 적정하게 결합시켜야 한다. 근로자들을 정신적·육체적으로 가장 적합한 업무에 배치해야 한다.

❹ 협력과 동기유발 관리자와 근로자는 책임을 적정하게 분담하고, 업무의 과학적 수행을 보장하기 위해 지속적이고 긴밀하게 서로 협력해야 한다. 근로자들이 관리방침에 순응하도록 과학적으로 동기를 유발해야 한다.

(5) 과학적 방법의 개발과 적용 Taylor와 그 추종자들은 과학적 사고의 실천을 위해 단순노무에 관한 유일최선의 방법을 발견하고 기타 능률향상을 위한 기법들(efficiency devices)을 개발하는 데 주력하였다. 이러한 노력의 결과가 가장 가시적인 성과로서 사람들의 입에 많이 오르내리기 때문에 과학적 관리학파가 하급계층의 업무능률화에 주된 관심을 가졌다는 평을 듣기도

한다.

과학적 관리에서 업무과학화의 가장 중요한 과제는 일을 수행하는 유일 최선의 방법을 계속적으로 탐구하는 것이었다. 업무내용설계와 업무수행방법 결정의 과학화를 위해 실험과 조사연구를 통해 유일최선의 방안을 탐구하였다. 그에 따라 업무기준을 결정하고 작업계획을 세워야 하며 그러한 기준의 준수를 보장하기 위해 감시와 통제의 체제를 수립해야 한다고 처방하였다.

업무수행에 관한 유일최선의 방법을 탐구할 때 쓰인 가장 중요한 기법은 동작연구(motion study)와 시간연구(time study)였다.g)

과학적 관리학파는 사람들의 업무수행에 관한 동기를 금전적 유인이 유발한다는 전제 하에 생산성과 임금을 연계시키는 성과급·능률급의 체계를 개발하였다. 그리고 계서제 하에서 근로자들에 대한 통제를 효율화하는 방안으로 기능별 십장제(functional foremenship)라는 전문화된 감독체제를 개발하였다. 이 밖에도 권한과 책임의 명확한 규정, 계획과 집행의 분리, 기능적 조직의 구성, 기준설정에 따른 통제, '예외에 의한 관리'의 원리 등 관리의 과학화와 능률화에 기여할 방안들을 개발하였다.h)

(6) 평 가 과학적 관리학파의 연구활동은 고전이론의 기틀을 다지는 데 기여하였다. 그리고 기술적 논리를 중시하는 후대의 연구활동에 많은 영향을 미쳤다. 과학적 관리학파에 뿌리를 둔 후대의 학파 가운데 대표적인 것은 관리과학이다. 과학적 관리학파의 처방들은 조직사회의 실제에도 깊은 영향을 미쳤다. 이 학파가 개척한 원리와 과학화의 기법들은 실천세계에서 경비절감과 생산성 향상에 많은 기여를 하였다.

그러나 과학적 관리학파의 이론들은 학문적으로 균형을 잃은 것이며, 적용가능성에도 큰 한계가 있다는 점을 지적하지 않을 수 없다. 연구대상인 조직은 대체로 산업생산조직에 국한되어 있었다. 조직과 인간에 관한 합리

---

g) 동작연구는 동작의 낭비를 배제함으로써 인체를 가장 적정하고 능률적으로 사용할 수 있도록 하려는 연구이며 인체를 분석의 핵심으로 삼는다. 시간연구는 작업현장에서 실제로 작업을 하는 데 소요되는 시간의 양을 측정하려는 연구이다. 동작연구에서 가장 능률적인 동작의 배합이 결정되면 시간연구를 통해 그러한 동작에 소요되는 시간을 산정하고 그에 따라 직무별 시간기준과 하루하루의 작업할당량을 결정한다.

h) '예외에 의한 관리'의 원리는 예외적인 또는 새로운 사안에 관해서만 관리층에서 결정을 하고 나머지 일상적인 업무는 부하에게 위임하여야 한다는 원리이다.

적·공리적 가정은 편협하고 치우친 것이었다. 기술적 처방들은 조직의 인간화를 저해하는 내용을 담고 있었다.

조직사회의 실제에 적용된 과학적 관리운동은 조직의 기계화·비인간화를 조장하였다. 과학적 관리운동의 확산과정에서 많은 물의가 빚어졌었던 것도 사실이다. 관리자들은 기존의 관리방식을 포기하지 않으려고 저항하였다. 근로자들은 사람을 기계의 부품처럼 취급한다는 것, 업무설계에서 근로자들의 참여가 배제된다는 것, 계속적으로 최고의 능률을 올리도록 강요한다는 것, 과학적 관리운동의 혜택이 주로 기업주에 귀속된다는 것, 실직의 위험이 커진다는 것 등의 이유를 들어 저항적 행동을 보이는 경우가 많았다.

노동조합을 무시하거나 적대시한 Taylor 등의 태도는 근로자의 저항을 크게 한 요인 중의 하나였다. 그들은 근로자들이 힘든 일을 반대하기 위해 노동조합을 조직한 것이라고 생각하였다. 그리고 과학적 관리운동으로 충분한 이윤을 남기면 노동조합의 필요는 없어진다고 주장하였다.[5]

Ⅱ. 신고전이론

1. 신고전이론의 시대적 배경

저자는 고전이론에 반발하는 논조를 펴면서 등장한 일련의 이론들을 모아 신고전이론(新古典理論: neoclassical organization theory)의 범주에 포함시키려 한다. 신고전기의 조직이론은 고전이론의 기본적인 입장과 논점을 공박하고 그에 대조되는 대안을 제시하려는 뚜렷한 경향을 보였다. 고전이론의 적실성에 대한 의심이 커져서 많은 공격을 유발하던 시기에는 조직이론의 배경을 이루는 사회상이나 학문활동 전반에도 그에 상응하는 변화가 일어나고 있었다.

(1) 기계적 조직관에 대한 비판 산업혁명 이후 계속해서 빠르게 상승세를 타던 기계중심의 편협한 생산주의에 맹점이 노출되기 시작했고, 기계의 그늘에 가려져 있던 인간의 문제가 부각되었다. 사람들은 기계적 세계관이나 기계적 조직관, 그리고 인간을 기계의 부속품처럼 생각하는 사고방식에서 빚어진 폐해를 절감하게 되었다.

(2) 근로자의 위상 변화   조직에 참여하는 근로자들의 기술·지식수준이 점차 높아져 이른바 인적 전문화가 촉진되면서 그들의 발언권이 커졌다. 노동조합의 활동이 강화되면서 근로자들의 입지와 생존능력은 더욱 향상되었다. 그리고 사회개혁운동가들은 근로자의 권익을 적극적으로 옹호하고 있었다. 이러한 상황에서 근로자들은 경제적 욕망 이외의 인간적 갈망을 표출하기 시작하였다. 조직을 관리하는 사람들은 자본·경영·노동의 협조체제를 내세워 근로자집단의 세력강화라는 새로운 사태에 적응하려 하였다.

(3) 정치적·경제적 방임주의의 수정   자유방임만으로 해결할 수 없는 심각한 경제문제는 경제질서의 수정과 그에 대한 정부간여의 필요를 증대시켰다. 그리고 정치·행정 등 공공부문의 경직된 체제운영에도 적지 않은 수정이 불가피하게 되었으며 정부의 역할이 점진적으로 확대되었다. 이러한 변화 또는 변화요청의 부각은 주로 인간의 존엄성보호와 생활의 복지향상에 연관된 것들이었다.

(4) 조직의 규모팽창   조직이 많이 생기고 그 규모가 커지면서 고전이론이 발전되기 시작했지만, 그 뒤에도 조직들의 성장·확대는 거듭되어 마침내 고전이론의 처방만으로는 감당하기 어려운 문제들이 나타나게 되었다. 조직 내에서는 분권화의 필요가 커지고 리더십 등 갈등을 조정할 인간적 과정을 발전시켜야 할 필요 또한 커지고 있었다.[6]

(5) 환경의 복잡성 증대   조직의 규모확장과 기술수준의 향상이 가속되었을 뿐만 아니라 조직이 처한 환경의 변동이 빨라지고 복잡성이 높아졌기 때문에 조직의 적응성 향상에 대한 요청이 커졌다.

(6) 학계의 반성   사회과학 각 분야에서 조사연구활동이 확대되고 유럽에서 발전된 논리적 실증주의[i]가 사회과학 전반에 많은 영향을 미치게 되었

---

i) 실증주의(實證主義: positivism) 또는 논리적 실증주의(論理的 實證主義: logical positivism)는 철학에 과학적 세계관을 도입한 비엔나학파(Viena Circle)의 철학적 아이디어에서 비롯된 것이다. 비엔나학파의 활동은 20세기 초부터 시작되었는데, logical positivism이라는 이름을 얻게 된 것은 1931년의 일이라고 한다. 실증주의는 명제의 경험적 검증가능성을 가정하고 인식의 실증적 해석을 강조한다. 실증주의에는 'consistent empiricism', 'logical empiricism', 'scientific empiricism', 'logical neopositivism' 등의 별명이 붙여지기도 한다. 논리적 실증주의는 엄정과학의 방법을 철학에 도입하여 발전시킨 철학적 원리이다. 논리적 실증주의는 현상 속에 규칙성 내지 법칙성이 존재하며 그것은 경험적 관찰을 통해서 측정할 수 있다는 것을 전제한다. 그리고 관찰자는 가치문제와 사실문제를 구별할 수 있다는 것을 전제한다. cf., Paul Edwards, ed., *The Encyclopedia of Philosophy*(vol. 5, The Macmillan Company and

다. 그에 따라 비경험적이고 미숙한 '과학주의 추구'는 비판의 대상이 되었다. 학자들의 조사연구활동에서 고전이론의 처방대로 만들어지지 않은 조직도 성공적인 사례들이 발견되자 고전이론에 대한 불신은 더욱 커지게 되었다.

2. 신고전이론의 일반적 특성

신고전이론은 사회적 능률을 강조하였으며, 조직은 보다 폭넓은 가치가 개입된 현상이라는 사실을 인식하기 시작하였다. 그리고 공식적 구조나 기계적 절차 등 이른바 무생물적 요인보다는 인간적 요인에 주의를 기울였다. 신고전이론은 조직구성원의 감정적·정서적 측면을 중요시하고 공식적인 관계보다는 비공식적인 관계에 더 많은 관심을 보였다. 조직과 환경의 교호작용에도 눈을 돌리기 시작하였다. 사회적 인간모형에 입각하여 사회적(비경제적) 유인을 쓰는 동기유발전략을 처방하였다. 동기유발의 유인으로는 사회적인 것이 더 효과적이라고 믿었다. 고전이론의 부실한 경험적 검증에 대한 공격의 당연한 귀결로서 경험주의를 강조하였다.

고전이론의 관점을 비판하면서 등장한 신고전이론의 일반적 특성을 아래에 나누어 설명하려 한다.j)

(1) 사회적 능률의 강조　조직은 주어진 공식적 목표를 능률적으로 수행하는 도구이며 능률은 유일선이라고 생각한 고전이론의 입장을 비판하고 새로운 가치기준으로 사회적 능률(社會的 能率: social efficiency)을 가장 중요시하였다. 사회적 능률이란 조직구성원의 만족도, 특히 사회적 욕구의 충족도를 지칭하는 개념이다. 신고전이론은 조직구성원의 만족을 반영하는 사회적 능률이 공식조직의 능률과는 별개로 또는 병렬적으로 추구해야 할 만한 중요성을 지녔으며, 생산활동의 능률은 사회적 능률을 통해서 성취할 수 있다고 믿

---

the Free Press, 1967), pp. 52~56; 김준섭, 철학개론(박영사, 1980), 236~243쪽.

j) 신고전이론의 범주에 포함시킨 조직이론도 여러 학파로 분류할 수 있다. 신고전기의 조직이론에 붙여지고 있는 호칭의 다양성은 학파의 분화를 짐작케 한다. 어떤 사람들은 인간관계론(human relations school)으로 신고전이론을 대표시키고 있으며, 개방체제모형(open system model)이라는 관념 속에 신고전기의 연구경향을 포괄시키려는 사람들도 있다. 이 밖에 이론사를 정리하는 사람의 배경과 선입견에 따라 제2기의 조직이론을 자연체제모형(natural system model), 행태적 접근방법(behavioral approach), 체제모형(system model), 신고전학파(neo-classical school) 등으로 부르고 있다.

었다. 사회적 능률이라는 가치기준은 조직 내의 비공식적 관계와 조직구성원의 사회적·심리적 측면을 중요시하도록 유도하였다.

신고전이론은 사회적 능률을 크게 강조하였을 뿐만 아니라 가치문제에 대한 관심을 넓혔다.

(2) 비공식적 요인의 중시   공식적 구조·과정 중심의 고전적 연구경향에 대한 대안으로 신고전기의 조직이론은 인간적·비공식적 요인을 중시하는 접근방법을 채택하였다. 신고전이론가들은 조직구성원인 인간의 육체적·경제적 측면이 아니라 사회적·정서적 또는 심리적 측면을 중요시하였으며, 대인관계와 인간집단의 비공식적인 관계 등 공식적 조직설계의 운영에 끼어드는 비공식적 요인들의 연구에 치중하였다.

(3) 환경에 대한 관심   신고전이론은 고전이론의 폐쇄체제적 접근태도를 비판하였으며 개방체제적 접근방법의 발전에 필요한 터전을 닦는 데 기여하였다. 신고전기의 일부 이론은 조직이 그 환경으로부터 고립되어 있는 것이 아니라 조직과 환경은 서로 영향을 주고받는 교호작용을 하고 있다는 사실을 확인한 통찰력을 보여 주었다는 점에서 공적을 인정받아야 할 것이다. 환경적 요인에 대한 경험적 연구를 실행한 연구인들도 있었다. 그러나 초기의 신고전이론은 조직 내의 공식적 요인, 비공식적 요인, 환경적 요인 등을 함께 검토할 수 있는 통합적 안목을 성숙시키지는 못했다.

(4) 사회적 인간모형   사회적 능률을 중요시하고 조직 내의 비공식적·인간적 과정을 연구했던 신고전이론은 합리적이 아닌 그리고 경제적이 아닌 인간속성을 전면에 부각시키는 전제적 이론에 바탕을 두었다. 특히 신고전기의 대표적인 학파인 인간관계론의 근가정은 사회적 인간모형이었음이 분명하다. 신고전이론이 성숙해감에 따라 점차 보다 고급의 인간속성에도 관심을 확대해 갔다.

조직참여자를 사회적 인간(social man)으로 파악하는 입장은 동기부여의 유인으로 '사회적'k)인 것을 중요시한다는 점에서 합리적·경제적 인간모형의 입장과 대조된다. 그러나 인간을 피동적인 존재라고 획일적으로 규정하는 점

---

k) 여기서 사회적이라는 말은 조직생활에서 사람과 사람 사이의 관계(감정적 교류 등)로부터 생활의 의미를 발견하는 인간의 성향을 설명하는 데 쓰는 개념이다. 자세한 것은 제2장 조직 내의 인간에 관한 설명을 참조하기 바란다.

에서 두 가지 인간모형은 닮았다.

(5) 경험주의 제창   신고전기에 역시 공격의 대상이 되었던 것은 고전이론이 추구한 과학화의 미숙성 또는 허구성이었다. 고전이론의 과학주의는 형식적인 것임에 불과했다고 비판하고 우리가 지각할 수 있는 사실에 입각한 검증을 통해 과학을 발전시켜야 한다고 주장하였다. 경험주의적 연구를 주장한 사람들은 고전기의 '원리이론'(원리에 관한 과학: science of principles)은 조직이 어떻게 되었으면 좋겠다는 희망이나 조직이 어떻게 되어야 한다는 규범에 불과하다고 하였다.

3. 신고전이론에 대한 평가

1) 신고전이론의 기여

신고전이론이 고전이론을 비판하고 여러 면에서 그에 대립되는 연구경향을 대두시킨 것은 조직이론의 균형 있는 발전을 촉진하는 데 하나의 중요한 계기를 만들었다고 보아야 한다. 비공식적 요인의 개척, 인간의 사회적·집단적 속성 강조, 환경과 조직의 교호작용 확인, 경험주의의 강조 등을 특성 또는 업적으로 인정받은 신고전이론은 차츰 세련도를 높여가면서 현대조직학에 많은 영향을 미쳤다. 특히 인간적 요소를 중요시했던 연구관점은 조직 내의 인간주의를 구현하려는 행태과학의 발전을 선도하였다.[1]

2) 신고전이론의 한계

신고전이론도 고전이론 못지않게 편파적이었다. 신고전이론은 고전이론에 반대되는 여러 가지 관점을 피력하였으나 그 나름대로 많은 비판의 대상이 되었다. 심층적인 분석을 해보면 신고전이론과 고전이론에는 서로 닮은 점도 많음을 알 수 있다.

❶ 한정된 연구대상   연구대상인 조직이 한정되어 있었다. 고전이론의

---

[1] 신고전기의 대다수 연구인들이 고전이론의 기반을 이루었던 기본적 명제들에 대해 심각한 반론을 폈기 때문에 당시에는 조직이론이 '정체성 상실의 위기'(identity crisis)에 직면했던 것으로 보는 견해도 드물지 않았다. 그러나 신고전기의 움직임은 조직이론 발전의 계속적인 과정에 하나의 전기가 되었을 따름이다.

경우에서와 마찬가지로 산업조직들이 연구대상의 주종을 이루었다.

❷ 편협한 안목　신고전이론의 안목도 편협하고 제한적이었다. 신고전이론은 고전이론에서와는 다른 각도에서 조직현상을 바라보았지만 그 관점의 한정성에는 큰 차이가 없었다. 고전이론에서는 합리적·공식적인 측면만 보았다면 신고전이론에서는 감성적·비공식적인 측면만 보았다고 단순화해 말함으로써 안목의 여전한 협소성을 설명할 수 있다. 고전이론이 조직만 있고 사람은 없는 것처럼 생각하는 조직관을 가졌다면 신고전이론은 사람만 있고 조직은 없는 것처럼 생각하는 조직관을 가졌다고 평하는 사람들이 있다.

❸ 욕구체계의 단순화·획일화　인간의 욕구체계를 지나치게 단순화하고 획일화하는 우를 범하였다. 고전이론은 경제적 욕구에만 매달린 반면 신고전이론은 사회적 욕구에만 매달리는 경향을 보였다. 피동적인 인간을 교환전략으로 조종해야 한다고 본 점은 고전이론의 입장과 같다.

❹ 하향적 관리에 대한 전제　조직을 관리하는 책임은 관리층에만 있다는 전제, 그리고 조직의 계서적 구조는 유지되어야 한다는 전제를 받아들이고 관리자의 입장에서 바라본 조직의 문제와 관리전략을 주로 연구하였다. 이러한 연구지향도 고전이론의 경우와 같다. 신고전이론의 상향적 의사전달 중시, 부하들에 대한 인간적(사회적·심리적) 배려 강조는 계서적 지배의 기본적인 틀을 인정한 위에서 이루어졌다. 그런 까닭으로 신고전이론은 관리층의 가부장적 지배를 강화하는 데 기여하였다는 비판을 받기도 한다.

❺ 보편화의 오류　신고전이론도 한정된 대상과 상황에 관련하여 발견한 규칙성을 보편화하는, 다시 말하면 보편적으로 타당하다고 믿는 과오를 많이 범했다. 예컨대 고전이론이 상명하복을 보장하는 하향적 의사전달체계를 항상 능률적인 것이라고 처방하였는가 하면 신고전이론의 한 유파인 인간관계론에서는 상향적 의사전달의 강화와 부하들의 합의에 입각한 상관의 권력행사를 보편적으로 유용하다고 처방하였다.

❻ 미숙한 경험과학주의　신고전기의 경험과학주의에 관한 초기적 이론도 미숙했다는 평가를 받았다. 예컨대 가치와 사실을 분리해 고찰할 수 있다는 단순한 신념을 드러낸 것과 같은 치우침은 비판의 대상이 되었다.

4. 신고전이론에 포함되는 학파들

신고전기에는 학파 그리고 연구인들의 관심사가 고전기의 경우보다는 더 복잡하게 분화되는 경향을 보였다. 그 가운데서 인간관계론, 생태론(환경유관론) 그리고 실증주의이론(경험주의이론)을 대표적인 학파로 꼽을 수 있다. 이러한 세 가지 유파 중에서 가장 영향의 폭이 컸고 조직연구인들의 주의를 많이 끌었던 것은 인간관계론이었다.

1) 생태론

신고전기의 후반에 환경적 영향이 조직에 작용하는 국면을 중요시하여 조직의 환경적 조건, 조직과 환경의 교호작용 등을 연구하는 생태론(生態論: ecological theory)이 대두하였다.

생태론적 관점에 입각한 연구인들은 조직이 완전한 자주적 존재인 것은 아니며 조직과 환경의 상호적인 의존관계는 불가피하다고 생각하였다. 그리고 조직을 관리하는 사람들이 세운 합리적 계획은 의도하지 않았던 결과를 빚을 수도 있고 대상조직과 관련 있는 외부의 사회적 단위들이 그러한 계획을 제약할 수도 있다고 주장하였다.

Talcott Parsons와 Chester Barnard는 조직을 그 환경과 교호작용하는 사회적 단위(social unit)라고 보는 연구경향의 지적 선구자로 지목되고 있다.m) John M. Gaus는 정부행정의 연구에 생태(ecology)라는 개념을 도입함으로써 행정의 생태론적 연구를 크게 촉진하였다.7)

생태론적 입장에서 경험적 연구를 한 초기의 연구인 가운데서 자주 인용되고 있는 사람은 Philip Selznick이다. 그는 조직이 공식적·합리적 국면뿐만 아니라 비공식적인 국면을 가졌으며, 조직의 구조는 구성원의 특성과 외적 환경의 영향을 받는다고 보았다. 그는 또 가치의 내재화를 통한 조직의 제도화 또는 기관화(institutionalization)를 중요시하고 포용(cooptation)이라는 개념을

---

m) Parsons는 조직을 생태적 차원에서 사회 전반의 기능에 연관시켰으며 대(對)사회적 기능에 따라 조직을 분류하였다. Barnard는 조직을 물리적·생물적·사회적 환경 전체에 끊임없이 재적응해야 하는 존재라고 규정하였다. Parsons, *The Social System*(Free Press, 1951); Barnard, *The Functions of the Executive*(Harvard University Press, 1938).

환경관계의 연구에 활용하였다. 이러한 그의 관점과 개념들은 테네시 강 유역 개발공사(Tennessee Valley Authority)에 관한 연구를 통해서 정리되었다. Selznick의 관점은 그 뒤 여러 사람의 경험적 연구를 유도하였다.[8]

2) 경험주의이론

신고전기로부터 경험주의(經驗主義: empiricism)의 물결이 조직연구인들에게 파급되기 시작하였다. 그와 비슷한 시기에 경험주의적 연구경향은 다른 사회과학분야에서도 영향력을 확장하기 시작하여 경험적 연구정보의 축적을 촉진하였다. 조직이론분야에서 경험주의적 방법론에 관하여 발제의 공을 세운 사람은 Herbert A. Simon이었다고 여겨진다. Simon은 가치문제와 사실문제를 엄격히 구별하는 논리적 실증주의에 바탕을 둔 경험주의적 접근방법을 따라야 조직과학 또는 행정과학을 발전시킬 수 있다고 주장하면서 경험주의적 접근방법의 실천적인 조건을 제시하였다.

Simon의 고전이론에 대한 반론은 여러 방면에 걸친 것이었다. 그러나 고전이론에서 발전시킨 '원리'들을 비판하는 데서 Simon의 공격은 가장 신랄하였으며, 이에 관련하여 오늘날까지도 그의 이름은 자주 인용되고 있다. 1945년에 출간된 그의 저서 *Administrative Behavior*에서 Simon은 전문화의 원리, 통솔범위의 원리, 명령통일의 원리, 부성화의 원리 등을 하나하나 비판하고 이들은 비경험적인 규범적 주장(행정 상의 격언: administrative proverbs)에 불과한 것이라고 하였다.[n]

3) 인간관계론

인간관계론(人間關係論: human relations approach)은 인간의 사회적 특성과 사회적 욕구충족을 중요시하는 접근방법이다. 조직의 능률을 향상시킬 수 있는 핵심적 통로는 조직구성원의 사회적 욕구충족이라고 본 인간관계론자들은 고전적 원리에 입각한 조직설계와 운영이 초래한 비인간화의 역기능을 제

---

n) Simon의 관심은 당초에 공공부문의 조직에 대한 것이었다. 조직이론의 과학성에 관한 그의 논의도 이러한 배경을 반영하는 것이었다. 고전이론의 '원리'를 비판한 그의 저서로 널리 인용되고 있는 *Administrative Behavior: A Study of Decision-Making Process in Administrative Organization*(Macmillan)은 1945년과 1947년에 출판되었으나 우리가 쉽게 구해 볼 수 있는 것은 1957년에 나온 개정판이다.

거하는 방안을 탐색하였다. 인간관계론은 고전이론에 대한 반론의 방법으로 출발하여 발전을 거듭하면서 현대조직이론의 형성과정에 지대한 영향을 미쳐 왔다.

　(1) 인간관계론의 출범　　인간관계론적 연구는 하버드대학교 경영대학원 교수였던 Elton Mayo의 주도 하에 실시된 일련의 경험적 연구로부터 출범하였다. 인간관계론적 연구경향의 대두에 직접·간접으로 자극을 주었거나 그 뒤의 이론형성과정에 기여한 Kurt Lewin, Mary P. Follett, Chester Barnard 등의 공적도 큰 것이었지만 Mayo의 공적은 훨씬 직접적이었기 때문에 그를 인간관계론의 창시자처럼 간주하게 된다.o)

　Mayo와 Fritz J. Roethlisberger, William J. Dickson 등 그의 동료 및 후학들이 실시한 여러 가지 조사연구사업 가운데 첫 번째 것이 이른바 '호손공장의 연구'(Hawthorne Studies)이다. 이것이 가장 널리 알려진 연구이다. 이 연구사업은 미국 시카고 교외의 서부전기회사 호손공장(Western Electric Company's Hawthorne Works)에서 5년간(1927~1932) 실시되었다.p)

　'호손공장의 연구'는 당초에 고전이론 특히 과학적 관리이론에 의거해 작업장의 조명, 휴식시간 등 물리적 및 육체적 작업조건과 경제적 보상방법의 변화가 근로자의 동기유발과 노동생산성에 미치는 영향을 분석하려고 설계한 것이었다고 한다. 그러나 연구의 진행과정에서 물리적 또는 육체적 작업조건보다는 다른 요인(감독자의 인정이나 비공식적 집단의 압력 등 사회적 요인)이 작업능률에 더 많은 영향을 미친다는 사실을 발견하였다.

　이른바 '호손효과'(Hawthorne effect)의 포착에서부터 사회적 유인에 대한 탐구는 촉진되었다.q) 연구팀은 '호손효과'라는 현상을 확인하면서부터 감독방

---

o) Lewin은 집단역학, 태도변화, 리더십 등에 대한 행태적 연구를 선도한 사람이다. Follett은 조직연구에서 인간적 요소의 중요성을 강조하고 조직 내의 비공식적 사회관계를 부각시켰다. Barnard를 의사결정이론가로 분류하는 사람들도 있으나 그의 공헌은 몇 개의 학파에 걸치는 것이다. 그는 인간적 요소의 중요성을 강조하고 권력의 상향적 흐름 등 비공식적 관계에 대해 주의를 환기시킴으로써 '호손'실험 이후의 인간관계론 발전에 기여하였다.

p) 이 연구사업은 1927년 이전부터 실시되고 있었으며 고전이론의 가설에 부합되지 않는 사실들이 밝혀지기 시작하자 1927년부터 Mayo team이 인수하였다고 한다. P. S. Pugh and D. J. Hickson, *Writers on Organizations*, 4th ed.(Sage Pub., 1989), pp. 172~173.

q) '호손효과'란 실험집단으로 선정된 근로자들이 특별히 선발되어 인정과 관심의 대상으로 되었다고 느끼기 때문에 동기를 유발하게 되는 현상을 설명하는 개념이다.

법, 리더십, 비공식적 집단 내의 여러 사회관계 등에 대한 연구를 본격화하였
다. 비공식적 집단의 역학관계가 근로자들의 생산성을 결정하는 핵심적 요인
이라고 생각하게 되었기 때문에 분석단위를 개인에서 집단으로 바꿨다.

'호손공장의 연구'에서 발견된 사실들은 대개 인간의 사회적 특성과 집단
역학에 연관된 것들이었다. 그 중요한 예로 관리층이 지속적인 관심을 보이면
근로자들은 그에 대해 긍정적으로 반응한다는 것, 사람들은 개인으로서가 아
니라 사회적 집단의 구성원으로서 행동한다는 것, 사람들은 경제적 욕구 이외
에 사회적 욕구를 지닌 존재라는 것, 사람들은 경제적 이해관계뿐만 아니라
감성과 기분에 따라서도 움직인다는 것 등을 들 수 있다.

'호손공장의 연구'에서 도출된 관점은 조직의 비공식적 구조와 인간적 과
정에 관한 여러 갈래의 후속적 연구들을 인도하였다. 그러한 연구활동의 주요
관심사는 작업집단 내의 대인관계, 집단적 규범과 압력, 개인 간의 갈등, 리더
십, 인적 특성이 조직행태에 미치는 영향, 감독기술, 인사상담, 참여적 의사결
정 등이었다.

(2) 인간관계론의 가정   인간관계론의 기본적 가정 내지 원리들을 간추리
면 다음과 같다.9)

❶ 사회적 욕구와 유인   인간에게는 사회적 욕구가 있으며 사회적 유인
이 인간의 동기를 유발한다.

❷ 욕구충족과 생산성   조직구성원의 만족(사회적 욕구의 충족)은 원칙적
으로 생산성을 높인다.

❸ 사회적 규범의 중요성   조직구성원의 생산성은 육체적 능력보다 사회
적 규범이 좌우한다.

❹ 집단의 중요성   집단은 개인의 태도와 직무수행에 큰 영향을 미친다.
관리층의 요구나 보상 또는 규범에 대해 조직구성원들은 개인적으로서가 아
니라 집단의 구성원으로서 반응을 보인다.

❺ 사회적 기술의 중요성   조직구성원들은 관리층이 그들의 사회적 욕구
를 충족시켜주는 만큼만 관리층의 요구에 응한다. 따라서 조직을 관리하는 사
람들은 사회적 기술(인간관계관리의 기술)을 갖추어야 한다.

❻ 비공식조직의 중요성   조직은 기술적·경제적 체제일 뿐만 아니라 사
회적 체제(비공식적 체제)이다. 사회적 체제인 비공식조직은 공식적 조직이 정

한 것과는 다른 규범을 만들고 개인적 역할을 설정할 수 있다.

　　(3) 평　가　인간중심적 연구경향을 싹트게 한 인간관계론은 시간의 흐름에 따라 성숙해갔으며 현대조직학의 성립에 중요한 기여를 하였다. 인간관계론의 핵심적 공헌은 조직연구에서 인간적·사회적 요인을 부각시킨 것이라고 할 수 있다. 인간관계론이 보여 준 인간에 대한 단순한 관점은 차츰 폭넓고 균형잡힌 것으로 변해가면서 보다 발전된 인간주의적 접근방법들의 성장을 유도하였다.

　　조직이론발전에 기여한 인간관계론의 공헌은 매우 컸지만 인간관계론의 접근방법이나 처방들은 많은 비판을 받아온 것이 또한 사실이다.

　　방법론적으로는 폐쇄체제적인 시각,r) 연구대상과 변수의 한정성, 경험적 입증의 취약성 등이 비판대상으로 되었다.

　　인간관계론적 처방의 부적절성이나 실천적 폐단을 지적하는 비판적 논점들은 다음과 같다.

　　첫째, 인간관계론의 처방은 조직의 목표를 저버린 채 개인의 감성과 비공식집단의 요청만을 중요시하여 기강을 문란하게 하고 관리의 방향을 잃게 하였다.

　　둘째, 근로자들이 인정받고 또 칭찬받고 있다는 느낌만 갖게 하면 모든 문제가 해결되는 것처럼 주장하였다. 만족한 젖소가 더 많은 우유를 생산하듯 만족한 근로자는 보다 많은 산출을 낼 것이라고 주장한 인간관계론은 '젖소사회학'(cow sociology)이라고 조롱받아 마땅하다.

　　셋째, 인간관계론의 처방은 조직구성원들을 비윤리적인 조종의 대상으로 삼게 하였다. 그러한 처방은 근로자들의 정당한 경제적 이익을 억압하는 보다 세련된 착취방법이며 속임수를 쓰는 조종술이었다.

　　넷째, 근로자에 대한 배려를 강화하도록 처방하고 민주적 리더십을 처방하였으나 관리자중심적·엘리트지배적 관리의 원리는 포기하지 않았다. 따라서 개인적 필요에 대한 배려를 강조한 인간관계론의 수단적 처방은 근로자의

---

r) 폐쇄적 시야 때문에 노동조합의 역할, 경제적 환경과 노동시장의 조건 등 개입변수들을 적절히 고려하지 못했다고 한다. '호손공장의 연구'가 진행되던 시기는 미국 경제가 불경기의 침체에 빠져 있던 때이다. 근로자들은 작업집단의 사회적 압력 때문이 아니라 실직의 위험을 피하기 위해 생산성을 스스로 조절했을 것이라고 주장하는 학자들도 있다.

개인생활에 대한 기업주의 가부장적 지배를 가져왔다. 구조와 기술의 영향을 간과하거나 소홀히 다루면서도 고전이론이 지지한 계서적 구조를 가름할 대안을 제시하지는 못했다. 오히려 조직의 전통적인 체제를 보존하기 위해 계서적 구조를 유지하려 하였다. 이러한 태도는 인간관계론의 엘리트주의적이고 권위주의적인 성향에서 비롯되었다고 할 수 있다.

03 현대이론

Ⅰ. 1950년대 이후의 발자취

현대조직이론의 특징을 설명하기에 앞서 1950년대 이후 조직이론이 걸어온 발자취에 대해 간단히 언급하려 한다.

1950년대에서 1960년대에 걸치는 20여 년의 기간은 오늘날 우리가 보는 조직이론의 실질적인 기틀을 잡아놓은 짧고도 번영된 시대였다. 이 기간에 고전이론과 신고전이론을 유산으로 받아 그것을 발전시키고 정리하였다. 조직에 관한 여러 가지 접근방법과 경험적 연구는 획기적으로 많아지고 다양화되었다. 접근방법의 다원화가 거듭 촉진되었으며 조직학의 통합을 위한 노력도 조직화되기 시작하였다. 접근방법의 다원화는 고전과 신고전의 전통을 공격하는 탈전통적 연구경향의 대두까지를 포괄하는 것이었다. 1970년대 이후 2000년대에 접어들기까지 그러한 경향은 한층 증폭되었으며, 조직학의 복잡성과 포괄성은 더욱 높아졌다. 1970년대 이후 비판적 내지 반전통적 연구경향도 광범한 세력을 떨치게 되었다.

1950년대 이후 오늘에 이르는 시대는 고도산업화와 정보화에 이르는 격변의 시대였다. 사회체제의 격동성과 학문적 환경의 복잡성은 점점 높아져 왔다. 문물의 교류에서 세계화는 급속히 촉진되어 왔다.

1. 세력확장

1950년대에 접어들면서부터 다양한 학문분야의 연구인들이 현저하게 많이 조직현상연구에 가담하였으며, 조직연구에 종사하는 사람들의 수는 계속 증가하였다. 조직의 연구를 본업으로 하는 사람들이 점점 더 많이 대학이나 연구기관에서 안정된 직업을 얻어 정착해왔다.

늘어나는 각종 매체를 통해 조직연구인들 사이의 정보교환도 활발해졌다. 이러한 상호충실화는 학제적 연구 또는 학문 간 융합의 발전에 기여하였다. 조직연구활동의 국제적 교류도 활발해졌다. 현대조직학의 국제적 확산이 촉진되어 이 학문의 국적을 따지기 어렵게 되었다. 1950년대로부터 조직연구에 관한 문헌들이 크게 늘어나기 시작하였으며 그러한 추세는 계속 증폭되어 왔다.

2. 방법론의 발전

전문화된 연구활동이 확대됨에 따라 실험실적 연구, 사례연구 등의 실증주의적 연구가 급속히 팽창되어 조직학의 경험과학성을 높여왔다. 경험과학성의 제고는 실증적 연구에 필요한 개념, 조사연구의 기법, 대량적인 정보처리수단 등의 발달을 동반하였다. 그런가 하면 실증주의적 연구방법을 비판하는 현상학적 관점도 점차 영향권을 넓혀 왔다.[a]

3. 분화와 통합

위에서 언급한 바와 같이 1950년대 이후 조직이론의 분화는 가속적으로 진행되어 왔다. 과거로부터 누적되어 온 학파들은 여러 방면에 걸쳐 살아 움직이고 세련되어 갔으며 분파들을 생성시켰다. 다른 한편으로는 기존의 학파

---

a) 현상학(現象學: phenomenology)은 현상, 즉 대상의 본질을 직관적으로 인식하여 서술함으로써 불변적·근원적·절대적 지식을 얻으려는 철학이다. 현상학은 사물의 본질을 이해하여 불변하는 근원적 지식에 도달하는 방법을 탐구한다. 현상학에 바탕을 둔 연구인들은 현상과 이해 사이에 관찰하는 사람의 마음(주관적 지각)이 개입한다는 것을 강조하고 가치라고 지각되는 것과 사실이라고 지각되는 것의 구별을 거부하며 현상을 분해하여 분석하려 하지도 않는다. 현상을 본질적인 전체(essential wholeness)로서 다루려 한다. 현상의 본질에 보다 가까이 접근하려면 그에 관한 모든 견해(지각)들을 종합해야 한다고 주장한다. 박이문, 현상학과 분석철학(일조각, 1985), 1~74쪽; 최재희, 철학원론(법문사, 1981), 76~86쪽; Howard E. McCurdy, *Public Administration: A Synthesis*(Cummings, 1977), pp. 351~352.

들을 거부하는 새로운 접근방법들이 개발되어 왔다.

접근방법의 분화가 가속되면서 조직연구에 관한 지혜를 종합하고 정리하는 통합화의 경향도 더욱 뚜렷해졌다. 조직현상을 관찰하기 위한 일반적 모형을 만들면서 고전이론의 관점과 신고전이론의 관점을 포용하는 균형잡힌 모형을 발전시켜보려는 노력이 1950년대에 성행하게 되었다. 고전이론과 신고전이론을 통합한 관점으로부터 출발하여 새로운 요인들을 첨가·보완하고 경험적 연구에 보다 유용한 길잡이가 될 수 있도록 가다듬는 일을 계속해 온 것이 이른바 통합적 모형의 발전사가 아닌가 생각한다. 체제개념의 도입과 활용은 통합적인 모형 구성에 좋은 수단을 제공하였다.b)

조직분석을 위한 통합적 모형의 개발노력과는 약간 다른 차원에서 조직연구에 관한 지혜의 통합에 기여한 것은 조직이론의 특성과 그 변천과정에 관한 저술들의 출현이다. 그 동안 누적되어 온 연구활동을 평가하고 종합해보려는 이론사적 문헌, 조직이론의 학파를 정리한 문헌, 선도적인 조직연구인들의 주요이론을 역사적으로 편집한 문헌, 조직이론의 일반적인 특성과 지위를 논의한 문헌 등은 조직연구에 관한 지식의 통합을 촉진했을 뿐만 아니라 조직학의 학문적 지위를 확립하는 데 크게 기여하였다.

II. 현대이론의 배경과 특성

1. 현대이론의 시대적 배경

현대사회는 '조직의 사회'라고 특징지을 수 있으리 만큼 인간의 생활을

---

b) 1950년대 후반에 등장한 통합적 모형의 예로 Ralph M. Stogdill의 모형이 흔히 들어지고 있다. 그는 통합적 이론구성을 시도하기 위해 많은 조직연구인들이 행한 선행연구결과를 분석하였다. 그가 분석한 연구결과는 약 800개에 달하였다. 그러한 연구들에서 다루어진 조직의 구성요소들을 찾아낸 다음 이들을 종합하여 논리적 일관성이 있는 하나의 모형을 정립하였다.
Stogdill의 모형은 9개의 중요변수에 기초를 둔 것이다. 중요변수들은 투입변수(구성원의 교호작용, 개인적 활동, 개인적 기대), 개입변수(구성원의 만족, 집단구조, 임무지향적 작업) 및 산출변수(집단적 대응성, 생산성, 통합)라는 세 가지 범주로 분류되어 있다. 이러한 Stogdill의 모형은 개인과 집단, 그리고 조직이 각각 가지는 목표 사이의 관계를 설명하고 공식적 요인과 비공식적 요인의 관계를 규명함으로써 구조적 측면을 중요시하는 입장과 행태적 측면을 중요시하는 입장의 조화·통합에 기여한 것으로 평가되고 있다. Stogdill, *Individual Behavior and Group Achievement*(Oxford University Press, 1959).

무수히 많은 조직이 둘러싸고 있다. 조직들은 더욱 성장하고 복잡해지고 다양화되고 있으며, 날로 새로운 조직 내의 문제와 조직에 관한 문제들이 제기되고 있다.

격동적인 사회에서 살아가는 현대인들은 조직에 의존하는 생활을 영위하면서도 전통적인 조직에 대한 신뢰를 점점 잃어가고 있다. 그리하여 끊임없는 그리고 신속한 조직사회의 변동을 희망하고 있다. 선진국에서나 후진국에서나 시대적 요청에 대응하여 새로운 조직을 창출하고 전통적인 조직들을 근본적으로 개혁해야 한다는 요구는 예전보다 훨씬 커지고 긴박해졌다.

현대조직학의 발전을 선도하고 있는 선진사회를 준거로 삼아 현대사회의 주요특성을 간추려보기로 한다.

(1) 격동하는 사회　현대사회는 격동성이 아주 높은 사회이다. 격동하는 (소용돌이치는: turbulent) 사회의 기본적인 특성은 복잡성의 증폭과 급속한 변동이다. 그러한 사회에서는 사회구성요소의 분화가 가속되고 분화된 요인들 사이의 상호의존성·연계성은 매우 높아진다. 기술적 변화가 선도하는 경제·사회·정치적 변화는 급속해진다. 여러 방면에서 일어나는 이익표출은 더욱 다양하고 강렬해지며 상충하는 요청 또는 이익들은 보다 첨예하게 대립한다.

(2) 정보화·세계화의 촉진　현대사회는 정보화사회이며 세계화사회이다. 정보과학과 정보산업의 발달에 따라 정보유통이 원활해지고 정보개방화가 촉진되고 있다. 사람들은 정확한 정보를 더 많이 얻어 풍요로운 지적 생활을 영위할 수 있다. 교통·통신의 발달 그리고 정보화의 촉진은 세계화를 가속시키고 있다.[c]

하나의 문화권 내에서 학문분야 사이의 정보교류가 대단히 원활해졌을 뿐만 아니라 학문활동의 장이 국제적으로 확대됨에 따라 인류의 지혜를 통합하는 데 크게 유리한 상황이 전개되어 있다. 그리고 생활관계의 개방성과 상

---

[c] 현대의 앞서가는 사회들은 산업화사회에서 정보화사회로 발전해 왔다.

산업사회 또는 산업화사회(industrial society)는 공업화를 통해 경제성장이 촉진되는 사회이다. 그 주요특성을 보면 공업화와 대량생산, 자본의 핵심적 위치, 조직혁명, 직업구조의 분화 촉진, 표준화·전문화·동시화·집중화·집권화를 처방하는 생산활동규범 등이다.

정보사회 또는 정보화사회(information society)는 정보의 생산과 이용을 중심으로 살아가는 사회이다. 그 주요특성은 정보산업의 지배적 위치, 지식과 창의성의 핵심적 위치, 정보혁명과 정보폭증, 자동화의 촉진, 인간욕구의 고급화, 조직사회의 탈관료화 경향, 탈산업화의 규범 등이다.

관성이 높아짐에 따라 사회현상을 연구하는 과학활동을 교호충실화하고 통합시킬 필요는 더욱 절실해지고 있다.

　(3) 경제적 풍요와 탈물질화경향의 대두　　정보산업이 주도하는 경제의 규모는 거대해지고 경제의 구조는 고도화되어 있다. 고도의 경제발전에 따라 물질생활은 풍요롭게 되었다. 물질적 풍요화를 거치면서 그에 대한 갈망도 커져 왔다. 그러나 다른 한편으로는 양적 충족의 추구로부터 질적 향상의 추구로 수요가 변해 가고, 물질의 풍요로부터 마음의 풍요를 찾는 탈물질화의 요청도 점증하고 있다.

　(4) 다원화사회　　사회의 다원화수준과 유동화수준은 매우 높다. 교통·통신의 발달로 인간생활의 공간적·시간적 거리는 급속히 단축되고 유동화수준은 높아지고 있다. 고령사회·고학력사회가 되고 여성의 사회진출은 크게 늘어나고 있다. 이러한 가운데 사회구조는 다원화·다양화되고 있으며, 가치구조도 다양화되고 있다. 사람들의 욕구가 고급화되어 간다는 일반적인 추세 속에서 욕구의 다양화도 빨라지고 있다.

　(5) 조직사회화의 촉진과 변모　　조직사회화(組織社會化)가 계속되고 있지만 그 양상은 과거보다 훨씬 복잡하다.[d] 고도산업화의 연장선상에서 대규모의 조직들이 많이 생겨 관료제적 근간이 한편에서 유지되고 있다. 그런가 하면 다른 한편에서는 소규모조직화의 요청, 적응적 조직화의 요청, 다원조직화의 요청, 네트워크조직화의 요청 등이 확산되고 있다.[e] 관료화의 폐단으로부터 탈출하여 조직 상의 인간주의(인도주의)를 구현하려는 움직임도 활발해지고 있다.

　(6) 참여정치의 발달　　선도적 사회들에서는 참여정치를 내용으로 하는 민주정치가 정착되어 있으며, 정치·행정의 참여적·자율적 국면은 날이 갈수록 확대되고 있다. 정치구조의 개방화·분권화도 계속적으로 추진되고 있다. 정치적·행정적 분권화는 현 시대의 이상이다. 국민생활에 대한 정치적·행정적 간섭을 줄이는 탈국가화의 추진 그리고 작은 정부의 구현을 지향하는 추세도

---

d) 조직사회화란 조직들로 구성된 사회로의 변화를 지칭한다. 조직이 많아지고 조직들이 인간생활에 미치는 영향이 아주 커지는 현상을 조직사회화라 한다. 이 책에서 조직사회라는 말도 쓰고 있는데 그것은 조직들의 전체, 조직들의 모임 또는 조직계(組織界)를 지칭한다.

e) 다원조직화란 상황적 요청에 따라 조직의 양태를 다양화하는 것을 말한다.

뚜렷하다.

(7) 사회적 부적응의 증대   급속한 사회변동은 여러 가지 혼란과 사회적 부적응을 일으키거나 그 위험을 크게 하고 있다. 문화적 혼합의 장기적인 과도화와 그로 인한 가치혼란의 위험이 크다. 급속한 기술진보에 법적 제도 등 사회제도와 사람들의 행태적 준비가 뒤쳐져 마찰이 빚어지는 일이 늘어나고 있다. 급변하는 정보화사회에서 인간적 소외, 비인간화, 공동체의식의 상실, 스트레스, 갈등 그리고 범죄의 증가가 심히 우려되고 있다.

2. 현대이론의 일반적 특성

현대의 조직이론은 지금까지 쌓여 온 조직연구의 경험과 지식 위에 성립되어 있으며 그 모든 업적을 종합 또는 포용하는 경향성을 지닌다고 생각할 수 있다. 현대조직이론의 주요특성을 다음에 몇 가지로 나누어 정리해보려 한다.

(1) 가치기준과 접근방법의 분화   오늘날 조직연구의 접근방법은 크게 분화되어 있다. 접근방법의 분화는 가치기준의 분화가 인도한다. 접근방법의 분화에 따른 연구활동의 원심적 다기화는 날이 갈수록 심화되어 가고 있다. 현대사회의 복잡한 조직들을 온전히 이해하기 위해서는, 그리고 복잡한 조직들이 직면하는 허다한 문제들을 깊이 연구하기 위해서는 접근방법의 분화를 촉진해야 한다.

전체적으로 파악한 현대이론은 다양한 가치기준들을 포용하고 있으며, 통합이론들은 가치기준들의 균형 있는 수용을 추구하고 있다. 그러나 분화된 접근방법들 사이의 우선순위 또는 세력의 차등은 따져볼 수 있다. 현대조직학에서는 자기실현적 인간의 관념에 입각한 인간주의적 편향을 지닌 접근방법들이 적어도 처방적인 차원에서는 가장 큰 지지를 받고 있는 것으로 보인다.

(2) 통합적 관점의 성숙   현대조직이론의 분화와 통합은 수레의 두 바퀴처럼 병진하고 있다. 분화 위에 통합이 추진되고 통합의 노력이 진행되는 가운데 다시 분화가 촉진되고 있다. 복잡한 조직현상을 보다 정밀하게 이해하려면 한정된 국면들에 대한 분화된 연구를 발전시켜야 한다. 그런가 하면 조직현상의 포괄적인 이해를 위해서는 분화된 연구의 지혜를 총동원하는 통합적

접근방법을 발전시켜야 한다.

오늘날 우리는 조직연구에 관하여 '유일의', '지배적인' 또는 '만족할 만한' 통합적 모형을 아직 발전시키지 못하고 있다. 그러나 보다 적실한 통합적 모형의 발전을 위한 노력은 줄기차게 진행되고 있다. 그리고 그러한 노력을 인도할 통합적 관점은 상당히 성숙되어 있다.

널리 수용되고 있는 통합적 관점은 복잡한 인간 그리고 복잡한 조직의 가정에 입각해 있다. 통합적 관점은 인간을 거의 무한한 잠재력과 가변성을 지닌 복잡한 존재로 보고 조직을 복잡한 체제로 보기 때문에 그에 관한 처방의 무모한 획일화를 경계한다. 조직현상의 다양성, 상황별 고유성, 그리고 개별적 변칙의 가능성을 이해하고 용납하면서 한정된 범위 내의 보편성 내지 규칙성이라도 확인하려는 것이 통합적 관점의 입장이다.

그러한 통합적 관점을 받아들여 통합적 연구모형을 개발하는 사람들은 대체로 "모든 것은 모든 것에 연관되어 있다"고 보는 체제개념을 사용하고 있다. 그리고 "상황에 따라 최적대안은 달라질 수 있다"는 명제를 받아들이는 상황적응적 접근방법에 입각하여 여러 가지 유형론을 발전시키고 있다.

(3) 학제적 연구의 심화 조직학은 처음부터 학제적 학문이었다. 조직학은 학문 간의 교호충실화를 도모하는 학제적 노력을 통해서 형성되었고 또 발전해 가고 있는 학문이다. 조직학의 학제화수준은 날로 높아져 조직연구에 관한 지혜의 통합이 촉진되고 있다.

조직학은 다른 학문분야의 업적이라고 할 수 있는 연구결과, 연구방법, 그리고 개념들을 거침없이 수용해 왔으며 수용의 양태는 시간의 흐름에 따라 더욱 세련되어 가고 있다. 조직학의 독자성을 전제하는 입장에서는 그러한 현상이 학문 간의 교호충실화로 조직학의 발전을 촉진하는 긍정적 요인이라고 본다. 정책형성의 연구를 통해 사회과학의 통합을 시도한 사람이 있듯이[1] 조직연구를 통해 사회과학의 통합을 추진하자는 사람도 있다.[2]

(4) 경험과학성의 향상 학제적 활동의 확대, 국제적인 연구정보교류의 증가, 그리고 비교연구·사례연구 등을 포함한 실증적 연구의 증가는 조직이론의 과학화수준을 크게 향상시켜 놓았다. 과학적 연구에 필요한 개념·가설과 조사방법의 발전, 그리고 컴퓨터를 사용하는 정보처리기술의 발달은 조직이론의 과학성을 높이는 데 기여한 요인들이다.

그러나 경험주의적 연구가 조직에 관한 모든 문제의 연구에서 지금 가능한 것은 아니다. 그리고 실증적 연구방법의 발전이 만족할 만한 것도 아니다. 문제영역의 전체적인 규모에 비추어 볼 때 경험주의적 방법이 적용될 수 있는 범위는 아직도 좁은 영역에 한정되어 있다. 현대이론의 경험과학성이 높아지고 있다는 주장은 경험주의의 적용범위가 예전보다는 상대적으로 넓어지고 있다는 점을 지적하는 것일 따름이다. 실증주의적 방법의 능력제약은 현대사회과학의 일각에서 반발적으로 머리를 들고 있는 현상학적 연구나 그 밖의 비실증주의적 연구 풍조에 구실을 제공하는 것이기도 하다.

III. 현대이론에 포함되는 학파들

1. 범위의 한정

현대조직학의 연구활동은 대단히 다기화되어 있기 때문에 이를 포괄적으로 정리하는 일이 쉽지 않다. 사실 현대이론의 범위를 한정하는 일조차 어렵다. 왜냐하면 조직학이 성립한 이래 고전기로부터 지금까지 등장해 온 많은 학파들의 누적으로 현대조직학은 형성되어 있기 때문이다. 고전기와 신고전기에 개화했던 학파들도 변용·발전하면서 현대조직학에서 어떤 역할을 하고 있다.

그러나 현대적 학파의 범위를 그렇게 넓게 잡을 경우 고전이론이나 신고전이론과 구별되는 현대적 학파를 따로 논의하는 일이 무의미해진다. 여기서는 현대적 학파의 범위를 1950년대 이후 새로이 나타나거나 세를 확장해 온 학파들에 국한하려 한다.

2. 주요학파의 해설

1950년대 이후 새로이 등장했거나 세력이 확장된 학파 내지 접근방법들 가운데서 중요하다고 생각되는 것들을 골라 간단히 설명하려 한다. 여기서 선정한 학파는 i) 비교조직론, ii) 발전이론, iii) 관리과학, iv) 행태과학, v) 행위이론, vi) 조직문화론, vii) 체제론적 접근방법, viii) 상황적응적 접근방법, ix)

신제도론, x) 조직군생태론, xi) 자원의존이론, xii) 거래비용이론, xiii) 대리인
이론, xiv) 거버넌스이론, 그리고 xv) 혼돈이론이다.f)

1) 비교조직론

1950년대와 1960년대를 거치면서 비교조직론(比較組織論: comparative
study of organizations)의 영역이 확고한 기반을 구축하였다. 비교조직론은 조
직들을 비교하여 유사성과 상이성을 발견하고 설명함으로써 조직이론의 보편
성을 높이려 한다. 비교조직론은 조직의 연구와 개선방안의 처방에 적용할 상
황적응적 접근방법의 발전을 촉진하였다.

전통적으로 조직이론의 주된 연구대상은 민간산업조직과 약간의 정부행
정조직이었으나 시간의 흐름에 따라 연구인들의 관심은 다양한 유형의 조직
으로 확산되어 갔다. 이와 같은 대상확대는 조직의 유형과 그것이 처해 있는
상황이 다름에 따라 거기에 적합한 연구모형을 따로 개발해야 한다는 필요를
부각시켰으며 조직을 비교연구하는 과제에 눈을 돌리게 하였다. 그리고 문물
의 국제교류가 급속히 증가함에 따라 학문세계에도 세계화의 물결이 높아졌
다. 그러한 풍조에 따라 조직의 국제적 비교연구 또는 소속 문화권을 달리하
는 조직의 비교연구도 활기를 띠게 되었다.

2) 발전이론(개혁이론)

발전이론(發展理論: development theories) 또는 개혁이론은 조직의 발전 또
는 개혁에 초점을 맞추는 학파이다. 1960년대에는 발전개념이 사회과학을 풍
미했는데, 조직이론에서도 의식적인 계획에 따라 추진되는 조직개혁을 연구하
는 분야의 성장을 촉진하게 되었다. 이와 같은 추세는 1970년대를 거치면서
더욱 확장되어 조직개혁의 과정과 전략에 관한 처방적 및 수단적 이론들이 크

---

f) 여기에 따로 열거하지는 않았지만 여성주의적 조직연구에 대한 논의들이 근래 상당한 관심을 모
  으고 있다. 여성의 조직 참여가 늘어나고, 평등주의 사상이 확산되는 데 따른 진전이라고 생각한
  다. 조직현상의 여성주의적 연구를 촉구하는 사람들이 말하는 여성주의(feminism)는 여성과 남
  성이 근본적으로 동일한 가치를 지녔다고 믿는 신념 또는 원리이다. 여성주의적 조직연구를 주장
  하는 사람들은 기존의 연구들이 성중립적(gender−neutral)이지 못하고, 남성중심적·남성우월주
  의적으로 설계되고 운영되는 조직을 남성뿐만 아니라 여성에게도 적합한 것으로 일반화 했다고
  비판한다. 남성성을 준거틀로 삼아 만들어진 조직에 여성들도 순응해야 한다는 처방을 비판한다.
  그리고 남성과 여성이 대등하게 공존하고 발전할 수 있는 조직의 발전을 촉구한다.

게 발달하였다. 현대조직이론의 역점이 기술(記述)에서 처방으로 옮겨가는 현저한 추세를 보이고 있으며, 이론적 과학(theoretical science)보다는 실용적 과학(practical science)이 더욱 중요시되고 있다는 주장을 하는 사람도 있는데, 그와 같은 관점은 조직개혁에 관한 처방을 탐색하는 연구활동의 확장에 착안한 것으로 생각된다.³⁾

3) 관리과학

조직의 경제적·기술적 측면에 관심을 모으고 과학적 방법을 활용하여 조직의 능률극대화에 관한 규범적 처방을 제시하려는 관리과학(管理科學: management science)이 1950년대부터 발전하였다. 과학적 관리운동에 뿌리를 두고 기술적 논리를 강조한 관리과학은 발전을 거듭하면서 보다 광범한 문제들에 관심을 갖게 되고 더욱 세련된 계량적 방법과 컴퓨터 기술을 활용하게 되었다.

관리과학의 특징은 i) 인간의 심리적 측면보다는 조직의 경제적·기술적 측면에 관심을 갖는다는 것, ii) 과학적 방법의 적용을 강조하고 수학적·통계학적 기법들을 활용한다는 것, iii) 체제론적 접근을 강조한다는 것, iv) 연구의 도구로 컴퓨터를 많이 활용한다는 것, v) 불확실성을 극복하면서 합리적 결정을 탐색하고 규범적 처방을 제시하려 한다는 것 등이다.⁴⁾

4) 행태과학

행태과학(行態科學: behavioral science)은 조직의 인간적 요소 그리고 조직의 심리적 체제에 주의를 집중하고 경험적인 조사연구의 방법을 중요시하는 접근방법이다. 이 접근방법은 강한 인간주의적 지향성을 지니고 있다.

인간관계론적 관심과 연구기법의 확대·개편에 따라 행태과학이 성립하였다. 행태과학의 인간행태에 관한 가설은 인간관계론의 가설보다 훨씬 더 세련되고 복잡해졌다. 그리고 가설검증을 위해 보다 과학성이 높은 조사연구방법을 사용하게 되었다. 행태과학은 동료 간의 관계나 상관과 부하의 관계뿐만 아니라 인간과 직무의 관계가 인간행태에 미치는 영향에까지 관심의 폭을 넓히는 등 연구대상을 확대해 왔다.

동기이론을 중심으로 한 인간화의 이론은 행태과학에 많은 영향을 미쳐 왔다. 조직심리학의 기여에 힘입어 인간의 자기실현욕구를 강조하는 일련의 성장이론이 발전하면서부터 행태과학은 고급의 인간속성에 착안한 인간화를 기본적 가치기준으로 삼게 되었다. 그리하여 행태과학은 인간주의조직학으로서의 지위를 굳혀 왔다.

행태과학은 인간중심의 개혁전략을 지지하고 개혁실천의 민주적·참여적 방법을 중시한다. 행태과학의 이러한 강조점은 구조론적 접근방법에도 영향을 미쳐 반관료제적·탈관료제적 처방의 발전을 촉진하였다.

5) 행위이론

행위이론(行爲理論: action theory)은 인간행위의 주관적 의미를 탐구하는 접근방법이다.g) 행위이론은 인간행위의 의미를 해석하려는 철학인 해석학(解釋學: hermeneutics)과 현상학에 기초를 둔 접근방법이다. 행위이론의 연원은 Max Weber의 해석사회학(解析社會學)h)에까지 거슬러 올라가 찾을 수 있다고 한다.

행위이론은 정통적 조직연구인들이 순수과학의 예를 따르려는 과오를 저질렀다고 비판한다. 행위이론가들은 사회과학의 대상은 자연과학의 대상과 전혀 다르다고 주장한다. 행위이론은 개인이 행동에 부여하는 의미를 중요시한다. 그리고 가치문제를 중요시한다. 행위이론은 개체주의적인 미시적 접근방법이라는 점에서 총체주의적인 체제이론과 구별된다.

행위이론의 주요가설 또는 원리는 다음과 같이 요약할 수 있다.5)

❶ 사회과학과 자연과학의 구별   사회과학과 자연과학은 전혀 다른 대상을 다룬다. 사회과학의 대상은 인간의 행위이다. 행위는 인간의 주관적 세계를 반영하며 무엇인가 가치 있는 목표를 추구하는 것이다. 사람들은 행위에 의미를 부여한다. 사회과학의 대상인 행위는 행위자에게 의미가 있지만 자연과학의 대상인 물질의 작용에는 그와 같은 의미가 없다.

---

g) 행위이론은 행동이론, 행동론적 접근방법(action approach), 사회적 행동이론(social action theory), 행동준거틀(action frame of reference) 등 여러 가지 별칭을 가지고 있다.

h) 해석사회학은 개인의 행위에 초점을 맞추고 개인이 행위에 결부시키는 의미를 이해하려 한다. 그리고 행위자의 관점에서 상황을 파악해야 한다는 점을 강조한다. Weber의 이론은 정신세계의 역사적·문화적·질적 분석에 해당한다. Max Weber, *Economy and Society: An Outline of Interpretive Sociology*, eds. by Guenther Roth and Claus Wittich(Bedminster Press, 1968).

❷ 행위의 의미 탐구   인간행위를 설명할 때에는 행위자가 그의 행위에 부여한 의미를 반드시 고려해야 한다.

❸ 개인과 사회의 상호적 영향   사람이 그의 행위에 부여하는 의미를 결정할 때에는 사회적 영향을 받는다. 사람들이 공유하는 지향성은 사회적으로 제도화되며 후대의 사람들은 그것을 사회적 사실로 받아들이게 된다. 그런가 하면 사람들은 또 사회적 사실에 영향을 미친다.

❹ 외재적 결정론의 배척   인간과 사회의 상호적 영향관계는 인정하지만, 사회적 제약요인 또는 비사회적 제약요인이 인간의 행위를 외재적으로 결정한다고 설명하는 외재적 결정론은 받아들이지 않는다.

인간의 주관적 세계를 소홀히 다루면 안 된다는 행위이론의 주장은 높이 평가해야 한다. 행위이론은 인간의 행위뿐만 아니라 행위자가 그의 행위에 부여하는 의미, 그리고 상황에 대한 행위자의 지각에까지 이해의 폭을 넓히는 데 기여한다.

그러나 행위이론은 인간의 주관적 세계에 치우친 관심을 가지기 때문에 행위자의 지각과 객관적 사실을 지나치게 분리한다는 비판을 받는다. 행위이론의 인간모형은 너무 원자적(atomistic)이며 따라서 사회적 차원의 분석에는 소홀하다는 비판도 있다. 행위자가 하는 의식적 선택의 역할은 과장하고, 사회적·구조적 결정의 영향은 과소평가한다는 지적인 것이다.

6) 조직문화론

전통적 접근방법들의 한계를 느낀 조직연구인들은 조직문화론(組織文化論: organizational culture approach)을 개척하게 되었다. 조직의 보다 근본적인 개혁에 대한 요청이 커지면서 조직문화론은 더 많은 관심을 끌게 되었다. 문화에 대한 인류학적 관심은 오래 되었지만 조직문화론의 역사는 길지 않다. 조직문화에 관한 연구가 본격화된 것은 1980년대에 접어들면서부터이다.[i]

조직문화론은 조직을 하나의 소사회(小社會: mini-society)로 보고 조직의 문화를 조직구성원들이 공유하는 생활양식 내지 행동양식의 총체이며 그것은 구성원들이 공유하는 심층적인 근원적 전제에 바탕을 둔 것이라고 정의한다.

---

i) 경영학에서는 조직문화라는 말 대신 기업문화라는 말을 자주 쓴다. 행정학에서는 행정조직의 문화를 행정문화라 한다.

조직문화는 언어, 가시적인 태도와 행동, 기술 등 인위구조와 가치·신념, 그리고 문화적 공리로서 당연시되고 잠재의식화된 근원적 전제로 구성된다고 한다. 조직문화론은 조직행동의 대부분이 조직 내에 존재하는 문화적 기본전제에 따라 미리 정해진다고 가정한다.[6]

조직문화론의 관심은 여러 영역에 걸쳐 있지만 그 궁극적인 관심은 조직문화의 개혁에 있다. 바람직한 조직문화에 관한 목표상태를 처방하고 문화개조의 전략과 기술을 탐구하는 데 주력하고 있다.[7]

조직문화에 대해서는 제2장 제3절에서 자세히 설명할 것이다.

7) 체제론적 접근방법

오늘날 조직학을 포함한 사회과학 전반에서 널리 쓰이고 있는 체제론적 접근방법(體制論的 接近方法: systems approach)의 주된 기반은 일반체제이론(一般體制理論: general systems theory)이다. 체제론적 접근방법은 주로 개방체제(open system)라는 개념을 사용한다.

체제론적 접근방법은 총체적·학제적 접근방법이다. 모든 현상을 보다 상위의 포괄적인 전체를 구성하는 부분이라고 파악하여 통합적 분석을 시도하기 때문에 총체적 접근방법이라 한다. 고찰대상의 포괄적 연관성을 강조하는 이 접근방법은 공동목표의 추구를 위해 조정되어야 할 구성요소 또는 부분들의 관계를 이해하는 데 필요한 개념적인 틀을 제공한다. 이 접근방법은 또한 다양한 학문분야의 관련지식들을 종합적으로 동원할 수 있는 개념적인 틀을 제공하기 때문에 학제적이라고 한다. 모든 과학을 하나의 '광범한 개념적 모형'(grand conceptual model)에 의하여 통합시키려는 접근방법이라고 설명되기도 한다.[8]

체제론적 관점의 역사적 유래는 19세기 이전의 철학적 사고에까지 거슬러 올라가 찾을 수도 있지만, 일반체제이론이 발전하고, 한층 명료화된 체제개념이 사회과학에서 널리 쓰이기 시작한 것은 2차 세계대전 이후의 일이다. 1950년대를 거쳐 1960년대 중반에 이르러서는 체제론적 접근방법이 조직연구활동을 압도하게 되었다. 그때부터 지금에 이르기까지 체제개념 그리고 일반체제이론의 관점은 조직학에서 아주 광범하게 활용되고 있다.[j]

---

j) 일반체제이론의 집대성에 선도적 역할을 한 사람은 Ludwig von Bertalanffy라고 한다.
　　Nobert Winer는 조직을 적응적 체제로 규정한 체제모형을 제시함으로써 조직연구에 체제개

(1) 체제론적 접근방법의 관점   체제론적 접근방법의 주요관점은 다음과 같이 요약할 수 있다.9)

❶ 총체주의적 관점   체제론은 총체주의(전체론: holism)에 입각해 있다. 체제론적 접근방법에서는 하위체제들로 구성되는 체제는 그 또한 보다 복잡한 상위체제의 하위체제라고 본다. 그리고 모든 체제는 하나의 총체 또는 전체로서 그 구성부분들의 단순한 합계와는 다르거나 그 이상의 특성을 지니게 되므로 총체에 대한 거시적 분석이 필요하다고 본다.

❷ 목표론적 관점   목표론적 관점(목적론: teleology)은 모든 존재(being)는 어떤 목표를 추구하도록 설계되었거나 목표를 가졌다고 본다. 특히 살아 있는 모든 유기체의 적응적·목표추구적인 속성을 강조한다.

❸ 계서적 관점   계서적 관점(hierarchical perspective)은 일련의 현상 사이에 형성되는 관계의 배열이 계서적이라고 본다. 하위의 단순한 체제는 보다 복잡한 상위의 체제에 속한다고 이해하는 이 관점은 체제의 발전방향을 시사해 주는 것이기도 하다. 그러한 관점은 체제들이 단순한 하급의 상태에서 복잡한 고급의 상태로 발전해간다는 견해를 포함한다고 볼 수 있다.

❹ 시간중시의 관점   체제론적 접근방법은 시간차원을 중시하는 관점(temporality)에 입각한 것이다. 체제들은 시간선상에서 움직여 나가는 (변동해가는) 동태적 현상이라고 이해한다. 그러한 움직임은 하급의 단순한 수준에서 고급의 복잡한 수준으로 이어지는 계서적 연속선을 따라 진행된다고 본다.

개방체제의 설명에서 시간개념의 도입을 특히 강조한다. 개방체제는 외적 환경과의 교호작용을 통해서 항상 동태적인 변동을 겪는다고 한다. 개방체제는 시간선상에서 변동해가되 항상성(homeostasis)을 유지한다고 한다. 항상성은 동태적 안정상태를 설명하는 개념으로서 정태적 균형의 개념과는 구별된다. 그리고 개방체제의 변동에서는 같은 종국상태가 서로 다른 출발조건과 통로를 거쳐서도 나타날 수 있다고 한다. 이러한 특성을 동일종국성(同一終局性: equifinality)이라는 개념으로 설명한다. 개방체제들은 또한 반노폐기제(反老廢機制: negative entropy)에 의하여 소비하는 것 이

념을 적용한 초창기적 모형의 한 전형을 보여주었다. Robert Katz와 Daniel Kahn은 1960년대에 개방체제모형의 틀에 맞추어 조직학 교과서를 쓴 사람들의 대표적인 예로 들어지고 있다. Bertalanffy, "General Systems Theory: A New Approach to Unity of Science," *Human Biology*(vol. 23, Dec. 1951), pp. 303~361, *General System Theory*(George Braziller, 1968); Winer, *Cybernetics*(MIT Press, 1948); Katz and Kahn, *Social Psychology of Organizations*(John Wiley & Sons, 1966).

상의 에너지를 받아들여 스스로를 유지하고 발전시키는 속성을 지녔다고 한다.

(2) 체제의 정의   체제론적 접근방법에서 사용하는 체제모형들은 대체적인 공통성을 지니고 있지만 개별적인 다양성 또한 상당한 편이다. 체제(體制: system)의 개념정의에서도 서로 조금씩 다른 여러 가지 견해를 볼 수 있다.

체제개념의 여러 가지 정의에 공통되는 가장 기본적인 요소는 체제를 '일련의 변수' 또는 '일련의 연관된 사물'이라고 규정하는 것이다. 이 밖에 연관된 요인들은 공동의 목표달성에 지향되어 있다는 것, 그리고 연관된 요소들이 하나의 총체적인 관계를 형성한다는 것에 관해서도 대체적으로 공통적인 인식을 보이고 있다.

저자는 체제의 일반적 의미를 "총체적인 관계 속에서 공동의 목표달성을 지향하는 상호연관된 사물"이라고 정의하려 한다.

앞서 말한 바와 같이 우리의 논의에 원칙적인 준거가 되는 것은 개방체제(open system)이다. 폐쇄체제(closed system)라는 개념적 구성이 있기는 하지만 그것은 오늘날 조직현상을 포함한 사회현상의 연구에 유용한 길잡이를 제공하지 못한다. 왜냐하면 현대사회과학에서는 사회현상을 개방체제로 보기 때문이다. 폐쇄체제와는 달리 개방체제는 그 환경과 교호작용을 통해서 영향을 주고받는 체제라고 정의된다.

독자들이 참고하도록 이 방면 연구인들이 제시한 체제의 정의를 몇 가지 소개하려 한다.

Ludwig von Bertalanffy는 체제를 "교호작용하고 있는 일련의 요소들"이라고 하였다.[10] Richard A. Johnson, Fremont E. Kast, 그리고 James E. Rosenzweig 는 "체제란 일정한 목표를 추구하도록 계획적으로 연관지을 수 있는 구성요소들 또는 하위체제들이라고 정의할 수 있다"고 하였다.[11]

George H. Rice, Jr.와 Dean W. Bishoprick은 "체제는 구성요소들 사이의 유형화된 기능적 관계로 구성된다"고 하였다.[12] Nicholas Henry는 "체제란 하나의 실체이며 그 안에서 모든 것은 모든 것에 연관된다. 달리 말하면 체제란 전체의 목표를 위해 함께 일하는 부분들로 구성되는 것이다"라고 하였다.[13]

C. West Churchman은 "체제란 일련의 목표들을 성취하도록 조정되는 일련의 부분들이다"라고 하였다.[14] Richard L. Daft는 "체제는 교호작용하는 일련의 요인들로서 환경으로부터 투입을 받아들이고 이를 전환(처리)하여 외부환경에 산출을 내보낸다"고 하였다.[15]

(3) 조직연구와 체제모형   조직연구의 체제론적 접근방법에서는 조직을 하나의 '사회적 체제'로 파악한다. 조직은 상호연계되고 상호작용하는 요인들의 복잡한 결합이라고 정의한다. 상호의존적인 요인들(부분들)은 전체에 대하여 무엇인가를 기여하고 전체로부터 무엇인가를 제공받는다고 본다. 그리고 조직이라는 하나의 전체 또는 총체는 그 환경과 상호의존관계에 있다고 본다. 조직을 하나의 개방체제로 규정하는 것이다.k)

조직의 연구에 쓰이는 개방체제모형을 구성하는 주요개념(key ideas)들은 목표(goals), 경계(boundaries), 환경(environment), 투입(input), 처리(throughput or transforming), 체제의 구조(system structure), 산출(output), 환류(feedback), 상위체제(suprasystem), 하위체제(subsystem) 등이다. 이러한 개념들로 짜여진 개방체제모형에 입각하여 조직을 설명하면 다음과 같이 된다.

조직은 일정한 목표를 추구하는 체제이다. 조직은 인간의 교호작용으로 구성된 일련의 하위체제들을 내포하는 사회적 체제이다. 조직의 경계는 조직과 환경을 구별해 준다. 조직의 경계 밖에 있는 것은 조직의 환경이다. 조직은 개방된 체제이므로 경계를 넘나드는 교호작용이 있다. 환경과의 교호작용에서 조직이 환경으로부터 받아들이는 인적·물적 자원, 에너지, 정보 등을 투입이라 한다. 조직은 투입을 처리하여 산출로 변환시키고 이를 환경으로 내보낸다. 산출의 일부 또는 산출의 효과에 관한 정보 그리고 조직 내적 관계에 관한 정보가 의사결정중추에 되돌아와서 이후의 행동조정에 영향을 미치는 것을 환류라 한다. 조직 내에서 일어나는 교호작용의 유형화된 배열을 구조라 한다. 하나의 체제가 소속된 보다 큰 체제를 상위체제라 하고 체제 안에 있는 작은 체제들을 하위체제라 한다. 하나의 체제는 둘 이상의 하위체제를 가지고 있어야 한다. 하나의 체제는 둘 이상의 상위체제에 동시에 소속할 수도 있다.

체제론적 접근방법은 조직의 연구에서 통합적 연구를 촉진하는 거시적 안목을 제공한다. 이것은 복잡한 조직현상을 포괄적으로 이해하려 할 때에 유

---

k) Kenneth E. Boulding은 복잡성의 수준에 따라 체제의 종류를 ① 정태적 구조, ② 시계장치수준(clockworks level)의 체제, ③ 온도조절장치수준(thermostat level)의 체제, ④ 세포수준의 체제, ⑤ 식물수준의 체제, ⑥ 동물수준의 체제, ⑦ 인간수준의 체제, ⑧ 사회적 체제 및 ⑨ 초월적 체제(transcendental system)로 분류하였다. 사회적 체제는 인간의 유형화된 교호작용으로 구성되는 체제이다. Boulding, "General Systems Theory: The Skeleton of Science," *Management Science*(no. 2, April 1956), pp. 197~208.

용한 길잡이가 된다. 그리고 체제론적 접근방법은 고도의 학제성을 지녔기 때문에 여러 학문의 지혜를 통합하는 데 기여한다.

그러나 체제론적 접근방법을 적용하는 데는 여러 어려움이 있다. 이 접근방법은 추상화의 수준이 매우 높은 거대이론 또는 광범위이론(grand theory)에 바탕을 두고 있기 때문에 실제적 조사연구에 필요한 상세하고 구체적인 길잡이를 제공하지 못한다는 애로가 있다. 그리고 연구범위에 포함시키는 변수와 다차원적 인과관계가 너무 많고 광범하여 실제의 연구에서 감당하기 어렵다는 제약도 있다. 생물학적 비유로부터 발전시킨 체제모형들을 사회현상에 무비판적으로 적용하면 그릇된 결과를 빚는다는 경고도 있다.

8) 상황적응적 접근방법

조직학에서 말하는 상황적응적 접근방법(狀況適應的 接近方法: contingency approach)은 모든 상황에 적합한(보편적인) 유일최선의 조직설계와 관리의 방법은 없다는 명제를 기초로 삼지만 분석틀을 중범위화함으로써 적용가능성을 높인 접근방법이다.[1] 이 접근방법은 개별적 상황의 조건에 따라 달라지는 문제와 해결방안의 다양성 내지 구체적 고유성을 전제한다. 그러나 조직현상의 연구와 조직의 실제적 운영에 유용한 도구를 제공하기 위해 연구대상이 될 변수를 한정하고 복잡한 상황적 조건들을 분류하여 범주화함으로써 거대이론의 경우에서보다는 분석의 틀을 훨씬 단순화한다.

1960년대부터 조직연구에 널리 보급된 상황적응적 접근방법은 일반체제이론의 넓은 틀 안에서 그보다 추상화의 수준이 낮은 개념적 틀을 발전시키려는 상황이론에 기초를 둔 것이다. 상황이론은 일반체제이론의 거시적 관점을 실용화하려는 중범위이론(中範圍理論: middle-range theory; meso theory)이라고 한다. 체제이론의 구체화 내지 상세화라는 과업을 맡고 있는 것이 상황이론이라고 말하는 사람들도 있다.

(1) 상황적응적 접근방법의 원칙적 관점   조직구성과 관리방법의 적합성

---

1) 상황적응적 접근방법은 상황론, 상황조건론 등 여러 가지 이름으로 불리어지고 있다. 조직은 환경에 대응하는 목표추구적 존재이며, 조직이 환경에 대응하는 유일최선의 방법은 없다고 전제하는 접근방법을 합리적·상황적응적 모형(rational-contingency model)이라고 한다. 조직을 목표추구적이라고 보기 때문에 합리적이라는 명칭을, 그리고 유일최선의 적응방법은 없다고 보기 때문에 상황적응적이라는 명칭을 붙이게 된다고 한다.

내지 효율성은 조직이 처한 상황에 의존하는 것이라고 보는 상황적응적 접근 방법의 기본적인 가정은 세 가지로 나누어 볼 수 있다. 이들은 서로 표리의 관계에 있으며 다소 중첩된다.[16]

첫째, 조직을 구성하고 관리하는 데 유일최선의 방법은 없다.

둘째, 어떤 조직관리방법도 모든 상황에서 똑같이 효율적일 수는 없다.

셋째, 유일최선의 방법은 오직 상황적응적으로만 존재할 수 있다. 조직관리가 가장 효율적이기 위해서는 그것이 조직의 임무와 환경적 조건에 적합해야 한다.

(2) 중범위화: 원칙적 관점의 수정 위의 전제들을 문자 그대로 철저히 지킨다면 과학적 연구활동이 너무 복잡해지고 거의 불가능해질 수도 있다. 왜냐하면 개별성과 고유성 이외에 규칙성이나 일반성은 논의할 수 없을 것이기 때문이다. 그러나 앞서 말한 바와 같이 체제론적 관점의 실용화를 추구하는 상황이론들은 고찰변수를 선별하여 한정하고 상황적 조건들의 유형론을 발전시킴으로써 조심스럽게 제한된 범위 내의 일반성과 규칙성을 발견하려고 한다.

실제로 개척되어 있는 상황이론들은 이른바 중범위이론으로서 특정적이고 단순한 원리와 복잡하고 모호한 관념의 중간을 지나려 한 것들이다. 한편으로는 현대조직을 설계하고 관리하는 데 내포된 복잡성을 인정하지만 다른 한편에서는 중범위적 관점에서 여러 관계의 유형 또는 하위체제들의 유형을 활용함으로써 복잡한 관계를 어느 정도 단순화한다. 그리하여 연구자들이 '감당할 수 있는' 개념적 틀을 제공하려 한다.

상황적응적 접근방법은 조직학의 과학성을 높이는 데 기여하고 있다. 이 접근방법은 조직을 관리하는 사람들이 보편적인 것처럼 알려진 가정들에 따른 습관적 행동을 삼가도록 권고한다. 행동하기 전에 상황을 면밀히 분석하도록 유도함으로써 보다 적절한 행동대안의 선택을 돕는다.

그러나 이 접근방법이 지금 만족할 만한 발전수준에 도달해 있는 것은 아니다. 대단히 많은 상황이론들이 나와 있지만 그 중 대다수가 개념적 명료성을 결여하고 있으며 관련변수 사이의 최적부합도를 판단할 정확한 기준을 제시하지 못한다는 등의 비판을 받고 있다. 그리고 상황이론들은 중범위이론의 본래적인 한계를 지니고 있다. 충분히 포괄적이지도 못하고 충분히 상세하지도 못하다는 것이 중범위이론의 한계이다. 조직의 최적양태가 상황적 조건에 따라서만 결정되는 것처럼 보는 상황이론의 관점이 잘못되었다고 비판하는 사람도 있다.[m]

9) 신제도론

신제도론(新制度論: neo-institutional theory)은 제도(institution)를 조직연구의 핵심개념으로 사용하는 접근방법이다. 이 접근방법은 개인과 조직의 행동을 제약하는 제도의 중요성을 강조한다.[n]

신제도론은 조직과 환경의 관계를 교호작용적인 것으로 보는 개방체제적·상황적응적 접근방법이다. 전통적 제도론이 비공식적 요인과 환경적 영향관계를 간과한 폐쇄체제적 관점에서 연구한 것과 대조된다. 신제도론은 비공식적 측면에도 주의를 기울이고 '제도의 장(場)'이라고 하는 환경이 조직에 미치는 영향의 고찰도 게을리하지 않는다.

신제도론은 제도를 문화의 산물이며 경로의존성을 지닌 현상이라고 보기 때문에 문화론적 접근방법이라 할 수 있다. 그리고 조직과 종적·횡적으로 연계된 제도들 사이의 영향관계를 전체적으로 파악하려 하기 때문에 집합주의적 접근방법이라고 한다. 집합주의는 개인의 합리적 선택에 초점을 맞추는 개체주의에 대조되는 개념이다.

신제도론의 핵심개념인 제도는 인간의 교호작용을 모양짓는 인위적 제약(humanly devised constraints)이다. 제도는 사람이 만들어 사람의 행동을 제약하게 하는 것이기 때문에 인위적 제약이라 한다. 제도는 인간사회를 규율하는 게임의 규칙이다. 제도는 인간생활에 구조화의 틀을 제공함으로써 불확실성을 줄이고 사람들의 안정적 교호작용을 촉진한다.

신제도론의 주요 명제는 다음과 같다.[17]

---

m) Child는 상황의 변화에 불구하고 언제나 효율적일 수 있는 조직의 양태도 제한된 범위 내에서나마 있을 수 있다고 보는 일관성이론(consistency theory)을 상황이론의 대안으로 제시하였다. John Child, *Organizations: A Guide to Problems and Practice*(Harper & Row, 1977).

n) 1970년대부터 여러 학문분야에서 신제도론이 부각되었다. 분야마다 신제도론의 내용은 조금씩 다르다. 제도의 지속성과 그것이 형성되는 역사적 과정을 중요시하는 역사적 제도론, 조직과 환경의 관계를 중요시하는 사회학적 제도론, 합리적 선택모형과 제도론의 절충을 시도하는 합리적 선택론의 제도주의 등이 신제도론의 주요 분파이다. 조직학에서 주로 논의하는 신제도론은 사회학에서 개척한 사회학적 신제도론이다.

❶ 개인행동에 대한 제도의 영향　개인행동은 제도의 산물이다. 개인의 행동은 제도가 설정한 의무와 책임에 대한 반응이다. 제도적 상황에서 교화와 경험의 과정을 통해 개인의 가치와 선호가 형성·변동된다. 제도는 또한 개인적 선호가 행동으로 전환되는 과정에도 개입하여 영향을 미친다. 따라서 개인적 행동의 결과는 개인적 선호와 타산보다 제도적 요인의 영향을 더 많이 받은 것이라고 보아야 한다.

❷ 제도가 만들어내는 조직의 결과　조직은 하나의 제도이다. 조직의 산출 또는 결과는 조직이라는 제도의 결과이다. 조직이라는 제도의 산출 또는 결과는 조직의 구조와 행동규범의 산물이다. 제도의 결과를 원자적 개인들이 하는 합리적 선택행동의 집합적 결과라고 해석하면 안 된다. 조직의 결과는 원칙적으로 제도적 구조의 결과라고 보아야 한다.

❸ 독자적 개방체제인 제도　하나의 제도인 조직은 환경적 제도들과 교호작용한다. 조직이라는 제도는 독자성과 자율성을 지닌 개방체제이다. 환경과의 영향관계는 상호적인 것이다.

❹ 제도변화과정의 경로의존성·부적응성·비효율성　제도는 문화적·역사적 산물로서 지속성을 지닌다. 제도는 과거의 산물이며 미래의 제도적 선택을 제약한다. 과거와 현재의 제도적 선택이 장래의 제도적 선택을 제약하는 현상, 즉 경로의존성(path dependency)은 제도발전과정의 중요한 특성이다. 환경변화와 그에 대응하는 제도의 적응적 변화가 언제나 부합되는 것은 아니다. 양자가 괴리되어 부적응을 야기하는 경우가 많다. 환경변화에 적응하지 못하는 제도는 환경적 요청에 적절히 대응하지 못한다. 제도는 그 본래적 의도와는 다른 결과를 초래할 수도 있다. 환경변화와 제도변화의 괴리, 그리고 의도와 결과의 괴리는 비효율의 원인이다.

신제도론은 원자적 개인의 선호와 선택에 초점을 맞추는 학파들이 간과했던 제도의 영향을 부각시킴으로써 사회과학의 발전에 기여하고 있다.

그러나 여러 가지 비판의 대상이 되기도 한다. 비판의 주요논점은 i) 제도에 치우친 연구는 제도적 결정론의 오류를 범한다는 것, ii) 이론의 추상성·모호성은 경험적 연구에 효과적인 길잡이를 제공하지 못한다는 것, iii) 제도의 형성·변동과정에 대한 설명이 미진하다는 것, iv) 제도적 제약과 개인행동 사이의 구체적인 인과관계를 설명하지 못한다는 것 등이다.

10) 조직군생태론

조직군생태론(組織群生態論: population ecology or natural-selection theory)
은 환경적 요인들이 환경에 가장 적합한 조직특성들을 선택한다고 보는 접근
방법이다. 조직은 환경적 선택에 대해 피동적인 존재라고 보는 접근방법이다.
이 접근방법은 사회적 조건이 조직의 생성률, 변화율, 사멸률 등에 어떻게 영
향을 미치는가에 관심을 갖는다.[18]

조직군생태론은 조직생성 또는 사멸의 원인을 환경에 대한 조직의 적합
도에서 찾는다. 생존하는 조직의 변동은 환경에 대한 적합도를 높이는 방향으
로 진행된다고 한다. 그러한 변동과정은 i) 조직형태의 다양화가 진행되는 단
계, ii) 환경에 의한 선택이 진행되는 단계, 그리고 iii) 환경에 적합한 조직이
유지·보존되는 단계를 포함한다고 한다.

조직군생태론은 양태가 같은 조직의 무리 또는 범주를 대상으로 하고 어
떤 범주의 조직들이 어떤 유리한 환경, 즉 환경적 적소(環境的 適所: niche)를
만나면 보존되는가를 분석한다. 단일조직이 아니라 조직군에 관심을 가지고
그에 대한 생태적 영향을 분석하기 때문에 이 접근방법을 조직군생태론이라
부른다.

조직군생태론은 조직군이라는 개념을 도입함으로써 조직의 거시적 분석
에 기여한다. 조직을 관리하는 사람들이 계획하지 않은 변동을 설명하는 데도
도움을 준다. 그러나 환경결정론적이어서 조직 내의 인간이 자기 의지에 따라
선택할 수 있는 가능성을 배제한다는 약점을 안고 있다.

11) 자원의존이론

자원의존이론(資源依存理論: resource-dependence theory)은 조직과 환경의
관계에서 조직의 주도적·능동적 행동을 중요시한다. 조직은 환경적 결정에
수동적이기만 한 것이 아니라, 환경적 영향에 적극적으로 대처하고 환경을 조
직에 유리하도록 관리하려는 실체라고 보는 접근방법이다.[19]

자원의존이론의 기초가 되는 전제는 세 가지이다. 첫째, 조직의 자원획득
은 그 환경에 의존한다고 전제한다. 둘째, 환경과의 관계에서 중요한 것은 조
직이 하는 전략적 선택이라고 전제한다. 셋째, 조직은 능동적으로 환경에 영

향을 미치려 한다고 전제한다.

조직은 환경으로부터 희소자원을 획득해야 하기 때문에 환경의존적인 관계를 인정하지 않을 수 없다. 그러나 조직은 환경의존적 관계를 전략적으로 통제하려 한다. 조직은 희소자원을 원활히 공급받고 생존·성장하기 위해 환경의존도(환경적 제약)를 최소화하려고 노력한다. 이를 위해 조직은 환경적 요청에 부응 또는 적응하기도 하고 환경, 특히 외부조직들에 영향을 미치기도 한다. 환경에 영향을 미치려는 적극적 전략의 예로 조직합병, 정부규제의 완화, 조직활동의 다원화, 새로운 거래처의 개척 등을 들 수 있다.

자원의존이론은 조직과 환경의 상호적인 영향관계에 주목함으로써 보다 균형잡힌 조직연구에 기여한다. 그러나 조직이 하는 전략적 선택의 상황적응적 기준을 제시하는 데까지 미치지 못한 아쉬움이 있다. 환경적 영향보다 조직의 전략적 선택을 우선시하는 전제도 언제나 적실한 것은 아니다.

12) 거래비용이론

거래비용이론(去來費用理論: transaction-cost theory)은 조직, 특히 기업조직들이 생겨나고 일정한 구조를 가지게 되는 이유를 조직경제학적으로 설명하는 접근방법이다. 이 모형은 생산보다는 비용에 관심을 가지고 시장에서 이루어지는 개인 간 거래와 조직 간 거래를 미시적으로 분석한다. 조직을 거래비용감소를 위한 장치로 보고 분석한다.[20]

거래비용이론은 사회 전체를 하나의 거래망 또는 계약망이라고 전제한다. 조직은 사람들이 재화·용역의 거래비용을 줄이기 위해 만드는 장치라고 파악한다. 거래비용은 사람들(행동주체) 사이의 교환거래를 협상하고 감시하고 지배하는 데 드는 비용이라고 한다. 조직의 목표는 외부의 조직이나 개인과 자원을 거래하는 데 드는 비용 그리고 조직 내의 거래를 관리하는 데 드는 비용을 최소화하는 것이라고 한다. 조직은 그 신용과 독자성을 높여 거래비용을 줄일 수 있는 통제력을 계속 늘려가려는 존재라고 한다.

거래비용이론은 거래비용 발생과 증대의 원인을 규명하고 조직 내외에 걸친 거래비용의 감축방안을 탐색한다. 환경의 불확실성, 거래상대방의 한정성, 거래상대방의 기회주의적 행동, 자산특정성과 투자의 위험성 등을 거래비용의 발생과 증대의 출처로 보고 그러한 조건들을 통제하거나 피하는 방안을 연구한다.

거래비용이론은 조직 내의 거래비용도 연구대상으로 삼지만 조직 간 거래에 드는 비용의 연구에 더 많은 관심을 보이고 있다. 특히 중요한 연구과제는 거래비용을 줄이기 위해 어떤 거래를 조직 안으로 끌어들일 것인지 아니면 외부의 공급자에게 맡길 것인지를 결정하는 기준과 조건을 찾아내는 것이다.

거래비용이론은 조직의 생성·변동에 작용하는 경제적 동기를 분석하는데 길잡이가 된다. 그러나 비용을 논함에 있어 관련비용을 포괄적으로 고려하지 못하고 있다. 그리고 효율성을 떨어뜨리는 조직 자체의 실패요인들에 대한 연구를 소홀히 하고 있다.

13) 대리인이론

대리인이론(代理人理論: principal-agent theory or agency theory)은 위임자(주인: principal)와 대리인(일꾼: agent)의 관계에 관한 경제학적 모형을 조직연구에 적용하는 접근방법이다. 대리인이론은 조직을 소유주와 근로자 사이에 맺어진 계약관계로 파악하고 분석한다. 그러나 이 접근방법의 분석대상은 조직 내의 관계들에 국한되지 않는다. 조직과 고객 그리고 외부조직이나 기타 수권적 연계와의 관계도 분석대상이 될 수 있다.

대리인이론은 행위자들이 이기적인 존재임을 전제하고 경제적 능률을 중시하는 인간관·조직관에 입각한 것이다. 그러한 관점에서 위임자와 대리인 간의 문제들을 분석하고, 당사자들의 이기적인 의사결정이 위임자 또는 조직의 효율성을 높이는 데 지향되도록 유인을 제공하고 통제하는 방안을 연구한다.[21]

어떤 사람이 다른 사람을 시켜 일을 하는 대리인관계는 아주 흔히 볼 수 있는 현상이다. 대리인이론은 위임자가 그의 효용을 위한 일을 대리인에게 위임하여 처리한다는 계약이 있을 때 위임자-대리인관계가 성립하는 것으로 본다. 위임자-대리인관계에서 위임자는 자기의 의도대로 대리인이 일하도록 하기 위해 보수와 같은 유인을 제공하고 대리인의 업무수행과정을 감시·통제하기도 한다.

대리인이론의 연구과제는 크게 두 가지 범주로 나누어 볼 수 있다. 그 하나는 위임자-대리인 관계의 효율성을 떨어뜨리는 제약요인에 관한 연구이며, 다른 하나는 그러한 제약요인의 통제에 관한 연구이다.

(1) 제약요인의 연구   위임자-대리인관계에서 합리적 선택과 위임자의 적극적·소극적 통제노력을 제약하는 요인들이 많다. 대리인이론이 중요시하는 제약요인들은 다음과 같다.[22)]

❶ 합리성의 제약   인간의 인지적 한계와 정보부족 등 상황적 제약 때문에 합리성은 제약되며 따라서 불확실성을 통제하기 어렵다.

❷ 정보비대칭성   대리인관계에서 대리인은 자기 자질이나 업무수행에 관한 정보를 위임자보다 더 많이 가지고 있는 것이 예사이다. 이러한 현상을 정보불균형 또는 정보비대칭성(information asymmetry)이라고 한다. 정보비대칭성때문에 위임자는 대리인의 재량에 의존할 수밖에 없다.

❸ 기회주의적 행동   대리인의 기회주의적 행동(opportunism)이 문제이다. 이기적인 대리인은 노력은 최소화하고 이익은 최대화하려 한다. 자기에게 유리한 정보는 과장하고 불리한 정보는 은폐하려 한다. 위임자-대리인 사이에 정보비대칭성이 있고 대리인이 기회주의적으로 행동하는 경우 불리한 선택(adverse selection)이나 도덕적 위해(도덕적 해이: moral hazard)라는 문제가 발생할 수 있다.[o)]

❹ 자산특정성   조직이 투자한 자산이 고정적이고 특정적이어서 자산특정성(asset specificity)이 높으면, 조직 내의 여러 관계나 외부공급자들과의 관계가 고착된다. 따라서 대리인관계가 비효율적이더라도 이를 바꾸기 어렵다.

❺ 소수독점   소수독점 내지 과점(寡占: oligopoly)이 문제다. 대리인관계를 설정할 수 있는 잠재적 당사자(대리인)의 수가 적으면 불리한 선택의 가능성이 높아진다.

(2) 통제방안의 연구   대리인이론은 위와 같은 제약요인들을 극복하고 비용을 절감할 수 있는 방안들을 연구한다. 계약체결에서 설정할 유인기제, 관료적 통제, 시장적 통제, 규범과 신념의 내재화 등에 관한 방법들을 처방한다.

특히 유인기제의 핵심이라고 생각하는 보수체계의 입안에 대해 많은 관심을 기울인다. 다수의 연구인들은 시간급을 규정하는 행태지향적 계약

---

o) 위임자는 자질이 부족한 대리인을 선택할 수도 있고 대리인의 능력에 비해 너무 많은 보수를 주는 계약을 체결할 수도 있는데, 이를 불리한 선택이라 한다. 대리인은 무성의하거나 적정수준 이하의 노력을 할 가능성이 있는데, 이것을 도덕적 위해 또는 도덕적 해이라 한다.

(behavioral contracts)은 위임자와 대리인 사이의 목표갈등이 크지 않고, 업무가 일상화되어 있고, 업무수행결과의 측정이 어려운 경우에 사용하도록 처방한다. 성과급을 규정하는 성과지향적 계약(outcome-based contracts)은 위임자와 대리인 사이의 목표 차이가 크고 직무행태를 감시하기 어려운 반면 업무수행성과는 측정하기 쉬운 경우에 사용하도록 처방한다.

대리인이론은 조직 내의 인간이 일하게 되는 이유를 설명하고 조직의 병리를 설명하는 데 큰 도움을 준다. 대리인이론은 조직내부 관리문제뿐만 아니라 조직과 그 환경적 행동주체들 사이의 관계를 연구하는 데도 좋은 길잡이를 제공한다. 그러나 대리인이론은 비경제적 요인의 고려를 소홀히 한다는 비판을 면하기 어렵다. 이기적 인간모형에 대한 전제도 언제나 적실한 것은 아니다.

14) 거버넌스이론

거버넌스는 사회과학의 여러 분야에서 널리 연구되고 있는데, 그 시각은 조금씩 서로 다르다. 예컨대 행정학에서는 정부중심의 국정운영 네트워크에, 정치학에서는 다원적 행동주체들의 협력적 통치양식에, 사회학에서는 시민사회의 자율조정양식에 주된 관심을 보인다. 조직학 내에서도 거버넌스에 대한 의견이 일치되어 있는 것은 아니다. 소수이기는 하지만 거버넌스를 조직 내의 통제구조로 이해하는 사람도 있다.[23] 여기서는 정치학적 접근방법을 원용하는 다수의견에 따라 조직학 분야의 거버넌스 연구를 소개하려 한다.[24]

조직학의 거버넌스이론(governance theory)은 거버넌스(governance)를 연구의 핵심개념으로 사용하는 접근방법이다.[p] 거버넌스는 공동이익의 추구를 위해 어느 정도 독자적인 행동주체들을 지휘·통제·조정하는 수단이다. 이를 엮어내는 행동주체들은 다원적이며 그들은 네트워크를 형성한다. 거버넌스이론은 조직의 정치적 특성을 강조하고 조직과 그에 연관된 행동주체들이 형성하는 네트워크 그리고 이익·목표의 조정구조와 협상·타협의 과정을 중요시

---

p) 거버넌스를 우리말로 번역하려는 여러 가지 시도가 있다. 지배구조, 통치, 정치적 관리, 국정관리, 협치(協治) 등이 그 예이다.

권력집중 억제와 민주적 통제, 협력적 네트워크의 발전, 신뢰와 참여, 힘 실어주기, 고객중심주의적·성과주의적 관리, 정보화 촉진 등 근래의 개혁처방에 부합되는 거버넌스를 뉴 거버넌스(new governance)라 부르기도 한다.

한다.

거버넌스이론은 조직을 내외의 불확실성과 논쟁(갈등)에 직면해 있는 정치적 존재(polity)라고 본다. 그리고 조직은 그러한 여건을 극복하기 위해 적극적으로 노력하는 존재라고 본다. 조직은 불확실성을 줄이고 논쟁을 관리가능한 범위 내에 한정함으로써 조직이 수용할 수 있는 결정에 도달할 수 있도록 여러 가지 대책을 탐색해 가는 존재라고 가정하는 것이다.

거버넌스이론은 조직 내부의 거버넌스 구조에 주의를 한정하지 않고 대외적인 연계작용도 시야에 포함시킨다. 거버넌스이론은 조직 내외의 다양한 행동주체들이 형성하는 유기적 연계와 네트워크의 역동성을 주요 연구대상으로 삼는다. 그리고 네트워크를 구성하는 행동주체들의 파트너십 발전방안을 처방한다.

거버넌스이론은 조직연구의 시야를 넓히는 데 기여하였다. 조직의 환경이 확장되고 조직 내외에 걸친 협력체제 구축의 필요성이 커진 시대의 조건에 적합한 이론이라 할 수 있다. 그러나 거버넌스에 포함시킨 변수가 많고 변수 간의 유기적 관계를 강조하기 때문에 경험적 연구를 위한 모델링이 어렵다. 다양한 거버넌스이론들이 양산되어 있어서 거버넌스이론의 정체성이 의심스러운 것도 문제이다.

15) 혼돈이론

카오스이론이라고도 하는 혼돈이론(混沌理論: chaos theory)은 혼돈(chaos)을 연구대상으로 하여 그 실상을 규명하고 행동경로를 예측하려 한다. 혼돈이론이 주력하는 것은 결정론적인 비선형적·역동적 체제에서의 불규칙적 행태에 대한 연구이다. 혼돈이론은 과학의 영역을 질서계(秩序界)에서 혼돈계(混沌界)에까지 확장한다.[25] 혼돈에 관한 연구는 수학과 물리학, 천문학, 화학 등 자연과학 분야에서 선도하였다. 조직학 등 사회과학의 혼돈에 대한 연구는 비교적 근래의 일이다. 혼돈이론의 발전에 결정적 기여를 한 것은 컴퓨터를 사용하는 최첨단의 정보처리기술이다.

(1) 혼돈의 정의　혼돈이론이 대상으로 하는 혼돈상태는 예측·통제가 아주 어려운 복잡한 현상(행태·거동)이다. 그것은 시간의 흐름에 따라 비선형적으로 변동하는 동태적 체제이다. 그리고 불안정적이고 불규칙적이기 때문에

고도로 복잡하다. 불안정적이라고 하는 것은 체제가 교란을 용납하지 않는 상태로 정착되지 않는다는 뜻이다. 불규칙적이라고 하는 것은 체제를 구성하는 어떠한 변수의 행동도 규칙적인 반복을 하지 않는다는 뜻이다.

혼돈은 초기치민감성(初期値敏感性: sensitivity to the initial condition)이 높은 현상이다. 처음에 입력하는 초기치(초기값), 즉 초기적 조건(원인적 조건)을 조금만 바꿔도 그 결과가 큰 폭으로 변하면 초기치민감성 또는 초기조건민감성이 높다고 말한다. 초기치민감성은 '나비효과'(butterfly effect)라고도 부른다. 나비 한 마리가 날개로 일으키는 아주 작은 공기의 요동이 점점 증폭되어 먼 곳에서 폭풍을 일으킬 수도 있다는 비유적 설명에서 비롯된 말이다.

혼돈은 결정론적 혼돈(deterministic chaos)이다.q) 그것은 완전한 혼란이나 무질서가 아니라 한정적인 혼란이며 '질서 있는 무질서'(orderly disorder)이다. 혼돈은 부분적으로 보면 질서가 있으나 전체적으로 보면 질서가 없는 상태이다. 우연과 필연이 공존하는 상태이며 그것 나름대로 하나의 체계 또는 질서라 할 수 있다. 결정론적 혼돈은 완전한 무질서에 이르기 전의 무질서라고 설명되기도 한다.

(2) 혼돈이론의 특성　　혼돈이론의 주요특성을 보면 다음과 같다.

❶ 복잡한 현상의 통합적 연구　　혼돈이라는 복잡한 현상에 대한 통합적 접근을 시도한다. 복잡한 현상을 있는 그대로 파악하려 한다. 복잡한 현상을 단순화하려 하지 않으며 사소하게 보이는 조건들도 생략하려 하지 않는다. 혼돈이론은 복잡한 체제를 연구하는 데 필요한 복잡한 개념적 틀을 제공하려 한다. 혼돈이론은 조직을 복잡한 체제로 보고 그에 대한 통합적 연구를 시도한다.

❷ 발전의 조건　　혼돈을 회피의 대상으로 보지 않고 긍정적인 활용의 대상으로 본다. 혼돈은 변화·발전에 불가피하게 수반되는 현상이며, 그것은 창의적 발전을 촉발하는 원동력으로 활용할 수 있다고 한다. 불안정성은 학습기회를 제공하고 자율적 발전노력을 촉진할 수 있기 때문이라고 설명한다.

---

q) '결정론적'이라고 하는 것은 어떤 시점의 정보에 따라 다음 시점의 상황이 결정되는 현상을 지칭한다. 수학적으로는 결정론적 혼돈상태를 "간단한 결정론적 방정식으로 어떤 현상을 묘사하지만 그 방정식에 투입하는 값에 따라 비선형적·불규칙적 행태가 산출되는 경우"라고 설명한다. 노화준, 기획과 결정을 위한 정책분석론(박영사, 1999), 158쪽. 결정론적 혼돈은 '합법칙적 혼돈', '불규칙 속에 숨겨진 규칙성', '혼돈상태로부터의 질서' 등으로 불리기도 한다.

❸ 자기조직화 능력에 대한 전제　혼돈의 긍정적 가치와 체제의 자기조직화를 믿고 조직의 자율적·창의적 개혁을 강조한다.[r]

❹ 탈관료화의 처방　자율과 창의적 행동을 중시하고 탈관료화를 처방한다. 개인과 집단의 창의력을 억압하는 관료제적 구조의 경직성을 타파하도록 요구한다. 창의적 학습과 개혁을 촉진하기 위해서 한정적 무질서를 용인하고 필요하다면 이를 의식적으로 조성해야 한다고 처방한다. 유동적인 업무 부여, 작업집단 구성의 다양화, 개인별 독자성·독창성의 강조 등이 그 수단으로 될 수 있다고 한다.

혼돈이론은 조직이라는 복잡한 체제의 총체적 이해를 촉진하는 데 유용한 안목을 제공한다. 그러나 혼돈이론은 아직까지 경험적 연구와 현실세계에서의 적용에 필요한 길잡이와 수단을 충실히 제공한다고 볼 수 없다. 모든 이론을 포괄하는 통합적 이론을 만드는 과제는 매우 어려운 것이다. 설령 그러한 이론이 개발된다 하더라도 이를 적용하는 경험적 연구를 가로막는 기술적 애로는 막대한 것이다. 그리고 조직의 자생적 학습과 자기조직화를 너무 신뢰하고 타율적 통제의 필요성을 소홀히 다루는 처방적 편향도 문제이다.

> 복잡계과학(complex system science) 또는 복잡성과학(complexity science)이라고 부르기도 하는 복잡성이론(複雜性理論: complexity theory)과 혼돈이론의 관계에 대해 논란이 있다. 혼돈이론과 복잡성이론을 동의어로 보는 견해, 두 이론은 구별되지만 긴밀히 연관된다고 보는 견해, 혼돈이론을 복잡성이론에 포함되는 것으로 보는 견해가 엇갈려 있다. 양자를 배타적으로 구별하는 논의도 있으나 그것은 소수의견이다.
> 혼돈을 질서와 무질서를 내포하는 복잡성체제 또는 복잡계(複雜界: complex system)의 일종으로 보는 것이 다수의견이다. 복잡성이론을 '단순하지 않은 것'에 대한 연구라고 넓게 규정하는 경우 혼돈이론은 복잡성이론의 한 유파라고 볼 수 있다. 복잡성체제의 혼돈상태에 초점을 맞춘 연구가 혼돈이론이라 할 수 있다.
> 복잡성이론의 연구대상인 복잡계(복잡성체제)는 각기 복잡계인 많은 구성요소들로 이루어져 있으며, 구성요소들이 상호작용하기 때문에 개별구성요소들의 단순한 합계

r) 자기조직화 또는 자체조직화(自己組織化 또는 自體組織化: autopoiesis or self-organization)는 생명체가 계속적으로 스스로를 쇄신하면서 체제적 통합성(정체성)을 유지할 수 있도록 변동과정을 통제하는 특성이다. 한편으로는 체제적 항상성을 유지하면서 다른 한편에서는 지속적으로 변화하고 환경과 더불어 창조를 계속하는 특성이다. 김영평, "정보사회와 정부구조의 변화,"「사회과학의 새로운 지평」(한국사회과학연구협의회, 1996), 220쪽.

와는 다른 현상이 나타난 시스템이다.

Ⅳ. 우리나라의 조직이론

우리 사회는 급속한 변동을 겪고 있는 선진사회이며 현대조직이론의 시대적 배경이 된 선진사회들의 문제들을 상당부분 공유하고 있다. 비록 정도의 차이는 있지만 새로운 조류와 전통적 유산이 복잡하게 섞여 있는 혼합사회라는 점에서, 그리고 고도산업사회·정보사회의 여러 징상을 보이는 사회라는 점에서 우리 사회는 조직이론의 발전을 앞장서 이끌어 온 사회들과 다소간에 같은 고민과 기회 그리고 도전에 직면해 있다.

그런가 하면 나라마다 찾아볼 수 있는 문화적 고유성을 우리도 가지고 있다. 전통적인 유산은 여러 분야에 뿌리 깊이 잔존해 있다. 산업화사회를 거쳐 정보화사회를 이끌어가는 우리의 사회변동은 상당히 모방적·외래적이기 때문에 자생적으로 산업화·정보화를 이룩했던 나라들의 변동양상과는 차이가 있다.

현대조직학은 우리나라 학계에도 그대로 전파되어 있다. 소수이기는 했지만 1950년대 후반부터 대학에 조직학 강의들이 개설되기 시작하였고 1960년대부터는 조직학 교과서의 출간이 시작되었다. 사회학, 심리학 등 나이 많은 학문분야에서도 조직학 강의의 발전이 있었으나 강의와 문헌확장에 가장 큰 기여를 한 영역은 행정학과 경영학이었다. 산업화의 상황적 조건과 미국식 학풍의 영향으로 대학에서 행정학과와 경영학과는 급속히 팽창되었으며 거기에 흡수된 연구인들도 크게 증가하였다. 그러한 연구인들 가운데서 조직학연구를 전업으로 하는 사람들이 늘고 그들이 산출한 연구문헌의 집적도 늘어나게 되었다. 근래에는 인사·조직학회, 한국조직학회 등 조직학 관련 학회들이 정기 간행물을 발행하고 그 활동폭을 넓혀 왔다.

학문활동의 세계화 추세에 따라 조직학의 지적 전선을 개척하는 최신의 연구 결과들까지 시간적 완충이 별로 없는 가운데 우리 학계에 전달되고 있다. 지식의 전파에 관한 한 우리 학계가 뒤지지 않고 있다. 학자들은 최신의 이론을 흡수하여 후학들에게 그리고 조직운영의 실천가들에게 전달하고 있다. 이러한 지식전파가 조직사회의 실제에도 적지 않은 영향을 미치고 있다는 것 또한 사실이다. 근래 급진적 조직개혁의 풍조가 확산되면서 선진사회의 조직개혁모형들이 점점 더 많이 직수입되고 있다.

　그러나 외래적 이론의 '한국화'는 더뎠다. 현대조직학의 이론들을 적용해 우리나라 문제들을 분석하고 설명하는 연구는 활발했지만 이론적 틀이나 연구방법까지 우리나라 상황에 적합시키는 활동은 부진했다. 그런 까닭으로 현대조직학의 여러 가설과 처방들 가운데 젖어있는 이른바 서구적 편견 또는 미국식 편견을 제대로 걸러내지 못하는 아쉬움이 있었다.

　현대조직이론의 적용가능성이 보편적일 수 있는 영역은 상당히 넓다. 현대조직이론의 규범적 처방이 어느 문화권에서나 적실할 수 있는 범위도 넓은 편이다. 날로 심화되는 세계화추세는 그런 '공통영역'을 넓혀가고 있다. 그리고 처방적 이론과 현실 사이의 괴리는 어느 사회에나 있는 일이다. 우리나라에만 있는 문제는 아니다. 다만 그 정도의 차이는 나라마다 다를 수 있다. 현대조직이론과 현실이 괴리되는 문제가 구미사회에서보다 우리 사회에서 조금 더 클 수 있다.

　결국 상대적인 이야기이다. 우리나라에서처럼 조직학이 외래적인 학문으로 출발한 경우 이론과 현실 사이의 괴리가 비교적으로 보아 컸다는 말을 할 수밖에 없다. 그러나 인류생활의 세계화는 크게 촉진되고 있다. 그리고 우리 학계는 조직연구의 한국화·세계화를 빠르게 진척시키고 있다. 우리나라에서 현대조직학에 대한 이질감이 줄어들고 있다.

04 조직이란 무엇인가?

Ⅰ. 조직의 정의

1. 조직의 정의에 임하는 입장

조직을 정의(定義)하는 일은 쉽지 않다. 논리적인 과오를 범할 위험이 항상 있으며 개념정의의 일반성 또는 보편성을 추구하다 보면 조직인 것과 조직이 아닌 것의 구별에 실패할 수도 있다.

정의를 내리는 사람들의 조직관이 다름에 따라 조직의 정의가 다소간에 달라질 수 있다. 다양한 정의들은 대부분 통합적인 안목으로 포용할 수 있다. 그러나 하나의 틀에 포용하기 어려운 아주 극단적인 입장의 차이도 있다. 예컨대 조직의 정의를 불필요한 것으로 생각하거나 조직의 실체를 인정하지 않는 입장이 있다. 이러한 극단적 견해차이는 조직의 정의를 위한 노력을 시작하기 전에 거르고 넘어가야 한다.

1) 사회적 실체인 조직의 정의

조직을 정의하는 데 바치는 노력에 비해 그 효용은 크지 않다는 생각으로 조직현상의 논의에서 개념정의를 회피하는 사람들도 있다. 조직의 실체를 인정하고 그 예도 열거하지만 조직의 개념정의는 하지 않으려는 사람들인 것이다.[1]

조직을 하나의 실체로 또는 독자적인 행동주체로 보지 않으려는 사람들도 있다. 그런 사람들은 조직의 본질을 개인들의 교호작용임에 불과한 것이라고 규정하면서 조직이라는 개념 자체는 '비실재적인 것'(unreal thing)을 지칭하는 형이상학적 개념이라고 주장한다.[2] 이러한 견해나 주장을 조직에 관한 하나의 정의라고 보는 사람들도 있을 수 있다.

그러나 저자는 조직의 실체를 부인하는 견해나 조직의 정의가 불필요하다고 보는 견해에 찬성하지 않는다. 조직은 그 자체가 하나의 사회적 실체라고 보는 것, 그리고 조직을 정의해야만 그에 관한 질서 있는 연구가 가능하다고 보는 것이 조직의 정의에 임하는 저자의 입장이다.

2) 조직의 요건에 관한 상대적 관점

조직을 실재적 현상으로 파악하고 그에 관한 일반적 정의를 시도하는 사람들을 곤혹스럽게 하는 공통적인 문제가 하나 있다. 그것은 조직을 어떻게 정의하든 조직과 '조직이 아닌 사람들의 모임'을 상호배타적으로 엄밀하게 구별하기가 어렵다는 문제이다. 조직의 정의에서 규정한 조직의 특성 또는 요건을 매우 뚜렷하게 지닌 사회현상과 그러한 요건을 전혀 갖추지 못한 현상을 구별하는 것은 쉬운 일이다. 그러나 그 중간에 연속적으로 존재하는 현상들이 과연 조직인가 아닌가를 판별하기란 실로 애매한 것이다. 이러한 모호성을 완전히 불식해 주는 조직의 일반적 정의는 거의 불가능하다.

그렇다고 해서 조직의 정의가 불가능하다거나 쓸모 없다고 할 일은 아니다. 빨간색과 주황색 사이에 두 가지가 섞인 모호한 영역이 있다고 해서 빨간색과 주황색을 구별 못하는 것은 아니듯이 조직과 조직 아닌 현상 사이에 모호한 사례들이 많다고 해서 그 두 가지 현상을 전혀 구별할 수 없는 것은 아니다. 다만 절대적인 관점보다는 상대적인 관점에 따라 조직의 요건을 규정함으로써 조직과 조직 아닌 것 사이의 경계에 관한 모호성을 완충 또는 포용할 수 있는 융통성을 유지해야 한다. 조직이라는 개념을 규정하는 경계선의 상대성을 인정하면서 내린 조직의 정의는 조직연구에 임하는 사회과학도들의 필요를 어느 정도 만족할 만큼 충족시킬 수 있다.

2. 조직 정의의 예시

연구인들마다 조직관이 다르면 조직을 다르게 정의할 수 있으며 실제로 다양한 정의들이 나와 있다. 우리는 조직이론사에 나타난 조직관 변화의 흐름을 조직의 정의에서 읽을 수 있다. 그리고 동시대인들의 조직 정의도 시각의 차이 때문에 다양한 모습을 보일 수 있다. 그러나 조직 정의의 다양성에만 너무 현혹될 일은 아니다. 서로 다른 표현에도 불구하고 조직에 관한 많은 사람들의 정의에는 기본적인 공통점이 있다. 그리고 같은 연구경향을 따르는 연구인들의 조직에 관한 정의에는 상이성보다 유사성이 더 많다.

조직의 정의에 관한 독자들의 이해를 돕고 또 저자가 시도하려는 조직의 정의를 이끌어줄 준거의 틀을 얻기 위해서 먼저 분화된 강조점들과 그에 연관된 주요 연구인들의 조직 정의들을 살펴보려 한다. 어떤 사람의 조직 정의가 조직의 특정한 요소에 강조점 또는 역점을 두고 있다고 말하는 것은 조직의 다른 구성요소들을 배제한다는 뜻이 아니다. 여러 구성요소들 가운데서 특정한 요소를 더 부각시키려는 의도가 있다는 뜻일 뿐이다.

1) 구조의 강조

조직의 한 구성요소인 구조를 중시한 조직의 정의들이 있다.

구조론적 조직 정의의 고전적인 예로 Max Weber가 제시한 정의를 들 수 있다. 조직이론 분야에서 그의 이름이 자주 거론되는 까닭은 물론 그가 발전시킨 관료제에 관한 이념형 때문이지만 Weber는 관료제뿐만 아니라 조직의 일반적 정의에도 관심을 보였다.

Weber가 협동집단(corporate group)이라고 부르는 것이 조직에 해당한다. 그는 이것을 "폐쇄적이거나 규칙에 따라 외부인의 가입을 제한하고 있는 사회관계이며 특정인들이 질서를 유지하는 관계"라고 규정하였다.[3] 관료제의 설명에서와 마찬가지로 Weber는 조직의 공식적 구조를 강조하는 관점을 피력하면서 조직의 속성으로 다음과 같은 요소들을 지적하였다.

조직에는 경계가 있다. 조직구성원의 교호작용은 조직이 유형짓는다. 조직 내에는 권한의 계층이 있고 분업이 있다. 조직 내의 질서는 이를 관리할 기능을 맡은 특정한 구성원들이 유지한다. 조직 내의 교호작용은 연합적(associative)인 것이지 공동체적이거나 공생적(communal)인 것은 아니다. 조직은 특정한 종류의 목표지향적인 활동을 지속적으로 수행한다. 따라서 조직에는 목표가 있다. 그리고 조직은 구성원의 생애를 초월하는 존재이다.

2) 인간의 의지와 협동의 강조

조직을 구성하는 인간의 의지와 협동적 노력을 중시하는 조직의 정의들이 있다.

Chester I. Barnard는 조직구성원의 협동의지에 초점을 둔 정의를 보여 주었다.[4] Barnard는 조직을 "2인 이상의 힘 또는 활동이 의식적으로 조정되는 체제"라고 정의하면서 공동목표를 위해 노력을 바칠 의욕이 있고 서로 의사를 전달할 수 있는 사람들이 모이면 조직이 성립한다고 하였다. 그는 조직의 구성요소로 i) 의사전달, ii) 공동목표의 성취에 기여하려는 의욕, 그리고 iii) 공동목표를 들었다.

조직 성립의 근본적인 조건은 공동목표의 성취에 기여하려는 사람들의 의욕 또는 협동의지(willingness to cooperate)라고 하였다. 여기서 말하는 사람들의 의욕은 조직을 위한 자기극복과 개인행동의 비개인화에 대한 의욕을 포함한다. 이러한 의욕은 단합된 노력을 가져온다. 조직의 목표와 이의 달성에 기여하려는 사람들 사이를 연결짓는 것은 의사전달이라고 하였다.

3) 환경의 중시

조직과 환경의 관계를 부각시킨 조직의 정의들이 있다.

Philip Selznick은 조직과 환경의 관계를 강조하는 조직관에 입각해 조직을 정의하였다.[5] 그는 조직을 "하나의 적응적인 사회적 구조"라고 정의하면서 다음과 같은 조직의 특성들을 열거하였다.

조직은 인간의 에너지를 동원하여 특정한 목표를 추구하도록 하는 기술적 도구이며 조직구성원과는 별개의 생명을 지닌 존재이다. 조직은 구성원의 행태를 모양짓는 하나의 '역동적인 조절의 장'(a dynamic conditioning field)이라고도 할 수 있다. 조직은 공식적 목표와 합리적으로 정돈된 구조에 연관 내지 접속된 세력들의 영향을 받는다. 조직은 살아 있는 사회적 단위로서 그 환경과 타협해야 한다. 그리고 조직의 공식구조 속에서 비공식적 구조가 생겨나며 그것은 공식적 배열을 제약한다.

Selznick은 조직의 여러 가지 구성요소에 대해서 언급하고 있지만, 그의 조직 정의는 조직과 환경의 관계를 따로이 강조하는 특색을 보여 준다.

4) 체제론적 관점의 부각

체제이론의 관점에 따른 조직의 정의들이 있다.

오늘날 조직을 개방체제로 보는 관점은 일반화되어 있다. 대다수의 조직 정의들이 명시적 또는 묵시적으로 체제개념을 바탕에 깔고 있다. 그 초창기적 작품으로 Daniel Katz와 Robert L. Kahn의 조직 정의를 들 수 있다. 그들은 체제모형의 틀 속에서 사회학의 거시적 안목과 심리학의 미시적 안목을 결합시킨 조직의 정의를 제시하였다.[6]

Katz와 Kahn은 조직을 "사회적 체제의 한 종류"라고 규정하면서 조직은 다른 단순한(primitive) 사회집단들보다 다음과 같은 체제의 속성을 훨씬 뚜렷하게 지닌다고 말하였다.[a]

첫째, 조직은 생산구조와 생산지원구조뿐 아니라 유지구조를 가지고 있다. 생산구조는 조직의 생산활동(투입의 처리)을 담당한다. 유지에 관한 하위체제의 기능은 조직이 일정한 수준의 항상성을 유지할 수 있게 하는 것이다.

둘째, 조직은 공식적 역할구조를 가지고 있다. 조직은 전통이나 카리스마 또는 개인적 의리와는 구별되는 역할 그 자체를 활용한다.

셋째, 조직에는 뚜렷한 권한의 구조가 있는데 이것은 통제 및 관리기능의 양태를 반영한다.

넷째, 관리구조의 일부인 규제와 적응의 구조가 발달해 있다. 조직은 그러한 장치들을 통해 스스로의 활동과 환경의 변화에 관한 환류에 반응을 보일 수 있다.

조직의 속성에 관한 Katz와 Kahn의 설명은 그들이 열거한 개방체제의 특성(요건)에 연관지어 이해하여야 한다.[b]

---

a) Katz와 Kahn은 조직을 종종 '사회적 조직'(social organization)이라고도 부른다.

b) 조직을 포함한 모든 개방체제를 특징짓는 속성이라고 Katz와 Kahn이 열거한 것은 ① 에너지 투입, ② 처리, ③ 산출, ④ 일이 순환적으로 흐르는 체제(systems as cycles of events), ⑤ 사멸저항장치 또는 반노폐기제(negative entropy), ⑥ 정보투입과 부정적 환류(negative feedback: 앞선 활동의 잘못을 고치게 하는 환류), 그리고 선별(coding: 정보의 선택적 흡수), ⑦ 안정된 상태와 동태적 항상성(steady state and dynamic homeostasis), ⑧ 분화, ⑨ 동일종국성(equifinality: 서로 다른 처음의 상태에서 출발하고 서로 다른 경로를 밟아 온 체제들이 같은 종국상태에 도달할 수 있다는 것) 등이다.

5) 큰 규모와 복잡성의 부각

현대조직학의 일반적인 연구대상은 대규모의 복잡한 조직이다. 이 점을 분명하게 지적한 조직의 정의들이 있다. 그 대표적인 예가 Pfiffner와 Sherwood의 정의이다.

John M. Pfiffner와 Frank P. Sherwood는 그들이 함께 저술한 책에서 조직의 대규모성과 복잡성을 분명히 지적하는 정의를 하였다. 그들의 정의에 따르면 조직은 "복잡한 업무에 종사하는 많은 사람들이 서로 합의한 목표를 수행하며 의식적이고 체계적인 편제 속에서 서로를 관련짓는 방식(방법들의 유형: pattern of ways)"이라고 한다. 여기서 많은 사람이란 그들 모두가 친밀한 대면적 접촉을 유지할 수 없을 정도로 많은 사람을 말한다.[7]

Pfiffner와 Sherwood는 조직의 요소 또는 정의에 함축된 요건으로 업무의 전문화 정도를 지칭하는 복잡성, 어느 정도의 의식적인 합리성, 그리고 공동목표의 존재를 들고 있다. 그들은 조직의 정의에서 조직구성원인 사람의 수에 관하여 자기들이 구체적인 판단기준을 제시했다는 점을 내세운다. 그들은 지난 날 조직을 정의한 사람들이 '사람의 모임' 또는 '2인 이상의 사람' 등으로만 표현하여 현대조직이론의 대상이 되는 조직의 규모를 제대로 밝히지 못했다고 생각하였다. 그리고 '복잡한 업무', '대면적 접촉이 불가능할 정도로 많은 사람' 등의 표현을 씀으로써 대규모의 복잡한 조직임을 보다 분명하게 밝혀 보려고 애썼다.

6) 조직의 요건에 관한 상대적 표현

조직의 특성 또는 구성요소를 상대적인 언어로 규정하는 조직의 정의들이 있다. 그러한 정의들은 조직이 구비해야 할 요건의 상대성을 부각시키려는 시도라고 할 수 있다.

W. Richard Scott는 조직이란 "비교적 특정적인 목표를 다소간에 지속적으로 추구하기 위해 구성한 집합체(collectivities)"라고 하였다. 그는 조직이 지속성과 목표의 특정성뿐만 아니라 다른 요건들을 또한 갖추고 있는 것이 분명하다고 말하였다. 다른 요건(변별 특징: distinctive features)이란 비교적 고정된 경계, 규범적 질서, 권한의 계층, 의사전달체제, 그리고 유인체제(誘因體制)

를 가리킨다.[8] Scott의 정의에서는 목표의 특정성과 경계의 존재 등을 강조하지만 우리가 여기서 주목하는 것은 '비교적', '다소간에' 등 상대적인 표현을 쓰고 있는 점이다.

Richard H. Hall도 조직의 요건 또는 특성을 규정하면서 '대개'(usually) 목표에 관련된 활동, '대체로'(비교적) 확인이 가능한(relatively identifiable) 경계 등 상대적 표현을 썼다.[9]

3. 조직의 정의 ─ 저자의 견해

1) 통합적 정의의 시도

이 책의 목적은 현대조직이론의 연구경향을 될 수 있는 대로 널리 포괄하여 균형 있게 소개하려는 것이다. 이를 위한 기초작업으로 조직을 정의할 때에는 균형 있는 통합적 관점에 입각해야 한다고 생각한다. 통합적 관점을 형성하고 그에 따라 조직을 정의하려면 현대조직이론의 주요 연구영역을 확인하고, 여러 연구영역의 조직연구인들이 보여준 조직관과 조직의 정의를 종합하고 균형지어야 한다.

조직에 관한 저자의 정의는 다음과 같다.

"조직은 인간의 집합체로서 일정한 공동목표를 추구하기 위해 의식적으로 구성한 사회적 체제이다. 조직은 규모가 크고 복잡하며, 어느 정도 공식화된 분화·통합의 구조와 과정 그리고 규범을 가지고 있다. 조직은 상당히 지속적인 현상이다. 조직은 경계를 가지고 있으며 경계 밖의 환경과 교호작용한다."

사람들은 어떤 목표 또는 과업의 달성을 위해 집합적이고 공동적인 노력이 필요할 때에 조직을 구성하게 된다. 사람들이 재화·용역을 생산하고 팔아서 이윤을 얻기 위해 구성하는 사기업체와 공공의 편익을 도모하기 위해 구성하는 행정기관은 조직의 가장 뚜렷한 예이다. 이 밖에도 조직의 종류는 무수히 많다.

2) 조직의 정의에 포함된 주요특성

저자의 정의에 포함된 조직의 주요특성은 다음과 같다.

❶ 대규모의 복잡한 조직   조직은 규모가 크고 구성이 복잡하며 어느 정도 합리성의 지배를 받고 다소간에 공식화되어 있는 것이다.

조직의 규모를 논할 때는 그 평가기준이 여러 가지라는 사실을 유념해야 한다. 조직구성원의 수나 물적 시설의 크기에 비추어 거대하다고 평가되는 전통적 관료제와는 다른 조직의 변종들이 많아졌다. 탈관료화, 네트워크화, 가상공간화 등으로 구성원 수나 물적 시설이 현저히 축소되었지만 대량의 자본과 정보를 활용하고 방대한 활동을 하는 '신형 거대조직'들이 늘어나고 있다.

조직의 복잡성을 평가하는 지표는 수평적 분화·수직적 분화·장소적 분산의 수준이다. 공식화란 조직 내의 교호작용에 관한 규범이 공식적으로 규정되고 안정되는 것을 말한다. 조직활동은 어느 정도 합리성의 지배를 받는다. 조직활동이 합리적이기만 한 것은 물론 아니다. 그러나 의식적인 목표추구의 계획과 합리성이 거의 없는 인간의 모임은 조직이라 할 수 없다.

❷ 조직의 목표   조직은 그 자체의 목표를 가지고 있다.

조직의 목표는 조직이 달성하려고 하는 미래의 상태이다. 조직의 목표는 대개 복수이며 그 종류도 다양하다. 조직의 목표는 조직성립의 필수적인 요건이다. 그러나 조직활동의 목표지향성이 반드시 절대적인 것은 아니다. 조직활동은 대체로 공식적 목표에 지향되는 것이 원칙이지만 구성원의 활동 가운데는 그러한 목표로부터 이탈되는 것이 있을 수 있다.

❸ 인간으로 구성되는 조직   조직은 사람으로 구성되며 동시에 개별적인 구성원의 존재와는 별개의 실체를 형성한다.

조직은 사람이 모여 교호작용함으로써 형성되는 사회적 단위이다. 그러나 조직이 제도화되면 조직은 구성원 개개인(個個人)의 존재와는 별개의 실체가 된다. 구성원의 교체나 사망 등에도 불구하고 조직은 근본적인 동일성을 유지하면서 오래 존속할 수 있다. 그런가 하면 구성원의 수명보다 훨씬 짧은 기간 내에 사멸하는 조직들도 많다.

❹ 조직의 공식적 구조와 과정   조직에는 분화와 통합에 관한 공식적 구조와 과정이 있다.

조직에서는 사람들이 일을 분담한다. 조직 내의 구조적 단위, 노동, 권한과 책임 등은 분화된다. 그리고 조직은 분화된 요인들이 공동목표에 기여하도록 하는 통합작용을 한다. 그러므로 분화와 통합에 관한 공식적 구조와 과정이 필요하다.

❺ 조직 내의 비공식적 관계   조직 안에는 비공식적 또는 자생적 관계가 형성된다.

조직이 공식적으로 설계되었다고 해서 모든 조직활동이 엄격하게 공식적 처방에 부합할 것을 기대하기는 어렵다. 조직 내에는 비공식적 집단이 생겨나고, 공식적 계획에서 예정하지 않았던 갈등이 일어나고, 공식적 권한중추와는 위치가 다른 사실상의 권력중추들이 형성되는 등 여러 비공식적 관계들이 나타난다. 조직 내의 비공식적 관계는 공식적 관계를 제약하거나 보완하는 기능을 한다.

❻ 조직의 경계   조직에는 경계가 있어 조직과 그 환경을 구별할 수 있게 해 준다.

조직은 개방체제로서 환경과 교호작용하지만 그것은 조직에 경계가 있음을 전제로 한 교호작용, 즉 경계를 넘나드는 교호작용이다. 경계가 전혀 없는 것은 조직이 아니다. 그러나 모든 조직의 경계가 언제나 뚜렷하다거나 고정적인 것은 아니다. 매우 뚜렷하고 폐쇄성이 높은 경계도 있고, 유동적이며 사람이나 다른 자원이 조직 내외를 상당히 자유롭게 이동할 수 있도록 허용하는 흐린(느슨한) 경계도 있다. 조직들의 경계가 서로 겹치고 한 조직이 다른 조직의 경계 내에 포함되는 경우도 많기 때문에 조직사회는 상당히 뒤엉킨 양상을 보인다.

❼ 환경과의 교호작용   조직은 사회적 체제로서 그 환경과 교호작용한다.

조직은 환경 속에 존재하며 조직과 환경은 서로 영향을 주고 받는다. 환경은 조직의 생성·존속·발전에 영향을 미친다. 조직도 환경에 영향을 미친다.

❽ 동태적 현상   조직은 시간선상에서 움직여 가는 동태적인 현상이다.

순간적으로 나타났다가 없어지는 사람의 모임은 조직이 아니다. 우리가 조직이라 할 때는 어느 정도 지속적으로 활동하는 인간의 집합체를 지칭하는 것이다. 따라서 조직이 시간선상에서 움직여 가는 것을 당연히 전제한다.[c]

조직이 시간선상에서 움직인다고 하는 말은 조직의 변동을 뜻하는 것이

---

c) 시간개념이 빠진 현상을 정태적(static)이라 하고 시간개념이 도입된 현상을 동태적(dynamic)이라 한다.

기도 하다. 조직은 살아 움직이는 존재이다. 조직은 시간의 흐름에 따라 생성·발전하고 또 쇠퇴·사멸할 수 있다. 조직이 살아남고 또 발전하려면 조직 내외의 변동하는 조건에 끊임없이 적응해야 한다. 조직의 바람직한 변동을 실현하려는 계획적인 노력을 조직개혁이라 한다.

4. 이 책의 구성

조직의 요건과 속성에 관하여 저자가 밝힌 위의 견해가 이 책의 내용을 꾸미는 데 길잡이가 된 것은 당연하다. 저자의 정의에서 밝힌 조직의 구성요소들을 〈그림 1-4-1〉에서 보는 바와 같이 간추려 정리하고 그에 따라 이 책의 편별을 결정하였다.

조직은 규모가 크고 복잡하다는 것, 조직은 어느 정도 공식화되고 합리화된 체제라는 것, 조직에는 공식적인 요인과 비공식적인 요인이 공존한다는 것, 그리고 조직과 그 환경은 교호작용한다는 것은 조직의 주요 국면별 고찰에서 언제나 전제될 것이다.

제1장은 서론적인 구성이다. 제1장의 내용은 이론사의 개요와 주요학파를 설명하고 조직의 의미를 규명하는 것이다. 제2장부터 조직의 구성요소 또는 특성들을 본격적으로 다룰 것이다. 제2장에서는 조직 내의 인간문제를, 제3장에서는 조직의 목표와 구조를 설명할 것이다. 조직목표에 관한 장을 따로 꾸미지 않는 까닭은 설명의 분량이 많지 않기 때문이다. 제4장에서는 조직 내의 과정들을 설명할 것이다. 제5장에서는 조직의 동태적 변동과정에 계획적

그림 1-4-1 조직의 구성요소

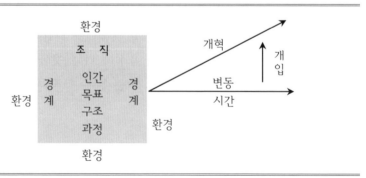

으로 개입하는 조직개혁을 설명할 것이다. 조직과 환경의 관계도 제5장에서 논의하려 한다.

Ⅱ. 조직의 유형

1. 조직유형론의 용도와 기준

1) 유형론의 용도

조직의 종류를 분류하여 설명하는 유형론(類型論: typology)은 조직이라는 개념의 의미를 분명히 하는 데 도움을 준다. 그리고 조직유형론은 조직들을 비교연구하는 데 길잡이를 제공한다.

어떤 개념의 뜻을 분명하게 하기 위해서 사람들은 그것을 한정하기도 하고 분류하기도 한다. 위에서 논의한 조직의 정의는 조직개념의 한정에 해당한다. 조직의 종류를 분류하는 유형론도 조직이라는 개념의 보다 분명한 이해를 돕는다. 조직에는 어떤 종류들이 있는가를 알면 조직현상이 무엇인지를 더 잘 이해할 수 있기 때문이다.

그러나 조직이라는 개념의 명료화를 위한 관념적 필요 때문에만 조직의 유형을 분류하는 것은 아니다. 실재하는 조직을 더 잘 다루고 연구할 수 있도록 인도해 줄 개념적 틀을 제공하려는 것이 조직유형론의 보다 중요한 또는 기본적인 목적이라 할 수 있다. 많고 복잡한 현상을 다루려 할 때 사람들은 이를 미리 분류해야 하는 필요에 직면하게 된다. 조직현상을 다룰 때에도 이치는 마찬가지이다. 조직연구의 실제에서 조직유형론이 가장 요긴하게 쓰이는 경우는 조직들을 비교연구할 때이다. 이 점에 주목하는 사람들은 조직유형론을 비교조직론의 영역에 속하는 것으로 친다.

오래전부터 조직연구인들은 조직의 분류를 단편적으로나마 시도해 왔으며 근래에 와서 점차 더 많은 연구인들이 조직유형론에 관심을 보이고 있다. 조직이론이 대상으로 하는 조직의 종류가 많아질수록, 그리고 상황적응적 접근방법의 적용과 조직을 비교연구하는 활동이 확대될수록 조직유형론 발전의 필요는 더욱 커지고 있다.

조직이 복잡한 현상이라 한다면 조직의 분류에도 그러한 복잡성이 반영되어야 할 터인데 지금까지 많은 연구인들이 제시한 조직유형론은 단순한 것들이다. 그들의 유형론은 대부분 복잡한 조직현상의 현저한 단순화에 기초를 두고 있다. 단일기준적인 유형론도 많다. 보편성이 높은 통합적 조직유형론의 발전은 현대조직학의 이상이지만 쉽게 성취할 수 있는 이상은 아니다.

조직유형론의 대강을 이해할 수 있도록 조직분류의 기준으로 흔히 쓰여온 조직의 속성 또는 변수들을 알아보고 이어서 중요한 조직유형론의 예를 몇 가지 소개하려 한다.

2) 조직분류 기준의 예시

유형이 다른 조직들을 명확하게 그리고 유의미하게 구별해 줄 수 있는 유형론의 발전을 위해 연구인들은 분류기준이 될 조직특성 또는 변수의 범주들을 탐색해 왔다. 조직의 모든 속성 그리고 조직에 영향을 미치는 모든 요인들은 조직분류의 기준이 될 수 있다. 조직유형론을 만드는 사람들이 흔히 써온 기준의 범주들을 다음에 예시하려 한다.

(1) 목표를 기준으로 한 유형론　조직의 목표는 조직의 평가기준으로 그리고 비교기준으로 널리 쓰여 왔다. 목표를 기준으로 한 조직유형론은 오래전부터 시도되었으나, 조직목표의 유형은 여러 가지라고 보는 관념을 조직학이 확인하면서부터 목표기준의 활용이 본격화되었다.

조직의 목표를 기준으로 삼은 조직유형론의 예로 조직의 목표를 사회적 기능으로 파악하고 목표유형을 먼저 분류한 다음 그에 따라 조직유형을 분류한 것, 조직의 기본적 기능에 목표를 연관 지어 파악하고 그 유형에 따라 조직을 분류한 것, 조직활동의 주된 수혜자에 조직목표를 연관 짓고 그에 따라 조직유형을 분류한 것 등을 들 수 있다.

(2) 구조와 과정의 특성을 기준으로 한 유형론　조직의 구조나 과정이 다르면 조직 전체의 특성도 달라진다. 조직의 구조와 과정에 관한 주요 변수들은 조직유형론의 기준으로 가장 많이 사용되어 왔다.

구조와 과정을 기준으로 하는 조직유형론 가운데서 오래전부터 널리 인용되어 온 것은 권한, 규칙제정집단, 관료의 임명기준 등 구조적 요인의 관료적 특성에 따른 관료제유형의 분류이다. 그 밖에도 복종의 구조, 유인기제, 집권화, 복잡성, 공식화, 전문화, 표준화, 적응성 등 구조적 특성을 기준으로 하는 유형론들을 볼 수 있다.

(3) 기술을 기준으로 한 유형론   조직이 사용하는 기술은 근래 많은 연구인들의 관심을 모으고 있다. 그들은 기술이 조직의 구조와 활동에 아주 큰 영향을 미친다는 사실을 중시하고, 조직이 활용하는 기술을 기준으로 조직유형론을 만들고 있다. 기술을 구조적 특성을 좌우하는 하나의 요소로 보아 조직의 구조라는 기준에 포함시킬 수도 있다. 그러나 기술은 지금까지 조직유형론의 기준으로 매우 중요한 위치를 유지해 왔기 때문에 독자적인 기준의 범주로 소개하는 것이다.

(4) 구성원 또는 고객을 기준으로 한 유형론   조직구성원의 전문성 등 인적 특성이 조직분류의 기준으로 쓰이는 경우가 흔히 있다. 조직의 고객 또는 조직이 처리하는 사람들의 특성에 따라 조직을 분류하기도 한다. 고객과 조직이 어떤 관계를 유지하고 있느냐 하는 것도 조직유형론의 기준이 된다. 예컨대 조직이 고객에게 갖는 관심의 폭 그리고 조직과 고객이 관계를 맺는 시간의 길이를 조직분류의 기준으로 쓸 수 있다.

(5) 환경과 조직의 관계를 기준으로 한 유형론   조직을 둘러싸고 있는 일반적 환경이나 구체적 환경과 조직이 어떤 교호작용을 하는가에 착안한 조직유형론은 대단히 많다. 그러한 유형론의 예로 일반적 환경의 특성, 기업체와 그것이 처해 있는 시장의 관계, 조직집합 또는 조직망 내의 조직들이 공동의 의사결정을 하는 과정의 특성, 조직 간 관계의 특성 등을 기준으로 한 유형론을 들 수 있다.

(6) 조직문화의 특성을 기준으로 한 유형론   조직문화의 여러 특성들을 기준으로 하는 유형론들이 있다. 예컨대 문화의 통합성, 다양성, 권력거리, 문화변용의 과정 등을 기준으로 하는 조직유형론들이 있다.

2. 조직유형론의 예시

조직유형론에 대한 독자들의 이해를 돕기 위해 자주 인용되어 온 조직유형론들을 몇 가지 소개하려 한다. 이 책의 다른 곳에서도 조직의 유형들이 논의될 것이다. 함께 참고하기 바란다. 특히 제3장에서 설명할 전통적·탈전통적 조직모형들을 조직유형론의 차원에서도 검토해 보기 바란다.

1) Parsons의 유형론

Talcott Parsons는 조직이 추구하는 대사회적 목표(對社會的 目標) 또는 사회적 기능이 무엇인가를 기준으로 네 가지 유형의 조직을 분류하였다.[10]

(1) 분류기준   Parsons는 사회체제 전체가 수행해야 할 기능을 i) 적응 (adaptation), ii) 목표성취(goal attainment), iii) 통합(integration), 그리고 iv) 체제유지(latency)로 분류하였다.[d] 적응은 자원을 확보하는 기능이다. 목표성취는 목표의 설정과 추구에 관한 기능이다. 통합은 체제구성부분들을 조정하고 결속을 유지하는 기능이다. 체제유지는 문화와 가치를 창출·보존하고 전승시키는 기능이다.

(2) 조직의 유형   위의 네 가지 사회적 기능 가운데서 어떤 범주에 주로 기여하는가에 따라 네 가지의 조직유형을 분류하였다.

❶ 경제적 생산을 지향하는 조직   사회의 적응기능에 기여하는 조직이 경제적 생산을 지향하는 조직(organizations oriented to economic production)이다. 이 유형은 사회가 소비하는 재화·용역을 생산하는 조직이다. 그 예로 사기업체를 들 수 있다.

❷ 정치적 목표를 추구하는 조직   사회의 목표성취에 기여하는 조직이 정치적 목표를 추구하는 조직(organizations oriented to political goals)이다. 이 유형은 사회 내에서 권력을 창출·분배하며, 사회가 바람직한 목표를 달성할 수 있도록 보장하려는 조직이다. 행정기관과 은행을 그 예로 들 수 있다.

❸ 통합기능적 조직   사회의 통합기능에 기여하는 조직이 통합기능적 조직(integrative organizations)이다. 이 유형은 사회 내의 갈등을 해결하고 사회의 구성부분들이 공존·협동할 수 있게 하며 '제도적 기대'의 실현에 기여하도록 사회구성원들의 동기를 유발하는 기능을 수행하는 조직이다. 법원, 정당 등을 예로 들 수 있다.

❹ 체제유지적 조직   사회의 체제유지기능에 기여하는 조직이 체제유지

---

d) Parsons의 분류체계를 AGIL Scheme이라고 부른다. AGIL은 그가 제시한 기능유형의 머리글자들을 모아 만든 합성어이다. Parsons, Robert F. Bales, and Edward A. Shills, *Working Papers in the Theory of Action*(Free Press, 1953).

적 조직(pattern-maintenance organizations)이다. 이 유형은 교육·문화 등의 활동을 통해서 사회의 지속성을 유지하려는 조직이다. 교육기관, 종교단체 등을 그 예로 들 수 있다.

2) Etzioni의 유형론

Amitai Etzioni는 복종의 구조(compliance structure)를 기준으로 조직을 분류하였다. 여기서 말하는 복종이란 부하를 통제하기 위해 상급자가 행사하는 권한과 그에 대한 부하의 태도 사이에 형성되는 관계로 파악된다. 따라서 그의 유형론은 구조적이며 동시에 행태적(동기론적)이라고 할 수 있다. 조직 내의 권한배분과 그 종류에 관련되기 때문에 구조적이며, 다른 한편으로는 조직의 요구에 순응하는 조직구성원들의 반응에 관련되기 때문에 동기론적이라 할 수 있다. 그의 이론은 조직이 사용하는 통제 또는 유인의 수단과 그에 기초한 권한의 종류를 분류하는 데서부터 출발하기 때문에 통제에 사용하는 권한의 종류에 기초를 둔 유형론이라고도 말할 수 있다.[11]

(1) 분류기준   Etzioni는 권한과 그 행사에 대응한 복종의 양태를 조직분류의 기준으로 삼는다. 그는 세 가지 통제수단을 먼저 구분하고 각 통제수단에 기초를 둔 권한과 그에 대응한 복종의 양태를 분류한다.

그러한 분류작업을 통해 만든 조직유형화의 기준은 i) 강압적 권한(coercive authority)과 굴종적 복종(소외적 복종: alienative compliance), ii) 공리적 권한(utilitarian authority)과 타산적 복종(calculative compliance), iii) 규범적 권한(normative authority)과 도덕적 복종(moral compliance)이다.

Etzioni가 구분한 세 가지 통제수단이란 강압적 수단(coercion), 경제적 수단(economic rewards), 규범적 수단(moral or normative rewards)을 말한다.

강압적 통제수단은 물리적 위해 또는 위협이다. 이에 기초를 둔 권한은 강압적 권한이다. 강압적 권한이 통제에 쓰일 때 조직구성원의 반응은 소외 또는 굴종으로 나타나는 것이 원칙이다. 굴종은 심리적으로 소외되고 조직으로부터 이탈하려는 마음을 갖게 되지만 별수 없이 조직에 남아 복종하지 않을 수 없을 때 나타나는 반응이다.

돈이나 그 밖의 물질적 보상이 경제적 수단에 해당한다. 경제적 수단에 기초를 둔 권한은 공리적 권한이며 이것은 원칙적으로 타산적 복종을 유도한다. 타산적 복종은 경제적 보상이 적정하다고 생각하는 범위 내에서만 권한에 순응하는 태도이다.

애정, 인격존중, 신망, 사명 등 상징적 내지 도덕적 가치를 사용하는 것이 규범적 수단이며 이에 기초를 둔 권한이 규범적 권한이다. 규범적 권한의 사용에는 원칙적으로 도덕적 복종이 따른다. 도덕적 복종은 조직의 임무와 자기가 맡은 일을 가치 있는 것이라고 생각하고 충심으로 조직의 요구에 순응히는 태도이다.

(2) 조직의 유형   Etzioni는 권한의 종류와 복종의 종류를 기준으로 각각 세 가지씩의 조직유형을 나누고 이를 조합하여 다시 9개의 유형을 보여 주는 분류의 틀을 만들었다. 9개 유형 가운데 권한의 성질과 복종의 성질이 부합되는 유형('congruent' type)은 세 가지밖에 되지 않는다. 나머지 조직유형에서는 두 가지 국면(권한과 복종) 사이에 일관성이 없다. 권한의 성질과 복종의 성질이 부합되지 않는다는 것은 강압적 권한의 행사에 대해 도덕적 반응이 나타난다든지 규범적 권한의 행사에 대해 타산적 반응이 나타난다든지 하는 것을 말한다. 대부분의 조직은 권한의 성질과 복종의 성질이 부합되는 조직유형에 해당하며 그 두 가지가 부합되지 않는 조직들은 결국 그것이 부합되는 방향으로 변해 간다고 한다.

세 가지의 부합형 조직유형은 다음과 같다.

❶ 강압적 조직   강압적 조직(coercive organization)은 강압적인 권한의 사용과 굴종적인 복종이 부합되어 있는 조직이다. 강제수용소와 대부분의 교도소를 그 예로 들 수 있다.

❷ 공리적 조직   공리적 조직(utilitarian organization)은 공리적 권한과 타산적 복종이 부합되어 있는 조직이다. 대부분의 사기업체를 그 예로 들 수 있다.

❸ 규범적 조직   규범적 조직(normative organization)은 규범적 권한과 도덕적 복종이 부합되어 있는 조직이다. 규범적 조직의 예로는 교회와 같은 종교단체, 이념정당, 대학, 병원 등을 들 수 있다.

3) Blau와 Scott의 유형론

Peter M. Blau와 W. Richard Scott의 유형론은 조직활동의 주된 수혜자가 누구인가(who benefits or *cui bono*)를 기준으로 하는 것이다. 이들은 먼저 공식적 조직에 관련된 사람들을 네 가지 범주로 분류하고 그 가운데서 어느 범주의 사람들이 조직의 주된 수혜자인가에 따라 네 가지의 조직유형을 구분하였다.[12]

(1) 분류기준   분류기준이 될 네 가지 범주의 사람들이란, i) 조직의 구성원 또는 하급참여자, ii) 조직의 소유주 또는 관리자, iii) 고객,e) 그리고 iv) 국민일반(public-at-large)을 말한다. 이러한 네 가지 범주의 어느 하나에 속하거나 그에 관련되거나 기여하는 사람들은 대개 다소간의 혜택을 조직으로부터 받는다. 어느 한 집단만이 전적으로 혜택을 독점하는 예는 찾아보기 어렵다. 그러므로 조직활동의 수혜자를 기준으로 한다는 말은 '주된 수혜자'(prime beneficiary)를 기준으로 한다는 뜻이다.

(2) 조직의 유형   누가 주된 수혜자인가를 기준으로 하여 분류한 네 가지 조직유형은 다음과 같다.

❶ 호혜적 조직   호혜적 조직(mutual-benefit associations)의 주된 수혜자는 조직의 구성원들이다. 호계적 조직에서 가장 중요한 문제는 구성원의 참여와 구성원이 하는 통제를 보장하는 민주적 절차를 조직 내에서 유지하는 일이다. 호혜적 조직의 예로는 정당, 노동조합, 전문직업단체, 종교단체 등을 들 수 있다.

❷ 기업조직   소유주가 주된 수혜자로 되는 기업조직(business concerns)에서 핵심이 되는 문제는 경쟁적인 상황에서 운영의 능률을 극대화하는 것이다. 제조회사, 은행, 보험회사 등이 이 유형에 해당한다.

❸ 봉사조직   봉사조직(service organizations)의 주된 수혜자는 고객집단이다. 봉사조직에서 자주 발생하는 문제는 고객에 대한 전문적 봉사와 행정적 절차 사이에서 생기는 갈등이다. 사회사업기관, 병원, 학교 등이 이 유형에 해당한다.

❹ 공익조직   공익조직(commonweal organizations)의 주된 수혜자는 국민일반이다. 공익조직의 가장 중요한 과제는 국민이 하는 외재적 통제가 가능하도록 민주적 장치를 발전시키는 것이다. 각종 행정기관, 군대조직, 경찰조직 등을 공익조직의 예로 들 수 있다.

Blau와 Scott는 어느 한 조직이 위의 네 가지 유형 중 두 가지 이상에 해당하는 혼합형의 존재도 가능하다고 하였다.

---

e) 고객(clients)의 예로 상점의 손님, 병원의 환자, 학교의 학생, 경찰에 잡혀 온 범법자 등을 들 수 있다. 이들은 조직과 일상적·직접적 접촉을 하지만 이론상 조직의 외부에 속하는 사람들이라고 한다.

4) Henry의 유형론

Nicholas Henry는 모든 조직의 공통적인 속성으로 i) 인간의 집합체라는 것, ii) 2차집단적인 관계라는 것, iii) 특정적·한정적 목표를 추구한다는 것, iv) 지속적으로 협동적인 활동을 한다는 것, v) 보다 큰 사회체제에 통합되어 있다는 것, vi) 환경에 재화·용역을 공급한다는 것, vii) 환경과의 거래에 의존한다는 것을 들었다. 그리고 그와 같은 공통적 특성에 더하여 조직마다 다른 특성이 있다는 사실에 착안해 조직의 유형을 두 가지 범주로 분류하였다. 그 하나는 폐쇄형 조직이며, 다른 하나는 개방형 조직이다. 이 두 가지 모형에 대한 Henry의 설명을 요약하기로 한다.13)

(1) 폐쇄형 조직   폐쇄형 조직(조직의 폐쇄된 모형: closed model of organizations)의 주요 특징은 i) 안정적 조건 하에서 일상화된(틀에 박힌) 일을 한다는 것, ii) 분업과 같은 업무전문화가 가장 중요시 된다는 것, iii) 일하는 방법(수단)에 역점이 있다는 것, iv) 조직 내 갈등은 최고관리층이 재결한다는 것, v) 공식적으로 규정된 업무수행의 책임이 강조된다는 것, vi) 구성원의 책임과 충성은 주로 소속부서(bureaucratic subunit)에 지향된다는 것, vii) 조직은 피라미드와 같은 계서제로 인식된다는 것, viii) 조직전체에 걸친 지식은 계서제의 최상층에서만 총괄해 가지고 있다는 것, ix) 구성원 간의 조직 내 교호작용은 수평적이기 보다 수직적이라는 것, x) 구성원 간 교호작용의 스타일은 명령·복종·명확한 상관—부하관계에 지향된다는 것, xi) 상관과 조직에 대한 충성과 복종이 강조된다는 것, 그리고 xii) 구성원 개인의 조직 내 지위는 그의 공식적 직책과 계급에 따라 정해진다는 것이다.f)

폐쇄형 조직모형의 이론적 배경으로는 관료제론, 과학적 관리론, 그리고 행정관리론(관리과정학파)을 들 수 있다.

(2) 개방형 조직   개방형 조직(조직의 개방된 모형: open model of organizations)의 주요 특징은 i) 불안정적 조건 하에서 비일상적인 업무를 수행한다는 것, ii) 전문화된 지식을 공동적 업무수행에 유익하게 적용할 수 있

---

f) Henry는 폐쇄형 조직의 별명이 여러 가지라고 하였다. 그는 별명의 예로 관료적 조직, 계서제적 조직, 공식적 조직, 합리적 조직, 기계적 조직 등을 들었다.

다는 것,g) iii) 수단보다는 목표와 업무성취에 역점을 둔다는 것, iv) 조직 내 갈등은 위로부터의 재결이 아니라 동료 간의 상호작용으로 해결한다는 것, v) 제한적인 업무책임규정에서 벗어난다는 것,h) vi) 구성원의 책임과 충성은 조직 전체에 지향된다는 것, vii) 조직은 아메바처럼 유동적인 네트워크 구조로 인식된다는 것, viii) 조직 어디에나 거기에 적합한 지식은 있다는 것,i) ix) 조직 내 교호작용은 수직적일 뿐만 아니라 수평적이라는 것, x) 교호작용의 스타일은 성취·조언·동료적 관계에 지향된다는 것, xi) 임무성취와 탁월한 성과를 강조한다는 것, 그리고 xii) 개인의 조직 내 지위는 그의 전문가적 능력과 평판에 따라 정해진다는 것이다.j)

개방형 조직모형의 이론적 배경으로는 인간관계론, 조직발전론, 그리고 조직환경론(생태이론)을 들 수 있다. 여기서 조직환경론이라고 하는 것은 조직을 환경의 한 구성단위로 보고 조직과 환경의 교호작용을 연구하는 학파를 지칭한다.

(3) 두 모형의 차이 : 대조되는 가정　폐쇄형 조직모형의 가정은 개방형 조직모형의 가정과 근본적으로 다르다. 다섯 가지 국면에 걸쳐 대조되는 가정들을 보면 다음과 같다.

❶ 조직의 환경에 대한 가정　폐쇄형은 조직이 안정적이고 일상화된 환경에 있다고 가정한다. 반면 개방형은 조직이 의외의 사건으로 가득 찬 불안정적 환경에서 작동한다고 가정한다. 그러므로 폐쇄형은 안정적 환경에 적합하게 꾸며진 모형이며, 개방형은 불안정적 환경에 적합하게 만들어진 모형이라고 할 수 있다.

❷ 인간에 대한 가정　폐쇄형은 인간이 일을 싫어하는 피동적 존재라고

---

g) 이 특징은 폐쇄형 조직이 업무전문화(분업)에 역점을 두는 것과 대조된다. 개방형 조직은 일의 전문화보다 사람의 전문성 향상을 더 강조한다는 뜻으로 풀이된다. 이에 관련하여 Henry 는 이런 설명을 덧붙이고 있다. "… 조직의 어떤 한 구성원이 가진 전문된 지식은 조직의 다른 여러 구성원들이 수행하는 다양한 업무에 유익하게 적용될 수 있다."

h) 이 말은 모든 구성원들이 조직의 모든 문제를 해결하는 데 기여할 수 있도록 고정적인 공식적 직무기술(job description)은 없앤다는 뜻이다.

i) 지식독점이 없다는 뜻이다. 모든 구성원이 조직에 관한 일부의 지식(자기에게 필요한 지식)을 가지며 구성원 누구도 조직에 관한 모든 지식을 가지고 있지는 못하다는 뜻이다.

j) Henry는 이런 현상을 "신망이 외재화된다"는 말로 설명한다.

가정한다. 이런 가정은 Douglas McGregor가 말한 X이론의 가정과 같다. 개방형은 대부분의 인간들이 일을 즐기고 자율규제를 할 수 있는 존재라고 가정한다. 이것은 McGregor가 말한 Y이론의 가정과 같다.

❸ 권력의 정당성에 대한 가정   강압적 권력에 대한 두 모형의 입장은 상반된다. 폐쇄형에서는 조직이 그 목표의 추구를 위해 구성원인 인간을 사용한다고 가정하기 때문에 권력행사를 주저하지 않으며 권위적인 강제의 무정한 사용을 정당시 한다. 개방형의 가정은 강제에 의존하는 조직운영은 인간의 성숙을 방해하고 비인간화를 조장한다는 것이다. 개방형에서는 강제를 비난대상으로 취급한다.

❹ 구성원의 조종에 대한 가정   폐쇄형은 사람을 다루려면 분명하고 강제적인 조종(manipulation)이 필요하다고 가정한다. 인간에 대한 명시적 조종을 정당시 한다. 개방형은 훨씬 엷은 색깔의 조종이 바람직하다고 가정한다. 개방형은 신중한, 드러내지 않는, 뉘앙스로 하는 사회심리학적 조종을 선호한다.

❺ 사회에 대한 조직의 도덕적 책무에 대한 가정   폐쇄형은 조직이 사회정의 구현에 기여할 수 있으려면 조직 내의 불공평, 권리침해, 비인간적 규칙, 독재 등을 용납해야 한다고 주장한다. 개방형은 시민과 조직구성원(관료)은 서로 다르지 않기 때문에 사회정의 구현에 대한 조직의 기여를 명분으로 조직구성원을 비인간적으로 다루어서는 안 된다고 주장한다. 폐쇄형은 조직구성원을 희생시켜야 조직이 사회혁신에 기여할 수 있다고 가정한다. 이것은 대(大)를 위해 소(小)를 희생시켜야 한다는 가정이다. 개방형은 그에 반대한다. 개방형은 조직이 사회에 대한 도덕적 책무를 이행할 수 있으려면 조직의 인간화와 도덕성 향상에서부터 시작해야 한다고 가정한다.[k]

5) Mintzberg의 유형론

Henry Mintzberg는 복수국면적 접근방법(複數局面的 接近方法: multi-faceted approach)에 따라 다섯 가지 범주의 조직양태를 분류하였다. Mintzberg는 조직의 양태를 결정하는 데 작용하고 또 그 효율성에 영향을 미치는 요인을 i) 조직의 구성부분, ii) 조직이 채택하는 조정기제, iii) 상황적 요인 등 세 가지

---

k) Henry의 조직유형론은 공공부문의 조직을 준거대상으로 삼은 듯하다. 사회에 대한 조직의 도덕적 책무를 설명할 때는 특히 그러하다.

로 범주화하였다. 상호적인 영향관계에 있는 이 세 가지 변수를 조직분류의 기준으로 쓰고 있다. 이와 같이 복수의 국면 또는 기준을 고려했기 때문에 복수국면적 접근방법에 따른 유형론이라고 한다.[14]

(1) 분류기준 Mintzberg가 분류기준으로 삼은 조직의 구성부분, 조직이 채택하는 조정기제, 그리고 상황적 요인을 먼저 살펴보려 한다.

❶ 조직의 구성부분 조직에는 과업수행과 조정에 관하여 서로 다른 역할을 수행하는 다섯 가지의 기본적인 구성부분(components)들이 있다. 다섯 가지 구성부분이란 i) 작업계층(작업중추: operating core), ii) 최고관리층(전략적 정상: strategic apex), iii) 중간계선(middle line), iv) 기술구조(techno structure), 그리고 v) 지원참모(support staff)를 말한다.

작업계층은 조직의 핵심으로서 재화·용역을 생산하는 기본적 작업에 직접 종사하는 직원으로 구성된다. 최고관리층은 조직에 관한 전반적 책임을 지는 사람들로 구성된다. 중간계선은 최고관리층과 작업계층을 연결하는 역할을 수행한다. 기술구조는 작업의 설계와 변경, 작업과정의 계획 그리고 그에 관한 직원의 훈련을 담당하는 전문가들(분석가들: analysts)로 구성된다. 지원참모는 다른 네 가지 구성부분이 필요로 하는 지원적 업무를 수행한다. 중간계선, 기술구조, 그리고 지원참모는 조직의 중간계층을 형성하며 최고관리층, 중간계선, 그리고 기술구조는 조직의 행정구조(administrative component)를 형성한다.

조직의 구성부분들이 어떻게 배열되는가를 상징적인 그림으로 보인 것이 〈그림 1-4-2〉이다.

그림 1-4-2 조직의 다섯 가지 구성부분

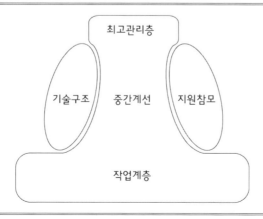

❷ 조정기제　조직 내의 의사전달과 통제를 원활하게 하고 조직활동을 조정하기 위해 조직이 사용하는 조정방법 또는 조정기제(coordinating mechanisms)에는 다섯 가지 유형이 있다. 다섯 가지 유형이란 i) 삭업사들 사이의 상호조절(mutual adjustment), ii) 직접적 감독(direct supervision), iii) 작업과정의 표준화(standardization of work processes), iv) 산출의 표준화(standardization of work outputs), 그리고 v) 직무교육을 통한 작업기술의 표준화(standardization of worker skills through job training)를 말한다.

❸ 상황적 요인　조직의 양태 또는 구조에 영향을 미치는 독립변수 가운데 하나가 상황적 요인(contingency factors)이다. 조직의 구조와 상황적 요인 사이에 일관성(부합성)이 높아야 조직은 효율적일 수 있다. 상황적 요인은 i) 조직의 나이(존속기간), ii) 규모, iii) 기술(업무의 복잡성), iv) 환경, v) 권력체제 등이다.

(2) 조직의 유형(양태)　조직의 구성부분, 조정기제, 그리고 상황적 요인이 구조설계변수에 영향을 미쳐 조직의 양태(configurations of organizations)를 형성한다.[1) 조직의 양태에는 다섯 가지 기본적 유형이 있다. 다섯 가지 유형이란 i) 단순구조(simple structure), ii) 기계적 관료제(machine bureaucracy), iii) 전문적 관료제(professional bureaucracy), iv) 할거적 양태(divisionalized form), 그리고 v) 임시체제(adhocracy)를 말한다.

❶ 단순구조　지배적인 구성부분은 최고관리층이다. 관리계층의 규모는 작으며 기술구조와 지원참모는 없거나 빈약하다. 조정기제는 직접적인 감독에 의존하는 것이다. 상황적 특성으로는 조직의 적은 나이, 작은 규모, 단순한 기술, 단순하고 동적인 환경, 최고관리자의 강한 권력과 독단성 등을 들 수 있다.

구조적 특성으로는 i) 낮은 분화수준과 공식화수준, ii) 높은 집권화수준, iii) 공식적 계획·훈련·연락장치의 부재, iv) 유기적이고 융통성 있는 구조 등을 들 수 있다.

단순구조의 예로 신설된 행정조직, 소유주가 직접 경영하는 자동차 판매

---

1) Mintzberg의 모형에서 구조설계변수(design parameters or structural variables)는 종속변수이다. 여기에 포함되는 변수는 직위설계, 조직단위설계, 횡적 연계의 설계, 의사결정체제의 설계 등에 관한 것이다. Mintzberg가 조직양태라고 하는 것은 구조적 양태라고 이해해도 무방하다.

업소, 학장이 주도적인 역할을 수행하는 작은 대학 등을 들 수 있다.

❷ 기계적 관료제   지배적 구성부분은 복합적이다. 기술구조가 조직 내에서 가장 중요한 지위를 점한다. 그러나 최고관리층도 상당히 강한 권력을 행사한다. 지원참모의 규모도 크다. 주된 조정방법은 작업과정의 표준화이다. 상황적 특성으로는 조직의 많은 나이, 큰 규모, 복잡성은 낮지만 영향은 큰 기술, 단순하고 안정적인 환경, 강한 기술구조의 영향력, 외적 권력중추가 행사하는 강한 통제 등을 들 수 있다.

구조적 특성으로는 i) 높은 분화·전문화수준, ii) 조직단위의 기능별 구성, iii) 계선과 참모의 분명한 구분, iv) 가늘고 긴 관리계층, v) 높은 공식화·관료화의 수준, vi) 낮은 구조적 융통성, vii) 기술구조의 수평적 분권화·의사결정과정의 수직적 집권화, viii) 발전된 실행계획 담당 장치, ix) 없거나 빈약한 훈련·연락 담당구조 등을 들 수 있다.

기계적 관료제의 예로 제철회사와 같은 대량생산업체, 항공회사, 교도소 등을 들 수 있다.

❸ 전문적 관료제   지배적인 구성부분은 작업계층이다. 작업계층이 조직 내에서 가장 중요한 위치를 점한다. 작업계층의 규모는 크다. 지원참모의 규모도 크다. 나머지 구성부분들의 규모는 작다. 주된 조정방법은 기술의 표준화이다. 기술을 표준화하는 방법은 작업자들에 대한 훈련이다. 상황적 특성으로는 조직의 다양한 나이와 규모, 복잡한 기술, 복잡하지만 안정적인 환경, 전문성이 높은 작업자들의 강한 권력 등을 들 수 있다.

구조적 특성으로는 i) 높은 수평적 분화수준, ii) 작업자와 업무의 높은 전문성, iii) 산출을 판매할 시장 또는 기능을 기준으로 한 조직단위의 분화, iv) 낮은 공식화수준, v) 민주적 의사결정과 높은 수평적·수직적 분권화수준, vi) 훈련·연락구조의 발달, vii) 빈약한 계획·통제 구조 등을 들 수 있다.

전문적 관료제의 예로 종합대학교, 공예품생산조직, 종합병원, 합동법률사무소(법무법인: law firm) 등을 들 수 있다.

❹ 할거적 양태   지배적인 구성부분은 조직 내 부서(局 또는 部: division)의 장들로 구성되는 중간계선이다. 중간계선을 구성하는 관리자들은 소관부서를 준독자적으로 관리한다. 조직상층부인 '본부'의 규모는 작다. 기술구조와 지원참모의 규모도 작다. 그러나 부서들이 모여 구성하는 작업계층의 규모는

아주 크다. 조직활동을 조정하는 주된 방법은 산출의 표준화이다. 상황적 특
성으로는 조직의 많은 나이, 큰 규모, 낮은 기술복잡성, 기술구조의 부서별 분
할배치, 단순하고 안정적인 환경, 시장의 산출종류별 분화, 각 부서의 최고관
리자들로 구성되는 중간계선의 강한 권력행사 등을 들 수 있다.

　할거적 구조는 여러 부서로 구성된 구조 위에 얹어 놓은 또는 첨가해 놓
은 구조라고 할 수 있다. 그러한 구조의 특성으로는 i) 최고관리층(본부)과 부
서들 사이의 분명한 역할분담, ii) 각 부서의 자율적인 통제와 시장에 대한 전
략 수립, iii) 조직 전체의 전략수립·자원관리·통제체제 설계·부서별 업무수
행의 감시를 담당하는 본부, iv) 각 부서의 시장별 구성, v) 어느 정도의 수직
적 분권화, vi) 발전된 사업수행 통제장치, vii) 중간계선을 위한 약간의 훈련
장치·취약한 연락장치, viii) 개별적 상이성에도 불구하고 대체로 기계적 관
료제의 구조를 닮은 각 부서의 구조 등을 들 수 있다.

　할거적 구조의 예로 기업합병으로 설립된 대규모의 기업체, 캠퍼스가 여
러 곳에 있는 대학교 등을 들 수 있다.

　❺ 임시체제　임시체제(애드호크라시)는 가장 복잡하고 융통성이 큰 구조
를 지닌 조직이며 창의적 업무수행에 적합한 양태이다.

　지배적인 구성부분의 조합에서 지원참모의 위치가 가장 두드러지지만 그
것이 따로 분리된 조직단위를 구성하지는 않는다. 계선과 참모의 구별은 흐리
며 최고관리층과 중간계선 그리고 작업계층은 혼합되어 있다. 구성부분들 사이
의 혼합도는 아주 높다. 주된 조정기제는 구성원에 의한 상호조절이다. 상황적
특성으로는 조직의 많지 않은 나이와 높은 사망률, 중간정도 또는 작은 크기,[m)]
복잡한 기술, 복잡하고 급속히 변동하는 환경, 전문가들의 강한 권력행사 등을
들 수 있다.

　구조적 특성으로는 i) 높은 횡적 업무분화수준·모호한 업무규정, ii) 기능

---

m) Mintzberg는 임시체제의 유형을 관리임시체제(administrative adhocracy)와 업무임시체제
　(operating adhocracy)로 분류하기도 한다. 일상화된 작업을 담당하는 기계적 구조를 거느리
　고 있는 것을 관리임시체제라 부른다. 〈그림 1-4-3〉의 임시체제 상징도에서 실선부분(윗부
　분)과 기계적 구조인 점선부분(아랫부분)을 합친 것이 관리임시체제이다. 그림에서 실선부분
　만 있는 것이 창의적인 업무를 직접 수행하는 업무임시체제이다. 관리임시체제의 규모는 커
　져가는 경향을 보인다고 한다. 관리임시체제에서는 행정구조와 작업계층의 구별이 뚜렷하다
　고 한다.

그림 1-4-3 조직양태의 유형

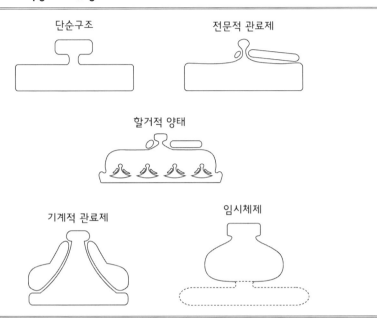

출처: Janice H. Zahrly, "Henry Mintzberg: The Structuring of Organizations," in Henry L. Tosi, ed., *Theories of Organization*, 2nd ed.(John Wiley & Sons, 1984), pp. 197~203.

또는 시장에 따라 구성되는 사업단위 또는 복합단위, iii) 낮은 공식화수준·유기적 구조의 높은 융통성, iv) 조직 내 연락장치의 발달, v) 구성원들의 높은 교육수준, vi) 제한된 범위 내에서 작동하는 실행계획장치 등을 들 수 있다.

임시체제의 예로 첨단과학에 관한 조사연구기관, 새로운 예술단체, 설계회사, 광고회사 등을 들 수 있다.[n]

Mintzberg는 정부관리모형(models for managing government)을 다섯 가지로

---

n) Alvin Toffler도 애드호크라시를 설명하였다. 그는 애드호크라시를 역동적이며 변화가 많고 정보가 풍부한 조직이라고 규정하였다. 이러한 조직의 특성으로 다양하고 유동적인 구조적 배열, 변동하는 역할과 유동적인 구성원, 동료적인 관계와 수평적인 의사결정양태의 확산, 전문직업분야와 담당업무 자체에 대한 구성원들의 충성·헌신, 구성원들의 자아성취에 대한 집착 등을 들었다. Toffler, *Future Shock*(Random House, 1970), "Organizations: The Coming Adhocracy," in Lloyd A. Rowe and William B. Boise, eds., *Organizational and Managerial Innovation: A Reader*(Goodyear, 1973), pp. 113~149. 오늘날 애드호크라시라는 개념은 아주 널리 쓰이고 있기 때문에 어떤 특정인의 모형이라고 한정하기 어려운 형편에 있다.

분류하는 또 다른 조직유형론을 만들었다. 이것은 정부조직의 상위구조인 통제중추와 세부구조(집행구조)인 정부기관들의 구성방법을 기준으로 한 유형론이다.[15)]

그는 정부관리모형을 i) 기계모형(government-as-machine model), ii) 네트워크 모형(government-as-network model), iii) 집행통제모형(performance-control model), iv) 가상모형(virtual-government model), 그리고 v) 규범적 통제모형 (normative-control model)으로 분류하였다.

기계모형은 집권적 통제에 역점이 있는 모형이며 각종 규칙과 통제기준이 지배하는 기계와 같은 체제이다. 네트워크모형은 조직 전체가 사업별로 분화된 단위들이 느슨하게 연계된 망으로 구성된 모형이다. 기계모형과는 반대로 유동적이며 교호작용적인 특성을 지닌다. 집행통제모형은 상위구조가 계획하고 통제하며 분할된 집행구조는 계획을 시행하는 모형이다. 기관분할, 임무배정, 평가와 통제를 특징으로 한다. 가상모형은 '없는 정부가 최선의 정부'라는 신조에 따라 최대한의 민간화를 실현한 모형이다. 이 모형에서 집행부서는 없으며 상위구조도 민간부문의 공공서비스 공급을 주선하는 데 필요한 만큼만 존재한다.

규범적 통제모형은 규범적 · 도덕적 통제에 바탕을 두고 구성원들의 자발적 헌신을 강조하는 모형이다. 규범적 통제모형에서는 가치관과 태도를 기준으로 직원을 선발하며, 사회에 헌신하도록 교화하고, 구성원들이 수용한 원리와 비전으로 이끌어 간다. 모든 직원이 책임을 공동부담하며 그들의 직무수행은 경험 많은 사람들이 평가한다. 규범적 통제모형은 제도보다 사람의 정신을 중요시하는 모형이라고 한다.

6) Keidel의 유형론

Robert W. Keidel은 조직설계의 세 가지 국면에서 아홉 가지 분류기준을 선정하고 그에 따라 세 가지 조직양태를 분류하였다.[16)]

(1) 분류기준   조직설계국면 세 가지는 i) 전략, ii) 구조, iii) 체제이며 각 국면에서 세 가지씩의 분류기준을 선정하였다.

조직의 전략(strategy)은 조직이 어떤 성향을 지녔으며 왜 존재하고 어떻게 경쟁하는가에 관한 국면이다. 전략에 관한 분류기준은 i) 주된 수혜자 (constituencies), ii) 성향(character), 그리고 iii) 능력(capabilities)이다.

조직의 구조(structure)는 조직도표, 물적 시설의 배치, 사람과 조직단위의 위치설정, 일의 흐름 등을 포함하는 개념이다. 구조에 관한 분류기준은 i) 조직도표(organization chart), ii) 물적 시설의 배치(layout), 그리고 iii) 상호의존성(interdependence)이다. 상호의존성은 일과 정보의 흐름에 관한 기준이다.

조직의 체제(systems)는 조직행태와 업무수행에 중요한 영향을 미치는 관리제도들이다. 이에 관한 분류기준은 i) 보상체제(reward system), ii) 회의체제 (meeting system), 그리고 iii) 의사결정체제(decision system)이다.

(2) 조직의 유형(양태)　위의 기준들에 따라 분류한 조직의 기본적 양태는 i) 자율적 조직(autonomy), ii) 통제적 조직(control), iii) 협동적 조직 (cooperation) 등 세 가지이다. Keidel은 미래의 바람직한 조직양태는 자율적 조직과 협동적 조직의 혼합양태라고 하였다.

❶ 자율적 조직　이 조직양태의 특성은 i) 고객이 주된 수혜자라는 것, ii) 각 행동자 중심의 성향을 지닌다는 것, iii) 경쟁능력의 기초는 분화·전문화에 있다는 것, iv) 조직도표 상의 계층수는 적고 보고계통은 명료하다는 것, v) 물적 시설은 직원 각자의 독자적인 행동을 지지하도록 배치된다는 것, vi) 수평적인 업무관계는 개별적이며 각 행동자는 따로따로 조직 전체에 기여한다는 것, vii) 보상체제는 개인을 대상으로 한다는 것, viii) 회의체제는 참여자들이 서로 의견과 경험을 교환하는 기회를 갖는 토론의 장(forum)이라는 것, 그리고 ix) 의사결정체제는 분권화된다는 것이다.

❷ 통제적 조직　이 조직양태의 특성은 i) 주된 수혜자가 주주 또는 출연자(出捐者)라는 것, ii) 감독자 중심의 성향을 지닌다는 것, iii) 경쟁능력의 기초는 경비절감이라는 것, iv) 조직도표 상의 계층수는 많고 보고계통은 명료하다는 것, v) 물적 시설은 계획된 교호작용이 가능하도록 배치한다는 것, vi) 업무관계는 순차적이라는 것, vii) 보상체제는 계서적이라는 것, viii) 회의체제는 의사결정의 장이라는 것, 그리고 ix) 의사결정체제는 집권적이라는 것이다.

❸ 협동적 조직　이 조직양태의 특징은 i) 조직구성원이 주된 수혜자라는 것, ii) 팀중심의 성향을 지닌다는 것, iii) 경쟁능력의 기초는 융통성(적응성)이라는 것, iv) 조직도표 상의 계층수는 적고 보고계통은 비정형적이라는 것, v) 물적 시설은 사람들의 자연스럽고 자발적인 교호작용이 가능하도록 배치한다는 것, vi) 업무관계는 상호적이라는 것, vii) 보상체제는 상하 간 보수 격차가 크지 않은 상호부조적(相互扶助的: mutual) 체제라는 것, viii) 회의체제는 팀발전의 장이라는 것, 그리고 ix) 의사결정체제는 공동적·협력적이라는 것이다.

7) Cox, Jr.의 유형론

Taylor Cox, Jr.는 문화론적 시각에서 조직의 유형을 분류하였다. 그는 여섯 가지 요인을 규정하는 개념적 틀을 적용하여 세 가지 유형의 조직을 설명하였다.[17)]

(1) 분류기준   Cox, Jr.가 그의 개념적 틀에서 규정한 여섯 가지 요인이 분류의 기준이다. 여섯 가지 분류기준은 i) 문화적 다양성에 대한 조직의 방침, ii) 문화변용의 과정, iii) 구조적 통합의 수준, iv) 비공식적 통합의 수준, v) 인적자원관리 상의 제도적·문화적 편견, 그리고 vi) 집단 간의 갈등이다. 여기서 구조적 또는 비공식적 통합이란 이질적인 문화집단 간의 통합을 말한다.

(2) 조직의 유형   Cox, Jr.가 분류한 세 가지 조직유형은 i) 획일적 조직(monolithic organization), ii) 다원적 조직(plural organization), 그리고 iii) 다문화적 조직(multicultural organization)이다.

❶ 획일적 조직   이것은 문화적 이질성을 배척하는 조직이며 단일의 강한 문화가 지배하는 조직이다.

이 유형의 조직은 문화적 다양성을 묵살하거나 적극적으로 봉쇄한다. 문화변용의 과정은 동화(同化)이다. 신참자의 문화를 조직의 문화에 일방적으로 적응시켜 양자 간의 문화적 차이가 없어지게 한다. 문화적 이질집단 간의 구조적 통합은 거의 없다. 비공식적 통합도 마찬가지이다. 인적자원관리에 제도적·문화적 편견은 만연되어 있다. 문화적으로 지배적인 다수집단이 아닌 집단에 소속된 사람들의 채용은 봉쇄한다. 구성원들의 문화적 동질성이 높기 때문에 집단 간의 갈등은 최소화된다.

❷ 다원적 조직   이것은 획일적 조직의 경우보다는 구성원들의 문화적 이질성이 높은 조직이다. 지배적 집단의 문화와 다른 문화적 배경을 가진 사람들에 대한 입장도 더 포용적이다. 그러나 지배적 집단에 비해 소수집단들의 지위는 취약하다.

이 조직은 문화적 다양성을 용납하거나 묵살한다. 문화변용의 과정은 동화이다. 구조적·비공식적 통합은 부분적·한정적이다. 인사 상의 편견과 차별은 흔하다. 집단 간의 갈등수준은 상당히 높다.

❸ 다문화적 조직   이것은 문화적 다양성의 긍정적 가치를 존중하는 조직
이다.

이 조직은 문화적 다양성을 존중하고 증진시킨다. 문화변용의 과정은 상
호적이며 다원적이다. 구조적·비공식적 통합은 온전하다. 인사 상의 편견과
차별은 최소화되거나 제거되어 있다. 문화적 다양성을 능동적(긍정적)으로 관
리하기 때문에 집단 간의 갈등은 최소화된다.

8) Haas와 Hall 그리고 Johnson의 귀납적 유형론

앞에서 자주 인용되는 유형론들을 예시하겠다고 말했으나, '자주 인용되
지 않는' 시론적(試論的) 유형론 하나를 곁들여 소개하려 한다. 연역적 유형론
에 실망하여 귀납적 유형론을 만들어보려다 더 큰 어려움에 봉착한 것을 독
자들이 보고 여러 가지를 스스로 깨닫게 하기 위해서이다.

J. Eugene Haas와 Richard H. Hall, 그리고 Norman J. Johnson은 단편
적인 기준에 따라 연역적으로 도출한 유형론의 약점을 회피해 보려고 유형론
의 개발에서 귀납적 접근을 시도하였다. 관념적으로 만들어낸 분류이론에 실
재하는 조직을 대입하려 하지 않았다. 그와는 대조적으로 실재하는 조직들의
특성을 먼저 조사한 다음 그에 기초해 특성을 분류하고, 조직을 유형화하였
다.[18]

(1) 귀납적 방법   Haas 등이 조직의 분류에서 기준으로 삼은 것은 75개의
조직에 실재하는 특성(변수)들이다. 조사대상인 75개의 조직에서 수집한 변수
의 합계는 99개에 달하였다. 컴퓨터의 도움을 얻어 99개의 변수와 75개의 조
직들을 관련지어 분석하고 99개의 변수 중 같은 가짓수를 공유하는 조직의
집단들을 확인하였다. 이렇게 해서 찾아낸 기본적 조직집단(조직유형)은 10개
이다.

각 조직집단이 지니고 있는 특성(변수)의 수는 일정치 않다. 공유하는 변
수가 많은 것도 있고 적은 것도 있다. 각 유형마다 공유하는 변수의 배합이
다르다는 말은 일정한 변수의 독점을 뜻하는 것이 아니다. 둘 이상의 조직유
형이 공통적인 특성으로 지니고 있는 변수도 있다. 다만 유형마다 변수의 가
짓수와 배합이 다르다는 것뿐이다. 이와 마찬가지로 유형 간에 '상식적으로
구별되고 있는' 조직의 종류가 겹치는 경우도 있다. 예컨대 음식점과 규제기

능적 정부기관이 같은 유형으로 분류되어 있다는 것은 기묘한 느낌을 준다. 유형 간에 조직의 종류가 겹치는 경우도 있는데 이것은 비록 같은 종류이더라도 구체적인 조직이 다르면 상이한 유형에 분류될 수 있음을 보여 준 것이라 하겠다. 동일한 조직이 여러 유형에 해당하는 것이 아니라 같은 종류의 상이한 조직들이 별개의 유형에 해당할 수 있음을 보여 주었다고 생각한다.

　분류표에 기술된 열 가지 조직유형 가운데서 한 가지(유형 Ⅰ)에 대한 설명만을 여기에 예시하려 한다.

　[유형 Ⅰ]
　(1) 조직: 식당, 규제기능적 정부기관, 모텔, 은행, 보험회사, 제조공장, 교구학교(教區學校), 민영 텔레비전 방송국.
　(2) 공동특성: i) 조직구성원은 조직에 참여할 때 간단한 신청서를 제출한다. ii) 구성원에는 기본적인 구성원과 제휴자적인 구성원이 있다. iii) 조직에 참여하는 데 종교적 제약은 없다. iv) 조직에 참여하는 데 인종적 제약은 없다. v) 육체적 자격요건은 없다. vi) 조직의 성공에 지리적 요인이 장애를 주지 않는다. vii) 시기별로 조직활동이 달라지지 않는다.

　(2) 평 가　Haas와 Hall 그리고 Johnson의 연구는 조직의 특성을 좌우하는 변수와 그러한 변수 간의 관계를 경험적으로 노출시켜 보는 작업을 한 것이다. 이들의 연구는 연역적으로 유형론을 만드는 논자들에게 반성의 기회를 주고, 앞으로 우리가 희망하는 보다 온전한 유형론의 발전에도 상당한 기여를 하리라 생각한다. 그러나 이것을 하나의 독자적인 유형론으로 보아 평가할 때에는 많은 약점이 내재되어 있음을 지적하지 않을 수 없다.

　이 유형론을 개발하는 데 참여했던 Hall이 스스로 시인하고 있는 결함은 세 가지이다.[19] 첫째, 이 유형론에 포함시킨 변수가 조직의 가장 중요한 속성이 아닐 수도 있다. 둘째, 측정방법(조사방법)에 문제가 있다. 자료수집의 주된 방법은 대상조직의 관리자들에 대한 면접이었다. 그리고 조직도표 등의 기록을 조사하여 면접내용을 보완하였다. 그런데 주된 조사방법인 면접에서 응답의 균질성을 확보하지 못했다. 셋째, 모든 조직을 조사한 것이 아니므로 유형론의 보편성이 없다.

　Haas 등이 시도한 경험적 유형론이 안고 있는 결함의 궁극적인 원인은 이론(theory)과 사실조사(research)의 부조화에서 나왔다고 할 수 있다. 연역적인 분류이론들이 경험세계의 분석에 유효한 길잡이를 제공하지 못하는 것을 안타깝게 생각한 나머지 이론적 틀의 인도를 무시하고 사실조사부터 시작한 연구는 지나친 반발이었다고 하지 않을 수 없다. 미리 정립된 분류이론의 인도를 받지 않고 사실조사에 임했기 때문에 Hall이 시인하는 바와 같이 조사에 포함된 변수들이 과연 가장 중요한 것들인가를 판단하기조차 어렵게 되어 있다.

조직 내의 인간

조직은 인간이 모여 구성하는 사회적 유기체이다. 조직 안에는 사람이 있고 사람들은 교호작용하면서 조직의 일을 엮어 나간다. 조직을 연구하는 사람들은 조직에서 활동하는 인간에 주의를 기울이고 그 본질을 이해하려고 노력해왔다. 조직 내의 인간이 지니는 속성을 어떻게 이해하느냐에 따라 조직을 구성하는 다른 모든 요인에 대한 우리의 판단과 실천적인 처방이 좌우된다. 그러므로 조직 내의 인간에 관한 이론은 전반적인 조직행동을 설명하는 데 일종의 근가정(根假定)을 제공하는 전제적 이론의 의미도 갖는다.

조직 내의 인간에 대한 조직학의 관심은 주로 인간의 직무수행동기를 유발하는 문제에 집중되고 있다. 이 장에서는 동기이론과 그에 연관된 몇 가지 분야의 이론들을 소개하려 한다. 제1절과 제2절에서는 동기이론을 고찰하려 한다. 제1절에서는 중요한 동기이론들을 요약하여 고찰하고 제2절에서는 성장이론의 범주에 포함되는 현대적 동기이론 또는 욕구이론들을 보다 상세히 검토하려 한다.

제3절에서는 사고와 행동을 사람마다 다르게 만드는 요인들을 개관하고 지각, 태도, 감정, 성격, 문화 등 중요한 몇 가지에 대해서는 따로 해설하려 한다. 제3절에서 개인차결정요인들을 설명하는 까닭은 그것이 동기유발과정에도 개입하기 때문이다.

제4절에서는 인간이 구성하는 조직의 하위체제 또는 구성부분인 집단에 관한 이론을 검토하려 한다. 조직 내에서 집단은 개인과 조직의 중간에 위치한 구성체이므로 인간이라는 주제에 이어서 고찰하려고 한다. 조직의 구조에 포함시켜 설명해야 한다는 견해를 가진 사람도 있을 것이다.

01 동기이론의 개요

Ⅰ. 인간의 동기와 욕구

조직학에서 인간에 관한 이론(인간관이론: 人間觀理論)의 발전이 본격화된 것은 1950년대 이후의 일이다. 이 분야의 연구가 활발해지면서 인간관이론의 정리와 체계화를 시도하는 사람들도 많아졌다. 그들은 대개 조직학의 고전기에까지 거슬러 올라가 조직이론의 여러 명제와 처방들을 검토하여 그 저변에 깔린 인간관을 추출해 내고 있다. 이러한 작업은 인간관과 조직설계의 원리 및 관리전략의 상호관계를 역사적으로 또는 횡단적으로 비교연구하는 데 많은 도움을 주고 있다. 저자도 고전기로부터 지금까지의 인간관을 함께 검토하려 한다.

조직학에서 연구하고 있는 인간관이론의 주류는 동기이론이다. 조직에 참여하는 사람들의 직무수행동기를 어떻게 유발할 것인가 하는 문제가 관심의 초점이 되어 왔다. 왜냐하면 조직학의 인간에 대한 관심은 주로 인간의 태도와 행동을 조직의 목표에 부응 또는 귀일시킬 수 있는 방책의 탐색에 관련된 것이었기 때문이다. 따라서 조직에 들어오는 사람들은 무엇을 원하고 또 기대하며, 그들에게 어떠한 유인(誘因)을 부여하면 조직이 원하는 행동의 동기를 얻게 되는가 하는 등의 문제들을 주로 연구해 왔다.

다양한 동기이론들 가운데 어떤 것은 인간욕구의 종류와 발로의 양태에 초점을 두고 있다. 어떤 것은 욕구체계에 대응한 유인의 종류를 설명하는 데 중점을 두고 있다. 동기유발의 과정을 설명하면서 기대라는 개념을 쓰는 이론도 있고, 주관적 비교라는 개념을 쓰는 이론도 있으며, 학습이라는 개념을 쓰는 이론도 있다.

욕구가 언제나 동기유발의 충분조건이 되는 것은 아니다. 그러나 필요조 건이다. 조직이 요구하는 일(직무)을 수행하려는 동기, 그리고 동기유발의 기 초가 되는 욕구를 다음에 정의하려 한다.

1. 직무수행의 동기

일반적으로 동기(動機: motivation)라고 하는 것은 어떤 목표성취를 지향 하는 인간행동을 촉발하고 그 방향을 설정하고 지속시키는 정신적인 힘 또는 정신작용의 과정을 지칭한다. 직무수행의 동기는 사람이 직무수행목표 추구 의 행동을 시작하고 그 방향과 질적·양적 특성 그리고 지속시간을 결정하는 데 영향을 미치는 정신적인 힘이다.[a]

동기유발과 행동의 과정은 i) 충족되지 않은 욕구의 확인, ii) 욕구충족 방법의 탐색, iii) 목표지향적 행동의 선택, iv) 행동의 실천, v) 실천결과에 대한 보상과 제재, vi) 욕구의 재평가 등 일련의 관념적 단계를 내포한다. 그러나 실천적으로도 이러한 단계들이 언제나 정확한 순서를 밟아 완벽하게 진행될 수 있는 것은 아니다.[1]

직무수행동기의 주요속성은 다음과 같다.[2]

❶ 직무수행목표의 추구   직무수행동기는 조직이 요구하는 일을 하려는 동기이다. 이것은 직무수행이라는 목표에 지향된 동기이다.

동기가 유발시킨 행동의 목적물 또는 목표상태를 유인이라 한다. 직무수 행은 동기유발의 직접적인 유인일 수도 있고 다른 유인의 획득을 위한 수단 적 유인일 수도 있다. 유인의 양태는 다양하다.

❷ 하나의 영향요인   동기는 조직구성원의 직무수행과 생산성을 결정하 는 데 영향을 미치는 '하나의' 요인이다. 직무수행에 영향을 미치는 요인에는 인간의 동기 이외에 능력, 성격, 업무에 대한 이해, 조직의 자원과 구조·과 정, 환경적 제약요인 등 여러 가지가 있다.

❸ 다원적 동기   하나의 행동을 야기하는 데 작용하는 동기는 다원적·

---

a) 조직학에서 관심을 갖는 동기는 원칙적으로 직무수행동기이다. 앞으로의 논의에서 '직무수행' 이라는 수식어를 붙이지 않고 동기라고만 쓰는 경우가 많을 터인데 그것을 직무수행의 동기 라고 이해해도 무방할 것이다.

다국면적일 수 있다. 하나 이상의 동기가 어떤 행동의 유발에 작용할 수 있는 것이다. 그리고 동기의 양태는 다양하다.[b]

❹ 욕구와 동기 동기의 심리적 기초는 욕구이다. 그러나 욕구와 동기 사이에는 신념, 가치관 등 여러 가지 변수들이 개입할 수 있다.

❺ 내재적·외재적 형성 동기는 인간의 내면적 이유 때문에 내재적으로 형성되기도 하고, 외부의 조종에 따라 외재적으로 형성되기도 한다.

❻ 관념적 구성 동기는 가시적인 것이 아닌 정신적 상태를 지칭하는 개념이다. 이것은 관념적·가설적 구성(hypothetical construct)이다. 동기는 직접 관찰하거나 측정할 수 없다. 동기는 그것에 수반되는 행태적 징상(徵狀)을 관찰하여 추론해 낼 수밖에 없다.

❼ 동태적 현상 동기의 양태와 수준은 내면적 및 외재적 연관요인들과 교호작용하면서 변동하는 동태적 현상이다.

동기연구인들이 제시한 동기의 개념정의는 다양하다. 중요 부분에 관하여 의견의 수렴을 보이고 있는 것이 사실이지만 독특한 표현방식은 실로 구구하다. 몇 가지 예를 보기로 한다.

Bernard Berelson과 Gary Steiner는 "동기란 힘을 주고 활성화하거나 움직이게 하는 내면적 상태이며, 목표를 향해 행동을 인도하거나 그에 지향되게 하는 내면적 상태를 말한다"고 하였다.[3]

Philip G. Zimbardo, Ann L. Weber 그리고 Robert Lee Johnson은 "동기란 육체적·심리적 활동을 촉발하고 그 방향을 설정하고 유지하는 데 관한 과정이다"고 하였다.[4]

Jerald Greenberg와 Robert A. Baron은 "동기는 어떤 목표를 성취하려는 인간 행태를 촉발하고 방향을 설정하고 유지하는 일련의 과정이다"고 정의하였다.[5]

John W. Slocum, Jr.와 Don Hellriegel은 "동기란 사람으로 하여금 특정적·목표지향적으로 행동하게 하는 힘을 나타내는 것이다"고 하였다.[6]

---

b) 동기의 양태는 적극적인 것과 소극적인 것, 의식적인 것과 무의식적인 것, 내재적인 것과 외재적인 것 등 여러 가지 범주로 분류된다. Philip G. Zimbardo, A. L. Weber and R. L. Johnson, *Psychology*, 3rd ed.(Allyn and Bacon, 2000), p. 315.

Fred Luthans는 1차적 동기, 2차적 동기, 그리고 일반적 동기를 구분하였다. 1차적 동기는 배고픔, 수면, 성욕 등에 관한 동기와 같이 생리적 기초에 바탕을 둔, 학습된 것이 아닌 동기이다. 2차적 동기는 학습된 것이며 권력, 성취, 지위, 자율성 등에 관한 동기가 그 예이다. 일반적 동기는 학습된 것은 아니나 생리적인 것에 바탕을 둔 것도 아닌 동기이다. 그 예는 호기심에서 찾을 수 있다. Luthans, *Organizational Behavior*, 4th ed.(McGraw-Hill, 1985), pp. 184~194.

Nigel Nicholson은 "동기는 행동의 방향, 강도 그리고 지속성을 지배하는 심리적 기제(心理的 機制)이다"고 하였다.[7]

2. 인간의 욕구

1) 욕구의 정의

욕구(欲求: need)는 인간이 어떤 시점에서 경험하는 결핍(deficiency) 때문에 생기는 필요 또는 갈망이다. 욕구는 힘을 만들어 내는 요인이다. 결핍은 인간의 내면적 긴장을 조성한다. 사람은 그러한 긴장 때문에 빚어진 바람직하지 못한 상태를 해소하기를 원한다. 그러한 바람은 원치 않는 상태를 일정한 방향으로 전환할 수 있도록 지각·사고·의욕·행동을 조직화하는 데 작용하는 힘을 생성한다.[8]

이와 같이 정의되는 욕구의 속성은 다음과 같다.

❶ 관념적 구성   욕구는 직접 관찰·측정할 수 없는 관념적 구성으로서 그 행태적 징상으로부터 추론할 수밖에 없다.

❷ 결핍에서 비롯되는 욕구   욕구는 인간이 느끼는 결핍에서 생긴다. 인간이 경험하는 결핍에는 자존의 욕구에서 보는 바와 같은 심리적 결핍, 식욕에서 보는 바와 같은 생리적 결핍, 우정에 대한 욕구에서 보는 바와 같은 사회적 결핍 등이 포함된다.

❸ 욕구의 다양성   욕구는 결핍에서 비롯되는 힘의 수준과 양태에 관한 개념이다. 욕구의 내용, 강도와 지속시간 등은 매우 다양하다.

❹ 내적·외적 자극에 따른 발로   욕구는 인간의 어떤 내면적 과정을 통해 발로되기도 하고 환경적 자극 때문에 발로되기도 한다.

❺ 적극적 욕구와 소극적 욕구   욕구는 바람직한 것을 취하려는 적극적 행동(접근행동)뿐만 아니라 싫은 것을 피하려는 소극적 행동(회피행동)에도 작용한다.

❻ 목표의 성취와 성취실패   욕구는 어떤 목표를 추구하려는 행동으로 표출되는데 그러한 행동의 목표는 달성되기도 하고 좌절되기도 한다.

2) 욕구의 충족과 좌절

(1) 욕구충족   욕구충족(need satisfaction)은 욕구로 인한 긴장을 해소하는 과정에서 또는 해소의 결과에서 얻는 만족을 말한다. 욕구로 인한 긴장이 해소된 뒤에 느끼는 정신적 상태를 욕구충족으로 보는 사람들이 적지 않다. 그러나 욕구의 종류에 따라서는 긴장을 해소하는 과정에서 만족감이 느껴질 수도 있다는 점에 주의할 필요가 있다.

욕구의 충족은 대체로 당장의 만족뿐만 아니라 인간의 성장과 건전한 성격형성에 기여한다고 보는 것이 현대 욕구이론가들의 지배적인 견해이다. 그런가 하면 하급욕구의 충족이 예외적으로 초래할 수 있는 병리적 반응에 대한 이해도 많이 진적되어 있다.

(2) 욕구좌절   욕구좌절(need frustration)이란 욕구로 인한 행동이 욕구를 충족시키려는 목표의 달성에 실패한 상태를 말한다. 욕구좌절은 욕구에 부응하는 목표의 달성을 못하도록 행동을 억압할 때에 빚어지는 상태라고도 말할 수 있다. 그러한 억압요인(좌절의 원인)은 외재적인 것도 있고 행동자의 개인적 특성에서 비롯되는 것도 있다.[9)

욕구좌절의 결과 나타날 수 있는 인간의 반응행동은 다양한데, 그 예를 보면 다음과 같다.[c)

❶ 문제해결   문제를 분석하고 해결하려고 할 수 있다. 이것은 좌절의 원인을 진단하고, 이를 해소하려는 건설적인 반응이다.

❷ 목표변동   목표를 바꿔 추구할 수 있다. 욕구는 같더라도 목표를 대체하여 추구할 수 있다.

❸ 공 격   공격(aggression)은 분노를 수반하는 반응이며 어떤 대상을 해치려는 것이다. 공격의 대상은 욕구좌절의 원인뿐만이 아니고 그에 대치된 다른 대상일 수도 있다.

❹ 퇴 행   퇴행(退行: regression)은 반응자에 걸맞지 않은 유치하고 미성

---

c) 가능한 여러 반응행동 가운데서 어떤 것을 선택하느냐 하는 결정은 ① 좌절된 욕구의 수와 중요성, ② 좌절의 수준과 기간, ③ 행동봉쇄의 완벽성, ④ 좌절원인이 무엇인가에 대한 지각, ⑤ 좌절에 대한 여러 반응의 성공경험 또는 실패경험, ⑥ 각 반응에 결부될 것으로 지각되는 위험과 비용 등 여러 요인의 영향을 받는다.

숙한 행동을 하는 반응이다.

❺ 집 착   병적인 집착(fixation)을 보일 수 있다. 집착은 목표성취에 실패한 행동을 계속 되풀이하는 반응이다.

❻ 체 념   체념(resignation)할 수 있다. 어떤 의미에서 이것은 좌절에 대한 무반응이라고도 할 수 있다.

II. 동기이론의 분류

인간의 동기 그리고 직무수행동기를 설명하고 동기유발방법의 처방을 시도하는 이론들은 대단히 많기 때문에 이 방면의 연구인들은 동기이론들을 분류하여 범주화해야 할 필요에 직면한다. 그들은 실제로 여러 가지 기준에 따른 분류를 보여 주고 있다. 분류의 기준은 다양하지만 가장 널리 쓰이는 것은 동기의 기초가 되는 욕구와 유인의 내용에 초점을 두는가 아니면 동기유발의 과정에 초점을 두는가에 관한 기준이다. 이러한 기준에 따라 내용이론과 과정이론을 분류하고 있다.

동기이론을 내용이론과 과정이론이라는 두 가지 큰 범주로 나누는 분류방식을 저자도 채택하려 한다.

1. 내용이론과 과정이론

(1) 내용이론   동기를 유발하는 요인의 내용을 설명하는 동기이론의 범주를 내용이론(內容理論: content theories)이라고 한다. 내용이론은 무엇이 사람들의 동기를 유발하는가에 관심을 갖고 욕구와 욕구에서 비롯되는 충동, 욕구의 배열, 유인 또는 달성하려는 목표 등을 설명한다.

내용이론의 핵심대상은 대개 인간의 욕구이다. 인간이 지닌 욕구의 유형에 관련하여 동기를 설명하려는 이론들이 내용이론의 주류를 이룬다. 사람들은 일정한 기본적 욕구를 가지고 있으며, 사람들은 욕구의 충족을 가져올 행동을 하려는 동기를 유발한다고 보는 것이 내용이론의 관점이다. 그러므로 내용이론은 욕구이론(need theories)이라고 해도 별 무리가 없을 것이다.

(2) 과정이론　어떤 과정을 통해 어떻게 동기가 유발되는가를 설명하려는 이론들을 과정이론(過程理論: process theories)이라 한다. 과정이론은 동기유발의 요인들이 교호작용하여 행동을 야기하고 그 방향을 설정하며 지속 또는 중단하는 과정을 설명한다.

과정이론은 인간의 욕구와 그에 대한 유인 등 동기유발의 기초가 되는 요인의 내용보다는 동기유발의 과정에 우선적인 주의를 기울이기 때문에 과정이론과 욕구이론은 무관한 것처럼 생각하는 사람들도 있다. 그러나 그와 같은 생각은 그릇된 것이다. 내용이론은 묵시적으로 또는 명시적으로 과정이론에 기초를 제공하고 있다. 과정이론도 욕구의 존재를 전제한다.

2. 그 밖의 분류

다음 항에서부터 내용이론과 과정이론에 포함되는 주요이론들을 개괄적으로 고찰할 것인데 그에 앞서 동기이론의 범주를 내용이론과 과정이론으로 양분하는 분류체계와는 다른 유형론을 몇 가지 보기로 한다.

(1) Webb과 Norton의 분류　L. Dean Webb과 M. Scott Norton은 동기이론의 범주를 i) 욕구이론(need theories), ii) 강화이론(reinforcement theories), 그리고 iii) 인식이론(cognitive theories)으로 나누었다. 강화이론은 외재적 보상으로 인간의 행동을 통제할 수 있다고 주장하는 이론이다. 인식이론은 신념, 가치, 기대 등의 인식에 따라 의사결정을 한다고 보는 이론이다. 그 예로 기대이론, 목표설정이론, 형평이론을 들 수 있다.[10]

(2) Nelson과 Quick의 분류　Debra L. Nelson과 James C. Quick은 동기이론의 범주를 i) 사람의 내적 요인에 주된 관심을 갖는 내재적 이론(internal theories), ii) 사람과 환경의 교호작용에 주된 관심을 갖는 과정이론(process theories), 그리고 iii) 행동의 결과를 포함한 환경적 요인에 주된 관심을 갖는 외재적 이론(external theories)으로 구분하였다.

Nelson과 Quick은 조직들에서 실제로 사용되고 있는 '동기유발에 관한 새로운 아이디어'들도 소개하였다. 그 하나는 건강하고 정상적인 긍정적 스트레스(eustress)로 동기를 유발하려는 시도이다. 긍정적 스트레스가 동기를 유발하도록 하려면 낙관론과 희망을 북돋워야 한다고 하였다. 다른 하나는 활력

(vigor)이 동기를 유발하게 하려는 시도이다. 활력의 구성요소는 체력, 감성적 에너지, 그리고 활기찬 생각이라고 한다.[11]

(3) Apter의 분류   Michael Apter는 시대적 등장순서에 따라 동기이론의 유형을 열거하였다. 그가 열거한 동기이론은 i) 쾌락을 얻고 고통을 피하기 위해 인간은 행동한다고 보는 쾌락주의이론(hedonism), ii) 인간이 의식적으로 통제할 수 없는 심리적인 힘이 인간의 행동을 크게 좌우한다고 보는 Freud의 분석심리이론(psychoanalysis), iii) 인간의 비합리적인 측면을 강조하는 본능이론(instinct theories), iv) 실험실적 연구에서 개발한 충동개념을 응용한 학습이론, v) 사람은 충동을 줄이기 위해서만 행동하는 것이 아니라 자극수준을 적정하게 유지하기 위해서도 행동한다고 보는 적정자극이론(optimal arousal theory), vi) 자기실현적 욕구를 강조하는 Maslow의 욕구단계이론, 그리고 vii) 사람은 때에 따라 상충되는 목표들을 추구할 수 있는 본래적으로 일관성이 없는 존재이며 사람이 추구하는 목표상태는 정태적인 것이 아니라 동태적인 것이라고 보는 반전이론(反轉理論: reversal theory)이다.[12]

(4) Zimbardo, Weber 그리고 Johnson의 분류   Philip G. Zimbardo, Ann L. Weber 그리고 Robert Lee Johnson은 동기이론을 i) 동기유발의 힘을 본능에서 찾는 본능이론(instinct theory), ii) 생물학적 결핍으로 인한 불편 때문에 행동의 충동이 생긴다고 보는 충동이론(drive theory), iii) 외재적 유인이 동기를 유발한다고 보는 유인이론(incentive theory), iv) 학습, 사고 등 사물에 대한 인식이 동기를 유발한다고 보는 인식이론(cognitive theory), v) 인간적 욕구, 즉 자기실현적 욕구가 동기유발의 가장 중요한 기초라고 보는 인간주의이론(humanistic theory) 등 다섯 가지로 분류하였다.[13]

III. 내용이론

앞서 말한 바와 같이 내용이론은 인간이 어떤 욕구를 지녔으며 욕구의 발로를 유발하는 유인은 무엇인가를 설명하는 것이다. 조직학에서는 내용이론(욕구이론)을 분류할 때 흔히 인간모형 또는 인간관이라는 말을 사용한다. 내용이론들은 인간이 어떤 욕구를 가졌으며 어떤 유인에 반응하는가에 관련하여 인간에 대한 관점 또는 모형을 설정하기 때문이다. 여기서도 그러한 관행에 따라 인간모형이라는 폭넓은 범주들을 먼저 분류하려 한다.

인간의 욕구체계는 지극히 복잡하다. 욕구에 국한하여 인간을 보더라도 인간은 복잡한 존재이다. 이러한 이치를 그대로 받아들이는 것이 복잡한 인간모형(인간욕구의 복잡성을 묘사하는 모형)이다. 복잡한 인간모형은 보편성이 높은 통합적 관점에 입각한 모형이며, 또한 인간관리의 실제에서 조심스러운 상황적응적 접근을 촉구하는 실용적 가치도 지닌 모형이다. 그러나 연구와 실천에 유용한 길잡이를 제공할 수 있으려면 보다 단순한 인간모형들을 만들고 이를 유형화해야 한다.

여기서는 복잡한 인간에 관한 모형을 기반으로 하여 합리적·경제적 인간(고전적 모형), 사회적 인간(신고전적 모형: 인간관계론적 모형), 그리고 자기실현적 인간(현대적 모형: 성장이론의 모형)을 구분하려 한다. 이러한 분류틀은 Edgar H. Schein의 아이디어를 빌려 만든 것이다.[14]

위에서 범주화한 네 가지의 기본적인 인간모형들을 개관하려 한다. 자기실현적 인간모형에 관련된 성장이론들에 대해서는 다음 절에서 자세히 설명할 것이다.

1. 합리적·경제적 인간: 고전적 모형

합리적·경제적 인간모형(合理的·經濟的 人間模型: rational-economic man model)은 오늘날에도 상황에 따라 유효하게 적용될 수 있는 내용이론의 한 범주이다. 이를 '고전적' 모형이라고 부르는 까닭은 그것이 조직학의 고전이론에 중요한 근거정을 제공한 인간관이론이었기 때문이다.

합리적·경제적 인간의 특성을 규정해 주는 주요명제는 i) 인간의 합리적·타산적 속성, ii) 인간욕구의 획일성, iii) 인간의 경제성(쾌락추구를 위한 경제적 욕구와 경제적 유인), iv) 직무수행에 대한 인간의 피동성, v) 동기유발의 외재성 등이다.

1) 인간에 대한 가정

합리적·경제적 인간모형의 주요가정은 다음과 같이 요약할 수 있다.

❶ 경제성·합리성   인간은 경제적·물질적 욕구를 지닌 타산적 존재이며, 경제적 유인의 제공으로 동기를 유발할 수 있다. 인간은 쾌락을 원하며 그것을 얻는 수단인 경제적 이익을 추구한다. 이익추구에서 아주 타산적이기 때문에 인간을 합리적이라고 본다. 인간의 경제성만을 부각시키기 때문에 인간욕구의 단일성·획일성을 전제하는 인간관이라고 이해한다.

❷ 개인목표와 조직목표의 상충성   사람들은 조직이 시키는 일을 고통으로 생각하며 게으르고 책임지기를 싫어한다. 조직은 구성원인 개인에게 일을 시키려 하고 개인은 쾌락과 경제적 이익을 원하기 때문에 조직의 목표와 개인의 목표는 상충된다.

❸ 피동성·동기유발의 외재성   조직이 요구하는 직무수행에 대해 사람들은 피동적이기 때문에 외재적으로 동기가 부여되지 않으면 조직에 기여하는 행동을 하지 못한다. 인간은 외적 조건의 설정으로 길들일 수 있다.

❹ 원자적 존재   조직 내의 인간은 원자적 개인으로 행동하며 조직구성원들은 심리적으로 상호 분리되어 있다.

2) 인간관리전략의 처방

합리적·경제적 인간모형의 가정을 받아들이는 관리전략은 원자적인 개인을 대상으로 하는 교환모형(交換模型)에 입각한 것이다. 사람들이 일을 하는 고통과 희생을 감수한다는 교환조건으로 경제적 보상을 받도록 해야 한다는 것이 교환모형의 핵심을 이루는 논리이다.

교환형 관리는 불신관리이므로 교환의 약속을 지키는지의 여부를 면밀히 감시하고 통제하는 강압형 전략의 뒷받침을 받아야 한다. 그리고 사람을 길들이는 전략의 뒷받침도 받아야 한다. 교환형 관리는 교환·강압·행동수정(길들이기)을 통해 사람들을 직접적으로 조종하는 관리이다. 그러한 조종의 책임은 관리자들이 진다.

고전적 욕구이론에 바탕을 둔 교환형 관리전략과 그에 결합된 강압·행동수정의 전략은 전체적으로 '강경한 접근방법'(hard approach)이라는 별명을 얻고 있다. 강경한 접근방법은 조직의 구조를 고층의 집권적 구조로 만들게 된다.

고전적 욕구이론은 자유방임주의적 사상이 풍미하던 시대에 널리 수용되었던 것으로서 자유계약의 원리를 받아들이기 때문에 얼핏 보면 인간의 자유를 최대화하려는 모형 같이 생각된다. 그러나 자세히 보면 부자유의 모형이며 불신의 모형임을 알 수 있다. 고전적 욕구이론에서 도출되는 인간관리전략은 그 실질에 있어서 인간을 온전한 자유인으로 대우하려 하지 않는 것이다. 조직은 어떤 자원을 가지고 자율적이 아닌 인간을 '다스려야 한다'고 처방하기 때문이다.

2. 사회적 인간: 신고전적 모형

사회적 인간모형(社會的 人間模型: social man model)을 '인간관계론적' 또는 '신고전적' 모형이라고 하는 까닭은 그것이 인간관계론의 기초를 이루었으며, 조직학의 신고전에서 널리 수용하고 있었기 때문이다.

사회적 인간모형의 특성을 규정해 주는 주요명제는 i) 인간의 감성적 속성, ii) 인간욕구의 획일성, iii) 인간의 집단성·사회성(사회적 욕구와 사회적 유인), iv) 직무수행에 대한 인간의 피동성, v) 동기유발의 외재성 등이다.

1) 인간에 대한 가정

사회적 인간모형의 주요가정은 다음과 같이 요약할 수 있다.

❶ 사회성·감성적 행동   인간은 사회적 욕구를 지닌 존재로서 사회적 욕구를 충족시켜 주는 유인이 제공될 때 비로소 동기가 유발된다. 인간은 경제적 타산에 따른 합리적 행동보다 사회적 욕구충족을 위한 감성적 행동의 성향을 보인다. 사회적 인간모형은 사회적 욕구를 동기유발의 핵심적인 기초라고 보기 때문에 단일적·획일적 욕구를 전제하는 인간모형이라 할 수 있다.

❷ 개인목표와 조직목표의 상충성   사회적 욕구의 충족을 추구하는 개인의 목표와 직무성취를 추구하는 조직의 목표는 상충된다.

❸ 피동성·동기유발의 외재성   인간은 조직이 요구하는 직무수행에 대해 피동적이기 때문에 사회적 유인을 제공하여 외재적으로 동기를 유발해야 한다.

❹ 집단적 존재   조직 내의 인간은 원자적 개인으로서가 아니라 집단의 구성원으로 행동한다. 조직구성원들은 경제적 유인이나 관리자가 하는 통제

보다 동료집단의 사회적 압력에 더 민감하게 반응한다.

인간의 경제성·합리성보다는 인간의 사회성 내지 집단성을 중요시하고 사회적 욕구에 초점을 두고 있다는 점에서 인간관계론적 모형은 고전기의 인간모형과 정면으로 대조된다.

그러나 여러 가지 면에서 고전적 모형과 인간관계론적 모형은 공통점을 가지고 있다. 두 가지 모형이 다 같이 욕구체계의 획일성, 인간의 피동성, 동기유발의 외재성 등을 원칙적으로 전제하고 있다. 그리고 조직의 요청과는 상반되는 개인의 욕구를 충족시켜 주는 교환조건으로 조직을 위한 개인의 희생을 받아낼 수 있다고 믿는 점이라든지 욕구의 충족이 바로 직무수행의 동기가 된다고 보는 점 또한 두 가지 모형이 함께 지니는 특성이라 할 수 있다. 인간을 자유인이 아니라 지배의 대상으로 이해한 점도 같다.

2) 인간관리전략의 처방

사회적 인간모형에 입각한 관리전략은 '집단 내의 개인'(집단구성원인 개인)을 대상으로 하지만 이 역시 교환적인 전략이다. 개인의 사회적 욕구를 충족시켜 주는 한도 내에서 개인은 조직의 직무수행요구에 응한다는 전제 하에 사회적 유인과 직무수행을 교환하도록 처방한다.

그러한 교환관계를 뒷받침하는 전략은 집단구성원 간의 교호작용, 개인의 감성과 정서적인 요청, 참여, 동료의 사회적 통제 등에 역점을 두어 사람을 어루만지고 달래는 것이기 때문에 사람들은 인간관계론적인 인간관리전략을 '부드러운 접근방법'(soft approach)이라고도 부른다.

인간관리의 부드러운 접근방법은 조직 내에 어느 정도의 분권화 경향을 조성하고 비공식집단과 일선의 리더십을 중요한 국면으로 부각시킨다. 그러나 피라미드형 계서제의 골격을 공격하지는 않는다. 그리고 관리자들에게 관리책임을 집중시키는 문제에 대해서도 근본적인 태도변화를 보이지 않는다.

3. 자기실현적 인간: 성장이론의 인간모형

자기실현적 인간모형(自己實現的 人間模型: self-actualizing man model)은 현대조직학의 처방적 이론에 가장 강력한 영향을 미치고 있기 때문에 그것을

'현대적' 인간모형이라 한다. 자기실현적 인간모형의 가정에 동조하는 이론들을 성장이론(成長理論: growth theories)이라고도 부른다. 인간이 지닌 복수(複數)의 욕구를 확인하지만 인간의 자기실현적·성장지향적 측면을 가장 강조하기 때문에 성장이론이라고 한다. 성장이론을 신인간관계론(neo-human relations approach)이라 부르는 사람들도 있다.

자기실현적 인간모형을 특징짓는 명제들은 i) 고급의 인간속성, ii) 복수욕구의 존재, iii) 자기실현적 욕구·직무유인(職務誘因)의 중시, iv) 직무수행에 대한 인간의 능동성, v) 내재적 동기유발 등이다.

1) 인간에 대한 가정

자기실현적 인간모형의 주요 가정은 다음과 같이 요약할 수 있다.

❶ 자기실현적·성장지향적 인간 조직 내의 인간은 여러 가지 욕구를 가지고 있지만, 그 가운데서 가장 중요한 최고급의 인간적 욕구는 자기실현적 욕구이다. 인간은 일을 통해 자기실현을 하고 성장·성숙하려는 존재이다.

❷ 개인목표와 조직목표의 통합가능성 개인은 조직이 원하는 직무수행에서 의미와 보람을 찾고 직무수행동기를 스스로 유발할 수 있기 때문에 개인의 목표와 조직의 목표가 융화·통합될 가능성이 높다.

❸ 능동성·동기유발의 내재성 조직 내의 인간은 조직의 목표성취를 위한 노력에 능동적으로 가담한다. 조직구성원은 직무수행을 통해 자기실현의 보람을 찾기 때문에 직무수행동기를 내재적으로 유발할 수 있다.

❹ 자율규제적 인간 인간은 경제적 유인이나 사회적 유인 또는 강압적 통제를 써서 외재적으로 관리해야만 일을 할 수 있는 존재가 아니다. 인간은 내재적으로 동기를 유발하고 자율규제를 할 수 있는 자유인이다.

2) 인간관리전략의 처방

자기실현적 인간모형에 입각한 인간관리전략은 인간을 보다 온전한 자유인으로 보고 인간을 직접적인 조종과 '다스림'에서 벗어나게 하여 자율적·창의적 업무성취와 보람 있는 직업생활을 보장하려고 한다. 조직의 목표와 개인의 목표가 융화·통합될 수 있는 가능성이 높다는 인식 하에 통합형(統合型)의 인간관리를 처방한다. 통합형관리는 참여·협동·신뢰를 강조하는 관리이며 사람들이 일을 통해 성숙할 수 있는 여건을 조성하는 관리이다. 요컨대 자기실현적 인간모형에 입각한 인간관리전략은 고급의 인간속성을 중요시하고 옹호하는 인간주의를 지향하는 것이다.

　이러한 관리전략은 권한중심적이기보다는 임무중심적인 조직설계, 관리단위의 하향조정을 통한 저층구조화, 그리고 구조의 잠정화를 촉진한다.

　현대조직학의 통합적 관점은 인간을 복잡한 존재라고 보는 일반적 가정에 입각해 있다. 그러나 다수의 연구인들은 오늘날의 그리고 장래의 조직사회가 가장 바람직하고 이상적인 인간모형으로 받아들여야 할 것은 자기실현적 인간모형이라는 주장을 또한 지지하고 있는 것 같다. 오늘날 조직개혁에 관한 처방적 이론의 주류는 자기실현적 인간모형을 전제적 이론으로 받아들이고 있다.

　자기실현적 인간모형에 입각해 있거나 그에 깊이 연관된 성장이론의 예로 자주 거론되는 것은 Maslow의 욕구단계이론, Herzberg의 욕구충족요인이원론, McGregor의 X이론과 Y이론, Likert의 관리체제유형론, 그리고 Argyris의 미성숙－성숙이론이다. 이들 이론은 다음 절에서 자세히 설명할 것이다. Alderfer의 생존·관계·성장이론, McClelland의 학습된 욕구에 관한 이론, Murray의 명시적 욕구이론도 널리 인용되고 있다. 이들 세 가지 이론에 대해서는 다음 절에서 Maslow의 이론을 소개할 때 함께 언급하려 한다.

4. 복잡한 인간모형

　조직학의 욕구이론은 단순한 것에서부터 시작하여 점차 복잡한 것으로 변천해 왔다. 인간본질을 단순하게 그리고 획일적으로 규정하던 관점을 점차 보완하고 수정하면서 복잡한 인간의 실상에 보다 접근하는 조심스러운 관점을 키워 왔다. 복잡한 인간모형(複雜한 人間模型: complex man model)은 오늘날 우리가 받아들이는 통합적 관점을 반영한다. 이 모형은 상황적응적 관리처방을 촉구하는 실용적 준거가 되기도 하고, 보다 단순한 인간모형들을 유형화하는 데 일종의 모체가 되기도 한다.

　복잡한 인간의 모습을 직시하는 인간관에 따르면 사람은 때와 장소에 따라 달라질 수 있는 다양한 욕구와 잠재력을 가졌으며, 새로운 욕구를 또한 배울 수 있기 때문에 복잡한 존재라고 한다. 그리고 복잡성의 양태는 사람마다 다를 수 있다고 한다.

복잡한 인간모형을 특징짓는 명제들은 i) 욕구체계와 유인의 복잡성, ii) 개인차, iii) 가변성, 그리고 iv) 상황적응성이다.

1) 인간에 대한 가정

복잡한 인간모형의 주요 가정은 다음과 같다.

❶ 욕구의 복잡성·가변성 인간의 욕구체계는 복잡하다. 욕구의 종류는 아주 많으며 욕구 간의 관계와 결합양태는 매우 다양하기 때문에 욕구체계가 복잡하다고 하는 것이다. 욕구체계가 복잡할 뿐만 아니라 그것은 사람의 성장단계에 따라 그리고 생활조건에 따라 달라질 수 있다.

❷ 개 인 차 욕구체계는 사람마다 다를 수 있다. 인간의 욕구체계는 복잡할 뿐만 아니라 복잡성의 양태가 사람마다 같은 것도 아니다.

❸ 욕구의 학습 사람은 조직생활의 경험을 통해서 새로운 욕구를 배울 수 있다.

❹ 역할에 따른 욕구의 변화 사람이 조직에서 맡는 역할과 근무조건이 다르면 그의 욕구도 달라질 수 있다.

❺ 참여·순응의 다양한 이유 조직에 참여하는 이유가 되는 욕구는 사람에 따라 다를 수 있다. 그리고 사람들은 그들의 욕구체계, 능력, 담당업무 등이 다름에 따라 서로 다른 관리전략에 순응할 수 있다.

2) 인간관리전략의 처방

복잡한 인간에 관한 모형이 처방하는 인간관리전략의 요점은 조직구성원의 변전성(變轉性)과 개인차를 감지하도록 힘써야 한다는 것, 개인차를 존중하고 개인차를 알아내는 진단과정을 중시해야 한다는 것, 사람들의 욕구와 동기가 서로 다른 만큼 그들은 다르게 취급해야 한다는 것 등이다. 복잡한 인간모형의 관리처방은 조직의 상황적응성과 융통성을 높이도록 촉구한다.

3) 균질화요인의 작용

복잡한 인간모형에서는 모든 사람이 서로 다를 수 있다는 가능성을 지적한다. 그러나 실제의 조직생활에서 인간행태의 일관성이 다소간에 있을 수 있다는 가능성을 전혀 부정하는 것은 아니다. 인간을 균질화하는(서로 닮게 하는) 여러 가지 조건들이 작용하기 때문에 면밀히 관찰하면 제한된 범위 내의 동질성을 발견할 수 있다. 그에 따라 여러 가지 전제와 한정을 붙인 일반화를 시도할 수 있으며, 상황적응적 접근방법에 입각한 관리전략을 개발할 수 있다.

변화무쌍할 수 있는 잠재력을 지닌 인간이 여러 가지 요인의 영향으로 다소간에 균질화되는 현상을 James D. Thompson은 '다양성 속에서의 일관성' 또는 '정형화된 변이'(patterned variations)라 부르고 있다. 그는 인간의 균질화에 작용하는 요인의 예로 i) 문화, ii) 사회제도, iii) 유인-기여(誘因-寄與)의 계약(inducements-contributions contracts), 그리고 iv) 기술을 들고 있다.[15]

Robert Presthus는 조직 내의 권한체제, 집단체제 및 지위체제가 일종의 '구조화된 심리적 장'(structured psychological field)을 형성하고 그것이 조직구성원의 순응행태를 좌우한다고 하였다. 조직 내에 이러한 심리적 장이 형성되기 때문에 조직구성원의 반응양태를 예측할 수 있고 그에 따라 조직이 기능할 수 있다고 한다. Presthus는 조직 내의 권한, 지위, 집단 등이 조직구성원의 균질화에 작용하는 요인이라고 본 것 같다.[16]

제한된 범위 내에서라도 균질화 또는 유형화가 가능하다는 논리는 사람과 상황에 따라 적합성이 결정되는 '한정적' 인간모형과 욕구이론들의 존립가치를 지지하는 것이다.

Ⅳ. 과정이론

과정이론은 인간이 지닌 욕구나 그에 자극을 주는 유인을 설명하는 데서한 걸음 더 나아가 욕구와 유인 등 관련요인들이 교호작용하여 직무수행동기를 유발하는 과정을 설명한다.

동기유발의 원인과 과정이 복잡한만큼 그 어떤 국면에 착안하느냐에 따라 이를 설명하는 접근방법은 여러 가지로 분화될 수 있다. 지금까지 널리 인용된 접근방법들은 대개 외재적 동기유발을 전제하는 것들이다. 오늘날 처방적으로 가장 선호되는 것은 내재적 동기유발이다. 그러나 내재적 동기유발과정에 대한 연구는 오히려 기대에 못 미치고 있다. 다음에 전형적인 과정이론으로 꼽혀 온 기대이론, 형평이론, 학습이론을 설명하고 내재적 동기유발과정에 관한 이론들을 소개한 다음 통합화의 노력에 대해 언급하려 한다.[d]

1. 기대이론

1) 정 의

기대이론(期待理論: expectancy theory)은 욕구충족과 직무수행 사이의 직접적이고 적극적인 상관관계를 믿지 않고 욕구와 만족 그리고 동기유발 사이에 기대(expectation)라는 요인을 명확하게 개재시킨다. 기대이론은 욕구 · 만족 · 동기유발의 체계에 기대라는 인식론적 개념을 추가하여 동기유발의 과정을 설명한다.

2) 이론구조

대체로 보아 기대이론들은 사람마다 그 욕구의 발현이 다를 수 있고 욕구충족이라는 결과의 실현과 자기가 취할 행동 사이의 관계를 다르게 지각할 수 있다는 것을 전제한다. 그리고 동기의 크기는 어떤 결과(outcome)에 부여하는 가치(결과를 얻으려는 욕구의 크기)와 특정한 행동이 원하는 결과를 가져다 줄 것이라는 기대에 달려 있다고 한다. 동기의 크기는 결과에 부여하는 가치에다 특정한 행동이 그것을 가져다준다는 믿음(기대)을 곱한 값의 합계에 달려 있다고 설명한다. 여기서 '달려 있다'는 말은 수학적 개념인 함수(function)라고도 표현할 수 있다. 기대이론들의 기본적인 가정을 수식(數式)의 모양으로 표현하면 다음과 같이 된다.

---

d) 적당히 어려운 직무수행목표를 명확하고 구체적으로 설정함으로써 직무담당자의 동기를 유발할 수 있다고 설명하는 목표설정이론도 동기이론의 일종으로 흔히 소개된다. 그에 관한 논의는 제4장에서 목표관리를 설명할 때 함께 하려고 한다.

$$MF_i = f\left[\sum_j (V_i P_{ij})\right]$$

MF(motivational force): 동기의 강도

V(valence): 결과에 부여하는 가치

P(probability): 행동이 결과를 가져온다는 기대

i: 행동 i

j: 결과 j

위의 수식을 훨씬 단순화하면 다음과 같이 된다.

동기의 강도＝*f*[∑(결과의 가치×행동에 거는 기대)]

3) 평 가

기대이론은 전통적 동기이론의 설명력을 높여주었다. 전통적 동기이론은 조직이 원하는 직무수행과 개인적 욕구의 대상은 서로 다른 것으로 보고 동기는 교환적·외재적으로 유발시켜야 한다고 믿었기 때문에 기대이론의 공헌이 클 수 있었다. 예컨대 돈을 벌고 싶은 욕구가 바로 일을 열심히 해야 하겠다는 동기로 될 수는 없다고 한다. 일을 열심히 하면 돈을 많이 줄 것이라는 기대가 있어야 돈을 벌고 싶은 욕구가 일을 열심히 하려는 동기로 전환될 수 있다고 한다.

그러나 성장이론의 등장과 더불어 기대이론의 설명력은 크게 약화되었다. 성장이론에서는 사람의 욕구 가운데서 일(직무수행)을 통한 자기실현의 욕구를 가장 중요시한다. 그리고 조직목표와 개인목표의 통합가능성, 동기유발의 내재성을 전제하기 때문에 욕구와 동기의 구별을 흐리게 만들었다. 따라서 일에 대한 제3의 보상이 지니는 의미를 현저히 축소시킨다. 일을 할 수 있고 일을 열심히 하는 행동 자체가 보람이며 가장 큰 보상이기 때문이다.

다음에 볼 Porter와 Lawler, Ⅲ의 모형처럼 '수정된' 또는 '발전된' 기대이론에서는 외재적 동기유발뿐만 아니라 내재적 동기유발의 개념도 수용함으로써 성장이론과의 마찰을 피하려고 한다. 그러나 이 경우에도 기대이론이 성장이론의 설명력을 높이는 데에는 별로 기여하지 못한다.

그리고 사람들이 실제로 행동을 할 때에 언제나 일거수일투족을 기대에 비추어 타산하는 것은 아니라고 주장하면서 기대이론을 비판하는 사람들도

있다. 기대이론의 이론구조가 복잡하기 때문에 경험적 조사연구에서 관련변수와 그 상호관계를 모두 측정하여 검증하기 어렵다는 난점을 지적하는 사람들도 있다.

4) 기대이론의 예시

기대이론의 범주에 포함되는 세 가지 동기이론을 아래에 소개하려 한다. 그 세 가지 가운데서 통로-목표모형을 기대이론과 구별되는 별개의 이론범주로 다루는 연구인들도 있다는 점을 유념하기 바란다.

(1) Vroom의 선호-기대이론　Victor H. Vroom의 선호-기대이론(選好-期待理論: preference-expectation theory)은 여러 가지 기대이론 발전의 기반을 만든 개척적 연구로 널리 인용되고 있다.[17]

❶ 두 가지 가정　Vroom의 선호-기대이론은 다음과 같은 두 가지 가정에 기초를 둔 것이다.

첫째, 사람들은 여러 가지 행동방향에서 나올 것으로 생각되는 결과에 대해 주관적으로 가치를 부여한다. 어떤 행동이 가져올 것으로 기대되는 결과에 대한 선호(preference)가 있다는 말이다.

둘째, 어떤 행동(motivated behavior)을 하려는 동기의 유발에는 사람들이 달성하기를 희망하는 결과(목표)뿐 아니라 그들이 선호하는 결과를 가져오는 데 그들 자신의 어떤 행동이 수단적(instrumental)이라고 믿는 정도가 또한 영향을 미친다.

❷ 두 가지 명제　위와 같은 가정 아래 Vroom은 다음 두 가지의 명제(원리)를 설정하였다.

첫째, 일정한 행동을 하려는 한 사람의 정신적인 힘(동기)은 그 행동이 가져올 가능성이 있는 모든 결과에 부여하는 가중치(효용)와 그러한 결과의 달성에 그 행동이 가질 것으로 지각되는 유용성을 곱한 값에 달려 있다. 어떤 사람이 불확실한 결과를 내포하는 대안들 가운데서 어떤 것을 선택할 때 결과에 대한 그의 선호뿐만 아니라 선호하는 결과의 달성가능성에 대한 믿음도 그의 선택행동에 영향을 미친다.

일정한 결과에 주관적으로 부여하는 가치가 크고 어떤 행동이 그러한 결과를 가져올 개연성이 높다고 믿을 때 행동을 할 동기는 커진다. 그러나 결과

그림 2-1-1 Vroom의 동기유발모형

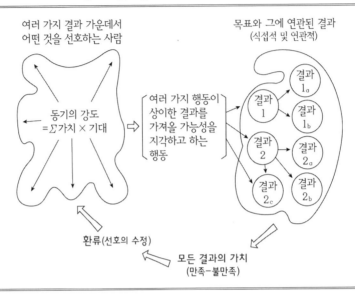

여러 가지 결과 가운데서
어떤 것을 선호하는 사람

목표와 그에 연관된 결과
(식섭석 및 연관적)

동기의 강도
=Σ가치 × 기대

여러 가지 행동이
상이한 결과를
가져올 가능성을
지각하고 하는
행동

결과
1ₐ

결과
1

결과
1ᵦ

결과
2

결과
2ₐ

결과
2ᵪ

결과
2ᵦ

환류(선호의 수정)

모든 결과의 가치
(만족-불만족)

의 가치이든 결과발생의 개연성 또는 확률이든 어느 한쪽 단독으로는 행동의 동기를 유발하지 못한다. 어느 한쪽이라도 수학적으로 영(zero)이 되면 동기는 영이 될 수밖에 없다.[e]

둘째, 직무수행의 수준은 동기유발과 능력을 곱한 값에 달려 있다. 이 둘째 번 명제는 인간의 동기만이 어떤 행동의 완성을 보장하는 유일한 요인이 아니고 동기를 뒷받침할 능력이 있어야 한다는 점에 주의를 환기시킨 것이라고 할 수 있다. 〈그림 2-1-1〉은 Vroom의 이론을 그림으로 요약한 것이다.[f]

(2) Porter와 Lawler, Ⅲ의 성과—만족이론   Lyman W. Porter와 Edward E. Lawler, Ⅲ의 성과—만족이론(成果—滿足理論: performance—satisfaction theory)은 정통적인 기대이론을 수정·발전시킨 것으로 평가되고 있다. 그들은 만족

e) 예컨대 어떤 사람이 승진에 큰 가치를 부여하더라도 그 자신의 높은 생산성이 승진을 가져올 가능성이 없다고 믿는다면 그는 보다 많이 생산하려는 동기를 갖지 못할 것이다. 그런가 하면 승진이 자기 자신의 생산성에 달려 있다고 믿더라도 그 사람이 승진할 의향을 가지고 있지 않다면 생산성 제고의 동기는 역시 생겨나지 않을 것이다.

f) 이 그림은 당초에 Marvin Dunnette가 1967년에 Vroom의 이론에 입각하여 그린 것을 Filley와 House가 자기들의 저서에 옮겨 실었다. 저자는 Filley와 House의 저서에서 다시 인용하였다. Alan C. Filley and Robert J. House, *Managerial Process and Organizational Behavior*(Scott, Foresman and Co., 1969), p. 362.

그림 2-1-2 직무성과·보상·만족의 관계

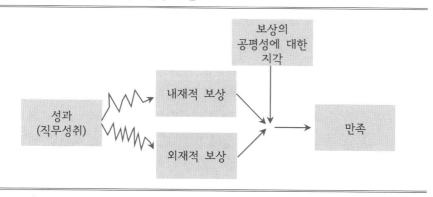

이 직무성취 또는 성과(performance)를 가져오는 것이 아니라 직무성취의 수준이 직무만족의 원인으로 될 수 있다고 믿는다. 원하는 목표 또는 결과를 성취하려는 사람들의 노력이 직무성과를 결정하며, 사람들이 실제로 달성하는 결과가 만족수준을 결정할 수 있다고 전제한다.[18]

　　Porter와 Lawler, Ⅲ의 이론을 다음과 같이 요약할 수 있다.

　　❶ 성과·만족·보상·기대　　직무성취(성과)와 거기에 결부된 보상(rewards)에 부여하는 가치, 그리고 어떤 노력이 보상을 가져다준다는 기대가 직무수행노력을 좌우한다. 노력으로 이룬 직무성취는 개인에게 만족을 줄 수 있는데, 직무성취가 만족을 주는 힘은 거기에 결부되는 내재적 및 외재적 보상이 강화한다. 이때에 보상은 공평하다고 지각되는 것이라야 한다. 내재적 및 외재적 보상이 있더라도 그것이 불공평하다고 지각되면 개인에게 만족을 줄 수 없다. 이러한 설명을 요약하여 〈그림 2-1-2〉와 같이 그려 볼 수 있다.[g]

　　❷ 성과와 보상의 관계　　직무성취는 내재적 및 외재적 보상을 가져올 수 있다. 그런데 직무성취와 보상이 불완전하게 연결될 가능성도 있다. 그림에서 그 관계가 굴곡선(wavy lines)으로 표시되어 있다. 불완전한 연결의 가능성을 나타내려고 그리하였다.

　　외재적 보상(extrinsic rewards)은 조직의 통제 하에 있는 보상이며, 그 예로 보수·승진·지위·안전 등을 들 수 있다. 이러한 보상은 주로 하급욕구의 충족에 관련된 것이라고 볼 수도 있다. 외재적 보상의 결정에서는 직무성취

---

g) 이 그림은 Porter와 Lawler, Ⅲ가 그들의 논문에서 보여 준 것이다.

이외에 다른 많은 요인을 고려하는 것이 보통이기 때문에 직무성취와 외재적 보상의 연결은 불완전해질 가능성이 크다.

내재적 보상(intrinsic rewards)은 높은 직무성과에서 개인이 스스로 얻는 보상이며 그것은 외부의 교란적 영향을 덜 받는다. 내재적 보상이 높은 직무성과에 연관될 가능성은 외재적 보상의 경우에 비해 훨씬 크다. 〈그림 2-1-2〉에서 보면 성과와 내재적 보상의 관계는 굴곡의 수가 비교적 적은 선으로 그려져 있는데 그 까닭은 외재적 보상에 비해 내재적 보상은 성과와 연결될 가능성이 크다고 보기 때문이다. 내재적 보상은 대체로 자기실현적 욕구나 성장욕구와 같은 고급욕구를 충족시켜 주는 보상이다.

❸ 보상의 공평성에 대한 지각   그림에서 보는 바와 같이 내재적 및 외재적 보상은 직무만족에 직결된다고 할 수 없다. 공평성에 대한 믿음(지각)이 중간에 개입된다. 보상과 만족의 관계는 보상의 공평성에 대한 지각(사람들이 당연히 받아야 할 것을 받았다는 생각)이 매개(또는 완충)한다. 개인이 실제로 받는 보상의 양뿐만 아니라 그가 받아야 한다고 기대하는 보상의 양도 만족에 영향을 미친다. 직무수행실적이 좋은 사람이나 나쁜 사람이 같은 수준의 만족을 얻게 하려면 실적이 좋은 사람에게는 실적이 나쁜 사람보다 많은 보상(주로 외재적 보상)을 주어야 한다. 그리고 사람들이 그것을 지각해야 한다.

(3) Georgopoulos 등의 통로—목표이론   Basil S. Georgopoulos, Gerald M. Mahoney, 그리고 Nyle W. Jones, Jr. 등 세 사람이 생산업체에 종사하는 노동자들의 생산성예측을 위한 조사연구를 할 때 쓴 이론적 틀은 일종의 기대이론이라고 생각된다. 그들은 한 개인의 생산성은 매우 복잡한 개인적 및 상황적 요인의 영향을 받는다는 점을 지적한 다음, 개인의 심리적 요인이라 할 수 있는 동기에 주의를 한정하여 통로-목표이론(通路-目標理論: path-goal approach to productivity)을 정립하였다. 그들의 설명을 요약하면 다음과 같다.[19]

❶ 세 가지 가정   개인의 사회심리적 요인에 관련하여 i) 작업상황에 임하는 근로자들은 일정한 목표를 공통적으로 가진다는 것, ii) 그러한 목표의 성취는 그에 연관된 욕구를 충족시킨다는 것, iii) 사람의 행동은 어느 정도(부분적으로) 합리적 타산 내지 목표지향적인 의사결정의 결과(기능)라는 것 등을 전제하고 통로-목표이론을 구상하였다.

❷ 욕구와 통로에 대한 지각   일정한 수준의 생산활동을 하려는 개인의

동기는 i) 그가 추구하려는 목표에 반영되어 있는 개인의 욕구와 ii) 그러한 목표달성에 이르는 수단 또는 통로로서 생산성제고행동(productivity behavior)이 갖는 상대적 유용성(효용성)에 대한 개인의 지각에 달려 있다.

개인적 목표에 이르는 통로로서 생산성이 갖는 수단성 내지 효용성에 대한 근로자의 지각은 행동을 결정하는 독립변수라고 할 수 있다. 만일 어떤 노동자가 높은 생산성을 자기의 개인적 목표달성의 통로라고 생각하면 그는 많은 생산을 하는 경향을 보일 것이다. 이와 반대로 그가 낮은 생산성을 개인적 목표성취의 통로라고 생각하면 생산을 적게 하려고 할 것이다.

❸ 교란적 요인　목표와 통로 사이의 상관성을 지각하는 것만이 실제의 행동을 완전히 지배한다고 말할 수는 없다. 통로－목표지각(path－goal perception)과 실제 행동 사이에는 많은 요인의 영향과 제어작용이 개입될 수 있다는 사실을 잊어서는 안 된다. 개인적 목표가 뚜렷하고 이를 추구하려는 욕구가 매우 강하며 개인적 목표달성의 통로라고 지각한 것을 선택하는 데 장애가 없을 때에는 통로－목표이론의 가정이 비교적 명확하게 경험적 뒷받침을 받을 수 있다. 교란적 요인이 많이 개입될 때에는 통로－목표이론을 실증하기 어렵다.

2. 형평이론

1) 정　의

자기가 바친 투입에 따르는 결과(대가 또는 보상)의 상대적 형평성에 대한 사람들의 지각과 신념이 직무행태에 영향을 미친다고 설명하는 동기이론들을 집합적으로 형평이론(衡平理論: equity theory)이라 부른다.[h]

형평이론을 만드는 사람에 따라 그 이론구조가 조금씩 다를 수 있는데 여기서는 형평이론의 개척자로 알려진 J. S. Adams의 이론을 주축으로 형평이론의 내용을 요약하려 한다.[20]

형평이론은 i) 사람들은 직무수행을 위해 바친 자기의 기여에 부합되는 공정하고 형평성 있는 보상이 무엇인가에 관한 신념을 형성하게 된다는 것,

---

h) 형평이론은 공정성이론, 공평성이론, 또는 사회적 교환이론이라고도 부른다.

ii) 사람들은 자기의 기여·보상비율을 다른 사람들의 그것과 비교하는 경향이 있다는 것, iii) 다른 사람들의 경우와 비교하여 자기 자신에 대한 처우가 공평치 못하다고 믿게 되면 그것을 시정하기 위해 무엇인가를 하려는 동기를 유발하게 된다는 것 등 세 가지의 가정 위에 구축되었다.

2) 이론구조

형평이론의 이론구조는 다음과 같다.

첫째, 사람들은 직무수행에 바친 그들의 투입(기여: input)을 지각하고 이를 누적시켜 일종의 '심리적 합계'를 만들어 가지게 된다. 여기서 말하는 투입에는 직무수행에 들인 노력, 사용한 기술, 직무수행능력의 향상을 위해 받은 교육, 직무실적 등이 포함된다.

둘째, 사람들은 직무수행의 결과 받게 되는 소득(대가 또는 보상: outcome)의 특성과 가치에 대한 신념을 형성한다. 소득에는 보수, 승진, 지위상징, 신분보장, 인정감, 학습기회, 통근차 기타 시설의 사용 등이 포함된다.

셋째, 사람들은 그들의 소득을 투입과 비교해 평가하고 그들이 공평한 처우를 받고 있는지의 여부에 대해 신념을 형성한다. 비교는 '사회적 비교'이며 다른 사람과의 비교이다. 사회적 비교의 과정에서 비교되는 것은 투입에 대한 보상의 비율(형평성비율: equity ratio)이다. 이러한 비율은 물론 비교하는 사람이 지각하는 비율이다. 처우의 형평성에 대한 신념은 주관적인 판단에 달려 있는 문제이다.

비교의 준거는 원칙적으로 다른 사람, 즉 준거인(準據人: reference person)이다. 준거인은 같은 집단 내에서 또는 조직 내에서 찾아질 수도 있고 외부조직에서 찾아질 수도 있다. 그러나 비교의 준거로 어떤 내면적 기준,[21] 전에 종사하던 직장에서 자신이 받았던 처우, 직장생활을 시작할 때에 본인이 가졌던 기대 등을 제시하는 논자들도 있다.

넷째, 사회적 비교의 결과에 따라 형평성·비형평성에 대한 신념을 형성한다. 그러한 신념은 의도(intention)로 전환되어 행동의 동기를 유발한다. 자기가 불공평한(형평에 어긋나는) 처우를 받는다고 믿으면 그것을 시정하려는 행동의 동기를 유발하게 된다. 불공평한 처우에는 너무 적게 받는 것(underpayment)뿐만 아니라 너무 많이 받는 것(overpayment)도 포함된다. 전자를 소극적 비형평성(마이너스 비형평성: negative inequity)이라 하고 후자를 적극적 비형평성(플러스 비형평성: positive inequity)이라 한다.

다섯째, 처우의 형평성 또는 비형평성에 대한 개인의 인식은 직무성과뿐만 아니라 조직시민행동에도 영향을 미친다.[i]

여섯째, 지각한 비형평성을 시정하기 위한 행동은 투입 또는 보상에 변화를 일으키거나 본인(focal person)의 지각을 바꾸거나 준거인을 바꾸는 등 다양하다.

Adams는 비형평성이 있다고 느낀 사람이 형평감을 회복하기 위해 취할 수 있는 행동을 여섯 가지로 범주화하였다. 그가 말한 여섯 가지 행동대안은 i) 일에 대한 투입의 변동(예컨대 직무수행노력을 감소 또는 증대시키는 것), ii) 받은 보상의 변동(예컨대 보수인상을 요구하는 것), iii) 현장이탈(예컨대 사직하는 것), iv) 준거인의 변경(비교대상이었던 사람을 교체하는 것), v) 비교의 심리적 왜곡(예컨대 비형평성은 일시적인 현상일 뿐이라고 생각하는 것; 투입과 보상의 가치에 대해 생각을 바꾸는 것), 그리고 vi) 준거인의 투입 또는 산출에 대한 변동야기(예컨대 비교대상인 동료에게 더 많은 일을 하도록 요구하는 것)이다. 불공평한 사실도 바꿀 수 없고 그에 대한 지각도 바꿀 수 없을 때에 사람들은 욕구좌절에서 오는 여러 증상을 보이게 된다고 한다.

Adams의 이러한 지적에도 불구하고 형평이론에 입각해 조사연구를 행한 대부분의 연구인들은 비형평성 인식에서 나오는 반응 가운데서 투입조절(일에 대한 투입의 변동)에만 주의를 집중해 왔다. 따라서 형평이론은 불공평한 보상(특히 보수)에 대한 투입조절을 설명하는 이론이라고 이해하는 사람들이 많다.

형평이론가들은 흔히 보상을 보수(임금)에 한정하는 단순화의 방법을 써서 이론구조를 설명한다. 그 경우 보수체제의 유형에 따라 달라지는 비형평성에 대한 반응을

---

i) 조직시민행동(organizational citizenship behavior: OCB)은 조직구성원의 공식적 직무요건은 아니지만 조직의 효율성 증진에 기여하는 재량적·자발적 행동이다. 이것은 공식적 의무 이상의(above-and-beyond the call of duty), 공식적 역할 외의, 기대이상의 행동이며 조직에 이로운 것이다. 조직시민행동의 예로 동료의 일을 돕는 것, 건설적인 제안을 하고 솔선수범하는 것, 초과근무를 자원하는 것, 비일상적 업무부담이나 귀찮은 일에 관용적인 태도를 보이는 것, 업무처리규칙의 제정취지까지를 존중해 성실히 이행하는 것, 사회봉사활동에 참여하는 것, 자기개발에 힘쓰는 것 등을 들 수 있다. cf. Stephen P. Robbins and Timothy A. Judge, *Organizational Behavior*, 18th ed.(Pearson, 2019), pp. 27~28 and 88~89.

분류한다.

첫째, 시간급제(hourly pay plan) 또는 월급제 아래서 초과보수(너무 많은 보수)를 받았다고 생각하는 사람은 투입을 늘려 더 많이 생산하려 할 것이다.

둘째, 도급제(piece rate plan) 아래서 초과보수를 받았다고 생각하는 사람은 생산량을 줄이고 그 질은 높이려 할 것이다.

셋째, 시간급제 또는 월급제 아래서 비교적 낮은 보수를 받았다고 생각하는 사람은 생산을 줄이려고 할 것이다.

넷째, 도급제 아래서 비교적 낮은 보수를 받았다고 생각하는 사람은 생산량을 늘리면서 그 질은 낮추려 할 것이다.

3) 기대이론과의 관계

형평이론이나 기대이론은 다 같이 인식 또는 지각의 과정을 토대로 동기유발을 설명한다는 공통점을 가지고 있다. 그러나 관심의 초점과 설명의 방법에 차이가 있다. 기대이론은 보상·수단·기대의 상호작용과정에서 보상을 최대화하려는 동기가 유발되는 과정에 초점을 두고 있다. 형평이론은 투입과 소득의 비교적인 불균형이 동기유발에 미치는 영향을 논의의 초점으로 삼는다. 사람들은 보상이 최대로 될 가능성이 있는(그러한 기대가 있는) 직무수행수준을 선택하게 된다는 것이 기대이론의 논리이다. 사람들은 준거인 또는 어떤 내적 기준에 비추어 공평한 직무수행수준을 택하게 된다는 것이 형평이론의 논리이다.

4) 평 가

형평이론은 현대인의 형평관념에 맞는 성과보수제도의 중요성을 일깨운 이론으로서 그 실용적 가치를 인정받아야 할 것이다. 그러나 주로 실험실적 연구에 근거를 두고 있는 형평이론의 구체적 내용이 조직생활의 실제에 그대로 적실할 수 있느냐에 대해서는 많은 의문이 제기되고 있다. 조직의 실제상황에 대한 조사연구에서 형평이론의 가설들에 대한 검증의 결과는 엇갈리고 있다.[j]

형평이론에 대한 비판적 논점은 다음과 같다.[22]

---

j) 너무 적게 받는 비형평성이 있는 경우 투입변동에 관한 형평이론을 지지하는 검증결과가 많지만, 너무 많이 받는 비형평성이 있는 경우에는 형평이론의 가설이 지지되는 경우가 드물다고 한다.

첫째, 형평이론이 보상의 종류에는 여러 가지가 있을 수 있다는 사실을 부인하지는 않지만 연구의 초점을 보수(급여)에 두고 있기 때문에 비판받기도 한다. 보수 이외의 유인들이 지니는 중요성에 주목하는 근래의 동기이론가들은 형평이론의 보수에 대한 관심의 편향을 비판한다.

둘째, 사람들은 사회화과정에서 형평성규범(equity norms)뿐만 아니라 평등성규범(equality norms)과 필요에 대응해야 한다는 규범(responsiveness to needs norms)도 배우게 된다. 일한 만큼 보수를 주어야 한다는 규범 이외에도 이익을 똑같이 분배해야 한다는 평등성규범, 그리고 가족수당의 결정에서와 같이 필요가 큰 사람에게 더 많은 보수를 주어야 한다는 규범도 있다. 형평이론은 형평성규범 이외의 규범에 따른 반응을 설명하지 못한다.

셋째, 형평이론에 입각한 연구들이 비형평성 시정행동 가운데서 투입의 변동에만 치중해 온 것은 이론 자체를 단순하고 미숙한 쪽으로 몰고 가는 결과를 빚었다.

넷째, 대부분의 실험실적 연구에서 조사대상자에게는 준거인(비교대상자)이 주어졌다. 그러나 조직의 실제상황에서는 준거인 또는 준거기준이 모호하거나 사람에 따라 달라질 수 있다. 자기가 하는 일과 유사한 일을 하는 다른 사람의 경우, 자기 스스로 정한 기준, 자기와 조직이 서로 기대하는 기준 등을 비교기준으로 쓸 수 있다. 이 가운데 어느 한 기준에 관해서만 형평이론을 검증하면 비형평성 시정과정의 본질을 제대로 포착하지 못한다.

다섯째, 준거인의 개인적 특성은 형평감(형평민감성: equity sensitivity)의 형성에 영향을 미친다. 예컨대 자기가 좋아하는 사람이 준거인인 경우 적극적 비형평성이 있으면 그것을 느끼고 더 많은 생산을 위해 투입을 늘릴 가능성이 크다. 그러나 싫어하는 준거인인 경우 적극적 비형평성 자체를 시인하려 하지 않을 수도 있다. 실험실적 연구들에서는 이러한 요인을 포착하지 못했다.

여섯째, 형평이론은 개인을 대상으로 하는, 개인의 반응을 설명하려는 이론이다. 그럼에도 불구하고 반응기제에 나타나는 개인차를 소홀히 다룬다.

3. 학습이론

1) 정 의

　　동기유발에 관한 학습이론(學習理論: learning theory)은 학습이라는 과정을 통해 동기가 유발되는 현상을 기술하고 그에 대해 처방하는 것이다. 학습이론은 여러 가지로 분화되어 있다. 그러나 우리가 여기서 관심을 갖는 것은 인간의 내면적·심리적 과정보다는 행동변화에 초점을 맞추는 행태주의적 이론(행동주의과학)이다. 특히 조작적 조건화(작동조건화)에 관한 이론을 중심틀로 삼아 학습이론의 이론구조를 설명할 것이다. 그리고 여기서 논의하는 학습이론은 개인적 학습에 관한 이론이라는 점을 밝혀 둔다. 이것은 조직이 하나의 체제로서 그 기본적 과정을 통해 지식을 축적하고 과오를 시정해 가는 조직학습(organizational learning)과 구별된다. 조직학습에 대해서는 뒤에 따로 설명할 것이다.

　　학습이론에서 일반적으로 말하는 학습(learning)이란 경험의 결과 행동에 비교적 항구적인(오래 지속되는) 변화가 일어나는 과정을 지칭한다. 학습의 주요속성을 보면 다음과 같다.[23)]

　　첫째, 학습은 변화의 과정이다. 학습은 행동의 변화가 일어나는 과정이다.

　　둘째, 행동변화는 '비교적 항구적인 것'(relatively permanent)이다. 순간적인 또는 일시적인 행동변화는 학습이라 할 수 없다. 예컨대 반복적 업무수행이 사람을 피로하게 만들고 피로는 업무수행 행동의 변화를 초래하지만 피로를 학습이라 보기는 어렵다.

　　셋째, 학습을 통한 변화는 행동적인 것이다. 개인의 행동에 학습된 것이 나타나야 한다. 여기서 말하는 행동은 넓은 의미로 규정되는 개념이다. 그것은 행동잠재력까지를 포함한다. 그러한 행동잠재력은 여러 가지 심리검사방법으로 측정이 가능한 것이다.

　　넷째, 경험을 통한 행동변화를 학습이라 한다. 경험을 통하지 않은 행동변화들도 있는데 그것은 학습이라 할 수 없다. 예컨대 육체적 성장, 부상, 질병, 피로 등에 기인한 행동변화는 학습으로 보지 않는다.

2) 여러 갈래의 학습이론

학습이라는 개념을 사용하여 태도변화·행동유발을 설명하는 이론의 범주는 여러 갈래의 접근방법들을 포괄한다. 중요한 유파의 예로 i) 고전적 조건화이론(고전이론), ii) 수단적 조건화이론, iii) 조작적 조건화이론, iv) 잠재적 학습이론, v) 인식론적 학습이론, vi) 사회적 학습이론, vii) 귀납적 학습이론 등을 들 수 있다.[24]

(1) 고전적 조건화이론   가장 오래된 학습이론으로 지목되고 있는 것은 고전적 조건화이론(古典的 條件化理論: classical conditioning theory)이다. 이 이론은 연상작용을 통한 학습의 일종을 대상으로 한다. 고전적 조건화이론이 설명하는 것은 조건화된 자극을 제시하여 조건화된 반응을 이끌어 내는 과정이다. 조건화된 반응에는 비자발적·조건반사적 행동도 포함된다. 조건화에서는 중립적이던(행동에 영향을 미치지 않던) 자극을 행동에 영향을 미치는 자극과 결합시켜 사용함으로써 중립적 자극을 조건화된 자극으로 바꾼다. 예컨대 동물을 길들일 때 종소리라는 중립적 자극에 먹이를 결합시켜 되풀이해 사용하면 종소리가 조건화된 자극으로 변한다. 그리하여 나중에는 종소리만 들어도 동물들이 모여든다.[k]

(2) 수단적 조건화이론   수단적 조건화이론(手段的 條件化理論: instrumental conditioning theory)은 강화요인(바람직한 결과: reinforcer)의 획득이 어떤 행동에 달려 있을 때 사람들은 강화요인의 획득을 위해 행동하는 반응을 보이게 된다고 설명한다. 학습도 그러한 과정을 통해 이루어진다고 한다. 이러한 관계를 설명하는 것이 '효과의 법칙'(law of effect)이다. 행동의 결과로 주어지는 자극이 강화요인인가 아니면 처벌인가에 따라서 행동이 달라진다는 것이 효과의 법칙이다.[l]

(3) 조작적 조건화이론   조작적 조건화이론(操作的 條件化理論: 조작적 조건

---

k) 고전적 조건화이론은 Ivan Petrovich Pavlov가 개척한 것이다. Pavlov, Conditioned *Reflexes*(Oxford University Press, 1927).

l) 수단적 조건화이론은 Edward L. Thorndike가 개척하였다. Thorndike, *Animal Intelligence: An Experimental Study of the Associative Processes in Animals*(Psychological Monographs, 2(Whole no. 8), Animal Intelligence(Macmillan, 1911).

형성 이론: operant conditioning theory)은 행동의 결과를 조건화함으로써 반응행동(responses, operants)을 유발하는 과정을 설명한다. 이 이론의 설명틀은 세 가지 구성부분(ABC contingencies)으로 이루어져 있다. 세 가지 구성부분이란 선행자극(A: antecedents), 반응행동(B: behavior), 그리고 반응행동의 결과(C: consequences)를 말한다. 조작적 조건화이론은 관찰가능한 행동변화에 초점을 두는 행태주의이론이며 자발적 학습만을 대상으로 한다. 본능, 성장, 운동 후의 피로, 부상과 질병, 뇌손상, 약물복용 등으로 인한 행동변화는 대상으로 하지 않는다. 오늘날 동기이론 연구인들이 준거로 삼는 학습이론은 대개 조작적 조건화이론이다.[m]

위에서 본 수단적 조건화이론과 효과의 법칙은 조작적 조건화이론의 기초가 된다.

(4) 잠재적 학습이론 잠재적 학습이론(潛在的 學習理論: latent learning theory)은 강화라는 인위적 조작이 없이도 학습은 일어나지만, 그것은 잠재적인 학습이 된다고 설명한다. 잠재적 학습은 어떤 목표가 도입될 때 행동(업무수행)으로 전환된다고 한다. 학습에는 강화작용이 필요 없지만 행동으로 옮기는 데는 강화작용이 필요하다는 것이다.[25]

(5) 인식론적 학습이론 인식론적 학습이론(認識論的 學習理論: cognitive learning theory)은 어떤 사건과 개인적 목표 그리고 기대 사이의 관계를 생각함으로써 학습하는 과정을 설명한다. 이것은 사람이 어떻게 생각하며 왜 행동하는가라는 심리적 과정에 관심을 갖는다. 대부분의 학습이론이 인간의 관찰가능한 행동에 초점을 맞추는 데 비해 인식론적 학습이론들은 인간의 정신적 과정을 중요시하는 관점(인지주의: cognitivism)에 입각해 있다. 바람직한 보상을 얻을 수 있다는 기대 때문에 행동한다는 기대이론이나 비형평성을 해소하기 위해 행동한다는 형평이론도 인식론적 학습이론의 관점에서 설명할 수 있다.

(6) 사회적 학습이론 사회적 학습이론(社會的 學習理論: social learning theory)은 인간과 그의 행동 그리고 환경이 서로 교호작용하는 과정에서 학습

---

m) 조작적 조건화이론의 개척자는 B. F. Skinner라고 한다. Skinner, *The Behavior of Organisms* (Appleton-Century-Crofts, 1938), *Walden Two*(Macmillan, 1948).

이 진행된다고 설명한다. 이 이론은 행동을 결정하는 데에는 외적 선행자극이나 결과로서의 자극뿐만 아니라 내면적 욕구, 만족, 기대 등도 함께 영향을 미친다고 주장한다. 사회적 학습이론은 환경결정론과 자기결정론(주체적 결정론)을 결합시키고 조작적 조건화에 의한 학습과 인식론적 학습을 결합시키려 한다.n)

(7) 귀납적 학습이론   귀납적 학습이론(歸納的 學習理論: inductive learning theory)은 직접적인 설명·지시가 없어도 어떤 특정 영역의 구조와 규칙을 학습하는 과정을 설명한다. 그러한 학습은 불확실한 추론을 내포한다. 설명서 없이 전자제품을 작동시키는 행동에서 귀납적 학습을 흔히 관찰할 수 있다. 예컨대 1이라는 숫자가 적힌 버튼을 눌렀더니 1분간 작동하는 것을 보고 2분간 작동시키기 위해 2라는 숫자가 적힌 버튼을 눌러 성공할 수 있다. 이런 과정에서 귀납적 학습이 일어난다.

3) 조작적 조건화의 이론구조

여기서 설명하려는 학습이론의 이론구조는 조작적 조건화를 통한 행동수정을 처방하는 조작적 조건화이론의 구조이다. 조작적 조건화에서 중요한 도구적 역할을 수행하는 것은 강화와 처벌이다.26)

(1) 기본적 관점과 원리   조작적 조건화이론의 관점과 원리는 다음과 같다.

첫째, 관찰·측정이 가능한 인간의 행동과 행동잠재력 자체에 주의를 집중한다.

둘째, 행동은 그 결과의 함수라고 이해하며 행동의 결과인 환경적 조건

---

n) 사회적 학습이론을 지지하는 조직연구인들도 많다. 사회적 학습이론은 다섯 가지 국면에 대한 설명을 포함한다. 다섯 가지 국면이란 ① 상징화(symbolizing: 관찰한 경험을 자기 행동을 인도해 줄 인식론적 모형으로 만드는 국면), ② 예상(forethought: 행동을 계획하고 결과를 예상하여 원하는 성과수준을 결정하는 국면), ③ 대리학습(vicarious learning: 다른 사람의 행동과 그 결과를 관찰하는 국면), ④ 자기통제(self-control: 자기의 목표와 그 성취방법을 선택하여 새로운 행동을 배우려고 스스로를 통제하는 국면), 그리고 ⑤ 자기효능감(self-efficacy: 특정 상황에서 특정업무를 수행할 수 있는 능력에 대한 자기평가를 형성하는 국면)을 말한다. 이러한 국면들에 대한 개인차는 동기유발의 개인차를 만든다고 한다.

근래 자기효능감을 특별히 부각시켜 독자적인 동기유발요인으로 다루는 논자들이 있다. 그들은 자기효능감이론을 동기이론의 한 범주로 분류한다. 자기효능감이론과 사회적 학습이론을 동일시하는 사람도 있다. John W. Slocum, Jr. and Don Hellriegel, *Principles of Organizational Behavior*, 12th ed.(South-Western, 2009), pp. 116~119; Robbins and Judge, *op. cit.*, pp. 228~230.

내지 자극의 중요성을 강조한다.

셋째, 행동을 유발하는 하나의 사건을 선행요인, 행동 자체, 그리고 행동의 결과로 나누어 분석하는 접근방법에 따라 선행적 자극, 반응행동, 행동의 결과가 순차적으로 일어나는 과정을 논의의 초점으로 삼는다.

넷째, 이론의 핵심적 원리는 업무상황(자극)에 처하여 조직이 바라는 행동(반응)을 하면 그에 결부해 강화요인(행동의 결과)을 제공하고 바람직하지 않은 행동을 하면 처벌(행동의 결과)하여 바람직한 행동을 학습시켜야 한다는 것이다.

행동과 그 결과(유인기제) 사이의 관계가 긴밀하고 양자 간의 시간간격이 짧을수록 그리고 유인기제의 가치가 클수록 장차의 행동에 미치는 영향이 크다고 가정한다. 자극상황에 반응하는 행동은 만족(강화)이 거기에 밀접하게 따를 때 장차 다시 일어날 가능성이 높으며 행동에 불편(처벌)이 밀접하게 따르면 장차 그러한 행동이 다시 일어날 가능성은 낮다고 하는 가정 하에서 관리의 처방들을 제시한다.o)

(2) 분석틀의 세 가지 변수   조작적 조건화이론은 행동에 선행하는 환경적 자극, 그에 반응하는 행동, 행동에 결부되는 결과로서의 유인기제 등 세 가지 변수의 연쇄적인 관계를 설명하고 바람직한 행동을 학습시킬 수 있는 유인기제 활용의 방법을 처방한다.

❶ 선행자극   첫째 변수는 행동에 선행하는 자극(stimulus or antecedent)이다. 이것은 인간의 감각으로 지각할 수 있고 거기에 반응행동이 따르게 되는 환경적 조건을 말한다.

❷ 반응행동   둘째 변수는 반응행동(response)이다. 이것은 환경적 자극에 반응하여 나타나는 관찰가능한 행동을 지칭한다.

❸ 행동의 결과   셋째 변수는 행동의 결과(consequence)이다. 이것은 반응행동에 뒤따르는 또는 그에 결부하여 제공되는 환경적 사건이며 다음에 이어지는 행동의 유인기제가 된다. 행동결과로서의 유인기제에는 환경적 자극과 반응행동의 연계를 강화하는 것도 있고 약화시키는 것도 있다. 조작적 조

---

o) 바람직한 행동이 나타날 때에만 보상을 주어야 보상의 가치가 극대화될 수 있다는 원리를 연관적 강화의 법칙(law of contingent reinforcement)이라고 한다. 바람직한 행동이 있은 후 즉각적으로 보상을 제공해야 행동강화의 효과가 커진다는 원리를 즉각적 강화의 법칙(law of immediate reinforcement)이라 한다.

건화이론은 세 가지 변수 가운데서 유인기제에 가장 많은 주의를 기울이고 있다.

(3) 반응행동의 결과: 유인기제 행동의 결과 또는 유인기제는 세 가지 범주로 분류된다.

❶ 강 화 첫째 범주는 강화(reinforcement)이다. 이것은 장래에 같은 행동이 되풀이될 확률을 높이는 유인기제이다. 강화는 다시 적극적 강화(positive reinforcement)와 소극적 강화(negative reinforcement)로 나누어진다. 전자는 행동자가 원하는 조건(상황)을 제공하는 것이고 후자는 행동자가 싫어하는 조건을 제거해 주는 것이다.p)

❷ 처 벌 둘째 범주는 처벌(punishment)이다. 처벌은 어떤 행동에 결부하여 싫은 조건을 제시하거나 바람직한 조건을 제거함으로써 같은 행동이 되풀이될 확률을 낮추는 유인기제이다.

❸ 중 단 셋째 범주는 중단(extinction)이다. 이것은 계속되던 유인기제의 제공을 중단 또는 종식시키는 것으로서 중립적 자극(neutral stimuli)이라고도 부른다. 중단은 행동과 이를 강화하였던 유인기제 사이의 연계를 해제 또는 단절시키는 것이다. 중단은 강화되어 왔던 행동을 점차 사라지게 한다.

조작적 조건화이론은 선행자극과 반응행동의 연계를 강화하려면 적극적 강화 또는 소극적 강화를 하도록 처방한다. 그리고 선행자극과 반응행동 사이의 연계를 약화시키려면 중단이나 처벌을 하도록 처방한다.

4) 행동수정

학습이론의 처방을 응용하여 조직구성원들의 행동변화를 유도하는 프로그램을 행동수정(OB Mod: organization behavior modification)이라 한다. 행동수정의 수단은 강화와 처벌이다.

---

p) 강화에 쓰이는 요인에는 여러 유형이 있다. 1차적 강화요인은 음식이나 물과 같이 그 가치에 대해 따로 배울 필요가 없는 요인들이다. 2차적 강화요인은 1차적 강화요인과의 관계가 학습되어야만 강화의 힘을 얻는 요인들이다. 영향력이 크고 다양한 결과와의 학습된 관계가 설정되어 있는 것은 일반적 강화요인이라 부른다. 돈(金錢)은 그 좋은 예이다. 보통의 경우 강화요인은 행동에 대한 자극이지만 행동 그 자체가 강화요인이 될 때가 있다. 예컨대 현재의 일을 끝내야 보다 바람직한 일을 할 수 있게 해 준다고 하면 바람직한 일이라고 하는 행동이 강화요인으로 된다.

(1) 강 화 　행동수정을 위한 강화의 방법 또는 전술(schedules of rein—forcement)은 여러 가지이다.

우선 i) 계속적인 강화방법(continuous reinforcement)과 ii) 간헐적인 강화방법(intermittent reinforcement)을 구분할 수 있다.

계속적인 강화방법은 행동이 있을 때마다 강화요인을 제공하는 방법이다.

간헐적 강화방법은 네 가지 기본형으로 범주화할 수 있다. 네 가지 기본형이란 i) 주급·월급 등에서 보는 바와 같은 고정간격제(fixed interval), ii) 도급제에서 보는 바와 같은 고정비율제(fixed ratio), iii) 승진기간에서 보는 바와 같은 변동간격제(variable interval), 그리고 iv) 경우에 따라 말로 칭찬하거나 상여금을 지급하는 예에서 보는 바와 같은 변동비율제(variable ratio)를 말한다. 간격제적 방법은 강화요인을 행동이 있은 후 일정한 시간이 흐른 다음에 주는 방법이다. 비율제적 방법은 일정한 수의 행동이 있은 다음에 강화요인을 주는 방법이다.

어떤 행동을 처음 배울 때에는 계속적인 강화방법을 써야 하지만 행동을 배운 다음에는 간헐적인 강화방법의 사용이 무방하거나 바람직하다고 한다.

(2) 처 벌 　조직사회의 실제에서 처벌도 널리 쓰이고 있다. 처벌이 효율적이기 위해서는 그것이 행동에 결부되어야 하며, 즉각적으로 충분히 강력하게, 일관성 있고 비개인적이며(사람에 따라 처벌을 차별하지 않으며) 정보(처벌의 이유)를 전달하는 방법으로 시행되어야 한다.q)

처벌이 정당한 범위 내에서 공평하게, 행동개선을 위해 시행되면 심각한 비난은 면하는 것 같다. 그러나 처벌이 보복적이고 월권적이며 강압적 권력의 남용에서 비롯된 것일 때에는 그 비윤리성이 크게 문제로 된다. 그리고 처벌에는 반발, 회피적 행동, 위축 등의 부작용이 따를 수 있다. 지속적인 감시·통제와 병행하지 않으면 처벌은 오래 가는 효과를 거두기도 어렵다고 한다. 강화방법을 우선적으로 활용하고 처벌은 마지막 수단으로 써야 한다는 것이 현대적 동기이론의 입장이다.

(3) 행동수정의 표준적 절차 　학습이론을 응용하여 조직구성원들의 행동을 수정하려는 실천적 활동단계는 대략 다섯 가지로 구분된다.27) 다섯 가지

---

q) 이러한 원칙을 '뜨거운 난로의 법칙'(hot stove rule)이라고 한다.

단계란 i) 관리자가 직무수행에 지장을 주는 직원의 행동을 확인하는 단계, ii) 문제행동의 빈도를 실제로 파악하는 단계, iii) 문제행동의 선행자극과 문제행동을 강화하는 결과를 확인하는 단계, iv) 유인기제의 종류와 방법 등에 관한 개입전략을 선택하는 단계, 그리고 v) 바람직하지 않은 행동은 감소되고 바람직한 행동은 증가되었는지를 관찰하여 개입의 성과를 평가하는 단계를 말한다.[r)]

5) 기대이론과의 관계

학습이론(조작적 조건화이론)과 기대이론은 보상 또는 강화요인을 직무수행에 결부시킨다는 점에서 서로 유사하다. 그러나 기대이론은 행동의 원인을 인간의 내면적 신념과 태도에서 찾는 반면 학습이론은 선행적 자극과 행동의 외적 결과에서 행동의 원인을 찾는다. 기대이론은 기대와 같은 '사람 마음 속의 확률'에 관심을 갖는 반면 학습이론은 관찰가능한 '행동의 확률'에 관심을 갖는다. 기대이론에서의 보상은 인식론적으로 이해되는 주관적인 것이지만 학습이론에서의 강화는 행동의 결과로 이해된다. 기대이론에서는 보상을 언제나 직무수행에 직결시켜야 효율적이라고 주장하지만 학습이론에서는 변동간격제·변동비율제 등을 쓰는 강화방법의 효용도 인정한다.

6) 평 가

학습이론은 보상을 직무수행에 결부시켜야 효율적이라고 하는 교훈을 관리자들에게 주는 것이다. 학습이론에 입각한 행동수정전술의 채택은 관리자들을 보다 의식적인 동기유발자로 만들 수 있다. 관리자들로 하여금 더욱 세심하게 직원들의 직무수행을 관찰·분석하고 개선대책을 찾게 할 것이다.

그러나 학습이론과 행동수정방법은 여러 가지 비판을 받고 있다.

첫째, 학습이론의 처방은 인간의 외재적 조종을 강조하는 것이며, 따라서 인간주의적 관리의 요청에 역행하는 것이다. 행동수정의 전술은 비인간화의

---

r) 여기서는 바로잡아야 할 바람직하지 못한 행태의 확인에서부터 시작하는 행동수정과정을 소개하였다. 이와는 대조적으로 새로이 배워야 할 행태의 확인에서부터 행동수정과정을 설명하는 사람들도 있다. Jennifer M. George and Gareth R. Jones, *Organizational Behavior*, 3rd ed.(Prentice Hall, 2002), pp. 161~163.

방법이며 인간의 성장·발전을 저해한다.[s]

둘째, 학습이론의 적용은 인간의 지성을 모독하는 것이다. 지성적·자율적 인간을 실험용 쥐처럼 길들이려 하기 때문이다. 여기에 심각한 윤리적 문제가 있다.

셋째, 학습이론은 인간행동의 복잡성과 심리적 과정의 복잡성을 간과하는 것이다. 학습이론의 처방은 복잡한 업무를 담당하는 사람들에게는 적용하기 어렵다. 강화 또는 중단시켜야 할 구체적 행동을 확인하기 어렵기 때문이다.

넷째, 학습이론의 처방은 관리자·감독자들에게 너무 많은 권력을 부여하게 된다. 그들이 이를 남용할 우려가 있다.

다섯째, 학습이론의 실천적 효용에 대한 입증이 미약하다. 학습이론은 실험실적 조사연구와 동물실험에 바탕을 둔 것이기 때문에 인간생활의 실제에서는 그 효용이 의심스럽다. 학습이론의 효용을 지지하는 사람들은 대개 개입변수들을 제대로 통제하지 못한 조사연구나 개별적 성공사례에 그 근거를 두고 있다.

7) 조직차원의 학습

위에서는 조직구성원 개인의 동기유발에 관련하여 학습이론을 고찰하였다. 즉 개인차원의 학습을 다루었다. 그런데 학습은 개인차원에서뿐만 아니라 집단차원에서 또는 조직차원에서도 연구할 수 있다. 집단이나 조직이 학습을 촉진하는 시너지효과에 주목하고, 집단이나 조직을 학습촉진에 적합하게 만드는 방안을 탐색하는 연구가 활발하다. 특히 조직차원의 학습에 대한 관심이 고조되어 있다. 여기서는 조직차원의 학습을 설명하려 한다.

(1) 조직학습과 학습조직 조직학습(organizational learning)은 조직구성원들이 하는 '조직에서의 학습'이다. 이것은 조직구성원들이 조직이라는 상황적 조건하에서 함께 배우고 함께 변화하는 과정이다. 조직학습은 개인차원의 학습을 능가하는 집합체적 학습이다.

---

s) 이러한 비판을 하는 사람들은 행동자기관리(BSM: behavioral self-management)의 가능성을 부각시킨다. 행동자기관리는 인간이 자기의 행동·인식과정·행동결과에 대해 상당한 통제력을 가진 존재임을 설명하는 개념이다. James L. Gibson, J. M. Ivancevich, and J. H. Donnelly, Jr., *Organizations: Behavior, Structure, Processes*, 10th ed.(McGraw-Hill, 2000), pp. 157~159.

조직학습에 유리한 조건을 구비하고 조직학습을 지지·촉진하는 조직을 학습조직(learning organization)이라 한다. 학습조직은 구성원 전체가 잘 배우고 잘 개선하는 조직이라고 말할 수 있다. 학습조직과 조직학습은 표리의 관계에 있는 개념들이다. 조직학습을 잘하는 조직이 학습조직이며, 학습조직은 조직학습을 잘할 수 있게 돕는다. 조직학습은 학습조직을 만들고, 학습조직은 조직학습을 강화한다.

학습조직에 관한 이론은 조직학습을 가능하게 하고 강화하는 조건과 방법들을 제시한다. 근래 학습조직에 대한 이론은 양산되었으며, 학습조직의 의미, 요건, 개발방법 등에 대해 다양한 의견이 나와 있다. 그런 가운데 어느 정도 수렴화의 경향도 나타고 있다. 여기서는 인용빈도가 가장 높은 Peter Senge의 학습조직이론을 소개하려 한다.

(2) Senge의 학습조직　　Peter Senge는 학습조직(學習組織: learning organization)을 전통적인 조직과 구별하여 그 특성과 요건을 규정하였다. 그의 이론은 개방체제모형과 자기실현적 인간관을 전제적 이론으로 삼은 것이다. 그는 외재적 조건보다 사람들의 사고방식과 교호작용 양태를 더 중요시한다. 조직은 사람들의 생각과 상호작용의 산물이라고 전제하기 때문이다.[28]

Senge가 말한 학습조직이란 i) 조직구성원들이 진정으로 원하는 결과를 창출할 능력을 지속적으로 신장할 것, ii) 새롭고 개방적인 사고방식을 육성할 것, iii) 공동의 갈망이 자유롭게 분출될 수 있게 할 것, iv) 조직구성원들이 함께 배우는 방법을 계속적으로 배울 것 등의 조건이 구비된 조직이다.

(3) 다섯 가지 수련　　Senge는 학습조직의 성립에 필요한 다섯 가지 수련(修鍊: disciplines)을 제시하였다. 이들 수련은 학습조직에 도달하는 데 필요한 요건이며 방법이고 기술(component technologies)이다. 서로 수렴해 가는 다섯 가지의 새로운 기술 또는 수련이 함께 학습조직을 탄생시킨다고 하였다.

사람들이 새롭게 사고하고 교호작용하는 방법을 깨닫고 이를 행동화할 수 있는 역량을 키우려는 다섯 가지 수련은 다음과 같다.

❶ 자기완성　　자기완성(personal mastery)은 생애와 일에 관한 개인의 접근방법을 성숙시키는 수련이다. 각 개인은 원하는 결과를 창출할 수 있는 자기역량의 확대방법을 학습해야 한다.

자기완성의 기초는 일하는 능력과 기술이다. 하지만 그것만으로 자기완성이 이루어지지는 않는다. 자기완성의 요체는 창의적으로 세상을 바라볼 수 있는 능력의 확대이다. 자기완성을 위한 수련은 전 생애에 걸친 과정이다.

조직을 구성하는 개인들의 지속적인 학습과 자기완성에서 학습조직의 정신이 나온다. 조직은 배우는 개인을 통해서 배울 뿐이다. 개인적 학습이 조직학습을 언제나 보장한다고 말할 수는 없다. 그러나 개인적 학습 없이 조직의 학습은 일어나지 않는다.

자기완성을 위한 수련에서는 첫째, 무엇을 우리가 원하며, 무엇이 우리에게 중요한가를 계속적으로 명료화해야 한다. 즉 우리가 원하는 수준(비전)을 명료화해야 한다. 둘째, 현재의 사실(현실수준)을 정확하게 보는 방법을 배워야 한다.

❷ 사고의 틀   사고의 틀(mental models)에 관한 수련은 뇌리에 깊이 박힌 전제 또는 정신적 이미지를 성찰하고 새롭게 하는 것이다. 세상에 관한 사람들의 생각과 관점, 그리고 그것이 자신의 선택과 행동에 어떤 영향을 미치는지에 대해 끊임없이 성찰하고 개선해 나가게 한다.

직면한 문제의 해결에 가장 적합한 사고의 틀을 발전시키기 위해 사람들이 힘을 합칠 수 있도록 해야 한다. 그러려면 관료제의 병폐를 시정하고 개방적 의사전달과 실적기준의 적용을 촉진해야 한다. 여기서 실적기준이란 조직에 최대의 이익을 주는 대안이 무엇인가에 관한 기준이다.

❸ 공동의 비전   공동의 비전(shared vision)에 관한 수련은 조직구성원들이 공동으로 추구해야 하는 비전에 관한 공감대를 형성하는 것이다.

공동의 비전은 조직구성원들이 무엇을 창출하길 원하는가를 묻는 질문에 대한 답이다. 이것은 조직 전체의 구성원들이 지닌 미래의 영상이다. 공동의 비전은 다양한 조직활동에 일관성을 부여하는 공동체의식을 함양한다.

사람들이 미래에 대해 유사한 영상을 가지고 서로에게 헌신할 때 비전이 공유된다. 사람들이 비전을 참으로 공유할 때 그들은 공동의 욕망을 가지고 결집한다.

공동의 비전에 관한 수련에서는 먼저 개인적 비전의 구상을 촉진해야 한다. 다음에는 개인적 비전으로부터 공동의 비전을 수렴해 내야 한다. 공동의 비전을 형성하는 과정에서는 각자가 믿는 비전을 간명하고 정직하게 제시하고 다른 사람들이 스스로 판단해서 선택하게 하는 방법을 써야 한다.

❹ 집단적 학습   집단적 학습(team learning)은 집단구성원들이 진정한 대화와 토론 그리고 협력적인 사고의 과정을 통해 개인적 능력의 합계를 능가하는 집단의 지혜와 능력을 구축할 수 있게 하는 수련이다. 집단적 학습은 구성원들이 원하는 결과를 창출할 수 있도록 집단의 능력을 결집하고 발전시키는 과정이다. 집단적 학습은 복잡한 문제에 대한 통찰력을 키우고 쇄신적 행동의 조화된 수행능력을 키운다.

집단적 학습은 집합적·협력적 학습이다. 이를 위한 핵심적 기술은 대화(dialogue)와 토론(discussion)이다. 대화에서는 복잡하고 미묘한 문제에 대해 자유롭고 창의적으로 탐색해 들어간다. 대화에서는 자기 관점의 관철을 위한 설득보다 다른 의견들을 서로 경청하는 데 역점을 두어야 한다. 토론에서는 서로 다른 의견을 제시한 사람들이 제각기 자기 의견을 옹호하고 찬반의 논의를 거쳐 최선의 방안을 선택한다.

집단적 학습을 위한 수련에서는 먼저 효율적인 대화·토론의 방법을 익혀야 한다. 그리고 대화·토론을 방해하는 세력에 창의적으로 대처하는 방법도 배워야 한다.

❺ 시스템중심의 사고   시스템중심의 사고(systems thinking)에 관한 수련은 체제를 구성하는 여러 연관요인들을 통합적인 이론체계 또는 실천체계로 융합시키는 능력을 키우는 통합적 훈련이다.

조직이라는 시스템을 통합적으로 바라보고 시스템 전체에 기여하는 능력을 기르려면 시스템 다이내믹스를 결정하는 요인들과 그들 사이의 관계를 이해시키는 훈련, 그리고 이를 바탕으로 시스템을 더 효과적으로 만들 수 있는 행동을 이끌어 내는 훈련이 필요하다.

앞에서 지적한 바와 같이 학습조직이 무엇인가에 대한 대체적인 의견수렴이 있다. 그러나 연구인들 사이의 구체적인 의견 차이도 적지 않다. Senge의 표현과 약간 다른 몇 가지 예를 보기로 한다.

David A. Garvin은 "학습조직이란 지식을 창출·획득·이전하는 데 능하고 새로운 지식과 통찰력에 따라 행동을 수정하는 데 능한 조직이다"고 정의하였다. 그리고 학습조직의 다섯 가지 핵심활동으로 i) 체계적인 문제해결, ii) 새로운 접근방법의 실험, iii) 스스로의 경험과 역사로부터의 학습, iv) 다른 사람들의 경험과 우수사례로부터의 학습, v) 조직 전체에 걸친 신속하고 능률적인 지식이전을 열거하였다.[29]

Stephen P. Robbins와 Timothy A. Judge는 "학습조직이란 적응하고 변동하는

데 필요한 지속적 능력을 발전시킨 조직이다"고 하였다. 학습조직의 특성으로는 i) 모든 구성원들이 동의하는 공동의 비전이 있는 것, ii) 구성원들이 업무를 수행하거나 문제를 해결하는 데 사용해 온 낡은 사고방식과 표준화된 일상적 절차를 버리는 것, iii) 구성원들이 조직의 모든 절차·활동·기능·환경과의 교호작용을 상호관계체제의 구성부분이라고 생각하는 것, iv) 사람들이 비판과 처벌의 두려움 없이 서로 (수직적·수평적 경계를 넘어) 개방적인 의사전달을 하는 것, v) 사람들이 조직이 추구하는 공동의 비전을 성취하기 위해 함께 일할 수 있도록 개인적 이익이나 분할된 부서별 이익을 승화시키는 것 등 다섯 가지를 열거하였다. 이런 특성의 열거는 Peter Senge의 이론에 바탕을 둔 것이라고 하였다.[30]

Richard Daft는 학습조직이란 "의사전달과 협동을 촉진함으로써 조직구성원 모두가 문제의 확인·해결에 참여할 수 있게 하며, 조직이 그 능력을 지속적으로 실험·개선하고 향상시킬 수 있도록 하는 조직이다"고 하였다. 그는 학습조직의 다섯 가지 조건으로 i) 일의 흐름을 중시하는 수평적 구조, ii) 업무수행자의 높은 자율성(empowered roles), iii) 정보공유의 강조, iv) 협동적 전략, v) 적응성이 높은 문화를 열거하였다. Daft는 이런 특성을 지닌 조직을 '자연적 체제설계'(natural system design)라고 부르기도 한다. 이것은 전통적인 '기계적 체제설계'(mechanical system design)에 대조되는 개념이라고 한다.[31]

4. 내재적 동기유발에 관한 이론

성장이론(자기실현적 인간모형)은 동기유발의 내재성을 가정한다. 이러한 가정을 받아들이는 과정이론들은 내재적 동기유발과정을 설명한다. 성장이론은 인간의 일에 대한 욕구와 직무수행동기를 거의 동일시하고 있다. 따라서 그에 입각한 과정이론들의 이론구조는 비교적 단순하다. 그러나 실증적 연구를 통해 이를 검증하는 일은 쉽지 않다.

내재적 동기유발이론(intrinsic motivation theories)이라고 할 수 있는 것들은 여러 가지이다. 앞서 기대이론과 학습이론을 설명할 때 그 일부가 내재적 동기유발에도 관심을 갖는다는 점을 지적하였다. 여기서는 대표적인 내재적 동기유발이론으로 지목되고 있는 인식론적 평가이론을 설명하고 외재적 동기유발과 내재적 동기유발의 결합을 시도한 직무특성이론도 소개하려 한다.[32]

1) 인식론적 평가이론

인식론적 평가이론(認識論的 評價理論; cognitive evaluation theory)은 인간이 스스로 직무수행동기를 유발할 수 있다는 가정을 기초로 하고 있다. 이 이론은 인간은 유능하고 자기 인생을 스스로 통제할 수 있다는 느낌을 가지려는 욕구를 지녔으며 어떤 직무수행이 그러한 욕구를 충족시킬 수 있으면 직무수행동기를 내재적으로 유발할 수 있다고 주장한다. 그러한 조건 하에서 사람들은 오직 직무 자체가 제공하는 개인적 즐거움 때문에 직무를 수행하게 된다고 한다.[t]

그리고 외재적 유인부여는 내재적 동기유발을 방해한다고 주장한다. 내재적으로 동기를 유발할 수 있는 직무를 수행하게 하려고 돈과 같은 외재적 유인을 제공하면 사람들은 스스로의 능력과 통제력에 대한 자신감을 잃게 된다고 한다. 그 까닭은 외부의 힘이 그들을 조종한다고 생각하기 때문이라고 한다.

인식론적 평가이론을 비판하는 논자들은 사람들이 처음부터 금전적 보상 등 외재적 유인을 기대하지 않았을 때에는 타당할 수 있으나 외재적 유인을 기대하는 상황에는 맞지 않는 이론이라고 말한다. 그리고 조직생활의 실제에서 내재적 동기유발자의 수보다 직무수행동기가 결여되거나 외재적 유인의 제공을 기대하는 사람들의 수가 훨씬 많다고 한다. 따라서 관리자들은 스스로 동기를 유발하지 못하는 많은 사람들의 동기를 유발해야 하는데, 여기에 내재적 동기유발이론은 별로 도움을 주지 못한다는 것이다.

2) 직무특성이론

직무특성이론(職務特性理論: job characteristics theory)은 환경적 요인(외재적 동기유발요인)과 개인적 요인(내재적 동기유발요인)을 결합하여 동기유발과정을 설명한다. 여기서 환경적·외재적 요인이란 직무요인을 말한다.[u]

직무특성이론의 핵심적인 가정은 잘 설계된 직무는 직원의 심리적 욕구

---

t) 인식론적 평가이론은 E. L. Deci가 개척했다고 한다. Deci, *Intrinsic Motivation*(Plenum Press, 1975). 근래에 개발된 자기부합이론(self-concordance theory)은 인식론적 평가이론의 범주에 포함되는 이론의 한 예이다. 자기부합이론은 사람이 어떤 목표를 추구하는 이유는 그것이 자기의 흥미와 주요 가치에 부합되기 때문이라고 설명한다. K. M. Sheldon, A. J. Elliot, and R. M. Ryan, "Self-Concordance and Subjective Well-being in Four Cultures," *Journal of Cross-Cultural Psychology*(vol. 35, no. 2, 2004), pp. 209~223.

u) 여기서 소개하는 직무특성이론은 A. Turner와 P. Lawrence의 아이디어를 빌려 J. R. Hackman과 G. R. Oldham이 개발한 이론이다. Hackman and Oldham, "Motivation through the Design of Work: Test of a Theory," *Organizational Behavior and Human Performance*(vol. 16, 1981), pp. 250~279.

를 충족시키고 그러한 욕구의 충족은 동기를 유발한다는 것이다. 이 이론의 구조는 직무의 기본적 국면들이 지니는 특성, 핵심적인 심리적 상태, 성장욕구 그리고 성과로 구성되어 있다. 직무의 기본적 국면들이 심리적 상태를 유발하고 그러한 심리적 상태는 직무성과를 가져온다. 그 과정에 사람의 성장욕구가 개입한다. 성장욕구가 강한 사람들은 그렇지 않은 사람들에 비해 유리한 (높은 또는 바람직한) 직무국면들에 더 적극적으로 반응한다고 한다.

　　직무의 기본적 국면들이란 i) 기술다양성(skill variety: 사용하는 기술의 가지 수), ii) 과업중요성(task significance: 업무가 다른 사람들에게 미치는 영향의 정도), iii) 과업정체성(task identity: 완제품에 대한 기여도를 확인할 수 있게 하는 과업의 특성), iv) 자율성(autonomy: 직무수행 상의 자율성), 그리고 v) 과업환류(task feedback: 업무수행의 효율성에 관한 환류)를 말한다.
　　직무의 동기유발예측지수(동기유발잠재력점수: motivating potential score: MPS)는 다음과 같은 계산식으로 산출할 수 있다.
　　MPS=(기술다양성+과업정체성+과업중요성)/3×자율성×환류
　　핵심적인 심리적 상태는 i) 업무의 의미에 대한 경험, ii) 업무성과에 대한 책임의 경험, iii) 업무수행의 실제적인 결과에 대한 지식 등 세 가지이다.
　　개인적 및 업무수행 상의 성과는 i) 높은 내재적 동기유발, ii) 업무수행의 질적 고도화, iii) 업무에 대한 높은 만족감, iv) 결근율·퇴직률의 저하 등 네 가지이다.

5. 통합적 모형의 탐색

　　위의 논의로써 동기유발에 관한 과정이론들이 다양하게 분화되어 있다는 사실은 분명해졌을 것이다. 분화된 접근방법들은 각기 한정된 적용가능성만을 지녔다는 이치도 이해하게 되었으리라 믿는다.
　　동기이론 연구인들의 갈망은 포괄성이 높고 적용가능영역이 넓은 통합적 접근방법을 개발하는 것이다. 그러한 갈망을 이루어 보려는 노력이 여러 갈래로 진행되어 왔다. 세 가지 방면의 노력으로 이를 범주화해 볼 수 있다. 세 가지 범주란 i) 새로운 패러다임 또는 모형을 개척하는 접근방법(new paradigm approach), ii) 수렴화를 도모하는 접근방법(converging operations approach), 그리고 iii) 융합을 도모하는 접근방법(amalgamation approach)을 말한다.[33]
　　(1) 새로운 모형의 개척　　새로운 패러다임을 추구하는 사람들은 기존의

동기이론에서가 아니라 심리학의 다른 여러 분야에서 개념과 이론들을 빌려 새로운 이론을 개발하려 한다. 새로운 이론이란 기존의 이론보다 포괄성이 높고 적용가능영역이 넓은 이론을 지칭한다.

(2) 수　렴　수렴화를 도모하는 접근방법은 서로 다른 이론들의 경쟁적·상충적 주장과 예측을 비교하고 각 이론의 경계적 조건을 분명히 함으로써 이론들 사이의 일관성과 상호보완성을 발견하려는 접근방법이다. 이 접근방법은 서로의 주장에 일관성이 없는 것으로 알려진 이론들을 분석해서 일관성을 수렴해 내려는 것이다.

　예컨대 분명하고 구체적인 목표설정이 사람들의 동기를 유발한다고 보는 목표설정이론은 어려운 목표의 설정을 처방하고, 기대이론은 쉬운 목표를 선호하며, 성취욕구이론은 적당히 어려운 수준의 목표가 최선의 업무수행을 유발한다고 주장한다. 이렇게 일관성이 없는 주장들의 수렴화를 기도하는 사람들은 기대, 욕구(결과에 부여하는 가치) 그리고 목표의 난이도가 다 같이 업무수행에 영향을 미치는 국면을 발견하기도 하고 이론들 사이의 상호보완적 국면을 발견하기도 한다. 기대이론의 주장은 사람들의 목표선택행태를 설명한다. 목표가 받아들여진 다음에는 목표설정이론과 성취욕구이론이 설명하는 목표난이도가 업무수행노력을 좌우한다고 볼 수 있다. 목표설정이론과 성취욕구이론의 관계도 보완적인 국면을 가지고 있다. 성취욕구가 강한 사람이 업무를 맡으면 목표달성이 어렵더라도 그 성취를 위해 열심히 일할 것이다.

(3) 융　합　이론들의 융합을 추구하는 사람들은 이론들 사이의 수렴화를 도모하는 노력에서 한 걸음 더 나아가 기존 동기이론들의 구성을 결합시켜 이론의 타당성을 높이려고 한다. 이러한 노력은 주요 동기이론들의 관점들을 포용하는 일종의 상위이론(meta-theory)을 개발하려는 것이다.

　여기서는 R. Katzell과 D. Thompson이 개발한 통합이론을 예로 들려 한다. 그들은 작업태도, 동기, 업무수행에 관한 형평이론, 욕구이론, 기대이론, 목표설정이론, 그리고 행동수정에 관한 행태이론을 종합하는 이론을 개척하였다. 그들의 설명을 요약하면 다음과 같다.[34]
　조직의 정책이나 관행과 같은 작업환경이 승진·보수 등 유인과 보상을 결정한다. 욕구와 같은 개인적 특성은 작업환경과 유인 사이의 관계를 매개한다. 유인은 형평성과 업무수행의 수단성에 대한 사람의 지각에 영향을 미친다. 유인은 작업태도에 영향을 미치고, 작업태도는 유인에 대한 지각에 영향을 미친다. 업무수행실적은 유인체제에 환류되고 그것은 장래의 업무수행을 강화하도록 유인을 변화시킨다.

위에서 본 비와 같은 **통합회**의 노력은 동기이론의 포괄성과 설명력을 높이는 데 기여하였다. 다국면적인 통합적 이론들의 적용가능영역은 많이 넓어졌다. 그러나 보편적으로 타당한 이론개발의 수준에는 이르지 못하고 있다. 단일차원적 이론들은 말할 것도 없고, 그간에 개발된 통합적 이론들의 설명력이나 처방적 적실성도 상황에 따라 달라질 수 있다는 한계를 안고 있다.

앞으로의 통합화노력은 상황적응적 설명틀의 발전에 지향되어야 하리라고 믿는다. 어떤 조건 하에서 어떤 이론의 설명력과 처방력이 높아지는가에 대한 연구가 더욱 촉진되어야 한다.

02 성장이론의 인간모형

Ⅰ. 성장이론의 중요성

앞 절에서 말한 바와 같이 현대조직학이 보편적 차원의 인간관이라고 결론 내린 것은 복잡한 인간관이다. 복잡한 인간관은 욕구와 동기에 국한해 생각하더라도 인간은 아주 복잡한 존재이기 때문에 인간관리전략의 획일화는 무리라고 보는 관점이다. 상황적 조건에 따라 그에 적합한 인간관과 관리전략은 달라질 수 있다고 본다.

그런데 현대적 조직사회의 조건이나 장래의 조건에 적합한 또는 바람직한 상황적응적 인간관은 어떤 것인가라는 문제의 해답으로 각광을 받고 있는 것은 성장이론의 자기실현적 인간모형이다. 성장이론은 현대적 욕구이론의 중핵을 이루는 것이다. 오늘날 성장이론은 인간관리전략의 개혁처방뿐만 아니라 다른 여러 분야의 개혁문제에 관한 현대조직학의 처방적 이론들에 기본적 가정을 제공하고 있다. 그러므로 중요한 성장이론들에 대해서는 자세한 설명을 해야 할 필요가 있다.

성장이론으로 분류되는 이론들 가운데서 Maslow의 욕구단계이론, Herzberg의 욕구충족요인이원론, 그리고 McGregor의 Y이론은 현대적인 욕구이론·동기이론을 출발시키고 정착시키는 데 아주 돋보이는 기여를 하였으며 그만큼 많이 인용되고 있다. Likert의 관리체제분류와 Argyris의 미성숙－성숙이론도 성장이론의 계열에 포함시킬 수 있다. 이들 이론에 대해 다음에 설명하려 한다. Alderfer의 생존·관계·성장이론, McClelland의 학습된 욕구에 관한 이론, 그리고 Murray의 명시적 욕구이론은 Maslow의 이론을 설명하면서 함께 언급하려 한다.

Ⅱ. Maslow의 욕구단계이론

　　Abraham H. Maslow는 많은 관찰과 실천적 연구를 토대로 하고 여러 유파의 심리학적 연구를 종합하여 스스로 동태적 통합이론(動態的 統合理論: holistic-dynamic theory)이라고 부르는 욕구단계이론(need hierarchy theory or hierarachy of needs theory)을 정립하였다. 그는 생래적·내재적 욕구(organismic needs)에 주안점을 두어 인간의 공통적인 욕구를 분류하고 그 상호관계를 설명하였다.[a]

　　그의 이론은 은연중에 인간의 건전한 성장을 중요시하고 있으며, i) 인간의 욕구는 다섯 가지 계층으로 구분할 수 있다는 것, ii) 욕구들은 서로 연관되어 있으며, 욕구의 발로는 하급욕구에서 시작되고 하급욕구의 충족이 점차로 상위욕구의 발로를 가져온다는 것, iii) 각 욕구의 충족은 대개 부분적·상대적이라는 것, iv) 모든 욕구의 완전한 충족은 있을 수 없기 때문에 인간은 무엇인가를 항상 원하는 동물이라는 것, v) 충족된 욕구는 약해지며 동기유발 요인으로서의 의미를 상실한다는 것 등의 주요 논점을 피력한다.[1]

1. 욕구의 종류

　　인간의 욕구는 다섯 가지 계층(수준)으로 분류할 수 있다. 다섯 가지 욕구의 계층은 일반적인 범주이기 때문에 각 계층에는 많은 종류의 욕구가 포함된다. 다섯 가지 계층의 욕구란, i) 생리적 욕구, ii) 안전에 대한 욕구, iii) 애정적 욕구, iv) 긍지와 존경에 대한 욕구, v) 자기실현의 욕구를 말한다.

　　(1) 생리적 욕구　　욕구계층의 출발점이 되는 가장 하급의 그리고 기초적인 욕구의 범주가 생리적 욕구(physiological needs)이다. 음식·의복·주거에 대한 욕구, 성적 욕구, 잠자고 싶은 욕구, 단순히 움직이고 싶은 욕구 등이 생

---

a) Maslow의 욕구단계이론은 욕구위계이론, 욕구단계설, 욕구계층설 등 여러 가지 이름으로 불리고 있다.

리적 욕구의 예이다. 생리적 욕구에 해당하는 것들을 얼마나 세분하여 생각하느냐에 따라 그 종류는 얼마든지 늘어날 수도 있고 줄어들 수도 있다.

생리적 욕구는 모든 욕구들 가운데서 우성(優性)이 가장 강한 (우선순위가 가장 높은) 것이다. 모든 욕구가 전혀 충족되지 않을 때에 사람은 생리적 욕구의 지배를 받으며, 사람의 모든 능력은 생리적 욕구의 충족을 위해 조직되고 동원된다. 이런 경우 다른 욕구들은 없어지거나 배후로 밀려 나게 된다. 예컨대 극단적으로 배가 고픈 사람은 다른 어떤 것도 생각할 여유가 없고, 오직 음식을 얻기 위해 모든 노력을 하는데, 이를 위해 생명에 대한 위협을 무릅쓸 수도 있다.

음식을 얻으려는 것과 같은 어느 한 가지 욕구의 전적인 지배를 받는 경우 사람의 미래관이나 인생관까지도 그에 따라 변한다. 오랫동안 극단적인 굶주림에 시달려온 사람은 이상향(Utopia)을 먹을 것이 많은 곳이라고 규정하게 된다.

생리적 욕구가 충족되면 사람이라는 유기체는 생리적 욕구의 지배로부터 벗어나며 다음 단계 욕구의 지배를 받게 된다.

(2) 안전에 대한 욕구　생리적 욕구가 어느 정도 잘 충족되면 다음 계층의 욕구인 안전에 대한 욕구(safety needs)가 부각된다. 안정, 보호, 공포·혼란·불안으로부터의 해방, 강력한 보호자, 질서 등에 대한 욕구가 안전에 대한 욕구에 해당된다. 모르는 것보다는 친숙한 것에 대한 선호, 질서 있는 세계를 설정하려는 종교의 선택, 과학과 철학을 발전시키려는 노력 등은 적어도 부분적으로 안전에 대한 욕구 때문이라고 할 수 있다.

안전에 대한 욕구가 지배적이면 사람의 기능이 그러한 욕구의 충족을 위해 동원되며 사람의 미래관과 인생관도 따라서 영향을 받는다.

(3) 애정적 욕구　생리적 욕구와 안전에 대한 욕구가 어느 정도 충족되면 애정적 욕구(belongingness and love needs)가 등장한다. 사람은 고독하고 친구가 없는 것, 뿌리가 없이 흘러다니면서 아무데도 귀속하지 않는 것, 가까운 사람들로부터 따돌림을 받는 것 등에서 오는 고통을 심각하게 느끼고 사람들과의 애정적인 관계를 갈구하게 된다. 가족, 애인, 친구, 직장의 동료, 이웃 등과 정이 담긴 관계를 유지하려 하고 자기가 원하는 집단에 대한 귀속감을 가지려 한다. 애정적 욕구에는 사랑을 받으려는 욕구뿐만 아니라 사랑을

주려는 욕구도 포함된다.

(4) 긍지와 존경에 대한 욕구   사람들은 확실한 긍지를 가지려 하고 다른 사람들로부터 존경을 받으려 하는 욕구를 가지고 있다. 스스로 자긍심을 가지려 하는 욕구와 다른 사람들이 자기를 존경해 주기 바라는 욕구가 긍지와 존경에 대한 욕구(esteem needs)에 포함된다. 사람들은 세상을 살아가면서 자신 있고 강하고 성취적이며 유능하다는 느낌을 가지려 한다. 그리고 다른 사람들로부터 존경을 받기 위해 명예·신망·위신·지위·인정 등을 얻으려는 욕구를 가진다.

긍지와 존경에 대한 욕구의 충족은 사람에게 자신감을 주고 이 세상이 자기를 필요로 하며 자기가 쓸모 있고 강하고 유능한 사람이라는 느낌을 갖게 한다. 반면 그러한 욕구의 충족이 좌절되면 열등감을 갖게 되고 낙심하거나 그에 대한 보상적 행동을 하거나 또는 신경질환의 증세를 보이게 된다.

긍지와 존경에 대한 욕구의 충족은 온당한 기초 위에서 이루어져야 건강한 것이 될 수 있다. 긍지와 존경에 대한 욕구의 충족은 허황된 명성이 아니라 실력과 다른 사람들로부터 마땅히 받아야 할 정당한 존경에 기초를 둘 때 비로소 안정적이고 건강한 것이 될 수 있다.

(5) 자기실현의 욕구   위의 네 가지 욕구가 모두 충족되더라도 사람은 자기에게 적합한 일을 할 수 없으면 불만을 느끼게 된다. 자기실현의 욕구(self-actualization needs)가 있기 때문이다. 사람은 자기가 원하는 일을 할 수 있어야 궁극적으로 행복해질 수 있다.

자기실현의 욕구는 자기의 잠재적 역량을 최대한으로 실현하려는 욕구이다. 자기가 할 수 있는 일을 보다 많이 해 보려는 욕구가 자기실현의 욕구라고 할 수 있다. 일을 통한 성장·성숙을 바라는 것도 그러한 욕구에 포함된다.

자기실현욕구의 구체적인 양태는 매우 다양하며 사람에 따라 다를 수 있다. 그림을 잘 그리려는 화가의 욕구, 이상적인 어머니가 되려는 여성의 욕구, 운동을 잘 하려는 운동선수의 욕구 등 이루 다 헤아릴 수 없이 많은 욕구의 발현양태가 있을 수 있다.

위에서 고찰한 다섯 가지의 욕구가 항상 의식적이라거나 항상 무의식적이라고 단언하기는 어렵다. 그러나 보통사람의 경우 그러한 욕구는 무의식적일 때

그림 2-2-1 욕구우성의 변동[2]

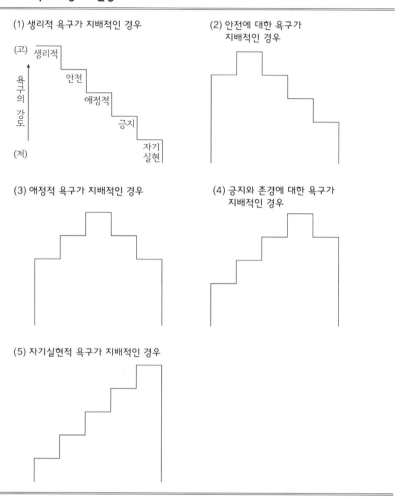

(1) 생리적 욕구가 지배적인 경우

(고) 생리적
안전
애정적
긍지
자기실현
(저)
욕구의 강도

(2) 안전에 대한 욕구가 지배적인 경우

(3) 애정적 욕구가 지배적인 경우

(4) 긍지와 존경에 대한 욕구가 지배적인 경우

(5) 자기실현적 욕구가 지배적인 경우

가 많으므로 무의식적인(잠재의식적인) 욕구가 의식적인 욕구보다 중요하다고
볼 수 있다.

2. 자기실현인의 특성

Maslow는 그가 직접 실시한 조사의 결과를 토대로 자기실현의 욕구가
강한 사람의 특성들을 열거하였는데 그 가운데서 중요한 것들을 보면 다음과
같다.

첫째, 현실적인 성향을 지녔으며 자기 자신과 타인 그리고 세계를 편견 없이 받아들인다.

둘째, 전통과 선례에 얽매이지 않고 자연스럽게 행동하며 인정이 두터우면서도 타인과의 거리를 유지하고 사생활을 즐긴다.

셋째, 자기중심적이 아니고 문제중심적 내지 임무중심적이며 목표와 수단을 구별하고 목표를 중요시한다.

넷째, 독자성이 강하며 자기 자신의 계속적인 성장에서 최대의 만족을 얻는다.

다섯째, 인류를 위해 봉사하려는 의욕이 있다.

여섯째, 창의적이며, 무비판적인 획일화를 싫어하고, 그릇된 일을 국외자(局外者)로서 거부하는 것이 아니라 참여하여 개선하려 한다.

일곱째, 많은 사람들과 방만한 관계를 유지하는 것이 아니라 특별히 좋아하는 소수인과 긴밀한 관계를 유지하려 한다. 그리고 여러 가지 사소한 성격 상의 결함을 가진 경우가 있다. 예컨대 화를 잘 낸다든가 고집이 세다든가 하는 것이다.

3. 고급욕구와 하급욕구

다섯 가지 욕구는 우성의 원리에 따라 계층을 이루는데 하급의 욕구가 고급의 욕구보다 우성이 강하다. 고급욕구와 하급욕구 사이에는 다음과 같은 차이가 있다.

첫째, 고급욕구는 '진화의 산물'(evolutionary development)이다. 예컨대 먹이를 원하는 욕구는 모든 동물에 공통적인 것이다. 그러나 자기실현의 욕구와 같은 고급욕구는 고도로 진화된 인간에 특유한 것이다.

둘째, 고급욕구는 사람이 나이가 들고 성장해감에 따라 갖게 되는 욕구이다.

셋째, 고급의 욕구일수록 생존 자체에는 덜 필수적이며 아주(항구적으로) 없어지기도 쉽다. 고급욕구는 주관적 긴급성도 비교적 약하다. 따라서 고급욕구의 충족은 하급욕구의 충족보다 더 오래 미룰 수 있다.

넷째, 고급욕구의 충족은 생존뿐만 아니라 건강과 성장에도 유익하다. 고급욕구가 지배적인 수준에서 생활하는 사람은 오래 살며 병이 없고 잘 자는 등의 건강한 특성을 보인다. 고급욕구의 충족은 행복, 평안, 내면생활의 풍요 등 보다 바람직한 주관적 결과를 가져온다.

다섯째, 고급욕구의 충족은 보다 많은 전제조건의 충족을 필요로 한다.

여섯째, 고급 및 하급의 욕구를 다 같이 충족하고 있는 사람은 고급욕구에 더 많은 가치를 부여한다.

일곱째, 욕구가 고급화될수록 애정적 일체화(love identification)는 넓어지고 깊어진다. 애정적 일체화란 타인의 욕구를 자기욕구화하는 관계를 지칭하는 말이다.

여덟째, 고급욕구의 추구와 충족은 보다 바람직한 문화적 및 사회적 결과를 가져오며 보다 강하고 진정한 개체주의(자기존중)를 실현해 준다. 고급욕구의 충족은 자기실현에 보다 가깝다.

아홉째, 하급욕구는 훨씬 국한적이며 구체적이다. 고급욕구에 관한 정신요법(psychotherapy)은 효과적일 수 있으나 하급욕구에 관하여 정신요법을 사용하기는 어렵다.

4. 욕구 간의 관계

위의 설명으로써 이미 분명해진 바와 같이 다섯 가지의 인간욕구는 원칙적으로 계층을 이룬다. 하급의 욕구로부터 고급의 욕구에 이어지는 욕구의 계층은 우성(優性)의 원리(principle of relative potency)에 따라 형성된다. 최하급의 욕구인 생리적 욕구가 가장 강하며 안전에 대한 욕구가 그 다음으로 강하다. 애정적 욕구는 안전에 대한 욕구보다 약하다. 이러한 순서로 욕구의 우선순위는 정해진다. 긍지와 존경에 대한 욕구는 애정적 욕구보다 약하며 최고급 욕구인 자기실현의 욕구는 그 우선순위가 가장 낮다.

욕구의 발로는 원칙적으로 최하급의 욕구인 생리적 욕구에서부터 시작된다. 최하급의 욕구가 충족되면 다음 단계의 욕구인 안전에 대한 욕구가 발로된다. 이러한 순서로 욕구의 계층별 발로는 진행되며 마지막으로 자기실현의 욕구가 등장한다. 하나의 욕구가 충족되면 그것의 강도는 현저히 약해지거나 잠재화된다. 충족된 욕구는 동기유발의 힘을 갖지 못한다. 따라서 다음 단계의 욕구에 동기유발의 기능을 넘겨주게 된다.

그런데 위와 같은 설명은 욕구 간의 관계를 설정하는 기초적인 논리이다. 그러한 일반론은 인간생활의 실제에 비추어 상당히 수정해야 한다. 욕구계층의 고정성에 대한 예외, 욕구충족의 상대성, 그리고 동기유발요인의 복합성 등에 관련하여 기본적인 욕구단계이론을 보완해야 한다.b)

1) 욕구계층의 고정성에 대한 예외

대부분의 사람들은 앞에서 말한 바와 같은 순서대로 배열된 계층적 욕구를 갖지만 거기에 예외가 없는 것은 아니다.

❶ 순위의 전도   타인의 사랑을 받기 위한 방편으로 존경의 대상이 되려는 사람들의 경우 애정적 욕구가 긍지와 존경에 대한 욕구보다 상위의 욕구로 된다. 생래적으로 창의적인 사람에게는 자기실현의 욕구라고 할 수 있는 창의적 행동에 대한 욕구가 다른 어떤 욕구보다 더 중요할 가능성이 있다.

❷ 상실된 욕구   우선순위가 낮은 욕구들을 항구적으로 상실한 사람들도 있을 수 있다. 예컨대 오랫동안 굶주림에 시달려 온 사람은 남은 생애에 먹고 살 수 있게만 된다면 그 이상의 욕구를 갖지 않게 될 수도 있다. 사랑을 받지 못하고 자란 어린 시절의 경험 때문에 병적 성격을 지니게 된 사람들은 애정적 욕구를 영영 상실하는 경우가 있다.

❸ 둔화된 욕구   어떤 욕구가 장기간 지속적으로 충족되면 그러한 욕구는 과소평가될 수 있다. 예컨대 오랫동안 잘 먹고 살아온 사람들은 식생활문제를 경시하고 보다 높은 욕구의 충족을 위해서는 굶주리는 처지에 놓이는 것도 감수할 수 있다.

장기적인 욕구충족이 욕구의 둔화를 초래하는 경우와는 반대로 욕구충족좌절의 습성화로 인해 욕구가 둔화될 수도 있다. 예컨대 어느 정도의 굶주림을 오래 경험한 사람은 그에 익숙해져 약간의 굶주림은 개의치 않을 수도 있다.

---

b) Maslow 자신도 이러한 예외적 현상을 시인하고 있지만, Maslow의 욕구단계이론에 대한 비판자들은 이를 무시하고 기본적 이론구조만을 평가하는 경우가 많다. 따라서 Maslow의 이론에서는 단일행동의 야기에 복수의 욕구·동기가 작용할 수 있다는 사실을 간과했다느니, 욕구단계를 획일적·정태적으로 파악했다느니 하는 비판을 하게 된다.

2) 욕구충족의 상대성

한 계층의 욕구가 충족되면 다음 계층의 욕구가 등장한다는 원칙을 앞서 밝혔는데 그것은 한 계층의 욕구가 100%(완전하게) 충족되어야 다음 단계의 욕구가 발로된다는 뜻이 아니다. 한 계층의 욕구가 어느 정도 잘(relatively well) 충족되면 다음 계층의 욕구가 등장하게 된다는 뜻이다.

❶ 욕구의 부분적 충족   정상적인 사람의 경우 다섯 가지 욕구가 모두 부분적으로 충족되어 있으며 동시에 부분적으로 충족되어 있지 않은 것이 보통이다. 그리고 상위욕구계층으로 갈수록 욕구충족의 정도가 대체로 낮아진다. 예컨대 생리적 욕구는 85%가 충족되어 있고 안전에 대한 욕구는 70%, 애정적 욕구는 50%, 긍지와 존경에 대한 욕구는 40%, 그리고 자기실현의 욕구는 10%가 각각 충족되어 있는 것과 같은 상태를 흔히 볼 수 있다.

❷ 상위욕구의 점진적 발로   한 계층의 욕구충족에 이어 다음 계층의 욕구가 등장하는 것도 갑작스러운 돌출이 아니라 점진적인 것이다. 예컨대 A라는 욕구가 10% 정도밖에 충족되어 있지 않으면 다음 계층의 욕구 B는 거의 나타나지 않을 수 있다. A가 25% 가량 충족되면 B는 5% 가량 나타나고 A가 75% 가량 충족되면 B는 50%쯤 나타나는 식으로 진행되어갈 수 있다.

욕구가 완전히 충족되면 욕구로서의 기능을 상실하지만 실제로는 욕구의 충족이 상대적이듯 욕구의 기능상실 또한 상대적인 경우가 대부분이다. 정상적인 사람이 어떤 욕구의 완전상실을 경험하기는 어렵다.

시간의 흐름에 따라 점차 고급욕구가 부각되어가는 성장과정을 가정하고 욕구의 순차적 발현에 대한 원칙적 논리와 욕구충족의 상대성에 관한 보완적 논점을 종합하여 욕구발현의 양태를 도시하면 〈그림 2-2-2〉와 같이 된다.[3] 이 그림에서는 모든 욕구가 언제나 발현되고 있지만 심리적 성장이 진행됨에 따라 하급의 욕구는 점차 약화되고 고급욕구들이 차례로 강화되는 이치를 보여준다.

3) 동기유발요인의 복합성

어떤 행동의 동기유발에 작용하는 욕구는 대개 복합적이다. 행동을 유발하는 데 복수의 욕구가 작용하는 예는 많으며, 다섯 가지의 욕구가 동시에 작

그림 2-2-2 욕구발현의 양태

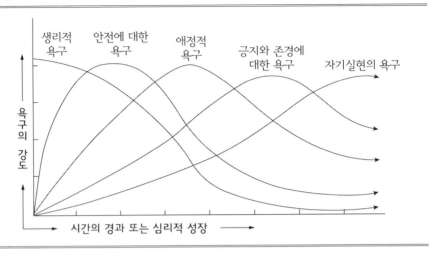

용하는 경우도 없지 않다. 욕구들은 서로 배타적인 행동결정요인이 아니라 서로 복합될 수 있다. 단일의 욕구가 어떤 행동유발에 유일하게 작용하는 경우는 오히려 드물다. 예컨대 음식을 먹는 것은 배를 불리기 위한 행동일 뿐만 아니라 동시에 휴식을 취하고 다른 욕구들을 완화하기 위한 행동일 수 있다.

복수의 욕구가 행동유발에 작용하는 경우와는 대조적으로 욕구와 관계없는 행동(unmotivated behavior)도 많다. 욕구 이외에도 행동유발의 요인은 많기 때문이다. 책상이라는 말을 듣고 책상을 생각하게 되는 반응은 욕구와 상관없는 것이다. 습관적 행동과 성격이나 능력을 반영하는 행동 가운데는 욕구와 관계없는 것들이 있다. 예컨대 미련한 사람이 미련하게 행동하는 것은 미련하기 때문이지 미련하게 행동하고 싶어 하는 욕구가 있기 때문은 아니다.

5. 평가

Maslow의 이론은 전통적인 욕구이론보다 월등히 세련된 것이다. 복수욕구의 존재를 확인하고 자기실현의 욕구를 가장 인간적인 욕구로 부각시킴으로써 반전통적인 인간관리전략의 개척에 선도적 역할을 하였다.

그러나 이 이론의 보편성은 물론 승인될 수 없다. 그리고 이론구조에 관한 여러 가지 비판이 가해지고 있다. 욕구체계의 개인차를 무시했다는 것, 인간의 욕구가 계층적으로 존재한다는 주장 자체가 의문의 대상이라는 것, 욕구는 변동하기 마련인데 이 이론은 욕구를 정태적으로 고찰하고 있다는 것, 어떤 한 가지 행동의 유발에 두 가지 이상의 욕구가 작용할 수도 있다는 것, 욕구는 지속적으로 또는 되풀이해서 충족시켜야 하는 것이기 때문에 한번 충족된 욕구는 없어지거나 동기유발에 무관한 것으로 규정하는 논리는 잘못이라는 것, 욕구발로과정의 단계적 전진(progression)만 강조하고 후진적 진행(regression)은 인정하지 않고 있다는 것 등이 Maslow의 이론에 가해지고 있는 비판의 논점들이다.

6. Alderfer와 McClelland 그리고 Murray의 욕구이론

Maslow의 이론에서처럼 복수의 욕구를 열거했지만 욕구의 종류와 배열 등에서 차이를 보이는 이론 세 가지를 여기에 소개하려 한다.

1) Alderfer의 생존·관계·성장이론

Clayton P. Alderfer는 욕구계층의 범주를 세 가지로 줄였다. 그의 생존·관계·성장이론(生存·關係·成長理論: ERG theory)에서는 욕구의 범주를 i) 생존욕구(E: existence needs), ii) 관계욕구(R: relatedness needs), 그리고 iii) 성장욕구(G: growth needs)로 나누었다. 생존욕구는 육체적인 생존과 안녕을 유지하려는 욕구이며 Maslow가 말하는 생리적 욕구와 안전에 대한 욕구를 포괄한다고 볼 수 있다. 관계욕구는 자기에게 중요한 사람들과의 대인관계를 잘 유지하려는 욕구이며 여기에는 Maslow가 말하는 애정적 욕구와 존경에 대한 욕구가 포함된다. 성장욕구는 자기발전을 도모하고 자신감을 가지고 일에 임하려는 욕구이다. 여기에는 자긍의 욕구와 자기실현의 욕구가 포함된다고 볼 수 있다.[4]

Alderfer와 Maslow는 다 같이 욕구의 범주를 열거하고 있으며 욕구발로의 단계적 전진성을 시인한다. 그리고 Alderfer의 성장욕구와 Maslow의 자기실현의 욕구는 유사한 것이다.

그러나 Alderfer는 욕구충족에 따른 욕구발로의 단계적 전진뿐만 아니라 욕구좌절로 인한 욕구발로의 후진적·하향적 진행(퇴행: frustration regression)

을 인정한다. 그리고 하나의 행동유발에 두 가지 이상의 욕구가 동시에 작용할 수 있음을 원칙적으로 강조한다. Maslow는 욕구에 부여하는 중요성과 추구의 순서를 기초로 욕구계층을 설정하였다. 그런데 Alderfer는 욕구를 충족시키기 위해 취하는 행동이 얼마나 추상적인가를 기초로 욕구계층을 설정하였다. Maslow와 Alderfer가 욕구범주의 수를 달리 구분하고 있다는 점에서 차이가 있는 것은 물론이다.

2) McClelland의 학습된 욕구에 관한 이론

David C. McClelland의 학습된 욕구에 관한 이론(learned needs theory)은 인간의 욕구(충동)를 사회문화적으로 학습되는 것이라고 규정하고 욕구의 범주를 세 가지로 분류하였다.[5]

McClelland가 분류한 세 가지 욕구범주는 i) 성취욕구(need for achievement: nAch), ii) 친화욕구(need for affiliation: nAff), 그리고 iii) 권력욕구(need for power: nPower)이다. McClelland와 후속연구인들은 성취욕구에 관한 조사연구에 주력하였다. 저자는 McClelland의 성취욕구에 대한 설명 때문에 그의 이론을 성장이론의 범주에 포함시키고 있다.

성취욕구는 복잡한 과제의 숙달, 문제의 해결 등을 위해 무엇인가를 더 잘하려는 욕구이다. 성취욕구가 강한 사람은 일에 대한 책임을 지는 것, 달성 가능하고 도전적인 목표를 추구하는 것, 그리고 자기 업무수행에 대한 환류를 받는 것을 원한다. 친화욕구는 다른 사람들과 따뜻하고 우호적인 관계를 만들고 유지하려는 욕구이다. 이 욕구가 강한 사람은 대인관계와 의사전달의 기회를 중요시한다. 권력욕구는 다른 사람들을 통제하고 그들의 행동에 영향을 미치거나 그들을 책임지려는 욕구이다. 권력욕구가 강한 사람은 다른 사람들에게 영향을 미치고 사람들의 관심을 끌고 인정을 받는 것을 중요시한다.

McClelland는 욕구는 문화를 반영하며, 사람들이 삶의 경험을 통해 욕구를 배운다고 보기 때문에 교육훈련을 통한 욕구의 개선을 강조한다. 그는 사람들의 욕구를 측정해서 그것을 조직의 목표와 양립할 수 있도록 만들기 위해 훈련시켜야 한다고 처방한다.

McClelland와 그 동료들이 학습된 욕구이론을 지지하는 증거로 제시한 자료들은 과학성이 의심스러운 방법으로 얻은 것이라는 비판이 있다. 동기는 어린 시절에 습득하는 것이며 성년이 된 다음에는 학습으로 바꾸기 어렵다는 반론도 있다. McClelland와 그의 이론을 옹호하는 사람들은 학습된 욕구가 얼마나 지속되느냐에 대해 답을 제시하지 못한다는 비판도 있다.

3) Murray의 명시적 욕구이론

Henry A. Murray는 그의 명시적 욕구이론(明示的 欲求理論: manifest need theory)에서 20여 가지의 욕구범주를 분류하였다. 성취, 귀속, 공격, 자율성, 복속(abasement), 반작용, 방어, 존경, 지배, 손상회피, 전시, 질서, 유희, 거부, 감각적 만족 등이 그 예이다. 이러한 욕구는 환경과의 교호작용에서 배우는 것이라고 하였다. Murray는 욕구의 계층을 인정하지 않았다. 어떤 욕구이든 언제나 발로될 수 있다고 주장하였다. 그리고 여러 욕구가 동시에 발로될 수 있다고 하였다.[6]

III. Herzberg의 욕구충족요인이원론

1950년대에 들어서 Frederick Herzberg와 그 동료들은 동기와 생산성의 관계를 분석하기 위해 미국 Pittsburgh시에 있는 산업체의 직원들 가운데서 200명의 기사와 회계사들을 선정하여 면접조사를 실시하였다. 조사에서는 직무만족도를 현저히 향상시켰거나 저하시켰던 사건을 묻고 자기의 직무에 관해 특별히 좋게 느껴진 때를 상기하도록 해서 그 이유를 알아내려 하였다. 그리고 직무에 관련된 만족감이 직무수행, 대인관계, 복지에 영향을 미쳤는가에 대해서 물었다.[7]

조사결과에서 조직구성원들에게 만족을 주는 요인과 불만을 주는 요인은 서로 다르다는 것을 발견하고 그에 따라 욕구충족요인이원론(two factor theory)을 발전시켰다.

Herzberg의 이론은 Maslow의 영향을 많이 받고 있으며, 옛날부터 내려오는 종교나 철학에서 흔히 규정하는 인간본성의 이원성과도 일맥상통하는 면을 가지고 있다. 인간본성을 이원화하는 관점에 따르면 인간은 한편으로 동물적·본능적 측면을 가지고 있으며 다른 한편으로는 고급의 정신적 측면을 가지고 있다고 한다. Herzberg는 전자를 사람의 아담과 같은 본성(Adam nature)이라 부르고, 후자를 사람의 아브라함과 같은 본성(Abraham nature)이라 부른다.

　Herzberg는 그의 욕구충족요인이원론에서 i) 인간은 이원적인 욕구구조를 가지고 있다는 것, ii) 불만과 만족은 별개의 차원에 있으며 불만을 야기하는 요인과 만족을 주는 요인은 서로 다르다는 것, iii) 불만요인의 제거는 소극적이며 단기적인 효과를 가질 뿐인 데 반해서 만족요인을 크게 하는 것은 적극적이며 장기적인 효과를 가진다는 것 등의 논점을 피력하였다. 그리고 한 걸음 나아가 욕구충족에 관한 이해를 정신건강에 관한 이론에 연결시켜 동기요인추구자와 위생요인추구자의 차이를 구명하려 하였다.

1. 동기요인과 위생요인

　조직생활에서 사람에게 만족을 주고 직무수행의 동기를 유발하는 데 작용하는 동기요인(motivator)과 사람들에게 불만을 느끼게 하거나 그것을 해소하는 데 작용하는 위생요인(hygiene factor)은 서로 다르며 두 가지가 중첩되는 경우는 아주 드물다.[c]

　(1) 차원이 서로 다른 동기요인과 위생요인　직무수행의 동기를 유발하는 동기요인(만족요인: satisfier)은 직무(일과 사람의 관계)에 관련된 요인들이다. 동기요인에 포함되는 것은 i) 직무 상의 성취, ii) 직무성취에 대한 인정, iii) 보람 있는 직무(직무내용 자체), iv) 책임, v) 성장 또는 발전 등 다섯 가지이다. 이 가운데서도 iii)부터 v)까지의 요인들이 직무행태에 오래 지속되는 영향을 미치기 때문에 더욱 중요하다고 한다.

　위생요인(불만요인: dissatisfier)은 i) 조직의 정책과 행정, ii) 감독, iii) 보수, iv) 대인관계, v) 작업조건 등 다섯 가지이다. 이러한 요인들이 직무행태

---

[c] Herzberg의 용어사용은 약간 혼란스럽기 때문에 구체적인 문맥에 따라 그 의미를 파악할 수 밖에 없다. motivator, satisfier, hygienes, hygiene factors, hygiene environment, dissatisfier 등의 용어를 마구 혼용할 뿐만 아니라 같은 말도 여러 가지 뜻으로 쓰고 있다. motivator는 satisfier 또는 satisfaction에 영향을 미치는 요인이라는 뜻으로 비교적 일관성 있게 사용하고 있으나 hygiene factor는 dissatisfier, 불만해소요인, 불만요인이 제거된 상황 등을 지적 할 때 다 같이 쓰고 있다.

그림 2-2-3 동기요인과 위생요인[B)

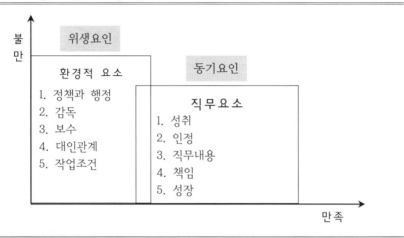

에 미치는 영향은 동기요인의 경우보다 훨씬 단기적인 것이다. 위생요인은 사람이 직무를 수행하는 상황 또는 환경과 사람 사이의 관계에 관한 요인이며 이것을 개선하면 불만을 줄이는 데 도움이 된다.

만족을 주는 데 기여하는 요인과 불만을 야기하는 데 작용하는 요인은 서로 구별될 뿐만 아니라 양자는 별개의 차원에 있다. 만족과 불만은 반대개념이 아니다. 다시 말하면 만족의 반대가 불만인 것은 아니다. 만족의 반대개념은 '만족이 없는 것'이다. 마찬가지로 불만의 반대개념은 '불만이 없는 것'이다. 이러한 관계는 시각과 청각의 관계에 비유할 수 있다. 빛은 시각에 그리고 소리는 청각에 영향을 미친다. 시각과 청각은 반대개념이 아니다.

(2) 이원적 욕구구조   동기요인과 위생요인의 이원적인 관계는 욕구구조의 이원성(二元性)을 반영하는 것이다. 사람의 욕구는 서로 반대방향을 가리키는 두 개의 평행선과 같이 양분될 수 있다. 두 가지의 욕구체계 가운데 하나는 불유쾌한 것을 피하려는 동물적 욕구이며, 다른 하나는 성장과 자기실현을 도모하려는 인간적 욕구이다.

불유쾌한 것 또는 고통을 피하려는 욕구가 있기 때문에 불유쾌하거나 고통스러운 요인(불만요인)이 있으면 불만을 느끼게 된다. 그리고 성장과 자기실현에 대한 욕구가 있기 때문에 그것을 충족시켜 주는 동기요인이 작용하면 만족을 느끼게 된다.

그림 2-2-4 욕구의 이원적 체계

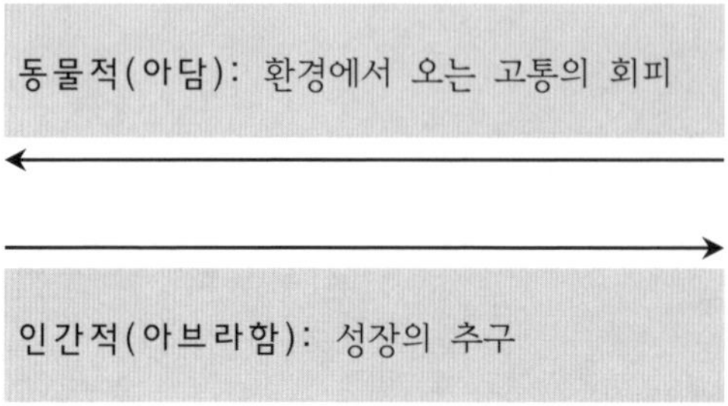

동물적(아담): 환경에서 오는 고통의 회피

←————————————————————————

————————————————————————→

인간적(아브라함): 성장의 추구

Herzberg는 위생요인에 관계되는 욕구체계를 동물적인 것이라고 부르지만 그 말은 비교적 하급의 욕구를 지칭하려는 의도이지 동물에게서만 찾아볼 수 있는 욕구를 지칭하려는 것은 아니다. Maslow의 욕구계층 가운데서 생리적 욕구, 안전에 대한 욕구 및 애정적 욕구 그리고 긍지와 존경에 대한 욕구의 일부가 이른바 동물적 욕구에 해당한다고 생각할 수 있다. 동기요인에 관계되는 이른바 인간적 욕구에는 긍지와 존경에 대한 욕구의 일부 그리고 자기실현의 욕구가 포함된다고 볼 수 있다.9)

불만요인이 없는 환경은 불만을 막아준다. 그러나 심리적 성장이 있어야 느낄 수 있는 적극적인 의미의 행복은 가져다주지 못 한다. 위생적 환경은 사람에게 성장감을 줄 수 있는 요소를 지니고 있지 않기 때문에 적극적인 만족을 가져오지 못 한다. 성장은 직무의 성취에 직결되어 있는데 위생요인은 직무 자체와는 무관하기 때문에 성장감을 갖게 하는 데는 무력하다. 반면 동기요인은 성장에 필요한 직무요인으로서 자기실현을 추구하도록 하는 심리적 자극을 줄 수 있다.

(3) 차원이 서로 다른 정신질환과 정신건강　동기요인과 위생요인을 이원화하는 설명틀은 정신적 균형의 유지를 위한 적응과 같은 정신건강 개념을 설명하는 데도 연관지어 볼 수 있다.

위생요인과 동기요인이 서로 별개의 차원에 있듯이 정신적 불건강(정신질환)과 정신적 건강은 별개의 차원에 있으며, 양자는 서로 반대의 개념이 아니다. 정신질환의 정도는 위생요인에 대한 반응에 관계된 것이며 정신적 건강의 정도는 동기요인에 대한 반응에 관계된 것이다.

과거에 직무행태를 연구한 사람들은 위생요인에만 관심을 가졌고 인간

심리를 연구하는 사람들은 정신질환에만 주의를 기울이는 경향이 있었다. 동기요인과 정신건강의 문제는 너무 소홀하게 다루어져 왔다. 사람의 긍정적 적응은 부정적 부적응을 해결하면 얻어질 수 있는 부산물로 생각한 듯하다.

동기요인과 정신적 건강에 대한 연구를 보다 활발히 해야 한다. 그리고 조직을 관리하는 사람들은 조직이나 조직구성원을 위해서 동기요인에 중점을 둔 관리전략을 펴나가야 한다.

2. 동기요인추구자와 위생요인추구자

건강하고 심리적으로 성숙한 사람은 동기요인이 제공되면 대개 만족을 느끼고 직무수행의 동기를 거기서 얻는다. 이런 사람은 동기요인추구자(motivator seeker)라고 할 수 있다. 바람직한 조직구성원은 동기요인추구자이다.

위생요인추구자(hygiene seeker)는 자기실현의 욕구가 발현되는 성격발달 단계에 도달하지 못한 사람으로서 불만을 없애주는 요인에만 이끌린다. 위생요인추구자들은 경험이나 훈련을 통해서 근무조건 등 환경적 요인에만 반응하는 것을 배운 사람들이다.

위생요인추구자들은 환경의 희생물이며 자기실현이 아닌 방향의 욕구에 사로잡혀 회피적인 행동으로 행복을 추구한다. 일시적인 효과밖에 없는 위생요인의 개선을 통해 동기가 유발되기 때문에 만성적으로 불만을 느끼게 된다. 계속되는 불만과 만성적인 불행감, 그리고 성장의 실패는 신경병적 성격을 형성하게 된다. 위생요인추구자도 불만요인을 해소해 주면 단기적으로는 일을 잘 할 수 있다. 그러나 위생요인추구자들의 장기적인 반응은 바람직한 것이 아니다. 조직이 위기를 맞아 불만해소요인을 충분히 공급하지 못하면 그들은 조직에 등을 돌리고, 부하에게도 자기들의 반응유형을 전파할 위험이 있다.

위생요인추구자와 동기요인추구자의 특성은 〈표 2-2-1〉에서 보는 바와 같이 비교해 볼 수 있다.

표 2-2-1 위생요인추구자와 동기요인추구자의 특성

	위생요인추구자	동기요인추구자
1	환경적 요인이 동기를 유발한다.	직무요인이 동기를 유발한다.
2	보수, 감독, 작업조건, 지위, 직업적 안정, 조직의 정책과 행정, 동료직원 등 직무여건의 국면들에 대해 고질적으로 점증하는 불만을 가진다.	불만야기요인에 대해 높은 관용성을 보인다.
3	위생요인의 개선에 대해 만족감의 과잉반응을 보인다.	위생요인의 개선에 대해 비교적 작은 반응을 보인다.
4	위생요인의 개선에서 얻는 만족은 단기적이다.	위생요인의 개선에서 얻는 만족은 단기적이다.
5	위생요인이 개선되지 않는 데 대해 불만의 과잉반응을 보인다.	위생요인의 개선이 필요한 경우에 비교적 가벼운 불평을 나타낸다.
6	업무성취에서 얻는 만족을 거의 인식하지 못한다.	업무성취에서 커다란 만족을 얻는다.
7	담당직무의 종류와 질에 대해서 관심을 거의 보이지 않는다.	담당직무를 즐길 수 있는 능력을 나타낸다.
8	직무와 인생 전반의 긍정적인 가치에 대해 냉소적이다.	직무와 인생 전반에 대해 긍정적인 자세를 갖는다.
9	직무 상의 경험으로부터 성장에 필요한 도움을 얻지 못한다.	직무 상의 경험을 통해 직업인으로서의 성장에 도움을 얻는다.
10	외적 풍조(문화적 소음: cultural noises)에 말려들기 쉽다. 예컨대 과격한 자유주의자가 되거나 극단적인 보수주의자가 되기 쉽다. 관리철학을 잘 알지도 못하면서 그에 관해 앵무새처럼 떠들어댄다. 최고관리층 사람들보다 한술 더 떠서 최고관리층의 흉내를 낸다.	사려깊고 신념체계가 진지하다.
11	재능 때문에 직업생활에서 성공할 수도 있다.	초과성취자가 될 수도 있다.

3. 평가

Maslow의 이론이 욕구 자체에 주의를 기울인 반면 Herzberg의 이론은 욕구충족의 요인에 관심을 집중했다고 할 수 있다. 그리고 Herzberg의 이론은 인간의 성장적 측면에 착안한 동기부여전략이 바람직한 것임을 시사하고 있다. 보다 장기적이고 근원적인 동기유발전략의 채택 그리고 고급의 인간속성에 적극적으로 대응한 통합적 관리의 추구라는 요청에 부합되는 이론이라 할 수 있다.

Herzberg의 이론은 실제의 동기유발이 아니라 만족에 초점이 맞추어져 있으며 개인차의 확인에 실패한 이론이라는 비판을 받고 있다. 그의 이론을 도출한 조사연구의 방법론에 대해서도 비판이 가해지고 있다. 그가 조사대상으로 삼은 표본은 미국 Pittsburgh시의 기업체들에 종사하는 기사와 회계사들이므로 조사결과가 다른 조직 그리고 다른 직업 종사자에게도 적합하다고 보기는 어렵다는 것이다. 그가 사용한 조사도구는 중요사건기록법(critical incident method)이었는데 그것은 근접경험에 따른 착오를 유발할 가능성이 큰 방법이라고 한다. 그리고 조사에 응한 사람들은 좋았던 일은 자기 책임 하에 있는 직무수행에 관련짓고 바람직하지 않았던 일은 자기의 통제권 밖에 있는 여건에 결부시키는 의도적 답변을 함으로써 결론을 왜곡했을 가능성이 크다는 점을 지적하는 사람들도 있다. 직무만족은 매우 복잡한 현상임에도 불구하고 이를 지나치게 단순화해 다루었다는 비판도 있다.

Ⅳ. McGregor의 X이론과 Y이론

Douglas M. McGregor는 인간관을 두 가지로 대별하고 그에 따라 관리전략도 두 가지로 나누었다. 인간의 하급욕구에 착안한 관리전략의 설정을 X이론(Theory X)으로 설명하고 인간의 고급욕구에 착안한 관리전략의 설정을 Y이론(Theory Y)으로 설명하였다.

인간본질과 관리전략에 관한 전통적 관점에 바탕을 둔 X이론은 새 시대의 요청에 적합하지 않을 뿐만 아니라 틀린 이론이라고 비판한 다음 상당히 이상적이라고 생각되는 Y이론을 제시하였다. 그리고 앞으로의 조직관리체제는 Y이론을 따라야 한다고 처방하였다. McGregor가 지지하는 전략은 Y이론이며 X이론은 Y이론의 이해를 돕기 위한 것이라 볼 수 있다. 이러한 까닭으로 그의 이론을 성장이론의 범주에 포함시키는 것이다. McGregor의 주장을 요약하면 다음과 같다.[10]

1. X이론: 전통적 관점

X이론은 인간의 하급욕구에 착안하여 권위주의적·통제지향적 관리전략을 처방하는 전통적 접근방법이다.

1) X이론의 가정과 처방

(1) 인간에 대한 가정   X이론의 기본적인 가정은 다음과 같다.

❶ 일에 대한 피동성   보통 사람은 본질적으로 일을 싫어하며 될 수 있으면 일을 안 하려 한다. 사람의 본성은 게으른 것이며 금전적 보상이나 처벌의 위협 등 외적 압력에 피동적으로 따라갈 뿐이다.

❷ 책임 기피   보통 사람은 야망이 없으며 책임 맡기를 싫어하고 외재적인 지휘를 받으려 한다. 이러한 가정은 '대중의 범용성'(mediocrity of the masses)을 표현한 것이다.

❸ 변동저항적 성향   보통 사람들은 안전을 원하고 변화에는 저항적이다.

❹ 자기중심적 성향   보통 사람들은 본래적으로 자기중심적이며 조직의 필요에 대해서는 무관심하다.

❺ 인간의 어리석음   보통 사람들은 영리하지 못하며 속기 쉽고 엉터리 사기극에 넘어가기 쉽다.

(2) 관리전략의 처방   인간 본질에 대해 위와 같은 가정을 받아들일 때 다음과 같은 관리전략의 처방이 나오게 된다.

경제적 목표 추구를 위해 자본·물자·도구·사람 등 생산요소를 조합할 책임이 있는 관리층은 조직구성원의 행동을 수정하고 동기를 부여하기 위해 지도하고 통제하는 임무를 맡아야 한다. 관리층의 이와 같은 적극적 개입이 없으면 조직구성원들은 조직의 필요에 대해 회피적으로, 심지어는 저항적으로 나가기 쉽다.

관리자들은 일을 싫어하는 인간의 본래적 속성을 타파할 수 있는 방안을 채택해야 한다. 인간의 노동기피성향을 억제하려면 생산성, 적정한 작업량, 업무성과에 대한 보상 등을 강조해야 하며 편히 놀고 산출을 기피하는 행동을 죄악시하여야 한다. 사람들이 조직목표의 달성을 위해 적정한 노력을 바치게 하려면 강제·조종·지시·처벌위협 등을 해야 한다. 사람들이 일을 싫어하는 성향은 매우 강하기 때문에 보상의 약속만으로는 부족하고 처벌을 위협해야 한다.

이와 같은 처방을 지침으로 하여 관리층이 조직의 업무를 성취하려 할 때는 다음과 같은 두 가지 접근방법 가운데서 어느 하나를 선택하거나 두 가지 전략을 절충하여 사용하게 된다.

가장 널리 쓰이고 있는 첫 번째 접근방법은 이른바 강경한 접근방법(hard approach)으로서 강제와 위협, 면밀한 감독, 행동의 엄격한 통제를 수단으로 사용하는 것이다. 두 번째 전략은 이른바 부드러운 접근방법(soft approach)으로서 인간의 하급욕구충족, 대인관계의 개선 등 인간관계론적인 수단을 동원하는 것이다. 관리자들이 때로는 두 가지 접근방법의 이점을 동시에 살리려는 이른바 '엄격하면서도 정중하고 친절한 접근방법(firm but fair approach)을 채택하기도 한다.

2) X이론에 대한 비판

X이론은 오늘날 미국의 산업조직들을 지배하고 있지만 X이론에 입각한 관리체제는 인간의 동기를 효과적으로 유발하는 데 실패하고 있다. 사람들의 생리적 욕구와 안전에 대한 욕구가 대체로 충족되어 있고 애정적 욕구, 긍지와 존경에 대한 욕구, 그리고 자기실현의 욕구가 강하게 발현되고 있는 현 상황에서 X이론은 타당하지 않다.

사람들의 하급욕구가 충족되면 그것은 동기유발요인으로서의 의미를 상실한다. 조직구성원의 하급욕구가 대체로 충족되어 있는 상황에서 관리층이 그러한 욕구를 충족시키기 위해 아무리 힘을 쓰더라도 조직구성원들은 일을 열심히 하려는 생각을 하지 않을 것이다. 따라서 처벌위협의 사용이 불가피하게 된다. 그렇게 되면 X이론의 가정에 부합하는 인간의 속성이 나타나게 된다. 강압적 통제수단이나 조종적 수단을 계속해서 쓰면 조직구성원들은 피동적이거나 저항적인 행동, 책임회피 등의 반응을 보이게 된다. 그러나 이것은 강압적·조종적 전략의 결과이지 그 원인이라 할 수는 없다.

피동성, 책임회피, 저항적 행동 등은 인간의 본성이 아니라 고급욕구를 충족시킬 기회를 박탈하는 관리전략의 결과로 나타나는 증상이라 할 수 있다. 그러므로 X이론은 그러한 관리전략의 결과를 설명하는 것에 불과하다. 인간 본성을 그대로 설명하지 못하는 것이라 할 수 있다.

인간은 계속해서 성장하는 존재인데 X이론은 인간이 미성숙한 채 굳어 있는 것으로 간주한다. 인간의 미성숙성에 기초를 둔 관리체제의 기본적인 지향성을 바꾸지 않는 한 인간의 성장과 자기실현을 도우려는 단편적인 기법들을 도입하더라도 그 효과를 거두기 어려울 것이다.

2. Y이론: 새로운 관점

Y이론은 인간의 고급욕구에 착안하여 통합형의 관리전략을 처방하는 새로운 접근방법이다.

1) Y이론의 가정과 처방

(1) 인간에 대한 가정　Y이론의 기본적 가정은 다음과 같다.

❶ 일에 대한 능동성　보통사람은 본성적으로 일을 싫어하는 존재가 아니다. 일을 위해 정신적·육체적 노력을 바치는 것은 휴식을 취하거나 놀이를 하는 것처럼 자연스러운 행동이다.

❷ 자율규제적 성향　사람은 자기가 받아들이기로 마음먹은 일을 하기 위해 자율적으로 자기규제를 할 수 있는 존재이다.

❸ 조직목표와 개인목표의 통합 가능성　조직목표의 성취에 기여하려는 동기는 업무실적에 결부된 보상의 기능이라 할 수 있다. 보상 가운데서 가장 중요한 것은 긍지와 존경에 대한 욕구의 충족과 자기실현욕구의 충족이다. 조직목표의 성취에 기여하려는 노력의 성공은 그러한 욕구를 충족시켜주고, 욕구의 충족은 조직목표의 성취에 기여하려는 동기를 유발한다. 그러므로 조직의 목표와 개인의 목표는 서로 통합될 수 있다.

❹ 책임지향성　적절한 조건만 갖추어지면 보통사람은 책임을 받아들일

뿐만 아니라 책임맡기를 원한다. 사람이 책임을 피하려는 것, 야망이 없는 것, 안전만을 중요시하는 것 등은 대개 그러한 반응을 유도한 조건의 경험에서 나온 산물이며 사람의 본성은 아니다.

❺ 창의적 성향 대부분의 조직구성원은 조직의 문제를 해결하기 위해 비교적 높은 수준의 상상력과 창의력을 발휘할 수 있다.

❻ 인간의 잠재력 발휘를 제약하는 전통적 조직 오늘날 볼 수 있는 조직 생활의 조건 하에서 보통사람의 지적 잠재력은 그 일부만이 활용되고 있다.

대체로 보아 Y이론은 Maslow가 말한 인간의 욕구 가운데서 자기실현의 욕구, 긍지와 존경에 대한 욕구, 그리고 일부의 애정적 욕구에 착안한 이론이라고 할 수 있다. 반면 X이론은 생리적 욕구, 안전에 대한 욕구, 일부의 애정적 욕구에 착안한 이론이라 할 수 있다.

(2) 관리전략의 처방 Y이론에서 도출되는 관리의 중심원리는 통합(integration)의 원리이다. 이것은 조직구성원들이 그들의 노력을 조직의 성공에 지향시킴으로써 그들 자신의 목표를 가장 잘 달성할 수 있도록 하는 조건을 형성해야 한다는 원리이다. 여기서 말하는 통합이란 개인의 목표와 조직의 목표를 부합시키는 것이다. 이를 달성하려면 조직의 필요와 개인의 필요를 함께 인정하고 수용해야 한다.

통합의 원리에 입각한 관리의 기본적인 임무는 사람들이 조직의 목표를 위해 일함으로써 자기들의 목표도 최대한 달성할 수 있도록 여건을 조성하는 것이다. 그러한 여건의 조성에는 성취의 기회를 제공하고 성취의 장애를 제거하는 것, 그리고 기본적인 행동방향을 제시하고 성장을 촉진하는 것이 포함된다.

X이론에 입각한 관리체제는 인간행동의 외재적 통제에 의존하는 데 반해서 Y이론에 입각한 관리체제는 사람들의 자율적 행동과 자기규제에 의존한다. 이러한 차이는 사람을 어린애로 취급하는 것과 성숙한 어른으로 취급하는 것의 차이에 비유할 수 있다.

2) Y이론의 한계

McGregor의 이론은 욕구체계 그리고 관리체제를 모두 양극화하는 무리를 범했다는 비판을 받고 있다. 욕구의 복합적 발로와 상대적 충족 그리고 관리지향의 복잡성을 간과하고 무리한 단순화·양극화를 시도했다는 것이다. 그리고 Y이론은 조직사회의 실제에서 적용되기 어려운 이상적·비현실적 내용을 담고 있다는 비판을 받기도 한다.

McGregor가 지지하는 Y이론을 관리체제에 적용하려면 많은 어려움이 따를 것이다. 왜냐하면 오랫동안 X이론에 입각한 관리체제의 지배를 받아온 사람들의 타성화된 행태를 근본적으로 바꾸는 일은 쉽지 않기 때문이다.

Y이론은 그에 대한 연구가 더 많이 이루어지는 데 따라 점진적으로 적용해 나가야 하며, 일시에 완전한 적용을 시도해서는 안 된다. 처음에는 Y이론의 적용이 용이할 것으로 보이는 영역을 골라 한정적으로 적용해야 한다. 예컨대 고급관리자나 전문직업인을 관리하는 데 Y이론을 우선 적용해 볼 수 있다.

외재적 통제를 완화하고 자율성과 책임성을 높이기 위한 분권화, 책임 있는 직무수행과 성장을 촉진하기 위한 직무풍요화, 참여관리, 목표설정에 의한 업적평가 등은 Y이론에 부합되는 관리체제의 발전에 유용한 수단이 될 수 있다.

3. Lundstedt와 Lawless 그리고 Ouchi의 Z이론

McGregor가 관리체제에 관한 X이론과 Y이론을 발표한 이후 이 방면의 연구인들 가운데 몇 사람은 X이론이나 Y이론에 부합되지 않는 조직관리상황을 확인하고 거기에 Z이론이라는 이름을 붙여 왔다. 그러나 Z이론의 내용이 통일되어 있는 것은 아니다. Lundstedt, Lawless, Ouchi 등은 각기 자기가 관찰한 어떤 조직관리상황에 대한 설명을 Z이론이라 부르고 있지만 Z이론이라는 이름만 같을 뿐 그 내용은 서로 판이하다.

1) Lundstedt의 Z이론

Sven Lundstedt는 조직에 관한 여러 이론들이 지나친 단순화(oversimplification: reductionism)로 인한 오류를 범한다고 비판하면서 바람직하지 못한 단순화의 예로 McGregor의 이론을 들었다. McGregor는 관리체제의 한 가지 중요한 양태를 간과하였다고 지적한 후 Z이론(방임형 또는 비조직형 관리체제)을 추가해야 한다고 주장하였다. Lundstedt는 X이론이 독재형 또는 권위형이

고 Y이론이 민주형에 해당한다면 Z이론은 자유방임형 또는 비조직형에 해당한
다고 하였다.11)

McGregor의 X이론과 Y이론은 인간관과 그에 관련된 관리모형에 대한
이론인 데 반해서 Lundstedt의 Z이론은 조직의 특정한 상태 또는 그러한 상
태를 노정하는 조직양태에 관한 이론이라고 할 수 있다. 무정부상태와 같은
방임적 상태가 나타나 있는 조직 내의 조건 또는 조직양태를 묘사하여 Z이론
이라 부르고 있다.

조직 내에서 흔히 볼 수 있는 비조직화된 상태 또는 방임된 상태는 바람
직하지 않은 경우도 있지만 순기능적일 때도 있다. 리더십의 결여(리더의 책임
회피) 때문에 자유방임의 상태가 야기되면 집단적 응집력은 약화되고 조직의
생산성은 떨어지는 경우가 있다. 그러나 조직생활에서 관찰할 수 있는 여러
가지 사회관계의 비조직화가 순기능적이고 유용한 경우는 얼마든지 있다. 휴
식시간이나 점심시간의 활동은 자발적이고 방만해서 무정부상태를 방불케 하
지만 개인의 욕구충족을 위해 좋은 기회를 제공할 수 있다. 그뿐만 아니라 업
무의 종류에 따라서는 방만한 조직상태에서 훌륭한 성과를 가져올 수도 있다.
실험실에서 수행되는 업무나 대학에서 수행되는 업무가 그 좋은 예이다.

조직생활에서 일정한 기간의 순기능적 비조직화는 조직 내의 바람직한
사회적 변화를 가져올 수 있다. 어떤 비조직화가 조직의 발전에 선행되는 사
례를 흔히 볼 수 있다. 비조직화된 상태가 지속되는 기간뿐만 아니라 그러한
기간에 조직구성원이 누리는 생활의 질도 조직의 궁극적인 생존에 영향을 미
치는 것으로 보인다.

이상과 같은 Lundstedt의 견해는 방임형이라는 조직유형이 있다는 점,
그리고 그것은 중요시되어야 한다는 점을 강조한 것으로 이해할 수 있다. 그
러나 방임형의 조직양태가 항구적인지 아니면 일시적인 현상인지에 대해서
분명한 의견을 밝히지 않고 있다. 그리고 Z이론의 구체적인 내용 또는 가정
에 대해서도 별로 언급한 바가 없다. McGregor가 지나친 단순화의 오류를
범했다고 비판하였지만 Lundstedt 자신도 그러한 오류를 범했다고 말하지 않
을 수 없다.

2) Lawless의 Z이론

X이론과 Y이론 이외에 제3의 관리이론을 탐색하면서 David Lawless도 그러한 제3의 이론에 Z이론이라는 이름을 달았다. 그러나 그의 Z이론은 Lundstedt의 Z이론과 전혀 다르다.

Lawless의 주장을 보면 다음과 같다.[12]

X이론 또는 Y이론이 절대적인(보편적인) 적합성을 가진 것은 아니다. 때와 장소에 따라서, 그리고 조직의 특성에 따라서 그 적합성은 달라질 여지가 많다. 관리기능은 조직과 별개로 존재하는 것이 아니다. 관리는 조직의 기능이기 때문에 조직이 변동하면 관리전략도 변동해야 한다. 마찬가지로 조직이 다르면 관리의 전략도 달라져야 한다. Z이론은 변동하는 환경에 존재하는 조직과 집단 그리고 사람은 변동한다는 사실을 정확하게 파악하여 그에 대응하는 관리전략을 펴야 한다고 주장하는 이론이다. Z이론은 관리방식이 구체적인 조직의 형편에 적응해야 한다고 주장한다.

구체적인 조직·집단 및 개인의 고유한 필요를 정확하게 파악하여 거기에 융통성 있게 대응하는 것은 Z이론이 처방하는 이상이다. 이와 같은 이상을 실현하기는 어렵다. 그러나 정의·아름다움 등을 추구할 때와 마찬가지로 Z이론의 이상을 성취하는 일이 완벽하게 될 수 없음을 알면서도 우리는 그것을 추구해야만 한다. 그러한 이상의 실현이 하나의 가능성으로 존재한다는 것을 알고 그 실현을 위해 기꺼이 노력한다는 사실이 중요하다.

Lawless의 Z이론은 복잡한 인간모형의 가정에 입각한 상황적응적 관리전략의 처방이라고 할 수 있다.

3) Ouchi의 Z이론

William G. Ouchi는 미국사회에 실재하는 조직들 가운데서 일본식 관리방법과 유사한 관리의 원리를 채택하고 있는 조직들을 관찰하고 거기서 귀납적으로 Z이론을 만들었다. 그는 미국사회에 적응된 일본식 조직형의 묘사에 Z이론이라는 이름을 붙인 것이다. Z이론이 설명하는 조직형은 '일본식 조직의 미국판'(American version of the Japanese style organization)이라 할 수 있다.[13]

Z이론의 관리는 조직구성원들의 상호의존성·동료의식·평등·참여 그리고 공동노력을 강조하는 참여관리이다. Z이론의 조직형 또는 관리체제의 특성은 다음과 같다.

첫째, 장기적인 고용관계를 유지한다. 임용구조는 폐쇄형에 가까우며 한번 채용한 사람은 조직에 오래 남아 있게 하는 인사방침을 채택한다. 비공식적으로 종신고용제와 같은 관계가 설정되는 예를 흔히 볼 수 있다.

둘째, 직원에 대한 평가는 빈번하지 않으며 평가의 많은 부분이 비공식적으로 이루어진다.

셋째, 장기근속체제 하에서 직원의 승진속도는 비교적 느리다.

넷째, 직원들의 직무 상 전문화수준은 비교적 낮으며 일반능력자주의적 (generalist oriented) 인사관리를 한다. 순환근무제 또는 순환보직제가 널리 활용된다.

다섯째, 의사결정은 집단적 합의의 과정을 통해서 한다. 그러나 집단적인 결정의 책임은 궁극적으로 어떤 개인에게 돌아간다. 이 점에서 집단적 결정에 집단적 책임을 내세우는 일본식 관리와 구별된다.

여섯째, 공식적·계서적 통제보다는 비공식적·사회적 통제가 강조된다.

일곱째, 관리층에서 직원들에 대해 갖는 관심은 전인격적 관심(holistic concern)이다. 즉 직원들에 대한 관심은 포괄적이다.

Z이론의 조직형은 구성원의 높은 단체정신에 힘입어 높은 효율을 도모할 수 있는 이점을 가지고 있으나 미국사회의 요청에 잘 부응하지 못하는 단점도 지닌다고 한다. 미국식 조직보다 배타성이 강하다는 것, 전문화의 요청에 제대로 부응하지 못한다는 것, 조직의 근본적인 변동이 요청되는 상황 그리고 급변하는 환경에 적응하기 어렵다는 것, 인종차별·성적 차별의 경향이 강하다는 것 등이 단점으로 지적되고 있다.

    Z이론에서 설명하는 관리의 특성은 전형적인 미국식 기업조직의 관리특성과 현저히 대조된다. Ouchi는 미국식 관료제를 A형(A Type)이라 부르고 있다. A형의 특성으로는 i) 단기적인 고용관계, ii) 전문화된 경력발전계통, iii) 개인적인 의사결정, iv) 잦은 평가, v) 공식적 통제의 강조, vi) 빠른 승진, vii) 노사 간의 부분적 결합(직원에 대한 부분적 관심) 등을 열거하였다.

    Z이론의 준거가 된 일본식 관리형은 J형(J Type)이라 부르고 그 특성으로 i) 종신

고용제, ii) 장기적이고 완만한 평가와 승진, iii) 경력발전계통의 비전문화, iv) 내재적이고 비공식적인 통제장치, v) 집단적 의사결정, vi) 집단적 책임, vii) 직원에 대한 전인격적 관심 등을 열거하였다.

V. Likert의 관리체제 유형론·Argyris의 미성숙–성숙이론

1. Likert의 관리체제유형론

Rensis Likert는 조직개혁을 위한 행태적 연구의 길잡이로 쓰기 위해 관리체제를 네 가지로 분류하여 그 내용을 규정하고 그에 따라 관리자들의 관리전략을 알아볼 수 있는 조사표를 만들었다.

Likert의 관리체제유형론을 여기서 거론하는 까닭은 성장이론에 이르기까지의 인간관들을 기반으로 관리체제를 분류하고 있기 때문이다. Likert의 논지전개는 인간관계론의 영향을 짙게 반영하고 있다. 그러나 초기 인간관계론에서 보는 바와 같은 단순한 안목이 아니라 그보다는 진일보한 인간이해를 바탕으로 하고 있다. 조직개혁에 대한 그의 처방은 X이론보다는 Y이론이, 미성숙행태의 조장보다는 성숙한 행태의 육성이, 그리고 위생요인에만 관심을 갖는 것보다는 동기요인을 중요시하는 것이 바람직하다는 견해를 어느 정도 함축한다고 해석할 수 있다. 그런 이유 때문에 Likert의 이론을 성장이론과 함께 고찰하는 것이다.[14]

1) 관리체제 분류

Likert는 관리체제를 '체제 1'(system 1), '체제 2'(system 2), '체제 3'(system 3), '체제 4'(system 4)로 분류하였다. 체제 1과 2는 권위형(authoritative system)이라고 하는데 이것은 X이론에 상응한 관리체제라고 할 수 있다. 권위형 가운데서 체제 1은 극단적인 권위적 체제이기 때문에 착취적 권위형(exploitative system)이라고 부르고, 체제 2는 다소 완화되거나 절충된 권위형이기 때문에 은정적 권위형(benevolent authoritative system)이라 부른다. 체제 3과 4는 참여형(participative system)의 범주에 속한다. 참여형은 인간관계론적 인간관과 Y이론에 접근하는 관리체제라 할 수 있다. 참여형 가운데서 체제 3은 협의적 참여형(consultative system)이라 부르고 그보다 훨씬 적극적인 참여와 상호신뢰가 강조되는 체제 4는 참여집단형(participative group system)이라 부른다. 각 체제의 내용을 요약하면 다음과 같다.

(1) 체제 1: 착취적 권위형   관리자는 부하직원들을 신뢰하지 않는다. 의사결정과정에 대한 부하들의 참여는 배제된다. 조직의 목표설정과 관리 상의 결정은 위에서 하고, 그에 관한 지시는 명령계통을 따라 하달한다. 조직 내의 의사전달은 하향적이다. 부하들이 일하게 하기 위해 두려움·위협·처벌 등의 수단을 쓰며 욕구충족과 보상은 생리적 욕구와 안전의 욕구에 자극을 주는 것을 주로 활용한다. 통제의 과정은 고도로 집권화되어 있다. 하급계층으로 갈수록 책임감은 감소된다. 이러한 체제에서 형성되는 비공식집단은 조직의 공식적 목표에 저항하게 된다.

(2) 체제 2: 은정적 권위형   관리자는 다소 은정적(恩情的)인 신뢰를 부하들에게 베푼다. 그러한 신뢰는 주인이 하인에게 베푸는 것과 같다. 중요한 결정은 상급관리층에서 한다. 하급계층은 위에서 정해준 범위 내에서 의사결정을 할 수 있다. 동기부여를 위해서는 보상, 처벌, 처벌의 위협이 사용된다. 보상으로 충족시키려는 욕구는 주로 경제적인 것이며 간간이 자아만족의 욕구(자아실현적 욕구)도 대상으로 된다. 상·하 간의 접촉은 제한되어 있다. 상·하 간 접촉이 있을 때에 상관의 태도는 은정적인 것이며 부하의 태도는 두려워하고 조심스러워하는 것이다. 조직 내의 의사전달은 대부분 하향적이다. 통제의 과정은 집권화되어 있지만 약간의 위임이 행해진다. 이러한 관리체제에서 형성되는 비공식집단이 조직의 공식적 목표에 언제나 저항하지는 않는다. 부분적으로 저항한다고 할 수 있다.

(3) 체제 3: 협의적 참여형   관리자가 부하를 상당히 신뢰하지만 완전히 신뢰하지는 않으며 의사결정의 통제권을 유지하려 한다. 일반적이고 중요한 정책이나 방침은 최상급관리층에서 결정하고 구체적인 결정은 하급계층에서 할 수 있도록 허용한다. 조직구성원 간의 접촉은 비교적 원활하다. 의사전달은 상하쌍방향적이다. 동기부여에는 경제적 보상, 약간의 참여, 그리고 간헐적인 처벌이 동원된다. 유인부여의 대상이 되는 욕구는 경제적 욕구, 자아만족의 욕구, 그리고 새로운 경험을 얻으려는 욕구 등이다. 상호신뢰와 책임감을 중시하는 통제과정의 상당부분은 하급계층에 위임된다. 이러한 체제에서 형성되는 비공식집단은 조직의 공식적 목표를 지지하거나 그에 대해 약간의

저항을 할 수 있다.

(4) 체제 4: 참여집단형   관리자는 부하를 완전히 신뢰한다. 의사결정권은 조직 전체에 걸쳐 널리 분산되어 있지만 중첩되는 집단들의 연계작용에 의하여 각 계층에서 하는 의사결정은 전체적으로 잘 통합된다. 쌍방향적인 수직적 의사전달뿐만 아니라 동료 간의 수평적 의사전달도 원활히 이루어진다. 경제적 보상의 결정, 조직목표의 설정, 업무방법의 개선, 업적평가 등에 조직구성원을 참여시킴으로써 동기를 유발하려 한다. 경제적 욕구, 자아만족의 욕구, 그리고 여타의 중요한 욕구들을 동기부여의 기초로 삼는다. 상관과 부하사이에 심리적 거리감이 없으며 그들의 빈번한 접촉은 우호적이고 신뢰를 바탕으로 하는 것이다. 통제과정에 대한 책임은 널리 확산되어 있으며 조직구성원들은 모두 조직목표의 성취에 진정한 책임감을 갖는다. 조직 전체에 걸쳐 조직목표의 성취에 대한 긍정적인 태도가 지배적이며 조직구성원들은 조직목표의 달성에 기여하는 자기의 직무성취에서 만족을 얻는다. 조직목표와 개인목표의 통합이 이루어지는 일면을 볼 수 있다. 이러한 상황에서 생겨나는 비공식관계는 조직의 공식적 목표를 추구하는 데 도움이 되는 작용을 한다.

2) 조사표 개발

Likert는 어떤 조직이 위와 같은 네 가지 체제의 어디에 어느 정도 해당하는지를 관리자나 조직구성원들이 쉽게 기술할 수 있도록 상세한 조사표를 만들었다. 조사표의 항목을 설정하는 지표 또는 기준으로 조직운영의 특성을 먼저 선택하고 이를 다시 세분하였다. 세분된 각 항목마다 체제별 척도를 설정하였다. 기본적인 지표로 선정된 조직의 변수는 i) 리더십, ii) 동기부여, iii) 의사전달과정, iv) 교호작용과 영향관계, v) 의사결정, vi) 목표설정, 그리고 vii) 통제과정이다.

Likert는 관리자들에 대한 조사에서 조직이나 그 하위단위가 체제 4에 접근할수록 생산성이 높고 체제 1에 가까울수록 생산성이 낮은 것을 발견하였다. 그러나 그의 결론을 보편화할 수는 없다.

2. Argyris의 미성숙 — 성숙이론

Chris Argyris는 공식적 조직이 개인의 행태에 미치는 영향을 검토하는 과정에서 미성숙—성숙이론(未成熟—成熟理論: immaturity—maturity theory)을 만들어 사용하였다.[15]

1) 성숙의 방향에 관한 가정

Argyris는 한 개인이 자라가면서 성숙인으로 발전하려면 다음과 같은 일곱 가지 국면의 성격변화를 거쳐야 한다고 주장하였다.

❶ 수동성—능동성   유아기의 수동적인 상태로부터 성인이 되어 가면서 점진적으로 능동적인 활동상태에 접근해 간다.

❷ 의존성—독자성   유아는 타인에게 의존하는 상태에 있는데 성인이 되어 가면서 점차 독자성을 갖게 된다.

❸ 소수의 행동대안—다양한 행동대안   유아는 소수의 행동대안밖에 선택할 줄 모르는 상태에 있으나 성인이 되어 가면서 다양하고 많은 행동을 할 능력을 갖추게 된다.

❹ 피상적 관심—깊은 관심   유아는 사물에 대해 변덕스럽고 피상적인 관심을 갖는 데 불과하지만 성인이 되어 가면서 점차 깊고 강한 관심을 발전시킨다.

❺ 단기적 안목—장기적 안목   유아는 단기적인 안목(현재가 개인의 행태를 대체로 지배한다)을 갖지만 성인이 되어가면서 장기적인 안목(현재뿐만 아니라 과거와 미래가 행동결정에 영향을 미친다)을 키워간다.

❻ 종속성—비종속성   유아는 다른 사람의 종속자(하위자)인 지위에 있는데 사람이 성장함에 따라 다른 사람과 대등하거나 그보다 높은 지위를 누리려는 방향으로 나아간다.

❼ 자아의식의 결여—자아의 의식과 통제   유아는 자아의식을 결여하지만 성인이 되면 자아(自我: self)를 의식할 뿐만 아니라 자아를 통제할 수도 있게 된다.

이러한 변화는 연속적이다. 건강한 성격은 변화의 연속선을 따라 미성숙 상태에서 성숙상태로 발전해 간다.

성숙과 미성숙을 흑색과 백색의 대조에서처럼 절대적으로 구분하기는 어렵다. 성숙이란 수준(또는 과정)의 문제이다. 성숙의 정도는 사람마다 다르고 때에 따라 다를 수 있다. 완전성숙(full maturity)에 이르는 사람은 매우 드물다. 그러나 사람이 나이가 들어감에 따라 성숙의 방향으로 나아가는 것은 일반적인 경향이라 할 수 있다. 미성숙─성숙의 연속선상에서 비교적 성숙에 접근해 있고 다른 사람들을 성숙의 방향으로 이끌 수 있는 사람은 성숙인(成熟人)이라 부를 수 있다.

2) 성숙을 방해하는 공식적 조직

Argyris에 의하면 공식적 조직의 본성은 인간의 미성숙상태를 고착시키거나 조장하는 것이라고 한다. 그가 말하는 공식적 조직이란 고전적인 원리에 입각한(X이론에 입각한) 조직이다. 그는 공식적 조직을 i) 직무의 전문화(분업), ii) 명령체계의 확립, iii) 명령의 통일, iv) 통솔범위의 적정화 등 네 가지 원리에 따라 기계적으로 설계한 조직이라고 보았다. 이러한 공식적 조직은 인간의 성숙성 향상과 양립할 수 없는 인간관에 바탕을 둔 것이다. 성숙한 인간이 갖는 욕구와 공식적 조직의 관리전략 사이에는 뚜렷한 부조화가 생긴다. X이론에 입각한 고전적 관리는 조직구성원(근로자)에게 어린애 같은 역할을 맡기기 때문에 인간의 자연적 발전을 좌절시킨다.

Argyris는 인간의 성숙을 저해하는 고전적 관리전략을 대체할 새로운 방안을 제시하였다. 모든 조직구성원이 조직의 성공을 위해 일하도록 하려면 그들이 개인으로서 그리고 집단의 구성원으로서 스스로의 욕구를 충족시키고 성장·성숙의 기회를 가질 수 있는 분위기를 조성하는 관리전략을 채택해야 한다고 주장하였다. 이러한 제안에는 Y이론에 대한 지지가 함축되어 있다.

03 개인차의 이해

Ⅰ. 행동유발에 작용하는 요인의 복잡성

인간의 동기와 행동의 유발에 작용하는 요인은 단일한 것이 아니라 복잡하다. 동기가 직무수행이라는 행동을 유발하고 지속시키는 데 작용하는 매우 중요한 요인이지만 그것이 유일한 요인은 아니다. 그 밖에도 능력, 성격, 지각, 태도, 감정 등 개인적 특성과 조직 내외의 문화 등 상황적 요인들이 직무수행에 영향을 미친다.

직무수행에 작용하는 개인적·상황적 영향요인들은 사람마다 다를 수 있기 때문에 개인차의 결정요인이라고 설명되기도 한다. 이 장에서는 직무수행 동기를 주제로 삼고 있으므로, 여기서는 동기유발에 개입하는 요인들을 설명하는 방식으로 조직구성원들의 행동을 서로 다르게 만들 수 있는 개인차의 결정요인들을 고찰하려 한다.

조직 내의 인간과 직무수행에 관한 보다 온전한 이론을 발전시키려면 직무수행과 동기유발에 작용하는 복잡한 요인들을 하나하나 발굴하고 규명해 나가야 한다. 이를 위해서는 당연히 학제적 연구를 해야 한다. 심리학·사회학·인류학·신학·철학 등 여러 학문분야의 연구들은 우리의 문제를 해결하는 데 많은 도움을 줄 수 있을 것이다.

그러나 여기서 그 많은 요인들에 대한 연구를 모두 소개할 수는 없다. 성격, 지각, 태도, 감정, 그리고 조직문화라는 다섯 가지 요인만을 골라 그에 관한 우리의 관심사를 검토하려 한다.

II. 성 격

1. 성격이란 무엇인가?

1) 성격의 정의

심리학에서는 오래전부터 성격이라는 주제의 연구를 통해서 사람마다 다른 특징적 행동방식을 규명하려는 노력을 계속해 왔다. 성격연구의 범위는 매우 광범하며 거기에는 많은 학파의 분화가 있다. 성격연구의 주제도 병리, 이상성격, 행동결정요인, 심리검사, 성격유형 등 여러 가지로 갈려 있다. 성격연구 영역의 관심과 관점이 다양한 만큼 성격의 의미를 규정하는 데도 적지 않은 엇갈림이 있다.

그러나 인간의 성격(性格: personality)을 사람과 사람을 구별해 주는 특성이며 상황의 변화에도 불구하고 인간행동의 안정성을 유지해 주는 특성이라고 일반적으로 정의하는 데 뚜렷한 의견의 수렴이 있다. 성격은 사람과 사람을 구별해 주는 비교적 지속적인 특성이다. 그것은 사람마다 고유성을 지니게 하는 특성이다. 그것은 또한 상황이 변하고 시간이 흘러도 사람이 일관성 있고 예측가능한 행동을 하도록 유도하는 특성이다.[1]

성격형성에는 유전적 요인뿐만 아니라 환경적 요인도 작용한다. 그러나 한 번 형성된 성격은 환경변화에 즉각적으로 연동되지 않고 상당한 지속성을 보이기 때문에 성격을 지속적·안정적 특성이라고 한다. 사람들의 성격에는 서로 다른 측면뿐만 아니라 유사한 측면도 있지만 다수의 연구인들은 개인별 고유성에 우선 주목하고 성격은 사람과 사람을 구별해 주는 특성이라고 정의한다.

2) 성격을 이해하는 다양한 접근방법

인간의 성격이란 무엇인가를 위와 같이 일반적으로 정의해 볼 수 있지만 보다 구체적인 의미규정은 성격연구의 접근방법에 따라 달라질 수 있다. 그러므로 성격연구의 분화된 접근방법들에 대해 간단하게라도 언급하지 않을 수 없다. 분화된 접근방법들은 많다. 그 가운데서 자주 거론되는 것들은 심리분석적 접근방법, 특성론적 접근방법, 학습론적 접근방법, 생물학적 접근방법,

인간주의적 접근방법 등이다.[2]

(1) 심리분석적 접근방법   심리분석적 접근방법(분석심리학: psychoanalytic approaches)에서는 사람의 행동은 자기가 모르고 있는 성격 내부의 힘이 촉발한다고 설명한다. 유아기의 경험을 통해 형성되는 성격 속의 숨겨진 힘은 사람의 일상적인 행동을 촉발하고 그 방향을 결정하는 데 중요한 역할을 한다는 것이다. 심리분석적 접근방법은 결정론적이다. 사람의 행동은 그가 통제할 수 없는 무의식세계가 결정한다고 본다. 이 접근방법은 또한 성격의 생애에 걸친 안정성을 강조한다.

(2) 특성론적 접근방법   특성론적 접근방법(trait approaches)은 성격특성의 지속적인 국면들을 특성요소(traits)로 규정하고 사람들이 지닌 특성유형들을 분석한다. 특성연구인들은 그들이 확인하는 특성유형들을 모든 사람들이 다소간에 함께 지니고 있지만 그 수준은 사람마다 서로 다르다고 주장한다. 이 접근방법 역시 결정론적이며 성격특성의 생애에 걸친 안정성을 강조한다. 그러나 의식·무의식의 문제에 대해서는 입장을 밝히지 않는다. 따라서 행동의 이유는 설명하지 못하고 행동의 특성을 기술하는 데 그치는 접근방법이라는 평을 듣는다.

(3) 학습론적 접근방법   학습론적 접근방법(learning approaches)은 인간의 대외적 국면에 초점을 맞추고 성격을 외부환경에 대한 학습된 반응이라고 규정한다. 이 점에서 학습론적 접근방법은 관찰하기 어려운 인간의 내면적 요인에 주의를 집중하는 심리분석적 접근방법이나 특성론적 접근방법과 대조된다. 학습론적 접근방법은 성격이 가변적이고 탄력적이라는 점을 강조한다.

(4) 생물학적 접근방법   생물학적 접근방법(biological approaches)은 성격의 주요 구성요소들은 유전되는 것이라고 주장한다. 이것은 생래적 결정론이며 성격의 불변성·안정성을 강조한다.

(5) 인간주의적 접근방법   인간주의적 접근방법(humanistic approaches)은 사람을 근본적으로 선한 존재이며 보다 고차원의 기능수준으로 성장해 갈 수 있는 존재라고 본다. 그리고 성격의 핵심은 사람의 의식적·자율적 동기유발능력이 결정한다고 주장한다. 사람의 성격은 눈에 보이지 않는 무의식적 힘이나 생래적 특성 또는 외재적 유인 등에 의해 결정되는 것이 아니며 인간은 그 자유의지로 성격을 형성하고 바꿀 수 있다고 한다.

성격연구의 여러 접근방법들은 성격의 결정요인과 결정과정에 대해 각기 다른 주장들을 하고 있다. 오늘날의 연구추세는 분화된 접근방법들을 통합함으로써 성격결정요인을 보다 온전하게 이해하려는 것이다. 따라서 성격형성 요인에 관한 우리의 시야는 크게 넓어졌으며 성격을 생래적·환경적으로 형성되는 아주 복잡한 현상이라고 이해하게 되었다.

3) 성격의 구성요소: '다섯 가지 중요 성격요소'

사람이 지닌 구체적 성격특성은 무수히 많다. 성격연구인들은 오랜 기간에 걸친 여러 조사연구를 통해 수백 가지 성격요소 또는 국면들을 들추어 냈다. 그리고 지난 수십년 동안 중요한 성격요소의 선별과 범주화를 위해 노력해 왔다. 그 결과 성격요소의 범주를 '다섯 가지 중요 성격요소'(Big Five)로 분류하는 데 광범한 합의를 이루었다.[a]

다섯 가지 성격요소의 범주들은 각기 사람의 성격형을 분류하는 기준이 될 수 있으므로 이를 성격유형론 가운데 하나로 보아 다음에 설명해도 될 것이다. 그러나 성격개념에 포함되는 요소, 국면 또는 특성에는 어떤 것들이 있는가에 대한 널리 수렴된, 종합적 의견이라는 점을 중시해 여기서 따로 소개하려 한다.

다섯 가지 중요 성격요소는 다음과 같다.[3]

(1) 외 향 성   외향성(extroversion)은 사람들과 어울리려고 하는 정도를 말해 주는 요소이다. 이것은 사교적이고 사회성 있는 행동성향이다.

외향적인 사람(extroverts)은 사람들과 함께 있는 것을 즐기고, 정력이 넘치고, 긍정적 감정을 자주 느낀다. 외향성이 낮은 사람(내향적인 사람: introverts)은 소심하고 수줍어하며 사람들과 어울리기보다 혼자 있기를 좋아한다.

---

a) 중요한 성격특성의 범주를 다섯 가지로 분류하는 특성이론을 흔히 5요인 모형(FFM: Five-Factor Model)이라 부른다. 많은 연구인들이 5요인 모형을 쓰기 때문에 각 특성요소를 지칭하는 용어가 조금씩 달라지기도 한다. 예컨대 감정적 안정성이라는 특성을 설명할 때 부정적 정서(negative affect) 또는 신경증적 경향(neuroticism)이라는 개념을 사용하기도 한다. Christopher A. Cooper *et al.*, "Taking Personality Seriously: The Five-Factor Model and Public Management," *American Review of Public Administration*(Vol. 43, No 4, May 2013), pp. 397~415.

(2) 감정적 안정성 감정적 안정성(정서적 안정성: emotional stability)은 사람이 얼마나 침착하고, 안정감 있고, 끊임없는 부정적 감정에 시달리지 않으며, 평온한가에 관한 특성이다.

감정적 안정성이 높은 사람은 편안하고 침착하며, 화를 잘 내지 않고, 위기를 잘 다룬다. 감정적 안정성이 낮은 사람은 흥분을 잘하고, 대인관계가 불안하고, 기분변화가 극단적이며 신경질적이다.

(3) 상 냥 함 상냥함(agreeableness)은 다른 사람들과 잘 어울릴 수 있는 능력에 관한 특성이다.

상냥함의 수준이 높은 사람은 마음이 따뜻하고, 예의바르고, 관용적·배려적이며 상대방이 신뢰감을 느낄 수 있게 한다. 상냥하지 못한 사람은 독자성이 강하고, 차갑고, 거칠다.

(4) 성 실 성 성실성(conscientiousness)은 자제력이 강하고, 철저하고, 책임감 있게 행동하며, 믿을 만한 사람의 특성이다.

성실한 사람은 한두 가지 목표에만 집중하고 보다 조직적이며 철저하고 책임감 있게 행동하는 경향이 있다. 성실하지 못한 사람은 잡다한 목표를 추구하며 비조직적이고 철저하지 못하다.

(5) 개 방 성 개방성(openness)은 편견 없고, 호기심 많고, 상상력·창의력이 풍부하며 지성적인 사람의 특성이다.

개방적인 사람은 관심의 폭이 넓고 창의적이며, 변동이 계속되고 쇄신이 매우 중요한 직업에 적합하다. 개방적이지 못한 사람은 새로운 아이디어를 잘 받아들이지 않으며 자기 마음을 쉽게 바꾸려 하지 않는다. 복잡하고 모호한 상황보다는 평이하고 간단한 상황에 안주하려 한다.

위에서 본 다섯 가지 중요 성격요소는 사회적으로 바람직한 성격특성이라고 이해된다. 이와는 대조적으로 바람직하지 않은 성격요소들을 모아 제시하는 사람들이 있다. 그 대표적인 예로 다크 트라이어드(dark triad: 세 가지 나쁜 성격요소의 집합; 어둠의 3요소)에 관한 이론을 들 수 있다.[4)]

다크 트라이어드를 구성하는 세 가지 성격요소는 마키아벨리즘(Machiavellianism), 나르시시즘(narcissism), 그리고 정신병질(精神病質: psychopathy)이다. 이 세 가지 성격특성은 서로 연계되고 겹치는 경우가 많기 때문에 트라이어드로 한 데 묶어 설명하는 것이다.

마키아벨리즘은 독단적이고, 타인과 감정적 거리를 두고, 목적이 수단을 정당화해준다고 믿으며 목적을 위해서는 수단을 가리지 않는 성격특성이다. 행위의 도덕성에 대한 관심이 박약하다. 자기 이익만 생각하고 남을 조종하고 착취하려 한다. 나르시시즘은 자기애(自己愛), 자기도취에 빠진 성격특성이다. 나르시시스트는 잘난 체 하며 오만하다. 자기의 중요성에 대해 과신한다. 지나친 칭송을 바라고 특권의식이 강하다. 정신병질적 성격을 가진 사람은 타인과의 공감능력이 박약하고 타인에 대한 관심과 배려가 없다. 원하는 것을 얻기 위해서는 거짓말도 잘한다. 자기 행동이 남에게 해를 끼쳐도 후회하거나 죄책감을 느끼지 않는다. 반사회적 행동성향이 있으며 충동적이고 폭력적이다.

2. 성격유형론

성격유형론은 성격이 인간행동에 미치는 영향의 개인차를 이해하는 데 필요한 길잡이를 제공한다.

사람의 성격을 구분해 보려는 시도는 옛날부터 있어 왔다. Hippocrates 가 사람의 기질(temperament)을 담즙질(膽汁質: choleric), 다혈질(多血質: sanguine), 우울질(憂鬱質: melancholic), 그리고 냉담형(冷淡型: phlegmatic)으로 구분한 것은 오랜 옛날에 시도된 성격분류의 좋은 예라 할 수 있다. 20세기에 들어서 William Sheldon은 체형(body structure)과 성격을 관련지어 세 가지의 성격형을 분류하였다. 그는 비만체형인 사람(내배엽형: endomorphy)은 호인형의 성격(visceratonia), 근육질 체형인 사람(중배엽형: mesomorphy)은 용감하고 도전적인 성격(somatonia), 그리고 마른 체형인 사람(외배엽형: ectomorphy)은 소심하고 사색적인 성격(cerebrotonia)을 각각 지닌다고 주장하였다. 체형과 성격을 관련지은 연구는 현대심리학에서 예외적이며 특이한 것이다. 현대심리학자들은 그러한 이론의 가치를 별로 높이 평가하지 않는 것 같다.[5]

성격이론을 전개한 현대심리학자들은 논의를 진행하는 과정에서 흔히 성격분류를 시도하거나 적어도 성격분류의 기초가 될 수 있는 개념에 대해 언급하고 있다. Freud와 Jung의 예를 보기로 한다.[6]

Sigmund Freud는 사람의 마음을 세 가지 영역으로 구분할 수 있다고 하였다. 세 가지 영역이란 id, ego 및 superego를 말한다. id(원시적 본능)는 원시적이고 비합리적인 마음이며, ego(자아)는 합리적이고 논리적이지만 언제나 이기적인 마음이다. superego(초자아)는 문화적이며 옳고 바른 것을 추구하는

마음이다. ego는 id와 superego의 사이에 끼여 항상 갈등을 느끼게 된다. id
에 지배되는 성격의 소유자는 언제나 편리한 일만 하고, superego의 지배를
받는 성격의 소유자는 언제나 도덕적으로 옳은 일만 한다. ego의 지배를 받
는 성격의 소유자는 쾌락주의와 도덕주의 사이의 중간 길을 택해 나간다.
Freud의 이러한 설명은 일종의 성격유형론으로 이해하여도 무방할 것이다.

Carl Jung은 기본적인 성격형을 외향적 성격(extrovert)과 내향적 성격
(introvert)으로 구분하였다. 외향적 성격을 지닌 사람의 생활은 외재적인 사물
의 지배를 받는다. 이러한 사람의 심리적 에너지는 외부세계로 유출된다. 반
면 내향적 성격을 가진 사람의 심리적 에너지는 그 사람 자신의 내부로 지향
된다.

지금까지 개발된 성격유형론은 아주 많지만 여기서는 조직학분야에서
자주 인용되는 세 가지 성격유형론을 설명하고 그 밖의 성격유형론 몇 가
지에 대해서도 간단히 언급하려 한다. 주요 유형론으로 선택한 세 가지는
McClelland, Presthus, 그리고 Downs가 각각 개발한 유형론이다.

1) McClelland의 성취지향적 인간

David McClelland의 학습된 욕구에 관한 이론은 앞 절에서 소개하였지
만, 성취욕구가 강한 성격형에 대해서 설명을 추가하려 한다. McClelland가
분류한 세 가지 욕구범주 가운데 하나인 성취욕구(need for achievement or
nAchievement)는 한마디로 말해 일을 더 잘 하고자 하는 욕구라 할 수 있다.

McClelland는 성취욕구를 기준으로 삼아 이 세상의 거의 모든 사람들을
두 가지 부류로 나누어 볼 수 있다고 하였다. 그 한 가지 부류는 기회를 포착
하여 열심히 일함으로써 무엇인가를 성취하려는 비교적 소수의 사람들이며,
다른 한 가지 부류는 그렇지 못한 대다수의 사람들이라고 한다. 전자는 성취
욕구가 강한 성격(achieving personality)의 소유자들이며, 후자는 성취욕구가
약한 성격의 소유자들이다.

McClelland는 성취욕구가 강한 성격을 가진 성취지향적 인간(high
achiever)들의 주요 특성을 다음과 같이 세 가지로 요약하였다.[7]

❶ 책임지는 상황의 선호 성취욕구가 강한 사람은 문제의 해결에 관련
하여 개인적으로 책임을 지는 상황을 좋아한다. 성취욕구가 강한 사람들은 자

기 책임 하에 자기의 능력과 노력으로 일을 성취함으로써 만족을 얻기 때문이다. 일의 성취 여부가 우연적인 요소나 자기가 통제할 수 없는 요소에 달려 있는 상황은 좋아하지 않는다. 도박과 같은 요행은 바라지 않는다.

❷ 적당히 어려운 목표의 설정   성취욕구가 강한 사람은 적당한 (moderate) 성취목표를 설정하고 계산된 모험(calculated risks)을 하는 경향이 있다. 너무 쉬운 목표 또는 너무 어려워서 달성이 불가능할 정도의 목표는 피하고 적당한 정도로 어려운 목표를 설정하려 한다.

❸ 명확한 환류의 기대   성취욕구가 강한 사람은 자기가 얼마나 일을 잘하고 있는가 아니면 잘못하고 있는가에 관하여 명확한 환류가 있기를 바란다. 성취욕구가 강한 사람은 자기가 옳았는지 틀렸는지를 알아내는 데 강한 관심을 갖는다. 자기의 업적성취도를 알 수 없으면 만족을 느낄 수도 없으며 향후의 개선노력을 위한 정보도 얻을 수 없기 때문이다.

2) Presthus의 성격유형론

Robert Presthus는 사람은 사회적 존재이기 때문에 그의 가치관과 행동은 소속사회의 지배적인 가치체계로부터 크게 영향을 받는다는 것, 그리고 대규모조직은 사회체제의 축소판이라는 것을 전제하고 대규모조직(관료제적 조직)에 참여하는 사람들의 성격형을 세 가지로 분류하였다. Presthus의 유형론은 성격형성에 환경적 요인이 중요한 영향을 미친다는 점, 그리고 조직이 제공하는 자극이나 유인에 대한 반응은 사람에 따라 다를 수 있다는 점에 우리의 주의를 환기시키는 것이라 할 수 있다. 그의 이론을 요약하면 다음과 같다.[8]

성격이란 대인관계적 상황(interpersonal situations)에 반응 또는 적응하는 일관성 있는 행동양태이다. 태어나면서부터 사람은 집단규범의 지배를 받는다. 시간의 흐름에 따라 그러한 규범은 사람의 성격을 형성한다. 따라서 성격형성의 과정은 사회화과정이며 배우는 과정이라고 할 수 있다. 상황에 따라서 학습을 유도하는 외적 자극이 명백하고 분화되어 있는 경우도 있고 모호한 경우도 있다. 대규모의 관료제적 조직과 같은 심리적으로 구조화된 장 (structured field)에서는 배우는 과정에 작용하는 자극이 명백하고 권위적이며 안정적이기 때문에 기대행태에 대한 모호성이 적다.

사회적 및 대인관계적 상황이 성격형성에 지배적인 작용을 하지만 인간이 완전히 피동적인 문화적 산물이라고 말할 수는 없다. 사람마다 외적 자극에 대한 반응이 달라질 수 있는 여지가 있으며 그러한 이유로 성격형의 구분이 있을 수 있다.

관료제적 상황의 구조화된 장은 i) 권한, ii) 지위, iii) 집단이라는 세 가지 체제를 바탕으로 해서 구축된다. 이러한 세 가지 체제가 전달하는 자극에 반응 또는 순응하는 양태에 따라 성격형을 분류할 수 있다. 관료제적 상황에 대해 사람들이 보이는 반응을 세 가지의 기본적인 유형으로 나누고 그에 따라 세 가지의 성격형을 분류해 볼 수 있다. 세 가지의 성격형이란 i) 상승형, ii) 무관심형, iii) 모호형이다.

⑴ 상 승 형　상승형(上昇型: upward mobiles)은 권한 · 지위 · 집단 등이 보내는 자극에 적극적으로 순응하여 조직의 규범을 준수하고 개인의 영달을 도모하는 성격형이다. 관료제적 상황에 잘 적응하기 때문에 관료형(bureaucratic type)이라고 부를 수도 있다.

상승형의 특성은 다음과 같다.

❶ 조직의 요청에 대한 순응　조직의 목표에 승복하고 조직의 정당성과 합리성에 대해 의심을 품지 않는다. 상승형은 관료조직의 질서와 안정을 좋아한다. 조직이 추구하는 기본적 가치를 내재화하고 스스로를 조직에 일체화시키기 때문에 조직으로부터 좋은 보상을 받으며 높은 직무만족도를 유지한다.

❷ 권력지향성　고도로 권력지향적이며 권한과 지위에 대해 민감한 반응을 보인다. 권력지향적이고 지배욕이 강하지만 성공욕 또한 강하기 때문에 성공에 도움이 된다고 생각하면 민주적인 역할이나 인간관계지향적 역할 등 이질적인 역할들도 능란하게 해 내는 능력을 발휘한다.

❸ 개인적 성공에 대한 집착　조직과 자기의 직무를 개인적 영달의 수단으로 생각하는 경우가 많으며 힘과 지배 · 능률 · 자기규제 등에 바탕을 두고 안전운행(security operation)을 하려 한다. 항상 개인적 성공에 유리한 행동대안을 선택하며, 출세에 지장을 받지 않기 위해서 논란의 대상이 될 일은 회피하려 한다. 지위를 높이는 데 도움이 될 일과 사람을 독점하려 한다.

❹ 자신감의 과시　자신감을 갖는 것이 중요하다는 것을 알고 자신감을 과시하려 한다. 자기는 책임감이 있고 강하며 보통 이상의 능력을 지니고 있다고 믿는 경향이 있다. 이러한 태도는 대인관계에 긴장을 조성할 수도 있다.

❺ 성공에 따르는 역기능　상승형은 흔히 조직의 최상계층까지 진출하게 된다. 그런데 그들의 출세를 가져온 특성이라고 할 수 있는 정력, 지배력, 지위의식, 순응적인 역할수행 등은 대인관계를 왜곡시키고 나아가서는 조직에 손해를 끼칠 가능성이 있다.

(2) 무관심형　무관심형(無關心型: indifferents)은 권한·지위·집단 등이 보내는 자극에 대해 냉담하며 조직으로부터 심리적으로 소외되어 있으나 조직생활에 그럭저럭 어울리는 성격형이다. 조직구성원의 대다수는 무관심형에 해당한다.[b)]

무관심형의 특성은 다음과 같다.

❶ 소외와 안일한 적응　조직은 좌절감을 안겨주는 장치라고 생각하며 조직의 규범이나 요청으로부터 소외된 입장을 취하지만 조직생활에 무사안일하게 어울림으로써 조직이 제공하는 직업적 안정성을 향유하려 한다.

❷ 직업외적 생활 중시　직무수행은 조직 밖의 생활에서 누릴 수 있는 만족을 사기 위한 수단이라고 생각한다. 조직 내에서 하는 일은 고통스러운 것이며 인생에 유의미한 것이 아니라고 생각하고 생활의 의미를 직업외적·개인적 활동에서 찾으려 한다.

❸ 조직 내 지위향상에 대한 무관심　조직 내에서 권한과 지위, 신망, 보수 등을 개선하려는 야망을 갖지 않는다. 권한을 두려워하지도 않으며 더 많은 권한과 높은 지위를 차지하려 하지도 않는다. 책임이 무거워지는 것을 꺼리기 때문에 승진보다는 직위의 안정을 바라게 된다.

❹ 심리적 평정성과 원만한 대인관계　조직생활에서 남보다 앞서려는 야망이 없고, 조직에 대한 기대는 현실적인 것이기 때문에 특별한 갈등 없이 조직생활에 순응할 수 있다. 조직 내에서 성공하려는 야망이나 지위개선에 관한 초조감 때문에 시달리는 일이 없고, 직업 외적 생활에서 자기실현을 꾀하려 하기 때문에 심리적으로 상당한 독자성과 평정을 유지할 수 있다. 그리고 동

b) 무관심형은 그 내용으로 보아 소외형·방관형·용인형·불개의형 등으로 불릴 수도 있을 것 같다.
　조직구성원의 대다수가 무관심형으로 되는 이유로 그들이 월급쟁이임에 불과하고 소유나 이윤의 분배에 직접 참여하지 않는다는 사실, 그리고 조직 내의 집권화된 권력과 의사결정, 참여기회의 제한, 조직의 대규모화에 따른 업무관계의 표준화와 비인간화, 교육기회의 불균등, 일보다는 휴식과 레크리에이션에 관심을 갖는 일반적 풍조 등을 들 수 있다.

료들에게 위협적이 아니며 대인관계를 원만하게 유지한다.

(3) 모 호 형   모호형(模糊型: ambivalents)은 조직이 제공하는 성공과 권력획득의 기회를 거부하지도 못하고 그것을 얻는 데 필요한 역할을 제대로 수행하지도 못하기 때문에 심한 갈등을 겪는 성격형이다. 대규모조직 내에서 모호형은 '비극적 존재'라고 할 수 있다.[c]

❶ 성공지향적·비순응적 성향   다른 사람들로부터 인정을 받으려는 욕망이 강하기 때문에 조직 내에서 성공하기를 갈망하고 자기의 독창적(쇄신적)인 생각을 실천에 옮겨 보려고 애쓴다. 그러나 조직 내의 지배적인 가치에 순응하지 못하고 집단규범에도 적응하지 못하는 기질을 가졌기 때문에 자기실현의 기회를 얻지 못한다.

❷ 전문가적 성향   내성적이며 지식과 기술에 집착하고 대개 전문가적 역할을 맡는다. 전문가적 성향을 지닌 모호형은 관료적 규율과 감독을 싫어하며, 정당한 통제와 조정에 대한 조직의 필요를 이해하지 못하는 경우가 많다. 그리고 대인관계에도 능란하지 못하다.

❸ 독립적·창의적·이상적 성향   독립심이 강하고 창의적·이상적이며 합리적 기준을 존중하고 전통적 권위를 배격한다. 언제나 쇄신적 역할을 수행하려 하지만 조직 내의 실력자들이 이를 용납하려 하지 않기 때문에 모호형이 추구하는 쇄신은 거의 좌절되기 마련이다.

❹ 계서적 통제에 대한 저항   조직은 질서와 일관성을 유지하기 위해 구성원들의 행동을 규제한다. 그러한 규제는 개인주의적이고 창의성과 자율성을 추구하는 모호형의 성향에 맞지 않기 때문에 갈등과 긴장을 조성한다. 모호형은 상급자가 자기보다 나은 능력을 지녔다고 믿지 않으며 계서적인 권한배분과 지위체제에 대해 저항감을 갖는다. 따라서 상급자와의 관계가 좋지 않은 것이 보통이다.

❺ 조직에 대한 부정적 인식과 갈등   모호형은 조직 내의 지배적인 가치체계에 저항하지만 그것을 극복하고 두각을 나타내지는 못하기 때문에 항상 갈등을 느낀다. 조직 내에서 영달을 얻지도 못하고 조직 내의 분위기는 자신에게 적대적이기 때문에 조직에 대한 모호형의 지각은 점점 더 부정적인 방향

---

c) 모호형은 갈등형·비용인형·쇄신적 부적응형 등으로 불릴 수도 있을 것 같다.

으로 왜곡되어 간다.

Alberto G. Ramos는 Presthus가 분류한 성격형의 종류에 한 가지를 더 추가해야 한다고 주장하였다.[9] Ramos가 추가해야 한다고 주장한 성격형은 호형인(弧形人: parenthetical man)이다.[d] 호형인은 환경적 조건을 괄호 안에 넣고 밖에서 객관적으로 바라볼 수 있는 능력을 가진 사람이다. 즉 비판적 양식을 가지고 외재적 및 내재적 여건을 객관적으로 평가할 수 있는 능력을 가진 사람이다.

호형인은 강한 자아의식, 자긍심, 그리고 독립심을 가지고 생의 의미를 발견하려 한다. 호형인의 이러한 성향은 피동적 행동을 거부하기 때문에 무관심형으로 될 수는 없다. 그런가 하면 상승형처럼 통속적인 의미의 성공을 위해 지나치게 자기과시를 하려 하지는 않는다. 호형인은 창의적인 임무를 맡으면 훌륭히 성취할 수 있지만, 기존의 성취기준을 무비판적으로 받아들이지는 않는다. 주어진 환경을 객관적으로 바라보고 그러한 환경에 영향을 미치려 하며 그것이 가능할 때 만족을 얻는다.

주어진 여건과 거리를 유지하려 한다는 점, 전통적 권위를 받아들이려 하지 않는다는 점, 창의적이라는 점 등에서 호형인은 모호형과 유사하다. 그러나 모호형은 조직이나 개인에게 다 같이 역기능적인 속성을 지닌 비극적 존재이지만 호형인은 정서적으로 안정된 객관적 관찰자이며 끈기 있는 쇄신자로서 일관성 있는 행동을 할 수 있는 사람이다.

3) Downs의 성격유형론

Anthony Downs는 정부관료제 내의 관료들을 욕구의 유형(달성하려는 목표의 유형)에 따라 다섯 가지의 기본형으로 분류하였다. 그의 유형론을 요약하면 다음과 같다.[10]

관료들은 대개 복수의 목표(욕구)를 추구하는 존재라고 생각할 수 있는데, 그들이 골라서 일정한 목표의 조합을 만들어 추구할 수 있는 목표(욕구)의 종류는 다양하다. 관료들이 목표로 삼을 가능성이 있는 것은 i) 권력, ii) 금전적 수입, iii) 신망, iv) 편의, v) 안전, vi) 개인적 충성(집단·소속기관·국가 등에 대한 충성), vii) 능숙한 직무수행에 대한 긍지, viii) 공익에 대한 봉사, ix) 특정사업에 대한 헌신 등이다. i) 권력부터 v) 안전까지의 다섯 가지 목표(욕구)는 순수하게 이기적인 것이라 할 수 있다. vi) 개인적 충성과 vii) 능숙

---

d) 호형인은 쇄신형 또는 비판적 이상추구형이라고 부를 수도 있다.

한 직무수행에 대한 긍지, 그리고 ix) 특정사업에 대한 헌신은 경우에 따라 이기적일 수도 있고 이타적일 수도 있는 혼합적 특성을 지닌 것이라 할 수 있다. viii) 공익에 대한 봉사는 거의 순수하게 이타적인 것이라고 할 수 있다.

위의 목표들 가운데서 어떤 것을 몇 가지나 골라 조합하느냐 하는 데도 많은 대안이 있을 뿐만 아니라 각개 목표에 대한 집착수준 또한 천차만별일 터이므로 관료들이 실제로 추구할 수 있는 목표의 조합에는 수없이 많은 양태가 있다고 해야 할 것이다. 그러나 우리는 이를 단순화해서 다섯 가지의 전형적인 목표조합과 그에 상응한 성격형을 분류해 볼 수 있다.

다섯 가지 성격형이란 i) 등반형, ii) 보전형, iii) 열중형, iv) 창도형, 그리고 v) 경세가형을 말한다.

(1) 등반형·보전형   등반형과 보전형은 순전히 이기적인 유형이라 할 수 있다. 순전히 이기적인 유형이란 소속기관이나 사회의 이익이 아니라 자기 자신의 편익만을 추구하려는 유형을 말한다.

❶ 등 반 형   등반형(登攀型: climbers)은 자신의 권력·수입·신망을 가장 중요시하고 이를 늘리기 위해 승진·전출을 꾀하거나 현직위의 권한·수입· 신망을 확대하려 한다.

❷ 보 전 형   보전형(保全型: conservers)은 편의와 안전을 가장 중요시한다. 등반형과는 달리 권력·수입·신망을 극대화하려 하지 않고 이미 가지고 있는 권력·수입·신망을 보전하려고만 한다. 그리고 가능한 최소의 수준까지 노력의 필요를 줄여주는 편의를 추구한다. 조직에 들어올 때부터 보전형의 성격을 지닌 사람도 있으나 조직생활을 경험하면서 점차 보전형으로 되는 경우도 있다. 한 자리에서 승진하지 못하고 오래 머무를수록, 그리고 나이가 많아질수록 보전형으로 될 확률이 높다. 계급구조의 최상계층에 다다르고 권한과 책임이 비대해진 사람도 보전형으로 될 가능성이 크다.

(2) 열중형·창도형·경세가형   열중형과 창도형 그리고 경세가형을 움직이게 하는 동기는 혼합적이다. 이들은 모두 이기적 목적과 보다 광범한 가치에 대한 이타적 충성을 혼합하여 추구한다는 점에서 공통적 요소를 지닌다. 그리고 이기적인 유형에 비해서 이들은 이상적이며 낙천적이다. 그러나 각개 성격형이 충성을 바치려는 보다 광범한 가치의 폭은 다르다. 이들이 추구하려는 공익의 실질적인 내용에는 차이가 있다. 무엇을 공익으로 지각하느냐에 따

라 혼합적 유형을 세 가지의 성격형으로 구분해 볼 수 있다.

❶ 열 중 형   열중형(熱中型: zealots)은 비교적 범위가 한정된 정책이나 사업의 성취에 집착하는 성격형이다. 열중형은 자기가 집착하는 정책을 '성스러운 정책'(sacred policy)으로 보게 된다. 이들은 사업추진에 영향을 미치기 위해서, 그리고 권력 그 자체가 좋아서 권력을 추구한다. 열중형은 가장 낙천적이며 대단히 정력적이고 공격적이다. 이들은 또 내향적 성향을 가지고 있으며 어떠한 반대와 애로를 무릅쓰고라도 '성스러운 정책'을 끝까지 밀고 나가려 한다.

❷ 창 도 형   창도형(唱導型: advocates)은 열중형이 추구하려는 것보다는 넓은 기능 또는 조직 전체에 충성을 바치려 한다. 창도형도 그들이 집착하는 기능 또는 조직에 관련된 정책에 영향을 미치기 위해 권력을 추구한다. 이들도 대체로 낙천적이며 정력적이지만 상당히 외향적이기 때문에 상관·동료·부하로부터 영향을 받는다. 주위의 지지가 있을 때는 조직을 위해서 좋은 것이라고 자기들이 믿는 바를 매우 공격적으로 밀고 나가지만 주위의 사람들이 모두 반대하는 경우 고립적으로 투쟁하려 하지는 않는다.

❸ 경세가형   경세가형(經世家型: statesman)은 사회 전체에 충성을 바치려 한다. 경세가형에 해당하는 사람들이 보이는 이타성의 수준은 아주 높다. 그들은 공공복리의 증진을 추구하려 한다. 그들은 국가정책에 현저한 영향을 미치는 데 필요한 권력을 얻으려 한다. 경세가형의 정력수준은 다양하다. 비판이나 하고 실천적 행동은 하지 않는 게으른 사람이 있는가 하면 대단히 활동적인 사람도 있다.

경세가형이 갖는 넓은 관점이 좁은 범위의 임무내용과 상충되는 경우에는 갈등을 겪게 되지만 학문적·철학적 차원에서라도 자기의 넓은 관점을 정당화하려고 한다. 이들은 내향적이며 주어진 임무가 매우 특정적(한정적)인 것이더라도 일반적이고 광범한 관점을 견지하려 한다. 그러나 이들은 충돌이 일어나는 상황을 싫어하며 상충되는 좁은 견해들을 넓은 관점에서 절충하려 한다.

4) 그 밖의 성격유형론

많은 성격유형론 가운데서 자주 거론되는 대표적 유형론이라고 생각되는 세 가지 유형론을 위에서 살펴보았다. 그러나 약간의 아쉬움이 있어 조직학 문헌에서 볼 수 있는 성격유형론 세 가지를 더 소개하려 한다.

(1) Dunham의 성격유형론   Randall B. Dunham은 i) 권위주의적 성격, ii) 독단적 성격, 그리고 iii) 마키아벨리적 성격을 구분하였다.[11]

　　권위주의적 성격(authoritarian personality)을 가진 사람은 조직 내에 명확히 규정된 권력과 지위의 계층이 있어야 한다고 믿으며 상급권력에 잘 복종하고 하급자에게는 엄격한 복종을 요구하는 경향이 있다고 한다. 독단적 성격(dogmatic personality)의 소유자는 폐쇄적인 마음과 아주 경직된 신념체계를 가졌다고 한다. 마키아벨리적 성격(machiavellian personality)의 소유자는 스스로의 욕구충족을 위해서는 어떤 행동을 해도 무방하다는 신념을 가졌다고 한다.

(2) Reissman의 성격유형론: 관료의 성격유형   Leonard Reissman은 관료들의 성격유형을 i) 기능관료, ii) 전문관료, iii) 봉사관료, iv) 직무관료 등 네 가지로 분류하였다.[12]

　　기능관료(functional bureancrats)는 관료제 외부의 전문직업집단으로부터 인정을 받으려고 노력하는 관료이다. 전문관료(specialist bureaucrats)는 관료제와의 강한 일체감을 나타내는 관료이다. 전문관료는 조직의 규범을 철저히 지키려 한다. 봉사관료(service bureaucrats)는 어떤 집단에 대한 봉사를 개인목표화하고 관료기구를 그러한 목표의 성취에 사용하려 한다. 직무관료(job bureaucrats)는 관료제의 구조 속에 완전히 빠져들어 있는 관료이다. 직무관료는 소속부서 업무수행의 능률향상을 위해 노력하며 소속부서에서 인정을 받으려 한다.

(3) Gross의 성격유형론: 관리자의 성격유형   Bertram M. Gross는 조직의 구성원들이 맡는 비공식적 역할을 분류하여 역할유형별 성격유형을 추론할 수 있게 한 다음 관리자들의 성격유형을 분류하였다.

Gross가 관리자들의 성격유형으로 열거한 것은 i) 신사형·중개형·통합형, ii) 건설가형·정돈가형, iii) 사고형·행동형, iv) 무대주역형·막후조종형, v) 권위형·자유방임형·민주형, vi) 비개인형·개인형·카리스마형, 그리고 vii) 가족대역형이다.[13]

신사형(gentlemen)은 상류사회의 행동규범을 준수하고 동료 간에 신사로서 처신하며 부하들의 존경을 받는 사람들이다. 중개형(middlemen)은 조직을 잘 알고 조직 내에서 협상을 통해 일을 잘 성취하는 사람들이다. 통합형(integrators)은 진정한 의미의 일반행정가로서 부분과 전체를 함께 볼 수 있고 다양한 이해관계를 건설적으로 통합할 수 있는 능력을 가진 사람들이다.

건설가형(builders)은 개혁적인 성향을 지닌 사람들로서 새로운 조직 또는 사업을 꾸미거나 확장하는 일에 능하다. 정돈가형(consolidators)은 건설가형이 새로 벌여 놓은 사업을 가다듬고 정착시키는 데 능하고 점진적이며 조심스러운 성장을 선호하는 사람들이다.

사고형(思考型: thinkers)은 일에 대해 구상만 하고 그것을 실천에 옮기는 것은 다른 사람에게 맡기는 유형이다. 행동형(doers)은 다른 사람들이 생각해 놓은 것을 실천에 옮기는 유형이다. 행동형은 '무엇을' 할 것인가보다 '어떻게' 할 것인가에 더 많은 관심을 갖는다.

무대주역형(grandstand players)은 대중 앞에 나타나는 무대 위의 주인공처럼 많은 사람들의 눈에 보이는 화려한 역할을 맡으려 하는 사람들이다. 막후조종형(behind-the-scene operators)은 남의 눈에 띄지 않게 익명성을 유지하면서 일을 해 내려는 사람들이다. 널리 알려지게 될 역할은 무대주역형에게 맡기고 자신은 보호된 지위의 안전성을 유지하려 한다.

권위형(authoritarians)은 주어진 공식적 권한을 이용하여 부하들을 엄격하게 지휘·통제하고 사람과 상황을 지배하려 하는 사람들이다. 자유방임형(laissez-faires)은 공식적 권한의 행사를 꺼리고 부하들을 지배한다거나 그들에게 간접적인 영향을 미치려 한다거나 하지 않는 사람들이다. 민주형(democrats)은 부하들의 솔선력을 북돋우고 부하들이 의사결정에 참여하는 것을 환영하는 사람들이다.

비개인형(impersonals)은 기계적 합리성을 추구하고 감정이나 비합리성을 노출하지 않으려는 사람들이다. 개인형(personals)은 감정을 가진 인간으로서 보다 자연스럽게 행동하며 다른 사람들의 개인적인 문제에 관심을 보이는 사람들이다. 카리스마형(charismatics)은 영감적인 리더이다.

가족대역형(家族代役型: family substitutes)은 다른 사람들을 정서적으로 돌보고 지원해 주는 부모·형제·배우자와 같은 역할을 하려는 사람들이다.

Ⅲ. 지 각

1. 지각이란 무엇인가?

1) 지각의 정의

지각(知覺: perception)은 감각기관을 통해 받아들인 감각적 정보를 선별·조직·해석·검색하는 과정이다. 사람은 감각된 정보를 지각으로 변환시키고 그에 관련된 산출을 낸다. 산출은 환류작용을 통해 다시 수정될 수 있다.[14]

지각과 감각은 구별된다. 감각(sensation)은 다섯 가지 감각기관을 통해 자극을 받아들이는 생리학적 과정이다. 감각기관이 감지한 자극을 신경체계의 언어(신경적 자극)로 전환해 주기 때문에 사람의 뇌는 사물을 간접적으로 감각한다. 반면 지각은 감각적 정보를 처리하는 심리학적 과정이다. 지각은 감각된 정보에 의미를 부여한다. 지각은 사물의 완벽한 묘사가 아니라 사물에 대한 해석을 만들어내는 과정이다.

사람은 지각의 과정을 통해서 듣고 보는 등 감각하는 것을 조직하고 해석한다. 사람은 객관적 세계가 아니라 그에 대한 지각에 따라 행동한다. 지각의 과정에는 사람에 따라 특유한 내적 및 외적 요인이 작용하기 때문에 사람마다 사물에 대한 이해는 달라질 수 있다. 인간관리의 전략을 세우는 관리자가 조직과 조직구성원을 어떻게 지각하느냐에 따라 유인제공의 전략은 달라질 수 있다. 그리고 같은 유인에 대해서도 사람마다 그에 대한 지각은 다를 수 있으며 따라서 조직구성원들은 동일한 관리전략에 대해서 상이한 반응을 보일 수 있다.

2) 지각과정의 구성요소

감각을 지각으로 변환시키는 지각과정은 사람에게 매우 중요하고 또 불가결한 기능을 수행한다. 지각과정의 구성요소(단계·기능)는 다음과 같다.[15]

❶ 감 각   사람은 다섯 가지 감각기관을 통해 환경적 자극과 내재적 자극을 감지하는 생리적 반응을 일으킨다. 이것을 감각이라 한다. 감각은 사람의 육체가 자극을 확인하는 것이다.

❷ 선 별   많은 감각적 정보 가운데서 필요한 것만 골라 흡수하는 기능

을 선별(selection)이라 한다. 예컨대 우리의 귀에 전달되는 무수히 많은 소리 가운데서 필요한 사람의 음성만을 골라 줌으로써 사람이 이를 의식적으로 파악할 수 있게 해 준다. 선별작용에는 많은 요인이 영향을 미친다. 지각하는 사람의 성격이나 학습경험, 그리고 동기가 선별작용에 영향을 미칠 뿐만 아니라 자극의 특성인 빈도, 강도, 대조(對照: contrast), 변동 또는 움직임, 반복, 규모, 신기로움, 친숙함 등이 또한 영향을 미친다. 이러한 요인들은 상황적 조건 속에서 작용하며 상황적 조건의 영향을 받는다.

❸ 조 직 화 조직화는 감각하여 선별한 자극을 사람에게 유의미한 정보로 만드는 작용이다. 조직화를 통해서 모호한 정보가 유의미한 모습으로 바뀌기도 하고 적은(불충분한) 감각적 정보만으로 그에 관련된 사물을 이해할 수 있게도 된다. 조직화작용에 흔히 영향을 미치는 요인에는 유사성, 공간적 근접성, 시간적 근접성, 대상체와 배경의 분화, 완결 등이 있다. 이들 요인은 감각적 정보를 집단화하는 기준이 된다.e)

❹ 변 환 조직화된 정보를 해석하고 그것으로부터 의미를 파악하는 작용을 변환 또는 해석이라 한다. 변환작용과정에 여러 가지 착오가 개입될 수 있다.

❺ 검 색 검색(retrieval)은 기억 속에 저장된 지각정보를 사용하기 위해 인출하는 작용이다.

3) 지각과정의 영향요인

지각과정에 영향을 미쳐 같은 현상에 대한 지각이 달라질 수 있게 하는 요인들은 많고 복잡하다.

사람에 따라 지각의 차이가 생기는 이유를 단적으로 말하면 사람들은 서로 다르기 때문이라고 할 수 있다. 지각의 대상인 사람 또는 사물 그리고 상황의 특성도 지각과정에 영향을 미친다. 같은 대상이나 상황이더라도 그것이 제시되는 조건이 다르면 지각 또한 달라질 수 있다.16)

(1) 지 각 자 지각자(知覺者: perceiver)의 감각기관, 성격, 학습경험, 동기

---

e) 대상체와 배경의 분화란 주된 관심사인 정보와 그 배경을 이루는 정보의 분화이다. 흰 종이에 쓰인 검은색 글씨가 대상체라면 종이의 흰 빛깔은 배경이다. 완결(closure)이란 부족한 정보를 보완하여 지각대상의 전체를 이해할 수 있게 하는 것이다.

등이 지각에 영향을 미친다.

감각기관의 기능은 사람마다 다를 수 있고 그러한 기능의 차이는 결국 지각의 차이를 만든다. 지각자의 성격특성에 따라 지각이 달라질 수 있다. 예컨대 성실한 성격의 소유자는 감각정보의 선별과 해석에 보다 신중할 수 있다. 사람에 대한 지각(person perception)에서는 지각자가 자기의 성격특성을 다른 사람의 성격을 지각하는 데 투사할 수 있다. 과거의 학습경험은 지각의 경향(perceptual set)을 형성한다. 예컨대 과거에 먹어보고 맛없다고 생각했던 음식을 다시 보면 맛없는 것으로 지각할 가능성이 크다.

지각자의 동기 또한 지각과정의 중요 개입변수이다. 긴급하고 간절한 갈망은 감각정보의 선별과 해석에 큰 영향을 미친다. 예컨대 중요한 전화를 애타게 기다리는 사람은 여러 소음 가운데서도 약하게 들리는 전화벨 소리를 재빨리 간파할 것이다.

(2) 지각대상 지각대상인 사람과 사물의 특성도 지각과정에 영향을 미친다.

지각대상인 사물의 크기, 강도, 대조, 움직임, 반복, 새로움 또는 친숙함 등이 지각에 영향을 미친다. 규모가 큰 대상, 밝은 빛이나 큰소리와 같이 강렬한 대상, 배경과 뚜렷하게 대조되는 대상, 움직임이 있는 대상, 되풀이해서 나타나는 대상, 새로운 대상은 보다 쉽게 그리고 정확하게 지각될 가능성이 크다.

사람에 대한 지각에서는 피지각자(被知覺者: the perceived)의 특성도 지각자의 지각과정에 영향을 미친다. 피지각자의 지위나 역할이 다르면 같은 행동도 다르게 지각될 수 있다. 피지각자의 특성이 얼마나 명백하냐 하는 것은 지각의 정확성에 영향을 미친다.

(3) 상황적 특성 상황적 특성도 지각에 많은 영향을 미친다. 예컨대 조직 내의 집단들이 우호적인 관계를 유지하고 있으면 각 집단의 구성원들은 다른 집단의 구성원들을 자기들과 유사한 사람들로 지각할 가능성이 크다. 반면 집단들이 적대관계에 있으면 각 집단의 구성원들은 다른 집단의 구성원들이 자기들과는 다르다고 생각하기 쉽다. 조직 내의 소속부서나 계서제 상의 지위가 다르면 지각하는 것도 달라질 수 있다. 상황적 신호의 명확도나 강도 또한 지각에 영향을 미친다.

2. 착오: 지각오차

1) 착오의 유형

지각은 사람의 마음속에서 감각적 정보가 조직되고 해석되는 과정이기 때문에 부족한 단서만 가지고 지각대상의 전모를 이해할 수 있게 해 주기도 하며 불필요한 정보를 배제해 주기도 하는 매우 유용한 기능을 수행한다. 그러나 지각과정에는 잘못이 개재될 수 있으며, 그로 인해 착오를 범할 가능성이 있다.

착오(錯誤: perceptual errors)의 중요한 유형을 보면 다음과 같다.[17]

(1) 유형화의 착오   유형화(類型化)의 착오(stereotyping)는 어떤 사람이나 사물을 볼 때 그들이 속한 집단 또는 범주에 대한 고정관념에 비추어 지각함으로써 부정확하게 지각하는 것이다. 유형화는 지각대상인 사람이나 사물이 실제로 가지고 있지 않은 특성을 가지고 있는 것으로 지각하게 하는 결과를 빚기도 하며 그 반대의 결과를 빚기도 한다. 유형화의 착오는 어떤 집단에 속하는 사람들의 특성을 일반화하는 것이기 때문에 집단화의 오류라고 부를 수도 있다.

예컨대 "A라는 사람은 한국인이니까 부지런하다"고 사실과는 다른 판단을 한다면 그것은 한국인이라는 집단이 부지런하다고 생각하는 고정관념 때문일 것이다.

(2) 연쇄적 착오   사물의 한 가지 특성에 대한 인상이 그 사물의 다른 특성을 이해하는 데 영향을 미쳐 저지르게 되는 것이 연쇄적 착오(連鎖的 錯誤: halo effect)이다. 어떤 사람의 좋은 특성 한 가지에 깊은 인상을 받으면 그 사람의 다른 면도 무조건 좋게 생각하는 경향이 있는가 하면, 그 반대로 한 가지 나쁜 점을 보면 다른 면도 모두 나쁘게 생각하는 경향이 있는데 이런 것을 연쇄적 착오라 한다.

예컨대 어떤 사람이 정직하다는 인상을 받고 정력·지식·충성심·창의성도 우월하다고 근거 없이 평가한다면 연쇄적 착오를 범하는 것이다.

(3) 투 사   자기 자신의 감정이나 특성을 다른 사람에게 투사 또는 전가하는 데서 오는 지각의 착오를 투사(投射: projection)라 한다.

예컨대 공격적인 성격의 소유자는 다른 사람도 공격적일 것이라는 생각을 하기 쉽다. 노조대표와 관리층의 대표는 서로 상대방이 악의를 품고 있으며 신뢰할 수 없다고 생각하는 경향이 있는데 양측은 각자가 지닌 속성을 상대방에 투사했을 수 있다.

(4) 기대성 착오   사람이나 사물의 특성 또는 사건의 발생에 관해 미리 가진 기대에 따라 무비판적으로 사실을 지각하는 데서 오는 착오를 기대성 착오(期待性 錯誤: expectancy error)라 한다. 기대성 착오는 일어나기를 바라는 것이 실제로 일어난 것처럼 오해하는 착오라 할 수 있다.f)

예컨대 실험용 쥐를 두 집단으로 나누어 학생들에게 주면서 한쪽은 영리하도록 기른 쥐고 다른 한쪽은 미련하도록 기른 쥐라고 일러준 다음, 어느 집단의 쥐가 더 영리한가를 실험해 보라고 하면 학생들은 영리하도록 길렀다고 하는 집단의 쥐가 다른 집단의 쥐보다 영리하다고 판단하는 착오를 범하기 쉽다.

(5) 선택적 지각의 착오   선택적 지각(選擇的 知覺: selective perception)의 착오는 모호한 상황에 관해 부분적인 정보만을 받아들여 판단을 내리게 되는 데서 범하는 착오이다.

예컨대 어떤 회사의 한 주주가 회사의 재정보고서를 읽다가 당해 연도의 배당금이 거의 없을 것이라는 항목을 보고 충격을 받은 나머지 새로운 상품을 개발했기 때문에 앞으로 회사의 수익이 크게 늘어날 것이라는 보고부분을 전혀 간과해 버릴 수 있다. 그러한 가운데 회사의 장래를 평가한다면 선택적 지각의 착오를 범하기 쉽다.

(6) 방어적 지각의 착오   방어적 지각(防禦的 知覺: perceptual defense)의 착오는 지각자가 사물을 보는 습성 또는 그의 고정관념에 어긋나는 정보를 회피하거나 그것을 자기의 고정관념에 부합되도록 왜곡시키기 때문에 범하는 착오이다. 이 경우에 지각자는 자신의 고정관념을 방어하기 위해 부정확한 지

---

f) 기대성 착오를 자기달성적 예언(자기충족적 예언: self-fulfilling prophecy)이라는 개념으로 설명하기도 한다. 자기달성적 예언은 상황이나 사람에 관해 미리 기대했던 바를 찾아내거나 만들어내는 경향을 지칭한다.
   기대성 착오는 피그말리온 효과(pygmalion effect)라고도 부른다. 그리스 신화에 나오는 피그말리온은 상아로 처녀상을 만들고 그 처녀상을 사랑하게 된 키프로스의 왕이라고 한다. 그의 기도를 받아들여 사랑과 미의 여신인 아프로디테(Aphrodite)가 상아조각상에 생명을 불어 넣어 주었다고 한다.

각을 하는 것이다.g)

(7) 최초효과와 근접효과　　최초효과(最初效果: primacy effect)로 인한 착오 (first-impression error)는 첫인상에 너무 큰 비중을 두는 데서 저지르게 되는 착오이다. 근접효과(近接效果: recency effect)로 인한 착오는 가장 최근의 정보를 너무 중요시하는 데서 저지르게 되는 착오이다.

(8) 근본적 귀속의 착오와 이기적 착오　　이 두 가지 착오는 성공·실패의 원인을 찾을 때 자신의 경우와 타인의 경우를 다르게 해석하려는 경향에서 비롯되는 것이다.h)

근본적 귀속(根本的 歸屬)의 착오(fundamental attribution error)는 타인의 실패를 평가하면서 상황적 요인의 영향은 과소평가하고 개인적 요인의 영향은 과대평가하는 경향, 그리고 타인의 성공을 평가하면서 상황적 요인의 영향은 과대평가하고 개인적 요인의 영향은 과소평가하는 경향이다. 예컨대 남이 일을 잘못하면 그것은 그 사람의 능력부족 등 개인적 요인 때문이며 나쁜 작업조건 등 상황적 요인의 탓이 아니라고 생각하는 것이다.

자존적 편견이라고도 하는 이기적 착오(利己的 錯誤: self-serving bias)는 자기 자신의 실패에 대한 책임은 지지 않고 성공에 대한 개인적 공로는 강조하려는 경향이다. 자기가 일을 잘못한 것은 상황적 조건이 나쁜 탓이고 일을 잘한 것은 자기의 개인적 우월성 때문이라고 생각하는 경향을 지칭하는 것이다.

(9) 대조효과로 인한 착오　　대조효과(對照效果: contrast effect)로 인한 착오는 어떤 사람 또는 상황의 특성이 지각자가 근래에 본 다른 사람 또는 상황의 특성과 대조되기 때문에 일어나는 착오이다.

예컨대 면접시험에서 지각대상자가 그보다 열등한 사람들이 먼저 면접을 한 다음에 면접을 하는 경우 대상자의 우수성은 특별히 더 돋보일 수 있다.

---

g) 방어적 지각을 넓게 해석하는 경우 유형화의 착오나 투사는 거기에 포괄되는 것으로 이해할 수도 있다. 방어적 지각은 선택적 지각의 일종으로 볼 수도 있다. 선택적 지각에서 자기에게 유리한 정보만 선택한다면 그것은 방어적 선택이 되기 때문이다. 유리한 정보는 선택하고 자기에게 바람직하지 않거나 불리한 정보는 회피하기 때문에 저지르는 착오만을 방어적 지각의 착오라고 설명하는 사람들도 있다.

h) 이런 착오는 귀속이론(歸屬理論: attribution theory)에서 지적하는 것이다. 귀속이론은 사람들의 행동을 관찰하여 그 원인을 찾는(추측하는) 귀속과정(attribution process)을 연구한다.

그 때문에 지각대상자는 실제보다 더 우수한 평점을 받을 수 있다.

위에 열거한 착오의 유형들은 물론 예시적인 것이다. 그리고 착오의 유형들은 서로 연관되어 있어서 그 한계가 모호한 경우도 없지 않으며 실생활에서는 두 가지 이상의 착오가 복합적으로 일어나는 일이 많다.

제4장 제2절에서 의사결정의 합리성 제약요인을 설명할 때 착오문제를 다시 거론할 것이다. 함께 참고하기 바란다.

2) 인상관리

인상관리(印象管理: impression management)는 자기에 대한 다른 사람들의 인상 형성을 조작하거나 통제하려는 기도이다. 이것은 자기에 대한 다른 사람들의 지각과정을 의도적으로 조작하려는 행동이다.

인상관리의 전술은 다양하다. 그 중요한 예로 i) 자기선전, ii) 호감을 사기 위해 다른 사람들을 칭찬하는 다른 사람 띄우기(other-enhancing) 또는 비위맞추기, iii) 상대방이 자기를 해롭게 하면 고통을 줄 수 있다고 으름장을 놓는 위협하기, iv) 자기가 할 수 있는 일인데도 다른 사람의 도움이 필요한 것처럼 말하는 애원하기, v) 열심히 일하는 것처럼 꾸미는 모범적 행동 과시하기 등을 들 수 있다. 인상관리의 매체 또한 말하기, 표정짓기, 걸음걸이, 외모가꾸기 등 다양하다.[18] 외모가꾸기에는 옷입기, 화장하기, 성형수술하기, 체중관리하기 등이 포함된다.

인상관리의 득실은 그 행동의 특성뿐만 아니라 상대방과 상황적 조건에 따라 달라질 수 있다. 연관조건에 따라 인상관리가 행위자에게 유리한 효과를 가져 올 수도 있고 역효과가 날 수도 있다. 특히 허위·가식이 드러나는 경우, 그리고 상대방이 조종당하고 있다는 느낌을 받는 경우에는 불이익을 받을 가능성이 높다.

인상관리가 진실한 정보를 전달할 수도 있고 거짓 정보를 전달할 수도 있다. 상대방이 거짓 정보에 속는다면 그는 인상관리자의 행동이 유발한 착오를 저지르게 된다. 인상관리의 이런 측면을 고려해 착오문제와 함께 설명하였다.

3) 착오의 통제

착오는 인간생활에서 널리 일어나는 일상적 현상이다. 이러한 착오가 언제나 나쁜 것만은 아니다. 착오는 인생의 낭만과 희망을 만들어 내기도 한다. 영화는 시각정보 해석에서 저질러지는 사람들의 착오를 이용하는 산업이며 예술이다.

그러나 대규모의 공식화된 조직에서 합리화를 지향할 때 착오는 대부분 통제되어야 할 역기능적 현상으로 규정된다.

착오를 줄이기 위해서는 지각자들이 지각과정과 그에 영향을 미치는 요인들에 대한 이해를 높이고, 지각을 부정확하게 만드는 자기 자신의 결함에 대해서 자각해야 한다. 정보선택의 과정에서는 사실을 의식적이고 엄밀하게 검토하도록 노력해야 한다. 그리고 자기의 지각과 다른 사람의 지각 또는 다른 객관적 지표를 비교함으로써 현실검증을 하는 방법 또한 착오방지에 도움이 될 수 있다. 조직의 인간관리전략을 결정하는 사람들은 어떤 종류의 착오가 어떤 경우에 발생할 위험이 큰가를 면밀히 분석하고 사람들의 행동을 미리 예측해서 그에 대처해야 할 것이다.

Ⅳ. 태도와 감정

1. 태 도

1) 태도의 정의

태도(態度: attitude)는 사람이나 사물에 대한 평가적 판단이다. 태도는 특정 대상에 대해 싫거나 좋은 것을 표현하는 심리적 성향이다. 태도는 느낌과 믿음으로 이루어진 마음의 틀이며, 그것은 사물을 보는 사람의 시각(視角)과 행동에 영향을 미친다.[19]

❶ 행동에 미치는 영향　태도는 행동에 영향을 미치기 때문에 행동의 개인차를 가져오는 한 요인이라고 말할 수 있다. 그러나 영향관계가 절대적이라거나 항상 일방적이라거나 한 것은 아니다. 행동이 태도에 영향을 미칠 때도

있고 태도와 행동의 내용이 부합되지 않을 때도 있다.

❷ 지 속 성　태도는 비교적 지속적인 것이지만 내재적 또는 외재적 이유로 변동할 수 있다. 따라서 조직구성원들의 태도는 변동관리의 대상이 된다.

❸ 태도의 학습　태도는 학습된다. 사람은 직접경험을 통해서 또는 다른 사람들의 태도를 보고 태도를 배우게 된다. 태도의 학습에는 대상의 특성이나 태도에 관한 기대를 전달하는 사람들의 특성뿐만 아니라 학습자의 개인적 가치관, 경험, 성격 등도 영향을 미친다.

❹ 세 가지 구성요소　태도는 세 가지 요소로 구성된다. 세 가지 구성요소란 i) 어떤 사물을 파악하고 평가하는 인식론적 요소(cognitive component), ii) 좋거나 싫은 것을 느끼는 정서적 요소(affective component), 그리고 iii) 어떤 행동을 하려는 의도를 갖는 행동적 요소(behavioral component: intention)를 말한다.

인식론적 요소의 예로 "보수가 적다고 생각하는 것"을, 정서적 요소의 예로 "보수가 적어서 기분이 나쁘다고 느끼는 것"을, 행동적 요소의 예로 "다른 직장을 구해 현재의 직장을 떠나야겠다고 생각하는 것"을 들 수 있다. 이러한 세 가지 요소들은 서로 긴밀히 연결되어 있기 때문에 실제의 태도 관찰에서는 각 요소를 따로 구분하기 어려울 때가 많다.

2) 태도와 직무수행

조직연구인들은 조직구성원들의 무수히 많은 태도유형들 가운데서 중요한 것들을 골라 범주화한다. 태도유형들의 중요성을 판단하는 기준으로 많이 쓰여온 것은 태도가 직무수행과 직무성취에 얼마나 직결되느냐 하는 기준이다.

직무수행에 직결되는 태도유형으로 중요시되어 온 것들은 직무만족, 직무관여, 그리고 조직몰입이다. 이 세 가지 태도유형들이 직무성취와 조직시민행동에 긍정적으로 상관된다는 가설을 지지하는 조사연구들이 많다.

(1) 직무만족　직무만족(job satisfaction)이란 어떤 개인이 자기 직무에 대해 갖는 긍정적인 느낌(호감)을 말한다. 직무만족은 담당직무의 특성i)에 대한

---

i) 여기서 말하는 직무의 특성에는 직무자체, 감독의 질, 동료와의 관계, 승진기회, 보수 등이 포함된다.

평가에 따라 형성된다. 직무만족도가 높은 사람은 자기 직무에 대해 긍정적인 느낌을 가지며 직무만족도가 낮은 사람은 자기 직무에 대해 부정적인 느낌을 갖는다.

(2) 직무관여   직무관여(직무몰두; 직무열중: job involvement)는 어떤 개인이 자기 직무와 심리적으로 일체화하고, 직무성취가 자기에게 중요하다고 생각하고, 적극적으로 직무를 수행하려고 하는 태도의 수준을 설명하는 개념이다.

(3) 조직몰입   조직몰입(organizational commitment)은 조직구성원이 소속 조직 그리고 소속조직의 목표와 일체화하고 그 조직의 구성원으로 남기를 원하는 태도의 수준을 설명하는 개념이다. 조직몰입은 조직에 대한 개인의 충성이라고 표현할 수도 있다. 직무관여는 사람과 직무의 일체화에 초점을 맞춘 개념이며, 조직몰입은 사람과 조직의 일체화에 초점을 맞춘 개념이다.

조직몰입의 유형은 세 가지로 구분해 볼 수 있다. 그 첫째 유형은 정서적 몰입(affective commitment)이다. 이것은 조직이 추구하는 가치를 지지하고, 조직에 대한 애착이 크고, 조직에 남으려는 갈망이 있는 태도이다. 둘째는 연장적 몰입(체류몰입: continuance commitment)이다. 이것은 조직을 떠나는 데서 입게 될 손실을 감당하기 어려워 조직에 계속 남으려는 태도이다. 셋째는 규범적 몰입(normative commitment)이다. 이것은 도덕적인 또는 윤리적인 이유로 조직에 남는 행동을 의무라고 생각하는 태도이다.j)

조직의 지지를 받고 있다는 인식(perceived organizational support), 헌신적 자세(employee engagement), 그리고 희망(hope)을 중요한 태도유형에 포함시키는 학자들도 있다.[20] 조직의 지지를 받고 있다는 인식은 조직이 자기가 한 기여의 가치를 인정하고 자기의 복지를 잘 돌보아준다고 믿는 태도이다. 헌신적 자세는 자기가 수행하는 일에 만족하고, 그에 관여하며, 열정적으로 일하려는 태도이다. 희망은 목표를 성취하려는 의지력(결의)과 직무성취의 수단을 가지고 있다는 믿음이 만들어 내는 태도이다.

---

j) 조직몰입의 유형을 합리적 몰입과 정서적 몰입으로 나누는 사람들도 있다. 합리적 몰입은 자기에게 유리한 재정적 이익이나 경력발전의 기회 등을 얻을 수 있다는 판단에 기초한 것이다. 정서적 몰입은 자기가 하는 일이 중요하고 다른 사람에게 도움을 준다는 느낌을 반영하는 것이다.

3) 태도의 형성과 변동

태도는 학습된다. 사람들은 살아가면서 태도를 배우기도 하고 바꾸기도 한다. 그 과정에는 개인의 가치관, 성격, 과거의 경험 등 여러 가지 요인들이 개입한다. 태도의 학습은 직접경험을 통해 이루어지기도 하고 간접적인 사회적 학습을 통해 이루어지기도 한다.[21]

직접경험을 통한 학습의 예로 어떤 음식을 실제로 먹어보고 그것이 맛있다 또는 맛없다는 태도를 갖게 되는 경우를 들 수 있다. 직접경험을 통한 태도는 간접경험을 통한 태도보다 더 강하며 변동에 대한 저항도 크다고 한다.

사회적 학습을 통한 태도형성은 가족, 동료집단, 조직문화 등의 간접영향으로 이루어진다. 사회적 학습의 중요양태는 모델링이다. 모델링이란 다른 사람의 태도를 관찰함으로써 태도를 형성하는 것이다. 이것은 모델로 선정된 사람으로부터 배우려는 동기를 가지고, 그 모델에 관심을 집중하고, 모델의 태도를 배워 행동에 옮기는 상당히 의식적인 과정이다.

태도를 바꿀 때도 직접경험이나 사회적 학습의 과정을 거친다. 대부분의 조직들은 구성원들의 태도를 직무성취와 조직시민행동에 유리하게 변화시키려는 계획적인 관리프로그램을 작동시킨다. 태도변화의 계획적인 유도에서는 직접적인 설득뿐만 아니라 다른 많은 수단들이 동원된다.

4) 태도와 행동의 관계

태도와 행동은 서로 영향을 미친다. 태도는 행동을 결정하는 여러 요인들 가운데 하나이다. 사람들은 대개 태도가 행동을 유도할 것이라 생각하는 경향이 있다. 실제로도 그렇게 되는 많은 예를 관찰할 수 있다.

그러나 다른 개입요인들이 많기 때문에 태도가 언제나 행동을 지배할 수 있는 것은 아니다. 태도의 영향이 아주 미약할 수도 있고, 태도와 행동이 서로 어긋나거나 상반될 수도 있다. 이런 현상을 설명하는 데 인지적 불협화(cognitive dissonance)라는 개념이 쓰인다. 이것은 사람이 지각하는 자기의 태도 간 또는 태도와 행동 간의 비일관성 내지 양립불가능성을 지칭한다. 이를 연구하는 불협화이론가들은 인지적 불협화가 불편하기 때문에 사람들은 태도나 행동 또는 상황에 대한 지각을 바꿔 불협화를 해소하거나 최소화하려 한다고 설명한다.

태도와 행동 사이의 일관성을 유지하거나 아니면 인지적 불협화를 조성하는 데는 많은 요인들이 작용한다. 보다 직접적인 영향요인의 예로, i) 태도의 구체성, ii) 직접경험 또는 간접경험, iii) 태도적절성(중요성), iv) 접근성(기억의 정도), v) 성격, vi) 사회적 제약(압력) 등을 들 수 있다.k)

태도가 구체적일수록, 태도형성의 방법이 직접적 경험일수록, 태도의 적절성이 클수록, 태도에 대한 접근성이 높을수록, 태도의 행동화에 대한 사회적 제약이 적을수록 태도와 행동의 일관성은 높을 것이다. 개인의 성격도 태도·행동의 연계작용에 영향을 미친다. 다른 사람의 반응이나 환경을 잘 모니터하지 않는 성격의 소유자는 자기 태도대로 행동할 가능성이 높다. 그 반대인 사람은 외부의 반응이나 요구에 따라 자기 태도와 다른 행동을 할 가능성이 높다.

2. 감 정

1) 감정의 정의

감정(感情: emotion)은 구체적인 사람 또는 사물에 대한 강렬한 느낌(intense feeling)이다. 감정은 주관적인 느낌과 보거나 들을 수 있는 표현의 변동을 수반하는 생리적 각성상태라고도 설명된다.22) 태도의 한 요소라는 측면도 지닌 감정의 주요 속성을 간추리면 다음과 같다.

❶ 특정 대상에 대한 반응 감정은 구체적인 사람 또는 사건 등 어떤 대상에 대한 반응이다. 사람이 느끼는 감정적 반응은 분명하고 강렬하며 그 지속시간은 길지 않다.

❷ 다양한 양태·복잡한 영향요인 감정은 특정적인 대상에 대한 반응이므로 그 구체적인 양태는 무수히 많다. 감정을 야기하는 요인과 거기에 개입해서 개인차를 만드는 요인도 많고 복잡하다.l)

---

k) 태도적절성(attitude relevance)은 태도의 대상이 되는 문제가 자기 이익에 어떻게 결부되며 얼마나 중요한가에 관한 개념이다. 이해관계가 크고 관심이 많은 문제에 대한 태도는 행동화될 가능성이 높다. 접근성(accessibility)은 태도를 얼마나 잘 기억하는가를 나타내는 기준이다. 접근성이 높은 태도는 행동화될 가능성이 높다.

l) 감정연구인들은 기초적인 또는 기본적인 감정의 범주를 한정해보려 노력해 왔다. 기초적 감정범주로 분노, 공포, 슬픔, 행복(사랑), 혐오, 경악 등 여섯 가지를 드는 사람들도 있고 여기

❸ 긍정적·부정적 감정   감정은 중립적인 것이 아니다. 긍정적이거나 아니면 부정적이다. 긍정적 감정은 일이 순조롭고 좌절이 없을 때 느끼는 기쁨, 행복 등의 감정이다. 부정적 감정은 궂은일과 좌절을 경험하면서 느끼는 분노, 두려움, 죄책감 등의 감정이다.m)

❹ 표 현   감정에는 표현이 따른다. 감정표현의 주된 매체는 얼굴표정, 신체언어 등 비언어적 매체이다. 그러나 언어적 표현을 배제할 수는 없다.

감정은 표현으로 노출된다. 그러나 감정과 표현의 내용이 언제나 일치되는 것은 아니다. 사회적 압력이나 조직의 요구 등 외적 요구 때문에 자기가 느끼는 감정을 억누르고 감정과는 다른 표현을 할 때도 많다.

❺ 행동지향성   감정이 행동지향적이라고 하는 것은 감정이 사람의 태도와 행동에 영향을 미친다는 뜻이다. 긍정적 감정은 직무성취와 조직시민행동을 도울 수 있다. 부정적 감정은 직무만족과 조직몰입을 방해하고 일탈행동을 부추길 수 있다.

❻ 전 염 성   한 사람의 감정은 그와 접촉하는 다른 사람들에게 전이될 수 있다. 감정이 전이되는 역동적 과정을 감정전염(emotional contagion)이라 한다. 감정전염은 감정의 넘침효과(spillover effect)이다.

2) 감정의 기능

조직연구인들이 감정을 연구하기 시작한 것은 비교적 근래의 일이다. 그전에는 감정이 비합리적이며 합리적 의사결정을 방해한다고 생각해 진지한 연구대상으로 삼지 않았다. 감정이론이 발전하고 실증적 연구가 쌓여감에 따

에 기대감, 기쁨, 용인 등을 추가하는 사람들도 있다.
어떤 대상에 대한 감정의 내용과 강도를 결정하는 데 영향을 미치는 요인으로는 성격, 시간대와 요일, 날씨, 스트레스, 사회활동, 수면, 운동, 연령, 성별 등이 열거되고 있다. John R. Schermerhorn, Jr., James G. Hunt, Richard N. Osborn, and Mary Uhl-Bien, *Organizational Behavior*, 11th ed.(John Wiley & Sons, 2011), pp. 63~64; Stephen P. Robbins and Timothy A. Judge, *Organizational Behavior*, 18th ed.(Pearson, 2019), pp. 111~116.

m) 이 밖에도 감정유형은 다양하게 분류되고 있다. 사람의 내적 원인 때문에 조성되는 자의식적 감정(self-conscious emotion)과 외재적 원인 때문에 조성되는 사회적 감정(social emotion)을 구분하기도 한다. 도덕적 함의(含意)가 있는 도덕적 감정(moral emotion)을 따로 구분하는 사람도 있다. 도덕적 감정은 도덕적 의미가 있는 사건에 반응하는 감정이다. 자신의 부도덕행위 때문에 느끼는 죄책감, 불의를 보고 느끼는 분개심, 불우한 사람을 보고 느끼는 동정심 등을 도덕적 감정의 예로 들 수 있다. Robbins and Judge, *ibid.*, p. 107.

라 감정이 행동유발에 미치는 영향, 유용한 목표에 대한 기여 등이 주목을 받게 되었다.

오늘날 다수의 연구인들은 감정이 합리적 행동에 해롭기만 한 것은 아니라는 생각을 가지고 있다. 다수의견에 따르면 감정은 우리 생활에 널리 스며 있으며 의사결정에서 감정과 이성은 뒤엉켜 있다고 한다. 감정은 합리적 사고를 가능하게 하는 매우 중요한 요소라고 한다. 감정은 우리가 세상을 어떻게 이해하는가에 대한 중요 정보를 제공해 주기 때문이라고 한다. 좋은 의사결정의 관건은 사고와 느낌을 함께 동원하는 것이라고 한다. 진화심리학(evolutionary psychology)의 설명을 받아들이는 사람들은 감정이 인간생활에 유용하기 때문에 퇴화되지 않고 존재한다고 말하기도 한다.

조직구성원들의 감정은 직무만족과 직무성취에 영향을 미친다. 직원들은 업무환경의 사건들을 지각하고 그에 대해 감정적으로 반응한다. 업무환경의 사건들이 촉발한 긍정적 또는 부정적 감정은 직무성취와 직무만족에 영향을 미친다. 이러한 영향의 과정에는 성격 등 개인적 변수가 개입하여 개인차를 만든다. 업무환경에는 직무내용과 책임, 자율성, 감정노동의 요건 등 직무를 둘러싼 요인들이 두루 포함된다. 감정의 영향을 받는 직무성취·직무만족에 관련되는 변수에는 조직몰입, 조직시민행동, 노력의 수준, 퇴직의도, 일탈행동 등이 포함된다.[n)]

행동에 미치는 감정의 영향은 시간적으로 길지 않으며 자주 변한다. 감정이 변하는 만큼 그것이 직무행동에 미치는 영향도 변한다. 그런가 하면 일련의 감정적 경험이 연계되어 직무행동에 영향을 미치는 경우도 흔하다. 따라서 어떤 사건에 대한 감정적 반응의 역사가 중요하다.

---

n) 조직구성원들의 감정이 직무수행과 직무만족에 미치는 영향을 논의하는 사람들이 자주 인용하는 이론은 Howard M. Weiss와 Russel Cropanzano의 정서적 사건 이론(affective event theory)이다. 정서적 사건 이론은 직장 내에서 일어나는 일들(사건들)이 직원들의 감정적 반응을 유발하고, 그런 감정적 반응은 직원들의 직무수행과 직무만족에 영향을 미친다고 설명한다. Weiss and Cropanzano, "Affective Events Theory: A Theoretical Discussion of the Structure, Causes and Consequences of Affective Experiences at Work," *Research in Organizational Behavior*, (vol. 18, 1996), pp. 1~74.

3) 감정노동

사람이 자기가 느끼는 감정대로만 행동하면서 살 수는 없다. 사회생활에서 또는 조직생활에서 자기 감정을 억누르고 감정과 달리 행동해야 할 때가 많다.

감정노동(감성노동: emotional labor)은 자기 자신의 감정을 관리하고 통제하려는 노력이다. 조직에서 요구하는 감정노동은 업무 상의 교호작용에서 조직에 바람직한 감정표현을 하는 노력이다. 여객기 객실승무원이나 백화점 점원은 불쾌감을 느끼고 있어도 웃는 낯으로 친절하게 손님을 대해야 하는데 이것은 감정노동의 좋은 예이다.

감정을 느끼는 감정(felt emotion; actual emotion)과 표현하는 감정(displayed emotion)으로 구분해 볼 수 있다. 느끼는 감정은 사람이 실제로 갖는 감정이다. 표현하는 감정은 태도와 행동으로 나타내는 감정이다. 느끼는 감정과 표현하는 감정은 서로 일치할 수도 있고, 서로 다를 수도 있다. 사회생활을 하는 인간은 느끼는 감정과 다른 감정표현을 해야 할 때가 흔히 있다. 감정노동은 느끼는 감정과 다른 감정표현을 하는 노력이다. 즉 표현하는 감정을 느끼는 감정과 다르게 만드는 노력을 감정노동이라고 한다.

조직은 직원들의 직무수행에 적합한 감정표현을 규정하고, 그것을 직원들이 준수하도록 요구할 수 있다. 이를 준수하기 위한 직원들의 노력은 감정노동에 해당한다. 직원들에게 직무수행에 적합한 감정노동을 요구하는 조직의 규범을 표현규칙(전시규칙: display rule)이라고 한다. 표현규칙으로 요구하는 감정표현은 직원이 실제로 느끼는 감정과 일치할 수도 있고 서로 다를 수도 있을 것이다. 조직이 정하는 표현규칙의 존재이유는 조직을 위해 필요하다고 규정된 감정표현과 실제로 느끼는 감정이 서로 다른 경우에도 표현규칙에 따르도록 요구하는 데 있다.

표현규칙에 따라 감정노동을 하는 사람들은 피상적 행동(surface acting)이나 심층행동(deep acting)을 하게 된다. 피상적 행동은 자기의 내면적인 느낌을 감추고 표현규칙에 따른 감정표현을 만들어 내는 것이다. 이것은 가면적 행동이다. 심층행동은 표현규칙에 맞도록 자기의 진정한 감정을 수정하는 것이다.

감정노동은 감정불협화(emotional dissonance)를 야기하고 해당 직원에게 딜레마를 안겨줄 수 있다. 감정불협화는 느끼는 감정과 표현하는 감정의 비일관성 또는 간극이다. 감정불협화를 경험하는 직원은 좌절감, 분노, 원망과 같은 짓눌린 느낌을 가지게 되며 결국은 감정적으로 지치고 탈진상태에 빠질 수 있다. 피상적 행동의 경우 감정불협화의 폐해(부정적 영향)가 특히 심하다고 한다.

4) 감성지능º⁾

감정이 직업적 성공에 미치는 영향에 대한 연구인들의 관심이 확산되면서 감정을 측정할 지표와 측정도구에 대한 논의도 활발해졌다. 그리하여 개발된 개념적 구성이 감성지능(emotional intelligence: EI: EQ)이다.ᵖ⁾

감성지능은 자기 자신의 감정과 다른 사람들의 감정을 인지하고 관리하는 능력이다. 감성지능은 자기 자신과 다른 사람들을 감정적으로 얼마나 잘 다루는가에 대한 개념적 구성이라고도 설명된다. 감성지능의 구성요소는 자기인식, 자기통제, 타인의 감정에 대한 감수성과 사회적 감정이입, 그리고 다른 사람들에게 영향을 미칠 수 있는 사회적 기술이다.

감성지능이 높은 사람은 자기와 타인의 감정을 정확하게 지각하고 잘 관리하여 효율적인 사회관계를 형성할 수 있다. 감성지능이 높은 사람은 긍정적 감정으로 부정적 감정을 완충함으로써 이를 보다 잘 극복하며 실패의 두려움이 아니라 희망을 가지고 일을 한다. 다수의 연구인들과 실천세계의 조직관리자들이 그런 가설들을 지지하고 있다. 그러나 그에 대한 과학적 검증이 끝난 것은 아니다.

개척단계를 아직 벗어나지 못한 감성지능이론은 끝없는 찬·반논쟁의 대

---

o) 용어의 통일을 위해서는 emotional intelligence를 감정지능이라고 번역해야 마땅하지만, '감성지능'이라는 말이 우리나라에서 관용어처럼 널리 쓰이고 있으므로 그런 용례를 따르려 한다. 감정지능이라는 용어를 혼용해도 무방할 것이다.

p) P. Salovey와 J. D. Mayer가 감성지능이라는 개념을 처음 만들어냈다고 한다. 그들은 감정정보 처리능력을 지능의 한 유형이라고 하였다. Salovey and Mayer, "Emotional Intelligence," *Imagination, Cognition, and Personality*(vol. 9, 1990), pp. 185~211.
감성지능의 영문약자로 EI를 쓰는 것이 다수의 관행이지만 이를 EQ(emotional quotient)로 쓰는 사람들도 있다. John W. Slocum, Jr. and Don Hellriegel, *Principles of Organizational Behavior*, 12th ed.(South-Western, 2009), p. 48.

상이 되고 있다.

그 유용성을 지지하는 사람들은 우선 직관적 호소력을 들고 있다. 현실 생활에서 흔히 관찰되는 실제의 사례, 그리고 감성지능이 유용할 것이라고 생각하는 보통사람들의 믿음에서 직관적 호소력을 찾는다. 감성지능이 높은 사람은 직업적으로 더 성공적이라는 경험적 증거들이 늘어나고 있다는 사실도 지적한다. 감성지능이론은 생물학적(신경학적) 기반을 가지고 있다는 말도 한다. 감정처리를 담당하는 부분의 뇌가 손상된 사람은 감성지능점수가 낮고 의사결정에서 장애를 겪는다는 것이 그 논거이다.

감성지능의 유용성을 의심하는 사람들은 그것이 너무 모호한 개념이라고 비판한다. 감성지능을 지능이라 보기 어렵다고 한다. 감성지능은 성격과 일반지능에 깊이 연관되기 때문에 감성지능이라는 개념이 독자적으로 기여할 바가 별로 없다는 주장도 한다. 신뢰성·타당성이 높은 과학적 측정도구가 개발되지 못한 것도 큰 약점이라고 한다.

V. 조직문화

사람 사는 곳에는 문화가 있다. 조직에도 조직문화가 있다. 조직구성원들이 만들고 배우고 전수하는 조직문화는 조직을 구성하는 사람들의 생각과 행동을 결정하는 데 강력한 영향을 미친다. 조직구성원들의 동기가 어떻게 유발되고 그들이 어떻게 행동하는가를 규명하는 데 조직문화에 대한 이해는 필수적이다.

문화라는 말은 여러 가지 크기의 사회적 단위에 관련하여 쓰여 왔다. 서양문화·동양문화와 같이 아주 광범한 대상에 관하여도 문화라는 말이 쓰인다. 국가 내의 인종집단, 직업분야, 조직, 행정 등에 관한 문화의 개념도 쓰인다.

한 사회 전체의 문화를 사회문화라 한다. 사회문화를 지칭할 때 국가문화, 일반문화, 거시문화 등의 표현이 쓰이기도 한다. 사회문화는 사회구성원들이 영위하는 삶의 방법 또는 생활양식의 총체이다. 조직문화는 사회문화의 한 하위체제이다. 조직문화는 사회문화의 구성부분이며 양자는 상호적인 영향관계에 있다. 조직문화를 연구하는 사람들은 대체로 조직마다 고유한 문화가 있다고 생각한다. 그리고 조직문화를 조직구성원들이 준수하는 행동양식의 총체라고 이해하는 것 같다.

1. 조직문화란 무엇인가?

1) 조직문화의 정의

조직문화(組織文化: organizational culture)는 조직을 구성하는 사람들이 공유하는 생활양식 내지 행동양식의 총체이다. 그것은 구성원들이 공유하는 심층적인 근원적 전제에 바탕을 둔 것이다. 조직문화는 인위구조, 가치와 신념, 근원적 전제 등 구성요소 또는 차원을 내포한다. 이들 요소 중 일부는 잠재의식적·묵시적이며 일부는 명시적이다. 조직문화는 조직구성원들의 태도와 행동을 규정한다. 조직문화는 조직이라는 집합체에 특유한 것이며 여러 하위문화를 내포한다.

(1) 조직문화의 구성요소: 차원 조직문화는 잠재의식적·심층적인 것에서부터 표현적·피상적인 것에 이르기까지 여러 구성요소(형태·차원)를 가지고 있다. 조직문화의 구성요소는 다양하게 분류되고 있지만 이를 세 가지 범주로 묶어 볼 수 있을 것 같다. 세 가지 범주란 문화의 초석인 근원적 전제, 가치와 신념, 그리고 인위구조를 말한다.[23]

❶ 인위구조 인위구조(人爲構造: artifacts)는 조직문화의 가장 가시적이고 피상적인 차원의 구성요소이다. 문화적 상징이라고도 하는 인위구조에는 언어, 가시적인 태도와 행동, 물리적 공간의 구성, 기술, 예술품, 영웅(귀감이 되는 사람), 의식 등이 포함된다. 인위구조는 문화의 반영이지만 문화가 유일한 결정요소인 것은 아니다. 인위구조 가운데는 시간이 흐름에 따라 문화가 변동하면 문화에 직결되는 의미를 잃고 그 잔해로 남는 것도 있다.

❷ 가치와 신념 조직문화를 공유하는 사람들은 가치를 공유한다. 가치 또는 가치관은 의식적인 차원의 구성요소이다. 가치에 대한 공동의 인식이 확산되면 그것은 신념이 된다. 신념은 개인적 준거틀 안에서 무엇이 실제로 일어날 것인가에 대한 이해를 말해 준다. 가치는 규범적·도덕적 기능을 하고 인간의 행태를 예측할 수 있게 한다. 그러나 가치만으로는 설명되지 않는 행

태들도 있다. 문화적 학습에 기초를 두지 않는 가치는 구두선(口頭禪)임에 불과하다. 의식적인 차원의 가치는 도전받거나 논란의 대상이 될 수 있다.

❸ 근원적 전제 　어떤 가치가 문제를 해결하는 데 계속적으로 성공적이고 사람들이 그에 익숙해지면 신념으로 변한다. 그러한 상태가 계속되면 가치는 당연시되어 가고 궁극적으로 인식론적 전환을 통해 잠재의식화된다. 이렇게 잠재의식화된 가치가 문화의 본질적 요소인 근원적 전제(根源的 前提: basic underlying assumptions or subconscious values)이다. 근원적 전제는 문화적 공리(文化的 公理)로서 당연시된다. 그것은 비가시적이고 전의식적(前意識的)이다.

　　저자가 조직문화를 정의하면서 참고한 조직문화정의의 예를 몇 가지 보기로 한다.
　　Edgar H. Schein의 조직문화 정의가 가장 널리 인용되고 있다. 저자도 그의 아이디어를 주로 참조하였다 Schein은 조직문화를 "조직의 구성원들이 공유하는 보다 심층적인 기본전제와 신념"이라고 정의하였다.[24]
　　D. Denison은 조직문화를 "조직을 운영하는 관리체제의 기반이 되는 저변의 가치, 신념, 그리고 원리분만 아니라 이를 체현하고 강화하는 관리작용과 행태"라고 정의하였다.[25]
　　Geert Hofstede는 조직문화를 "한 조직의 구성원을 다른 조직의 구성원과 다르게 만드는 집합적 정신 프로그램"이라고 정의하였다.[26]
　　B. J. Hodge와 그 동료들은 조직문화를 다음과 같이 정의하고 있다. "조직문화는 조직의 관찰가능한 특성과 관찰불가능한 특성을 포괄하는 구성체이다. 관찰가능한 차원에서 문화는 건축물, 복장, 행동방식, 규칙, 언어, 의식(儀式) 등 조직의 여러 국면을 포함한다. 측정불가능한 차원의 문화는 조직구성원들이 공유하는 가치, 규범, 신념, 그리고 전제들로 구성된다."[27]
　　Jennifer M. George와 Gareth R. Jones는 조직문화를 "조직 내의 개인과 집단이 교호작용하고 고객, 공급자 등 조직 외부의 사람들과 교호작용하는 방법을 통제하는 일련의 비공식적 가치, 규범 및 신념"이라고 정의하였다. 그들은 조직의 구조를 공식적인 것으로, 그리고 조직문화를 비공식적인 것으로 파악하고 있다.[28]
　　문화의 차원(level) 또는 구성요소에 관해서도 의견이 갈리고 있다.
　　B. J. Hodge 등은 조직문화의 차원을 관찰가능한 차원과 관찰불가능한 차원으로 나누었다. Edgar Schein은 조직문화의 차원을 근원적 전제, 가치, 인위구조와 창작물 등 세 가지로 구분하였다. Robert Isaac은 문화의 구성요소를 가치, 신념, 이념, 태도, 인위구조 등 다섯 가지로 구분하였다. G. Hofstede는 문화의 형태를 가치와 관행으로 구분하고 관행에는 의식, 영웅, 그리고 상징을 포함시켰다.[29]

(2) 조직문화의 특성   조직문화의 주요 특성은 다음과 같다.[30]

❶ 사고와 행동의 결정요인   조직문화는 조직구성원의 사고와 행동을 결정하는 데 작용하는 강력한 요인이다. 그러나 인간이 문화에 대해 절대적으로 피동적인 존재는 아니다. 사람은 문화로부터 다소간의 자유를 누릴 수 있다.[q]

❷ 학습을 통한 공유   조직문화는 사람이 만든다. 사람들이 이를 학습하여 공유한다. 문화는 본능이 아니라 배워서 익힌 것이다.[r]

❸ 역사적 산물   조직문화는 역사적 산물로서 현재를 과거와 미래에 연결한다. 문화는 신참자와 후속세대에 전수된다.

❹ 집합체적·공유적 특성   조직문화는 집합체적·공유적인 것이다. 문화는 개인이 표현하지만 인간의 집합체인 체제의 승인을 받는 것이기 때문에 초개인적인 속성을 지닌다.

❺ 통 합 성   조직문화는 스스로 통합성을 유지한다. 통합성이 없으면 조직문화의 정체성을 인정할 수 없다. 그러나 조직문화는 기본적 통합성을 유지하는 가운데 여러 하위문화를 포용하고 문화갈등을 내포하기 때문에 그 양상이 복잡하다.

❻ 안 정 성   조직문화는 비교적 안정적이고 계속적이며 변동저항적인 속성을 지닌다. 그러나 문화변동이 불가능한 것은 아니다. 문화는 시간이 흐르면 많건 적건 간에 변동하지 않을 수 없다.

❼ 사회문화의 하위문화   조직문화는 '조직의 문화'이다. 사회문화는 조직문화의 상위문화 내지 환경이다. 양자가 교호작용한다지만 그들 사이에는 경계가 있다. 조직마다의 조직문화는 각기 고유한 특성을 지니지만 그 상위문화인 사회문화와 공유하는 요소도 많다. 조직들 사이의 공통점도 있다. 문화

---

q) 사람들의 사고와 행동을 통제하는 문화의 강도(強度: strength)는 다양하다. 문화의 강도는 개인이 가진 문화적 요소와 집합체가 가진 문화적 요소의 결합수준 또는 정합도(整合度)를 표현하는 기준이다. 문화의 강도를 나타내는 지표는 체제전반에서 발견되는 근원적 전제의 수, 구성원들이 이를 공유하는 정도, 그리고 근원적 전제들의 우선순위를 구성원들이 따르는 정도이다. 많은 근원적 전제들과 그 우선순위를 구성원들이 잘 준수하는 문화는 강한 문화이다. 강한 문화는 사람들에게 어떻게 행동하라는 지시신호를 더 많이 보낸다.

r) 문화는 학습되는 것이며 어떤 집단이나 범주의 인간에 한정되는 것이다. 그런가 하면 인간성(人間性: human nature)은 모든 인간이 공유하며 그것은 유전자를 통해 유전된다. 성격(personality)은 개인에 한정되는 특유의 정신프로그램이며 일부는 유전되고 일부는 학습된다. 차재호·나운영 역, 세계의 문화와 조직(학지사, 1995), 26~27쪽.

는 체제 간에 전파되어 보편성을 높이기도 한다.

(3) 조직문화의 기능   조직문화는 조직의 형성과 존속을 가능하게 하며 구성원들이 직면하는 불확실성을 감소시킨다.[31]

❶ 욕구의 통제   조직문화는 구성원의 욕구와 욕구충족의 통로를 규정하는 작용을 하며 구성원의 물리적·사회적 적응을 촉진한다. 조직문화는 구성원들이 어떤 욕구를 표출할 수 있는가, 그리고 욕구충족의 한계와 방법은 어떤 것이라야 하는가를 통제한다.

❷ 사고와 행동의 기준 제시   조직문화는 구성원의 사고방식과 행동양식을 인도하는 기준을 제시한다.

❸ 일탈행동 통제   조직문화는 구성원을 사회화하고 일탈적 행동을 통제하는 기능을 한다.

❹ 일체감 형성   조직문화는 구성원의 일체감 형성에 기여한다.

❺ 통합성·안정성 유지   조직문화는 조직의 통합성과 안정성을 유지하는 사회적·규범적 접착제와 같은 역할을 한다. 이러한 조직문화의 기능은 조직 구성원의 다양화와 조직개혁에 장애가 되기도 한다.

2) 조직문화의 통합성과 다양성

조직문화에는 통합성이 높은 것도 있고 반대로 다양성이 높은 것도 있다.

(1) 통합성과 그 한계   조직문화는 어떤 사람들의 집합체가 공유하는 것이므로 다소간의 통합성(통일성)이 있음을 전제하는 개념이다. 실제로 조직문화는 새로운 요소들을 통합하는 경향이 있다. 문화통합을 위한 여러 가지 인위적 과정이 진행되기도 한다.

그러나 조직문화의 모든 요소나 국면이 통합되어 있는 것은 아니다. 조직문화에는 구성원 전원의 신념과 행태를 지배하는 보편적 요건(cultural universals)이 있는가 하면 개별적 선택을 용인하는 영역도 있다. 그리고 어떤 한 조직의 문화는 다소간에 서로 어긋나거나 갈등을 빚을 수도 있는 여러 하위문화를 포함한다. 현대사회의 조직은 대개 복잡한 문화를 가지고 있다.

(2) 하위문화의 존재   하나의 조직문화 속에는 다양한 하위문화(subculture)들이 존재한다. 여러 하위문화들은 주된 조직문화를 강화 또는 수정하거나 주된 조직문화에 도전할 수 있다. 하위문화들은 서로 갈등을 빚기도

한다.

하위문화의 유형을 i) 지지적 하위문화, ii) 혼합적 하위문화, iii) 수렴적 하위문화, iv) 완고한 하위문화, v) 반발문화 등으로 분류해 볼 수 있다.[32]

지지적 하위문화(enhancing subculture)는 주된 문화의 가치·규범 등과 양립하면서 주된 문화를 강화하는 것이다. 혼합적 또는 직교적(直交的) 하위문화(orthogonal subculture)는 지배적 문화의 근원적 전제와 가치를 많이 공유하지만 자체의 고유한 요소도 지니는 것이다. 수렴적 하위문화(convergent subculture)는 이질적 요소를 지닌 하위문화가 지배적 문화에 동화·접근해 가는 과정에 있는 것을 말한다. 완고한 하위문화(persistent subculture)는 별로 변하지 않고 주된 문화와의 구별을 고집하는 것을 말한다. 완고한 정도가 아주 심하면 하위문화라기보다 독자적인 문화라 해야 할 것이다. 반발문화(contraculture or counterculture)는 주된 문화에 반발하기 위해 형성한 하위문화이다. 이것은 주된 문화의 가치와 규범을 전면적으로 거부하지는 않지만 주된 문화적 규범들 가운데 어떤 것을 과잉강조하는 등의 방법으로 주된 문화의 일반적 경향에 도전하는 하위문화이다.

(3) 다양성 관리의 중요성 오늘날 조직문화의 연구에서는 다양한 하위문화가 얽혀 자아내는 문화적 다양성의 이해가 중요시되고 있다. 거대한 조직들의 복잡성 증대와 사회적 분화의 촉진은 조직문화의 다양화 수준을 크게 높여 놓았을 뿐만 아니라 앞으로도 그 추세가 지속될 것으로 예상되기 때문이다. 이런 다양성을 어떻게 받아들이고 어떻게 관리해 나가야 할 것인가는 실천적으로 대단히 중요한 과제이다.[33]

첫째, 문화적 다양성 관리의 필요와 목표는 우선 도덕적 요청에서 찾을 수 있다. 하위문화들 사이의 억압이나 불평등을 막고 사회정의를 구현해야 하는 도덕적 필요가 있다.

둘째, 문화적 다원주의를 용인하고 보호하는 일은 민주정치원리에 부합한다.

셋째, 조직의 효율성 증진을 위해서도 다양성을 계획적으로 관리해야 한다. 다양한 문화집단 간의 신뢰를 구축해야 한다. 다양성이 의사전달, 쇄신, 문제해결 등에 긍정적으로 기여하게 해야 한다.

3) 조직문화의 유형

문화 일반 또는 조직문화는 복잡한 현상이며 수없이 많은 유형을 내포한다. 문화의 내용별 분류가 조직문화에 대한 이 책의 논의에 가장 유용한 것이지만 다른 기준에 따른 유형론도 많다. 예컨대 강도, 존재양식, 위치, 역할 내지 기능 등에 따른 유형론들도 흔히 볼 수 있다.

(1) 내용을 기준으로 한 분류   문화의 내용을 기준으로 한 유형론에서는 문화의 구성요소 또는 차원 가운데서 어느 것이라도 기준으로 삼을 수 있다. 그러나 문화의 근원적 전제를 추정할 수 있게 하는 가치와 신념, 행태적 특성 등을 기준으로 하는 유형론이 대부분이다. 내용을 기준으로 한 조직문화 분류의 예를 보기로 한다.

❶ Greenberg와 Baron의 분류   Jerald Greenberg와 Robert A. Baron은 사교성국면(sociability dimension)과 결속국면(solidarity dimension)이라는 조직문화의 두 가지 국면을 기준으로 네 가지 조직문화를 분류하였다. 사교성 국면은 조직구성원들이 보이는 우호적 행태의 수준에 관한 것이다. 결속국면은 조직구성원들이 업무와 목표에 대해 갖는 공통적 이해의 수준에 관한 것이다.

이들이 분류한 네 가지 조직문화유형은 i) 네트워크 문화, ii) 용병문화, iii) 분산적 문화, 그리고 iv) 공동체적 문화이다.[34]

> 네트워크 문화(networked culture)는 사교성은 높고 결속은 낮은 문화이다. 용병문화(傭兵文化: mercenary culture)는 사교성은 낮고 결속은 높은 문화이다. 이것은 업무성취와 승리를 위해 사무적·능률적으로 일하는 문화이다. 분산적 문화(fragmented culture)는 사교성과 결속이 다 같이 낮은 문화이다. 이것은 조직구성원들 간의 관계가 냉담하고 그들의 조직에 대한 일체감도 희박한 경우의 조직문화이다. 공동체적 문화(communal culture)는 구성원 간의 사교성도 높고 결속력도 높은 문화이다.

❷ Slocum, Jr.와 Hellriegel의 분류   John W. Slocum, Jr.와 Don Hellriegel은 통제지향의 안정성과 융통성, 그리고 관심의 내향성과 외향성을 기준으로 i) 관료적 문화, ii) 가족적 문화, iii) 기업가적 문화, iv) 시장적 문화

등 네 가지 조직문화를 구분하였다.[35]

　　관료적 문화(bureaucratic culture)는 안정적 통제지향성과 관심의 내향성을 특징으로 하는 조직문화이다. 관료적 문화는 공식화, 규칙, 표준적 절차, 계서적 조정을 강조하는 조직의 문화이다. 가족적 문화(clan culture)는 융통성 있는 통제지향성과 관심의 내향성을 특징으로 한다. 전통과 충성심의 중시, 개인적 헌신, 강력한 사회화, 팀워크, 자율관리 등은 가족적 문화의 특성이다.

　　기업가적 문화(entrepreneurial culture)의 특징은 융통성 있는 통제지향성과 관심의 외향성이다. 이것은 모험적이고 역동적이며 창의적인 조직문화이다. 시장적 문화(market culture)는 안정적 통제지향성과 외향적 관심을 특징으로 하는 조직문화이다. 이것은 이윤추구성향이 아주 강하고 목표성취를 위해 고도의 경쟁적 활동을 하는 조직에서 볼 수 있는 문화이다.

　　❸ Hofstede의 분류　　Geert Hofstede는 조직문화를 여섯 가지 기준에 따라 분류하였다. 여섯 가지 기준에 따른 2분법적 유형론은 조직문화를 i) 과정지향적 문화와 결과지향적 문화, ii) 종업원지향적 문화와 업무지향적 문화, iii) 가부장적 문화와 전문적 문화, iv) 열린 체제의 문화와 닫힌 체제의 문화, v) 느슨한 통제의 문화와 엄격한 통제의 문화, 그리고 vi) 규범적 문화와 실용적 문화로 구분하였다.[36]

　　(2) 강도·존재양식·위치·기능을 기준으로 한 분류　　문화의 강도를 기준으로 강한 문화와 약한 문화를 구분한다. 문화가 강하다 또는 약하다는 것을 두껍다 또는 얇다고 표현할 때도 있다.

　　존재양식을 기준으로 한 유형론의 예로 나타난 문화 또는 명시적 문화와 감추어진 문화 또는 묵시적인 문화의 분류를 들 수 있다.

　　문화의 위치 내지 차원을 기준으로 한 분류의 예로는 사회문화, 행정문화, 조직문화를 나누는 것이 있다. 상위문화(전체문화)와 하위문화, 그리고 반문화(半文化: half-culture)를 구분한 유형론도 있다.[s]

　　문화의 기능에 따른 분류의 예로 현실 또는 실재에 대한 사회적 규정의 역할을 하는 경험적 인지의 문화, 심미적이고 감상적인 것을 규정해 주는 심미적 표출과 감상의 문화, 가치판단의 기준을 제공하는 평가적 규범의 문화를

---

s) 반문화는 한 집단이 독자적인 문화를 가지고 있으나 다른 문화에 의존하고 있는 경우를 지칭한다.

구분한 유형론을 들 수 있다.37)

2. 조직문화의 형성 · 보존 · 변동 · 개혁

1) 조직문화의 형성 · 보존 · 변동

(1) 형 성   조직구성원들이 대외적 적응과 생존, 대내적 통합 등에 관한 그들의 문제를 성공적으로 해결해 준 방안을 수용하는 데서부터 문화의 형성은 시작된다. 그러한 해결방안에 결부된 가치를 구성원들이 의식적으로 채택하고 시간의 흐름에 따라 그것이 당연시되고 무의식 속에 깊이 자리잡게 되면 문화가 형성된다. 문화형성과정에서는 여과장치 또는 과오회피기제가 작동한다. 그러나 실패한 대안을 걸러내는 여과장치가 언제나 완전한 것은 아니다.38)

(2) 보 존   형성된 조직문화는 상당한 안정성을 지닌다. 조직문화는 후속세대 또는 신참자에게 전수되어 지속적으로 보존된다. 문화전수의 중심적인 과정은 사회화(socialization)이다.

조직에 참여하는 사람들은 사회화를 통해 역할행태를 익히고, 업무수행능력을 키우고, 작업집단의 규범과 가치에 적응할 수 있게 된다. 사회화는 후속세대 또는 신참자의 문화변동을 일으켜 조직 전체의 문화적 통합성을 유지하려는 과정이지만 그에 대한 사람들의 반응이 한결같은 것은 아니다. 이 말은 사회화의 방법에 한계가 있고 사회화가 쉽지 않다는 뜻이기도 하다. 사회화의 과정에서 실책을 저지르는 예도 흔하다. 사회화과정을 권력행사, 사익추구, 개인적 충성관계나 착취적 관계의 구축 등 은폐된 목적을 위해 악용할수 있다. 과잉사회화로 인해 맹종, 과잉충성, 창의성 억압 등의 폐단을 빚을 수도 있다.t)

---

t) William H. Whyte의 '조직인'(組織人: organization man)에 관한 이론은 과잉사회화로 인한 폐단을 잘 지적하고 있다. Whyte가 말하는 조직인은 조직의 문화적 규범을 절대적으로 수용하고 개별성(individuality)을 포기한 사람이다. 개별성을 완전히 버리고 조직에 총체적으로 투항한 사람인 것이다. 조직인은 조직 내의 생활에서 조직의 문화에 절대적으로 순응할 뿐만 아니라 조직 밖의 생활에서도 조직문화에 일관되는 행태를 보인다. 조직인이 조직의 요청에 순응하는 데 대한 대가로 조직은 안전과 보호, 보상 등을 제공한다. 조직인의 맹종적 행태는 그들의 창의성을 억압하고 조직의 발전을 저해한다고 한다. Whyte, *The Organization Man*(Doubleday,

(3) 변 동   조직문화는 안정적인 특성을 지닌다. 그러나 시간의 흐름에 따른 문화변동의 가능성을 배제할 수는 없다. 형성의 과정에서처럼 변동은 일어난다. 조직문화는 새로운 요소들을 누적시키기도 하고 기존의 요인들을 탈락시키기도 하며 기존의 내용을 변용시키기도 한다. 문화변동은 내생적 요인이 촉발하기도 하고 외생적으로 전파되기도 한다.

조직구성원들이 점진적으로 형성하고 변동시켜 나가는 문화의 경우를 준거로 문화변동과정의 단계를 i) 안정단계(문화단절이나 변동이 구상되지 않는 단계), ii) 반발단계(최소한의 변동만 받아들여지는 단계), iii) 예상단계(점증적 변동이 수용되는 단계), iv) 탐색단계(많은 변동이 받아들여지는 단계), 그리고 v) 창조적 단계(문화변동을 위한 연속적 탐색이 진행되는 단계)로 구분해 볼 수 있다.[39] 그러나 문화변동의 구체적 과정이나 변동의 폭과 완급은 결국 상황적응적일 수밖에 없다는 점을 유념해야 한다.

2) 조직문화의 개혁: 변동개입

문화개혁은 문화의 바람직한 변동이다. 문화의 바람직한 변동은 계획적으로 추진된다. 문화변동을 촉발하고 변동과정에 인위적으로 개입하여 바람직한 문화에 도달하려는 활동이 문화개혁이다.

문화를 계획적으로 바꾸려는 문화개혁은 문화의 인위적 변동가능성을 전제한다. 문화의 안정성 그리고 변동노력의 어려움에 집착하는 사람들은 문화의 인위적 변동가능성에 회의적이다. 그러나 우리는 많은 제약에도 불구하고 문화의 개혁이 가능하다고 생각한다.

가능성이 희박하거나 아주 어려운 문화개혁을 시도하기보다는 문화적 전통을 활용하는 것이 더 바람직하다는 주장도 있다.[40] 조직개혁에 임하는 사람들이 귀담아 들어야 할 말이다. 자기의 문화적 전통을 부정적으로만 생각하는 것은 옳지 않다. 기존의 조직문화를 활용하거나 그 이점을 강화하는 방법, 문화적 전통에 적합한 관리전략이나 기술을 도입하는 방법, 새로운 방법을 문화적 전통에 적응시키는 방법 등이 적용가능한지 알아보아야 한다.[u]

1956).

u) 통합성이 강한 조직문화가 조직개혁에 지장을 줄 수 있음을 염려하는 사람들은 보수와 진보의 성향 또는 점진과 급진의 성향을 겸비한 '양수잡이 조직문화'(ambidextrous organizational

그러나 조직문화가 조직의 발전을 좌절시키면 이를 개혁하지 않을 수 없다. 개혁과정의 단계와 개혁추진의 개입방법을 알아보기로 한다.

(1) 개혁과정   조직문화의 바람직한 변동을 유발하려는 개입의 과정은 계획적인 것이다. 문화의 본질적인 요체는 무의식적·비가시적이지만 문화개혁과정은 의식적이다. 문화개혁은 무의식세계에 대한 의식적 접근이다.

문화개혁의 과정에는 일련의 행동단계들이 포함된다.

❶ 전략수립단계   문화개혁의 목표와 기본전략을 수립하는 단계이다.

❷ 개혁대상확인단계   개혁대상이 될 문화적 요소를 확인하는 단계이다. 개혁대상을 확인하기 위해서는 조직문화의 실상을 조사하는 문화감사(culture audit)를 실시해야 한다.

❸ 주지단계   바람직한 문화적 요소를 구성원들에게 주지시키는 단계이다.

❹ 수용단계   구성원들의 수용을 확보하는 단계이다.

❺ 강화단계   바람직하게 변한 문화를 강화해 나가는 단계이다.

❻ 평가단계   개혁의 성과와 과정을 평가·환류하는 단계이다.

문화개혁의 과정에서는 의식적·표현적 차원의 요소들을 일차적인 대상으로 삼을 수밖에 없다. 그러나 그것은 어디까지나 그 저변에 있는 문화의 본질적 요소에 접근하기 위한 방편이라는 점을 잊어서는 안 된다.

개혁과정이 성공적으로 진행되려면 환경적 지지, 잉여자원, 변혁적 리더십의 능력과 헌신, 조직구성원들의 감수성과 적응성 등이 구비되어야 한다.

(2) 개입방법   조직문화의 개혁에서 사용할 수 있는 개입방법을 한정하기는 어렵다. 조직문화는 아주 포괄적인 현상이며 그 연관요인은 수없이 많기 때문이다. 서로 연계된 상위문화의 개혁까지 안중에 두면 고려해야 할 개입방법의 수는 대단히 많아질 것이다. 여기서는 조직이 대내적으로 동원할 수 있는 개입방법에 국한하여 중요한 것들을 예시하려 한다.[41]

culture)의 발전을 제안하기도 한다. 점진적 개혁과 단기적 성과를 위해 기존의 역량을 활용하는 것도 지지해 주고 급진적 개혁과 장기적인 성공을 위해 새로운 역량을 개척하는 것도 지지해주는 문화는 양수(양손)잡이 조직문화의 한 예이다. Catherine L. Wang and Mohammed Rafiq, "Ambidextrous Organizational Culture, Contextual Ambidexterity and New Product Innovation: A Comparative Study of UK and Chinese High-tech Firms," *British Journal of Management*(Vol. 25, Iss. 1, Jan. 2014), pp. 58~76.

❶ 리더십의 활용　리더십의 적극적 역할을 활용하는 방법이 있다. 이것은 조직의 관리자, 감독자, 기타 개혁추진자들이 문화개혁의 뚜렷한 비전을 제시하고, 문화개혁을 솔선수범하고, 문화개혁에 유리한 쇄신적 분위기를 조성하는 방법이다. 문화관리 전담부서를 만들어 문화개혁의 요새(要塞: enclave)로 활동하게 하는 방법도 있다.

❷ 모범적 하위문화의 학습　조직 내의 가장 바람직한 하위문화를 찾아내 이를 모범사례로 삼아 조직구성원들이 학습하게 하는 방법이 있다.

❸ 자발적 개혁노력의 지원　상향적 문화개혁을 촉진하기 위해 문화개혁에 대한 좋은 아이디어를 가지고 이를 실천할 의욕이 있는 조직구성원들을 지원해 주는 방법이 있다.

❹ 채용·승진 절차의 활용　채용·승진의 기준을 새로운 문화적 요건에 적합하게 설정하여 시행하는 방법이 있다.

❺ 근무성적평정·교육훈련의 활용　근무성적평정을 활용하고 교육훈련을 실시하는 방법이 있다. 특히 중요한 것은 윤리적 감수성을 높이는 훈련이다.

❻ 보상체제의 활용　유인기제 또는 보상체제를 활용하는 방법이 있다. 이것은 문화개혁에 순응하는 행태를 강화하고 저항하는 행태를 처벌하는 방법이다.

❼ 팀워크체제의 활용　팀워크체제를 활용하고 구성원들의 신뢰와 지지를 지렛대로 삼아 문화개혁을 촉진하는 방법이 있다. 이것은 집단 내의 사회적 압력을 활용하는 방법이다.

❽ 문화적 상징의 조정　조직의 의식(儀式: ritual), 언어, 설화 등 문화적 상징을 조정하는 방법이 있다. 이것은 바람직한 문화적 상징을 개발함으로써 문화의 내면적·심층적 차원에 변화를 유도하려는 방법이다.

❾ 구조·과정의 재설계　조직의 구조, 절차, 기술, 작업장의 물적 설계 등을 바꾸는 방법이 있다.

04 조직 내의 집단

Ⅰ. 집단이란 무엇인가?

　　조직 안에는 집단(集團: group)이 있다. 집단은 조직현상에 불가피하게 들어있는 요소라고 할 수 있다. 조직은 계획적으로 집단을 구성하고 자생적인 집단형성의 여건을 제공한다.

　　집단은 사람들이 모여 일정한 교호작용의 체제를 이룰 때 형성된다. 개인들이 모여 집단을 형성하며 집단들은 모여 하나의 조직을 형성한다. 이러한 관계는 거꾸로 이야기할 수도 있다. 하나의 대규모 조직은 집단이라는 여러 개의 하위체제로 분화되며, 집단은 하위집단 또는 개별적인 역할을 수행하는 개인으로 분화된다.

　　집단에 대한 관점은 조직학설사의 변천에 따라 달라져 왔다. 고전기의 조직연구인들은 조직의 공식적 구조분할 또는 분업의 결과 생기는 하위체제에만 관심을 보였다. 집단현상에 본격적으로 주의를 기울인 인간관계론적 연구는 비공식집단의 연구에 치우쳐 있었다. 인간관계론 이후 집단현상에 대한 행태과학적 연구는 발전을 거듭해 왔다. 심리학·사회학 등의 조력을 얻어 집단을 바라보는 균형잡힌 안목을 갖추고 집단이라는 현상의 보다 온전한 이해로 접근해 가고 있다.

　　오늘날의 지배적인 관점은 조직 내의 모든 집단이 공식적인 조직상의 요인과 개인적 및 심리적 요인을 다소간에 공유한다고 본다.

1. 집단의 정의

사람들이 모여 일정한 교호작용과 상호의존의 체제를 이룰 때 집단은 형성된다. 집단이란 i) 대면적인 접촉을 통해 교호작용하고, ii) 서로의 존재를 심리적으로 의식하며(서로가 서로를 알며), iii) 자기들이 한 집단의 구성원들이라고 지각하고, iv) 공동의 목표를 추구하는 사람들의 모임을 말한다.[a] 사람들의 모임이라 함은 두 사람 이상의 모임을 뜻한다. 인원수의 상한은 구체적인 여건에 따라 달라질 수 있기 때문에 획일적으로 규정하기는 어렵다. 그러나 집단이 형성되려면 그 구성원이 일상 접촉하고 서로 알아야 한다는 조건이 성립되어야 한다. 따라서 인원수의 상한이 크게 높아질 수 없다는 한계가 있음은 분명하다.[b]

과, 계, 위원회 또는 팀과 같은 소규모의 조직단위, 친목모임 등은 우리의 정의에 부합되는 집단의 예이다.

집단의 정의에 포함된 요소들을 나누어 설명하면 다음과 같다.[1]

❶ 지속적 교호작용　다소간에 지속적인 교호작용이 있어야 한다. 교호작용은 대체로 범위가 한정된 동일 구성원들 사이에서 일어나는 것이므로, 그 구성원이 누구인지 그리고 집단의 경계가 어디인지를 알 수 있다.

❷ 서로 안다는 인식　집단구성원들이 서로 안다는 인식을 가지고 있어야 한다. 서로 안다는 상호인식은 일상적인 교호작용의 심리적 결과라고 할 수 있다. 그런가 하면 서로 안다는 인식은 그러한 인식을 갖는 사람들끼리의 교호작용을 지속시키는 동인이 될 수 있다.

❸ 집단구성원이라는 인식　집단구성원들이 한 집단의 구성원이라는 인

---

a) 집단(group)이라는 용어는 여러 가지 의미로 쓰이고 있다. 비공식적 집단만을 지칭하는 경우도 있고, 대규모조직까지를 포함하는 사회적 집합체들을 범칭할 때도 있다. 그런가 하면 우리의 정의에 부합되는 집단현상이 여러 가지 다른 말로 불리기도 한다. 소집단(small group), 사회적 집단(social group), 심리적 집단(psychological group) 등으로 불리는 경우를 흔히 볼 수 있다.

b) 집단을 정의할 때 구성원의 규모를 계량적으로 표시하려는 시도를 한 사람들도 있다. Marvin E. Shaw는 구성원이 10인 이하인 집단을 소집단이라 하고, 30인 이상인 집단을 대집단이라고 규정하였다. 10인과 30인 사이의 구성원을 가진 집단은 구성원 수 이외의 집단특성들을 고려해 소집단 또는 대집단으로 분류할 수 있다고 하였다. 집단역학 연구인들의 주된 관심대상은 소집단이라고 생각한다. 이순묵, "Marvin E. Shaw의 집단역학," 오석홍 외 편, 조직학의 주요이론 (법문사, 2024), 224~234쪽.

식을 가지고 있어야 한다.

❹ 목표의 존재 집단에는 목표가 있어야 한다. 집단은 복수의 목표를 추구할 수 있다. 목표의 명확도가 모두 같은 것은 아니며 구성원들이 집단의 목표를 뚜렷하게 의식하지 못하는 경우도 있을 수 있다. 그러나 객관적으로나 주관적으로나 전혀 맹목적인 사람의 모임은 집단이 아니다.

❺ 구조와 규범 위와 같은 집단의 기본적 속성에서부터 진전 또는 도출되는 몇 가지 특성이 있다. 교호작용이 상당한 기간 지속되어 구성원들 사이의 관계가 안정되면 집단의 구조가 발달하고 구성원들의 역할과 지위가 분화된다. 집단 내의 의사전달은 촉진되며 효율화된 의사전달의 통로 또한 분화를 겪게 된다. 집단규범이 형성되며 그것은 구성원들의 지각과 행동에 영향을 미친다.

2. 집단의 기능

1) 다양한 기능분류

집단은 그 구성원, 다른 집단, 그리고 상위체제인 조직에 대해서 여러 가지 작용을 한다. 그러한 작용 또는 영향은 모두 넓은 의미로 규정되는 집단의 기능에 포함된다. 집단의 기능은 실로 복잡하며, 구체적인 집단과 그것이 처해 있는 상황에 따라 달라질 수 있다.

일반적인 집단기능의 규명에서 고려해야 할 분류의 틀만 해도 여러 가지이다. 집단의 기능은 공식적인 것과 비공식적인 것으로 분류할 수 있다. 대내적인 기능과 대외적인 기능을 분류할 수도 있다. 대외적인 기능은 다시 상위체제인 조직에 대한 기능과 조직 내의 다른 집단에 대한 기능으로 나눌 수 있다. 집단의 기능을 임무수행기능, 집단의 형성·발전에 관한 기능, 집단구성원의 개인적 만족을 추구하는 기능으로 나누기도 한다. 규제적 기능과 기여적 기능으로 구분할 수도 있다. 그리고 순기능적인 것과 역기능적인 것으로 분류할 수도 있다.

다음에 공식성·비공식성을 기준으로 하는 유형론 한 가지만을 설명하려 한다. 이 유형론을 고른 이유는 집단에 관한 우리의 논의에 가장 중요한 준거를 제공하기 때문이다.

2) 공식적 기능과 비공식적 기능

집단의 기능을 공식적 기능과 비공식적 기능으로 대별할 수 있다. 집단 기능의 공식성과 비공식성에 대한 판단은 소속 조직의 입장에서, 조직의 목표 와 규범에 비추어 하는 것이다. 공식적 기능의 범주와 비공식적 기능의 범주 안에는 많은 종류의 기능들이 포함되어 있으므로 이를 다시 세분하기로 하면 끝이 없다. 그러나 여기서는 설명을 간결하게 하기 위해 기본적 범주에 포함 되는 순기능적 기능에 주의를 한정하려 한다. 그리고 비공식적 기능의 설명에 서는 집단구성원을 위한 대내적 기능에 주안점을 두려 한다.[2]

여기서 설명하는 집단기능은 다음에 이어지는 공식적 집단과 비공식적 집단에 대한 설명에 연계하여 이해하기 바란다. 공식적 집단은 소속 조직이 요구하는 공식적 기능을 수행하고 비공식적 집단은 비공식적 기능을 수행하 는 것이 원칙이라고 말할 수 있다. 그러나 집단현상의 실재를 보면, 공식적이 거나 비공식적이거나를 막론하고 대부분의 집단은 공식적 기능과 비공식적 기능을 다소간에 혼합적으로 수행하고 있음을 알 수 있다.

(1) 조직에 대한 공식적 기능   조직에 대한 공식적 기능이란 조직의 공식 적 목표를 달성하는 데 직접적으로 기여하는 기능을 말한다. 이러한 공식적 기능은 집단에 부여된 임무로서 집단은 그에 대해 공식적으로 책임을 진다. 따라서 조직에 대한 공식적 기능은 공식적 집단의 원칙적인 기능이라 할 수 있다.

(2) 구성원에 대한 비공식적·대내적 기능   집단이 대내적으로 수행하는 비공식적 기능은 주로 집단구성원의 개인적 필요를 충족시키는 데 기여하는 기능이다. 집단은 구성원의 욕구를 충족시킬 수 있는 조건을 제공한다. 사람 들이 집단에 참여함으로써 충족시킬 수 있는 욕구는 다양하며 사람마다 충족 시키려는 욕구가 다를 수 있다.

집단이 구성원들의 개인적 욕구충족에 어떻게 기여할 수 있는지 그 예를 보기로 한다.

❶ 안전감·세력감 조성   개인의 안전성을 높이는 수단을 제공하고 개인 이 세력감(sense of power)을 갖게 해 준다. 집단구성원들이 단합하여 서로를 보호하고 외적 압력에 저항하는 힘을 과시할 수 있기 때문이다.

❷ 사회적 욕구 충족   개인의 사회적 욕구를 충족시킬 수 있는 여건을 제공한다. 집단구성원이 됨으로써 얻는 귀속감은 그러한 욕구충족의 중요한 예라 할 수 있다.

❸ 자긍심 강화   개체로서 지니는 가치를 확인하고 자긍심을 높일 수 있게 해 준다. 집단은 개인이 성취감과 자신감을 느낄 수 있는 기회를 제공하고 자기가 어떤 사람인가에 대한 느낌을 객관화해 주며 개인의 지위도 어느 정도 향상시켜 줄 수 있기 때문이다.

❹ 개인적 인식의 사실화   사물에 대한 개인의 인식을 사실화하거나 불확실한 인식을 확실하게 해 주는 기능을 함으로써 불확실성에 대한 불안을 해소해 줄 수 있다. 집단구성원들은 자기들이 합의해서 불확실한 주변의 일들을 확정된 사실인 것처럼 규정해 버릴 수가 있다.

❺ 감수성·통찰력 향상   구성원들의 자기통찰력과 대인관계에 대한 감수성을 길러 준다.

❻ 상조적 기능   구성원들이 원하는 여러 가지 일을 실현할 수 있는 수단을 제공한다. 집단구성원에게 유익한 정보를 수집하는 것, 병에 걸린 동료를 돕는 것, 권태감이나 피로감을 잊기 위해 서로 고무적인 행동을 하는 것 등을 상조적(相助的) 기능의 예로 들 수 있다.

3. 집단의 유형

구성원들의 집단은 여러 가지로 분류할 수 있다. 여기서는 공식적 집단과 비공식적 집단을 기본적인 유형으로 채택하려 한다. 집단을 공식적 집단과 비공식적 집단으로 분류하는 유형론을 살펴본 다음에는 집단의 한 특수양태로 분류되고 있는 팀에 대해 설명하려 한다. 그리고 그 밖의 몇 가지 집단유형론에 대해서도 언급하려 한다.

1) 공식적 집단과 비공식적 집단

집단을 공식적 집단과 비공식적 집단으로 나누는 것은 집단의 형성원인과 집단의 기능에 나타나는 상대적 차이에 착안한 분류이다.

다음에 설명하는 공식적 집단과 비공식적 집단은 양자의 특성이 각기 뚜렷하게 나타나는 기본형이다. 그러한 기본형의 소개는 우리의 논지를 정리하기 위한 방편에 불과한 것이지 집단유형의 양극화를 시사하려는 것이 아니다. 실제로는 두 가지 유형 사이에 혼합형이 연속적으로 존재할 수 있다. 그리고 두 가지 유형이 겹치거나 한 가지 유형이 다른 유형으로 전환될 수도 있다.[3]

(1) 공식적 집단　공식적 집단(formal group)은 조직의 공식적인 목표추구를 맡기려고 조직이 만든 집단이다. 공식적 집단은 조직이 공식적으로 인정하고 지지하는 집단이며 그 출발의 기본적인 동인은 조직설계에서 찾을 수 있다. 요컨대 공식적 집단은 조직의 공식적 요청에 따라 형성되고 존속하는 것이다. 공식적 집단의 목표나 임무는 비교적 명확하게 규정되어 있으며 거기에 참여하는 구성원은 조직이 공식적으로 결정한다.

　　공식적 집단은 그 존속기간을 기준으로 하여 지속적 집단(permanent formal group)과 잠정적 집단(temporary formal group)으로 나누어 볼 수 있다. 조직 내의 과(課)·계(係)·참모집단·상설위원회 등 일정한 존속시한이 명시되어 있지 않은 공식적 집단들이 지속적 집단에 해당한다. 잠정적 집단은 특정한 과제의 처리를 위해 시한부로 만든 것이다. 일시적인 임무를 수행하도록 설치한 위원회나 작업팀 등이 잠정적 집단에 해당한다. 잠정적 집단의 특성이 자연적인 시간만으로 규정될 수 있는 것은 아니다. 사회적·심리적 의미부여가 더욱 중요하다. 경우에 따라서 잠정적인 집단이 장기간 존속할 수도 있다. 그러나 이때에도 그러한 집단을 조직이 잠정적인 것이라고 규정하고 집단구성원들도 자기들의 집단이 잠정적인 것이라고 느끼기 때문에 잠정적 집단으로 분류된다.
　　공식적 집단은 명령집단(comand group)과 과업집단(task group)으로 분류되기도 한다. 명령집단은 상관과 부하 사이의 상명하복의 관계가 공식적으로 설정되어 있는 집단이다. 과업집단은 특정한 과업의 수행을 위해 다양한 관심과 전문성을 지닌 사람들이 모인 집단이다.

(2) 비공식적 집단　비공식적 집단(informal group)은 사람들이 개인적 욕구충족을 위해 자발적으로 구성하는 집단이다. 공식적 집단의 발생에 주된 동인이 되는 것은 조직설계인 반면 비공식적 집단의 발생에 주된 동인이 되는 것은 집단을 구성하는 사람들의 욕구라 할 수 있다. 조직구성원들은 공식적인 직무수행에 필요한 욕구 이외에 다른 많은 욕구들을 가지고 있다. 직무수행과 직결되지 않는 욕구 가운데는 단독으로 충족시키기 어렵고 다른 사람과의 관계를 통해서 또는 집단 속에서 충족을 찾아야 할 욕구들이 있다. 따라서 사람

들끼리 여러 가지 비공식적인 관계를 맺게 되고 그러한 비공식적인 관계가 일정한 양태를 갖출 때 비공식적 집단으로 발전하게 된다.

비공식적 집단이 조직이라는 상황적 조건 또는 조직의 공식적인 요인들과 전혀 무관한 것은 아니다. 조직의 공식적 배열은 비공식적 집단의 성립과 그 양태에 많은 영향을 미친다. 예컨대 공식적으로 규정되는 근무장소, 근무시간, 업무의 특성 등은 비공식적 집단의 형성에 영향을 미치는 요인이 된다. 그리고 조직이 비공식적 집단의 형성을 촉진하거나 또는 그것을 억제하려는 공식적 전략을 채택할 때 비공식적 집단들은 그러한 조직의 전략으로부터 많은 영향을 받는다. 그런가 하면 비공식적 집단은 조직의 공식적 기능 수행에 긍정적이거나 부정적인 영향을 미칠 수 있다.

구성원의 지위·소속·근무장소 등을 기준으로 해서 비공식적 집단을 수평적 집단(horizontal group), 수직적 집단(vertical group), 혼합적 집단(mixed group)으로 분류할 수 있다.

수평적 집단은 조직 내의 지위와 근무장소가 대체로 같은 사람들이 모여 구성하는 집단이다. 수직적 집단은 같은 계통의 부서에 종사하지만 계급은 서로 다른 사람들이 모여 구성하는 집단이다. 혼합적 집단은 계급·소속부서·근무장소 등이 서로 다른 사람들로 구성된 집단이다.

비공식적 집단을 이익집단(interest group)과 우정집단(friendship group)으로 구분하기도 한다. 어떤 뚜렷한 공동이익의 추구를 위해 구성한 집단이 이익집단이다. 우정집단은 구성원들이 함께 추구하는 목표가 분산적이며 그 활동이 직장 밖에까지 연장되는 집단이다.

2) 팀

근래 조직 내의 팀에 대한 연구가 활발하며 팀이라는 말이 조직연구에서 널리 쓰이고 있다. 널리 쓰이다 보니 그 말에 얽힌 혼란도 적지 않다. 그러나 팀을 주제로 연구하는 사람들은 다른 집단들과 구별되는 팀의 구체적인 특성을 확인하고 있다. 그들은 팀을 전통적인 작업집단설계의 대안으로 생각하는 듯하다. 오늘날 관심을 모으고 있는 탈관료화의 요청에 부합되는 작업집단설계가 팀이라고 하는 인식을 가진 것으로 보인다.[4]

(1) 팀의 정의　　팀(team)은 서로 보완적인 기술을 지닌 구성원들이 공동

의 목표성취에 헌신하고 그에 대해 서로 책임을 지는 집단이다. 팀은 다음과 같은 점에서 다른 집단들과 구별된다.

❶ 합동적 산출   팀의 업무성취는 구성원들의 개인적 기여와 집단적 노력의 합동적 결합에 달려 있다. 다른 집단들의 업무성취는 구성원 개개인의 업무수행에 의존한다.

❷ 상호책임의 강조   팀에서는 업무성취에 대한 개인적 책임뿐만 아니라 상호적 책임(공동책임)을 강조한다. 업무수행의 공동산출에 대해 팀구성원들은 책임을 함께 진다. 반면 다른 집단들의 경우 구성원 각자는 자기가 한 일에 대해서만 책임을 지고 보상결정도 개인을 대상으로 한다.

❸ 공동의 헌신의식   팀구성원들은 공동목표의 추구를 위해 헌신(몰입)해야 한다는 공동의 의식을 가진다. 구성원들은 공동목표설정에 많은 시간을 할애하며 공동의 목표를 자기 목표화 한다. 다른 집단들에서는 공동목표의 성취에 대해 이해관계를 함께 할 뿐이다.

❹ 자율관리   다른 집단의 경우에 비해 팀의 자율관리수준은 높다. 관리층에서는 효율적인 업무수행에 필요한 팀의 융통성 있는 운영을 허용한다. 따라서 팀의 업무수행에 대한 통제의 내재화 수준은 높아진다.

(2) 팀의 유형   팀의 유형은 다양하게 분류되고 있는데, 그 중요한 양태를 보면 i) 잠정적 팀, ii) 지속적 팀, iii) 기능적 팀, iv) 교차기능적 팀, v) 문제해결팀, vi) 자율관리팀, vii) 가상팀, viii) 세계화팀, ix) 품질개선팀, x) 관리자팀   등이 있다.

잠정적 팀(temporary team)은 존속기간이 한정되어 있는 팀이며, 지속적 팀(permanent team)은 존속기간이 명시되어 있지 않은 팀이다.

기능적 팀(functional team)은 기능별로 구성되는 팀이다. 이 팀은 대개 동일한 부서 내의 직원들로 구성되며 각기 전문업무영역 내의 일을 한다. 유사한 업무를 함께 수행하는 사람들끼리 조정이 필요할 때 기능적 팀을 구성한다. 기능적 팀은 작업팀(work team) 또는 단일기능적 팀(intact team)이라 불리기도 한다. 교차기능적 팀(cross-functional team)은 여러 업무영역의 직원들이 모여 구성하는 팀이다. 이것은 여러 기능분야를 가로지르는 혼합형 팀이다. 교차기능적 팀은 구성원 간의 횡적 관계를 개선하고 업무수행의 수평적 통합을 촉진할 필요가 있을 때 구성한다. 교차기능적 팀은 기능별 업무단위의 구성원

들이 자기 부서의 필요만 생각하는 사고의 편협성을 해소하고 시야를 넓혀주
는 데 유용하다고 한다.

　　문제해결팀(problem-solving team)은 조직이 직면한 특정 문제의 해결을
위해 잠정적으로 구성하는 팀이다. 담당하는 문제가 조직개혁과제인 경우
개혁팀 또는 개선팀(improvement team)이라 부르기도 한다. 자율관리팀
(self-managed or self-managing team)은 구성원들이 업무수행에 관한 주요결
정을 할 수 있도록 힘 실어주기가 이루어진 팀이다. 팀들의 자율성은 다른 집
단들에 비해 전반적으로 높은 편이다. 그러나 팀 간에 힘 실어주기의 수준차
가 있다는 점에 착안하여 자율관리팀과 준자율관리팀을 따로 구분하는 사람
들이 있다. 자율관리팀에 허용되는 자율성의 수준은 다른 팀에 비해 훨씬 높
다고 한다.

　　가상팀(virtual team)은 둘 이상의 장소에서 어떤 프로젝트를 함께 수행하
는 사람들이 여러 정보기술을 이용해 협동적 활동을 하는 팀이다. 가상팀의
구성원들은 시간·장소·조직경계의 지장을 받지 않고 전자적 방법을 통해 교
호작용한다. 교호작용의 물적 국면이 사라지거나 크게 위축된 팀이다. 세계화
팀(global team)은 시간적·공간적·문화적으로 서로 다른 사람들이 구성하는
다국적 팀이다. 이것은 여러 나라에 분산된 자원과 활동을 관리하는 데 유용
하다. 품질개선팀(quality circle; quality team)은 생산활동의 품질을 향상시키는
데 기여하기 위해 직원들이 자발적으로 작은 집단을 구성하여 문제를 진단·
분석하고, 해결방안을 찾아 관리층에 제안하고, 승인된 제안을 집행하는 참
여형 문제해결집단이다. 관리자팀(management team)은 여러 분야의 관리자들
이 기능적 팀들의 활동을 조정하기 위해 구성하는 팀이다.

　　(3) 팀 구성의 이유　　팀을 구성하는 일반적인 이유(이점)는 다음과 같다.

　　❶ 생산성 향상　　생산성을 높이려는 이유가 있다.

　　❷ 조직의 저층화　　조직의 저층화를 도모하려는 이유가 있다. 팀을 활용
하면 관리계층을 줄이고 낭비도 줄일 수 있다.

　　❸ 융통성·신속성 향상　　고도경쟁시대의 조직에 필요한 융통성을 높이고
신속한 의사결정을 촉진하려는 의도가 있다.

　　❹ 창의성 향상　　인적자원의 다양화를 통해 창의성 향상을 도모하려는
의도가 있다. 팀은 배경과 전문성이 다양한 사람들이 모여 협력하기 쉬운 도

구이기 때문이다.

❺ 품질 향상　산출의 품질을 개선하려는 의도가 있다. 팀의 구성원들은 팀이 산출해 내는 재화·용역의 품질을 높이는 데 공동책임을 지고 고품질의 성취에서 전문직업적 긍지를 찾기 때문이다.

❻ 고객만족 증진　고객만족을 증진시키려는 의도가 있다. 팀의 여러 가지 강점은 고객의 만족증진으로 귀결되기 때문이다.

(4) 팀의 성공조건　팀들이 그 정당화 근거에 부합되는 활동을 할 수 있게 하려면 장애를 극복하고 팀의 효율화에 필요한 조건을 갖추어야 한다.

관리자나 직원들이나 팀 방식의 활동에 익숙해지기 어렵고 팀 발전에는 시간이 많이 걸린다는 등 팀의 약점 또는 비용도 적지 않다. 팀의 성공을 좌절시킬 수 있는 장애의 예로는 i) 구성원들의 협력의지가 약한 것, ii) 관리층의 지지가 없는 것, iii) 관리층이 집권적 통제를 계속하려는 것, iv) 팀 간에 서로 협력하지 못하는 것 등을 들 수 있다. 이러한 실패요인 속에 성공조건은 어느 정도 시사되어 있다.

팀들이 효율적으로 작동하려면 다음과 같은 조건이 구비되어야 한다.

❶ 최고관리층의 지지　최고관리층에서 팀의 효용에 대해 신념을 가지고 팀의 구성·발전을 지원해야 한다.

❷ 목표의 명확한 이해　팀의 구성원들은 팀을 통해 조직이 달성하려는 목표를 명확하게 이해하여야 한다.

❸ 관리자의 신뢰　팀의 구성원들과 관리층이 서로 신뢰해야 한다. 특히 관리자들의 신뢰가 중요하다. 그들은 팀의 구성원들이 팀의 목표달성과 책임 이행에 헌신하리라는 것을 믿어야 한다.

❹ 정보제공　팀은 그 임무수행에 필요한 정보를 원활하게 공급받아야 한다.

❺ 모험과 책임　팀의 구성원들은 창의적 업무수행을 위해 모험을 할 수 있어야 하며, 모험의 결과에 대해 책임을 질 의지를 가져야 한다.

❻ 성숙에 필요한 시간　팀이 성숙하는 데 필요한 시간을 주어야 한다. 팀활동에 필요한 능력의 연마를 위해 구성원들을 훈련시켜야 하며 적절한 평가·유인체제를 구비해야 하기 때문이다.

3) 그 밖의 집단유형론

앞서 말한 바와 같이 집단유형론은 대단히 많다. 두 가지 예를 더 보기로 한다.[c]

(1) Dunham의 집단유형론　Randall Dunham은 공식적 집단과 비공식적 집단을 분류하였을 뿐만 아니라 기능적 집단(functional group)과 사업집단(project group), 그리고 폐쇄집단(closed group)과 개방집단(open group)을 분류하였다.[5]

기능적 집단은 특정 영역의 조직목표를 추구하는 일반계서의 집단이다. 사업집단은 한정된 사업의 수행을 목적으로 하는 집단이다. 폐쇄집단은 고정된 구성원을 가진 집단이며 개방집단은 구성원의 교체가 비교적 빈번한 집단이다.

(2) Luthans의 집단유형론　Fred Luthans는 소집단(small group)과 대집단(large group), 1차집단(primary group)과 2차집단(secondary group), 소속집단(membership group)과 준거집단(reference group), 내집단(in-group)과 외집단(out-group), 그리고 공식적 집단과 비공식적 집단을 분류하였다.[6]

1차집단은 구성원들이 공동의 가치와 동류의식을 가지고 긴밀히 협조하는 집단이며 전인격적 참여의 집단이다. 2차집단은 한정된 이익의 추구를 위한 집단이다. 소속집단은 어떤 개인이 실제로 가입하고 있는 집단이다. 준거집단은 어떤 개인이 소속을 원하거나 그로부터 행동의 준거를 구하는 집단이다. 내집단은 사회 내의 지배적 가치를 차지하거나 사회적 기능의 과정에서 지배적인 위치를 차지하는 사람들이 구성하는 집단이다. 외집단은 한 문화권의 종속적인 또는 외곽에 위치한 집단이다.[d]

---

c) 아주 많은 집단유형론들 사이에 개념 사용이 통일되어 있는 것은 아니다. 같거나 유사한 집단이 다른 이름으로 불리는 예가 흔히 있다.

d) 내집단과 외집단을 Luthans처럼 정의하는 사람들이 많다. 그런 정의가 널리 통용되고 있다. 그러나 그와 다른 정의도 널리 쓰이고 있다는 사실에 주의할 필요가 있다. 내집단을 '우리들의 집단', 외집단을 '그들의 집단'으로 이해하는 정의가 그 예이다. 이 경우 내집단은 자기가 참여하는 집단이며 참여자들의 소속감과 일체감이 높은 집단이라고 정의된다. 내집단은 배타적인 집단이라고 한다. 내집단의 구성원들이 이질감을 느끼며, 그들과 경쟁하고 대립하는 관계에 있다고 생각하는 외부의 집단을 외집단이라고 정의한다.

Ⅱ. 집단의 형성: 자발적 형성의 경우

집단이 형성되는 원인과 집단이 형성되는 과정을 살펴보려 한다.

앞서의 설명에서 이미 밝혀진 바와 같이 공식적 집단의 발생에 주된 동인이 되는 것은 조직의 구조적 배열이다. 공식적 집단은 조직의 공식적 구조설계에 의하여 그리고 공식적 구조를 통해서 형성된다. 비공식적 집단의 형성에 주된 동인이 되는 것은 참여하는 사람들의 개인적 욕구와 집단 내의 역학적 관계이다. 조직이 제공하는 여건이 비공식적 집단의 형성에도 영향을 미치지만 그 영향이 공식적 집단의 경우에서와 같이 결정적인 것은 아니다.

여기서 우리의 주된 관심사는 집단의 자생적인 형성이유와 그 과정이다. 조직의 공식적인 설계가 결정적으로 지배하는 집단형성의 공식적 과정에 대한 설명은 생략하려 한다. 그리고 집단의 여러 가지 유형을 구분하여 유형별로 형성의 이유와 과정을 따져 보는 작업 역시 여기서는 할 수 없다.

집단형성의 자생성과 집단참여의 자발성이 현저하게 보장되는 경우에 주의를 한정하여 집단형성의 이유(집단선택의 이유)와 과정을 다음에 검토하려 한다.

1. 집단형성의 원인: 참여의 이유

집단에 자발적으로 참여할 수 있는 경우에, 사람들이 집단에 참여하는 이유는 무엇인가? 왜 특정한 집단을 선택하여 참여하는가? 집단에 참여하려는 결정에 영향을 미치는 요인은 무엇인가? 이러한 일련의 질문에 대해 한마디로 답한다면 사람들은 집단이 자기들의 어떤 욕구를 충족시켜줄 수단이라고 생각하기 때문에 집단에 참여한다고 말할 수 있다.

여러 사람들의 연구를 종합하여 집단형성에 작용하는 구체적인 요인(이유·원인)을 간추려 보기로 한다.[7]

⑴ 욕구충족　위에서 지적한 바와 같이 집단참여의 가장 포괄적인 이유는 사람이 자기의 어떤 욕구를 충족시킬 수 있다고 생각하는 것이다. 다음에 열거하는 다른 이유들은 여러 가지 욕구충족의 통로라고 이해할 수 있다. 집단에 참여함으로써 개인이 충족시키려는 욕구는 안전욕구·애정적 욕

구·긍지욕구 등 다양하다.

(2) 개인 간의 인력 또는 매력   사람들 사이에 서로 매력을 느끼고 이끌리는 관계가 형성되면 그들이 함께 집단에 참여하고 집단형성에 가담할 가능성이 커진다.

개인 간의 인력(引力: 매력)을 형성하는 데 작용할 것으로 생각되는 요인은 많다. 장소적 근접성, 교호작용, 매력 있는 외모, 교호작용하는 사람들의 유사성, 다른 참여자들의 능력에 대한 지각 등을 그 예로 들 수 있다. 마지막 두 가지 요인의 영향은 혼합적일 수 있다. 그 말은 긍정적일 수도 있고 부정적일 수도 있다는 뜻이다.

(3) 집단의 활동   개인은 집단구성원들이 하는 활동에 매력을 느껴 집단에 참여할 수 있다. 집단의 목표가 긍정적이거나 적어도 중립적인 경우 집단의 활동 자체가 집단의 매력을 결정하는 요인으로 될 수 있다. 예컨대 바둑을 두는 것을 별로 즐기지 않는 사람도 바둑 두는 사람들끼리의 여러 가지 사교적 활동이 마음에 들어 바둑모임(棋會)에 가담할 수 있다.

(4) 집단의 목표   집단의 목표는 집단형성에 매우 중요한 작용을 한다. 대개의 경우 집단의 목표에 찬동하는 사람들이 집단형성에 가담하기 때문이다.

(5) 집단구성원으로서의 자격   집단구성원으로서의 자격 또는 집단에 참여하여 구성원이 된다는 사실 자체가 집단참여의 유인이 될 수 있다. 사람들은 집단에 참여함으로써 귀속감을 느끼고 다른 사람들로부터 사회적 지지를 얻으려는 욕구를 지니고 있기 때문이다.

(6) 집단참여의 수단적 가치   사람들은 집단에 참여함으로써 집단 밖에서 어떤 목적을 성취하려 할 때가 있다. 예컨대 어떤 남자대학생이 집단 간 미팅을 통해 여학생회의 회원을 만나는 기회를 얻으려고 남학생친목회에 참가할 수도 있다. 이 경우의 남학생이 집단에 참여하는 까닭은 집단 밖의 사람에게 이끌리고 있기 때문이다.

위에서 열거한 것은 사람들이 집단에 이끌려 참여하게 하는 데 영향을 미치는 전형적인 요인들이다. 그러한 요인들의 열거는 물론 망라적인 것이 아니다. 그 밖에도 많은 구조적 요인, 역학적 요인, 환경적 요인들이 직접 또는 간접으로 집단의 형성에 영향을 미친다.

다음에 독자들이 참고할 수 있도록 집단형성의 동인에 관한 이론 두 가지를 소개하려 한다.

J. W. Thibaut와 H. H. Kelley는 개인 간 매력(interpersonal attraction)에 착안하여 집단형성의 근본적인 이유를 설명하였다. 그들은 '비교수준'(comparison level: CL)과 '대안선택에 관한 비교수준'(comparison levels for alternatives: CLalt)이라는 두 가지 개념을 개발하여 사용하였다. 그들의 이론에 따르면 비교수준(CL)은 개인이 대인관계를 평가할 때 사용하는 기준이라고 한다. 대인관계의 손익(costs and rewards)을 비교해서 순익(純益)이 CL을 초과하면 그러한 대인관계는 유익한 것으로 평가된다. 순익이 CL에 미달되는 대인관계는 불리한 것으로 평가된다. 대안선택에 관한 비교수준(CLalt)은 개인이 새로운 어떤 대인관계를 맺을 것인가 또는 기존의 대인관계를 유지할 것인가를 결정할 때 사용하는 기준이다. 어떤 대인관계에서 나오는 순익이 CLalt를 초과하면 그러한 대인관계를 새로이 맺거나 기왕에 맺고 있는 관계인 경우에는 이를 계속 유지하려 한다. 반면 어떤 대인관계에서 나오는 순익이 CLalt에 미달하면 그러한 관계를 맺지 않을 것이다. Thibaut와 Kelley의 이론은 대인관계에서 얻는 보상(이익)이 그러한 관계설정과 유지의 이유가 된다는 것을 전제한다.[8]

George C. Homans는 직무 상의 교호작용이 사람들 사이에 감성(다정한 느낌)을 불러일으키고 그것이 집단형성의 바탕을 이룬다고 하였다. 그에 따르면 조직에는 활동(activities), 교호작용(interactions), 감성적 유대(sentiments)라는 세 가지 불가결한 요소가 있다고 한다. 활동은 사람들이 수행하는 임무 또는 직무이다. 교호작용은 직무 수행의 과정에서 사람들 사이에서 생겨나는 행동이다. 감성적 유대는 개인 간에 또는 집단 내에서 형성되는 태도이다. 사람들이 직무를 수행하면서 교호작용하게 되면 그들 사이에 감성적 유대가 형성된다. 그러한 유대가 긍정적인 것일수록 사람들 사이의 교호작용은 더욱 촉진된다. 감성적 유대와 교호작용이 서로를 강화하는 과정은 일정한 균형상태에 도달할 때까지 상향적으로 진행된다. 이와 같은 과정이 지속되면 집단구성원의 활동과 태도는 점점 유사해지는 경향을 보인다. 그렇게 되면 집단은 구성원들의 행동에 대한 기대 또는 규범을 형성하고 그에 따라 구성원의 행동을 제약하게 된다. Homans는 교호작용이라는 요인을 집단형성의 출발점으로 본 것 같다.[9]

2. 집단형성의 과정

집단형성의 과정은 엄밀히 말해서 상황에 따라 다른 것이지만 공통적인 일반적 단계들을 논의할 수는 있다. 집단이 자발적으로 형성되려면 대체로 다음과 같은 행동단계들이 진행되어야 한다.

우선 사람들이 만나 교호작용하고 서로를 알아가면서 집단을 구성하기로 합의한다. 집단을 구성하기로 한 사람들이 처음에는 혼란과 갈등도 경험하면서 점차 상호간의 심리적 연계를 강화해 간다. 구성원 간의 교호작용이 안정되어감에 따라 집단의 목표와 규범이 분명해지고 구조의 분화도 일어난다. 이렇게 성숙된 집단은 목표에 부합되는 활동을 본격화할 수 있다. 집단은 활동해가는 과정에서 내적 · 외적 요인의 변화에 적응해 간다. 집단의 정체성을 깨뜨릴 만한 변동요인이 작용하면 집단은 와해될 수도 있다.

이러한 진행과정을 다섯 단계로 나누어 설명할 수 있다. 집단형성(발전)의 다섯 단계는 i) 생성단계(forming stage), ii) 내분단계(집안싸움의 단계: storming stage), iii) 정착단계(norming stage), iv) 활동단계(performing stage), 그리고 v) 해산단계(adjourning stage)이다.[e]

❶ 생성단계 이 단계에서 집단구성원들은 서로 알게 된다. 그리고 일할 때나 대인관계를 유지하려 할 때에 수용될 수 있는 행태가 무엇인지에 대해 기본적 규칙을 설정한다.

❷ 내분단계 이 단계에서는 구성원들 사이의 갈등이 표출된다. 집단의 리더십에 저항하기도 하고 부적응으로 인해 구성원들이 서로 미워하기도 한다.

❸ 정착단계 이 단계에서는 자기들이 집단구성원이라는 사실에 대한 참여자들의 인식이 확실해지고 집단의 응집성이 강화된다. 구성원 간의 긴밀한 관계가 발전하며 감정공유의 수준은 높아진다. 구성원들이 함께 만족할 수 있는 문제해결방안을 찾으려는 의욕이 커진다.

❹ 활동단계 이 단계에서 집단은 집단으로서 활동할 수 있는 준비가 끝난다. 임무성취를 위해 에너지를 바칠 수 있을 만큼 집단은 충분히 성숙한다.

❺ 해산단계 이 단계에서 집단은 해체된다. 영구적인 집단은 없기 때문에 집단발전의 마지막 단계를 해산단계로 삼은 것이다. 집단의 목표달성이 완결되거나 더 이상 필요하지 않게 되면 해체된다. 집단규범의 효력이 떨어지거나 구성원의 이탈이 늘어나면 집단은 서서히 와해될 수도 있다.

어떤 단계이론의 경우에서나 마찬가지로 집단형성 · 발전에 대한 보편적 단계이론은 없다. 따라서 여러 의견의 대립이 있다. 위의 설명과 다소 구별되는 단계이론 두 가지

---

e) 여기서 설명하는 집단발전의 5단계이론은 B. W. Tuckman이 개발한 것이다. Tuckman, "Development Sequence in Small Groups," *Psychological Bulletin*(No. 62, 1965), pp. 384~399.

를 소개하려 한다.

Linda N. Jowell과 H. Joseph Reitz는 집단발전의 단계를 i) 적응단계(orientation stage), ii) 갈등단계(conflict stage), iii) 응집단계(cohesion stage), iv) 망상단계(delusion stage), v) 환멸단계(disillusion stage), 그리고 vi) 수용단계(acceptance stage)로 나누고 이 중 어느 단계에서든지 후퇴(regression)가 일어날 수도 있다고 하였다. 앞의 세 단계는 권력구조의 발전에 관한 것이며 뒤의 세 단계는 대인관계의 발전에 관한 것이다.10)

적응단계에서는 처음 모인 집단구성원들이 각자의 배경에 관한 정보를 교환하고 집단의 구체적인 목표를 명료화하려 한다. 갈등단계에서는 리더에 대한 불신과 구성원 간의 갈등이 표출된다. 응집단계에서는 집단 내의 일체감이 높아지고 집단의 효율성이 급속히 향상된다. 망상단계에서는 집단구성원들이 심각한 문제가 있음에도 불구하고 없는 것처럼 생각하거나 과대망상에 빠진다. 환멸단계에서는 집단이 망상단계의 꿈에서 깨어나고 구성원들은 실망감에 빠진다. 수용단계에서는 구성원들이 공개적으로 토론하여 견해 차이를 없애고 문제를 해결하며 분파를 없애고 집단 전체의 목표에 다시 헌신하게 된다.

Donald Olmsted는 집단의 발전과정을 순차적으로 나타나는 여덟 개의 단계로 구분하였다. 여덟 개의 단계란 i) 지속적인 교호작용이 진행되는 단계, ii) 구성원 간에 상호인식이 형성되는 단계, iii) 구조가 분화되고 안정되는 단계, iv) 대내적인 의사전달이 효율화되는 단계, v) 일정한 의사전달의 통로가 형성되는 단계, vi) 집단의 목표가 구체화되는 단계, vii) 집단의 규범이 형성되는 단계, 그리고 viii) 집단의 특성 또는 분위기가 조성되는 단계를 말한다.11)

3. 집단의 응집성

집단의 형성과 변동 그리고 집단의 효율성에 영향을 미치는 요인들은 무수히 많다. 그 가운데서 집단의 특성이면서 동시에 집단의 특성결정에 영향을 미치는 요인이라고 할 수도 있는 응집성을 설명하려 한다.12) 응집성은 집단발전의 중요한 지표이기도 하기 때문에 집단형성과정의 고찰에 이어 응집성 문제를 논의하는 것이다.f)

---

f) Edgar Schein은 발전된 집단의 평가지표로 ① 적정한 환류장치, ② 적정한 의사결정과정, ③ 적정한 응집성, ④ 구조와 과정의 융통성, ⑤ 집단 내 인적자원의 최대활용, ⑥ 분명한 의사전달, ⑦ 집단목표에 대한 구성원의 명확한 이해, ⑧ 높은 상호의존감, ⑨ 리더십과정에 대한 넓은 참여, 그리고 ⑩ 소수의견의 수용을 들고 있다. Schein, *Process Consultation: Its Role in Organization Development*(Addison-Wesley, 1969), pp. 61~63.

1) 응집성의 정의

집단의 응집성(凝集性: cohesiveness)은 집단 내의 결속과 행동통일, 그리고 집단구성원 간의 긴밀한 유대의 수준을 말해 주는 특성이다. 이것은 집단구성원들이 서로를 좋아하고 집단구성원으로 남기를 원하는 정도라고도 설명할 수 있다. 응집성이 강한 집단에서는 구성원들이 공통된 가치와 행태를 지니며 집단규범을 잘 준수한다. 그리고 집단구성원 간의 상호적인 인력(끌림)과 긍정적인 태도는 강하게 나타난다. 응집성이 강한 집단의 구성원들은 그러한 집단에 소속한다는 사실로부터 상당한 만족감을 느낀다.

집단의 응집성을 추정하는 데 도움이 되는 구체적인 지표에는 여러 가지가 있다. 예컨대 구성원의 결근율·이탈률·집단참여기간, 집단규범의 명료도와 수용도, 집단목표의 성취에 대한 구성원의 열성도와 기여도 등이 응집성의 지표로 될 수 있다. 그리고 집단의 응집성에 영향을 미치는 여러 요인들도 대개 직접 또는 간접적으로 응집성을 추정하는 데 필요한 정보를 제공해 주는 것으로 볼 수 있다.

2) 응집성에 영향을 미치는 요인

집단의 응집성에 영향을 미치는 요인과 그 작용에 관한 주장들을 보면 다음과 같다.

❶ 활동의 배합 집단 내 활동유형의 배합을 들 수 있다. 임무수행활동과 집단형성활동이 활발하고 집단구성원의 개인적 만족만을 추구하는 활동은 최소화될 때 응집성은 커진다.

❷ 지위와 신망 집단이 누리는 지위와 신망을 들 수 있다. 집단이 높은 지위를 누리고 있으며 누구나 거기에 참여하기를 원하는 경우 그러한 집단의 응집성은 강해진다.

❸ 규모 집단의 규모도 응집성 결정에 영향을 미친다. 집단의 규모가 작으면 응집성이 높아지는 경향이 있다.

❹ 동질성·이질성 집단의 동질성은 원칙적으로 응집성에 긍정적인 작용을 한다. 그러나 이질성이 응집성을 강화하는 예외적 사례가 있을 수 있다는 점에 주의할 필요가 있다.

❺ 의사전달　의사전달이 원활하면 응집성이 강화되며 응집성이 강화되면 의사전달이 또한 촉진된다.

❻ 업무　업무가 구성원들의 상호의존적인 노력을 요구하면 응집성을 높이는 데 긍정적으로 작용할 수 있다.

❼ 대외관계　다른 집단들로부터 고립되어 있거나 외적 압력을 받고 있을 때 그리고 위기에 봉착했을 때 집단의 응집성은 커지는 경향이 있다.

❽ 승·패의 경험　목표성취에 성공적인 집단의 응집성은 강화되고 실패만을 거듭하는 집단의 응집성은 약화되는 경향이 있다.

❾ 규범순응도　집단규범에 대한 순응도가 높을수록 응집성은 강화되고 응집성이 강하면 집단규범에 대한 순응도는 높아진다.

❿ 구성원 간의 신뢰　구성원들이 서로의 능력을 신뢰하고 존중하면 응집성이 강화된다.

⓫ 자율성　집단의 높은 자율성도 응집성 강화에 긍정적으로 작용할 수 있다.

3) 응집성 강화의 효과

집단의 응집성이 강화되면 집단 자체의 목표를 성취하는 효율성은 향상된다. 구성원들 사이의 의사전달은 원활해진다. 구성원들의 집단에 대한 만족감은 커진다. 그런가 하면 집단구성원이 아닌 사람들에 대해서는 적대적·공격적 성향이 커질 수 있다. 집단규범에 대한 순응도는 높아진다. 따라서 구성원들에 대한 집단의 영향력은 커진다. 집단의 변동저항적 성향은 커진다.

집단의 응집성 강화가 가져오는 효율성 향상은 집단의 목표성취, 구성원의 만족, 그리고 조직의 목표성취에 관련하여 각각 다르게 규정될 수 있다.

다른 조건이 같다고 전제할 때 응집성이 강하면 집단 자체의 목표를 추구하는 활동의 효율성은 향상될 것이라고 말할 수 있다. 그러나 조직 전체의 공식적인 목표를 성취하는 데 기여하는 업무성과라는 의미로 효율성이 정의될 때에는 집단의 응집성과 효율성의 관계를 획일적으로 예측할 수 없다. 집단의 목표가 조직의 목표에 부합되는 경우에는 집단의 강한 응집성이 조직의 효율성 증진에 기여하겠지만, 집단과 조직의 목표가 상충될 때는 반대의 결과가 빚어질 수 있다.

4) 응집성의 관리

조직의 관리층은 조직 내의 집단들이 추구하는 목표와 그들의 응집성을 분석하여 응집성관리계획을 세워 시행해야 한다. 어떤 집단의 응집성 강화가 조직 전체의 효율성을 해치는 경우 응집성을 약화시켜야 한다. 조직의 효율성에 긍정적으로 기여하려는 집단의 응집성이 약하면 이를 강화해야 한다.

응집성을 약화시키는 방법에는 i) 목표에 대한 의견불일치를 조성하는 것, ii) 구성원의 이질성을 높이는 것, iii) 집단 내의 교호작용을 제한하는 것, iv) 집단의 규모를 확대하는 것, v) 집단 내의 경쟁을 부추기는 것, vi) 개인별 성과급을 지급하는 것, vii) 다른 집단들과의 접촉을 늘리는 것, viii) 구성원들을 공간적으로 분산시키는 것, ix) 집단을 해체하는 것 등이 있다.

응집성을 강화하는 방법에는 i) 집단목표에 대한 합의의 수준을 높이는 것, ii) 구성원의 동질성을 높이는 것, iii) 집단 내의 교호작용을 촉진하는 것, iv) 집단 간의 경쟁을 촉진하는 것, v) 집단 전체의 업무성취에 따라 보상을 결정하는 것, vi) 다른 집단들로부터 고립시키는 것 등이 있다.

III. 집단 간의 관계: 경쟁과 갈등

집단 간 관계의 유형은 다양하지만 이를 협력적인 관계와 경쟁적인 관계로 대별해 볼 수 있다. 조직의 목표성취를 위해 집단들이 협력하면 조직의 효율성은 높아질 것이다. 집단 간의 적정한 경쟁도 조직의 효율성 증진에 기여할 수 있다.

집단 간의 경쟁은 완전히 배제될 수 있는 현상도 아니며 조직에 언제나 해독만을 끼치는 현상도 아니다. 바람직하기 때문에 제도적으로 내장시킨 경쟁도 있으며, 자연발생적인 경쟁이 조직 전체의 효율성 향상에 기여할 수도 있다. 경쟁과 갈등을 억압하면 오히려 나쁜 결과를 빚을 수도 있다. 그러나 집단 간의 경쟁이 지나쳐 집단들이 서로 적대적인 행동을 함으로써 각기의 효율성을 떨어뜨리고 나아가 조직에 해를 끼칠 수 있다. 이런 경우 조직은 해로운 경쟁·갈등을 해소하거나 방지하는 노력을 해야 한다.

여기서는 집단 간 관계 가운데서 경쟁관계에만 주의를 한정하여 그 발생 원인과 영향을 검토하려 한다.[13]

1. 집단 간 경쟁발생의 원인

1) 목표와 자원에 관한 경쟁

집단 간 경쟁발생의 가장 본질적인 원인은 i) 각 집단이 고유한 목표를 배타적으로 추구하려 하고, ii) 조직 내의 한정된 자원을 서로 많이 차지하려 하는 데서 찾아볼 수 있다.

각 집단의 구성원들은 자기가 소속하는 집단의 규범과 목표에 집착하는 성향을 지니는 것이 보통이다. 만일 자기 집단의 목표와 규범에 상충되거나 부합되지 않는 목표와 규범을 다른 집단이 추구하면 그러한 집단과 경쟁을 벌이고 갈등을 야기하게 된다. 그리고 집단들은 대개 자원획득을 위해 서로 경쟁하지 않을 수 없는 위치에 놓여 있는데, 그러한 경쟁이 격화되면 집단 간에 심각한 갈등이 빚어진다.

2) 경쟁격화 요인

집단 간 경쟁발생의 근원적 요인을 드러내고 격화시키는 요인도 많이 있다.

예컨대 집단 간 경쟁격화의 소지가 조직의 구조적 배열 속에 내재되어 있는 경우가 있다. 계선조직과 참모조직의 대결이라든가 노사대결은 조직의 구조적 배열로 인해 그 계기가 만들어지는 것이라고 할 수 있다. 그리고 집단들이 승패의 상황(win-lose situation)에 노출되어 한편이 이기면 다른 한편이 져야 하는 영합게임(零合게임: zero-sum game)을 자주 하게 되면 집단 간의 경쟁이 격화된다. 집단 간의 접촉이 원활하지 못하고 의사전달이 두절되는 경우에도 집단 간의 경쟁은 격화될 수 있다. 업무수행의 상호적 또는 순차적 의존, 업무한계의 모호성, 작업에 관한 태도의 상이성, 자원의 상호의존성, 경쟁을 부추기는 보상체제 등은 모두 경쟁을 격화시킬 수 있는 요인들이다.

2. 집단 간 경쟁의 영향

1) 집단 간 경쟁의 일반적 영향

여러 가지 경험적 연구의 결과를 토대로 집단 간 경쟁의 영향을 다음과 같이 정리해 볼 수 있다.

(1) 집단 내부의 변화   경쟁을 벌이는 각 집단의 내부에 미치는 영향은 i) 각 집단의 응집성이 강화된다는 것, ii) 집단 내의 활동은 더욱 조직화되며 방만한 분위기는 임무지향적인 진지한 분위기로 바뀌게 된다는 것, iii) 리더십은 민주적인 것으로부터 보다 독단적인 것으로 변화하게 되며 집단구성원들은 이를 쉽게 받아들인다는 것 등이다.

(2) 집단 간 관계의 변화   경쟁을 벌이는 집단 간의 관계에 미치는 영향은 i) 각 집단은 상대방 집단을 불신하고 적대시하게 된다는 것, ii) 각 집단은 지각의 왜곡을 일으켜 자기 집단에 대해서는 긍정적인 고정관념을 키우고 상대방에 대해서는 부정적인 고정관념을 키우게 된다는 것, iii) 집단 간의 교호작용과 의사전달이 점차 줄어들고 상호 간의 적대감은 커진다는 것 등이다.

2) 승·패의 영향

위에서 본 것은 거의 모든 종류의 집단 간 경쟁에 따라올 수 있는 일반적인 영향이다. 다음에는 승패를 수반하는 집단 간 경쟁에 주의를 한정하여 경쟁에서 이기거나 지는 것이 집단에 미치는 영향을 간추려 보기로 한다.

(1) 승리한 집단   승리한 집단에 미치는 영향은 i) 응집성은 그대로 유지되거나 더욱 강화된다는 것, ii) 긴장이 풀리고 투쟁심이 약화되며 분위기는 방만해진다는 것, iii) 집단 내의 협조는 강화되며 집단은 임무성취보다는 비공식적·개인적 기능수행에 더 많은 관심을 갖게 된다는 것, iv) 승리했다는 사실이 자기 집단에 대한 긍정적 지각과 상대방에 대한 부정적 지각을 옳은 것으로 입증해 주었다고 생각하며, 집단운영에 대해 반성해 보려 하지 않는다는 것 등이다.

(2) 패배한 집단   패배한 집단에 미치는 영향은 i) 될 수 있는 대로 패배의 사실을 부인하거나 왜곡하려 한다는 것, ii) 패배를 인정하지 않을 수 없을 때에는 내분이 일어난다는 것, iii) 긴장하고 비난의 대상을 찾는 데 급급하게

된다는 것, iv) 집단 내의 협력은 약화되며 구성원의 만족에 대한 관심은 저하된다는 것, ⅴ) 열심히 일함으로써 실패를 만회해 보려는 경향이 나타난다는 것, vi) 자기 집단과 상대방 집단에 대한 지각을 재평가하고 스스로를 재편성하려 한다는 것, vii) 실패를 현실적으로 받아들이고 재평가·재편성의 과정을 거치고 나면 패배했던 집단은 한층 효율화되고 그 응집성은 강화될 수 있다는 것 등이다.

3) 집단 간 경쟁의 폐단

집단 간의 경쟁은 그 강도와 경쟁이 일어나는 상황에 따라 좋은 것일 수도 있고 나쁜 것일 수도 있다. 집단 간의 협력적 관계가 근본적으로 유지되는 가운데 진행되는 적정한 수준의(선의의) 경쟁은 집단들의 동기수준을 높임으로써 집단이나 조직에 다 같이 좋은 영향을 미칠 수 있다. 그러나 상호협조적인 관계를 유지해야 할 집단들이 지나친 경쟁을 벌이게 되면 관련된 집단과 조직에 해독을 끼치는 경우가 많다.

집단 간의 경쟁으로 인해 의사전달이 왜곡되고 협조가 이루어지지 않으며 상대방을 적으로 보는 정도에 이르면 경쟁은 지나친 것이라고 하지 않을 수 없다. 경쟁이 지나쳐 역기능적 갈등현상이 빚어지게 되면 상대방의 의사전달에 대해서 적대적·거부적 내지 방어적 반응을 보이게 된다. 공동적 문제해결보다는 상대방의 잘못을 찾아내고 책임을 전가하며 서로 비난하는 데 힘을 낭비한다. 장기적으로 보면 집단 간의 지나친 경쟁은 당사자 모두에게 그리고 조직에 손해를 입힌다고 할 수 있다.

여기서는 집단 간의 지나친 경쟁이 조직에 끼치는 해독과 그에 대한 통제방안을 살펴보려 한다.

(1) 조직에 끼치는 해독   조직의 관점에서 본 집단 간 경쟁의 폐단은 다음과 같다.

❶ 노력의 중복   노력의 중복을 들 수 있다. 집단들이 협조하여 노력을 절감하기보다는 차라리 중복되는 것을 무릅쓰고라도 각 집단이 별개로 행동하기 때문에 자원의 낭비를 초래한다.

❷ 업무방해   집단 간의 업무방해를 들 수 있다. 경쟁이 격화되는 경우 집단들은 서로 다른 집단들의 목표성취를 방해하려 한다. 자기 목표의 성취는

바로 다른 집단의 목표성취를 방해하는 것이라고 지각하게 된다.

❸ 조정의 장애   조직 내의 조정과정에 나쁜 영향을 미친다. 집단 간의 경쟁이 격화되면 조직활동의 통합적 조정에 지장을 주는데 그것은 결국 조직 전체의 산출을 감소시킨다.

❹ 비 능 률   업무수행을 지연시키고 많은 과오를 저지르게 하는 등 업무수행의 비능률을 초래한다. 집단 간의 경쟁이 격화되면 집단들이 서로 적절한 환류를 교환하지 않기 때문에 과오의 예방이나 시정이 어렵게 된다.

❺ 임무수행 해이   경쟁을 벌이는 집단들은 서로의 활동을 방해하거나 상대방을 제압하기 위해 시간과 정력을 많이 소모하기 때문에 생산적인 임무수행에 소홀해진다.

(2) 경쟁의 통제   집단 간의 경쟁에서 오는 손실이 그 이득을 초과하고 폐단을 빚게 되면 조직은 집단 간의 경쟁에서 빚어지는 폐단을 막기 위해 경쟁을 완화시킬 대책을 강구하지 않을 수 없다.

경쟁을 완화 또는 해소하기 위해 경쟁하는 집단들의 통합 등 구조개편, 집단들의 격리, 경쟁의 제재, 집단 간 교호작용의 개선 등의 접근방법이 쓰일 수 있다. 교호작용의 개선에는 공동목표 제시, 공동의 적 제시, 집단 간 인사교류, 중첩적 집단소속, 연결침활용,g) 태도변화훈련 등의 수단이 쓰인다. 집단 간의 경쟁이 격화되기 전에 이를 예방하는 노력도 필요하다. 예방책으로는 조직 전체의 효율성 강조, 집단 간의 원활한 교호작용 지원, 직원의 순환배치, 승패상황의 방지 등을 들 수 있다.

집단 간의 해로운 경쟁·갈등을 통제하는 방안에 관해서는 제4장 제4절에서 설명할 갈등관리전략을 참조하기 바란다.

---

g) Rensis Likert가 말한 연결침(連結針: linking pin)은 일종의 집단소속 중첩에 관한 개념이라고 풀이할 수 있다. 각 집단의 구성원 가운데서 적어도 한 사람씩이 상급집단과 하급집단에 중첩적으로 소속하여 연결침의 기능을 수행하면 집단 간의 조정이 원활해질 수 있다. 연결침의 역할을 수행하는 사람은 하나의 집단에 부하로 참여하고 다른 하나의 집단에 상관으로 참여하여 종적 및 횡적인 조정에 기여할 수 있다. Likert, *New Patterns of Management*(McGraw-Hill, 1961).

IV. 집단적 문제해결

공식적인 위원회와 같은 집단들이 문제해결에 많이 활용되어 왔으며, 문제해결도구로서 집단이 가지는 유용성에 관한 논쟁도 계속되어 왔다. 문제해결을 개인에게 맡기는 것이 유리한가 아니면 집단에 맡기는 것이 유리한가에 대한 해답은 상황에 따라 달라진다고 말할 수밖에 없다.h) 집단의 특성, 해결해야 할 문제, 집단이 처한 상황적 조건, 그리고 문제 해결의 과정과 방식이 다르면 집단적 문제해결의 유용성이나 결함도 달라질 것이다.

집단이 하는 문제해결의 방식만 보더라도 그 양상은 매우 복잡하고 다양하다. Edgar Schein은 여섯 가지의 집단적 문제해결방식을 분류하였다. 여섯 가지 문제해결방식이란 i) 구성원들이 결석하거나 관심을 표시하지 않는 가운데 행동대안이 선택되는 무반응에 의한 결정(decision by lack of response), ii) 한 사람이 지배적인 역할을 하고 행동방안을 선택하는 권한에 의한 결정(권위적 결정: decision by authority rule), iii) 소수의 하위집단이 행동방안 선택을 지배하는 소수에 의한 결정(decision by minority rule), iv) 투표를 통해 행동대안을 선택하는 다수결에 의한 결정(decision by majority rule), v) 모든 구성원이 어떤 행동대안을 원하는 것은 아니지만 일단 시행해 보자는 데는 합의하는 합의에 의한 결정(decision by consensus), 그리고 vi) 모든 집단구성원이 추구하기를 바라는 행동대안을 선택하는 만장일치에 의한 결정(decision by unanimity)을 말한다. 집단에 의한 문제해결방법으로 가장 바람직하지 않은 방법부터 가장 이상적인 방법까지를 차례로 열거한 것 같다.14)

집단적 문제해결의 이해득실을 구체적으로 따지려면 Schein이 분류한 바와 같은 결정방법의 유형별로 논의를 해야 할 터이지만 여기서는 현저한 단순화의 길을 택하려 한다. 유형구분 없이 그리고 상황적 요인의 고려를 유보하고 일반적으로 생각할 수 있는 장단점을 지적하려 한다. 다음에 지적하는 이점이란 상황적 조건에 적합한 문제해결방식의 이점이며 단점이란 잘못된 경우의 문제라고 생각하면 될 것이다. 여기서 비교의 대상은 개인이 하는 문

---

h) 집단적 문제해결을 논의하는 사람들이 사용하는 집단이라는 말의 뜻은 저자가 앞에서 정의한 집단의 의미에 부합되지 않을 때가 많다. 단순히 두 사람 이상의 '복수인'에 의한 문제해결을 집단적 문제해결이라 부르는 경우가 흔히 있다는 데 유의해야 한다.

제해결이다.15)

1. 집단적 문제해결의 장·단점

1) 장 점

많은 연구인들이 집단적 문제해결의 이점이라고 지적하는 것들을 간추리면 다음과 같다.

❶ 풍부한 정보   정보를 보다 많이 동원할 수 있다. 여러 사람이 모이면 문제해결에 도움이 되는 지식이나 기술은 풍부해진다. 기억의 용량이 커진다. 집단구성원의 능력차가 현저한 경우에도 하급능력자가 상급능력자의 지식을 보완해 줄 수 있다.

❷ 다양한 대안의 탐색   다양한 접근방법과 대안의 탐색에 도움을 준다. 개인은 어떤 특정한 접근방법에 집착하여 보다 쉽게 문제를 해결해 줄 수 있는 다른 접근방법을 생각하지 못하는 경우가 있다. 여러 사람이 모이게 되면 서로 다른 접근방법들이 제시되고 따라서 최선의 접근방법을 폭넓게 탐색할 수 있는 기회가 마련된다.

❸ 판단전략을 위한 효용   문제의 사실관계가 모호하기 때문에 여러 사람의 판단을 종합할 필요가 있을 때 집단적 문제해결방법이 유용하다.

❹ 자기반성 촉진   토론과 상호비판의 과정을 통해서 자기반성이 없는 사람들의 문제인식과 행동경향을 시정해 주는 데 집단적 문제해결방법이 유용하다.

❺ 이해와 수용의 촉진   집단적 문제해결에는 여러 사람이 참여하기 때문에 그 결론에 대하여 참여한 사람들의 이해와 지지를 쉽게 얻을 수 있다.

❻ 위험부담능력   위험부담이 큰 해결방안을 채택하는 데 집단은 개인보다 유리하다. 개인이 책임져야 한다면 꺼리게 될 결정이라도 집단이 책임지는 것이라면 무난히 채택할 수 있는 경우가 많다. 집단이 해결방안의 선택에서 적정을 기할 수만 있다면 집단의 위험부담능력은 그 이점으로 된다.

2) 단 점

집단적 문제해결의 단점이라고 지적되는 것들을 간추리면 다음과 같다.

❶ 사회적 압력   집단 내의 사회적 압력은 최선의 해결방안 선택에 지장을 줄 수 있다. 행동통일을 요구하는 압력은 합의된 것에 대한 이견제기를 봉쇄한다. 다수의견은 그 타당성 유무에 불구하고 받아들여지는 경향이 있으며 따라서 올바른 문제해결에 지장을 준다. 이러한 현상을 '집단사고'(集團思考: Groupthink)라는 개념으로 설명하는 사람도 있다.[i]

❷ 소수지배   참여자들이 제시한 해결안의 가치가 발언을 많이 하는 소수인이 하는 비판 또는 찬성의 횟수에 따라 판정될 가능성이 크다. 강한 지배성향을 가진 사람이 나타나 문제해결의 과정을 오도할 가능성도 있다. 지배성향을 가진 사람들과는 반대로 수줍음이 많고 의사표현력이 부족한 사람들은 해결방안 탐색에 별로 기여하지 못한다.

❸ 시간소모의 증가   집단적 문제해결은 개인적 문제해결보다 시간을 더 많이 소모하는 경향이 있다. 그리고 문제해결 자체에 직결되지 않은 일로 시간과 에너지를 낭비할 가능성도 크다.

❹ 무책임한 행태   책임분산, 책임감결여, 무성의한 태도(빈둥거림)가 문제될 수 있다. 구성원들은 열심히 해 보았자 자기의 공로가 집단의 그늘에 가려 빛을 보지 못할 것이라는 생각을 하기 쉽다.

❺ 결론의 극단화   집단적 문제해결은 개인적 문제해결의 경우보다 더 극단적인 결론에 도달하는 경향이 있다. 여러 사람이 논의하다보면 문제에 따라 보수 또는 급진의 어느 한 쪽에 지나치게 기우는 결정을 할 가능성이 높다. 이러한 현상을 '집단적 전환'(Groupshift) 또는 '집단효과로 인한 극단화'(group polarization)라고 부르기도 한다.

---

i) Irving L. Janis는 집단 내의 사회적 압력 때문에 빚어지는 판단능력(비판적 평가능력)의 저하현상을 '집단사고'라 이름지었다. 집단사고가 빚어지고 있는 집단에서는 합의에 도달하는 데 급급하여 여러 대안들을 제대로 검토하지 못하며 이의제기 또는 소수의견을 억압한다고 한다. 집단사고의 증상은 집단이 실수를 할 리 없다는 환상, 집단의 도덕성에 대한 맹신, 집단에 반대하는 사람은 악하고 어리석다고 생각하는 고정관념, 집단적 합의에 대한 이의제기의 자체 검열과 억압, 침묵을 합의로 간주하는 만장일치의 환상, 불리한 정보로부터 집단을 보호하는 수호자라고 자임하는 인물의 등장 등이라고 한다. Janis, *Victims of Groupthink*(Houghton Mifflin, 1972).

2. 집단적 문제해결의 개선

전통적인 집단적 문제해결과정의 단점 또는 폐단을 줄일 수 있는 방안에 대한 여러 가지 제안들이 나와 있다. 집단적 문제해결과정의 효율화를 위해 집단을 구성하고 이끌어 가는 사람들이 지켜야 할 수칙을 제안하기도 하고 집단과정의 운영개선을 처방하기도 한다. 전통적인 집단적 문제해결기법과는 구별되는 수정형태의 문제해결기법들을 고안하기도 한다.

집단적 문제해결의 개선방안들을 보면 다음과 같다.[16]

(1) 집단적 문제해결과정의 운영개선   활발한 참여와 합의형성의 촉진을 위해 집단의 리더가 지켜야 할 준칙으로 제안된 것들을 보면 i) 자기 주장만 우기지 말고 다른 사람들의 의견도 경청할 것, ii) 갈등회피만을 위해 자기 의견을 바꾸지는 말 것, iii) 투표, 추첨, 평균치 선택과 같은 방법의 사용은 자제할 것, iv) 서로 다른 의견들을 존중하고 모든 구성원의 토론참가를 촉진할 것, v) 결론에 도달하려면 승자와 패자가 있어야 한다는 가정에 집착하지 말 것, vi) 각자의 해결방안 뿐만 아니라 그 기초가 되는 전제들까지도 깊이 있게 논의하도록 유도할 것 등이다.

집단과정의 운영개선을 위한 방법의 예로는 i) 구성원 각자에게 비판적 평가자의 역할을 맡기는 방법, ii) 문제해결집단 내에 하위집단들을 구성하여 분임연구를 하게 하는 방법, iii) 집단구성원 각자가 자기 부하들 또는 동료들의 의견을 묻고 그 결과를 집단토의에 보고하게 하는 방법, iv) 외부전문가를 초빙하여 집단활동을 관찰하고 평가하게 하는 방법, v) 어떤 구성원에게 다른 사람들이 꺼리는 제안 또는 비판적 발언을 하도록 '악역'을 맡기는 방법, vi) 중요한 쟁점에 대해 결론이 난 다음에 다시 한 번 모임을 열어 재론할 수 있는 기회를 갖게 하는 방법 등을 들 수 있다.

집단적 문제해결과정의 전반적인 개선을 위해, 그리고 구체적인 개선기법들의 효율성 향상을 위해 정보기술의 활용이 처방되고 실천되고 있다. 컴퓨터 소프트웨어(group-ware)를 사용하는 집단적 의사결정지원체제는 신속·정확한 대량적 정보처리, 기억장치의 활용, 가상집단화를 통한 시간적·공간적 장애의 극복 등 여러 가지 효용을 발휘한다.

(2) 명목집단기법   명목집단기법(名目集團技法: nominal group technique)은

집단적 문제해결에 참여하는 개인들이 개별적으로 해결방안에 대해 구상을 하고 그에 대해 제한된 집단적 토론만 한 다음 해결방안에 대해 표결을 하는 문제해결기법이다. 명목집단기법에서는 전통적인 회의방법에서와는 달리 말로 하는 의견교환은 명시된 때에 한정된다. 토론이 비조직적으로 방만하게 진행되는 것을 막고 좋은 의견이 고루 개진되도록 하기 위해 그러한 제한을 둔다.

이 방법의 표준적인 과정은 다섯 단계로 나누어 볼 수 있다. 첫째, 문제해결방안을 집단구성원 각자가 구상하고 이를 기록한다. 둘째, 기록된 해결방안들을 집단모임에서 발표한다. 이때에 토론은 하지 않는다. 셋째, 개인별 해결방안들을 간결하게 요약하여 칠판 등에 적어 참여자들이 함께 볼 수 있도록 한다. 넷째, 요약된 해결방안들을 명료화하고 평가하는 데 필요한 범위 내에서 토론을 한다. 다섯째, 표결로 해결방안을 선택한다.

(3) 델파이기법 델파이기법(Delphi technique)은 문제해결의 아이디어를 제공하는 사람들이 서로 대면적인 접촉을 하지 않는 기법이다. 교호작용적인 토론을 하지 않고 익명성이 유지되는 사람들이 각각 독자적으로 형성한 판단들을 종합·정리하는 방법으로서 전문가들에 대한 여론조사기법이라고 이해될 때가 많다. 델파이기법을 쓰면 대면적인 토론에 의존하는 전통적인 집단적 문제해결방법에서 흔히 보게 되는 구성원 간의 성격마찰 또는 감정대립, 지배적 성향을 가진 사람의 독주, 다수의견의 횡포 등을 피할 수 있다.

이 방법의 표준적인 절차는 다섯 가지 단계로 나누어 볼 수 있다. 첫째, 문제해결방안에 대한 질문서를 만들어 응답자들(집단적 문제해결의 참여자들)에게 보낸다. 둘째, 응답자들은 각자가 따로 응답을 기록하여 반송한다. 셋째, 응답들을 요약하고 종합하여 보고서로 만들고 이를 응답자들에게 다시 보낸다. 넷째, 응답자들은 응답을 종합집계한 보고서를 평가하고 그에 대한 질문에 답한다. 이때에 각자의 본래 응답을 수정하기도 하고 해결방안들의 서열을 결정하는 데 의견을 제시하기도 한다. 다섯째, 마지막으로 환류보고서가 만들어지고 이 보고서는 의뢰자인 조직의 책임자에게 뿐만 아니라 응답자들에게도 보내진다.

응답을 종합·정리하여 응답자들에게 환류하고 새로이 구성한 질문을 하는 방법을 되풀이함으로써 의견수렴을 이끌어낸다. 위의 절차설명에서 이러한 환류가 한 차례 있는 것으로 표준을 삼았으나 경우에 따라서는 4차, 5차까지 되풀이할 수도 있다.

(4) 브레인스토밍   브레인스토밍(터놓고 이야기하는 모임; 두뇌선풍기법: brain storming)은 규격화되지 않은 집단토론상황에서 구성원들이 아이디어와 문제해결대안들을 구애 없이 털어놓고 자유롭게 토론하게 하는 기법이다. 브레인스토밍에서 토론에 참여하는 사람들은 제약 없이 의견을 개진할 수 있는 자유를 누린다고 하지만 거기에 질서나 원칙이 전혀 없는 것은 아니다. 토론 참가자들이 지켜야 할 원칙과 노력의 방향은 다음과 같다.

첫째, 아이디어 안출과정이 다 끝나기 전에 다른 사람의 의견을 비판하거나 공격해서 발언의 의욕을 꺾어서는 안 된다.

둘째, 보다 독특하고 창의적인 아이디어를 내도록 노력해야 한다. 지나치게 이상적이거나 급진적이라는 말을 들을 수 있는 아이디어들도 서슴 없이 내놓아야 한다.

셋째, 될 수 있는 대로 많은 수의 아이디어들을 제안하도록 노력해야 한다. 브레인스토밍의 전제는 아이디어의 수가 많을수록 탁월한 아이디어가 나타날 확률이 높다는 것이다.

넷째, '편승기법'(piggy-backing)의 사용도 권장해야 한다. 다른 사람의 아이디어에 자기의견을 첨가해 새로운 아이디어로 꾸미거나 이미 제안된 여러 아이디어들을 종합하여 새로운 아이디어를 안출해 내는 방법을 편승기법이라 한다.

(5) 변증법적 토론기법   변증법적 토론기법(辨證法的 討論技法: dialectical discussion technique)은 토론집단을 대립적인 두 개의 팀으로 나누어 토론을 진행하는 과정에서 합의를 형성해 내도록 하는 기법이다. 한 팀은 특정대안에 대해 찬성하는(장점을 부각시키는) 역할을 맡고 다른 한 팀은 반대하는(단점을 부각시키는) 역할을 맡는다. 두 팀이 자기 역할에 충실한 토론을 하는 과정에서 특정 대안의 장점과 단점을 최대한 노출시키고 이어서 의견수렴의 과정을 거치면 보다 좋은 대안을 선택할 수 있다는 것이 변증법적 토론기법의 가정이다.[17]

조직의 목표와 구조

제3장에서는 조직의 목표와 구조에 관한 주요문제들을 고찰하려고 한다.

조직의 목표는 조직의 불가결한 구성요소이며 조직의 다른 구성요소들과 긴밀히 연관된다. 따라서 조직의 목표는 어느 장에서나 함께 설명해도 무방하다. 다만 조직의 목표가 구조설계의 가이드라인을 제시한다는 점을 무겁게 사 구조와 함께 제3장에서 다루기로 했을 뿐이다.

조직의 구조를 본다는 말을 구조적 관점에서 조직을 본다는 뜻으로 풀이하는 경우 고찰대상의 범위는 대단히 넓어질 수 있다. 그러나 이 장에서는 검토대상을 저자가 중요하다고 판단한 구조적 요인과 연관요인에 주의를 한정하려 한다. 그리고 구조적인 문제라도 이 책의 다른 부분에서 다루어진 것들은 이 장의 설명에서 제외하려 한다.

제1절에서는 조직의 목표를 정의한 다음 조직목표의 유형, 조직목표의 변동, 그리고 조직평가기준으로서의 목표를 설명할 것이다.

제2절에서는 구조를 형성하는 기본적 구성요소들을 검토할 것이다. 구조의 기초적 구성요소로 선택한 것은 역할, 규범, 지위 그리고 권력이다. 조직이 사용하는 기술도 그에 긴밀히 연관된 문제이므로 함께 논의하려 한다.

제3절에서는 구조형성의 원리와 그러한 원리의 적용에서 비롯되는 구조적 양태를 고찰하려 한다. 고전적인 원리와 그에 기초한 구조의 양태를 먼저 검토하고 그 다음에 고전적 원리를 비판하고 수정하는 원리들을 설명하려 한다.

구조적 양태를 묘사할 때 사용하는 특성지표인 규모, 복잡성, 공식화, 집권화(분권화) 등에 대해서도 제3절에서 설명할 것이다.

01 조직의 목표

Ⅰ. 조직의 목표란 무엇인가?

1. 조직목표의 정의

조직의 목표(組織의 目標: organizational goal)는 인간의 집합체인 조직이 달성하려는 미래의 상태이다. 조직의 목표는 조직을 구성하는 개인의 목표가 아니고 조직이라는 사회적 실체가 추구하는 목표이다. 조직의 목표는 미래에 지향된 영상(映像)이며 그것이 완전히 달성되면 목표로서의 효용과 의미를 상실한다. 목표는 이와 같이 미래지향적인 현상이지만 현재의 조직행동에 큰 영향을 미친다.[1)]

목표는 조직에 필요하며 불가결한 하나의 속성이다. 맹목적인 사람들의 모임은 우리가 연구하려는 조직이 아니다. 사람들이 모여 공동적인 노력을 해나가는 것이 조직이기 때문에 반드시 공동적으로 추구해야 할 목표가 있어야 한다. 모든 목표가 바람직하거나 좋은 것이라고 말할 수는 없지만, 목표의 존재 그 자체는 조직 내의 공동적인 활동을 위해서 긍정적인 자산으로 된다고 보아야 한다.

1) 목표 정의의 관점

조직의 목표를 정의할 때 우리가 채택하는 관점 또는 전제는 i) 공식적 목표와 실제적 목표는 다를 수 있다는 것, ii) 조직은 복수의 목표를 추구할 수 있으며 그 유형은 여러 가지라는 것, iii) 조직이 추구하는 목표들 사이의 관계는 다양하다는 것, iv) 조직의 목표는 조직의 다른 구성요소들과 상호적인 의존관계에 있다는 것, v) 조직의 목표는 시간의 흐름에 따라 변동할 수 있는 가변적 현상이라는 것, vi) 목표는 목표—수단의 연쇄로 이루어지는 목표계층(goal hierarchy) 내에서 파악된다는 것 등이다.

2) 목표의 기능

조직목표의 효용 내지 기능은 다음과 같다.[2]

❶ 조직활동의 방향제시   조직의 목표는 조직이 추구하는 미래의 상태를 밝혀줌으로써 조직구성원들이 방향감각을 가질 수 있도록 행동기준을 제시한다. 여러 가지 행동대안 가운데서 적합한 것을 선택하는 기준을 제시함으로써 의사결정과정의 불확실성을 감소시키고 조직구성원의 행동을 조직이 바라는 방향으로 귀일시키는 데 기여한다. 잘 설정된 목표체계는 모호하고 갈등적인 역할기대로 인한 역할스트레스를 줄여 준다. 그리고 목표체계는 조직활동을 인도하고 조정하는 기획·통제체제의 기초를 제공한다.

❷ 동기유발   조직의 목표는 조직구성원들이 조직에 일체감을 느끼고 조직활동의 동기를 유발하게 하는 데 필요한 기초를 제공한다. 조직의 목표가 있고 그것을 알아야 그에 대한 일체감도 생길 수 있고 그에 기여하려는 동기도 유발할 수 있기 때문이다.

❸ 정당화의 근거   조직의 목표는 조직의 존재 그 자체와 조직활동을 사회 내에서 정당화하는 정당성의 근거를 제공한다.[a]

❹ 조직평가의 기준   조직의 목표는 조직의 성공도와 그에 대한 기여도를 평가하는 기준이 된다. 조직의 전반적인 또는 부분적인 효율성을 판단할 때나 조직구성원의 실적을 평가하여 보상을 결정할 때에 조직의 목표는 중요한 기준을 제공한다. 조직이 얼마나 좋은가를 알아보려는 다른 여러 가지 평가에서도 목표는 중요한 기능을 한다.

❺ 조직설계의 준거   조직의 목표는 조직의 구조와 과정을 설계하는 데 준거를 제공한다.

---

a) 조직에 대한 반대를 극복하고 환경으로부터의 자원획득을 원활히 하기 위한 관념적 무기(ideological weapons)로 조직의 목표를 활용할 때도 있다. cf., Philip Selznick, *TVA and the Grass Roots*(University of California Press, 1949).

2. 조직의 목표와 개인의 목표

1) 조직목표와 개인목표의 구별

우리는 인간의 집합체인 조직이 추구하는 목표와 조직에 참여하는 개인의 목표를 개념적으로 구별한다. 조직의 목표와 구성원의 목표가 실제로 완전히 부합되는 상태도 있겠지만 그러한 경우에도 조직의 목표와 개인의 목표라는 두 가지 개념은 여전히 구별된다.

그러나 이러한 개념적 구별이 필요하다는 말을 개인의 목표와 조직의 목표는 서로 무관하다거나 양자는 실제로 언제나 분리되어 있다고 주장하는 것으로 오해해서는 안 된다. 조직생활의 실제에서 조직의 목표는 구성원들이 수용하여 추구해야 하는 것이기 때문에 어디까지가 개인적 목표이며 어디까지가 개인이 지각하는 조직의 목표인지를 경험적으로 구별하기 어려운 경우가 많다.

조직은 개인들이 모여서 구성하기 때문에 개인의 목표와 조직의 목표 사이에는 어떤 공존의 관계가 설정되지 않으면 안 된다. 개인적 목표와 조직의 목표가 대립되는 경우 조직을 운영하는 사람들이 그러한 상태를 방치할 수는 없다. 양자의 융화, 절충, 양립 등을 추구하는 방안을 찾아야 한다.

2) 조직목표와 개인목표의 관계설정

개인의 목표(욕구 또는 필요)와 조직의 목표를 융화 또는 양립시키는 문제는 오래 전부터 조직을 운영하는 사람들이나 조직을 연구하는 사람들에게 매우 중요한 과제로 되어 왔다. 그에 관한 이론도 변전을 거듭해 왔다. 개인의 목표와 조직의 목표가 과연 본래적으로 상충되는 것인지 또는 양자의 통합가능성은 있는 것인지에 관한 이론은 변해 왔다. 조직목표와 개인목표 사이의 관계설정에서 전자를 우선해야 한다는 이론도 있었고 후자를 우선해야 한다는 이론도 있었다. 근래에는 양자의 통합을 촉구하는 이론이 강한 파급력을 보이고 있다.

조직목표와 개인목표의 관계설정양태는 매우 다양하고 복잡하다. 거기에는 무수히 많은 대안이 있을 수 있다. 여기서는 문제를 단순화하여 관계설정 모형을 크게 세 가지 범주로 나누어 소개하려 한다.[3] 여기서 논의할 조직목

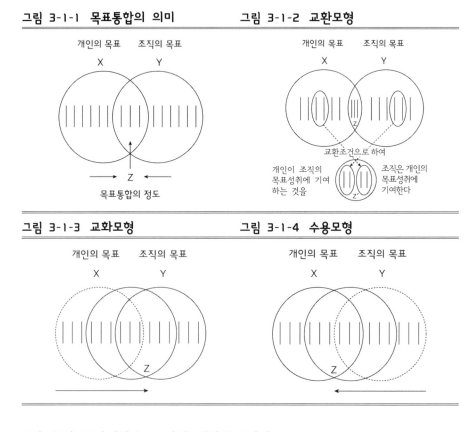

그림 3-1-1 **목표통합의 의미**

그림 3-1-2 **교환모형**

그림 3-1-3 **교환모형**

그림 3-1-4 **수용모형**

표의 주된 준거대상은 조직의 생산목표이다.

다음에 볼 모형들은 조직의 생산목표와 개인의 목표를 양립시키거나 통합시키는 문제에 관한 서로 다른 접근방법들을 반영하는 것이다. 양립이란 조직목표와 개인목표가 교환적인 관계에서 병존하는 것을 말한다. 목표의 통합이란 개인목표와 조직목표를 부합 또는 융합시킬 수 있는 영역이 넓어지는 것을 뜻한다. 통합적 관계를 도형화하면 〈그림 3-1-1〉과 같이 된다. 이 그림에서 X는 개인적 욕구 또는 필요를 충족시키는 데 기여하는 일련의 상태 또는 활동이다. Y는 조직의 주된 산출을 만들어 내는 데 기여하는 일련의 상태 또는 활동이다. Z는 조직의 목표와 개인의 필요를 함께 충족시켜주는 상태 또는 활동의 부분이다. 수용과 교화를 통해 Z의 영역을 넓히고 개인이 조직의 목표를 내재화하게 하는 모형을 통합모형(統合模型: integration model)이라고 부를 수 있다.

(1) 교환모형　개인과 조직의 목표를 양립시키려고 교환모형(交換模型:

exchange model)을 채택하는 경우 조직과 개인 사이에는 뚜렷한 거래협상의 관계가 설정된다. 조직은 개인적 목표의 성취에 도움이 되는 유인을 개인에게 제공하고 개인은 그에 대한 대가로 시간과 노력을 조직의 목표성취에 바치게 된다. 조직은 개인이 조직의 목표성취에 기여한다는 조건부로, 그리고 거기에 기여하는 정도만큼만 개인의 목표추구에 기여한다.

교환모형은 '외재적 보상에 기초를 둔 모형'이라고 볼 수도 있다. 조직이 개인에게 베푸는 것이 조직의 목표추구에 직접 기여하지는 않으며, 개인이 조직을 위해 하는 일 또한 개인적 목표추구에 직접 기여하지는 않는다. 조직과 개인은 자기의 필요를 충족시키기 위해 상대방의 필요를 충족시키는 간접적인 방법을 쓰게 된다. 교환모형은 목표통합의 방법이 아니라 조직의 목표와 개인의 목표를 연결짓는 방법 또는 양립시키는 방법을 찾는 모형이라고 할 수 있다.

교환모형의 논리는 〈그림 3-1-2〉와 같이 요약할 수 있다. 이 모형에서 목표가 통합된 영역인 Z는 X와 Y에 비교할 때 언제나 매우 작은 것이라고 가정된다. 교환모형이 제시하는 전략은 Z를 넓히도록 노력하는 것이 아니라 개인과 조직으로 하여금 X와 Y의 구성요소들을 서로 교환하도록 노력하는 것이다. X와 Y의 일부 구성요소들을 병치(並置: juxtaposition)시킴으로써 양자의 이해득실이 균형을 이루는 Z′라는 영역을 창출하도록 하는 전략이라고 생각할 수 있다.

(2) 교화모형   교화모형(敎化模型: socialization model)은 개인으로 하여금 조직의 목표성취에 도움이 되는 행동을 가치 있는 것으로 생각하고 그렇지 않은 행동을 무가치한 것으로 생각하도록 유도하는 '감화의 과정'(influence process)을 통해서 목표통합을 도모하는 모형이다. 개인을 교화하는 데는 적극적 교화뿐 아니라 소극적 교화의 방법도 쓰인다. 설득을 하고 모범적인 행동을 보임으로써 개인으로 하여금 조직의 목표를 자기목표화하도록 유도하는 것은 적극적 교화에 해당한다. 조직의 목표성취에 방해가 되는 개인적 목표를 포기하도록 감화하는 것은 소극적 교화이다.

교화모형의 논리를 도형화하면 <그림 3-1-3>과 같이 된다. 여기서 원래 Y에만 포함되어 있던 요인들이 점차 X에 포함되도록 X의 경계를 변동시킴으로써 X와 Y에 비해 Z가 더 커지도록 이끌어 나간다. 이것은 적극적 교화에 해당한다. 화살표는 교화의 방향을 가리킨다. 이와 동시에 소극적 교화도 진행될 수 있다. 원래 X에 포함되어 있던 일부 요인들을 X의 경계 밖으로 밀어냄으로써 X에 포함되지 않도록 할 수 있다.

(3) 수용모형 수용모형(受容模型: accommodation model)은 조직의 목표를 설정하고 목표추구의 방법과 절차를 입안할 때에 개인적 목표를 고려하고 이를 수용하도록 하는 모형이다. 이 모형에 따를 때 개인의 필요와 욕구는 주어진 조건으로 취급된다. 조직을 구성하고 운영하면서 조직의 목표추구 자체가 개인에게 가치 있는 것으로 느껴지도록 하고 조직목표와 개인적 목표의 동시적 추구도 가능하도록 배려한다.

수용의 수단 가운데서 가장 흔히 볼 수 있는 것은 두 가지이다. 그 하나는 직무(역할)의 설계이다. 직무를 설계할 때, 개인적 목표의 추구가 가능하도록 활동의 종류와 수를 배합함으로써 목표통합의 폭을 넓힐 수 있다. 수용의 다른 한 수단은 참여이다. 참여의 수단을 쓸 때에는 조직의 목표결정과 문제해결활동에 조직구성원들을 널리 참여시킨다.

수용모형에 관한 설명을 도형화하면 〈그림 3-1-4〉와 같이 된다. 원래 X에만 있던 요인들을 Y가 포용할 수 있도록 Y의 경계를 변동시킴으로써 Z를 넓히는 것이 그림에 나타나 있다. 이것은 적극적 수용에 해당한다. 이와 동시에 원래 Y에 속해 있던 일부요인들을 Y의 경계 밖으로 밀어내는 소극적 수용도 할 수 있다. 이러한 소극적 수용은 개인의 목표추구에 도움이 되지 않는 조직목표의 일부를 조직이 포기할 때 일어난다. 그림에서 보는 화살표는 수용의 방향을 가리킨다.

Ⅱ. 조직목표의 유형

1. 목표의 기본적 분류

조직은 대개 여러 가지 유형의 목표를 추구하는 사회적 단위라고 보는 것이 오늘날의 지배적인 견해이다. 그러나 목표유형을 분류하는 틀에 관하여는 뚜렷한 합의가 없다. 저자는 목표개념의 일반적인 논의에 실천적인 도움을 줄 수 있는, 비교적 포괄의 범위가 넓은 목표유형론을 소개하려 한다. 여기서 살펴볼 유형론은 조직의 목표에 관한 중요연구들에서 사용된 목표유형들을 종합하여 정리한 것이다.

기본적인 목표유형으로 간추린 것은 i) 대사회적 목표, ii) 생산목표, iii) 투자자의 목표, iv) 체제유지적 목표, 그리고 v) 파생적 목표이다.[4]

목표의 기본유형을 이와 같이 범주화하면서 여러 가지로 얽혀들 수 있는 부분적·세부적 또는 형식적 분류기준들은 고려대상에서 원칙적으로 제외하였다. 예컨대 i) 공식적 목표와 실제적 목표를 구별하는 문제, ii) 목표-수단의 계층 속에서 상위목표와 하위목표를 구별하는 문제, iii) 유형적 목표와 무형적 목표를 구별하는 문제, iv) 단기적 목표와 장기적 목표를 구별하는 문제 등은 제쳐놓고 기본분류를 생각하였다. 우리의 유형론에서 투자자의 목표는 지각주체라는 분류기준과 긴밀히 연관된 것이지만, 다른 목표유형에 관해서는 '누가 지각하는 목표인가'(Whose image?)라는 문제도 원칙적으로 고려하지 않았다. 이런 여러 기준들은 기본적으로(일차적으로) 분류한 목표유형들을 다시 분류하는 2차적 분류기준으로 쓸 수 있다.

(1) 대사회적 목표　대사회적 목표(對社會的 目標: societal goals)는 조직의 대사회적인 기능이 일반적으로 무엇인가에 관련하여 규정되는 목표의 유형이다. 가장 추상적인 수준의 목표라고도 할 수 있는 이 목표유형은 한 사회에 존재하는 조직들을 크게 몇 개의 조직군(large classes of organizations)으로 나누고 조직군마다 공통적인 기능 또는 지향성을 포착한 것이다. 예컨대 조직이 사회 전체에 대하여 일반적으로 기여하려는 바가 경제적인 것인가, 질서유지적인 것인가, 또는 문화적인 것인가를 대체로 규정할 때 쓰이는 목표개념이 여기에 해당한다.

대사회적 목표는 조직과 그 환경을 이루는 사회 전체의 관계를 이해하는 데 도움을 줄 수 있다. 그리고 이러한 추상적인 목표와 그것에 연결되는 보다 구체적인 목표체계의 관계를 설명하는 데도 유용한 정보를 제공할 수 있다.

대사회적 목표를 분류한 사람의 예로 Talcott Parsons의 이름이 가장 널리 인용되고 있다.[5] 그의 목표유형론과 조직유형론은 제1장 제4절에서 설명하였다. Amitai Etzioni도 대사회적 목표를 i) 질서유지적 목표(order goal: 사회적 일탈자의 통제), ii) 경제적 목표(economic goal: 재화·용역의 생산·공급), iii) 문화적 목표(cultural goal: 문화적 상징의 창조·보존·활용) 등 세 가지로 분류하였다.[6]

(2) 생산목표 조직목표연구에서 널리 쓰여 왔으며 연구인들의 관심을 가장 많이 차지하고 있는 목표개념은 생산목표이다. 생산목표(生産目標: production goal)는 조직이 수행하는 생산기능 또는 생산활동(production function or production performance)의 목표이다. 생산활동은 조직설립 및 존속의 본래적인 취지에서 비롯되는 과업수행이다. 모든 조직에는 이러한 의미의 생산활동이 있다. 조직이 존재하는 본래적인 이유는 생산활동의 수행이라고 보는 입장에서는 조직의 다른 목표나 기능은 생산목표에 종속된다고 생각할 수 있다.

다른 목표의 경우에서와 마찬가지로 생산목표의 체계는 상위목표와 하위목표의 연쇄 또는 목표－수단의 계층으로 파악할 수 있다. 이러한 목표계층의 존재를 전제로 하여 생산목표를 다시 두 가지 범주로 구분할 수 있다. 그 하나는 일반적 산출목표이며 다른 하나는 생산작용목표이다.[b]

일반적 산출목표(general output goal)는 생산목표계층의 맨 위에 위치하는 것으로서 조직의 일반적인 업종(general type of output)에 관한 목표이다. 생산작용목표(product goal or operative goal)는 일반적 산출목표의 하위목표로서 산출의 구체적인 질과 양, 다양성, 모양 등 여러 특성들을 규정한다. 생산작용목표는 생산활동의 효율성평가에 구체적인 기준을 제시할 수 있는 목표이다.

(3) 투자자의 목표 투자자(投資者)의 목표(investor goal)는 조직에 자원을 제공하는 사람들이 의도하는 목표이다. 투자자가 제공하는 자원에는 자본과 같은 재화뿐만 아니라 용역이나 정당성의 근거·권한 등이 포함된다. 대개의 경우 조직은 투자자들의 지원에 대해 어떤 보상을 제공하고, 투자자들은 그만큼 조직에 대해 영향을 미친다. 투자자의 목표는 이윤획득에 한정되지 않는다. 복지기관에 투자한 사람들은 자기들에게 금전적 이익이 돌아가지 않더라도 조직이 수행하는 복지사업의 성공만으로 만족할 것이다.

투자자의 목표는 '누가 지각하는 목표인가'에 착안하여 분류한 목표 가운

---

b) 앞서 말한 바와 같이 우리의 기본적 유형론에서는 목표－수단의 계층에 관한 문제를 원칙적으로 고려하지 않고 있다. 생산목표에 관해서도 수없이 세분할 수 있는 목표계층을 본격적으로 논의하려는 것은 아니다. 다만 널리 쓰이고 있는 두 가지 범주의 생산목표에 대해서만 언급하였다.

데 하나이다. 투자자를 환경의 일부로 보는 경우 투자자가 원하는 목표는 조직 자체의 목표가 아니라고 할 수도 있을 것이다. 그러나 '조직이 추구해야 한다'고 투자자가 지각하는 목표라는 점에서 투자자의 목표를 우리는 조직목표의 한 유형으로 규정한다. 그리고 투자자가 언제나 조직 밖에 있는 것은 아니다. 사기업의 경우 투자자(소유주)와 그 가족이 기업을 직접 경영하는 예를 흔히 볼 수 있다.

(4) 체제유지적 목표 체제유지적 목표(體制維持的 目標: system goal)는 조직이 하나의 사회적 유기체로서 생존·유지·적응 또는 성장하는 데 관한 목표이다. 이것은 조직이 하나의 조직으로서 유지해야 할 바람직한 상태에 관한 목표이다.

조직마다의 체제유지적 목표는 안정 또는 모험을 추구하는 정책, 재정정책, 성장정책, 조직구조와 운영방법에 관한 정책, 환경에 대한 접근방법 등 여러 가지 국면에 관련하여 구분해 볼 수 있다. 어떤 조직은 이윤증대를 일차적인 체제유지적 목표로 삼고 어떤 조직은 이윤보다 성장을 더 중요시한다. 쇄신과 모험을 강조하는 조직이 있는가 하면 안전을 우선시키는 조직도 있다. 환경을 조직의 산출물이나 받아들이는 대상으로 보는 경우도 있고 쇄신적 정보와 조직에 대한 요청의 출처로 파악하는 경우도 있다. 중앙집권적이며 엄격한 통제중심의 구조와 운영방침을 가진 조직이 있는가 하면 그렇지 않은 조직도 있다. 조직이 성공적으로 운영되고 있는 경우 조직의 생존은 별로 문제가 안 되겠지만 조직이 곤경에 빠지면 생존 자체가 최우선의 목표로 될 수도 있다.

체제유지적 목표와 생산목표는 긴밀히 연관되어 있으며 양자는 서로를 제약하는 조건이 될 수 있다. 이 양자의 관계가 어떠냐에 따라서 목표 대치의 원인이 조성될 수도 있다.

(5) 파생적 목표 파생적 목표(派生的 目標: derived goal)는 조직의 존재와 활동으로부터 파생되는 목표이다. 파생적 목표가 조직의 본래적인 설립취지에 포함되어 있는 것은 아니다. 그러나 파생적 목표를 간과해서는 조직현상을 온전히 이해할 수 없다. 파생적 목표가 문제로 되는 까닭은 조직의 존재와 활동이 커다란 힘을 생성시키며 그러한 힘의 일부는 조직의 생산목표나 체제유지적 목표에 직결되지 않는 목표의 추구에 쓰일 수 있기 때문이다.

조직이 살아 움직이는 데서 생기는 힘은 조직과 접촉을 갖는 모든 사람에게 큰 영향을 미칠 수 있는 잠재력이 된다. 기업조직의 경우에서 조직의 힘이 파생적 목표를 추구하는 데 쓰이는 분명한 예를 찾아볼 수 있다. 기업은 사람을 채용하거나 면직시킬 수 있는 힘을 가지고 있으며, 기업의 소재지가 될 지역사회를 선택할 수 있고, 정부의 경제정책에 순응하거나 거역하는 투자방침을 결정할 수 있다. 기업의 최고관리자들은 문화사업단체의 임원이 되거나, 정치적 헌금 등을 통해 정당에 대한 영향력을 행사할 수도 있다.

파생적 목표는 조직의 존립에 근본적인 중요성을 가진 것이 아니라고 하지만 파생적 목표의 추구는 목표의 대치를 가져오는 계기가 될 수 있다. 당초에 파생적 목표이던 것이 생산목표를 대치하거나 생산목표에 갈음하는 중요성을 가지게 될 수 있다.

2. 측정방법에 따른 목표 분류

목표의 경험적 연구에 관심을 가진 사람들은 좀더 정확한 조작적 정의를 시도하였다. 조작적 정의에서 나타난 의견대립은 그 나름대로 목표유형론을 만들어냈다. 조작적 정의의 문제는 조직의 목표를 실제로 어디서 어떻게 알아낼 것인가의 문제이다.

어디서, 누구에게서 또는 무엇으로부터 어떻게 목표를 알아낼 것인가에 대한 연구인들의 견해들을 목표유형론으로 정리해 보려 한다.[7]

(1) 공식적으로 기술된 목표   공식적으로 기술된 본래적 수임사항으로 파악한 조직의 목표가 있다. 이것은 문서화된 공식적 목표를 조직의 목표로 보자는 관점을 반영한다.

(2) 연구인이 규정하는 목표   연구인들이 조직의 대사회적 기능으로 파악한 조직목표가 있다. 이 목표개념을 사용하는 경우 연구인들이 자신의 이론적 틀에 맞추어 조직목표의 내용을 규정하게 된다.

(3) 고객에 봉사하는 목표   외부의 고객에게 봉사하는 기능으로 파악한 조직의 목표가 있다. 이 경우 조직에 정당성을 부여하고 자원을 공급하는 고객 또는 외부세력의 기대에 부응하기 위해 필요한 조직의 산출을 측정하여 목표를 알아낸다.

(4) 최고관리자가 인식하는 목표   최고관리자가 조직의 목표로 파악한 것을 조직의 목표라고 규정하자는 견해가 있다. 이 경우 최고관리자에게 물어 그가 추구하는 조직의 목표를 알아낸다.

(5) 조직구성원이 인식하는 목표   조직구성원이 인식하고 있는 조직목표를 조직의 목표라고 규정하자는 견해가 있다. 이 경우 조직구성원 전체에게 물어 그들이 조직의 목표라고 생각하는 바를 알아낸다.

(6) 조직의 운영실태에서 포착한 목표   조직의 운영실태에서 포착한 조직의 목표가 있다. 이 경우 투입되는 자원의 분배순위, 산출, 실제적 사업의 목표 등을 확인하고 거기서 조직의 목표를 추정해낸다.

(7) 제약조건으로 파악한 목표   조직활동의 제약조건으로 파악한 조직의 목표가 있다. 이 경우 조직 내의 의사결정자들이 직면하는 제약조건(constraints)을 조직의 목표로 규정한다. 조직의 목표로 파악할 제약조건은 조직이 부여한 역할에서 비롯되는 것이다. 의사결정자의 개인적 동기에서 비롯되는 제약요인은 거기에 포함되지 않는다.

3. 그 밖의 목표유형론

위에서 검토한 두 가지 목표유형론은 조직목표연구에 비교적 유용성이 큰 길잡이를 제공할 수 있으리라 믿는다. 그러나 이미 지적한 바와 같이 목표유형론에 대한 광범한 합의가 있는 것은 아니다. 우리의 분류틀과 다른 여러 가지 목표유형론들이 나와 있는데, 그 예를 세 가지만 보기로 한다.

(1) Mintzberg의 목표유형론   Henry Mintzberg는 목표유형을 i) 이념적 목표(ideological goals), ii) 공식적 목표(formal goals), iii) 체제유지적 목표(system goals), 그리고 iv) 구성원들의 공동목표(shared personal goals)로 분류하였다. 이념적 목표는 조직의 사명에 결부된 강력한 신념체계로서 조직구성원들에게 내재화된 것이다. 구성원들의 공동목표는 개인들이 공통으로 지닌 목표를 추구하기 위해 조직을 만들 때 나타나는 조직의 목표이다.[8]

(2) Gross의 목표유형론   Bertram Gross는 목표유형을 i) 조직 내외인의 이익충족(satisfaction of interests)에 관한 목표, ii) 재화·용역의 산출(output of services or goods)에 관한 목표, iii) 능률성 또는 수익성(efficiency or

profitability)에 관한 목표, iv) 조직의 생존과 성장을 위한 투자(investment in organizational viability)에 관한 목표, v) 자원동원(mobilization of resources)에 관한 목표, vi) 규칙준수(observance of codes)에 관한 목표, vii) 합리성(rationality)에 관한 목표 등 일곱 가지로 분류하였다.9)

(3) Daft의 목표유형론 Richard L. Daft는 조직의 목표를 조직의 존립이 유가 되는 기본적 임무(mission)를 규정하는 공식적 목표(official goal)와 작용적 목표(실행목표: operative goals)로 대별하고 작용적 목표에는 i) 조직 전체의 실적(overall performance)에 관한 목표, ii) 자원(resources)에 관한 목표, iii) 시장(market)에서 차지하는 지위에 관한 목표, iv) 조직구성원의 발전(employee development)에 관한 목표, v) 쇄신과 변동(innovation and change)에 관한 목표, 그리고 vi) 생산성(productivity)에 관한 목표를 포함시켰다.10)

4. 상충되는 목표의 조정

조직이 추구하는 목표들 사이의 관계는 다양하다. 목표들이 서로 보완적인 경우도 있고 동시적으로 추구하는 데 아무 지장이 없는 경우도 있다. 목표들의 관계가 경쟁적이며 상충적인 경우도 많다. 조직이 추구하는 복수의 목표들이 서로 경합·충돌할 때에 조직을 관리하는 사람들은 어떻게든 이를 조정해야 한다.

상충되는 목표들을 조정하는 접근방법의 유형을 다음에 소개하려 한다.11) 상하 간 목표의 불일치를 목표계층의 연계강화를 통해 수직적으로 조정하는 것도 목표조정의 한 접근방법으로 설명하는 사람들이 있다. 그러나 여기서는 수평적 조정의 문제에 초점을 맞추려 한다. 그리고 상충되는 목표들에 가중치를 부여해서 하나의 목표로 통합해 버리는 것도 목표조정방법이라고 하는 사람들이 있으나 그러한 통폐합의 방법은 조정방법에서 제외하려 한다.

(1) 목표들을 제약요인으로 취급하는 접근방법 이 접근방법은 구체적인 의사결정에서 모든 목표를 제약요인으로 취급하고 그러한 제약요인들을 모두 충족시키는 범위 내에서 행동방안을 선택하는 방법이다. 어느 하나의 목표에 따라 의사결정을 하고 나머지 목표들은 쉬는 상태로 두는 것이 아니라 목표집합 전체를 의사결정의 기준으로 삼는 방법이다. 이 경우 조직의 목표들은

제약요인으로서 '가능성의 범위를 한정하는 다각형'(feasibility polygon)을 형성한다. 의사결정자들은 그러한 다각형의 공간 내에서 해결책을 찾는다.

(2) 하나의 목표를 집중적으로 추구하는 접근방법　이 접근방법은 주된 목표를 선택하여 그것을 집중적으로 추구하고, 다른 목표들은 제약요인으로 취급하는 방법이다.

주된 목표는 미리 정해진 만족수준이 따로 없는, 결코 완전한 충족이 일어나지 않는, 끝없이 추구해야 할 목표라는 점에서 제약요인과 구별된다. 하나의 주된 목표가 조직 내에서 지배적이고 그것이 집중적으로 추구될 때에 이른바 극대화 행동이 나타난다. 여기서 극대화란 모든 대안을 탐색하여 최선의 대안을 선택한다는 뜻이 아니다. 조직구성원들이 하나의 주된 목표를 집중적으로 추구할 때, 그리고 주된 목표를 계속적으로 더 많이 추구할 때 극대화 행동이 나타난다고 한다.

(3) 여러 가지 목표를 순차적으로 추구하는 접근방법　하나의 주된 목표가 지배적인 위치에 있지 않고 여러 목표들이 경쟁할 때 목표들을 순차적으로 추구할 수 있다. 이 경우 단기적으로는 어느 하나의 주된 목표를 극대화하겠지만, 그에 이어서 다른 목표의 추구로 넘어가기 때문에 장기적으로는 아무것도 극대화하지 않는 형편이 된다.

다수 목표를 순차적으로 추구하는 방법에는 세 가지가 있을 수 있다.

❶ 무작위적 선택　목표들을 순차적으로 추구하되 그때그때의 주된 목표 선택은 무작위적(random)으로 하는 방법이 있다.

❷ 순환적 선택　목표들을 교대해 가면서 순환적으로(alternatively, in cycles) 추구하는 방법이 있다. 상충되는 요청에 대한 대응을 한결같이 균형지으려 하기보다는 한동안 하나의 목표추구에 치중하다가 목표 간의 균형이 심히 깨지면 이를 시정하기 위해 다른 목표에 치중하는 행동을 되풀이하는 방법이다. 마치 추(錘)가 오락가락하듯 교대로 목표를 추구하는 것이다.

❸ 계층적 선택　일정한 계층적 순서에 따라 목표들을 차례로 추구해 나가는 방법이 있다. 조직의 발전단계에 따라 목표계층에서 우선되는 목표가 순차로 달라지는 것을 흔히 볼 수 있다.

목표의 조정을 어떻게 하느냐에 따라 목표체계의 내적 일관성은 달라진다. 내적 일관성이 가장 높을 수 있는 것은 하나의 목표를 집중적으로 그리고 계속적으로 추구하는 방법이다. 둘째는 다수목표를 계층적 순서에 따라 추구하는 방법, 셋째는 목표들을 교대로 추구하는 방법, 넷째는 목표를 무작위적으로 선택하여 차례로 추구하는 방법이며 내적 일관성이 가장 낮아지게 하는 것은 모든 목표를 제약요인으로 취급하는 방법이다.

Ⅲ. 조직목표의 변동

조직의 목표는 조직 내외의 여러 세력들이 교호작용하는 역동적 과정을 통해 설정(형성)되고 변동하는 동태적 현상이다. 설정된 목표는 시간의 흐름에 따라 다소간에 변동하기 마련이다. 목표는 그것이 설정된 때와 같은 역동적 과정을 통해 변동할 수 있다. 조직 내외의 사정변동은 목표를 변동시키고, 목표의 변동은 조직의 다른 구성요소들과 환경의 연관요인들을 변동시킬 수 있다. 한 유형의 목표에 일어난 변동은 다른 유형의 목표들에 변동을 야기할 수 있다.

다음에 목표변동의 양태와 목표 형성·변동의 동인을 설명하려 한다.

1. 목표변동의 양태

여기서 소개하는 목표변동의 양태는 대체로 생산목표에 착안하여 목표변동의 유형을 구분한 것이다.c) 지금까지의 연구들이 대부분 생산목표의 변동에 집중되어 있을 뿐만 아니라 다른 유형의 목표에 관한 변동양태까지 한 데 섞어 이야기하면 매우 복잡할 것이므로 생산목표를 기준으로 하여 변동양태를 설명하려 한다. 다른 목표의 변동양태는 그에 비추어 이해할 수 있으리라

---

c) 여기서 설명하는 목표변동의 양태는 많은 연구인들의 의견을 종합하고 또 거기에 저자 나름의 생각을 보태서 고른 것이다. 변동양태의 기본적인 종류를 확인하는 데 가장 중요한 자료를 제공한 문헌은 Amitai Etzioni의 저서이다. Etzioni를 포함하여 목표변동을 논의하는 거의 모든 사람이 어떤 유형의 목표에 관한 논의인지를 명시하지 않고 변동양태를 설명하고 있다. 그들의 설명이 생산목표의 변동에 관한 것이라고 해석할 수 있는 경우가 대부분이기는 하지만 개념사용의 불명확성은 초심자들에게 혼란을 줄 염려가 있다. Etzioni, *Modern Organization*(Prentice-Hall, 1964), pp. 8~14.

믿는다.

저자가 선택한 목표변동의 기본적인 양태는 i) 목표 간의 비중변동, ii) 목표의 승계, iii) 목표의 추가·확대 및 감소와 축소, 그리고 iv) 목표의 대치이다.

(1) 목표 간의 비중변동 목표 간의 비중변동(比重變動: distortion)은 동일유형의 목표 간에 비중이 변동되는 것을 말한다.

목표 간의 비중변동은 비교적 가벼운 목표변동으로 이해되는데, 그 전형적인 예는 생산작용목표의 변동에서 찾아볼 수 있다. 생산작용목표 간의 비중변동은 생산활동의 효율성을 과도히 측정하는 데서 비롯되는 경우가 많다고 한다. 성취수준의 측정이 용이한 목표달성도만을 자주 측정하면 측정이 어려운 목표의 추구는 위축된다.

목표 간의 비중변동이 생산활동의 과도측정과 같은 한 가지 원인 때문에만 일어나는 것은 물론 아니다. 조직 내 집단 간의 세력변동, 관리층의 정책변경, 환경적 압력 등 다른 여러 가지 요인으로 인해서도 초래될 수 있다.

(2) 목표의 승계 목표의 승계(承繼: succession)는 어떤 목표가 같은 유형의 다른 목표로 교체되는 형태의 목표변동이다. 본래 추구하던 목표가 달성불가능하거나 또는 완전달성된 경우에 목표의 승계가 일어날 수 있다.

목표승계에 관한 연구로서 가장 널리 인용되는 것은 David Sills의 미국 소아마비재단(The Foundation for Infantile Paralysis)에 관한 연구이다.[12] 이 재단은 소아마비의 예방과 치료를 지원하기 위해 설립한 것이었다. 예방접종의 개발로 소아마비의 예방·퇴치라는 문제가 해결됨에 따라 소아마비재단은 그 생산목표(생산작용목표)를 잃게 되었다. 이를 계기로 재단은 해체될 수도 있었겠지만 방대한 기구와 인력을 그대로 활용하기 위해 장애아 출산 등 장애질환 일반을 극복하려는 새로운 목표를 채택함으로써 조직을 존속시켰다.
Sills의 연구는 목표의 완전달성 때문에 일어난 목표승계의 예이다. 그러나 실제로 목표의 완전달성 때문에 생기는 목표승계보다는 목표달성이 불가능한 때에 나타나는 목표의 승계가 더 많을 것으로 생각된다.

(3) 목표의 추가·확대·감소·축소 목표의 추가 및 확대(multiplication and expansion)는 기존의 목표에 새로운 목표가 보태지거나 기존 목표의 범위가 넓어지는 변동이다. 목표의 추가는 동종목표의 가짓수가 늘어나는 것뿐만 아

니라 종류가 다른 목표가 보태지는 것을 포함한다. 목표의 확대는 동일한 목표의 범위가 넓어지는 형태의 목표변동이다.

목표의 감소와 축소(diminution and scaledown)란 종류가 같거나 서로 다른 목표의 수 또는 범위가 줄어드는 변동을 말한다. 감소는 목표의 수가 줄어드는 것이며, 축소는 어떤 목표의 범위가 줄어드는 것이다. 이러한 목표변동은 목표의 추가 및 확대와는 반대되는 변동유형이라 할 수 있다.

(4) 목표의 대치　목표의 대치(代置: displacement)는 정당하게 추구해야 할 목표(legitimate goal) 또는 당초의 목표(original goal)가 다른 목표와 뒤바뀌는 목표변동의 양태로서 조직의 목표추구가 심히 왜곡되는 경우이다. 기존의 정당한 목표가 다른 목표의 추구 때문에 형식화되거나 다른 목표에 종속화되는 현상을 지칭하는데, 유형이 다른 목표 간의 대치인 것이 보통이다. 목표의 대치가 공식적 목표와 실제적 목표의 괴리현상으로 이해될 수 있는 경우도 있다.

목표의 대치는 기존목표의 완전달성이나 달성불가능이 확인됨으로써 같은 유형의 새로운 목표를 정당한 목표로 채택하는 목표의 승계와 구별된다. 그리고 기존의 목표를 보존하면서 새로운 목표를 그에 추가하는 목표의 추가와도 구별된다.

지금까지 많은 연구인들이 관심을 가져온 목표대치의 형태는 정당한 생산목표를 파생적 목표나 체제유지적 목표가 대치하는 것이다. 이러한 목표대치를 '목표와 수단의 전도'(substitution of means for ends)라고 표현하는 사람들이 많다. 조직이 활동하는 과정에서 조직 내에 이익집단이 생겨나게 마련이다. 이익집단이 정당한 생산목표의 추구보다는 조직 자체의 보전에 관심을 기울이게 되고 기금획득, 세금면제, 구성원의 사회적 신분유지 등 수단적 가치의 추구를 위해 정당한 생산목표를 오히려 수단화할 때 목표·수단의 전도(顚倒)가 일어난다고 한다. 목표보다는 절차와 형식을 더 중요시하는 관료적 형식주의도 목표대치의 한 형태이다.

목표대치에 관한 고전적 연구로 자주 인용되는 것은 Robert Michels의 사회주의정당과 노동조합에 관한 연구이다. Michels에 의하면 1차대전 전 유럽제국의 사회주의 정당과 노동조합들은 급진적인 사회변혁의 추구를 위해 구성한 것들이었으나 활동의 과정에서 그러한 조직의 지도자들은 급진적인 사회변혁의 추구보다는 자기들의 지위를

유지하기 위해 조직 자체의 보전에 급급하게 되었다고 한다. 그리하여 조직의 생산목
표는 혁명적인 것인데도 불구하고 실제적인 활동은 상당히 보수화되었다고 한다.[13]

Robert Merton은 약간 다른 각도에서 목표대치현상을 보았다. 그에 따르면 관료
조직의 특성이 구성원의 행태에 영향을 미쳐 생산목표 그 자체보다는 수단인 규칙과
절차에 더 집착하게 할 수 있다고 한다. 그렇게 되면 수단적 규정의 강조로 인한 생산
목표의 대치를 초래한다고 한다.[14]

2. 목표 형성·변동의 동인

조직의 목표를 형성·변동시키는 데 작용할 수 있는 요인들은 대단히 많
고 복잡하며 그러한 요인들이 얽혀 자아내는 역동적 과정도 또한 매우 복잡
하다. 우리의 희망은 이렇게 복잡한 현상을 포괄적으로 이해하고 설명할 수
있는 분석틀의 발전이다. 그러나 그런 희망을 구현하는 길은 멀다. 목표형성
과 변동에 관한 지금까지의 연구들은 대개 생산목표를 대상으로 하는, 고찰국
면이 한정된 것들이다.

여기서는 목표형성·변동의 원인을 두 가지 범주로 크게 나누어 그 대강
을 파악해 보려 한다. 두 가지 범주란 조직 내적 요인과 환경적 요인을 말한
다. 그리고 각 범주의 요인들에 관한 개척적 연구의 예를 몇 가지 소개하려
한다.

1) 조직 내적 요인

목표변동을 가져올 수 있는 조직 내적 요인은 무수히 많지만, 지금까지
자주 거론되어 온 것들을 보면 리더의 태도변화와 권력구조변화, 조직구성원
들의 성향변화, 집단 간의 세력변화, 조직구성의 연합구조변화, 조직 내의 정
치적 전략, 목표형성과정의 결함, 목표의 과잉측정 등이 있다.

다음에 조직 내적 요인에 착안한 Cyert-March의 이론, Charles Perrow
의 이론, 그리고 Alexander의 이론을 소개하려 한다.

⑴ Cyert와 March의 이론   조직 내의 연합구조변동이 목표변동을 유
발하는 원인이라고 설명한 Richard M. Cyert와 James G. March의 이론은 그
들 나름의 조직관을 반영한다. 그들의 논의는 목표의 형성 쪽에 오히려 기울
어져 있지만, 그들이 제시한 목표형성의 원인과 과정은 바로 목표변동의 원인

과 과정으로도 이해할 수 있다.[15]

Cyert와 March는 조직을 개인과 집단의 연합체(coalition)로 보고 조직의 집합적 목표(생산목표)는 서로 다른 필요와 요청을 가지고 조직에 참여하는 개인 간·집단 간의 협상을 통해 형성된다고 하였다. 따라서 조직의 연합구조(coalition structure)가 달라지면 조직의 목표도 변동된다고 한다. 그들은 연합구조변동을 목표변동의 원인으로 본 것이다.

Cyert와 March는 목표형성의 단계를 세 가지로 나누고 있는데 그 가운데는 목표변동이라는 한 단계도 포함되어 있다. 그뿐 아니라 목표형성의 전 과정을 목표변동의 과정으로 유추해 이해할 수도 있다.

목표형성의 제1단계는 연합형성의 일반적 조건(목표)에 합의를 보기 위해 협상하는 단계이다. 제2단계는 합의된 목표를 안정시키고 구체화하는 조직 내적 통제가 진행되는 단계이다. 협상과정에서 이익의 충돌이 완전히 해소될 수는 없기 때문에 의사결정의 분권화, 복수목표의 순차적인 추구, '잉여자원'(organizational slack) 배분조정 등의 방법을 써서 목표를 안정시켜야 한다. 제3단계는 조직에 대한 요청과 환경의 변화에 따라 연합에 관한 합의(목표)를 변동시키는 조정의 단계이다.

(2) Perrow의 이론   Charles Perrow는 중요업무분야별 집단 간의 권력배분이 변동하면 그에 따라 조직의 목표가 변동한다고 설명하였다. 그가 논의의 대상으로 삼은 것은 생산작용목표에 나타나는 목표 간의 비중변동이다. 그가 경험적으로 분석한 것은 병원조직의 사례이다.[16]

집단 간의 권력변동을 목표변동의 원인으로 파악한 Perrow의 설명은 업무분야(task areas), 권한구조(authority structure), 실제적인 생산작용목표(operative goals)의 상호관계에 착안한 것이다.

모든 조직은 네 가지의 기본적인 업무(tasks)를 수행해야 한다고 한다. 네 가지 업무란, 첫째 조직의 설립·운영·확장에 필요한 자금의 투입을 확보하는 것, 둘째 조직활동이 정당한 것으로 수용되게 하는 것, 셋째 필요한 기술을 확보하는 것, 그리고 넷째 조직구성원의 활동을 조정하고 환경과의 관계를 관리하는 것을 말한다.

이러한 업무분야들의 중요성이 비슷할 때도 있지만 조직의 발전단계에 따라 중요성의 순위가 달라질 수도 있다. 그때그때 가장 중요시되는 업무분야를 맡은 집단이 권한구조 상의 지배적인 지위를 누리게 되며 그러한 지배적 집단이 생산작용목표의 결정을 주도하게 된다.

Perrow는 지역사회의 독지가들이 내는 기부금으로 운영되는 종합병원(voluntary general hospitals)의 예를 들어 목표변동에 관한 자기의 이론을 설명하였다. 그는 조직운영에 주도적인 역할을 하는 집단의 특성을 기준으로 하여 종합병원을 네 가지 유형으로 나누었다. 네 가지 유형이란 i) 이사회지배형, ii) 의료진지배형, iii) 행정가지 배형, iv) 혼합형을 말한다. Perrow는 사례분석을 통해 병원의 성장과정에서 이사회 지배형이 의료진지배형으로 바뀌고 다음에는 행정가지배형으로 바뀌는 대체적인 경향을 발견하였다.

(3) Alexander의 이론 　Ernest Alexander는 목표형성과정과 목표변동의 양태 사이에는 불가분의 관계가 있다고 주장하였다. 목표형성과정의 결함 때문에 조직의 생존과 성장을 현실적으로 제약하는 요인들을 적절히 고려하지 못한 채 목표를 설정하면 목표변동이 뒤따를 수밖에 없다고 하였다. 요컨 대 목표형성과정 그 자체가 목표변동의 한 원인을 조성한다고 본 것이다.[17]

장래의 조직성장이나 사업집행에 들어갈 자원의 필요를 적절히 고려하지 못하고 목표를 설정하면 목표의 변동이 불가피하게 된다. 이러한 목표변동은 계획수립과 계획집행의 괴리에서 비롯되는 것이라고 볼 수 있다. 계획수립과 그 집행이 괴리되면 조직은 그 생존과 활동에 필요한 자원을 획득하기 위해서 목표를 변동시키지 않을 수 없다. 다시 말하면 '자원문제로 인한 목표변동'(resource oriented goal change)이 불가피해진다.[d]

Alexander의 이론은 한 지역사회부흥조직(Southside Revitalization Corporation, Racine, Wisconsin)에 대한 사례연구에서 도출한 것이다. 그가 연구한 조직은 처음에 참여형 지역사회조직으로 설계되었으며, 목표와 사업에 관한 계획수립의 단계에서는 지역사회의 대표들로 구성된 설립위원회가 주도적인 역할을 하였다. 설립위원회는 지역사회의 필요와 요청을 충실히 반영하는 목표를 설정하는 데 몰두하였고 그 실현가능성이나 재원염출의 방법에 대해서는 깊이 생각하지 못했다. 그 결과 연방정부의 재정지원을 받을 수 있었던 사업의 목표

---

d) Alexander는 목표의 변동을 displacement라고 부르지만 그 내용을 보면 목표 간의 비중변동 (distortion)임이 확실하다. 그리고 목표의 유형에 대해서는 언급하지 않고 goal 또는 objective라는 말만 쓰고 있는데 그 지시하는 바는 생산작용목표임을 알 수 있다.

추구는 활발했지만, 다른 사업의 시행은 좌절되고 따라서 그에 관한 목표의 포기라는 목표변동이 초래되었다.

2) 환경적 요인

조직의 목표변동은 환경의 영향 때문에 야기될 수도 있다. 어떤 조직과 관련된 특정한 외부세력이 조직의 목표변동에 직접적으로 작용할 때도 있고 일반적인 환경변화에 조직이 적응함으로써 목표변동이 일어나는 경우도 있다.

(1) Thompson과 McEwen의 이론   특정한 외부적 세력의 직접적인 작용 때문에 일어나는 목표변동에 관한 이론들 가운데 자주 인용되어 온 것은 James D. Thompson과 William J. McEwen의 이론이다. 이들은 조직과 환경은 교호작용하기 때문에 목표설정의 문제는 근본적으로 조직과 환경의 관계를 바람직하게 설정하는 문제라고 보았다. 조직과 환경의 관계 가운데서 조직 간의 관계에 초점을 맞추었다. 논의의 주된 대상은 생산작용목표인 것으로 이해된다.[18)

Thompson과 McEwen은 조직의 목표형성과 변동에는 환경적 통제가 작용한다는 것을 전제하고 조직이 환경적 세력에 대응하는 전략에 따라 목표설정에 대한 환경적 통제의 양태를 구분하였다. 그들은 조직이 직접적으로 관련된 외부조직에 대응하는 전략을 경쟁적 전략(competitive strategy)과 협력적 전략(cooperative strategy)으로 대별하고 협력적 전략은 다시 협상(bargaining), 포용(흡수: cooptation), 그리고 연합(coalition)으로 세분하였다.

경쟁은 일종의 대립관계(a form of rivalry)이며 제3자가 중재할 수 있는 관계이다. 조직들은 경쟁적 전략을 구사할 수 있다. 다시 말하면 조직과 조직이 환경의 지지를 얻기 위해 경쟁할 수 있다. 이 경우 조직 간의 경쟁을 중재 또는 매개하는 제3의 환경적 세력은 경쟁하는 조직들에 대한 지지를 유보하기 때문에 그러한 조직들의 생산목표설정을 부분적으로라도 통제할 수 있다. 경쟁관계 하에서는 제3자가 경쟁하는 조직들의 생산목표를 규제하기 때문에 경쟁이 조직의 목표설정에 미치는 효과는 간접적이라고 할 수 있다.

협상은 둘 이상의 조직이 재화·용역의 교환을 놓고 타협하는 것을 말한다. 협상전략은 자원의 획득에 초점을 둔 것이지만 자원의 공급이 있어야 목표의 추구는 비로소 가능하고 효율적일 수 있기 때문에 협상전략은 결국 생산목표에 영향을 미친다. 협상에 참여하는 조직들은 서로 상대방의 목표설정 과정을 직접적으로 제약한다.

포용이란 조직의 생존이나 안정에 대한 위협을 제거하기 위해 그러한 위협을 가할 수 있는 조직외부의 행동자들을 조직의 관리층이나 정책결정구조에 참여시키는 과정을 말한다. 조직에 포용되는 외부의 행동자들은 조직의 생산목표를 형성하는 의사결정과정에 참여하기 때문에 조직의 목표설정을 직접적으로 규제할 수 있다.

연합은 두 개 이상의 조직이 공동목표의 추구를 위해 힘을 합치는 것을 말한다. 연합은 조직의 목표설정에 대한 환경적 규제의 가장 직접적인 형태라 할 수 있다. 연합은 둘 이상의 조직들이 하나의 조직으로 폐합되는 것이 아니다. 그러나 연합관계가 유지되는 한 연합에 참여하는 조직들은 합의한 목표를 추구할 때에 하나의 조직처럼 행동한다.

(2) Selznick의 이론   Philip Selznick은 테네시 강 유역 개발공사 (Tennessee Valley Authority: TVA)의 연구에서 포용현상에 관한 이론을 도출하였다. 그는 TVA의 최고관리층에 외부의 저항적 압력단체 대표들을 참여시킨 효과를 분석하였다. 그의 설명에 따르면 외부의 반대세력을 조직의 의사결정 과정에 참여시킴으로써 그 저항은 상당히 줄일 수 있었지만, 다른 한편으로는 포용된 외부참여자들의 영향으로 조직의 행동은 부분적인 수정을 받게 되었다고 한다.[19]

(3) Clark의 이론   Burton R. Clark은 고객의 선호가 조직목표의 변동원인이 된다는 사실을 관찰하고 이를 이론화하였다. 그는 성인교육에 관한 사례 연구에서 수강자들의 강의선택 경향이 성인교육기관의 목표변동에 직접적인 작용을 한다는 사실을 발견하였다. 그가 말하는 목표는 생산작용목표이며 목표변동은 목표 간의 비중변동인 것으로 풀이된다.[20]

Clark이 연구한 캘리포니아의 한 성인교육기관은 공립학교제도에 포함되는 것이지만 의무교육을 실시하는 것도 아니며 다른 정규학교들처럼 정부와의 수권적 연계가 강력한 것도 아니었다. 학교의 수입은 주로 수강자들이 납부하는 수강료에 의존하는 것이었으며, 수강자의 수에 따라 정부보조금도 증감되었다. 따라서 수강자들의 선택은 강의의 개설이나 존폐를 크게 좌우하게 되었다. 이러한 형편이었기 때문에 성인교육기관의 생산작용목표는 운영의 과정에서 많은 변동을 겪게 되었다.

Ⅳ. 목표와 조직평가

1. 다양한 조직평가모형

조직의 목표가 가진 주요기능 가운데 하나는 평가기준이 되는 기능이다. 조직의 여러 가지 목표는 조직 전체 또는 어느 부분이 얼마나 좋은가(goodness), 얼마나 가치 있는가(worth), 얼마나 성공적인가(success), 얼마나 건강한가(health) 또는 얼마나 효율적인가(effectiveness)를 평가할 때 기준으로 사용할 수 있다. 그런데 조직을 평가하는 기준으로서 목표가 얼마나 쓸모 있는 것인가에 대해 오랜 논란이 있어 왔다. 그러한 논란은 여러 가지 개념적 혼란의 온상이 되기도 하였다.

여러 가지 조직평가모형을 분류한 유형론들을 먼저 살펴보고 목표모형과 체제모형의 대립과 융화에 대해 설명하려 한다.

(1) 목표모형과 체제모형　　조직의 평가기준에 관한 이해의 혼란은 주로 목표모형과 체제모형의 대립을 둘러싼 논쟁으로부터 파급된 것으로 보인다. 조직의 연구에서 목표개념의 유용성, 특히 평가기준으로서의 유용성을 옹호하거나 아니면 이를 비판하고 체제기준(체제의 요건)을 대안으로 내세우는 논쟁에 상당수의 논자들이 가담해 왔다.

(2) Gibson, Ivancevich 그리고 Donnelly, Jr.의 유형론　　James L. Gibson, John M. Ivancevich, 그리고 James H. Donnelly, Jr.는 조직의 효율성을 평가하는 접근방법을 i) 목표론적 접근방법(goal approach), ii) 체제론적 접근방법(system theory approach), iii) 이해관계자 만족기준 접근방법(stakeholder approach) 등 세 가지로 분류하였다.[21]

목표론적 접근방법은 조직이 목표성취를 위해 존재한다고 보고 목표성취를 효율성 평가의 기준으로 삼는다. 체제론적 접근방법은 조직을 하나의 체제로 보고 조직 내적 및 외적 제관계를 효율성 평가의 기준으로 삼는다. 이해관계자 만족기준 접근방법은 조직에 이해관계를 가진 개인과 집단의 이익충족을 효율성 평가의 기준으로 삼는다.

(3) Cameron의 유형론   Kim S. Cameron은 '효율성의 네 가지 모형'을 제시하였다. 네 가지 모형이란 i) 목표모형(goal model), ii) 체제자원모형(systems resource model), iii) 내부과정모형(internal processes model), 그리고 iv) 이해관계자 만족기준모형(strategic constituencies model)을 말한다.[22)

목표모형은 조직목표 달성의 수준을 평가기준으로 삼는 모형이다. 체제자원모형은 조직이 환경으로부터 획득하는 자원의 수준을 평가기준으로 삼는 모형이다. 내부과정모형은 조직 내의 스트레스 수준을 평가기준으로 삼는 모형이다. 이해관계자 만족기준모형은 조직의 중요한 구성원, 투자자 기타 이해관계자의 조직활동에 대한 만족을 평가기준으로 삼는 모형이다.

(4) Daft의 유형론   Richard L. Daft는 조직의 효율성평가에 관한 접근방법을 ⅰ) 전통적 접근방법(traditional effectiveness approach)과 ⅱ) 균형적 성적표를 사용하는 접근방법(balanced scorecard approach to effectiveness)으로 대별하고 전통적 접근방법들을 다시 세 가지로 나누었다.[23)

❶ 전통적 접근방법   이 접근방법은 부분적·분할적 접근방법으로서 산출목표, 자원, 대내적 과정 등에 각각 개별적으로 초점을 맞추는 평가방법들을 포함한다.

전통적 접근방법의 범주에 포함되는 것은 목표론적 접근방법, 자원기반 접근방법, 내부과정기준 접근방법 등 세 가지이다. 목표론적 접근방법(goal approach)은 조직의 산출목표 성취수준을 효율성 평가의 기준으로 삼는다. 자원기반 접근방법(resource-based approach)은 투입측면에 초점을 맞춘 접근방법으로서 조직에 유용한 자원의 성공적인 획득과 관리를 평가기준으로 삼는다. 내부과정기준 접근방법(internal process approach)은 조직 내적 건강과 능률을 조직평가의 기준으로 삼는데, 평가의 지표는 강한 조직문화, 산출활동의 능률, 원활한 의사전달, 조직구성원의 성장과 발전 등이다.

❷ 균형적 성적표를 사용하는 접근방법   이것은 종합적·포괄적 접근방법이며 복수의 평가기준을 동시에 사용한다. 이 접근방법은 조직의 어느 한 부분에만 초점을 맞추는 것이 아니라 조직의 여러 국면에 대해 균형 있는 관심을 보인다. 균형적 성적표를 사용하는 접근방법에서 평가대상으로 삼는 효율성의 지표에는 재정적 성과, 고객에 대한 봉사, 대내적 업무처리과정, 조직의 학습·

성장 능력이 포함된다.e)

　(5) Hodge, Anthony 그리고 Gales의 유형론　　B. J. Hodge, William
P. Anthony 그리고 Lawrence M. Gales는 조직의 효율성을 평가하는 접근방
법을 i) 대내적 효율성모형(internal effectiveness model), ii) 목표모형(goal
model), iii) 체제자원모형(systems resource model), iv) 이해관계자 만족기준모
형(stakeholder model), v) 상충모형(contradiction model), vi) 경쟁적 가치기준
모형(competing values model), vii) 균형적 성적표모형(balanced scorecard
model: BSC) 등 일곱 가지로 분류하였다.24)

　대내적 효율성모형은 생산활동의 능률과 원활한 인간관계를, 목표모형은
목표성취도를, 체제자원모형은 조직의 목표성취에 필요한 자원을 환경으로부
터 획득하는 정도를 각각 효율성 평가의 기준으로 삼는 모형들이다. 이해관계
자 만족기준모형은 조직의 중요한 이해관계자들이 조직활동으로부터 얻는 만
족의 수준을 평가기준으로 삼는 모형이다.

　상충모형은 조직이 직면하는 상충적 요청을 평가기준으로 삼는 모형이
다. 경쟁적 가치기준모형은 조직의 관리자들이 추구하는 경쟁적 가치들을 함
께 평가기준으로 삼는 모형이다. 균형적 성적표모형은 재정적 성취도, 내부운
영 상의 성취도, 고객에 대한 봉사의 성취도, 쇄신과 학습의 성취도 등 조직
활동의 중요 국면별 성취도를 고루 평가하는 모형이다.f)

　위에서 본 바와 같이 조직평가의 접근방법은 다양하게 분류되고 있지만
이들 사이의 상호관계를 여기서 모두 검토할 수는 없다. 다만 목표모형과 체
제모형을 둘러싼 논쟁만을 살펴보고 조직평가기준에 관한 저자의 견해를 밝
히려 한다. 그렇게 하는 까닭은 이 항의 논의는 조직평가기준을 제공하는 목

---

e) 균형적 성적표모형은 Robert Kaplan과 David Norton이 개발한 모형이라고 한다. Kaplan
and Norton, The Balanced Scorecard(Harvard Business School Press, 1996); cf. Robert
B. Denhardt and Janet V. Denhardt, *Public Administration: An Action Orientation*, 6th
ed.(Thomson Wadsworth, 2009), pp. 224~225.
f) 균형적 성적표의 평가지표에 대한 Daft의 설명과 Hodge 등의 설명은 거의 같지만 표현방식에
약간의 차이가 있다. 논자들 사이에 그런 정도의 차이는 흔히 관찰된다. Richard H. Hall이 설
명한 상충모형은 뒤에 체제모형의 한 예로 소개하려 한다. Hodge 등의 상충모형과 함께 검토
하기 바란다. 경쟁적 가치기준모형(접근방법)에 대해서도 각주 l)에서 다시 언급할 것이다.

표의 기능으로부터 시작하고 있다는 것, 목표모형의 유용성에 대한 논란은 체제모형 주장자들이 제기했다는 것, 위에서 본 여러 접근방법들 가운데서 복수기준적 접근방법들은 넓게 규정한 체제모형에 대체로 포함시킬 수 있다는 것 등을 고려한 때문이다.

2. 목표모형과 체제모형의 대립과 수렴화

조직평가의 접근방법을 목표모형(goal model)과 체제모형(system model)으로 구분하는 사람들의 말에 따르면 목표모형은 조직 전체를 하나의 단위로 보는 관점에 입각한 것이며, 체제모형은 조직을 구성하는 요소들에 고루 주의를 기울이는 모형이라고 한다.8) 목표모형과 체제모형을 뚜렷하게 구별하는 사람들의 견해를 우선 정리해 보면 다음과 같다.25)

1) 목표모형

(1) 정 의   목표모형은 조직을 주어진 목표의 달성을 위한 수단이라고 보고 조직이 추구해야 할 목표를 조직평가의 기준으로 삼는다. 목표모형에서는 목표가 조직의 성공 여부를 판단하는 결정적인 기준이 된다. 목표모형은 조직목표의 경험적 확인과 성취도 측정이 가능하다고 전제한다.

전형적인 목표모형에서 조직평가의 기준으로 채택하는 목표는 공식적으로 표방된 생산목표이다. 목표모형을 비판하는 사람들은 대개 이러한 전형적 목표모형을 기본적인 공격대상으로 삼는 것 같다. 그러나 근래에는 목표개념의 정의나 그 측정에서 약간씩의 차이를 보이는 모형들도 목표모형에 포함시키고 있다.

(2) 목표모형에 대한 비판   목표모형에 대한 비판적 논점을 요약하면 다음과 같다.

❶ 부분적 평가   목표모형을 적용하면 조직현상의 일부만을 파악할 수

---

g) 목표모형과 체제모형은 여러 가지 이름으로 불리고 있다. 목표모형은 목표론적 접근방법(goal approach), 또는 효율성의 목표기준(goalistic criteria of effectiveness)이라고도 부른다. 체제모형은 체제론적 접근방법(systems approach) 또는 효율성의 체제기준(systemic criteria of effectiveness)이라고도 부른다. 어떤 사람들은 체제자원모형(system resource model)으로 체제모형을 대변시키기도 한다.

있으며 포괄적인 조직평가는 불가능하다. 목표모형이 조직의 공식적 생산목표나 대사회적 목표와 같은 단일의 평가기준을 사용하는 것이라고 규정할 때 그러한 비판은 당연하다고 하지 않을 수 없다.

❷ 객관성에 대한 의문   목표모형은 연구자의 편견(가치개입)을 배제하고 연구대상이 가진 가치기준(조직의 목표)을 판단척도로 삼기 때문에 객관적이고 신뢰성 있는 분석도구라고 생각하는 사람들이 있으나 사실은 그렇지 않다. 목표모형은 객관성이 희박하고 방법론상의 곤란한 문제를 안고 있다. 목표모형의 핵심개념인 조직의 목표는 이를 확인하고 측정하기가 매우 어렵다. 조직목표의 경험적 확인이 어렵기 때문에 목표모형을 적용하는 연구에서 규정하는 조직의 목표란 대개 연구인의 가치기준을 연구대상에 투사하여 얻어낸 것이다.

❸ 합리적 조직관에 대한 비판   목표모형은 조직이 주어진 목표의 추구를 위한 합리적 도구라고 이해하는 고전적 조직관에 입각해 있기 때문에 이론적인 취약성을 내포한다.

❹ 비실재적 비교   목표모형을 적용해 조직을 평가하는 경우 비실재적인 영상(목표)과 실재하는 조직활동을 비교하기 때문에 비교의 결과에서 실용적인 가치를 찾기 어렵다. 비실재적인 영상이라고 할 수 있는 조직의 목표를 규정하는 데는 연구인이 갖는 가치관의 개입가능성이 크다. 따라서 목표모형은 비현실적인 이상향적 기대를 키우고 그에 따른 조직평가는 실망을 안겨주게 된다.

❺ 조직 간 비교의 애로   종류가 다른 조직들의 목표는 서로 다르기 때문에 목표성취수준의 조직 간 비교가 어렵다.

❻ 목표의 상충가능성 간과   전통적인 목표모형은 조직이 흔히 상충되는 여러 가지 목표들을 추구하고 있다는 사실을 생각하지 못하는 것이다.

(3) 목표모형의 예시   목표모형은 오랫동안 널리 쓰여 왔다. 조직의 효율성에 관한 전통적인 연구들은 거의 목표모형을 적용해 왔으므로 여기서 그에 관한 많은 예를 들 필요는 없다. 비교적 정교한 두 가지 모형만 소개하려 한다.

❶ Rice의 모형   첫 번째로 소개하려는 목표모형은 Charles E. Rice가 만든 것이다.[h] Rice는 자기의 모형이 일반체제개념에 입각한 다원체제모형

---

h) Rice는 공립정신병원의 효율성 평가에 적용하려고 그의 목표모형을 개발하였다.

(multiple systems model)이라고 말하였다. 그러나 체제개념의 사용에도 불구하고 조직의 효율성은 같은 유형의 조직들이 공통적으로 추구하는 목표로부터 도출되는 기준에 비추어 측정해야 한다고 주장하기 때문에 우리는 그의 모형을 목표모형이라고 분류하는 것이다. Rice의 모형은 목표가 무엇이냐에 따라 조직의 유형을 분류하고 같은 유형에 공통되는 목표를 기준으로 해당 조직군의 효율성을 평가할 수 있는 개념적 틀을 제공하는 것이다. 그의 설명을 요약하면 다음과 같다.26)

조직은 투입과 산출을 가진 체제이다. 조직연구의 대상으로 되어야 할 중요변수는 투입·산출·체제 및 그 상호관계이다. 조직의 투입·산출·체제변수는 조직의 목표라는 궁극적 기준에 비추어 평가해야 한다. 목표에 보다 직결되는 변수는 산출이기 때문에 목표와 산출을 먼저 확인·비교하고 이어서 산출과 투입변수 그리고 체제변수를 상관지음으로써 이러한 변수들이 조직의 효율성(목표성취도)에 어떤 영향을 미치는지 확인해야 한다.

❷ Price의 모형　James L. Price는 조직의 효율성에 관한 50여 가지의 문헌을 비교·검토한 다음 하나의 목표모형을 만들었다. 그는 효율성을 목표달성의 수준이라 정의하고 목표달성의 결정요인을 설명하려고 하였다. Price의 설명을 요약하면 다음과 같다.27)

조직의 여러 특성(구성요소)이 목표성취에 기여하려면 일정한 개입변수의 매개를 통해야 한다. 원인변수인 조직의 특성들은 분업, 의사전달, 조직의 규모와 독자성, 의사결정 등이다. 개입변수는 i) 생산성, ii) 순응성(동조성), iii) 사기, iv) 적응성, 그리고 v) 정착화(기관화: institutionalization)이다. 생산성은 투입에 대한 산출의 비율로 파악한다. 순응성은 조직구성원들이 조직의 규범을 받아들이는 정도이다. 사기란 구성원 개개인의 동기가 유발된 정도이다. 적응성은 조직이 변동에 대응할 수 있는 정도를 가리킨다. 정착화는 조직의 의사결정이 환경에서 수용되는 정도를 가리킨다.

2) 체제모형

⑴ 정　의　체제모형은 평가기준에 조직을 구성하는 요인 또는 기능을 고루 포함시키려는 모형이다. 체제모형은 조직에 필요한 복수의 기능적 요건(functional requirements)을 기준으로 조직을 평가하려 한다. 조직의 효율성을

평가하려는 체제모형은 조직이 충족시켜야 할 필요(needs)에 초점을 맞춘다. 여기서 말하는 필요란 조직이 주어진 상황에서 생존하고 효율적으로 활동하기 위해 충족시켜야 할 요건이다. 이러한 요건을 충족시키는 능력을 기준으로 조직의 효율성을 평가하려는 것이 체제모형이다.

체제모형은 조직을 복수기능적 체제로 본다. 체제모형은 목표추구만이 조직의 유일한 기능인 것은 아니라는 점을 강조한다. 목표추구를 하나의 기능으로 볼 수 있다 하더라도 그러한 하나의 기능적 요건을 충족시키는 데만 전력을 경주하는 조직은 다른 요건들을 무시하기 때문에 좋은 조직일 수가 없다고 한다.[i]

(2) 체제모형에 대한 비판 체제모형은 목표모형보다 발전된 모형으로서 조직현상의 포괄적인, 그리고 실상에 가까운 이해를 촉진할 수 있다고 한다.

그러나 전통적인 목표모형에 비해 연구인들에게 무거운 부담을 안겨주는 난점을 지니고 있다. 포괄의 범위가 넓기 때문에 체제모형을 적용하려면 그만큼 연구인의 부담이 늘어난다. 우선 체제모형을 만드는 것은 목표모형을 만드는 것보다 훨씬 복잡하고 어렵다. 연구인들은 조직이 충족시켜야 할 기능적 요건이 무엇이며 하위체제 간의 자원배분을 어떻게 하는 것이 가장 효율적인가를 결정하는 등 어려운 문제들을 해결해야 한다.

(3) 체제모형의 예시 체제모형의 여러 가지 모습을 이해할 수 있도록 그 예를 몇 가지 들어보려 한다.

❶ Litterer의 모형 Joseph A. Litterer는 조직이 생존하려면 네 가지의 중요한 기능을 수행해야 한다고 하였다. 네 가지의 기능이란, i) 목표달성, ii) 통합기능, iii) 적응 및 iv) 자원의 획득과 유지를 말한다. 이 가운데서 목표달성에만 관심을 갖는 것이 목표모형이며 네 가지 기능에 모두 관심을 갖는 것이 체제모형이라고 하였다.[28]

❷ Ivancevich 등의 모형 John M. Ivancevich, Robert Konopaske 그리고 Michael T. Matteson은 조직의 효율성에 관한 시간차원모형(time dimension model of effectiveness)을 개발하였다. 그들은 효율성 평가의 틀에 시

---

i) 체제모형을 논의하는 사람들이 말하는 목표추구가 어떤 목표의 추구인지를 명백히 규정하는 경우는 드물다. 다만 그 논지로 보아 우리는 이것이 생산목표의 추구만을 지칭하는 것이라고 짐작할 수 있다.

간개념을 도입하였다.[29]

그들이 선정한 효율성평가의 기준은 i) 생산성, ii) 능률성, iii) 만족, iv) 적응성, v) 발전, 그리고 vi) 생존이다. 여기서 생산성은 환경적 요청에 대응하는 산출의 양과 질을 지칭한다. 그것은 능률성평가 이전의 개념이다. 만족은 조직구성원의 만족과 동기유발을 뜻한다.

이러한 평가기준들은 시간이 흐름에 따라 각각의 중요성이 서로 달라진다고 한다. 단기적으로는 생산성, 능률성, 만족이 중요하고, 중기적으로는 능률성과 만족뿐만 아니라 적응과 발전이 중요하며, 장기적으로는 생존이 중요하다고 한다. 장기적인 안목으로 보면 조직이 살아남았다는 사실 자체가 가장 중요한 효율성지표라는 것이다.

❸ Bennis의 모형　　Warren G. Bennis는 세 가지의 조직평가기준을 제시하였다. 그가 '조직건강의 필요조건'(prerequisites of organizational health)이라고 부르는 평가기준은 심리학자들이 건전한 인간성격발달을 평가할 때 사용하는 기준과 흡사하다.[j]

Bennis가 제시한 세 가지 기준은 i) 적응력(adaptability), ii) 자기인식력(sense of identity), 그리고 iii) 사실파악능력(capacity to test reality)이다. 적응력이란 문제를 해결하고 변동하는 환경적 요청에 융통성 있게 대응하는 능력을 말한다. 자기인식력은 행동주체가 스스로의 존재는 무엇이며 무엇을 해야 하는가에 대해 가지는 지식과 통찰력이다. 조직의 자기인식력을 평가할 때에는 조직의 목표를 조직구성원들이 이해하고 수용하는 정도, 그리고 조직구성원들이 조직의 진상을 지각하고 있는 정도를 확인해야 한다. 사실파악능력은 조직이 처해 있는 상황의 진정한 속성을 찾아내고 정확하게 지각하며 옳게 해석하는 능력이다.[30]

Edgar Schein은 Bennis가 제시한 세 가지의 평가기준에 하나를 더 첨가하여 네 가지의 기준을 제시하였다. 그는 조직의 효율성을 '체제수준기준'(system-level criteria)이라는 복수의 기준에 비추어 평가해야 한다고 주장하였다. 그가 열거한 체제

---

j) Bennis의 평가기준설정에 가장 직접적인 영향을 준 것은 Jahoda가 제시한 정신건강판단기준이라고 생각된다. cf., Marie Jahoda, *Current Concepts of Positive Mental Health*(Basic Books, 1958).

수준기준은 i) 적응력, ii) 자기인식력, iii) 사실파악능력, 그리고 iv) 내적 통합 (internal integration)이다. 내적 통합이란 조직 전체의 구성부분들이 상충되는 행동을 하지 않도록 조회시키는 것을 말한다.[31)]

❹ Yuchtman과 Seashore의 모형   가장 자주 인용되고 있는 체제모형은 Ephraim Yuchtman과 Stanley E. Seashore가 만든 체제자원모형(體制資源模型: system resource model)이다. 이 모형은 어떤 조직이 다른 조직들과의 경쟁을 통해서 자기 조직에 유용한 희소자원(valued and scarce resources)을 환경으로부터 획득하는 능력을 나타내는 '거래 상의 지위'(bargaining position)를 조직평가의 기준으로 삼는다.[32)]

Yuchtman과 Seashore는 그들의 체제자원모형을 만들면서 충족시키려고 노력한 조건은 i) 조직 자체를 분석의 대상으로 삼을 것, ii) 조직과 환경의 관계를 효율성 규정의 핵심요소로 삼을 것, iii) 다양한 조직의 연구에 적용할 수 있을 것, iv) 비교연구를 위한 일반적 기준을 제공하면서 동시에 개별조직의 특유성을 고려할 수 있게 할 것, v) 경험적 연구에 길잡이를 제공할 수 있을 것 등이다. 그리고 이러한 조건들을 충족시키는 평가모형의 정립에 가장 유용한 기반을 제공하는 것은 개방체제모형이라고 보았다.

Yuchtman과 Seashore의 설명을 요약하면 다음과 같다.

조직과 환경의 교호작용은 투입과 산출로 요약할 수 있다. 투입과 산출로 조직과 환경이 교환하는 것은 주로 가치 있는 희소자원이다. 가치 있는 희소자원은 조직 간 경쟁의 초점이 된다. 이러한 경쟁과정은 조직 간의 계층분화(hierarchical differentiation)를 초래한다. 분화된 계층에서 조직이 차지하는 지위는 조직들이 경쟁을 통해서 자원을 획득하는 능력의 차등, 즉 거래상의 지위를 나타내 준다. 거래상의 지위를 기준으로 삼으면 자원획득체제로 파악되는 조직의 능력을 보다 온전하게 평가할 수 있다.

조직의 목표는 거래상의 지위를 높이기 위한 수단과 전략을 구체화한 것이며 동시에 조직구성원의 개인적 목표를 반영하는 것이다. 목표는 거래 상의 지위향상에 대해 수단적인 위치에 있기 때문에 효율성 평가의 궁극적인 기준이 될 수 없다.

체제자원모형이 조직의 자원획득능력을 포착하는 데 역점을 둔다고 해서 단순히 가용자원의 존재 또는 자원의 투입에만 관심을 갖는 것은 아니다. 자원의 동원이 조직의 효율성에 필요한 조건이지만 충분한 조건은 아니다. 조직이 누리는 거래 상의 지위는 조직행동의 중요국면이라고 할 수 있는 투입·처리·산출의 결합된 기능에 달려 있다. 따라서 체제자원모형은 순환적으로 연결된 투입·처리·산출의 국면들을 다 같이 평가 대상으로 삼는다.[k]

체제자원모형에서는 조직이 누리는 거래 상의 지위가 향상될수록(극대화될수록) 효율성은 높아진다고 판단하게 된다. 그러나 효율성의 극대화가 자원획득의 극대화를 의미하는 것은 아니다. 자원획득은 적정해야 한다. 자원획득의 적정화를 통해서 거래 상의 지위를 극대화해야 한다. 어떤 조직이 자원획득능력을 최대한으로 가동시켜 너무 많은 자원을 긁어모으면 다른 조직들의 강한 반발을 촉발하고 환경의 재생능력을 파괴하여 스스로의 생존에 위협을 초래할 수 있다. 그리고 자원이 조직 안에 너무 많이 들어오면 그 가치가 감소될 수도 있다.

체제자원모형은 간과할 수 없는 약점을 지니고 있다. 우선 문제로 되는 것은 거래 상의 지위가 극대화되는 수준과 자원획득이 적정화되는 수준을 비교적인 차원이 아닌 절대적인 차원에서는 규정하기가 거의 불가능하다는 점이다. 그리고 조직 간의 관계를 경쟁관계로만 파악하는 데는 무리가 없지 않다. 조직 간의 경쟁을 전제하더라도 자원의 종류와 조직이 처해 있는 상황에 따라 경쟁의 양상은 모두 달라질 터인데 자원의 종류와 조직의 여건을 포괄적으로 유형화하는 것은 쉬운 일이 아니다.

❺ Hall의 모형　Richard H. Hall이 제안한 조직평가의 상충모형(相衝模型: contradiction model)도 일종의 체제모형이라 할 수 있다.[l]

---

k) Yuchtman과 Seashore는 경험적 연구를 위한 평가대상의 지표선택을 시도한 바 있다. 그들은 75개 보험회사의 연구에 체제자원모형을 적용하면서 구체적인 평가요소(지표)로 ① 사업규모, ② 생산비용, ③ 신규직원의 생산성, ④ 직원이 젊은 정도, ⑤ 사업배합, ⑥ 인력성장, ⑦ 관리 상의 역점, ⑧ 유지비용, ⑨ 직원생산성, ⑩ 시장침투 등 열 가지를 열거하였다. 이러한 지표들은 모든 조직의 연구에 공통적으로 적용될 수 있는 것은 아니라고 한다. 지표선택의 한 예시라고 보아야 마땅할 것이다. Seashore and Yuchtman, "Factorial Analysis of Organizational Performance," *ASQ*(vol. 12, no. 3, December 1967), pp. 377~395.

l) Hall의 상충모형과 같은 계열에 속하는 효율성 평가모형의 한 예로 경쟁적 가치기준 접근방법(competing values approach)을 들 수 있다. 이것은 조직의 관리자들이 추구하는 경쟁적 가치기준들을 효율성 평가의 기준으로 삼는 접근방법이다.
경쟁적 가치기준 접근방법에 관한 이론을 처음 개발한 사람은 Robert Quinn과 John Rohrbaugh라고 한다. Quinn and Rohrbaugh, "A Spatial Model of Effectiveness Criteria:

그는 이 모형에서 여러 가지 요구와 세력들이 뒤엉키고 타협·조정되는 조직의 실상에 보다 근접한 통합적 평가방법을 제시하려고 노력하였다. 이 모형은 조직의 효율성을 i) 복수의 상충되는 환경적 제약요인, ii) 복수의 상충되는 목표, iii) 조직의 영향을 받는 여러 사람들의 상충되는 요청, 그리고 iv) 여러 가지 상충되는 시간관(time frame)에 관련하여 평가할 것을 제안하고 있다. 이러한 네 가지 국면은 각각 여러 가지의 상충되는 요소를 내포하고 있으며, 그에 관련하여 평가되는 효율성은 상충적 성격을 지녔다고 보았기 때문에 그의 모형을 상충모형이라 부른 것 같다.[33]

3) 목표모형과 체제모형의 수렴화

조직평가의 접근방법은 분화되고 통합되는 발전을 거듭해 왔다. 통합화의 추세 속에서 목표모형과 체제모형의 구별과 대립은 흐려졌다. 목표모형과 체제모형이 교호충실화·상호수렴화의 길을 걸으면서 양자의 차별성은 줄어들고 유사성은 커지고 있다.

체제모형을 개발하고 옹호한 사람들이 당초에 지목한 전통적 목표모형은 공식적 생산목표만을 평가기준으로 채택하는 단일기준적 모형이었다. 체제모형론자들이 설명한 전통적 목표모형과 체제모형의 구별점은 분명하였다. 그러나 근래에 확장되고 다원화된 목표개념을 조직평가모형의 구성에 도입하는 경우 목표모형과 체제모형의 관계를 재해석하지 않을 수 없다. 체제개념의 이용확산도 그러한 재해석을 촉구하는 요인이다.

(1) 목표개념의 확장   목표모형과 체제모형에 대한 이해를 엉키게 하는 가장 중요한 요인은 목표개념에 대한 인식의 변화라고 할 수 있다. 오늘날의 목표이론에서는 고전기이론에서처럼 공식적 목표를 주어진 평가기준으로 반성 없이 받아들이지도 않고 조직이 생산목표만을 가졌다고 생각하지도 않는다. 조직은 여러 가지의 공식적·실제적 목표를 추구한다고 본다.

조직의 목표를 핵심개념으로 쓰는 평가이론을 목표모형이라 하고 거기에 위와 같이 변화된 목표관을 대입하는 경우 목표모형과 체제모형은 서로 유사해지며 목표모형에 대한 체제론자들의 비판은 거의 그 근거를 잃게 된다. 왜

Toward a Competing Values Approach to Organizational Analysis," *Management Science*(vol. 29, 1983), pp. 363~377.

냐하면 목표개념을 사용해서도 조직의 다원적인 국면들을 평가할 수 있기 때문이다. 체제모형에서 말하는 체제의 기능적 요건들을 모두 목표라는 말로 설명할 수도 있다.

(2) 체제개념 활용의 확산 목표모형과 체제모형의 접근을 가져온 또 하나의 요인은 체제개념의 광범한 삼투력이라고 할 수 있다. 근래에 들어 목표개념에 바탕을 둔 평가이론들은 대개가 체제라는 개념의 영향을 받고 있다.

체제모형도 목표추구라는 조직의 근본적인 속성을 부인하지는 않는 것 같다. 다만 체제모형의 적용을 제안하는 사람들의 목표개념에 대한 이해가 낡았거나 아니면 그에 대해 어떤 혼란을 경험하고 있다는 사실이 문제라면 문제이다. 앞으로 목표모형을 만드는 사람들이나 이를 비판하는 사람들은 목표개념의 정의에 각별한 주의를 기울여야 한다. 공식적 생산목표만을 지표로 삼는 모형인지 아니면 목표의 다원성을 전제하는 균형적 모형인지를 명시해야 한다는 말이다.

02 구조의 구성요소

Ⅰ. 구조와 그 구성요소

조직의 구조(構造: structure)는 조직구성원들의 '정형화된 교호작용' (patterned interactions)이다. 사람들의 행동 또는 사람들이 하는 일의 지속적인 양태 또는 모양이 구조를 형성한다. 조직의 구조는 인간의 교호작용에 일정한 질서 또는 모양이 생길 때 나타나는 현상이다. 조직의 구조에는 공식적인 측면과 비공식적인 측면이 있다. 구조의 핵심적 원료는 인간의 행동이다. 인간 행동을 지속적으로 조건짓는 요소들을 구조의 구성요소라 한다.

구조라 하면 기계나 건물 등의 구조를 연상하고 인간 이외의 특성 또는 무생물적 특성을 지닌 것으로 생각하기 쉽다. 조직이 활용하는 건축공학적·기계공학적 요소들도 물론 조직의 구조에 영향을 미친다. 그러나 무생물적 요소들은 어디까지나 부수적인 요소들이며 그것이 구조분석의 중심적인 대상일 수는 없다. 왜냐하면 우리는 조직을 사람들이 모여 교호작용함으로써 형성되는 사회적 현상으로 정의하고 있기 때문이다. 건물만으로 구성된 것 또는 기계만으로 구성된 것은 우리가 연구대상으로 삼는 조직이 아니다.

조직구성원들의 행동을 모양지어 주는 데 작용하는 가장 기초적인 구성요소는 역할, 지위, 권력, 그리고 규범이다. 구조의 기본단위를 형성하는 인간의 행동을 한정하고 모양지어 구조적 단위의 기초를 만들어 주는 것은 역할이다. 역할에는 지위가 부여되며 그에 따라 다른 역할들과의 관계가 설정된다. 역할과 지위의 효력을 뒷받침하는 것은 권력이다. 역할·지위·권력의 실체와 상호관계를 당위적으로 규정하는 것은 규범이다.

그림 3-2-1 구조의 구성요소

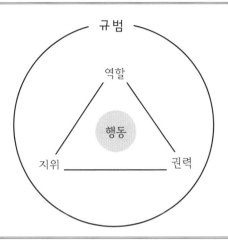

이 절에서는 구조형성의 기초적인 구성요소들 가운데서 역할, 지위, 권력만을 주제로 삼아 설명하려 한다. 규범의 문제는 그러한 주제와 연관이 있는 범위 내에서 언급하려 한다. 역할, 지위 및 권력을 구조형성의 구성요소라는 각도에서 설명해 들어가겠지만 구조와 과정은 표리의 관계를 이루고 있으므로 필요하면 과정적 관점에서 하는 설명도 보태려 한다.

조직이 사용하는 기술(技術)은 역할수행의 수단이기도 하고, 역할과 구조 나아가서는 조직 전체의 양태에 영향을 미치기도 한다. 기술 자체를 구조의 구성요소로 보는 견해도 있다. 이런 점을 감안해 이 절에서 기술에 관한 논의도 함께 해 두려 한다.

II. 역 할

1. 역할의 정의

일반적으로 역할(役割: role)이란 사회적인 관계에서 어떤 위치를 점하는 사람들이 해야 할 것으로 기대되는 행동의 범주를 말한다. 역할을 구성하는 행동은 다른 사람들의 기대에 결부된 것이다. 역할은 고립적으로 규정되는 것이 아니라 서로 연계된 다른 역할들과 연관적으로 규정된다.[a]

---

a) 조직 내의 역할을 기능, 임무, 일, 과제, 직무 등의 용어로 표현하는 사람들도 있다.

❶ 구조의 구성요소   조직 내의 역할은 구조의 기초적인 구성단위이다. 일련의 상호의존적인 역할은 비교적 안정된 집합체를 형성하여 한 개의 하위구조를 만들고 하위구조들은 서로 지속적인 연관관계를 맺어 조직 전체의 구조를 형성한다.

❷ 교호작용의 정형화   조직 내에서 공식적·비공식적으로 규정되는 여러 가지 역할은 조직구성원들의 교호작용을 분명하게 하며 그러한 교호작용을 일정한 방향으로 인도함으로써 그 예측가능성을 높인다.

❸ 역할과 역할담당자   조직 내의 역할은 결국 사람들이 수행하는 것이다. 역할 자체와 그것을 맡는 사람은 서로 영향을 미치는 관계에 놓이게 된다. 그러나 역할과 역할담당자가 같은 개념은 아니다. 양자는 구별되어야 한다. 역할은 그것을 맡는 사람이 바뀌더라도 변하지 않는 일정한 속성을 지닌다. 같은 종류의 역할을 맡은 여러 사람의 역할행동에 상당한 유사성이 있는 까닭은 역할 자체의 고유한 속성 때문이다.

❹ 역할기대의 학습   역할담당자는 그에게 부여된 역할을 배워야 한다. 역할을 제대로 수행하려면 적절한 역할행동을 배워야 하는데 역할이 요구하는 것을 배우는 능력은 사람마다 다를 수 있다.

❺ 개인이 맡는 역할의 종류와 수   조직 내에서 여러 사람이 같은 종류의 역할을 맡을 수 있다. 한 사람이 여러 종류의 역할을 맡는 것도 흔히 볼 수 있다. 한 사람이 맡은 여러 가지 역할을 동시에 수행할 수 없을 때 어떤 한두 가지만 활성화되고 나머지는 잠재화되는 경우가 있다. 그리고 한 사람이 맡은 역할들이 상충될 때 그 사람은 역할갈등이라는 내면적 갈등을 겪게 된다.

❻ 역할을 구성하는 행동의 수   하나의 역할을 구성하는 반복적인 행동의 수는 역할에 따라서 다를 수 있다. 한 가지의 행동으로 구성되는 가장 단순한 역할도 있을 수 있다. 그러나 대부분의 역할은 두 가지 이상의 행동으로 구성된다. 고급계층으로 갈수록 역할에 포함되는 행동의 수는 많아지는 경향이 있다.

2. 역할행동의 결정과정

역할담당자의 역할행동(역할을 실행하는 행동)은 여러 가지 요인이 작용하는 복잡한 과정을 통해서 결정된다. 먼저 관계자들이 특정한 역할담당자에 대한 역할기대를 역할담당자에게 전달한다. 역할담당자는 역할이 전달되고 있다는 사실과 역할의 내용을 지각하고 그에 대한 반응으로 일정한 역할행동을 보이게 된다. 역할행동에 관한 정보는 역할기대를 전달한 사람들에게 환류된다. 이러한 과정은 논리적으로 생각할 때 역할기대의 설정에서부터 시작된다고 할 수 있지만 역할기대가 역할행동을 결정하는 유일한 요인은 아니다. 역할기대가 역할행동을 가져올 때까지의 과정에는 조직의 구조와 관리, 대인관계적 요인, 역할담당자의 성격 등 많은 요인의 작용이 개입된다.[1]

1) 역할기대

역할기대(役割期待: role expectation)와 역할행동(役割行動: role behavior)은 구별해야 한다. 양자는 개념적으로 구별된다. 실천적으로도 양자가 언제나 부합되는 것은 아니다. 역할기대는 역할담당자가 어떻게 행동해야 하는가에 관한 개념이며, 역할행동은 어떤 역할을 맡은 사람이 실행한 행동에 관한 개념이다.

조직 내의 역할은 그에 연계된 다른 역할에 관련하여 규정된다. 조직 내의 역할은 고립적인 것이 아니며 다른 역할들과 관련지을 때 비로소 유의미한 것이 된다. 예컨대 어떤 국장의 역할은 동료국장 · 장관 · 과장 등의 역할에 관련지어 규정된다. 그러므로 특정한 역할담당자에 대한 역할기대는 관련된 역할담당자들이 그에게 거는 기대의 망(network of expectations)으로 이루어진다고 할 수 있다.

역할기대는 예상적(anticipatory) · 의무적(obligatory) · 규범적(normative) 특성을 지닌다고 할 수 있다. 사람들은 특정한 역할담당자의 행동에서 그들이 예상하는 규칙성을 발견할 수 있기를 기대한다. 사람들은 특정한 역할담당자가 그들의 기대를 충족시켜야 할 의무가 있다고 생각한다. 역할기대는 적합한 행동 또는 허용되는 행동의 범위를 규범적으로 한정한다. 규범적으로 정해지는 역할기대에 부합되는 행동을 확보하기 위해 공식적 · 비공식적 보상과 제재를 동원한다.

2) 역할행동의 결정

관계자(역할전달자)들이 특정한 역할담당자의 역할에 대한 지각(역할기대)을 역할담당자에게 전달하면 그는 이를 접수하여 역할행동이라는 반응을 보이게 된다. 그런 반응은 역할전달자에게 환류된다. 이런 과정은 순환적으로 되풀이된다.

(1) 역할기대의 전달   특정인의 역할에 대한 관계자들의 지각(역할기대)은 여러 가지 방법으로 역할담당자에게 전달된다. 역할기대의 전달은 정보를 제공하려는 것일 뿐만 아니라 접수하는 사람에게 영향을 미치려는 것이다. 조직 내에서의 역할기대전달은 대개 보상과 제재의 뒷받침을 받는다. 역할수행과 역할 간 교호작용이 원활하려면 역할기대가 명료하고 상충적인 요소를 내포하지 않아야 한다.

(2) 역할기대의 접수와 반응   역할담당자는 역할기대의 전달(보내진 역할)을 접수한다. 접수 역시 지각의 과정을 통해서 이루어진다. 역할담당자는 지각의 과정을 통해서 자기에 대한 역할기대와 그것이 전달되고 있음을 이해한다. 이와 같이 지각의 과정이 개입되기 때문에 보내진 역할과 접수된 역할은 서로 다를 수 있다.

역할기대와 그 전달을 어떻게 지각하느냐에 따라 그리고 당사자(역할전달자와 접수자)의 성격, 대인관계의 특성, 조직 구조와 관리의 특성 등 개입변수들이 어떻게 다르냐에 따라 역할담당자의 반응은 여러 가지로 나타날 수 있다. 역할전달에 순응할 수도 있고 그것을 묵살하거나 거부할 수도 있다. 조직에 해로운 부작용을 수반하는 행동을 보일 수도 있다.

역할기대의 전달에 대한 반응(역할행동)은 역할전달자들에게 환류된다. 환류를 받은 사람들은 자기들의 역할기대를 수정하거나 역할기대의 전달을 강화하는 등의 반응을 보이게 된다.

III. 지 위

1. 지위의 정의

지위(地位: status)는 조직의 구조를 형성하는 하나의 기초요소이다. 일반적으로 지위란 어떤 사회적 체제 속에서 개인이 점하는 위치의 비교적인 가치(relative worth) 또는 존중도(degree of deference or esteem)를 의미한다. 지위는 계층화된 지위체제 내에서의 등급 또는 계급이라고 말할 수 있다.[2]

❶ 지위의 기초 사회적 체제 속에서 사람이 차지하는 지위의 구성요소(기초)는 돈·능력·신분·활동·지식·책임·선임순위 등 일정한 범주의 사람들이 가치 있다고 생각하는 것들이다.

❷ 타인의 평가 지위는 이를 누리는 사람에게 다른 사람들이 부여하는 것이다. 따라서 지위는 그에 대한 다른 사람들의 지각과 평가에 달려 있다고 할 수 있다.

❸ 사회적으로 규정된 위치 지위는 결국 그것을 차지하는 사람들이 누리며 사람의 특성은 지위에 영향을 미친다. 그러나 지위라는 개념은 원칙적으로 사회적 체제 내의 위치에 부여되는 가치를 지칭한다. 사회적 체제가 공식적 조직일 때 지위부여의 대상인 위치는 역할 또는 직위가 된다.[b]

❹ 공식적·비공식적 지위체제 조직 내의 공식화된 지위체제는 비교적 명백하게 규정되어 있다. 조직 내에서 불균등하게 배분된 지위들은 차등적인 보수와 편익, 권한, 책임 등을 기초로 하고 있다. 차등적인 지위에는 각각 그에 상응하는 상징이 부여된다.

조직 내의 공식적 지위체제는 여러 가지 비공식적 요인의 작용으로 다소간에 수정을 받게 된다. 집단의 비공식적 규범, 지위를 점하는 사람의 개인적 능력, 전문직업 상의 신망, 조직 밖에서 누리는 지위, 역할담당자 간의 비공식적 유대 등은 비공식적인 개입변수의 예이다.[c]

---

b) 심리학자들은 흔히 지위를 어떤 집단 또는 계층의 사람들이 판단한 어떤 개인의 가치라고 정의함으로써 사람에 초점을 두고 있다. 그러나 사회학적인 안목을 가진 대부분의 논자들은 사회적 체제 내의 위치 또는 직위에 초점을 두어 지위를 정의하고 있다.

c) 사장과 비서의 비공식적 관계 때문에 비서의 지위가 격상되는 경우에서와 같이 비공식적 관계 때문에 추가로 얻는 지위를 '파생적 지위'(derived status)라 한다. Joseph A. Litterer, *The Analysis of Organizations*(Wiley & Sons, 1967), p. 72.

❺ 조직의 관리대상   조직은 지위체제의 유지 또는 변동을 통제하고 지위체제 내에서 개인의 이동을 관리함으로써 조직구성원들의 행동에 영향을 미칠 수 있다. 그런가 하면 조직구성원들의 지위에 대한 관심과 반응은 조직에 영향을 미친다.

2. 지위의 유형

지위는 여러 가지로 분류할 수 있다. 자주 거론되는 지위유형론은 공식적인 지위와 비공식적인 지위의 분류, 그리고 귀속적 지위(歸屬的 地位: ascriptive status)와 실적에 따른 지위(성취적 지위: achieved status)의 분류이다. 귀속적 지위는 어떤 사회계층 또는 가문에 태어남으로써 자동적으로 얻는 지위와 같이 생래적으로 얻어지는 지위를 말한다. 실적에 따른 지위는 사람이 살아가는 동안 스스로 노력하여 얻는 지위이다.

그 밖에도 계층적 지위(scalar status), 기능적 지위(functional status), 개인적 지위(personal status), 직위 상의 지위(positional status), 현재적 지위(顯在的 地位: active status), 잠재적 지위(latent status) 등이 구분되고 있다.

계층적 지위는 수직적 계서의 직위에 결부된 것이며 기능적 지위는 사람이 수행하는 구체적 기능 또는 업무에 결부된 것이다. 직위 상의 지위는 직위를 맡는 사람과 관계없이 직위에 부여되어 있는 지위이며 개인적 지위는 직위를 맡는 사람의 개인적 성취에 결부된 지위이다. 현재적 지위는 개인이 지닌 다방면의 지위 중 특정한 상황에서 실제로 작용하는 '현역의' 지위이다. 구체적인 상황에서 잠복해 있고 적극적으로 작용하지 않는 것은 잠재적 지위이다.3)

3. 지위의 기능

조직 내의 지위체제는 조직구성원들의 교호작용에 준거를 제공함으로써 구조적 배열을 정착시키는 데 기여하며 조직의 효율성을 높일 수 있는 수단을 제공한다. 그런가 하면 지위체제는 여러 가지 폐단을 빚기도 한다.

1) 교호작용의 준거

지위체제의 가장 기본적인 기능은 교호작용의 준거를 제공하는 것이다. 명확하고 온당한 지위체제는 조직 내의 교호작용을 원활하게 한다. 조직구성원의 교호작용은 지위의 비교에 기초를 두고 있으며 지위는 사람들의 지각과 의사전달에 영향을 미친다.[4)]

(1) 지위의 비교에 따른 교호작용 사람들은 자기의 지위와 다른 사람의 지위를 비교하여 그 차이를 지각하고 그에 따라 교호작용을 하기 때문에 차등적 지위배분의 체제가 온당하다고 생각될 때 교호작용이 원활해지고 대인관계도 원만해진다. 온당한 지위체제란 배분적 정의의 원리가 실현되어 있는 지위체제를 말한다. 배분적 정의는 지위배분의 비례적 형평에 관한 원리이다.

(2) 지각에 미치는 영향 지위는 교호작용의 출발점이 되는 지각(知覺)의 과정에 많은 영향을 미친다. 같은 행동이라도 행동자의 지위가 다르면 그러한 행동의 동기가 다르게 지각되고 따라서 상이한 반응을 상대방이 보이는 경우가 많다. 사람들은 지위가 다름에 따라 사물을 다르게 지각하는 경향도 있다.

(3) 의사전달에 미치는 영향 지위는 지각에 영향을 미치고 나아가 교호작용의 매체가 되는 의사전달의 양태에 영향을 미친다. 누구와 얼마나 일관성 있게 그리고 얼마나 자주 의사전달을 하느냐 하는 것은 각자의 지위에 직결되는 문제이다.

여러 가지 연구결과에 따르면 지위가 같은 사람들끼리의 의사전달이 가장 원활하다고 한다. 지위가 다른 사람들끼리의 의사전달은 동급자들 사이의 그것보다는 자유스럽지 못하며, 지위의 차이가 현저하여 이른바 사회적 거리(social distance)가 너무 멀 때는 의사전달에 장애가 발생하고, 서로 상대방의 지위를 모를 때는 의사전달이 매우 어렵다고 한다.

2) 조직의 효율성 제고

지위체제가 교호작용의 준거를 제공하여 구조적 관계를 정착시키고 질서를 유지해 주면 교호작용이 원활해지고 조직활동의 효율성이 높아질 수 있다.[5)]

(1) 역할관계의 모호성 제거 지위체제는 조직 내의 권한관계와 조직구성원들의 계층적 역할을 분명하게 함으로써 원활한 교호작용을 가로막는 모호

성과 갈등을 방지·해소한다. 따라서 의사전달과 조정의 애로를 크게 줄인다.

(2) 동기유발의 유인   지위는 조직구성원들의 동기를 유발하는 유인이 된다. 대개의 사람들은 지위를 유지하고 또 보다 나은 지위를 얻기 위해 지위체제에 순응하고 조직이 시키는 일을 하게 된다.

(3) 조직의 통제력 강화   사람들이 지위를 얻고 유지하려고 노력하기 때문에 지위의 배분권을 가진 조직은 조직구성원들에 대한 통제력을 강화할 수 있다.

3) 병폐적 부작용

지위체제에는 여러 가지 폐단이 따를 수 있다. 지위체제로 인해 생길 수 있는 병폐를 보면 다음과 같다.[6]

(1) 지위의 '목적화'   사람들이 지위획득을 조직참여의 주된 목적으로 삼을 때 지위체제는 조직의 병적 현상으로 변하게 된다. 사람들이 지위를 목적으로 생각하고 지위를 얻기 위해 수단과 방법을 가리지 않고 덤벼든다면 문제는 심각해진다. 자기가 높은 사람이라는 것을 과시하기 위해 시간과 정력을 낭비하는 것, 직무 자체의 본래적인 의미를 망각하고 직무수행은 소홀히 하면서 그 부수물인 지위를 유지하고 향상시키는 데만 관심을 갖는 것, 사람들의 공격적이거나 방어적인 행동을 조장하여 인간관계를 해치는 것 등은 지위를 목적시하는 데서 오는 폐단의 예이다. 심한 경우에는 조직에서 지위만을 빌리려는 사람도 나오게 된다.[7]

(2) 지위체제의 과잉경직화   층화된 지위의 구조가 지나치게 경직화될 염려가 있다.

지위체제의 정착은 경직화의 위험을 항상 안고 있다. 상급지위에 있는 사람들의 방어적 행동에서 보는 바와 같은 변동저항적 반응이 지위체제의 경직성을 심화하는 중요한 작용을 한다. 지위체제가 너무 경직화되면 상급계층에 있는 사람들의 신진대사가 안 되고 조직 내의 인사이동이 전반적으로 침체된다.

(3) 지나친 사회적 거리   경직된 지위체제에서 지위의 차등성을 강조하다 보면 지위 간의 사회적 거리를 너무 멀게 만들 수 있다. 지위 간의 멀어진 사회적 거리는 의사전달과 협동적 노력에 지장을 준다.

(4) 지위배분의 형평성 상실   배분적 정의에 어긋나는 지위배분을 완전히 배제하기 어렵다. 직위가 요구하는 능력을 갖추지 못한 사람이 해당 직위의 지위를 누리는 경우와 같은 지위부조화는 흔히 있는 일이다. 비록 부분적으로라도 배분적 정의에 어긋나는 사례가 생기면 조직구성원들의 사기저하·직무 효율저하 등 여러 가지 폐단을 빚는다.

(5) 자원의 낭비   지위마다 그에 상응하는 특혜와 상징을 공급하기 위해 조직은 자원을 낭비하는 일이 많다. 지위를 차지하는 사람마다 자기의 지위를 돋보이게 하려는 경향은 그러한 낭비를 조장한다. 직원들의 지위향상욕구(승진욕구)에 맞춰주려고 위인설관(爲人設官)이나 계급인플레를 저지른다면 자원낭비가 커진다.

(6) 지위의 남용   특정한 영역에서 얻은 지위를 그와 무관한 다른 영역에서까지 내세워 폐단을 빚는 수가 있다.

IV. 권   력

1. 권력의 정의

권력(權力: power)은 어떤 개인 또는 집단이 다른 개인 또는 집단의 행동에 영향을 미칠 수 있는 능력이다. 쉽게 말해서 A라는 사람이 B라는 사람에게 무엇인가를 시키고 B는 A의 요구가 없었더라면 하지 않았을 일을 A가 시켰기 때문에 하게 된다면, A는 B에 대해서 권력을 행사한 것이라 할 수 있다.[8] 이와 같이 권력은 행동주체(개인, 집단, 조직 등) 사이의 관계를 설정해 주는 요인이다. 개인이나 집단이 권력을 고립적으로 행사할 수는 없으며 반드시 다른 사람 또는 집단과의 관계에서만 행사할 수 있다. 따라서 권력은 일종의 관계변수(relational variable)라고 부를 수 있다. 권력은 교호작용적이며 행동지향적이다. 행동주체 사이에서 실제로 행사될 가능성이 없다면 권력으로서의 의미를 상실한다.

조직구조의 근간을 형성하는 데 접착제와 같은 구실을 하는 것이 권력이다. 권력은 역할과 지위를 연결짓고 인간행동을 규합하는 자석으로 작용한다. 권력의 특성을 나누어 설명하면 다음과 같다.[9]

❶ 자원의 뒷받침　권력은 여러 가지 자원(수단 또는 기초)의 뒷받침을 받는다.

권력행사자가 그의 뜻을 관철시키려면 그에 필요한 자원을 가지고 있어야 한다. 권력을 뒷받침해 주는 자원의 종류는 다양하다. 어떤 종류의 자원을 바탕으로 하느냐에 따라 권력의 양태는 달라진다. 자원의 유무와 그 크기에 대한 판단은 권력행사 상대방의 지각에 의존하는 바 크다.

❷ 의존적인 관계　권력관계는 의존관계(dependency relationship)라고 할 수 있다.[10]

권력을 행사하는 사람은 그 상대방이 얻으려 하는 것을 지배하기 때문에 상대방은 권력을 행사하는 사람에게 의존하게 된다. 권력을 뒷받침하는 자원의 가치는 그 소유만으로 결정되는 것이 아니다. 자원에 대한 상대방의 의존도에 따라서도 그 가치(권력을 지지해 주는 힘)는 달라진다. 권력의 기초가 되는 자원이 상대방에게 중요할수록(importance), 그 자원이 희소할수록(scarcity) 상대방의 의존도는 높아진다. 그리고 상대방에 다른 대안이 없을 때(nonsubstitutability) 의존도가 높아진다.[d]

❸ 행동지향적 능력　권력은 상대방의 행동에 영향을 미치는 능력이며 행동지향적인 것이다.

권력은 능력이라고 하지만 그것이 상대방과의 관계에서 사용 또는 행사될 수 있음을 전제하는 능력이기 때문에 행동지향적이라고 말한다. 권력은 상대방에 영향을 줄 수 있는 능력이지만 권력행사의 목적 또는 의도(intent)가 언제나 완벽하게 실현될 수 있는 것은 아니다. 권력행사에 대한 상대방의 지각과 개인적 특성, 그리고 조직의 여건이 어떠한가에 따라 권력행사에 대한 반응은 여러 가지로 달라질 수 있다.

❹ 변동하는 현상　권력관계는 동태적이며 가변적인 것이다. 권력은 행동주체 간의 동태적인 관계를 설정한다. 권력관계는 시간선상에서 변동해 간다.

---

d) 권력행사의 상대방이 권력에 복종하는 길밖에 달리 대안을 가지고 있지 않을 때 권력은 강화된다. 반면 상대방이 다른 대안을 가지고 있을 때 권력은 약화된다. 예컨대 언제라도 다른 직장을 구할 수 있는 사람에 대해서는 해고의 위협에 기초를 둔 고용주의 권력이 약할 것이며 달리 취업할 기회가 전혀 없는 사람에 대해서는 고용주의 권력이 강력하게 작용할 것이다.

　권력관계는 근본적으로 가변적인 특성을 가졌지만 조직 내에는 기존의 권력관계를 안정시키려는 세력이 또한 작용하고 있음을 잊어서는 안 된다. 무엇보다도 조직 내의 자원배분을 기존의 권력중추가 좌우하기 때문에 권력체제는 지속적으로 보존되는 경향이 있다.

　❺ 다방향적인 현상　조직 내의 권력관계는 다방향적인 현상이다.

　권력관계는 계서적·하향적인 것이나 수평적인 것에 국한되는 간단한 현상이 아니다. 상향적인 권력관계도 있으며 비스듬한 빗금(斜線)의 권력관계도 있다. 그리고 권력관계는 흔히 상호적이다. 이렇게 볼 때 조직 내의 권력관계는 다방향적으로 얽히고 설킨 망을 형성한다고 말할 수 있다.

2. 권력을 보는 관점의 다양성

　저자는 권력을 정의하면서 오늘날 주류를 이루고 있는 권력관들을 포괄하려고 노력하였다. 그러나 포괄적인 정의의 시도에는 한계가 있다. 모든 연구인들이 사용하는 권력개념들을 포괄하는 개념정의는 거의 불가능하다.

　권력에 대한 인류의 관심은 오래 된 것이다. 우리가 말하는 조직이론이 성립하기 오래전부터 여러 학문분야에서 권력을 논의해 왔다. 논의의 관점은 다양했다. 조직이론은 이미 복잡해진 권력개념 논의의 전통에 노출되었으며 또 조직연구인들은 각자의 관점과 연구의 필요에 따라 강조점이 다른 권력의 정의를 만들어 왔다. 중요쟁점에 대한 권력관의 대립을 검토해 보려 한다.11)

　(1) 소유인가 또는 관계인가에 관한 이견　Aristotle, Machiavelli, Hobbes 등의 권력관을 계승한 사람들은 오늘날도 권력을 개인적 특성 또는 개인이 소유하는 것이라고 정의한다. 그러나 권력을 개인적 특성으로 이해하는 견해는 권력을 교호작용의 산물 또는 구성요소나 관계로 이해하는 견해의 반박을 받고 있다. 권력을 관계적 개념으로 파악하는 것이 오늘날의 다수의견이다.

　(2) 강압성에 관한 이견　권력을 강압적인 힘(coercive force)이라고 규정하는 사람들은 저항에도 불구하고 의지를 관철할 수 있다는 요소를 중요시한다. 그러나 많은 사람들이 강압적인 힘은 권력의 기초가 되는 자원들 가운데 하나일 뿐이며 강압적인 힘 그 자체가 권력과 동일한 의미를 지니는 것은 아니라고 본다.

(3) 잠재성과 현재성에 관한 이견   권력의 잠재성을 주장하는 사람들이 있는가 하면 권력의 현재성(顯在性: 겉으로 나타나는 특성)이나 행동지향성을 주장하는 사람들도 있다. 이 문제에 관하여 모호한 태도를 보이는 사람들도 적지 않다. 권력을 설명하는 '능력'이라는 용어는 잠재적인 속성을 지녔고 '관계'라는 용어는 현재적인 속성을 지녔기 때문에 이 두 가지 개념은 양립할 수 없다고 말하는 사람들도 있다. 이와는 달리 잠재성과 현재성의 공존가능성을 지지하는 사람들도 있다. 저자도 잠재성과 현재성의 공존가능성을 지지한다.e)

(4) 의도와 방법에 관한 이견   권력의 의미를 규정하면서 권력행사의 의도(목표), 방법 또는 효과를 어느 정도 강조하느냐에 관하여 여러 가지 입장이 있다. 첫째, 권력의 의도나 효과를 가져오는 방법을 명시하지 않는 접근방법이 있다. 둘째, 권력행사의 방법은 한정하되 의도는 명시하지 않는 접근방법이 있다. 권력행사대상에 대한 지배의 방법에만 언급하고 권력의 의도에 대해서는 언급하지 않는 입장이다. 셋째, 상대방에게 영향을 미치려는 권력행사자의 의도는 명시하되 지배방법에 대해서는 언급하지 않는 접근방법이 있다. 넷째, 권력의 의도와 지배방법 또는 효과를 다 같이 강조하는 접근방법이 있다.12)

(5) 그 밖의 강조점에 관한 이견   이 밖에 권력의 구성요소 가운데서 그 주관성 특히 상대방의 지각을 중요시하는 관점도 있고, 상대방의 의존성, 불확실성의 극복능력, 당사자들의 대체곤란성, 당사자들이 수행하는 기능의 연관성과 기능의 긴급성, 승패적 요인, 타동성(他動性)이라는 요인 등을 특별히 부각시키는 관점들이 있다.

---

e) Stephen P. Robbins와 Timothy A. Judge는 권력은 잠재적 능력이며 그것이 효율적이기 위해서 실제로 행사되어야만 하는 것은 아니라고 하였다. Burton P. Halpert와 Richard Hall은 "권력이란 하나의 행동이다"(Power is an act)고 하였다. B. J. Hodge 등은 권력을 잠재적인 또는 실현된 능력이라고 하였다. Robbins and Judge, *Organizational Behavior*, 18th ed.(Pearson, 2019), p. 437; Halpert and Hall, *Power and Conflict: Separable or Inseparable*(mimeo., University of Kansas, 1976); Hodge, William P. Anthony, and Lawrence M. Gales, *Organization Theory: A Strategic Approach*, 6th ed.(Prentice-Hall, 2003), p. 306.

3. 권력의 유형

권력의 종류는 매우 다양하다. 권력의 종류를 범주화하는 데는 여러 가지 기준이 쓰일 수 있다. 그 가운데서 중요한 기준은 권력의 기초와 권력의 크기이다.

1) 권력의 기초에 따른 분류

(1) 다섯 가지 권력유형   권력유형론 가운데는 권력의 기초를 기준으로 삼는 유형론들이 가장 많다.f)

권력의 기초에는 어떠한 종류가 있는지에 대한 논자들의 분류는 서로 조금씩 다르다. 여기서는 가장 널리 인용되고 있는 John R. P. French, Jr.와 Bertram H. Raven의 권력유형론에 따라 권력의 종류를 설명하려 한다.13) French, Jr.와 Raven이 분류한 권력의 종류는 i) 정당한 권력, ii) 보상적 권력, iii) 전문적 권력, iv) 준거적 권력, v) 강압적 권력 등 다섯 가지이다.

❶ 정당한 권력   정당한 권력(legitimate power)은 권력행사의 상대방이 권력행사주체의 권한을 인정하고 그에 추종해야 할 의무가 있다고 생각하는 것을 바탕으로 하는 권력이다.

❷ 보상적 권력   보상적 권력(보상에 의한 권력: reward power)은 보상을 줄 수 있는 능력을 기초로 하는 권력이다.

❸ 전문적 권력   전문적 권력(전문적 지식에 의한 권력: expert power)은 상대방이 인정하는 전문적 지식을 기초로 하는 권력이다.

❹ 준거적 권력   준거적 권력(準據的 權力: referent power)은 상대방이 권력주체를 좋아해서 그에게 동화되고 그를 본받으려 하는 데 기초를 둔 권력이다.

❺ 강압적 권력   강압적 권력(coercive power)은 권력행사주체가 처벌의 배분을 좌우할 수 있다고 믿는 상대방의 지각에 기초를 둔 권력이다.g)

---

f) 권력의 기초(power bases)를 자원(resources) 또는 수단(means)이라고 부르는 사람들도 있다.

g) French, Jr.와 Raven이 제시한 다섯 가지 권력의 기초 이외에도 많은 권력기초의 종류들을 연구인들이 열거하고 있다. 합리적 설득, 조종, 직위, 능력과 성격, 정보, 카리스마, 다수에 의한 결정, 신념, 전통, 공평성, 재량권 등이 그 예이다. 태만과 회피를 권력의 기초라고 말하는 사람도 있다. 게으르거나 책임을 회피하려고 다른 사람에게 결정권을 넘기는 경우 결정권을

French, Jr.와 Raven은 정당한 권력과 다른 권력을 대등한 유형으로 구분하고 있지만 그 관계는 배타적인 것이 아니다. 강압적인 힘, 보상 등에 기초를 둔 권력이 조직 내에서 공식적으로 정당화될 때 그것은 정당한 권력(권한)이 되기 때문이다.

(2) 권력과 권한　권한(權限: authority)은 조직의 규범이 정당성을 승인한 권력이다. 조직에서 공식적 역할에 부여된 가장 중요한 권력은 권한이다.

권한은 권력의 일종이기 때문에 양자는 많은 속성을 공유한다. 권한의 중요속성으로는 i) 조직의 규범이 부여하는 정당성, ii) 상대방의 복종을 요구할 수 있는 행동지향적 능력, iii) 공식적 역할에 부여된 현상, iv) 행동주체 간의 관계 설정 등이 열거되고 있다. 권한의 속성 가운데서 권력과 구별을 지어주는 핵심적 요소는 '정당성이 규범적으로 승인된다는 것'과 '공식적인 역할에 부여된다는 것'이라고 할 수 있다. 그러나 이러한 구별기준도 상대적인 것이다.

권력과 권한의 구별은 권력현상을 연구하는 데 쓸모가 있다. 그러나 근래에 권한과 권력의 이해가 뒤섞이고 양자의 연관성이 강조되고 있음을 또한 감안해야 한다. 권한과 권력의 절대적인 구획은 삼가고 양자를 연관적으로 파악하도록 해야 할 것이다.

상명하복의 공식적 권한관계에만 주의를 집중했던 고전적 조직연구에서는 권한을 법적·제도적 권리라고 파악하였기 때문에 권한개념의 이해는 비교적 간명할 수 있었다. 그러나 조직이론의 지속적인 경향변천은 폭넓은 안목을 키워 왔으며 그 영향은 권한관계를 보는 관점에도 미쳐 권한개념의 포괄범위를 넓혔다. 권력개념의 사회학적·심리학적 분석은 권한개념의 연구에도 많은 영향을 미치게 되었다.

이러한 추세는 권력과 권한의 구분을 모호하게 만들었다. 권력개념과 권한개념이 수렴해 가고 양자의 구별이 모호해진 이유로, 첫째, 권한개념의 범

넘겨 받은 사람은 권력을 갖게 된다는 것이다. 심지어는 사기나 협잡까지 권력의 기초로 보는 사람도 있다.

조직에서 강압적 권력, 보상적 권력, 그리고 정당한 권력은 공식적 직위의 담당자들이 행사하는 것이기 때문에 공식적 권력(formal power)이며, 전문적 권력과 준거적 권력은 공식적 직위를 갖지 않아도 행사할 수 있기 때문에 개인적 권력(personal power)이라고 말하는 사람도 있다. Robbins and Judge, *ibid.*, pp. 439~440.

위가 확대되었다는 것, 둘째, 권력에 대한 사회학적·심리학적 연구가 진전되면서 권력과 권한은 공동적 접근방법의 대상이 되었다는 것, 셋째, 권력관계가 권한관계를 보완하는 경우가 많다는 것, 넷째, 권한과 권력의 경계는 변동한다는 것 등을 들 수 있다.

2) 권력의 크기에 따른 분류

권력은 그 크기에 따라 분류할 수 있다. 권력의 크기라는 개념을 구성하는 국면들을 기준으로 삼거나 또는 권력의 크기를 좌우하는 요인의 유형을 기준으로 삼을 때 권력의 유형은 여러 가지로 세분될 수 있다. 여기서는 권력의 크기라는 개념에 내포된 주요국면들에 관해서만 언급하기로 한다.

권력의 크기는 세 가지 국면을 가지고 있다. 세 가지 국면이란 i) 비중(weight), ii) 지배권(domain) 및 iii) 범위(scope)를 말한다.[14] 이러한 세 가지 국면을 기준으로 i) 비중이 무거운 권력과 가벼운 권력, ii) 지배권이 넓은 권력과 좁은 권력, 그리고 iii) 범위가 넓은 권력과 좁은 권력을 분류할 수 있으며, 이러한 유형들을 다시 서로 조합하면 더 많은 권력의 유형을 분류할 수 있다.

❶ 비 중   비중은 권력의 강도 또는 수준을 지칭하는 개념이다. 상대방의 특정한 행동을 얼마나 효과적으로 지배하느냐를 나타내 주는 것이 권력의 비중이다. A가 B에게 행사하는 권력의 비중이 무거우면 B의 특정한 행동을 지배할 확률이 높아진다. 반대로 권력의 비중이 가벼우면 그러한 확률은 낮아진다. 권력의 비중은 영점에서 극대화점에 이르는 연속선상의 어디엔가 놓이게 된다. 권력의 비중이 영(zero)일 때는 상대방의 행동을 전혀 지배하지 못하므로 권력은 의미가 없다. 권력의 비중이 극대화점(maximal point)에 도달하면 상대방의 행동을 완전히 지배하는 통제의 상태를 초래한다.

❷ 지 배 권   권력의 지배권(支配圈)은 권력의 영향을 받는 사람 또는 집단의 범위를 지칭하는 개념이다. 많은 사람과 집단에 영향을 미칠 수 있는 권력의 지배권은 넓은 것이며, 영향을 미칠 수 있는 상대방이 적은 권력의 지배권은 좁은 것이다. 각 권력의 지배권은 독립적일 수도 있지만 지배권이 서로 겹치거나 하나의 지배권이 다른 지배권에 완전히 포함될 수도 있다.

❸ 범 위   권력의 범위는 권력주체가 동원할 수 있는 수단의 폭과 상대

방의 행동에 대한 영향의 범위에 관한 개념이다. 권력주체가 동원할 수 있는 수단이 적고 영향을 받는 상대방의 행동이 적으면 권력의 범위는 좁은 것이다. 반대로 동원할 수 있는 수단이 많고 상대방의 여러 가지 행동에 영향을 미칠 수 있으면 권력의 범위는 넓은 것이다.

권력의 비중, 지배권 그리고 범위 가운데서 어느 하나만 달라져도 권력의 크기는 변동한다. 의사전달을 정확하게 하려면 권력의 크기가 달라졌다고 말할 때 권력의 비중이 달라졌는지 아니면 지배권이나 범위가 달라졌는지 또는 그 중 두 가지나 세 가지가 함께 달라졌는지를 밝혀야 한다.[h]

4. 권력과정의 역학

권력관계는 복잡한 요인들이 교호작용하는 동태적 과정 속에서 형성되고 또 변동한다. 권력행사에 대한 상대방의 반응은 권력행사의 전술이나 방법, 상대방의 특성, 상황적 조건 등이 어떠냐에 따라 여러 가지로 달라질 수 있다. 조직 내의 권력 배분은 많은 요인들의 영향을 받아 변동한다. 그런가 하면 권력체제는 변동을 억제하는 통제장치들을 끊임없이 작동시킨다. 권력은 조직 내의 정치를 유발한다. 권력은 정치의 동인이며 대상이다. 권력위임은 어떤 조직에나 있는 현상이다. 특히 현대적 관리이론은 개인과 집단에 대한 힘 실어주기를 중요한 덕목으로 강조하고 있다.

아래에서 권력행사의 전술, 권력행사에 대한 반응, 권력배분의 변동과 그에 대한 저항, 권력을 둘러싼 조직의 정치, 그리고 힘 실어주기에 대해 설명하려 한다.

1) 권력행사의 전술

권력행사자들은 그 목적을 실현하기 위해 다양한 전술을 구사한다. 권력을 행동화하는 전술유형은 수없이 많지만 흔히 볼 수 있는 주요전술의 범주를 아홉 가지로 나누어 볼 수 있다.[15]

---

h) 권력의 크기를 경험적으로 측정하려면 구체적인 측정지표를 개발해야 한다. 그러한 지표의 예로 권력행사자가 갖는 자원의 크기, 의사결정에 대한 영향력, 권력상징, 직책과 책임 등을 들 수 있다. Hodge *et al.*, *op. cit.*, pp. 314~315.

❶ 정당성·전문성의 강조   이것은 공식적 직위의 권한행사라는 점 또는 조직의 정책이나 규칙에 따른 권력행사라는 점을 강조하거나 권력행사자의 높은 전문성을 강조하는 전술이다.

❷ 합리적 설득   이것은 권력행사자의 요구가 합리적임을 납득시키기 위해 논리적으로 설명하거나 사실을 입증하는 증거를 제시하는 전술이다.

❸ 감 화   상대방의 가치관, 필요, 희망 등에 호소함으로써 감정적 몰입을 얻어내는 전술이 감화(感化: 영감적 호소: inspirational appeals)이다.

❹ 협 의   실현하려는 일의 성취방법을 결정할 때 상대방을 참여시킴으로써 동기를 유발하고 지지를 얻는 전술이 협의 또는 상담이다.

❺ 교 환   이것은 권력행사에 상대방이 순응하는 대가로 보상을 주는 전술이다.

❻ 개인적 호소   이것은 우정, 개인적 충성심 등에 호소하여 권력행사자의 요구를 받아들이게 하는 전술이다.

❼ 비위맞추기   권력행사자가 어떤 요구를 하기 전에 상대방을 발림말로 치켜세우거나 칭찬하는 등 우호적인 행동을 해서 환심을 사는 전술이 비위맞추기이다.

❽ 압력 행사   이것은 반복적 요구, 경고, 위협으로 상대방이 압박감을 느끼게 하는 전술이다.

❾ 연 합   상대방을 설득하는 데 다른 사람의 도움을 얻는 전술, 또는 다른 사람들이 지지하고 있다는 사실을 내세워 상대방의 동의를 얻어내는 전술이 연합(coalition)이다. 권력행사자는 인맥을 넓히고 자기에게 충성하는 사람들을 요직에 배치하여 세력을 확충하기도 한다.

권력연구인들이 오늘날 처방적으로 가장 선호하는 전술은 합리적 설득, 감화, 그리고 협의이다. 그러나 이런 전술들이 실제로 언제나 효율적일 수는 없다. 각 전술의 효율성은 상황적 조건에 따라 평가할 수밖에 없다.

2) 권력행사에 대한 반응

(1) 다양성과 균질성   권력의 행사에는 상대방이 있다. 권력행사에 대한 상대방의 지각과 반응은 권력의 효율성을 좌우한다.

❶ 반응의 다양성   권력행사에 대해 행동으로 나타나는 반응은 복잡할

뿐 아니라 각개의 반응에 수반되는 심리적 상태 또한 복잡한 것이다. 반응행동은 절대복종에서부터 회피적인 행동이나 정면거부에 이르기까지 다양하게 나타날 수 있다. 권력의 행사에 복종할 때도 충심으로 복종하는 경우, 옳다는 확신이 없으면서 복종하는 경우, 내심으로 반대하지만 별 수 없이 복종하는 경우 등 복종하는 사람의 태도는 여러 가지일 수가 있다.

❷ 균질화 작용   권력행사에 대한 반응이 무한하게 다를 수 있는 가능성이 있는 반면 조직 내에는 구성원들의 반응을 어느 정도 균질화하는 힘이 또한 작용하고 있음을 알아야 한다.

사람들은 어렸을 때부터 권력관계에 노출되면서 자랐고, 조직 내에는 권력에 대한 복종행동을 강화하는 장치들이 있다. 그러므로 조직구성원들은 조직 내의 권력관계를 잘 간파하고 거기에 순응하려는 대체적인 성향을 보이게 된다.

조직 내에서 구성원들은 일정한 유인부여에 대해 그에 상응하는 기여를 해야 마땅하다는 심리적 계약을 수용하는 것이 보통이다. 따라서 그들은 정당하다고 생각하는 명령(권력행사)에 대해서는 비판적 평가를 하지 않고 그대로 복종한다. 명령이 비판 없이 받아들여지는 범위를 '무비판구역'(zone of indifference)이라 부르기도 한다.[16]

(2) 반응의 유형 : 권력의 기초에 따른 유형론   권력행사에 대한 반응의 다양성은 거의 무한할 수 있다. 다양한 반응양태를 분류한 유형론도 많다. 여기서는 권력의 기초를 기준으로 한 유형론 세 가지만을 소개하려 한다.

❶ Etzioni의 유형론   이미 제1장 제4절에서 본 바와 같이 Amitai Etzioni는 권한을 세 가지로 나누고 각 권한유형별 반응양태를 분류하는 이론을 제시하였다. 세 가지 권한이란 강압적·공리적·규범적 권한을 말한다.[17]

강압적 권한을 사용하는 조직에서 하급종사자들의 조직에 대한 심리적 반응은 심히 부정적이라고 한다. 그들은 소외적인 반응을 보인다고 한다. 공리적 권한을 쓰는 경우 타산적인 반응을 보인다고 한다. 규범적 권한에 대한 반응은 도덕적 내지 사회적인 것이라고 한다.[i]

❷ Warren의 유형론   Donald Warren은 권력행사에 대한 반응을 행동

---

i) Etzioni는 원래 권한(authority)의 기초를 논의하였으나 흔히 권력(power)이라는 용어도 혼용하며 뒤에 가서는 정당한 권한을 제외한 권력의 기초만을 대상으로 논의하였다.

상의 복종과 태도 상의 복종으로 나누어 분석하였다. 행동 상의 복종이란 뚜렷한 행동으로 보여주는 것이지만 권력에 결부된 규범의 내재화를 수반하지 않는 복종이다. 태도 상의 복종은 규범의 내재화를 수반하는 복종이다. 즉 지시내용에 승복하기 때문에 복종하는 것이다. 정당한 권력, 전문적 권력, 그리고 준거적 권력에 대한 복종은 주로 태도 상의 복종이라고 한다. 강압적 권력에 대한 복종은 대부분 행동 상의 복종이라고 한다. 보상적 권력의 경우에는 행동 상의 복종이 나타날 때도 있고 태도 상의 복종이 나타날 때도 있다고 한다.[18]

❸ Szilagyi, Jr.와 Wallace, Jr.의 유형론   Andrew Szilagyi, Jr.와 Marc Wallace, Jr.는 권력행사에 대해 복종하는 반응을 영향의 과정(influence processes)이라고 규정하고, 이를 세 가지 범주로 분류하였다. 세 가지 범주는 i) 굴복(compliance),[j] ii) 일체화(identification), iii) 내재화(internalization)이다.[19]

굴복은 권력행사의 상대방이 보상을 얻거나 처벌을 모면하는 것을 기대하기 때문에 복종하는 반응의 양태이다. 이러한 반응을 끌어내는 권력의 기초는 보상, 강압, 정보 등이다. 일체화는 권력행사의 상대방이 권력행사주체와 만족스러운 관계를 맺고 유지하기 위해 복종하는 반응의 양태이다. 이러한 반응을 가져오는 권력은 준거적 권력이다. 내재화는 권력행사의 상대방이 요구된 행동의 적합성을 믿고 또 그것이 자기의 가치체계에 부합된다고 생각하기 때문에 복종하는 반응의 양태이다. 이 경우 복종하는 사람은 요구된 행동의 내용에 깊은 관심을 갖는다. 이러한 반응을 가져오는 권력의 기초는 전문성과 정당성이다.

(3) 복종의 조건   조직 내에서 권력의 행사가 행동 상으로나 태도 상으로 무리 없이 상대방의 복종을 받아낼 수 있으려면 최소한 다음과 같은 조건이 구비되어야 한다.[20]

❶ 요구사항의 이해   권력행사자가 요구하는 것이 무엇인지를 상대방이 이해할 수 있어야 한다.

❷ 조직목표와의 조화   권력행사의 내용이 조직목표에 대한 상대방의 근본적 이해와 상충되지 않아야 한다.

---

j) Compliance라는 용어가 권력의 의도에 따르는 것을 지칭하는 넓은 의미로 쓰일 때에는 이를 '복종'이라 번역해 왔지만 여기서는 compliance라는 말이 복종의 한 형태를 지칭하는 것으로 쓰이고 있으므로 굴복이라 번역한다.

❸ 개인적 가치와의 조화 권력행사자가 요구하는 것이 상대방의 개인적 이익이나 가치체계와 상충되지 않아야 한다.

❹ 실행의 능력 상대방이 요구된 내용을 실천할 수 있는 육체적·정신적 능력을 갖추고 있어야 한다.

둘째와 셋째 조건이 충족되지 않더라도 행동 상의 복종은 강제할 수 있겠지만 그것은 상대방의 승복을 얻지 못하는 권력행사로서 여러 가지 태도상의 반작용을 야기할 수 있다.

3) 권력배분의 변동과 그에 대한 저항

(1) 권력배분의 변동 조직 내의 행동주체들은 여러 가지 결정요인(근거: sources)에 따라 권력의 배분을 받는다. 권력배분은 그 근거가 달라지면 따라서 변동할 수 있다.

❶ 권력배분의 결정요인 권력배분의 결정요인으로는 i) 자원의 공급, ii) 불확실성의 극복, iii) 행동주체의 비대체성, iv) 의사결정과정에서의 대안선택에 대한 통제, v) 집단의 응집력, vi) 환경적 요청, vii) 행동주체의 정치적 기술, viii) 소속집단의 지위·행동주체가 의사전달망에서 차지하는 위치 등 구조적 요인, ix) 행동주체의 개인적 특성 등을 들 수 있다.[21]

이와 같은 권력의 근거 또는 권력배분의 결정요인이 달라지면 그에 따라 조직 내의 권력배분이 달라지게 된다. 그러나 권력체제는 대개 권력배분의 변동을 억제하는 기제들을 가지고 있기 때문에 변동의 진행과정은 매우 복잡하다.

❷ 권력배분변동의 다양한 양태 권력배분의 변동은 여러 가지 양태로 진행된다. 권력행사의 주체와 객체가 뒤바뀌기도 하고 권력배분의 차등폭이 줄어들기도 한다. 권력차등의 폭이 줄어드는 균형화현상은 권력관계의 주객이 바뀌는 현상보다 완만하면서도 그 빈도가 훨씬 높다.

❸ 권력균형화의 요인 권력배분의 근거에 일어나는 어떠한 변화라도 권력배분의 균형화에 작용할 수 있다. 조직생활의 실제에서 가장 흔히 볼 수 있는 균형화요인들은 다음과 같다.[22]

첫째, 대부분의 권력행사는 권력주체에게 손실을 입힌다. 그리하여 권력주체에 대한 상대방의 의존도는 다소간에 감퇴한다. 예컨대 돈에 기초한 권력을 행사하면 권력주체가 가진 돈은 줄어든다. 전문지식에 기초한 권력을 행사하는 경우 전문지식은 감소되지 않을 것이다. 그러나 상대방이 전문지식을 배워 권력행사자에 대한 의존도를 줄일 수 있다.

둘째, 권력행사의 상대방은 특정한 권력주체와의 관계를 청산하거나 그것을 위협하고 또는 제3자와의 관계를 설정함으로써 권력주체의 권력적 우월성을 약화시킬 수 있다.

셋째, 차등적 권력관계에서 열등한 위치에 있는 사람들이 연합세력을 형성함으로써 권력불균형의 폭을 좁히려는 경향이 있다.

넷째, 권력관계의 당사자들 사이에 긴밀한 접촉이 오래 지속되면 상호의존도가 높아지는 경향이 나타나는데 이것은 권력의 차등폭을 줄인다. 고급관리자와 그 비서의 관계를 예로 들 수 있다.

(2) 현상유지적 요인   권력배분의 균형화 등 권력관계의 변동에 저항하고 권력체제의 계속성을 유지하려는 기제들이 조직 내에서 줄기차게 작동한다.[23] 권력체제의 현상유지를 돕는 요인들은 다음과 같다.

❶ 구성원의 수용적 태도   기존의 권력관계를 지지하는 행동자들의 신념이 형성될 수 있다. 조직구성원들이 기존의 권력관계와 그것이 요구하는 행동을 수용하고 이를 비판하거나 변동시키려 하지 않는 정신적 관성을 형성하면 권력체제의 현상유지가 강화된다.

❷ 조직문화의 안정화기능   기존의 권력관계에서 비롯된 조직의 구조와 절차 기타 행동양식 등에 관한 조직의 문화가 정착되면 권력체제의 현상유지가 강화된다.

❸ 권력의 자기영속화 경향   권력을 장악한 행동주체는 상대적으로 더 많은 자원을 획득 또는 통제할 수 있는 우월한 위치에 있기 때문에 자기의 권력을 약화시킬 변동에 효과적으로 대항할 수 있다. 권력을 가진 기득권세력은 기존의 권력체제를 보호하기 위해 많은 노력을 하게 된다.

4) 권력과 조직의 정치

권력은 조직구조형성의 접착제이며 조직생활을 움직여 가는 동력이다. 그리고 권력은 '조직의 정치'(조직상의 정치 또는 조직 내의 정치: organizational politics)를 야기하는 동인이며 또한 그 대상이다. 조직을 구성하는 개인이나 집단들은 자기의 목표를 실현하기 위해 더 많은 권력을 차지하려고 여러 가지 전략과 수단을 동원한다. 이로 인해 행동주체 간에 대립과 갈등이 생기고 이를 조정하여 타협점을 찾으려는 노력이 진행된다. 이러한 일련의 교호작용을 조직의 정치라 한다.

(1) 조직의 정치를 보는 관점 조직의 정치를 관찰하는 관점 또는 접근방법은 크게 두 가지로 구분해 볼 수 있다. 그 하나는 부정적인 관점이며 다른 하나는 긍정적인 관점이다.[24]

부정적인 관점은 조직이 정당성을 인정하지 않는 목표(이기적 목표)를 사람들이 추구하거나 조직이 승인하는 목표를 추구하더라도 정당화되지 않은 수단을 사용하는 행위를 정치라 규정한다.

긍정적인 관점은 경쟁적인 이익과 견해들 사이의 창의적인 타협을 이끌어내는 방법이 정치라고 규정한다. 조직생활에서 대결을 피하고 타협을 이룩하기 위해 정치는 불가피하다고 본다. 조직의 정치는 개인적 이익과 집단적 이익을 균형짓고 조직이 그 전체로서 받아들일 수 있는 목표와 수단을 발전시키기 위해 권력을 사용하는 것이라고 한다.[k]

저자는 조직의 정치에 대한 부정적 관점과 긍정적 관점을 대립시켜 어느 한 쪽을 편드는 것은 편파적인 결정이라고 생각한다. 조직의 정치는 긍정적·부정적 측면을 함께 지닌 복잡한 현상이라고 규정하려 한다.

(2) 효용과 병폐 조직의 정치에는 효용(긍정적 측면)이 있는가 하면 병폐(부정적 측면)가 따를 수도 있다.

❶ 효 용 조직의 정치는 조직생활에 불가피한 현상일 뿐만 아니라 조직의 효율성 증대에 기여하는 바람직한 기능을 수행한다. 조직의 정치가 지니는 핵심적 효능은 다양한 이익의 표출과 조정 그리고 통합을 이끌어 내는 작

---

k) Jerald Greenberg와 Robert A. Baron의 조직의 정치에 대한 정의는 부정적인 관점을 반영하는 것이다. 그들은 조직의 정치를 "다른 구성원들이나 조직의 안녕은 생각하지 않고 자기들의 개인적 이익을 증진시키려고 하는 행동"이라고 하였다. Stephen P. Robbins와 Timothy A. Judge는 긍정적 및 부정적 관점을 포괄하는 폭넓은 개념정의를 하였다. 그들은 조직 내의 정치적 행동을 "개인의 공식적 역할이 요구하는 것은 아니지만 조직 내의 이익과 불이익의 배분에 영향을 미치거나 영향을 미치려고 기도하는 활동"이라고 하였다. 그리고 정치적 행동에는 정당하고 정상적인 것도 있고 게임의 규칙을 어기는 부당하고 극단적인 것도 있다고 하였다. Greenberg and Baron, *Behavior in Oranizations*, 8th ed.(Prentice-Hall, 2003), p. 454; Robbins and Judge, *op. cit.*, pp. 448~450.

용이다. 그것은 조직에 참여하는 많은 사람들의 협력과 공동노력을 가능하게 하는 촉매가 된다.[25]

　조직의 정치가 조직을 위해 보다 구체적으로 해낼 수 있는 일은 많다. 예컨대 정치는 공식적 권한의 실패를 비공식적인 권력으로 보완해 줄 수 있다. 직위의 요청과 이를 담당하는 사람의 부조화나 부적응을 정치적으로 완화해 줄 수 있다. 정치는 예기치 못한 변동에 사람들이 신속하게 대응할 수 있게 하는 방편을 제공할 수 있다. 정치는 또한 조직 내의 대결과 갈등을 해소하는 역할을 해낼 수 있다.

　❷ 병　폐　정치의 부정적인 측면은 여러 가지 병폐를 유발할 수 있다. 사람들은 권력을 목적시하고 지나친 권력추구에 빠져 조직생활에 해독을 끼칠 수 있다. 권력남용, 자원낭비, 부당한 목표추구 등도 잘못된 정치의 부작용으로 나타날 수 있다.

　사람들은 자기보호에만 급급하는 정치행태를 보일 수 있다. 자기보호를 위해 직무 상 요구되는 행위나 모험을 회피할 수 있다. 일을 다른 사람에게 미루거나, 어리숙하게 행동해 책임을 모면하거나, 규칙과 절차를 앞세워 일을 피할 수 있다. 행동은 하더라도 행동의 결과에 대한 책임은 피하기 위해 온갖 수단을 동원하기도 한다. 개인이나 집단은 자기영역의 확대와 보호를 위해 지나친 일들을 할 수 있다. 그 과정에서 상대방의 권력을 약화시키기 위해 비도덕적인 행동을 할 수도 있다.

　(3) 정치의 관리　조직을 관리하는 사람들은 조직 내의 정치가 과열되고 그 병폐가 커지는 일이 없도록 정치를 관리해야 한다. 불확실성의 감소, 경쟁완화, 자원배분의 적정화, 파벌적 행동의 제재, 정치행위의 윤리성 강조 등은 관리자들이 동원할 수 있는 정치정화수단의 예이다. 정치행위의 윤리성을 높이려면 정치의 공리적 효용(가장 많은 사람들에게 가장 큰 이익을 가져오는 것: utilitarian outcomes)에 관한 기준, 기본적 인권의 존중에 관한 기준, 배분적 정의에 관한 기준 등을 명료화하고 이를 준수하도록 해야 한다.

5) 힘 실어주기

　힘 실어주기(empowerment)는 업무담당자들에게 필요한 권한과 업무추진수단들을 제공함으로써 그들의 자기효능감을 높여 창의적이고 효율적인 업무수행을 촉진하는 과정이다. 힘 실어주기는 관리자들이 의사결정에 필요한 권한뿐만 아니라 업무수행에 관련된 정보와 지식, 조직 전체의 업무수행에 관한 정보, 조직의 업무성취에 기초한 보상 등을 업무수행자들과 나누어 갖는 것이다. 힘 실어주기는 업무수행자들이 자기 업무에 대한 통제력을 더 많이 행사할 수 있게 해 주는 것이다. 힘 실어주기는 권력 나눔이며 동시에 권력 함께 갖기이다.[l]

힘 실어주기는 조직계층의 위에서 아래로 행해진다. 조직의 어느 계층이나 힘 실어주기의 대상이 될 수 있다. 그러나 힘 실어주기의 주된 대상은 직접적으로 생산적인 활동에 종사하는 업무일선의 직원(front-line service employees)과 작업집단 그리고 집행부서의 관리자들이다.[26]

(1) 권력의 이양을 통한 권력획득   힘 실어주기는 권력행사의 강조점을 사람에 대한 통제에서 일의 성취로 옮기는 권력관의 변화를 요건으로 한다.

전통적 관료제의 관리체제에서는 관리층에서 하급자들을 통제하는 권력(권위주의적 지배권)을 집권적으로 행사하였다. 그러나 오늘날 자율과 협동을 강조하는 관리체제를 처방하는 사람들은 힘 실어주기를 매우 중요시한다.

힘 실어주기라는 탈관료화의 처방을 옹호하는 사람들은 그것이 사람에 대한 통제력이 아니라 적극적인 업무성취에 필요한 권력을 얻는 길이라고 설명한다. 리더들은 다른 사람들에게 힘을 실어줌으로써 조직의 목표성취에 진정으로 필요한 생산적 권력을 얻게 된다고 한다. 다른 사람들을 믿지 못하고 그들에게 힘을 실어 주지 못하는 리더들은 점점 무력하고 무능해진다고 한다. 이러한 주장은 리더들이 권력을 버림으로써 스스로 더 강력해진다는 역설적 설명이다.[m]

---

l) 힘 실어주기라는 개념을 정의하는 사람들마다 다소간의 견해차이를 보이고 있다. 힘 실어주기를 개념화하는 다양한 접근방법들을 심리학적 접근방법(psychological approach)과 관리론적 접근방법(managerial approach)으로 대별해 볼 수 있다. 전자는 힘 실어주기를 동기유발의 수단으로 이해한다. 생산성 향상은 동기유발을 통해서 간접적으로 이루어진다고 본다. 반면 후자는 권력을 가진 사람들이 권력을 갖지 못한 사람들과 여러 가지 권력의 기초를 나누어 갖는 방법이 힘 실어주기라고 이해한다. 저자는 심리학적 관점과 관리론적 관점을 아우르는 접근방법을 택하고 있다. cf., Sergio Fermandez and Tima Moldogaziev, "Employee Empowerment, Employee Attitudes, and Performance: Testing a Causal Model," *Public Administration Review*(Vol. 73, Issue 3, May/June 2013), pp. 490~506.

m) 예컨대 예산집행부문에서 일선관리자들에게 힘을 실어주지 않으면 낭비를 빚을 수 있다. 일선관리자들이 절약해 남긴 예산불용액을 회수하고 다음 회계연도에는 해당 비목을 삭감한다

(2) 힘 실어주기의 심리적 요건　힘 실어주기는 업무담당자들의 무력감을 해소하고 자기효능감을 강화함으로써 그들의 자발적인 업무효율성 향상노력을 이끌어 내는 과정이다. 그런 목적이 달성되려면 힘 실어주기의 심리적 요건을 충족시켜야 한다. 필요한 심리적 요건은 i) 보람 있는 일, ii) 능력에 대한 자신감, iii) 자율결정의식(自律決定意識), iv) 기여에 대한 믿음 등 네 가지 차원으로 나누어 요약할 수 있다.27)

❶ 보람 있는 일　업무담당자(힘 실어주기의 대상자: 부하)는 자기가 맡은 일이 의미 있고 보람 있다고 생각해야 한다. 업무담당자의 가치관과 신념이 업무 상의 역할에 부합될 때 일의 의미와 보람을 느낄 수 있다. 이것은 업무담당자를 활기 있게 만드는 힘 실어주기의 엔진이다.

❷ 능력에 대한 자신감　업무담당자는 자기가 맡은 일을 잘 할 수 있는 능력을 가지고 있다는 생각을 해야 한다. 그러한 믿음이 없으면 힘 실어주기의 효용을 느끼지 못할 것이며, 오히려 힘 실어주기를 꺼려할 수도 있다.

❸ 자율결정의식　업무담당자는 자율결정의식을 가져야 한다. 이것은 자기의 업무수행방법을 스스로 통제하고 있다는 믿음이다. 그런 믿음을 갖지 못하고 상관의 명령에 복종할 뿐이라고 생각하는 사람에게는 힘 실어주기가 소용없는 일이다.

❹ 기여에 대한 믿음　업무담당자는 자기의 직무수행이 조직의 목표성취에 기여한다는 믿음을 가져야 한다.

업무담당자가 위의 네 가지 차원을 모두 경험하지 못한다면 진정한 힘 실어주기가 있다고 말하기 어렵다.

(3) 관리자의 역할　힘 실어주기의 심리적 요건이 충족될 수 있게 하려면 힘 실어주기를 하는 관리자들이 다음과 같은 가이드라인을 지켜야 한다.

❶ 신뢰와 지원　관리자는 업무담당자에 대한 신뢰를 표현하고 직무성취를 촉진하기 위해 심리적 지원을 제공해야 한다.

❷ 능력향상 촉진　업무담당자들의 업무수행능력 향상을 도와야 한다.

면 낭비를 줄이려는 일선관리자들의 의욕을 꺾게 된다. 그리되면 예산절감을 독려하기 위해 상급 관리자들이 거머쥐고 있는 권력은 약화된다. 반면 힘 실어주기로 하급자들의 자발적 예산절감노력을 이끌어낸다면 예산절감의 적극적 성취를 실현하는 상급관리자들의 권력은 강화된다.

❸ 정보공유와 참여   조직 내의 정보공유를 촉진하고 업무담당자가 자기 임무에 관한 의사결정과정에 참여할 수 있게 해야 한다.

❹ 관료적 제약의 제거   자율성을 억압하는 관료적 제약을 제거하고 사율관리팀의 발전을 촉진해야 한다.

❺ 의미 있는 목표의 설정   의미있는(보람을 느낄 수 있는) 직무수행 목표를 설정해 주어야 한다.

(4) 힘 실어주기의 효용과 한계   힘 실어주기의 효용과 한계 또는 장애를 요약하면 다음과 같다.

❶ 효 용   힘 실어주기는 관료제의 병폐를 제거하는 여러 가지 효능을 지녔다. 권력관(權力觀)을 바꿈으로써 모든 사람이 더 많은 권력을 얻는 길을 열어 준다. 앞서 언급한 바와 같이 권력관을 바꾼다는 말은 권력을 사람에 대한 지배력이 아니라 일을 성취하는 힘이라고 생각하게 한다는 뜻이다.

힘 실어주기는 또한 참여관리·신뢰관리를 촉진하고 창의적 업무수행을 촉진한다. 관리의 지향성을 권한중심주의에서 임무중심주의로 전환시킨다. 업무담당자들은 보다 큰 자기실현의 보람과 직무만족을 느끼게 된다. 직무스트레스를 줄여 준다. 조직은 조정·통제에 필요한 인원과 비용을 절감할 수 있다. 관리자들은 조정·통제임무를 줄여서 보다 생산적인 일에 많은 에너지를 투입할 수 있다. 그에 따라 관리자들의 권력은 늘어나게 된다.

❷ 한 계   조직 내에는 힘 실어주기를 가로막는 제약이 많다. 가장 기본적인 제약은 집권주의적이고 권위주의적인 관료적 조직문화에서 비롯된다. 구조형성과 관리작용의 계서주의적 특징은 힘 실어주기에 역행하는 제도적 제약이다.

보다 직접적인 제약은 관련자들의 부정적 인식이다. 힘 실어주기를 해야 할 관리자들은 부하들에 대한 통제력 상실을 우려하고, 부하들의 책임있는 의사결정능력을 의심한다. 중요한 정보를 부하들과 공유하는 경우 조직의 기밀이 외부에 유출될 것을 걱정한다. 부하들은 상관의 지시에 따르는 타성 때문에, 또는 책임지기가 싫어서 힘 실어주기를 원치 않을 수도 있다.

힘 실어주기를 추진하는 사람들은 부하들이 자율적으로 행동하다가 저지를 수 있는 실책의 위험을 감수하는 모험을 해야 한다. 능력이 부족한 부하들이 저지르는 실책의 손실은 아주 클 수 있다.

V. 기 술

1. 기술의 정의

기술(技術: technology)은 넓은 의미로 '일하는 방법'이라고 정의할 수 있다. 기술은 조직이 받아들인 원자재, 지적 자본과 같은 투입을 가치 있는 재화·용역이라는 산출로 전환하는 방법이다. 기술은 여러 가지 구성요소의 조합으로 이루어지는 집합적 변수이다. 조직에서 사용하는 기술에는 자연과학적 기술뿐만 아니라 사회과학적 기술도 포함된다.

기술이 조직연구에서 설명력이 큰 개념적 도구로 쓰일 수 있으려면 일반적·추상적 의미규정의 수준을 넘어 구체성 있는 조작적 정의를 해야 한다. 조작적 정의에서는 기술의 구성요소와 측정·평가의 지표를 선택하고 정의해야 한다. 기술의 지표체계에 관한 포괄적이고 통합적인 모형개발은 아직 부진한 형편이다. 지금까지 나온 기술의 조작적 정의들은 대부분 단편적이다. 단편적이라고 하는 것은 기술의 한두 가지 요소 또는 국면에 주의를 한정하고 있다는 뜻이다. 이로 인해 빚어진 혼란이 적지 않다.

연구인들이 기술의 조작적 정의에서 선택한 측정지표는 여러 가지인데 그 예를 보면 i) 작업과정에서 사용하는 지식, ii) 업무의 곤란성과 다양성, iii) 원자재의 특성, iv) 원자재와 업무에 대한 관리의 용이성, v) 작업과정의 통합성, vi) 불확실성, vii) 통일성, viii) 예외의 수와 탐색과정의 특성, ix) 예측가능성, x) 기계와 장비 등이 있다.

기술이라는 용어의 사용을 둘러싼 혼란을 줄이고 조작적 정의를 발전시켜 나가야 한다. 기술에 관한 통합적 개념정의와 분석틀의 개발에서뿐만 아니라 경우에 따라 달라질 수 있는 기술개념의 조작적 정의에서도 개념적 명료화를 도모해야 한다.

첫째, 기술이라는 개념의 경계 또는 범위를 정확하게 규정해야 한다. 기술개념의 범위를 정확하게 규정한다는 말은 조직연구에서 사용하는 다른 개념들, 특히 구조적 변수에 관한 개념들과의 구별을 뚜렷하게 한다는 뜻이다.

둘째, 기술개념에 포함된 구성요소 또는 측정지표를 확인하고 쓸모 있게 범주화해야 한다.

셋째, 기술을 사용하는 주체의 단위에 관한 설명도 분명히 해야 한다. 행동주체별 기술구분에서는 기술의 차원 또는 수준이라는 말이 흔히 쓰인다. 기술은 개인차원에서, 집단차원에서, 또는 조직 전체의 차원에서 분석할 수 있다. 어디서 누가 쓰는 기술인가를 지정해야 한다.

기술에 관한 연구인들의 개념정의를 몇 가지 소개하려 한다.

Stephen P. Robbins는 "기술이라는 말은 조직이 어떻게 투입을 산출로 전환하는가를 지칭하는 것이다"고 하였다.[28] John W. Slocum, Jr.와 Don Hellriegel은 기술을 "조직이 투입을 산출로 바꾸는 과정"이라고 정의하였다.[29] Richard L. Daft는 "기술은 조직의 투입(자재, 정보, 아이디어)을 산출(제품과 서비스)로 전환하는 데 쓰는 작업과정, 테크닉, 기계, 행동(actions)을 지칭한다. 기술은 조직의 생산과정이며 거기에는 기계분만 아니라 작업절차도 포함된다"고 하였다.[30] James Gibson 등은 기술을 "어떤 대상이나 아이디어의 모양 또는 내용을 변화시키기 위해 개인이 하는 육체적 및 정신적 행동"이라고 정의하였다.[31]

Gareth R. Jones는 기술을 "사람들이 원자재를 가치 있는 재화·용역으로 전환 또는 변화시키는 데 사용하는 스킬, 지식, 능력, 테크닉, 물자, 재료, 기계, 컴퓨터, 도구, 기타 장비의 조합"이라고 정의하였다. 기술의 구성요소 또는 측정지표라고 생각되는 것들을 여럿 열거한 개념정의의 한 예이다. 각 요소에 관한 용어사용이 잘 정돈되어 있는 것 같지는 않다.[32]

John R. Schermerhorn, Jr. 등은 작업기술(operations technology)과 정보기술(information technology)을 구분하고 작업기술을 "조직을 위한 제품 또는 서비스 산출을 창출하는 자원, 지식, 테크닉의 조합"이라고 정의하였다. 정보기술은 "지식으로 전환하기 위해 정보를 수집, 저장, 분석, 보급하는 데 사용하는 기계, 가공물(artifacts), 절차, 그리고 시스템의 조합"이라고 정의하였다.[33]

2. 기술유형론

널리 인용되고 있는 기술유형론 세 가지와 정보기술에 관한 논의를 소개하려 한다.

1) Woodward의 기술유형론

Joan Woodward는 작업과정의 기술체제를 세 가지 유형으로 분류하였다. 세 가지 유형의 기술체제는 i) 단일산품 또는 소수단위산품 생산체제(unit and small batch production system), ii) 다수단위생산 또는 대량생산체제(large batch and mass production system), 그리고 iii) 연속적인 생산체제(long-run process production or continuous production system)이다.[34]

❶ 단일산품 또는 소수단위산품 생산체제   이 기술유형은 개별적인 주문자의 요구에 따라 한 개 또는 소수의 산품을 만들어 내는 작업과정이다. 작업과정을 하나의 솥에 비유한다면 한 솥을 삶아내는 데 한 개 아니면 두세 개의 음식이 익어 나오는 것과 같은 솥이 단일산품 또는 소수단위산품 생산체제라고 할 수 있다. 선박이나 항공기 등을 제작하는 작업과정을 그 예로 들 수 있다.

❷ 다수단위생산 또는 대량생산체제   이 기술유형은 문자 그대로 같은 종류의 산품을 대량으로 생산하는 작업과정이다. 칫솔이나 라디오 등을 하나의 공정에서 대량생산하는 것을 예로 들 수 있다.

❸ 연속적인 생산체제   이 기술유형은 화학제품의 생산이나 유류정제의 경우에서와 같이 산품이 연속적으로 처리·산출되는 작업과정이다.

　　Woodward와 그녀의 연구팀은 영국에서 제조업체를 중심으로 한 사기업체들을 대상으로 하여 일련의 연구를 수행하였다. 위에서 본 기술분류모형을 적용하여 연구한 결과 기술은 여러 가지 조직원리의 적용에 긴밀히 연관되어 있었을 뿐만 아니라 그 연관관계는 인과관계임을 발견하였다. 즉 관리계층의 수, 일선감독자의 통솔범위, 행정농도 등이 모두 기술의 영향을 받고 있음을 발견하였다. 그리고 조직의 성공도는 기술과 그에 적합한 구조유형의 부합도에 연관되어 있다는 사실도 발견하였다. 예컨대 고전적 조직원리에 따른 구조는 대량생산체제에 결합될 때 성공적이었다.

2) Thompson의 기술유형론

James D. Thompson은 기술의 종류를 세 가지로 나누는 유형론을 제시하였으며 그에 관련하여 기술의 경제적 측면과 수단적 측면, 그리고 기술의 완전도(完全度)에 대해 언급하였다.[35]

(1) 기술의 수단적 측면에 착안한 유형론   Thompson에 따르면 기술적 합리성(technical rationality)은 수단적 기준이나 경제적 기준에 비추어 평가할 수 있다고 한다. 수단적 기준은 특정한 기술이 기대하는 결과를 실제로 가져오느냐에 관한 기준이다. 기대하는(원하는) 결과를 필연적으로 가져오는 기술은 수단적으로 완전한 기술(instrumentally perfect technology)이다. 경제적 기준은 기대하는 결과를 최소의 자원소모로 가져올 수 있느냐에 관한 기준이다. 경제적

인 기준은 절대적인 것이 아니라 상대적인 것이다.

Thompson은 기술의 수단적 측면을 이해하는 것이 선행되어야 함에도 불구하고 조직연구인들은 비용이 얼마나 드느냐 하는 경제적 측면에만 주의를 기울여왔다고 비판하였다. 그리고 자기는 기술의 수단적 측면에 착안한 분류를 시도하겠다는 뜻을 밝혔다. 그는 현대사회에서 널리 쓰이는 기술들을 포괄할 뿐 아니라 유형 간의 구별이 뚜렷한 기술유형론을 만들겠다고 말하고 자기의 유형론이 모든 조직의 연구에 적용될 수 있음을 시사하였다.

(2) 세 가지 기술유형   Thompson이 분류한 세 가지 기술유형은 i) 길게 연계된 기술(long-linked technology), ii) 중개기술(mediating technology), 그리고 iii) 집약적 기술(intensive technology)이다.

❶ 길게 연계된 기술   여러 가지 행동이 순차적으로 의존적인 관계를 이루고 있을 때 쓰이는 기술을 길게 연계된 기술이라고 한다. Z라는 행동은 Y라는 행동의 성공적인 완결이 선행되어야만 수행될 수 있고 또 Y라는 행동은 X라는 행동의 완결이 선행되어야만 비로소 수행될 수 있는 것과 같이 여러 가지 행동이 길게 연관되어 있을 때 그러한 행동들은 순차적인 의존관계에 있다고 규정된다. 길게 연계된 기술의 대표적인 예는 대량생산에 쓰이는 일관작업체제(assembly line)이다.

표준화된 한 가지 종류의 생산물을 반복적으로 생산하고 그 생산량도 한결같을 때 길게 연계된 기술은 아주 높은 완전도에 도달할 수 있다. 한 가지 생산물만을 생산한다는 것은 한 가지 기술만을 필요로 한다는 뜻이 되기 때문에 기계, 작업과정입안, 작업담당자 선발, 원자재획득 등의 선택기준이 명확하게 제시될 수 있다. 생산과정의 반복적인 사용은 기술적 불완전성을 제거하는 데 필요한 경험을 축적시켜준다. 생산율이 한결같으면 필요한 자원의 각 구성요소가 완전하게 활용될 수 있는 자원구성비를 표준화할 수 있다. 그리고 이것은 자원의 낭비를 배제하기 때문에 기술의 경제적 국면을 개선하는 데도 도움이 된다.[n]

---

n) 일관작업을 주축으로 하는 대량생산체제는 산업화과정의 산물이며 관리상황이 달라지고 기술이 발달함에 따라 변화를 거듭해왔다. Thompson은 전통적인 대량생산체제를 준거로 삼은 것 같다. 초기적·전통적 대량생산체제의 특징은 분업, 표준화, 작업단순화, 단일작업기계, 표준화된 작업을 수행하는 붙박이 노동자(fixed workers) 등으로 요약할 수 있다. 단일작업기계(단일목적작업기: dedicated machine)는 한 번에 한 가지 작업만 반복할 수 있는 기계이다. 오

❷ 중개기술   중개기술은 상호의존상태에 있거나 서로 의존하기를 원하는 고객들을 연결짓는 활동에 쓰이는 기술이다. 은행은 돈을 맡기는 사람과 빌리는 사람을 연결짓는다. 보험회사는 위험부담을 공동으로 하려는 사람들을 서로 연결지어 준다. 전화사업체는 통화자들을 연결지어준다. 직업소개소는 노동력의 수요와 공급을 연결시킨다. 이러한 조직들이 채택하는 기술이 중개기술이다.

중개기술은 표준화된 운용을 필요로 하며 시간적으로나 공간적으로 분산된 광범위한 고객을 대상으로 한다. 표준화가 이루어지지 않으면 많고 다양한 고객들 사이의 연결을 효율적으로 해내기 어렵다.

❸ 집약적 기술   집약적 기술은 어떤 사물에 변동을 일으키기 위해 끌어모은 다양한 기술의 복합체이다. 그러한 복합체에 포함될 기술의 선택, 배합 및 적용순서는 변동대상인 사물로부터 나오는 환류에 따라 결정된다. 변동대상이 사람인 경우 집약적 기술은 요법적(療法的: therapeutic)인 기술이라고 불린다. 집약적인 기술은 인간 이외의 사물을 대상으로 하는 연구사업이나 건축사업 등에서도 발견할 수 있다.

병원에서 환자를 치료할 때 병리검사·전문의료·투약·수용(입원) 등의 서비스뿐만 아니라 사회사업적·정신적 및 종교적 서비스까지도 동원한다. 이러한 서비스 가운데서 어떤 것을 언제 제공할 것인가는 환자의 상태에 따라 결정한다. 건축산업에서도 다양한 기술을 동원하지만 기술의 선택, 배합 및 적용순서는 건축대상물의 특성과 여건에 따라 달라진다.

이렇게 볼 때 집약적 기술은 맞춤기술 또는 주문기술(custom technology)이라고 말할 수 있다. 개별적인 경우의 필요에 따라 그때그때 적합한 기술의 배합이 맞추어지기 때문이다.

3) Perrow의 기술유형론

Charles B. Perrow의 기술분류는 조직이 처리하는 원자재(原資材: raw

늘날 흔히 볼 수 있는 이른바 새로운 대량생산체제의 특징은 컴퓨터지원의 고도화, 높은 융통성, 기계와 인력의 다기능화, 자동화·기술집약화를 통한 감량경영, 다품종생산, 수요대응의 신속성 등이다. cf., Gareth Jones, *Organizational Theory, Design, and Change*, 7th ed. (Pearson, 2013), pp. 283~289.

material)의 성질이 어떤 것인가에 착안한 것이다.◦) 그는 조직이 다루는 원자재의 성질과 그에 결부된 기술은 조직의 구조와 운영에 영향을 미친다는 전제 하에 기술유형론을 만들었다.36)

(1) 기술분류의 기준   Perrow의 주장에 따르면 원자재의 성질과 그것을 다루는 기술의 특성을 규정하는 핵심적 요인은 원자재의 처리에서 채택하는 탐색과정의 특성, 그리고 원자재의 처리에서 마주치게 되는 예외적 사례의 수라고 한다. 이 점에 착안하여 그가 선택한 기술분류의 기본적 기준은 탐색과정과 예외적인 사례의 수이다.

❶ 탐색과정   탐색과정(search procedures)은 원자재라는 자극에 직면한 사람이 그에 대한 반응을 결정하기 위한 과정이다. 탐색과정은 분석가능한 또는 일상화된 탐색과정(analyzable or routine search procedure)과 분석불가능한 탐색과정(unanalyzable search procedure)으로 구분할 수 있다.

다루어야 할 원자재에 대해서 무엇을 얼마나 알고 있느냐 하는 것이 탐색과정의 특성을 크게 좌우한다. 원자재의 처리에 필요한 지식을 많이 가지고 있으면 탐색과정은 일상적이고 분석가능한 것으로 될 수 있다. 원자재가 복잡하거나 특이해서 그에 관해 별로 알지 못할 때 탐색과정은 분석불가능한 것으로 된다.

❷ 예외적인 사례의 수   예외적인 사례의 수(number of exceptions)는 탐색행동을 해야 할 사람에게 제시되는 자극의 변칙성 또는 문제의 다양성에 관련된 지표이다. 다양성이 크고 그때그때 새로운 일에 봉착하게 되면 많은 탐색활동을 해야 한다. 자극이 단순하고 친숙하며 새로운 내용이 별로 없을 때는 많은 탐색활동이 필요하지 않다.

❸ 기술의 네 가지 국면   기술의 기본적 국면을 두 가지로 범주화하고, 이 두 가지 국면을 다시 각각 이원화하는 단순화의 방법을 쓰면 기술의 네 가지 국면을 분류할 수 있다. 기술의 네 가지 국면(변수)은 i) 분석가능한 탐색과정, ii) 분석불가능한 탐색과정, iii) 소수의 예외, 그리고 iv) 다수의 예외이다. 이 네 가지 기술변수를 조합해 보면 〈그림 3-2-2〉와 같이 된다.

◦) 조직이 처리하는 원자재는 물질에 국한되지 않는다. 인간이나 인간의 교호작용, 그리고 상징적인 것 등을 모두 포함한다. 병원에서는 인간을 원자재로 삼고 있으며, 상징적인 원자재라고 할 수 있는 돈은 은행에서 다룬다. 관리자들은 인간의 교호작용을 다룬다.

그림 3-2-2 기술변수

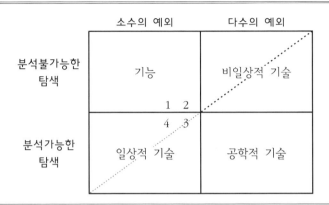

이러한 네 가지 기술변수의 조합으로 네 가지 기술유형을 분류할 수 있다.

(2) 네 가지 기술유형   Perrow가 분류한 네 가지 기술유형은 i) 기능(技能: 공예적 기술 또는 장인기술: craft), ii) 비일상적 기술(nonroutine), iii) 공학적 기술(engineering) 및 iv) 일상적 기술(routine)이다.

❶ 기 능   예외적 사례의 수는 적고 탐색과정은 분석 불가능한 기술이 기능이다. 원자재가 통일적·안정적이지만, 원자재의 성질이 잘 알려지지 않은 경우에 사용하는 기술이다. 고급의 유리그릇을 생산하는 소규모공장에서 기능 사용의 예를 볼 수 있다.

❷ 비일상적 기술   예외적 사례의 수가 많고 탐색과정은 분석불가능한 기술이 비일상적 기술이다. 원자재는 불안정하고 통일성이 없으며 원자재의 성질도 잘 알려지지 않은 경우의 기술이 비일상적 기술이다. 원자력추진장치를 생산하는 공장에서 비일상적 기술의 예를 볼 수 있다.

❸ 공학적 기술   예외적 사례의 수는 많고 탐색과정은 분석가능한 기술이 공학적 기술이다. 이것은 원자재는 불안정하고 통일성이 없으나 원자재의 성질은 잘 알려진 경우의 기술이다. 주문을 받아서 전동기와 같은 기계를 생산할 때 쓰이는 기술이 공학적 기술이다.

❹ 일상적 기술   예외적 사례의 수가 적고 탐색과정은 분석가능한 기술이 일상적 기술이다. 이것은 원자재의 통일성·안정성이 높고 원자재의 성질이 잘 알려진 경우의 기술이다. 전열기의 부품과 같이 표준화된 제품을 생산하는 데 쓰이는 기술이 일상적 기술이다.

(3) 기술과 조직구조의 관계   Perrow는 기술의 유형과 조직구조의 주요 국면들 사이의 관계를 설정하였다. 그 요지를 보면 다음과 같다.[p]

모형정립을 위해 선택한 요인은 네 가지 기술유형, 네 가지 구조적 변수, 두 가지 관리계층이다. 네 가지 구조적 변수는 i) 하위집단의 재량범위, ii) 하위집단의 권력, iii) 집단 내에서 행해지는 조정의 기초(수단), 그리고 iv) 집단 간의 상호의존도이다. 두 가지 관리계층이란 생산활동을 관리(administration)하는 중간관리층과 하급관리층(감독계층)을 말한다.

위에서 선정한 요인들 사이의 관계는 다음과 같이 설정할 수 있다. 설명 내용은 생산활동에 국한되어 있다.

❶ 기능과 구조적 특성   기능(技能)을 사용하는 조직에서는 하급관리층이 강한 지위를 누린다. 하급관리층의 재량범위는 넓고 권력은 크다. 이 계층에서 하는 조정은 환류에 의존한다. 중간관리층은 약하다. 중간관리층의 재량범위는 좁고 권력은 작으며 조정은 계획에 의존한다. 이러한 조직에서 양 계층 간의 상호의존도는 낮다.

기능을 사용하는 조직은 분권화된 조직이라 할 수 있다.

❷ 비일상적 기술과 구조적 특성   비일상적 기술을 사용하는 조직에서 중간관리층과 하급관리층의 권력이나 재량범위는 다 같이 크고 넓다. 두 계층에서 행하는 조정은 환류(상호적응)를 통해서 이루어진다. 집단 간의 상호의존도는 높다. 중간관리층과 하급관리층은 서로 긴밀한 접촉을 하며 양 계층 사이의 구별은 모호하다. 집권화의 중심이 다원화(polycentralized)되어 있다고 볼 수 있다.

이와 같이 융통성이 있는 구조는 기계적인 것이 아니라 유기적인 것이며, 관료적인 것이 아니라 전문적이거나 협동체적인 것이라고 할 수 있다.

❸ 공학적 기술과 구조적 특성   공학적 기술을 사용하는 조직에서 중간관리층의 재량범위와 권력은 넓고 크다. 중간관리층에서 하는 조정은 환류에 의존한다. 하급관리층의 재량범위와 권력은 좁고 작으며, 이 계층에서 하는 조정은 계획에 의존한다. 집단 간의 의존도는 낮다.

---

p) 조직은 능률제고를 위해 기술과 구조를 부합시키려 하는 경향이 있지만, 모든 조직에서 기술과 구조가 완전히 부합되어 있지는 않다. 그러나 Perrow는 구조가 기술에 적합하도록 꾸며져 있다는 것을 가정하고 기술과 구조의 관계에 대한 모형을 만들었다.

이러한 구조는 집권화되어 있지만 어느 정도 융통성이 있다.

❹ 일상적 기술과 구조적 특성 일상적 기술을 사용하는 조직에서 중간관리층과 하급관리층의 재량범위는 매우 좁다. 중간관리층의 권력은 강한 반면 하급관리층의 권력은 약하다. 양 계층에서 행하는 조정은 다 같이 계획에 의존한다. 장래의 사태에 대한 예측가능성이 높기 때문에 계획에 의한 조정이 가능하며 이것은 중간관리층의 권력을 더욱 강화한다. 집단 간의 상호의존도는 낮다.

이와 같은 특성을 지닌 구조는 공식화와 집권화의 수준이 높은 관료제적 모형이라고 부를 수 있다.

4) 정보기술

우리는 정보화시대에 살고 있다. 조직의 정보화도 급속히 진행되고 있다. 정보화 추진의 기초는 정보기술이다. 오늘날 정보기술은 조직연구인들이 결코 피해갈 수 없는 연구과제이다.

⑴ 정보기술의 정의 여기서 정보기술(情報技術: IT: information technology)이라고 하는 것은 전산화된(computerized) 정보처리기술을 지칭한다. 전산화란 컴퓨터와 전자통신기기, 네트워크, 그리고 사용방법에 관한 소프트웨어를 정보처리에 도입하는 것을 말한다.

정보처리기술은 수동적 처리단계의 기술, 기계화단계의 기술, 자동화단계의 기술 등으로 구분되는데, 정보기술은 자동화단계의 기술에 해당한다. 자동화 단계에서 전산체제의 도입은 조직 내의 정보관리체제에 근본적인 변혁을 야기한다. 조직의 정보관리능력을 획기적으로 향상시킨다.

정보기술이 오늘날의 기술문명을 이끌어가고 있다. 정보기술은 지금 조직에서 생산성을 높이는 데 쓰는 수단임에 불과한 것이 아니다. 정보기술이 조직을 만들고 운영하는 데 미치는 영향은 날로 커져가고 있다. 우리 삶의 방식 자체를 바꾸는 강한 추진력이 되어가고 있다. 그러나 기술만이 조직생활의 모든 것을 결정하는 요인은 아니다. 다른 많은 요인들이 함께 작용한다. 특히 조직의 전통과 문화, 그리고 조직구성원들의 의도는 무거운 비중을 차지한다. 다음에 설명하는 정보기술의 영향을 이해할 때는 그러한 연관요인 또는 제약조건을 유념해야 한다.

(2) 정보기술발전의 효과 조직이 사용하는 정보기술의 발전이 가져오는 직접적 효과는 i) 대체효과, ii) 학습능력향상효과, iii) 전략개발능력향상효과, 그리고 iv) 구조변화효과로 나누어 볼 수 있다.[37]

4차 산업혁명의 진행, 인공지능과 그에 연계된 기술들의 급속하고 획기적인 발전은 기술세계의 불확실성을 높이고 있다. 정보기술발전의 효과에 대한 다음의 설명은 진행형의 변동대상으로 보아야 한다.

❶ 대체효과 대체효과란 기존의 업무처리방법을 전산처리방법으로 대체하는 효과이다. 정보기술 도입의 초기에는 반복적·일상적 업무의 전산화부터 진행되는 것이 통례이다. 이 경우 전산화란 대개 표준화된 업무를 컴퓨터가 처리하게 하는 것을 의미한다. 정보기술활용이 진전되면 과정통제나 조정업무로 전산화가 확산될 수 있다.

대체효과에 의해 작업과정의 능률이 향상되고 조직의 계층감축·인원감축이 가능해진다.

❷ 학습능력향상효과 학습능력향상효과는 정보의 원활한 공급으로 조직과 개인의 학습능력을 향상시키는 효과이다. 정보기술과 전산정보관리체제는 조직 전체에 걸친 정보의 막힘없는 활용을 촉진한다. 각 업무수행자와 집단들은 계획·선택·조정·통제에 필요한 정보를 쉽게 확보하여 자율적으로 의사결정을 할 수 있게 된다. 이러한 변화는 사람들의 학습잠재력을 개발하는 데 기여한다. 사람들의 학습잠재력향상과 자율능력향상이 진행되면 힘 실어주기와 직무확장 또는 직무풍요화가 필요해지고 또 가능해진다.

❸ 전략개발능력향상효과 전략개발능력향상효과란 풍부한 양질의 정보공급으로 조직전체의 창의적인 전략개발능력을 향상시키는 효과를 말한다. 정보기술과 정보관리체제는 복잡하고 불확실성이 높은 전략문제에 대한 최고관리층의 의사결정을 지원해 준다.

정보기술이 전략개발능력의 향상에 기여할 수 있으려면 통합적 정보관리체제 등 지원체제가 구비되어야 한다. 대내적으로는 네트워킹·인트라넷·자원계획체제 등이, 대외적으로는 엑스트라넷·전자상거래절차 등이 구축되어야 한다.

❹ 구조변화효과 구조변화효과란 정보기술의 적용이 조직의 구조를 변화시키는 효과이다. 구조변화효과에 대해서는 항을 나누어 다시 설명하려

한다.

(3) 정보기술 이용확산의 폐단   정보기술의 활용확대는 조직의 정보관리
능력과 그에 연관된 조직의 역량을 획기적으로 향상시킨다. 그러나 정보화에
따른 위험도 많다.

업무관계의 지나친 비개인화 또는 몰인간화(沒人間化)를 초래할 수 있다.
특히 대고객관계의 몰인간화가 우려된다. 질적 업무의 평가에서 적절치 않은
양적 지표의 사용을 조장할 수 있다. 개인의 프라이버시를 침해할 우려가 있
다. 업무자동화·업무단순화가 일어나는 영역에서는 사람들이 일에 대한 의미
를 상실하고 소외감을 느낄 수 있다. 조직구성원들의 신분불안과 컴퓨터 친숙
도에 따른 인사차별이 문제로 될 수 있다.

기술적인 재난도 우려된다. 전자파 등으로 인한 건강 상의 재해, 인간의
과실로 인한 컴퓨터의 오작동, 컴퓨터 고장으로 인한 업무마비와 같은 위험이
있다. 해킹 등 컴퓨터 범죄의 증가도 중대한 위험이다.

정보기술이 발전할수록, 그리고 그 이득이 커질수록 정보화의 폐단에 대
한 우려도 커지고 있다. 인간의 능력을 초월하는 인공지능의 개발이 예상되면
서 인공지능이 인간의 의지를 배신할 가능성에 대한 걱정이 커지고 있다.

(4) 정보기술과 조직의 구조   정보기술의 발전과 활용은 조직의 구조에
많은 영향을 미친다. 정보기술 발전과 이를 할용하는 정보관리체제의 발전은
조직의 전통적인 구조와 과정에 대해 강력한 변동압력을 형성한다. 전반적으
로 탈관료화를 지향하는 변화를 촉진한다. 정보기술활용이 조직의 구조변화
에 미치는 영향을 요약하면 다음과 같다.[38]

❶ 작은 조직의 구현   정보기술의 대체효과, 가상공간의 거래 증가, 대외
적 네트워크 사용 증가 등은 조직의 규모를 줄여준다. 규모의 여러 지표 가운
데서 일부가 현저히 줄어들 수 있다는 뜻이다. 사업의 규모나 산출의 규모는
불변이거나 오히려 확대되는 가운데 다른 지표의 대상은 줄어들 수 있다. 다
른 지표의 대상이란 구성원의 수, 재정적 자원의 규모, 물적 시설의 규모 등
을 말한다. 정보자원의 활용은 증가하지만 다른 자원의 투입은 줄어들기 때문
에 조직 전체의 능률성이 향상된다.

❷ 완결도 높은 직무   직무확장·직무풍요화가 촉진되기 때문에 사람이
직접 수행해야 하는 직무의 완결도·다기능화의 수준이 높아진다. 표준화된

일상적 업무는 컴퓨터가 처리한다. 컴퓨터가 처리할 수 있는 업무의 범위는 빠르게 확대된다.

❸ 구조의 분권화·저층화   조직구성원들의 학습능력·자율적 업무수행능력이 향상되기 때문에 조직의 구조가 분권화되고 저층화되며 수평적 관계가 중요해진다. 계서제적 지위와 권력은 약화되고 지식기반의 지위와 권력은 강화된다. 힘 실어주기가 촉진된다.

❹ 낮은 행정농도   자율적 협력관계가 강조되고 집권적 통제의 필요가 감소되기 때문에 행정농도(관리농도)가 낮은 구조가 형성된다. 통제지향적 관리기능은 최소화된다. 특히 중간관리층의 규모는 현저히 축소된다. 행정농도가 낮다는 말은 조직의 규모에 대비한 유지관리구조의 크기가 비교적 작다는 뜻이다.

❺ 이음매 없는 조직   직무 간, 기능 간의 경계가 흐려지고 일의 흐름과 협동적 문제해결이 중요시되는 이음매 없는 조직이 구현된다. 조직 전체의 경계도 흐려지며 대외적 네트워크가 발전한다. 이러한 변화는 조직의 대내적·대외적 조정능력을 향상시킨다.

❻ 융통성 있는 구조   구조의 융통성은 높아진다. 구조는 변화대응에 기민하다. 잠정적 문제해결집단의 활용이 늘어난다.

❼ 가상공간화 촉진   조직의 가상공간화·네트워크화 수준이 높아진다. 조직의 물리적 차원이 축소되고 인지적·간접적 관계의 점유율이 높아진다. 업무처리과정의 주축은 가상공간에서의 처리과정, 인터넷을 통한 온라인처리 과정으로 된다.q) 공공부문에서 대민봉사의 온라인화는 민원의 비방문처리영역을 넓힌다. 대민봉사업무 처리과정은 신속할 뿐만 아니라 단순화·간결화된다.

❽ 정보전문가의 증원   조직 내의 인적자원구성이 재편된다. 표준화된

---

q) 업무처리의 가상공간화 확대는 직업과 근무양태에 여러 가지 변화를 몰고 왔고 그것은 조직의 구조변화에 많은 영향을 미치고 있다. 조직에 소속하지 않는 프리랜서(자유계약자: freelancer)의 증가, 조직에 소속하는 정규직원에게 허용되는 재택근무 또는 원격근무의 증가, 원격근무자나 프리랜서들이 공동으로 사용할 수 있는 도심의 전산 허브(스마트 오피스: urban hub for mobile workers)의 발전을 대표적인 예로 들 수 있다. 이런 변화들을 직업세계 변화의 세 번째 물결이라 부르는 사람도 있다. Tammy Johns and Lynda Gratton, "The Third Wave of Virtual Work," *Harvard Business Review*(Vol. 91, Issue 1, Jan./Feb. 2013), pp. 66~73.

일상적 업무 담당자, 계서적 감독자 등 전통적 역할담당자들의 수가 줄어드는 반면 정보기술전문가와 관련조직단위는 늘어나게 된다. 고도화된 정보기술체제를 활용하고 유지하려면 그에 필요한 전문지식을 가진 직원들을 증원해야 한다.

정보기술의 활용이 조직의 구조에 미치는 영향이라 하여 위에서 열거한 것들은 물론 영향의 성향 내지 가능성으로 이해해야 한다. 정보화의 성향이 실현된 결과가 언제나 보장될 수 있는 것은 아니다. 영향의 과정에 여러 가지 개입변수가 작용할 수 있기 때문이다. 예컨대 정보화는 분권화에 유리한 여건을 만들고 정보기술은 분권화 추진에 효율적인 수단을 제공할 수 있다. 그러나 구조설계를 결정하는 관리자들이 감독체계의 집권화를 위해 정보기술을 활용할 수도 있다.

03 구조형성의 원리

I. 논의의 출발점과 범위

이 절에서는 조직의 구조형성에 기준을 제공하는 여러 원리와 그에 따라 꾸며지는 구조의 양태에 관한 이론들을 검토하려 한다.

여기서 사용하게 될 원리(原理: principle)라는 말은 보편적인 법칙(法則: law)과는 다르다. 조직의 구조형성에 관한 개별적 접근방법들이 처방한 원리들이 언제나 보편적 타당성을 지니는 것은 아니다. 앞으로 논의하게 될 구조형성의 원리는 조직의 구조를 어떻게 형성해야 바람직할 것인가를 처방하는 관점이나 기준이라고 생각해도 무방할 것이다.

조직의 구조형성에 연관된 변수는 무수히 많으며, 구조형성의 원리는 거의 무한한 국면에 관련하여 논의될 수 있다. 그 모두를 함께 다룰 수는 없으므로 설명의 편의를 위해 범위를 한정하는 선택을 하지 않으면 안 된다.

논의의 출발점과 범위한정의 틀을 고전적 원리이론에서 찾으려 한다. 그렇게 하면 문제를 선택하고 설명을 단순화하는 데 크게 도움이 된다고 생각하기 때문이다. 고전적 원리이론은 구조형성에 관한 우리의 지식을 분류하고 정리하는 데 편리한 수단을 제공한다. 그뿐 아니라 고전적 원리들은 하나의 접근방법을 대변하는 것으로서 그 나름대로의 유용성을 지니고 있다. 조직이론의 꾸준한 변천과 그에 따른 조직개혁의 경향변화에도 불구하고 고전적인 구조형성원리는 지금까지도 조직사회에 깊은 뿌리를 내리고 있다. 이러한 현실을 올바로 파악하려는 사람이나 그것을 고치려는 사람은 다 같이 고전적 원리를 연구할 필요가 있다.

다음에 구조형성에 관한 고전적 원리를 개괄적으로 검토한 후 거기서 제기된 문제들을 골라 재론할 것이다. 이어서 고전적인 구조형성모형을 대표하는 관료제모형과 그것을 수정 또는 거부하는 구조형성모형들을 소개하려 한다.

구조형성모형의 설명에 관련하여 주의할 것은 그러한 모형들이 관점의 여하에 따라서는 조직형성의 모형으로도 이해될 수 있다는 점이다. 구조적 요인은 다른 여러 가지 요인과 긴밀히 결부되어 있기 때문에 구조형성에 초점을 둔 모형이더라도 관련요인들에까지 설명이 확장될 경우 그것은 조직모형이라는 모습을 갖출 수 있다.

구조형성의 원리에 대한 논의에 앞서 구조적 특성의 지표들을 먼저 살펴보려 한다. 구조적 특성의 지표들은 구조형성의 원리를 설명할 때나 그런 원리에 따라 설계된 구조의 양태를 설명할 때 요긴하게 쓰이는 개념들이다.

II. 구조적 특성의 지표

조직의 구조적 양태 또는 구조적 특성을 규정하는 변수들은 많다. 그런 변수들을 특성지표라 부르기로 한다. 조직의 구조는 많은 국면(차원)을 내포하기 때문에 특성지표들도 많고 다양하다. 조직의 구조적 특성을 설명할 때 쓰는 많은 특성지표들 가운데서 자주 사용되는 특성지표 몇 가지만을 골라 그 의미를 알아보려 한다. 여기서 고른 특성지표들은 규모, 복잡성, 공식화, 그리고 집권화(또는 분권화)이다. 이런 변수들은 조직행동의 실제에서 고립적으로 작동하는 것이 아니고 서로 복잡하게 연관된 작용을 한다. 연관작용의 과정에는 많은 개입변수들이 영향을 미친다.

구조적 특성에 대한 측정과 설명을 정확하게 하려면 특성변수들의 의미를 잘 정의해야 한다. 특히 경험적 조사연구에 길잡이를 제공할 수 있으려면 특성변수들의 조작적 정의를 해야 한다. 조작적 정의를 하려면 구조적 특성지표를 경험적으로 측정할 수 있도록 안내해주는 지표들을 다시 확인해야 한다. 이런 특성지표의 지표들을 측정지표 또는 측정척도라 부르기로 한다. 예컨대 구조의 규모는 특성지표, 규모를 측정할 수 있게 하는 구성원의 수는 측정지

표라 부르기로 한다는 말이다.[a]

1. 규모

조직의 규모(規模: size)라는 개념을 사용하는 많은 연구인들이 '조직구성원의 수'(number of employees)를 규모의 측정지표로 써 왔다. 사람의 수는 비교적 파악이 쉽기 때문에 지금도 사람의 수를 규모의 측정지표로 쓰는 사례가 많다. 인원수라는 측정지표의 사용을 지지하는 사람들은 그 정당화 근거로 사람이 조직을 구성한다는 사실을 지적한다. 조직구성원의 수와 규모에 관한 다른 지표들 사이에 상당히 높은 상관관계가 있다는 사실이 여러 경험적 연구에서 밝혀졌기 때문에 구성원의 수만을 지표로 삼더라도 무방하다는 주장을 하기도 한다. 그러나 그와 다른 결론에 도달한 연구들도 많다.[1]

구성원의 수가 조직의 규모에 대한 중요측정지표이기는 하지만 그것만 가지고 조직의 규모를 언제나 온전히 측정할 수는 없다. 그리고 조직구성원과 비구성원(외부인)을 구별하기 어려울 때도 많다. 노동집약적인 조직과 그렇지 않은 조직을 비교할 때 구성원의 수만을 기준으로 삼으면 잘못된 판단을 할 수 있다. 특히 사이버스페이스의 활용이 늘어나고 네트워크조직과 같은 새로운 형태의 조직들이 발달하면서 구성원의 수라는 측정척도의 중요성은 많이 떨어졌다.

통합성이 높은 조작적 정의가 필요하다. 통합적 개념정의에서는 규모의 구성요소들을 폭넓게 포괄하여야 한다. 그리고 규모의 여러 가지 구성요소 또는 측정지표들은 연구대상인 조직의 유형, 분석의 수준, 관련지으려는 조직특성의 종류 등에 따라 각기 상이한 합당성과 중요성을 가질 터이므로 이를 판별할 가이드라인도 제공할 수 있어야 한다.

규모의 조작적 정의(operational definition)에 포함시킬 구성요소 또는 측정지표로 흔히 거론되고 있는 것들은 인적자원, 재정적자원, 물적 수용능력, 투입과 산출이다. 이 밖에도 여러 가지 지표들이 제안되고 있다.

---

a) 설명의 과정에서 지표라고만 쓰는 경우도 있겠지만 그것이 특성지표인지, 측정지표인지는 문맥에 따라 쉽게 파악할 수 있을 것이다. 측정지표는 때에 따라 특성지표의 구성요소라고 부르기도 하고 측정척도라고 부르기도 할 것이다.

❶ 인적자원   특정한 시점의 조직에는 조직의 일을 하는 데 쓸 수 있는 일정수의 인적자원(구성원)이 있으므로 이것을 규모의 한 국면으로 파악할 수 있다. 어떤 조직에나 구성원은 있기 때문에 구성원의 수는 언제나 발견할 수 있는 기준이다. 그리고 구성원의 수는 비교적 객관적으로 측정할 수 있다.

❷ 재정적자원   일정시점에서 조직이 자율적으로 사용할 수 있는 재정적 자원의 양도 규모의 측정지표가 될 수 있다. 재정적자원은 조직의 전체적인 자원이나 순자산 등을 측정함으로써 알아낼 수 있다. 재정적자원의 크기가 갖는 비교기준으로서의 역할은 기술의 노동집약성이나 예산 상의 독자성과 같은 요인의 영향을 받는다는 점에 주의해야 한다.

❸ 물적 수용능력   조직의 물적 수용능력은 비교적 확인이 용이한 규모의 한 국면이며, 이것은 조직에 어떤 제약을 가할 수 있다. 물적 수용능력은 기술이라는 개입변수의 영향을 받을 수 있지만 다양한 조직의 비교연구에 상당히 유용한 비교기준을 제시할 수 있을 것이다. 병원의 경우 병상(病床)의 수, 교도소의 경우 감방의 수, 그리고 보다 일반적으로는 조직 내 여러 활동들에 배정된 공간, 기계설비 등을 측정하여 조직의 물적 규모를 파악할 수 있다.

❹ 투입과 산출   조직의 생산활동에 대한 투입의 양 또는 생산활동이 만들어 내는 산출의 양도 규모의 한 구성요소이다. 투입에는 인적·재정적·물적 자원의 투입이 포괄될 수 있다. 투입과 산출은 조직이 수행하는 주된 업무의 크기나 조직이 이룩한 성과의 크기를 파악할 수 있게 해주기 때문에 규모의 구성요소로서 중요한 의미를 가진다. 조직의 투입과 산출이라는 지표는 같은 종류의 조직들을 비교할 때 유용하다.

❺ 그 밖의 측정지표   위에 열거한 측정지표들 이외에도 여러 가지 지표들이 발굴되고 있다. 고객의 수, 시장점유율, 집중화정도, 조직의 책임과 권력, 사업의 규모, 산하조직의 수 또는 네트워크의 크기, 매출고, 순자산 등이 그 예이다.

규모의 통합적 정의에서는 개념적으로 구별되는 구성요소들을 포괄하여야 하며 각 구성요소의 의미를 조작적으로 규정해야 할 것이다. 그리고 나아가서 연구의 대상과 분석의 수준별로 규모의 어떠한 구성요소가 보다

유용한 측정지표로 될 것인지에 관해서도 길잡이를 제공할 수 있도록 해야 한다.[b]

2. 복잡성

여기서 설명하는 복잡성(複雜性: complexity)은 조직분석에 쓰이는 하나의 특성지표 또는 국면이다. 하나의 변수로 이해되는 복잡성은 약간 한정된 의미를 지니는 개념이다. 즉 구조적 특성에 관련하여 그 구성요소 내지 측정지표가 한정되는 개념이다.[c]

복잡성은 단일국면적인 개념이 아니라 복수의 구성요소(측정지표)를 지닌 집합적 개념이다. 하나의 변수로 이해하여 복잡성의 개념규정을 하는 사람들의 견해는 여러 가지이다. 그러나 여러 논자들이 그동안 사용해온 복잡성의 구성요소들은 대개 i) 수평적 분화, ii) 수직적 분화, iii) 장소적 분산 등 세 가지의 범주로 나누어 볼 수 있다.[2]

❶ 수평적 분화   수평적 분화는 조직이 수행하는 업무를 조직구성원들이 횡적으로 분할하여 수행하는 양태를 말한다. 고도의 훈련을 받은 전문가들에게 포괄적인 활동을 수행하게 하는 분화형태도 있고 업무를 미세하게 나누어 비전문가들이 수행할 수 있게 하는 분화형태도 있다. 일의 분화는 사람의 분화 또는 전문화와 긴밀히 연관되어 있으므로 수평적 분화는 일의 분화와 사람의 전문화 그리고 조직단위의 분화를 포괄하는 것으로 보아야 한다.

---

b) Hodge 등은 규모에 대한 지표(척도: measure)의 상황적응적 사용방법을 예시하고 있다. 그들을 '왜 규모에 관해 묻느냐'(측정·비교의 이유)에 따라 측정척도는 달려져야 한다고 말한다. 특정산업분야나 경제 전반에서 어떤 조직이 무슨 역할을 하는가에 관심이 있을 때는 자산가치, 수입, 시장점유율 등 재정적·시장적 지표를 쓰는 것이 타당하다고 한다. 특정산업분야 안에서 다른 조직들과 비교할 때는 시장점유율과 집중화 정도를, 인간관리의 통제체제 설계에 관심이 있을 때는 구성원의 수를, 재정적 성과에 관심이 있을 때는 이윤의 크기를 각각 지표로 삼는 것이 타당하다고 한다. B. J. Hodge, William P. Anthony, and Lawrence M. Gales, *Organization Theory: A Strategic Approach*, 6th ed.(Prentice Hall, 2003), pp. 169~172.

c) 특정변수를 지칭하는 것이 아니라 일반적으로 조직은 복잡한 현상이라고 표현할 때 쓰이는 복잡하다는 말은 그 의미하는 바가 광범하고 또 모호하다. 독자들은 구조적 특성에 관련하여 하나의 변수로 규정되는 복잡성의 개념과 이 책의 다른 곳에서 일반적으로 또는 한정적으로 쓴 복잡하다는 말을 구별하는 데 유의하기 바란다.

❷ 수직적 분화   수직적 분화는 조직 내에 있는 계층의 수 또는 계서제의 깊이(depth)에 관한 측정지표이다. 이러한 지표를 감독계층의 수라고 표현하는 사람도 있고 최고관리자와 하급근로자 사이에 있는 직위의 수라고 표현하는 사람도 있다. 계층의 수를 수직적 분화의 직접적인 측정척도로 쓸 때에는 계층 구분에 부합되게 권한의 배분이 이루어지고 있는가 하는 문제를 특별히 고려해야 한다. 예외적이기는 하지만 권한의 차등적 배분이 거의 수반되지 않는 계층도 있을 수 있기 때문이다.

❸ 장소적 분산   장소적 분산(spatial dispersion)도 복잡성에 포함되는 하나의 독자적인 요소가 될 수 있다. 조직의 수직적 분화나 수평적 분화에 따라 장소적 분산이 일어나는 경우에는 장소적 분산이 독자적 의미를 갖지 않는 것으로 보일 수도 있다. 그러나 수직적 및 수평적 분화의 수준이 일정한데 장소적 분산이 달라지는 경우에는 장소적 분산도 독자적 변수라는 것이 분명해진다. 장소적 분산의 측정척도로는 공간적으로 분리된 업무수행장소의 수, 물적 시설이 장소적으로 분산되어 있는 정도, 분산된 시설과 주사무소의 거리, 장소적으로 분산된 인원수 등을 들 수 있다.

복잡성의 세 가지 구성요소인 수직적 분화, 수평적 분화, 장소적 분산은 긴밀히 연관되어 같은 수준의 복잡도를 함께 나타낼 수도 있고 각 요소가 서로 다른 독자적 복잡도를 나타낼 수도 있다.

저자는 Richard Hall의 의견에 따라 복잡성의 구성요소(측정지표)를 위와 같이 규정하였다. 그 밖에 저자가 참고한 복잡성의 정의들을 몇 가지 소개하려 한다.

Peter M. Blau와 Richard A. Schoenherr는 공식적 구조에 착안하여 복잡성(수평적 분화)을 조직 내에 있는 상이한 직위와 상이한 하위단위의 수라고 정의하였다.[3] John M. Ivancevich 등은 복잡성을 조직 내의 서로 구별되는 직무 또는 직업집단의 수 그리고 서로 구별되는 조직단위의 수라고 하였다.[4]

Jerald Hage는 복잡성(수평적 분화)을 조직 내의 전문화라고 규정하면서 그것은 조직 내에 있는 전문직업의 수와 각 전문직업이 요구하는 훈련의 기간을 측정하여 알아낼 수 있다고 하였다. 직업분야의 수가 많을수록, 그리고 교육훈련의 기간이 길수록 조직은 복잡하다는 것이다.[5] Gerald Zaltman과 그의 동료들은 복잡성이란 조직 내에 있는 전문직업의 수와 전문화 정도 및 업무구조의 분화 정도라고 하였다.[6]

이 밖에도 장소적으로 분산된 조직단위의 수, 물적 시설의 수, 네트워크조직을 구성하는 조직들의 다양성 등을 측정지표로 삼는 복잡성의 정의들이 있다.

3. 공식화

조식의 공식화(公式化: 공식성 또는 공식화수준: formalization)라는 말은 오랫동안 비공식성 또는 비공식화에 대칭되는 의미로 널리 사용되어 왔다. 조직은 공식적인 요인과 비공식적인 요인을 포괄하기 때문에 공식화의 수준은 비공식화의 수준에 연관지어 상대적으로 논의해야 한다. 공식성과 비공식성의 배타적 이원화는 실상을 왜곡하는 것이다. 공식화와 비공식화는 같은 연속선상에 함께 표시할 수 있는 상대적 수준의 문제이다.

공식화라는 말이 오래 쓰여왔으나 이것을 조직분석에 쓰이는 하나의 개념적 도구로, 구조적 특성지표로 확인하고 그에 대한 조작적 정의를 시도하기 시작한 것은 비교적 근래의 일이다. 개념규정의 구체적인 내용은 연구인들 사이에 다소간의 차이가 있지만 전반적으로 볼 때 상당한 공약수가 있음을 알 수 있다.

공식화는 "조직이 어떤 일을 누가 언제 어떻게 수행해야 한다는 것을 어느 정도나 공식적으로 규정하느냐에 관한 개념"이라고 일반적으로 말할 수 있다.

조직에 따라서는 그러한 공식적 규정이 매우 세밀하고 엄격하게 되어 있는 경우도 있고 헐겁게 되어 있는 경우도 있다. 공식화의 수준은 조직이 다름에 따라 천차만별일 수가 있다. 그리고 공식화는 구성원의 행동에 대한 공식적 규정의 수준을 가리키는 것일 뿐이므로 구성원들의 실제적인 행태가 그러한 공식적 규범에 반드시 부합되느냐 하는 문제와는 구별해야 한다. 조직에 따라서는 구성원의 행태가 공식적 규범으로부터 크게 이탈하는 경우도 있고 작게 이탈하는 경우도 있을 것이다.

공식화를 조작적으로 정의를 할 때 많은 논자들이 공식화를 정당성 있는 문서화(文書化)에 관련짓고 있다. 정당하게 문서화된 규칙·절차·지시·명령 등을 측정지표로 삼고 있다는 뜻이다.[7] 문서화의 의미를 논할 때는 오늘날 문서화의 매체가 다양화되어 가고 있다는 사실을 감안해야 한다. 그리고 예외적이기는 하지만 문서화되지 않은 공식적 행동규범도 공식화의 측정지표에 포함시킬 수 있어야 한다.

공식화에 관한 연구인들의 개념정의를 몇 가지 소개하려 한다.

Derek S. Pugh 등은 공식화를 "규칙·절차·지시 및 의사전달이 문서화되는 정도"라고 규정함으로써 '문서화'라는 말을 공식화의 개념정의에서 명시하고 있는 전형적인 예를 보여 주었다.[8] Gareth R. Jones도 공식화를 "조직운영의 표준화를 위해 문서화된 규칙과 절차를 사용하는 것"이라고 정의하였다.[9]

Nigel Nicholson은 공식화를 "구조를 형성하는 역할들의 특성(한정성: specificity)의 정도"라고 정의하였다.[10] Stephen P. Robbins와 Timothy A. Judge는 공식화를 "조직 내 직무들이 표준화되어 있는 정도"라고 하였다.[11]

Jerald Hage와 Michael Aiken은 공식화를 "조직 내의 직무에 대한 규칙설정 (codificaion)의 정도"라고 정의하면서 규칙설정의 문서화를 절대적인 요건으로 삼지 않았다. 행동기준을 정하는 규칙이 문서화되어 있거나 안 되어 있거나 간에 그러한 규칙의 수가 많을수록, 그리고 규칙이 엄격히 시행될수록 조직의 공식화수준은 높아진다고 말하였다.[12]

4. 집권화와 분권화

집권화와 분권화(集權化와 分權化: centralization and decentralization)는 서로 반대되는 의미를 지니는 개념이지만, 두 개념은 결코 분리될 수 없는 관계에 있다. 집권화와 분권화는 연속선상의 현상을 설명하는 데 쓰이는 개념들이며 서로 표리의 관계를 이루고 있다. 따라서 두 가지 개념이 설명하려는 현상을 하나의 개념만으로도 설명할 수 있다. 집권화의 수준이 높은 것은 분권화의 수준이 낮은 것이며 집권화의 수준이 낮은 것은 분권화의 수준이 높은 것이다.

집권화 또는 분권화는 조직 내의 권력배분양태에 관한 특성지표이며 권력 중추로부터 권력이 위임되는 수준을 설명하려는 개념이다. 여기서 말하는 권력의 위임은 권력의 포기와는 다른 것이다. 권력의 위임주체는 위임을 받는 주체의 권력행사를 취소할 수 있는 최종적인 권력을 유보한다.

❶ 측정지표: 의사결정권의 위임　집권화 또는 분권화의 수준을 판단하는 가장 중요한 기준은 의사결정의 권리가 어느 정도나 위임되어 있느냐 하는 것이다. 의사결정권의 위임정도로써 집권화 또는 분권화의 수준을 측정하여야 한다는 관점은 여러 사람들이 보여 준 개념정의에 함축되어 있다. 특히 경험적 연구를 위해 조작적 정의를 하는 사람들은 대부분 의사결정권의 위임을

측정지표로 삼고 있다. 저자도 그러한 입장을 수용한다.

의사결정권의 위임정도를 측정지표로 삼을 때는 의사결정이라는 현상이 결코 단순하지 않으며 그것은 조직 내의 여러 가지 요인과 결부되어 있다는 사실을 감안해야 한다. 의사결정 후의 집행이 누구의 평가(심사)를 어느 정도나 받으며 의사결정의 결과를 누구에게 얼마나 보고해야 하는가를 함께 고려해야 한다.

❷ 분석의 차원　집권화와 분권화는 조직 전체의 문제로서뿐만 아니라 개인 간의 문제로서 또는 조직단위 간의 문제, 계층 간의 문제, 그리고 기능 간의d) 문제로서도 다루어질 수 있으므로 구체적인 경우에 지시대상이 무엇인지를 명확히 할 필요가 있다.

❸ 영향요인·연관개념과의 구별　집권화와 분권화의 문제는 물론 최고관리층의 인간관이나 관리철학, 환경적 영향 등을 반영하는 것이다. 그러나 관리자의 인간관이나 관리철학, 집권화수준에 대한 결정의 배경, 환경적 영향 등은 집권화와 분권화에 관련된 요인 또는 영향요인으로 다루어야 하며 집권화 또는 분권화 그 자체와는 혼동하지 말아야 한다.

그리고 지역적 분산을 분권화로 규정하는 연구들도 있는데 우리의 개념 사용에 따르면 그것은 원칙적으로 복잡성의 구성요소가 된다. 물론 장소적 분산의 촉진과 분권화 또는 집권화의 확대가 함께 일어나는 경우도 있겠으나 이때에도 장소적 분산과 집권화 또는 분권화는 개념적으로 구별해야 한다는 것이 우리의 입장이다.

　집권화 또는 분권화에 대한 연구인들의 정의를 몇 가지 소개하려 한다.
　Jerald Hage와 Michael Aiken은 "집권화는 조직 내에서 권력이 배분되는 방법을 지칭한다. 의사결정에 참여하는 직위의 비율이 작을수록, 그리고 참여하는 의사결정의 영역이 좁을수록 조직은 더욱 집권화된다"고 하였다.13) Gerald Zaltman 등은 "집권화라는 국면은 조직 내에서의 권한과 의사결정의 위치에 관련하여 규정된다. 의사결

---

d) Simon 등이 "특정한 활동(기능)의 전문화는 바로 그 기능의 집권화를 초래한다"고 말했을 때 그들은 기능에 관한 집권화를 지시대상으로 삼은 것 같다. 그들은 인사기능에 관한 예를 들어 설명하였다. 조직 내의 인사기능을 전문화하여 특정한 조직단위에 맡기는 경우 분산되어 있던 인사기능은 집권화된다고 하였다. Herbert A. Simon, Donald W. Smithburg, and Victor A. Thompson, *Public Administration*(Alfred A. Knopf, 1962), pp. 272~273.

정이 이루어지는 계층이 높을수록, 그리고 의사결정에 대한 참여가 적을수록 집권화의 수준은 높은 것이다"고 하였다.[14)] Jerald Greenberg와 Robert A. Baron은 분권화란 "권한과 의사결정이 최고관리층에 전적으로 유보되는 것이 아니라 조직의 모든 계층에 분포되어 있는 정도를 말한다"고 하였다.[15)]

❹ 집권화 촉진 요인·분권화 촉진 요인   조직은 언제나 집권화와 분권화의 상충되는 요청에 직면한다. 상황과 사람의 선택에 따라 집권화에 치우치기도 하고 분권화에 치우치기도 한다. 고전기 조직학의 처방적 논조는 집권화에 치우쳐 있었다. 현대로 넘어오면서 조직학의 처방적 논조는 분권화에 치우치게 되었다. 여기서는 일반론적 차원에서 집권화를 촉진하는 요인과 분권화를 촉진하는 요인을 간추려 열거해보려 한다.[16)]

조직의 집권화를 가능하게 하고 촉진하는 요인으로는 i) 경쟁의 격화와 위기, ii) 관리해야 할 재정자원의 증대, iii) 규칙과 절차의 발달, iv) 기능수행에 대한 조직 내외의 관심 증대, v) 통일성에 대한 요청, vi) 분업의 심화, vii) 조정의 필요 증대, viii) 권위주의적 문화 등을 들 수 있다.

분권화를 가능하게 하고 촉진하는 요인으로는 i) 변화의 격동성, ii) 소속사회의 민주화, iii) 내재적 동기유발의 강조, iv) 창의성 발휘에 대한 요청의 증대, v) 힘 실어주기에 대한 요청의 증대, vi) 인적 전문화의 촉진, vii) 서비스 향상에 대한 요청의 증대 등을 들 수 있다.

영향요인들 가운데는 분권화 촉진과 집권화 촉진에 양다리를 걸치는 것들도 있다. 예컨대 조직의 규모가 커지면 기본적인 정책결정의 중요성이 커지기 때문에 그에 관한 결정기능이 집권화될 수 있다. 그러나 조직상층부의 업무량 증대 때문에 중요 정책결정 이외의 분야에서는 분권화가 불가피해질 수도 있다. 정보화라는 체제적 변화는 분권화친화적이라 할 수 있다. 그러나 정보기술이라는 기술 자체는 중립적인 것이다. 그것은 구조설계자의 의도에 따라 분권화에도 집권화에도 쓰일 수 있다.

Ⅲ. 구조형성에 관한 고전적 원리

1. 고전적 원리의 개요

1) 구조형성에 관한 고전적 관점

기계적이고 공식적인 관점에서 출발하여 피라미드형의 집권화된 조직구조형성을 처방한 고전적 원리는 분화(분업)와 통합(조정)에 관한 것들이다. 고전적 관점을 요약하면 다음과 같다.[17]

(1) 분업에 대한 관점　대규모의 조직에는 많은 사람들이 참여하는데, 많은 사람들이 일을 함께 할 때에는 분업을 해야 바람직한 결과를 얻을 수 있다. 분업은 조직의 기초라고 할 수 있다. 분업을 할 때는 가능한 한 일을 세분하여 한 사람이 맡게 될 업무가 가장 단순한 단일의 기능이 되게 해야 능률을 높일 수 있다. 분업으로 세분된 직무들은 일정한 기준에 따라 동질적인 것들끼리 묶어서 조직단위(하위구조)를 형성해야 한다.

(2) 조정에 대한 관점　분업과 조정은 수레의 두 바퀴처럼 함께 추진해야 한다. 조직은 분업의 결과 형성된 조직단위들이 조직의 공동목표에 기여할 수 있도록 하는 조정장치를 가지고 있어야 한다.

조정은 '조직에 의한 조정'(coordination by organization)과 '의지에 의한 조정'(coordination by ideas)으로 대별할 수 있다. 조직에 의한 조정은 구조적 장치를 사용해 분화된 활동을 통합하는 조정이다. 이것이 조정의 주된 수단이라고 할 수 있다. 그러나 구조적 배열만으로 조정의 문제가 완전히 해결될 수 있는 것은 아니다. 따라서 의지에 의한 조정으로 조직에 의한 조정을 보완해야 한다. 의지에 의한 조정은 조직구성원이 조직의 목표에 대한 공통적 인식과 일에 대한 의욕을 가지도록 함으로써 활동조정이 이루어지게 하는 것이다.

조정의 구조적 장치를 구축하려면 우선 각 직위의 권한과 책임을 분명하게 규정하고 최고관리자를 정점으로 하는 권한의 계층을 규정함으로써 피라미드형의 구조를 형성하여야 한다. 권한의 계층화는 업무의 계층적 분화에 상응하는 것이다. 피라미드형의 계서제는 조직활동의 조정에 효과적인 도구가 된다. 계서제가 피라미드형으로 되어야 조정이 효율적으로 이루어질 수 있는 까닭은 감독자들이 통솔할 수 있는 범위에는 한계가 있기 때문이다. 최고관리자와 그 밑으로 이어지는 각 계층의 감독자들이 직접 감독하는 부하의 수가 너무 많으면 부하들의 활동을 효과적으로 조정할 수가 없다. 피라미드형의 계서제 속에서 모든 사람은 한 사람의 상관으로부터만 명령을 받도록 명령계통을 명백하게 규정해 두어야 직무수행 상의 혼란을 막고 조정을 쉽게 할 수 있다.

조직의 기본적 생산활동에 관한 한 명령통일의 원리에 따른 계서제의 형성이 일반적으로 바람직하다. 따라서 피라미드형 계서제가 구조형성의 기본형으로 되어야 한다. 그러나 계서제의 핵심적 구조인 계선적 구조(系線的 構造)는 참모구조(參謀構造)가 보완해야 한다. 참모구조는 명령통일의 필요와 전문화된 감독의 필요를 절충하는 기능을 할 수 있다. 계선과 참모를 구분하여 구조를 이원화함으로써 명령통일의 원리를 살리고 동시에 전문화의 요청도 충족시킬 수 있다. 그리고 참모구조는 고급관리자의 조정능력을 보완하는 기능도 수행할 수 있다.

횡적 조정을 위해서 조직은 여러 가지 규칙과 절차를 공식적으로 만들어 시행해야 한다. 조직단위 간의 조정을 돕는 수단으로 위원회, 협의회 등을 활용할 수도 있다. 겸직제도를 활용하여 조직단위 간의 활동조정을 촉진할 수도 있다. 그러나 합의체나 겸직제에는 결함이 많으므로 처음부터 그에 대한 필요가 생겨나지 않도록 구조적 배열을 잘 꾸며야 한다.

2) 고전적 원리의 종류

위와 같은 고전적 관점으로부터 도출된 원리들은 여러 가지이며 고전적 원리를 논의하는 학자들이 열거하는 원리의 종류가 통일되어 있는 것도 아니다. 그러나 열거되는 빈도가 높고 또 중요시되고 있는 원리들을 간추려보는 것은 가능하다. 널리 논의되고 있는 고전적 원리들은 다음과 같다.

⑴ 분업에 관한 원리 분업에 관한 원리 가운데 핵심적인 것은 i) 분업의 원리(division of work or specialization principle), ii) 부성화(部省化)의 원리(departmentalization principle), 그리고 iii) 참모조직의 원리(line-staff principle)이다. 이 밖에 보완적인 원리로 동질성의 원리(homogeneity principle)와 기능명시의 원리(principle of functional specification)가 자주 거론되고 있다.

❶ 분업의 원리 분업의 원리는 구체적인 수단선택에 관한 원리라기보다 분업의 불가피성과 효용을 강조하는 일반적 관점 내지 분업의 추상적 방향설

정에 관한 원리라고 보아야 할 것 같다. 일은 가능한 한 세분해야 한다는 방향을 제시한다는 의미가 내포되어 있기 때문에 원리라 부르고 있다. 그러나 구체적 방법론에 관한 원리들과는 구별되기 때문에 분업의 영역을 확인하고 강조하는 이론을 원리의 범주에서 제외하는 사람들도 있다.

❷ 부성화의 원리   부성화(부서화, 업무집단화 또는 조직단위형성)의 원리는 동질적이거나 서로 연관된 업무들을 묶어 조직단위를 구성해야 한다는 원리이다.

❸ 동질성의 원리   동질성의 원리는 부성화의 기준을 명시해 주는 원리이다. 동질성의 원리는 각 조직단위를 같은 종류의 활동(기능)만으로 구성해야 한다는 원리이다.

❹ 참모조직의 원리   참모조직의 원리는 계선과 참모를 구별하고 참모는 일반계서의 명령계통으로부터 분리해야 한다는 원리이다.

❺ 기능명시의 원리   기능명시의 원리는 분화된 모든 기능 또는 업무는 명문으로 규정해야 한다는 원리이다.

(2) 조정에 관한 원리   조정에 관한 기본적 원리들은 i) 조정의 원리(coordination principle), ii) 계서제(계층제)의 원리(scalar principle or principle of hierarchy), iii) 명령통일의 원리(unity of command principle), iv) 명령계통의 원리(chain of command principle), 그리고 v) 통솔범위의 원리(span of control principle)이다.

이 밖에 자주 거론되는 보완적인 원리들은 목표의 원리(principle of objectives), 집권화의 원리(principle of centralization), 권한과 책임의 상응에 관한 원리(principle of parity between authority and responsibility) 등이다.

❶ 조정의 원리   조정의 원리는 권한배분의 구조를 통해 분화된 활동을 통합해야 한다는 원리이다. 의지에 의한 조정도 있지만 구조 또는 조직에 의한 조정을 원칙적인 조정도구로 처방한다. 조정의 원리는 구체적인 구조설계의 방법에 관한 원리라기보다 조정의 필수성을 강조하는 데 역점이 놓인 주장이라고 보아야 한다. 따라서 분업의 원리처럼 조정의 원리도 원리의 범주에서 제외하는 사람들이 있다.

❷ 계서제의 원리   계서제(계층제)의 원리는 조직 내 권한체제의 계층화를 요구하는 원리이다. 권한은 계서제의 최상층으로부터 하향적으로 행사되어야

하며 권한의 하부위임은 차례로 이어지는 계층을 따라 이루어져야 한다는 원리이다.

❸ 명령계통의 원리　명령계통의 원리는 위 아래를 연결하는 계층적 통로를 거쳐 명령이 전달되어야 한다는 원리이다.

❹ 명령통일의 원리　명령통일의 원리는 부하들이 한 사람의 상관으로부터만 명령을 받게 해야 한다는 원리이다.

❺ 통솔범위의 원리　통솔범위의 원리는 한 사람의 상관이 감독하는 부하의 수는 그 상관의 통제능력범위 내에 한정하여야 한다는 원리로서 통솔범위의 축소지향을 처방하는 의미를 가지고 있다.

❻ 목표의 원리　목표의 원리는 조직 내의 모든 활동이 조직의 목표에 직접·간접으로 기여해야 한다는 원리이다.

❼ 집권화의 원리　집권화의 원리는 권한구조를 집권화함으로써 능률을 높여야 한다는 원리이다.

❽ 권한과 책임의 상응에 관한 원리　권한과 책임의 상응에 관한 원리는 권한의 행사에는 그에 상응하는 상대방의 책임이 따라야 하며 그러한 책임이행을 보장하기 위한 제재장치가 있어야 한다는 원리이다.

저자는 대표적인 고전적 구조형성원리들을 골라 소개하였다. 그러나 구조형성원리(조직의 원리·관리의 원리·행정의 원리)에 관한 고전기의 연구가 통일되어 있는 것은 아니다. 고전적 원리이론의 개척자로 알려진 Henri Fayol은 관리의 일반원리라 하여 14가지의 원리를 열거하였다.[18] Fayol이 제시한 원리들은 i) 분업, ii) 권한과 책임의 상응, iii) 규율, iv) 명령통일, v) 지휘의 통일, vi) 전체이익에 대한 개인이익의 종속, vii) 보상, viii) 집권화, ix) 계층제(권한계선), x) 질서, xi) 형평성, xii) 신분안정, xiii) 솔선력 배양, 그리고 xiv) 단체정신에 관한 원리이다.

규율(discipline)에 관한 원리는 조직과 조직참여자가 합의한 규율은 엄격히 지켜야 한다는 원리이다. 지휘의 통일(unity of direction)에 관한 원리는 같은 목표를 추구하는 집단의 업무수행에 대한 책임자와 계획은 각각 하나라야 한다는 원리이다. 이것은 한 사람의 부하는 한 사람의 상관으로부터만 명령을 받아야 한다는 명령통일의 원리와 구별된다. 지휘의 통일이 있어야 명령의 통일이 가능하지만 지휘의 통일이 있다고 해서 명령의 통일이 자동적으로 보장되는 것은 아니다.

전체이익에 대한 개인이익의 종속에 관한 원리는 조직 전체의 이익이 개인 또는 집단의 이익보다 우선되어야 한다는 원리이다. 보상(remuneration of personnel)의 원리란 봉사의 대가로 지급하는 보상은 공평하고 가능한 한 조직과 개인에게 다 같이 만족스럽게 되어야 한다는 원리이다. 질서(order)의 원리는 사람마다 각자가 있어야 할 곳에 있는 위치질서(位置秩序)의 확립에 관한 원리이다. 형평성의 원리는 조직구성원에 대한 치우의 전반적인 형평성을 요구하는 원리이다. 솔선력(initiative) 배양의 원리는 관리자들이 부하들의 창의적 노력과 솔선력의 발휘를 북돋우어야 한다는 원리이다. 단체정신의 원리는 조직구성원의 단체정신을 함양해야 한다는 원리이다.

3) 관리자의 기능: 'POSDCORB'

최고관리자의 기능이 무엇이라야 하는가에 대한 고전이론의 처방은 구조형성의 원리라고 지칭되고 있지는 않다. 그러나 최고관리자의 기능수행을 뒷받침할 구조가 있어야 한다는 주장이 포함되어 있기 때문에 관리기능에 관한 원리는 조정구조의 형성에 긴밀히 연관된 것으로 보아야 한다.

최고관리자의 기능에 관한 고전적 처방은 'POSDCORB'이라는 조어(造語)로 대변시킬 수 있다. 이것은 최고관리자가 맡아야 할 기능인 계획(planning), 조직(organizing), 인사(staffing), 지휘(directing), 조정(coordinating), 보고(reporting), 예산(budgeting)의 첫머리 글자(조정의 경우 두 글자)를 조립한 단어이다. James D. Mooney, Luther H. Gulick 등은 Henri Fayol의 이론을 참고해 위와 같은 최고관리자의 기능을 열거하면서 각 기능별로 관리의 하부구조를 분화시켜야 한다고 처방하였다. 각 기능의 의미는 다음과 같다.

계획은 조직의 목표달성을 위하여 해야 할 일과 그 방법에 관한 대강을 결정하는 기능이다. 조직(엄격히 말한다면 '조직하는 것'이라 해야 옳을 것 같다)은 주어진 목표에 따라 분할된 업무가 규정·배열되고 조정될 수 있도록 공식적인 권한의 구조를 형성하는 기능이다. 인사는 직원을 구해서 훈련시키고 좋은 근무조건을 마련하는 인사관리의 전반에 관한 기능이다. 지휘는 구체적인 또는 일반적인 명령으로 하달해야 할 사항을 결정하고 조직의 리더로 활동하는 기능을 말한다. 조정은 다양한 업무단위들을 연관짓는 임무이다. 보고는 기록·조사 등을 통해 자신과 부하들이 알아야 할 사항을 알고 있게 하는 기능이다. 예산은 재정계획·회계·통제 등의 형태로 이루어지는 예산활동에 관한 기능이다.

4) 고전적 원리에 입각한 구조의 양태

고전적 구조형성원리에 따라 만들어진 조직의 구조는 i) 폭이 좁은 고층

그림 3-3-1 고전적 원리에 입각한 조직구조

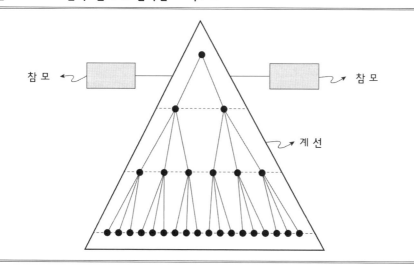

의 피라미드형 구조, ii) 기능분립형 구조, iii) 집권적 구조, 그리고 iv) 계선과 참모의 분리라는 특성을 지니게 된다. 이와 같은 고전적 구조설계는 기계적 구조 또는 폐쇄적 구조라는 이름으로 불리기도 한다.

통솔범위는 좁아야 하고, 명령은 통일되어야 하고 명령계통에 따라 전달되어야 하기 때문에, 그리고 권한의 배분은 집권화되어야 하기 때문에 고층구조, 폭이 좁은 구조, 피라미드형 구조라는 특성이 나타난다. 기능별 집단화의 분립형 구조라는 특성은 부성화에 관한 동질성의 원리 때문에 나타나는 것이다. 분립된 기능수행을 조정하려면 집권화된 계서제가 필요하다. 참모단위가 계선으로부터 분리된 이유, 다시 말하면 참모조직이 피라미드형 계선구조의 밖에 있는 이유는 참모조직의 원리가 적용되기 때문이다. 고전적 원리에 입각한 조직의 구조적 양태를 상징적으로 그려보면 〈그림 3-3-1〉과 같이 된다.

2. 수평적 분화: 분업체제

분업의 원리에 관한 고전이론을 분업의 정도, 업무집단화(부성화), 참모조직의 구성 등 세 가지 주제별로 나누어 고찰하려 한다.

1) 분업의 정도

분업의 정도 또는 수준은 조직의 업무를 얼마나 세분하여 개인들에게 분담시킬 것인가에 관한 문제이다.

(1) 업무세분화와 그 한계　분업을 어느 수준까지 해야 하는가라는 문제에 관한 고전적 원리이론의 관점은 업무를 세분할수록 능률적이며 경제적인 결과를 얻을 수 있다고 보는 것이다. 고전적 구조형성원리에 입각한 직무설계(job design)는 분업의 심화와 업무단순화를 지향한다.

고전이론가들도 물론 '가능한 한'이라는 단서를 붙여 업무의 세분화를 한정없이 추구할 수는 없다고 하는 한계를 인정하고 있다. 그러나 그들이 본 분업심화의 제약요인은 아주 한정된 것이다.

고전이론가들이 인정한 분업의 제약요인은 대개 세 가지로 요약할 수 있다.

첫째, 개인이 맡는 업무가 그의 작업시간을 채울 수 있는 양이라야 하기 때문에 개인별 작업시간을 채울 수 없을 정도로 분업을 심화하기는 어렵다고 하였다. 그러나 이 경우에도 업무세분화가 꼭 바람직하면 비정규직원을 쓸 수 있다고 하였다.

둘째, 구체적인 경우의 기술적 조건과 관행이 분업의 정도를 제약할 수 있다고 하였다. 예컨대 교회의 관리인(교회지기: sexton)은 교회를 지키고 청소를 하는 것이 관습으로 되어 있기 때문에 교회를 지키는 일과 청소하는 일을 분리시키는 분업은 별 이득이 없다고 한다.

셋째, 일의 분할은 물리적 분할에 그쳐야지 유기적 분할(유기체의 분할: organic division)에까지 미쳐서는 안 된다고 하였다. 비유하건대 소 한 마리의 앞부분은 풀밭에 나가서 풀을 먹게 하고 뒷부분은 외양간에 남아 젖을 짤 수 있게 한다면 매우 능률적이겠지만 그렇게 할 수는 없다. 마찬가지로 편지봉투를 봉하기 위해 침을 바르는 것과 같은 단일한 동작을 분할해서는 얻을 바가 거의 없다고 하였다.[19]

(2) 분업(업무세분화)의 필요와 이점　위와 같은 제약에 걸리지 않는 한 될 수 있는 대로 일을 세분해서 단일한 동작 또는 기능을 개인에게 맡기는 것이 능률적이라고 하는 고전적 원리의 논거는 다음과 같다.

사람들은 성격·능력·기술 등이 서로 다르기 때문에 전문화시켜야 한다. 한 사람이 동시에 두 개의 장소에 있거나 동시에 두 가지 일을 할 수 없기 때문에 당연히 분업을 해야 한다. 그리고 지식과 기술의 영역은 매우 넓은데 한 사람이 일생 동안 습득할 수 있는 지식과 기술은 극히 제한된 일부일 수밖에 없으므로 분업을 해야 한다.[20]

조직에서 분업은 불가피할 뿐만 아니라 조직의 능률성을 높이는 수단이 될 수 있다. 분업의 원리에 함축된 처방적 역점은 업무세분화의 효용에 있다. 분업의 정도를 높이면 다음과 같은 이점이 있다.[21]

첫째, 일을 세분할수록 일을 배우는 데 걸리는 시간은 단축된다. 일에 빨리 숙련된다는 것은 그 자체가 이익일 뿐 아니라 일을 배우는 기간에 생기는 낭비를 줄일 수 있어서 이중의 이익을 거둘 수 있다.

둘째, 작업전환에 드는 시간(change-over time)을 단축할 수 있다. 팔다리의 근육사용을 바꿀 때나 정신집중의 대상을 바꿀 때 또는 작업도구를 바꿀 때는 시간손실이 따르는데 분업을 심화하면 그러한 시간손실을 줄일 수 있다.

셋째, 분업의 심화는 작업도구·기계와 그 사용방법을 개선하는 데 기여할 수 있다. 어떤 개인이 복잡한 여러 가지 일이 아니라 매우 한정적이고 단순한 작업에 집중하게 되면 그가 사용하는 도구·기계와 그 사용방법의 개선방안을 알아내고 실행하기가 쉽다.

넷째, 분업을 심화하면 한 가지 목표를 위한 여러 가지 작업이 동시적으로 진행될 수 있다.

다섯째, 분업을 심화하면 특정한 업무의 수행에 필요한 기술에 숙련된 사람을 채용하기 쉽다. 그리고 그들의 능력을 최대한으로 활용하는 데도 유리하다.

생산업체의 하급(말단) 노동을 주된 준거대상으로 삼고 있는 고전적 원리는 분업에 대한 최소한의 제약요인만을 인정하고 최대한의 분업을 실현해야 한다는 처방을 하고 있다.

2) 분할된 업무의 집단화: 부성화의 기준

개별적인 조직구성원들이 분담할 수 있도록 분할된 업무를 차례로 묶어 조직단위들을 만들려면 일정한 기준이 있어야 한다는 점에 관해서는 예나 지금이나 사람들의 생각이 근본적으로 같다.

구조형성의 고전적 모형에서도 부성화의 원리라고 하는 업무집단화의 기준을 설정하였다. 이른바 부성화의 원리에 관하여 고전적인 입장을 대표해 주는 것은 역시 Luther H. Gulick의 이론이라 할 수 있다.[22] 그가 제시한 '작업단위들을 누적시키는'(aggregating the work units) 기준은 i) 주된 목표(major purpose), ii) 사용하는 과정(process), iii) 서비스 또는 처리의 대상이 되는 고객이나 물건(clientele or material), 그리고 iv) 업무를 수행하는 장소(place)이다. 이에 관한 그의 설명은 다음과 같다.[e]

(1) 목표에 따른 조직　용수공급·교육·범죄예방 등과 같은 주된 목표에 따라 부성화를 하는 경우, 일의 과정·고객·장소 등이 다르더라도 같은 목표에 기여하는 업무라면 모두 하나의 조직단위에 포함시키게 된다.

❶ 이 점　주된 목표를 기준으로 하는 부성화는 다음과 같은 이점을 가진다.

첫째, 특정한 목표를 추구하는 모든 업무를 단일한 관리자가 감독하게 함으로써 목표성취를 쉽게 한다.

둘째, 방법이나 절차에 어두운 일반대중에게 조직의 임무를 쉽게 납득시킬 수가 있다.

셋째, 주된 목표는 전 직원이 이해할 수 있기 때문에 직원들의 노력과 충성심을 확보하는 데 유리하다.

❷ 단 점　목표에 따른 조직의 단점은 다음과 같다.

첫째, 목표에 따라 모든 업무를 명백하게 분류하는 것은 거의 불가능하기 때문에 분류의 중첩을 피할 수 없다.

둘째, 목표를 지배적인 위치에 놓는 경우 과정적 요인이 경시되고, 기술분야별로 볼 때 능률적인 분업을 하는 데 충분한 만큼 일이 있지 않은 분야도 생겨나게 되므로 최신의 기술과 전문가를 활용하기 어렵다.

셋째, 조직단위의 최고책임자는 단일한 기본적 목표의 추구에 몰두하기 때문에 하급업무 가운데서 일부는 부당하게 억압 또는 경시될 위험이 있다.

---

e) Gulick의 부성화원리는 정부조직을 준거대상으로 하는 것이다. 사기업조직을 준거대상으로 한 고전이론가들은 용어사용이나 표현에서 약간씩의 차이를 보이지만 결국 Gulick의 기준과 대동소이한 기준들을 제시하였다.

넷째, 과도한 집권화의 경향이 생기기 때문에 고객에 대한 봉사를 효과적으로 하지 못할 위험이 있다.

다섯째, 하나의 조직단위가 다른 조직단위들의 도움이 없어도 주된 목표를 충분히 달성할 수 있을 경우 고립적인 성향을 나타내고 다른 조직단위들과 협조하려 하지 않게 된다.

(2) 과정에 따른 조직 주된 과정을 기준으로 삼을 경우 단일한 조직단위에 일정한 기술을 사용하는 사람 또는 일정한 전문직업분야의 구성원을 모아놓게 된다. 같은 분야의 전문가나 업무 상 같은 기술을 사용하는 사람들을 모아 조직단위를 구성하는 것이다.f)

❶ 이 점 과정을 기준으로 하는 부성화의 이점은 다음과 같다.

첫째, 최신의 기술을 활용할 수 있고 기술적으로 동질적인 업무가 충분한 양에 이르기 때문에 분업을 능률적으로 할 수 있다.

둘째, 대량생산방법과 노동절약적인 기계를 최대한으로 활용할 수 있다.

셋째, 동질적인 기술을 사용하는 사람들을 같은 조직단위에 모아 놓았기 때문에 활동조정이 용이하다.

넷째, 조직 전체의 조정·통제를 도와야 할 예산·회계·기획 등의 업무를 과정에 따라 집단화해 놓으면 중앙통제가 용이해진다.

다섯째, 과정에 따라 구성한 조직은 조직구성원들의 경력발전에 유리하다.

❷ 단 점 과정을 기준으로 한 분업의 결함은 다음과 같다.

첫째, 조직 내의 모든 업무를 과정이라는 기준에 따라서만 집단화하면 조직운영에 많은 어려움을 안겨줄 수 있다. 예컨대 모든 서기적 및 보조적 업무를 따로 집단화할 경우 조직운영 상의 불편은 막대할 것이다.

둘째, 달성해야 할 목표보다는 과정적인 또는 기술적인 문제('무엇을' 보다는 '어떻게' 할 것이냐의 문제)에 더 집착하는 경향이 생기기 때문에 목표성취에 지장을 주게 된다.

셋째, 구성원들이 오만해지고 민주적 통제를 잘 받아들이지 않으려는 경

---

f) Gulick이 말한 과정은 업무수행에서 사용하는 구체적 절차·기술·지식 등을 지칭한다. 다른 학자들 대부분은 과정이라는 말 대신 기능이라는 용어를 쓴다. '과정에 따른 부성화'는 '기능에 따른 부성화'(departmentalization by function)라 불러도 무방할 것이다.

향이 생기기 쉽다.

넷째, 전문분야의 기술자들이 조직단위의 책임자로 되기 때문에 행정전문가집단을 따로 육성하는 데는 불리하다.

다섯째, 조정의 필요를 증대시킨다. 기능분립적인 구조이기 때문이다.

(3) 고객 또는 대상물에 따른 조직　고객 또는 대상물을 기준으로 하는 부성화에서는 같은 고객집단에 봉사하거나 같은 대상물을 다루는 사람들을 하나의 조직단위에 소속시키게 된다.

❶ 이　점　이러한 구조형성방법의 이점은 다음과 같다.

첫째, 조직의 서비스를 단순화하고 그에 대한 조정을 용이하게 한다.

둘째, 같은 대상을 되풀이하여 다루기 때문에 기술향상을 촉진할 수 있다.

셋째, 중복된 방문에서 비롯되는 낭비를 제거할 수 있다. 하나의 조직단위가 동일한 대상에 관한 문제들을 포괄적으로 관장하면 고객이 하나의 문제를 해결하기 위해 여러 조직단위를 찾아가야 하는 중복방문을 피할 수 있다.

❷ 단　점　고객이나 대상물을 기준으로 한 구조형성의 결함은 다음과 같다.

첫째, 전문화로 얻을 수 있는 능률을 희생시킨다.

둘째, 어떤 특성에 따라 고객들을 집단화할 수 없을 때 고객을 기준으로 한 분업은 불가능해진다. 대상물에 관하여도 마찬가지이다.

셋째, 압력단체의 지배를 받을 위험이 크다.

(4) 장소에 따른 조직　장소에 따른 조직이란 활동의 장소(관할구역)를 기준으로 부성화한 조직이다.

❶ 이　점　일하는 장소를 기준으로 하는 부성화의 이점은 다음과 같다.

첫째, 일정한 지역 내의 업무수행을 조정하고 통제하는 것은 지리적으로 분산된 업무수행을 조정하고 통제하는 것보다 쉽다.

둘째, 조직활동을 지역별 요청에 적응시키기가 쉽다.

셋째, 관할지역 내의 다른 조직들과 협조관계를 유지하기 쉽다.

넷째, 분권화를 촉진하고 여행경비를 절감해 주며 고객에 대해 신속한 봉사를 할 수 있게 해 준다.

❷ 단　점　이 방법의 결함은 다음과 같다.

첫째, 조직 전체의 통일된 정책을 실현하기 어렵다.

둘째, 지역별 조직의 관리안목이 편협해진다.

셋째, 조직단위의 지역적 분산 때문에 수준 높은 기술적 및 전문적 서비스가 어려워진다.

넷째, 지역별로 구성된 하부조직단위에 중요한 권한은 위임되지 않고 하부조직구성원의 지위는 낮아지는 경향이 있다. 지역별 하위조직단위들은 지역 내 압력단체들의 농락대상이 될 수 있다.

고전적인 구조형성원리들을 제안한 연구인들은 분업화된 업무의 집단화(부성화)에서 위의 여러 기준들이 쓰일 수 있음을 시인한다. 그러나 기능(과정)의 동질성에 따른 업무집단화를 가장 선호하는 처방적 편향을 저변에 깔고 있다.

3) 참모조직의 구성

고급관리자의 관리능력을 보완하고 전문적 감독을 촉진하기 위해서는 참모조직(參謀組織: staff)을 따로 구성하고 이것을 계선조직(系線組織: line)과 구별해야 한다. 계선과 참모는 확연히 구별해야 하며 양자의 역할을 혼합하는 영역이 있게 해서는 안 된다. 계선과 참모를 뚜렷하게 구별함으로써 계서제 내의 명령계통에 혼란이 일어나는 것을 막아야 한다. 참모는 고급관리자의 조정·통제활동을 돕기 위해 자료수집·연구·계획 등의 업무를 수행하도록 하고 계선조직의 감독자에게 조언을 할 수 있게 해야 하지만 그들에게 직접 명령을 할 수 있는 권한을 참모조직에 부여해서는 안 된다. 참모조직이 계선조직의 감독자들에게 직접 명령할 수 있게 하면 명령통일의 원리가 교란된다.

3. 수직적 분화: 조정체제

조직구조의 수직적 분화(층화)에 관한 고전적 원리들은 집권적(독재적)인 피라미드형의 계서제를 처방하였으며 오랫동안 대다수의 조직들은 그러한 전통적 계서제를 구조의 골격으로 삼아왔다.

1) 계 서 제

계서제(階序制: 계층제: hierarchy)는 역할체제(system of roles)의 일종이다. 상관과 부하의 역할이 위에서 아래로 이어지는 계층에 따라 차례로 배열되는 역할체제가 계서제이다. 계서제는 권한의 차등적 배분으로 계층화한 구조라고도 설명할 수 있다. 계서제를 계층제라 부르기도 한다.

고전적인 모형이 규정하는 계서제는 일원적(一元的)이고 집권적인 피라미드형의 계서제이다. 이러한 계서제에서 권한은 조직의 정점에 위치한 권한중추로부터 밑으로 흘러 내려간다. 각 계층 간의 관계는 상명하복의 하향적·일원적 관계이다. 부하들은 한 사람의 상관으로부터만 명령을 받도록 규정된 엄격한 명령계통의 틀 안에서 역할을 수행한다. 엄격한 명령계통에 따라 상명하복의 관계를 유지하려면 한 사람의 상관이 거느리는 부하의 수가 적어야 하기 때문에 자연히 통솔의 범위는 좁게 규정된다.

고전적 원리이론에 의하면 계서제는 조직의 통합성을 유지하는 데 필요한 기본적 장치라고 한다. 계서제에서 고급관리자들은 조직이라는 집합체의 목표와 가치를 상징함으로써 조직활동통합의 중추가 된다. 고급관리자들은 중요한 의사결정을 하거나 하급계층의 의사결정에 정당성을 부여하고 내부적 갈등을 유권적으로 해결한다.

계서적 구조의 전체는 조직이 임무성취의 능력을 가졌다고 생각하게 하는 신뢰감의 기초를 제공한다. 권한의 연쇄적 계층은 내적 의사전달체제의 골격을 형성한다. 권한의 계층은 또한 조직구성원의 상향적 진출에 사다리와 같은 구실을 하기 때문에 상승지향성을 가진 조직구성원들의 조직에 대한 일체감을 강화한다.[23]

2) 계서적 구조에 관한 원리

계서제의 형성에 관한 고전적 접근방법의 처방은 원리라는 형태로 표현되었다. 계서제의 형성(수직적 분화와 조정)에 관한 기본적 원리들은 다음과 같다.

(1) 명령통일의 원리 조직구성원들은 각자 한 사람의 상관으로부터만 명령을 받아야 한다는 것이 명령통일의 원리이다. 한 사람이 두 사람의 상관을 섬길 수는 없기 때문에 한 사람의 부하에게는 한 사람의 상관만 있어야 한다. 어떤 조직구성원이 복수의 상관으로부터 명령을 받게 되면 혼란에 빠지고 비능률적이며 무책임하게 된다. 한 사람의 상관으로부터만 명령을 받는 부하는 조리 있고 능률적이며 책임감 있는 행동을 할 수 있다. 명령통일의 원리는 명

령을 하는 사람의 입장이 아니라 명령을 받는 사람의 입장에 관한 원리라고
할 수 있다.

(2) 계층화와 명령계통의 원리   조직 내의 권한은 계서제의 최상층으로부
터 밑으로 흘러 내려가야 하며, 권한의 하향적 위임은 차례로 연결되는 계층
에 따라 이루어져야 한다. 명령을 통일하고 상관이 거느리는 부하의 수를 제
한하여 조정을 촉진하려면 구조의 계층화는 불가피하다. 계층화의 원리는 명
령통일의 원리를 적용하였을 때의 결과에 관한 원리라고도 할 수 있다. 조직
내의 계층은 조직활동을 조정하는 전체적인 업무의 수직적 분화를 반영한다.

조직 내의 계층들은 공식적 의사전달통로의 관문이 되어야 한다. 명령의
전달이나 그 밖의 수직적 의사전달은 반드시 각 계층을 포함하는 공식적 통
로를 거쳐 이루어져야 한다. 이와 같은 명령계통의 원리는 각 계층의 감독자
들이 부하들에 대해 갖는 통제력을 강화한다. 그리고 각 계층의 감독자들로
하여금 수직적 의사전달의 내용을 모두 파악할 수 있게 함으로써 조정을 용
이하게 한다.

(3) 통솔범위의 원리   상관의 능률적인 감독을 보장하기 위해서는 그가
통제하는 대상인원의 범위를 적정하게 제한해야 한다는 원리가 통솔범위의
원리이다. 이 원리의 전제는 한 사람의 감독자가 거느릴 수 있는 부하의 수는
제한되어 있다는 것이다. 이러한 전제는 인간본질에 내포된 피할 수 없는 제
약에서 도출한 것이다. 사람의 손이 피아노의 건반 위에 펼쳐질 수 있는 범위
에는 한도가 있듯이 사람의 생각이나 의지가 직접 관장할 수 있는 교호작용
의 수에는 한도가 있다. 통솔범위의 한계는 지식의 한계에서 비롯되기도 하지
만 보다 근본적으로는 시간과 에너지의 한계에서 비롯된다.

조직의 최고관리자는 단지 소수의 부하들만을 직접 거느릴 수 있을 뿐이
기 때문에 그 아래의 부하들에 대한 감독은 자기가 직접 거느리는 부하들에
게 맡길 수밖에 없다. 이러한 감독위임의 관계는 조직의 최말단에까지 차례로
연결된다. 이것이 피라미드형의 구조를 형성하는 데 결정적으로 작용한다.

고전이론에서도 통솔의 범위는 모든 경우에 획일적인 것이 아니라는 점
을 시인하고 구체적인 경우의 조건에 따라 적정한 통솔의 범위를 결정해야
한다고 하였다. 통솔범위의 원리가 추구하는 목적은 적정한 통솔범위의 발견
이라고 생각한 것 같다. 그럼에도 불구하고 고전이론의 원칙적인 가치전제가

집권화의 추구였기 때문에 위로부터의 통제를 능률화하기 위해서는 될 수 있는 대로 통솔의 범위를 좁혀야 한다는 입장을 견지하였다. 그러한 입장을 지지하는 범위 내에서 통솔범위의 적정화를 모색한 것으로 생각된다. 통제의 필요를 강조하는 관점에 따라 통솔의 범위를 좁게 규정하면 계서제가 고층화된다.

Ⅳ. 고전적 원리에 대한 비판

1. 접근방법에 대한 일반적 비판: 이론차원의 비판

구조형성에 관한 원리들을 처방하는 고전적 모형은 강조점을 달리하는 여러 가지 접근방법을 지지하는 사람들로부터 갖가지 비판을 받아왔다. 그러나 비판의 대상이 된다고 해서 고전적인 모형의 가치가 아주 없어지는 것은 아니다. 그런 이치는 다른 모형들에 대한 설명에서도 마찬가지로 적합할 것이다.

1) 비판적 논점의 종합

고전적인 원리이론에 대한 비판적 논점들을 다음과 같이 간추려 볼 수 있다.

❶ 폐쇄체제적 관점　개방체제적 관점을 가진 사람들은 고전이론이 폐쇄체제적인 관점에 입각해 있었기 때문에 조직 내의 불확실한 요인과 환경적 요인의 고려에 실패하였다고 비판한다. 폐쇄체제적인 관점에 입각해 있었기 때문에 구조에 연관된 많은 요인들 가운데서 한정된 일부만을 고찰할 수 있었으며 따라서 구조형성에 관한 처방이 불완전했다는 것이다.

❷ 기계적 모형　구조의 유기적인 관계를 중요시하는 사람들은 고전적 모형이 기계적인 모형이라고 비판한다. 고전적인 모형은 인간과 조직의 구조를 기계시하고 있기 때문에 생동하는 인간행동의 관계들을 설명하는 데는 부적합한 모형이라고 한다.

❸ 비공식적 측면의 간과　조직의 비공식적 측면을 중요시하는 사람들은 고전적 모형이 공식적인 요인에만 착안한 모형이라고 비판한다.

❹ **집권주의** 민주적이고 분권화된 조직운영에 큰 가치를 부여하는 사람들은 고전적 모형의 집권화지향을 비판한다.

❺ **인간불신** 인간관계론이나 성장이론을 신봉하는 사람들은 고전적 모형이 인간의 사회적 욕구충족을 봉쇄하고 인간의 자기실현, 자율규제적 노력, 창의성발휘 등을 좌절시킨다고 비판한다. 고전적 모형은 인간불신의 모형이며 업무의 미세한 분할을 촉구함으로써 인적 전문화를 막고 따라서 조직구성원들의 생존능력을 약화시키는 모형이라고 한다.

❻ **비과학성** 조직이론의 경험과학성을 높이려는 사람들은 고전적 모형의 근간을 이루는 원리들이 경험적으로 입증된 법칙이 아니기 때문에 보편적으로 적용될 수 없다고 말한다. 구체적인 경우에 구조형성의 기준으로 될 수 있는 요건을 제대로 갖추지 못한 원리라고 비판하기도 한다. 비과학성에 관한 논의는 아래에서 보완하려 한다.

2) 비과학성에 대한 비판

고전적 원리의 비과학성을 비판한 기수로 지목되고 있는 사람은 Herbert A. Simon이다. 그는 고전적 원리들이 비과학적이며, 법칙이 아니라 격언에 불과한 것이라고 비판하였다.

(1) Simon의 비판 Simon의 고전적 원리에 대한 비판을 요약하면 다음과 같다.[24]

이른바 행정의 원리는 마치 격언(格言: proverbs)과 같아서 과학적인 이론의 발전에 도움을 주지 못한다. 정반대되는 주장을 하는 원리들이 두 개씩 짝을 이루고 있는데 구체적인 경우에 그 중 어느 것을 적용해야 옳을지 밝혀 주는 바가 없다. 이러한 원리들은 기왕에 저질러진 행동이나 결정을 정당화하는데 편리한 수단을 제공한다. 그러나 과학적 이론을 전개한다면서 격언과 같은 모호한 주장을 하면 안 된다.

행정의 원리라 하여 가장 널리 받아들여지고 있는 것은 i) 분업(전문화)의 원리, ii) 명령통일의 원리, iii) 통솔범위의 원리, 그리고 iv) 부성화의 원리이다.

❶ **분업의 원리에 대한 비판** 일을 전문화하면 행정능률이 향상된다는 분업의 원리는 어떻게 전문화해야 한다는 방법을 말해 주는 바가 없다. 전

문화방법의 여러 가지 대안 가운데서 어떤 것이 옳다는 기준을 제시하지 못한다. 그와 같이 모호한 분업의 원리는 구체적인 행정문제의 해결에 도움을 주지 못한다.

❷ 명령통일의 원리에 대한 비판　뚜렷한 권한의 계층에 따라 직원들이 한 사람의 상관으로부터만 명령을 받게 하면 행정능률이 향상된다는 명령통일의 원리는 한 사람이 둘 이상의 상충되는 명령에 동시적으로 복종할 수 없다는 불가피한 사실을 지적하는 데 불과한 것인지도 모른다. 그리고 명령통일의 원리는 전문화의 원리와 정면으로 반대되는 주장을 하는데 구체적인 경우에 어느 원리를 받아들여야 하는지 알 수 없다.

❸ 통솔범위의 원리에 대한 비판　한 사람의 감독자에게 직접 보고하는 부하의 수를 적게 하면 행정능률이 향상된다는 통솔범위의 원리는 조직계층의 수가 적을수록 좋다는 원리와 정면으로 충돌한다. 통솔범위를 좁히면 계층의 수가 많아지고 계층의 수를 줄이면 통솔범위가 넓어지게 된다. 이 두 가지 상충하는 원리 가운데서 구체적인 경우 어느 것을 어느 정도 따라야 할지 알 수 없다.

❹ 부성화의 원리에 대한 비판　목표·과정·고객·장소와 같은 몇 가지 기준에 따라 조직단위를 형성하면 능률이 향상된다는 부성화의 원리가 있는데, 이 원리가 규정하는 기준들은 서로 충돌한다. 구체적인 경우에 어느 하나의 기준을 채택하자면 나머지 기준들을 희생시키지 않을 수 없다. 그런데 부성화의 원리에서는 어느 기준을 어느 정도 따라야 하는가에 대해 말해 주는 바가 없다. 그리고 목표·과정·고객·장소 등의 말뜻도 모호하다.

이와 같은 원리들은 경험적으로 입증되었다거나, 보편적으로 적용할 수 있다거나 하는 것이 아니고 행정을 진단하고 기술할 때 사용할 수 있는 길잡이에 불과하다. 이것을 행정의 원리(이 경우 법칙)로 취급한 데에는 근본적인 잘못이 있다.

(2) Simon의 비판에 대한 반론　행정 상의 원리는 구조설계의 기준 또는 관점에 불과하다는 Simon의 주장을 수긍하는 고전이론가들도 없지 않다. 고전적 원리가 너무 일반적이고 모호하다는 주장이나, 원리들 가운데는 서로 상충되는 것이 많다는 주장도 납득할 만하다.

그러나 Simon은 고전적 원리이론들이 원리적용의 상황적응성을 정교하게 강조하지 못한 미숙함을 과장하고 고전적 원리이론들을 무리하게 단순화하여 공격한다는 비판을 받았다.

고전이론의 발전에 크게 기여했던 Lyndall F. Urwick은 고전적 원리에 대한 Simon의 비판이 착각에서 비롯되었다고 공격하였다. Urwick은 법칙 (laws), 원리(principles), 방법(methods)은 서로 다른 것이며 이 점에 관해서는 그 자신이 1928년에 이미 분명하게 주의를 환기했는데 Simon은 법칙과 원리를 혼동하여 고전적 원리에 대한 비판을 시작했다고 역공을 폈다.

Simon의 비판에 대한 Urwick의 반론은 다음과 같다.[25]

법칙은 원인과 결과의 관계에 대한 설명으로서 모든 경우에 타당하다는 사실이 입증된 구체적 명제이다. 원리는 일반적인 명제로서 고려대상이 되는 일련의 현상에 적용할 수 있는 행동지침이다. 법칙은 사실의 기술인 반면 원리는 사고의 틀이다. 그런데 Simon은 고전적 원리를 법칙인 것처럼 몰아붙여 비판하였다. Simon 자신도 의사결정의 중요전제를 규정하는 원리를 논의하였으며 따라서 원리라는 말의 사용 자체를 반대하는 것 같지는 않다. 그렇다면 Simon은 다른 사람이 사용하는 원리라는 말에만 반발했다고 생각한다. 그리고 Simon은 통솔범위가 어느 정도라야 적정한가에 대한 논의가 없었다고 비판하였으나 V. A. Graicunas는 이미 오래전에 적정한 통솔범위를 논의하였다.

Simon은 고전적 원리들이 행정적 상황을 기술하고 분석하는 데 기준이 될 수 있을 뿐이라고 말하였으나 그러한 주장은 비판이라고도 할 수 없다. 왜냐하면 기준과 원리는 거의 동의어이기 때문이다.

2. 고전적 원리에 따라 형성된 구조의 폐단: 실천차원의 비판

고전적인 원리를 철저하게 적용하면 고도로 집권화되고 경직된 계서제가 만들어진다. 그러한 고전적 구조의 결함은 다방면에 걸쳐 지적되어 왔다.

❶ 조직의 경직화　조직운영을 경직화하고 발전을 저해한다.

❷ 인간의 피동화　조직구성원의 자율성과 창의성을 억압하고 조직구성원을 상관의 명령에 복종만 하는 피동적 존재로 전락시킨다. 개인의 미성숙행태를 고착화하거나 조장한다.

❸ 지나친 집권화　권한과 그 밖의 자원을 구조의 상층부에 편중 배정함

으로써 집권적 통제를 누증시키는 악순환을 야기한다.8)

❹ 권력구조 이원화   명령할 수 있는 권리와 명령할 수 있는 능력의 괴리로 인한 권력구조 이원화가 문제로 된다.

❺ 인적 전문화 방해   조직구성원들의 인적 전문화 등 발전을 억압한다.

❻ 의사전달의 장애   각 계층의 상관들이 의사전달을 일방통행적으로 통제하기 때문에 조직 내의 원활한 의사전달을 저해한다.

❼ 비민주성   민주성·자율성을 존중하는 현대 민주사회의 문화적 요청에 배치되는 구조이다.

이와 같은 비판들은 물론 예시적인 것이지만 고전적 원리를 적용해 만든 구조에 내포된 문제의 윤곽을 파악하게 하는 데는 충분하리라 생각한다.

실천적 폐단은 뒤에 관료제모형을 설명하면서 더 자세히 논의할 것이다.

3. 고전적 원리들의 개별적인 내용에 대한 반성

1) 분업의 정도에 관한 문제

(1) 업무세분화에 대한 비판   분업의 정도에 관한 고전적 원리는 그동안 많은 비판을 받아 왔다. 고전적 원리를 비판하는 사람들도 물론 분업 자체의 필요에는 반대하지 않는다. 다만 일을 세분할수록 능률적이라는 명제에 대해 의문을 제기하고 있다.

❶ 일의 의미상실   일을 너무 세분하여 분담시키면 일하는 사람들이 일을 통해 기여하는 바가 무엇인지를 알지 못하고 일을 하는 데서 어떤 보람을 느끼지 못한다. 따라서 직무능률이 저하된다.

❷ 조정문제 악화   일의 지나친 세분은 의사전달을 어렵게 하고 따라서 조정의 필요를 증대시킨다.

❸ 인간관계 발전 저해   조직 내의 바람직한 인간관계 형성을 어렵게 한

---

g) 계서적 권한은 권한의 위임이라는 분권화의 기초 위에서 존립할 수 있다는 것, 최고관리층의 권한은 조직의 일반적인 문제에 국한되며 여러 가지 외재적 통제를 받는다는 것, 높은 계층의 권한행사는 공식적인 명령계통을 거쳐야 하기 때문에 직접적으로 명령할 수 있는 경우보다 권한이 제약된다는 것 등의 이유를 들어 계서제적 통제가 흔히 생각하는 것처럼 한정 없이 집권화되지는 않는다고 말하는 사람도 있다.

다. 분업이 과도한 상황에서 자생하는 비공식적 집단은 대개 조직의 관리방침을 거역하는 성향을 지니게 된다.

❹ 인간적 성숙 방해 인간을 기계의 부속품처럼 다루기 때문에 업무수행을 통해 성숙하고 성장하려는 인간욕구의 충족을 좌절시킨다.

❺ 인적 전문화 방해 분업의 심화는 사람의 전문화(수준 높은 전문성을 가진 사람으로 만드는 일)를 가로막아 조직구성원의 생존능력을 약화시킨다.[26] 아주 단순한 동작의 수준으로 일을 세분하면 그러한 동작은 누구나 할 수 있기 때문에 그 일을 맡는 사람은 전문성을 주장하기 어렵고 따라서 그의 권력이나 생존능력은 약화된다.

❻ 피로와 권태 단순한 작업의 반복적 수행은 사람을 쉽게 피로하게 하고 권태감을 느끼게 한다.

❼ 불확실한 여건 조성 업무의 미세한 분할은 업무관계의 예측가능성을 저하시켜 불확실한 여건을 조성한다. 이것은 일하는 사람들을 불안하게 하며 그들의 자아의식에 손상을 준다.

(2) 수정대안의 탐색 위와 같은 여러 가지 비판적 관점은 분업에 관한 고전적 원리를 꾸준히 수정·보완하는 데 기여해 왔다.

예컨대 James G. March와 Herbert A. Simon은 분업을 기계적인 과정이 아니라 사회적인 과정이라고 보았다. 그리고 분업에 관한 새로운 명제(원리; 요건)를 제시하였다.[27]

March와 Simon은 조직구성원들의 직무만족도를 향상시킬 수 있는 분업의 명제로 i) 직무가 높은 수준의 기술을 필요로 할 것, ii) 직무가 다양한 활동을 포함할 것, iii) 직무 상의 역할이 조직구성원의 자아상(self-image) 및 직무외적 역할과 양립할 수 있을 것, iv) 직무가 조직구성원의 생애에 걸친 직분이라고 간주될 것, v) 직무수행에 관한 의사결정의 자율성이 클 것, vi) 직무관계가 예측가능할 것 등을 제시하였다.[h]

이와 유사한 견해는 여러 사람들이 피력해 왔다. 어떤 원리가 조직과 개인에게 가장 바람직한가를 탐색한 경험적 연구들은 아직도 일관성 있는 증거

---

h) March와 Simon은 원리(principle)라는 말 대신 명제(proposition)라는 말을 쓰고 있다. 그들이 제시한 명제들은 오늘날 우리가 말하는 직무풍요화의 가이드라인이라고 볼 수도 있다.

를 포착하지 못하고 있다. 그러나 원칙적으로 성장이론에 입각하여 분업설계 (직무설계)를 해야 한다고 주장하는 접근방법이 적어도 처방적인 차원에서는 오늘날 지배적인 위치를 차지하고 있는 것으로 보인다.

이러한 이론적 추세에 따라 개인이 직무수행에서 의미를 찾고 보람을 느 낄 수 있도록 하는 여러 가지 분업방법이 처방되고 있다. 직무확장, 직무풍요 화 등은 고전적인 직무설계를 개선하려는 기법들의 예이다.

2) 업무집단화(부성화)의 기준에 관한 문제

(1) 부성화기준 적용에 대한 비판   고전적 모형에서는 부성화의 기준적용 에 관해서도 기계적인 접근방법을 채택하여 획일적이며, 경직되고, 인적 요인 을 도외시하는 구조를 만들도록 처방하였다. 업무의 집단화에서 기능이라는 기준을 중요시하고 동질성의 원리를 준수하여야 한다고 고집하여 상황적응적 인 융통성을 크게 제약하였다.

고전적 모형에서는 기준의 선택 또는 배합을 결정할 때 고려해야 할 요 인을 제시하면서도 편협한 안목을 드러냈다. 예컨대 i) 분업의 이점을 살릴 수 있을 것, ii) 통제를 용이하게 할 것, iii) 조정에 도움이 될 것, iv) 해당 업 무가 적절한 주의를 받을 수 있을 것, v) 지방별 조건에 적합할 것, vi) 경비 를 절감할 수 있을 것 등을 부성화기준 선택에서 고려해야 한다고 하였다.[28]

(2) 수정대안의 탐색   시간의 흐름에 따라 부성화기준의 선택과 배합에 관한 고전적 접근방법은 현저한 수정·보완의 대상이 되어 왔다. 융통성 있는 상황적응적 접근방법의 세력확장에 밀려 고전적인 동질성의 원리는 지배적인 위치를 잃게 되었다. 그리고 조직연구의 새로운 경향이 부각될 때마다 고려요 인은 늘어 왔다.

구조형성기준을 선택할 때 고려해야 하는 요인 또는 선택기준에 관한 여 러 가지 수정적 이론들이 나와 있다. 고전기 이후에 제시되어 온 부성화기준 과 그 배합방법 가운데는 결과적으로 고전적 원리를 배척하거나 현저히 수정 하게 되는 것들이 많다. 세 가지 예를 보기로 한다.

❶ 의사결정중심의 기준   '의사결정 기반 조직'(의사결정중심적 조직: decision- driven organization)을 조직개혁모형으로 제안하는 사람들은 조직의 구 조설계에서 고려해야 할 가장 중요한 요인은 의사결정의 효율성 증진이라고 주

그림 3-3-2 연관업무의 집단화

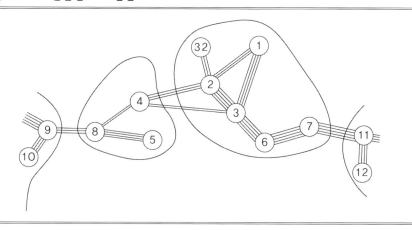

장한다. 그들은 의사결정이 조직의 성패를 좌우하는 핵심적 요인이라고 보기 때문이다.[29)]

의사결정 기반 조직의 설계에서 의사결정의 효율성 증진이라는 선택기준을 적용할 수 있게 해 주는 전제적 내지 수단적 선택기준은 조직의 목표성취 또는 가치증대에 가장 큰 영향을 미치는 조직활동의 국면(가치의 출처: sources of value)이다. 지역, 서비스, 고객 등 가치의 출처 가운데서 조직의 가치창출 · 증대에 가장 많은 영향을 미치는 것을 기준으로 부성화의 설계를 해야 한다. 그렇게 해야 조직의 중요 의사결정이 어디서 이루어져야 적합하며 효율적일 것인가를 쉽게 알 수 있다.

가장 중요한 가치출처에 따른 부성화 이외에 의사결정의 효율화에 기여하는 관리과정의 설계, 의사결정자들에 대한 권한부여의 적정화, 의사결정자들의 적정 · 신속한 의사결정능력 배양 등도 의사결정 기반 조직의 요건이다.

❷ 연관성중심의 기준   John Child는 긴밀한 접촉과 정보교환의 필요가 가장 큰 업무들을 같은 조직단위에 포함시켜야 한다고 주장하면서 기능들 사이의 관련표를 만들고 또 유통도표(flow chart)를 만드는 등의 절차를 제안하였는데, 이 방법의 적용은 동질성에 관한 고전적 원리를 와해시키게 된다. 〈그림 3-3-2〉는 긴밀한 연관성이 있는 활동들을 함께 묶는 작업을 상징해 주고 있다. 활동의 유형(○표) 사이에 그어진 선들은 접촉 내지 정보교환의 빈도를 나타내주는 것이다.[30)]

❸ 복합적 기준　부성화기준을 다원적으로 적용하여 혼합형 구조를 형성하는 절차들 가운데서 이른바 복합구조 또는 석쇠형 구조(matrix structure)의 형성절차는 결과적으로 동질성의 원리와 명령통일의 원리에 어긋나는 구조를 만들게 된다.i) 복합구조는 동일한 조직단위에 상이한 부성화기준들이 중첩적으로 적용되는 구조이다. 이에 관하여는 뒤에 다시 설명하게 될 것이다.

오늘날 많은 관심을 모으고 있는 임시체제나 네트워크 조직은 고전적 부성화원리를 급진적으로 수정한다.

3) 참모조직에 관한 문제

대규모조직의 구조는 계서제를 기본으로 삼을 수밖에 없다고 보는 것이 고전적 관점이지만 계서제만으로 하나의 조직을 지탱해 나가기는 어렵다는 점도 시인한다. 계서제는 참모조직과 위원회 등 여러 가지 다두제적 구조(多頭制的 構造: polyarchic structure)로 보완해야 한다고 본다.

고전적 접근방법은 위원회와 같은 다두제적 구조의 활용이 불가피하다는 점은 인정했지만 가능한 한 이를 억제하는 것이 바람직하다고 처방하였다. 그러나 현대조직이론은 다두제적 구조의 적절한 활용을 적극적으로 권장하고 있다.

(1) 고전적 원리에 대한 비판과 대안탐색　참모조직에 대한 고전적 관점은 계선과 참모를 엄격하게 구분하는 이원적 구조를 획일적으로 처방하였다. 그러한 처방은 여러 비판의 대상이 되어 왔다.

고전적 참모조직모형을 비판하고 수정대안을 탐색하는 사람들은 참모가 계선에 대해 권한이나 권력을 행사할 수 없다는 주장은 조직사회의 현실과 거리가 멀다고 말한다. 조직활동의 전문화가 가속되고 고급관리층의 업무부담이 가중됨에 따라 참모에게 명령권을 주지 말아야 한다는 주장은 공식적인

---

i) 복합적·다원적 기준의 고려를 처방하는 이론은 이 밖에도 많다. Eric Miller는 고려요인으로 ① 처리기간(through-put period), ② 조직단위 간의 균형(equality of subcommands) 및 ③ 완결도 높은 임무의 부여(assignment of whole tasks)를 들었다. Joseph Litterer는 ① 업무량, ② 업무수행의 안정성, ③ 업무단위 간의 상호의존성, ④ 작업주기 등 기술적 요인 이외에 분업의 사회적 결과도 고려해야 한다고 하였다. 사회적 결과에 관련된 요인으로는 ① 의미 있는 직무, ② 사회적인 교호작용, ③ 공동의 지각, ④ 일의 흐름 등을 열거하였다. Miller, "Technology, Territory, and Time: The Internal Differentiation of Complex Production Systems," *Human Relations*(April 1959), pp. 243~259; Litterer, *The Analysis of Organizations*(John Wiley & Sons, 1965), pp. 168~173 and pp. 186~200.

처방으로서도 그 적합성을 잃게 되었다고 한다. 비록 공식적으로 참모의 명령권행사를 부인하더라도 비공식적인 권력관계가 형성되기 때문에 참모가 계선에 대해 권력을 행사할 수 없다는 생각은 하나의 허구에 불과하다고 한다.

시대의 변화에 따라 계서제 내의 명령통일과 명령계통에 관한 원리가 실천세계에서 차츰 수정되었다. 참모도 필요한 때에는 계선에 대해 직접 명령할 수 있게 해야 한다는 주장이 널리 받아들여지게 되었다. 그리고 참모조직은 매우 다양하므로 그 역할을 획일적으로 처방하기 어렵다고 보는 견해도 많은 호응을 얻고 있다. 간단히 말해 현대적인 관점은 다원적이며, 계선과 참모의 엄격한 구별에 의문을 표시하는 것이라고 할 수 있다.

참모의 비공식적 권력행사를 인정하고 나아가 공식적으로도 명령할 권한을 부여할 필요가 있다고 생각하는 근래의 논자들은 계선과 참모 사이에 문제영역별로 명령권을 분배하는 모형을 제시하기도 한다. 참모는 문제영역별로 i) 순수히 자문적인 역할, ii) 협의에 참여하는 권한을 행사하는 역할, iii) 계선과 중첩되는 관할권을 행사하는 역할, iv) 단독적인 명령을 발하는 역할 등을 선택적으로 수행하도록 해야 한다는 것이다.[31]

(2) 참모조직의 새로운 정의　고전적 참모조직모형을 비판하는 논의까지를 아우를 수 있는 참모조직의 정의를 시도하려 한다. 다음의 정의에서 '일반적으로' '원칙적으로' '어느 정도' '보통이다' 등의 표현을 쓴 것은 융통성 있게 개념정의를 해서 예외의 폭을 용인하려는 의도를 반영한다.[32]

일반적으로 그리고 원칙적으로 생각할 때 참모는 계선조직의 관리기능을 지원 또는 보조하려는 조직단위라고 말할 수 있다. 참모는 직접적으로 생산적인 활동(조직의 생산목표를 직접 실현하는 활동)보다는 그에 대한 관리작용을 돕는 간접적인 기능(indirect or adjective functions)을 수행한다. 참모는 관리자들의 관리능력을 강화하고 관리기능을 전문화하는 데 기여한다. 참모가 수행하는 관리작용 또는 관리보조작용의 영역은 통제와 조정, 자원의 획득과 관리, 조직개혁의 촉진, 전문적 정보제공, 자료수집과 분석, 조직설계 등이다.[j]

---

[j] 참모조직은 그 기능에 따라 여러 가지로 분류되고 있다. John M. Gaus, Leon Walcott, W. F. Willoughby, John Pfiffner, Frank Sherwood 등은 참모의 유형을 일반참모(general staff), 특별 또는 기술참모(technical staff), 조정 및 보조참모(coordinating and auxiliary staff) 등으로 구분하였다. Pfiffner and Sherwood, *Administrative Organization*(Prentice-Hall, 1960), pp. 179~181. Joseph Litterer는 참모의 종류를 비서적 참모(assistant-to), 일반참모(general

참모는 계선조직의 명령계통에 직접 포함되지는 않고 어느 정도의 거리를 유지하는 것이 보통이기 때문에 그러한 명령계통의 근간을 형성하는 계선과는 구별된다. 그러나 참모가 계선에 지시·명령하는 예외적 사례를 배제할 수는 없다.

4) 명령통일에 관한 문제

(1) 명령통일의 원리에 대한 비판   명령통일의 원리에 대한 반론은 오래전부터 제기되어 왔다. 명령통일의 원리를 예외 없이 적용하는 경우 관리체제가 대응성을 잃고 조직의 효율성이 떨어진다는 것이 비판의 핵심적 논점이다.

조직운영의 실제에서 명령통일의 원리를 고수하기 어려운 조건들이 생기는 경우는 흔하다. 복합적인 사업을 여러 조직단위들이 공동으로 수행하거나 긴밀한 정보교환이 필요한 경우, 업무의 연관성이 높은 경우, 관리의 기능별 전문화가 필요한 경우, 업무관계가 고도로 유동적인 경우, 그리고 갈등의 발생지점에서 그것을 신속히 해소할 필요가 큰 경우 등을 예로 들 수 있다. 이러한 조건 또는 요청이 있을 때에는 복수의 상관으로부터 명령을 받을 수 있게 해야 한다.

(2) 수정대안의 탐색   고전기에도 이미 명령통일의 원리에 대해 생각을 달리하는 사람들이 있었다. 그 예로 과학적 관리운동을 선도한 Frederick Taylor를 들 수 있다. 그는 기능별 십장제(機能別 什長制: dual or functional foremanship)를 제안함으로써 명령통일의 원리에 도전하였다. 근래 많은 호응을 얻고 있는 복합구조의 처방은 명령통일의 원리를 수정하는 것이다.

조직사회의 실제에서 명령계통이 부분적으로 다원화되어 있는 사례는 적지 않다. 특정한 기능적·기술적 또는 전문적 영역에 속하는 문제에 관련해서만 명령할 수 있는 한정적 권한을 가진 조직단위 또는 개인들이 조직 내에 있으면 조직구성원들은 자기 업무의 국면별로 명령을 받을 수 있다. 이와 같은 한정적 명령권의 분화로 인하여 명령계통이 다원화될 때에는 부하와 상관의 역할이 상황에 따라 뒤바뀔 수도 있다.

제안제도와 이의제기 또는 소청에 관한 제도는 공식적으로 명령계통을

---

staff), 특별참모(specialized staff) 및 운영참모(operating services)의 네 가지 유형으로 정리·분류하였다. Litterer, *ibid.*, pp. 339~345.

이원화시킨다. 왜냐하면 조직구성원들은 계서제 상의 상관들을 거치지 않고 상향적인 의사전달을 하고 또 명령을 받을 수 있기 때문이다. 그리고 신분 상의 상관이 다른, 다시 말하면 임명권자가 다른 구성원들이 같은 조직에 근무하게 되면 신분 상의 감독과 업무 상의 감독이 이원화된다.

오늘날의 조직연구인들은 조직사회의 실제에서 발견되는 다원적 명령계통이나 비공식적으로 형성되는 여러 방향의 권력관계들을 확인하고, 그러한 관계들의 발생원인과 필요성을 연구하고 있다.

5) 계층구분과 공식적 명령계통에 관한 문제

(1) 계층화와 명령계통의 원리에 대한 비판 상관과 부하의 역할을 엄격하게 계층화해야 하며, 수직적 의사전달은 각 계층을 연속적으로 잇는 명령계통을 거쳐서만 이루어져야 한다는 원리는 권한배분과 조정의 기본질서를 유지하는 데 기여할 수 있다.

그러나 비공식적으로 발생하는 여러 방향의 권력관계, 명령할 권리와 명령할 능력이 부합되지 않는 상황, 전문가의 자율성이 존중되어야 하는 경우, 참여와 협동을 강조해야 하는 경우 등에 대응하려면 엄격한 계층구별을 완화하지 않을 수 없다. 공식적으로 규정된 명령계통에 따라서만 의사전달이 이루어질 경우 의사전달이 지연될 뿐만 아니라 그것이 왜곡될 위험도 크다. 그리고 현대조직이 다루는 정보는 폭증하고 있기 때문에 명령계통의 원리를 철저히 고집하기는 어렵다.

(2) 수정대안의 탐색 계층구분을 완화하거나 그 융통성을 높이려는 여러 가지 대안들이 제안되고 채택되어 왔다. 구조의 저층화, 분권화, 힘 실어주기 등은 널리 알려진 대안들이다. 상관과 부하의 역할을 유동적인 것으로 만드는 잠정적 구조의 처방은 엄격한 고정적 계층구분·지위구분을 허물어뜨리는 제안이라 할 수 있다.

명령계통의 원리가 지켜질 수 있는 정도는 조직의 종류와 그것이 처해 있는 상황에 따라 다르겠지만 어느 경우에나 명령계통의 원리는 다소간에 수정되어야 한다고 보는 것이 오늘날의 지배적인 견해이다. 명령계통의 근간을 훼손하지 않으면서도 다른 계통과 방향의 의사전달통로를 활용할 수 있게 해야 한다는 수정적 제안들이 있다. 수직적 의사전달에서 그 내용을 꼭 알아야 할 계층까지만 의사전달이 이루어지게 하고 필요한 때에는 일부의 계층을 건너뛰어 의사전달을 할 수 있게 해야 한다는 제안도 있다. 이보다 더 급진적인 제안들도 있다. 계서제 없는 조직의 처방이나 삼성체세화의 처방은 고징직인 계층과 명령계통의 존재를 거부한다.

6) 통솔범위에 관한 문제

(1) 집권화·분권화·상황적응성   통솔범위에 관한 고전적 원리는 집권화의 요청이 강한 상황에서는 그 적실성이 높다. 산업화시대의 조직들이 집권적 계서제를 필요로 하고 구조설계이론들도 전반적으로 집권화지향적일 때 좁은 통솔범위의 처방은 높은 지지를 받을 수 있었다. 그러나 상황적응성의 요청과 분권화의 요청이 커진 오늘날 좁은 통솔범위의 획일적 처방은 많은 비판을 받고 있다.

오늘날 대다수의 연구인들은 통솔의 범위가 상황에 따라 '적정하게' 결정되어야 한다는 원칙을 받아들이고 있다. 그러한 원칙적 이해 위에서 현시대의 조건에 적합한 통솔범위 결정의 가치전제를 선택한다. 가치전제 선택의 대세는 분권화의 선택인 것 같다. 분권화라는 가치는 통솔범위의 확대를 지지한다. 현대의 처방적 이론들은 통솔범위의 확대와 권력구조의 분권화를 촉구하는 데 치우쳐 있다.

(2) 적정한 통솔범위 산정을 위한 노력   고전이론가들 가운데도 여러 가지 요인을 고려하여 구체적인 경우의 통솔범위를 결정해야 한다고 말한 사람이 없지 않았다.[k] 그러나 고전이론가들은 대부분 적정한 부하수의 산정에 관한 문제를 회피하거나, 막연히 통솔범위를 좁게 하는 것이 좋다는 규범적 주장을 하거나, 아니면 적정한 부하의 수를 획일적으로 처방하려 하였다.

아무런 객관적 근거가 없이 막연하게 통솔범위에 포함시켜야 할 인원수를 제시하는 직관적 방법의 비과학성에 대한 공격이 점차 확산되었다. 이러한 비판을 의식한 사람들은 객관적인 산정기준에 따라 적정한 통솔범위를 결정

---

k) 예컨대 Luther Gulick은 감독자의 특성, 업무의 특성, 조직의 규모, 장소, 조직의 안정성에 관련된 시간(조직의 역사) 등이 다르면 통솔의 범위도 달라져야 한다고 말함으로써 원칙적으로 타당한 논리를 전개하였다. 오늘날의 지배적인 이론도 원칙적으로 그러한 접근방법을 채택하고 있다. 다만 고려요인의 폭을 넓히고 그에 관한 지표를 보다 정교하게 발전시키고 있으며 지표 간의 상호관계를 규명하는 데도 한층 세련된 논리를 보여 주고 있다.

할 수 있는 산출방법을 고안하거나 그에 관해 경험적 조사를 시도하게 되었다. 그러한 시도의 두 가지 예를 보기로 한다.

❶ Graicunas의 연구 통솔범위 산출모형의 대표적인 예는 계량적인 산출공식을 제시한 V. A. Graicunas의 이론이다.[33] Graicunas는 한 집단 내의 인원수가 증가하면 그들 간의 관계는 훨씬 높은 비율로 증가한다고 하였다. 다시 말하면 인원수가 산술급수적으로 증가할 때 그들 간에 생기는 조직상의 관계(organizational relationships)는 기하급수적으로 증가한다는 것이다.

A라는 감독자가 B와 C라는 두 사람의 부하를 거느리는 경우 그들 사이에 생기는 관계는 여섯 가지로 된다고 한다. 여섯 가지 관계란 첫째, B에 대한 A 자신의 관계, 둘째, C에 대한 A 자신의 관계, 셋째, B를 C보다 상위에 둔 경우의 B·C 집단에 대한 A의 감독관계, 넷째, C를 B보다 상위에 둔 경우의 B·C 집단에 대한 A의 감독관계, 다섯째, C에 대한 B의 작용을 A가 감독하는 관계, 여섯째, B에 대한 C의 작용을 A가 감독하는 관계를 말한다.

이러한 추정에 따라 부하수의 증가와 관계수의 증가에 관한 수식을 다음과 같이 만들었다.

$$N = n\left(\frac{2^n}{2} + n - 1\right)$$

N : 관계수
n : 부하의 수

위의 수식에 따라 관계수를 산정해 보면 n이 1일 때 N은 1이며, n이 3이면 N은 18이 되고, n이 4일 때 N은 44가 된다. n이 6이 되면 N은 222로 되고, n이 12에 이르면 N은 24,708이 된다. 이러한 계산에 미루어 볼 때 한 사람이 직접 거느릴 수 있는 부하는 소수에 제한될 수밖에 없다고 Graicunas는 주장하였다. 이에 동조하는 후학들은 한 사람이 직접 거느리는 부하의 수는 6명 내외로 정하는 것이 적당하다는 견해들을 피력하였다.

조직적인 방법으로 통솔의 범위를 산출(算出)하려는 시도를 하였다는 점에서 Graicunas의 노력은 치하 받을 수 있을 것이다. 그러나 그의 접근방법은 몇 가지의 제약점을 가지고 있다. 첫째, 사람들 사이에 생겨나는 조직 상의

관계를 모두 포괄하는 것이라고 볼 수 없다. 둘째, 산출해내는 관계의 수는
생겨날 가능성이 있는 관계의 수이며 실제로 존재하거나 반드시 존재해야 할
관계의 수가 아니다. 셋째, 모든 관계는 동일한 빈도로 발생한다고 전제했는
데 이것은 현실과 너무 거리가 먼 가정이다. 넷째, 모든 관계의 농도(intensity)
는 같다고 전제했는데 이것도 현실과 거리가 먼 가정이다.

❷ 록히드회사에서의 연구   Graicunas가 계량적 방법으로 적정한 통솔의
범위를 산출해 보려고 한 이래 그와 유사한 시도는 종종 있어 왔는데, 대부분
현실을 지나치게 단순화하는 경향을 보였다.[1] 록히드회사(Lockheed Missiles
and Space Division)에서 개발하여 사용한 계량화의 방법은 그 중 세련도가 비
교적 높은 것이다.[34]

이른바 록히드 접근방법에서는 먼저 통솔의 범위를 결정할 때 고려해야
할 가장 중요한 요인들을 선택하고 각 요인을 엄격하게 정의하였다. 선정된
고려요인은 i) 관리대상인 기능의 유사성, ii) 관리대상인 기능의 지리적 근접
성, iii) 관리대상인 기능의 복잡성, iv) 관리대상인 직원에 대한 지도와 통제
의 필요, v) 관리자가 맡아야 할 조정업무의 특성, vi) 관리자가 맡아야 할 계
획업무의 특성, 그리고 vii) 관리자가 참모나 보조인원으로부터 받는 보조의
특성이다.

다음에는 각 요인별로 평점척도(point value scale)를 만들었다. 여기서 말
하는 평점척도란 각 요인의 내용을 다섯 가지로 분류하여 감독자에게 부담을
많이 주는 것일수록 높은 가중치가 부여되도록 만든 표이다. 예컨대 기능의
유사성에 관련하여 동일하면 1점, 근본적으로 같으면 2점, 유사하면 3점, 유
사한 기능에 속하지만 접근방법이나 기술이 다르면 4점, 근본적으로 다르면
5점의 가중치를 부여하였다. 점수가 많을수록 감독하기가 힘든 것이다. 평점
척도를 만들 때 일곱 번째의 요인(관리자가 받는 보조)은 별도로 취급하여 보조
를 많이 받을수록 보다 큰 마이너스(−)의 가중치를 부여하였다. 왜냐하면 보
조를 많이 받을수록 관리자의 부담은 줄어들기 때문이다.

1) 예컨대 Blau와 Scott는 통솔범위의 산정을 위해 S=$\sqrt[L]{N}$이라는 수식을 고안하였다. S는 통솔의 범위이며 L은 감독계층의 수이고 N은 조직구성원총수이다. Peter M. Blau and W. Richard Scott, *Formal Organization: A Comparative Approach*(Chandler Publishing Company, 1962), p. 168.

각 관리자 또는 감독자의 직무에 대한 고려요인별 가중치를 합계하여 '감독지수'(supervisory index)를 만들고 표준적인 통솔범위를 가진 직위의 감독지수와 비교하여 적정한 통솔의 범위를 처방하였다. 표준직위는 효율적으로 조직·운영되면서도 통솔범위가 넓은 조직단위의 관리직위 또는 감독직위 가운데서 골랐기 때문에 처방된 통솔의 범위는 처방대상이 된 조직에 실재했던 통솔의 범위보다 전반적으로 넓은 것이었다. 처방된 대로 통솔의 범위를 넓힌 결과 여러 가지 좋은 효과를 얻었다고 한다.

록히드 접근방법도 온전한 보편성을 지닌 것은 아니다. 따라서 특성이 아주 다른 조직들에 그것을 적용할 수 있을지는 의문이다. 가중치를 결정할 때 경험적인 검증을 거치기도 했다지만 상식적인 판단이 더 많이 작용하였으므로 가중치의 결정에 대한 비판의 여지가 있다. 그리고 통솔의 범위는 가능한 한 넓을수록 좋다는 편견이 산출작업에 많은 영향을 미친 것 같다.

무한히 복잡한 요인들의 얽히고설킨 관계를 빠짐없이 포착하여 통솔의 범위를 객관적으로 계량화하는 것은 우리가 현재 가진 능력으로는 버거운 일이다. 앞으로 통솔범위 결정에 관한 분석틀의 발전과 빅 데이터·인공지능 활용의 획기적인 발전에 문제해결의 기대를 걸어볼 수밖에 없다.

7) 고층구조와 저층구조

통솔범위가 넓거나 좁은 것에 관련한 논쟁은 바로 계서제의 높낮이(高低)에 관련한 논쟁이라고 할 수 있다. 통솔의 범위를 좁히면 계층의 수가 많아져서 고층구조(급경사구조·키다리구조: tall structure)가 되고, 통솔의 범위를 넓히면 계층의 수가 적어져서 저층구조(완경사구조·납작한 구조: flat structure)가 되기 때문이다. 이런 이치는 면적이 같은 이등변 삼각형의 폭을 넓히면 높이가 줄어들고 폭을 좁히면 높이가 늘어나는 것에 비유해 설명할 수 있다.

고층구조와 저층구조는 조직의 전체 규모에 비해서 계층의 수가 얼마나 되는지를 기준으로 하여 구분한다. 조직의 총규모에 비해 계층의 수가 많으면 고층구조이며, 계층의 수가 적으면 저층구조이다. 고층구조와 저층구조를 상징적으로 도시하면 〈그림 3-3-3〉과 같다.

여기서는 통솔범위의 문제를 고층구조와 저층구조에 관한 문제로 보아 두 가지 대안의 일반적인 장·단점을 논의하려 한다.

그림 3-3-3 고층구조와 저층구조

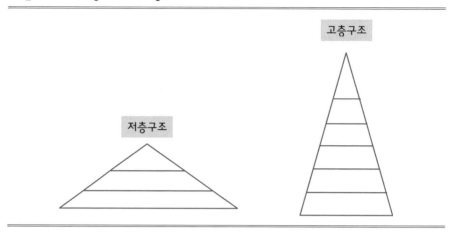

(1) 고층구조   고층구조의 이점과 단점에 관한 논의를 살펴보려 한다.

❶ 이 점   고층구조를 선호하는 사람들이 그 이점이라고 지적하는 것들은 다음과 같다.

첫째, 통솔범위가 좁기 때문에 직접 거느리는 부하에 대해 면밀한 통제와 감독을 할 수 있다. 면밀한 감독의 관계가 각 계층마다 차례로 구축될 수 있기 때문에 조직의 최상층으로부터 조직 전체에 대한 통제를 강화할 수 있다.

둘째, 상향적인 정보의 흐름이 여러 계층에서 검토되기 때문에 과오나 미비점이 발견되고 수정될 가능성이 크다.

셋째, 각 계층의 감독자 특히 상층부의 관리자들은 직접 거느리는 부하의 수가 적고 따라서 감독부담이 적기 때문에 기본적인 정책문제나 장기적인 장래의 문제를 생각할 수 있는 여유를 갖게 된다.

넷째, 조직이 탁월한 능력을 가진 감독자나 관리자들을 구하기 어려운 때에는 통솔범위를 좁혀야 한다. 통솔범위가 좁으면 보통의 관리자들도 감독 업무를 제대로 해낼 수 있다.

다섯째, 직근상관(直近上官: 바로 위 상관)과 부하 사이의 의사전달과 조정을 원활하게 한다.

❷ 단 점   고층구조를 만들게 되는 좁은 통솔범위에 반대하는 사람들은 고층구조의 단점들을 지적하고 있다.

첫째, 계층이 많을수록 관리층의 기구와 인원수를 증대시키기 때문에 조직에 부담을 준다. 이 점에 관련하여 사람들은 Parkinson의 논리를 인용하고 있다. '파킨슨의 법칙'에 대해서는 뒤에 관료제의 병폐를 논의하면서 언급할 것이다.

둘째, 수직적 의사전달이 많은 계층을 경유해야 하는 경우 의사전달은 지연되고 왜곡될 위험이 크다. 의사전달과정이 복잡해지고 따라서 조정이 어려워진다. 의사결정도 지연된다.

셋째, 계층이 너무 세분되면 계층 간의 역할차이가 작아지기 때문에 인접한 계층 간의 권한과 책임에 관한 구분이 불분명해진다. 이것은 관리과정에 혼란을 야기한다.

넷째, 면밀한 통제를 수반하는 고층구조는 부하들의 자율성과 창의성을 저해하고 직무수행동기를 떨어뜨린다.

(2) 저층구조   저층구조의 장·단점에 대한 논의를 보기로 한다.

❶ 이 점   저층구조의 이점이라고 지적되고 있는 것은 다음과 같다.

첫째, 납작한 구조는 분권화의 결과이기도 하지만 분권화를 촉진하기 위한 수단이기도 하다. 직접 감독해야 할 부하의 수가 많으면 감독자는 책임과 권한을 위임하지 않을 수 없다. 보다 많은 권한과 책임을 위임하면 시간과 능력에 여유가 생겨서 다시 더 많은 부하를 거느릴 수 있게 된다. 분권화가 촉진되면 부하들이 창의성을 발휘할 수 있고 자율적으로 일해 나갈 수 있는 능력을 발전시킬 수 있다. 부하들의 성숙도가 높아지면 분권화는 더욱 촉진될 수 있다.

둘째, 관리계층의 기구와 인원을 줄일 수 있다.

셋째, 조직 전체에 걸친 수직적 의사전달을 신속하고 정확하게 할 수 있다.

넷째, 계층 간의 역할구별이 뚜렷해지기 때문에 역할모호성을 줄일 수 있다.

❷ 단 점   저층구조의 단점으로 지적되고 있는 것은 다음과 같다.

첫째, 직근상관과 부하들 사이의 긴밀한 접촉이 어려워진다. 상관의 직접적이고 긴밀한 감독이 필요한 경우 저층구조는 부적합하다.

둘째, 관리자들에게 탁월한 감독능력이 없고 부하들에게 자율적으로 일을 처리할 수 있는 능력이 없을 경우에는 통솔의 범위를 넓힐 수 없다.

셋째, 상향적 정보전달의 과오나 미비점이 간과될 위험이 크다.

V. 관료제모형

1. 여러 의미로 쓰이는 관료제 개념

관료제(官僚制: bureaucracy)라는 말은 여러 학문분야에서 널리 쓰이고 있는 개념이며 비전문가인 보통 사람들의 입에도 자주 오르내리는 낱말이다.[m] 관료제라는 말이 널리 쓰이는 만큼 그 의미도 다양하게 이해되고 있다.

관료제라는 말이 각각 다른 뜻으로 쓰이는 경우를 대개 네 가지로 나누어 볼 수 있다.[35] 첫째, 특정한 형태의 조직을 관료제라 하는 경우이다(조직구조로서의 관료제). 둘째, 특정한 조직형태에 수반되는 병폐를 지적하기 위해 관료제라는 말을 쓸 때가 있다(조직의 병폐로서의 관료제). 셋째, 관료제라는 말이 거대한 정부(big government)라는 뜻으로 쓰일 때가 있다(현대정부의 특성으로서의 관료제). 넷째, 국민의 자유와 권리를 침해하는 해독으로 관료제를 이해하는 경우가 있다(고발대상으로서의 현대정부). 우리가 논의하는 관료제는 위의 첫 번째 관점에 따라 의미가 규정되는 것이다. 여기서 관료제라고 부르는 것은 일정한 특성을 지닌 조직이다.

조직의 구조형성에 관한 Max Weber의 관료제모형이 소개된 이래 그것을 패러다임으로 삼는 관료제 연구는 줄을 이어 계속되어 왔다. 많은 연구인들이 Weber의 이념형(理念型: 이데알 티푸스: Ideal Typus)을 검토하고 비판하고 수정해 왔으므로 이른바 관료제학파에 속하는 접근방법들은 대단한 분화를 보이게 되었다. 여기서 다양한 관료제모형들을 모두 검토할 수는 없다. 관료제학파를 출범시켰다고 생각되는 Weber의 모형이 구조형성에 대해 설명한 것을 개관하고 그 공과를 따지는 논점들을 소개하는 데 그치려 한다.[n]

---

m) Bureaucracy라는 말은 프랑스의 Vincent de Gournay가 1745년에 처음 사용했다고 한다. 그는 관료들이 권력을 쥐고 있던 Prussia 정부를 Bureaucracy라 불렀다. Ralph C. Chandler and Jack C. Plano, *Public Administration Dictionary*(Wiley & Sons, 1982), pp. 154~155.

n) 독일의 사회학자 Max Weber(1864~1920)가 관료제에 관한 논문을 발표한 때는 1911년이라고 한다. Weber의 논문들이 미국에서 영어로 번역·출간된 것은 1940년대 이후의 일이다.

2. Weber의 관료제모형

독일인 학자 Max Weber는 조직이 바탕으로 삼는 권한의 유형을 세 가지로 나누었다. 세 가지 권한이란 전통적 권한(traditional authority), 위광적 권한(威光的 權限: charismatic authority), 그리고 법적·합리적 권한(legal rational authority)이다.ᵒ) 그가 말하는 관료제의 이념형은 법적·합리적 권한에 기초를 둔 것이다.

1) 관료제의 주요특성

법적·합리적 권한에 기초를 둔 관료제의 특성을 Weber는 다음과 같이 설명하였다.36)

❶ 권한과 관할범위의 규정　모든 직위(職位: office)의 권한과 관할범위는 규칙(법규; 공식적 규범)으로 규정한다. 권한은 사람이 아니라 직위에 부여된다. 사람은 직위를 점함으로써 권한을 행사할 수 있게 된다. 관료제구조의 목표추구에 필요한 활동은 미리 정한 방법에 따라 분배된다. 분배된 활동이 공식적 임무이다. 각 직위의 임무, 그것을 수행하는 방법, 그에 필요한 권한의 행사는 규칙으로 정해진다.

❷ 계서제적 구조　권한의 계층이 뚜렷하게 구획되는 계서제에 모든 직위들이 배치된다. 계서제는 상명하복의 질서정연한 체제이다. 계서제 내에서 상위직은 하위직을 감독한다. 어떤 관료가 다른 관료를 지휘·감독하는 권한을 갖게 되는 근거는 계서제 상의 지위이다. 관료 간의 관계는 계서제적 원칙에 따라 규율된다고 할 수 있다. 하급자는 상급자의 엄격한 감독과 통제 하에 임무를 수행한다.

❸ 문서화의 원리　모든 직위의 권한과 임무는 문서화된 규칙으로 규정된다. 임무수행(직위 또는 사무실의 관리)은 문서로 한다. 따라서 관료제는 문서작성과 보관을 담당하는 필경사(筆耕士) 등 보조관료를 필요로 한다. 그리고 문서철은 사무실(bureau)의 한 구성요소가 된다.

❹ 임무수행의 비개인화　관료들은 지배자의 개인적 종복으로서가 아니

ᵒ) 전통적 권한은 전통에 바탕을 둔 것이며 위광적 권한(카리스마틱 권한)은 개인적 특성에 바탕을 둔 것이다. 법적·합리적 권한은 법적으로 정당성이 부여된 것이다.

라 규칙으로 정한 직위의 담당자로서 직위의 목표와 규칙에 충성을 바쳐야
한다. 관료들은 임무수행에 관한 규칙의 적용에서 개인적 이익이나 구체적인
경우의 특별한 사정 또는 고객의 지위 등에 구애되는 일이 없이 공평무사한
비개인성(몰인격성: impersonality)을 유지하도록 요구된다.

❺ 관료의 전문화와 전임화   임무수행에 필요한 전문적 훈련을 받은 사
람들이 관료로 채용된다. 채용의 기준은 전문적·기술적 능력이다. 관료들은
원칙적으로 상관이 임명한다. 그들이 구비해야 할 지식의 주축을 이루는 것은
임무수행을 규정하는 제반규칙에 관한 지식이다. 관료로서의 직업은 잠정적
인 것이 아니라 일생 동안 종사하는 항구적인 생애의 직업(vocation)이다. 그
것은 또한 전임직업(專任職業: full-time job)이다. 직업적 훈련을 받고 특수한
지식을 가진 관료들은 그들이 맡은 직위의 임무수행에 전력을 바쳐야 한다.

관료제의 재산은 관료의 개인재산과 구별되며 사무실은 개인의 주거와 구
별된다. 관료들은 계급과 근무연한에 따라 고정된 보수와 연금을 받는다. 관료
들에게는 상위직으로 승진할 수 있는 기회가 제공되며 승진의 기준은 주로 선
임순위(seniority)이다.

❻ 관료제의 항구성   관료제가 성숙하면 그것은 파괴하기 어려운 실체
가 된다. 권력관계의 사회화를 통해 권력의 망을 형성하고 사회의 적절한
기능수행에 요긴한 서비스를 제공함으로써 관료제는 스스로를 항구화한다.
일반대중은 관료제가 제공하는 서비스에 의존하게 되며 그러한 서비스가 중
단되면 혼란을 겪게 된다. 관료제의 전문적 능력이나 비개인적 특성도 관료
제의 항구화에 기여하는 요인이다. 관료제에 대한 외부세력의 의존도를 높
이기 위해 관료제는 독자적으로 얻은 정보를 공개하지 않으려 한다. 비밀주
의에 의지해 스스로를 보호한다는 것이다.

관료 개개인은 끊임없이 움직이는 거대한 기계의 부속품처럼 속박되어
있으며 공식적인 규율에 대한 복종이 습관화되어 있기 때문에 그들에게는 관
료제를 와해시킬 수 있는 능력이 없다.p)

---

p) 관료제의 항구성(permanency)이란 지속성 또는 내구적 관성이라는 뜻으로 풀이해야 할 말이
다. 그 말이 영구불멸을 의미하는 것은 아니다.

2) 관료제의 우월성에 대한 Weber의 주장

Weber는 위와 같은 특성을 지닌 관료제가 다른 형태의 조직들에 비해 기술적 우월성을 가진다고 하였다. 엄격한 관료제에서 정확성, 신속성, 비모호성, 서류철에 대한 지식, 재량성, 통일성, 엄격한 복종, 마찰의 감소, 물적·인적 비용의 절감 등이 최적화될 수 있다고 하였다.

보수를 받고 일하는 전문적 관료들의 임무수행은 명예직으로 일하는 사람들의 경우보다 신속·정확하며 장기적으로 보면 비용이 오히려 적게 든다고 하였다.

역할·권한관계의 명확한 규정, 전문화의 촉진 그리고 계서제적 구조형성은 업무능률을 향상시키고, 조정·통제의 비용을 절감해 준다고 하였다.

관료제와 개인소유의 분리, 관료제의 '비인간화'(非人間化: dehumanization)에 의한 불편부당하고 객관적인 임무수행 등은 고도의 합리성과 기술적 완벽성을 구현할 수 있게 한다고 하였다.q)

3. Weber의 관료제모형에 대한 평가

많은 사람들이 여러 방면에 걸쳐 Weber의 관료제를 평가해 왔다. 관료제에 대한 평가는 크게 두 가지 범주로 분류할 수 있을 것 같다. 그 하나는 이론의 공과를 따지고 모형구성에 내포된 이론적 결함·미비 내지 비일관성을 공격하는 범주이며, 다른 하나는 Weber의 설명에 부합되는 실제의 관료제에 나타나는 효용과 결함(병폐)을 지적하는 범주이다. 여기서는 이론차원의 평가를 먼저 검토하고 이어서 실재하는 관료제의 효용과 병폐를 논의하려 한다.

---

q) Weber가 말한 비인간화는 조직의 공식적 업무수행에서 애증의 감정 등 순전히 개인적이거나 비합리적·감정적인 요인들을 배제한다는 뜻이다. 비인간화라는 말 대신 탈인간화, 비개인화, 합리적 제도의 강조에 의한 인적 지배 탈피 등의 표현을 쓸 수도 있을 것이다.
Weber의 설명에 따르면 관료제의 비인간화는 인간에 의한 지배가 아니라 법규(규칙)에 의한 지배 그리고 업무수행의 합리화를 촉진한다는 것이다. 비인간화는 또한 공평한 규칙적용을 가능하게 하고 그것은 절차적 정의의 구현을 돕는다. 정에 끌리면 하기 어려운 일을 할 수 있게 해서 조직의 능률화에도 기여한다. 조직 내의 합리적 의사결정을 촉진하는데 이것도 조직의 능률향상에 기여한다.

1) 접근방법에 대한 이론차원의 평가

(1) Weber의 공헌   Weber의 이념형은 조직의 구조형성에 관한 고전적 모형의 한 전형이라 할 수 있다. 그의 관료제모형은 인간본질의 합리적이고 예측가능하며 질서정연한 측면에 착안한 합리적·공식적 모형이다.

그의 모형은 근대조직의 기본적 질서를 유지하는 데 필요한 공식적 구조의 특성을 지적한 초창기적 작품으로서 조직이론의 발전에 공헌이 큰 탁월한 업적이라 하지 않을 수 없다. 후대의 관료제연구인들은 그의 이론을 여러 가지로 비판하였으나 그들의 비판적 활동은 Weber의 관료제모형을 출발점으로 삼아 그것을 수정 또는 보완해 온 것으로 이해할 수 있다.

(2) Weber에 대한 비판   Weber의 이념형에 대한 비판은 여러 가지이지만, 그 가운데서 가장 중요한 접근방법 상의 결함이라고 지적되어 온 것은 세 가지이다. 그 첫째는 모형의 내적 일관성이 결여되어 있다는 것이며, 둘째는 인간적 내지 비공식적 요인을 간과했다는 것이고, 셋째는 관료제의 특성에 대한 정의와 주장을 뒤섞고 있다는 것이다.

❶ 일관성의 결여   Weber는 관료제의 질서정연한 내적 일관성을 가정한 듯하지만 그가 규정한 관료제의 특성들 가운데는 서로 일관성이 없는 것들이 있다.

예컨대 능력기준에 따른 임용의 원리와 계서적인 권한배분의 원리는 상충된다. 한편으로는 직위를 맡음으로써 권한을 행사하게 된다고 말하고 다른 한편에서는 기술적 능력에 기초한 권력을 중요시하였다. 기술적 능력(실적)에 따라 관료를 임용하면서 계서제 상의 지위에 따라 능력과는 상관없이 상관의 명령에 복종해야 한다고 하는 것은 모순이라 하지 않을 수 없다. 상관은 부하보다 언제나 더 합리적이라고 생각한 것 같으나 현실은 반드시 그러한 생각을 뒷받침해 주지 않는다. 전문적인 훈련을 받은 관료가 전문성을 바탕으로 행사하는 권력과 계서제 상의 지위를 바탕으로 상관들이 행사하는 권한 사이에 긴장과 갈등이 조성될 수 있다는 것도 Weber는 적절히 예견하지 못했다.

❷ 비공식적 요인의 간과   Weber의 모형은 인간행태의 본질을 온전하게 파악하지 못했으며 비공식적인 관계가 공식적 구조를 수정하는 문제에 주의를 기울이지 못했다.

공식적 규칙이 회피적이거나 저항적인 반응을 불러일으킬 수 있다는 것, 수단인 규칙이 목표화될 수 있다는 것, 규칙의 비공식적 수정이 오히려 능률을 높일 수도 있다는 것, 응집력이 강한 비공식적 집단의 발생이 작업능률을 향상시킬 수 있다는 것 등은 관료제의 비공식적 측면을 관찰한 여러 가지 연구에서 밝혀졌다.

❸ 정의와 주장의 혼합 Weber의 관료제에 관한 이념형에는 개념적 틀과 일련의 가설들이 혼합되어 있다. 그는 관료제의 특성요인에 대한 정의(definition)와 요인들 사이의 관계에 대한 주장(propositions)을 명확히 구별하지 못하였다. 구조적 요인들 사이의 관계에 관한 그의 설명은 정의의 문제로 보아서는 안 되며 경험적 검증의 대상으로 보아야 한다. 예컨대 관료제적 특성을 가진 조직의 구조는 합리적이라고 시사한 것은 검증되어야 할 주장임에 불과하다.

Weber의 이념형에 대한 비판의 핵심적 논점을 세 가지로 요약했으나 비판과 공격이 그에 한정되는 것은 아니다. Weber는 i) 산업화사회에서 관료제의 불가결성을 지나치게 강조하였다는 것, ii) 관료제의 순기능적 요인만을 강조하고 역기능적 요인을 간과하였다는 것, iii) 공식적 요인에만 집착한 나머지 인간적인 요인과 비공식적인 요인을 도외시하였다는 것, iv) 열거된 특성들 사이에 일관성이 결여되어 있다는 것, v) 계서제적 권한과 전문적 권력 사이에 갈등이 일어날 수 있다는 사실을 확인하는 데 실패하였다는 것, vi) 인간을 자동인형처럼 취급한 기계적 이론이라는 것, vii) 공식적 규칙으로 모든 상황을 규율할 수 있는 것처럼 생각한 오류를 범했다는 것, viii) 조직을 구성하는 하위체제 간의 상호의존관계를 간과했다는 것, ix) 관료제의 특성에 대한 가설(주장)과 개념정의를 혼동하고 있다는 것 등이 비판의 레퍼토리에 포함되는 주장들이다.

Weber의 이론을 비판하는 사람들은 그의 이념형을 갈음할 관료제모형들을 제시하기도 한다. 예컨대 Alvin W. Gouldner는 관료들이 공식적 규범을 무시하는 행태와 비공식적 관계의 중요성을 부각시키면서 i) 유명무실한 관료제(mock bureaucracy), ii) 처벌중심의 관료제(punishment-centered bureaucracy), iii) 대표관료제(representative bureaucracy) 등 세 가지 관료제 모형을 제시하였다.[37]

유명무실한 관료제는 공식적 규범이 잘 지켜지지 않는 관료제이다. 처벌중심의 관료제는 공식적 규범을 무시하고 그에 저항하는 것을 막기 위해 처벌에 의존하는 강압적 전략을 채택하는 관료제이다. Gouldner가 정의한 대표관료제는 비공식적 집단이 공식적 규칙입안에 참여하고 그 집행에 적극적으로 협조하는 참여형 관료제이다.

2) 실천차원의 평가: 효용과 병폐

(1) 관료제의 효용   Weber가 말한 대로 그의 이념형에 부합되는 실제의 관료제는 원시적이거나 전근대적인 조직에 비해 기술적으로 우월하며 보다 합리적이고 능률적인 조직이라고 할 수 있다.

그리고 자본주의정신(spirit of capitalism)이 팽배해 있었고, 물질생산의 기계적 능률이 무엇보다 강조되었으며, 적자생존의 원리에 따른 경쟁주의가 윤리적으로 용납될 수 있었던 산업화단계의 사회에서 관료제는 사회의 발전에 많은 기여를 했다고 생각한다. 명문화된 규칙과 표준화된 절차를 지속적·안정적이며 전문적이고 비개인적으로 집행해 가는 관료제는 그러한 사회의 요청에 가장 잘 부합되는 것이다.

오늘날의 여러 사회에서 볼 수 있는 대규모조직들도 Weber가 지적한 관료제의 기본적 특성들을 많이 내포하고 있다. Weber가 관찰한 관료제는 역사적 유물로 퇴역해 버린 것이 아니라, 다소간의 변질을 겪으면서 오늘날까지 생명을 이어 왔다고 보아야 한다.

(2) 관료제의 병폐   Weber의 이념형에 부합되는 관료제의 여러 가지 병폐가 지적되어 왔다. 조직사회에 대한 시대적 요청의 변화에 따라 관료제의 병폐는 점점 더 심각한 문제로 인식되었다. 개인적 자유와 자발성, 분권화, 인간의 자기실현과 창의성 발휘, 급변하는 환경에 대한 적응과 조직의 융통성 등이 중요한 가치로 부각되면서부터 고전적 처방에 입각한 관료제는 더욱 신랄한 공격의 대상이 되었다.

관료제의 병폐라 하여 많은 사람들이 지적한 것들을 종합해 보면 다음과 같다.[38]

❶ 인간적 발전의 저해   집권적이고 권위주의적인 통제와 규칙우선주의 그리고 비개인적 역할관계는 불신과 불안감을 조성하고 조직구성원의 사회적 욕구충족을 저해하며 그들의 성장과 성숙을 방해한다. 조직구성원들은 명령이 있어야만 움직이는 피동적 존재로 전락한다. 그들의 창의적 노력은 기대할 수 없다. 결과적으로 관료제 내의 인적자원이 효율적으로 활용되지 못한다.

❷ 목표대치   기술적으로 필요한 정도를 넘어서 규칙의 엄격한 비개인적 적용과 준수가 강요되기 때문에 그러한 규칙준수요구에 대한 과잉동조(過剩同

調: overconformity)라는 현상과 목표와 수단의 대치(goal displacement)라는 현상이 빚어진다. 관료들이 목표보다는 그 수단인 규칙이나 절차를 더 중요시하게 되면 수단을 목표에 대치하는 현상이 나타난다.

엄격한 규칙적용과 통제의 강조는 목표와 수단을 대치시킬 뿐만 아니라, 이른바 양적 복종(quantitative compliance)만을 중요시하는 풍조를 조성한다. 외형적으로 관찰이 가능하고 또 측정이 가능한 활동결과가 주로 평가의 대상으로 되기 때문에 관료들은 조직의 궁극적인 성공을 생각하지 않고 양적인 실적을 올리는 데만 힘쓰게 된다는 것이다. 규칙과 절차의 강조는 절차적 정의 때문에 실질적 정의를 희생시키는 관료들의 행동성향을 조장한다.

❸ 훈련된 무능   한 가지의 지식 또는 기술에 관하여 훈련받고 또 기존 규칙을 준수하도록 길들여진 사람은 다른 대안을 생각하지 못한다. 훈련받은 대로 하는 행동이 과거에 성공적인 결과를 가져왔더라도 변동된 조건 하에서는 그것이 부적합할 수 있다. 그럼에도 불구하고 관료들은 행동을 변동된 조건에 적응시키지 못하는 경직성을 보인다. 한 사람의 능력이 어떤 경우에 무능 또는 맹점으로 되는 현상을 훈련된 무능(trained incapacity)이라 부른다.[r]

❹ 번문욕례와 변동에 대한 저항   구조의 경직성, 규칙과 절차 적용의 강조, 그리고 문서주의는 불필요하거나 번거로운 문서처리가 늘어나는 번문욕례(繁文縟禮: 레드 테이프: red tape)라는 현상을 빚는다. 그리고 쇄신과 발전에 대한 저항이 지나치고 고객과 환경의 요청에 적절히 대응하지 못하는 관료적 행태를 기르게 된다.[s]

---

r) 훈련된 무능이라는 개념은 Thornstein Veblen이 사용하기 시작한 것으로 알려져 있다. Burke는 이에 관하여 닭을 부르는 종소리의 예를 든 바 있다. 종소리를 모이 주는 신호로 알아듣도록 닭들을 훈련시키는 것은 쉬운 일이다. 그런데 닭을 잡아 먹으려고 부를 때도 종소리를 쓸 수 있다. 종소리에 따라 모이도록 훈련된 닭들은 잡아 죽이려는 목적으로 치는 종소리에도 먹이를 주려할 때와 똑같이 반응한다. Kenneth Burke, *Permanence and Change*(New Republic, 1935), p. 50ff.

s) 레드 테이프는 업무효율을 떨어뜨리고, 조직구성원들의 불만을 키우고, 고객을 불공평하게 대우하는 원인이라는 비난을 받고 있다. 이런 비난의 와중에서 문서화된 규칙·절차의 필요와 효용을 잊지 않도록 주의를 환기하는 사람들이 있다. 심사숙고해서 만들고, 잘 관리되고, 규제가 지나치지 않고, 영향을 받는 사람들이 잘 이해할 수 있고, 목적한 바를 확실히 달성할 수 있는 규칙·절차들은 바람직한 것이라고 한다. 모든 규칙·절차와 문서화가 레드 테이프로 되는 것은 아니다. 필요하고 바람직한 규칙·절차를 그린 테이프(green tape)라 부르기도 한다. Nicholas Henry, *Public Administration and Public Affairs*, 13th ed.(Routledge, 2018), pp. 97~98.

❺ 권력구조의 이원화와 갈등   계서적 권한과 지시할 능력 사이에는 괴리가 있다. 그리고 상관의 계서적 권한과 부하의 전문적 권력은 이원화되어 갈등을 빚는다. 전문적으로 훈련된 부하들은 자기들의 전문적 견해와 다른 상관의 계서적 명령에 불만을 품고 저항하게 된다. 상관은 전문지식의 결여 때문에 방어적인 태도를 보이지만 계서적 권한을 포기하려 하지 않는다.

권력구조의 이원화는 조직구성원들의 불만을 크게 하며 조직의 효율성을 떨어뜨린다. 관료제에서 최종적으로 지배하는 것은 직위에 부여되는 계서적 권한이다. 하급자들의 의견이 묵살되기도 하고, 하급자들이 승진에 지장을 받지 않기 위해서 상급자들의 뜻과 다른 의견의 개진을 자제하기도 한다. 이렇게 되면 조직 내의 사고력(두뇌의 힘)이 일부만 사용될 수밖에 없다. 부하들의 사고력은 사장(死藏)될 가능성이 크다.

❻ 권위주의적 행태의 조장   권한과 능력의 괴리, 상위직으로 갈수록 모호해지는 업적평가기준, 조직의 공식적 규범을 엄격하게 준수해야 한다는 압박감 등은 관료들을 불안하게 하며 그러한 불안감은 한층 더 권위주의적인 행태를 유발한다.

지위가 불안한 상위직 관료들은 부하들과의 관계에서 비개인성을 과장하여 냉담하게 행동하며 비공식적인 접촉을 피하려 한다. 규칙과 절차를 더욱 엄격하게 적용하고 통제를 강화함으로써 자기의 안전에 대한 위협을 봉쇄하고 자기의 지위를 향상시키려 한다. 여러 가지 지위중심적인 특혜와 특권을 강화하고 권력자와의 의사전달통로를 독점하려 한다. 관료들은 공식적 권한을 자기들의 개인적 권력과 이익을 신장하고 옹호하는 데 쓰려 한다. 따라서 권력투쟁이 일어난다.

❼ 무리한 세력팽창: 제국건설   관료제는 자기보존과 세력확장을 도모하려하기 때문에 그 업무량과는 상관없이 기구와 인력을 증대시켜가는 경향을 보인다. 그리고 관료제는 권한행사의 영역을 계속적으로 확장하여 제국(帝國: empire)을 건설하려 한다.[t]

---

t) 관료제의 이러한 속성을 설명한 이론을 흔히 파킨슨의 법칙(Parkinson's Law)이라 부른다. 일찍이 Parkinson이 관료제의 팽창성향을 지적하였기 때문이다. Parkinson 자신은 그의 이른바 법칙을 높아지는 피라미드의 법칙(The Law of Rising Pyramid)이라 불렀다. 영국의 전직 공무원이었던 Parkinson은 영국 해군에 관한 연구에서 1914년부터 15년간 군함의 수가 현저히 줄었음에도 불구하고 같은 기간 내에 해군공창의 직원이나 해군본부의 직원이 많이 늘어난

❽ 관료를 무능화하는 승진제도 관료제의 규모가 커지면 승진의 기회가 확대되고 무능한 사람들이 높은 자리를 차지하게 된다. 따라서 조직의 능률이 저하된다.

확장일로에 있는 조직에서는 상위직에 결원이 많이 생기고 승진의 기회가 많아진다. 하급계층에서 무능함이 판명된 사람만 승진하지 못하고 제자리에 남는다. 현직위에서 유능하다고 인정되는 사람은 모두 승진한다. 승진한 직위에서 다시 유능하다는 것이 인정되면 또 승진한다. 이와 같은 연쇄적 승진은 결국 일을 감당할 수 없는 직위에까지 사람들을 승진시켜 놓게 된다. 일을 감당할 수 없는 직위에까지 승진한 사람은 그 직위의 요청에 관한 한 무능한 사람이 되는데 다시는 승진이 안 되겠지만 신분보장규정 때문에 그 자리에 머물러 있게 된다. 이러한 이치로 결국은 모든 직위가 무능자로 채워지는 경향이 있다.[u]

위에 열거한 병폐들은 일종의 악순환을 형성하는 요인들이라고 할 수 있다. 관료제의 병폐를 악순환현상으로 규정하여 논의한 사람들이 많다.[v]

3) 관료제를 위한 변호

신고전기 초부터 지금까지 관료제연구인들의 주류는 관료제의 실천적 병리와 실책을 비판해 왔다. 관료제를 장악해 관리해야 할 사람들도 관료제의 무능과 타락을 질타해 왔다. 이러한 비판 일변도의 논조에 반발하는 사람들이

것을 발견하였다. 그는 이러한 통계를 보고 파킨슨의 법칙 또는 제국건설의 원리로 불리는 이론을 발표하였다. 조직상층부의 관리자들은 부하의 수를 늘려 자기의 지위를 격상시키려 한다. 이러한 행동성향은 계서제의 각 계층을 내려가면서 연달아 나타난다. 그 결과 직원의 수와 계층의 수가 늘어난다. 이렇게 되면 관료들은 남는 시간을 메우기 위해 쓸 데 없는 일을 만들기도 한다. 이런 줄거리의 설명을 하는 것이 파킨슨의 법칙이다. C. Northcote Parkinson, *Parkinson's Law and Other Studies in Administration*(Houghton Mifflin Company, 1957).

u) 이와 같은 이치를 피터의 원리(Peter Principle)라고 부르기도 한다. Lawrence J. Peter가 이에 관한 이론을 개척하였기 때문이다. Peter and Raymond Hull, *The Peter Principle* (Bantam Books, 1969), p. 8.

v) 예컨대 Michael Crozier는 ① 비개인적 규칙, ② 의사결정의 집권화, ③ 계층 간의 대면적 접촉 회피, ④ 계층적 고립화를 조장하는 동료집단의 압력, ⑤ 세력확장을 노리는 권력투쟁 등을 관료제적 악순환의 여건이라고 보았다. Crozier, *The Bureaucratic Phenomenon*(University of Chicago Press, 1964), p. 187.

근래에 늘어나고 있다.

(1) 변호의 요점 관료제 옹호론에는 i) 관료제의 우월성에 관한 고전적 논점을 지지하고 아직도 관료제를 대체할 만한 대안이 없다고 주장하는 것, ii) 관료제의 구성원리 자체가 본래적으로 나쁘거나 비능률적인 것은 아니며 지나친 관료화로 인한 폐단의 발생책임은 관료제를 운영하는 사람들의 실책에 있다고 주장하는 것, iii) 관료제의 병폐에 관한 비판론자들의 주장이 지나치거나 사실과 다르다는 점을 지적하는 것, iv) 관료제는 발전행정의 역군으로서 발전도상국의 국가발전에 크게 기여했음을 지적하는 것, v) 거대조직이나 정부가 저지르는 실책의 원인은 관료제가 아니라 다른 곳에 있다고 주장하는 것 등이 있다.

(2) 관료제 옹호론의 예시 1980년대부터 제기된 관료제옹호론의 예를 몇 가지 보기로 한다.

Charles C. Goodsell은 '관료제를 위한 변론'을 시도하였다. 그는 많은 연구자료를 검토한 후 '실패한 관료제'에 대한 비판론자들의 관점은 틀린 것이라고 주장하였다. 특히 미국의 정부관료제는 비판론자들이 생각하는 바와는 달리 일을 잘하고 있으며, 다수 국민도 정부관료제의 서비스에 만족하고 있다는 사실을 지적하였다. Goodsell은 관료제에 대한 비판의 대부분은 사실에 기초한 평가가 아니며 상당히 미신적인 주장이라고 말하였다.[39]

Herbert Kaufman은 관료제에 대한 비판과 두려움이 사실과 다르거나 과장되어 있다고 주장하였다. 그는 정부관료제가 통제되지 않고 권력남용을 일삼는 집단이라는 일관된 증거는 없다고 말했다. 권력남용의 사례는 단편적인 사건일 뿐이라는 것이다.[40]

Elliot Jaques는 계서제를 비판하는 사람들은 판단을 잘못하고 있으며 그들의 주장은 계서제뿐만 아니라 인간 본성조차 잘못 이해하는 데서 나온 것이라고 했다. 계서제적 층화는 업무들을 다루기 쉽게 일련의 단계로 구획함으로써 조직의 가치를 높인다고 하였다. 그리고 대규모조직을 위해 계서제는 최선의 대안이라고 주장하였다.[41]

Fred Riggs는 어느 시대의 관료제이거나 그것은 민주적이기보다 행정적·계서적이며 지배와 착취의 도구로 사용될 위험을 안고 있는 것이라고 주장했다. 관료제의 탈선을 막고 그것을 국민에게 봉사하는 조직으로 만드는 것은 정치적 통제구조의 특성과 역할에 달려 있다고 하였다. 여기서 핵심과제는 정부관료제의 구조를 근본적으로 바꾸는 것이 아니라 정부관료제에 대한 국민의 민주적 통제를 가능하게 하는 정치구조를 만드는 일이라고 하였다.[42]

Kenneth J. Meier도 비판자들이 지적하는 정부관료제의 문제들은 실제로 통치의 문제라고 주장했다. 그리고 정부부문에서 핵심이 되는 문제는 선거제도의 실패에 있지 관료제의 실패에 있는 것이 아니라고 하였다.[43]

Martin Schulz는 관료제의 번문욕례에 대한 비판자들의 주장이 사실과 다르다고 설명하였다. 그는 조직군생태학적 접근방법에 따라 한 대학교의 규칙제정자료를 시계열적으로 분석하였다. 거기서 그는 규칙의 수가 늘어나는 비율은 시간의 흐름에 따라 감소했다는 사실을 발견하였다. 그는 이에 근거하여 규칙은 규칙을 낳아 규칙이 상승적으로 늘어난다는 종래의 주장은 틀린 것이라고 말하였다.[44]

VI. 탈관료화의 원리(Ⅰ): 수정모형

조직이론사에 나타난 고전기 이후의 학파 또는 접근방법들은 복잡하게 분화되어 왔다. 그러한 접근방법들은 제각기의 관점에서 구조형성에 관한 고전적 원리들을 비판해 왔다. 어떤 것은 고전적 접근방법을 부분적으로 수정·보완하는 선에서 머물렀고 또 어떤 것은 고전적 접근방법을 근본적으로 배척하였다. 여기서는 고전적 접근방법을 수정하는 탈관료화(脫官僚化)의 구조설계모형을 두 가지만 예시적으로 소개하려 한다. 선택한 모형 두 가지는 견인이론에 입각한 구조와 복합구조이다.

고전적인 원리들을 보다 근본적으로 배척하고 새로운 대안을 제시하려는 이론들은 다음 Ⅶ항에서 따로 논의하려 한다.

1. 견인이론에 입각한 구조

Robert T. Golembiewski는 관리이론을 압박이론(壓迫理論: push theory)과 견인이론(牽引理論: pull theory)으로 대별하고 장차 조직의 구조와 과정은

견인이론의 처방에 따라 설계해야 한다고 주장하였다.

그가 말하는 압박이론은 McGregor의 X이론과 같은 전통적 이론이며 '궁지에 몰아넣는 이론' 또는 '등을 밀어대는 이론'이라고 부를 수도 있을 것이다. 압박이론은 사람들로 하여금 다만 고통스러운 결과를 피하기 위해 일하도록 만드는 방안을 처방하는 이론이라고 한다. 반면에 '이끌어 주는 이론'이라고 표현할 수도 있는 견인이론은 자유스러운 분위기를 조성하고 사람들로 하여금 일하면서 보람과 만족을 느끼게 하는 방안을 처방하는 이론이라고 한다.

Golembiewski가 설명하는 견인이론의 전제와 그로부터 도출되는 구조형성의 원리 및 구조적 특성을 요약하기로 한다.[45]

1) 견인이론의 전제

견인이론은 다음과 같은 전제 위에서 조직의 요청과 개인의 필요를 통합시키려 한다.

❶ 전통적 구조에 대한 불만   전통적인 구조형성의 원리에 입각한 조직에서 일하는 사람들은 대개 직무수행의 보람과 만족을 느끼지 못한다. 이것은 조직이나 개인에게 중대한 손실이라고 하지 않을 수 없다.

❷ 자율규제적 인간   사람들은 자기 자신의 일에 대해 스스로 보다 많은 통제력을 행사할 수 있고 직무수행을 통해서 보다 많은 욕구를 충족시킬 수 있을 때 더욱 생산적인 활동을 하게 될 것이다.

❸ 외재적 강요의 한계   조직이 사용하는 기술의 수준이 고도화되고 조직구성원들의 창의성 발휘가 중요해짐에 따라 우수한 업무수행을 강요하기는 점차 어려워지고 그것을 간청하지 않을 수 없게 될 것이다.

2) 견인이론의 원리

견인이론이 구조형성원리의 처방에서 강조하는 것은 다음과 같다.

❶ 통합의 강조   고전적 접근방법에서는 분화에 더 역점을 두었지만 견인이론은 조직활동의 통합에 치중한다.

❷ 자율성의 강조   견인이론은 조직구성원들의 업무수행에 대한 제약을 최소화하고 행동의 자유를 신장시키려 한다. 기계적 구조가 아니라 진화된 유

기적 구조를 처방한다.[w]

❸ 창의성의 강조　견인이론은 조직의 구조형성에서 안정성보다는 새로움과 창의성을 더 중요시한다.

❹ 일의 흐름 중시　견인이론은 기능(functions)이 아니라 일의 흐름(flows of work)을 중심으로 구조를 형성해야 한다고 처방한다.

3) 견인이론에 입각한 구조

견인이론에 입각한 구조는 통합, 행동의 자유, 변동, 그리고 전체적인 일의 흐름을 중요시하는 구조로서 분권화, 사업관리(project management), 기능의 복합적 중첩(matrix overlays), 목표관리, 자율적인 프로젝트 팀, 태스크포스 등 여러 가지 적응적 장치(adaptive arrangements)를 내포한다. 견인이론에 입각한 구조의 특성은 다음과 같다.

❶ 일의 흐름을 기준으로 한 수평적 분화　수평적 분화의 기준은 기능의 동질성이 아니라 일의 흐름이라는 체계 속에서의 상호관련성이다. 전체적인 일의 흐름에서 상호관련된 활동들을 한데 묶어 통합적인 구조적 단위 (integrative departments)들을 형성한다.

❷ 다방향적 권한관계　권한의 흐름은 하향적·일방적인 것이 아니다. 상호적이며 상하·좌우로 권한관계가 형성된다.

❸ 넓은 통솔의 범위　업무의 성과(결과)에 대한 평가를 평가활동의 기본으로 삼고 자율규제를 촉진하기 때문에 통솔의 범위를 넓힐 수 있다.

❹ 외재적 통제의 최소화　각 프로젝트팀의 자율적 통제를 내재화함으로써 외재적 통제와 억압을 최소화한다.

❺ 높은 적응성　변동에 대한 적응을 쉽게 한다.[x]

---

w) 고전이론의 기초가 된 관료화의 정신(bureaucratic spirit)은 인간의 결함과 과오를 배제 또는 봉쇄할 수 있는 체제의 확립을 추구하는 것이었다. 따라서 일의 흐름을 기능, 직위 또는 동작으로 분화시키고 분화된 단위들을 규합하는 접착제로 과잉적인 억압을 사용하였다. 견인이론이 바탕으로 삼는 통합화의 정신(integrative spirit)은 사람들이 스스로 최선의 생산역량을 발휘할 수 있는 분위기 조성을 추구한다. 따라서 행동의 자유를 강조하고 사람들이 전체적인 일의 흐름에 효율적으로 기여하면서 동시에 개인적 욕구를 충족시킬 수 있도록 하는 방법을 개발하려 한다.

x) 예컨대 고전이론에 입각한 구조의 경우 조직의 규모가 커지면 계층수도 늘어나는 경향이 있다. 그러나 견인이론에 입각한 구조의 경우 계층의 수를 별로 늘리지 않고도 대폭적인 규모

그림 3-3-4 견인이론에 입각한 구조

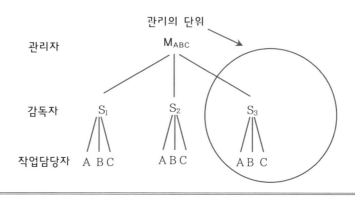

그림 3-3-5 전통적 모형에 입각한 구조

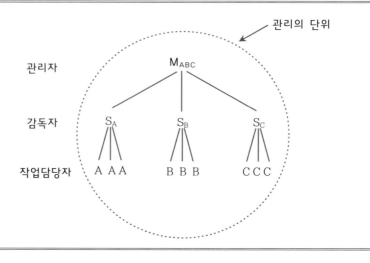

A, B, C라는 세 가지의 활동이 공동으로 어떤 물품 또는 용역을 산출하는 경우를 가상하여 견인이론에 입각한 구조를 도시하면 〈그림 3-3-4〉와 같이 된다.

〈그림 3-3-5〉는 분화·억압·안정·기능에 역점을 둔 전통적 모형을 상징해 주는 것이다. 이러한 모형에서 처방하는 권한의 흐름은 계서적이며, 부성화의 기준은 기능의 동질성 또는 유사성이고 통솔의 범위는 좁다. 여기서 관

확장을 감당할 수 있다.

리자(MABC)만이 A, B, C라는 활동을 연결하는 일의 흐름에 관하여 결정을 할 수 있는 입장에 있기 때문에 의사결정과정은 집권화된다. 관리자 한 사람이 자기 휘하의 전체적인 관리단위(managerial unit)를 모두 통제한다.

이와는 대조적으로 〈그림 3-3-4〉에서는 관리의 단위가 분권화되어 있는 것을 볼 수 있다.

2. 복합구조

1) 복합구조의 정의

복합구조(複合構造: matrix structure)는 사업구조(project structure)와 기능구조(functional structure)를 결합시킨 일종의 혼합구조이다.y)

복합구조는 부성화의 두 가지 기준을 중첩시킨 구조라 할 수 있다. 어떤 재화 또는 용역의 공동적 산출에 기여하는 활동들을 함께 묶어 구조적 단위를 형성해야 한다는 기준과 동질적이거나 비슷한 활동들을 함께 묶어 구조적 단위를 형성해야 한다는 기준이 중첩적으로 적용되는 것이 복합구조의 특징이다.

복합구조 내에서 명령계통은 이원화되며 조직구성원은 사업구조와 기능구조에 중복적으로 소속된다. 사업구조는 기능구조의 소속원을 차출하여 구성하는 사업수행집단이라고 말할 수 있다. 복합구조는 전통적인 원리에 입각한 구조보다 융통성이 큰 구조이다.46)

복합구조가 유용하게 쓰일 수 있는 상황적 조건은 i) 조직의 규모가 너무 크거나 너무 작지 않은 중간정도의 크기일 것, ii) 환경적 변화가 심하고 그 불확실성이 높을 것, iii) 조직이 사용하는 기술이 비일상적일 것, iv) 기술적 전문성도 높고 산출의 변동도 빈번해야 한다는 이원적 요구가 강력할 것, v) 사업부서들이 사람과 장비 등을 함께 사용(공용: 共用)해야 할 필요가 클 것 등이다.

1950년대부터 미국의 민간업체들이 '주문받아서 하는 일'(受注事業: project)의 효율적인 수행을 위해 프로젝트 팀(task or projecct teams)과 전통적

---

y) 복합구조는 행렬구조(行列構造) 또는 석쇠형구조라고도 부른다.

그림 3-3-6 복합구조의 예

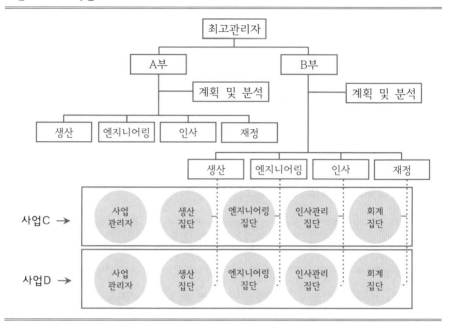

인 기능적 단위(functional units)를 조합하는 여러 가지 형태의 구조를 개발하기 시작하였다. 이를 관찰한 조직연구인들이 복합구조에 관한 이론 발전을 서두르게 되었다.

〈그림 3-3-6〉은 복합구조의 구성원리를 보여 주는 것이다. 이 그림에서 A부는 기능구조이며 B부는 복합구조이다.

2) 기능구조와 사업구조

복합구조는 기능구조와 사업구조를 적절히 배합함으로써 양자의 이점을 함께 취하려는 구조적 배열이므로 복합구조를 논의하려면 먼저 기능구조와 사업구조가 무엇인지 알아야 한다.

⑴ 기능구조   순수한 기능구조는 전통적인 부성화의 기준에 따라 형성된 계서제적 구조이며 본질적으로 수직적인 특성을 지닌다. 조직구성원들을 전문화시키고 직업분야별로 그들을 집단화하여 협동하게 하려는 구조의 양태가 기능구조이다.

기능구조를 통해 사업관리를 하는 경우 전문분야별로 집단화된 인력을 여러 가지 사업수행에 융통성 있게 활용할 수 있다. 한 사업에서 얻은 전문분야별 지식과 경험을 다른 사업에 적용할 수 있다. 그리고 여러 사업의 수행에 걸쳐 기능수행의 기준, 절차, 방침 등의 일관성을 유지할 수 있다.

그러나 사업의 통합적 추진력이 약화된다. 하나의 사업을 전체적으로 책임지는 사람이 없으므로 책임소재가 불분명해진다. 참여자들의 기능별 지향성이 서로 다르기 때문에 조정이 어렵다. 고객의 요청에 신속하게 대응하지 못하며 사업수행에 관련지어 동기를 유발하고 창의성을 발휘하도록 하기도 어렵다.

이 밖에도 기능구조는 조직 전체보다 기능적 단위를 더 중요시하는 분위기를 조성한다는 것, 일반관리자의 육성을 어렵게 한다는 것, 수직적인 계서제를 강화하고 변동에 저항적이라는 것, 조직 내의 과정들을 서로 분리시키고 기능 간의 갈등을 조장한다는 것, 폐쇄적인 성향을 보이게 된다는 것 등 여러 가지 결함을 지닌 구조의 양태이다.[47]

(2) 사업구조   순수한 사업구조는 사업관리자에게 그가 맡은 사업을 수행하는 데 필요한 권한을 위임하는 구조로서 본질적으로 수평적인 특성을 지닌다. 사업수행에 참여하는 사람들은 사업관리자에게 직접 보고하기 때문에 납작한 구조가 형성된다. 사업구조는 그것이 맡은 사업에 관하여 계선적 권한을 행사하기 때문에 맡은 바 사업을 강력하고 효율적으로 수행할 수 있다.

그러나 여러 개의 사업을 수행하는 조직이 사업별로 형성되는 순수한 사업구조에만 의존하는 경우 막대한 비용을 들여야 한다. 사업마다 따로 전문직원과 시설을 중복적으로 배치해야 하기 때문에 비용이 엄청나게 든다. 전문가들의 기능적 집단화가 별도로 마련되어 있지 않기 때문에 사업수행 상 어떤 전문가의 도움이 필요 없게 되더라도 그 사람을 원래 참여했던 사업에 그대로 묶어 두는 경향이 있다. 기능별 집단이 없다는 것은 장차 맡게 될 새로운 사업을 위해 조직의 기능별 역량을 발전시킬 주체가 없다는 뜻이 된다.

3) 복합구조의 장점과 단점

표준적인 복합구조의 장·단점을 요약하면 다음과 같다.

⑴ 장 점   복합구조의 장점 또는 이점은 단적으로 말해 사업구조와 기능구조의 이점을 상승시킬 수 있는 것이라고 하겠다.

❶ 융통성 향상　복합구조는 대규모화되어 가는 조직의 구조적 경직화를 막고 융통성을 높이는 장치이며 급변하는 환경에 신속하고 창의적으로 대응할 수 있는 능력을 길러주는 장치이다.

❷ 사업관리의 구심점 강화　사업별로 관리자가 지정되기 때문에 개별적인 사업에 관련된 모든 문제를 관장할 구심점이 확실해진다.

❸ 인적자원의 효율적 활용　기능구조가 인적자원의 저장소 역할을 한다. 직원들이 그로부터 각 사업에 참여하고 복귀하는 것이 원활하게 이루어지기 때문에 인적자원을 경제적·효율적으로 활용할 수 있다.

❹ 지식축적·안목확대　모든 사업의 수행에 균질적인 전문지식을 동원할 수 있다. 한 사업의 수행에서 얻은 지식과 경험은 다른 사업의 수행에서 활용할 수 있다. 사업의 수행에는 여러 분야의 전문직원이 참여하여 협동적인 노력을 하기 때문에 각 기능별 전문직원의 안목을 넓히고 쇄신을 촉진한다.

❺ 사업수요에 대한 민첩한 대응　원활한 의사전달망이 있고 사업별로 의사결정중추가 있기 때문에 사업수행 상의 필요와 고객의 요청에 보다 신속하게 대응할 수 있다.

❻ 상호견제와 갈등조정　사업구조와 기능구조의 상호견제가 있기 때문에 여러 사업에 걸친 관리의 일관성을 유지할 수 있다. 그리고 시간·비용·인적자원 등의 사업별 배정에서 균형을 유지할 수 있다. 상충되는 요청의 조정 기회도 확대된다. 사업관리자의 중재로 기능 간의 갈등을 막거나 줄일 수 있다. 기능구조의 관리자들은 여러 프로젝트팀들의 상충되는 요구들을 조정할 수 있다.

❼ 참여의 촉진　권한의 위임과 의사결정에 대한 참여가 촉진된다. 이것은 직원들의 동기유발에 기여한다.

(2) 단　점　복합구조의 이점 못지않게 단점도 여러 가지이다.

❶ 권력다툼　복합구조는 사업구조와 기능구조의 갈등을 공식화함으로써 분쟁적인 분위기를 조성하고 권력다툼을 조장한다. 사업의 목표에 대한 의견대립이 빈발할 수 있다. 서로 공적은 차지하고 잘못에 대한 책임은 회피하려는 다툼이 일어나기 쉽다. 끊임없는 세력다툼의 와중에서 권한구조들 사이의 견제와 균형이 적절히 유지되지 않으면 복합구조의 이점을 살릴 수 없다.

❷ 정체성 약화와 역할갈등　기능구조에서 전문직원들끼리 집단을 형성

하고 있던 사람들은 복합구조에서 전문가적 정체성(specialist identity)이 약화 된다고 생각한다. 유동적이고 흔히 상충되는 역할기대 때문에 갈등을 겪게 된 다. 따라서 그들은 스트레스를 받게 된다.

❸ 관리층의 비대화와 비용증가　조직 내의 권한구조와 계서제가 다원화 되면 관리층인력이 늘어나지 않을 수 없고 따라서 관리비용이 많이 들게 된 다. 조직 내의 갈등을 해소하는 일, 권한구조들 사이의 균형을 적절히 유지하 는 일, 그리고 사업수행의 질·소요시간·비용을 적절히 균형짓기 위해 끊임없 이 감시해야 하는 일 등은 관리자들의 시간과 에너지를 많이 소모한다.

4) 복합구조의 유형

위에서 복합구조의 장·단점을 논의할 때에는 전형적·표준적 모형을 준 거로 삼았다. 그러나 복합구조에는 다양한 변형이 있다는 점을 유념해야 한 다. 사업구조와 기능구조를 각각 어느 정도 어떻게 배합하느냐에 따라 복합구 조의 양태는 여러 가지로 달라질 수 있다.[z] 몇 가지 예를 보기로 한다.

첫째, 기능구조와 사업구조가 대등한 지위를 유지하는 전형적인 복합구 조가 있다. 여기서 사업관리자(project manager)는 기능관리자들과 마찬가지로 사업부서 내에서 계선적 권한을 행사한다. 사업관리자는 사업의 수행을 위해 어떤 활동이 언제 필요한가를 결정하고 기능관리자는 그러한 활동을 어떻게 지원할 것인가를 결정한다.

둘째, 사업관리자가 계선적인 권한을 직접 행사하지 않고 최고관리자에 대한 보조자 또는 참모로서 사업관리를 주관하는 경우가 있다. 이때에 사업관 리자는 특정한 사업에 관하여 조사·연구·조언 등을 하는 전통적인 의미의 참모와 유사한 역할을 맡지만 기능구조의 활동조정에도 깊이 간여한다. 그리 고 그의 임무는 특정한 사업의 관리에 국한된다.

셋째, 사업구조가 어떤 사업의 수행에 필요한 모든 활동을 통합적으로 관리하는 것이 아니라 그 가운데 일부만을 관리하고 나머지는 전통적인 방식 대로 기능구조에서 관리하는 경우가 있다.[a′]

---

z) 조직이 맡는 사업들은 잠정적인 것이 많으므로 복합구조라는 구조설계는 흔히 유동적인 장치 라고 할 수 있다. 사업구조와 기능구조의 배합이 조직 전체에 걸쳐 항구화된 복합구조는 망 상구조(網狀構造: grid structure)라고 불릴 때가 있다.

a′) 사업구조는 그 자체에 요긴하게 필요한 기획·제조·마케팅 등 일부 기능만 흡수하여 자율적

넷째, 조직 전체를 복합구조로 만들지 않고 부분적으로 복합구조를 도입하는 경우가 있다. 이때에는 기능적 구조의 어떤 단위(생산부·판매부 등)에 사업구조가 소속되어 그러한 기능적 단위의 관할범위 내에 포함되는 사업만을 관리한다.

Ⅶ. 탈관료화의 원리(Ⅱ): 반관료제적 모형

조직사회의 여건변화에 따라 고전적인 관료제는 실천세계에서 많은 수정을 받아 왔다. 그리고 조직사회의 상황과 요청에 반응하는 조직학은 고전적 관료제에 대한 비판을 멈추지 않았으며 보다 급진적이고 과격한 대안의 모색에도 나섰다. 급진적 대안모색은 관료제적 고착성을 탈피한 비계서적·유기적 구조의 창출을 지향한다. 전통적 관료제모형의 근간을 배척하는 급진적 대안들을 저자는 반관료제적 모형(反官僚制的 模型)이라 부른다. 반관료제적 모형의 개발과 세력 확대는 정보화시대가 열리면서부터 더욱 촉진되어 왔다.

1. 반관료제적 모형들의 일반적 성향

인간적 가치의 존중과 유기적·적응적 구조의 설계를 강조하는 반관료제적 모형들은 사회과학 전반의 인간주의적 연구경향, 격동하는 환경, 지식·기술의 고도화, 고도의 인적 전문화, 민주화·자율화에 대한 요청의 증대, 불확실성의 증대 등을 배경으로 개발된 것들이다.

여러 사람들이 제시한 반관료제적 모형들의 처방적 지향성(특성)을 모아 정리하면 다음과 같다.[48]

❶ 계서제 타파 고정적인 계서제의 존재를 거부하고 비계서제적 구조설계를 처방한다.

❷ 잠정성의 강조 잠정성을 강조한다. 조직의 구조적 배열뿐만 아니라

구조(자족적 구조: self-contained unit structure)로 활동하게 하고, 인사·예산·법무·기술개발 등 나머지 기능들은 본부의 중앙집권적인 기능구조가 맡게 하는 혼성구조(混成構造: hybrid structure)도 있다.

조직 자체도 필요에 따라 생성·변동·소멸하는 잠정적인 것이어야 한다고 처방한다.[b′]

❸ 경계관념 타파　전통적 경계관념의 타파를 주장한다. 조직 내의 칸막이들뿐만 아니라 조직과 환경 사이의 높고 경직된 경계를 설정했던 관념도 바꾸도록 처방한다. 그리고 고객을 동료처럼 대하도록 요구한다.

❹ 임무와 능력 중시　임무와 능력을 중시한다. 계서적 지위중심주의나 권한중심주의를 배척하고 임무중심주의·능력중심주의를 처방한다. 조직 내의 권한은 문제해결의 능력을 가진 사람이 행사하도록 해야 한다고 처방한다.

❺ 상황적응성의 강조　상황적응성을 강조한다. 조직의 구조와 과정, 업무수행 기준 등은 상황적 조건과 요청에 부응해야 한다고 처방한다.

❻ 집단적·협동적 노력의 강조　집단적 문제해결을 선호한다. 문제해결과 의사결정은 집단적인 과정을 통해서 하도록 처방한다. 상하 간의 명령적 관계가 아니라 자율적·참여적·협동적 관계를 선호한다.

❼ 공개주의　의사전달의 공개를 강조한다. 이러한 처방은 협동적 체제 구축의 전제이다.

❽ 직업적 유동성에 대한 전제　직업적 유동성을 전제하고 또 이를 지지한다. 직업적 유동성은 구조적 배열의 잠정성에 결부된 것이다.

다음에 Bennis, Kirkhart, White, Jr., Thayer, Linden 등이 발전시킨 반관료제적 이론, 그리고 가상조직과 네트워크조직, 정신적 조직(영성조직)에 대해 설명하려 한다. 반관료제모형 몇 가지에 대해서는 제1장에서 조직유형론을 설명할 때 이미 언급하였다. 학습조직도 일종의 반관료제적 모형이지만 그에 대해서는 제2장 제1절에서 학습이론과 함께 설명하였다.[c′]

---

b′) 반관료제적 이론들을 포스트모더니즘(postmodernism)의 한 산물이라고 보는 사람들도 있다. 포스트모더니즘의 여러 강조점들 가운데 반관료제이론과 관계가 깊은 것은 질서와 혼돈의 경계에서 활동하는 조직들은 끊임없는 변동에 직면해 있다고 보는 관점이다. Jay M. Shafritz, E. W. Russell, Christopher P. Borick, and Albert C. Hyde, *Introducing Public Administration*, 10th ed. (Routledge, 2023), pp. 281~311.

c′) 반관료제적 조직을 지칭하는 개념들이 여러 가지이다. 그 중 흔히 볼 수 있는 것이 유기적 조직(organic organization)이라는 개념이다. 유기적 조직 또는 유기적 구조라는 말을 쓰는 사람들은 이것을 고전적 원리에 입각한 기계적 조직(mechanistic organization)에 대조시킨다.

2. Bennis의 이론: 적응적·유기적 구조

Warren G. Bennis는 반관료제적 성향의 급진적 모형을 개척하는 데 매우 중요한 선도적 역할을 하였다. Bennis는 1966년의 논문에서 그로부터 25년 내지 50년 내에 다가올 조직사회의 여건 변화를 추정하고 그러한 여건에 적합한 조직의 적응적·유기적 구조(適應的·有機的 構造: adaptive-organic structure)를 처방하였다. 그가 처방한 구조의 특징은 비계서제적 구조, 구조적 배열의 잠정성, 권한이 아니라 능력이 지배하는 구조, 민주적 방법에 의한 감독, 창의성의 존중 등이다.

Bennis는 그의 모형을 적응적·유기적 구조라고 이름지었지만 잠정성을 가장 중요시하여 잠정적 체제(temporary system)라는 말을 쓰기도 하고 자유의 구조(structure of freedom)라는 말을 쓰기도 했다. 오늘날 임시체제(臨時體制: adhocracy)라는 개념이 그의 모형을 지칭하는 데 더 널리 쓰이는 것 같다.

Bennis의 이론을 요약하면 다음과 같다.[49]

1) 여건변화의 예상

Bennis가 적응적·유기적 구조를 제안하면서 예상한 장래의 여건 변화는 다음과 같다.

첫째, 조직의 환경은 급속하게 변동하고 환경의 분화는 가속될 것이며 분화된 환경적 단위 간의 상호의존도는 한층 높아질 것이다.

둘째, 전체 인구의 교육수준은 높아지고 직업적 유동성도 높아질 것이다.

셋째, 교육수준이 높아지고 사람들이 직장을 자주 바꾸게 됨에 따라 직업관도 달라질 것이다. 사람들은 조직생활에서 보다 합리적으로 행동하게 되며 잠정적인 작업관계에 쉽게 적응하고 보다 많은 자율성을 원하게 될 것이다.

넷째, 조직이 하는 일은 훨씬 복잡해지고 비정형화될 것이며 고도의 기술을 사용해야 할 것이다. 조직의 업무수행은 사람들의 육체적 능력보다는 지적·정신적 능력에 더 많이 의존하게 될 것이다. 조직이 수행하는 일은 매우 복잡해져서 한 사람이 도저히 그 전모를 파악하거나 통제할 수 없게 되고 따라서 많은 전문가들의 협동적 노력을 필요로 하게 될 것이다. 조직의 목표는 더욱 분화되고 복잡해질 것이다.

2) 구조설계원리의 처방

(1) 원 리   Bennis가 제시한 모형의 중요 명제 또는 원리는 다음과 같다.

❶ 잠정적 구조   구조적 배열은 잠정적이다. 변동에 신속하게 대응하는 적응력을 높이려면 구조의 고착성을 깨고 유동화해야 한다.

❷ 문제중심의 구조   구조는 해결해야 할 문제를 중심으로 형성한다.

❸ 집단에 의한 문제해결   문제의 해결은 다양한 전문분야의 사람들이 모여 구성하는 집단이 맡는다.

❹ 조정을 위한 접합점   다양한 사업 간의 조정을 위해 접합점(articulating points) 또는 연결침의 역할을 맡을 사람을 지정해 둔다. 접합점역할을 맡은 사람은 여러 가지 사업담당집단 간의 의사전달과 조정을 촉진한다.

❺ 집단의 유기적 운영   사업담당집단들은 기계적인 방식이 아니라 유기적인 방식에 따라 운영된다. 집단의 형성과 변동은 그것이 해결해야 할 문제의 발생과 변화에 의존한다. 집단의 리더십과 그 영향력 행사는 문제해결능력이 가장 뛰어난 사람이 맡는다. 조직구성원은 계급이나 역할이 아니라 그들이 받은 훈련과 가지고 있는 지식에 따라 분류(분화)된다.

(2) 기대효용   조직구성원들에게 의미 있고 만족스러운 업무를 맡기기 때문에 내재적인 동기유발이 가능하며 개인적 목표와 조직목표의 부합도를 높일 수 있다. 적응적·유기적 구조는 제약과 억압을 최소화하는 자유의 구조로서 조직구성원들의 상상력과 창의력이 최대한으로 발휘될 수 있게 한다. 적응적·유기적 구조의 가장 기본적인 장점은 급변하는 조건에 신속하게 적응할 수 있다는 것이다.

(3) 난 점   적응적·유기적 구조에서 작업집단들은 잠정적이고 변전하기 때문에 사람들의 집단에 대한 일체감은 희박해지고 따라서 집단의 응집성은 약화된다. 급변하는 상황에 끊임없이 적응해야 하고 잠정적인 체제에서 이합집산을 거듭해야 하는 조직구성원들은 스트레스와 갈등에 시달리게 된다. 사람들이 새로운 작업관계를 신속하고 긴밀하게 형성할 수 있는 능력을 기르고 역할의 모호성을 극복하면서 자율적으로 행동할 수 있도록 훈련시킬 필요가 커진다.

3. Kirkhart의 이론: 연합적 이념형

Larry Kirkhart는 연합적 이념형(聯合的 理念型: consociated ideal type)이라고 하는 반관료제적 모형을 제시하였다.[50] Bennis의 적응적·유기적 구조에 기초를 두고 그것을 보완한 연합적 이념형의 처방적 강조점은 조직 간의 자유로운 인력이동, 변화에 대한 적응, 권한체제의 상황적응성, 구조의 잠정성, 조직 내의 상호의존적·협조적 관계, 고객의 참여, 컴퓨터 활용, 사회적 층화의 억제 등이다.

Kirkhart의 연합적 이념형은 1960년대 후반에 미국에서 대두한 '신행정학' 운동의 조직관을 반영하는 것이기도 하다.[d']

Kirkhart의 이론을 요약하면 다음과 같다.

1) 조직사회의 여건

Kirkhart의 제안은 미국과 캐나다에서 볼 수 있는 바와 같은 산업화이후 사회(post-industrial society)의 사회적 여건을 전제하는 것이다. 산업화이후사회는 복잡하고 급변하는 사회이다. 그러한 사회에서는 사람들의 지리적 유동뿐만 아니라 직업적 유동·조직 간의 유동이 빈번하다. 그리고 소속조직을 바꾸는 것이 무책임한 행동이라고 하는 비난을 받지 않는다.

2) 구조설계원리의 처방

연합적 이념형의 원리 또는 구조적 특성은 다음과 같다.

❶ 프로젝트 팀의 구성   기초적 업무단위는 프로젝트 팀(project team)이다. 프로젝트 팀은 상황에 적합한 기술을 융통성 있게 활용하며 재정적으로 자율성을 누린다. 프로젝트 팀들은 상호의존적인 관계를 유지한다.

❷ 다원적 권한구조   조직 내의 권한구조는 다원적이며 여러 프로젝트팀

---

d') 이른바 '신행정학'('new' public administration)은 미국에서 1960년대 말부터 일단의 행정학도들이 기존의 행정학에 도전하여 일으킨 반전통의 운동에 붙여진 이름이다. 정통행정학의 주요 가정과 명제들을 공격하고 행정학의 근본적인 방향전환을 주창한 신행정학의 주요 특징은 ① 전통 비판과 현실적합성 추구, ② 실증주의 비판, ③ 가치문제의 중시, ④ 사회적 형평의 강조, ⑤ 고객중심의 행정, ⑥ 능동적 행정의 추구, ⑦ 반관료제적 조직의 처방 등이다. 오석홍, 「행정학」, 제7판 (박영사, 2016), 55~61쪽.

에서 볼 수 있는 권한관계는 다양하다. 항구적인 계서제는 없으며 리더는 상황에 따라 달라진다.

❸ 한시적 구조   조직 전체와 그 하위단위들은 시간적 요청과 시간적 제약에 따라야 한다. 조직과 그 구성단위들은 특정한 문제를 일정한 시간의 범위 내에서 한시적으로 해결하기 위해 구성한 것이다.

❹ 목표추구방법과 수단의 다양성   같은 목표를 추구하는 프로젝트팀들이 각기 다른 사업적 방법을 통해 목표를 달성할 수 있다. 어떤 목표에 도달하기 위한 수단은 여러 가지일 수 있음을 전제한다.

❺ 자율과 협동   조직 내의 사회관계는 고도의 독자성과 상호의존성을 보인다. 조직 내의 개인과 집단은 높은 자율성을 누리지만 다른 한편으로는 직접적이고 솔직한 의사전달과 집단발전, 감수성훈련 등을 통해 개인 간 및 집단 간의 상호의존적이고 협동적인 관계를 유지한다.

❻ 고객집단의 참여   봉사대상인 고객집단의 대표들이 조직에 참여한다. 그들은 전문직원들의 권한과 같은 권한을 행사한다.

❼ 고용관계의 잠정성   조직에 취업하는 것은 잠정적이다. 그것은 생애에 걸친 직업이 아니다. 생애에 걸친 직업은 조직 외부에 있는 전문직업 상의 준거집단에 결부되는 것이지 취업하고 있는 조직에 결부되는 것이 아니다.

❽ 컴퓨터 활용   기록관리는 컴퓨터로 한다.

❾ 업무처리기술과 사회적 기술   전문직원들의 역할이 요구하는 기술은 두 가지이다. 그 첫째는 생산활동에 필요한 업무처리기술이다. 그 둘째는 필요한 최소한의 사회계층 이상으로 조직 내의 층화가 일어나지 않도록 하며 개인과 집단이 서로 협력하고 신뢰할 수 있게 하는 사회적 기술이다.

연합적 이념형은 다음과 같은 '사회적 효과'를 가져온다고 한다.

조직 내 여러 사회관계의 다양성은 지지되고 개인의 독자적 활동은 촉진된다. 사람들이 조직에서 경험하는 소외감은 최소화된다. 갈등과 모호한 상황에 대한 포용력이 커진다. 사람들이 조직에 참여하는 이유를 조직이 추구하는 공공적 가치(국가공동체의 공동이익에 기여하는 가치: public values)에서 찾는다. 구조적 경직성이 감소된다.

4. White, Jr.의 이론: 경계관념을 타파한 변증법적 조직

Orion White, Jr.는 고객중심주의와 경계관념의 타파를 특별히 강조하는 반관료제적 모형을 제시하였다. 그는 이 모형을 변증법적 조직(辨證法的 組織: dialectical organization)이라 불렀다. 이것은 변증법적 과정의 정·반·합을 다 거친 통합적 모형이 아니라, 전통관료제에 반대하여 스스로를 계속적으로 발전시키는 단계에 있는 조직의 모형이다. White, Jr.가 문제를 보는 시야는 상당히 넓다. 인간생활의 모든 영역에 걸친 경계현상에 관심을 보이고 있다. 그러나 논의의 주된 대상은 조직, 특히 정부조직이다.[51]

White, Jr.는 사람들의 마음속에 있는 경계현상이 조직과 그 환경이 직면한 문제의 근원이라고 생각하였다. 그런 관점에서 경계가 중요시되지 않는 고객지향적 조직을 발전시키자고 하였다. 그의 이론을 요약하면 다음과 같다.

1) 기술발달과 경계관념

경계강화의 역사적 원인은 기술발달이다. 기술발달에는 분화와 긴장이 수반된다. 그리고 사람과 사람의 관계에 놓여졌던 관심의 초점은 사람과 기계 또는 사람과 객관적·기술적 과정의 관계로 옮겨진다. 이러한 변화는 너와 나를 갈라 놓고 사회구조와 개인생활에 경계현상을 강화한다.

비기술사회에는 '우리의 세계'가 있었을 뿐이다. 그러나 기술이 발달하면 사람들은 경계로 구획되어지는 자아(bounded self)를 설정한다. 사람들은 세계를 나의 세계와 남의 세계로 분할하고 거기에 분명한 경계를 설정한다. 기술진보가 급속해지고 조직과 환경의 격동성이 높아질수록 경계문제는 더욱 악화된다.

2) 높아진 경계의 폐단

기술발전에 따라 강화된 경계현상은 대립·갈등·낭비·스트레스를 조장 또는 악화시킨다. 높아진 경계관념은 기술적 요청과 사회적 요청의 조화를 방해하고 다양한 사회세력 간의 상호수용과 조정을 방해한다.

정부조직은 높아진 경계현상과 그로 인한 갈등의 문제가 빚어지는 체제의 핵심에 놓여 있다. 왜냐하면 많은 권력이 행정적 기술구조에 주어져 있기 때문이다. 정부조직에서 경계현상이 강화되면 행정인들이 정치·행정 사이의 경계를 내세우고 기본적인 가치와 정책의 문제를 외면하거나 소홀히 다룬다. 행정이 국민의 신뢰를 상실한다. 기관주의(institutionalism) 또는 자기조직중심주의의 폐단이 빚어진다. 정부조직들은 기존의 경계에 집착하고 공익을 자기조직의 사업확장에 유리하게 규정하는 할거주의에 빠진다. 정부조직과 고객인 시민 사이의 권력균형화 또는 권력평준화를 방해한다.

3) 구조설계원리의 처방

White, Jr.가 제시한 고객중심적 조직원리의 핵심은 i) 구조의 유동화에 관한 원리와 ii) 전통적인 경계관념의 타파에 관한 원리이다. 구조의 유동화란 구조적 배열을 고착시키지 않고 조직 내의 역할들을 유동적인 상태로 놓아둔다는 뜻이다.

전통적인 관료제들은 조직의 희소자원을 보호하는 데 집착하여 피라미드형 구조를 둘러싸는 인위적 경계를 설정하였는데 White, Jr.의 접근방법은 그러한 경계설정을 배척한다. 경직된 경계설정으로 조직 내의 '우리'와 조직 밖의 '다른 사람들'을 구별하는 데 반대한다.

White, Jr. 는 조직과 고객을 갈라놓는 경계는 사실적인 것이 아니라 상상적인 것일 뿐이라고 주장하였다. 그러한 상상 또는 관념을 바꾸어 고객을 조직 안에 포함시키는 경계관념을 설정해야 한다고 말하였다. 조직의 경계 안에 고객을 포함시키고, 조직구성원과 고객이 동료와 같은 관계를 유지하게 해야 한다는 원리를 제시한 것이다.

경직화된 경계관념을 타파하려면 조직구성원들이 경계와 환경에 대한 태도를 바꾸어 조직과 환경의 대결을 극복해야 한다. 기술적 격동성이 빚어내는 문제들을 극복할 능력을 길러야 한다. 그리고 인간적 감수성을 길러 경계로 구획된 인간의 자아를 공동생활중심의 자아, 집단지향적 자아로 바꾸어야 한다.

White, Jr.의 모형개발은 교회가 운영하는 사회사업조직의 실제적인 분석에 기초를 둔 일종의 귀납적 작업이었다. 미국 San Antonio의 한 사회사업조직에서 그가 실제로 관찰한 조직의 특성은 다음과 같다.

첫째, 조직의 상근직원(정규직원)들은 고객을 부하처럼 다루지 않고 동료처럼 대우

한다. 고객들이 상근직원들을 평가한다.

둘째, 조직은 고객이 가진 문제들을 부분적으로 다루는 것이 아니라 고객을 전인격적으로 대한다.

셋째, 조직은 고객들이 텔레비전이나 잡지를 보고 소일하는 데 적응하도록 돕는 것이 아니라 고객들이 바람직하지 않은 생활조건을 바꾸기 위해 조직화하도록 돕는다.

넷째, 조직의 외형이 좋게 보이도록 하기 위해 해결하기 쉬운 문제를 가진 고객만을 찾는 것이 아니라 해결의 가망이 거의 없어 보이는 사례를 찾아 봉사한 직원에게 조직은 특별한 보상을 준다.

다섯째, 구조가 잘 짜인 동질적 조직을 만드는 것이 아니라 조직 내의 역할들을 유동적인 채 놓아두고 점잖은 사람(straight people)뿐만 아니라 괴짜(freaky people)도 포함하는 이질적 직원들을 채용한다.

여섯째, 조직은 관료적 확장주의를 추구하지 않고 스스로를 희생해서라도 서비스의 목표를 달성하려 한다.

일곱째, 희소자원을 얻기 위한 경쟁에서 사람들이 상대방을 수단시하도록 조장하지 않고 인간적 성장을 위한 협동을 강조한다.

4) 경계타파 논의의 확산: Welch의 경계 없는 조직

조직의 경계타파를 호소하는 이론의 개발에는 많은 연구인들이 참여해 왔다. 경계타파를 강조한 구조형성모형들은 여러 가지 이름으로 불리고 있다. 뒤에 설명할 이음매 없는 조직모형도 그 한 예이다. 다른 여러 반관료제적 모형들도 대개 경계 완화 또는 유동화에 관한 주장들을 다소간에 담고 있다. 그 중 널리 쓰이는 것은 경계 없는 조직(boundaryless organization)이라는 개념이다.

경계 없는 조직모형의 예로 흔히 들어지고 있는 것은 Jack Welch의 모형이다. General Electric(GE) 회장이었던 Welch는 GE의 개혁방안으로 경계 없는 조직모형을 제시하였다. 그는 GE라는 초거대조직을 '가족이 운영하는 식료품가게'(family grocery store)처럼 만들기 위해 이 모형을 제안한다고 말했다.[52] 다른 여러 거대 회사들도 그와 유사한 방향의 노력을 한 것으로 알려졌다.

Welch가 제안한 경계 없는 조직은 조직 내의 수평적·수직적 경계, 그리고 조직과 그 환경 사이의 경계를 타파한 조직이다. 그것은 명령계통을 철폐하고, 통솔범위를 한정하지 않고, 힘을 실어준 팀들이 기능부서(functional departments)

를 대체한 조직이다. 이 조직은 정보기술에 의존하는 바가 크다.[e']

조직 내에서 수직적 경계를 제거하고 저층구조를 구현하는 실천적 수단은 상·하계층이 함께 구성하는 팀(cross-hierarchical teams), 참여적 의사결정, 다면평가제, 프로젝트 팀에 의한 업무조정 등이다. 조직 내에서 수평적 경계를 제거하는 실천적 방안은 기능부서를 대체하는 교차기능적 팀, 과정(일의 흐름)을 기준으로 한 조직단위 구성, 순환보직 등이다.

5. Thayer의 이론: 계서제 없는 조직

Frederick C. Thayer는 계서제의 원리가 타파되지 않는 한 진정한 조직혁명은 일어날 수 없다고 주장하면서 탈관료제화의 가장 큰 역점을 비계서적 구조(nonhierarchical structure)의 형성에 두었다. 조직은 바로 계서제를 의미하며 그에 대한 대안은 무정부상태일 뿐이라고 생각하는 것이 지금까지의 고정관념이지만, 새시대의 요청에 부응하는 조직의 설계에서는 계서제를 배제하고도 구조를 형성할 수 있다고 하였다.

Thayer는 조직을 중요한 준거로 삼았으며 조직의 구조설계에 관하여 획기적인 제안을 하였다. 그러나 그의 관심이 우리가 말하는 조직에만 국한되는 것은 아니다. 그의 시야는 매우 넓고 포괄적이다. 그의 관심은 국가와 그 안에 있는 다양한 조직·집단들을 포괄한다. 그의 안목은 국제적이기까지 하다. 그는 자기가 주장하는 개혁이 모든 곳에서 일어나지 않으면 어디에서도 일어날 수 없다고 믿었기 때문에 그와 같은 포괄적 접근을 시도한 것 같다.

Thayer의 이론을 요약하면 다음과 같다.[53]

1) 계서제의 폐단

계서제는 리더가 명령하고 다른 사람들이 복종하는 1인 지배체제이며 사람이 사람을 억압하는 체제이다. 계서제는 명령-복종, 지배-피지배, 억압-피억압의 관계이다. 많은 사람들에게 영향을 미치는 결정을 1인 또는 소수인의 리더에게만 맡기는 계서제는 무책임하고 위험한 구조이다. 그리고 무엇보

---

e') 경계 없는 조직이 고도의 정보기술을 활용하기 때문에 이 조직을 T형 조직(T-form or technology-based organization)이라 부르는 사람도 있다.

다 큰 문제는 계서제가 억압과 소외의 근원이라는 사실이다.

계서제 하에서 상관으로 정해진 사람들은 다른 사람들을 지배하게 되어 있다. 지배−복종의 체제는 승리자와 패배자라는 개념으로 설명될 수밖에 없다. 계서제 하에서 한 사람의 승리는 다른 사람의 패배를 의미한다. 승패의 상황은 소외를 조장한다. 승리자들조차 다른 사람들에게 입히는 피해를 의식하기 때문에 심리적 손상을 받는다.

승패를 가르는 관계와 소외는 경쟁을 격화시킨다. 경쟁에는 실패의 불안과 공포가 따른다. 경쟁은 낭비와 파괴를 조장하고 사람들의 인도적인 행동을 불가능하게 하며 조직의 군사모형화를 부채질한다. 경쟁은 계서제를 강화하고 소외를 늘린다. 계서제·소외·경쟁은 상승작용하는 연쇄를 형성한다.

2) 구조설계원리의 처방

계서제는 없애야 한다. 계서제로 인해 빚어진 문제들은 계서제의 완전한 타파로만 해결할 수 있다. 계서제의 기본적인 틀을 유지하면서 그로 인해 빚어진 문제들을 분권화로 해결하려는 방책은 고작해야 미봉책이거나 오히려 사태를 악화시키는 방책이다. 큰 계서제를 분권화하면 그 안의 작은 계서제들이 강화되어 더 큰 횡포를 부릴 것이기 때문이다.

의사결정권의 위양, 고객의 참여, 조직경계의 개방, 작업과정의 개편 등을 통해 계서제를 소멸시키고 그 자리에 집단적 의지형성의 장치를 들여 놓을 수 있다. 즉 문제해결에 관련된 다양한 가치와 지식을 대표하는 집단들의 연합체가 비계서적으로 구성될 수 있다. 비계서적 구조에서는 승진이나 차등적 보수와 같은 계서제의 상징들이 불필요하게 된다.

누구도 다른 사람을 억압하는 일이 없는 비계서적·소집단적 과정을 통해 협동적으로 공동의지를 형성하는 장치를 발전시키려면 다음과 같은 방안들을 채택해야 한다.

❶ 소집단의 연합체 형성   조직사회를 많은 소규모의 대면적 집단으로 구성해야 한다. 이러한 집단들은 개방성, 상호신뢰, 그리고 긴밀한 대인관계로 특징지어진다. 집단 간의 연계는 구성원의 중첩적 소속, 경계를 가로지르는 과정(transorganizational processes) 등 비계서적인 방법으로 형성한다.

❷ 모호하고 유동적인 경계   집단과 조직의 경계는 모호하고 유동적이어

야 한다. 경계는 계속적으로 변동하는 잠정적인 것으로 만들어야 한다.

❸ **협동적 문제해결**　문제해결·의사결정은 집단 내의 또는 집단 간의 협동적 과정을 통해서 해야 하며 그러한 과정의 공개와 참여를 촉진해야 한다.

❹ **승진개념의 타파**　조직 내에서 전통적인 승진의 개념은 없애야 한다. 누가 어느 자리로 옮기느냐 하는 것은 종래의 승진절차가 아니라 집단적 합의를 통해 결정해야 한다.

❺ **보수차등의 철폐**　조직 내에서 그리고 조직들 사이에서 보수는 균등화 하거나 동일화해야 한다. 보수차등의 해소는 계서적 관념의 해소, 자기실현적 인간모형의 채택, 그리고 일과 보수의 구별 또는 분리에 연관된 처방이다. 자기실현적 인간모형에서는 사람들이 일하기를 '원해서' 하는 것으로 보기 때문에 일과 보수를 분리해 생각할 수 있고 보수의 균등화를 주장할 수 있다.

6. Linden의 이론: 이음매 없는 조직

Russell M. Linden은 근본적인 조직개편을 위한 리엔지니어링의 목표상태로 이음매 없는 조직(seamless organization: SO)을 처방하였다. 그는 산업화 시대의 생산자 중심적·공급자중심적 사회에서 만들어진 분산적 관료제구조는 오늘날의 소비자중심적 사회에는 부적합한 것이라는 생각을 가지고 이음매 없는 조직모형을 개발하였다. 그가 조직설계의 모형개발에서 준거로 삼은 것은 정부조직이다.

공급자중심적 사회의 소비자들은 다양하지 못하고 불편하고 선택의 폭이 좁은 서비스를 받을 수밖에 없었다. 그러나 소비자중심의 사회에서는 소비자들이 다양한 서비스를 언제나 편리하게 그리고 자유롭게 선택하여 누릴 수 있도록 해야 한다는 요청에 공급조직들이 부응해야 한다. 그렇게 할 수 있으려면 전통적인 분산적 조직들을 근본적으로 재설계하여 이음매 없는 조직으로 개조해야 한다. 이것이 Linden이 이음매 없는 조직을 처방한 목적이다.

이음매 없는 조직에 대한 Linden의 설명을 요약하면 다음과 같다.[54]

1) 이음매 없는 조직의 정의

이음매 없는 조직은 분할적·분산적인 방법이 아니라 총체적·유기적인 방법으로 구성된 조직이다. 이것은 기능별·조직단위별로 조각조각난 업무를 재결합시켜 고객에게 원활하고 투명한 그리고 힘 안들이고 누릴 수 있는 서비스를 제공하는 조직이다.

이음매 없는 조직의 주요 특성은 다음과 같다.

❶ 완결도 높은 직접적 서비스   이음매 없는 조직의 구성원들은 보다 온전한 서비스를 소비자들에게 직접 제공한다. 그들의 직무는 '온전한' '완결적' 직무(full job)로 설계된다. 그것은 시간의 흐름에 따라 변동·성장하는 일반능력자주의적·복수기술적 직무이다. 직무는 일반능력자주의적·복수기술적 과정을 통해 수행된다. 고립적인 조직단위 또는 기능에 소속된 개인들이 아니라 복수기술적인 팀들이 업무성과에 초점을 맞추어 임무를 수행한다.

❷ 경계 없는 조직   이음매 없는 조직은 일종의 경계 없는 조직이다. 조직 내의, 그리고 조직 간의 경계(울타리)는 네트워크로 변한다. 이음매 없는 조직의 형태와 경계는 유동적이며 투과적이다. 때에 따라서는 경계가 잘 보이지 않는다. 어디서 한 조직이 끝나고 다른 조직이 시작되는지가 불분명한 경우도 있다.

❸ 분산적 조직과의 대조   이음매 없는 조직은 분산적 조직(분열적 조직 또는 조각조각난 조직: fragmented organizations: FO)에 대조되는 것이다. 분산적 조직은 전통적인 관료제구조를 가진 조직이다. 분업, 전문화, 표준화, 계서제, 개인별 책임, 서로 바꿀 수 있는(互換的인) 부품과 인간 등을 특징으로 하는 전통적 조직구성원리는 고도로 분산적인 조직양태를 만든다. 분산적 조직은 조직을 조각 내 분리시키는 경향이 있다. 여기서 분리라고 하는 것은 조직단위 간의 분리, 계선과 참모의 분리, 조직과 고객의 분리, 조직과 공급자의 분리 등을 지칭한다.

2) 분산적 조직과 이음매 없는 조직의 비교

산업화시대의 대량생산체제에 맞는 분산적 조직(FO)과 이음매 없는 조직(SO)의 대조적 특성은 다음과 같다.

❶ 직 무   FO의 직무는 협소하고 단편적·구획적이다. 직무담당자는 자기 직무에 관한 의사결정이나 집행에 대해 통제력을 갖지 못한다. 즉 자율적이지 못하다.

SO의 직무는 폭넓은 것이다. 직무는 복수기술적인 팀(multi-skilled teams)들이 협력하여 수행한다. 직무담당자들은 자기 직무의 절차와 의사결정에 대해 많은 통제력을 행사한다.

❷ 업적평가 FO에서는 직원의 업적평가에서 부하의 수, 사용하는 예산액, 직무수행활동의 수 등 투입을 기준으로 삼는다.

SO에서는 직무수행의 성과 또는 효과 그리고 고객의 만족을 업적평가의 기준으로 삼는다.

❸ 기 술 FO에서 기술은 통제지향적이다. 집권화하고 통제하는 데 기술을 활용한다.

SO에서는 분권화된 활동을 가능하게 하기 위해 기술을 사용한다.

❹ 내부구조 FO에서는 조직의 내부적 필요에 집착하여 조직단위와 기능을 분산적으로 설계한다.

SO에서는 소비자의 필요에 따라 서비스를 제공할 수 있도록 통합과정적인 팀(integrated process teams)들을 구성한다.

❺ 시간에 대한 감수성 오늘날 고객의 요청에 부응하는 데 가장 중요한 요소는 서비스의 신속성이다. 그런데 FO는 시간감각(time sensitivity)이 둔하다. 외부의 요청과 기회에 대한 반응이 더디다.

SO는 시간감각이 예민하다. 최종소비자의 요구와 업무성과에 초점을 맞추고 신속한 대응성을 강조한다. 따라서 보다 신속한 서비스를 제공한다.

❻ 역할구분의 명확성 FO의 경우 역할구분의 명확성이 높다. 조직 내의 분업관계도 분명하고 조직과 그 고객 그리고 공급자 사이의 구분도 뚜렷하다.

SO의 경우 역할구분의 명확성이 낮다. 조직 내부의 구조는 교차기능적인(cross-functional) 팀들로 구성되며 소비자들과 공급자들도 조직의 업무수행에 가담한다.

❼ 산출하는 재화·용역의 특성 FO의 경우 조직이 생산하기 쉽도록 재화·용역을 표준화한다. 산출의 양은 많고 가지수는 적으며 소비자의 개별적 요구에 부응하는 수준은 낮다.

SO의 경우 산출은 주문생산적이다. 소비자의 요구를 가장 중요시하는 산출활동을 한다. 산출의 양도 많고 가지수도 다양하다.

7. 네트워크 조직

정보화시대가 진전되면서 정보기술을 활용하는 탈전통적 조직모형에 대한 관심이 높아져 왔다. 그러한 모형들의 실용화도 급속히 확산되고 있다. 이론이 실천을 이끌고 있다기보다 실천세계의 쇄신이 조직의 정보화에 관한 이론의 발전을 이끌고 있는 형편이다.

정보기술의 발전과 더불어 등장한 탈전통적 조직모형의 전형적인 예가 네트워크 조직이다. 그러나 이 조직모형의 조건과 특성에 대한 합의가 광범하게 이루어져 있는 것은 아니다. 특히 네트워크 조직과 가상조직, 그리고 임시체제의 관계를 어떻게 설정하느냐에 대해 이견이 분분하다. 이 문제를 먼저 논의한 다음 네트워크 조직을 정의하려 한다.

1) 네트워크 조직 · 임시체제 · 가상조직

(1) 세 가지 모형의 특성　임시체제, 가상조직, 그리고 네트워크 조직은 서로가 서로의 속성을 공유한다. 각자의 중심적 특성을 부각시켜 세 가지 조직모형의 의미를 따로 규정해 보면 다음과 같다.

임시체제(臨時體制: adhocracy)는 구조의 잠정성이 아주 높은 조직모형이다. 고정적 계서제에 의한 통제는 최소화되고 협동적 문제해결을 지지하는 융통성 있는 구조를 가진 조직모형이다.

가상조직(假想組織: virtual organization)은 전자적인 가상공간(cyber space)에 의존하고 조직의 물적 속성이 결여된(축소된) 조직이다.[f] 가상조직을 구성하는 개인, 조직단위, 조직들은 컴퓨터에 의한 가상공간에서 조직활동을 한다. 구성단위들은 전자적으로 연계된다. 그들은 전산망을 통해 실시간(實時間: real time)으로 교호작용한다.

조직 내외의 교호작용을 개방체제화하는 기술, 정보접근 · 정보처리능력을 조직 전체가 공유할 수 있게 한 기술, 정보전달 · 처리를 실시간화하는 기술,

---

[f] 가상조직을 설명하는 사람들이 "물적 요소가 소멸한다," "사람 없고 건물 없는(people-less, building-less) 조직이다"는 말을 하는 경우가 흔히 있다. 이런 표현들은 가상조직에서 인적 · 물적 요소가 현저히 줄어든다는 사실을 지적하려는 것이다. 사람이나 물적 시설이 완전히 없어진다고 문자 그대로 풀이하면 안 된다.

네트워킹을 세계화한 기술 등 정보기술의 발전이 가상조직의 실용화를 가능하게 하였다.[55]

네트워크 조직(network organization)의 기본적 특징은 행동단위들을 네트워크로 연결한다는 것이다. 중심조직 내부의 네트워크 구축도 있지만, 네트워크 구조의 핵심은 중심조직과 외부조직 등 외부행동단위들과의 네트워크이다.

(2) 세 가지 모형의 중첩　오늘날 조직사회의 실제에서 관찰되는 네트워크 조직들은 고도의 융통성을 특성이자 이점으로 삼고 있다. 네트워크 조직은 임시체제적 잠정성이 높은 조직이라 할 수 있다.

네트워크 조직들은 고도의 정보기술을 활용한다. 전자적인 방법에 의한 연계와 가상공간화의 기술이 없었다면, 현재 우리가 보는 네트워크 조직을 만들 엄두를 내지 못했을 것이다.

행동주체 간의 네트워크 구축이 없으면 가상조직의 전자적 작동은 어렵다. 개인컴퓨터(PC)와 조직이 관리하는 중앙컴퓨터의 연결, 그리고 개인컴퓨터 간의 연결이 있어야 가상조직이 형성된다.

이렇게 볼 때, 네트워크 조직, 가상조직, 임시체제 등 세 가지 조직모형은 심히 중첩된다고 말하지 않을 수 없다. 실제로 운영되고 있는 가상조직과 네트워크 조직의 배타적 구별은 거의 불가능하다. 정보사회화가 촉진될수록 더욱 그러할 것이다.

네트워크 조직과 가상조직의 관계에 대해서는 연구인들 사이에 약간의 혼선이 있다. 네트워크 조직과 가상조직을 동일시하는 사람들이 다수이지만, 양자를 구별하는 의견도 없지 않다. 양자를 구별하는 사람들은 네트워크 조직에 정보기술을 도입한 것이 가상조직이라고 설명하기도 하고, 가상조직의 발전양태가 네트워크 조직이라고 말하기도 한다. 잠정적인 네트워크 조직이 가상조직이라고 말하는 사람도 있다.

저자는 세 가지 모형의 중첩을 강조하는 입장을 택하려 한다. 각각의 핵심적 속성을 부각시켜 세 가지 모형을 구별할 수는 있다. 그러나 네트워크 조직은 다른 두 가지 모형의 속성을 상당 부분 공유한다. 이것이 저자의 관점이다.

2) 네트워크 조직의 정의

네트워크 조직은 각기 높은 독자성을 지닌 조직단위나 조직들 사이의 협력적 연계장치로 구성된 조직이다. 네트워크 조직의 연계장치는 계서적인 통제가 아니라 수평적인 협력관계에 바탕을 둔다. 네트워크 조직에서는 구조의 유연성이 강조된다. 개방적이고 신속한 의사전달과 참여 그리고 자율적 관리가 강조된다.

네트워크 조직은 가상조직과 임시체제의 속성을 내포한다. 네트워크의 잠정성이 높아지고 전자매체·가상공간의 활용이 늘어날수록 그러한 공동속성은 더 커진다. 네트워크 조직에서는 임시적 관계, 유연성과 신속한 적응이 강조되기 때문에 임시체제적인 특성이 있다고 말한다. 조직의 물리적 차원이 위축 또는 소멸하고 인지적 차원이 부각되기 때문에 가상조직적인 특성이 있다고 말한다.

실제로 관찰할 수 있는 네트워크 조직의 양태는 다양하다. 잠정성의 수준이 서로 다를 수 있다. 개인 간·집단 간·조직 간에 각각 네트워크가 형성될 수 있다. 네트워크 참가단위의 수도 다양하다. 네트워크가 국경을 초월하느냐의 여부도 서로 다를 수 있다.g) 가상공간의 활용 정도 역시 서로 다를 수 있다.

그러나 모형설정의 대체적인 준거는 잠정화·가상화의 수준이 높은 네트워크 조직이다. 그리고 중심조직(허브: hub or principal organization)이 스스로 가장 잘할 수 있는 핵심기능만 보유하고 나머지 기능들을 외부위탁(outsourcing)하여 형성하는 조직 간의 네트워크 조직이다.

네트워크 조직의 주요 특성을 보면 다음과 같다.56)

❶ 통합지향성 통합지향적 조직이다. 구성단위들의 활동은 조직전체의 공동목표 추구에 지향되게 한다. 구성단위들은 각기의 활동을 고립적인 것이 아니라 공동의 목표를 추구하는 협동체제의 구성인자로 인식하고 과업수행의 책임을 분담한다. 비계서제적인 연계작용을 통해 수직적·수평적 통합을 도모하고 지리적 분산의 장애를 극복하여 공간적 통합을 도모한다.

---

g) 둘 이상의 국가들에서 활동하는 조직의 구조설계모형을 다국적설계(multinational design)라 한다. 가장 흔한 예는 다국적기업이다.

❷ 수평적·유기적 구조　수평적·공개적 의사전달이 강조되고 의사결정에 필요한 정보는 광범하게 공유된다. 구조설계는 유기적이어서 적응성이 높다. 수직적 계층의 수는 최소화된다.[h')] 네트워크 구성단위의 진퇴(들어오고 나가는 것)는 필요의 변화에 민감하게 연계된다.

❸ 의사결정체제의 분권성과 집권성　조직 전체의 의사결정체제는 분권적이며 동시에 집권적이다. 구성단위들에 대한 의사결정권의 위임수준이 높고 필요한 정보의 공유수준이 또한 높기 때문에 분권적이라고 한다. 공동목표 추구를 위해 의사전달과 정보의 통합관리를 추구하기 때문에 집권적이라고 한다.

❹ 자율적 업무수행　구성단위들의 업무성취에 관한 과정적 자율성은 높다. 이들에 대한 통제는 자율규제적·결과지향적인 것이다.

❺ 대환경적 교호작용의 다원성　네트워크로 느슨하게 연계된 구성단위들과 환경의 교호작용은 다원적·분산적이다. 심리적으로 설정되는 조직의 경계는 유동적이며 모호하다.

❻ 정보기술 활용　네트워크의 형성과 작동에 다양한 정보기술이 활용된다. 전자매체를 통한 가상공간에서의 교호작용이 지배적인 위치를 차지한다.

❼ 물적 차원의 축소　정보화로 인지적·간접적 교호작용이 확대됨에 따라 조직의 물적 차원이 축소되거나 없어진다. 예컨대 건물 또는 사무실을 직접 방문하거나 구성원들이 대면적 접촉을 해야 할 필요는 현저히 줄어든다. 조직의 규모는 인원수나 물적 요소가 아니라 네트워크의 크기로 파악된다.

3) 네트워크 조직의 효용과 한계

(1) 효 용　네트워크 조직은 대규모 조직이 갖는 규모의 경제와 소규모 조직이 갖는 높은 기동성·적응성을 동시에 살릴 수 있다고 한다.

네트워크 조직의 이점으로는 i) 조직의 유연성과 자율성이 높고 다양한 분야의 지식·기술·통찰력을 동원할 수 있기 때문에 기술변화, 소비자 수요

---

h') 구조설계는 중심−주변형(core−peripheral model)과 군집형(cluster model)으로 대별해 볼 수 있는데, 어느 경우에나 수직적 통제보다 수평적 협동이 강조된다. 중심−주변형이란 중심에는 관리작용을 담당하는 핵심부문이 있고, 주변에는 생산기능을 수행하는 부문들이 있는 구조이다. 군집형은 다수의 독자적인 구성단위들이 잠정적으로 연계하여 이루는 구조이다.

변화, 그 밖의 환경적 변화에 신속하게 적응하고 창의성을 발휘할 수 있다는 것, ii) 고객에게 보다 큰 만족을 줄 수 있다는 것, iii) 조직운영의 관료제적 제약을 완화할 수 있다는 것, iv) 자원절약·비용절감을 노보할 수 있나는 것, v) 정보교환을 효율화하여 정보축적과 조직학습을 촉진한다는 것, vi) 정보통신기술의 활용으로 시간적·공간적 제약을 줄일 수 있다는 것, vii) 환경변화 감지장치를 구성단위들에 분산배치함으로써 불확실성을 줄일 수 있다는 것, viii) 수평적 연대와 파트너십의 강조는 상호의존적인 구성단위들 사이의 권력균형화를 돕고 사회적 유대의 구축에 기여한다는 것 등을 들 수 있다.

(2) 한 계 과정적 통제가 필요한 경우, 업무성과의 평가가 어려운 경우, 그리고 구성단위 간의 신뢰관계가 취약한 경우에는 네트워크 조직의 효용을 기대할 수 없다. 중심조직의 기능을 대부분 외부위탁하는 경우 조직의 정체성이 무너지고 혼란이 초래될 수도 있다. 중심조직이 속빈 공동조직(空洞組織: hollow organization)으로 전락할 위험이 있다. 중심조직의 고도기술과 경제적 영향력을 제휴조직들에게 넘겨주게 될 수도 있다.

네트워크 구성단위 간 업무과정 의존도가 높고 업무과정의 각 단계는 실시간으로 연계되기 때문에 한 곳의 지연 또는 실패는 네트워크체제 전체에 연쇄작용을 일으켜 업무지연을 심각하게 할 수 있다. 네트워크체제 내에서 권한과 책임의 소재와 계통이 모호하여 지연·낭비를 초래할 수 있다. 네트워크 구성단위들의 활동을 모니터하고 조정하는 데 많은 비용이 들 수 있다.

네트워크의 잠정성이 높기 때문에 그에 종사하는 사람들의 고용관계도 잠정화된다. 따라서 사람들은 고용불안 때문에 어려움을 겪을 수 있다. 네트워크 전체에 대한 그들의 조직몰입이 어려울 수 있다. 중심조직 종사자들과 주변조직(제휴조직·협력업체) 종사자들 사이에 계층화가 생기는 경우 이것이 사회 전체의 경제적 계층화를 조장할 수 있다.

앞에서 언급한 바와 같이 네트워크 조직과 가상조직에 대한 엇갈리는 설명들은 혼란스럽다. 네트워크 조직을 모듈조직(조립식 조직: modular organization)이라고 부르는 것처럼 같은 것을 서로 다른 이름으로 부르는 예가 있다. 그리고 네트워크 조직모형과 많이 겹치거나 아주 유사한 모형들을 계속해서 만들어내고 있다.

앞서 본 이음매 없는 조직모형이나 경계 없는 조직모형도 네트워크 조직모형과 여러 요소를 공유한다. Schermerhorn, Jr. 등이 정의한 셀방식 조직(세포형 조직: cellular organization)이나 Hodge 등이 정의한 연방형 조직(federal organization) 도 네트워크 조직과 아주 유사하다.57) 셀방식 조직은 준독립적인 조직들의 군집 (cluster)이 시장적 요청에 협동적으로 대응하는 체제라고 한다. 연방형 조직은 우리 나라의 재벌처럼 하나의 중심조직이 여러 계열사(자회사)를 거느리는 조직이라고 한 다. 이 형태의 조직에서 중심조직이 재정적 통제는 하지만 계열사들은 사업관리에서 높은 자율성을 누린다고 한다.

8. 정신적 조직(영성조직)

근래 인간의 정신 또는 영성(靈性: spirituality)을 중시하는 조직모형이 많 은 연구인들의 관심을 끌고 있다. 정신적 조직을 논의하는 사람들이 말하는 영 성은 종교생활이나 신학에 관한 것이 아니다. 그들이 말하는 것은 조직생활에 서 일의 의미를 찾고 인간적 유대를 형성하려는 인간의 마음과 정신에 관한 이 야기이다.58)

정신적 조직은 조직의 구조보다 조직을 구성하는 인간의 내면세계에 초 점을 맞춘 모형이지만 성장이론의 전제와 반관료제적 구조설계의 원리를 함축 하고 있기 때문에 여기서 소개한다.

1) 영성에 대한 새로운 관심의 이유

합리성을 강조해온 전통적 조직모형들은 인간의 정신과 내면적 삶을 간 과했다는 비판적 자각이 인간의 영성에 대한 새로운 연구를 촉진하게 되었다. 조직 내의 인간행동을 보다 잘 이해하고 관리하려면 인간의 영성을 먼저 이 해하여야 한다고 생각한 연구인들이 정신적 조직모형의 개발을 선도하게 되 었다.

사람들의 직업관·인생관 변화 그리고 조직사회의 여건변화도 조직구성 원들의 영성에 대한 관심을 촉구하였다. 그 예로 i) 사람들은 격동적인 삶의 압박과 스트레스에 시달리면서 이를 상쇄할 정신적 대안을 찾게 되었다는 것, ii) 공식화된 종교에서 위로를 얻지 못하고 직장생활에서 공허감을 느끼는 사 람들이 늘어났다는 것, iii) 조직에서의 업무부담이 구성원들의 생활을 압도하 지만 일의 의미를 찾지 못하는 사람들이 늘어났다는 것, iv) 개인생활의 가치와 직업생활의 가치가 통합되기를 바라는 조직구성원들의 갈망이 커지고 있다는 것, v) 물질적 소득의 증대만으로는 성취욕구를 충분히 만족시키지 못하는 사람들이 늘어나고 있다는 것, vi) 조직들이 사회를 위해 윤리적인 서비스를 제공하고 윤리경영을 해야 성공할 수 있다는 인식이 높아지고 있다는 것 등을 들 수 있다.

2) 정신적 조직의 정의

정신적 조직(영성조직: 靈性組織: spiritual organization: spiritually-based organization)은 인간의 정신적 가치 즉 영성을 중시하는 조직이다.

일반적으로 영성이라 할 때는 인간성에 머무르는 신성 또는 신령한 품성을 의미한다. 그것은 인간의 신적인 측면에 대한 경험이거나 그러한 경험을 하려는 갈망이라고 설명되기도 한다. 그러나 조직생활에 관련하여 정신이나 영성을 논할 때는 목표와 의미를 추구하는 삶의 내면세계에 주의를 한정한다. 영성조직을 논의하는 사람들이 사용하는 영성이라는 말은 심층적 자아의 이해, 개인적 성장, 사회에 대한 의미 있는 기여, 모든 행동의 성실성 발현을 바라는 인간의 갈망에 초점을 맞추는 개념이다. 이러한 영성을 종교적 신념이 강화할 수도 있다. 그러나 영성은 종교와 무관하게 형성·강화되기도 한다.

정신적 문화를 북돋우려는 조직은 사람들이 정신을 가지고 있으며 일에서 의미와 목표를 찾으려 한다는 사실, 그리고 다른 사람들과 연계하여 공동체의 일원이 되고자 하는 갈망을 지녔다는 사실을 중시한다. 정신적 조직은 사람들이 그들의 잠재력을 최대한 발휘할 수 있도록 돕고 일과 삶이 갈등을 일으키는 문제를 해결하는 데 주력한다.

정신적 조직에 뚜렷하게 나타나는 문화적 특성은 네 가지이다.

❶ 강한 목표의식　정신적 조직은 의미 있는 목표를 중심으로 조직문화를 형성한다. 이윤추구도 중요하겠지만 그것이 조직의 주된 목표는 아니다. 조직구성원들은 그들이 중요하고 가치 있다고 생각하는 목표 때문에 고무되기를 바란다.

❷ 직원 간의 신뢰와 존경　정신적 조직은 상호신뢰와 존경, 친절, 정직성, 개방성을 중시한다. 관리자들은 과오의 인정을 두려워하지 않는다.

❸ 인간주의적 업무관행   인간주의적 업무관행은 직원의 학습·성장에 대한 갈망과 강한 신뢰분위기가 결합하여 만들어 낸다. 인간주의적 업무관행의 구성요소로는 융통성 있는 업무스케줄, 집단기반·조직기반의 보상, 보수차등과 지위차등의 축소, 직원의 인권보장, 직원들에 대한 힘 실어주기, 안정된 직업 등을 들 수 있다.

❹ 직원의 감정표현 관용·권장   정신적 조직은 직원들의 행복을 중시하며 그들의 감정을 억압하지 않는다. 직원들이 죄책감이나 처벌에 대한 두려움 없이 기분과 감정을 표현할 수 있게 한다. 일하면서 유머감각을 표현하고 자발적으로 즐겁게 일하도록 권장한다.

3) 정신적 조직론에 대한 비판과 반론

조직생활에서의 영성추구운동과 영성조직의 처방을 비판하는 사람들이 있다. 비판적 논점은 i) 과학성 결여, ii) 정당성에 대한 의심, 그리고 iii) 경제성에 대한 의문으로 요약할 수 있다.

조직에서의 영성이 무엇이며 정신적 조직과 다른 조직들이 어떻게 서로 다른가를 규명하고 검증하는 연구가 일천하기 때문에 정신적 조직의 우월성에 대한 주장은 과학적 기반을 결여한다는 비판이 있다. 그러나 연구가 쌓여 가면 정신적 조직이라는 새로운 모형의 개념적 모호성은 극복될 수 있을 것이며, 이 모형의 가설들도 더 많이 검증될 수 있을 것이다. 가설검증을 위한 조사연구들이 늘어나고 있다.

정신적 조직의 요건에 대해 불편하게 생각할 직원들도 있기 때문에 영성의 강조는 정당하지 않을 수도 있다는 비판이 있다. 기업체와 같은 세속적 조직이 직원들에게 영적 가치를 수용하도록 요구할 권리는 없다는 것이다. 이러한 비판은 영성의 강조가 직장에 특정한 종교나 신에 대한 숭배를 도입하는 일이라고 생각하는 데서 나온 것 같다. 그러나 영성의 강조가 사람들로 하여금 직업생활의 의미와 보람을 찾게 하려는 의도라고 이해한다면 정당성 논쟁은 별 의미가 없을 것이다

영성의 추구는 기업의 이윤추구에 지장을 줄 수도 있다는 우려가 있다. 그러나 지금까지 밝혀진 경험적 자료를 보면 영성추구와 이윤추구는 양립할 수 있음을 알 수 있다. 조직에서의 영성추구는 창의적 업무수행, 조직구성원

의 만족과 조직몰입, 협동적 노력, 생산성향상 등에 긍정적으로 상관되어 있다는 조사연구보고들이 있다. 비록 한정된 증거이지만 영성추구와 이윤추구가 양립할 수 있다는 추론은 가능하게 한다.

조직의 과정

조직 내의 인간행동은 여러 가지 과정을 형성한다. 인간의 행동이 과정을 통해 흐른다고 표현할 수도 있다. 조직 내의 과정들은 조직의 기본적인 구성요소이기 때문에 조직현상을 연구하는 사람들은 거기에 많은 관심을 기울여 왔다.

과정(過程: process)은 일정한 목표의 성취를 지향하는 일련의 행동 또는 교호작용이라고 정의할 수 있다. 조직 내에서 인간이 꾸며 내는 구조와 과정은 표리의 관계를 이루고 있다. 과정은 구조를 통해서 흘러나오지만 동시에 구조의 양태에 영향을 미친다. 구조와 과정은 실제로 분리되어 있는 현상이 아니며 개념적으로도 양자의 한계는 엄격한 것이 아니다.

조직학의 경향변천에 따라 중요시된 과정의 종류, 그에 대한 연구의 우선순위, 그리고 분석의 내용 등은 달라져 왔다. 조직 내의 과정에 대한 오늘날의 지식은 연구경향변천사의 누적적인 업적이라 할 수 있다. 조직연구인들이 지금까지 들추어 낸 조직 내 주요과정은 의사전달, 의사결정, 계획, 리더십, 동기부여, 집단역학, 통제, 조정, 갈등관리, 조직개혁, 권력과정, 관리과정 등이다.

위에 예시한 여러 과정 가운데서 의사전달, 의사결정, 리더십, 갈등관리, 통제, 그리고 여러 과정들이 복합된 과정이라 할 수 있는 관리과정에 대해서 차례로 설명하려 한다. 이 밖에 몇 가지 과정들에 대해서는 이 책의 다른 부분에서 직접 또는 간접으로 검토하였다.

section

01 의사전달

Ⅰ. 의사전달이란 무엇인가?

1. 의사전달 연구의 경향변천

의사전달은 조직의 가장 기초적이고 기본적인 과정이다. 조직 내의 교호작용은 의사전달이 매개하기 때문에 다른 과정들은 모두 의사전달과정에 의존한다. 의사결정, 권력의 행사, 통제 등 여러 과정들은 의사전달에 의존하기 때문에 의사전달은 그러한 과정들의 형태를 빌어 표출된다고 할 수도 있다. 의사전달은 그러한 과정들의 원료가 된다고 표현할 수도 있다. 의사전달의 양태와 기술은 조직의 활동범위, 조직의 구조, 그리고 조직구성원의 태도에도 중요한 영향을 미친다.

의사전달이 조직의 기초를 형성하는 중요한 과정인데도 고전기의 연구인들은 의사전달을 하나의 문제로 확인하여 그것을 본격적으로 연구하지 못했다. 고전이론가들의 합리적·공식적 접근방법은 의사전달에 결부된 여러 가지 문제들을 간과하게 만들었다고 생각한다.

인간관계론자들은 의사전달의 장애요인, 특히 비합리적·비공식적 장애요인에 관심을 보이고 의사전달의 방법과 형태, 그리고 의사전달망이 인간관계에 미치는 영향을 연구하였다.

조직을 사회적 체제라고 보는 사람들이 의사전달의 문제를 비로소 조직의 핵심적 요소로 부각시키게 되었다.[a] 조직심리학에서는 의사전달에 참여하

---

a) Barnard는 조직을 사회적 체제로 보는 학파(social system school)의 한 선각자로 간주되고 있다. 그는 조직의 3대구성요소를 ① 의사전달, ② 공동목표의 성취에 기여하려는 의욕 및

는 사람들의 심리적 요인, 특히 동기·지각·욕구 등이 의사전달에 미치는 영향을 밝히는 데 많은 공헌을 하였다.

통신공학의 영향을 받아 발전한 정보이론은 의사전달의 과정을 정보의 흐름으로 보는 시각에서 체계적으로 설명할 수 있는 유력한 모형을 제공해 주었다. 정보이론은 조직이라는 현상 전체를 정보의 흐름 또는 의사전달이라고 보는 관점에서 설명함으로써 의사전달의 필요성과 핵심성을 최대한으로 부각시켰다.b) 근래 엄청난 규모와 속도로 발전해 온 정보기술은 의사전달·정보관리·지식관리의 대변혁을 초래하였다. 의사전달 연구의 접근방법도 그만큼 큰 변화를 겪고 있다.

2. 의사전달의 정의

의사전달(意思傳達: communication)은 어떤 의미가 담긴 메시지를 주고받는 과정이다.c) 전달되는 메시지에는 자료, 정보, 지식 등이 두루 포함되지만 대개 정보라는 개념으로 이들을 대변시킨다. 따라서 다수의 논자들이 의사전달을 정보전달과정이라고 간략하게 정의한다. 저자도 그런 표현방식을 수용하고 의사전달의 특성들을 설명하려고 한다.

의사전달은 사람들의 교호작용이 있는 곳이면 어디에나 있지만, 우리가 여기서 관심을 갖는 것은 조직 내의 의사전달이다. 의사전달의 주요특성을 보면 다음과 같다.

❶ 개인 간의 과정　의사전달은 원칙적으로 개인 간의 과정이다. 다시 말하면 정보를 보내는 사람과 받는 사람 사이에 일어나는 과정이다. 조직단위 간에 의사전달이 이루어지는 경우 또는 발신자나 수신자가 다수일 경우에도 의사전달의 당사자는 결국 개인이라는 점을 잊어서는 안 된다. 그리고 의사전

---

③ 공동목표라고 규정하였다. 제1장 제2절 조직의 개념정의 참조. Chester I. Barnard, *Functions of the Executive*(Harvard University Press, 1938), pp. 82~95.

b) 인공두뇌학(전자두뇌학: cybernetics)에 심취하였던 Karl W. Deutch는 의사전달의 방법과 통로를 모두 알게 되면 조직 자체를 거의 이해할 수 있게 된다고 말하였다. Deutch, "On Communication Models in the Social Sciences," *The Public Opinion Quarterly*(vol. 16, 1952), p. 367.

c) 의사전달이라는 말 대신 통신 또는 의사소통이라는 표현을 쓰는 사람들도 있다.

달은 사람들 사이의 관계를 이어준다. 의사전달은 사람과 사람 사이의 '관계적인' 정보주고받기이다. 자기가 자기에게 하는 정보의 전달은 의사전달의 한 국면이지 그 자체가 의사전달은 아니다.d)

의사전달이 개인과 개인 사이에서 일어나는 현상이지만 그것이 결코 고립적인 것은 아니다. 의사전달은 조직이라는 사회적 체제에서 일어나는 현상이므로, 의사전달의 문제를 온전히 이해하려면 조직의 전반적인 상황에 관련지어 그것을 분석해야 한다. 의사전달은 거기에 참여하는 개인과 조직에 영향을 미치며, 참여자들의 개인적 특성과 조직의 조건은 또한 의사전달에 영향을 미친다.

❷ 목표가 있는 정보전달　조직 내의 의사전달에는 목표가 있다. 발신자는 수신자에게 어떤 영향을 미치려 하거나 무엇을 알리려 한다. 발신이나 수신의 과정에 무의식적이거나 잠재의식적인 요인이 개입될 수 있는 것은 사실이지만, 전혀 맹목적인 발신과 수신은 우리의 논구대상이 아니다.

❸ 발신자·수신자·매체·통로　의사전달과정의 기본적인 단위를 형성하는 핵심적 요소는 세 가지이다. 그 첫째는 발신자(sender)와 수신자(receiver)이다. 둘째는 정보전달의 매체 또는 수단(means or symbols)이다. 셋째는 정보전달의 통로(channel)이다. 발신과 수신에 이어 환류가 이루어지는 일이 많지만, 환류가 없더라도 의사전달은 성립되는 것이므로 환류를 불가결한 요소라고 할 수는 없다.

❹ 다양한 역할(기능)　조직 내의 모든 교호작용이 의사전달을 내포하기 때문에 조직과 의사전달의 관계 또는 조직에 대한 의사전달의 역할은 매우 복잡하다. 연구인들의 필요에 따라 의사전달의 역할을 여러 가지로 범주화하고 있다.

　　James G. March와 Herbert A. Simon은 의사전달의 역할로, i) 비정형적(비일상적) 활동(nonprogrammed activities)에 기여하는 것, ii) 새로운 사업의 입안과 사업조정에 기여하는 것, iii) 사업집행에 필요한 자료를 제공하는 것, iv) 새로운 사업 탐색을 자극하는 것, v) 활동결과에 대한 정보를 제공하는 것 등을 열거하였다.[1]

---

d) 예외적인 경우이기는 하지만 자기가 자기에게 정보를 전달하는 것을 의사전달의 한 유형으로 보는 사람들도 있다. 우리는 그러한 정의를 받아들이지 않기로 한다.

Lee O. Thayer는 의사전달의 역할을 i) 알고 알리는 역할, ii) 활동들을 평가하는 역할, iii) 지시하는 것과 지시받는 것을 매개하는 역할, iv) 영향을 받거나 영향을 미치는 작용을 매개하는 역할, 그리고 v) 조직목표의 성취에 간접적으로 기여하고 개인적 욕구를 충족시키는 역할로 분류하였다.2)

William G. Scott와 Terrence R. Mitchell은 의사전달의 기능을 i) 의사결정에 필요한 정보의 제공, ii) 조직목표에 대한 동기유발, iii) 통제작용, 그리고 iv) 감정표현을 통한 사회적 욕구의 충족 등 네 가지로 나누었다.3)

❺ 상황에 따라 달라지는 중요성   의사전달이 없으면 조직은 성립할 수 없기 때문에 의사전달은 모든 조직의 생명소(生命素)라고 할 수 있다. 그러나 의사전달의 구체적인 중요성은 조직에 따라 또는 조직단위에 따라 다를 수 있다. 예컨대 조직이 복잡하고 일상화되기 어려운 기술을 사용하며 불확실성이 높은 업무를 다룰 때, 의사전달의 중요성은 매우 커진다. 반면 조직이 단순하고 일상화된 업무를 처리하는 경우 의사전달의 중요성은 상대적으로 작아진다.e) 그리고 의사전달에 관련하여 제기되는 문제도 조직에 따라 또는 조직단위에 따라 달라질 수 있다.

사람들이 정보 또는 의미를 주고받는 현상을 의사전달이라고 규정한다는 점에서 의사전달연구인들은 대체로 수렴된 의견을 보이고 있다. 그러나 구체적인 표현방식에 약간씩의 차이가 있는 것은 흔한 일이다. 저자가 참고한 의사전달의 정의들 가운데서 몇 가지를 예시하려 한다.

Randall B. Dunham은 의사전달을 "한 사람 또는 집단으로부터 다른 사람 또는 집단에 대한 정보의 유의미한 전달"이라고 정의하였다.4)

John R. Schermerhorn, Jr. 등은 의사전달을 "의미가 담긴 메시지를 발신하고 수신하는 과정"이라고 정의하였다.5)

Ricky W. Griffin과 Gregory Moorhead는 의사전달을 "둘 또는 그 이상의 당사자들이 정보를 전달하고 의미를 공유하는 사회적 과정"이라고 정의하였다.6)

John W. Newstrom은 "의사전달은 한 사람으로부터 다른 사람에게 정보와 이해

---

e) Harold L. Wilensky는 조직 내의 의사전달이 가지는 중요성은 네 가지의 요인에 따라 좌우된다고 하였다. 네 가지 요인이란 ① 외부환경과의 경쟁정도, ② 내부적 지지와 단합에 대한 의존의 정도, ③ 조직 내외의 요소들에 대한 예측가능성, ④ 조직의 규모와 구조, 구성원의 이질성과 목표의 다양성, 권한의 핵심성을 말한다. Wilensky, *Organizational Intelligence: Knowledge and Policy in Government and Industry*(Basic Books, 1967), p. 10; Richard H. Hall, *Organizations: Structure and Process*, 5th ed.(Prentice-Hall, 1991), pp. 164~167.

(understanding)를 이전하는 것이다. 이것은 아이디어, 사실, 생각, 감정, 그리고 가치를 전달함으로써 다른 사람들에게 접근하는 방법이다"고 하였다.[7]

Jerald Greenberg와 Robert A. Baron은 의사전달을 "어떤 개인, 집단, 조직(발신자)이 다른 개인, 집단, 조직(수신자)에 어떤 종류의 정보(메시지)를 전달하는 과정"이라고 정의하였다.[8]

3. 의사전달의 유형

사람들은 조직 내의 의사전달을 분석하고 설명하는 데 쓰기 위해 의사전달의 유형을 여러 가지로 분류해 왔다. 많은 의사전달 유형론 가운데서 자주 거론되는 것은 i) 공식성 또는 비공식성을 기준으로 한 분류, ii) 조직 내에서 의사전달이 이루어지는 방향을 기준으로 한 분류, iii) 발신자와 수신자의 수를 기준으로 한 분류, iv) 의사전달의 매체 또는 통로를 기준으로 한 분류, v) 의사전달망의 형태를 기준으로 한 분류 등이다. 이런 유형론들을 다음에 간단히 검토하려 한다. 집단 내의 의사전달망은 뒤에 의사전달의 과정을 논의하면서 함께 설명하려 한다.

1) 공식성 또는 비공식성을 기준으로 한 분류

조직의 공식적 규정에 따르는 의사전달이 공식적 의사전달(formal communication)이다. 조직은 그 목표의 효율적인 달성에 기여할 수 있도록 중요한 의사전달의 내용, 방법, 통로 등을 설계하여 규범적으로 설정한다. 이러한 공식적 처방이 없으면 대규모 조직의 질서를 유지할 수 없기 때문에 공식적 의사전달의 규율은 불가결한 것이다.

조직 내의 교호작용은 비공식적 의사전달(informal communication)이 저절로 생겨나게 한다. 비공식적 의사전달은 조직의 공식적 규범으로 설정되는 것이 아니다. 자생적으로 발생하는 비공식적 의사전달은 공식적 의사전달을 도와 그 효율성을 높이기도 하고, 공식적 의사전달을 교란하거나 그 효율성을 저하시키기도 한다.

2) 방향을 기준으로 한 분류

조직 내에서 의사전달이 이루어지는 방향에 따라 하향·상향의 수직적 의사전달(vertical communication), 수평적 및 빗금(斜線)의 의사전달(horizontal and diagonal communication)을 구분한다. 수직적 의사전달은 다시 하향적 의사전달(downward communication)과 상향석 의사전달(upward communication)로 나누어 볼 수 있다.

상관이 부하에게 하는 의사전달이 하향적 의사전달이다. 부하가 상관에게 하는 것이 상향적 의사전달이다. 수평적 의사전달은 계서제 상의 지위가 같은 사람들 사이의 의사전달이며, 빗금의 의사전달은 계서제 상의 지위는 다르지만 직속상관과 직속부하라는 관계에 있지 않은 사람들 사이의 의사전달이다.

의사전달의 흐름이 일방적인가 또는 쌍방적인가에 따라서 일방적 의사전달(one-way communication)과 쌍방적 의사전달(two-way communication)을 구별하기도 한다.

3) 발신자와 수신자의 수를 기준으로 한 분류

의사전달의 당사자는 결국 개인이지만 그 개인의 수가 언제나 같은 것은 아니다. 발신과 수신에 여러 사람이 참여할 수 있다. 발신자 또는 수신자의 수에 따른 분류의 두 가지 예를 보기로 한다.

(1) Ruesch와 Bateson의 분류　Jurgen Ruesch와 Gregory Bateson은 상대방이 없이 자기가 자기에게 정보를 전달하는 것도 의사전달유형에 포함시키고 있는데, 이것은 의사전달에 관한 우리의 정의에 부합되지 않는다는 점에 주의하기 바란다.9)

첫째, 개인 내적 의사전달(자기성찰소통; 자아커뮤니케이션: intrapersonal communication)은 어떤 사람이 자기자신에게 하는 의사전달이다. 이러한 의사전달은 사람의 인식활동에서 불가결한 것이다.

둘째, 개인 간 의사전달(interpersonal communication)은 한 사람이 다른 한 사람에게 하는 의사전달이다.

셋째, 집단과 개인 간의 의사전달(group-individual communication)은 여러 사람과 한 사람 사이의 의사전달이다. 여기에는 두 가지의 유형이 포함된다. 그 하나는 발신자가 한 사람이고 수신자가 여러 사람인 경우이다. 다른 하나는 발신자가 여러 사람이고 수신자가 한 사람인 경우이다.

넷째, 집단 간 의사전달(group-to-group communication)은 여러 사람이 여러 사람에게 하는 의사전달이다. 여기에는 두 가지 유형이 포함된다. 그 하나는 여러 사람이 여러 사람에게 '공간에 결부된 내용'(space-binding messages)을 전달하는 것이다. 현재의 상황에 관한 조직단위 간의 의사전달이 여기에 해당한다. 다른 하나는 여러 사람이 여러 사람에게 '시간에 결부된 내용'(time-binding messages)을 전달하는 것이다. 시간에 결부된 내용이란 과거와 현재를 연결하는 내용이다. 전임관리자들이 세운 전통과 정책이 신임관리자에게 전달되는 경우를 그 예로 들 수 있다.

(2) Roberts 등의 분류 Karlene H. Roberts 등은 의사전달을 하는 사람의 수와 의사전달의 상황을 결부시킨 유형론을 보여주었다.[10] 그들이 분류한 의사전달의 유형은 i) 조직과는 무관한 상황에서 행해지는 개인 간의 의사전달, ii) 조직 내에서 행해지는 개인 간의 의사전달, iii) 조직 내에서 행해지는 조직단위 간의 의사전달, iv) 조직 간의 의사전달, 그리고 v) 조직과 일반적 환경 간의 의사전달이다. 의사전달을 논의하는 우리의 주된 준거는 ii)와 iii)의 유형이지만, 다른 유형의 의사전달도 우리의 논의와 무관한 것은 아니다.

4) 매체와 통로를 기준으로 한 분류

매체(수단)를 기준으로 하여 의사전달의 유형을 분류해 볼 수 있다. 현대 조직에서 가장 널리 쓰이는 의사전달의 매체는 말과 글이지만 그 밖에도 여러 가지 매체가 사용되고 있다. 근래에는 컴퓨터가 보급되어 이른바 '컴퓨터용어'(computer language)라는 부호들이 많이 쓰이고 있다. 컴퓨터용어나 숫자와 수학에서 쓰는 부호 등도 말과 글의 범주에 포함시킬 수 있다. 이 밖에도 몸짓, 얼굴표정, 몸의 위치, 그림, 음악, 소리, 빛깔에 의한 신호 등 의사전달의 매체는 대단히 많다.

의사전달의 통로는 사람들을 서로 잇는 인간적 통로와 물적·기계적 통로로 크게 분류할 수 있다. 이러한 통로의 종류를 기준으로 의사전달의 유형을 인간적 통로에 의한 의사전달과 물적·기계적 통로에 의한 의사전달로 구분해 볼 수 있다.

의사전달의 매체와 통로를 기준으로 분류한 의사전달유형 가운데서 언어적 매체를 사용하거나 비언어적 매체를 사용하는 의사전달, 그리고 정보기술을 사용하는 전자적 의사전달에 대한 설명을 추가하려 한다.

(1) 언어적 의사전달과 비언어적 의사전달　언어적 의사전달(言語的 意思傳達: verbal communication)은 말이나 글 등 언어적 매체를 사용하는 의사전달이다. 비언어적 의사전달(非言語的 意思傳達: nonverbal communication)은 보디랭귀지(신체언어: body language) 등 비언어적 신호를 매체로 사용하는 의사전달이다.11)

❶ 비언어적 신호의 유형　비언어적 의사전달에서 사용될 수 있는 비언언적 신호는 다양하겠지만, 연구인들이 주로 관심을 갖는 것은 사람들이 직접 만나 하는 대면적 의사전달에서 쓰이는 신호들이다.

비언어적 신호의 주요 범주로 i) 몸놀림(제스처, 얼굴표정, 시선 등), ii) 개인의 육체적 특성(키, 체중, 자세, 피부색 등), iii) 준언어(paralanguage: 목소리 크기, 음색, 억양, 더듬거림 등), iv) 공간의 사용(차지하는 공간의 넓이, 대화자 간의 거리, 좌석배치 등), v) 색채(매체의 빛깔), vi) 물적 환경(건물설계, 실내장식, 청결수준, 조명도 등), 그리고 vii) 시간(모임에 일찍 나가거나 늦게 나가기, 대담을 위해 다른 사람들이 기다리게 하기 등)을 들 수 있다. 상황에 따라서는 단순한 침묵도 여러 가지 의미를 전달할 수 있다.

❷ 언어적·비언어적 의사전달의 관계　대면적인 언어적 의사전달에는 대개 비언어적 의사전달이 끼어든다. 비언어적 의사전달이 언어적 의사전달을 대체하거나 교란하기도 한다. 비언어적 의사전달과 언어적 의사전달의 관계를 네 가지로 나누어 볼 수 있다.

첫째, 반복관계가 있다. 지시방향을 말로 하고 다시 손가락으로 가리키는 경우를 예로 들 수 있다.

둘째, 상충관계가 있다. 말로는 칭찬하면서 얼굴표정은 경멸하는 경우를 예로 들 수 있다.

셋째, 대체관계(代替關係)가 있다. 곤혹스러운 얼굴표정으로 어렵다는 말을 대신하는 경우를 예로 들 수 있다.

넷째, 보충관계가 있다. 언어적 메시지를 강조하기 위해 책상을 손으로 치는 경우를 예로 들 수 있다.

비언어적 의사전달은 언어적 의사전달을 보완하는 여러 가지 역할을 수행한다. 그러나 그 명료성이 언어적 의사전달에 비해 떨어지기 때문에 의사전달을 교란하고 혼란스럽게 할 수 있다. 특히 문화나 조직 상의 지위에 따라 비언어적 의사전달의 의미가 달라질 수 있기 때문에 문화적 차이, 지위의 차이가 큰 경우 혼란야기의 위험이 커진다.

(2) 전자적 의사전달　전자적 의사전달(electronic communication)은 컴퓨터가 매개하는 의사전달(computer-mediated communication)이다. 이것은 컴퓨터에 연계된 전자기기와 기술을 활용하는 온라인 의사전달이다.[12]

❶ 방 법　전자적 의사전달에 쓰이는 통로의 유형과 그 구성요소는 여러 가지이다. 그 중 대표적인 것은 전자우편(e-mail)이다. 전자우편의 변형인 인스탄트 메시징(instant messaging)의 활용도 급속히 확산되고 있다. 이것은 온라인에 접속하고 있는 사람들이 전자우편 프로그램을 거치지 않고 실시간으로 정보를 교환할 수 있게 한 시스템이다. 이 밖에도 SNS의 여러 통로들이 조직 내외에 걸친 의사전달에 활용될 수 있다.

둘 이상의 컴퓨터 사이에 오디오와 비디오를 동시적으로 전달하는 방법인 비디오매개 의사전달(video mediated communication)이나 음성판독기술(speech recognition technology)을 활용한 의사전달도 전자적 의사전달의 중요 양태이다.

❷ 영 향　전자적 의사전달의 확산은 컴퓨터와 전자기기 중심으로 구성된 가상사무실(virtual office)을 등장시켰으며, 사무실에 출근하지 않고 업무를 처리하는 텔레커뮤팅(telecommuting)의 가능영역을 넓혔다. 조직과 구성원 간의 의시전달은 언제 어디서나 가능하게 되어 간다. 이런 영향으로 직장생활과 직장 외적 생활의 구별이 흐려진다. 조직 간 경계도 흐려진다. 전통적인 계서제의 주요 국면들이 와해된다.

❸ 효용과 한계　전자적 의사전달의 최대이점은 의사전달의 극적인 신속성과 편리함 그리고 능률이라고 할 수 있다.

그러나 전자적 의사전달에서는 대면적 의사전달에서 유효하게 쓰일 수 있는 비언어적 방법을 활용하기 어렵다. 감정의 전달이나 의사전달을 통한 사회적 욕구의 충족도 기대하기 어렵다. 익명성 유지가 가능하기 때문에 무례한 언어 사용, 사생활 침해 등의 일탈적 행동이 문제로 될 수 있다.[f]

---

f) 전자적 의사전달의 윤리성 타락문제는 날로 심각해지고 있다. 따라서 전자적 의사전달의 건

　　전자적 의사전달의 편리함 때문에 이를 과다사용하는 문제가 생길 수 있다. 의사전달 당사자 특히 수신자는 정보과다 때문에 시달릴 수 있다. 필요하지도 원하지도 않은 메일(spam)은 정보과다문세를 너욱 악화시킬 수 있다. 직접적인 대면적 의사전달의 경우에 비해 메시지의 해석에 오류가 생길 가능성이 더 크다. 즉각적인 환류를 받지 못해 애로를 겪을 수 있다. 전자적 의사전달을 통한 집단적 의사결정은 더 많은 시간을 소모할 수 있다. 조직구성원들에게는 전자적 방법으로 언제나 업무연락이 가능하기 때문에 그들은 근무시간 외에도 업무(사무실의 통제)로부터 벗어나지 못해 스트레스를 받을 수 있다.

II. 의사전달체제의 구성요소

　　조직 내의 의사전달을 분석하기 위해서는 의사전달이라는 하나의 과정 또는 의사전달체제에 내포된 기본적 요소부터 확인해야 한다. 의사전달의 기본적인 구성요소가 먼저 확인되어야 그것을 조직이라는 여건에 관련지어 연구할 수 있다.

　　많은 사람들이 의사전달의 구성요소를 기술하고 설명하는 모형을 제시해 왔다.8) 모형마다 구체적인 내용이나 표현이 조금씩 다르지만, 근본적인 구상은 대동소이하다. 대개의 모형들이 공통적으로 지적하고 있는 의사전달의 기본적인 요소는 i) 발신자와 수신자, ii) 매체 또는 수단, 그리고 iii) 통로이다. 이러한 요소들을 중심으로 하여 그것을 상세화하거나 보완적인 요소를 추가하고 있다. 가장 흔히 볼 수 있는 추가적 요소는 의사전달체제에 개입되는 장애와 의사전달을 쌍방적인 것으로 만드는 환류이다.

　　전성을 확보하기 위한 입법과 행동범절 또는 에티켓('네티켓': 'netiquette')의 발전을 촉구하는 목소리가 높다.

g) 현대적인 의사전달모형의 개척에 선도적 역할을 한 모형으로 널리 알려진 것은 Shannon과 Weaver가 전화통신에 관련하여 개발한 모형이다. 그들은 전화통신의 구성요소로 ① 발신점(source), ② 송신기(transmitter), ③ 신호(signal), ④ 수신기(receiver), 그리고 ⑤ 수신점(destination)을 열거하였다. Claude Shannon and Warren Weaver, *The Mathematical Theory of Communication*(University of Illinois Press, 1949), p. 5.

다음에 의사전달체제의 구성요소를 설명하고 의사전달통로의 일종인 의사전달망에 대해 언급하려 한다.[13]

1. 의사전달의 과정모형

의사전달의 과정은 누가, 무엇을, 어떤 방법으로, 누구에게 전달하여 어떤 효과를 거두는가에 관한 과정이다.

의사전달은 발신자(sender)가 정보를 발송함으로써 시작된다. 발송된 정보는 일정한 통로(channel)를 거쳐 수신자(receiver)에게 도달한다. 의사전달의 체제에는 장애(barriers)가 개입할 수 있다. 수신자로부터의 환류가 뒤따르는 경우도 흔히 있다. 그러나 장애와 환류가 의사전달과정의 필수적인 구성요소는 아니다.

의사전달의 구성요소에 관한 개념들을 부연설명하려 한다.

1) 발 신 자

발신자는 의사전달의 필요를 느끼고 의사전달의 내용을 만들어 발송한다. 발신자가 제일 먼저 하는 일은 발송할 정보를 선택하는 것이다. 선택한 정보는 상징화(부호화)의 과정(encoding process)을 통해 매체화된다. 발신자가 전달하려는 정보(아이디어·메시지·의미)를 말이나 글 등 구체적인 매체로 전환하는 것이 상징화의 과정이다. 상징화의 과정은 제3자나 기계가 도울 수 있다. 특히 상징화의 과정이 전문기술을 필요로 하는 경우에는 전문가의 도움을 받게 된다.

2) 통 로

발송된 정보는 일정한 통로를 거쳐 수신자에게 전달된다. 통로는 발신자와 수신자를 이어주는 연계라 할 수 있다. 의사전달통로의 구성요소는 다양하며 흔히 여러 가지 요소가 복합적으로 쓰인다. 우선 사람의 다섯 가지 감각기관(五官)이 통로의 역할을 한다. 그리고 두 사람의 대화자를 연결하는 전화장치·방송전파·광선·문서 등은 모두 의사전달의 통로가 될 수 있다. 인편에 의한 의사전달의 경우에는 사람도 통로의 기능을 한다.

통로가 발신자와 수신자를 직접 연결하는 단순한 연계일 경우도 있지만 여러 개의 중계점을 포함하는 망(network)으로 구성되어 있는 경우도 있다. 조직 내에는 여러 개의 의사전달망이 종횡으로 연결된 복잡한 통로(의사전달계통)가 있다. 예컨대 명령계통이라고 알려진 하향적 의사전달통로는 여러 가지 중계점을 연결하는 망으로 구성되어 있다. 조직의 최고관리자가 발한 명령이 최종수신자인 말단직원에게 도달될 때까지 여러 사람 또는 여러 중계단위를 거쳐야 한다. 집단 내의 의사전달망에 대해서는 뒤에 따로 설명하려 한다.

조직 내에 계통화되어 있는 의사전달통로는 그 용량, 포괄범위, 형태가 다양하다. 일방통행적인 통로도 있고 쌍방통행적인 통로도 있다. 조직 전체를 포괄하는 통로도 있고 특정한 하부조직단위 또는 계층에 국한된 통로도 있다. 많은 정보를 한꺼번에 통과시킬 수 있는 통로도 있고 적은 정보만을 통과시킬 수 있는 통로도 있다.

사람들은 조직 내의 많은 의사전달통로 가운데서 마음대로 골라 사용할 수 있는 경우도 있고 그러한 선택의 여지가 없을 수도 있다. 사용할 수 있는 통로의 대안이 많을 때는 어떤 통로를 사용해야 할지 망설이게 되는 폐단(indecision)이 있고, 많은 정보의 발송이 소수의 통로를 서로 사용하려고 경쟁할 경우에는 방해 또는 혼신(混信: jamming)의 폐단이 있다.[14]

3) 수 신 자

수신자는 발송된 정보를 접수하여 이해한다. 발신의 경우에서와 마찬가지로 수신의 과정에서도 기계나 다른 사람의 조력이 필요할 때가 있다. 수신자는 먼저 의사전달이 있다는 사실을 인지하고 해독의 과정(decoding process)을 통해 상징화된 매체로부터 전달되는 정보를 파악한다. 정보가 해독되면 그 가운데서 필요한 것만을 골라 접수한다.[h]

---

h) 수신이 이루어진 후 의사전달이 의도한 어떤 행동이나 태도의 변화가 일어나는 단계까지를 의사전달의 과정에 포함시키는 사람들도 있다. 한 걸음 더 나아가 수신자의 반응에 대한 정보가 발신자에게 환류되는 것까지를 의사전달의 과정에 포함시키기도 한다.
　수신자의 반응을 의사전달과정에 포함시키는 사람들은 의사전달내용의 수용(acceptance)에 영향을 미치는 요인 또는 전제조건으로 ① 발신자의 발신권한과 능력에 대한 인식, ② 발신자에 대한 신뢰, ③ 수신된 메시지의 신빙성에 대한 인식, ④ 의사전달이 의도한 임무와 목표의 수용, ⑤ 수신자에게 제재를 가할 수 있는 발신자의 권력 등을 열거한다. John W. Newstrom, *Organizational Behavior: Human Behavior at Work*, 13th ed.(McGraw-Hill,

4) 장 애

의사전달체제에는 대개 다소간의 장애(잡음; 교란)가 개입된다. 장애란 의사전달의 정확성을 해치는 요소를 말한다. 길에서 이야기하는 사람들은 자동차소리나 그 밖의 소음 때문에 장애를 받는다. 전화선에 끼어든 갖가지 잡음은 전화통화에 장애가 된다.

사람들은 흔히 의사전달의 통로에 끼어든 장애를 예로 들고 있지만 장애라는 문제는 통로에만 국한된 것이 아니다. 의사전달체제의 전체에 걸쳐 장애는 나타날 수 있다. 발신자가 사물에 대해 잘못 지각하거나 상징화의 과정에서 정확을 기하지 못할 때 장애가 생긴다. 통로에서는 정보의 흐름을 왜곡·혼신시키거나 봉쇄하는 장애가 생길 수 있다. 수신자가 정보를 잘못 해독하거나 선택을 그르칠 때도 장애는 생긴다. 의사전달은 조직 내에서 일어나기 때문에 조직의 여건이 의사전달의 장애를 야기할 수 있다.

5) 환 류

의사전달이 일방통행으로 끝나버리는 경우도 있다. 그러나 대개의 경우 의사전달에 대한 환류의 가능성을 배제하지 않으며, 환류가 필수적으로 요구될 때도 있다. 따라서 의사전달을 하나의 순환적인 과정이라고 이해하더라도 큰 무리는 없을 것 같다. 다만 환류가 없는 의사전달도 있다는 점에 유의할 필요는 있다.

환류는 수신자가 받은 메시지에 반응하는 정보를 발신자에게 다시 발송하고 발신자가 그것을 접수하는 과정이다. 환류를 받은 당초의 발신자는 환류에 대응하여 다시 의사전달을 개시할 수 있다. 그렇게 되면 의사전달체제는 순환적인 회로(回路: circuit)를 형성한다.

환류의 내용은 당초의 의사전달을 확인하고 그에 순응하겠다는 보고일수도 있고 당초의 의사전달내용이 적절하지 않다는 지적일 수도 있다. 환류의 내용이 후자에 해당하는 경우(부정적 환류인 경우) 당초의 발신자는 그에 대응하여 어떤 반응을 보이게 된다. 환류는 의사전달의 장애를 제거하는 중요한 수단으로 이해되고 있다.

2011), p. 61.

그림 4-1-1 의사전달의 과정모형

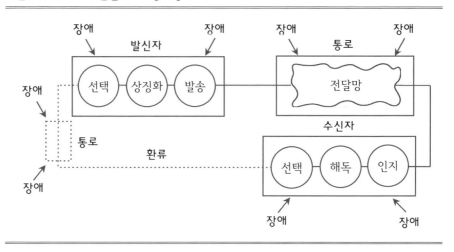

이상의 설명을 종합하여 그 내용을 상징적으로 도시하면 〈그림 4-1-1〉과 같이 된다.

2. 의사전달망

앞서 말한 바와 같이 조직 내의 의사전달통로는 발신자와 수신자를 직접 연결하는 경우도 있지만 여러 개의 중계점을 내포하는 의사전달망(意思傳達網: communication network)으로 구성되어 있는 경우도 있다. 그리고 발신자가 발송한 정보가 수신자에게 전달될 때까지는 여러 개의 의사전달망이 종횡으로 연결된 복잡한 통로를 거쳐야 하는 경우도 있다.

조직 내에서 공식적으로 또는 비공식적으로 형성되는 의사전달망은 의사전달을 연구하는 사람들의 중요 관심사이다. 보다 많은 관심의 대상이 되어 온 것은 집단 내의 의사전달망이다. 많은 연구인들이 소규모집단 내의 의사전달망에 관하여 통제된 실험을 해 왔다. 그들은 실험실적 상황을 설정하여 각종 형태의 의사전달망이 개인과 집단에 미치는 영향은 어떠한가, 가장 능률적인 의사전달망은 어떤 것인가, 의사전달망은 어떻게 형성되는가 등 여러 가지 문제들을 연구하였다.

다음에 의사전달망에 관한 실험실적 연구결과들을 종합하여 소개하려 한다. 대부분의 연구들이 여러 개입변수들을 통제하지 못했기 때문에 연구결론을 조직생활의 실제에 보편적으로 적용하기는 어렵다는 점을 알아두기 바란다. 여기서 소개하는 의사전달망연구의 대상은 집단 내의 의사전달망이라는 점도 다시 일러둔다.

1) 의사전달망의 형태

조직생활의 실제에서 발견할 수 있는 의사전달망의 형태는 매우 다양하겠으나 실험적 연구에서 검토되어 온 것들은 그리 많지 않다. 실험대상이 되어 온 의사전달망의 대표적인 형태는 원형(circle), Y형('Y'), 바퀴형(輪型 또는 星型: wheel or star network), 개방형(all channel or open circle), 선형 또는 연쇄형 (line or chain), 혼합형(mixed network) 등이다. 〈그림 4-1-2〉를 보면 이러한 개념들이 어떤 모양을 가리키는지 쉽게 알 수 있을 것이다. 이 그림에서 보는 바와 같은 의사전달망 안에서 직접적인 의사전달은 서로 인접해 있는(선으로 연결된) 연계점 간에서만 일어난다.[15]

선형 또는 연쇄형은 단순한 계서적 의사전달망이다. 망 내의 직위 또는 연결점들이 한 줄로 이어지는 형태이다. Y형은 연쇄형을 약간 수정한 것이다. 의사전달망의 최상층에 두 개의 대등한 직위가 있거나 거꾸로 최하위층에 두 개의 대등한 지위를 가진 사람들이 있는 것이 Y형망이다. 바퀴형은 망

그림 4-1-2 의사전달망의 형태

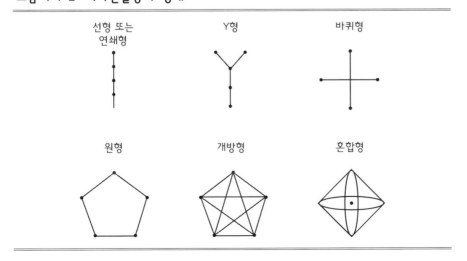

의 중앙에 리더가 있으며, 모든 의사전달이 그 리더를 통해서 이루어지게 되어 있는 형태이다. 원형은 망 내에서 구성원들이 양 옆의 두 사람과만 의사전달을 할 수 있게 되어 있는 형태이다.

개방형은 가장 민주적인 형태의 의사전달망이다. 개방형망 내에서는 각 구성원들이 누구하고나 서로 의사전달을 할 수 있다. 혼합형은 바퀴형과 개방형이 혼합되어 있는 형태이다. 혼합형망 내에서는 구성원들이 서로 자유스럽게 의사전달을 하지만 리더로 받아들여지는 한 사람이 중심적 위치를 차지한다.

2) 의사전달망의 '중심적 위치'

의사전달망 내에서 어떤 직위(위치; 연계점)는 다른 직위들보다 더 중심적인 위치(centrality)를 차지한다. 중심적인 직위의 존재나 그 명확도는 의사전달망의 형태에 따라 다르다. 바퀴형망과 혼합형망에서 중심적 직위의 존재는 가장 뚜렷하게 부각된다.

중심적인 직위는 그것이 속해 있는 의사전달망 내의 다른 모든 직위와 가장 가까운 거리에 있는 직위이다. 다시 말하면, 집단 내의 모든 사람과 직접 의사전달을 할 수 있는 사람이 가장 중심적인 위치를 차지하는 사람인 것이다. 어떤 직위에서 다른 모든 직위와 의사전달을 할 때 거쳐야 하는 연계가 적을수록 해당 직위의 중심성은 강해진다.[16]

중심적인 위치에 있는 사람은 다른 사람에 비해 높은 자율성을 누리며, 의사결정을 적절하고 신속하게 할 수 있다. 그의 직무만족도는 상대적으로 높으며, 그는 자연히 집단의 리더로 부상하게 된다.

그러나 외곽(periphery)에 있는 사람들로부터 각종의 요구를 과다하게 받거나 수행해야 할 임무가 너무 복잡한 경우 중심적 위치에 있는 사람의 의사결정능률이나 직무만족도는 떨어지게 된다. 이렇게 볼 때 바퀴형망은 단순한 업무를 수행하는 집단의 리더에게 가장 유리한 의사전달망이라고 말할 수 있다.[17]

3) 의사전달망의 유형별 특성

의사전달망의 형태가 다르면 의사전달의 정확성과 신속성, 집단구성원의 직무만족에 미치는 영향, 리더의 등장, 모호한 상황을 극복하는 능력, 집단구조의 형성에 미치는 영향 등에 차이가 생긴다는 것이 지금까지의 실험적 연구를 통해 밝혀졌다. 대표적인 연구들의 결론을 종합해 보면 다음과 같다.[18]

(1) 의사전달의 신속성 의사전달의 신속성이라는 면에서 가장 능률적인 유형은 의사전달의 연계점이 적고 중심적 위치를 차지하는 직위가 뚜렷한 의사전달망이다. 고도로 집권화되고 단순한 의사전달망이 가장 능률적이라고 할 수 있다.

바퀴형망의 경우 다른 형태에 비해 중심적 직위가 뚜렷하고 중심적 직위와 외곽직위 사이의 연계점이 적으므로 가장 능률적인 의사전달망이라 할 수 있다. 반대로 가장 비능률적인 형태는 개방형이다. 개방형의 경우 통로의 구성이 매우 복잡하고 연계점이 많으며 중심적 직위도 뚜렷하지 않다. 연쇄형도 능률성이 낮은 망이다. 원형과 Y형의 능률성은 보통정도이다. 혼합형의 경우 능률성은 상황적 조건에 따라 현저히 달라진다.

(2) 구성원의 만족 의사전달망을 구성하는 집단의 구성원들이 느끼는 만족, 특히 사회적 욕구의 충족에 가장 좋은 조건을 제공하는 것은 개방형망과 혼합형망이다. 원형망은 중간정도의 조건을 제공하며 연쇄형, Y형, 바퀴형은 각각 혼합적 조건을 제공한다. 혼합적 조건이란 상위직 또는 중심적 직위의 구성원에게는 유리하고 하위직 또는 외곽의 직위에 있는 구성원에게는 불리한 조건이라는 뜻이다.

(3) 집권화의 정도 의사전달망을 구성하는 집단 내의 집권화 정도는 바퀴형의 경우에 가장 높다. 그 다음으로 높은 것은 Y형의 경우이다. 개방형의 경우 집권화 정도는 가장 낮다. 그 다음으로 낮은 것은 원형의 경우이다. 혼합형과 연쇄형은 중간정도의 집권화수준을 보인다.

(4) 모호한 상황의 극복 예외적으로 발생하는 모호한 사태를 빨리 극복할 수 있는 의사전달망은 개방형, 혼합형, 그리고 원형이다. 바퀴형은 그러한 사태에 당하면 가장 큰 어려움을 겪는다. 바퀴형망의 능률성은 일상적이고 단순한 업무를 처리할 경우에 가장 잘 발휘될 수 있으며, 업무가 복잡하고 불확실한 경우에는 그 능률성이 크게 저하된다고 말할 수 있다.

(5) 의사결정의 질 개방형과 혼합형의 경우 집단적 의사결정의 질이 가장 우수하다. 원형의 경우에는 중간정도이다. 연쇄형, Y형, 그리고 바퀴형의

경우 의사결정의 질은 리더의 역량에 달려 있다.

(6) 처리하는 정보의 양   연쇄형, 원형, 개방형, 그리고 혼합형의 경우 각 연계점에서 처리해야 할 정보의 양은 보통정도이다. Y형과 바퀴형의 경우 중심적 직위는 심한 정보과다를 경험하고 말단 또는 외곽의 직위는 보통정도의 정보량을 처리한다.

(7) 의사전달의 왜곡   연쇄형에서 의사전달의 왜곡이 가장 많이 나타난다. 개방형에서 가장 낮은 수준의 왜곡이, 그리고 혼합형에서 중하위수준의 왜곡이 일어난다. Y형과 바퀴형에서 중간수준, 그리고 원형에서 중간이거나 그보다 약간 높은 수준의 왜곡이 일어난다.

III. 의사전달의 장애

의사전달은 모세혈관처럼 조직에 얽혀 있기 때문에 조직의 거의 모든 구성요인이 조직 내의 의사전달과 연관되어 있다. 조직 내의 의사전달이 지니는 특성은 조직의 구석구석에 영향을 미치며, 조직을 구성하는 요인들은 또한 의사전달에 영향을 미치게 되어 있다. 따라서 조직의 거의 모든 구성요인은 의사전달에 대한 장애의 출처로 될 수 있다. 조직은 개방체제이며 조직구성원은 사회·문화적 제약으로부터 자유로울 수 없기 때문에 환경적 요인들도 조직 내 의사전달에 영향을 미친다.

의사전달의 장애를 일으키는 조직 내외의 조건 또는 원인은 헤아리기 어려울 만큼 많다. 의사전달에 영향을 미치는 요인과 거기서 나올 수 있는 의사전달의 장애, 그리고 의사전달의 장애를 줄이기 위한 전략 또는 기법을 고르고 범주화하여 설명하려 한다.

1. 장애발생의 원인

개인이 사물을 지각하는 과정 그리고 조직과 집단의 구조와 과정은 모두 의사전달에 영향을 미친다. 조직내적 요인들은 환경적 요인들과 영향을 주고받는다. 이러한 조직 내외의 요인들로부터 의사전달의 장애가 발생할 수 있다. 그리고 의사전달에 쓰이는 매체, 기술, 통로의 수와 용량, 전달되어야 할 정보의 특성 등도 장애유발의 원인이 될 수 있다.

　조직 내의 의사전달을 연구한 사람들이 흔히 열거해 온 의사전달의 장애 원인들을 간추려 설명하려 한다.[19]

　(1) 매체의 불완전성　말이나 글, 부호, 몸짓 등 의사전달매체의 불완전성으로 인해서 장애가 생겨날 수 있다. 전달될 정보는 상징화의 과정을 거쳐 매체화되는데, 매체가 불완전하면 정보가 온전히 전달될 수 없다.

　인간은 아직까지 완벽한 의사전달의 매체를 발전시키지 못하고 있다. 매체는 사실의 상징 내지 추상이며 사실 자체가 아니다. 의사전달의 매체가 사실이나 인간의 사유(思惟)를 완전하게 표현해 주기는 어렵다. "낱말의 수보다 사실의 수가 더 많다"는 격언은 매체의 근본적인 불완전성을 적절히 지적해 주는 것이라고 생각한다.[i]

　매체의 본래적인 불완전성 때문이 아니더라도 매체의 선택과 배합 또는 해독을 잘못해서 의사전달의 장애를 일으킬 가능성은 얼마든지 있다. 예컨대 집단 내에서 구성원들끼리만 아는 용어(은어: ingroup language)를 다른 사람들에게도 사용해 알아듣기 힘들게 하는 경우가 흔히 있다. 혼합메시지(mixed message)라는 것도 해독을 어렵게 한다. 말하는 내용과 말하는 사람의 표정이나 동작이 서로 다른 뜻을 전하는 경우가 혼합메시지의 예이다.

　(2) 지각의 차이·착오·감정적 장애　의사전달을 하는 사람들 사이에 지각(知覺)과 준거틀에 차이가 있거나 개인적 지각에 착오가 있는 경우 그리고 감정이 개입하는 경우에는 의사전달의 장애가 발생한다.

　사람들의 성격, 육체적 조건, 교육훈련과 같은 과거의 경험, 가치관, 욕구, 역할, 지위와 권력, 보유하는 정보의 양과 질[j] 등이 서로 다르면 지각도

---

i)　언어는 사실을 단순히 기술하고 보고하는 것이 아니라 사용자의 관점에 따라 사실을 재구성하고 창출하는 방법이라고 설명하는 접근방법도 있다. 이런 접근방법은 언어를 떠난 객관적 사실의 존재를 인정하려 하지 않는다. 언어매체의 불완전성에 대한 관점도 전통적인 입장과 다르다. David M. Boje, Cliff Oswick, and Jeffrey D. Ford, "Language and Organization: The Doing of Discourse," *Academy of Management Review*(vol. 29, No. 4, Oct. 2004), pp. 571~577.

j)　Joseph Luft와 Harry Ingham은 발신자와 수신자가 보유하는 정보의 차이가 적을수록 그리고 서로에 대해 아는 것이 많을수록 원만한 대인관계가 형성되고 따라서 의사전달의 효율화를 기할 수 있다는 전제 하에 대인관계의 스타일을 네 가지 유형으로 나누어 도식적으로 설명하였다. 그들의 도식적 모형은 '죠헤리의 창'(Johari Window)이라 불리고 있다. 노출과 환류를 통해서 자기에 관하여 스스로도 알고 다른 사람도 아는 영역이 넓어질수록 대인관계가 원만해진다는 것이 이 모형의 주된 논점이다. Luft, *Of Human Interaction*(National Press

달라질 가능성이 크다. 소속조직과 사회의 문화차이도 지각과 판단을 다르게 만들 수 있는 요인이다. 의사전달에 참여하는 사람들의 지각이 서로 다르면 원활한 의사전달이 이루어지기 어렵다.

의사전달을 하는 사람들이 저지를 수 있는 착오는 의사전달의 정확성을 해친다. 의사전달자가 감정적으로 격앙되거나 불안한 경우 의사전달을 그르친다. 특히 '의사전달불안'(communication apprehension) 때문에 의사전달을 잘못하는 것은 흔한 일이다.

(3) 고의적인 왜곡　사람들은 지각의 착오가 없음에도 불구하고 일부러 (의식적으로) 의사전달을 왜곡할 수 있다. 자기에게 불리한 이야기는 못 들은 척하는 것, 자기에게 불리하거나 남에게 유리한 정보를 감추는 것, 다른 사람들이 원한다고 생각하면 허위의 정보라도 전달하는 것 등은 고의적으로 의사전달을 왜곡하는 행동의 예이다. 다른 사람에게서 들은 이야기를 옮길 때에도 되풀이하는 내용의 정확성보다 전달자의 목적, 상대방, 상황적 조건 등을 먼저 생각하고 들은 내용과 다른 이야기를 할 수 있다.

의사전달의 당사자 가운데 어느 일방이 권위적이거나 위협적인 태도를 보일 때, 감정적으로 격앙되어 있을 때, 상대방을 불신할 때 의사전달의 고의적인 왜곡이 일어나기 쉽다. 인상관리의 필요 때문에 의사전달을 왜곡하는 경우도 많다. 발신자가 자기를 돋보이게 하려는 인상관리의 전략은 자기의 이점을 과장하거나 체면손상을 피하려는 거짓말을 하는 것과 같은 정보왜곡을 유발하게 된다.

상대방(수신자)이 불쾌하지 않도록 애쓰는 수사(修辭)를 늘어놓다보면 의사전달의 간결성을 해치고 전달하려는 메시지의 의미를 불분명하게 만들 수도 있다. 이런 것을 '정치적으로는 적당한'(politically correct) 의사전달이라 부르기도 한다.

(4) 환류의 봉쇄　발신자의 의사전달에 대해 수신자가 그 내용을 확인하거나 이견(異見)을 전달하는 길이 막혀 있을 때, 다시 말하면 의사전달에 대한 환류가 허용되지 않을 때 의사전달이 신속해질 수는 있겠지만, 그 정확성이 떨어질 수 있다.

Books, 1969).

(5) 통로의 불완전성　전달해야 할 정보를 통과시키는 데 충분한 통로가 마련되어 있지 않을 때(통로의 수나 용량이 부족할 때) 의사전달이 좌절되거나 혼신의 폐단이 생긴다. 사용할 수 있는 통로의 대안이 많고 어떤 것을 사용하여야 할지가 분명치 않을 때에도 의사전달은 지장을 받는다. 그리고 통신기계의 고장, 중계자의 고의 또는 과실로 인한 왜곡 등 통로에 개입될 수 있는 의사전달의 장애는 아주 많다. 복잡한 의사전달망을 거쳐야 하는 경우 중계자의 잘못으로 인한 장애발생의 가능성이 커진다.

(6) 환경의 물리적 장애　의사전달체제에 영향을 미치는 물리적 환경으로부터 나오는 장애가 있다. 물리적 장애는 의사전달자들의 지각과 의사전달통로를 교란한다. 물리적 장애란 대화자 주변의 소음, 통신기계에 끼어드는 잡음, 대면적 의사전달자들 사이를 가로막는 벽 또는 장소적 분리 등을 말한다.

(7) 정보과다　전달되는 정보가 수신자의 처리능력을 초과할 만큼 과다할 때에도 의사전달의 장애가 일어난다. 정보과다는 장애의 양태를 설명할 때 재론할 것이다.

(8) 시간압박　조직생활의 실제에서 발신자와 수신자는 대부분 시간압박을 받는다. 다른 일로 바쁘거나 특정한 의사전달을 처리해야 할 시간이 충분하지 않을 때 실책을 저지를 가능성이 커진다.

(9) 계서제의 역기능　지각의 차이, 착오, 고의적인 왜곡 등으로 말미암아 빚어지는 여러 가지 장애를 계서제 상의 상하관계에 관련시켜 설명하는 사람들이 많다. 앞의 설명과 중복되는 느낌이 있지만 의사전달에 대한 계서제의 역기능이라고 지적되는 것들을 다시 살펴보려 한다.

계서제는 원래 의사전달의 효율화를 도모하기 위해 만든 장치이며 그 효용을 무시하기 어렵다. 그러나 의사전달의 효율성을 저해하는 계서제의 부작용도 만만찮다. 계서제 내에는 역할·지위·권력·능력·정보의 양이 상하 간에 차등적으로 분배되어 있다. 이로 인한 계층 간의 사회적 거리와 심리적 거리는 수직적 의사전달에 대한 각종의 장애를 파생시킬 수 있다.[20]

❶ 지각과 사고의 차이　경직된 지위체제 속에서 상관과 부하는 지위차이와 보유하는 정보의 차이 때문에 지각하고 표현하는 내용이나 방법이 서로 다를 수 있다. 지각의 차이는 의사전달의 장애를 야기한다. 조직의 계층수가 많고 처리하는 정보의 양이 많을수록 의사전달이 지연되거나 왜곡되는 이른

바 '계서제적 왜곡'(hierarchical distortion)의 발생가능성이 높아진다.

❷ 상급자의 일방통행적 행태 계서제 하에서 상급자들은 명령하고 지시하는 등 말하는 쪽에 치우치는 행태를 보인다. 부하의 의견을 듣는 데는 소홀하거나 거부적이다. 이러한 행태는 상향적 의사전달에 장애가 된다.

❸ 하급자의 방어적 행태 하급자들은 자기에게 불리한 결과를 가져오게 될 상향적 의사전달에 대해 '자기보호적 장벽'을 쌓게 된다. 자기의 잘못을 시인하거나 상관의 비위를 거스릴 이야기는 솔직하게 털어놓으려 하지 않는다.k) 공식화의 수준이 높고 명령계통의 준수가 철저히 요구되며 리더십이 권위주의적인 것일 때, 하급자들의 자기보호적 장벽은 더욱 높아지고 따라서 의사전달체제의 과오수정기능은 떨어지게 된다.

❹ 권력 게임 정보는 권력의 기초라고 생각하기 때문에 상관이나 부하가 정보를 감추는 경향도 있다. 상관은 부하에게 지시만을 내리고 그것을 시행하는 데 필요한 정보를 제공하지 않음으로써 부하로 하여금 어려움을 겪게할 수 있다. 부하는 상관의 의사결정에 필요한 정보를 감추어 상관을 곤혹스럽게 만들 수 있다.

2. 장애의 양태

장애의 원인을 설명하면서도 장애의 여러 가지 양태(장애의 원인이 유발하는 행동양태)에 대해 언급했지만 장애의 양태를 다시 범주화하여 정리해 보려한다.21) 기본적인 범주들을 먼저 본 다음 정보과다에 대한 반응양태를 설명하려 한다. 정보과다에 대한 반응양태가 모두 부정적인 것이라 하기는 어렵지만 정보과다 자체가 의사전달의 장애를 만들기 때문에 여기서 함께 논의하려한다.

1) 장애의 일반적인 범주

장애양태의 기본적인 범주는 여섯 가지로 분류해 볼 수 있다.

---

k) 사람들이 나쁜 소식을 전하려 하지 않기 때문에 또는 정중하게 행동하려는 의도 때문에 빚어지는 정보왜곡현상을 '침묵효과'(MUM effect)라 한다. 계서제 상의 하급자들에게서 나타나는 침묵효과는 지위효과(status effect)라 부르기도 한다. John R. Schermerhorn, Jr., J. G. Hunt, R. N. Osborn and Uhl-Bien, *Organizational Behavior*, 11th ed.(John Wiley & Sons, 2011), p. 268.

❶ 누 락　누락(omission)은 의사전달 내용의 일부를 빠뜨리는 양태이다. 여기에는 수신자가 고의 또는 과실로 전달된 정보의 일부만을 수신하는 경우, 그리고 발신자가 전달해야 할 정보의 일부를 전달하지 않는 경우가 포함된다.

❷ 왜 곡　왜곡(distortion)은 의사전달과정에서 전달되는 정보가 변조되는 양태이다.

❸ 적시성 상실　적시성 상실(timing failure)은 필요한 때에 정보가 전달되지 못하는 양태이다.

❹ 단 락　단락(短絡: short-circuiting)은 의사전달이 적정한 통로를 완전히 거치지 않는 양태이다. 거쳐야 할 곳을 다 거치지 않는 '건너뛰기'이다. 단락이 일어나면 경유계통에서 따돌림을 당한 사람은 필요한 정보를 얻지 못하는 장애를 경험한다. 그의 지위는 손상되고 조직활동에 지장이 생길 수 있다.

❺ 수용거부　수신자의 수용거부(acceptance failure)는 의사전달의 내용을 이해하더라도 그에 심리적으로 승복하지 않는 반응이다. 수용거부가 바로 의사전달에서 요구된 행동의 거부를 의미하는 것은 아니다. 의사전달을 수용하지 않더라도 강압에 못 이겨 또는 충성심 때문에 요구된 행동을 할 수 있다. 그러나 수신자의 수용을 얻지 못하면 의사전달의 효율성은 크게 저하될 수 있다. 민주적인 관리과정에서는 의사전달의 수용을 특히 중요시한다.

❻ 정보과다에 대한 역기능적 행동　수신자가 그의 처리능력을 초과하여 정보의 투입을 받아 정보과다에 걸리면 의사전달을 그르칠 수 있다. 정보과다에 대한 부정적·역기능적 반응행동들을 묶어 장애양태의 한 범주로 설명할 수 있다. 정보과다에 대한 반응양태는 아래에 따로 설명하려 한다.

2) 정보과다에 대한 반응양태

정보과다(의사전달과다: information overload)에 대한 반응은 여러 가지인데 그 가운데는 순기능적인 것도 있고 역기능적인 것도 있다. 정보과다를 적극적으로 극복하려는 노력은 순기능적 적응이며 방어적·회피적으로 나가는 행동은 역기능적 적응이라고 할 수 있다. 여기서 말하는 역기능 또는 순기능은 조직의 관점에서 규정되는 것이다.

정보과다에 대한 사람들의 반응을 다음과 같이 나누어 볼 수 있다.[22]

❶ 누 락   누락(omission)은 투입된 정보의 일부를 인식하지 못하거나 처리하지 못하는 것이다.

❷ 과 오   과오(error)는 투입된 정보를 부정확하게 처리하는 것이다.

❸ 대 기   대기(queueing)는 정보의 처리를 더디게 끌거나 연기하는 것이다.

❹ 여 과   여과(filtering)는 일정한 우선순위에 따라 정보의 일부를 의식적으로 간과하거나 누락시키는 것이다.

❺ 개 괄   개괄(approximation)은 정보의 구체적인 내용을 따지지 않고 개괄적으로 처리하는 것이다. 예컨대 어떤 회의의 구체적인 내용이나 투표상황은 무시하고 의안의 가결 여부만을 이해하거나 전달하는 것이 개괄에 해당한다.

❻ 통로다원화   통로다원화(employing multiple channels)는 정보의 일부를 다른 사람이 수신해 처리하도록 위임하는 등 의사전달통로를 늘리는 것이다.

❼ 회 피   회피(escaping)는 정보의 수신을 고의적으로 피하는 것이다.

위의 일곱 가지 반응 가운데서 누락, 과오, 개괄 및 회피는 대체로 조직에 역기능적인 영향을 미친다. 조직의 관점에서 볼 때 통로의 다원화는 대개 순기능적이라고 할 수 있다. 대기와 여과는 조직에 유익할 때도 있고 해로울 때도 있다. 정보과다가 정말 심하고 앞으로 한가해진다는 예측이 가능할 때의 대기는 순기능적이라고 말할 수 있다. 그러나 수신자가 순전히 개인적 편의를 위해 정보처리를 지연시키는 행동은 역기능적인 것이다. 조직의 필요에 따라 설정한 우선순위를 기준으로 여과가 이루어지면 그것은 순기능적이라고 할 수 있다. 그러나 우선순위에 관한 조직의 요구를 무시하고 처리하기 쉬운 정보만을 골라 처리하면 조직에 해를 끼치기 쉽다.

정보과다의 통제는 다음의 개선방안 설명에서 재론할 것이다.

3. 개선방안: 장애의 통제

조직 내의 의사전달을 연구하는 사람들은 의사전달의 장애를 제거 또는 축소하는 데 도움이 될 의견들을 제시해 왔다. 어떤 사람들은 장애를 줄이기 위해 발신자들이 유념해야 할 주의사항 또는 행태적 준칙을 탐색하는 데 힘써 왔다.[1] 또 어떤 사람들은 장애제거에 기여할 수 있는 전반적인 전략 또는 기법을 고안하고 처방해 왔다.

여기서는 의사전달의 장애를 억제하기 위한 전략 또는 기법 가운데서 널리 거론되고 있는 것들을 골라 소개하려 한다.[23]

(1) 대인관계의 개선 대인관계(특히 상하계층 간의 인간관계)를 개선하고 집단구성원 간의 사회적 거리를 좁혀 의사전달이 원활하게 이루어질 수 있는 분위기를 조성함으로써 의사전달의 장애를 줄일 수 있다.

대인관계 개선을 위한 행동방안의 예로 i) 조직구성원들이 서로 신뢰하고 활발하게 의사표시를 할 수 있는 분위기를 조성하는 것, ii) 사람들의 감수성과 감정이입능력을 향상시키는 것, iii) 문호개방정책을 써서 고급관리자들에 대한 하급직원들의 접근을 용이하게 하는 것, iv) 각급관리자들이 좋은 경청자의 자세를 갖추도록 하는 것, v) 제안제도를 실시하는 것 등을 들 수 있다.

(2) 매체의 정밀성 제고 의사전달의 매체를 정밀화함으로써 의사전달통로에 주는 부담을 덜고 전달과 해독의 과정에서 생겨나는 장애를 억제할 수 있다. 의사전달을 하는 사람들은 '왜곡될 수 없는 매체'(distortion proof messages)를 만들어 '과오 없는 전달'(error free transmission)을 하도록 최대한의 노력을 해야 한다.

매체정밀화의 수단으로는 약호화(略號化)·계량화 등을 생각할 수 있다. 미리 규정된 약호화(부호화)의 체제에 따라 의사전달의 내용을 약호로 농축시키면 일정한 통로에 보다 많은 정보를 통과시킬 수 있다. 계량화가 가능한 정보는 숫자로 표시하여 전달하면 정보해독의 정확성을 높일 수 있다. 메시지의

---

1) 예컨대 Cutlip과 Center는 일곱 가지의 주의사항 또는 원칙을 열거하였다. 그들이 열거한 이른바 7C's of communication을 보면 다음과 같다. ① 발신자는 수신자의 신뢰를 받을 수 있어야 한다(credibility), ② 의사전달은 그 상황에 적합한 것이라야 한다(context), ③ 의사전달의 내용은 수신자에게 합당하고 유의미한 것이라야 한다(content), ④ 의사전달은 명확해야 한다(clarity), ⑤ 의사전달은 지속적으로 이루어져야 하며 일관성이 있어야 한다(continuity and consistency), ⑥ 통로의 선택은 적절해야 한다(channels), ⑦ 의사전달은 수신자의 능력에 적합한 것이라야 한다(capability). C. M. Cutlip and A. H. Center, *Effective Public Relations* (Prentice-Hall, 1958), pp. 140~141. Redfield도 이와 유사한 일곱 가지 원칙을 제시하였다. C. E. Redfield, *Communication in Management*(University of Chicago Press, 1958), pp. 29~45.

내용을 정확하고 간결하게 꾸미는 것도 아주 중요하다.

(3) 통로선택의 적정화 의사전달통로에 끼어드는 장애를 제거하고 통로의 효율성을 높일 뿐만 아니라 통로선택의 적합성을 높여야 한다. 의사전달의 내용이나 상대방 등 관련조건에 적합한 통로를 선택해야 한다.

예컨대 일상적·정형적 메시지의 전달에서는 풍부성이 낮은 통로(lean channel)를 사용해도 무방하다. 그러나 비일상적·비정형적 메시지의 전달에서는 풍부성이 높은 통로(rich channel)를 사용해야 한다.m)

(4) 반 복 같은 의사전달의 전부 또는 일부를 되풀이하는 것을 반복(redundancy)이라고 한다. 같은 내용을 되풀이하여 전달하면 의사전달의 정확성이 높아질 수 있다. 그러나 반복은 의사전달통로에 추가적인 부담을 준다.

대부분의 반복은 특정한 의사전달이 있은 후에 행해지는 사후적 반복이다. 그러나 동시적 또는 사전적이라고 할 수 있는 반복도 있다. 의사전달매체에 반복이 내장되어 있는 경우가 동시적 반복에 해당된다. 예컨대 지폐나 수표에는 돈의 액수가 이중으로 기재되어 있다. 한 번은 한글로 적혀 있고, 한 번은 아라비아 숫자로 적혀 있는데 이것은 같은 정보를 동시적으로 반복시킨 경우에 해당한다.

같은 문제에 대한 정보전달을 두 곳 이상의 상이한 출처에서 받는 것도 반복의 일종으로 보는 사람들이 있다. 예컨대 최고관리자가 부하들의 허위보고를 견제하고 문제의 진상을 정확하게 파악하기 위해 여러 사람으로부터 같은 문제에 대한 보고를 받는 경우가 있는데 이것도 반복으로 보아야 한다는 것이다.24)

(5) 환 류 의사전달에 대한 환류를 허용하면 의사전달의 정확성을 높일 수 있다. 수신자가 발신자에게 의사전달을 접수하였음을 확인하고 그것을 어떻게 해독하였는가에 관한 반응을 전달할 수 있으면 매체화, 전달, 해독의 과정에 개입되는 장애를 발견·제거하는 데 크게 도움이 된다. 그러나 환류의 허용은 의사전달의 완결을 더디게 하고 의사전달통로에 추가적인 부담을 주게

---

m) 통로풍부성(channel richness; information richness)은 어떤 통로가 한 차례의 의사전달에서 전달할 수 있는 정보의 양이 얼마나 되는가를 설명하는 개념이다. 정보전달 용량(capacity to convey information)이 큰 통로를 통로풍부성이 높은 통로라 한다. Stephen P. Robbins and Timothy A. Judge, *Organizational Behavior*, 18th ed.(Pearson, 2019), pp. 371~372.

된다.

발신자가 피동적으로 환류를 받는 경우도 있지만 발신자가 적극적으로 환류를 요구하거나 환류정보를 찾는 경우도 많다. 후자는 발신자가 정보의 수신 여부 그리고 의사전달목표의 성취 여부를 조사하는 '뒤따라 알아내기'(추적검사: follow-up)이다.

환류의 기능 가운데서 불확실성을 줄이는 기능, 의사전달의 강조점이 어디 있는지 확인해 주는 기능, 능력증진기능(유능하게 환경과 교호작용할 수 있도록 사태를 잘 이해하게 하는 기능) 등은 의사전달장애를 극복하는 데 쓰일 수 있다.[25]

그러나 모든 환류가 의사전달의 장애를 극복하는 데 유용한 것은 아니다. 환류에도 장애가 있다. 환류의 자기방어적인 기능은 또 다른 장애를 불러올 수 있다. 발신자가 자기보호에 필요한 환류정보만 요구·선택하거나 수신된 환류정보를 자기에게 유리하도록 왜곡해석하는 경우, 그리고 자기에게 불리한 환류정보를 회피하는 경우에는 환류의 과오시정기능 등 긍정적 기능들이 손상된다. 수신자가 자기에게 불리한 환류정보를 감추는 경우에도 마찬가지의 폐단이 빚어진다.

(6) 정보과다의 통제 조직은 정보의 흐름을 잘 관리해서 정보과다의 폐단을 방지 또는 해소해야 한다. 정보과다로 인한 장애발생을 예방하도록 힘쓰고 정보과다가 발생하면 그에 대처하는 방안을 수립·시행해야 한다.

정보과다에 순기능적으로 대응하는 방안의 중요한 예를 보면 다음과 같다.

첫째, 정보처리의 분권화와 통로의 다원화를 모색한다. 이를 위해서는 항구적으로 또는 잠정적으로 초과분의 정보처리를 맡을 수 있는 예비인력을 확보해 두어야 한다.

둘째, 조직이 미리 정한 우선순위에 따라 정보를 선별하고 정보의 처리를 차례로 연기(대기)한다. 보고체제에 적용되는 이른바 '예외의 원칙'(exception principle)은 선별기준의 한 예이다. 예외의 원칙이란 처리되어야 할 정보 가운데서 예외적인 것만을 상부에 보고하도록 하는 원칙이다.

셋째, 정보처리실적의 평가기준을 완화하고 단락의 기법을 적절히 활용함으로써 중계자들의 정보처리부담을 덜어 준다. 그러나 이러한 기법들은 자칫 정보처리의 질을 떨어뜨리고 조직구성원들의 사기를 떨어뜨리는 등의 부작용을 빚기 쉬우므로 남용을 삼가야 한다.

(7) 의사전달의 시간조절   의사전달의 타이밍(timing)을 적정화함으로써 장애를 극복하는 길이 있다. 적절한 타이밍은 의사전달의 적시성을 높일 뿐만 아니라 정보과다를 방지·해소하는 데도 도움을 줄 수 있다.

(8) 의사전달 조정장치의 활용   조직 내의 의사전달을 조정·통제하는 전담부서(audit groups or monitoring groups)를 두어 상향적 의사전달의 누락·왜곡 등을 방지하는 업무와 과다한 정보의 처리에 관한 우선순위를 결정하는 것과 같은 의사전달조정업무를 맡게 할 수 있다. 조직은 또한 의사전달전문가들을 채용하여 그들로 하여금 의사전달체제를 개선하고 조직구성원에게 의사전달에 관한 훈련을 실시하게 할 수 있다. 조직단위 간의 의사전달장애를 제거하기 위해 회의체를 운영할 수도 있다. 같은 목적으로 프로젝트팀을 활용할 수도 있다.[26]

의사전달의 개선방안을 논의하는 사람들 가운데는 의사전달의 윤리성을 전면에 부각시키는 사람들이 있다. 그들은 의사전달 개혁의 목표상태를 윤리적 의사전달(ethical communication)로 설정한다. 그들의 논점을 요약하면 다음과 같다.[27]

윤리적 의사전달의 원리는 다음 세 가지이다.

첫째, 의사전달 당사자들이 의도적으로 상대방을 속여서는 안 된다.

둘째, 어떤 조직구성원의 의사전달이 다른 구성원을 고의적으로 해쳐서는 안 된다.

셋째, 의사전달에 참여하는 조직구성원들은 공정한 대우를 받아야 한다.

의사전달의 윤리성을 높이는 중심적 행동방안은 윤리적 대화(ethical dialogue)이다. 대화에 참여하는 사람들이 자기와 타인의 전제(assumptions)와 신념을 자유롭게 탐색하여 이해하고 상호신뢰를 구축함으로써 윤리적인 의사전달의 가능성을 높여야 한다.

윤리적 대화의 성과를 거둘 수 있으려면 참여자들이 서로 연관된 일련의 능력과 행동을 구비해야 한다. 필요한 능력과 행동이란 솔직하고 개방적인 의사전달, 건설적인 환류, 적절한 자기공개(self-disclosure), 그리고 성의 있는 듣기(경청)이다.

IV. 정보관리체제

앞에서 의사전달을 정의할 때 의사전달에서 주고받는 메시지에는 자료, 정보, 지식 등이 포함된다는 말을 했다. 자료의 관리는 정보관리의 구성부분으로 볼 수 있으므로 여기서는 정보관리와 지식관리만을 설명하려 한다.

의사전달의 원료인 정보는 계획적으로 관리해야 한다. 정보의 질과 양, 보존, 흐름 등을 조직 전체의 시각에서 질서 있게 관리해야 한다. 정보관리의 필요는 조직현상이 생긴 이래 줄곧 있어 왔다. 그러나 격동하는 환경과 복잡한 정보의 폭증에 직면한 현대조직에서 정보관리의 필요는 더욱 절실해지고 있다. 그에 대응하여 현대조직들은 예전보다 월등하게 능력이 신장된 정보관리체제를 구축하고 있으며, 급변하는 기술적 조건에 부응할 수 있도록 이를 발전시키는 데 많은 노력을 기울이고 있다.

1. 정보관리체제의 정의

정보관리체제(情報管理體制: information management system)는 조직의 활동에 필요한 정보를 관리하는 체제이다. 정보관리체제는 계획적으로 설계하여 운용하는 체제이다.

❶ 구성요소 정보관리체제의 기술적·무생물적 구성요소는 i) 투입·처리·기억·전달되는 자료와 정보, ii) 투입·처리·기억·전달의 방법(programs or software), iii) 그러한 방법의 지시에 따라 움직이는 도구·기계·장비(hardware) 등이다. 이러한 체제를 설계·운용·사용하는 주체는 물론 인간이다. 그러므로 정보관리체제는 인간적 요소와 기계 등 무생물적 요소가 교호작용하면서 형성·변동되는 체제라고 말할 수 있다.

❷ 관리대상인 정보과정 정보관리체제가 관리하는 정보과정(information process)은 i) 정보의 획득, ii) 정보의 보고, iii) 정보의 분석·처리, iv) 정보수신자의 수용, v) 정보의 저장, vi) 정보의 인출, vii) 정보의 사용 등 일련의 활동단계로 구성된다.[28] 이러한 과정을 관리한다는 것은 그에 대해 계획·평가·조정·통제한다는 뜻이다.

❸ 자료와 정보의 관리 정보관리작용은 자료와 정보의 관리를 포괄한다. 자료를 처리해 정보를 얻는 것이므로 정보관리체제의 국면을 그 대상에 따라

i) 정보과정을 관리하는 부문과 ii) 조직의 자료자원을 관리하는 부문으로 나누어 설명할 수도 있다.[29]

자료관리는 정보과정의 요청을 지원할 수 있도록 자료를 수집·처리·연결·구성하여 정보를 만드는 작용이다. 자료관리는 정보관리의 수단이 된다. 정보관리과정은 정보를 받아 목표설정, 자원배분, 통제, 일상업무수행 등에 필요한 산출을 낸다.

자료를 가공·처리해서 정보를 얻는다. 정보는 사람들이 인지적 과정을 통해 처리해서 활용함으로써 지식이 된다. 정보와 지식을 구별하지 않거나 정보관리체제의 관리대상에 지식을 포함시키는 사람들도 없지 않다. 그러나 지식관리는 정보관리의 틀에 포괄시키기 어려운 특성들을 가지고 있으므로 뒤에 따로 논의하려 한다.

❹ 연관요인 정보관리체제는 하나의 개방체제로서 차례로 이어지는 상위체제들과 교호작용한다. 그리고 체제 내의 여러 가지 구성요소들 사이에 일어나는 교호작용을 포괄한다. 정보관리체제는 이와 같은 연관요인들과 상호적인 의존관계에 있다.

정보관리체제 자체의 기술적·구조적·관리적 요인과 그 밖의 영향요인 또는 제약요인들을 모두 열거할 수는 없다. 다만 이 분야의 연구인들이 자주 거론하는 요인들을 몇 가지로 범주화해 볼 수 있다.[30] 첫째 범주는 이론적 요인이다. 정보관리에 관한 여러 가지 개념정의와 이론적 틀은 정보관리체제의 설계와 운영에 지대한 영향을 미친다. 둘째 범주는 정보관리에 관한 기술적·방법론적 요인이다. 셋째 범주는 조직 상의 요인인데 여기에는 조직의 목표·구조·과정·사업 등이 포함된다. 넷째 범주는 인적 요인이다. 관리자들뿐만 아니라 조직구성원 전체의 태도와 행동은 정보관리체제에 많은 영향을 미친다. 다섯째 범주는 법적 제약이다. 여섯째 범주는 재정적 요인이다. 일곱째 범주는 정치적 요인이다.

정보관리체제는 정부부문의 조직에나 민간부문의 조직에나 다 같이 있는 현상이며 양자 간에는 기본적인 공통성이 있다. 그러나 정부부문과 민간부문은 서로 구별되는 특성을 가지고 있듯이 정부부문의 정보관리체제는 민간부문의 조직, 특히 사기업조직의 정보관리체제와는 상대적으로 구별되는 특성을 지니고 있다.

❺ 효율성의 조건   전산화된 정보관리체제를 준거로 효율성의 주요 조건들을 보면 다음과 같다.[31]

첫째, 사용자중심적이라야 한다. 사용자의 필요와 편의를 위해 구성·관리되는 체제라야 한다.

둘째, 적시성 있고, 정확하며 적합한 것이라야 한다. 적합하다는 말은 필요에 부합한다는 뜻이다.

셋째, 전산화되어야 한다. 컴퓨터와 정보기술을 사용하여 정보의 분석, 저장, 사용을 효율화해야 한다.

넷째, 비용은 적게 들고 편익은 커야 한다.

다섯째, 정보관리체제는 조직의 여러 하위체제들을 위한 정보를 통합적으로 관리하는 '체제들의 체제'가 되어야 한다.

여섯째, 정보관리를 주관하고 계선관리자들에게 참모적 지원을 제공하는 역할을 맡을 조직단위가 있어야 한다.

2. 정보란 무엇인가?

1) 정보의 정의

정보관리체제의 관리대상은 정보이다. 그러므로 정보의 의미를 여기서 밝혀 둘 필요가 있다.

정보(情報: information)는 인간의 감각을 통해 인지되는 알림의 내용으로서 특정한 목표의 달성을 위한 행동의 선택(의사결정)에 도움을 주는 것이다. 정보는 어떤 개인이나 조직의 특정 목표를 위해 만들어진 기호 및 기호의 체계이며 어떤 의도 하에 정리 또는 가공한 자료의 집합이다. 정보는 자료(data)로 구성된다. 일정한 목표에 기여하는 효용을 가질 수 있도록 자료를 처리·정제한 것이 정보이다.[32]

자료는 사람, 물체, 사건, 사상과 의견, 개념 등을 인간 또는 기계가 감지할 수 있도록 숫자, 문자, 기호와 같은 상징적 부호를 사용하여 형상화한 것이다. 자료는 비조직적인 사실이며 아직 평가가 내려지지 않은 부호의 모임이다. 자료는 정보의 소재이다. 정보는 자료를 처리해 만들어낸다. 일정한 기준과 약속에 따라 선별·전환·조직화·모델링 등의 처리과정을 거쳐 판단자료로 가치가 있도록 승격시킨 자료를 정보라고 한다.

2) 자원으로서의 정보

정보는 다른 자원(resources: 사람, 권력, 자본, 노동, 토지 등)과 같이 관리해야 할 가치를 지닌 일종의 자원이다. 정보가 갖는 자원으로서의 가치는 문명이 발달할수록 커져 왔으며, 정보화사회에서는 여러 자원 가운데서 사람 다음으로 가장 중요한 위치를 점하게 되었다.

(1) 자원의 공통적 특성   정보는 하나의 자원으로서 다른 자원들과 같은 여러 특성을 지니고 있다. 다른 자원들과 공유하는 정보의 특성은 i) 조직의 목표성취에 유용하게 쓰일 수 있는 투입이라는 것, ii) 특정하여 측정할 수 있으며 사고 팔 수 있다는 것, iii) 정보에 따라 등급·순도(純度)의 차이가 있다는 것, iv) 가치를 높이기 위해 처리·가공할 수 있다는 것, v) 여러 가지 통로를 거쳐 전달할 수 있다는 것, vi) 원자재를 사서 가공할 수도 있고 정제품(精製品)을 살 수도 있다는 것, vii) 시간의 흐름에 따라 가치가 변동할 수 있다는 것 등이다.

(2) 정보에 고유한 특성   정보에 고유한 또는 다른 자원과 상대적으로 구별되는 특성들은 i) 사용해도 소멸되지 않는 '비소비성'이 있다는 것, ii) 다른 사람에게 주더라도 본래 소유자에게 그대로 남는 '비이전성'이 있다는 것, iii) 정보를 구입할 때에 정보소유자의 신용이 정보의 가치를 정하는 주요 판단기준이 된다는 '신용가치성'이 있다는 것, iv) 정보는 필요한 사람 누구나 동시에 활용할 수 있기 때문에 '무한가치성'을 지닌다는 것, v) 생산·축적되면 될수록 가치가 커지는 '누적효과성'이 있다는 것 등이다. 이 밖에 정보 가운데는 유용한 시한이 지나면 그 가치가 급격히 떨어지는 것들이 많기 때문에 '한시성'이 비교적 크다는 점을 강조하는 사람들도 있다.

3) 정보의 유형

정보의 유형은 여러 가지 기준에 따라 분류할 수 있다.

(1) 감각기관에 따른 분류   정보를 인지하는 인간의 감각기관에 따라 시각정보, 청각정보, 촉각정보, 취각정보, 그리고 미각정보로 분류할 수 있다.

(2) 목표에 따른 분류   의사결정에 기여하는 목표에 따라 기술정보(記述情報), 설명정보, 예측정보, 평가정보, 그리고 쇄신정보(좋은 아이디어, 제안 등)를

구분해 볼 수도 있다.

(3) 공식성·비공식성에 따른 분류　조직 내의 공식적 정보와 비공식적 정보를 구분하기도 한다.

(4) 정보에너지의 형태에 따른 분류　정보에너지의 형태에 따라 아날로그 정보와 디지털 정보를 구분하기도 한다.

(5) 그 밖의 분류　정보의 출처, 용도와 전달의 상대방, 형태, 가치 등을 기준으로 한 분류가 정보관리체제의 설계와 운용에서 유용하게 쓰인다.

4) 정보의 가치(효용)

정보의 구체적인 사안별 유용성(가치)은 이용의 목표에 따라 개별적으로 정할 노릇이지만 정보체제의 여러 목표에 기여하려면 정보는 일련의 일반적 유용성 요건을 갖추어야 한다. 정보의 효용성 또는 가치를 결정하는 기준으로는 많은 것들이 열거되어 왔다. 자주 거론되는 기준들은 다음과 같다.[33]

❶ 적 합 성　적합성(relevance or appropriateness)은 정보가 특정한 필요 또는 용도에 적합해야 한다는 기준이다. 어떤 의사결정에 유용한 정보만을 골라 투입함으로써 정보의 적합성을 높이면 정보의 가치를 키울 뿐 아니라 불필요한 정보분석으로 인한 낭비를 막고 정보과다를 방지하는 효과를 거둘 수 있다.

❷ 정 확 성　정확성(accuracy)이 있어야 한다. 정확한 정보는 오류가 없는 정보이다.

❸ 양적 적정성　정보량의 적정성(right quantity of information)이 있어야 한다. 필요한 만큼 충분한 정보량이 공급되어야 하지만 정보과다가 빚어지면 안 된다.

❹ 포 괄 성　포괄성(comprehensiveness)은 특정사안에 대해 온전한 정보를 제공해야 한다는 기준이다.

❺ 적 시 성　적시성(timeliness)은 필요한 때에 필요한 정보가 공급되어야 한다는 기준이다.

❻ 접근가능성　접근가능성(접근성: accessibility)은 의사결정자들이 정보를 얻고 사용할 수 있어야 한다는 기준이다.

이 밖에 정보의 가치를 평가하는 기준으로 명료성, 융통성(정보가 사용자의 필요에 따라 그에 맞게 구성될 수 있어야 한다는 기준), 검정가능성(서로 다른 사용자들이 심사한 결과에 합의가 있고 그것이 재확인될 수 있어야 한다는 기준), 편견의 배제, 적절한 형태와 빈도 및 범위, 출처의 명시, 적정한 비용·효과 등이 제시되고 있다.

어떤 사람은 정보의 상징적 가치(symbolic value)를 평가기준에 포함시키고 있다. 정보의 상징적 가치라고 하는 것은 정보를 얻은 사람의 지위와 신망을 높여주는 효과를 지칭한다. 예컨대 하급관리자가 고급관리자들에게 전달되는 정보를 함께 전달받는다면 그의 지위가 향상된다. 하급관리자에게 그러한 정보가 필요하지 않고 그가 사용하지 않더라도 정보의 상징적 가치는 생긴다고 한다.

3. 전산화된 정보관리체제

정보처리기술은 오랜 세월에 걸쳐 발전을 거듭해 왔다. 그에 따라 정보관리체제의 능력도 달라져 왔다. 정보처리기술의 발전단계를 수동적 처리단계, 기계화단계, 그리고 자동화단계(전산화단계)로 구분해 볼 수 있다. 자동화단계는 자료처리의 전산화가 이루어지는 단계이다. 컴퓨터를 활용하는 자동화단계의 정보관리모형이 오늘날 선도적인 것이며 연구인들은 이 모형에 관심을 집중하고 있다.

전산화된 정보관리체제의 기술적 요건인 전산화(computerization)란 전자계산조직(인공두뇌; 인공지능)을 정보관리체제에 도입하는 것을 말한다. 수동적 또는 기계적 정보처리에 비해 전산화된 정보처리는 조직의 정보관리능력을 획기적으로 향상시킨다. 전산정보체제의 구축은 대개 전산망(network of computerized information systems)의 구축을 포함한다. 대규모의 조직에서는 지역별·기관별의 분산처리체제(distributed processing system)를 도입하는 것이 불가피하기 때문에 정보관리체제의 통합성을 확보하려면 분산된 컴퓨터 센터들을 연결하는 네트워크를 구축해야 한다.

(1) 유 형   전산화된 정보관리체제에는 여러 가지 유형이 있다. 그 중요한 예로 전산자료처리체제(EDPS: electronic data processing system), 관리정보체제(MIS: management information system), 의사결정지원체제(DSS: decision

support system), 위성측지정보체제(지리정보 시스템: GIS: geographic information system), 인공지능체제(ES or AIS: expert systems or artificial intelligence system) 등을 들 수 있다.[34]

이러한 정보관리체제들은 각각의 의미를 넓게 규정하는 경우 서로 겹치는 영역이 많아 배타적인 정의가 어렵다. 이를 각각 구별하는 논자들의 설명은 다음과 같다.

❶ EDPS   EDPS는 업무처리과정, 기록보관, 업무보고 등을 신속화·자동화하기 위해 설계한 전산체제이다.

❷ MIS   MIS는 관리에 관한 의사결정을 하는 데 필요한 정보를 제공한다. MIS가 제공하는 관리정보는 일상화된 관리적 의사결정에 필요한 정보이다.

❸ DSS   DSS는 MIS보다 한층 더 발전된 체제로서 비정형적·비일상적 관리문제의 해결에 사용할 수 있도록 고도로 융통성 있는 컴퓨터 모델링의 틀을 제공한다.

DSS와 MIS를 구별하지 않는 사람들은 MIS가 근래에 의사결정지원능력을 강화했다고 말한다.

❹ GIS   GIS는 위치확인용 컴퓨터프로그램으로서 다양한 용도에 사용할 수 있도록 위성영상자료를 지도와 같은 위치확인 정보와 결합시키는 정보관리체제이다. 사물의 정확한 위치추적이 필요한 사업에 GIS가 널리 쓰이고 있다.

❺ ES   ES(AIS)는 컴퓨터의 인공지능을 활용하는 정보관리체제이다. 여기에 사용되는 컴퓨터의 프로그램은 사용자에게 문제에 관한 질문을 하고 그 답에 따라 스스로 추론하면서 해결방안을 결정한다. 인간의 개입필요와 개입가능성을 최소화한 인공지능체제를 자율지능체제(autonomous and intelligent system)라고 부르기도 한다.

(2) 윤리적 설계   정보기술이 발전하고 그에 따른 정보화가 진행되기 시작하면서부터 정보화의 폐해에 주목하는 사람들은 정보화가 인간의 가치와 필요를 침해하지 않도록 주의하라고 당부해왔다. 인공지능의 발전 등 정보기술의 고도화가 촉진될수록 인간적 정보화·윤리적 정보화를 촉구하는 목소리도 커져왔다.[n]

---

n) 앞서 효율적인 정보관리체제의 조건을 논의할 때도 사용자중심의 설계라야 한다는 인간적 내

자율지능체제와 같은 첨단정보관리체제의 윤리적 설계(ethically aligned design)와 운영에 관한 원리로 처방되는 것들을 보면 다음과 같다.[35]

첫째, 인권을 보호해야 한다. 성보관리체제는 인간의 권리와 가치를 존중·증진·보호할 수 있도록 개발하고 운영해야 한다.

둘째, 인간생활의 복지를 증진해야 한다. 인간생활의 복지·행복 증진을 정보관리체제 평가의 가장 중요한 기준으로 삼아야 한다.

셋째, 사람들이 자신의 개인정보에 접속하고 안전하게 공유하며, 신원을 관리하는 역량을 유지할 수 있도록 해야 한다.

넷째, 정보관리체제의 목적에 부합하는 효과를 거둘 수 있게 해야 한다. 효과성 측정은 타당하고 정확해야 하며 실행 가능해야 한다.

다섯째, 정보관리체제의 운영은 투명해야 한다. 다양한 이해관계자들이 납득할 수 있도록 투명하게 운영해야 한다. 결정의 근거를 언제나 찾을 수 있어야 한다.

여섯째, 운영의 책임성을 확보해야 한다. 정보관리체제가 내리는 모든 결정의 근거를 분명하게 제시할 수 있도록 하고 결정의 책임소재를 분명하게 해야 한다.

일곱째. 정보관리체제의 오용가능성과 위험에 대한 대응책을 마련해야 한다. 오용의 방법을 확인하고 그에 대처함으로써 오용의 가능성을 최소화해야 한다.

여덟째, 정보관리체제의 안전하고 효과적인 운영에 필요한 지식과 기술을 구체적으로 제시해야 한다. 운영자들은 그러한 자격조건을 준수해야 한다.

4. 지식관리

정보화사회의 조직이 살아남고 발전하려면 지식을 효율적으로 획득·창출하여 조직 전체에 이전하고 새로운 지식에 따라 행동을 수정해 나가야 한다. 이를 위해서는 지식을 계획적으로 관리해야 한다.

지 윤리적 요건에 대해 언급하였다. 그러나 근래 정보관리체제 설계와 운영의 윤리성을 주제로 논의하는 사람들이 많다는 사실을 중시해 여기서 정보관리체제의 윤리적 요건이라고 열거되고 있는 것들을 따로 설명한다.

지식관리의 의미와 방법에 대해 설명하려 한다.[36]

1) 지식관리의 정의

지식관리(知識管理: knowledge management)는 조직의 지식(지적 자본: intellectual capital)을 체계적으로 획득·조직화하고 활용 가능하게 하며 지속적인 학습과 지식공유의 문화를 발전시키려는 노력이라고 정의할 수 있다.[o]

지식관리의 주요임무는 i) 조직 내외의 출처로부터 지식을 획득하여 저장하는 것, ii) 조직문화와 유인기제를 통해 지식발전을 촉진하는 것, iii) 지식의 가치를 평가하고 지식적용의 새로운 방법을 개발하여 지식의 가치를 높이는 것, iv) 조직전체에 걸친 지식의 이전·공유·활용을 촉진하는 것 등이다.

정보기술은 지식관리에 중요한 기여를 한다. 그러나 정보기술의 활용은 지식관리의 한 국면임에 불과하다. 지식관리체제는 지식을 쉽게 활용할 수 있도록 획득·저장·조직화하는 기술과 절차뿐만 아니라 학습을 통한 지식창출 그리고 지식공유화의 방법을 구비해야 한다.

지식관리의 직접적인 대상은 지식이다. 지식관리를 정보관리와 구별하는 접근방법은 자료와 정보 그리고 지식을 서로 구별한다.[p] 지식은 사람이 어떤 정보를 다른 정보 그리고 기존의 현상인식과 비교한 다음 도출해 내는 결론적 이해이다. 지식은 사람의 인지적 과정을 거쳐 처리된 정보라고 할 수도 있다.

지식의 성립에는 인간적 요소의 작용이 필수적이다. 정보는 사람이 그것을 인식하고 비교·분석하고 활용해야만 지식으로 될 수 있다. 예컨대 책은 정보를 담고 있으나 그것 자체가 지식은 아니다. 사람이 책을 읽어 정보를 이해하고 그것을 활용해야만 책에 담긴 정보는 지식으로 될 수 있다.

지식에는 명시적 지식(explicit knowledge)과 묵시적 지식(tacit knowledge)이 있다. 명시적 지식은 부호화, 문서화 등을 통해 다른 사람에게 전달할 수 있는 체계적 지식이다. 묵시적(암묵적) 지식은 개인적 경험, 어림짐작, 직감 등

---

o) 경영학에서는 지식관리라는 말 대신 지식경영이라는 말을 더 많이 쓴다. 공공부문연구인들 가운데는 지식행정이라는 말을 쓰는 사람들도 있다.

p) 자료와 정보의 구별은 앞서 설명하였다. 지식과 지혜(wisdom)를 구별하는 사람들도 있다. 그들의 견해에 따르면 지혜는 미래에 대한 비전과 투시력을 갖춘, 추상성이 가장 높은 이해라고 한다.

에 기초한 지식으로서 정확하게 서술하여 다른 사람들에게 전해주기 어려운 것이다.

2) 지식관리의 과정과 방법

(1) 과정　　지식관리과정(knowledge management life cycle)에 포함되는 단계는 i) 지식의 획득(capturing), ii) 지식의 조직화(organizing), iii) 지식의 정제(精製: refining), iv) 지식의 이전(dissemination or transfer)으로 나누어 볼 수 있다.

지식획득단계에서는 가능한 모든 출처에서 지식을 모은다. 조직화단계에서는 획득한 지식을 검색하고 사용할 수 있도록 조직화한다. 정보조직화의 기준은 사용의 속도, 사용자의 편의, 접근의 능률성, 정확성 등이다. 정제단계에서는 지식을 유형화하고 효율적으로 사용될 수 있게 한다. 이전단계에서는 지식을 전파 또는 이전한다. 지식이전의 양태는 다양하다. 그 예로 작업팀 내의 순차적 이전, 작업팀 간의 이전, 조직외부로부터의 이전, 명시적 지식의 이전, 묵시적 지식의 이전 등을 들 수 있다.

(2) 방법　　지식관리과정의 각 단계에서 사용하는 방법(도구)들은 다양하다. 여기서는 중요한 방법들 몇 가지를 예시할 수 있을 뿐이다.

지식획득과 지식이전의 단계에서 사용되는 방법의 예로 i) 현장관찰(on-site observation), ii) 브레인스토밍(두뇌선풍기법: brain storming), iii) 델파이기법(Delphi method), iv) 명목집단기법(nominal group method), v) 개념지도작성(concept mapping), vi) 프로토콜분석(protocol analysis), vii) 그룹웨어(groupware), viii) 인트라넷과 인터넷(intranet and internet), ix) 순환보직(job rotation), x) 대화(dialogue), xi) 역사학습과 경험담 듣기(learning histories and storytelling), xii) 실천공동체(경험공동체: communities of practice) 등을 들 수 있다. 지식정제단계에서 쓰이는 방법의 예로 i) 데이터 웨어하우징(자료저장; 자료창고: data warehousing), ii) 데이터 마이닝(자료채굴: data mining), iii) 지식지도작성(knowledge mapping) 등을 들 수 있다.

대화, 역사학습과 경험담 듣기, 실천공동체, 프로토콜분석, 현장관찰 등은 묵시적 지식의 관리에 특히 유용한 방법이라고 한다.

개념지도작성은 개념들 사이의 관계를 그림으로 그려 지식도표를 만드는 방법이다. 프로토콜분석은 업무수행의 실제를 관찰하여 업무수행의 과정, 사용하는 지식, 인지적 행동 등을 파악하는 방법이다. 그룹웨어는 집단적 문제해결을 돕는 소프트웨어이다.

역사학습과 경험담 듣기는 의사결정·문제해결에 관한 과거의 경험을 분석함으로써 문제해결의 지식을 얻을 수 있도록 하는 방법이다. 과거의 사례를 분석하는 사람들이 스스로 지식을 추출해 내도록 하는 방법인 것이다. 실천공동체는 유사한 문제에 직면한 사람들이 해결방안을 함께 탐색하기 위해 자발적·비공식적으로 구성하는 모임이다.

데이터 웨어하우징은 조직의 모든 자료를 거대한 데이터베이스에 저장하여 쉽게 접근할 수 있게 하는 것이다. 데이터 마이닝은 사용자들이 문제를 해결하기 위해 자료를 유형화하고 그 의미를 발견할 수 있도록 돕는 것이다. 지식지도작성은 어떤 지식이 조직의 어디에 있으며 거기에 어떻게 접근할 수 있는가를 기술하여 쉽게 찾아 이용할 수 있도록 하는 프로젝트이다.

위에 열거한 방법들 가운데서 브레인스토밍, 델파이기법, 그리고 명목집단기법에 대해서는 2장 4절에서 설명하였다. 나머지 방법들은 따로 설명하지 않아도 독자들이 그 뜻을 쉽게 알 수 있을 것이다.

3) 지식관리의 필요성과 장애

(1) 필요성과 효용 급속한 변동, 세계화의 촉진, 경쟁의 격화, 정보화의 촉진, 빈발하는 감축관리 등의 상황적 조건은 부단한 쇄신을 요구하고 있다. 쇄신요청의 증대는 지식과 지식관리의 중요성을 아주 크게 만들었다. 조직이 살아남고 발전하려면 지식을 효율적으로 창출 또는 획득하여 조직 전체에 이전하고 새로운 지식에 따라 행동을 수정해 나가야 한다.

지식관리의 구체적인 효용은 i) 지식의 계획적 학습과 활용을 촉진하여 지식의 가치를 향상시킨다는 것, ii) 지식공유와 활용을 촉진하여 조직의 모든 과정을 효율화한다는 것, iii) 조직의 변화대응성을 높인다는 것, iv) 조직구성원들의 학습시간을 단축시킨다는 것, v) 조직구성원들의 문제해결능력을 향상시킨다는 것, vi) 고객, 공급자 기타의 거래자들과 파트너십 구축을 촉진한다는 것, vii) 조직으로부터의 두뇌유출(brain drain)에 대한 경각심을 높인다는 것 등이다.

(2) 장 애 전통적 관료제조직에는 지식관리의 발전을 가로막는 장애요인들이 많다.

　　장애요인의 예로 i) 전통적인 유인기제는 지식공유와 협동적 노력에 필요한 유인을 제공하지 못한다는 것, ii) 전통적인 조직문화는 변동저항적이라는 것, iii) 지식관리 도입에 필요한 기술석·관리석 기반이 구축되어 있지 않다는 것, iv) 기술자원관리와 인적자원관리의 조정이 허술하다는 것 등을 들 수 있다.

　　이러한 장애요인들의 영향을 더욱 악화시키는 것은 서투른 지식관리체제의 도입이다. 지식관리체제의 너무 단순한 설계 또는 기술적 측면만을 강조하는 설계, 무능한 리더십, 조직구성원들의 몰이해 등은 장애를 악화시키는 조건들이다.

02 의사결정

Ⅰ. 의사결정이란 무엇인가?

1. 의사결정의 정의

의사결정(意思決定: decision making)은 장래의 행동방향을 탐색하고 그에 대한 결단을 내리는 과정이다. 이것은 문제를 발견하고 해결대안을 탐색하고 대안을 선택하는 과정이다.[1]

의사결정의 의미를 넓게 이해할 때 인간의 거의 모든 행동에는 의사결정이 선행된다고 하지 않을 수 없다. 조직의 운명을 좌우할 중대정책을 정할 때나 특정한 개인을 조직에서 채용 또는 해고하려 할 때 행동주체는 그에 관한 의사결정을 한다. 어떤 개인이 조직에 참여할 것인가 또는 현재 참여하고 있는 조직을 위해서 열심히 일할 것인가에 대한 행동방안을 정할 때도 의사결정을 한다. 심지어는 어떤 사람이 방안에 들어가려 할 때 왼쪽 문으로 들어갈 것인가 아니면 오른쪽 문으로 들어갈 것인가 하는 문제를 놓고도 의사결정을 해야 한다.[a]

의사결정의 차원과 내용은 실로 천차만별이라 할 수 있다. 그 많은 양태의 의사결정들은 또한 어떠한 모양으로든 서로 연관되어 있는 경우가 많다. 그러나 무수한 양태의 의사결정에 우리의 주의를 고루 배분하거나 모든 의사결정양태를 빠짐없이 검토할 수는 없다. 우리의 주의를 중요한 것에 한정해야

---

a) Herbert A. Simon은 인간의 모든 행동에는 의식적으로든 무의식적으로든 대안을 선택하는 의사결정이 선행된다고 하였다. Simon, *Administrative Behavior*, 2nd ed.(Macmillan, 1957), p. 3.

만 의사결정에 관해 의미 있는 논의를 할 수 있다.

조직학분야에서 의사결정에 관한 이론을 전개하는 대다수의 사람들은 주로 조직 상의 또는 관리 상의 중요결정에 조점을 두고 있다. 소식 상의 중요결정이란 원칙적으로 관리층에서 책임을 지는 의사결정이며 전술적이라기보다 전략적이며 일상적이라기보다 근본적인 의사결정을 말한다. 이 절에서의 논의도 전략적 의사결정을 주된 준거로 삼을 것이다.

저자가 참고한 의사결정의 정의 몇 가지를 예시하려 한다.

Herbert A. Simon은 "의사결정은 행동으로 이어지는(leads to action) 선택의 과정"이라고 하였다.[2]

John M. Ivancevich 등은 "의사결정은 어떤 문제나 기회를 다루는 특정 행동을 선택하는 과정이다"고 하였다.[3]

Richard L. Daft는 "조직 상의 의사결정은 문제를 확인하고 해결하는 과정이다"고 하였다.[4]

Gareth R. Jones는 조직 상의 의사결정(organizational decision making)을 "조직의 이해관계자들을 위해 가치를 창출해 줄 해결책 또는 행동방침을 탐색하고 선택함으로써 문제에 대응하는 과정"이라고 정의하였다.[5]

2. 의사결정의 유형

여러 가지 기준에 따라 의사결정의 유형이 분류되고 있다. 주요 분류기준을 예시하려 한다.

(1) 합리성의 수준에 따른 분류   가장 기본적인 의사결정유형론은 달성 가능한 합리성의 수준을 기준으로 하는 것이다. 합리성의 수준에 따라 완전한 합리성을 추구하는 의사결정, 제한적 합리성을 추구하는 의사결정, 비합리적 의사결정 등을 구분한다. 제한적 합리성모형은 다시 여러 가지 유형으로 구분된다.

(2) 정형성의 수준에 따른 분류   정형적 의사결정(programmed decision making)과 비정형적 의사결정(nonprogrammed decision making)을 구분하는 유형론이 있다.[6] 정형적 의사결정은 해결해야 할 문제가 반복적인 것이며, 그 내용이 분명히 규정되어 있고, 해결절차가 이미 수립되어 있는 경우의 의사결정이다. 비정형적 의사결정은 잘 규명되지 않은 새로운 문제를 대상으로 하고 기존

의 문제해결절차를 적용할 수 없는 경우의 의사결정이다. 이것은 구체적인 상황적 요청에 맞게 그때그때 의사결정을 해야 하는 '맞춤의사결정'(주문생산형 의사결정: crafted decision; tailor-made decision)이라고 할 수 있다.

(3) 시야와 중요도에 따른 분류   의사결정의 시야와 조직에 대한 중요도를 기준으로 전략적(기본적) 의사결정(strategic decision making)과 일상화된 운영 상의 의사결정(routine operational decision making)을 구분하기도 한다. 전략적 의사결정은 최고관리자들이 관장하며, 그 파급효과가 크고 모험성도 크다. 이러한 의사결정의 시간관은 장기적이다.[7]

(4) 결정주체에 따른 분류   의사결정주체를 기준으로 한 유형론들도 있다. 개인적 의사결정과 조직 상의 의사결정을 구분하는 것, 개인에 의한 의사결정·자문을 거친 의사결정·집단적 의사결정을 구분하는 것, 다원주의적 의사결정과 엘리트주의적 의사결정을 구분하는 것, 관리자가 하는 의사결정과 하급직원이 하는 의사결정을 구분하는 것 등을 예로 들 수 있다.

(5) 결정환경의 조건에 따른 분류   결정환경의 특성 또는 조건을 기준으로 의사결정의 유형을 확실한 환경에서 하는 의사결정, 모험적 환경에서 하는 의사결정, 그리고 불확실한 환경에서 하는 의사결정으로 분류하기도 한다. 확실한 환경은 의사결정대안들의 결과를 시행 전에 미리 예측하는 데 충분한 정보가 있는 환경이다. 모험적 환경은 행동대안들의 결과를 확실하게 예측할 수는 없지만 그에 대한 확률적인 예측은 가능한 상태이다. 그러한 확률조차 예측할 수 없는 경우가 불확실한 환경이다.

(6) 문제선정·대안선택의 방법에 따른 분류   문제선정의 방법이나 대안선택의 방법을 기준으로 의사결정을 분류하기도 한다. 이에 관해서는 뒤에 다시 설명하려 한다.

(7) 선택기준에 따른 분류   추구하는 이익 또는 대안선택의 기준이 무엇이냐에 따라 의사결정을 분류하기도 한다. 경제적 능률기준의 의사결정, 고객만족기준의 의사결정, 결정자의 사익추구를 위한 의사결정 등을 예로 들 수 있다.

3. 의사결정관의 변천

의사결정은 심리학·사회심리학·정치학·통계학·경제학 등 여러 학문분야에서 관심을 가져온 문제이다. 조직학은 그 나름의 필요에 맞게 여러 학문분야의 의사결정에 관한 연구들을 흡수·융합시켜왔다. 조직학에서 의사결정을 하나의 중요한 문제영역으로 확인하여 본격적으로 연구하기 시작한 것은 신고전기부터라고 할 수 있다. 고전기에는 경제학분야에서 이윤극대화라는 단일목표의 성취에 관련하여 발전시킨 합리적 의사결정이론을 그대로 받아들였던 것으로 생각된다.

(1) 합리적 의사결정관   고전기의 조직이론은 합리적·경제적 인간관과 합리적 조직관에 입각해 있었기 때문에 의사결정에 관해서도 순수한 합리적 접근방법을 처방했다고 풀이된다. 의사결정에 관한 고전적 모형은 조직과 인간의 합리성을 전제하였으며 현실성보다는 규범적 성향을 보였다. 그것은 의사결정상황을 완전히 통제할 수 있고 합리적인 과정을 통해 진실에 접근하는 의사결정을 할 수 있다고 믿는 모형이었다.

(2) 합리적 의사결정관의 비판   조직이론사의 신고전기에 접어들면서 일부 선도적인 연구인들이 의사결정이라는 하나의 조직현상을 매우 중요한 문제로 파악하고 그에 대한 본격적인 연구를 시작하였다. 그리하여 이른바 의사결정학파라는 것을 출범시키게 되었다. 이때부터 고전기의 합리적 의사결정모형은 신랄한 비판을 받게 되었으며, 순수하게 합리적인 의사결정모형은 적어도 일반이론적 차원에서는 거의 설 자리를 잃었다.

의사결정에 관한 신고전기 이후의 일반이론들은 대체로 인간과 조직의 완전한 합리성을 믿지 않으며, 결정상황을 완전히 통제할 수 있다거나 미래의 불확실성을 완전히 극복할 수 있다고 믿지도 않는다. 신고전기 이후의 주도적인 의사결정모형들은 대개 규범적이기보다 기술적(記述的)이며 의사결정의 실제를 보다 충실하게 반영하려고 한다. 그러한 의사결정모형들은 대개 의사결정의 합리성, 결정상황의 통제, 불확실성의 극복 등에 대해 상대적이고 절충적인 입장을 취한다.

(3) 관점의 분화와 상황적응적 접근방법   시간의 흐름에 따라 의사결정모형의 분화는 계속되어 왔다. 신고전기 이후에 등장한 의사결정모형 가운데는

고전적인 모형에 타협적인 수정을 가하려는 것도 있고 고전적 모형의 근간을 뒤엎는 급진적 접근방법을 보여 주는 것도 있다. 고전적 모형의 근간에 도전하는 과격한 접근방법을 다시 수정하는 모형이 있는가 하면 의사결정의 합리성에 한계를 느끼면서도 합리적 의사결정모형을 보강하는 여러 가지 기법을 발전시킨 모형들도 있다. 여러 가지 의사결정모형들의 적합성은 상황적 조건에 따라 판단해야 한다는 상황적응적 접근방법이 오늘날 우리가 의지해야 하는 결론이라고 판단된다.

의사결정에 대한 연구인구가 늘어나고 경험적 연구의 결과들이 많이 축적됨에 따라 서로 조금씩 다른 관점에 입각한 일반모형들이 허다하게 만들어져 나오고 의사결정과정의 세부적인 국면들이 더욱 깊이 파헤쳐지고 있다. 의사결정문제에 관하여 그야말로 폭증된 근래의 문헌들을 온전히 소화하기는 대단히 어렵다. 그러나 될 수 있는 대로 지금까지 누적되어 온 지혜를 종합하여 상황적응적인 입장을 취하면서 의사결정에 대한 설명을 해나가려고 한다.

다음에 의사결정에 관한 중요문제들을 종합적인 관점에서 먼저 검토하고 이어서 주요 의사결정모형들을 소개하여 독자들이 의사결정이론의 변천과정을 이해하는 데 도움을 주려 한다.

II. 의사결정의 과정

1. 의사결정과정에 관한 단계이론

실제의 의사결정은 흐르는 물처럼 연속적인 과정을 통해서 이루어지고 있다. 그러나 많은 연구인들이 분석과 설명의 편의를 위해 의사결정의 과정을 몇 개의 단계로 구분해 왔다. 시간선상에 순차적으로 배열되는 의사결정단계들이 있다고 전제하는 단계이론에 따라 의사결정의 과정을 설명하려는 전통적 접근방법이 오래 쓰여 왔다. 그러나 근래에는 고정적인 또는 질서 있는 진행단계의 존재를 부인하는 사람들의 목소리가 더 크다.

고전적인 합리적 의사결정이론에서는 의사결정의 단계를 일반적으로 처방하여 그것을 보편적으로 적용하려 하였다. 의사결정에 대한 연구가 본격화됨에 따라 의사결정단계의 다양성과 상황적응성이 점차 강조되어 왔다. 그리고 의사결정의 일반적인 단계를 설정해 보는 일 자체에 대하여 회의적인 생각을 하는 사람들도 나오고 있다.

그러나 논리적인 차원에서 의사결정의 기본적인 단계를 일반석으로 성의하는 것은 의사결정의 연구에 필요한 일이므로 함부로 배척해서는 안 된다. 분석적인 목적을 위해 의사결정의 기본적인 단계를 구분하고 정의하는 작업은 의사결정이라는 가변적이고 복잡한 현상의 이해를 위해서나 그에 관한 다원적이고 상황적응적인 이론의 발전을 위해서나 일종의 도약대를 제공하기 때문이다. 그러한 도약대를 기초로 하여 이를 수정·보완하는 논의 또는 심지어 의사결정의 단계적 진행을 부인하는 논의까지 할 수 있다.

의사결정의 기본적 단계에 관한 개념적 틀을 보편적인 법칙인 것처럼 오해하지만 않는다면, 의사결정의 기본적 단계에 대한 일반적 논의는 우리에게 많은 도움을 줄 것이다.

2. 의사결정과정의 단계구분

의사결정과정의 단계를 일반적으로 논의하는 사람들은 인간의 사고과정에 관한 심리학적 연구에서 많은 시사를 받고 있다.[b] 논자들마다 서로 비슷한 내용의 단계구분을 하고 있으나 그 구성을 어떻게 하느냐 또는 그 수를 몇 개로 하느냐에 대해서는 상당한 차이를 보이고 있다. 대부분의 논자들이 의사결정의 단계를 3개 내지 8개의 범위 내에서 구분하고 있으나 이를 훨씬 더 세분하는 사람도 없지 않다. 의사결정이 무엇인가에 대해서는 합의가 널리 형성되어 있으나 결정과정의 단계구분에 대해서는 의견이 크게 갈려 있다.

저자는 의사결정의 기본적인 단계를 i) 문제의 인지, ii) 문제의 진단과 분석, iii) 해결방안의 탐색, iv) 해결방안의 평가와 선택 등 네 가지로 구분하는 것이 무난하리라 생각한다. 다음에 각 단계의 의미와 그에 관련된 문제들

---

b) 특히 John Dewey가 1910년에 제시한 사고과정의 단계이론은 의사결정을 연구하는 사람들에게 많은 영향을 끼친 것으로 생각된다. Dewey는 인간의 사고과정에 포함되는 단계를 다섯 개로 구분하였다. 다섯 개의 단계는 ① 암시(suggestion, where in the mind leaps to a possible solution), ② 문제형성(intellectualization of the felt difficulty into a problem or question), ③ 가설설정(development of hypotheses), ④ 가설검토(reasoning or mental elaboration of hypotheses), 그리고 ⑤ 가설검증(testing of hypotheses)이다. Dewey, *How We Think*, revised ed.(D. C. Heath, 1933).

을 차례로 검토하려 한다.[8]

합리적 의사결정의 경우 여기서 설명하는 의사결정의 단계들이 서로 뚜렷하게 구획되고 각 단계들은 열거된 순서대로 차례차례 진행된다. 그러나 합리성이 제약된 의사결정의 경우에는 단계구분이 모호해지고 단계별 진행순서도 교란될 수 있다.

1) 문제의 인지

문제의 인지는 어떤 자극(stimulus) 또는 압력을 받아 해결해야 할 문제가 있음을 지각하는 작용이다. 의사결정을 필요로 하는 문제가 있음을 깨닫게 하는 자극 또는 원인은 어떤 상황의 실제수준과 그에 대한 기대수준 사이에 괴리가 있을 때 조성된다. 현실이 원하는 수준에 미달되는 상태가 문제의 인지 또는 발견을 자극한다. 문제를 인지하게 하는 자극은 불만·긴장·갈등·불균형·불편(felt difficulty) 등 다양하게 불리고 있다.

2) 문제의 진단과 분석

이 단계는 결정주체가 직면한 문제를 확인하기 위해 진단하고 분석하는 단계이다. 내외의 자극을 받아 문제가 있음을 인지하였으면 그러한 문제의 정확한 내용이 무엇인지를 규명해야 올바른 해결방안을 찾을 수 있다. 문제를 진단하고 분석하는 단계에서는 문제발생의 원인, 문제의 국면들과 연관요인, 문제해결의 장애요인 등을 알아내야 한다. 문제가 모호하고 방대한 경우에는 이를 분석가능한 단위로 나누어 검토할 수도 있다.

인지된 문제 가운데는 의사결정상황의 여건에 비추어 해결이 불가능한 것도 있고 해결할 수는 있지만 해결을 보류하는 것이 바람직하다고 판단되는 문제도 있다. 진단과 분석의 과정에서 문제를 해결할 수 없다거나 해결할 필요가 없다는 판단을 내리게 되면 의사결정의 과정은 그 이상 진행되지 않는다. 의사결정과정이 더 이상 진행되지 않도록 의도적으로 막는 행동은 무의사결정(non-decision making)이라고 한다.[9]

3) 해결방안의 탐색

이 단계에서는 문제를 해결할 수 있는 방안(대안)이 탐색된다.

탐색의 과정에서 문제를 해결해 줄 수 있는 모든 대안을 찾아내 검토할 수 있으면 이상적일 것이다. 합리적 의사결정에서는 그렇게 한다. 그러나 의사결정의 실제에서는 여러 가지 제약 때문에 모든 대안을 완전히 탐색하기 어려운 경우가 더 많다.

문제의 특성과 의사결정상황의 조건에 따라 탐색활동의 방향과 범위는 달라질 수 있다. 문제가 일상적·정형적인 경우에는 대개 기존의 정책과 선례에 따르는 범위 내에서 대안을 탐색한다. 예외적·비정형적인 문제의 경우 대안탐색의 범위는 넓어져야 하고 탐색의 방향은 보다 창의적이어야 한다.

대안탐색에는 많은 방법들이 쓰일 수 있다. 사람이 기억하고 있거나 기록되어 있는 정보에서 대안을 탐색하는 기억탐색(memory search), 적극적으로 대안을 찾는 능동적 탐색, 대안이 어디서 나타나기를 기다리는 피동적 탐색, 탐색활동을 다른 사람에게 대행시키는 계략탐색(trap search), 합리적 탐색, 점증적 탐색 등을 예로 들 수 있다.[10]

탐색된 대안이 얼마나 '완제'되어 있느냐 하는 것은 경우에 따라 다르다. 대안이 기성품처럼 되어 있어서 더 손댈 필요가 없는 경우도 있지만 발견된 대안에 수정을 가하고 재구성해야 할 경우도 있다. 탐색과정에서 수집한 정보를 가지고 완전히 새로운 대안을 만들어야 할 때도 있다.

4) 해결방안의 평가와 선택

이 단계에서는 의사결정의 목표와 거기서 도출되는 기준에 비추어 대안들을 비교평가하여 가장 바람직한 대안을 선택한다.

문제해결대안이 목표와 기준(기대)을 얼마나 충실히 달성해 줄 수 있느냐에 따라 극대화대안(maximizing alternative), 최적대안(optimum alternative), 만족대안(satisfactory or satisficing alternative) 등으로 구분된다. 극대화대안이나 최적대안을 선택할 수 있으면 가장 바람직할 것이다. 그러한 선택의 가능성을 아주 부인할 수는 없다. 그러나 주관적으로 만족하는 이른바 만족대안을 고를 수밖에 없는 경우가 더 많을 것이다.[c]

---

c) 대안의 종류는 이 밖에도 여러 가지로 분류되고 있다. 예컨대 March와 Simon은 대안의 종류를 다음과 같이 다섯 가지로 분류하였다. 첫째, 좋은 대안(good alternative)은 긍정적인 가치가 크고 부정적인 가치가 작은 대안이다. 둘째, 약하게 혼합된 대안(bland alternative)은 긍정적 및

합리적 분석·평가를 통해 문제해결대안을 선택하는 것이 가장 바람직하며 그것이 가능할 때도 있다.[d] 그러나 합리적 분석·평가는 현실적으로 많은 제약을 받는다. 따라서 합리성의 수준이 떨어지는 방법으로 대안을 선택할 경우가 많다. 의사결정의 제약요인 또는 합리적 분석과 결정을 제약하는 요인에 관하여는 다음 항에서 다시 자세히 설명할 것이다.

위에서 설명한 바와 같은 의사결정의 기본적 단계가 끝나면 해결방안을 시행하고 시행의 과정 또는 그 결과에서 의사결정자는 기대했던 효과를 거두었는지 확인하고 평가함으로써 다음의 의사결정에 도움되는 정보를 얻을 수 있다.

의사결정의 기본적 단계(문제 인지에서 해결대안 선택에 이르는 단계들)를 출발시키기 전에 의사결정계획(decision plan)을 세워야 할 때가 있다. 특히 예외적·비정형적 의사결정의 경우에는 그러한 선행적 또는 상위적 의사결정(metadecision making)의 필요가 크다. 의사결정계획이란 의사결정상황에 처하여 어떤 단계를 거쳐 어떤 방법으로 의사결정과정을 진행시킬 것인가에 대한 계획을 말한다.

저자가 참고한 의사결정단계이론 몇 가지를 소개하려 한다.
Herbert Simon은 의사결정의 단계를 i) 탐지(intelligence), ii) 입안(design) 및 iii) 선택(choice)으로 구분하였다.[11]
Daniel Katz와 Robert Kahn은 i) 의사결정자로 하여금 어려움을 느끼게 하는 직접적 압력 ii) 문제의 확인과 분석, iii) 해결방안의 탐색, iv) 해결방안의 시행결과에 대한 예측 등 네 가지로 의사결정의 단계를 구분하였다.[12]

부정적 가치가 다 같이 작은 대안이다. 셋째, 강하게 혼합된 대안(mixed alternative)은 긍정적 및 부정적 가치가 다 같이 큰 대안이다. 넷째, 나쁜 대안(poor alternative)은 긍정적인 가치가 작고 부정적인 가치가 큰 대안이다. 다섯째, 불확실한 대안(uncertain alternative)은 결과에 대한 확률을 알지 못하는 대안이다. James G. March and Herbert A. Simon, Organizations(Wiley, 1966), p. 114.

d) 대안의 합리적 분석과정은 다단계적 과정으로서 가능성분석, 효율성분석, 비용·효과분석, 영향분석 등의 활동을 내포한다.
합리적 분석의 결과 얻어진 '객관적 확률자료'를 토대로 대안을 질서 있게 선택하는 데 도움을 주려는 기법의 한 예로 결정이론(decision theory)에서 발전시킨 결정목분석(決定木分析: decision tree analysis)을 들 수 있다. 객관적 확률에 입각하여 행동방안들을 나무 줄기처럼 여러 갈래로 그린 나무 모양의 그림을 놓고 결정자가 모험적인 선택을 하도록 하기 때문에 결정목분석이라고 부른다.

Henry Mintzberg 등은 '전략적 의사결정'의 중심적인 단계를 세 가지로 구분하고 이를 다시 일곱 가지 하위단계(routines)로 세분하였다. 중심적 단계의 첫째는 확인 (인지: identification)이다. 인지의 단계는 문제를 지각하고 의사결정활동을 촉발하는 하위단계와 결정상황을 진단하고 인과관계를 확인하는 하위단계로 구분된다. 중심적 단계의 둘째는 개발(development)이다. 개발의 단계는 탐색 및 입안이라는 두 개의 하위단계로 구분된다. 중심적 단계의 셋째는 선택(selection)이다. 선택단계는 선별, 평가와 선정 및 승인이라는 세 가지의 하위단계로 구분된다. 이러한 중심적 단계를 보완하는 것은 결정통제단계, 결정전달단계, 정치적 단계 등이라고 한다.[13]

대부분의 연구인들이 문제해결대안을 선택하고 채택하는 단계까지만을 의사결정과 정에 포함시키고 있다. 저자도 그러한 관점을 채택하고 있다.

그러나 일부 연구인들은 채택된 대안의 집행과 그에 대한 평가(추적검사)까지 포함 시키고 있다. 예컨대 John M. Ivancevich 등은 의사결정과정의 단계를 i) 구체적 목 표와 성과측정기준의 설정, ii) 문제의 확인과 정의, iii) 해결대상문제의 우선순위 결 정, iv) 문제의 원인 분석, v) 해결대안 개발, vi) 대안 평가, vii) 대안의 선택, viii) 결 정의 시행, ix) 추적검사로 구분하였다.[14] Jerald Greenberg와 Robert A. Baron도 의사결정과정의 단계를 i) 문제의 인지, ii) 목표의 정의, iii) 사전적 결정 (predecision: 문제를 해결할 것인지에 대한 결정), iv) 대안작성, v) 대안평가, vi) 대안의 선택, vii) 대안의 집행, viii) 추적검사 등 여덟 가지로 구분하였다.[15]

3. 합리적 의사결정의 제약요인

1) 합리성의 정의

합리성(合理性: rationality)은 목표달성에 필요한 최적행동대안을 정확하 게 계산하여 선택하는 행동의 특성을 지칭한다. 이것은 수단과 목표를 연결 하는 행동의 최적성에 관한 개념이며 행동자의 의도성을 전제로 하는 개념 이다. 같은 비용으로 목표달성을 최대화할 수 있는 대안을 선택하는 행동, 또는 최소의 비용으로 목표를 달성할 수 있는 대안을 선택하는 행동이 합리 적 선택이다. 합리적 선택은 유일최선의 선택을 지향한다. 명확하고 구체적 으로 규명되어 있는 조건 하에서 최적의 선택을 하는 사람을 합리적 인간이 라 한다.

이렇게 규정되는 '완전한 합리성'은 i) 명확히 규정된 목표가 주어진다는 것, ii) 문제해결에 필요한 모든 대안을 알 수 있다는 것, iii) 각 대안의 결과 를 알 수 있다는 것, iv) 명확한 선호의 우선순위에 비추어 대안들을 비교할 수 있다는 것, v) 선호하는 최적대안을 선택할 수 있다는 것 등의 조건이 구비되어야 달성이 가능하다. 이러한 조건이 구비된 의사결정과정에서는 앞에서 설명한 단계들의 활동이 순차적으로 질서 있게 진행된다.

그러나 인간의 심리적 구조와 조직 내외의 상황적 조건은 완전하게 합리적인 것이 아니다. 의사결정의 합리성은 조직 상의 상황적 제약과 인간의 심리적 제약 때문에 불완전해질 가능성이 높다.[16]

2) 합리성을 제약하는 요인

(1) 상황적 제약   흔히 거론되는 상황적 제약요인들은 다음과 같다.

❶ 불충분한 정보   문제의 인지, 대안의 탐색과 분석 등을 정확하게 하는 데 필요한 정보가 완벽한 경우는 드물다. 어떤 결정상황에서 필요한 정보가 어디에도 없는 경우가 있고, 조직이 그러한 정보를 구하지 못하거나 기억장치에 보존하고 있지 못한 경우도 있다. 정보의 흐름과 활용을 규제하는 절차의 결함으로 조직이 기억하고 있는 정보를 제대로 활용할 수 없는 경우도 있다.

❷ 의사전달체제의 장애   의사결정의 과정은 의사전달로 휩싸여 있다. 특히 문제를 인지시킬 자극을 탐지할 때, 문제의 진단에 필요한 정보와 대안탐색에 필요한 정보를 구할 때, 의사결정의 결과를 보고하고 전파시킬 때, 그리고 의사결정과정 자체의 진행을 통제할 때에는 의사전달이라는 과정에 의존하는 바가 매우 크다. 그런데 조직 내의 의사전달체제에는 여러 가지 장애가 개입될 수 있다. 의사전달체제의 장애는 의사결정에 지장을 준다.

❸ 목표에 대한 합의의 부재   의사결정의 목표와 기준에 대한 합의가 조직 내에서 언제나 이루어져 있는 것은 아니다. 의사결정에서 추구해야 할 가치와 목표가 모호하거나 확인하기 어려울 때가 많다. 목표에 대한 합의부재와 목표체계의 모호성은 합리적 의사결정을 제약한다.

❹ 물적 자원의 제약   의사결정의 과정을 진행시키는 데 필요한 물적 자원(재정적 자원)이나 의사결정의 결과 선택된 대안의 시행에 필요한 물적 자원이 항상 충분한 것은 아니다. 물적 자원이 충분치 않으면 의사결정의 과정이 불충실해지며 최적의 대안을 시행할 수 없게 된다.

❺ 의사결정자의 시간제약   의사결정자는 매우 긴급한 문제에 봉착하거

나 다른 일로 너무 바쁠 때(정보과다에 노출되었을 때) 시간적 압박을 받게 된다. 시간적 압박이 심하면 의사결정에서 과오를 저지를 위험이 크다.

❻ 권위주의적 통제·선례존중·낯익은 대안에 대한 선호   계서제 하의 권위주의적 통제는 부하직원들의 창의적 의사결정을 억압할 때가 많다. 권위주의적인 감독자들은 기존의 정책과 규칙에서 이탈하는 합리적 의사결정을 승인하려 하지 않는 현상유지적 성향을 보인다. 권위주의적인 감독자들뿐만 아니라 다른 구성원들도 선례나 자기에게 친숙한 해결방안을 안이하게 답습하는 타성에 빠지기 쉽다. 한번 내린 의사결정의 결과는 현상유지적 타성과 매몰비용 때문에 스스로를 지속시키는 관성을 지니게 되는 경우가 많다.

❼ 분화와 전문화로 인한 제약   구조적 분화로 형성된 하위조직단위들은 각기 자기 영역의 이해관계와 관심사에만 주의를 집중하고 조직단위 간의 정보교환에 인색하게 된다. 그리고 각기 세력확장을 위해 다툼을 벌이는 일이 많다. 이러한 요소들은 조직 전체의 문제에 대한 합리적 의사결정을 제약한다. 의사결정을 보조하는 특수분야의 전문가들은 자기 분야에 국한된 안목을 가지고 자기 주장을 과도하게 고집하는 경향이 있다. 전문가적 지위를 유지하기 위해 자기가 가진 정보를 다른 사람들과 나누어 갖기를 꺼려할 때가 많다. 이러한 전문가적 성향도 의사결정과정에 지장을 준다.

❽ 조직의 분위기와 환경에서 투입되는 제약   조직이 추구하는 기본적인 가치나 관리의 전반적인 지향성이 개별적인 의사결정의 합리적 진행을 제약할 수 있다. 예컨대 이윤추구를 기본적인 가치로 삼는 기업체 내에서 연구개발분야의 의사결정은 이윤추구라는 요청 때문에 왜곡될 수 있다. 고객집단의 압력이나 경쟁조직들의 견제, 문제 선택과 해결방안 선택에 대한 사회 일반의 선호, 그리고 법적 제약은 조직 내의 의사결정을 제약한다.

(2) 인간의 심리적 제약   의사결정주체인 인간이 지각하고 사고(思考)하는 과정은 결코 완벽하게 합리적인 것이 아니다. 개인의 경험과 지위, 역할, 가치관, 성격 등의 영향을 받는 지각과 사고의 과정은 사람마다 다를 수 있다. 그리고 사람은 여러 가지 착오를 범한다. 인간심리의 과정이 불완전하고 또 그것이 사람마다 다를 수 있다는 사실은 합리적 의사결정을 제약하는 가장 중요한 요인이라 하지 않을 수 없다.

의사결정의 합리성을 제약할 수 있는 여러 가지 심리적 요인들 가운데서

착오와 성격에서 비롯되는 문제들에 대해서만 설명을 보태려 한다.[e]

❶ 착오   인간은 사물을 지각할 때 여러 가지 착오를 범할 수 있다. 착오의 양태는 사람마다 다를 수 있다.

예컨대 사람은 자기가 소속된 집단이나 준거집단을 맹목적으로 비호하기 쉽다. 사고와 행동에서 그러한 집단들의 압력을 받아 착오를 범하기도 한다. 사람은 다른 사람들도 자기와 같은 특성을 지니고 같은 생각을 한다고 착각하기 쉽다. 복잡한 현상을 지각할 때 그것을 단순화하여 획일적인 또는 동질적인 것처럼 생각해버리는 경향도 있다. 그런가 하면 지나치게 이원적이거나 양극적으로 사물을 지각할 때가 있다. 단순한 양극적 판단을 하고, 그 중간을 인정하지 않으면 과오를 범하기 쉽다. 어떤 문제의 많은 국면 가운데서 시간적으로 근접해 있고 눈에 잘 띄는 국면만을 보고 문제에 대한 전반적인 평가를 하는 경우도 있다. 대안의 평가에서 인과관계를 너무 단순하게 속단하는 일도 흔히 있다.[f]

❷ 성격에서 비롯되는 제약   사람마다 성격이 다를 수 있다. 성격이 사람에 따라 다를 수 있다는 사실 자체가 대부분 집합적 과정인 의사결정의 합리성을 제약한다. 그리고 개개인의 성격유형 가운데는 합리적 의사결정에 더 많은 지장을 주는 유형들이 있다. 지나치게 이상주의적이거나 모험주의적이어서 현실의 제약을 무시하려는 사람, 이성보다 감정을 앞세우는 사람, 무엇이든지 상식적인 수준에서 현상을 고수하려는 사람, 생각만 하고 실천력이 없는 사람 등은 합리적 의사결정에 적합하지 않다고 보아야 한다.

의사결정자의 실책에 대해서는 뒤에 재론할 것이다.

---

e) 지각의 착오와 성격유형에 대해서는 제2장에서 자세히 설명했으므로, 여기서는 의사결정의 합리성제약에 관련해 예시적 설명만을 추가하려 한다.

f) Stephen P. Robbins와 Timothy A. Judge는 의사결정을 그르치게 하는 착오 또는 착오를 유발할 수 있는 편견의 흔한 예로 i) 행위자들의 능력을 과신(過信)하는 과신의 편견(overconfidence bias), ii) 최초의 정보에 얽매이는 고착(固着)의 편견(anchoring bias), iii) 과거의 선택을 지지해 주는 정보만을 골라 판단하는 확인의 편견(confirmation bias), iv) 쉽게 찾을 수 있는 정보에만 의존하는 이용가능성의 편견(availability bias), v) 과거의 잘못된 결정에 대한 지지를 강화하는 집념확대의 편견(escalation of commitment), vi) 무작위적 사건의 결과를 예측할 수 있다고 믿는 무작위성에 대한 착오(randomness error), vii) 위험성이 높은 결과(outcome)보다 확실한 결과를 선호하는 위험기피의 편견(risk aversion), viii) 과거에 한 결정의 결과가 드러난 뒤에 그런 결과를 정확하게 예견했던 것처럼 생각하는 통찰력의 편견(hindsight bias) 등을 들었다. Robbins and Judge, *Organizational Behavior*, 18th ed.(Pearson, 2019), pp. 190~193.

III. 문제의 발견과 대안의 선택

　의사결정과정에서 문제를 확인하고 해결방안을 선택할 때 사용할 수 있는 절차와 방법은 대단히 많고 다양하다. 현대사회과학 그리고 조직운영의 실제에서 자료를 수집하고 분석·평가할 때 쓰려고 오늘날까지 발전시킨 모든 방법들이 의사결정에 쓰일 수 있다. 여기서 그 모든 것을 망라하여 소개할 수는 없다. 문제의 발견에 관한 접근방법과 대안선택전략의 기본적 범주들에 대한 이론 두 가지를 소개하는 데 그치려 한다.

　그리고 문제발견·대안선택의 과정에서 의사결정자들이 저지를 수 있는 실책에 대해 언급하고, 의사결정의 창의성과 윤리성을 설명하려 한다.

1. 문제발견의 접근방법(모형)

　의사결정을 하는 사람은 잘 정의된 문제를 해결할 대안을 선택하기만 하면 되는 것이 아니다. 그에 앞서 문제를 발견하고 규명(구성: problem formulation)해야 한다.

　William F. Pounds는 경험적 연구를 통해 기업조직에서 널리 쓰이고 있는 문제발견의 접근방법을 알아내 이를 범주화하였다. 그는 문제를 발견하고 규명하려면 i) 먼저 바람직한 기준(Pounds는 이것을 model이라 부르고 있다)을 선정하고, ii) 현실을 그러한 기준과 비교하여, iii) 양자의 차이를 확인한 다음, iv) 기준과 현실의 차이 가운데서 문제로 되는 차질을 고르는 단계들을 밟아야 하는 것으로 보고, 문제발견의 기준을 어디서 얻느냐에 따라 다섯 가지의 접근방법(모형)을 구분하였다.

　Pounds의 설명을 다음에 요약하기로 한다.[17]

1) 과거의 실적을 기준으로 하는 모형

　(1) 정　의　　과거의 실적을 기준으로 하는 모형(역사적 모형: historical model)은 역사적인 연속성을 전제하고, 과거의 실적과 현재의 실적을 비교하여 차질이 있으면 그것을 문제로 인지하는 모형이다. 여기서 차질이란 현재의 실적이 과거의 실적에 미달하는 마이너스의 차질이며 바람직하지 않은 차질을

말한다.

바람직한 방향의 변화가 일어나 새로운 실적이 과거의 실적보다 나아지면 그것은 대개 역사적인 기준의 수정자료가 된다. 예컨대 과거에 비해 비용이 더 절감되었다든가 판매실적이 늘어났다든가 하면 그것은 장래의 문제발견을 위한 새로운 기준설정을 유도할 뿐이며 현재의 문제규명을 촉구하지는 않는다.

(2) 평 가 과거의 기준을 확인하고 현재의 실적이 과거의 기준에 미치지 못하는 차질을 발견하기는 비교적 쉽기 때문에 관리의 실제에서 과거의 실적을 기준으로 하는 모형이 널리 쓰이고 있다.

그러나 이 모형은 현상유지적이며, 의사결정상황의 변동을 제대로 고려하지 못하는 비합리적 문제발견방법이라 하지 않을 수 없다.

2) 계획기준에 의존하는 모형

(1) 정 의 대개 점증적이고 보수적인 접근방법에 따라 수립되는 조직의 계획을 준거로 삼고, 계획에서 정한 기준에 현재의 실적이 미달되면 그것을 문제로 인지하는 방법이 계획기준에 의존하는 모형(계획모형: planning model)이다. 이 모형에 따를 때에는 실적이 계획기준에 도달하거나 그것을 초과하기만 하면 문제가 없다고 판단한다.

(2) 평 가 계획기준은 확인하기가 쉽다. 계획기준의 타당성을 검토하지 않고 실적을 거기에 비교만 하는 일도 또한 대체로 쉽다.

그러나 계획기준에 의존하는 모형의 효율성은 계획기준의 타당성이 빈약할 때 크게 손상될 수밖에 없다. 계획에서 규정하는 실적기준이 과거의 기준(역사적 기준)과 같을 경우에는 과거의 실적을 기준으로 하는 모형과 다를 바가 없다. 계획기준이 최소한의 실적 또는 요구되는 실적의 하한만을 규정하는 것일 때 문제발견을 위한 계획기준의 효용은 미약해진다. 상식적인 수준에서 점증적으로 계획기준을 결정한 경우 그것은 문제발견을 위한 합리적 기준이라고 하기 어렵다.

3) 타인의 기준에 의존하는 모형

(1) 정 의 다른 사람들이 문제규정에 사용하는 기준을 그대로 받아들이

는 접근방법이 타인의 기준에 의존하는 모형(타인의 모형: other people's model)이다. 어떤 의미에서는 다른 사람들이 주는 문제를 받아 해결하도록 처방하는 모형이라고 할 수도 있다.

어떤 상품을 산 고객이 자기의 품질기준에 그 상품의 품질이 미달된다고 생각하는 경우 그 사실을 생산회사의 관리자에게 알리면 관리자는 문제를 부여받는 셈이 된다. 마찬가지로 상관에게서 문제를 부여받거나 부하에게서 문제의 제기를 받는 경우는 많다. 조직구성원들이 각기 자기의 기준에 따라 문제를 발견하고 그것을 해결할 수 있거나 해결해야 하는 사람들에게 전달하도록 하는 통로가 조직 내에는 마련되어 있다. 그러므로 조직구성원들은 서로 다른 사람들이 주는 문제를 해결해야 할 입장에 놓여 있는 것이다.

(2) 평 가   다른 사람들이 그들 나름의 기준에 따라 발견한 문제를 의사결정자가 그대로 받아들이는 것은 편한 일이다. 과연 문제가 되는가를 따져보는 데 드는 시간과 노력을 절감할 수 있다. 문제를 주는 사람과 받는 사람 사이의 대인관계를 원만하게 하는 데도 도움이 될 수 있다.

그러나 타인의 기준을 반성 없이 받아들이는 것은 합리적 문제발견의 접근방법이라고 하기 어렵다.

4) 외부조직의 기준에 의존하는 모형

(1) 정 의   다른 조직의 실적이나 거기서 채택하고 있는 사업 또는 기술 등을 기준으로 하여 문제를 발견하는 접근방법이 외부조직의 기준에 의존하는 모형(외부조직의 모형: extra-organizational model)이다. 직접 수집한 정보, 고객의 제보, 또는 다른 조직에서 근무한 일이 있는 조직구성원의 경험에서 다른 조직의 실태를 파악하고 그것을 문제발견의 기준으로 삼을 수 있다.

(2) 평 가   외부조직의 기준에 의존하여 문제를 발견하는 방법 역시 편리하다. 그리고 다른 조직의 쇄신적 사업을 본따 이익을 보는 계기를 만들 수도 있다. 특히 신설조직들은 다른 조직들을 모방할 수밖에 없는 처지에 있는 경우가 많다.

그러나 다른 조직의 기준이 자기 조직에도 타당한 것인가 하는 문제는 항상 따라 다니게 된다. 왜냐하면 조직마다 그 형편이 다르기 때문이다. 한 조직에 타당한 기준이 다른 조직에도 반드시 타당하다고 볼 수는 없다. 만일

의사결정자가 소속된 조직의 상태나 기준이 다른 조직의 상태나 기준과 꼭 같다면 다른 조직의 기준을 쓰는 것이 타당할지 모른다. 그러나 이 경우 굳이 다른 조직의 기준을 빌려 올 필요가 없다. 자기 조직의 기준과 같은 기준을 다른 조직에서 빌려온다는 것은 무의미하기 때문이다.

5) 과학적 모형

(1) 정 의   과학적 모형(scientific model)은 과학적인 기법, 특히 관리과학적인 기법들을 동원한 합리적 분석의 과정을 거쳐 기준에 관한 모형을 설정한 다음 실적과 기준을 비교하여 그 차이를 확인하고 그 가운데서 문제를 선정하는 접근방법이다.

(2) 평 가   과학적 모형은 합리적이며 이상적인 결과를 얻을 수 있다.

그러나 과학적 모형은 상당히 규범적인 모형이라고 하지 않을 수 없다. 규범적이라거나 이상적이라고 하는 까닭은 의사결정의 실제에서 과학적 모형에만 의존하는 경우는 오히려 드물기 때문이다. 과학적 모형의 처방을 따르는 데 필요한 기법의 개발은 미흡하다. 근래에 크게 발달한 계량적 기법들은 주로 문제의 해결에 관한 것이다. 문제해결기법들을 문제발견에 어느 정도 원용할 수는 있지만 아무래도 문제발견과 구성에 관한 기법의 발전은 뒤떨어져 있다고 하지 않을 수 없다.

과학적 모형은 조직운영자들에게 아직은 전통적인 방법보다 덜 친숙하다. 그리고 전통적인 방법으로 발견한 문제에만 주의를 기울이기도 힘겨운 형편인 데다가 과학적 모형을 적용하려면 시간과 비용이 많이 들기 때문에 과학적 모형의 적용이 제약되고 있는 것 같다.

2. 대안선택의 접근방법(전략)

앞서 의사결정의 기본적 단계를 설명할 때 해결방안을 선택하는 일은 반드시 합리적인 분석의 과정을 통해서만 이루어지는 것이 아니라 다른 여러 가지 방법을 통해서도 이루어질 수 있다는 점을 지적하였다. 대안선택의 접근방법은 매우 다양하다.

대안선택의 접근방법(전략)을 분류한 유형론들도 여러 가지이다. 여기서

는 James D. Thompson과 Arthur Tuden이 제시한 전략유형론을 소개하려 한다.18)

Thompson과 Tuden은 i) 의사결정의 유형은 여러 가지이며, ii) 의사결정의 유형이 다르면 그에 대한 접근방법 또는 대안선택의 전략이 달라져야 하고, iii) 대안선택의 전략이 다르면 그에 적합한 조직의 구조도 다르다는 전제 하에 네 가지의 기본적인(순수한) 전략유형을 구분하였다. 그리고 각 전략에 적합한 조직구조를 처방하였다.

그들이 전략분류의 기초적인 기준으로 삼은 것은 인과관계(causation)와 선호(preference)라는 두 가지 변수이다.g) 결정주체 또는 결정단위(decision unit)h)가 그 두 가지 변수에 대해 합의를 보고 있느냐 하는 기준을 거기에 첨가하여 분류기준을 네 가지로 만들었다. 인과관계에 대한 신념에 합의가 있는 경우와 없는 경우, 해결방안이 가져올 결과에 대한 선호에 합의가 있는 경우와 없는 경우 등 네 가지 기준에 따라 i) 계산전략, ii) 판단전략, iii) 타협전략, 그리고 iv) 영감적 전략을 구분하였다.

1) 계산전략

(1) 정 의　계산전략(計算戰略: computation)은 분명한 분석과정을 통해 대안을 선택하는 전략이다. 계산전략은 인과관계나 선호에 대해 다 같이 합의가 있는 경우에 쓰인다. 결정주체가 선호의 우선순위를 알고 있으며 인과관계에 대한 지식을 가지고 있거나 가지고 있다고 믿을 때 의사결정은 기계적으로 이루어진다.

계산전략 적용의 방법이나 그 난이도 등은 문제와 상황적 조건에 따라 달라질 수 있다. 처리해야 할 자료가 방대하고 사용하는 기술이 복잡하면 고도의 훈련을 받은 전문가만이 계산전략을 쓸 수 있다. 그와는 대조적으로 매우 단순한 처리가 가능할 때도 있다. 극단적인 경우에는 문제에 대한 해답이

---

g) 여기서 인과관계는 해결방안이라는 수단과 그 목표(결과) 사이의 인과관계를 말한다. 선호는 해결방안이 가져올 결과에 대한 선호이다.

h) Thompson과 Tuden은 결정단위(decision unit)를 정의하면서 대안선택을 하는 개인 또는 집단이라고 말함으로써 결정단위가 한 사람일 수도 있다는 점을 시사하였다. 그러나 전략을 설명하는 과정에서는 결정단위를 구성하는 사람이 복수임을 은연중에 가정하고 있는 것으로 보인다.

너무나 자명하기 때문에 진정한 의미의 선택활동이 거의 필요 없을 때도 있을 것이다.

(2) 적합한 구조　계산전략의 적용에 유리한 조직의 구조는 관료제적 구조(bureaucratic structure)이다. 관료제적 구조를 통해서 i) 전문직원들이 자기 관할 외의 문제에 간여하지 못하게 하고, ii) 각 전문직원이 조직의 선호척도(選好尺度: preference scale)에 구속되게 하며, iii) 각 전문직원이 맡아 해결해야 할 문제와 문제해결에 필요한 정보가 해당 전문직원에게 전달되도록 보장하면 계산전략의 적용을 원활하게 할 수 있을 것이다.

2) 판단전략

(1) 정　의　판단전략(判斷戰略: judgment)은 여러 사람의 판단에 따르는 전략이다. 선호는 잘 알려져 있고 그에 대한 합의도 이루어져 있지만 각 대안의 장단점에 관한 증거가 없을 때는 다수의 판단(majority judgment)에 따라 대안을 선택할 수밖에 없다. 인과관계에 대한 확신이 없을 때에는 사물에 대한 지각이 서로 다른 여러 사람의 공동적인 판단에 따르는 것이 안전하기 때문이다.

(2) 적합한 구조　판단전략에 적합한 조직의 구조는 모든 구성원이 의사결정에 대등한 자격으로 참여할 수 있는 합의제적 구조(collegial structure)이다.

3) 타협전략

(1) 정　의　타협전략(妥協戰略: compromise)은 선호가 다른 사람들의 타협을 통해 대안을 선택하는 전략이다. 여러 대안이 가져올 결과에 대해(대안과 결과의 인과관계에 대해) 의사결정에 참여하는 사람들이 공통적인 이해를 하고 있지만 결과에 대한 선호가 서로 다를 때에는 타협하는 전략을 쓰는 것이 바람직하다. 타협에 실패하면 분규가 생겨나고 심한 경우에는 조직이 와해될지도 모른다.

(2) 적합한 구조　계산전략을 쓸 때에는 결정주체의 단위(구성원수)를 될수 있는 대로 작게 하고, 판단전략을 쓸 때에는 참여의 범위를 최대화하기 위해 결정단위를 크게 만들어야 한다. 타협전략을 쓸 때에는 결정단위의 크기를 중간 정도로 만드는 것이 바람직하다. 지속적인 협상을 벌이는 데 지

장이 없게 하려면 결정단위가 너무 크지 않아야 한다. 결정단위가 너무 작으면 각 이익집단의 선호가 충분히 대변되기 어렵다. 두 가지 요청을 함께 충족시키는 데는 대표구조(representative structure)가 가장 적합하다. 내표구조란 각 이익집단의 대표들로 구성되는 구조이다.

4) 영감적 전략

(1) 정 의　영감적 전략(靈感的 戰略: inspiration)은 인과관계에 대해서도 합의가 없고 선호에 대해서도 합의가 없는 경우에 채택할 수 있는 전략이다. 인과관계뿐만 아니라 선호에 대해서도 합의가 없는 상황은 조직의 와해를 가져올 수도 있는 위험한 상황이다. 이러한 상황에서 조직은 될 수 있는 대로 문제를 회피하려 할 것이며 문제를 회피할 수 있는 한 조직이 와해되는 위기는 모면할 수 있을 것이다. 문제의 해결이 강요되는 경우에는 여러 가지의 영감적 방법을 쓸 수밖에 없다. 영감적 방법의 예로 신의 교시에서 해결의 실마리를 찾거나 카리스마틱 리더의 직관에 따르거나 하는 방법을 들 수 있다.

의사결정주체가 인과관계와 선호를 모르는 문제에 봉착했을 때 성공적인 외부조직에서 쓰고 있는 해결책을 모방한다거나 권위 있는 전문가의 의견을 따를 수도 있겠는데, 그렇게 되면 무질서한 상황은 계산적인 상황과 유사해진다.

(2) 적합한 구조　영감적 전략을 써야 하는 상황은 상당히 자의적이고 비조직적인 것이라고 할 수 있다. 이러한 상황에 적합한 조직의 구조는 아노미 구조(anomic structure)라고 할 수 있다. 아노미 구조는 i) 공동적인 문제해결의 필요를 느낄 만큼 개인이나 집단이 상호의존적인 관계를 형성하게 하고, ii) 선호척도의 다원성과 이익집단의 다원성을 용인하며, iii) 여러 의사전달통로에 많은 정보가 흐르게 하고, iv) 각 구성원은 누구나 중요의사전달망에 접근할 수 있게 하는 구조이다.

5) 혼합적인 상황

조직들은 위의 네 가지 전략 가운데 하나를 주된 전략으로 채택할 수 있다. 그러나 어느 하나의 전략에만 전적으로 의존하는 경우는 드물다. 그리고 몇 가지 전략의 혼합적 적용을 필요로 하는 문제도 많다. 결정주체에 따라 같

그림 4-2-1 대안선택의 전략

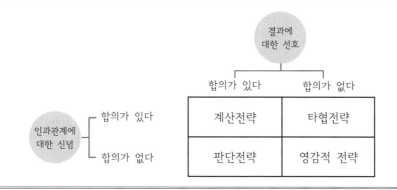

은 문제가 다르게 해석될 수도 있기 때문에 서로 다른 전략이 적용되기도 한다. 각 전략에 적합한 구조적 양태가 앞에서 말한 처방에 정확하게 부합되지 않는 실제 사례도 많다.

3. 의사결정자의 실책

의사결정자들이 저지를 수 있는 실책은 다양하고 그 원인은 많다. 여기서는 의사결정의 실제에서 자주 관찰되는 실책들을 골라 설명하려 한다.[19]

❶ 지나친 단순화   주먹구구식 단순화규칙에 따라 복잡한 의사결정문제를 지나치게 또는 잘못 단순화함으로써 의사결정에서 실책을 저지를 수 있다. 선택적 지각, 유형화 등에 의한 단순화는 판단의 오류를 범하게 한다. 현실을 무리하게 단순화·계량화하고 질적 요인을 무시하거나 소홀히 다루는 실책도 흔하다.

❷ 구성의 효과   구성의 효과(framing effects)란 문제의 제시방법에 따라 의사결정이 달라지는 경향을 지칭한다. 예컨대 의사결정자에게 행동대안을 설명할 때 그 이익을 강조하면 모험적 의사결정을 피하려 하지만, 행동대안을 채택하지 않았을 때의 손실을 강조하면 모험적 의사결정을 하게 되는 경우, 거기에 구성의 효과가 있다. 구성의 효과는 조삼모사(朝三暮四)의 효과라고 설명할 수도 있다.

❸ 실패한 결정에 대한 집착   기존의 결정에 대한 지나친 집착은 함정이

될 수 있다. 실패한 결정에 집착함으로써 과오를 시정하지 못하는 함정에 빠진다.

잘못된 결정을 지속시키기 위해(바꾸지 않으려고) 더 많은 시간과 노력, 돈 등을 투입하는 현상을 집념의 확대(집착: escalation of commitment)라고 한다. 집념의 확대는 과거의 의사결정이 잘못된 것이라는 정보가 있어도 이를 무시하고, 그 의사결정의 잘못에 대한 비난을 피하기 위해 또는 체면손상을 막기 위해 인지강화(認知强化: cognitive bolstering)를 하기 때문에 일어날 수 있다.i) 규칙과 절차, 기존의 사업 등에 얽매이는 보수적 행태, 그리고 기존사업의 성과평가를 게을리하는 행태도 집념의 확대를 조장할 수 있다. 집념의 확대는 의사결정의 일관성과 지속성을 중요시하는 사회적 선호 또는 압력 때문에 빚어질 수도 있다.

❹ 사전적 선택　의사결정의 대안들을 검토해 보기도 전에 의사결정자가 선호하는 대안을 미리 선택해버리는 것을 사전적 선택이라 한다. 어떤 대안의 선택을 암묵리에 내정해 놓고 대안탐색·평가의 과정을 생략하거나 그것을 형식적으로 진행시킨다면 보다 나은 대안이 선택될 수 있는 기회를 봉쇄하게 된다.

❺ 방어적 회피　방어적 회피는 결정자들에게 불리하거나 위험한 결정을 미루거나 회피하는 행동이다. 이것은 상급자 등 타인에게 결정책임을 미루는 책임회피의 형태로도 나타난다.

❻ 적시성 상실　방어적 회피, 무사안일적 태도 등으로 인한 의사결정의 지연은 적시성 상실이라는 폐단을 빚고 부패의 온상이 된다.

❼ '집단사고'　집단사고(Groupthink)의 여러 가지 맹점들이 의사결정을 그르칠 수 있다.j)

❽ 과잉동조의 폐단　관료제조직의 과잉동조적 분위기 때문에 의사결정의 상황적합성과 창의성이 저해될 수 있다.

❾ 기준배합의 왜곡　의사결정의 기준배합이 심히 왜곡될 수 있다. 결정자의 사익을 부당하게 개입시키는 경우, 그리고 정치적 고려가 과도하게 작용

---

i) 인지강화는 과거의 결정을 정당화할 수 있는 정보만을 수집하고 그 가치를 과장하는 것이다.
j) 집단사고는 의사결정집단 내의 사회적 압력 때문에 빚어지는 판단능력(비판적 평가능력)의 저하현상을 지칭한다. 제2장 제4절의 집단적 문제해결에 대한 설명을 참조하기 바란다.

하는 경우가 그 현저한 예이다.

❿ 경쟁상황에서 하는 낭비적 결정   경쟁에서 이기는 데 집착한 의사결정이 과다한 손실을 초래할 수 있다. 예컨대 많은 경쟁자가 참여하는 경매에서 낙찰에 급급하다 보면 너무 많은 입찰가를 적어낼 수 있다. 그리하여 낙찰을 받은 입찰자는 과다한 지출을 하게 된다. 이것을 승리자의 저주(winner's curse)라고 한다.

⓫ 무지로 인한 실책   의사결정자들의 무식함이 빚어내는 실책들도 많다. 의사결정에 필요한 개념, 이론, 기술 등에 대한 훈련이 없거나 부적합하면 의사결정에서 과오를 범하게 된다.

의사결정자들의 실책을 예방하기 위해 개인과 조직은 노력해야 한다. 그러나 인간능력의 한계와 결정상황의 불확실성을 완전히 극복하는 것을 당장 기대할 수는 없다. 따라서 실책을 사전에 완전히 방지하기는 어렵다. 그리고 초고속으로 변동하는 환경(high-velocity environment)에 처한 조직들은 실책의 위험을 안고라도 신속한 의사결정을 해야 할 필요에 직면할 때가 많다. 임기응변적 대응이 필요한 결정상황은 날로 늘어나고 있다.

이런 조건 하에서 중요한 것은 실책을 통한 학습이다. 실책을 보고 반성하는 학습과정을 강화하여 실책의 반복을 막아야 한다.

4. 의사결정과 창의성

1) 창의성과 창의적 의사결정

창의적 의사결정이 절실히 요구되는 시대에 우리는 살고 있다.

조직에서뿐만 아니라 인간생활 전체에서 창의성은 언제나 필요하다. 창의성은 기회를 보다 잘 활용할 수 있게 한다. 도전과 재난에 보다 생산적으로 대응할 수 있게 하고 예상 밖의 상황도 보다 잘 극복할 수 있게 한다. 창의성을 발휘하려는 충동은 인간의 건강한 속성이다. 창의적인 행동은 사람에게 즐거움을 안겨주며 그것은 정서적 안정과 정신적 건강에 유익하다. 조직의 차원에서는 창의성이 조직의 생존·발전에 불가결한 요소이다. 국가의 장래 번영은 국가 전체의 창의적 역량에 달려 있다.

창의성 발휘는 언제나 바람직하고 필요한 것이지만 오늘날 조직사회 전체의 조건은 창의성 발휘의 필요를 더욱 절실하게 만들고 있다. 창의성 발위의 필요를 증폭시키는 조건변화의 예로 조직이나 조직 간 네트워크의 규모가 커지고 활동영역이 확장되어가고 있으며 그 구성이 복잡해지고 있다는 것, 해결해야 할 문제의 비정형성과 복잡성이 높아지고 있다는 것, 조직 내외의 변화가 격동적이며 의사결정환경의 불확실성이 높다는 것, 여러 방면에 걸친 경쟁이 치열해지고 있다는 것 등을 들 수 있다.

오늘날 조직의 주요 의사결정은 대개 불확실하고 모험적인 상황에서 이루어지고 있다. 불확실하고 모험적인 상황에서 해결방안 선택의 합리적 계산전략을 적용할 수 있는 폭은 좁다. 계산전략의 적용이 가능한 경우에도 창의적인 의사결정을 하려면 모험적 선택을 피하기 어려울 것이다. 계산전략의 적용이 어려운 경우에는 창의적 탐색과 모험적 선택의 필요는 한결 더 커진다.

다음에 조직의 상황에 연관시켜 의사결정의 창의성을 설명하려 한다. 창의성은 개인의 차원, 집단의 차원, 그리고 조직의 차원에서 각각 따로 논의되기도 하지만 여기서는 세 가지 차원을 긴밀히 교호작용하는 연관적 현상으로 보려 한다. 설명의 편의를 위해 우선 개인적 차원에 초점을 맞추고 집단과 조직의 문제는 영향요인 또는 제약조건으로 다루려 한다.

2) 창의성의 정의

창의성(創意性: creativity)은 새롭고 유용한 아이디어를 만들어내는 과정 또는 사고의 특성이다. 창의성은 기술, 지식, 사회규범, 신념 등이 설정하고 있는 현재의 상태를 벗어나는 아이디어의 특성이다. 창의성이 있는 문제해결은 문제와 기회에 대한 새롭고 독창적인 대응방법을 개발하는 것이다. 새로운 아이디어가 유용해야 한다는 말은 어떤 목표를 위해 긍정적·건설적인 가치를 지닐 때만 창의적인 것으로 된다는 뜻이다. 창의성은 새롭고 유용한 아이디어를 만들어내는 능력과 결과를 포함하는 현상으로 이해된다.

위의 정의에 포함된 창의성의 주요 특성은 다음과 같다.[20]

❶ 과정과 결과   창의성은 창의적인 결과를 만들어내려는 사람의 인지적 과정이다. 창의성의 핵심요소는 새로운 아이디어를 만들어내는 인지적 과정이지만 새로운 아이디어라는 결과도 중요하다.

❷ 새로운 아이디어   창의성은 새롭고 독창적인 아이디어를 산출하는 과

정이다. 문제와 기회에 대한 새롭고 독창적인 대응 방법을 개발해야만 어떤 선택 또는 의사결정이 창의적인 것으로 될 수 있다. 새로움의 내용과 형태는 매우 다양하다.

❸ 유용성 새로운 아이디어는 어떤 목표의 성취에 기여할 수 있는 유용성을 지녀야 한다. 새로운 아이디어가 어떤 목표에 건설적으로 기여하는 가치를 지닐 때 비로소 창의적인 것으로 될 수 있다. 목표는 개인·집단·조직 등에 의한 인위적 결정물이기 때문에 어떤 사람이 보느냐에 따라 아이디어의 유용성에 대한 판단은 달라질 수 있다.

❹ 복잡한 다차원적 현상 창의성은 복잡하고 역동적이며 다차원적이고 많은 요인들의 영향을 받는 현상이다. 창의성은 개인차원의 과정으로 또는 사회적 과정으로 다룰 수 있는 현상이다. 창의성의 결정에는 다양한 내재적 및 외재적 영향요인이 작용한다. 창의성은 개인차원에서, 집단차원에서, 또는 조직차원에서 정의하고 분석할 수 있다.

❺ 건설적 모험 창의적 문제해결은 대부분 비정형적 의사결정으로 이루어지며 불확실성을 헤쳐 나가는 모험을 내포한다. 문제도 비정형적이고 해결방법도 비정형적일 때 창의성의 필요가 더 커진다.[k]

3) 창의적 사고의 과정

과정적 측면에 착안하여 창의성을 설명하는 사람들은 창의적인 사고의 과정 또는 창의적 문제해결의 과정에 포함되는 단계들을 설명한다. 창의적 사고과정 또는 문제해결과정에 관한 인식론적 모형은 많고 다양하다. 논자들마

---

[k] 창의적 사고를 요구하고 또한 그것이 가능하도록 기회를 제공하는 이른바 '창의적 문제' (creative problem)의 특성은 새로운 문제라는 것, 복잡한 문제라는 것, 잘 정의되지 않고 불분명하다는 것, 무엇이 좋은 해결책인지도 불분명하다는 것, 여러 가지 서로 다른 해결방법들이 안출될 수 있는 문제라는 것, 보다 많은 인지적 노력을 요구한다는 것, 해결방안의 활용가능성이 높다는 것 등이다. Michael D. Mumford *et al.*, "Methods in Creativity Research: Multiple Approaches, Multiple Levels," Michael D. Mumford (ed.), *Handbook of Organizational Creativity* (Elsevier, 2012), pp. 41~42.
문제해결과정의 상황적 조건 또는 환경을 세 가지로 범주화해 볼 수 있다. 첫째, 확실한 상황은 어떤 해결대안을 집행하기 전에 그 결과를 미리 예측하는 데 충분한 정보가 있는 상황이다. 둘째, 모험적 상황은 어떤 해결대안의 결과발생에 대한 확률만 알 수 있는 상황이다. 셋째, 불확실한 상황은 어떤 해결대안의 결과가 발생할 것인지에 대한 확률조차 알 수 없는 상황이다.

다 설명이 구구하지만 사고과정의 핵심적 단계에 대한 의견수렴이 없는 것은
아니다. 여러 의견들을 종합해보면 i) 문제와 창의적 해결의 기회를 의식적으
로 찾아내는 단계, ii) 새로운 문제를 형성하고 정의하는 단계, iii) 확장적 사
고를 통해 해결대안을 탐색하는 단계, 그리고 iv) 집중적 사고를 통해 대안을
선택하는 단계를 창의적 문제해결과정의 핵심적 단계로 보는 공통적인 인식
이 있음을 알 수 있다. 그리고 창의적 문제해결과정은 확장적 사고와 집중적
사고가 반복되는 사이클이라는 점에 대해서도 상당한 의견수렴이 있다.

여기서는 독자들이 스스로 생각해 볼 수 있도록 주요 논자들의 창의적 사고과정에
대한 설명을 몇 가지 소개하려 한다.
G. Wallas의 4단계이론이 가장 기본적인 것으로 널리 인용되고 있다. Wallas는
1926년에 창의적 문제해결과정을 네 가지의 단계로 구분하였다. 그가 말한 네 가지
단계는 i) 문제해결을 준비하는 준비단계(preparation), ii) 문제해결의 대안을 찾기
위해 성찰하는 숙려단계(incubation), iii) 해결대안을 만들어내는 계발단계
(illumination), 그리고 iv) 대안의 유용성을 확인하는 검증단계(verification)이다. 그
의 모형은 많은 사람들이 번안하고 수정하였다.[21]
S. J. Parnes 등의 창의적 문제해결에 관한 선형적 5단계모형은 i) 사실조사(fact
finding), ii) 문제정의(problem defining), iii) 아이디어 발견(idea finding), iv) 해
결방안 발견(solution finding), v)수용확인(acceptance finding) 등 다섯 단계를 구
분하였다.[22]
Pervaiz K. Ahmed와 Charles D. Shephard는 창의성의 과정을 많은 잠재적 대
안들을 찾아내는 확장적 사고와 바람직한 대안을 선택하는 집중적 사고가 되풀이되는
사이클이라 규정하고 그 단계를 다섯 가지로 구분하였다. 다섯 단계는 i) 다양한 전문
적 능력을 가진 사람들이 참여하게 하는 준비단계(preparation), ii) 문제 또는 대안탐
색의 기회를 정의하여 창의적 에너지가 모일 수 있는 초점을 만드는 기회확인단계
(innovation opportunity), iii) 새로운 아이디어와 해결방안들을 많이 생각해내는 확
장적 사고 단계(divergence), iv) 쉽게 떠오르지 않는 아이디어나 해결방안들을 구상
할 수 있도록 사색에 필요한 시간과 공간을 제공하는 숙려단계(incubation), 그리고
v) 의견을 수렴하여 많은 아이디어 또는 해결대안들 가운데서 최선의 방안을 선택하
는 집중적 사고 단계(convergence)이다.[23]
Michael D. Mumford 등은 창의적인 문제해결을 하는 과정에 여덟 가지의 처리
단계(활동)가 포함된다고 하였다. 여덟 가지의 핵심적 처리활동 또는 활동단계는 i) 문
제를 명료화하여 정의하는 문제확인단계(problem identification), ii) 해결방안을 탐
색하는 데 필요한 정보를 수집하는 정보수집단계(information collection), iii) 수집
된 정보를 분석하여 문제해결에 도움이 될 개념들을 선택하는 개념선택단계(concept

selection), ⅳ) 선택된 개념들을 조합하고 재구성하는 개념조합단계(conceptual combination), ⅴ) 아이디어를 안출해내는 안출단계(generation), ⅵ) 아이디어를 평가하는 평가단계(evaluation), ⅶ) 시행계획단계(implementation planning), 그리고 ⅷ) 모니터링단계(solution monitoring)이다.24)

4) 창의성의 결정요인

(1) 창의성 결정요인에 관한 이론   사람의 창의성을 결정하는 데는 수많은 내재적·외재적 요인들이 작용한다. 창의성에 여향을 미치는 결정요인(영향요인; 요건; 구성요소)에 관한 많은 연구들이 축적되어 있다. 이 분야 연구의 초기에는 연구인들이 대체로 개인차원의 미시적 분석에 집중하였다. 그들의 관심은 개인의 성격, 인지적 능력, 지능 등 창의적인 사람의 개인적 특성에 초점을 맞추었다. 연구인들은 점차 시야를 넓혀 집단응집성, 신분안정, 직무설계, 감독스타일 등 다른 개념 또는 외재적 현상의 작용에도 눈을 돌리게 되었다. 이런 관심확장은 계속되었다. 오늘날 연구인들은 개인과 환경의 복잡한 교호작용이 창의성에 미치는 영향을 포괄적으로 규명하려 한다.

창의성 결정요인을 연구하는 접근방법들은 다양하게 분류되고 있다. 창의적 행동자들의 개인적 특성에 초점을 맞추는 특성(속성)이론(attribute theories), 개인의 인지적 능력에 초점을 맞추는 인지능력이론(conceptual skill theories), 창의성을 결정하는 뇌(brain)의 작용을 연구하는 생리학적 이론(physiological theories), 보상·평가기준설정·의사전달 등 창의적 행동을 강화하는 기제에 초점을 맞추는 행동이론(behavioral theories), 개인·직무·조직 등의 상호작용에 초점을 맞추는 과정이론(process theories) 등을 예로 들 수 있다.25)

근래 창의성 결정요인을 포괄적인 안목으로 규명하려는 이론은 양산되었는데 그중 많이 인용되고 있는 이론의 예로 T. M. Amabile의 구성요소이론(componential theory of creativity)을 들 수 있다. 그는 개인의 내재적 요인과 외재적인 업무적 또는 사회적 환경을 함께 고려하였다. 그가 개인이 갖추어야 할 창의성발휘의 요건(구성요소; components)으로 열거한 것은 세 가지이다. 그 첫째는 담당직무분야에 적합한 능력(domain-relevant skills: expertise)이다. 이것은 담당하고 있는 과제의 수행에 필요한 재능, 지식, 기술 등 전문적 능력이다. 전문적 능력을 갖추어야 일을 감당할 수 있고 창의성도 발휘할 수 있다고 한다. 둘째는 창의성발휘에 적합한 능력(creativity-relevant skills: creative-thinking skills)이다. 이것은 창의적 사고의 기술 또는 능력이다. 이 능력을 갖추려면 오래된 사고의 틀을 깨고 새로운 시각에서 확장적 사고를 할 수 있어야 한다. 셋째는 내재적 직무수행동기(intrinsic task motivation)이다. 이것은 사람이 일의 보람을 느껴서 스스로 유발하는 직무수행의 동기이다.[26]

R. J. Sternberg는 창의성발휘에 영향을 미치는 요인의 범주를 환경적 요인과 개인적 요인으로 나누고 개인적 요인의 범주에 지능, 사고의 스타일, 성격, 그리고 지식을 포함시켰다.[27] M. Csikszentmiha'lyi는 창의성 결정요인을 개인적 요인, 장(field)의 요인, 그리고 영역(domain)의 요인으로 분류하였다. 개인적 요인에 포함되는 것은 동기, 인지적 능력, 경험에 대한 개방성, 끈기, 호기심, 열정 등이다. 장은 어떤 사람의 아이디어가 창의적인지의 여부를 결정하는 평가자들로 구성된다. 영역은 어떤 지식분야의 규칙과 상징적 절차로 구성된다.[28]

(2) 창의성 결정요인의 분류 창의성을 결정하는 데 작용하는 요인들은 대단히 많고 복잡하다. 그런 요인들을 간추려 분류한 유형론 또한 많다. 위에 소개한 바와 같은 여러 이론들을 감안하여 결정요인들을 i) 개인적 요인과 ii) 상황적 요인(외재적·환경적 요인)으로 범주화하고 상황적 요인은 다시 집단의 요인과 조직의 요인으로 나누려고 한다. 각 범주의 요인들은 상호작용하면서 창의성 발휘를 촉진하기도 하고 방해하기도 한다.[29]

개인적 요인으로는 인지적 능력과 스타일, 성격, 지식과 기술, 내재적 동기 등을 들 수 있다. 집단적 요인으로는 집단의 규범, 규모, 응집성, 업무, 리더십, 구성원의 다양성, 구성원의 역할, 문제해결의 접근방법 등을 들 수 있다. 조직의 요인으로는 목표와 전략, 리더십, 자원, 평가체제, 보상체제, 의사결정과정, 지식관리, 구조, 기술, 문화 등을 들 수 있다.

5) 창의성의 조사연구: 측정과 평가

매우 복잡하고 다차원적인 창의성에 대한 연구의 접근방법은 다양하게 분화되어 있다. 여러 학문분야에서 창의성이 연구되고 있는데, 분야마다의 접근방법들을 망라해 설명할 수는 없다. 여기서는 이 방면 연구인들이 전형적인 경험적 조사연구방법의 범주라고 열거하는 것들을 예시하고, 창의적 문제해

결과정의 핵심적인 요소라고 지목되고 있는 확장적 사고의 측정방법에 대해 언급하려 한다.[30)]

(1) 조사연구방법 창의성을 측정·평가하는 데 자주 쓰이는 조사연구방법은 i) 질적 연구, ii) 역사적 자료 분석, iii) 태도조사, iv) 심리측정학적 방법, v) 실험적 연구 등이다.

❶ 질적 연구 질적 연구(qualitative studies)는 특정한 창의적 결과물 또는 산출물과 그것을 만들어낸 활동에 대한 심층적 관찰에 초점을 맞추는 접근방법이다. 이 접근방법은 창의적 산출물과 산출과정을 평가하여 문제해결의 창의성을 결정한 요인들을 추론해낸다. 질적 연구는 대개 사례연구이다. 사례의 선택, 관찰자의 능력, 관찰의 기법 등이 연구 성패에 큰 영향을 미친다.

❷ 역사적 자료 분석 역사적 자료 분석(사료분석: 史料分析: historiometric studies)은 탁월한 창의적 성취의 결정요인(sources)을 찾아내기 위해 기존의 기록물들을 분석하는 접근방법이다. 분석대상이 되는 기록물의 예로 각종 보고서 등 간행물, 특허기록, 수상기록, 감사기록, 근무성적평정기록 등을 들 수 있다. 이 접근방법은 창의성의 객관적 산출물을 대상으로 하지만 탁월성의 측정기준은 대개 전문가들이 정하기 때문에 주관성의 개입이 배제된다고 할 수 없다.

❸ 태도조사 태도조사(의견조사: survey studies)는 사람들이 자기의 또는 타인의 행태에 대해 말해주는 의견을 가지고 창의성을 판단하는 방법이다. 이것은 의견조사대상 선택의 제약이 비교적 적은 방법이다. 창의적 활동의 산출물, 산출활동의 특성, 태도, 내재적 및 외재적 동기 등이 두루 조사대상으로 될 수 있다.

❹ 심리측정학적 방법 심리측정학적 방법(psychometric studies)은 개인차원의 현상에 초점을 맞추고 창의적 사고에 결부된 행동특성을 측정·평가하는 요인분석적 검사방법이다. 그 대표적인 예는 확장적 사고 검사이다. 이에 대해서는 다음에 설명을 추가하려 한다.

❺ 실험적 연구 실험적 연구(experimental studies)는 실험실적 상황에서 창의성에 영향을 미치는 조건들을 조작해 변동시키는 데 따라 나타나는 창의성의 변화를 측정하는 방법이다. 실험적 연구는 시간제약을 받기 때문에 창의성의 단기적 지표에 초점을 맞춘다. 조직 전체의 조건을 조작하여 실험에 활

용하기는 어렵기 때문에 실험적 연구는 대개 개인차원 또는 집단차원의 현상을 대상으로 한다.

(2) 확장적 사고의 측정　확장적 사고(擴張的 思考: divergent thinking: DT)는 기존의 사고틀을 깨고 새롭고 넓은 시각에서 문제를 구성하고 다양한 해결방안들을 구상해내는 사고의 과정이다. 확장적 사고의 능력은 폭넓고, 다양하고, 새롭고, 독창적으로 생각할 수 있는 능력이다. 넓은 시야를 가지고 다양한 대안들을 탐색할 수 있는 능력이라고 할 수 있다. 확장적 사고는 집중적 사고(convergent thinking)와 대조된다. 집중적 사고는 다양한 아이디어들을 하나로 묶어내는 수렴적 사고의 과정이다. 창의적 문제해결과정에는 집중적 사고의 과정도 포함된다.

확장적 사고의 능력을 측정하는 검사기법(DT tests)은 많고 다양하다. 다양한 검사방법들의 공통적인 특성을 요약하면 다음과 같다.[1]

첫째, 개인의 사고과정에 초점을 맞추고 개인차를 확인하려 한다.

둘째, 개방형 검사(open-ended test)이다. 개방형 질문을 해서 구애 없이 많은 아이디어를 산출해낼 수 있게 한다. 제시되는 문제는 대개 잘 정의되지 않은, 여러 가지 해석이 가능한 문제이다.

셋째, 조사대상자의 특성, 업무분야 등에 따라 검사항목, 문항구성, 평가방법 등을 달리할 수 있다.

넷째, 검사대상자의 반응은 일정한 평가기준을 적용하여 전문가들이 평가한다. 널리 쓰이는 평가기준은 응답의 수(능숙성: fluency), 응답의 고유성 또는 희소성(독창성: originality), 응답에 포함된 카테고리 또는 테마의 수(융통성: flexibility), 응답의 문제해결에 대한 기여도(적절성: appropriateness) 등이다. 그러나 개방형 검사이기 때문에 언제나 적용할 수 있는 평가기준의 조합을 고정할 수는 없다. 경우에 따라 평가기준의 조합이 달라질 수도 있고 평가기준

---

[1] 확장적 사고에 관한 경험적 측정모형의 발전에 개척적인 역할을 한 사람은 J. P. Guilford라고 한다. 그는 1950년에 확장적 사고능력을 포함한 지능의 구조를 연구하는 모형을 개발했으며, 그것이 확장적 사고능력을 측정하는 모형들을 양산하는 데 촉진제 역할을 했다고 한다. Guilford와 그의 동료들이 1953년에 개발한 확장적 사고 측정모형(consequences form a-1)은 대표적인 것으로 널리 알려졌다. Guilford, "Creativity," *American Psychologist* (vol. 5, 1950), pp. 444~454; Guilford, P. R. Christensen, and P. R. Merrifield, *Consequences Form A-1* (Sheridan Supply, 1953).

마다의 가중치가 달리 정해질 수도 있다.

다섯째, 확장적 사고의 검사에서는 대개 단일한 항목에 관한 단일한 검사보다는 여러 검사를 포함하는 검사조합(test battery)을 사용한다.

검사조합에 자주 포함되는 검사(검사항목)의 예로 i) 동의어연상 (제시되는 단어의 동의어들을 열거하기); ii) 교체사용 (벽돌, 의자와 같은 물건들의 서로 다른 용도를 많이 열거하기); iii) 사례열거 (어떤 범주에 속하는 사물을 열거하기 - 예: 불에 타는 액체 열거하기, 소음을 내는 물건 열거하기); iv) 대상물조합 (두 가지 물건으로 만들 수 있는 것 열거하기 - 예: 못과 막대기로 만들 수 있는 물건을 열거하기); v) 유사성발견 (한 쌍의 사물에 공통적인 것 열거하기 - 예: 사과와 귤의 공통적 특성을 열거하기), vi) 질문형성 (그림과 같은 어떤 대상에 대한 질문을 여럿 만들기); vii) 단어연결 (세 가지 단어를 연결해줄 수 있는 제4의 단어 찾기); viii) 원인추정(어떤 그림에 묘사된 행동의 원인을 열거하기); ix) 그림 구성 (독창적인 그림 그리기); x) 그림 완성 (미완성인 그림을 완성하기) 등을 들 수 있다.

이 밖에도 실생활에서 봉착할 수 있는 문제들을 제시하고 여러 가지 해결대안들을 만들어내게 하는 검사들이 있다. 그런가 하면 비현실적인 가상적 상황이 가져올 수 있는 결과들을 상상해서 열거하도록 하는 검사도 있다.

6) 창의성 제약요인

창의성을 결정하는 요인이 많고 복잡한 만큼 그에 연관된 창의성 제약요인도 많고 복잡하다. 위에 지적한 결정요인 하나하나에 결부된 제약요인들을 모두 열거하기는 어렵고, 흔히 지적되고 있는 제약요인들을 골라 예시하려 한다.

(1) 개인적인 문제 문제해결에 임하는 개인이 전통과 관행을 준수하도록 길들여져 있으면 창의적 모험을 하기 어렵다. 기존의 문제해결방법에 익숙한 사람들은 새로운 대안을 탐색하는 데 무능하고 변동저항적일 수밖에 없다. 새로운 대안탐색과 평가에 필요한 창의적 사고능력과 전문적 능력의 부족도 문제이다. 실패를 두려워하는 소극적 성격도 문제이다. 모험을 두려워하고 피하는 사람들은 현실에 안주하고 습관화된 문제해결방법에 계속 매달린다. 문제해결과정의 실책을 지적하는 환류에 대해 방어적인 자세를 취한다.

(2) 상황적인 문제 집단과 조직의 창의성 제약요인들을 상황적인 요인으로 묶어 중요한 것들을 예시하려 한다.

❶ 권위주의적 통제   조직구성원의 활동에 대한 권위주의적 통제는 창의적 모험에 필요한 자율성과 책임 있는 능동성을 억압한다. 새로운 아이디어를 배척하고 모험을 싫어하는 관리자들의 권위주의적 태도는 구성원들의 창의적 노력을 직접 억압한다. 관리층의 권위주의적 리더십뿐만 아니라 집단의 현상유지적인 규범과 사회적 압력도 구성원들의 창의성을 억압한다.

❷ 구조의 경직성   조직의 구조가 경직하고 집권화가 지나치면 창의성 발휘가 어렵다. 기능분립적인 구조도 정보공유와 창의적 문제해결에 지장을 준다.

❸ 현상유지적 유인기제   보수 등 유인기제가 현상유지적이면 구성원들의 창의적 모험을 자극하고 촉진하지 못한다. 창의적 성과보다는 투입을 기준으로 하는 평가와 보상은 모험적인 노력으로 우수한 성과를 달성하려는 사람들의 동기를 유발하지 못한다.

❹ 강한 공식화·번문욕례   절차와 방법의 공식화수준이 높고 번문욕례가 심하면 창의적 문제해결이 어렵다.

❺ 불분명한 목표   문제해결의 목표에 대한 합의가 없거나 목표가 불분명하면 창의적 노력의 방향을 제시하지 못한다.

❻ 자원부족   자원의 뒷받침이 없으면 창의적 모험이 어렵다. 조직에서는 감축관리의 필요가 자주 발생한다. 감축되는 조직에서는 인적·물적 자원의 부족이 더 심각해질 수 있다. 감축관리에서는 문제해결의 창의성이 더 많이 요구되지만 의사결정의 실책은 감축되는 조직에서 더 심각한 문제를 야기한다. 따라서 창의적인 모험이 위축된다. 자원부족은 시간부족·시간압박으로 이어진다. 시간압박과 과도한 업무부담 역시 창의성을 제약한다.

❼ 매몰비용과 모험실패의 위험   기존의 상태를 구축하고 유지하는 데 들어간 매몰비용이 크면 창의적 모험이 어렵다. 창의적 모험이 가져올 손실에 대한 우려가 클 때에도 모험은 어렵다.

❽ 지식관리의 실패   지식관리체제는 조직학습과 구성원들의 창의적 노력을 원활하게 뒷받침해줄 수 있도록 새로운 지식을 창출하고 관리해야 한다. 이러한 지식관리기능이 부실하면 개인과 조직 전체의 창의성 발휘가 어려워진다.

❾ 조직 내의 해로운 갈등   조직 내에서 역기능적인 갈등이 격화되어 구

성원 간의 파괴적 태도, 방어적 태도를 조장하면 창의적 노력이 어려워진다.

❿ 경쟁의 부재　조직 간의 경쟁이 없으면 창의적 모험에 대한 동기가 약화된다. 독점적인 거대조직들이 창의적 노력을 게을리 해서 쇠퇴의 길을 가는 예가 많다.

⓫ 보수적 조직문화　과거의 기준과 선례 그리고 익숙한 해결방안을 선호하는 조직문화는 창의적 모험을 억압한다. 그런 보수적 문화는 순응과 행동통일을 강조하고 새로운 아이디어를 배척하고 변화와 모험을 기피하기 때문에 창의적 활동을 가로막는다.

⓬ 외적 제약　조직활동에 대한 법적·정치적 제약이 심하면 창의적 모험이 어렵다.

7) 창의성 증진방안

개혁추진자들은 조직구성원들의 창의적 사고를 촉진할 방안들을 실천해야 한다. 사람의 창의성에는 선천적인 국면도 있다. 조직의 도움 없이 개인적인 노력으로 창의성을 향상시킬 수도 있다. 그런가 하면 조직은 계획적인 노력으로 조직구성원의 창의성을 향상시킬 수 있다. 여기서 우리는 조직의 계획적인 창의성증진활동에 관심을 갖는다.

조직구성원 개인의 차원과 조직 내외에 걸친 상황의 차원을 포괄하는 창의성 향상활동의 영역은 아주 광범한 것이지만 여기서는 창의적 직무환경의 조성과 창의성향상훈련이라는 두 가지 범주로 간추리고 각 범주에 포함되는 주요 개선과제와 방법들을 예시하려 한다.

⑴ 직무환경의 개선　직무환경개선의 주요 과제는 다음과 같다.

❶ 임용관리의 개선　임용관리체제를 조직구성원들의 창의성을 높일 수 있도록 운영해야 한다. 창의적인 성향이 강한 사람들을 임용하고 지속적인 경력개발을 통해 재직자의 창의성을 증진시켜야 한다. 조직구성원들의 직무부적응과 신분불안을 해소해야 한다.

❷ 직무설계의 개선　직무담당자에게 의미와 보람을 줄 수 있도록 직무의 심리적 영양소를 늘려야 한다. 의욕을 북돋우는 도전적 직무, 지적 자극을 주고 창의적인 사고를 촉진하는 직무가 되도록 만들어야 한다. 직무수행방법의 자율선택폭을 인정해야 하며 직무수행조건의 적정한 모호성도 허용해야

한다. 직무는 보람 있는 것일 뿐만 아니라 흥미 있는 것으로 만들어 직무담당자들이 재미있게 일할 수 있도록 해야 한다.

❸ 평가·보상체세의 개선 평가·보상체세를 조직구성원들의 창의적 노력을 인정하고 지지·촉진할 수 있도록 만들어야 한다. 직무담당자들이 참여의 과정을 통해 창의적인 직무수행목표를 설정하도록 해야 한다. 창의적인 노력을 평가할 수 있는 기준의 적용을 늘리고 성과급적 보상을 평가결과에 연결해야 한다. 평가방법에는 자기평가 등 창의성평가에 적합한 방법들을 추가해야 한다. 보상의 결정에서는 내재적·외재적 보상의 조화를 고려해야 한다.

❹ 자원공급 새로운 아이디어의 개발과 활용 그리고 창의적 모험을 지원해줄 인적·물적·기술적 자원을 공급해야 한다. 아이디어 개발에 필요한 시간을 주는 것도 중요하다.

❺ 지원적 리더십 관리·감독계층의 창의적 리더십 발휘가 필요하다. 리더들은 창의적 비전을 제시하고 관행탈피의 용기를 가지고 구성원들의 창의적 모험을 지지하고 지원해야 한다. 리더들은 창의성의 가치를 분명하게 인정하고 쇄신기회의 포착, 의제설정, 구성원의 창의적 사고 인도, 아이디어 숙려에 필요한 시간 배정, 창의적 아이디어 선별활동의 지휘, 구성원들의 창의적 업무수행에 대한 인정, 구성원들의 창의적 노력에 대한 사회적·정서적 지원과 신뢰분위기 조성 등의 역할을 원활히 수행해야 한다.

❻ 작업집단의 개선 창의성 친화적인 작업집단을 발전시켜야 한다. 작업집단을 다양한 경험과 배경을 가진 사람으로 구성하고 그들의 다양한 관점과 지식을 공유하도록 해야 한다. 창의적인 분위기를 조성하고 원활한 의사전달, 협력, 구성원 상호간의 긍정적인 상호관계 형성을 촉진해야 한다. 건설적인 경쟁도 용인하여 창의적인 노력을 자극할 수 있어야 한다.

❼ 조직구조와 과정의 개선 창의성 향상에는 일반적으로 자율과 협동을 촉진하는 융통성 있고, 분권화된 유기적 구조가 유리하다.ᵐ⁾ 의사전달이 원활

---

m) 조직의 유기적 구조가 창의성 증진에 보편적으로 합당한 것이냐에 대해서는 연구인들 사이에 이견이 있다. 창의적 문제해결의 구상단계에서는 복잡성이 높고 분권적이며 공식성은 낮은 구조가 유리하지만 창의적 아이디어의 집행단계에서는 공식성이 높고 집권적인 구조가 유리하다는 조사연구결과를 발표한 연구인도 있다. 기술적 문제의 해결에는 유기적 구조가 유리하고 행정적 문제의 해결에는 기계적 구조가 유리하다고 주장한 연구인도 있다. 급진적인 문제해결에는 유기적 구조가 유리하지만 점진적 문제해결에는 기계적 구조가 유리하다고 주장

해야 하며, 창의적 아이디어의 제안통로가 잘 만들어져 있어야 한다. 현상유지적인 통제기준은 창의성 친화적인 기준으로 바꿔야 한다. 경직된 계서적 통제와 번문욕례는 최소화해야 한다.

❽ 지식관리의 개선 조직의 지식관리를 개선하고 조직학습을 촉진해야 한다. 지식관리는 창의적 문제해결에 필요한 지식활용, 지식의 새로운 조합과 확장, 새로운 지식의 개발 등을 원활하게 지원할 수 있어야 한다. 작업집단 내·집단 간·조직전체에서 새로운 아이디어의 산출과 공유를 촉진해야 한다. 특히 한 곳에서 만들어낸 새로운 아이디어가 다른 곳으로 전이되는 것을 촉진해야 한다.

❾ 조직문화의 개선 조직문화 전체를 창의적 노력에 우호적인 것으로 발전시켜야 한다. 상이성을 용인·존중하고 새로운 아이디어가 받아들여질 수 있는 공간을 만들어주는 개방적 문화를 발전시켜야 한다. 조직문화가 진취적이고 활기찬 역동성을 고무해야 한다.

(2) 창의성향상훈련 사람의 창의성을 높이려는 훈련의 목적은 확장적 사고의 능력뿐만 아니라 문제를 구성하고 분석하는 능력, 새로운 아이디어에 대한 개방적 태도, 도전에 적극적으로 대응하는 태도를 육성하는 것이다. 이러한 목적을 위해 쓰일 수 있는 훈련기법은 대단히 많다. 창의적 문제해결방법 자체가 훈련기법으로 쓰이는 경우도 많다. 대표적인 훈련기법으로 흔히 소개되는 것들은 i) 반전기법, ii) 비유기법, iii) 연상기법, iv) 숙려기법, v) 도표작성기법, vi) 교호충실화기법, vii) 형태학적 분석기법, viii) 악역활용기법(악마의 변호인 활용기법), ix) 브레인스토밍, x) 생각하는 탐험여행 등이다.[31]

반전기법(反轉技法: reversal technique)은 기존의 시각과 반대되는 시각에서 문제를 뒤집어 생각해보게 하는 기법이다. 예컨대 쓰레기의 유익한 점을 찾아보게 하는 것이다. 비유기법(analogy technique)은 물체·인간·상황 사이의 유사성을 찾아 검토하는 과정에서 문제해결에 도움되는 새로운 아이디어를 구상해보도록 하는 기법이다. 조직을 시계에 비유해 분석해보도록 하는 것을 예로 들 수 있다. 연상기법(association technique)은 어떤 단어나 물건 등을 제시하고 그로부터 연상되는 것을 생각나는 대로 말하게 하는 기법이다. 숙려기법(incubation technique)은 충분한

___

한 연구인도 있다. 이들의 주장은 유기적 특성과 기계적 특성을 함께 지닌 '양수잡이 구조'(ambidextrous structure)에 대한 관심을 높이고 있다.

시간을 주고 문제와 해결책에 대해 깊이 생각해보게 하는 기법이다. 도표작성기법 (mapping technique)은 큰(광범한) 목표 또는 문제를 점차 상세해지도록 차례로 분해하여 이해하기 쉽게 도표화해보도록 하는 기법이다.

교호충실화기법(cross-fertilization technique)은 서로 다른 분야의 전문가들이 문제를 분석하고 해결방안을 제시하게 함으로써 서로 배우게 하는 기법이다. 형태학적 분석기법(形態學的 分析技法: morphological analysis technique)은 문제에 내포된 기본적 요소들의 선택과 배합을 체계적으로 바꿔보게 하는 기법이다. 예컨대 어떤 전자제품의 재질, 모양, 표면처리방법, 설치방법 등의 조합을 바꿔가면서 평가해보게 할 수 있다. 악역활용기법(devil's advocate technique)은 악역(반대자의 역할)을 맡은 개인 또는 집단이 제안되어 있는 문제해결방안을 체계적으로 비판하게 하는 방법이다. 브레인스토밍(brainstorming)은 구애 없이 자유로운 토론으로 창의적인 아이디어들을 모으는 기법이다. 생각하는 탐험여행(thinking expedition)은 사람들이 익숙지 않은 또는 도전적인 상황에 노출되는 여행을 통해 기존의 방식과 다르게 생각하고 창의적인 아이디어들을 구상할 수 있게 하는 기법이다. 이 기법은 정신적·육체적으로 익숙한 일상생활에서 벗어나 생산적인 망각을 경험하고 색다른 생각을 할 수 있는 기회를 제공한다. 이들 방법 중 일부에 대해서는 제2장 제4절에서 집단적 문제해결을 설명할 때 언급하였다.

5. 의사결정과 윤리성

1) 윤리규범 선택의 원리

의사결정의 윤리성에 관한 논의가 활발하다. 분야별 직업윤리에 대한 연구의 역사는 길다. 근래 기업의 사회적 책임강화나 구성원의 인권존중, 정부조직의 부패퇴치 등 윤리적 이슈가 새삼 부각되면서 조직활동의 여러 국면에 걸친 윤리성 제고의 요청이 연구인들의 관심을 끌게 되었다. 많은 연구인들이 조직의 의사결정은 윤리적이어야 한다고 주장하면서 여러 가지 윤리적 선택기준들을 제시하고 있다.

조직에서 의사결정을 할 때 준수해야 할 윤리적 규범은 많으며 규범 간의 관계는 복잡하다. 윤리규범은 언제나 옳을 수도 있지만 상황에 따라 옳거나 그름이 달라질 수도 있다. 구체적인 윤리적 선택에서 각 규범의 적실성은 달라질 수 있다. 규범들이 서로 충돌하고 갈등을 빚는 일은 흔하다. 여기에 윤리적 선택을 인도해줄 원리의 필요성이 있다. 의사결정을 이끌어줄 윤리적 선택의 원리들은 아주 많다. 그 중에서 흔히 거론되고 있는 것들을 간추려보

기로 한다.[32]

❶ 지상명령적 선택의 원리　　이 원리는 주어진 윤리규범을 예외 없이 적용해야 할 지상명령(至上命令: categorical imperative)으로 받아들여야 한다고 처방한다. 이것은 절대론적인 원리이다.

❷ 공리주의적 선택의 원리　　공리주의적 선택(utilitarian choice)의 원리는 가장 많은 사람들에게 가장 큰 이익이 돌아가는 윤리적 선택을 하도록 처방한다. 이것은 상대론적·다수인지향적 원리이다.

❸ 수단지향적 선택의 원리　　수단지향(means orientation)의 선택원리는 의사결정자들을 조직의 규범과 상위결정을 집행하는 피동적 수단으로 파악한다. 의사결정자들은 상위의 결정을 충실하게 실행할 수 있도록 결정해야 한다고 처방한다.

❹ 임무지향적 선택의 원리　　임무지향(mission orientation)의 선택원리는 의사결정자들이 자기 조직의 정당한 임무가 무엇인가에 관한 스스로의 관점에 충실한 의사결정을 하도록 지시한다.

❺ 전문직업지향적 선택의 원리　　전문직업의 윤리(professional ethics)를 중시하는 이 선택원리는 전문가집단의 직업윤리에 따라 의사결정을 하도록 요구한다.

❻ 조직지향적 선택의 원리　　조직의 윤리(organizational ethics)를 중시하는 이 선택원리는 조직의 필요를 개인의 필요에 우선시키라고 처방한다. 이것은 조직의 목표와 이익을 위한 의사결정이 윤리적이라고 보는 관점을 반영한다.

❼ 고객지향적 선택의 원리　　고객지향(customer orientation)의 선택원리는 의사결정자들이 고객의 요구에 직접 반응해 고객의 선택에 따른 의사결정을 하도록 처방한다.

❽ 시장지향적 선택의 원리　　시장지향(market orientation)의 선택원리는 시장의 조건과 논리에 적합한 의사결정을 해야 한다는 원리이다.

❾ 목표우선의 선택원리　　이 선택원리는 목표가 수단을 정당화한다는 목표－수단의 윤리(means－ends ethics)에 입각한 의사결정을 처방한다. 목표의 가치와 중요성이 매우 큰 경우 수단의 사소한 비윤리성은 용인될 수 있다고 보는 관점을 반영하는 선택원리이다.

❿ 비례적 선택의 원리　　이 선택원리는 어떤 행동이 긍정적·부정적 결과

를 함께 가져오더라도 긍정적 결과의 이익이 더 크면 그 행동의 선택은 정당화될 수 있다고 보는 비례성의 윤리(proportionality ethics)에 입각한 것이다.

❶ 권리존중의 선택원리　권리존중의 윤리(rights ethics)에 입각한 이 원리는 타인의 기본권을 존중하고 보호하는 행동을 선택하는 의사결정을 하도록 처방한다.

❷ 동등한 자유의 선택원리　동등한 자유의 원리(principle of equal freedom)에 입각한 이 선택원리는 모든 사람은 타인의 정당한 자유를 침해하지 않는 한 자유롭게 행동할 권리를 가져야 한다고 처방한다.

❸ 정의론적 선택의 원리　이 선택원리는 보상과 제재의 배분이나 규칙ㆍ절차의 적용이 모든 사람에게 공평해야 한다는 정의론(theory of justice)에 입각한 것이다.

❹ 중용적 선택의 원리　이 선택원리는 극단을 피하고 중용의 길을 걷도록 처방하는 중용의 교리(中庸의 敎理: doctrine of the mean)에 입각한 것이다.

❺ 황금률적 선택의 원리　이 선택원리는 황금률(黃金律: golden rule)에 따라 역지사지(易地思之)의 배려를 통해 윤리적 선택을 하도록 처방한다. 이것은 "남이 너에게 해 주기를 바라는 바를 남에게 베풀라"는 가르침에 따르도록 요구하는 선택원리이다. 이와는 대조적으로 "남이 원하는 것을 그에게 베풀라"고 지시하는 원리를 백금률(百金律: platimum rule)이라 한다.

❻ 공개주의적 선택의 원리　이 선택원리는 널리 공개해도 무방하다고 생각되는 행동이 옳은 행동이라고 규정하는 공개법칙(disclosure rule)에 입각한 것이다. 이것은 윤리적 선택에 대한 일반대중의 반응을 중시하는 선택원리이다.

❼ 관례주의적 선택의 원리　관례주의적 선택(conventionalist choice)의 원리는 법을 어기지 않는 한 관례에 따른 선택이 바람직하다고 처방한다.

❽ 직관적 선택의 원리　이 선택원리는 직관적 윤리(intuition ethics)에 대한 믿음에 바탕을 둔 것이다. 사람들은 옳고 그름을 이해할 수 있는 직관적 능력을 지녔다고 전제하는 원리이다. 이 원리는 주어진 상황에서 옳다고 느끼는 대로 행동하라고 처방한다.

이 밖에도 '힘을 정의로 보는 선택원리'가 거론되기도 한다. 이 선택원리는 힘이 곧 정의라고 하는 윤리관(might-equals-right ethics)에 따라 힘 있는 자의 이익에 부합되는 행동을 정당화한다. 이것은 다른 사람들에게 강요할 수 있는 힘을 가진 사람이 원하는 대로 하는 것이 정의라고 보는 원리이다. 이런 원리가 실생활에서 사실상 통용되고 있는 것도 어느 정도는 사실이다. 그러나 이 원리의 적용은 대개 도덕성을 보장하지 못한다. 부패한 정치권력이나 불법적인 무력까지도 정당화될 수 있기 때문이다. 의사결정자들이 힘을 정의로 보는 논리를 따르도록 권유할 수는 없다.

2) 윤리적 선택원리의 채택과 배합

의사결정자들은 실제로 윤리적 대안을 선택하려 할 때, 특히 윤리적 딜레마의 해법을 찾으려 할 때 직면한 문제의 특성과 상황적 조건에 따라 다양한 선택원리 또는 선택원리의 조합을 적용할 수 있을 것이다. 어떤 한 원리에 집중적으로 의지할 수도 있다. 여러 원리들의 지시를 제약요인으로 보아 고루 충족시키려고 노력할 수도 있다. 둘 또는 그 이상의 원리들에 따른 판단을 순차적으로 진행할 수도 있다. 순차적 고려에서 주된 원리와 부차적 원리를 구분할 수도 있다.

조직활동의 현장에서 하나의 선택원리에만 전적으로 매달릴 수 있는 경우는 오히려 드물 것이다. 대개는 여러 원리들을 순차적으로 검토할 수밖에 없을 것이다. 예컨대 공공조직의 의사결정자가 그의 임무범위 내에서 어떤 행동대안을 선택하려 할 때 우선 공리적 판단을 할 수 있다. 다음에는 그 결정이 절대적인 도덕률에 위반되는지 검토하고, 이어서 넘침효과로 인한 제삼자의 권익침해가 없는지 알아보고, 그러한 권익침해가 있더라도 행동대안의 목표정당성이 압도적이기 때문에 이를 강행해야 할 것인지 판단하는 등의 윤리적 사고과정을 거칠 수 있다.

Ⅳ. 의사결정모형 해설

이 항(項)에서는 널리 거론되고 있는 주요 의사결정모형들을 설명하려 한다. 앞서 지적한 바와 같이 의사결정의 모형 또는 접근방법은 여러 가지 기준에 따라 다양하게 분류할 수 있다. 여기서 소개하는 모형들은 대체로 합리성의 수준을 기준으로 분류한 모형들이다.

　의사결정에 대한 접근방법의 변천과정을 짐작할 수 있게 하기 위해 합리적 모형, 제한적 합리성에 입각한 모형들, 합리성의 선제를 뒤엎는 쓰레기통 모형, 그리고 상황적응적 접근방법을 차례로 설명하려고 한다.

　몇 가지 정책결정모형들도 함께 검토하려 한다. 정책 또는 정책결정이라는 말은 여러 가지 의미로 쓰인다. 여기서는 공공부문의 정책과정을 준거로 삼아 의미를 규정하려 한다. 정책(policy)은 사회의 문제를 해결하여 바람직한 사회상태를 구현하려는 정부개입의 방편이다. 정책결정은 정부가 정책을 결정하는 과정이다. 정책결정은 중요한 의사결정(전략적 의사결정)의 한 유형이라고 보기 때문에 의사결정모형과 함께 정책결정모형도 설명하려는 것이다.[n]

1. 합리적 의사결정모형

　합리적 의사결정모형(合理的 意思決定模型: rational decision making model)은 인간과 조직의 합리성, 그리고 완전한 지식과 정보의 가용성(availability)을 전제하는 모형이다. 의사결정자가 i) 문제를 완전히 알고, ii) 문제를 해결해야 할 필요를 잘 이해하고, iii) 모든 해결대안을 알 수 있고, iv) 대안선택의 명확한 기준(목표)이 있고, v) 적정한 대안을 선택하는 데 비합리적인 요인이 개입되지 않는다는 것, 그리고 vi) 의사결정주체는 합리적 인간이라는 것을 전제하는 모형이라고 말할 수 있다. 합리적 모형은 합리성의 전제에 관하여 개인적 의사결정과 조직의 의사결정을 구별하지 않는다.

　합리적 모형의 특성을 요약하면 다음과 같다.[33]

　❶ 결정단계의 순차적 진행　문제의 발견과 진단, 대안의 탐색과 평가, 대안의 선택 등 의사결정의 단계들은 서로 뚜렷하게 구별되며 차례차례 순서 있게 진행된다. 한 단계의 완료는 다음 단계의 진행에 선행조건이 된다.

　❷ 명확한 목표　의사결정의 목표는 주어진(given) 것이며 단일하고 불변하는 것이다. 목표와 수단은 구별된다. 대안(수단)의 선택에 기준을 제시하는

---

n) 의사결정과 정책결정을 상호배타적으로 구별하기는 아주 어렵다. 정책학에서는 우리가 논의하는 의사결정모형들을 모두 정책결정모형이라고 소개하고 있다.

목표는 대안선택을 위한 분석을 진행하기 전에 명확하게 확인된다.

❸ 대안의 포괄적 탐색과 체계적 분석　문제해결에 기여할 수 있는 모든 대안들을 탐색하고 그러한 대안들이 가져올 결과를 빠짐없이 체계적으로 분석한다. 즉 문제를 해결해줄 가능성이 있는 대안들을 포괄적으로 탐색하고 그에 관련된 요인들을 포괄적으로 분석한다.

❹ 최적대안의 선택　미리 정해진 기준에 따라 최적의 대안(optimal solution)을 선택한다. 대안을 분석하고 선택하는 데 개입될 가능성이 있는 비합리적 요인은 통제된다.

합리적 모형은 실제로 적용하기가 어렵고, 현실의 의사결정상황에 부합되지 않을 때가 많기 때문에 이상적·규범이라는 평가를 받는다. 합리적 모형의 적용에 가장 큰 장애가 되는 것은 인간의 인지적 한계, 문제의 복잡성, 미래 상황의 불확실성과 변동가능성, 적절한 정보의 결여 등이다. 매우 단순하고 단기적인 문제의 해결에 합리적 모형이 온전하게 적용될 가능성은 있다. 그러나 복잡하고 비정형적인 문제의 해결에 합리적 모형을 적용할 수 있는 가능성은 낮다.

합리적 모형이 어떻게 비판받고 있는가에 대해서는 '합리적 의사결정의 제약요인'에 관한 앞서의 설명을 참조하기 바란다. 수정적 모형들에 관한 다음의 설명에서도 합리적 모형에 대한 비판적 논점들이 재론될 것이다.

2. 만족모형

Herbert A. Simon은 인간의 제한된 합리성(bounded rationality)에 주의를 환기시키면서 합리적 모형을 수정하는 만족모형(滿足模型: satisficing model)을 제시하였다.o) 인간의 합리성은 제한되어 있기 때문에 의사결정의 과정에서는 순수한 합리성이 아니라 주관적인 합리성이 추구될 수 있을 뿐이며, 대안의 선택에서는 최적대안이 아니라 주관적으로 만족스러운 대안이 선택될 수밖에 없다는 것이 Simon의 설명이다.

---

o) 만족모형을 제한된 합리성모형 또는 행정적 의사결정모형(administrative decision making model)이라고 부르는 사람들도 있다.

Simon의 모형을 구성하는 주요 명제는 다음과 같다.[34]

❶ 인간의 제한적 합리성   의사결정자인 인간은 합리적으로 되고자 노력할 뿐이지 객관적으로 합리적일 수 있는 존재가 아니다. 사람은 자신의 제한된 능력과 환경적 제약 때문에 결코 완전한 합리성을 발휘할 수 없다. 대부분의 사람들은 있을 수 있는 모든 행동대안을 알아내고 자기의 행동이 가져올 결과를 알아내는 데 필요한 지식을 완전하게 갖추고 있지 않다. 대안의 분석에서도 완벽을 기하기가 어렵다.

❷ 현실의 단순화   의사결정을 하는 사람은 객관적인 현실세계를 현저히 단순화하여 생각한다. 현실문제의 매우 복잡하게 얽힌 요인들 가운데서 가장 중요하고 적절하다고 생각되는 것만을 골라 현실의 영상을 구성하고 그에 따라 의사결정을 하게 된다. 이 말은 사람들이 의사결정을 할 때 객관적 세계를 완전하게 파악하지 못한다는 뜻이다.

❸ 결정기준의 주관적 합리성   의사결정자의 가치관 등 심리적 성향에 따라 규정되는 주관적 합리성(subjective rationality)이 의사결정의 준거가 된다.

❹ 만족스러운 대안의 선택   의사결정에서 탐색행동은 만족스러운 대안(satisficing alternative)의 발견을 추구한다. 그런 탐색과정을 거쳐 주관적으로 충분히 좋다고 생각되는 대안을 선택할 수밖에 없다. 최적대안을 선택할 수 있는 경우는 아주 드물다.

❺ 선택기준의 변동   대안의 선택에서 최소한의 만족수준을 충족시킬 수 없는 일이 계속해 생기면 대안선택의 기준을 점차로 낮추어간다. 반대로 만족수준에 쉽사리 도달하게 되면 대안선택의 최저기준을 높이게 된다.

의사결정자의 주관적 척도에 맞는 대안을 선택하게 된다고 설명한다는 점에서 만족모형과 유사한 모형의 예로 이미지이론(image theory)에 입각한 직관적 의사결정모형(intuitive decision making model)을 들 수 있다. 이미지이론은 의사결정의 대안선택이 결정자가 가진 이미지(개인적 원칙과 목표, 미래계획 등)에 부합되는지의 여부에 따라 자동적·직관적으로 이루어진다고 보는 이론이다. 어떤 대안이 결정자의 미래에 대한 이미지와 양립할 수 있는 것이면 복잡한 인지적 과정을 거치지 않고 바로 선택된다고 한다.[35]

3. 타협모형

Richard M. Cyert와 James G. March는 조직을 개인과 집단의 연합체로 보고 합리적 모형을 수정하는 기술적 모형(記述的 模型)인 타협모형(妥協模型: compromise model)을 만들었다.p) Cyert와 March는 타협모형을 만들면서 목표, 욕구수준, 기대, 선택, 목표 간 갈등의 부분적 해결(準解決: quasiresolution), 불확실성의 회피, 목표달성에 차질이 있는 경우에 국한된 탐색(problemistic search), 조직학습(organizational learning) 등 여러 가지 개념을 동원하였다. 그들이 모형설정의 준거대상으로 삼은 것은 사기업조직이다.

Cyert와 March의 모형을 구성하는 주요 명제는 다음과 같다.[36]

❶ 협상을 통한 목표설정   이윤추구와 같은 조직의 일반적 목표는 너무나 추상적이기 때문에 의사결정에 기준을 제시하지 못한다. 의사결정에 기준을 제시할 수 있는 이른바 작용적 목표(실행목표: operational goals)는 조직이라는 연합체를 구성하는 사람들이 협상과 타협을 통해서 형성한다.

❷ 복수의 목표   작용적 목표는 단일한 것이 아니라 복수이다. 하나의 의사결정과정에서 고려되어야 할 목표는 여러 가지일 수 있다. 목표 하나하나는 서로 다른 집단의 이익에 결부된 것이기 때문에 각기 독자적인 제약을 의사결정에 가하게 된다. 따라서 대안선택의 기준은 여러 가지 목표를 추구하는 사람들의 요구를 함께 충족시킬 수 있어야 한다.

복수의 목표들 사이에 일관성이 없을 때가 많다. 목표 간의 비일관성이나 갈등은 부분적으로밖에 또는 외견상으로밖에 해소되지 못하는 것이 보통이다. 의사결정의 분권화와 목표들에 대한 순차적 배려전략은 조직이 목표갈등의 부분적 해소상태를 감당할 수 있게 하는 데 기여한다.

❸ 기대에 따른 결정   의사결정주체는 관련된 여러 목표에 비추어 받아들일 수 있는 결정을 하는 데 만족한다. 무엇이 받아들일 수 있는 수준이냐 하는 것은 의사결정자의 기대에 따라 결정된다. 의사결정자가 갖는 기대의 형성에 영향을 미치는 것은 과거의 목표 또는 실적, 유사한 외부조직의 실적 등이다.

---

p) 타협모형은 갈등·균형모형(conflict-equilibrium model)이라고도 부른다.

❹ 불확실성 회피 노력   조직은 불확실성을 회피하려고 노력한다. 우선 환경의 안정성을 유지하는 데 힘쓴다. 그리고 단기적 환류(short-run feedback)에만 주의를 집중하려 한다. 단기적인 환류를 검토하여 현재의 목표와 실적에 차질이 있으면 확실한 지식의 기초 위에서 할 수 있는 단기적 수정만을 행한다. 단기적 환류가 목표의 달성에 차질이 있음을 지적해 줄 때만 새로운 대안을 탐색하게 된다. 이러한 탐색을 목표달성에 차질이 있는 경우에 국한된 탐색이라고 한다.

❺ 단순하고 편견적인 대안 탐색   대안의 탐색은 대개 단순하고 편견적이다. 넓은 영역을 탐색하기 전에 문제의 증상이 있는 주변과 현재 채택하고 있는 해결방안의 주변을 먼저 탐색하기 때문에 이러한 접근방법을 단순하다고 한다. 그리고 탐색에는 의사결정자의 희망이나 지각이 반영되기 때문에 탐색이 편견적이라고 한다.

❻ 최초의 받아들일 수 있는 대안 선택   관련된 여러 목표에 비추어 받아들일 수 있다고 생각되는 대안이 나타나면 그것을 바로 선택해버리는 경향이 있다. 받아들일 수 있는 첫 번째 대안을 선택하게 된다는 것이다. 그러나 받아들일 수 있는 대안이 여러 개 한꺼번에 나타나면 그들을 비교하여 그 중 가장 좋은 대안을 고를 수도 있다. 탐색을 되풀이해도 받아들일 수 있는 대안이 나타나지 않으면 목표를 하향조정할 수밖에 없을 것이다.

❼ 경험을 통한 학습   성공과 실패의 경험을 통해서 조직은 배워나간다. 성공적인 행동은 기준으로 되어 장래의 의사결정에 준거를 제공한다. 그러한 준거에 따른 행동이 실패하면 준거를 수정할 것이다. 조직은 성공과 실패의 경험에 비추어 그 목표도 수정해간다.

Cyert와 March의 타협모형을 포함한 연합모형들을 카네기 모형(Carnegie model)이라고 부르기도 한다. 연합모형의 논점은 조직의 의사결정은 여러 사람의 관리자들이 한다는 것, 조직의 목표와 문제의 우선순위에 관하여 의견을 같이하는 관리자들이 연합해서 최종적인 해결방안을 선택한다는 것, 관리자들은 가까운 곳에서 만족수준의 해결대안을 찾게 된다는 것, 그리고 의사결정과정에서 토론과 협상이 중요한 기능을 한다는 것 등이다.[q]

---

q) 연합모형은 Carnegie-Mellon University에서 활동한 Cyert, March, Simon 등 이른바

이 밖에도 행동주체들이 대립·갈등·협상·교환 등의 교호작용과정을 통해서 합리성이 제한된 의사결정을 하는 것을 설명하는 의사결정모형들이 여럿 있다. 관련집단들의 협상과정에 초점을 맞춘 다원주의 모형(pluralist model), 이해관계자들 사이의 갈등과 승패상황에 초점을 맞추는 갈등모형(conflict model), 이해관계자들 사이의 교환에 초점을 맞추는 교환모형(exchange model) 등이 그 예이다.[37]

4. 점증적 모형: '그럭저럭 헤쳐나가기'

Charles E. Lindblom은 복잡한 정책문제에 합리적 의사결정모형을 적용하는 것은 불가능하다고 주장하면서 합리적 모형에서 크게 벗어나는 점증적 접근방법(漸增的 接近方法: incremental approach)을 제시하였다. Lindblom은 의사결정에서 선택되는 대안은 기존의 정책이나 결정을 점증적으로 수정해나가는 것이며(기존의 결정에서 크게 이탈하는 것이 아니며), 의사결정은 부분적·순차적으로 진행되고, 의사결정의 과정에서 대안분석의 범위는 많은 제약을 받는다고 보기 때문에 그의 모형을 사람들은 점증적 모형이라고 부른다.[r]

정부조직을 준거대상으로 삼고 정책결정과 의사결정을 동의어로 사용하는 Lindblom의 점증적 모형을 구성하는 주요 명제는 다음과 같다.[38]

❶ 목표·수단 구별의 모호성   목표 또는 실현하여야 할 가치를 선정하는 일과 목표실현에 필요한 행동을 분석하는 일은 서로 긴밀하게 얽혀 있기 때문에 양자를 구분하기 어렵다.

Carnegie Group의 작품이기 때문에 카네기 모형이라고도 부른다. 연합모형, 타협모형, 그리고 카네기모형은 동일한 모형의 별칭이라고 말하는 사람들도 있다. Richard L. Daft, *Understanding the Theory and Design of Organizations*, 10th ed.(South-Western, 2010), pp. 309~310.

r) Lindblom은 자기의 접근방법에 여러 가지 별명을 붙이고 있다. 자기의 모형을 소개하는 글에서는 그럭저럭 헤쳐나가는 방법(science of muddling through)이라는 제목을 쓰고 있다. 그리고 합리적 모형은 합리적·포괄적 방법(rational-comprehensive method)이라고 할 수 있는 반면 자기의 모형은 순차적·한정적 비교방법(method of successive limited comparisons)이라고 불러야 한다고도 하였다. 합리적 모형은 매번 근본적인 문제에서부터(밑바닥에서부터) 새로이 시작할 것을 처방하기 때문에 뿌리에서부터 시작하는 방법(root method)이라고 불러야 하겠지만 자기가 소개하는 방법은 현재의 상황을 바탕으로 조금씩 차근차근 쌓아가는 방법이기 때문에 가지에서부터 시작하는 방법(branch method)이라고 불러야 한다고도 하였다. Incremental이라는 개념은 증가뿐만 아니라 감소도 포괄하기 때문에 '점증적'이 아니라 '점변적'(漸變的)이라고 번역해야 옳다고 주장하는 사람들도 있다. 그런 의견에 따르는 경우 Lindblom의 모형은 점변적 모형이라 불러야 할 것이다.

목표에 대해 관련자들이 합의를 이루지 못하는 경우가 많다. 의사결정자의 개인적 가치기준에 의존함으로써 목표에 대한 합의부재의 문제를 회피하더라도 자기 자신의 여러 가지 상충되는 가치기준에 우선순위를 성해야 하는 어려운 문제에 봉착하게 된다. 그리고 어떤 목표의 중요성은 때와 장소에 따라 달라질 수 있다. 그러므로 목표에 대한 구체적 선호를 확인하기는 쉽지 않다.

목표 또는 가치기준을 정책대안의 선택에 앞서 확정하기 어렵기 때문에 정책대안의 선택과 목표의 확정을 병행하게 된다. 어떤 의미에서는 대안의 선택이 있어야 비로소 목표가 뚜렷해진다고 말할 수 있다.

❷ 합의사항으로서의 대안선택기준   어떤 정책(해결대안 또는 수단)이 좋은 정책인가를 판단하는 기준은 정책 자체에 대한 관련자들의 합의사항(agreement)이다. 달성해야 할 목표에 대한 합의가 없거나 어떤 정책이 목표달성을 위해 가장 적정한가에 대해 합의가 없는 경우에도 어떤 정책을 선택해야 한다는 데에는 합의가 이루어질 수 있다. 목표에 대한 합의가 없더라도 수단선택에 대한 합의는 있을 수 있다는 말이다. 그렇게 된 경우 정책이 옳은지 그른지를 판별해 주는 유일한 기준은 정책(수단)에 대한 합의내용이다. 합리적 모형에서 목표에 대한 합의가 없으면 수단선택에 필요한 평가기준도 없다고 보는 것과는 대조된다.

❸ 분석의 단순화   인간의 지적 능력이 제한되어 있고 필요한 정보도 제한되어 있기 때문에 문제와 대안에 대한 분석의 포괄성은 크게 제약된다. 따라서 복잡한 문제에 봉착한 의사결정자들은 분석을 현저히 단순화해야 한다.s)

점증적 접근방법에서는 의사결정의 단순화를 위해 고려요인을 의식적이고 체계적으로 축소하지만 복잡한 문제에 합리적 모형을 무리하게 적용할

---

s) 의사결정을 체계적으로 단순화하는 데는 두 가지 방법이 있다. 그 하나는 기존의 정책과 차이가 비교적 작은 정책대안들만을 골라 비교하는 방법이다. 이 방법을 쓰면 탐색해야 할 대안의 수를 현저하게 줄일 수 있고 분석의 과정도 단순화할 수 있다. 정책대안의 비교에서 기존의 정책에 대한 한계적 차이(marginal difference)만을 검토하기 때문에 분석과정을 단순화할 수 있다고 하는 것이다.
의사결정을 체계적으로 단순화하는 또 하나의 방법은 정책대안의 실현이 가져올 수 있는 중요한 결과의 일부와 그에 결부된 가치를 고려하지 않고 무시해 버리는 것이다. 중요하지 않기 때문에 무시한다기보다 중요한 요인들을 모두 고려할 만한 능력이 없기 때문에 그렇게 하는 것이다. 중요결과의 일부를 자의적으로 무시하는 단순화는 바람직하지 못한 일인지 모른다. 그러나 능력은 부족한 데도 불구하고 모든 중요결과를 포괄적으로 분석하려는 과욕을 부리다가 일을 송두리째 망치는 실책보다는 낫다고 보는 것이 점증주의자들의 관점이다.

때에는 고려요인의 불가피한 누락이 우발적이고 무질서하게 일어날 수밖에 없다.

하나의 정책결정단위에서 고려하지 않은 정책결과와 그에 결부된 가치는 다른 여러 정책결정단위들에서 고려하게 마련이다. 그러므로 정부조직 전체를 놓고 생각하면 여러 정책의 결과와 그 가치는 결국 포괄적으로 검토된다고 할 수 있다. 정부조직단위들은 정책대안의 분석에서 분업을 하고 있는 셈이다.

❹ 순차적·점증적 대안선택　정책대안의 비교와 선택은 순차적·점증적으로 계속된다. 정책은 한꺼번에 만들어지고 거기서 끝나버리는 것이 아니다. 정책은 끝없이 만들어지고 또다시 만들어진다. 목표까지도 끊임없이 재검토하고 바꿔가는 가운데서 진행되는 의사결정은 원하는 목표를 향해 조금씩 접근해가는 연속적 과정이라고 할 수 있다.

점증적인 변동을 조금씩 연속적으로 추진해나감으로써 심각한 과오를 피할 수 있다. 문제를 한꺼번에 해결하려는 합리적 모형은 구체적인 문제해결에 일반적인 이론을 많이 적용한다. 그러나 점증적 접근방법을 쓸 때에는 일반이론에 의존할 필요가 아주 적거나 없다.

5. 중복탐색모형

Amitai Etzioni는 합리적 모형의 지나친 이상주의와 점증적 모형의 지나친 보수주의를 비판하고 양자를 절충한 제3의 모형을 제시하였다. 그는 자기가 제시한 새로운 접근방법을 중복탐색적 접근방법(重複探索的 接近方法: mixed scanning approach)이라 부르고 있다. 이 접근방법에서는 넓고 개략적인 탐색과 좁고 치밀한 탐색을 되풀이한다는 점을 강조하기 위해 중복탐색(혼합적 탐색)이라는 이름을 붙인 것 같다. Etzioni가 준거대상으로 삼은 것도 주로 공공정책분야인 것으로 보인다.[t]

---

t) Etzioni는 의사결정과 정책결정을 명확하게 구별하지 않고 있다. Mixed scanning model은 우리나라에서 혼합주사모형(混合走査模型) 또는 혼합관조모형(混合觀照模型)이라고도 번역되고 있다.

Etzioni가 합리적 모형의 취약점을 지적할 때는 점증주의자들의 이야기를 되풀이하고 있기 때문에 여기서 따로이 거론할 필요가 없을 것 같다. Lindblom 등이 제창한 이른바 '지리멸렬한 점증주의'(disjointed incrementalism)에 대해서는 자기 나름의 비판을 가하고 있는데 그 요지는 다음과 같다.

점증주의자들은 점증적 모형이 미국과 같은 다원적 민주사회에서의 정책결정실태를 가장 잘 반영하는 모형이며, 규범적으로 생각할 때도 가장 바람직한 것이라고 말하지만 사실은 그렇지 않다.

첫째, 사회 전체의 통제중추에서 기본적인 가치나 목표를 규율하지 않고 이해당사자들이 합의해서 모든 의사결정을 하도록 방치하면 가장 힘이 강한 집단 또는 당파의 이익만이 정책에 반영될 것이다. 정치적으로 조직화되지 않은 사람들이나 서민들의 요구는 반영이 잘 안 될 것이다.

둘째, 점증주의는 단기적이고 근소한 변동만을 추구하기 때문에 근본적인 사회적 개혁을 외면하는 경향이 있다. 점증적인 변동이 조금씩 누적되어가면 결국 큰 개혁이 이룩될 수도 있겠으나, 점증주의는 그러한 일관성 있는 변동누적을 보장하지 못한다. 조금씩 일어나는 변동이 한 바퀴 돌아 원점으로 되돌아갈 수도 있고 이리저리 흐트러져 변동방향을 종잡을 수 없게 할 수도 있다. 쇄신에 대한 점증주의적 접근은 마치 술에 만취한 사람의 걸음걸이 같다고 비유할 수 있다.

셋째, 점증적 모형은 매우 중요한(크고 근본적인) 결정을 하는 데는 적용할 수 없다. 매우 중요한 결정이란 선전포고와 같은 기본적 결정(fundamental decisions)을 말한다. 기본적 결정을 필요로 하는 중대문제를 한꺼번에 해결해야 할 때에는 점증적 모형을 적용할 수 없다.

기본적 결정을 해야 하는 문제에 직면하지 않고 점증적인 의사결정을 할 수 있는 영역도 없지 않다. 그러나 많은 경우에 점증적인 결정들은 어떤 기본적인 결정을 바탕으로 삼지 않을 수 없다. 기본적 결정이 선행되어야 할 때 그것이 없으면 점증적 결정들은 방향감각을 상실하게 될 것이다. 그런가 하면 점증적 결정들은 기본적 결정의 기초를 마련해 주기도 하며 기본적 결정의 시행수단을 제공하기도 한다.

이렇게 볼 때, 한 사회의 의사결정장치에는 두 가지가 있어야 한다고 말하지 않을 수 없다. 그 하나는 기본적 방향을 설정하는 고차원적이고 기본적인 정책결정과정이다. 다른 하나는 기본적 결정을 준비하고 또 그 시행을 맡는 점증적 과정이다.

중복탐색모형에 관한 Etzioni의 설명을 요약하면 다음과 같다.[39]

❶ 개괄적 탐색과 면밀한 탐색   특정한 의사결정에 관련이 있을 가능성이 있는 넓은 영역(관련될 가능성이 있는 거의 모든 요인)을 개괄적으로 탐색하고 그 가운데서 특별한 주의를 기울여야 할 좁은 영역(철저한 검토가 가능한 범위 내의 요인)을 골라 다시 면밀하게 탐색하는 것이 중복탐색의 전략이다.

합리적 접근방법에서는 넓은 영역을 빠짐없이 면밀하게 탐색하려 들고, 점증적 접근방법에서는 처음부터 좁은 영역에만 주의를 한정하려 한다. 중복탐색적 접근방법에서는 넓은 영역을 대강 살펴보고 문제가 될 만한 좁은 영역을 골라 다시 집중적으로 검토한다.[u]

❷ 탐색횟수의 신축성　중복탐색의 횟수는 반드시 2회에 국한되지 않는다. 개괄적인 광역탐색을 한 차례 하고 면밀한 소구역탐색을 한 차례 하는 방법이 가장 효율적일 것이다. 그러나 구체적인 의사결정상황의 필요에 따라 탐색의 범위와 정밀도가 서로 다른 탐색을 여러 차례 되풀이할 수도 있다.

❸ 탐색단계별 시간·자원 배분의 상황적응성　각 단계의 탐색에 어느 정도의 시간과 자원을 배분할 것인가 하는 문제는 여러 가지 요인을 고려하여 융통성 있게 해결해야 할 전략적인 문제이다.

시간·자원의 배분을 결정할 때 고려해야 할 가장 기본적인 제약조건은 특정한 의사결정에서 사용할 수 있는 시간과 자원의 전체적인 한도이다. 이러한 제약조건 하에서 의사결정주체의 지위와 능력, 의사결정의 차원, 환경적 특성, 중요변수누락의 효과 등을 고려하여 시간과 자원배분의 전략을 적절하게 세워야 한다. 예컨대 능력이 아주 제한된 결정주체는 광역탐색에 많은 시간과 자원을 투입하기가 어려울 것이다.

❹ 기본적 결정과 점증적 결정의 구별　중복탐색모형의 틀 속에서는 기본적 결정(fundamental decision)과 점증적 결정(incremental decision)을 반드시 구분해야 한다. 기본적 결정을 할 때는 결정주체가 지각하는 목표에 비추어 결정을 하되, 상세한 요인들을 면밀히 검토하지 않고 주요대안들만을 고려하여 결정을 한다. 점증적 결정은 기본적 결정에서 설정한 조건의 범위 내에서 행한다.

중복탐색의 두 가지 요소라 할 수 있는 기본적 결정과 점증적 결정은 상호보완적인 것이다. 한쪽의 약점을 다른 한쪽이 덜어준다. 점증적 결정에서

---

u) 기상관측위성을 통해 기상관측을 하는 데 비유해서 설명하면 알기 쉽다. 태풍발생 가능지역을 알아내려 할 때 합리적 접근방법에서는 지구 전 표면의 기상을 빠짐없이, 그리고 면밀히 관찰하고 분석하려 할 것이다. 반면 점증적 접근방법에서는 전에 태풍이 발생했던 지역과 그 주변만을 관찰하려 할 것이다. 중복탐색적 접근방법에서는 지구 전 표면의 기상을 대강 관측한 다음 태풍발생의 위험이 있다고 판단되는 지역의 기상을 다시 면밀하게 관찰하고 분석하려 한다.

상세한 요인들을 검토해줌으로써 기본적 결정에서 그 일을 하지 않아도 무방하게 해 준다. 기본적 결정에서 장기적인 대안을 고려해 줌으로써 점증적 결정의 보수성을 어느 정도 극복할 수 있게 해 준다.

❺ 의사결정자의 능력에 관한 절충적 관점　중복탐색모형에서는 결정주체가 문제해결의 전략을 평가하고 어떤 전략이 더 효율적인가를 결정할 수 있는 능력을 가지고 있다고 전제한다. 결정주체가 의사결정의 목표 또는 가치기준을 대강은 알 수 있다고 전제한다는 것이다. 합리적 모형에서처럼 목표의 완벽한 객관적 확인을 주장하는 것은 아니다. 그렇다고 해서 점증적 모형에서처럼 가치척도가 없기 때문에 목표 또는 가치기준에 입각한 평가가 불가능하다고 보는 것도 아니다. 가치기준의 문제에 관해서도 중복탐색모형은 절충적인 입장을 취한다고 할 수 있다.

6. 최적정책결정모형

Yehezkel Dror는 정부기관의 주요행동노선을 결정하는 정책결정의 과정을 준거대상으로 하여 합리적 접근방법인 순수합리성모형(純粹合理性模型)과 비합리적 접근방법인 초합리적 모형(超合理的 模型)을 절충하는 규범적 최적모형(規範的 最適模型: normative optimal model)을 제시하였다. Dror가 그의 모형을 규범적인 것이라고 하는 까닭은 바람직한 목표 또는 가치의 산출이 최대화될 수 있는 과정과 구조를 설정(처방)하기 때문이다.[v]

Dror는 합리적 모형들이 경험적으로 인과관계를 입증할 수 있는 계량적 요인만을 대상으로 하기 때문에 질적인, 그리고 비합리적인 요인들을 간과하며, 많고 복잡한 요인들이 서로 작용하고 있는 정책결정상황의 온전한 모습을 포착하지 못한다고 비판하였다. 인간은 근본적으로 비합리적인 존재라고 전제하는 점증적 모형들은 정책결정에서 미래예측이 합리적인 증거에 기초하여 이루어질 수 없다고 보기 때문에 주로 전례답습을 조장하는데, 이 또한 비판받아야 한다고 말하였다.

---

v) Dror는 정책결정과 의사결정을 구별하고 있다. 정책결정은 의사결정의 일종으로서 정부기관이 공익을 추구하기 위해 미래의 주요 행동노선(주요 방침)을 결정하는 과정이라고 이해하는 것 같다.

Dror는 Lindblom의 점증적 모형을 다음과 같이 비판하였다.

Lindblom의 모형은 합리적 모형보다는 현실에 더 부합되는 것이라고 할 수 있다. 그러나 그의 모형은 정책결정의 실제에서 나타나기 쉬운 전례답습적인 경향(pro-inertia tendency)과 반쇄신적인 경향을 조장하거나 보강하는 것임에 불과하다.

그리고 Lindblom의 모형은 일정한 조건이 구비된 한정적 상황에서만 그 타당성을 유지할 수 있다. 즉 적용의 범위가 아주 제한되어 있다. 구비되어야 할 일정한 조건이란 i) 기존정책의 결과가 대체로 만족스러워야 한다는 것, ii) 문제의 성격이 고도의 연속성을 지녀야 한다는 것, iii) 문제를 처리하는 수단에도 고도의 연속성이 있어야 한다는 것이다.

기존정책의 결과가 만족스럽지 않을 때는 새로운 모험을 시도하지 않을 수 없다. 문제에 연속성이 없을 때에는(새로운 문제에 직면했을 때에는) 점증적 접근이 불가능하다. 지식·기술의 진보에 따라 문제처리방법과 수단도 발전하기 때문에 점증적인 수단과 이를 사용하는 사람은 쓸모가 없어질 것이다.

Lindblom의 점증적 모형을 적용하는 데 필요한 세 가지 조건은 현대사회에서 좀처럼 갖추어지기 어렵다. 현대사회는 급변하고 있기 때문이다. 욕구수준은 급속하게 변동하고 있다. 문제들을 근본적으로 재규정해야 할 필요는 커지고 있으며 기존의 행동수단에 대한 불만은 높아지고 있다.

(1) 주요 특징 합리적 모형과 점증적 모형에 불만을 표시한 Dror는 수량적인 요인뿐 아니라 질적인 요인, 그리고 합리적인 요인뿐만 아니라 초합리적인 요인w)을 동시에 고려할 수 있는 최적모형을 제시하였다. 인간이 완전하게 합리적일 수는 없다고 하지만 그렇다고 해서 미래에 대한 예측능력이 전혀 없거나 초합리적인 요인의 지배만을 받는 존재는 아니라고 생각했기 때문에 그러한 절충적 모형을 처방하게 된 것 같다.

최적정책결정모형의 주요 특징은 i) 양적이기보다 질적이라는 것, ii) 합리적 및 초합리적 구성요소를 함께 지닌다는 것, iii) 경제적 합리성 추구가 기본원리라는 것,x) iv) 상위정책결정을 포함한다는 것, v) 많은 환류가 내장

---

w) Dror는 초합리적 과정(extrarational process)의 의미를 엄격히 정의하고 있지 않다. 초합리적 과정을 정책결정자의 직관이나 영감적 판단에 의존하는 과정이라고 이해하는 사회과학의 일반적 관행을 소개하고 있을 뿐이다. 그리고 정책문제의 해결은 가능한 한 합리적 과정에 따라야 하지만, 문제가 복잡하고 예측의 불확실성이 높은 경우, 새로운 대안을 창안해야 하는 경우, 합리적 과정의 진행에 필요한 자원과 시간이 부족한 경우에는 초합리적 과정이 유효하게 쓰일 수 있다고 말한다.

x) Dror의 최적모형이 '경제적으로 합리적인' 모형이라고 하는 까닭은 정책결정의 각 단계에서 가장 경제적으로 사용할 수 있도록 자원을 배분해야 한다는 것을 기본원리로 삼기 때문이다.

된다는 것, vi) 규범적 처방을 내포한다는 것 등이다.[40]

(2) 정책결정의 과정   최적모형의 정책결정과정은 세 가지 주요 단계로 구성된다. 세 가지의 주요 단계란 i) 정책을 어떻게 결정할 것인가에 대한 정책결정이라고 할 수 있는 상위정책결정(metapolicymaking), ii) 실질적인 문제에 관한 정책을 결정하는 통상적인 의미의 정책결정(policymaking), 그리고 iii) 정책집행과정에서의 환류에 따라 정책을 변경하는 재정책결정(再政策決定: repolicymaking)을 말한다.

상위정책결정단계에서는 정책결정체제의 전체 또는 그 주요 부분을 관리한다. 상위정책결정단계에서는 문제·가치·자원을 확인하여 이를 서로 다른 정책결정단위들에 배정하고, 정책결정체제를 설계·평가·재설계하며, 정책결정의 기본적 전략을 결정한다. 재정책결정단계는 사후정책결정단계 또는 정책결정이후단계이다.

세 가지의 주요 단계들은 다시 18개의 하위단계 또는 국면으로 분류된다. 마지막 18번째 하위단계(의사전달과 환류의 통로에 의한 연계작용)는 모든 국면들을 연결하는 별도의 범주이다.

정책결정과정에서는 이론과 경험 그리고 합리적 방법과 초합리적 방법을 다 같이 활용해야 한다. 목표·가치기준·결정기준 등을 가능한 한 분명하게 규정하도록 해야 한다. 대안의 탐색에서는 새로운 대안을 고려할 수 있도록 의식적으로 노력하고, 창의적인 대안의 개발을 촉진해야 한다. 여러 대안이 가져올 기대효과를 예비적으로 검토하고 점증적인 전략을 채택할 것인가 아니면 쇄신적인 전략을 채택할 것인가에 대한 결정을 해야 한다. 경험·창안·훈련·지적 활동의 촉진 등을 통해 체계적으로 배우고 정책결정의 질을 개선할 수 있도록 노력해야 한다.

(3) 정책결정구조의 요건   정책결정의 과정적 측면에 관한 개념적 틀에 구조적 측면에 관한 개념적 틀이 결합되어야 최적정책결정모형이 완성된다. 정책결정과정의 최적화에 필요한 일반적이고 기본적인 구조적 조건은 다음과 같다.

첫째, 다양한 행동단위들이 정책결정과정에 참여하는 다원적 구조를 형성해야 한다. 정책결정과정의 각 하위국면과 그 구성요소는 그에 기여하는 행동단위를 최소한 하나씩 가지고 있어야 한다.

둘째, 중복적 또는 중첩적 활동을 용인하는 구조라야 한다.

셋째, 정책결정과정에 참여하는 행동단위들 가운데서 구조적·사회적 거리를 유지해야 할 단위들은 서로 분리해야 한다. 예컨대 정책대안의 비용·편익을 예측하는 부서는 정책평가부서로부터 분리해야 한다.

넷째, 정책집행의 동기를 부여할 권력을 지닌 연합체의 구성단위가 될 수 있는 것들을 정책결정구조에 포함시켜야 한다.

다섯째, 정책집행의 왜곡을 막기 위해 정책집행단위들을 정책결정구조에 긴밀히 연결해야 한다.

여섯째, 여러 행동단위들의 산출들은 정책결정에 대한 누적적 기여가 최대화될 수 있도록 통합해야 한다.

일곱째, 환경·정책문제·구조 자체의 특질 등이 끊임없이 변동하기 때문에 정책결정구조를 주기적으로 재검토·재설계해야 한다.

7. 합리적 행위자모형 · 조직과정모형 · 관료정치모형

Graham T. Allison은 「의사결정의 본질」(Essence of Decision)이라는 그의 저서에서 세 가지의 의사결정모형을 개발하고 이를 적용하여 1960년대의 '쿠바 미사일 사태'에 대응한 미국정부의 정책결정을 분석하였다.y) Allison이 개발한 세 가지 모형은 i) 합리적 행위자모형, ii) 조직과정모형, 그리고 iii) 관료정치모형이다.41)

1) 합리적 행위자모형

합리적 행위자모형(合理的 行爲者模型: rational actor model)은 개인차원의 합리적 의사결정모형을 정부의 정책결정이라는 집합적 과정에 원용한 것이다.

이 모형의 주요 가정은 다음과 같다.

첫째, 정책은 주어진 목표의 극대화를 추구한다.

둘째, 정책결정주체인 국가나 정부는 단일한 의사결정자처럼 행동한다. 정부조직은 잘 융합되고 집권적인 의사결정구조를 지닌 유기체이다.

---

y) '쿠바 미사일 사태'란 소련이 쿠바(Cuba)에 미사일을 반입하려 하자 미국 케네디 대통령 정부가 쿠바의 해안을 봉쇄한 사태를 말한다.

셋째, 의사결정자는 완벽한 정보를 가지고 주어진 목표의 극대화를 추구하는 합리적 존재이다.

넷째, 정책결정과정은 문제와 대안의 엄격한 분석·평가를 포함하는 합리적 과정이다.

2) 조직과정모형

조직과정모형(組織過程模型: organizational process model)은 준독립적인 하위조직들의 느슨한 연계로 구성된 집합체인 정부가 대체로 표준화된 절차에 따라 정책을 산출한다고 본다. 표준적 절차에 주로 의존하는 정책결정의 변동은 점증적일 수밖에 없다고 보는 점에서 사이버네틱 정책결정모형과 닮은 점이 많다.

이 모형의 주요 가정은 다음과 같다.

첫째, 정책목표는 실현가능한 행동대안을 규정하는 제약조건이다.

둘째, 정책결정주체인 정부조직은 많은 하위조직의 연합체이다. 하위조직 단위들은 각기의 관할권을 가진 준독립적인 존재이며, 그들 사이의 관계는 느슨하게 연계된 것이다.

셋째, 정부지도층은 하위조직들의 해결책 탐색을 촉발하고 상충되는 대안들을 조정한다.

넷째, 하위조직들의 정책산출물은 주로 조직의 관행과 표준적 절차에 따라 만들어진다. 해결대안의 탐색에서 기존의 조직관행과 프로그램 레퍼토리를 중요시한다. 비정형적 문제의 해결을 위한 탐색과정도 대개 조직관행에 따라 이루어진다. 따라서 급진적인 정책변동은 어렵다.

다섯째, 정부지도층의 정책의도와 관료들이 집행한 결과 사이에는 괴리가 있다.

3) 관료정치모형

관료정치모형(官僚政治模型: bureaucratic politics model)은 여러 문제에 관심을 갖는 다수행위자들이 정치적 게임을 통해 정책을 산출해 낸다고 설명한다.

이 모형의 주요 가정은 다음과 같다.

첫째, 정책은 정치적 경쟁·협상·타협의 산물이다.

둘째, 정책결정의 주체는 독자성이 강한 다수행위자들의 집합이다. 행위자들은 상당한 권력을 가진 개인들이다.

셋째, 정책결정에 참여하는 행위자들의 목표는 국가·조직·조직단위·개인의 목표를 혼합한 것이며, 행위자들 사이의 목표공유수준은 낮다. 각 행위자들은 국가 전체의 총체적 정책분석보다 당장 활용할 수 있는 대안의 선택에 더 많은 관심을 갖는다.

넷째, 행위자들의 목표와 관점이 서로 다르기 때문에 이를 조정하기 위해 정치가 필요하다. 경쟁·협상·타협 등의 정치게임에는 어느 정도의 규칙적인 행동경로가 있다. 정책은 정치게임의 결과이기 때문에 각 참여자가 당초에 의도했던 것과는 많이 달라질 수 있다.

조직 내의 '정치적' 의사결정에 대한 조직연구인들의 관심은 오래된 것이며 그에 대한 이론도 많다. 그 가운데 한 예로 John W. Slocum, Jr.와 Don Hellriegel이 설명하는 정치적 의사결정모형(political model of decision making)을 소개하려 한다. 그들의 설명을 요약하면 다음과 같다.42)

의사결정의 정치적 모형은 서로 다른 이해관계와 목표를 가진 개인, 집단, 그 밖의 행동단위들이 하는 의사결정을 설명하면서 이해대립과 권력게임에 주목한다. 의사결정은 각 행동단위들이 자기이익추구적인 목표를 성취하기 위해 권력을 동원해 영향전술을 구사하는 과정이라고 규정한다.

정치적 의사결정과정에서 행동자들의 주된 선택기준은 자기이익추구를 정당화하는 쾌락주의적 원리(hedonist principle) 또는 시장적 윤리(market ethics), 그리고 힘이 정의라는 원리(might-equals-right principle)라고 한다. 힘이 정의라는 원리는 힘 있는 자의 이익에 부합하는 것이 정의라고 하는 원리이다. 이 원리는 힘 있는 사람이 성취하는 것을 윤리적이라고 규정한다.

8. 사이버네틱 정책결정모형

John D. Steinbruner가 제시한 사이버네틱 정책결정모형(cybernetic model of policy making)은 사이버네틱스(cybernetics)라는 시스템 공학적 개념을 정책결정의 분석에 적용한다. 이 모형은 사이버네틱 메커니즘을 활용해 정책문제와 결정상황에 관한 정보를 단순화하고 정책결정과정을 단순화하는 방법을

설명한다.[43]

Steinbruner는 포괄적이고 치밀한 정보분석을 요구하는 합리적·분석적 접근방법으로는 조직, 특히 정부조직의 방대성과 복잡성, 정책문제의 복잡성, 정보과다 등에 효과적으로 대응할 수 없다고 생각한다. 그리고 그 대안으로 사이버네틱 모형이라는 '단순화의 접근방법'을 제안한다. 사이버네틱 패러다임의 기본적 전제는 대부분의 정책결정이 비교적 단순한 의사결정기제에 따라 이루어지지만 상당히 성공적으로 문제를 해결하고 있다는 것이다.

(1) 사이버네틱 메커니즘   사이버네틱 정책결정모형이 원용하는 사이버네틱 메커니즘은 제한된 정보검색과 제한된 행동대안으로 문제를 해결한다. 광범하고 복잡한 정보탐색을 거치지 않고 주요 변수에 관한 정보만을 미리 정해진 표준적 절차(SOP: standard operating procedure) 또는 규칙에 따라 처리하고 미리 개발해 둔 해법의 레퍼토리 또는 처방(조리법: recipe) 가운데서 해법을 선택한다.[z]

(2) 주요 특징   쉽게 말하면, 늘 해 오던 대로 정책문제의 복잡한 변수 가운데서 중요한 변수에 관한 정보만을 수집하여 분석하고, 관행적으로 사용해온 표준적 절차에 따라 미리 마련해 두었던 해결방안들 가운데서 적당하다고 생각되는 것을 고르는 방법이 사이버네틱 정책결정이라고 할 수 있다. 이러한 사이버네틱 정책결정모형의 주요 특징은 다음과 같다.

❶ 가치분할의 이해   복잡한 정책의 결정에서 각축하는 가치들이 언제나 하나의 계서적 체계로 통합될 수 있다고 보지 않는다. 가치통합보다는 가치분할(value separation)의 가능성이 더 높다고 본다. 정책결정에서 각축하는 복수의 가치들을 개별가치 또는 부분적으로 통합된 하위가치체계들로 분할하여 따로따로 추구하는 것을 가치분할이라 한다.

정책결정이 추구하는 가치는 있지만 대안탐색의 과정은 무목적적 적응(無目的的 適應: nonpurposive adaptation)의 과정임을 강조하는 것도 사이버네틱 모형의 특징이다. 의사결정자는 결정의 결과에 미리 어떤 가치를 부여하기 위해 치밀한 분석을 하는 것이 아니라, 단지 미리 정해진 대안의 레퍼토리에

---

z) 사이버네틱 메커니즘의 가장 친숙한 예는 실내온도를 조절하는 자동온도조절장치이다. 자동온도조절장치는 실내온도의 변화에 관한 정보만을 수집·분석하고 미리 정한 온도의 한계를 벗어나는 온도변화를 발견하면 표준적 절차에 따라 온도조절 결정을 한다.

서 하나를 선택할 뿐이라고 한다.

이에 반해 합리적 분석모형에서는 가치통합을 전제하며 결정자의 기대가치(기대효용)의 극대화 또는 최적화를 위해 치밀한 탐색과 분석을 하고 결정 결과의 가치를 예측한다.

❷ 불확실성 통제 　단순화를 통한 불확실성 통제(uncertainty control)를 하려고 한다. 한정된 범위의 변수들에만 주의를 집중하고 나머지 정보는 무시함으로써 불확실성을 통제한다. 환경과 정책문제의 복잡성이 높아지면 복잡한 문제를 분할하여 다루게 함으로써 내부적 단순성을 유지한다.

이에 반해 합리적 분석모형에서는 불확실성을 단순한 확률문제로 보고 확률을 이용한 계산으로 해결하려 한다.

❸ 적응적 의사결정 　성공적 문제해결은 환경에서의 성공적인 적응이라 보고 적응적 의사결정을 강조한다. 적응은 환류과정에 의존한다. 환류과정에서도 필요한 부분만 검색한다.

적응적 의사결정을 강조하지만 학습과정의 정보민감성은 합리적·분석적 모형에서보다 낮다. 표준적 절차와 대안 레퍼토리를 바꾸는 학습은 시간이 걸리기 때문이다

❹ 집합체에 의한 의사결정 　조직 또는 집단의 집합적 의사결정과 개인적 의사결정을 동일시하지 않는다. 조직 내에서 복잡한 정책문제는 부분적인 하위문제들로 분할되어 하위조직단위들에 할당된다. 하위조직단위들이 하는 문제해결은 표준적 절차에 따른다.

이에 반해 합리적·분석적 모형에서는 모든 정책결정단위를 한 사람의 개인처럼 간주하고 개인적 의사결정모형을 집합체의 의사결정에 그대로 적용한다.

9. 쓰레기통모형

Michael D. Cohen, James G. March 그리고 Johan P. Olsen이 개발한 의사결정의 쓰레기통모형(garbage can model)은 고도로 불확실한 조직상황에서 진행되는 의사결정의 양태를 설명하는 모형이다. 이 모형은 조직 내의 불확실한 상황을 조직화된 무정부상태라 규정한다. 그러한 상황에서의 의사결

정은 유동적인 참여자들이 여러 가지 문제와 해결방안을 따로따로 쓸어 넣은 쓰레기통 같은 곳에서 두서없이 해 나간다고 설명한다.[44]

이 모형은 또 문제와 해결방안이 나타나는 순서가 뒤바뀔 수도 있고 양자가 무관할 때도 많다는 점을 지적한다. 조직 내의 의사결정은 엄격하게 수단적(instrumental)이라기보다 오히려 표현적(expressive)인 요소를 더 많이 가지고 있다는 점을 시사하기도 한다. 즉 문제해결이라는 목표달성보다 참여자들에게 여러 가지 필요를 표현할 기회를 제공한다는 의미가 더 부각될 수 있다는 것이다.

1) 조직화된 무정부상태

쓰레기통모형은 의사결정상황을 고도로 불확실한 상황이라고 전제하고 그러한 상황을 조직화된 무정부상태(organized anarchy)라고 부른다. 조직화된 무정부상태는 통상적인 권한계층과 관료적 결정규칙이 없는, 그리고 급속히 변동하는 협의체적·비관료적 상태의 특징이다. 이러한 상태는 세 가지의 중요한 조건을 포함한다.

❶ 불분명한 선호　사람들의 선호가 분명치 않다. 문제와 해결책, 목표 등 의사결정의 각 국면들은 모호하다.

❷ 인과관계에 대한 이해부족　의사결정에 적용할 인과관계에 관한 지식과 그 적용기술이 불분명하며 참여자들이 그에 관해 잘 이해하고 있지 않다.

❸ 역할담당자들의 유동　의사결정에 참여하는 역할담당자들의 유동이 심하다. 역할담당자들은 시간적 압박을 받으며 어떤 하나의 문제 또는 의사결정에 많은 시간을 할애할 수 없다.

조직 전체가 언제나 위와 같은 특성을 보이고 있는 경우는 드물다. 그러나 거의 모든 조직은 가끔 그러한 상황에 빠진다. 그러므로 쓰레기통모형은 모든 조직의 상황 중 일부 그리고 의사결정현상의 일부를 이해하는 데만 유용하다고 해야 할 것이다.

2) 쓰레기통 속에서의 임의적 선택

쓰레기통모형은 의사결정과정이 문제의 확인에서 시작하여 문제의 해결로 끝나는 순차적 과정이라고 보지 않는다. 의사결정의 단계들이 뒤바뀌거나 뒤섞일 수 있으며, 문제와 해결책의 관계도 모호해질 수 있다고 한다. 문제와 해결책의 연결이 흐려지는 까닭은 조직 내에서 따로따로 움직이는 사건 또는 사상(事象)의 흐름들이 의사결정을 이끌어가기 때문이라고 한다.

(1) 독자적인 사건의 흐름   조직 내에서 서로 유리된 또는 독자적으로 일어나는 사건의 흐름(streams of events) 가운데 의사결정에 직결되는 것은 네 가지이다.

❶ 문제의 흐름   문제는 기대수준과 현실수준의 괴리에서 빚어지는 불만인데, 이것은 대안의 선택이나 문제의 해결과 구별된다. 문제는 문제대로 따로 흘러다닐 수 있다. 문제는 해결에 이를 수도 있고 그렇지 않을 수도 있다. 해결책이 채택되었는데도 문제는 해결되지 않을 수도 있다.

❷ 해결책의 흐름   해결책도 문제와 상관없이 흘러다닐 수 있다. 사람들은 문제 이전에 해결책부터 착상해 낼 수 있다. 어떤 해결책에 매료된 사람은 그에 맞는 문제를 찾기도 한다.

❸ 구성원의 흐름   조직구성원들의 조직 내외에 걸친 유동은 빈번하다. 문제와 해결책에 대한 그들의 이해는 서로 현저히 다를 수 있다. 그들은 어떤 하나의 문제 또는 해결책을 검토하는 데 충분한 시간을 할애하지 못한다.

❹ 선택기회의 흐름   선택기회(choice opportunity)란 조직이 의사결정을 하는 경우 또는 기회를 말한다. 선택기회는 여러 가지 사건의 자극으로 일어날 수 있다.

(2) 쓰레기통 속에서 하는 의사결정   문제, 해결책, 참여자, 그리고 선택기회가 각기 따로 흘러다니고 그것들이 뒤흔들어져 있는 조직은 그 자체가 거대한 쓰레기통이다. 어떤 하나의 선택기회는 작은 쓰레기통이라고 할 수 있다. 이와 같이 작고 큰 쓰레기통 속에서 하는 선택이므로 의사결정은 임의적 또는 자의적 특성(random quality)을 지닌다고 말할 수 있다. 의사결정은 논리적 단계들이 순차적으로 진행된 결과가 아니다. 조직구성원들은 합리적이기를 희망하지만 여러 사건들에 대한 규명은 너무 모호하며 복잡하기 때문에 의사결정, 문제제기 그리고 문제해결은 따로따로 일어날 수 있다.

쓰레기통 속에서의 의사결정결과는 여러 가지 양태로 나타나겠지만 다음과 같은 네 가지 범주로 묶어 분류해 볼 수 있다.

❶ 문제가 없어도 제안되는 해결책   문제가 없는데도 해결책이 제안되는

경우가 있다.

❷ 문제를 해결하지 못하는 해결책의 채택   문제를 해결할 의도로 대안을 신뢰했지만 그것으로 문제를 해결하지 못하는 경우가 있다. 이것은 불확실한 상황에서 부정확한 선택을 하는 경우이다.

❸ 해결책 발견 실패   해결방안을 찾지 못해서 문제가 그대로 남는 경우가 있다. 조직은 어떤 문제들에 익숙한 타성 때문에 해결책을 찾으려 하지 않을 수도 있다. 해결방법을 모르기 때문에 문제에 대한 해결책 찾기를 포기할 수도 있다.

❹ 문제가 해결되는 소수의 사례   비록 소수이지만 문제의 해결이 이루어지는 경우가 있다. 해결대안의 선택이 있을 때마다 모든 문제가 해결되는 것은 아니지만 조금씩이라도 해결되고 있기 때문에 의사결정과정들은 집합적·누적적으로 조직목표에 기여하며 조직은 문제를 줄여나가는 방향으로 움직여가게 된다.

10. 상황적응적 모형 정립의 시도

위에서 소개한 모형들 가운데는 의사결정세계의 실상에 더 가까운 것도 있고 더 먼 것도 있다. 그러나 그 어느 것도 보편적인 타당성과 효용성을 지니지는 못한다. 그런가 하면 각 모형들은 결정상황의 여하에 따라 쓸모 있게 적용될 수 있는 가능성을 가지고 있다. 우리는 각 모형들의 상황적응적 효용에 각별히 유의하면서 그러한 모형들을 이해하여야 한다.

의사결정연구인들은 의사결정모형들의 상황적응적 효용을 강조하면서 이에 대한 통합적 이해를 돕기 위해 상황적응적 의사결정모형의 개발을 시도하고 있다.[a'] 여기서는 그 한 예로 Richard L. Daft가 개발한 상황적응적 의사결정모형(contingency decision making framework)을 소개하려 한다.[45]

Daft는 i) 문제에 관한 합의(problem consensus)와 ii) 문제해결의 기술적 지식(technical knowledge about solutions)에 관한 합의를 기준으로 의사결정상황을 네 가지로 유형화하고 각 유형마다 거기에 적합한 의사결정의 접근방법을 처방하였다.

---

a') 앞서 본 Thompson과 Tuden의 대안선택유형론도 일종의 상황적응적 모형이라 할 수 있다.

그림 4-2-2 상황별로 적합한 의사결정모형

	확실　　　　　　　　　문제에 관한 합의　　　　　　　　불확실	
확실 기 술 적 지 식 **불확실**	**상황1.** 관리자의 전략: 합리적 접근방법에 　　　　　　　의한 계산전략 조직의 의사결정모형: 관리과학 **상황3.** 관리자의 전략: 직관적인 판단과 　　　　　　　시행착오 조직의 의사결정모형: 점증적 모형	**상황2.** 관리자의 전략: 협상과 연합형성 조직의 의사결정모형: 카네기모형 **상황4.** 관리자의 전략: 협상, 판단, 영감, 모방 조직의 의사결정모형: 카네기모형, 　　　　　　　점증적 모형, 　　　　　　　쓰레기통모형

1) 상황분류의 기준

네 가지 의사결정상황은 문제에 관한 합의와 문제해결에 관한 기술적 지식이라는 기준에 따라 분류된다.

❶ 문제에 관한 합의　이것은 문제와 문제해결에서 추구해야 할 목표에 관한 관리자들의 합의이다. 합의의 수준은 완전한 합의로부터 합의의 완전한 실패에 이르기까지의 연속선상에 분포된다. 관리자들의 합의가 있으면 문제와 목표 또는 성과에 대한 불확실성은 최소화된다. 합의가 없으면 문제와 목표 또는 성과에 대한 불확실성이 높아진다.

❷ 기술적 지식에 관한 합의　이것은 어떻게 문제를 해결하고 조직의 목표를 성취할 것인가에 대한 이해와 합의이다. 기술적 지식에 대한 합의의 수준은 완전한 합의와 확실성으로부터 완전한 합의부재와 불확실성에 이르기까지의 연속선상에 분포된다. 문제해결방법이라는 수단에 대한 이해수준과 합의수준이 높으면 적합한 대안을 비교적 확실하게 탐색하여 선택할 수 있다. 수단에 대한 이해와 합의의 수준이 낮으면 대안의 합리적 탐색은 어려워진다.

2) 상황에 따른 의사결정의 접근방법

문제에 관한 합의와 기술적 지식에 관한 합의라는 두 가지 기준을 조합해서 의사결정상황을 네 가지로 분류할 수 있다. 네 가지의 결정상황에는 각기 다른 의사결정모형이 적합하다.

(1) 상황 1 이것은 문제에 관한 합의와 기술적 지식에 관한 합의의 수준이 다 같이 높은 상황이다. 목표도 확실하고 목표－수단 간의 인과관계에 대한 지식도 확실하다.

이런 상황에서 개별적인 관리자들은 합리적 의사결정모형을 적용하여 계산적 방법으로 대안을 선택할 수 있다. 조직 전반에 걸친 문제의 해결에는 관리과학적 방법(합리적 모형)이 적합하다.

(2) 상황 2 이것은 문제에 관한 합의의 수준은 낮고 기술적 지식에 대한 합의의 수준은 높은 상황이다.

이런 상황에서는 목표와 그 우선순위, 그리고 해결하여야 할 문제에 관하여 우선 합의를 구하기 위해 협상·타협하고 연합해야 한다. 관리자들은 의사결정과정에서 문제에 관한 불확실성을 줄이기 위해 관련자들의 광범한 참여를 유도하고 타협과 연합이 이루어질 때까지 토론을 활성화해야 한다. 조직차원의 문제해결에 적합한 의사결정모형은 카네기모형이다.

(3) 상황 3 이것은 문제에 관한 합의수준은 높고 기술적 지식에 관한 합의수준은 낮은 상황이다.

이러한 상황에 처한 관리자들은 해결대안을 합리적·분석적인 방법으로 확인하고 계산할 수 없다. 그들은 과거의 경험과 직관에 의지하여 판단전략과 시행착오의 전략을 쓸 수밖에 없다. 여기에 적합한 조직차원의 의사결정모형은 점증적 모형이다.

(4) 상황 4 이것은 문제에 관한 합의수준도 낮고 기술적 지식에 관한 합의수준도 낮은 상황이다.

이와 같이 고도로 불확실한 상황에서는 관리자가 문제의 확인과 해결책의 선택을 위해 협상전략, 판단전략, 영감적 전략, 모방전략 등을 동원할 수밖에 없다. 조직차원의 문제해결에 쓸 수 있는 의사결정모형은 카네기모형, 점증적 모형, 그리고 쓰레기통모형이다. 이러한 모형들이 쓰일 때에는 문제의 규명에 앞서 해결책이 먼저 정해지기도 한다.

03 리더십

Ⅰ. 리더십 논의의 준거

Leadership이라는 외래어는 우리말로 번역하기가 참 어렵다. 그래서 소리나는 대로 리더십이라 표기하는 우리 언어관행을 받아들이기로 했다. 리더십은 지휘·지도·인도 등의 의미를 함께 지니고 있는 말이라고 생각한다. 리더십은 리더라는 사람, 리더가 하는 역할과 역할수행의 과정 등을 지칭할 수 있다. 여기서는 리더십의 과정적 측면에 초점을 맞추어 논의를 진행하면서 리더와 그 역할, 그리고 상황 등에 관한 문제를 함께 조명하려 한다.

리더십에 대한 사람들의 관심은 오래된 것이지만 체계적인 이론의 발전과 경험적 연구가 본격화되기 시작한 것은 20세기에 접어들면서부터라고 한다. 20세기 초부터 리더십에 대한 사회과학적 연구가 본격화되었기 때문에 리더십에 대한 연구의 역사가 짧은 것으로 보는 사람도 있다. 그러나 조직학의 다른 분야에 비교하면 연구의 역사가 긴 편이며 또 연구의 양도 많다.

그동안 구미사회(歐美社會), 특히 미국 등 영어사용국들에서 리더십에 대한 관심이 높았고 그에 대한 연구가 활발하게 진행되었던 까닭은 무엇보다도 민주주의와 실적주의가 그런 나라들에서 일찍 뿌리를 내렸기 때문일 것이다. 그리고 급속한 산업화와 조직사회의 성장을 먼저 경험했기 때문이기도 하다. 공·사부문의 대규모 조직들이 많이 생겨나고 실적주의에 입각하여 인재를 구하게 됨에 따라 좋은 리더들을 어떻게 선발하고 리더십을 어떻게 효율화할 것인가 하는 중요한 문제가 대두되었다. 그런 까닭으로 정부와 민간의 조직체들은 리더와 리더십의 연구에 많은 투자를 하게 된 것이다.[1]

여기서는 조직 내의 리더십에 관심을 가지고 그에 대해 논의하려 한다. 그러나 리더 또는 리더십을 논의하는 연구인들의 관심이 조직 내의 리더십에 국한되어 있는 것은 아니다. 조직 내의 리더 또는 리더십을 연구하는 사람들의 주된 관심대상도 여럿으로 구분할 수 있다.

첫째, 조직 최상층에 위치한 리더의 역할(institutional leadership)에 초점을 두는 사람들이 있다.

둘째, 이른바 관리층에 해당하는 지위에 있는 사람들 전체에 관심을 갖는 연구인들이 있다. 이런 사람들은 관리층의 리더십(managerial leadership)을 연구한다.

셋째, 일선감독자(특히 작업집단의 반장 또는 십장)에 초점을 맞춰 리더십을 논의하는 사람들이 있다. 초기의 경험적 연구들은 이 수준에서 가장 많이 이루어진 것으로 보인다.

저자는 조직 내의 리더십 전반에 관한 연구를 될 수 있는 대로 통합적인 관점에서 고찰하려 한다. 어느 하나의 대상영역에만 치우치는 일이 없도록 일반적인 고찰을 하려고 노력할 것이다. 그러나 근래에는 관리층의 리더십에 역점을 두는 추세이므로 은연중에 그쪽으로 기우는 논의가 있을 수 있다는 점을 이해하기 바란다.

II. 리더십이란 무엇인가?

1. 리더십의 정의

리더십(leadership)은 어떤 상황에서 목표성취를 위해 개인이나 집단의 활동에 영향을 미치는 과정이다. 리더십은 리더(leader)와 추종자(follower), 그리고 상황적 요인(situational variables)이 교호작용하는 과정이다. 다시 말하면 리더(l), 추종자(f), 상황적 변수(s)의 함수(function)가 리더십(L)이라고 할 수 있다.[2]

$$L = f(l, f, s)$$

　　이와 같은 리더십의 정의에 포함된 특성들을 조금 더 자세히 살펴보면 다음과 같다.

　　❶ 영향의 과정　　리더십은 개인이나 집단의 활동에 '영향을 미치는' 과정이다. 그러므로 리더십은 영향력이 불균등하게 배분되어 있는 사람들 사이에서 일어나는 과정이라고 할 수 있다.a)

　　❷ 추종자와의 관계　　리더십은 리더의 행동이 주도하지만 리더의 행동은 고립적인 것이 아니다. 리더는 리더십발휘의 상대방인 추종자와의 관계속에서만 존재할 수 있다. 추종자가 없는 리더는 우리가 논의하는 리더가 아니다.

　　❸ 기능적 · 상황적 연관성　　리더의 기능은 리더와 추종자가 소속해 있는 집단과 조직의 분화된 여러 기능 가운데 하나이기 때문에 다른 기능들과 복잡한 관계를 맺고 있다. 이러한 기능적 연관성뿐만 아니라 그 밖의 상황적 변수들도 리더십에 영향을 미친다.

　　❹ 목표지향성　　리더십은 목표지향적이다. 리더십은 특정한 목표의 달성을 위한 과정이다.

　　❺ 공식적 · 비공식적 리더십　　리더십에는 공식적 리더십도 있고 비공식적 리더십도 있다.

　　저자가 참고한 리더십의 정의 몇 가지를 소개하려 한다.

　　A. G. Jago는 "리더십은 과정인 동시에 특질이다. 리더십은 집단구성원의 행동이 집단목표 성취에 지향되도록 지휘하고 조정하기 위해 비강압적인 영향력을 행사하는 과정이다. 특질(property)로서의 리더십은 그러한 영향력을 성공적으로 구사하는 사람에 결부된 자격 또는 성격이다"고 하였다.[3]

　　Richard L. Daft는 "리더십은 공동의 목표에 따라 진정한 변동을 일으키려 하는 리더와 추종자 사이의 영향관계이다. 리더십은 영향관계이며 의미 있는 변동을 원하는 사람들 사이에 일어나는 현상이다. 리더와 추종자가 추구하는 변동은 그들의 공동목표를 반영하는 것이다"고 하였다.[4]

　　J. R. Schermerhorn, Jr. 등은 "리더십은 다른 사람들에게 영향을 미치는 과정이

---

a) 영향력(influence)과 권력은 서로 겹치는 흡사한 개념들이다. 리더십 연구인들은 권력이라는 말 대신 영향력이라는 말의 사용을 선호한다. 그러면서도 두 개념의 차이를 설명하는 데는 소홀하다. 일부 연구인들이 강압을 배제한다든지 하는 방법 등으로 영향력을 권력으로부터 구분하는 예를 보여주고 있다. 리더십 연구에서 사용하는 영향력과 권력의 차이는 문맥에 따라 짐작하기 바란다.

며 공동목표의 성취를 위해 개인적·집단적 노력을 촉진하는 과정이다"고 하였다.[5]

John W. Slocum, Jr.와 Don Hellriegel은 "리더십은 아이디어와 비전을 개발하고, 개발된 아이디어와 비전에 충실하게 살고, 다른 사람들이 이를 수용하도록 영향을 미치고, 사람과 그 밖의 자원에 관한 힘든 의사결정을 하는 과정이다"고 하였다.[6]

Wendell L. French는 "리더십은 다른 사람들이 하나의 목표 또는 일련의 목표, 보다 넓게는 미래의 비전을 지향하도록 영향을 미치는 과정이다"고 하였다.[7]

2. 리더십의 기능과 평가

1) 리더십의 기능

리더십은 어떤 집단이나 조직의 임무를 수행해야 한다는 목표를 추구하고 동시에 추종자의 동기를 유발하여 이끌어 나가야 하는 과정이다. 리더 또는 리더십의 기본적인 기능은 두 가지로 나누어 볼 수 있다. 그 첫째는 대상집단에 주어진 임무를 달성하는 기능이다. 둘째는 추종자들에게 심리적 지원을 제공하는 기능이다. 이러한 기본적 기능을 수행하는 리더십은 조직의 공식적 설계를 보완하고 상황변화에 대한 조직의 적응을 원활하게 하는 데 기여할 수 있다.[8]

임무수행의 촉진과 추종자들에 대한 심리적 지원이라는 두 가지 기능 가운데서 어느 쪽을 더 중요시하는가, 그리고 기본적 기능의 각 범주에 포함되는 보다 구체적인 기능이 무엇인가에 대해서는 의견이 여러 가지로 갈려 있다.

리더십의 기능은 변동에 관련하여 구분해 볼 수도 있다. 대표적인 예는 보전기능과 변동추구적 기능을 구분하는 것이다. 보전 또는 변동의 어느 쪽에 더 역점을 두어야 하느냐에 관한 견해도 변천해 왔다. 근래에는 변동추구적인 기능이 더 많이 강조되고 있다.

리더십의 기능은 이 밖에도 여러 가지로 분류되고 있다. 기능별 강조점도 다양하다. 뒤에 설명할 리더십 연구에 관한 접근방법의 변천과정을 보면 리더십의 기능에 대한 강조점의 다양성을 짐작할 수 있을 것이다.

리더십의 기능유형을 두 가지 이상으로 세구분하고 있는 이론 두 가지를 소개하려 한다.

Philip Selznick은 리더십의 기능을 i) 조직이 추구할 임무와 역할의 규정, ii) 목표의 체현(體現) 또는 구체화, iii) 조직의 보전(保全), iv) 조직 내적 갈등의 관리 등 네 가지로 구분하였다. Selznick의 리더십 기능분류는 조직 최상층의 리더십을 준거로 삼은 듯하다.9)

P. Krech와 그 동료들은 리더의 기능으로 i) 집단의 목표와 정책의 실현을 위한 집단활동의 조정, ii) 장·단기 계획수립, iii) 전문적 정보와 경험의 공급, iv) 대내적 관계의 통제와 대외적 대표활동, v) 보상과 제재의 시행, vi) 갈등의 중재·조정, vii) 업무수행의 솔선수범, viii) 집단의 성패에 대한 책임부담, ix) 집단구성원의 정서적 유대유지 등을 열거하였다.10)

2) 리더십의 평가

리더십을 연구하는 사람들은 리더십을 평가하고, 리더십의 개선방안을 처방하려 한다. 리더십의 평가와 개선처방을 이끌어주는 기준도 리더십의 기능에 관한 관점과 마찬가지로 변천해 왔다.

임무중심적인 관점을 가진 사람들은 대상집단의 생산성을 평가기준으로 삼으려 하였으며, 추종자중심적인 관점을 가진 사람들은 추종자의 만족을 평가기준으로 삼으려 하였다.

근래에는 리더십의 효율성(leadership effectiveness)이라는 보다 포괄적인 개념이 평가기준으로 널리 쓰여 왔다. 효율성은 리더십의 생산성과 추종자의 만족을 포괄하는 개념으로 쓰이기 시작하였다. 효율성의 결과지표(end-result indicator)로 포착하기 쉬운 것은 대상집단의 임무수행 수준이기 때문에 오늘날에도 리더십의 효율성과 생산성을 동일시하려는 사람들이 있다. 그러나 대상집단이 일을 잘 하려면 리더십에 대한 추종자들의 승복이 필요하다. 그러한 승복을 얻어내려면 추종자의 만족을 고려하지 않을 수 없다. 리더십으로 달성하려 한 행동의 결과를 당장은 얻어내더라도 심각한 심리적 부작용이 따르기 때문에 장기적인 임무수행의 생산성을 떨어뜨리게 되는 리더십은 효율적이라 하기 어렵다.b)

---

b) 기도된 리더십(attempted leadership), 성공적인 리더십(successful leadership), 그리고 효율적인 리더십(effective leadership)을 구별하는 사람들이 있다. 기도된 리더십은 리더가 다른 사람의 행동에 영향을 미치려고 기도하는 것이라고 한다. 그러한 기도에 추종자들이 반응을 보이면 리더십은 성공적이라고 한다. 그러나 추종자의 반응이 리더가 보상과 제재를 지배하고 있기 때문에 별 수 없이 나왔다면 리더십이 성공적이기는 하나 효율적인 것은 아니라고 한다. 추종자가 리더십의 내용에 승복하고 또 그의 개인적 목적도 달성할 수 있기 때문에 리더의 기도에 반응을

리더십의 평가에 관한 이론이 발전하면서 효율성의 평가지표는 다원화되어 왔다. 접근방법의 분화에 따라 평가지표들에 부여하는 우선순위도 달라져 왔다. 그 한 예로 리더의 변동대응성·개혁추진력을 가장 중요시하는 접근방법을 들 수 있다. 변혁적 리더십을 연구하는 사람들은 리더십이 변동지향적인가 아니면 보전지향적인가를 따지는 평가를 중시한다.

3. 리더십 연구의 경향변화

리더십 연구의 접근방법들을 해설하기에 앞서 접근방법 변천의 전개과정을 요약해보려 한다.

(1) 리더의 속성에 대한 관심 리더십을 체계적으로 연구하기 시작한 초창기에는 연구인들의 관심이 리더에 특유한 개인적 속성이 무엇인가를 탐색하는 데 쏠려 있었다. 훌륭한 리더가 되려면 어떠한 개인적 속성을 지니고 있어야 하는가(타고 나는가)를 알아내려고 노력하였다. 그리하여 리더의 속성에 착안한 접근방법(속성이론 또는 특성이론)을 발전시켰다. 이러한 접근방법이 2차대전 전까지는 지배적인 위치를 점하고 있었다.

그러나 리더의 속성에 착안한 접근방법은 여러 가지 이론적·방법론적 결함을 드러내게 되었다. 훌륭한 리더가 되는 데 필요한 리더의 속성을 보편적으로 확인하는 데도 실패하였다.

(2) 리더의 행태에 대한 관심 리더의 속성을 리더십의 핵심적 요소라고 생각하는 접근방법에 불만을 느낀 연구인들은 먼저 리더의 가시적인 행태에 주의를 돌리기 시작하였다. 그리하여 리더십 행태의 유형을 연구하고 추종자들의 추종을 효과적으로 끌어낼 수 있는 리더십유형이 무엇인가를 규명하려 하였다. 이러한 접근방법을 리더의 행태에 착안한 접근방법(형태이론)이라고 한다.

(3) 상황적 조건에 대한 관심 리더십의 행태유형만이 리더십의 효율성을

보일 때만 리더십은 효율적인 것이라고 한다. Paul Hersey and Kenneth H. Blanchard, *Management of Organizational Behavior: Utilizing Human Resources*, 3rd ed.(Prentice-Hall, 1977), p. 114ff.; Edgar F. Huse and James L. Bowditch, *Behavior in Organizations: A Systems Approach to Managing*(Addison-Wesley Pub. Co., 1973), p. 145.

좌우하는 유일한 요인일 수는 없다. 이 사실을 자각하면서 연구인들은 상황적 조건에 관심을 돌리게 되었다. 그리하여 상황적 조건이 리더십의 효율성에 미치는 영향의 중요성을 강조하는 상황적 영향에 착안한 접근방법(상황이론)을 발전시켰다.

상황이론은 처음에 행태적 접근방법과 결합되었다. 연구인들은 행태유형과 상황유형을 결부시켜 상황별로 가장 적합한 효율적 리더십 행태를 확인하려 하였다. 속성이론이 재조명되면서부터는 속성이론을 상황이론에 접목시키는 노력도 진행되었다.

(4) 통합적 이해의 추구   최근의 진전은 좀더 통합적이고 복합적인 접근방법의 발전이다. 통합적 접근방법은 리더십의 구성요소와 리더십에 대한 영향요인의 교호작용관계를 포괄적으로 파악하려 한다. 리더의 행태와 상황적 조건뿐만 아니라 리더의 개인적 속성, 추종자의 특성, 직위와 권력 등을 함께 고려한다.

리더십 연구에서 통합적 접근을 해야 한다는 것이 오늘날 리더십 연구의 기본적 입장이다. 그러나 특정한 리더십 유형을 선호하는 연구인들의 편향도 뚜렷이 감지되고 있다. 근래 처방적 선호가 몰리고 있는 리더십 유형의 대표적인 예로 변혁적 리더십을 들 수 있다. 그 밖의 예는 리더십 유형론에서 고찰할 것이다.

지금까지의 리더십 연구가 많은 업적을 쌓아 왔지만 통합적 연구의 진행은 아직 더디다는 평가를 하지 않을 수 없다. 그동안 리더십에 관한 경험적 연구는 리더와 추종자의 관계에 치중되었다. 조직의 유형, 리더와 동료 또는 상관과의 관계, 고객이나 수권자와의 관계, 조직이 생산한 재화·용역, 사회문화적 조건 등을 포괄하는 상황적응적 모형들의 경험적 검증은 아직까지 미진한 형편이다.

그리고 리더십 연구의 문화적 편견도 문제이다. 리더십 연구의 저변에는 이를 주도해 온 문화권의 가치가 깔려 있다. 그것은 일찍이 민주화되고 산업화된 사회의 가치관과 규범이다. 리더십 연구를 뒤쫓아 가는 문화권의 연구인들은 그에 대한 경각심을 가져야 한다.

Ⅲ. 리더십 연구의 접근방법

저자는 끊임없이 변천하면서 복잡하게 얽혀 있는 리더십 연구의 섭근방법들을 i) 리더의 속성에 착안한 접근방법(속성이론), ii) 리더의 행태에 착안한 접근방법(행태이론), iii) 상황적 영향에 착안한 접근방법(상황이론) 등 세 가지로 범주화하여 그 개요를 설명하려 한다.[11] 여기에 적은 접근방법들의 배열순서는 대체적인 시대적 등장순서를 생각해서 정한 것이다. 여기서 '대체적인'이라는 표현을 쓴 까닭은 등장순서의 배열을 엄격하게 구획되는 발전단계의 구분인 것처럼 생각하는 사람들이 없기를 바래서이다.

저자는 리더십 연구의 접근방법들을 세 가지 범주로 분류하는 다수 연구인들의 방식을 따르기로 하였다. 이런 방식이 대세이지만, 이와 다른 유형론들도 있다. 그 예를 몇 가지 보기로 한다.

Y. K. Shetty는 리더십 연구의 접근방법을 i) 속성론적 접근방법(traitist approach), ii) 추종자중심적 접근방법(follower-theory approach), iii) 상황론적 접근방법(situational theory approach) 등 세 가지 범주로 나누었다. 리더의 개인적 속성이 리더를 만들어 주는 핵심적 요소라고 보는 것이 속성론적 접근방법이며, 추종자의 심리적 요인이 리더십의 효율성을 좌우하는 결정적인 요소라고 보는 것이 추종자중심적 접근방법이라고 한다. 상황적 변수가 리더십의 성패를 좌우한다고 보는 것을 상황론적 접근방법이라고 한다.[12]

A. Bavelas는 i) 리더십을 개인적 특성으로 보는 접근방법과 ii) 리더십을 조직의 기능으로 보는 접근방법이 있다고 하였다.[13]

H. Kaufman은 i) 속성에 착안한 접근방법(trait approach), ii) 상황의 영향에 착안한 접근방법(situational approach), iii) 기능에 착안한 접근방법(functional approach), iv) 교호작용에 착안한 접근방법(interaction approach) 등을 구분하였다.[14]

Richard L. Daft는 i) 속성에 착안한 접근방법(trait approach), ii) 행태에 착안한 접근방법(behavior approach), iii) 다이애드 접근방법(양자관계이론: dyadic approach), iv) 상황적응적 접근방법(contingency approach) 등을 구분하였다.[15]

1. 리더십에 관한 속성이론

1) 속성이론의 정의

리더가 될 수 있는 사람은 다른 사람들에게서 찾아볼 수 없는 독특한 속성을 지녔을 것이라고 생각하는 상식적인 사고방식이 리더의 속성에 착안한 속성이론(屬性理論: trait theories)을 출발시켰다. 속성이론은 성공적인 리더십에 결부된 리더의 육체적·정신적 특성을 탐구한다.

전통적인 속성이론가들은 대개 리더의 개인적 속성이 리더십의 성패를 가르는 핵심적 요소라고 생각하였다. 그리고 리더가 되는 데 필요한 속성을 가진 사람은 상황의 변화에 상관없이 성공적인 리더가 될 수 있다고 생각하였다. 리더의 속성은 다른 변수들과 관계없이 따로 검토할 수 있다고 믿은 연구인들은 리더에 특유한 속성을 가려내고 그것을 측정하는 일에 몰두하였다.

리더의 속성에 착안한 접근방법이 리더십에 관한 연구활동을 주도하는 동안 리더에게 필요한 속성이라고 생각되는 요인들을 조사한 연구들이 양산되었다. 연구인들이 조사한 리더의 속성에는 지성, 지배성향, 공격성, 언어구사력, 통찰력, 판단력, 결단력, 사교성, 사명감, 정서적 안정성, 육체적 특성 등 많은 요인들이 있었다. 그러나 여러 연구의 결론들 사이에 일관성이 있는 것은 아니었다.

2) 속성이론에 대한 비판

리더의 속성에 착안한 초기적 연구들은 리더를 리더 아닌 사람들과 구별해 주는 보편적 속성을 규명하려 했지만 그러한 이상을 달성하는 데에는 실패했다. 그리고 여러 가지 비판을 받았다.

속성이론에 대한 비판의 논점은 i) 리더의 속성에 초점을 맞춘 경험적 연구들을 인도해 줄 이론의 발전이 부진하였다는 것, ii) 리더의 속성에 대한 조작적 정의가 미숙했다는 것, iii) 측정·검사기법의 신뢰성과 타당성이 낮았다는 것, iv) 연구대상으로 추출된 표본이 한정적이었다는 것, v) 리더십에 영향을 미치는 상황적 요인을 고려하지 못했다는 것 등이다.[16] 이런 비판을 하는 사람들은 '속성결정론적인' 또는 '속성 이외의 개입요인을 고려하지 못한' 초기적 이론들만을 속성이론이라고 규정한다.

3) 속성이론의 재발견

리더의 속성 연구에 실망한 후속 연구인들의 다수가 행태론적 연구를 향해 떠났다. 그러나 머지않아 속성이론에 대한 관심은 다시 살아났다. 1970년대에 접어들면서부터 초기적 연구업적을 재조명하고 속성이론의 결함을 보완하거나 새로운 시도를 추가하는 노력을 하기 시작하였다.

(1) 옹호와 보완 속성이론의 재발견에 가담한 사람들은 속성이론을 비판한 사람들이 속성이론의 공적을 과소평가했다는 반론을 폈다. 그들은 리더의 개인적 속성에 관한 논의가 쓸모없는 일인 듯 말하는 것은 잘못이라고 주장한다. 속성이론은 리더십의 포괄적인 이해에 필요한 여러 국면의 연구 가운데 한 모퉁이를 맡는다고 한다. 그리고 속성이론에 입각한 연구들이 발굴한 리더의 특성 가운데 상당수는 보편성이 상당히 높다는 사실, 그러한 특성과 리더십의 효율성 사이에 높은 상관성이 검증되었다는 사실도 지적한다.

비록 완벽한 이론은 아니더라도 속성이론과 그에 입각한 경험적 연구방법들을 갈고 다듬으면 보다 큰 기여를 할 수 있을 것이라고 생각한 연구인들은 이론적 명료화작업을 하였다. 보다 정확한 조작적 정의를 하고 연구의 시야를 넓히는 새로운 가설들을 정립하였다. 상황적 요인 등 영향요인의 고려를 끌어들임으로써 분석틀의 포괄성을 높이기도 하였다.

(2) 새로운 속성이론 속성이론에 대한 관심이 복원된 이래 재조명되거나 새로이 개발된 속성이론들이 많다. 중요한 예를 보면 성취동기이론, 사회적 영향동기에 관한 이론, 리더의 동기척도에 관한 이론, 카리스마틱 리더십이론, 리더의 융통성에 관한 이론 등이 있다. 근래에 폭을 넓혀 구성한 행태이론들 가운데는 리더의 속성도 설명틀에 포함시키는 이론들이 있다.

❶ 성취동기에 관한 이론 David C. McClelland가 개척한 성취동기에 관한 이론(achievement motivation theory)의 용도는 여러 가지인데 리더십의 효율성결정요인을 설명하는 데도 쓰인다. 리더의 강한 성취동기가 과업지향적 집단에 대한 리더십의 효율성을 높이는 데 기여한다는 이론은 여러 경험적 연구의 지지를 받고 있다.[17]

❷ 사회적 영향동기에 관한 이론 사회적 영향동기에 관한 이론(social influence motivation theory)은 권력동기, 영향력행사에 대한 욕구 등의 지표를 써서 측정한 사회적 영향동기가 성공적 관리와 효율적 리더십에 기여한다는 이론이다.

❸ 리더의 동기척도에 관한 이론 사회적 영향동기이론을 응용한 리더의 동기척도에 관한 이론(leader motive profile theory: LMP theory)은 높은 권력동

기, 권력의 도덕적 행사에 대한 높은 관심, 친화동기보다 큰 권력동기 등 세 가지 무의식적 동기의 조합이 리더십의 효율성을 높이는 데 기여한다는 가설을 설정한다.[18]

❹ 리더의 융통성에 관한 이론   리더의 융통성에 관한 이론(leader flexibility theory)은 D. A. Kenny 등이 개발한 것이다. 이 이론은 리더의 융통성과 사회적 감수성이 리더의 효율성을 높이는 요인이라고 주장한다.[19]

❺ 카리스마틱 리더십이론   Robert J. House가 만든 '1976년의 카리스마틱 리더십이론'(1976 theory of charismatic leadership)은 카리스마틱 리더들이 특별히 높은 자신감, 영향력 획득과 행사에 대한 강한 동기, 자기 신념의 도덕적 정당성에 대한 강한 확신 등을 가지고 있으며, 이러한 특성들은 리더십의 효율성을 높이는 데 기여한다고 주장한다.[20]

여기서 소개한 House의 카리스마틱 리더십이론과 J. M. Burns가 처음 개척한 것으로 알려진 변혁적 리더십이론(transformational leadership theory), J. A. Conger와 R. A. Kanungo가 리더십의 효과를 귀인론적(歸因論的)으로 설명하기 위해 정립한 카리스마틱 리더십에 관한 귀인이론(attributional theory of charismatic leadership) 등을 하나의 범주에 묶어 거기에 '신카리스마이론'(neocharismatic theory) 또는 '신리더십이론'이라는 이름을 붙이기도 한다.[21]

리더의 행태적 요인까지도 고려하는 신카리스마이론들은 전통적인 속성이론의 틀을 어느 정도 벗어나 있다. 신카리스마이론이라고 분류되는 이론들은 다음과 같은 공통점을 지닌다.

첫째, 리더들이 어떻게 탁월한 성취와 대변혁을 이끌어갈 수 있는가에 대해 설명하려 한다. 둘째, 리더들이 어떻게 추종자들의 아주 높은 동기, 존경심, 신뢰, 헌신, 충성과 업무성취수준을 끌어 낼 수 있는가에 대해 설명하려 한다. 셋째, 상징적이고 감동적인 리더의 행태를 중요시한다. 상징적·감동적 행태의 예로 환상적 행태, 솔선수범, 힘 실어주기, 모험, 이미지 형성, 지적 자극 등을 들 수 있다. 넷째, 이들 이론이 밝히고 있는 리더십의 성과는 추종자들의 자기존중, 동기유발, 리더의 가치와 비전에 대한 일체화, 추종자들의 업무성취 등이다.

4) 속성이론의 기여

속성이론은 리더와 리더가 아닌 사람을 구별해 주는 개인적 특성들이 있다는 점을 강조하고 이를 명료화하는 데 기여하였다. 속성이론의 가설들 가운데는 경험적 연구에서 일관되게 지지되고 있는 것들이 있다. 이런 증거들을 과소평가해서는 안 된다. 리더의 타고난 특성이 리더십의 효율성을 결정하는 유일한 요인은 아니지만 여러 요인들 가운데 '하나의' 요인이라는 사실을 부인하기는 어렵다. 그러므로 리더십의 효율성에 영향을 미치는 하나의 요인에 대한 속성이론의 관심을 전혀 부질없는 일이라고 평가하는 것은 잘못이다.

시야가 넓어진 수정형태의 속성이론들까지 포함해 생각한다면 속성이론의 설명력은 초기이론의 경우보다 훨씬 높아졌다고 평가하지 않을 수 없을 것이다. 근래의 일부 속성이론은 상황이론의 명제를 도입하여 이론적 성숙도를 높이고 있다. 리더의 개인적 특성이 그의 행태와 리더로서의 효율성에 미치는 영향은 상황적 조건에 따라 달라질 수 있다는 사실을 확인하는 속성이론들이 나오고 있다. 선도적 연구인들은 속성이론과 상황이론뿐만 아니라 행태이론까지를 포괄하여 접근방법 간의 교호충실화를 촉진하고 있다.

2. 리더십에 관한 행태이론

1) 행태이론의 정의

리더의 행태에 착안한 행태이론(行態理論: behavioral theories)은 관찰가능한 리더십행태를 탐구하는 접근방법이다. 눈에 보이지 않는 능력과 같은 속성보다 리더들이 실제 어떤 행동을 하는가의 문제에 초점을 맞춘 접근방법이다. 이 접근방법은 리더의 행태를 연구하고 리더십행태와 추종자들이 보이는 행태적 반응 사이의 관계를 규명하려 한다.

행태적 접근방법은 보편적으로 효율적인 리더의 행태를 발견하려 하였다. 이를 위한 이론적 준비로 리더십행태의 유형론을 개발하고 리더십행태와 추종자들의 업무성취 및 만족 사이의 관계에 대한 가설을 설정하였다. 가설검증을 위해 실험실적 연구를 하거나 현장에서 태도조사를 실시하였다. 가장 많이 쓰인 측정도구는 조사표(질문서)였다.

행태이론은 리더십의 행태적 측면을 발굴하고 그에 대한 연구를 촉진시킨 공로를 인정받아야 한다. 비록 포괄성은 높지 않았지만 리더십행태의 분석에 필요한 이론의 발전에 기여하였으며 경험적 연구방법의 발전에도 기여하였다. 특히 리더십 유형론의 개척은 상황이론의 발전을 유도한 계기를 만들었다.

2) 행태론적 연구의 예

행태적 접근방법에 따른 연구들은 대단히 많으나 그 전형적인 예로 들어지고 있는 것은 미시간 대학교에서의 연구와 오하이오 주립대학교에서의 연구이다. R. R. Blake와 J. S. Mouton의 관리유형도에 관한 연구도 자주 거론된다.

(1) 미시간 그룹에 의한 연구 미국 미시간 대학교(Survey Research Center, University of Michigan)에서 미시간 그룹(Michigan Group)이라 불리는 일단(一團)의 연구인들이 리더십 유형론에 입각한 일련의 행태론적 연구를 실시하였다.

미시간 그룹의 연구에서는 직원중심형과 생산중심형이라는 두 가지 리더십유형을 구분하고, 효율성의 지표와 각 리더십유형의 특성들이 어떻게 연관되어 있는가를 알아보려고 하였다.

미시간 대학교에서 행한 연구들의 공통된 결론은 생산성을 높이는 데 직원중심형이 생산중심형보다 우월하다는 것이었다. 높은 생산기록을 보인 리더들은 직원중심적이었으며 리더십기능의 인간관계적 측면을 중요시하는 사람들이었다. 반면 낮은 생산기록을 보인 리더들은 생산중심적이었으며 서류처리 등의 공식적 임무수행에 더 많은 노력을 기울이는 사람들이었다.

생산성은 감독의 수준에도 관련되어 있음이 밝혀졌다. 면밀한 감독에 의존하는 리더십행태는 낮은 생산성과 관련되어 있고, 일반적인(대체적인) 감독에 의존하는 리더십행태는 높은 생산성에 관련되어 있다는 사실을 발견하였다. 그리고 면밀하게 감독하는 리더는 강압적 권력을 사용하는 반면, 일반적으로 감독하는 리더는 보상적 권력을 사용하는 경향이 있다는 것도 알아냈다.[22]

(2) 오하이오 그룹에 의한 연구 오하이오 주립대학교(Bureau of Business Research, Ohio State University)에서도 오하이오 그룹(Ohio State Group)이라 불리는 일단의 연구인들이 리더십 유형론에 입각한 일련의 행태론적 연구를 실시하였다.

그림 4-3-1 구조설정과 배려를 기준으로 한 리더십유형분류

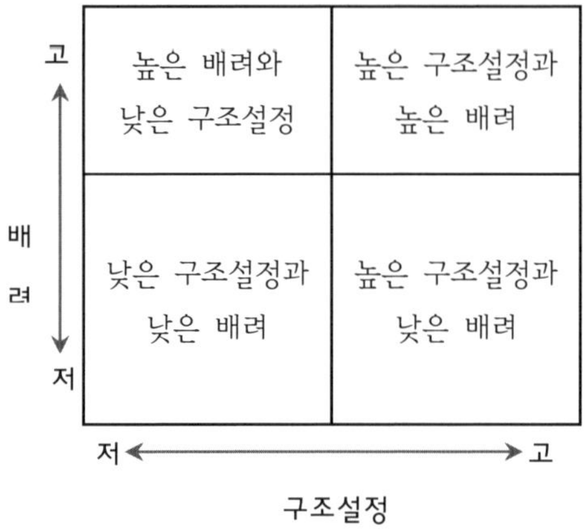

고 ↑	높은 배려와 낮은 구조설정	높은 구조설정과 높은 배려
배 려	낮은 구조설정과 낮은 배려	높은 구조설정과 낮은 배려
저 ↓		

저 ←――――――→ 고

구조설정

　　오하이오 그룹은 리더십행태의 두 가지 국면을 기준으로 네 가지의 리더십유형을 분류하였다. 리더십행태의 두 가지 국면은 구조설정(initiating structure)과 배려(consideration)이다. 구조설정은 리더와 추종자의 관계 및 조직의 구조와 과정을 엄격하게 만들려는 행태이다. 이것은 임무중심적인 리더십행태의 특성이다. 배려는 리더와 추종자 사이에 우정, 상호신뢰, 존경심 등을 조성하려는 행태이다. 배려는 인간관계중심적인 리더십행태의 특성이다.

　　구조설정의 수준과 배려의 수준이 어느 정도로 배합되어 있느냐에 따라 리더십유형을, i) 배려의 수준이 높고 구조설정의 수준이 낮은 유형, ii) 구조설정의 수준이 높고 배려의 수준이 낮은 유형, iii) 구조설정의 수준도 높고 배려의 수준도 높은 유형, iv) 구조설정의 수준도 낮고 배려의 수준도 낮은 유형 등 네 가지로 분류하였다.

　　오하이오 그룹이 실시한 몇 차례의 조사연구에서 발견한 사실 가운데 중요한 것을 보면 다음과 같다.

　　첫째, 리더십행태의 구성요소인 구조설정과 배려는 각각 독자적인 국면임이 확인되었다. 구조설정의 수준이 높으면 반드시 배려의 수준이 낮은 것은 아니었으며 구조설정의 수준이 높다고 해서 배려의 수준도 언제나 함께 높은 것은 아니었다.

　　둘째, 높은 배려수준과 낮은 불평수준 사이에는 높은 적극적 상관관계가 있음을 발견하였다. 리더십행태가 배려적일수록 추종자들의 불평은 감소하는 경향을 확인하였다.

셋째, 구조설정과 배려의 수준이 다 같이 높을 때 추종자들의 불평수준과 이직률은 가장 낮고 생산성은 가장 높다는 것, 구조설정과 배려의 수준이 다 같이 낮을 때 불평수준과 이직률이 높다는 것, 구조설정의 수준은 높으나 배려의 수준이 낮을 때도 불평수준과 이직률은 높다는 것 등을 발견하였다.[23]

(3) 관리유형도: Blake와 Mouton의 연구 Robert Blake와 Jane Mouton은 조직발전 또는 관리발전에 활용할 목적으로 관리유형도(managerial grid)라는 개념적 도구를 만들었다. Blake와 Mouton은 관리유형도를 만들면서 조직의 보편적인 구성요소는 목표·인간·계서제이며 이러한 구성요소들이 어떻게 결합되고 또 활용되느냐에 따라 생산에 대한 관심, 인간에 대한 관심, 그리고 계서제의 활용방법에 대한 관리자의 가정이 달라진다고 생각하였다.[24]

관리유형도에서는 임무성취(생산에 대한 관심)와 인간관계개선(인간에 대한 관심)이라는 두 가지 기준에 따라 리더십유형을 다섯 가지로 분류하고 있다. 다섯 가지 리더십유형(관리자의 관리행태)은 다음과 같다.

❶ 빈 약 형 빈약형(impoverished)은 리더의 관심과 활동이 최소의 수준에 머무르는 리더십유형이다. 생산이나 인간에 대한 관심이 다 같이 낮은 리더십행태라 할 수 있다.

❷ 친 목 형 친목형(country club)은 인간의 욕구를 깊이 배려함으로써 만족스러운 인간관계를 형성하고 조직 내의 다정한 분위기를 조성하는 리더십유형이다. 인간(추종자)에 대한 관심이 높은 리더십행태라고 할 수 있다.

❸ 임무중심형 임무중심형(task)은 인간적인 요인의 개입을 최소화할 수 있도록 업무수행조건을 설정함으로써 조직활동의 능률을 높이려는 리더십유형이다. 생산에 대한 관심이 높은 리더십행태라 할 수 있다.

❹ 절 충 형 절충형(middle-of-the-road)은 사람들의 욕구충족을 만족할 만한 수준으로 유지해야 한다는 필요와 임무를 성취해야 한다는 필요를 적절히 균형시키는 리더십유형이다. 인간과 생산에 절반씩의 관심을 갖는 중도적(中道的) 리더십행태라고 할 수 있다.

❺ 단 합 형 단합형(team)은 대상집단이 조직에서 부여한 임무(목표)를 수행하는 운명공동체라는 것을 강조함으로써 사람들이 서로 신뢰하고 존경하는 관계를 형성하도록 하고 목표성취를 위해 헌신하도록 하는 리더십유형이

그림 4-3-2 관리유형도의 리더십유형

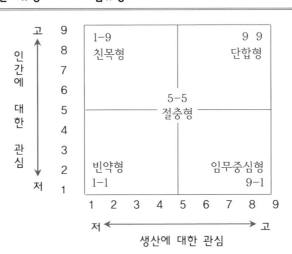

다. 인간에 대한 관심과 생산에 대한 관심이 함께 높은 리더십행태라 할 수 있다.

Blake와 Mouton은 관리유형도의 용도를 설명하면서 단합형이 가장 이상적인 리더십유형(관리유형)임을 시사하였다. 그리고 리더십행태를 단합형으로 바꾸기 위한 훈련방법을 설명하였다.

3) 행태이론에 대한 비판

행태이론도 속성이론과 마찬가지로 보편성 추구라는 목표의 성취에 실패했다는 비판을 받았다. 리더의 행태는 리더십의 중요한 구성요소이며 리더십의 효율성을 결정하는 한 요인이지만 그것이 효율성 결정의 유일한 요인은 아니다. 이런 이치를 간과한 행태이론은 리더의 행태 이외에 리더의 구체적 역할, 리더와 추종자의 성향, 상황적 조건 등 리더십의 효율성에 영향을 미치는 많은 요인들의 고찰에 실패하였다.

주요 개념들의 조작적 정의를 포함한 이론의 완성도가 떨어지고 연구방법론의 한계도 문제였다. 측정도구로 쓰인 질문서들의 타당성은 의심스러운 것이었다. 조사대상은 대개 하급감독자들과 실험실적 연구에 참가한 대학생들이었으며, 고급관리자들을 대상으로 하는 연구가 드물었다는 것도 흠절이었다. 보수적이고 현상유지적인 리더십을 주된 준거로 삼았는데, 이 또한 연구의 한계가 되었다.

4) 새로운 행태이론

위에서 지적한 비판적 논점은 좁게 규정한 또는 초기적인 리더십 행태론을 대상으로 하는 것이다. 행태론적인 기초에서부터 출발한 연구들도 차츰 그 시야를 넓히면서 발전을 거듭해 왔다. 행태이론의 시야가 속성이론과 상황이론의 관심영역을 함께 바라보는 쪽으로 넓어져 왔다. 세 가지 접근방법의 상호수렴이 촉진되면서 이들 사이의 경계는 흐려져 왔다.

행태이론이 간과했던 요인들을 새로이 발굴하거나 속성이론 또는 상황이론의 관심사와 접목을 시도하는 이론들이 있다. 이런 이론들이 늘어나면서 행태이론은 상황이론으로 변환되는 길을 밟았다. 여기서는 행태이론의 변종이라고 생각되는 이론 두 가지를 소개하려 한다.[25] 신카리스마이론도 그러한 변종의 범주에 포함시킬 수 있겠으나 앞에서 이미 소개했기 때문에 여기서는 재론하지 않는다.

❶ 관계이론 관계이론(교환이론: leader-member exchange theory: LMX theory)은 리더와 추종자의 속성이나 행태가 아니라 리더와 추종자 사이의 '관계'에 초점을 맞춘다. 이 이론은 리더와 추종자 사이의 관계가 어떻게 설정되느냐에 따라 추종자들의 직무성취와 직무만족 등이 달라진다는 전제에 입각한 것이다. 관계이론은 리더와 추종자 사이에 상호영향·상호책임·상호충성·신뢰·존경의 관계를 발전시키고 추종자들에게 더 많은 재량권을 부여하도록 처방한다.

관계이론의 착상은 추종자들이 리더와의 관계에서 내집단(in-group)과 외집단(out-group)으로 나누어지는 사례가 많다는 데서 비롯된 것 같다. 관계이론가들의 설명에 의하면 리더는 시간제약 때문에 추종자들 가운데 일부와 특별한 호의적 관계를 설정하여 이를 내집단화하는 경향이 있다고 한다. 외집단으로 밀린 추종자들에 비해 내집단 구성원들은 리더로부터 보다 많은 신뢰, 관심과 혜택을 받는다고 한다. 내집단 구성원들의 직무성취와 직무만족의 수준은 외집단의 경우에 비해 더 높다고 한다.

❷ 잠재적 리더십이론 잠재적 리더십이론(implicit leadership theory)은 리더에 대한 사람들의 평가와 그러한 평가에 내재된 인식과정에 초점을 맞춘다.

이 이론은 리더십이란 사람들이 리더를 리더로 지각하는 과정이라고 정의한다. 그리고 구체적인 리더십행태가 있더라도 그것 자체가 어떤 사람을 리더로 만드는 것은 아니며 사람들이 그를 리더라고 인식할 때만 리더가 된다고 한다.

잠재적 리더십이론은 리더십의 특성을 지각자들에 의한 구성 또는 해석이라고 본다. 리더십에 대한 지각은 외재적으로 통제된 추론의 과정이나 자발적인 인식과정을 통해 형성된다고 한다. 그러한 지각이 한번 형성되면 그것은 리더의 장래 행태와 임무수행을 평가하는 인식틀이 된다고 한다.

잠재적 리더십이론은 다른 사람들 특히 추종자들이 리더임을 인정해야 리더가 될 수 있다는 사실을 강조하는 이론이다.

3. 리더십에 관한 상황이론

1) 상황이론의 정의

사람의 개인적 속성이나 행태가 아니라 상황이 리더를 만든다는 사고방식에서 상황적 영향에 착안한 상황이론(狀況理論: situational contingency theories)은 출발하였다. 어떤 사람이 리더가 되는 까닭은 그가 처한 상황에 따라 그에 적합한 리더의 행태를 보이거나 개인적 특성을 지녔기 때문이라고 생각하는 것이 상황에 착안한 접근방법의 기본적인 전제이다.

상황이론은 처음에 행태이론과 결합되었다. 상황에 착안한 접근방법은 리더의 행태에 관한 변수와 상황적 변수를 결부시켜 리더십을 연구하게 되었다. 이 접근방법에서 관심을 갖는 리더에 관한 변수는 주로 행태적인 것이었다. 그리하여 상황유형별로 가장 효율적인 리더의 행태를 알아내려 하였다. 그러나 근래에는 속성이론으로부터 출발한 연구들도 상황적응적 접근을 시도하고 있다. 따라서 상황이론이 리더의 행태와 상황의 관계에만 관심을 갖는다고 말할 수 없게 되었다. 오늘날 상황이론은 리더십의 효율성을 결정하는 데는 리더의 속성과 행태뿐만 아니라 상황적 요인의 작용이 중요하다는 점을 강조하는 이론이라고 말할 수 있다.

2) 상황이론의 기여와 한계

다른 어떤 분야에서와 마찬가지로 리더십의 연구도 결국은 체제론적 관

점에 입각한 상황적응적 접근방법의 발전을 지향할 수밖에 없을 것이다. 상황
적응적 접근방법에 입각한 연구들이 리더십의 효율성을 결정하는 데 영향을
미치는 요인들의 보다 포괄적인 이해에 많은 기여를 하였다.

그러나 상황이론에는 본래적 한계도 있다. 그것은 '중범위이론'으로서 충
분히 포괄적이지도 못하고 충분히 상세하지도 못하다는 비판을 받는다. 그뿐
아니라 연구인들이 실제로 만든 상황이론들의 이론구조에 내포된 문제들이나
불완전한 측정방법이 여러 가지 비판을 받고 있다. 상황이론은 리더가 통제할
수 없는 상황적 조건의 영향만을 너무 강조한다는 비판도 있다.

3) 상황론적 연구의 예

상황이론의 전형적인 예로 널리 인용되는 것은 Fiedler의 상황적응적 모
형이다. Hersey와 Blanchard의 삼차원적 모형도 자주 거론된다. 이 밖에도
통로−목표이론, 생애주기이론, 인식자원이론, 의사결정모형, 다원적 영향모
형, 대체이론 등이 있다.

(1) Fiedler의 상황적응적 모형   Fred E. Fiedler는 오랜 연구경험을 토대
로 하여 세 가지의 연관조건(contingent conditions)을 리더십유형과 결부시켜
고찰할 수 있는 상황적응적 모형(leadership contingency model)을 만들었다.[26]

❶ 리더십 유형   Fiedler는 기본적인 리더십유형을 두 가지로 구분하였
다. 그 하나는 인간관계중심적 리더십유형(관대하고 소극적이며 배려적인 유형)
이며 다른 하나는 임무중심적 리더십유형(면밀한 감독을 하고 능동적이며 직무관
계의 명확한 규정에 힘을 기울이는 유형)이다.

Fiedler는 리더들의 리더십행태를 실제로 알아내기 위해 '가장 좋아하지
않는 동료'(least-preferred co-worker: LPC)를 평가하게 하는 조사표를 만들었
다. 자기가 가장 좋아하지 않는 동료를 비교적 호의적으로 평가한 사람은
LPC 평점이 높은 사람이며 인간관계중심적인 리더십행태를 보이는 사람이라
고 한다. 반면 자기가 가장 좋아하지 않는 동료를 나쁘게 평가한 사람은 LPC
평점이 낮은 사람이며 임무중심적인 리더십행태를 보이는 사람이라고 한다.

❷ 상황적 변수   Fiedler는 리더십유형의 효율성에 영향을 미치는 가
장 중요한 연관적 조건들을 확인하였는데 그것은 리더십에 대한 상황의
'유리성'(favorability)을 결정하는 세 가지 변수이다. 리더십에 대한 상황의 유

리성은 리더가 추종자들에게 얼마나 영향력을 행사할 수 있느냐에 관한 개념이다. 가장 많은 영향력을 행사할 수 있는 상황이 가장 유리한 것이다.

리더십에 대한 상황의 유리성을 결정하는 세 가지 변수는 i) 리더와 추종자의 관계(leader-member relations), ii) 임무구조(task structure), 그리고 iii) 직위에 부여된 권력(position power)이다.

리더와 추종자의 관계는 리더와 추종자들이 얼마나 서로 좋아하고 신뢰하는가에 관한 변수이다. 추종자들이 좋아하고 신뢰하는 리더는 직위가 높지 않더라도 많은 영향력을 행사할 수 있다. 임무구조는 대상집단의 임무가 얼마나 상세하고 명확하게 규정되어 있는가에 관한 변수이다. 대상집단이 수행해야 할 임무는 구체적으로 명확하게 규정되어 있는 경우도 있고 모호한 경우도 있다. 임무규정이 모호하면 리더와 추종자가 다 같이 업무의 성격이나 수행기준을 분명하게 알지 못하기 때문에 리더의 영향력행사가 어렵게 된다. 직위에 부여된 권력은 리더가 행사할 수 있는 정당한 권력이다. 리더의 직위에 부여된 권력이 클수록 영향력행사는 쉬워진다.

❸ 리더십유형의 상황적응적 효용   세 가지 상황적 변수가 어떻게 결합되느냐에 따라 리더십의 상황은 달라진다. Fiedler는 세 가지 변수의 상이한 조합을 여덟 가지로 만들었으므로 상황의 유형은 여덟 가지라고 말할 수 있다. 이 가운데서 가장 유리한 상황은 리더와 추종자의 관계가 양호(good)하고, 직위의 권력이 강하며(strong), 임무가 명백하게 규정되어 있는(structured) 상황이다. 반면 추종자들이 리더를 싫어하고 임무는 모호하며 직위의 권력 또한 빈약한 상황은 리더에게 가장 불리한 상황이다.

Fiedler는 여덟 가지의 상황마다 각각 적합한 리더십유형이 어떤 것인가를 알아보기 위해 500여 개의 집단에서 수집한 자료를 분석하여 리더십유형과 여러 가지 상황에 처해 있는 대상집단의 업무수행실적을 상관지어 보았다. 〈그림 4-3-3〉은 그러한 상관관계분석의 결과를 개략적으로 보여 주는 것이다. 이 그림에서 리더십유형(LPC와 대상집단의 실적 사이에 나타난 상관관계)은 세로축에 표시되어 있으며 상황적 변수는 가로축에 표시되어 있다.

〈그림 4-3-3〉에 나타난 분석결과를 요약하면 다음과 같이 된다.

첫째, 상황이 매우 불리하거나 또는 매우 유리할 때는 임무중심적인 리더십유형이 효율적이다.

그림 4-3-3 상황별로 적합한 리더십유형(1)

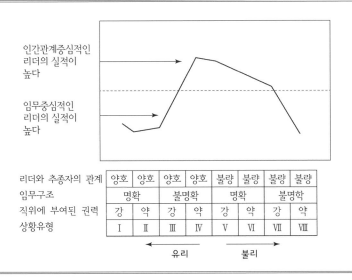

리더와 추종자의 관계	양호	양호	양호	양호	불량	불량	불량	불량
임무구조	명확		불명확		명확		불명학	
직위에 부여된 권력	강	약	강	약	강	약	강	약
상황유형	I	II	III	IV	V	VI	VII	VIII

유리   불리

둘째, 상황의 유리성이 중간 정도일 때에는 인간관계중심적인 리더십유형이 효율적이다.

이와 같이 요약된 결론을 도시하면 〈그림 4-3-4〉와 같이 된다.

그림 4-3-4 상황별로 적합한 리더십유형(2)

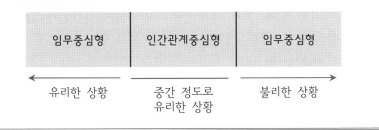

Fiedler의 이론은 상황적응적 접근방법을 개척하는 데 중요한 공헌을 하였다. 그러나 여러 가지 비판의 대상이 되기도 하였다. 리더십행태의 기본유형을 이원화시킨 데도 문제가 있고, 상황적 변수를 세 가지에 국한시킨 데도 문제가 있으며, 방법론 상으로도 문제가 있다고 한다.[c]

---

c) Shiftlett와 Nealey는 Fiedler의 상황적응적 모형을 적용하여 대학원생들로 구성된 3인조집단들

(2) Hersey와 Blanchard의 삼차원적 모형   Paul Hersey와 Kenneth Blanchard는 리더십유형의 분류기준인 인간관계중심적 행태와 임무중심적 행태를 농일선상이 아니라 별개의 축으로 나타내야 할 두 가지의 차원이라고 규정한 다음 거기에 효율성이라는 하나의 차원을 추가하여 리더십유형연구의 삼차원적(입체적) 모형(tri-dimensional leader effectiveness model)을 정립하였다.d) 그들의 모형은 상황적응적인 접근방법에 입각한 것이다. 가장 이상적인 하나의 리더십행태를 처방하려 하지 않고 상황에 따라 그에 적합한 리더십행태는 달라질 수 있다는 이치를 분명히 하려는 모형이다. 삼차원적 모형의 내용을 간추리면 다음과 같다.27)

❶ 리더십유형   리더십행태를 구성하는 두 가지 국면인 인간관계중심적 행태(relationship behavior)와 임무중심적 행태(task behavior)를 기준으로 하여 네 가지의 기본적인 리더십유형을 구분한다. 인간관계중심적 행태는 의사전달통로의 개방, 정서적 지원, 촉진적 행동 등을 통해서 리더들이 추종자들과 개인적인 관계를 어느 정도나 유지하느냐에 관한 변수이다. 임무중심적 행태는 리더가 조직의 양태, 의사전달의 통로, 업무수행방법 등을 얼마나 엄격하게 규정하려 하느냐에 관한 변수이다.

네 가지 기본적 리더십행태란, 첫째, 인간관계중심적인 경향이 강하고 임무중심적인 경향이 약한 행태, 둘째, 임무중심적인 경향이 강하고 인간관계중심적인 경향이 약한 행태, 셋째, 임무중심적인 경향과 인간관계중심적인 경향이 다 같이 강한 행태, 넷째, 임무중심적인 경향과 인간관계중심적인 경향이 다 같이 약한 행태를 말한다.

❷ 효율성국면의 추가   리더의 효율성은 그 리더십유형이 상황과 어떻게 연관되느냐에 달려 있다. 그러므로 인간관계중심적 행태와 임무중심적 행태

의 리더십유형과 생산성을 분석하였다. 구성원의 능력을 기초로 조사대상집단을 우수한 집단과 무능한 집단으로 구분하였다. Fiedler의 가설은 무능한 집단에서만 옳은 것으로 나타났다. S. Shiftlett and S. Nealey, "The Effects of Changing Leadership Power: A Test of Situational Engineering," *Organizational Behavior and Human Performance*(vol. 7, no. 3, June 1972), pp. 371~382.

d) Hersey와 Blanchard는 자기들의 모형을 만들면서 오하이오 주립대학교의 리더십유형분류모형과 Reddin이 개발한 '삼차원적 관리유형이론'을 본뜨고 있다. cf., William J. Reddin, "The 3-D Management Style Theory," *Training and Management Journal*(April 1967), pp. 8~17, *Managerial Effectiveness*(McGraw-Hill, 1970).

그림 4-3-5 삼차원적 모형

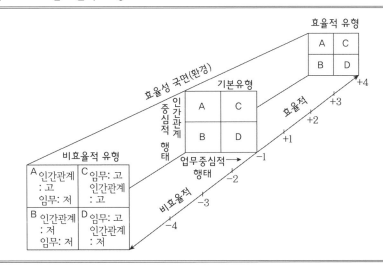

라는 두 가지 국면에 효율성이라는 국면(effectiveness dimension)을 추가하여 리더십유형과 구체적인 환경의 상황적 요청을 결부시켜야 한다.

리더십유형이 주어진 상황에 적합하면 효율적이고 적합하지 않으면 비효율적인 것이다. 이와 같이 리더십유형의 효율성은 상황에 달려 있다. 리더십유형과 상황이 교호작용한 결과가 효율성의 수준으로 나타나는 셈이다. 그러므로 제3의 실질적인 국면은 효율성이라기보다 상황(환경적 조건)이라고 볼 수도 있다. 제3의 국면을 효율성이라고 부르는 까닭은 리더의 효율성 또는 비효율성을 측정하기 위해 여러 가지 실적기준을 조직 내에서 쓰고 있기 때문이다.

리더십유형을 하나의 자극(stimulus)이라고 생각할 때 그에 대한 반응(response)은 효율적일 수도 있고 비효율적일 수도 있다. 가장 이상적인 하나의 리더십유형을 발견 또는 처방하려는 사람들은 리더십유형이라는 자극에만 주의를 집중하여 그에 대한 가치판단을 하려 하지만 상황적응적인 접근방법을 따르는 사람들은 자극보다는 그에 대한 반응을 평가하는 데 더 많은 관심을 갖는다.

〈그림 4-3-5〉는 위의 설명을 요약해 보여 주는 것이다.[e]

e) 〈그림 4-3-5〉는 리더십행태의 효율성은 상황에 따라 달라질 수 있다는 이치를 단순화해서 표현하려는 것일 뿐이다. 한 개의 판에 네 가지 리더십유형들이 함께 그려져 있다고 해서 네 가지

이 그림에 표시된 효율성은 양극적인 현상이 아니라 연속적인 현상이다. 효율성은 수준의 문제이다. 그림에는 리더십유형을 표시하는 판이 세 개만 그려져 있는데 그것은 설명의 편의를 위한 단순화이다. 사실은 그러한 판이 효율성을 나타내 주는 연속선상에 무수히 그려져야 실제에 근접하는 그림이 될수 있다.

❸ 환경적 변수(리더십에 영향을 미치는 요인) 삼차원적 모형은 리더십행태의 유형이 환경적 요청에 적합할 때에만 효율적일 수 있다고 전제한다. 그러므로 삼차원적 모형을 적용하려면 환경적 요인(상황적 조건)이 무엇인가를 확인하고 그것을 평가해야 한다.

조직현상의 중요 구성요소는 리더·추종자·동료·상관·조직·임무, 그밖의 조직 내적 변수와 조직 외적 환경이다.f) 리더십유형의 효율성을 평가하고 개선하려면 리더와 그를 둘러싼 조직현상의 구성요소들을 분석하여야 한다. 조직현상의 구성요소 가운데서 리더·추종자·상관·동료 및 조직은 스타일과 기대라는 두 가지 국면을 각각 내포하고 있다. 구체적인 행태는 스타일(style)과 기대(expectations)가 교호작용하여 빚어내는 결과라고 할 수 있다.

첫째, 리더의 스타일(행동성향)은 오랜 경험과 훈련을 통해서 형성된다. 리더들은 특정한 상황에 처하여 어떻게 행동해야 한다는 스스로의 기대를 가지고 있다. 그의 스타일과 기대가 교호작용하여 구체적인 행태를 만들어낸다. 그러한 행태는 다른 사람들의 자기에 대한 기대를 어떻게 해석하느냐에 따라 수정될 수도 있다. 결국 리더의 행태는 자기의 스타일과 기대 그리고 다른 사람들의 기대에 따라 좌우된다고 할 수 있다.

둘째, 추종자, 동료, 상관의 스타일과 기대는 리더의 행태에 영향을 미치며 그것은 리더십행태의 효율성을 좌우하는 중요한 상황적(환경적) 요인이다.

셋째, 조직의 스타일과 기대 역시 중요한 상황적 요인이다. 조직이라는 하나의 유기체는 개인의 경우처럼 그에 특유한 스타일과 기대를 가지고 있다. 그러한 스타일과 기대는 조직의 역사와 전통, 그리고 최고관리층의 스타일과

리더십유형의 효율성이 언제나 동일하게 나타난다고 설명하는 그림으로 이해하면 안 된다.

f) 여기서 조직현상의 구성요소는 리더십에 결부시켜 선택하였음인지 약간 특이하게 규정되어 있다. Hersey와 Blanchard의 견해를 소개하는 것일 뿐이므로 그들의 관념이 저자가 제1장에서 조직을 정의할 때 말한 내용과 부합되지 않는다고 해서 혼란스러워할 필요는 없다.

기대를 반영하는 조직의 목표에 따라 결정된다. 조직 전체의 스타일과 기대는 일정한 가치체계(목표체계)를 내재화하는 기관화(제도화)의 과정(process of institutionalization)을 통해 형성된다고 말할 수도 있다. 조직구성원들은 조직의 가치체계를 의식하고 그러한 가치체계에서 도출된 기대에 따라 행동하는 것이 보통이다.

넷째, 대상집단이 수행해야 하는 임무의 성격도 매우 중요한 상황적 요인이다. 리더십에 영향을 미치는 임무요인은 많은데 그 대표적인 예로 임무의 명료성, 임무수행 상의 교호작용과 통제양태 등을 들 수 있다.

다섯째, 시간도 중요한 영향요인이다. 리더가 의사결정을 할 때 사용할 수 있는 시간이 얼마나 되느냐 하는 것은 리더십행태에 많은 영향을 미친다. 예컨대 결정상황이 매우 급박한 경우에는 즉각적인 결정과 행동이 필요하기 때문에 의사결정에 대한 추종자의 참여를 촉진하거나 인간관계를 돌볼 겨를이 없다.g)

(3) 그 밖의 상황이론   위에서 널리 인용되고 있는 두 가지의 상황이론을 소개하였지만, 그 밖에도 상황적 영향에 착안한 리더십이론은 많다. 몇 가지를 골라 추가로 소개하려 한다.

❶ 통로—목표이론   리더십에 관한 통로-목표이론(path-goal theory)은 추종자들의 동기유발에 초점을 맞추고, 목표성취에 이르는 길을 추종자들에게 명료하게 제시할 수 있는 사람이 효율적인 리더라고 설명한다. 통로-목표이론은 추종자들의 목표성취에 필요한 정보, 지지, 기타의 자원을 제공하는 것이 리더의 역할이라고 본다. 그러한 역할을 효율적으로 수행할 수 있는 리더십행태는 추종자와 상황에 따라 다를 수 있다고 한다. 따라서 통로-목표

---

g) 리더십의 효율성이 상황에 따라 달라진다는 견해를 가진 사람들은 대개 리더십에 영향을 미치는 요인이 무엇인가에 대하여 관심을 갖고 그것을 구체적으로 열거해 보려는 노력을 보이고 있다. 그 한 예로 Y. K. Shetty는 리더십에 영향을 미치는 요인을 ① 리더의 개인적 요인(가치관, 부하에 대한 신뢰, 지휘성향, 불확실한 상황에 대응하는 능력), ② 부하들의 개인적 요인(자율성에 대한 욕구, 책임감, 불확실한 상황에 대응하는 능력, 조직목표의 수용도, 지식과 경험, 참여에 대한 기대), ③ 상황적 요인(문제의 성격, 시간, 결정의 경제성, 집단의 효율성), ④ 조직 상의 요인(생산방법, 분업, 일의 흐름, 임무의 확실성, 조직의 구조) 등으로 구분하여 열거하였다. Shetty, "Leadership and Organization Character," in R. A. Zawacki and D. D. Warrick, eds., *Organization Development: Managing Change in the Public Sector* (IPMA, 1976), pp. 63~66.

이론을 상황이론의 한 유형으로 보게 되는 것이다.h)

❷ 생애주기이론　리더십에 관한 생애주기이론(life cycle theory)은 추종자의 성숙단계에 따라 효율적인 리더십 스타일이 달라진다고 전제한다. P. Hersey와 K. Blanchard가 발전시킨 이 모형에서는 리더십 스타일을 i) 지시형(telling), ii) 설득형(selling), iii) 참여형(participating), iv) 위임형(delegating) 등 네 가지로 구분하였다. 그리고 추종자들의 성숙수준에 따라 구분되는 상황의 유형(성숙단계)마다 그에 적합한 리더십 스타일을 처방하였다. 이러한 이론의 구조는 자녀가 자라가면서 부모가 통제를 줄여 나가는 부모-자녀 간의 관계에 비유할 수 있기 때문에 생애주기이론이라 한다.28)

❸ 인지자원이론　리더십에 관한 인지자원이론(cognitive resource theory)은 스트레스를 야기하는 불리한 상황적 조건(situational unfavorableness)에 초점을 맞춘 이론이다. 이것은 인간과 상황의 교호작용에 관심을 가지고 상황적 조건 때문에 리더와 추종자가 받는 스트레스의 영향을 설명하는 이론이다. 여기서 인간적 변수는 리더의 지능과 경험이며 상황적 변수는 리더와 추종자가 경험하는 스트레스이다. 인지자원이론은 스트레스가 많을 때와 적을 때 리더의 지능 또는 경험이 그의 역할수행에 어떻게 상관되는가에 대한 가설을 제공한다.29)

❹ 리더십에 관한 의사결정모형　리더십에 관한 의사결정모형(decision model of leadership)은 리더들이 기술적·경제적으로 바람직할 뿐만 아니라 부하들이 받아들일 수 있는 해결책을 찾을 수 있도록 가이드라인을 제공하려는 모형이다.i) 이 모형은 민주성과 독재성을 기준으로 의사결정방법들을 분류하고 해결해야 할 문제의 특성들을 분류한다. 그리고 문제의 특성에 따라 그에 적합한 의사결정방법을 선택하도록 리더들을 인도하는 결정규칙을 처방한다.30)

❺ 다원적 영향모형　리더십에 관한 다원적 영향모형(multiple influence

h) 리더십에 관한 통로-목표이론은 R. J. House가 처음 개척한 것으로 알려져 있다. House, "A Path Goal Theory of Leader Effectiveness," *ASQ*(vol. 16, 1971), pp. 321~338.

i) Victor H. Vroom과 Phillip W. Yetton이 리더십에 관한 의사결정모형을 처음 개발했다고 한다. 그 뒤 수년간의 조사연구를 거쳐 Vroom과 Arthur Jago가 이를 한층 발전시켰기 때문에 리더십에 관한 의사결정모형을 'Vroom-Jago leadership model'이라고 부르기도 한다.

model of leadership)은 조직의 환경(environment), 행동의 맥락(규모·기술 등: context), 구조, 그리고 작업집단 내의 조건이 관리자(리더)의 역할수행에 영향을 미친다고 전제한다. 작업집단은 의도하거나 기대한 장래의 조건에 대응할 수 있도록 설계되는데 예측한 조건과 실제로 일어나는 조건 사이에는 괴리가 있을 수 있다고 한다. 조직의 환경, 구조, 맥락 등이 복잡해질수록 그러한 괴리는 커지고 관리자들이 마주치게 되는 문제와 기회도 많아진다고 한다. 관리자들은 리더로서 적절한 행동을 하여 예측한 조건과 실제적 조건 사이의 괴리를 좁혀야 한다고 주장한다.

다원적 영향모형은 관리자(리더)가 예측한(계획한) 조건과 실제적 조건 사이의 괴리를 메우는 데 성공적인 수준과 작업집단의 생산성 그리고 추종자들의 만족은 적극적으로 상관된다는 가설을 제시한다. 이러한 가설은 리더십과 환경, 맥락, 구조, 작업집단의 조건 등 다원적 조건들이 서로 영향을 주고 받는 의존관계에 있다는 관점에 따라 설정한 것이다.31)

❻ 대체이론   리더십에 관한 대체이론(代替理論: substitutes theory)은 아주 강력한 상황적 요인들이 리더십을 대체하거나 리더십의 필요를 줄이는 현상을 설명한다. 이 이론은 리더십 대체요인(substitutes for leadership)이 있는 경우 리더십 행태의 차이는 의미가 없어진다고 주장한다. 리더십을 대체할 수 있는 상황적 조건의 범주는 조직의 특성, 과업의 특성, 그리고 추종자의 특성이라고 한다.32) 리더십 대체의 예로 직원들의 전문적 교육과 사회화를 들 수 있다. 고도의 훈련을 받은 전문직원들이 업무수행방법을 잘 아는 경우 임무지향적 리더의 업무지시가 불필요해질 수 있다.j)

대체이론은 리더십의 결여나 차질을 보완해 줄 대체요인의 개발가능성을 시사한다. 그리고 효율적인 리더십은 과업, 추종자, 조직으로부터 제공되지 않는 지원과 방향제시가 무엇인지를 파악하고 그것을 제공해 주는 능력이라는 점을 시사한다.

대체요인을 연구하는 사람들은 리더십을 대체하는 요인뿐만 아니라 리더

j) 조직구성원 각자가 자기자신에 대한 리더처럼 스스로 행동해 준다면 타인이 이끌어주는 리더십이 따로 필요하지 않을 것이다. 이 점에 착안하여 Manz와 Sims, Jr.는 자기 리더십(self-leadership)이라는 개념을 개발하였다. 자기 리더십(자신에 대한 리더십)은 자기가 자기 자신의 리더처럼 스스로의 업무성취를 이끌어가는 과정이라고 한다. Charles C. Manz and Henry P. Sims, Jr., "Leading Workers to Lead Themselves," ASQ(vol.32, 1987), pp. 106~127.

십을 제약하는 중화요인과 이를 확장해 주는 증강요인에도 관심을 갖는다.

중화요인(中和要因: 무력화요인: neutralizers)은 리더십 스타일을 중화시키고 리더들이 어떤 행태를 보이기 어렵게 하는 요인이다. 중화요인의 예로 공간적 거리, 경직된 보수제도, 명령계통의 우회(바이패스) 등을 들 수 있다. 이런 요인들은 리더의 영향력 행사를 방해하거나 그 효과를 감소시킨다. 예컨대 근무장소의 지역적 분산이 심해 리더와 부하들 사이의 공간적 거리가 먼 경우 리더의 대면적 지휘활동은 크게 제약된다. 이 경우 공간적 거리는 중화요인이 된다.[k]

중화요인과는 반대로 추종자에 대한 리더의 영향력을 확대해 주는 것이 증강요인(enhancers for leadership)이다. 증강요인들은 리더가 가진 특성이나 능력을 명료화하고 강화한다. 예컨대 리더의 지위가 격상되거나 보수결정권이 커지면 지시적 스타일의 리더십이 강화될 수 있다. 의사결정과정에 직원들의 참여를 촉진하거나 팀 중심의 업무활동을 촉진하면 지지적 스타일의 리더십이 강화될 수 있다.

Ⅳ. 리더십의 유형

리더십에 관한 연구가 시작되면서부터 리더 또는 리더십의 유형은 다양하게 분류되어 왔다. 그러나 리더십 유형론의 짜임새 있는 발전은 행태이론의 등장과 더불어 진행되었다.

초기적 행태론자들은 리더십행태의 유형을 나누고 이를 정의하였으며 그 가운데서 가장 바람직한 리더십행태를 확인하려고 노력하였다. 어느 상황에서나 보편적으로 효율적인 최선의 리더십행태를 찾아내 처방하려 하였다.

시간의 흐름에 따라 여러 가지 개입변수의 중요성에 대한 연구인들의 인식이 확실해 졌으며, 그러한 인식은 상황적응적인 연구경향의 발전을 촉진하

---

k) 대체이론이나 중화이론의 주된 관심대상은 리더십에 영향을 미치는 추종자 등 상황적 요인이다. 그와는 대조적으로 리더의 능력결함이나 부적절한 역할과 같은 문제를 들어 리더십 무용론 또는 리더십 한계론을 펴는 사람들도 있다. 예컨대 고급관리직의 엉터리 리더들은 조직의 임무성취에 필요한 지식·기술을 갖춘 전문직원들이 일하는 것을 방해할 뿐이라는 냉소적 비판을 흔히 들을 수 있다.

였다. 그러면서 유형론도 다양해지고 현시대의 조직사회에 적합한 새로운 리더십유형의 처방도 잇따랐다. 오늘날 리더십 연구의 지배적인 관점은 상황에 따라 효율적인 리더십은 달라질 수 있다고 보는 것이다. 이러한 일반적 관점을 이해하고 그 위에서 '현대조직사회'라는 상황적 조건에 적합하다고 생각되는 모형들을 처방하고 있다.

여기서는 행태적 접근방법의 전형적인 리더십유형론을 먼저 검토하고 근래 연구인들의 관심을 모으고 있는 변혁적 리더십에 대해 설명하려 한다. 그리고 흔히 거론되는 다른 리더십유형에 대해 언급하려 한다. 행태적 접근방법의 전형적인 유형론이란 리더십을 권위형·민주형·자유방임형으로 분류하는 것이다.

1. 권위형 · 민주형 · 방임형

행태적 접근방법의 기본적인 리더십유형론은 리더십의 두 가지 국면 또는 기능을 기준으로 한다. 리더십의 두 가지 국면이란 i) 주어진 임무를 성취하는 국면과 ii) 추종자에게 만족을 주는 국면이다.

리더십행태가 임무수행과 조직의 필요에 지향된 것인가 아니면 추종자의 만족과 인간관계에 지향된 것인가를 기준으로 i) 권위형(權威型: authoritarian style), ii) 민주형(民主型: democratic style), iii) 방임형(放任型: laissez-faire style)을 구분한다.[1)]

1) 권 위 형

권위형(권위주의형·전제형·독재형)은 추종자들에게 지시·명령하는 임무중심주의적 리더십유형이다. 권위형은 주어진 임무를 성취하는 국면에 역점을 둔 리더십행태이다.

권위형 리더십행태는 권력의 기초가 리더의 직위에 있다고 보는 관점 그

---

1) 이러한 유형론을 적용한 초기적 연구의 대표적인 예는 Kurt Lewin, R. Lippitt 그리고 R. K. White가 행한 연구이다. 그들은 민주형이 가장 이상적인 리더십 유형이라는 결론을 내렸다. Lippitt and White, "An Experimental Study of Leadership and Group Life," in E. E. Maccoby, T. M. Newcomb, and E. L. Hartley, eds., *Readings in Social Psychology*, 3rd ed.(Holt, Rinehart & Winston, 1958).

리고 인간을 게으르고 신뢰할 수 없는 존재라고 보는 관점에 부합되는 것이다. 권위적인 리더들은 대상집단의 임무수행과 조직의 필요를 위해 추종자들에게 권력을 행사하며 추종자들의 행동을 면밀히 통제하고 감시한다. 권위적인 리더는 임무수행에 관한 정보를 독점함으로써 추종자들이 자기에게 의존하지 않을 수 없게 한다. 의사결정에 추종자들이 참여하는 것을 허용하지 않는다. 권위적인 리더십행태가 지배하는 경우, 대상집단 내에 형성되는 전형적인 의사전달망의 형태는 리더를 구심점으로 하는 바퀴형(wheel)이다.

2) 민 주 형

민주형은 추종자의 참여와 자율성을 강조하는 인간관계중심주의적 리더십유형이다. 이것은 추종자에게 만족을 주는 기능에 치중하는 리더십행태이다.

민주형 리더십행태는 권력의 기초가 대상집단의 동의에 있다고 보는 관점 그리고 인간은 자기규제적이며 창의적으로 일할 수 있는 존재라고 보는 관점에 부합되는 것이다. 민주적인 리더들은 원만한 인간관계와 추종자들의 만족에 깊은 관심을 갖는다. 그들은 추종자들의 자율성을 존중한다. 따라서 면밀한 감시와 통제를 피하고 일반적인 감독을 통해 대상집단을 이끌어 간다. 대상집단의 구성원들 사이에, 그리고 구성원과 리더 사이에 의사전달이 원활해지도록 노력한다. 의사결정에 추종자들의 참여를 촉진한다. 민주적인 리더는 권력과 책임을 추종자들에게 적절히 위임한다.

3) 방 임 형

방임형은 추종자들의 자유행동을 아주 많이 허용하는 리더십유형이다. 리더가 방임적 리더십행태를 보이는 경우, 리더는 명목상으로만 존재할 뿐 실질적으로는 리더가 없는 것이나 별로 다를 바가 없다. 따라서 실질적으로 유의미한 리더십행태가 있다고 보기도 어렵다. 의미 있는 리더십행태가 없는 유형이 방임형이기 때문에, 방임형은 독자적인 리더십유형이라고 하기조차 어렵다고 말하는 사람들이 있다. 이 개념의 쓰임새는 한정되어 있다.

위에서 전형적인 권위형과 민주형의 특성을 설명하였으나, 그 두 가지 유형 사이에는 무수한 절충적 유형들이 있을 수 있다는 점을 분명히 해 둘 필

그림 4-3-6 리더십유형의 연속적 분포

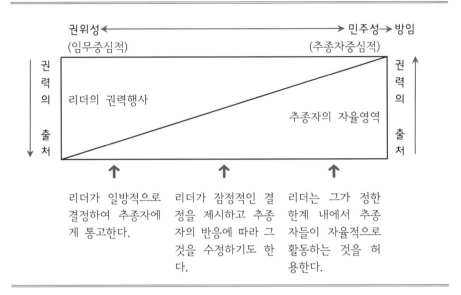

요가 있다. 극단적으로 권위적인 리더십행태와 극단적으로 민주적인 리더십
행태를 연결하는 연속선상에는 허다한 중간형태의 리더십유형이 있다. 민주
성과 권위성의 수준이 다양하게 배합된 혼합적 유형들이 많다는 말이다. 구체
적인 상황에 적합한 리더십유형을 찾을 때에는 혼합적 유형들이 유용한 개념
적 도구가 될 수 있다. 절대적으로 민주적인 리더십행태나 절대적으로 권위적
인 리더십행태가 적합한 상황보다는 권위적 요소와 민주적 요소가 다소간에
배합된 리더십행태가 적합한 상황이 실제로는 더 많을 것이기 때문이다.

　〈그림 4-3-6〉은 권위형과 민주형의 혼합양태가 연속적으로 분포되는 모
습을 요약해 보여 준다. 이 그림에 나타난 민주성의 극단을 지나쳐 추종자의
자유를 그 이상 허용하는 리더십행태는 방임형에 해당한다.[m]

　방임형이 별로 의미가 없거나 중요하지 않은 유형이라고 한다면 리더십
행태의 기본적 유형은 두 가지, 즉 권위형과 민주형으로 간추려질 수 있다.
리더십유형에 관한 행태적 연구가 활발해지면서 연구인들이 리더십유형을 자

---

m) 이 그림은 Tannenbaum과 Schmidt가 쓴 논문에 실린 그림을 번안한 것이다. 그들의 그림을
　다양하게 번안한 도표들을 리더십에 관한 연구문헌에서 흔히 볼 수 있다. R. Tannebaum and
　W. H. Schmidt, "How to Choose a Leadership Pattern," *Harvard Business Review*(vol. 36,
　no. 2, March-April 1958), pp. 95~101.

표 4-3-1 리더십유형

	민주형의 계열	권위형의 계열
i	직원중심형 (employee- centered style)	생산중심형 (production-centered style)
ii	부하중심형 (subordinate-centered style)	상관중심형 (boss-centered style)
iii	배려형 (considerate sytle)	선도형 (initiatory style)
iv	일반적인 감독형 (general supervision style)	면밀한 감독형 (close supervision style)
v	설득형 (persuasive style)	독단형 (arbitrary style)
vi	집단중심형 (group-centered style)	리더중심형 (leader-centered style)
vii	참여형 (participatory style)	권위형 (authoritarian style)
viii	민주형 (democratic style)	독재형 (autocratic style)
ix	감성형 (socio-emotional style)	임무중심형 (task-centered style)
x	인간관계지향형 (relationship-oriented style)	임무지향형 (task-oriented style)
xi	지원형 (supportive style)	지시형 (directive style)

기 나름대로 규정하고 서로 다른 이름들을 붙이는 사례가 많아졌다. 그러나 그러한 유형분류들의 대부분은 민주형과 권위형을 구분하는 기본적 유형론의 테두리를 크게 벗어나는 것들이 아니다. 기본유형과 거의 같은 내용의 리더십유형에 다른 이름을 붙이기도 하고 기본유형의 일부 특성을 부각시켜 그에 상응한 이름을 붙이기도 한다. 경우에 따라서 리더십유형을 세 가지 이상으로 구분하기도 하지만 그러한 유형론도 대개 위에서 본 두 가지 기본유형에 바탕을 두고 있다.

〈표 4-3-1〉에서 보는 것은 민주형 또는 권위형 가운데 어느 하나와 유사하거나 적어도 어느 한쪽의 계열에 속한다고 생각되는 리더십유형들의 예시이다.

2. 변혁적 리더십

오늘날의 시대적 배경과 조직사회의 실정에 적합한 리더십은 변혁적(變革的) 리더십이라고 하는 주장이 상당한 지지를 받고 있다. 변혁적 리더십이 적합한 조직의 조건은 탈관료제적인 것이다. 격동하는 환경에 처하여 고도의 적응성이 요구되고 분화된 활동의 통합이 강조되는 조직에서 변혁적 리더십의 필요가 절실하다.

변혁적 리더십을 연구하는 사람들은 행태나 상황뿐만 아니라 리더의 개인적 속성에 대한 관심도 재생시키고 있다. 변혁적 리더십에 관한 이론의 일부 논점은 카리스마이론, 영웅이론 등과 어느 면에서 맥을 통하고 있다. 변혁적 리더십을 논의하는 사람들의 준거대상은 대체로 조직 내 최상계층의 리더십이다.[n]

1) 변혁적 리더십의 정의

변혁적 리더십(transformational leadership)은 조직의 노선과 문화를 변동시키려고 노력하는 변동추구적·개혁적 리더십이다. 변혁적 리더십의 초점은 조직의 변동추구에 있다. 이것은 조직을 위해 새로운 비전(vision)을 창출하고, 그러한 비전이 새로운 현실이 되도록 적절한 지지를 확보함으로써 조직의 문화를 개조할 수 있는 리더십이다. 변혁적 리더십이 추구하는 변화는 급진적인 것이다.

변혁적 리더십은 조직에 대한 사람들의 인식을 변화시키는 전략적 리더십이다. 공동의 신념과 가치를 발전시켜 변동을 실천하는 리더십이다. 변혁적 리더십은 인간의 의식수준을 높이고, 일에 의미를 부여하고, 행동에너지의 원천인 인간의 의도를 고무시키는 방법을 써서 다른 사람들의 영혼에 접근하는 리더십이라 할 수 있다. 변혁적 리더십은 추종자들의 조직목표성취를 통한 자기실현을 촉진한다.

변혁적 리더십은 리더의 카리스마(위광: charisma), 인간적인 관계, 지적

---

n) James MacGregor Burns(1978), Bernard Bass(1985) 등이 변혁적 리더십 개념의 발전에 많은 기여를 했다. 그러나 오늘날 이 개념은 많은 사람들이 정의하고 사용하기 때문에 어떤 특정인의 모형이라고 이름 짓기 어렵게 되어 있다.

자극, 신념, 상징적 활동, 효율적 관리 등이 어우러져 엮어내는 것이다.[33]

변혁적 리더로 성공할 수 있는 사람은 흔하지 않다. 그들은 특출한 능력자라야 하기 때문이다. 그들은 높은 이상과 자신감을 가지고 인간적 가치를 존중하는 사람이라야 한다. 창의적인 변동추구자라야 한다. 그들은 새로운 비전을 제시하고 조직구성원들이 그것을 실천하도록 이끄는 데 필요한 카리스마를 지닌 사람이라야 한다. 그들은 변혁이 가져다 줄 이익을 알리고 변혁에 앞장서는 '응원단장', '신념의 솔선수범자'라야 한다.

> 변혁적 리더십을 정의하는 사람들의 관점은 서로 수렴되어 있으나 표현방식의 통일성은 없다. 변혁적 리더십에 관한 정의의 예를 몇 가지 보기로 한다.
> James M. Burns는 변혁적 리더십을 "의도적 변동에 지향된 리더와 추종자의 동기를 서로 끌어내서 공동목표를 추구하는 과정"이라고 정의하였다.[34]
> W. G. Bennis와 B. Nanus는 "리더와 추종자가 서로 상대방의 동기를 높은 수준으로 끌어올릴 때 변혁적 리더십이 형성된다"고 하였다.[35]
> B. M. Bass 등은 변혁적 리더는 "단순한 교환관계 때문에 일하는 것이 아니라 초월적(이상적) 목표와 높은 수준의 자기실현욕구 때문에 일하도록 추종자들의 동기를 유발하는 사람"이라고 정의하였다.[36]
> John M. Ivancevich 등은 변혁적 리더는 "단기적인 사익(私益)이 아니라 (조직의) 목표를 향해 일하고, 안전보다는 성취와 자기실현을 위해 일하도록 추종자들의 동기를 유발하는 사람이며, 비전을 분명하게 표현하고 다른 사람들이 그 비전을 성취하기 위해 노력하도록 고무할 수 있는 사람"이라고 정의하였다.[37]
> John W. Slocum, Jr.와 Don Hellriegel은 변혁적 리더십은 "미래의 추세를 예측하는 것, 새로운 비전을 이해하고 수용하도록 추종자들을 고무하는 것, 다른 사람들이 좋은 리더가 되도록 육성하는 것, 그리고 조직이나 집단이 학습공동체로 되게 하는 것을 내포한다"고 하였다.[38]

2) 변혁적 리더십의 기능

추종자들을 이끌어가는 변혁적 리더십의 기능 또는 핵심적 구성요소는 다음과 같다.

❶ 비전의 제시 새로운 비전을 제시하고 다른 사람들이 이를 내면화하여 탁월한 성취를 할 수 있도록 힘을 실어준다. 비전이란 미래의 바람직한 상태에 관한 관점이다.

❷ 동기유발　추종자들이 업무수행의 의미를 발견하고, 개인적 이익을 초월하여 조직의 업무수행에 몰입하고 헌신하도록 동기를 유발한다. 변혁적 리더십의 이러한 동기유발을 영감적 동기유발(inspirational motivation)이라 한다.

❸ 지적 자극의 제공　추종자들이 창의성을 발휘할 수 있도록 지적 자극을 제공한다. 추종자들이 문제를 새로운 시각에서 분석할 수 있도록 돕는다.

❹ 모범적 행동　리더가 모범을 보임으로써 추종자들이 이를 본받도록 한다. 리더를 신뢰하고 존경해서 그를 이상형이라 여기고 본받도록 이끌어 가는 것을 이상화된 영향(idealized influence)이라 한다.

❺ 개별적 배려　리더는 추종자 개개인의 성취욕구·성장욕구에 각별한 주의를 기울인다.

❻ 신뢰 구축　사람들 사이에 신뢰를 구축한다.

❼ 공생적 관계의 형성　조직과 개인이 공생적 관계(共生的 關係)를 형성하고 공동의 목표를 향해 단합하게 한다.

3) 변혁적 리더십에 적합한 조직의 조건

변혁적 리더십은 변동 속에서 변동을 추구하는 조직 그리고 구성원들의 창의적 노력에 대한 제약이 적은 조직에 적합하다. 현상유지를 지향하는 전통적 관료제에서는 변혁적 리더십이 그 효율성을 발휘하기 어렵다.

변혁적 리더십이 보다 잘 수용될 수 있는 조직의 조건은 다음과 같다.[39]

❶ 적응성의 강조　변혁적 리더십은 능률지향보다는 적응지향이 더 강조되는 조직에 적합하다. 그리고 창의적 모험을 지지하는 조직문화에 적합하다.

❷ 경계작용적 구조의 중시　변혁적 리더십은 기술구조보다 경계작용적 구조(boundary-spanning units)가 더 지배적인 조직에 적합하다. 여기서 기술구조란 기술을 운용하여 투입을 처리하는 부서이다. 경계작용적 구조는 조직과 그 환경의 연계작용을 유지하는 기능을 수행하는 부서이다.

❸ 단순구조·임시체제의 특성　변혁적 리더십은 기계적 관료제·전문적 관료제·할거적 구조보다는 단순구조와 임시체제에 더 적합하다.[o]

---

o) 여기서 사용하는 조직양태에 관한 개념들은 Henry Mintzberg의 조직유형론에서 정의한 것과 같다. 제1장 제4절의 조직유형론에 관한 설명을 참조하기 바란다.

❹ **통합형 관리전략** 변혁적 리더십은 시장적 교환관계나 관료적 통제보다는 통합형 관리전략으로 공동목표성취를 위한 구성원들의 동기를 유발하려는 조직에 더 적합하다. 통합형 관리전략은 개인의 이익과 조직의 이익을 융화·통합하려는 관리전략이다.

3. 그 밖의 리더십유형

1) 카리스마틱 리더십과 영감적 리더십

(1) 카리스마틱 리더십 카리스마틱 리더십(위광적 리더십: charismatic leadership)은 리더의 특출한 성격과 능력으로 추종자들의 특별히 강한 헌신과 리더와의 일체화를 이끌어내는 리더십이다. 카리스마틱 리더십의 핵심은 리더에 대한 추종자들의 개인적 일체화 그리고 헌신이다.

카리스마틱 리더들은 초인적이거나 적어도 범인(凡人)과 구별되는 특출한 능력을 가진 사람들이다. 카리스마틱 리더들은 독특하고 강력한 성격과 비전의 힘으로 추종자들의 존경·신뢰·충성 그리고 헌신을 끌어 낼 수 있는 사람들이다.

카리스마틱 리더십의 행동요건은 i) 보다 나은 장래에 대한 비전의 제시, ii) 비전과 공동이익 추구에 바치는 열정과 자기희생, iii) 비전의 성취에 대한 자신감 표출, iv) 추종자들의 무의식적 동기 촉발, v) 비전의 성취를 위한 모험, vi) 추종자들의 수준높은 업무성취에 대한 기대의 표현과 추종자들의 능력에 대한 신뢰, vii) 추종자들의 능력발전노력 촉진, viii) 비전에 내재된 가치를 강조하는 상징적 행동, ix) 추종자들에 대한 긍정적 평가 등이다.[40]

(2) 영감적 리더십 영감적 리더십(inspirational leaderahip)은 리더가 향상적 목표(uplifting goals)를 설정하고 추종자들이 그 목표를 성취할 능력이 있다는 데 대한 자신감을 갖도록 만드는 리더십이다.[41]

영감적 리더십의 핵심요소는 미래에 대한 구상(envisioning)이다. 미래에 대한 구상이란 조직의 바람직한 미래상을 창출하는 것이다. 그러한 미래상은 조직의 행동을 인도하는 기준이 된다. 영감적 리더십은 미래에 대해 구상하고 예견할 뿐만 아니라 추종자들이 자원을 획득할 수 있게 하고 제약조건들을 제거해 주고 목표성취방법을 알려 주는 등 힘 실어주기도 한다. 영감적 리더들은 힘 실어주기의 일환으로 지속적인 학습과 개선을 통해 모든 사람이 승리자가 될 수 있다는 점을 강조한다. 그리고 추종자들이 일상화된 습관에서 벗어나 창의적으로 문제를 해결하도록 지적 자극을 제공한다.

(3) 개념적 중첩·그에 관한 이견   리더십 연구에서 정신적·영감적 요소, 미래 비전, 카리스마, 리더와 추종자의 일체화, 변동과 적응 등을 처방항목으로 선호하는 사조가 형성되면서부터 그에 결부된 리더십 개념들이 양산되었다. 개념 양산은 개념적 혼란을 동반하는 것이 예사이다.

변혁적 리더십, 카리스마틱 리더십, 그리고 영감적 리더십의 상호 관계 또는 구별점에 대한 이견은 특기할 만하다. 뒤에 설명할 발전적 리더십과 진실한 리더십도 이 세 가지 리더십과 닮은 점이 많다.

카리스마틱 리더십 개념을 조직연구에 도입하는 데 앞장섰던 Robert House는 카리스마틱 리더십과 변혁적 리더십의 차이는 사소한 것이라 말하고 양자를 동의어로 사용하였다. 반면 변혁적 리더십에 관한 경험적 연구를 선도한 Bernard Bass는 변혁적 리더십이 카라스마틱 리더십보다 넓은 개념이라고 하였다. 카리스마는 변혁적 리더십의 한 구성요소일 뿐이라고 하였다. 또 다른 연구인은 카리스마틱 리더는 추종자들이 리더의 세계관을 채택하도록 촉구하는 데 그치지만 변혁적 리더는 기성의 관점뿐만 아니라 결국은 리더의 관점에까지 도전할 수 있는 능력을 기르려 한다고 말하였다.42)

변혁적 리더십을 카리스마틱 리더십보다 넓은 개념으로 이해하는 것이 다수의견인 듯하다. 그러나 경험적 연구에서 양자의 차이를 실제로 찾아내기는 쉽지 않다. 대부분의 연구에서 효율적인 변혁적 리더들은 카리스마 평정척도에서도 높은 점수를 받았다.

영감적 리더십에 관한 이견도 만만치 않다. 카리스마틱 리더십의 경우 추종자들은 리더의 개인적 특성에 이끌리는 반면 영감적 리더십의 경우에는 리더의 개인적 특성보다 리더의 목표가 추종자들에게 더 많은 영향을 미친다고 말하는 사람들이 있다. 그러나 영감적 리더십은 카리스마틱 리더십, 변혁적 리더십 등 비전과 영감적 동기유발을 강조하는 리더십모형들을 포괄하는 넓은 범주라고 이해하는 사람들도 있다.

저자가 독자들에게 결론적으로 들려줄 수 있는 이야기는 첫째, 근래 많은 관심을 끌고 있는 리더십 모형들의 개념정의에 이견이 있다는 것, 그리고 둘째, 위에서 거론한 세 가지 리더십유형을 구별하는 의견에 따르더라도 각 개념 간의 차이는 크지 않다는 것이다. 대동소이한 개념들 가운데서 자주 인용되지 않는 것들은 차츰 우리의 시야에서 사라지리라는 예상도 귀띔해 줄 수 있다.

2) 촉매적 리더십

촉매적 리더십(catalytic leadership)은 연관성이 높은 공공의 문제들을 다루는 데 촉매작용을 할 수 있는 리더십이다.p) 정부가 다루어야 할 공공의 문제는 민간기업의 문제와 달리 연관성이 아주 높아서 여러 기관과 관할에 걸치는 것이다. 연관성이 높은 공공문제들을 정책의제화하고 그에 대한 해결책을 입안하여 시행해 나가려면 리더들은 촉매작용에 적합한 기술과 성격을 지녀야 한다. 리더들은 전략적으로 생각하고 행동할 것, 생산적인 과업집단의 발전을 촉진할 것, 그리고 촉매작용에 성공할 수 있는 성격(결과를 성취하려는 열정·연관성에 대한 감수성·모범적 정직성)을 가질 것 등의 요건을 갖추어야 한다.43)

3) 거래적 리더십

거래적 리더십(transactional leadership)은 무엇인가 가치 있는 것을 교환함으로써 추종자에게 영향력을 행사하는 리더십이다.

거래적 리더는 추종자들과 심리적으로 일체가 되어 통합적인 관계를 설정하려 하기보다 합리적·타산적 교환관계를 설정하려 한다.q) 리더는 추종자들이 자기 역할과 과제를 명료화하고 숙지하도록 인도한다. 추종자들에게 임무수행의 방향을 제시하고 자신감을 심어주고 그들을 지원한다. 리더는 자기 직위의 역할기대 이상의 일을 하기도 한다.

거래적 리더는 추종자들이 스스로의 욕구를 이해하고 충족시킬 수 있도록 돕는다. 리더는 추종자들이 보통 이상의 임무를 수행하도록 독려하는 효율적 안내자이며 좋은 관리자이다. 그러나 격동하는 환경 또는 위기에 처하여 근본적인 변혁을 이끌어 가는 리더십은 아니다. 거래적 리더십은 논리적·기

---

p) 촉매적 리더십은 정부부문의 리더십을 준거로 삼은 개념이다.

q) 거래적 리더십이론은 기대이론 특히 통로－목표이론을 원용한다. 그리하여 추종자들의 업무실적과 보수 사이의 밀접한 연계를 강조한다.

술적·점진적 접근을 그 특색으로 한다. 이 점 때문에 거래적 리더십을 보수적·현상유지적이라고 평가하기도 한다.44)

4) 분배된 리더십

분배된 리더십(distributed leadership)은 리더십의 책임을 단일의 명령계통에 집중시키지 않고 여러 사람에게 분배한 공유의 리더십이다. 분배된 리더십의 양태는 위임된 리더십, 분담적 리더십, 동료의 리더십 등 세 가지로 나누어볼 수 있다.45)

위임된 리더십(delegated leadership)은 대규모의 복잡한 조직에서 관리자들이 관리의 기능을 위임하고 나누어 수행하는 경우의 리더십이다. 분담적 리더십(co-leadership)은 하나의 직위를 두 사람에게 맡겨서 한 사람은 임무지향적 역할을 수행하고 다른 한 사람은 인간관계지향적 역할을 수행하게 할 때의 리더십이다. 동료의 리더십(peer-leadership)은 대상집단의 구성원 전체에 리더십기능을 분배하고 여러 사람이 동시에 리더의 자세로 활동하도록 할 때의 리더십이다.r)

5) 발전적 리더십

발전적 리더십(developmental leadership)은 변동을 언제나 긍정적인 기회로 받아들이고 변동에 유리한 조건을 만드는 데 헌신하는 리더십이다. 이것은 조직개혁과 경쟁대비능력 향상은 직원(추종자)들의 손에 달려 있다는 인식을 기초로 하는 리더십이다.46)

발전적 리더십의 기본정신은 '종복의 정신'(servantship)이다. 발전적 리더는 부하직원들을 상전처럼 받들 수 있는 사람이다. 발전적 리더는 부하직원들과 동고동락하고 자기 자신보다는 부하들의 필요를 우선시키는 사람이다. 발전적 리더는 추종자들이 신뢰할 수 있고 헌신적으로 일하려는 사람들이라고 생각하는 리더이다.

---

r) 동료의 리더십과 유사한 의미로 공동의 리더십(shared leadership)이라는 개념을 사용하는 사람도 있다. 공동의 리더십은 집단구성원 각자가 모두 동료에 대한 리더로서 영향을 주고받는 리더십이라고 한다. John R. Schermerhorn, Jr., James G. Hunt, Richard N. Osborn, and Mary Uhl-Bien, *Organizational Behavior*, 11th ed.(John Wiley & Sons, 2011), pp. 335~338. 동료의 리더십은 이 절 각주 j)에서 언급한 자기 리더십과도 닮은 점이 있다.

발전적 리더십은 변동추구적이라는 점에서 변혁적 리더십과 유사하지만 리더의 봉사정신과 추종자중심주의가 특별히 더 강조된다는 점에서 변혁적 리더십과 구별된다.

발전적 리더십의 요건이라고 할 수 있는 원칙은 열 가지이다. 열 가지 원칙이란 i) 리더는 자기 행동과 사업성과에 대해 책임을 져야 한다는 개인적 책임의 원칙, ii) 리더는 추종자들의 신뢰를 받아야 한다는 신뢰의 원칙, iii) 리더는 추종자들의 발전을 도와야 한다는 직원옹호의 원칙, iv) 리더는 추종자의 자긍심을 높이는 데 기여해야 한다는 직원의 자긍심 향상에 관한 원칙, v) 리더는 지속적 발전을 위해 추종자들이 서로 협력하도록 해야 한다는 업무수행 파트너십의 원칙, vi) 리더는 직무수행개선을 위한 여건을 조성해야 한다는 직무수행개선의 원칙, vii) 리더의 의사전달능력을 향상시켜야 한다는 효율적 의사전달의 원칙, viii) 리더의 행동은 조직이 추구하는 가치에 일관되어야 한다는 조직 상의 일관성에 관한 원칙, ix) 리더는 조직 전체를 바라보는 총체적 관점에서 미래의 비전과 전략을 제시해야 한다는 총체적 사고의 원칙, 그리고 x) 리더는 조직이라는 시스템이 추종자들의 창의적 직무수행을 방해하지 않도록 해야 한다는 조직종속의 원칙을 말한다. 이러한 원칙들의 i과 ii는 내적 지향을, iii과 iv는 직원지향을, v, vi, vii은 업무성취지향을, 그리고 viii, ix, x은 조직지향을 각각 반영한다.

6) 진실한 리더십

진실한 리더십(신뢰감을 주는 리더십: authentic leadership)은 자기가 어떤 사람이며 자기의 가치관과 신념은 무엇인지 알고 그에 일관되게 솔직하고 개방적으로 행동하는 사람의 리더십이다. 진실한 리더십은 리더가 그의 가치관에 따라 투명하고 윤리적으로 행동하여 추종자들이 리더를 신뢰하고 따르게 만드는 리더십이다. 진실한 리더십이 만들어 내는 핵심적 자산은 신뢰이다.

정직하고 신뢰할 수 있는 행동으로 추종자들을 이끌어가는 진실한 리더십의 기본적인 기능 내지 구성요소는 다섯 가지로 요약할 수 있다. 다섯 가지 요소란 i) 높은 도덕적 기준에 따라 솔선수범함으로써 추종자들이 리더와 일체화되게 하고 임무수행에 헌신하도록 할 것, ii) 희망을 창출할 것, iii) 신뢰관계를 구축할 것, iv) 긍정적인 감성의 표출을 확산시킬 것, 그리고 v) 낙관론을 확산

시킬 것을 말한다.[47]

위에서 설명한 것들 이외에도 리더십유형론은 많다. 몇 가지 예를 더 보기로 한다.

조직의 공식적 직책부여에 따른 공식적 리더십과 조직에 자생하는 비공식적 리더십을 구분하는 유형론은 흔히 볼 수 있는 것이다.

Philip Selznick은 최고관리층의 리더십을 기관적 리더십(institutional leadership)이라 부르고 그 기능을 규정하였다. 기관적 리더십이 수행하는 기능은 조직의 임무와 임무성취방법의 결정, 조직구성원들의 임무내재화 촉진, 조직 내 이익조정과 갈등관리, 조직의 정체성 보호 등이라고 하였다.[48]

Daniel Katz와 Robert Kahn은 최상급계층의 리더십유형을 창도형(origination)이라 하고 중간계층의 리더십유형을 보충형(interpolation)이라 하였으며, 하급계층의 리더십유형을 집행형(administration)이라고 하였다. 그들은 또 최상급 리더들은 카리스마적이어야 하고, 중간계층의 리더들은 인간관계에 관한 기술에 능란해야 하며, 하급리더들은 보상과 제재의 배분을 공평하게 하는 데 주된 관심을 가져야 한다고 말하였다.[49]

Richard Daft는 전략적 리더십(strategic leadership)을 외부환경과의 관계를 고려하여 비전·임무·전략과 그 집행에 관해 선택하는 책임을 지는 리더십이라고 정의하였다. 그는 또 도덕적 리더십(moral leadership)을 옳고 그름을 판별하고 옳은 행동을 하며, 다른 사람들이 바른 행동을 하도록 영향을 미치는 리더십이라고 정의하였다.[50]

Stephen P. Robbins는 윤리적 리더십(ethical leadership)을 목표추구의 수단뿐만 아니라 목표의 내용까지 도덕성을 갖춘 리더십이라고 정의하였다. 그는 선견지명의 리더십(상상력이 풍부한 리더십: visionary leadership)은 현재를 발전시키고, 현재로부터 성장하는 조직 또는 조직단위를 위해 미래에 대한 현실적이고 확실하고 매력적인 비전을 창출하고 명료화하는 능력이라고 정의하였다. 종복의 리더십(servant leadership)은 자기 자신의 이익보다 추종자들이 성장하고 발전할 수 있는 기회를 찾는 데 주력하는 리더십이라고 정의했다. 온라인 리더십(online leadership)은 리더가 대면적 접촉이 아니라 컴퓨터 네트워크를 통해 추종자들과 의사전달을 하고 사이버스페이스에서 프로젝트와 팀들을 관리하는 상황에서 활동하는 리더십이라고 규정하였다. 온라인 리더들에게는 컴퓨터 스크린에 글을 써서 하는 의사전달의 능력이 특히 중요하다고 한다.[51]

John W. Newstrom은 보상을 강조하는 적극적 리더십(positive leadership)과 처벌을 강조하는 소극적 리더십(negative leadership)을 구분하였다. 그는 또 리더의 권력행사방법을 기준으로 하여 독재적 리더십(autocratic leadership), 협의적 리더십(consultative leadership), 그리고 참여적 리더십(participative leadership)을 구분하였다. 독재적 리더는 권력과 의사결정을 자기자신에게 집중시킨다. 협의적 리더는 직원들에게 접근해 의사결정에 대한 조언(투입)을 요구한다. 참여적 리더는 의사결정권을 확실하게 분권화한다.[52]

John R. Schermerhorn, Jr. 등은 정신적 리더십(spiritual leadership)과 종복의

리더십(servant leadership)이라는 개념을 소개하였다.[53]

그들의 정의에 따르면 정신적 리더십은 리더와 추종자가 함께 삶의 의미를 체험하고 스스로 차별화될 수 있다고 믿으며 인정감을 느낄 수 있게 하는 리더십이다. 정신적 리더십은 사람들이 정신적 생존감(sense of spiritual survival)을 갖도록 내재적으로 동기를 유발하는 리더십이다. 정신적 리더십의 세 가지 구성요소는 비전(vision), 애타적 사랑(altruistic love), 그리고 희망과 신념(hope and faith)이다. 종복의 리더십은 다른 사람들을 위해 봉사하기를 원하고 봉사를 최우선시하는 리더십이라고 한다.[s]

Ricky W. Griffin과 Gregory Moorhead는 새로이 부각되고 있는 리더십유형의 예로 전략적 리더십(strategic leadership), 윤리적 리더십(ethical leadership), 가상리더십(virtual leadership) 등을 들었다. 그들의 정의에 따르면 전략적 리더십은 조직과 그 환경의 복잡성을 이해하고 조직과 환경이 우량한 연대를 만들고 유지하도록 조직 내의 변동을 이끌 수 있는 역량이다. 윤리적 리더십은 높은 윤리적 행동기준에 부합하는 리더십이다. 가상리더십은 사람들이 장소적으로 떨어져 근무하는 상황에서 전자통신수단을 사용하는 가상공간에서의 리더십이다.[54]

4. 추종자의 역할

리더십은 리더와 추종자(follower) 그리고 상황적 요인이 교호작용하는 과정이다. 추종자가 없으면 리더십은 성립되지 않는다. 그리고 추종자의 특성과 역할행태는 리더의 행태에 많은 영향을 미친다.[t]

리더십 연구인들이 리더와 추종자 사이의 상호영향관계를 중요시하게 되면서부터 추종자의 역할(followership)에 관한 연구도 활발해졌다. 추종자의 역할에 관한 유형론 한 가지를 소개하고 오늘날 조직사회의 요청에 부응하는 '효율적인 추종자의 역할'에 대해 언급하려 한다.

1) 추종자의 역할 유형

추종자의 행태 또는 역할유형은 다양하게 분류할 수 있겠지만 여기서는 Robert E. Kelley의 유형론을 소개하려 한다.[55]

---

s) 종복의 리더십이라는 개념은 Robert K. Greenleaf가 개발했다고 한다.
t) Leader처럼 follower도 우리말로 번역하기가 아주 어렵다. 저자는 추종자라는 번역어를 쓰고 있으나 흡족한 것이 아니다. Follower의 번역어로 따르는 사람, 딸림 벗, 부하 등을 쓰기도 하고, 소리 나는 대로 팔로어라 표기하기도 한다. 독자들은 팔로어라는 표기방법을 써도 무방할 것이다.

Kelley는 독자적이고 비판적인 사고를 하는가, 아니면 의존적이고 무비판적인 사고를 하는가, 그리고 능동적인가 아니면 피동적인가를 기준으로 다섯 가지 추종자의 역할을 구분하였다.

(1) 소외적 추종자 소외적 추종자(alienated follower)는 독자적 · 비판적이며 조직의 문제해결에는 피동적이다. 조직의 결함과 다른 사람의 흠집에만 관심을 가지고 문제해결에 참여하는 것은 꺼린다.

(2) 순 응 자 순응자(conformist)는 의존적 · 무비판적이며 조직활동에 능동적으로 참여하고 무슨 지시에든 복종한다. 순응자의 최대관심사는 갈등회피이다.

(3) 실용주의적 생존자 실용주의적 생존자(pragmatic survivor)는 다른 네 가지 추종자유형들의 특성을 절충하여 함께 지니면서 필요에 따라 행태를 자유자재로 바꿀 수 있는 사람이다. 위험을 피하고 자기이익을 최대화하는 데 필요하다면 어떤 행태든 선택할 수 있는 사람이다. 단기적으로 조직에서 살아남는 데 필요하다면 무슨 일이든 하는 타입이다.

(4) 피동적 추종자 피동적 추종자(passive follower)는 의존적 · 무비판적 · 피동적 추종자이다. 책임감이나 솔선력을 결여하고, 하라는 일만, 그것도 감독을 받아야만 하는 타입이다.

(5) 효율적 추종자 효율적 추종자(effective follower)는 독자적 · 비판적 사고의 틀을 가지고 조직활동에 능동적으로 참여하는 사람이다. 조직의 이익을 위해서라면 모험이나 갈등도 피하지 않는 사람이다.

Kelley는 '효율적 추종자'가 가장 바람직한 추종자임을 시사한다. 그러나 일반적으로 추종자 역할의 효율성은 상황적응적으로 결정해야 할 문제이다.

2) 변혁적 상황의 효율적 추종자

추종자 역할의 효율성은 상황적응적으로 결정해야 한다는 점을 유념하면서 변혁적 상황에 관심을 한정하여 효율적인 추종자 역할의 조건을 알아보려 한다.

격동적 환경에 처해 탈관료화 요구의 압력을 받고 있는 조직에서 변혁의 필요와 자율관리의 필요가 강조되고, 직원에 대한 힘 실어주기와 리더 · 추종자 간 파트너십이 중요시되는 경우 효율적인 추종자의 역할은 다음과 같은

요건을 구비해야 한다.56)

❶ 독자적·비판적 사고능력   독자적·비판적으로 사고할 수 있는 능력을 갖추어야 한다.

❷ 책임 있는 능동성   업무수행에서 책임 있는 능동성을 발휘할 수 있어야 한다.

❸ 갈등·모험을 무릅쓸 용기   자기의 윤리관과 조직의 목표를 위해서는 갈등이나 모험도 회피하지 않는 용기를 가져야 한다.

❹ 개혁 동참   개혁에 적극 동참해야 한다.

❺ 성공을 위한 협력   모두가 함께 성공할 수 있도록 협력하는 팀플레이어가 되어야 한다.

❻ 리더를 위한 지원   리더가 의지할 수 있는 힘과 지지의 원천이 되어야 하며, 리더가 좋은 리더로 될 수 있도록 도와야 한다.

❼ 신뢰와 존중   리더와 상호신뢰·상호존중의 관계를 발전시켜야 한다.

V. 리더십의 발전

1. 발전노력에 대한 관심

리더의 속성에 착안한 접근방법을 밀고 나가던 연구인들은 리더로서 성공할 수 있는 사람의 생래적 속성을 확인하고 그러한 속성을 가진 사람들을 찾아내고 그들의 효율성을 측정하는 데 주력하였다. 따라서 리더의 훈련이나 상황의 개선을 통해 리더십의 효율성을 높일 수 있는 방안의 연구에는 소홀할 수밖에 없었다.

그러나 연구인들이 리더십의 상황과 리더의 행태에 주의를 기울이면서부터, 그리고 특히 상황적응적 접근방법을 채택하기 시작하면서부터 리더로 활동하는 사람들에게 행태변화훈련을 실시하고 상황적 조건을 개선해 리더십의 효율성을 높이는 방안을 찾게 되었다. 리더의 행태변화를 겨냥하는 여러 가지 훈련기법의 개발에는 현대행태과학의 역할이 컸다. 현대적 훈련기법의 발전과 더불어 리더의 표출된 행태뿐만 아니라 개인적 속성의 계발에도 눈을 돌리게 되었다. 상황이론가들은 리더의 변화에만 주의를 한정하지 않고 필요하다면 리더십에 영향을 미치는 다른 요인들도 적절하게 바꿔 리더십의 효율성을 높여야 한다고 처방한다.

2. 리더십발전의 방안

1) 리더십의 상황적합성 제고

리더십은 상황적 조건에 적합해야 그 효율성이 높아질 수 있다. 따라서 리더십의 상황적합성을 높이도록 노력해야 한다. 리더나 상황을 변화시켜 리더십의 상황적합성을 높이는 방안은 네 가지로 나누어 볼 수 있다.[57]

첫째, 임무와 상황적 요청에 적합한 속성과 행태를 지닌 리더를 선발·배치한다.

둘째, 리더의 훈련을 통해 리더십 유형을 임무의 요청과 상황적 조건에 적합하도록 변화시킨다.

셋째, 리더의 훈련을 통해 리더가 자기의 리더십 유형에 맞게 상황을 변화시킬 수 있는 능력을 기른다.

넷째, 조직이 상황적 조건을 개선해 리더십 발휘에 유리한 상황을 만든다. 예컨대 리더의 권력을 강화한다든가, 지휘하기 쉬운 추종자를 휘하에 배치해 준다든가, 직무수행의 목표와 절차를 보다 명료하고 상세하게 규정해 준다든가 하는 방법을 써서 상황을 유리하게 만들 수 있다.

2) 리더십발전을 위한 훈련

리더십훈련을 통해 리더들의 능력을 향상시킬 수 있다. 리더십훈련은 단편적인 접근으로 단시간 내에 성과를 거두기는 어려운 훈련이다. 종합적이고 지속적인 노력이 필요한 훈련이다. 리더십훈련에서는 능동적이고 행동지향적인 학습을 강조해야 한다. 그리고 과거의 사례보다는 미래지향적인 시나리오를 많이 연구하게 해야 한다.

리더십발전을 위한 훈련에서 사용할 수 있는 훈련기법은 대단히 많지만 자주 거론되는 몇 가지만을 여기서 예시하려 한다.[58]

❶ 다면적 환류   다면적 환류(다면평가: 360-degree feedback)는 리더가 자기의 리더십이 지닌 강점과 약점에 관한 환류를 여러 사람들로부터 받아

반성과 학습의 자료로 삼게 하는 방법이다. 리더십 행태와 그 성과는 추종자와 상황에 따라 달라질 수 있기 때문에 특정인의 리더십에 대한 사람마다의 평가는 다르게 마련이다. 따라서 리너십의 균형 있고 종합적인 평가를 위해서는 다방면에 걸친 관련자들의 의견을 들어보아야 한다.

❷ 네트워킹 훈련   네트워킹 훈련(networking training)은 리더가 정보획득과 문제해결을 위해 조력을 받아야 할 사람들과 연계를 발전시키는 방법을 훈련시키는 기법이다. 조직 내외에 걸쳐 협력을 받아야 할 사람들을 찾아내고 그들과 관계를 설정하는 방법을 가르치는 기법이다.

❸ 개인지도   개인지도(코칭: executive coaching)는 리더십 발전을 위한 일대일의 개인화된 훈련기법이다. 개인지도에서는 훈련을 받는 리더의 강점과 약점을 전체적으로 평가하고 포괄적인 발전계획을 세워 실천한다.

❹ 후견인의 지도   후견인의 지도(mentoring)는 상급관리자 등 특정한 후견인이 피훈련자와 긴밀한 관계를 유지하면서 리더십에 관해 조언하고 지도하게 하는 기법이다.

❺ 현장훈련   현장훈련(on-the-job training)은 리더가 임무수행의 현장에서 경험을 통해 그리고 상관과 동료들의 도움을 받아 스스로 리더십 역량을 기르도록 하는 기법이다. 현장훈련을 돕기 위해 순환보직이 쓰이기도 한다. 순환보직을 통해 다양한 추종자와 상황에 대응하는 능력을 기를 수 있다. 다루기 힘든 이질적 집단을 이끌어 보게 해서 리더십 역량을 키울 수도 있다.

❻ 실험실적 훈련   실험실적 훈련(laboratory training)은 감수성 훈련, 역할연기 등을 통해 '시간적으로 압축된 경험'을 할 수 있게 하는 기법이다.

04 갈등관리 · 통제과정

Ⅰ. 갈등관리

1. 갈등연구의 관점

갈등은 어떠한 조직에서나 생겨나는 현상이다. 따라서 조직은 갈등현상에 대처하는 활동을 하지 않으면 안 된다. 갈등관리(葛藤管理: conflict management)는 조직의 존립을 위해 필요한 하나의 핵심적인 과정이라고 할수 있다. 갈등을 '관리'한다는 말은 갈등을 해소하는 일만을 뜻하는 것이 아니다. 조직에 해로운 갈등을 해소하거나 방지하는 작용뿐만 아니라 갈등을 용인하고 그에 적응하는 조치를 취하는 것, 그리고 나아가서는 조직에 필요하다고 판단되는 갈등을 조성하는 일까지를 포괄하는 활동을 갈등관리라고 한다.

조직연구인들은 오래 전부터 조직 내에 갈등이 있다는 사실을 인식해 왔다. 조직이론은 꾸준이 변천해 왔지만 어떠한 연구경향을 지지하는 사람이건 조직 내에 갈등이 존재한다는 사실 자체를 부인하려 하지는 않았다. 그러나 갈등이라는 현상을 바라보는 관점이나 갈등에 대응하는 처방을 제시하는 입장은 상당한 변화를 겪어 왔다.

1) 고전적 관점

고전적인 접근방법을 따르는 연구인들은 갈등이 바람직하지 않고 조직에 해를 끼친다고 보았다. 그들은 갈등이 없는 상태가 가장 이상적인 상태라고 생각하였으며, 갈등은 제거해야 한다고 단순하게 처방하였다. 그리고 갈등의 제거는 가능한 일이라고 생각하였다. 직무의 명확한 규정, 직위 간 관계의 구체적 규정, 직위에 적합한 사람의 선발과 훈련 등을 통해서 갈등을 제거할 수 있다고 믿었다.

고전적인 이론가들의 그와 같은 갈등관은 문명사회에서 오랫동안 숭상되어온 '반갈등적 가치'(anticonflict value)를 반영하는 것이다. 의견일치 · 단합 · 평화 · 조화 등은 좋고, 불화 · 의견대립 · 다툼 · 싸움 등은 나쁘다고 규정하는 가치체계 속에서 사회화의 과정을 겪어온 사람들은 모든 갈등을 나쁜 것이라고 생각하는 경향이 있다. 이러한 사고방식은 일반적인 언어관행에 나타나 있다. 사람들은 갈등이라는 말을 들을 때 대개 그것은 나쁜 일이라는 생각을 하게 된다.

2) 고전적 관점에 대한 비판

문명사회의 일반적인 문화적 가치와 언어관행에 부합되는 고전적 갈등관은 조직이론과 조직사회에 깊은 뿌리를 내리고 있었다. 그러나 조직 내의 갈등에 관한 고전적 접근방법은 신고전기 이래 비판을 받아 왔다. 오늘날 적어도 이론적인 차원에서는 고전적인 갈등관이 강력한 비판과 배척을 받고 있다. 그러한 비판과 배척은 조직운영의 실제에도 서서히 영향을 미치고 있는 것으로 보인다. 갈등연구의 고전적 접근방법을 대체하려는 근래의 접근방법들은 갈등을 비난의 대상으로만 보지 않고 신중한 진단과 검토를 필요로 하는 변수로 파악한다. 모든 갈등이 역기능적이라고는 보지 않으며, 경우에 따라 갈등은 용납할 수 있을 뿐만 아니라 유용한 것일 수도 있다고 본다.

갈등관리에 관한 새로운 접근방법에는 갈등을 용인하고 옹호하려는 데 그치는 것도 있고, 보다 적극적으로 필요한 갈등을 조성하려는 것도 있다.

갈등을 용인하고 옹호하려는 사람들은 갈등이 조직에 본래적으로 내재하는 현상이므로 그것을 어느 정도는 용인할 수밖에 없다고 생각한다. 그리고 갈등이 조직에 유용할 때도 있기 때문에 갈등의 해소만을 갈등관리의 목적으로 삼아서는 안 된다고 주장한다.

조직에 필요한 갈등을 적극적으로 조성하려는 사람들은 갈등이 조직의 생존에 불가결한 적응과 변화의 원동력이라고 생각한다. 그들도 물론 모든 갈등이 조직에 유용하거나 필요한 것이라고 말하지는 않는다. 그러나 갈등이 없으면 조직은 정체되고 심한 경우에는 사멸의 운명을 맞게 된다고 한다. 그러므로 필요한 갈등은 적극적으로 조성하여야 한다고 말한다. 그리고 모든 관리자들의 주요임무라고 할 수 있는 갈등관리에는 갈등을 해소하는 일뿐만 아니라 갈등을 조성하는 일도 포함되어야 한다고 주장한다.[1]

갈등의 종류와 그 정도가 어떠하냐에 따라 갈등은 조직에 역기능적일 수도 있고 조직을 위해 순기능적이거나 불가결한 것일 수도 있다는 일반적인 관점을 우리는 받아들여야 한다고 생각한다. 그와 같은 관점에서 갈등관리를 논의해야 하는 우리의 과제는 고전적인 접근방법을 채택하는 경우에 비해 훨씬 복잡하다.

2. 갈등의 정의

조직 내의 갈등(葛藤: conflict)은 행동주체 간의 대립적(적대적) 교호작용이다. 대립적 교호작용이란 하나의 작용이 다른 작용을 방해하거나 손상시키거나 그 효율성을 저하시키는 관계를 지칭한다. 갈등을 일으키는 행동주체는 개인이나 집단일 수도 있고 조직일 수도 있다. 갈등은 심리적 대립감과 대립적 행동을 포괄하는 개념이다. 갈등은 조직을 구성하는 여러 가지 조건에 따라 빚어지는 갈등상황에 반응하는 행태이다. 갈등은 조직의 현상유지적 균형을 교란하는 요인이다. 정착되어 있는 의사결정과정에 문제를 야기하는 요인이라고 말할 수도 있다.

우리가 여기서 정의한 갈등은 조직 상의 또는 조직 내의 갈등(organizational conflict)을 준거로 삼은 것이다. 다시 말하면 조직 내의 행동주체 간에 일어나는 갈등을 대상으로 하여 정의를 내렸다. 개인이 내면적으로 경험하는 갈등이나 조직과 조직 사이의 갈등은 우리가 고찰하는 갈등의 범위에서 원칙적으로 제외하였다. 조직 내의 갈등에 관한 이론에서는 조직 내의 행동주체 간에 일어나는 갈등을 주된 대상으로 삼는다. 그러나 개인의 내면적 갈등과 조직 간의 갈등은 조직 내의 갈등과 무관한 현상이 아니다. 그러므로 조직 내의 갈등과 연관되는 범위 내에서 개인적 갈등이나 조직 간의 갈등도 고려의 대상이 되어야 할 것이다.

우리가 정의한 갈등의 속성은 다음과 같다.

❶ 행동주체 간의 현상   갈등은 둘 이상의 행동주체(당사자) 사이에서 일

어나는 현상이다. 최소한 행동주체가 둘이 있어야 갈등이라는 교호작용의 한 양태가 생겨날 수 있다. 행동주체는 개인이나 집단일 수도 있고 조직일 수도 있다. 개인과 개인, 개인과 집단, 집단과 집단, 개인과 조직, 집단과 조직은 서로 갈등을 야기할 수 있다.

❷ 형성·변동의 동태적 과정   갈등관계는 서로 연관된 일련의 진행단계를 내포하는 동태적 과정을 통해 형성되고 변동한다.

❸ 지각된 갈등   행동주체들이 갈등을 지각하면 갈등은 있는 것이다. 갈등은 표면화되는 대립적 행동만을 지칭하는 것이 아니다. 그러한 대립적 행동이 노출되지 않더라도 당사자들이 갈등상황을 지각하고 긴장·불안·적개심 등을 느끼기 시작하면 벌써 갈등이 있다고 보아야 한다. 그러나 당사자들이 지각하지 못하는 갈등상황의 존재는 갈등이라고 말할 수가 없다.

❹ 다양한 양태   갈등의 진행과정에서 표면화되는 대립적 행동에는 싸움이나 파괴와 같은 폭력적 행동만 있는 것이 아니다. 대립적 행동의 양태는 다양하다. 가벼운 의문이나 이견을 말하는 것과 같은 최저의 수준에서 상대방을 파멸로 몰고 가려는 극단적 수준에 이르기까지 강약이 다른 여러 가지 대립적 행동이 있을 수 있다.

❺ 기능의 다원성   갈등의 기능은 획일적인 것이 아니다. 갈등은 조직에 해로울 수도 있고 유익할 수도 있다.

갈등개념은 경쟁(competition)이라는 개념과 구별해야 한다. 조직생활의 실제에서 경쟁과 갈등이 겹칠 때가 있다. 어떤 교호작용이 경쟁이면서 동시에 갈등일 수가 있다는 말이다. 그리고 경쟁이 격화되어 갈등으로 변할 때가 있다. 그러나 모든 경쟁이 갈등이라거나 모든 갈등이 경쟁이라고 말할 수는 없다. 다른 사람보다 앞서거나 어떤 이득을 얻기 위해 경쟁하더라도 경쟁당사자 간에 대립적 내지 적대적 교호작용이 없을 수 있다. 마찬가지로 갈등이 경쟁을 내포하지 않을 때도 있다.

갈등과 협력(cooperation)의 관계도 분명히 해 둘 필요가 있다. 갈등을 협력과 혼동하는 사람은 없지만 양자를 반대개념으로 오해하는 사람들은 흔히 있다. 그러나 갈등의 반대가 협력은 아니다. 갈등의 반대는 갈등이 없는 상태이고 협력의 반대는 협력이 없는 상태이다. 갈등이 없다고 해서 반드시 협력이 있는 것은 아니다. 그리고 갈등과 협력은 별개차원의 문제이므로 같은 당

사자들 사이에 갈등과 협력이 병존할 수도 있다.[2]

3. 갈등의 유형

갈등의 양태는 헤아리기 어려울 정도로 다양하며 그에 관한 유형론도 많다. 갈등이 조직에 해로운가 아니면 이로운가를 기준으로 한 유형론은 갈등관리의 길잡이가 되는 핵심적 유형론이다. 그 밖에도 당사자(행동주체), 갈등의 진행단계, 표면화된 대립적 행동, 갈등상황 등을 기준으로 한 갈등의 분류들이 대단히 많다. 몇 가지 예를 보기로 한다.

1) 해로운 갈등과 유익한 갈등

해로운 갈등과 유익한 갈등을 구별하는 유형론은 오늘날 연구인들 사이에 널리 받아들여지고 있는 '일반화된' 유형론이다.

조직이 추구하는 목표나 가치를 지지·촉진하는 결과를 가져오는 갈등은 조직에 유익한 갈등(순기능적·건설적 갈등)이다. 반면 조직이 추구하는 목표나 가치를 해치는 것은 조직에 해로운 갈등(역기능적·파괴적 갈등)이다. 그러나 구체적인 경우에 순기능적 갈등과 역기능적 갈등이 항상 뚜렷하게 구별될 수 있는 것은 아니다. 그리고 양자의 구별기준은 시간의 흐름에 따라 변동할 수 있다.

유익한 갈등은 조직의 의사결정을 개선하고 조직의 생존과 성공에 필요한 쇄신적 변동을 촉발하는 원동력이 된다. 유익한 갈등은 행동주체들의 정체성 인식을 돕고 자기반성의 기회를 제공한다. 그리고 변동의 탐색을 유도할 뿐만 아니라 변동의 수용을 용이하게 한다. 갈등은 조직구성원들로 하여금 정체된 사고방식에서 벗어나 능동적인 행동을 하게 하는 활력소가 될 수 있다. 갈등은 기존의 또는 장래의 자원배분에 변화를 야기함으로써 조직의 중요국면을 근본적으로 바꿔 놓을 수도 있다. 갈등은 유기체에 필요한 적정한 수준의 자극을 제공하는 범위 내에서 조직의 자율조정적 장치에 불가결한 요소라고 할 수 있다.

순기능적 갈등의 부재는 정체된 사고방식, 부적절한 의사결정, 독재와 획일주의, 조직의 침체 등을 반영하는 것이라고 한다면 순기능적 갈등의 존재는

창조와 성장, 민주주의, 다양성, 그리고 자기실현을 반영하는 것이라고 말할 수 있다.[3]

　해로운 갈등은 조직의 목표를 싱취하는 데 필요한 협동직 노력을 좌절시킨다. 조직구성원들의 사기를 떨어뜨리고 낭비를 초래한다. 이런 갈등이 극심해지는 경우 조직이 와해될 수도 있다.

2) 그 밖의 유형론

　(1) 행동주체와 대상에 따른 분류　저자는 행동주체를 기준으로 i) 개인 간의 갈등, ii) 개인과 집단 간의 갈등, iii) 집단 간의 갈등, iv) 개인과 조직 간의 갈등, v) 집단과 조직 간의 갈등을 분류하였다.

　Stephen P. Robbins와 Timothy A. Judge는 두 가지 유형론을 보여주었다. 그들은 행동주체(갈등의 위치)를 기준으로 i) 개인(양자) 간의 갈등(dyadic conflict), ii) 집단 내적 갈등(intragroup conflict), iii) 집단 간의 갈등(intergroup conflict)을 구분하였다. 대상을 기준으로 i) 업무의 내용과 목표에 관련된 과업갈등(task conflict), ii) 대인관계에 관련된 관계적 갈등(relationship conflict), 그리고 iii) 업무수행방법에 관련된 과정적 갈등(process conflict)을 구분하였다.[4]

　James G. March와 Herbert A. Simon은 i) 개인적 갈등(individual conflict), ii) 조직 내의 갈등(organizational conflict), iii) 조직 간의 갈등(interorganizational conflict)을 구분하고 조직 내의 갈등에 초점을 두어 갈등문제를 논의하겠다고 말하였다.[5]

　(2) 승패의 유무에 따른 분류　John. R. Schermerhorn, Jr. 등은 i) 패자만 있는 갈등(lose-lose conflict), ii) 승자와 패자가 있는 갈등(win-lose conflict), iii) 승자만 있는 갈등(win-win conflict)을 구별하였다.[6]

　패자만 있는 갈등은 당사자 가운데 누구도 원하는 바를 실제로 얻지 못하게 되는 갈등이다. 승자와 패자가 있는 갈등은 한쪽 당사자만 얻으려는 것을 실제로 얻고 상대방은 손실을 보거나 이익배분에서 제외되는 갈등이다. 승자만 있는 갈등은 대결과 협력을 통해 당사자들이 모두 얻고자 하는 것을 얻게 되는 갈등이다.

　(3) 진행단계에 따른 분류　Louis Pondy는 갈등이 진행되는 과정의 단계별로 i) 잠재적 갈등(latent conflict), ii) 지각된 갈등(perceived conflict), iii) 감

정적으로 느끼는 갈등(felt conflict), iv) 표면화된 갈등(manifest conflict), v) 갈등의 결과(갈등의 뒤끝: conflict aftermath)를 구분하였다. 잠재적 갈등은 갈등이 야기될 수 있는 상황 또는 조건이다. 갈등의 결과는 조직이 갈등에 대응한 후 남는 조건 또는 상황이다. 갈등대응행동이 갈등의 원인을 제거해 갈등상황을 해소할 수도 있고, 갈등의 원인을 제거하지 못해 갈등상황이 그대로 남을 수도 있고 오히려 더 악화될 수도 있다. 이런 갈등대응 이후의 상태를 갈등의 결과라 한다.[7]

(4) 구조화의 수준에 따른 분류   Zhiyong Lan은 갈등의 구조화 수준을 기준으로 i) 구조화되지 않은 갈등(unstructured conflict), ii) 부분적으로 구조화된 갈등(partially structured conflict), iii) 완전히 구조화된 갈등(fully structured conflict), 그리고 iv) 혁명적 갈등(revolutionary conflict)을 구분하였다.[8]

구조화되지 않은 갈등의 경우 행동주체들은 어떠한 규칙의 제약도 받지 않는다. 그들의 행동선택은 충동적이거나 감정적일 수 있다. 완전히 구조화된 갈등의 경우 갈등의 조건이 명확하게 규정되고 당사자들은 규칙·사회적 규범·윤리기준의 구속을 철저하게 받는다. 이러한 구속을 부분적으로 받는 것이 부분적으로 구조화된 갈등이다. 혁명적 갈등은 비구조화된 갈등의 한 극단적인 형태이다. 혁명적 갈등은 대규모이며 기존의 규칙이나 공동의 개념적 패러다임 또는 문화의 구속을 받지 않는다.

(5) 갈등행동의 내용과 강도에 따른 분류   표면화되는 갈등행동의 내용과 강도에 따라 갈등을 분류할 수 있다. 소극적 회피, 이의제기, 언쟁, 폭력 등의 갈등양태가 여러 가지로 구분되고 있는데 그러한 양태들을 여기서 모두 열거할 수는 없다.

4. 갈등의 발생

갈등이 일어나는 현상을 연구하는 시각은 크게 두 가지로 나누어 볼 수 있다. 두 가지의 시각이란 과정적 시각과 구조적 시각을 말한다. 과정적 시각은 갈등이 시작되고 진행되는 과정을 연구함으로써 갈등을 이해하려는 시각이다. 구조적 시각은 갈등을 야기하는 조건 또는 원인을 규명함으로써 갈등현상을 이해하려는 시각이다. 갈등이 무엇 때문에 어떻게 야기되는가를 알아보려면 구조적 시각에서뿐만 아니라 과정적 시각에서도 연구를 해야 한다.

1) 갈등상황: 갈등야기의 조건

갈등상황(conflict situation)이란 갈등이 야기될 수 있는 조직 내의 상황 또는 조건이다. 갈등상황에는 갈등을 야기할 수 있는 사람의 특성과 행태도 포함된다. 갈등상황이 조성되어야 갈등이 생겨날 수 있다. 갈등상황은 잠재적 갈등이라고 할 수도 있고 갈등의 선행조건 또는 원인이라고 할 수도 있다. 그러나 이러한 원인이 있다고 해서 언제나 갈등이 진행되는 것은 아니다. 갈등상황이 행동주체들에 의해 지각되지 않을 수도 있고 구체적인 갈등관계가 형성되기 전에 갈등상황이 소멸될 수도 있다.

갈등상황은 일종의 매개변수라 할 수 있다. 갈등상황은 갈등을 유발하거나 그 출처(source)가 될 수 있는 조직 상의 요인들과 갈등 사이를 연결해 주는 조건이기 때문이다. 조직을 구성하는 거의 모든 요인은 갈등의 출처가 될 수 있지만 그러한 요인들이 갈등을 직접 유발하는 것은 아니다. 갈등의 출처가 될 수 있는 요인들은 갈등이 일어날 수 있는 조건 또는 갈등상황을 형성한다. 갈등을 직접 야기할 수 있는 조건은 갈등상황이다.

갈등의 출처로부터 형성될 수 있는 갈등상황(조건)은 다양하고 복잡하다. 그에 관한 유형론도 다양하다. 갈등연구의 접근방법에 따라 갈등상황의 규정은 달라지기 마련이기 때문에, 연구인마다 갈등상황을 다양하게 분류하고 있다.

여러 연구인들이 열거하고 있는 갈등상황의 종류들 가운데서 중요한 것들을 골라 일곱 가지 범주로 묶어 보았다. 일곱 가지 갈등상황의 범주란 i) 상충되는 목표추구로 인한 승패의 상황, ii) 제한된 자원의 획득과 사용에 관련된 경쟁, iii) 직무설계 상의 갈등요인, iv) 의사전달의 장애, v) 지위부조화, vi) 조직의 변동, 그리고 vii) 행동자들의 문제를 말한다.[9]

(1) 상충되는 목표추구로 인한 승패의 상황 둘 이상의 행동주체가 서로 양립할 수 없는 목표들을 동시에 추구할 때 승패의 상황(win-lose situation)이라는 갈등상황이 조성될 수 있다. 상충되는 목표추구로 인한 승패상황의 발생은 목표구조와 보상체제의 특성에 따라 달라질 수 있다. 경쟁적 목표구조인 경우, 그리고 승리자가 보상을 모두 차지하는 경쟁적 보상체제인 경우 갈등야기

의 가능성은 아주 높아진다.

(2) 제한된 자원의 획득과 사용에 관련된 경쟁 목표달성을 위해 어떤 자원 또는 수단을 동원할 것인가, 그리고 제한된 자원을 누가 차지할 것인가에 대해 행동주체 간에 의견불일치가 있고 경쟁이 생기면 갈등상황이 조성될 수 있다.

(3) 직무설계 상의 갈등요인 분업에 역점을 둔 직무설계로 말미암아 직무와 책임의 분할이 심한 경우 그리고 조직단위의 구성이 기능분립적으로 되어 있는 경우 의견대립과 갈등의 가능성이 높아진다. 참모와 계선의 분립도 기능분립의 한 양태이다.

업무수행책임의 모호성도 갈등상황을 만들 수 있다. 누가 무슨 일을 어떻게 수행해야 하며 어느 정도의 책임을 져야 하는가를 잘 알 수 없을 때 책임분쟁의 가능성이 커진다. 업무의 상호의존성도 갈등의 원인이 될 수 있다. 긴밀히 연관된 업무를 수행하는 사람들 사이의 협력관계가 깨지면 갈등이 빚어질 수 있다.

(4) 의사전달의 장애 의사전달의 장애가 생기면 행동주체들 사이에 오해와 불신이 쌓이고 그것은 갈등의 소지가 될 수 있다. 갈등이 생기면 의사전달의 장애는 더욱 커지는 악순환이 진행될 수 있다.

(5) 지위부조화 지위부조화(地位不調和: status incongruence)는 행동주체 간의 교호작용을 예측불가능하게 하고 갈등을 야기할 수 있다. 조직 내에는 선임순위의 지위체계, 기술적 능력의 지위체계 등 여러 가지 지위체계들이 있다. 그러한 지위체계들에서 개인이 차지하는 지위는 서로 다를 수 있다. 그리고 지위는 수시로 변동한다. 이러한 조건은 지위부조화로 인한 갈등상황을 조성할 수 있다.

(6) 조직의 변동 조직의 변동은 그 자체가 현상유지적 균형을 깨기 때문에 갈등상황을 조성할 수 있다. 변동추구자들과 저항자들 사이에 갈등상황이 조성되는 사례는 흔하다. 계획적 변동인 조직개혁에 대한 생각이 사람마다 다를 수 있기 때문에 문제의 인지와 변동의 계획단계에서부터 갈등이 시작될 수 있다.

(7) 행동자들의 문제 갈등상황을 조성할 수 있는 갈등당사자들의 문제는 여러 가지이다.

첫째, 당사자들의 성격이 갈등을 야기하고 악화시킬 수 있다. 지배욕·권력욕이 강한 성격, 공격적·비협조적 행동성향 등이 갈등원인으로 될 수 있다.

둘째, 사람들의 지각에 차이가 있는 것도 갈등야기의 조건이 된다. 같은 사물을 서로 다르게 지각하는 사람들이 교호작용하게 되면 갈등을 일으킬 가능성이 크다.

셋째, 당사자들의 가치관이 서로 다르면 갈등을 야기할 가능성이 커진다.

넷째, 당사자들 사이의 지위 차이로 인한 권력거리, 사회적 거리가 먼 것이 갈등의 원인이 될 수 있다.

다섯째, 당사자들 사이의 신뢰결여가 갈등의 원인이 될 수 있다.

여섯째, 체면이 손상되었다고 생각하는 당사자의 보복적 행동, 상대방에 대한 파괴적 비판, 무례한 행동 등 부정적 행동이 갈등의 원인으로 될 수 있다.

연구인들의 관점이 다름에 따라 그들이 열거하는 갈등상황의 유형은 다소간에 서로 다르다. 그 예를 몇 가지 보기로 한다.

Clinton F. Fink는 갈등상황으로 i) 양립할 수 없는 목표(incompatible goals), ii) 상호배척적인 이해관계(mutually exclusive interests), iii) 적대감정(emotional hostility), iv) 상이한 가치체계(differing value structures) 등 네 가지를 들었다.[10]

Louis Pondy는 갈등상황(잠재적 갈등: latent conflict)을 i) 희소자원의 획득을 위한 경쟁(competition for scarce resources), ii) 자율성추구(drives for autonomy), iii) 목표의 분립(divergence of subunit goals)으로 나누었다.[11]

James G. March와 Herbert A. Simon은 집단 간 갈등의 야기에 필요한 조건으로, i) 공동적인 의사결정의 필요에 대한 인지(felt need for joint decision making), ii) 목표의 차이(difference in goals), iii) 현실에 대한 지각의 차이(difference in perceptions of reality)를 들었다. 여기서 첫째 조건은 필수적이지만 둘째와 셋째 조건은 선택적이라고 한다. i)의 조건과 ii) 또는 iii)의 조건 가운데 하나가 성립되면 갈등상황이 연출된다고 한다.[12]

Robert L. Dipboye 등은 갈등상황(갈등의 원인)을 상황적 원인과 개인적 원인으로 범주화하였다. 상황적 원인으로는 i) 업무상의 상호의존성(task interdependence), ii) 목표와 보상의 구조(goal and reward structure), iii) 희소자원(scarce resources), iv) 의사전달의 장애(barriers to communication), v) 지위부조화(status incongruence), vi) 업무책임의 모호성(ambiguity in work responsibilities), 그리고 vii) 조직의 분화(organizational differentiation)를 들고 있다. 개인적 원인으로는 갈등을 야기하기 쉬운 행동성향을 들고 있다.[13]

Jerald Greenberg와 Robert A. Baron은 갈등의 원인으로 i) 지각의 왜곡

(perceptual distortion), ii) 원한(grudges), iii) 불신(distrust), iv) 희소자원의 획득을 위한 경쟁(competition over scarce resources), 그리고 v) 파괴적 비판(destructive criticism)을 열거하였다.[14]

우리가 이 절에서 논의의 대상으로 삼고 있지 않은 개인적 갈등(내면적 갈등)의 조건 또는 원인을 설명하는 연구인들도 있다. 여기서 두 가지 예를 소개하려 한다.

March와 Simon은 개인적 갈등(개인이 겪는 내면적 갈등)의 조건으로 의사결정대안의 i) 수락불가능성(unacceptability), ii) 비교불가능성(incomparability), iii) 불확실성(uncertainty)을 들었다. 결정자가 여러 대안이 가져올 결과는 알지만 그것들이 만족스럽지 못해 받아들일 수 없으면 수락불가능한 것으로 된다. 결정자가 대안들의 결과는 알지만 그것을 서로 비교하는 것이 불가능하면 가장 바람직한 대안을 확인하지 못한다. 불확실성이란 대안들의 결과를 예측할 수 없는 상태를 말한다.[15]

N. E. Miller와 J. Dollard는 개인적 갈등을 설명하면서 갈등상황을, i) 접근–접근상황('approach–approach' situation), ii) 접근–회피상황('approach–avoidance' situation), iii) 회피–회피상황('avoidance–avoidance' situation)으로 나누었다. 접근-접근상황은 바람직한 가치를 비슷하게 가진 두 가지 대안에 직면하여 결정자가 선택을 망설이는 상태이다. 접근-회피상황은 대안들이 바람직한 가치와 바람직하지 못한 가치를 함께 지녔기 때문에 결정자로 하여금 선택을 망설이게 하는 상태이다. 회피-회피상황은 바람직하지 못한 가치를 비슷하게 가진 대안들에 직면하여 결정자가 선택을 망설이는 상태이다.[16]

2) 갈등의 과정

갈등은 서로 연관된 일련의 단계 또는 사건을 거쳐 진행되는 동태적 과정이다. 진행단계는 i) 갈등상황, ii) 지각, iii) 의도형성, iv) 행동(갈등의 표출), v) 해소 또는 억압, 그리고 vi) 갈등의 결과로 구분해 볼 수 있다.

갈등과정이 진행되는 첫째 단계는 갈등상황이라는 갈등야기의 잠재적 조건이 형성되는 단계이다. 둘째 단계는 행동주체들이 갈등상황을 지각하고 그 의미를 확인하는 단계이다. 셋째 단계는 행동주체들이 갈등상황의 지각에 따라 긴장·불만·적개심 등을 느끼고 갈등의 의도를 형성하는 단계이다. 넷째 단계는 대립적·적대적 행동을 표면화하는 단계이다. 다섯째 단계는 갈등이 해소되거나 억압되는 단계이다. 여섯째 단계는 갈등에 대응하는 행동의 결과로 어떤 상황이 빚어지는 단계이다. 이 마지막 단계에서는 갈등이 잘 해소되어 장래의 갈등 발생가능성이 감소하거나 갈등의 원인이 제대로 제거되지 않아 새로운 갈등을 야기하게 되는 등의 영향이 나타난다.[17]

이러한 단계들이 언제나 끝까지 진행되는 것은 물론 아니다. 어떤 단계에서나 갈등관계형성의 과정은 중단될 수 있다. 그리고 어느 한 단계 또는 사건이 일어난 상황 또는 장소에서 다른 사건(단계)들도 일어나야 한다는 보장은 없다. 하나의 선행사건이 일어난 곳과는 다른 위치에서 다음 사건이 진행될 수도 있다. 예컨대 갈등상황이 조성되고 그것이 지각된 조직 내의 부서와는 다른 어떤 부서에서 갈등이 표면화될 수 있다. 갈등은 시작된 곳에서만 계속될 수도 있고, 여러 곳(개인이나 집단들)으로 퍼져나갈 수도 있고, 널리 확산되었던 갈등이 어느 하나의 하위집단에 집중될 수도 있다. 그런 까닭으로 갈등은 조직 내에서 여기저기 돌아다닌다고 설명되기도 한다.[18]

5. 갈등관리의 전략과 방법

1) 갈등관리의 전략

위에서 말한 바와 같이 조직 내의 갈등에는 역기능적인 것도 있고 순기능적인 것도 있다. 역기능성과 순기능성을 함께 지닌 갈등도 많다. 갈등의 순기능성과 역기능성은 시간의 흐름에 따라 변할 수 있다. 한마디로 말해서 갈등이란 매우 복잡한 동태적 현상이다. 그러므로 갈등관리의 전략은 상황적응적이어야 한다.

갈등관리의 전략 또는 접근방법은 여러 가지로 분류할 수 있다. 가장 기본적인 분류는 갈등관리의 목적에 따른 분류이다. 여기서 목적에 따른 분류란 갈등관리전략이 갈등의 해소를 도모하려는 것인가 아니면 갈등을 조성하려는 것인가를 기준으로 한 분류를 말한다. 전자는 갈등해소전략이며 후자는 갈등조성전략이다.

다음으로 중요한 전략분류는 갈등관리전략의 대상을 기준으로 한 분류이다. 이것은 갈등을 해소 또는 조성하기 위해 무엇을 바꾸려 하는가를 기준으로 하는 분류이다. 관리대상별로 분류되는 전략들을 행태적 전략과 제도적 전략이라는 두 가지 일반적 범주로 묶어볼 수 있다.

인간을 대상으로 하는 행태적 전략은 조직구성원들의 태도, 대인관계 등 인간적 과정을 개선하려는 전략이다. 이 전략은 조직의 구조적 배열이나 업무처리절차에 근본적인 수정을 가하지 않고 사람들의 태도와 행동을 바꿔 문제를 해결하려는 것이다. 이 전략의 실천에는 인간관계론과 조직발전의 기법들이 주로 쓰인다.

제도적 전략은 조직의 제도를 바꿔 갈등문제를 해결하려는 전략이다. 제도적 전략의 주축을 이루는 것은 구조적 전략이다. 구조적 분화와 통합에 수정을 가하려는 구조적 갈등관리전략의 관심대상은 분업과 구조의 횡적 분화, 집단의 구성과 집단 간 관계, 계서제의 구성, 조정·통제부서의 구성, 권한과 책임의 규정, 일의 흐름(업무처리과정) 등에 변화를 일으켜 갈등문제를 해결하려는 전략이다.

다음에 갈등관리전략의 실천수단을 설명할 때는 전략의 목적별 분류만을 염두에 두고 실천방법들을 두 가지 범주로 묶어 열거하려고 한다.

갈등관리의 전략은 여러 가지로 유형화되고 있다. 세 가지 예를 보기로 한다.

John R. Schermerhorn, Jr. 등은 갈등관리의 전략을 i) 간접적 전략과 ii) 직접적 전략으로 나누었다. 업무 상 의존관계의 축소, 공동목표의 강조, 명령계층을 통한 해결, 일상화된 각본(script)에 따른 해결 등이 간접적 전략의 수단에 해당한다. 견해차의 완화, 상대방 주장의 수용, 문제의 회피, 권위적 명령, 협력, 문제해결 등이 직접적 전략의 수단에 해당한다.[19]

Joseph Litterer는 갈등해소전략을 i) 기존체제운영의 원활화(making the system work), ii) 갈등중재를 위한 장치의 개발(developing additional machinery for conflict adjudication), iii) 갈등원인의 제거를 위한 조직개편(restructuring organization to eliminate the cause of the conflict) 등 세 가지로 구분하였다.[20]

Robert L. Dipboye 등은 갈등관리전략을 i) 구조 또는 맥락의 개편(altering the structure or context), ii) 문제의 재구성(changing the issues), iii) 행동주체 간의 관계 변경(changing the relationship), iv) 행동주체의 교체(changing individuals) 등 네 가지 범주로 구분하였다.[21]

2) 갈등관리의 실행방법

갈등의 구체적인 모습은 매우 다양하기 때문에 갈등관리전략을 실행하는 방법(수단, 기법) 또한 다양할 수밖에 없다. 갈등관리를 성공적으로 이끌어 나가려면 구체적인 필요와 상황적 조건에 맞게 관리기법을 활용해야 할 것이다.

갈등관리방법의 중요유형이라고 생각되는 것들을 골라 해소방법과 조성방법이라는 두 가지 범주로 나누어 소개하려 한다.[22]

(1) 역기능적 갈등의 해소   중요한 갈등해소방법들은 다음과 같다.

❶ 문제해결   갈등을 일으키고 있는 당사자들이 직접 접촉하여 갈등의 원인이 되는 문제를 공동으로 해결하게 하는 방법이 문제해결(problem solving)이다. 당사자들의 이견을 서로 용납하거나 갈등상황에 적응하기로 합의하는 것은 문제해결이 아니다. 공동의 노력으로 갈등상황을 제거하는 것이 문제해결이다. 당사자들이 협동적인 문제해결능력을 가지고 있을 때 이 방법은 효율적일 수가 있다.

❷ 상위목표의 제시   갈등을 일으키고 있는 당사자들이 함께 추구해야 할 상위목표(superordinate goals)를 제시함으로써 갈등을 완화할 수 있다. 상위목표는 갈등관계에 있는 행동주체들이 모두 추구해야 하고 또 추구하기를 원하는 목표이지만, 어느 하나의 행동주체가 단독으로는 성취할 수 없는 목표이다. 갈등관계에 있는 행동주체들이 모두 협력해야만 그러한 상위목표를 달성할 수 있으므로 행동주체들의 개별적인 목표추구에서 빚어지는 갈등은 상위목표가 제시되면 상당히 완화될 수 있다.

❸ 공동의 적 제시   갈등당사자들에게 공동의 적을 확인해 주고 이를 강조하면 잠정적으로 갈등을 해소하거나 이를 잠복시킬 수 있다. 공동의 적을 제시하는 방법은 상위목표의 제시와 비슷한 효과를 거둘 수 있다. 공동의 적을 제시하는 방법은 상위목표제시의 소극적 측면으로 이해할 수 있다.

❹ 자원의 증대   자원의 증대(expansion of resources)는 희소자원을 획득하려는 경쟁 때문에 생기는 갈등을 해소하는 가장 효과적인 방법이라고 할 수 있다. 희소한 자원에 공동적으로 의존하는 행동주체들이 서로 더 많은 자원을 차지하려고 갈등을 일으킬 때 자원을 늘려버리면 어느 당사자도 패자로 되지 않고 모두가 승자로 될 수 있다. 그러나 조직 내의 전체적인 가용자원은 한정되어 있기 때문에 자원을 늘려 갈등을 해소하는 방법에는 제약이 따른다. 한 곳의 갈등을 해소하기 위해 다른 곳의 자원을 전용하면 그 '다른 곳'의 갈등을 악화시킬 염려가 있다.

❺ 회 피   회피(avoidance)는 단기적으로 갈등을 완화할 수 있는 방법이다. 회피의 예로 갈등을 야기할 수 있는 의사결정을 보류 또는 회피하는 방법, 갈등상황에 처한 당사자들이 접촉을 피하도록 하는 방법을 들 수 있다. 회피는 갈등의 원인 또는 갈등상황을 제거하는 방법이 아니므로 근본적인(항

구적인) 갈등해소방법이라고 할 수 없다.

❻ 완 화 완화(smoothing or accommodation)는 갈등당사자들의 상이성을 호도하고 유사성이나 공동이익을 강조함으로써 갈등을 해소해 보려는 방법이다. 완화는 당사자들의 이견이나 상충되는 이익과 같은 차이를 덮어두고 유사성과 공동이익을 전면에 부각시키는 기법이므로 회피방법과 상위목표 제시방법을 혼합한 것이라고 볼 수도 있다. 완화는 잠정적이고 피상적인 갈등해소방법이다. 갈등을 야기하는 당사자들의 '차이'를 제거하지 않기 때문이다.

❼ 타 협 당사자들이 대립되는 주장을 부분적으로 양보하여 공동의 결정에 도달하도록 하는 방법이 타협(compromise)이다. 타협해서 내린 결정은 어느 당사자에게도 최적의 결정이 될 수는 없다. 당사자들의 상충되는 주장을 절충한 결정이기 때문이다. 타협을 통해 갈등을 해소할 때에는 결정적인 승자나 완전한 패자가 뚜렷하게 구분되지 않는다. 누구나 조금씩은 승리하고 또 조금씩은 패하게 되기 때문이다.

타협은 갈등의 원인을 제거하지 않고 갈등을 일시적으로 모면케 하는 것이기 때문에 잠정적인 갈등해소방법이라고 할 수 있다.

❽ 협 상 당사자들이 서로 다른 선호를 가지고 있을 때 공동의 결정을 해나가는 과정이 협상(negotiation)이다. 이 과정에서 당사자들은 서로 상대방에게서 자기가 원하는 것을 얻어내려고 노력한다.

협상에는 당사자들이 승패를 판가름하려고 각기 자기 몫을 주장하는 분배적 협상(distributive negotiation)도 있고, 당사자들이 모두 승리자가 될 수 있도록 공동이익 또는 효용을 키우는 방안을 탐색하는 통합적 협상(integrative negotiation)도 있다. 협상은 당사자들의 구성을 기준 삼아서도 분류할 수 있다. 당사자가 두 사람인 개인 대 개인 협상(two party negotiation), 집단구성원들끼리 협상하는 집단협상(group negotiation), 집단 간의 협상(intergroup negotiation), 노동조합, 고객집단 등 집단을 대표하는 사람들과의 협상(constituency negotiation), 그리고 제3자가 개입하는 협상(third party negotiation)을 구분해 볼 수 있다.

❾ 상관의 명령 부하들의 의견대립으로 인한 갈등을 공식적 권한에 근거한 상관의 명령으로 해소 또는 억압할 수 있다. 상관의 명령은 제3자의 중재와 유사한 일면을 가지고 있다. 그러나 상관의 명령으로 하는 갈등해소는 갈등당사자 간의 합의를 항상 전제로 하는 것이 아니다. 당사자 가운데 어느

한 쪽이 상관의 결정에 찬성하지 않더라도 상관의 정당한 명령에 복종하지 않을 수 없다. 상관의 명령으로 갈등을 해소하는 방법은 대개 갈등의 원인을 제거하지 않고 표변화된 갈등행동만을 해소한다.

❿ 갈등당사자의 태도변화 갈등을 일으키거나 일으킬 가능성이 있는 사람들의 태도를 변화시킴으로써 갈등을 예방 또는 해소할 수 있다. 당사자의 태도를 바꾸는 방법은 시간과 비용이 많이 드는 방법이다. 단기적인 노력으로 사람들의 태도를 바꾸기는 어렵기 때문이다. 태도변화를 촉진하는 데 쓰이는 주된 수단은 교육훈련이다. 행태과학의 발전과 더불어 개발·보급되고 있는 이른바 실험실적 훈련의 기법들이 태도변화훈련에 많이 쓰이고 있다.

⓫ 구조적 요인의 개편 구조적 요인을 바꿔서 갈등을 보다 근본적으로 해소할 수 있다. 구조적 요인을 바꾸는 방법의 예로 인사교류, 조정담당직위 또는 기구의 신설, 이의제기제도의 실시, 갈등을 일으키는 조직단위의 합병, 갈등을 일으키는 집단들의 분리(decoupling), 지위체제의 개편, 업무배분의 변경, 보상체제의 개편 등을 들 수 있다.

전통적으로 갈등관리는 바로 갈등의 해소를 의미했기 때문에 갈등해소방법을 처방한 갈등연구문헌들이 대단히 많다. 그런데 사람마다 이야기하는 내용이 구구하기 때문에 외견 상의 혼란을 피할 길이 없다. 그러나 그 내용을 자세히 검토해 보면 상이성보다 유사성이 더 큰 것을 알 수 있다. 같은 방법을 다른 말로 표현한 것들 그리고 같은 방법들을 통합해서 설명하거나 세분해서 설명하는 것들이 많다.

R. R. Blake 등은 갈등해소의 방법으로 i) 철수(움츠림: withdrawal), ii) 완화(smoothing), iii) 타협(compromise), iv) 강압(forcing), 그리고 v) 문제해결(problem solving)을 들었다.[23]

H. A. Shepard는 집단 간의 갈등을 해소하는 방법으로 i) 억압(suppression), ii) 제한된 투쟁(limited war), iii) 거래(흥정: bargaining), 그리고 iv) 문제해결(problem solving)을 들었다.[24]

J. G. March와 H. A. Simon은 갈등에 대한 조직의 대응행동으로 i) 문제해결(problem solving), ii) 설득(persuasion), iii) 거래(bargaining), 그리고 iv) '정치'('politics')를 들었다. 여기서 정치란 거래와 유사하지만, 거래와 다른 것은 거래의 장(arena of bargaining)이 고정되어 있다고 당사자들이 생각하지 않는 점이라고 한다. 열세에 놓인 당사자가 유력한 후원자를 동원해 유리한 타결을 모색하는 것은 정치의 한 예이다.[25]

M. O. Stephenson, Jr.와 Gerald M. Pops는 공공정책결정과정의 갈등을 해결하는 방법으로 i) 투표(voting), ii) 사법적 심판(judicial trial), iii) 중재(arbitration)를

들었다.26)

B. J. Hodge와 W. P. Anthony는 갈등해소방법을 i) 권력의 행사에 의한 억압 (suppression), ii) 완화(smoothing), iii) 회피(avoidance), iv) 타협(compromise), v) 제3자 개입(third party intervention), vi) 포용(cooptation), vii) 토론하고 표결 하는 민주적 과정(democratic process), viii) 순환보직(job rotation), ix) 상위목표 (larger goal)의 제시, x) 객관성과 사실에 입각한 해결을 강조하는 직면 (confrontation) 등 열 가지로 분류하였다.27)

(2) 순기능적 갈등의 유도·조성   갈등의 순기능적 작용을 인정하는 사람 들은 관리자들이 조직목표의 성취를 위해 필요한 갈등을 유도하고 조성하는 책임도 져야 한다고 주장한다. 관리자들은 조직의 활력, 창의와 쇄신을 위해 순기능적 갈등을 적절히 유도·조성하고 그것을 창의적이고 건설적으로 해결 해 나가야 한다고 주장한다.

관리자들이 그러한 역할을 수행하려면 먼저 순기능적인 갈등을 긍정적으 로 받아들인다는 입장을 천명해서 순기능적 갈등이 자유스럽게 표면화될 수 있는 분위기를 조성해야 한다. 이것은 순기능적 갈등을 조성하고 건설적인 결 과를 유도해 조직에 이익을 가져오려는 노력의 전제조건이다. 이러한 조건이 갖추어지지 않으면 갈등은 잠재화·악성화될 염려가 있다.

갈등을 조성하는 방법들을 보면 다음과 같다.

❶ 의사전달통로의 변경   표준화된 공식적·비공식적 의사전달통로를 변 경해서 갈등을 조성할 수 있다. 특정한 의사전달통로에 통상적으로 포함되던 사람을 일부러 제외하거나 본래 포함되지 않았던 사람을 새로 포함하는 것은 의사전달통로변경의 예이다. 의사전달통로의 변경은 정보의 재분배와 그에 따 른 권력의 재분배를 초래하기 때문에 갈등을 야기할 수 있다.

❷ 정보전달 억제 또는 정보과다 조성   정보전달을 억제하거나 과다한 정 보를 전달함으로써 갈등을 조성할 수 있다. 조직구성원이 얻으려는 정보를 감추면 그의 권력은 감소된다. 따라서 권력의 재분배가 일어나고 그로 인한 갈등이 조성될 수 있다. 정보전달을 억제하는 경우와는 반대로 지나치게 많 은 의사전달을 함으로써 정보과다현상이 나타나게 하여 갈등을 조성할 수도 있다.

정보과다로 인한 혼란은 갈등을 야기하고 그것은 나아가서 조직구성원들의 정체된 행태를 활성화하고 창의성과 자율성을 일깨워줄 수 있다. 정보과다를 일으키지 않고도 관리자들은 의식적으로 모호한 정보나 위협적인 정보를 전달함으로써 갈등을 직접 야기할 수 있다. 이런 방법을 쓰면 모든 의사전달을 무비판적으로 받아들이는 무관심상태를 타파할 수 있다.

❸ 구조적 분화 조직 내의 계층수, 그리고 기능적 조직단위의 수를 늘려 서로 견제하게 함으로써 갈등을 조성할 수 있다. 이 경우에 조직단위 간의 의존도를 높이면 갈등발생의 가능성은 더욱 커진다.

❹ 구성원의 재배치와 직위 간 관계의 재설정 조직구성원을 이동시키거나 직위 간의 관계를 재설정함으로써 갈등을 조성할 수 있다. 사람의 유동과 직위 간 관계의 재설정을 통해 관련된 조직단위의 동질성을 와해시키고, 의사결정권을 재분배하고, 상호감시기능을 확대하면 갈등이 야기될 수 있다. 가치관 등이 서로 다른 이질적인 사람들을 같은 집단에 배치하면 갈등발생의 가능성이 높아진다.

❺ 리더십 스타일의 변경 리더십의 스타일(유형)을 적절히 바꿈으로써 갈등을 야기하고 대상집단을 활성화할 수 있다.

❻ 구성원의 태도변화 갈등상황에 대한 조직구성원의 감수성을 높이는 태도변화훈련을 통해서 간접적으로 갈등을 조성하는 방법이 있다. 그러나 사람들의 태도변화는 하루아침에 이루어질 수 있는 일이 아니다. 단기적으로 가능한 방법은 이미 상이한 태도를 지닌 사람들을 함께 일하도록 배치함으로써 갈등을 야기하는 방법이다. 그리고 역할갈등이나 지위부조화 등으로 인한 개인의 내면적 갈등을 조성하여 그것이 조직 내의 갈등을 유도하게 할 수도 있다. 이의제기자들(dissenters)의 기여를 인정하고 보상하는 방법도 있다.

II. 통제과정

1. 통제의 정의

통제(統制: control)는 목표와 그 실천행동을 부합시키려는 과정이다. 통제는 공동의 목표달성을 위해 조직활동을 결집시키는 조직의 통합작용 가운데 하나이다. 조직을 구성하는 사람들이 추구해야 할 목표는 그들의 책임으로 되기 때문에 책임이행을 보장하려는 활동이 통제라고 말할 수도 있다.

조직을 구성하는 모든 사람들이 외재적 통제가 없어도 자발적으로 그리고 성공적으로 조직의 목표에 부합되는 임무수행을 할 수 있다면 통제라는 활동이 필요하지 않을 것이다. 그러나 대규모의 공식적 조직에서 그러한 이상적인 상태의 구현을 기대하기는 어렵다.

물론 이야기하는 사람의 인간관과 조직관이 다름에 따라 통제과정에 대한 처방은 달라질 수 있다. 그리고 통제과정의 중요성이 어느 정도인가에 대해서도 논란이 있을 수 있다. 근래 자기실현적 인간모형에 입각한 자율규제의 강조는 상대적으로 외재적 통제의 중요성을 감퇴시킨 것이 사실이다. 오늘날 통제라는 문제가 연구주제 선정의 우선순위에서 뒤로 많이 밀려 있는 것도 사실이다. 그러나 아직까지 통제과정을 조직사회에서 완전히 배제할 수 있는 상태에 우리는 도달해 있지 않다. 그러므로 조직학은 통제현상의 연구를 외면할 수가 없는 것이다.

통제의 정의에 내포된 주요 명제는 다음과 같다.[28]

❶ 통제자와 피통제자의 구별   통제는 통제자(control agent)와 피통제자(controllee)의 개념적 구별을 전제한다. 피통제자의 지배권 밖에 있는 통제의 수단을 가진 통제자가 있고, 통제자에게 책임을 지는 피통제자가 있어야 통제가 성립될 수 있다. 양심의 가책 때문에 하게 되는 자기규제와 같은 것은 우리가 말하는 통제가 아니다.

❷ 기준의 존재   통제에는 미리 정해진 목표 또는 기준이 있어야 한다. 맹목적인 통제는 있을 수 없다. 통제는 목표 또는 기준에 실적을 부합시키려는 활동이기 때문이다. 통제의 기준은 통제활동의 출발점이 된다. 통제과정에서 기준으로부터 이탈되는 실적을 발견하면 기준에 부합되도록 실적을 시정하는 행동을 하게 된다.[a] 그러나 통제의 기준이 불가변적인 것은 아니다. 여러 가지 이유로 미리 설정되었던 기준은 변할 수 있다. 그리고 실적평가의 결과 기준설정의 잘못 때문에 기준과 실적의 괴리가 생긴 것을 발견하면 기

---

a) 이러한 통제의 기능을 조직의 투입과 처리과정(전환과정) 그리고 산출 사이를 잇는 '연계'(link)라고 설명한 사람도 있다. 통제는 원하는 산출을 달성하기 위해 조직의 처리과정을 계속적으로 조정함으로써 그러한 연계작용을 한다는 것이다. John H. Jackson and Cyril P. Morgan, *Organization Theory: A Macro Perspective for Management*(Prentice-Hall, 1978), p. 269.

준을 고칠 수 있다.

❸ 통제수단의 존재   통제주체(통제자)는 통제에 필요한 자원(resources) 또는 수단(means)을 가지고 있어야 힌다. 통제주체가 통제의 수단올 가지고 있지 않으면 통제가 이루어질 수 없다. 통제의 과정은 조직이 사용하는 수단 또는 자원을 적절히 배분하여 필요로 하는 실적을 얻어내는 과정이라고 표현 할 수도 있다.[29] 통제의 수단 또는 자원은 다양하다. 구체적인 경우에 어떠한 자원이 어떻게 사용되느냐 하는 것은 조직이 가진 가용자원과 통제상황의 조 건에 따라 달라질 수 있다.

❹ 동태적 과정   통제는 일련의 기본적인 단계를 내포하는 동태적이고 순환적인 과정이다. 통제의 과정에 포함되는 기본적인 단계는 통제기준의 확 인, 정보수집, 평가, 그리고 시정행동이다. 통제는 다소간의 불확실한 사태에 노출될 수 있는 동태적 과정이기 때문에 융통성과 자율조정성을 구비하여야 한다.

❺ 부수적 효과   통제과정의 기본적 기능은 목표와 실적을 부합시켜 조 직의 통합과 성공에 이바지하려는 것이지만, 그러한 기본적 기능에 결부된 여 러 가지 부수적 효과를 또한 기대할 수 있다.

통제는 투자자나 최고관리자들을 안심시키는 데 도움을 줄 수 있다. 조 직의 주요목표가 성공적으로 추구되고 있다는 점에 관해 신뢰감을 줄 수 있 기 때문이다. 각급관리자들은 자기의 결정에 대한 환류를 받아 의사결정능력 을 향상시킬 수 있다. 통제는 상급관리자가 하급관리자에게, 그리고 각급 감 독자들이 부하들에게 무엇이 중요한 사업이며 역점을 두어야 할 활동영역이 무엇인가를 알려 주는 수단이 될 수 있다. 상관이 중점적으로 통제하는 영역 에 부하들은 노력을 집중하는 경향이 있다. 물론 이것이 잘못되면 목표왜곡이 라는 좋지 못한 현상을 빚게 된다.

2. 통제와 책임

통제는 목표와 그 실천행동을 부합시키려는 활동이며 피통제자에게 책임 을 묻는 활동이다. 조직의 통제체제는 조직구성원들이 조직 상의 책임을 이행 하도록 하려는 과정이라고 설명할 수도 있다.[30]

일반적으로 책임(責任: responsibility)이란 비판에 대응해야 할 의무라고 규정할 수 있다. 이것은 X라는 행동자가 Y라는 일에 관해 Z라는 통제자의 비판에 부응해야 하는 관계를 설명하는 개념이다. 여기서 책임을 묻는 주체의 존재는 외재적이다. 이러한 책임개념의 정의는 책임의 객관성 내지 외재성을 강조한 것으로서 통제의 외재성을 강조한 우리의 통제개념정의에 일관되는 관점을 반영한다. 이와는 대조적으로 책임의 주관성과 행동자의 자율규제를 강조하는 관점도 있다.

우리는 객관적·외재적 책임론을 채택했지만 주관적·내재적 책임론도 중요한 의미를 지닌다. 주관적 책임론은 외재적 통제론이 기초로 삼고 있는 객관적 책임론에 긴밀히 연관된다.[31]

1) 객관적 책임론

객관적 책임(objective responsibility)은 행동자의 외부로부터 부과되는 기대에 관련된 것이다. 객관적 책임은 행동자에게 권한을 행사할 위치에 있는 주체가 원하는 바대로 행동해야 하는 책임이다. 이것은 일정한 행동기준에 관하여 행동자 이외의 사람에게 지는 의무이다. 그러한 의무의 출처는 책임을 지는 사람의 외부에 있다.

객관적 책임은 책임을 져야 할 직위에 있는 모든 사람에게 일반적 의무를 부과한다. 이 경우 구체적인 점직자(占職者)의 개인적 욕구, 취약점, 선호 등이 무엇인지는 고려되지 않는다. 외재적으로 설정되는 일반적 의무가 조직 내의 역할을 규정한다. 사람들이 맡은 역할의 계속성은 객관적 책임에 뿌리를 둔 것이다.

조직에서 볼 수 있는 객관적 책임의 출처(책임규정의 양태)는 여러 가지이다. 법령, 규칙, 정책, 상관의 업무지시, 직무기술 또는 계서적 구조에 대한 책임을 그 예로 들 수 있다.

2) 주관적 책임론

주관적 책임(subjective responsibility)은 행동자가 스스로 책임이 있다고 느끼는 주관적 인식에 관한 개념이다. 이것은 도덕적 의무에 대한 내적·개인적 인식이다. 객관적 책임은 사람들이 맡은 역할에 대한 법률·조직·사회의 요구에서 생기지만 주관적 책임은 양심·충성심·일체감 등이 조성하는 내적 충동에서 비롯된다. 주관적 책임은 가치 또는 원칙에 대한 신념에 뿌리를 둔 것이다.

주관적 책임론에 따르면 행동자가 과오를 범하는 경우 자기의 양심이 그것을 과오라고 인정할 때에만 과오가 된다고 한다. 행동자의 처벌은 양심의 가책일 뿐이라고 한다. 따라서 책임은 고도로 개인적이며 도덕적인 것이라고 한다.

역할수행자가 행사하는 권력이 클수록 주관적 책임도 클 가능성은 있지만 그것이 공식적 지위나 권력에 반드시 직결되는 것은 아니다. 객관적 책임이 주관적 책임을 강화하기도 하지만 그러지 않을 때도 있다. 주관적 책임과 객관적 책임이 서로 다르고 갈등을 빚으면 바람직하지 않다. 정당하게 설정된 공식적 책임의 성공적 이행에 기여할 수 있도록 주관적 책임을 발전시키는 노력이 필요하다.

3. 통제의 유형

통제의 유형은 여러 가지 기준에 따라 분류할 수 있다. 자주 거론되는 통제유형론들을 보기로 한다. 여기서 선정한 통제유형론들의 분류기준은 i) 통제시점, ii) 통제수단, iii) 시정조치, iv) 통제주체, v) 통제대상, 그리고 vi) 자족성의 수준이다.

1) 통제시점·통제수단·시정조치

(1) 통제시점에 따른 분류   통제의 종류는 통제작용과 통제대상행동 사이의 시간적 관계를 기준으로 분류할 수 있다.[32] 사전적 통제, 동시적 통제, 사후적 통제는 통제시점을 기준으로 분류한 통제의 유형들이다.[b]

❶ 사전적 통제   사전적 통제(a priori control, precontrol or predictive

---

b) Jackson과 Morgan은 통제정보(목표성취도에 관한 정보)의 출처가 어디냐에 따라 환류통제(feedback control)와 예측적 통제(feed forward control)를 구분하였다. 전자는 산출로부터 통제정보를 얻는 사후적 통제의 양태이며 후자는 투입에서 통제정보를 얻는 사전적 통제의 양태이다. 이러한 분류도 통제시점에 따른 분류로 볼 수 있다. Jackson and Morgan, *ibid.*, pp. 269~270.

control)는 예방적 통제(preventive control)이다. 사전적 통제는 목표추구행동이 목표에서 이탈할 수 있는 가능성을 미리 예측하고 그러한 가능성을 제거함으로써 바람직하지 못한 행동이 나타나지 않도록 하는 통제이다. 하급회계업무 담당직원이 전결로 지출할 수 있는 금액의 한도를 미리 정해둠으로써 중대한 재정손실을 예방하는 조치, 그리고 어린이들이 노는 방에서 값비싼 도자기를 미리 치워 파손을 예방하는 조치를 사전적 통제의 예로 들 수 있다.

❷ 동시적 통제 동시적 통제(current control, concurrent control)는 목표추구행동이 진행되는 동안 그것이 통제기준에 부합되도록 조정해 가는 통제이다. 어떤 행동이 통제기준에서 이탈하는 결과를 초래할 때까지 기다리지 않고 그러한 결과의 발생을 유발할 수 있는 행동이 나타날 때마다 교정하는 것이 동시적 통제이다.

❸ 사후적 통제   사후적 통제(a posteriori control, postcontrol, historical control)는 목표추구행동의 결과가 목표기준에 부합되는가를 평가하여 필요한 시정조치를 하는 통제이다. 이것은 교정적 통제(corrective control)이다.

(2) 통제수단에 따른 분류   통제수단이 무엇인가에 따라 통제의 유형을 분류할 수 있다. 그 예를 보기로 한다.

통제수단을 세 가지로 나누고 강압적 수단(coercion)을 쓰는 강압적 통제, 경제적 수단(economic rewards)을 쓰는 공리적 통제, 그리고 규범적 수단(moral or normative rewards)을 쓰는 규범적 통제를 분류하는 유형론이 있다.[33]

소극적인 제재를 가하는 통제(control by negative sanctions)와 적극적인 보상을 주는 통제(control by positive rewards)도 수단을 기준으로 한 분류의 예이다.

어떤 수단이 쓰이느냐에 따라 시장적 통제(market control), 관료적 통제(bureaucratic control), 그리고 가족적 통제(clan control)를 구분하는 사람도 있다.[34] 시장적 통제는 조직의 산출과 생산성을 감시·평가하는 데 가격체제와 경쟁기제를 사용하는 통제이다. 시장적 통제에서는 명백하게 규정된 기준의 성취에 대해 명시적 보상이라는 유인을 제공한다. 관료적 통제는 법규, 권한계층, 그 밖의 관료제적 장치를 사용하는 통제이다. 가족적 통제는 가치관, 전통, 공동의 신념 등 내면적·심리적 요인을 사용하는 통제이다. 가족적 통제는 조직구성원들이 공유하는 내면적·심리적 요인에 의존하는 바가 크기 때문에 자율규제에 가깝다.

(3) 시정조치에 따른 분류 시정조치를 기준으로 한 분류의 예로는 부정적 환류통제(negative feedback control), 긍정적·확장적 환류통제(positive, amplifying feedback control)를 들 수 있다. 부정적 환류통제는 실적이 목표에서 이탈된 것을 발견하고 후속되는 행동이 전철을 밟지 않도록 시정하는 통제이다. 이것은 평가대상인 목표추구행동의 결과를 거부 또는 부정하는 통제이다. 긍정적·확장적 통제는 실적이 목표에 부합되는 것을 발견하고 후속되는 행동이 같은 방향으로 나가도록 하는 통제이다.

시정조치를 통제주체가 직접 하는 직접적 통제와 시정조치를 제3자가 하도록 하는 간접적 통제를 구별하기도 한다.

시정행동을 포함한 통제과정의 정확도를 기준으로 하여 결정론적 통제(deterministic control)와 추계적 통제(stochastic control)를 구분하기도 한다.

2) 통제주체·통제대상·통제체제의 자족성

(1) 통제주체에 따른 분류 통제주체는 통제체제의 구조적 단위이다. 통제주체의 문제는 "누가 통제하는가?"의 문제이다.

가장 흔히 볼 수 있는 통제주체별 분류는 외부적 통제와 내부적 통제를 먼저 구분하고 다시 이를 세구분하는 것이다. 외부적 통제와 내부적 통제를 공식적인 것과 비공식적인 것으로 나누는 경우 공식적 내부통제·비공식적 내부통제·공식적 외부통제·비공식적 외부통제가 구별된다.35)

통제를 담당하는 조직의 구조적 배열을 기준으로 일반계서제(ordinary hierarchy)가 담당하는 통제, 교차조직단위(crisscross units)가 담당하는 통제, 그리고 독립통제단위(separate monitoring units)가 담당하는 통제를 구분할 수 있다.36)

대규모 조직에서 계서제는 통제작용의 매우 효과적인 장치로 활용된다. 계서제의 최상층에서 시작되는 통제가 각 계층을 차례로 흘러 내려가는 동안 여러 가지 유인의 작용 때문에 연속적으로 강화되어 통제의 실효를 거둘 수 있게 해 준다. 특히 계서제는 조직 전체에 공통적인 통제의 기준을 전달하는 데 유용한 장치라고 한다.

교차조직단위와 독립통제단위는 일반계서제를 보완하는 구조적 장치이다. 교차조직단위는 이차적인 또는 유지관리적인 기능(인사·예산·계획 등)을 담당하는 조직단위로서 일반계서제의 명령계통을 가로지르는 관할권을 행사한다. 교차조직단위는 일종의 관할중첩을 일으켜 조직 전체의 통제능력을 향상시키는 장치라고 할 수 있다. 독립통제단위는 통제를 주임무로 하는 조직 내의 특별통제단위이다. 이러한 통제단위는 최고관리층의 소속 하에 있지만 계선구조의 명령계통으로부터는 다소간에 분리되어 있는 것이다.

통제자가 소속된 계서제 상의 위치를 기준으로 최고관리층에서 하는 통제, 중간관리층에서 하는 통제, 그리고 하급관리층에서 하는 통제를 구분할 수 있다.

(2) 통제대상에 따른 분류 통제대상의 문제는 "무엇을 통제하는가?"의 문제이다.

대상에 따라 분류한 통제유형의 예로 전반적 통제(organizational control)와 부분적·일상적 통제(operational control)를 들 수 있다. 일반적인 기준에 따라 조직 전반의 활동 또는 그 주요 부분을 통제하는 것이 전반적 통제이다. 세부적인 활동에 대한 단기적 통제가 부분적·일상적 통제이다.[37]

책임이행의 행동과정에 대한 통제(behavioral control or process control)와 행동의 결과에 대한 통제(output control)를 구별하는 유형론도 있고, 형식적 요건에 대한 통제(control of regularity)와 실질적인 내용 또는 효율성의 요건에 대한 통제(control of substance or effectiveness)를 구별하는 유형론도 있다.[38]

독자적 통제(closed sequence control)와 보완적 통제(open sequence control)를 구별하는 것도 통제대상에 따른 유형론이다. 통제가능한 행동과정만을 직접 통제하는 것이 독자적 통제이다. 보완적 통제는 통제불가능하거나 통제하기 어려운 행동과정이 기준에 부합되도록 하기 위해 그에 연관된 다른 행동과정에 수정을 가하는 통제이다. 이것은 통제가능한 행동과정에 수정을 가함으로써 통제불가능한 행동과정에서 필요하지만 할 수 없는 수정을 대신하는 통제이다. 바깥 온도가 변동해서 방안의 적정온도를 유지할 수 없을 때 난방장치의 온도를 조절하여 방안의 적정온도를 회복시키는 방법은 보완적 통제의 예다. 바깥 대기의 온도는 통제할 수 없으므로 실내의 난방기능을 통제하는 것이다.[39]

(3) 자족성에 따른 분류: 폐쇄통제회로와 개방통제회로 폐쇄통제회로(閉鎖

統制回路: closed control loop)와 개방통제회로(開放統制回路: open control loop)
는 단위통제체제 또는 통제회로의 자족성(self-sufficiency)을 기준으로 분류한
통제의 유형이다. 전자는 자족적인 회로이다. 자족적이라는 말은 기준확인 ·
정보수집(감지) · 평가(식별) · 시정의 기능을 맡는 장치들이 모두 갖추어진 통
제체제라는 뜻이다. 후자는 비자족적인 회로이다. 이것은 통제과정의 각 단계
별 기능을 맡는 장치들 가운데 하나 또는 그 이상을 결여하고 있기 때문에 외
부체제에서 그것을 보완해 주어야 하는 통제체제이다.[40]

폐쇄통제회로는 자동온도조절장치에 비유할 수 있다. 그러한 장치는 유
지해야 할 실내온도의 기준을 기억하고 기준에서 벗어나는 온도변화를 감지
· 식별할 수 있으며 기준온도에 환원시키는 시정조치를 할 수 있다. 개방통제
회로는 감지 · 식별장치가 없는 전기세탁기에 비유할 수 있다. 이러한 세탁기
는 세탁물이 있든 없든, 그리고 세탁물이 더러운 상태이든 완전히 깨끗해졌든
간에 미리 정해진 시간 동안 작동할 뿐이다. 그러므로 세탁물을 집어 넣은 사
람이 감지기능과 식별기능을 보완해 주어야 한다.[c]

4. 통제의 과정

통제과정에 포함되는 기본적 활동단계는 i) 통제기준의 확인, ii) 정보수
집, iii) 평가, 그리고 iv) 시정행동으로 나누어볼 수 있다. 이러한 활동단계의
순차적 진행이 비교적 뚜렷하게 나타나는 통제유형은 합리적으로 설계 · 운영
되는 사후적 통제이다. 통제체제의 불확실성 · 비합리성이 높아질수록 활동단
계구획의 교란은 심해진다.

1) 통제기준의 확인

통제의 과정은 통제의 목표 또는 기준을 확인하는 데서부터 시작된다.
통제기준의 성질은 통제체제와 조직의 효율성에 큰 영향을 미친다. 특히 현재

---

c) 통제상황이 통제체제의 외부로부터 영향을 받지 않는가 또는 영향을 받는가에 따라 폐쇄적
통제체제(closed control system)와 개방적 통제체제(open control system)를 구별하기도 한
다. 위의 예에서 본 온도조절장치는 폐쇄회로를 사용하는 개방적 통제체제의 예이다. 조직은
개방체제이므로 그 통제체제는 거의 다 개방적 통제체제이다.

의 기준이 과거의 기준과 어떤 관계에 있는지, 그리고 기준과 실적의 관계가 어떤 것인지는 매우 중요한 문제이다.[d]

(1) 기준의 내용과 형태   통제의 기준은 목표수행의 상황, 목표수행의 과정과 결과, 목표수행에 관한 개인적 책임 등을 밝혀 준다. 통제의 기준에는 질적인 것도 있고 양적인 것도 있다.

통제주체의 기억장치에 보관되는 통제기준의 형태는 다양하다. 법령, 규칙, 지시, 정책, 직급명세, 선례 등을 적은 문서로 보관되어 있는 경우도 있고 통제자의 머릿속에 무형적으로 보관되어 있는 경우도 있다. 문서화에는 컴퓨터에 의한 여러 입력방법의 활용이 포함된다. 대규모의 조직에서는 통제주체들을 보조하기 위해 전문직원, 데이터 베이스, 자료실 등 특별 기억장치를 두고 있다.

(2) 기준의 확인   통제기준을 확인하는 단계에서는 통제기준이 무엇이며, 그것이 피통제자에게 제대로 전달되었는가, 그리고 피통제자는 그것을 이해하고 실행에 옮길 수 있는 기회를 가졌었는가를 확인하여야 한다.

(3) 기준 간의 갈등조정   기준확인단계에서는 전반적인 통제체제의 하위체제들이 상충되는 통제기준을 가지고 있지 않은가, 그리고 피통제자들이 책임갈등을 일으키고 있지 않은가를 확인하고 기준 간의 충돌 또는 갈등이 있으면 이를 조정해야 한다.

조직은 여러 가지 목표를 가지고 있으며 목표들 사이의 관계는 상충적일 때가 많다. 하나의 목표를 효율적으로 달성하는 행동이 다른 목표의 추구를 저해하여 조직의 전체적인 효율성에 기여하지 못할 때도 있다. 피통제자들은 조직의 상충되는 목표체계 때문에, 또는 조직운영 상의 엇갈리는 요청 때문에 역할갈등을 경험할 수 있다. 주관적 책임과 객관적 책임의 갈등, 그리고 이해충돌로 인한 갈등을 일으키는 경우도 흔히 있다. 통제활동은 조직 전

---

d) 통제기준에는 가능한 최고의 실적(best feasible performance), 선례(precedents: doing as well as previously), 선례에 비해 약간 개선된 실적('ratchet principle': doing a little better than previously) 등이 있다. 일반적으로 선례에 비해 약간 개선된 실적이 성취지향적 평가기준이라고 이해되고 있다. 가능한 최고의 실적을 요구할 경우에는 피통제자를 좌절시킬 염려가 있다고 한다. 그리고 선례는 현상유지적인 기준으로서 발전을 촉진하지 못한다고 한다. Chadwick J. Haberstroh, "Organization Design and Systems Analysis," in James G. March, ed., *Handbook of Organizations*(Rand McNally, 1965), p. 1187.

체의 효율성을 높일 수 있도록 통제기준을 둘러싼 여러 갈등과 충돌을 조정
해야 한다.

2) 정보수집

이 단계에서는 실천행동이 통제기준에 부합되는지의 여부를 판단하는 데
필요한 정보를 수집하고 선별한다.

(1) 적극적 조사·소극적 접수   정보의 출처와 수집의 방법은 매우 다양하
지만 정보수집방법의 범주를 적극적 조사와 소극적 접수로 대별해 볼 수 있다.

정보를 요구하는 정보를 산출하여 전달함으로써 그에 대응하는 정보의
투입을 받는 방법이 적극적 조사이다. 그 예로 현지감사, 보고서제출요구, 관
계자심문 등을 들 수 있다. 통제주체는 투입되는 통제정보를 소극적으로 접수
할 수도 있다. 그러한 접수는 통제체제의 환류장치를 통해서 이루어지기도 하
고 환경적인 요청이나 지지로 이루어지기도 한다. 소극적 정보접수의 예로 이
의제기·고충제기·진정·보고·시정요구 등의 접수를 들 수 있다.

(2) 통제점의 선택   통제주체는 통제대상에 관한 정보수집에서 전략적인
통제점(統制點: information gathering points or strategic control points)을 선택해
야 할 때가 많다. 이 말은 통제대상에 관한 모든 정보를 수집하기는 어렵기
때문에 통제대상, 정보의 출처와 종류를 표본추출하게 된다는 뜻이다. 선택의
방법에는 i) 임의선택을 하는 경우, ii) 환경으로부터 강한 통제요청이 있는
사안에 관한 정보를 선택하는 경우, iii) 기준미달의 정도가 심각한 사안에 관
한 정보만을 선택하는 경우, iv) 수량적인 기준에 비추어 일정한 수준 이상의
중요성이 있는 사안에 관한 정보만을 선택하는 경우 등이 있다.[41]

일반적으로 통제점의 선택에는 적시성, 경제성, 효율성과 대표성이 구비
되어야 한다. 그리고 전체적인 통제대상의 어느 부분에 치우쳐 통제의 정당한
배합비율을 어기고 불균형을 초래하는 일이 없도록 해야 한다.

(3) 정보의 선별   통제주체는 수집한 정보를 선별(screening)한다. 수집된
정보를 간추리기도 하고 처리가 가능하도록 재구성하기도 하는 작업이 선별
이다. 이 과정에서 통제주체가 처리할 수 있는 정보의 양과 종류를 결정하고
처리능력에 맞게 선별해야 한다.

3) 평 가

평가단계에서는 통제기준과 실천행동(실적)에 관한 정보를 평가하여 기준과 실적의 차질유무를 확인하고 시정의 필요성에 대한 결정을 한다.

(1) 평가의 대상   통제주체는 평가과정에서 피통제자의 행동뿐만 아니라 행동의 상황에까지도 관심을 갖는다. 평가대상이 되는 행동에는 의사결정의 과정과 내용, 의사결정의 결과 등이 포함된다.

오늘날 연구인들의 우선적인 관심은 실천행동의 성과에 대한 평가에 쏠려 있다. 행동의 과정에 관한 절차적·형식적 통제보다는 행동결과에 대한 효율성평가를 더 중요시하는 경향이 있다. 이러한 경향은 절차의 규칙성평가에 치우쳤던 과거의 편향에 대한 비판에서 비롯되었다고 볼 수도 있다.

그러나 절차적 통제의 효용을 너무 도외시하면 안 된다. 통제활동의 실제에서 행해지는 절차적 통제는 많다. 현대조직은 상당히 과학적인 의사결정의 절차들을 만들어 두고 있기 때문에 의사결정의 여러 기준과 절차를 준수했다는 것은 온당한 결과를 가져올 수 있는 조건이라고 이해할 수도 있다. 경우에 따라서는 의사결정과정의 절차적 요건을 엄격히 준수하는 것 자체가 피통제자의 주된 책임일 때가 있다. 의사결정결과의 효율성은 평가할 수 없기 때문에 의사결정과정만을 평가할 수밖에 없는 경우도 있다.[42)]

(2) 기준과 실적 사이의 차질 확인   실적과 통제기준을 비교하여 차질유무를 판단하고 시정행동에 대한 결정을 한다. 시정행동을 결정하려면 '목표이탈의 허용범위'(allowable margin of goal deviation)를 어떻게 할 것인지에 대한 결단을 먼저 해야 한다.

조직활동의 실제에서 기준과 실적 사이에 다소간의 차질이 생기는 경우는 흔하다. 그리고 목표이탈의 유무와 수준에 대한 관계자들의 지각에는 서로 차이가 있을 수 있다.[e)] 사소한 목표이탈도 허용하지 않고 과잉통제(overcontrol)를

---

e) 목표·실적차질의 양태는 물론 수없이 많다. 그에 대한 유형론도 많다. 책임위반의 양태를 i) 불이행(non-feasance), ii) 부적합이행(mal-feasance), iii) 과잉이행(over-feasance) 등 세 가지로 나눈 Herman Finer의 유형론이 널리 인용되고 있다. 불이행은 책임이행(목표추구행동)을 하지 않는 것이다. 부적합이행은 책임이행에 낭비와 손상 등 부작용이 수반된 것이다. 과잉이행은 정당한 권한과 책임의 범위를 벗어나 과잉적인 목표수행을 한 것이다. Finer, "Administrative Responsibility in Democratic Government," *PAR*(vol. 1, no. 4, Summer

하는 경우 조직운영의 경직성, 문서작업과다, 통제비용과다, 창의성 억압, 생산성 저하 등의 문제가 야기될 수 있다. 그런가하면 중요한 목표이탈도 묵과하는 과소통제(undercontrol)는 조직의 지향노선을 흐리게 하고 조직구성원을 불확실한 상황에 놓이게 하며 결국은 문란한 상황을 빚게 된다. 과잉통제와 과소통제를 막는 일은 매우 중요하고 어려운 과제이다.

4) 시정행동

평가의 결과에 따라 통제주체는 시정행동을 한다. 시정행동의 결과는 통제중추에 환류된다. 그에 따라 새로운 통제과정이 진행될 수 있다. 그러므로 시정행동단계는 하나의 통제과정을 마무리짓는 단계이기도 하며 다음의 통제과정을 촉발하는 단계이기도 하다. 이 단계의 중요과제는 시정조치의 적시성을 확보하고 시정조치의 적정수준을 유지하는 일이다.

통제의 수단은 시정행동단계에서 가장 뚜렷하게 실체화된다. 통제수단의 개별적 적정성은 상황에 따라 달라진다. 통제의 수단을 선택할 때 일반적으로 고려해야 할 사항은 i) 특정한 통제수단의 효율성에 대한 예측, ii) 통제수단의 사용에 따라 발생하는 비용(손실)의 평가, iii) 통제수단을 사용하지 않을 경우에 발생할 결과의 평가, iv) 인간본질에 관한 일반이론, v) 통제수단의 윤리적 평가, vi) 통제수단의 사용에 대한 법적 제약, vii) 피통제자의 지위와 특성 등이다.[43)]

1941), p. 337.

05 관리과정

Ⅰ. 관리란 무엇인가?

1. 관리의 정의

일반적으로 관리(管理: management)라는 말은 다른 사람들과 더불어 그리고 다른 사람들을 통해서 일(목표)을 성취해 가는 과정을 의미한다. 조직에서 하는 관리는 관리자들이 조직구성원들과 더불어 그리고 조직구성원들을 통해서 조직의 목표를 성취해 가는 과정이다.[a]

조직의 목표를 설정하고 목표달성을 위해 현재의 업무성취와 장래의 잠재력 확보를 책임지는 관리는 조직의 인적자원과 그 밖의 자원을 조정·통제한다. 관리는 조직을 운영하고 이끌어 가는 복합적 과정이다. 복합적 과정이라고 하는 까닭은 다양한 과정들로 구성되는 관리가 조직 내의 여러 가지 과정들을 또한 조정하기 때문이다. 관리는 조직 내적 및 환경적 요인들이 역동적으로 교호작용 하는 가운데 존재하며 활동한다.

관리의 중요속성을 다음과 같이 요약해 볼 수 있다.[1]

❶ 조직목표 성취 임무　관리의 주된 관심은 조직목표의 성취에 있다. 관리의 임무는 조직목표를 설정하고 이를 성취하는 것이다. 관리는 현재의 업무성취뿐만 아니라 장래의 성취능력확보에도 책임을 진다.

---

[a] 영어의 management라는 말은 문맥에 따라서 관리자, 관리과정 또는 자원의 활용과 그 조정 등을 의미할 때가 있다. 여기서는 관리를 우선 과정적 현상으로 파악하기로 한다. 그러나 관리자 또는 관리과정에 결부된 여러 요인들을 포괄하는 관리체제(management system)를 준거대상으로 삼을 때도 있을 것이다.

❷ 다른 사람들을 이끄는 역할　관리는 그 임무성취를 위해 다른 사람들을 동원하고 이끌어 간다. 관리는 다른 사람들과 더불어 일하고 다른 사람들을 통해서(시켜서) 일을 한다.

❸ 자원의 조정·통제　관리는 그 임무수행을 위해 여러 가지 자원의 획득과 활용을 조정·통제한다. 조정대상이 되는 자원의 종류는 인적자원·물적자원·기술·정보 등 다양하다.

❹ 복합적 과정　관리는 여러 가지 과정들을 내포하는 복합적 과정이다. 관리는 의사전달, 의사결정, 리더십, 갈등관리, 통제, 계획 등 다양한 과정들을 통해서 이루어진다.

❺ 조직 전체를 대상으로 하는 과정　전체적인 관리의 대상영역은 조직운영 전반에 걸친다. 조직의 성립·생존·발전에 관련된 조직의 여러 국면들이 관리의 대상이 된다. 정책, 조직, 인적자원관리, 재정관리, 대외관계관리 등은 그러한 국면들의 예이다. 개별적인 관리자들이 담당하는 대상영역의 폭은 관리의 계층에 따라 달라진다.

❻ 관리의 활동단계　관리과정의 활동단계는 i) 목표설정과 계획수립, ii) 자원의 동원, iii) 조직화, iv) 집행, v) 환류통제 등으로 구분해 볼 수 있다. 이러한 하위활동단계들의 구성양태와 상호관계는 개별적인 상황과 관리체제모형에 따라 달라질 수 있다.

❼ 개방체제적 교호작용　관리는 조직 내외의 여러 관계들과 역동적인 교호작용을 한다. 관리는 그 환경과 조직 내의 하위체제들이 엮어내는 상황에서 작동하는 과정이다.

위에 열거한 관리의 특성들은 기본적인 것으로 이해된다. 그러나 조직운영의 현장에서 관리의 특성들이 나타나는 구체적인 모습은 개별적인 사례에 따라 달라질 수 있다.

　　관리과정과 리더십은 여러 가지 흡사한 요소를 지녔다. 그런 까닭으로 연구인들은 이 두 가지 개념을 구별하는 문제 때문에 적지 않게 고심하고 있다.
　　리더십과 관리는 긴밀히 연관되고 양자의 활동이나 담당자가 상당부분 겹치지만 리더십과 관리가 같은 개념은 아니라고 하는 것이 다수 연구인들의 견해이다.
　　리더십과 관리의 차이를 설명하는 사람들은 i) 관리자가 아닌 조직구성원들도 리더가 될 수 있으며 관리자들 가운데는 리더십을 발휘하지 못하는 사람들도 있다는 점,

ii) 관리자들은 조직이 공식적으로 규정한 관리기능들을 모두 수행해야 하지만 리더십은 그 중 일부의 기능에만 관심을 가질 수 있다는 점, 그리고 iii) 관리자들은 조직이 공식적으로 요구하는 일을 하지만 리더들은 조직이 정한 공식적 직무요건 이상의 역할을 수행한다는 점에는 대체로 공통적인 납득을 하고 있는 것 같다.

안정추구적인가 아니면 변동추구적인가를 기준으로 관리와 리더십을 구별하는 연구인들도 적지 않다. 그들의 논의에 따르면 관리는 복잡성에 대처하고 불확실성을 감소시켜 조직의 안정, 질서와 일관성 유지에 기여하는 활동이라고 한다. 관리자들은 안정성과 현상유지를 옹호하는 역할을 맡는다고 한다. 리더십은 조직에 유용한 변동을 가져오는 활동이라고 한다. 리더들은 변동과 문제에 대한 새로운 접근을 옹호하는 역할을 맡는다고 한다. 관리와 리더십을 이렇게 구별하는 사람들은 고전적인 의미의 관리, 그리고 최근의 변동지향적인 리더십 모형들에 주목하는 것으로 보인다.

리더십과 관리의 상세한 차이점은 양자의 구체적인 양태를 보고 논의할 수밖에 없다.

2. 관리모형의 변천

1) 전통적 관리모형: 전통이론

산업혁명·조직혁명이 시작된 후 산업화·조직사회화의 고전적 노선에 따라 양적 성장이 지속되던 시대의 능률주의와 통제중심주의 그리고 그에 이어 등장한 인간관계중심주의까지를 배경으로 한 관리이론들을 전통적 관리모형이라 부르기로 한다. 전통적 관리모형의 예로 i) 과학적 관리론, ii) 관리과정론(행정관리론), iii) 투입지향적 재정관리론, iv) 인간관계론 등을 들 수 있다.

전통적 모형들은 제각기 특성들을 지니고 있지만 전체적으로 보아 집합적인 또는 공통분모적인 특성들을 찾아낼 수는 있다. 전통이론이 처방한 관리체제의 집합적 특성은 다음과 같이 요약할 수 있다.

❶ 교환관계의 중시   교환적 특성을 들 수 있다. 전통적 관리는 교환적 동기유발전략에 입각한 교환형 관리이다. 조직과 그 구성원이 이익과 손실을 교환하는 계약관계 하에서 공존한다고 보는 관리이다. 직무수행은 조직구성원의 고통이며 손실이라고 본다. 직무수행에 대한 인간의 피동성을 전제하는 가부장적 관리이며 사람들을 '다스리는' 관리이다.

❷ 통제지향성   통제지향적 특성을 들 수 있다. 전통적 관리체제는 객관적 책임에 대한 외재적 통제를 강조한다. 교환적 계약관계의 준수를 보장하기

위해서는 조직구성원들을 면밀히 감시하고 통제해야 한다고 믿는다. 통제는 기능분립주의에 결합된 집권적 통제이다.[b] 통제를 위해 많은 규칙과 절차를 만든다. 통제의 기초는 공리적·강압적이거나 인간관계론적인 것이다.

❸ 폐쇄체제적 시야   폐쇄적 시야를 들 수 있다. 폐쇄체제적인 관점에 입각하여 조직내부요인들의 능률적인 조정·통제에 역점을 둔다. 내부요인들이란 고급관리자들이 관심을 가져야 할 내부운영문제를 말한다. 전통적 관리는 윗사람들이 아래를 내려다 보고 하는 하향적 관리이다.

❹ 공급자중심주의   공급자중심적 특성을 들 수 있다. 전통적 관리는 공급자인 조직의 입장에서 재화·용역의 산출에 관한 결정을 하는 관리이다. 관리과정에 대한 소비자의 참여는 배제된다. 소비자는 소비할 재화·용역에 대한 결정을 스스로 하지 못한다. 그에 대한 결정은 공급자인 조직의 관리자 또는 전문가가 한다.

❺ 투입지향성   투입지향적 특성을 들 수 있다. 관리과정에서 주축을 이루는 평가의 기준은 산출이나 그 효과가 아니라 투입이다. 산출과 성과를 얼마나 잘 냈느냐보다 얼마나 많은 예산을 쓰고 있으며 대상으로 삼는 고객은 몇 명인가, 일하는 사람의 지위와 보수는 어떠한가 등이 관심의 초점으로 된다.

❻ 보 수 성   보수성을 들 수 있다. 관리의 성향은 현상유지적이거나 점증적이다. 변화보다는 안정을 추구한다.

위와 같은 특성들을 다소간에 공유하는 전통적 관리이론의 처방 가운데서 과학적 관리론이나 관리과정론과 같은 고전이론의 처방은 원자적 개인에 초점을 맞추고 상향적 참여에 대해서는 냉담한 입장을 취한다. 그러나 신고전적 이론인 인간관계론의 처방은 집단에 초점을 맞추고 상향적 참여를 어느 정도 허용한다. 인간관계론은 참여관리로 향한 길을 개척하기 시작했다고 평가할 수 있다.

2) 탈전통의 관리모형: 현대이론

탈전통의 관리모형은 전통적 관리이론과 구별되는 현대이론이 처방하는 모형이다. 여기서 현대이론이라고 하는 것은 우리에게 이미 친숙할 만큼 오래

---

b) 조직의 기능들을 분립시키는 기능구조(functional structure)에서는 횡적 조정이 어렵다. 그러므로 위에서 아래로 하는 집권적 통제를 강화할 수밖에 없다.

되었지만 전통이론에 비해서는 '새로운 이론'이라는 의미로 쓴 말이다.

현대이론은 현대사회의 변화하는 여건을 배경으로 하는 것이다. 환경적 격동성이 높아짐에 따라 조직의 변동대응능력 그리고 환경관리능력 제고에 대한 요청이 커졌다. 조직의 경쟁력 향상과 성과위주관리에 대한 요청도 커졌다. 소비자주권주의가 광범한 영향을 미치게 되었다. 공공부문에서는 정부기능재조정과 행정경계의 축소조정에 대한 압력이 커졌다. 이런 일련의 변화추세를 배경으로 새로운 관리이론들이 많이 나왔다.

다양한 현대관리이론들은 각기 다른 강조점들을 가지고 있기 때문에 한 울타리 안에 넣어 다루기 어려운 면이 있다. 그러나 그들은 어떤 측면에서든 전통적 관리모형으로부터 벗어나도록 처방한다는 점에서 공통의 의도를 지녔다고 볼 수 있다. 그리고 그들의 주장에는 서로 같거나 비슷한 내용이 많든 적든 섞여 있다. 따라서 전통이론의 경우에서와 같이 현대이론들의 일반적 경향도 집합적으로 파악해 볼 수 있다. 현대이론들이 집합적으로 처방하는 관리체제의 주요특성을 보면 다음과 같다.

❶ 통합관계의 중시   통합형 관리이다. 통합형 관리는 조직의 목표와 조직구성원 개인의 욕구를 융화·통합시킴으로써 조직의 효율성을 높이고, 개인들이 누리는 직업생활의 질을 향상시키려는 관리이다. 일에 대한 인간의 능동성을 전제하는 관리이다. 외재적 통제에 의한 행동조정보다는 내재적 통제·규범적 통제를 강조한다.

❷ 협동지향성   협동지향성을 들 수 있다. 상호신뢰 그리고 자발적 참여와 협동을 중시하고 분권화를 지지한다.

❸ 개방체제적 시야   개방체제적 시야를 들 수 있다. 조직 내외의 상황적 조건과 관리체제가 교호작용하는 관계를 중요시한다. 특히 외적 환경에 대한 관리의 전략적 대응을 강조한다.

❹ 소비자중심주의   소비자중심주의(고객중심주의)를 들 수 있다. 소비자의 입장에서 조직의 산출을 결정한다. 산출에 관한 의사결정과정에 소비자가 간여할 수 있도록 한다.

❺ 산출지향성   산출지향성을 들 수 있다. 사용하는 투입보다는 산출과 그 성과를 강조하는 관리이다.

❻ 변동지향성   변동지향성을 들 수 있다. 급변하는 상황에 적응하고 나

아가 적극적으로 변동을 선도하는 관리이다.

3) 이상과 현실의 괴리

관리에 관한 처방적 이론의 이상과 현실세계의 실정 사이에는 상당한 괴리가 있다. 새로운 관리이론의 처방이 실제로 적용되고 정착되는 데는 시간지체가 있게 마련이다. 현실에서 거의 수용되지 못하고 마는 아이디어들도 있다. 채택 후 얼마가지 못해 증발해 버리는 아이디어들도 있다.

전통이론의 처방은 지금까지 우리가 유지해 온 제도와 그 운영의 근간을 반영한다고 할 수 있다. 전통이론은 현실세계에서 아직도 아주 높은 시장점유율을 과시하고 있다. 오늘날 연구인들의 탈전통적 모형 또는 현대이론에 대한 선호와 지지는 압도적이다. 현대인의 이상과 갈망을 반영하는 탈전통적 모형들이 조직사회의 실제에 적지 않은 영향을 미치고 있는 것도 사실이다. 그러나 전통적 모형에 대비한 탈전통적 모형의 시장점유율은 아직 낮다. 탈전통적 모형을 현실화하는 길에는 많은 걸림돌이 가로놓여 있다.

II. 현대적 관리모형의 예시

탈전통의 관리이론들이 처방하는 관리모형들은 많다. 그 가운데서 이론적으로나 실천적으로나 파급영향이 큰 관리모형 몇 가지를 골라 소개하려 한다. 여기서 설명하려고 선택한 탈전통적 관리모형들은 i) 목표관리, ii) 총체적 품질관리, iii) 전략적 관리, 그리고 iv) 성과관리이다.

1. 목표관리

미국에서 Peter Drucker와 Douglas McGregor가 목표관리에 대해 체계적인 논의를 시작한 이래 이 관리모형은 여러 가지 형태의 조직에 채택되어 왔다.[2] Drucker는 목표관리를 제창한 최초의 저서를 낸 사람으로 알려져 있다. 그는 1954년의 저서에서 기업의 계획행태를 개선하는 데 역점을 두고 목표관리를 관리계획의 한 접근방법으로 소개하였다. 역시 목표관리를 제안한

McGregor는 이것을 업적평가의 한 기법이라고 생각한 것 같다. 그 뒤 목표관리의 이론과 실천은 발전을 거듭해 왔다.

처음에는 제한된 목적을 가진 관리기법, 통제도구로 이해하는 사람들이 많았고 이를 실용화하면서도 한정된 국면의 활동에만 적용하는 사례가 많았던 것 같다. 오늘날의 지배적인 이론적 틀에서는 목표관리를 포괄적인 관리과정 또는 총체적 관리체제로 이해하고 있다.

그러나 연구인들 사이에 목표관리의 의미에 관하여 완전한 의견의 일치가 있는 것은 아니다. 실제로 시행되고 있는 목표관리의 내용이 통일되어 있지도 않다. 여기서는 대표적인 연구인들의 의견을 종합해 공통요소에 착안한 정의를 시도하려 한다.

1) 목표관리의 정의

목표관리(目標管理: MBO: management by objectives)는 참여의 과정을 통해 조직단위와 구성원들이 맡아야 할 생산활동의 단기적 목표를 명확하고 체계 있게 설정하고, 그에 따라 생산활동을 수행하도록 하고, 활동의 결과를 평가·환류하는 관리체제이다.

MBO는 명확한 목표의 설정과 책임한계의 규정, 참여와 상하협조, 환류의 개선을 통한 관리계획의 개선, 조직구성원의 동기유발, 업적평가의 개선 등을 도모함으로써 조직의 효율성을 증진하려는 관리모형이다. MBO의 기본적 과정은 조직 전체의 여러 하위체제들과 결부되기 때문에 MBO는 총체적인 관리체제로 된다.[3]

MBO의 기본적 구성요소는 크게 세 가지로 나누어 볼 수 있다.

❶ 목표설정　첫째 구성요소는 목표의 설정이다. 여기서 말하는 목표는 주로 측정가능한, 비교적 단기적인 생산작용목표이다. 이것은 조직의 장기적이고 일반적인 목표에 연관지어 설정해야 하기 때문에 MBO가 조직의 일반적 목표에 무관할 수는 없다. 그러나 MBO의 과정에서 조직단위와 구성원들의 책임을 밝히기 위해 구체적으로 설정하려는 것은 생산작용목표이다.

MBO가 목표설정을 통해 관리한다는 사실에 함축되어 있는 것은 목표추구에서 허용되는 재량성이다. 목표가 설정된 다음에 이를 실현하는 사람은 그 수단의 선택에서 상당한 자율성을 누리도록 한다.

❷ 참 여   둘째 구성요소는 참여이다. MBO에서는 참여적 과정을 통한 목표설정을 강조한다. 부하가 수행할 목표는 상관과 부하의 협의를 거쳐 설정한다. 참여를 불가결한 구성요소로 삼는 MBO는 한결 인간주의적인 접근방법이라 할 수 있다.

❸ 환 류   셋째 구성요소는 환류이다. MBO에서는 활동의 과정과 결과를 평가하고 이를 환류시킨다. 이것이 없으면 MBO의 의미를 살릴 수 없다고 한다. MBO의 구성요소인 평가와 환류는 업무담당자가 무엇을 수행해야 하는가(목표)에 비추어 행해져야 한다. MBO에서 환류를 중요시하는 까닭은 명확한 환류가 집단의 문제해결능력과 개인의 직무수행능력을 향상시킨다고 보기 때문이다.

위와 같은 요소로 구성되는 MBO의 기본적 단위들이 조직 전체에 걸쳐 서로 연결되고 그것이 조직 내의 여러 하위체제들과 연계되면 MBO라는 총체적 관리체제가 성립한다.

오늘날의 MBO는 인간의 자율능력을 믿는 자기실현적 인간관의 영향을 강하게 받고 있다. 그래서 MBO를 탈전통적 모형이라 규정한다. 그러나 고전적 및 신고전적 처방들도 함축되어 있다는 사실을 잊어서는 안 된다. 공식적 생산목표에 착안한 생산성과 객관적 통제기준설정의 강조는 고전적 취향을 반영한다. 참여의 강조는 인간관계론적 성향을 반영한다.

2) 목표관리의 기본적 과정

여기서는 MBO의 요체를 간파할 수 있도록 MBO의 한 개 단위에 내포된 과정만을 설명하려 한다. MBO의 한 개 단위과정이란 상관과 부하로 구성되는 하나의 팀(또는 조직단위)이 진행하는 기본적인 과정을 말한다. 이것은 총체적 목표관리체제의 기본적 구성요소이다.

MBO의 기본적 과정은 구체적인 목표설정과 행동계획의 입안, 계획의 시행과 중간평가, 최종평가가 순차적으로 진행되고 이러한 행동단계들이 또한 순환적으로 연결되는 과정이다.

(1) 목표설정과 행동계획의 입안   논리적인 순서로 보아 MBO의 과정은 특정인 또는 특정 조직단위가 일정기간 내에 성취해야 할 구체적인 목표를 설정하고 그에 따라 행동계획을 입안하는 데서부터 시작된다고 할 수 있다.

이 단계에서 설정되는 목표는 상위의 조직목표성취에 기여하는 것이라야 한다. 업무수행자가 맡아야 할 구체적인 생산작용목표(과업목표: task goals)의 설정은 상급의 생산작용목표와 그 위의 일반적인 산출목표에 근거를 두어야 한다. 따라서 일반적인 산출목표를 설정하는 전략적 계획과정은 MBO의 기본적인 과정에 직결된다고 할 수 있다.

MBO에서의 목표설정은 물론 참여의 과정을 통해서 이루어져야 한다.

(2) 시행 및 중간평가   목표설정이 끝나면 그것을 성취시킬 책임을 진 사람은 상당한 재량권을 가지고 스스로 세운 실행계획에 따라 목표추구활동을 해 나간다. 이 단계에서 진척상황을 수시로 중간평가한다.

(3) 최종평가와 환류   목표성취의 예정기간이 도래하면 최종적인 평가를 한다. 최종평가의 결과는 목표성취 여부에 대한 판단으로 나타나며 이것이 다음에 진행되는 MBO의 과정에 환류된다. 유인기제는 평가결과에 연계된다.

3) 목표관리의 효용 · 한계 · 성공조건

(1) 효 용   MBO의 효용은 다음과 같이 요약할 수 있다.

첫째, MBO는 계획수립을 촉진 · 지원하며 생산활동을 조직의 목표성취에 지향시킨다.

둘째, 업적평가(성과평가)의 기준을 객관화한다. 업적평가의 개선은 훈련수요의 파악에도 도움을 준다.

셋째, 역할모호성 · 역할갈등을 줄이고 일과 사람의 조화수준을 높인다.

넷째, 직무수행 · 평가과정 · 보상체제를 서로 연결지음으로써 생산성과 직무만족도를 동시에 향상시킬 수 있다.

다섯째, 관리 상의 문제파악을 돕고 관료제의 부정적 속성을 제거하는 데 도움을 준다.[4]

(2) 한 계   그러나 MBO를 운영하는 데는 여러 가지 애로가 있다.

첫째, 목표와 성과의 측정이 어렵다.

둘째, 관리상황이 유동적인 곳에서는 MBO가 성과를 거둘 수 없다.

셋째, MBO는 목표성취의 결과를 측정하는 데 치중하기 때문에 사람들이 높은 수준의 목표설정을 회피하고 성과의 계량적 측정이 용이한 업무에만 주력하는 경향을 부추길 수 있다.

넷째, 인간주의적·성과주의적 관리를 경험하지 못한 조직에서는 MBO가 강한 저항에 봉착한다.

다섯째, MBO를 도입하는 데 시간이 많이 걸리고 운영절차가 번잡하다.

(3) 정부부문에서 가중되는 애로 MBO를 정부관료제에 도입하려는 경우 어려움은 가중된다.5) 이윤추구적인 기업체에서 탄생한 MBO를 원칙적으로 봉사지향적인 정부조직에 도입하는 것은 무리라는 비판이 있다.

첫째, 집권화된 권한의 계층을 바탕으로 해 온 정부관료제 내에서 MBO 가 요구하는 권력의 분담과 참여관리를 실현하기는 어렵다.

둘째, 측정가능한 목표의 설정이 더욱 어렵다. 활동의 결과로 얻게 되는 편익의 측정도 사기업체의 경우에서보다 더 어렵다.

셋째, 정부의 관리과정은 크게 연장되어 있고 거기에는 여러 권력중추가 간여하므로 불확실한 요소가 많이 개입된다.

넷째, 정부의 보수제도는 경직성이 높아 성과격차에 맞도록 적시성 있게 금전적 보상을 주기 어렵다.

다섯째, 정부기관과 관련된 환경은 훨씬 복잡하고 변동이 심하다.

(4) 성공조건 MBO를 성공적으로 시행하려면 그 기본적 과정 자체의 설계가 잘 되어 있어야 한다. 그리고 최고관리층의 지지, 다른 관리기능과의 통합, 조사연구활동의 강화, 조직발전(OD)을 통한 태도변화, MBO를 지지해 주는 조직의 구조와 과정, 어느 정도 안정적이고 예측가능한 조직 내외의 상황등의 조건이 구비되어야 MBO가 성공할 수 있다.

4) 목표설정이론

목표라는 개념을 사용하여 동기유발을 설명하는 목표설정이론(目標設定理論: goal setting theory)은 목표관리를 지지해 주는 명제들을 담고 있다. 목표관리를 논의하는 연구인들은 대개 목표관리의 기반이 되는 이론으로 목표설정이론을 들고 있다.

목표설정이론은 구체적이고 어려운 목표의 설정과 목표성취도에 대한 환류의 제공이 업무담당자의 동기를 유발하고 업무성취를 향상시킨다고 설명하

는 이론이다. 목표설정이론은 목표설정 자체가 동기유발요인이 된다는 전제에 입각한 이론이다.c)

오늘날 많은 연구인들이 목표설정이론의 발전에 기여하고 있지만 개척적 역할을 한 사람은 Edwin Locke라고 한다.6)

목표설정이론의 이론구조(가정)는 다음과 같다.7)

❶ 구체적 목표의 제시　업무담당자에게 구체적이고 명확한 목표를 제시하면 목표를 제시하지 않거나 모호한 목표를 제시한 때보다 나은 업무성취를 달성할 수 있다.

구체적이고 명확한 목표의 제시가 있으면 업무담당자는 목표성취를 위한 행동계획을 세울 수 있다. 업무담당자는 목표에 부합되는 행동을 하려고 노력할 수 있다. 그리고 장애에 봉착하더라도 이를 극복하고 끈질기게 목표를 추구해 나갈 수 있다.

❷ 어려운 목표　적당히 어려운 목표는 보다 나은 업무수행을 촉진할 수 있다. 쉬운 목표보다는 어려운 목표가 업무수행자를 분발하게 할 수 있다. 업무담당자의 능력과 목표수용도가 일정하다면 목표가 어려울수록 업무성취의 수준은 높아진다. 업무담당자들은 쉬운 목표를 선호하고 쉬운 목표를 더 잘 수용할 것이다. 업무담당자가 지나치게 어렵거나 달성불가능한 목표라고 생각하여 수용을 거부하는 경우 어려운 목표설정은 역효과를 낼 수 있다. 그러나 어려운 과제를 수용하는 한 목표가 어려울수록 더 많은 노력을 이끌어 낼 수 있다.

❸ 환류의 제공　업무수행에 대한 환류는 높은 수준의 목표설정을 유도하고 업무수행에 대한 동기를 유발할 수 있다. 목표추구행동과 그 결과에 대한 환류는 하려고 하는 일과 한 일 사이의 차질을 확인해서 시정과 개선행동을 인도해 주기 때문이다.

❹ 능력과 자신감　업무담당자들이 목표실현에 필요한 능력과 자신감을 가질 때 목표는 높은 수준의 업무수행동기를 유발할 수 있다.

❺ 목표의 수용과 몰입　업무담당자들이 목표를 수용하고 그에 몰입할

---

c) 이와는 대조적으로 통제이론(제어이론: control theory)은 목표(기준)와 실적 사이의 차이가 환류를 통해 인식될 때 그러한 인식이 동기를 유발한다고 설명한다.

때 목표는 높은 업무수행을 위한 동기를 유발할 수 있다. 참여적 목표설정은 목표수용을 촉진할 수 있다.

구체적인 목표설정이 업무성취도를 향상시킬 것이라고 추정하는 데는 그럴만한 근거가 있다. 그에 대한 경험적 증거도 적지 않다. 그러나 목표설정이론에는 보편성 결여라는 근본적 한계가 있다. 사람들이 언제나 목표의 명확한 인식과 타산에 따라서만 행동한다고 보기 어렵다. 목표로부터 내재적 동기를 유발하는 사람들도 있지만 그러지 못하는 사람들도 있다. 그리고 업무담당자가 어려운 목표를 수행할 만한 능력과 자신감을 결여할 때, 목표의 수용에 실패할 때, 업무성취에 대한 보상이 부적절할 때, 업무의 복잡성이 아주 높을 때에는 목표설정이론의 적실성 또는 설명력이 약해진다.

2. 총체적 품질관리

총체적 품질관리는 1920년대에 미국에서 창안되었다고 한다. 제2차 세계대전 중에는 미국과 영국이 방위산업체의 관리에 이를 적용하였으며, 전후에는 일본의 복구사업 관리에 점령국인 미국이 총체적 품질관리를 도입하였다. 그 뒤 총체적 품질관리운동은 일본의 민간기업에도 소개되었다. 총체적 품질관리방식은 일본에서 가일층의 발전을 보게 되었다.

일본의 성공경험에 자극을 받은 미국은 일본에서 성숙한 총체적 품질관리를 역수입하였다. 1980년대 이후 총체적 품질관리운동은 미국에서 크게 확산되었으며 다른 나라들에도 그 영향이 점차 파급되었다. 오늘날 총체적 품질관리는 민간기업뿐만 아니라 정부부문에도 많은 영향을 미치고 있다. 서비스개선에 대한 압력과 세금감축·정부감축에 대한 압력을 동시에 받고 있는 정부부문은 총체적 품질관리에서 하나의 돌파구를 보게 된 것이다.

1) 총체적 품질관리의 정의

총체적 품질관리(總體的 品質管理: TQM: total quality management)는 고객에 대한 서비스의 품질을 향상시키려는 관리이다. 전사적 품질관리(全社的 品質管理)라고도 부르는 TQM은 우수한 서비스를 요구하는 고객의 기대에 부응하기 위해 업무수행방법을 통제하고 이를 지속적으로 개선하는 데 조직 내의 모든 사람을 가담시키는 관리이다. TQM은 품질향상을 위해 조직구성원의 능력신장·동기유발을 도모하며, 합리적 관리체제를 채택하고, 과학적 품질관리기법을 활용한다. TQM은 전통적 조직문화를 바꿔야 실현이 가능한 관리이다.[8]

TQM은 조직을 고객과 공급자로 구성된 복잡한 체제라고 전제한다. 최고관리자로부터 말단직원에 이르기까지 모든 조직구성원들은 한편으로는 공급자이면서 다른 한편으로는 고객인 이중적 역할을 수행한다고 본다.

TQM에서 품질(品質: quality)은 고객의 요구에 부응하는 수준을 표현하는 데 쓰는 개념이다. 품질은 고객에게 가치 있는 모든 것을 포괄한다. 산출되는 재화·용역의 물질적·경제적 우수성, 생산성, 능률성, 효율성, 윤리성, 안전성, 자원의 현명한 사용 등이 모두 포함된다.[d]

(1) 주요 특성　　TQM의 주요 특성은 다음과 같다.[9]

❶ 고객의 요구 존중　　고객의 요구에 부응하는 품질의 달성은 조직이 추구하는 최우선의 목표이다. 조직의 산출에 관한 결정을 고객이 주도한다.

❷ 지속적 개선　　행동원리는 지속적 개선이다. 실책과 결점을 용납하지 않으며 결점이 없어질 때까지 개선활동을 되풀이 한다. TQM을 시행하는 조직은 학습조직이며 유능하고 창의적인 조직구성원에 의존하는 조직이다.

❸ 집단적 노력 강조　　계획과 문제해결의 주된 방법은 집단적 과정이다. 업무활동의 초점이 개인적 노력에서 집단적 노력으로 옮아간다. 따라서 팀워크를 강조한다.

❹ 신뢰관리　　조직의 모든 계층에 걸쳐 구성원들 사이에 개방적이고 신뢰하는 관계를 설정하며 구성원들에게 힘을 실어준다.

❺ 과학적 방법 사용　　사실자료에 기초를 두고 과학적 품질관리기법을

---

d) 총체적 품질관리의 핵심개념인 '품질'(quality)에 대한 정의는 연구인에 따라 조금씩 서로 다르다. 몇 가지 예를 보기로 한다.

　"업무수행의 개선을 위해 문제를 확인하고 해결하는 정돈된 방법이다."(W. E. Deming); "요구에 대한 순응이다. 고객이 원하는 것을 찾아내고 어떻게 그것을 달성할 수 있는가에 대해 모든 사람을 훈련시키고 달성한 것을 고객들에게 제때에 전달하는 것이다."(P. B. Crosby); "고객중심의 사업방식이다."(J. M. Juran과 F. M. Gryna, Jr.); "품질은 고객이 원하는 것이다."(T. Noel); "품질이란 고객은 되돌아오고 제품은 되돌아오지 않는 것이다."(E. Naumann과 P. Shannon); "품질은 조직이 생산하는 제품이나 서비스의 결함을 용납하지 않는 것을 의미한다."(P. E. Connor). Patrick E. Connor, "Total Quality Management: A Selective Comments on Its Human Dimensions, with Special Reference to Its Downside," *PAR*(vol. 57, no. 6, 1997), pp. 501~508.

활용한다. 업무수행과정과 산출의 과학적 측정·분석을 강조한다.

❻ 총체적 적용   조직 내 모든 사람의 모든 업무에 적용하고 조직 내 여러 기능의 조정적·연대적 관리를 강조한다.

❼ 인간의 존중   인간을 존중하고 인간에 대한 투자를 강조한다. 조직구성원들에 대한 교육훈련을 강화하고 그들에게 성장의 기회를 제공한다.

❽ 장기적 시간관·예방적 통제   TQM의 시간관(時間觀)은 장기적이며 통제유형은 예방적·사전적 통제이다. 장기적 성공을 위한 전략적 계획을 중시한다.

❾ 분권적 조직구조   TQM은 재화·용역의 부가가치를 극대화하는 데 유리한 분권적 조직구조를 선호한다.

위와 같은 특성을 지니는 TQM의 지향성은 i) 고객중심주의(고객의 요구와 만족), ii) 통합주의(능동적 참여, 기능연대, 집단적 노력), iii) 인간주의(구성원들의 자발성·창의성), iv) 총체주의(조직활동 전체에 대한 적용), v) 합리주의(과학적 분석기법), vi) 개혁주의·무결점주의(무결점을 향한 지속적 개선) 등으로 요약할 수 있다.[e]

(2) 지적 배경   TQM은 여러 가지 관리이론과 실천적 접근방법으로부터 많은 아이디어와 방법들을 받아 들여 활용한다. 이 점에 착안하여 TQM을 복합적 또는 통합적 접근방법이라고도 부른다. TQM의 형성에 중요한 기여를 한 이론적 및 실천적 접근방법들을 보면 동기이론, 조직발전론, 조직문화론, 체제론, 새로운 리더십이론, 기획론, 연결침조직에 관한 이론, 집단역학, 과학적 관리이론 등이다.

그리고 TQM은 이론과 실천의 세계에서 많은 지지를 받고 있는 여러 가지 개혁적 구상의 추세를 반영한다. 그러한 개혁적 구상의 예로 계서제의 완화, 모든 조직구성원의 능동적 쇄신노력 강조, 집단적 문제해결의 강조, 의사결정과정에 대한 참여의 확대, 엄격한 통계학적 기법의 사용, 고객중심주의의 강조 등을 들 수 있다.

---

[e] 저자는 다수의견과 여러 접근방법의 공통요소를 참고해 TQM을 정의하였다. TQM이라는 일반적 모형에 포괄되어 있는 주요 접근방법들은 복잡하게 분화되어 있다. TQM 적용의 실제에서 처방내용이 조금씩 다른 사례들을 흔히 볼 수 있다. TQM의 원리를 전반적으로 도입하지 않고 TQM의 도구나 방법들을 부분적으로 사용하는 접근방법들도 많다.

(3) 전통적 관리모형과의 구별　TQM의 특성을 보면 그것이 전통적 관리와는 많이 다르다는 것을 알 수 있다.

TQM 제창자들은 TQM과 대조되는 전통적 관리의 특성으로 i) 관리자·전문가에 의한 고객의 수요결정, ii) 기준범위 내의 결함 용인, iii) 직감에 따른 의사결정, iv) 사후적 통제, v) 단기적 계획, vi) 재화·용역공급계획의 조직단위별 순차적 입안, vii) 개인적 업무수행을 대상으로 한 관리, viii) 현상유지적 성향, ix) 계서적 조직구조, x) 지배자 또는 감시자로 인식되는 감독자 등을 들고 있다.

TQM은 전통적 관리에 비해 반전통적이라 할 만큼 혁신적인 요소를 많이 담고 있다. 그러나 반전통의 추구에서 상당부분 부드러운 접근방법을 택하고 있다. 관료제의 근본을 뒤엎자는 주장을 펴지는 않는다. 예컨대 하급직원들에게 힘을 실어주는 일과 분권화를 촉구하지만 계서제의 완전한 타도를 주장하지는 않는다. 부하들의 개혁제안을 촉구하지만 관리자들의 결정권을 배척하려 하지 않는다. 지속적인 개혁을 기본원리로 삼으면서도 단번에 큰 승리를 거두려 하기보다 작은 개혁들의 누진적 축적을 추구한다.

(4) MBO와의 구별　TQM은 목표관리(MBO)와도 다른 시각을 가지고 있다. MBO의 실행에서는 상관과 부하의 합의로 목표를 설정하고 목표성취도에 따라 보상을 준다. TQM도 목표를 설정하고 결과를 측정하는 것이 사실이지만 관심의 초점은 외향적이다. 관심이 외향적이라고 하는 것은 고객의 필요에 부응하는 목표의 설정을 강조한다는 뜻이다.

MBO의 관심은 내향적이어서 개인별 또는 조직단위별 통제와 성취에 역점을 두어 목표를 설정한다. MBO는 수량적 목표의 성취에 치우쳐서 질의 저하를 초래할 수도 있으며, 목표량이 달성되는 한 관리 상의 문제들이 은폐될 수도 있다고 한다. 이런 실책을 막아보려는 것이 TQM이라고 한다.

2) 총체적 품질관리의 운영과정

TQM을 채택하고 있는 조직에서 지속적인 업무개선을 추진하는 기본적 행동과정의 주요단계는 다음과 같다.[10]

(1) 업무기술　이 단계에서는 업무담당자들이 자기 업무를 측정하고 기술(記述)하며 개선해야 할 작업과정을 확인한다. 그리고 누가 무엇을 언제 하는

가를 나타내는 업무수행단계들을 기술한다. 이런 일들을 할 때에는 언제나 고객이 누구이며 그들의 요청이 무엇인가를 확인하는 데서부터 출발해야 한다.

(2) 결함과 그 원인의 확인　업무수행과정에서 결함, 지연, 재작업(再作業)이 가장 자주 발생하는 곳이 어디인지를 확인하고 그 원인을 규명한다. 결함의 원인은 대단히 많다. 빈약한 장비, 부적절하거나 불분명한 지시, 부적합한 표준적 절차, 의사전달의 장애, 직원들의 훈련부족, 잘못 설계된 시스템 등을 그 예로 들 수 있다.

(3) 개선안의 시험적 실시　업무과정을 개선하기 위해 입안한 작은 규모의 파일럿 프로젝트를 시험적으로 실시(시행: 試行)한다.

(4) 개선안의 채택과 실시　개선안의 시험적 실시가 성공적이면 이를 조직 전체에 도입한다. 그리고 새로이 채택한 업무수행과정이 계속적으로 업무수행을 개선할 수 있도록 이를 모니터한다.

(5) 반　복　위의 개선작업단계들을 되풀이하여 업무수행을 지속적으로 개선해 나간다.

이러한 기본단계들이 조직 전반에 걸쳐 네트워크로 연계되고 조직의 여러 과정과 구조 그리고 조직문화가 그것과 조화를 이루면 TQM이라는 하나의 총체적 관리체제가 성립한다.

3) 총체적 품질관리의 효용 · 한계 · 성공조건

(1) 효　용　TQM은 오늘날 조직개혁이론이 추구하는 가치들을 반영하는 관리모형으로서 좋은 평가를 받고 있다. TQM이 추구하는 고객중심주의, 통합주의, 인간주의, 총체주의, 합리주의, 무결점주의는 오늘날 조직사회의 요청에 부응하는 것이다. TQM의 이러한 지향성은 환경적 격동성, 경쟁의 격화, 조직의 인간화 · 탈관료화에 대한 요청, 소비자존중의 요청 등 오늘날 우리가 경험하는 일련의 상황적 조건과 추세에 부응하는 것이다. TQM의 효용은 TQM의 특성에 관한 설명에 대부분 시사(示唆)되어 있다.

(2) 한　계　그러나 TQM의 실용화는 쉽지 않다. TQM 성공의 전제가 되는 조직문화개혁은 어려운 일이다. TQM이 처방하는 운영전략의 요건을 준수하기도 힘들다.

TQM도입의 실제에서는 선언된 내용과 실천되는 내용 사이에 괴리가 있고 따라서 운영 상의 왜곡이 있는 경우가 많다. TQM은 위임과 힘 실어주기를 강조하지만 과오발생을 두려워하는 관리자들이 위임을 기피한다는 것, 기술훈련에 치우쳐 인간에 대한 배려가 소홀해진다는 것, 중요의사결정에 대한 조직구성원들의 참여가 형식화된다는 것, 품질개선팀 참여를 강제하여 근무시간과 개인시간의 구별을 모호하게 한다는 것 등이 실천과정에서 흔히 목격되는 문제점들이라고 한다.[11]

(3) 정부부문에서 가중되는 애로 정부부문에 TQM을 도입하는 데는 더 많은 애로가 따른다. 정부업무의 품질을 측정하기 어렵다. 공공서비스의 소비자를 확인하거나 한정하기 어려운 경우가 많다. 정부조직의 오래 된 집권주의와 투입중심주의도 TQM의 장애가 된다. 정부부문의 비시장성·비경쟁성은 TQM의 필요성에 대한 인식을 약화시킬 수 있다. 계속성 있는 목표를 설정해야 하고 비용보다 품질을 우선적으로 고려해야 한다는 TQM의 처방을 정부부문에서 받아들이기는 아주 어렵다.[12]

(4) 성공조건 TQM을 성공적으로 시행하려면 TQM의 지향성을 지지하는 방향으로 조직문화를 개혁해야 한다. 그리고 TQM의 운영전략처방을 제대로 준수해야 한다. 조직의 경직성 완화, 최고관리층의 지지, 조직구성원의 능동적 참여 등의 조건을 또한 구비해야 한다.

3. 전략적 관리

1) 전략적 관리의 정의

전략적 관리(戰略的 管理: SM: strategic management)는 환경과의 관계를 중시하는 변혁적 관리이다. 이것은 조직에 영향을 미치는 변동의 효율적 관리를 지향한다. SM은 역동적인 환경에 처하여 변화를 겪고 있는 조직의 새로운 지향노선을 제시하고 그에 입각한 전략·전술을 개발하여 집행한다. SM은 조직이 그 활동과 운명을 스스로 통제할 수 있게 하려는 관리이다.

SM의 주요특성은 다음과 같다.[13]

❶ 개혁목표지향성 현재의 상태에서 그보다 나은 다른 상태로 진전해 가려는 목표지향적·개혁적 관리이다. 개혁의 비전과 목표의 확인·명료화를 중요시한다.

❷ 장기적 시간관   장기적 시간관을 가진 관리이다. 조직의 변화에는 긴 시간이 걸린다는 전제 하에 계획기간을 설정한다.

❸ 환경분석의 강조   조직의 환경에 대한 이해를 강조한다. 현재의 환경 그리고 계획기간중에 일어날 환경변화를 체계적으로 분석한다.

❹ 조직역량분석의 강조   조직 내의 상황적 조건 특히 조직의 역량(강점·약점·기회·위험) 분석을 중시한다. 조직의 전략과 환경 그리고 조직의 역량을 부합시키려 하기 때문에 환경분석뿐만 아니라 조직의 역량분석이 필수적이다.

❺ 전략개발의 강조   미래의 목표성취를 위한 전략의 개발과 선택을 강조한다.

❻ 조직활동통합의 강조   전략추진을 위한 조직활동의 통합을 강조한다. SM은 조직의 주요구성요소들을 모두 끌어들이고 또 그에 영향을 미치기 때문에 포괄성이 높은 관리라고 한다.

2) 전략적 관리의 운영과정

SM을 운영하는 과정의 기본적·핵심적 구성요소는 i) 임무와 비전의 기술(記述), ii) 환경의 탐색, iii) 조직의 역량 평가, iv) 전략의 개발, v) 전술적 행동계획의 개발, vi) 자원배분, 그리고 vii) 실적측정이다.[14] SM의 기본적 운영과정이 진행되기 전에 조직에서 채택할 전략적 관리의 과정을 설계하는 준비작업이 선행되어야 한다.

기본적 운영과정의 행동단계는 일곱 가지로 나누어 볼 수 있다.[15]

(1) 목표설정   조직이 추구할 목표를 결정하고 이를 비전기술서(vision statement)에 명기한다.

(2) 계획기간 설정   목표성취에 필요한 계획기간(time frame)을 설정한다.

(3) 역량평가   조직의 강점과 약점 그리고 조직이 직면한 기회와 위험을 포함한 조직의 역량을 평가한다.

(4) 환경평가   현재와 장래의 환경적 조건을 탐색·평가한다.

(5) 전략계획서 작성   목표의 성취를 위해 조직이 해야 할 일을 기술한 전략계획서를 만든다. 전략대안들을 탐색하고 대안을 선택해 기술하는 것이다.

(6) 집 행   전략을 실천에 옮길 전술(구체적 행동계획)을 결정하고 필요한 자원을 배분한 다음 전략을 집행한다.

(7) 평가·환류   통제와 평가의 체제를 수립하여 계속적인 환류를 보장한다.

3) 전략적 관리의 효용·한계·성공조건

(1) 효 용   SM은 격동하는 환경에 대한 조직의 대응능력을 향상시키는 체계적 접근방법이다. 조직이 장기적·포괄적 안목으로 환경변화에 대응할 수 있게 한다. 그리고 개혁의 지향노선을 스스로 통제할 수 있는 조직의 능력을 향상시킨다.

(2) 한 계   그러나 장기적이고 합리적인 계획이 어려운 조직의 여건 하에서는 성공할 수 없는 접근방법이다. 계획의 단기적 안목, 보수성, 관리자들의 자율성 제약, 평가·환류의 제약 등의 특성을 지닌 전통적 조직문화는 SM의 성공을 가로막는다.

(3) 정부부문에서 가중되는 애로   정부조직에 SM을 도입하기는 더 어렵다. 자율성 제약, 규모의 방대성, 활동의 복잡성, 보수성, 목표의 모호성과 성과측정의 곤란성, 단기적 시간관, 독점성, 수입(세입)의 비시장성 등 정부조직의 전통적 특성은 SM의 도입에 장애가 된다.

(4) 성공조건   SM을 구체적인 조직의 조건에 맞게 설계해야 그 시행이 성공할 수 있다. 운영과정에는 융통성이 있어야 한다. 운영과정은 다른 관리기능들과 연계되어야 한다. 모든 계층의 관리자들이 헌신적으로 참여하도록 하고 모든 조직구성원들의 비전감각(sense of vision)과 전략적 사고방식을 육성해야 한다. 그에 적합한 유인체제를 개발해야 한다. 성과측정과 환류를 중시해야 한다. 각 관리단위들의 자율성을 높여야 한다. 조직의 변동지향성을 강화해야 한다.

4. 성과관리

1) 성과관리의 정의

성과관리(成果管理: PM: performance management)는 성과중심주의에 입각한 통합적 관리이다. PM은 조직 전체의 성과달성과 구성원 개개인의 성과달성을 함께 중시하며 양자를 연결지으려 한다. PM은 조직의 목표를 성취하기 위해 조직 전체의 모든 노력을 체계적으로 통합하려는 관리라고 말할 수 있다.

PM은 조직활동의 목표와 성과기준을 설정하고, 업무수행성과를 측정·평가하며, 확인된 업무수행성과에 보상과 제재를 결부시킨다. 이러한 기본적 과정을 계획·통제·예산·인사 등 여러 관리과정들에 연계시켜 통합적 관리체제를 구축한다. PM은 관리체제의 핵심적 구성요소들을 확인하여 서로 연계시키고 조직 전체의 목표추구활동을 체계적으로 통합하려는 '통합의 틀'이다.

PM의 주요 특성을 보면 다음과 같다.16)

❶ 측정가능한 목표 측정가능한 성과목표를 명확하게 설정하고 기술한다.

❷ 성과의 평가 조직과 조직구성원의 업무수행성과를 평가한다. 성과평가에서는 성과지표와 성과척도를 활용한다.

❸ 성과연관적 유인 조직구성원들의 업무수행성과에 따라 성과연관적 유인을 제공한다. 조직별·조직단위별 자원배분도 업무수행성과에 연계시킨다.

❹ 평가결과의 환류 평가를 통해 확인한 업무수행성과와 목표 달성 또는 달성실패의 원인분석 결과를 성과관리계획중추와 이해관계자들에게 환류한다.

❺ 통합적 관리 PM의 기본적 과정을 다른 관리과정들과 결합하여 총체적 관리체제를 구축한다. 성과관리체제는 조직활동의 체계적 통합을 추구한다.

2) 성과관리의 운영과정

PM의 기본적 과정에 포함되는 활동단계는 i) 성과계획, ii) 실행, iii) 성과평가, 그리고 iv) 심사·환류이다.17)

❶ 성과계획 조직 전체의 성과계획을 수립한다. 성과계획에서는 조직의 기본목표에 일관되게 부서별·작업집단별·개인별 성과목표를 결정한다. 성과목표는 결과에 초점을 맞춘, 측정가능한 지표와 척도로 전환될 수 있어야 한다.

❷ 실 행 성과목표추구의 실행계획을 세워 실천한다. 실행단계에서는 힘 실어주기 등 지지·촉진적 활동을 하고 목표추구의 진척상황을 수시로 심

사한다. 실행단계에서 목표가 수정될 수도 있다.

❸ 성과평가   업무수행성과에 관한 자료를 수집하여 분석·평가한다. 결과로 나타난 목표달성도를 평가할 뿐만 아니라 성공·실패의 원인도 규명한다. 원인을 규명하려면 성과에 연결되는 산출·처리과정·투입 등도 평가의 시야에 두어야 한다.

❹ 심사·환류   성과평가의 결과를 심사하고 성과계획중추, 업무담당자, 고객 등 이해관계자들에게 환류한다. 환류정보는 후속 성과관리 사이클을 개선하는 데 활용하고 교육훈련의 결정, 보상과 제재의 결정, 자원배분의 결정 등 관리 상의 제반 결정에 활용한다.

3) 성과관리의 도구

PM에는 다양한 도구들이 쓰이지만 그 가운데서 핵심이 되는 것은 i) 성과계약, ii) 성과평가, 그리고 iii) 유인의 활용이다.[18]

(1) 성과계약   PM에서 사용하는 성과계약은 업무수행의 조건, 결과, 그리고 보상과 제재에 관한 합의이다. 성과계약은 보상과 제재로 그 실효성을 담보하는 준상업적 계약인 것이 보통이다. 성과계약은 조직 내의 상·하계층 간에 체결할 수도 있고, 조직 간에 또는 조직과 외부공급자 간에 체결할 수도 있다.

(2) 성과평가   성과평가는 업무수행결과에 초점을 맞춘 평가이다. 성과평가는 조직활동의 결과에 대한 정보를 산출함으로써 i) 개인과 조직의 책임을 물을 수 있게 하고, ii) 성과에 유인을 연결해 동기를 유발할 수 있게 하고, iii) 통제중추들이 조직활동의 가치를 판단할 수 있게 하고, iv) 직무수행 개선에 필요한 자료를 제공한다.

❶ 평가대상   평가의 주된 대상은 사업·업무수행의 결과인 성과이다. 그러나 성과의 원인을 이해하려면 투입이 처리과정을 거쳐 어떻게 산출로 전환되고 그것이 어떤 효과를 발생시켰는지 추적해 보아야 한다. 따라서 산출·처리과정·투입도 분석대상이 된다.

❷ 평가지표   성과평가의 지표(indicator)는 다양하며 그 용도와 평가대상에 따라 지표조합은 달라질 수 있다. 관리사이클이 진행되는 동안 조직의 목표가 변동하면 그에 따라 지표조합을 재검토하고 수정할 수 있어야 한다. 성

과평가의 지표조합에 포함되는 대표적인 지표들은 i) 양(quantity), ii) 질
(quality: 정확성·적시성·접근가능성·기술적 요건 충족 등), iii) 능률성, iv) 효율
성, v) 비용·효과, vi) 고객만족이다.

(3) 유인의 활용 PM은 업무수행성과에 유인(誘因: incentives)을 연결한
다. 유인은 성과집중적(tightly focused on outcomes)이어야 한다. 유인은 업무
수행성과에 긴밀히 연계되어야 한다는 말이다.

PM에서 사용할 수 있는 유인의 예는 다음과 같다.

❶ 적극적 유인 적극적 유인 또는 보상의 예로 i) 내재적 동기유발요인
(직무수행의 보람, 힘 실어주기 등), ii) 금전적 보상(각종 성과급), iii) 준금전적
보상(유급휴가, 시설과 장비 개선 등), iv) 비금전적 보상(상훈, 뉴스레터 게재, 호
칭부여 등), v) 임용 상의 보상(승진 등)을 들 수 있다.

❷ 소극적 유인 소극적 유인 또는 제재의 예로 i) 금전적 제재(성과급 등
보수의 삭감), ii) 보수 이외의 편익 감축 또는 박탈, iii) 임용 상의 불이익처분,
iv) 예산통제권과 같은 자율권의 박탈, v) 나쁜 성과의 공표, vi) 업무수행에
대한 상부의 개입·의사결정권의 회수를 들 수 있다.

4) 성과관리의 효용·한계·성공조건

(1) 효 용 PM의 효용은 i) 조직활동의 결과를 중시함으로써 오늘날의
개혁사조가 강조하는 성과중심주의를 구현한다는 것, ii) 고객중심주의적 서
비스를 실질화한다는 것, iii) 조직구성원들의 동기유발을 촉진하고 생산성을
향상시킨다는 것, iv) 처우의 형평성을 실질화한다는 것,[f] v) 조직과 구성원의
책임성을 향상시킨다는 것, vi) 조직활동의 통합을 촉진한다는 것, vii) 조직활
동에 대한 고객과 이해관계자들의 이해를 돕고 그들의 통제력을 강화한다는
것, 그리고 viii) 관료적 조직문화의 변화를 유도한다는 것이다.

(2) 한 계 PM의 한계(약점·실책)로 i) 지위와 서열을 중시하는 전통적
조직문화와 마찰을 빚을 수 있다는 것, ii) 다양한 이해관계자들의 개입 때문

---

[f] 성과기준에 따른 처우의 결정은 명목상의 형평성이 아니라 실제적인 형평성을 달성할 수 있
기 때문에 형평성을 실질화한다는 표현을 쓴다. 예컨대 성과급적 보수제도에서는 직무수행에
대한 기대나 직무수행의 가능성이 아니라 사람이 실제로 일해 달성한 성과의 차등에 따라 보
수의 차등을 결정한다. 그러므로 처우의 형평성을 실질적으로 보장할 수 있다고 한다.

에 합리적인 성과계획의 수립이 어렵다는 것, iii) 적정하고 측정가능한 목표의 설정이 어렵다는 것, iv) 목표성취도에 유인기제를 연결짓기 때문에 관리대상자들이 성과목표를 낮추어 설정하는 행동경향을 보인다는 것, v) 업무성과의 정확한 측정이 어렵다는 것, vi) 관리대상자들이 비용을 절감하기보다 다른 사업이나 활동에 비용을 전가하는 경향이 나타난다는 것, vii) 누계지표(aggregate indicators)에 따른 일괄평가는 구체적인 국면별 문제들을 간과 또는 은폐할 수 있다는 것, viii) 업무수행과 그 성과 사이에 개입하는 변수들이 많아 성과에 대한 업무수행의 인과관계를 확인하기 어렵다는 것, ix) 목표대치가 우려된다는 것, x) 과거의 성과에 초점을 맞춘 과거지향적 책임의 강조는 장래의 성과향상에 도움이 되지 못한다는 것, xi) 중복적 평가로 인한 낭비, 평가결과 활용 부진과 같은 실책이 흔히 저질러진다는 것 등을 들 수 있다.[19)]

(3) 정부부문에서 가중되는 애로 민간부문의 경우에 비교했을 때 정부에서 가중되는 애로는 i) 목표모호성이 높다는 것, ii) 평가지표와 척도의 개발·적용이 더 어렵다는 것, iii) 관리사이클이 더 길고 개입세력이 많아 관리체제가 복잡하다는 것, iv) 법적·정치적 제약이 더 많다는 것, v) 예산·보수 운영의 경직성이 높다는 것, 그리고 vi) 관료문화의 권위주의적 특성이 더 강하다는 것이다.

(4) 성공조건 PM을 성공적으로 운영할 수 있으려면 무엇보다도 성과관리의 기본적 과정을 적정하게 설계해야 한다. 성과측정체제의 정당화근거에 일관되게 목표와 측정지표·척도를 설정하고, 신빙성 있는 자료에 기초해 성과를 정확하게 측정하고 평가해야 한다. 목표설정·성과측정·유인부여 사이의 연계를 강화해야 한다. 그리고 성과측정체제의 발전을 위해 지속적으로 노력해야 한다.

PM의 기본적 과정을 잘 만들고 이를 발전시켜 나가는 것 이외에도 여러 방면의 조건구비가 필요하다. 그러한 조건으로는 i) 성과측정의 강조에서 파생될 수 있는 목표왜곡을 방지할 수 있는 방안을 마련해야 한다는 것, ii) 패자보다 승자를 만들어 내는 유인기제를 개발해야 한다는 것, iii) 조직의 구조와 과정을 전반적으로 성과관리에 적합하게 개편하여 통합형 관리체제를 구축해야 한다는 것, iv) 지속적인 업무개선에 필요한 자원을 확보해야 한다는 것, v) 관리자들의 변혁적 리더십을 육성해야 한다는 것, vi) 조직구성원 전체가 성과의 달성을 최우선시하고 성과관리에 대한 주인의식을 갖도록 고무해야 한다는 것, 그리고 vii) 지위보다 임무를 중시하고 지속적인 학습과 개혁을 강조하는 조직문화를 발전시켜야 한다는 것을 들 수 있다.[20]

위에서 탈전통적 관리모형 네 가지를 대표적인 예로 골라 소개하였다. 그 밖에도 탈전통적인 요소를 지닌 관리모형들이 양산되어 있다. 그 중 몇 가지에 대해 추가적으로 언급하려 한다.

고객중심주의를 강조하는 고객만족관리(customer satisfaction management)를 말하는 사람들이 있다. 고객만족관리는 조직의 이미지를 개선하고 조직이 산출하는 재화·용역에 대한 고객의 만족도를 높이기 위해 지속적으로 고객만족도를 조사하고 그 결과에 따라 시정조치를 하는 관리이다.[21]

신관리주의(new managerialism)에 입각한 신공공관리(新公共管理: new public management)는 1980년대 이후 정부부문 개혁운동에 많은 영향을 미쳤다. 신공공관리는 창의적이고 기업가적인 관리자의 핵심적 역할, 조직의 급진적 개혁, 조직구성원 모두에게 힘을 실어주는 분권화, 공공부문에 대한 시장기제의 과감한 도입, 고객의 요구 존중, 그리고 업무수행의 품질개선을 강조하는 관리이다.[22]

관리의 규범적 통제모형(normative-control model)은 신념과 가치를 통제의 기초로 삼는 관리이다. 이것은 사람들의 가치관과 태도를 중시하고 제도보다는 사람의 정신에 초점을 맞추는 관리이다. 규범적 통제모형의 구성요소는 가치관과 태도에 역점을 둔 임용, 조직에 헌신하는 태도를 기르는 사회화, 구성원들이 수용하는 원리와 비전에 부합되는 지휘, 책임의 공동부담, 그리고 고객을 포함한 식견 높은 사람들이 담당하는 성과평가이다.[23]

조직발전과 결합된 관리체제, 윤리성을 강조하는 윤리적 관리체제, 기업의 사회적 책임을 강조하는 관리체제, 급변하는 환경에 대응하는 변혁적 관리체제, 관료적 조직의 팽창타성을 거스르는 감축관리, 영기준예산제도와 같은 새로운 예산제도와 결합된 관리체제 등도 흔히 거론되고 있다.

근래 많은 연구인들의 지지를 받고 있는 ESG(environmental, social, governance) 경영이라는 것도 탈전통적 관리모형 가운데 하나로 취급할 수 있다. ESG경영은 기업조직이 장기적으로 지속가능한 발전을 추구하기 위해 친환경적 경영, 사회적 책임 이행, 그리고 투명한 지배구조를 중시하는 경영이다.

조직개혁

시간의 흐름에 따른 변동의 과정에서 조직은 성장·성숙하고 번창해 갈 수도 있지만 정체에 빠질 수도 있고 위축되거나 사멸할 수도 있다. 조직이 내외의 도전에 대응하고 스스로 바람직한 상태를 형성·유지·발전시키려면 변동의 과정을 계획적으로 통제하는 조직개혁을 해야 한다.

조직학 전체의 궁극적인 생산목표는 조직을 보다 낫게 만드는 것, 즉 조직개혁이다. 따라서 제4장에 이르기까지 살펴본 조직학의 여러 부문들은 모두 직접 또는 간접으로 조직개혁에 관련되어 있다고 말할 수 있다. 그러나 조직개혁의 의미와 방법 등에 관한 개념적 명료화를 어디에서인가 한 번은 통합적으로 해 둘 필요가 있다. 이러한 필요 때문에 제5장을 따로 꾸몄다.

제1절에서는 조직개혁 일반론이라 하여 조직개혁이론의 주요분야를 개괄적으로 검토하려 한다. 조직개혁의 의미를 밝히고 조직개혁의 접근방법, 조직개혁의 기본적 과정, 개혁의 촉발요인과 개혁추진자, 개혁에 대한 저항 등을 차례로 논의할 것이다.

조직개혁의 여러 가지 접근방법들 가운데서 행태적 접근방법인 '조직발전'을 현대이론 가들이 특히 중요시하고 또 그에 관한 연구문헌도 많기 때문에 제2절에서 이를 다시 자세하게 설명하려 한다.

제3절에서는 조직의 환경에 대해 설명하려 한다. 조직의 환경이 조직개혁에만 연관되는 것은 아니다. 그러나 조직개혁에서 환경적 영향과 그에 대한 조직의 대응이 특별한 문제로 되기 때문에 제5장에서 환경의 문제를 함께 다루기로 하였다.

01 조직개혁 일반론

Ⅰ. 조직개혁이란 무엇인가?

1. 조직개혁론의 관점

1) 조직개혁 필요성의 증폭

시간의 흐름에 따른 조직의 변화가 저절로 바람직하게 전개될 가능성도 없지 않다. 그러나 조직에서 일어나는 대부분의 바람직한 변동은 인간의 계획적인 변동노력이 유도한다. 이러한 계획적 변동노력을 조직개혁이라 한다.

조직개혁은 어느 시대에서나 필요하며 많든 적든 그것은 실제로 추진되어 왔다. 그런데 현대사회의 여건은 조직개혁의 필요를 현저히 증대시키고 있다. 현대의 조직이 처한 환경은 급속히 변동하고 점점 더 격동하는 장으로 변모되어 가고 있다. 조직의 활동, 제도와 조직구성원의 변화도 예전에 비해 아주 빠르게 진행되고 있다. 조직들의 생존경쟁도 치열해져 가고 있다. 이러한 변화요인들은 모두 가일층의, 보다 근본적이고 급진적인 조직개혁을 촉구한다.

현대사회에서 조직개혁의 필요가 날로 증대되고 있기 때문에 조직개혁의 문제는 현대조직학의 지대한 관심사로 되지 않을 수 없다. 조직개혁과 그에 관한 연구가 결코 현대에 국한된 새로운 문제는 아니다. 그러나 조직개혁에 대한 이론의 산출이 오늘날처럼 활발한 때는 일찍이 없었다.

2) 조직개혁 연구의 전제

오늘날 조직개혁 연구의 관점은 아주 다양하게 분화되어 있기 때문에 그 특성을 획일적으로 말하기는 어렵다. 그러나 현대조직개혁론을 집합적으로 파악하는 경우, 그 주류의 저변에 깔려 있는 공통의 관점이 있음을 알 수 있다. 전제적 이론(前提的 理論) 또는 근가정(根假定: root assumption)이라고도 할 수 있는 기본적 관점의 전제들을 요약하면 다음과 같다.

(1) 인위적 변동 조직의 인위적 변동가능성에 대한 전제가 있다. 개혁추진자들의 계획에 따라 조직의 변동이 유도될 수 있다고 전제한다. 조직개혁이론은 조직개혁이 가능하다고 믿는 적극적 사고의 산물이다. 조직개혁이론은 개혁의 제약과 장애는 인정하지만 인위적 변동의 가능성을 아주 부인하는 가정은 받아들이지 않는다.

(2) 불완전성·불확실성 인간과 조직의 불완전성 그리고 미래의 불확실성에 대한 전제가 있다. 인간과 조직이 완벽하게 합리적이거나 완벽한 미래예측을 할 수 있는 존재라고 보지 않는다. 따라서 개혁해야 할 문제는 언제나 있으며, 완벽한 개혁이 단번에 성취되기도 어렵다고 이해한다. 조직개혁이론은 대개 합리성 추구의 요청과 합리성 제약의 요인을 함께 고려한다.

(3) 변동에 대한 반응의 양면성 인간속성의 양면성에 대한 전제가 있다. 여기서 양면성이란 변동추구적인 속성과 현상고수적인 속성을 함께 지니고 있다는 뜻이다. 사람과 조직은 변화를 원할 때가 있고 현상유지를 원할 때가 있다. 변화를 추진하는 사람들이 있는가 하면 그에 저항하는 사람들도 있다. 조직개혁에는 대개 저항이 따른다고 보는 것이 오늘날 조직개혁이론의 일반적인 입장이다.

(4) 독립변수·종속변수 조직개혁은 환경과의 관계에서 독립변수이며 동시에 종속변수라는 전제가 있다. 이것은 조직의 독자적 개혁가능성과 환경적 영향의 중요성을 함께 받아들이는 개방체제적 시각을 반영한다. 조직개혁을 독립변수로 보는 입장에서는 조직의 독자적인 노력으로 스스로의 개혁이 가능하며 또 개혁된 능력으로 환경의 개조를 유도할 수 있다고 주장한다. 반면 조직개혁을 종속변수로 보는 입장에서는 조직을 문화적 산물 또는 사회적 산물이라 규정하고 환경의 개조가 선행되지 않거나 환경으로부터의 요구 그리고

지지와 지원이 없으면 조직개혁이 성공할 수 없다고 주장한다. 오늘날 조직개혁이론의 일반적인 추세는 그와 같이 상반되는 입장을 함께 수용하며 조직개혁과 환경적 영향의 상호의존성 또는 교호작용관계를 인정하고 중시한다.

(5) 접근방법의 분화와 통합지향　조직개혁은 포괄적·통합적으로 연구·실천해야 한다는 전제는 현대조직개혁론의 궁극적인 지향노선을 말해 준다. 그러나 이러한 전제가 있다고 해서 분화된 한정적 접근방법들의 유용성을 부인하지는 않는다. 접근방법의 분화는 오히려 계속되고 있다. 다양하게 분화되어 온 접근방법들의 가치나 실천적인 세력은 시대와 장소에 따라 달라져왔다.

전통적인 개혁연구에서는 구조나 제도의 연구에 역점을 두었다. 근래에는 구조나 제도보다는 사람에 우선적인 주의를 기울이는 접근방법이 적어도 규범적인 차원에서는 매우 강력한 세력을 떨치고 있다. 구조나 과정의 연구에서도 인간주의적 가치를 내세우는 경우가 많다. 현대조직학의 인간주의적 가치 또는 편향이 조직개혁론에도 함께 나타나 있다고 보아야 한다.

점진적·진화적 변동과 급진적·혁명적 변동에 대한 상대적 강조의 수준도 달라져 왔다. 전통적인 조직개혁 연구에서 대부분의 연구인들은 체제의 동일성과 항상성을 근본적으로 수정하거나 뒤엎는 개혁에 깊은 관심을 보이지 않았다. 그들은 주로 점진적 개혁에 초점을 맞추어 개혁의 과정과 수단 등을 연구하였다. 그러나 1980년대 이후 사정은 크게 달라졌다. 많은 연구인들이 급진적 개혁에 관심을 보이게 되었다. 오늘날 다수의 선도적 연구들은 조직개혁의 목표상태와 추진전략에 관한 급진적 대안들을 탐색하고 있다.

2. 조직개혁의 정의

조직개혁(組織改革: organizational reform)은 조직을 어떤 하나의 상태에서 그보다 나은 다른 하나의 상태로 변동시키는 것을 말한다. 조직개혁은 조직의 바람직한 변동(preferred change)을 뜻한다. 조직개혁은 가치기준의 인도를 받는 계획적 변동이며 행동지향적이고 연관적 특성을 지니는 변동이다. 조직개혁은 지속적으로 추진해야 하는 과정이다. 조직개혁에는 저항이 따른다.[1]

조직개혁이라는 개념에 내포되어 있는 주요 속성을 나누어 설명하면 다음과 같다.

❶ 목표지향성   조직개혁은 의식적으로 설정한 목표를 추구한다. 목표가 있기 때문에 조직개혁은 의식적·계획적·유도적인 과정이라고 한다.

조직개혁의 일반적 및 구체적 목표와 그에 따라 도달하려는 상태(목표상태 또는 종국상태: end state)는 결국 사람들의 가치기준이 인도하는 대로 설정될 수밖에 없다. 조직개혁의 이러한 가치지향성을 도덕성 또는 윤리성이라 표현하기도 한다.

❷ 동태성·행동지향성   조직개혁이 동태적(dynamic)이라고 하는 것은 미래로 향한 시간선상에 펼쳐지는 현상임을 뜻한다. 조직개혁이 행동지향적이라고 하는 것은 무엇인가를 이룩하려는 사람들의 의식적 행동이 전개된다는 뜻이다. 계획한 것이 실천되어야만 조직개혁이라고 볼 수 있다는 점을 강조하기 위해 행동지향적이라는 말을 쓴다. 조직개혁의 동태적·행동지향적 특성에 착안할 때 우리는 개혁의 과정, 전략과 방법에 관심을 갖게 된다.

조직개혁이 미래의 시간에 결부되어 있기 때문에 개혁의 행동과정에는 대개 불확실성과 위험이 개재된다. 사람들은 조직개혁에 연관되는 변수와 조건들을 통제하려고 꾸준히 노력해 왔으며, 미래에 대한 예측능력도 많이 발전시켜 왔다. 그러나 아직까지 미래의 불확실성을 만족할 만큼 극복할 수 있는 경지에는 도달해 있지 않다. 그러므로 개혁의 행동과정에서는 환류를 받아 계획을 수정해 나갈 수 있어야 한다. 개혁이 순환적·반복적으로 계속되어야 하는 경우도 많다.

❸ 포괄적 연관성   조직개혁은 개혁대상의 개방체제적인 특성을 중시한다. 조직개혁은 개혁문제를 둘러싸고 있는 요인들의 포괄적 연관성을 중시하고 그에 대처하는 활동이다. 조직개혁의 대상이 되는 조직 내적 요인들은 복잡하게 서로 연관되어 있으며, 그러한 내적 요인들과 그들을 둘러싼 환경적 요인들이 또한 상호의존적인 관계에 놓여 있다. 그러므로 조직개혁의 행동과정에서는 그러한 연관성과 상호적 영향관계를 충분히 감안해야 한다.

현대조직개혁론은 개혁요인의 포괄적 연관성을 중시하기 때문에 이 문제에 관한 지식의 통합적 동원을 추구한다. 조직개혁의 학제적 연구를 강조한다.

❹ 지 속 성   조직 전체에 걸친 개혁은 지속적이어야 하는 현상이다. 조직 내에는 개혁의 필요가 거의 언제나 있다. 조직 내외의 여건은 끊임없이 변

그림 5-1-1 조직개혁: 조직변동에 대한 개입

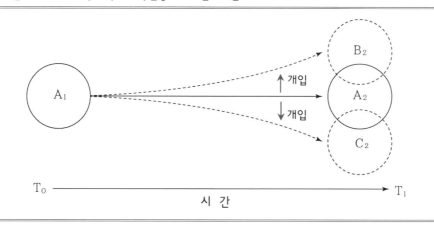

동하면서 조직개혁의 필요를 만들어 낸다. 여건의 현저한 변동이 없더라도 어느 한 시점에서 고쳐야 할 결함이 전혀 없는 완벽한 조직이 존재할 수 있다고 생각하기는 어렵다.

장기적이고 지속적인 노력을 필요로 하는 조직 전체의 개혁은 다단계적 개혁의 누진적인 전개에 의존하는 경우가 많다. 그리고 부분적인 문제에 한정된 개혁사업도 시행착오를 경험하면서 개혁의 과정을 순환적으로 되풀이해 밟아야 하는 경우가 많다. 어느 경우이든 개혁의 성과를 제대로 거두려면 많건 적건 간에 지속적인 노력이 필요하다.

❺ 저항의 야기   조직개혁은 인위적으로 현상유지를 무너뜨리는 행동과정이므로 거의 언제나 현상유지적 세력의 저항을 크든 작든 받게 마련이다. 조직개혁을 성공으로 이끌려면 저항의 원인과 양태를 진단하고 거기에 대처해야 한다.

<그림 5-1-1>은 조직이 계획적인 노력을 통해 조직변동의 방향을 바람직한 쪽으로 통제하는 모습을 상징하는 것이다. 이 그림에서 조직의 현재 상태는 A_1이며 조직변동을 야기할 요인들을 방치할 때 초래될 것으로 예측되는 장래의 조직상태는 A_2이다. B_2와 C_2는 변동과정에 대한 계획적 개입으로 도달할 수 있는 조직상태의 두 가지 대안을 나타낸다.[2]

계획적으로 끌어 일으키는 바람직한 조직변동을 저자는 조직개혁(organizational reform)이라 부르기로 한다. 바람직한 조직변동을 지칭하는 용어에 관하여 조직연구

인들이 합의를 보고 있는 것은 아니다. 여러 가지 용어가 어지럽게 사용되고 있다. 변동(change), 발전(development), 개선(improvement), 성장(growth), 쇄신 또는 혁신(innovation), 조직개편(reorganization), 개혁(reform) 등이 그 예이다. 이 가운데서 보다 흔히 쓰이는 용어는 발전, 변동, 개혁이다.

변동은 조직이 한 상태에서 다른 한 상태로 옮겨가는 모든 종류의 변화를 총칭하는 개념으로 쓰일 때가 많기 때문에 계획적인 변동노력만을 지칭하는 용어로 사용하는 것은 적당치 않다고 생각한다. 의식적이고 가치개입적인 변동노력을 논의할 때 발전이라는 말이 아주 널리 쓰이고 있지만, 계획적 변동노력의 한 접근방법을 한정하여 조직발전(OD)이라고 부르는 것이 또한 관례로 되어 있다. 그러므로 여러 접근방법을 포괄하는 용어로 발전이라는 말을 쓰면 혼란을 일으킬 염려가 있다. 이와 같은 용어 관행들을 생각한 끝에 조직개혁이라는 용어를 채택하기로 하였다.

이 책의 여러 곳에서 바람직한 변동이라는 뜻으로 발전이라는 말을 써 왔다. 개인의 발전, 사회의 발전 등이 그 예이다. 조직발전(OD)이 아니라 '조직의 발전'이라는 표현도 조직개혁과 마찬가지의 뜻으로 쓰일 수 있다. 그러나 이 절에서만큼은 개념적 구별을 한층 뚜렷하게 하기 위해 바람직한 조직변동의 과정을 총칭할 때에는 조직개혁이라는 용어를 통일적으로 사용하려 한다.

3. 조직개혁의 접근방법

조직개혁의 접근방법은 여러 가지로 분화되어 있으며 그에 대한 유형론도 많다. 저자는 여러 연구인들의 의견을 참조하여 조직개혁의 접근방법들을 i) 구조적 접근방법, ii) 과정적 접근방법, iii) 사업중심적 접근방법, iv) 행태적 접근방법, v) 문화론적 접근방법, 그리고 vi) 통합적 접근방법으로 분류하였다. 이러한 분류는 개혁대상을 기준으로 하는 것이다. 개혁대상이 접근방법 분류의 기준으로 가장 널리 쓰인다.

1) 구조적 접근방법

구조적 접근방법(構造的 接近方法: structural approach)은 원칙적으로 조직의 구조설계를 개선함으로써 조직개혁의 목표를 달성하려는 접근방법이다. 조직의 구조적 요인을 대상으로 하는 개혁전략이라고 말할 수도 있다. 이 접근방법이 관심을 갖는 사안의 예로서 집권화(또는 분권화) 수준의 변경, 규모의 축소 또는 확대, 통솔범위의 조정, 권한배분의 수정, 명령계통의 수정, 작업집단의 재설계 등을 들 수 있다.

구조적 접근방법은 일찍부터 널리 쓰여 왔으며 조직사회의 조건변화와 조직학의 경향변화에 따라 많은 변용을 겪어 온 접근방법이다. 초창기의 구조적 접근방법은 고전적 조직이론의 관점을 반영하여 공식적 구조에 관한 유일·최선의 설계방안을 처방하려 하였다. 그러나 시간의 흐름에 따라 구조의 공식적 측면뿐만 아니라 비공식적 측면도 중요시하게 되었다. 필요에 따라 구조적 요인에 결부된 행태적 요인과 환경적 요인에까지도 관심을 보이게 됨으로써 이 접근방법의 안목은 많이 넓어져 왔다.

2) 과정적 접근방법

과정적 접근방법(過程的 接近方法: procedural approach)은 조직 내의 과정 또는 일의 흐름을 개선하려는 접근방법이다. 이 접근방법은 여러 가지 과정에서 사용되는 기술의 개선까지를 포괄하기 때문에 '과정적·기술적 접근방법'이라고 부를 수도 있다. 과정적 접근방법은 의사전달, 의사결정, 정보관리, 통제 등 여러 과정, 그리고 거기에 결부된 기술을 주된 개혁대상으로 삼는다.

과정적 접근방법의 관심사는 시간의 흐름에 따라 많이 변천해 왔다. 정보·물자 등의 흐름을 효율화하기 위해 과정을 개선하려는 사람들이 그러한 과정에 결부된 구조적 요인에까지 시야를 점차 확대하는 경향을 보여 왔다. 예컨대 비공식집단을 활용하여 일의 흐름을 원활하게 하는 방안, 과정을 개선하기 위해 사업구조 또는 복합구조를 설계하는 방안 등을 논의하기에 이르렀다.

3) 사업중심적 접근방법

사업중심적 접근방법(事業中心的 接近方法: program-oriented approach)은 조직의 생산목표와 사업의 내용 그리고 거기에 연관된 자원을 대상으로 하여 생산활동의 목표를 개선하고 산출의 양과 질을 개선하려는 접근방법이다. 사업중심적 접근방법은 개혁에 대한 관점의 사업지향성(산출지향성)을 반영한다. 이 접근방법은 조직의 내부관리문제보다 어떤 재화·용역을 실제로 산출하여 환경에서 어떤 성과를 거두느냐에 관심을 집중한다.

산업화 이후 사회가 복잡해질수록, 그리고 소비자중심주의가 확산될수록 산출중심적 접근방법의 적용이 늘어 왔다. 민간부문의 기업들은 사업의 구성과 산출에 우선적인 주의를 기울여야만 급변하는 시장조건 하의 치열한 경쟁에서 살아남을 수 있다. 오늘날 민주사회에서는 공공부문의 조직들도 고객과 국민일반의 요청에 보다 충실하게 봉사해야 한다는 점증하는 압력을 받고 있기 때문에 산출의 내용과 전달방법에 더 많은 관심을 기울이지 않을 수 없다.

4) 행태적 접근방법

조직발전(組織發展: OD: organization development)이라고 불리는 행태적 접근방법(行態的 接近方法: behavioral approach)은 조직 안의 인간을 관심의 초점으로 삼아 인간의 태도와 행동을 개선하려는 것이다. 이것은 행태과학의 지식과 기법을 활용하는 인간중심적 접근방법이다. 근래에는 이 접근방법이 인간의 자기실현적·성장지향적 성향을 전제하고 이를 고취하려는 개혁전략들을 많이 발전시키고 있다.

조직발전은 행태론적 개입을 통해서 조직 전체의 임무수행을 효율화하려는 계획적이고 장기적인 활동이다. 조직발전의 기본적인 구성요소는 진단, 개입, 그리고 과정유지이다. 진단은 지속적인 자료수집의 과정이며 개입은 조직을 개선하는 과정이다. 과정유지는 조직발전의 과정 그 자체를 유지하고 관리하는 과정이다.

행태적 접근방법은 인간주의적 편향을 지닌 근래의 조직연구인들이 가장 중요시하는 접근방법이다. 이에 관한 연구문헌들이 양산되어 있다는 사실은 연구인들의 높은 관심을 반영한다.

행태적 접근방법에 대해서는 다음 절에서 더 자세히 설명하려 한다.

5) 문화론적 접근방법

문화론적 접근방법(文化論的 接近方法: cultural approach)은 조직의 보다 근본적인 개혁을 달성하기 위해 조직문화를 개혁하려는 접근방법이다. 문화개혁을 추진하는 과정에는 개혁목표와 기본전략의 수립, 개혁대상인 문화적 요소 확인, 바람직한 문화적 요소의 제시와 그에 따른 변화의 유도, 개혁성과의 평가·환류 등 일련의 활동국면이 포함된다. 행태적 접근방법의 전략과 기법들이 문화개혁에서도 많이 쓰인다. 근래 조직의 근본적인 또는 획기적인 변혁에 대한 조직사회의 요청이 커지면서 문화론적 접근방법의 발전이 촉진되고 있다.

문화개혁은 제2장 제3절에서 설명하였다.

6) 통합적 접근방법

통합적 접근방법(統合的 接近方法: integrative approach)은 개혁대상의 연관 요소들을 보다 포괄적으로 관찰하고 여러 가지 분화된 접근방법들을 통합한 안목으로 개혁방안을 탐색하려는 접근방법이다. 통합적 안목은 개방체제론적 안목이다.

조직개혁의 포괄적 연관성이라는 명제가 강조되면서부터 통합적이고 총 체적인 접근방법이 주목을 받게 되었다. 오늘날 통합적 접근방법이 조직개혁 의 가장 온전한 방법이라는 점에 대해서는 거의 모든 연구인들이 합의하고 있는 것 같다. 그리고 이러한 합의는 조직개혁의 실제에도 많은 영향을 미치 고 있다. 그러나 조직개혁의 통합적 접근방법은 개혁추진자들의 실천적 작업 에 많은 부담을 준다. 고려할 변수들과 연관관계가 너무 많고 복잡해서 적용 하기가 매우 어렵다는 뜻이다. 통합적 접근방법이 제공하는 포괄적 사고의 틀 을 수용하면서 분화된 접근방법들을 구체적인 개혁문제에 적용하는 절충적 방법이 실용적일 것이다.

조직개혁의 접근방법에 대한 유형론은 다양하다. 저자가 한 것처럼 개혁대상을 기 준으로 한 유형론들이 가장 많다. 그 예를 몇 가지 보고 개혁의 수단, 급진성·점진성 을 기준으로 하는 유형론에도 언급하려 한다.

Edgar F. Huse와 James L. Bowditch는 조직개혁의 접근방법(관점)을 i) 구조설계적 관 점(structural-design perspective), ii) 과정적 관점(work-flow perspective), iii) 인간적 (행태적) 관점(human perspective), iv) 통합체제론적 관점(integrated systems perspective) 등 네 가지로 분류하였다.[3]

Richard L. Daft는 '변동(개혁)의 네 가지 유형'으로 i) 기술변동(technology changes), ii) 생산품과 서비스의 변동(product and services changes), iii) 전략 과 구조의 변동(strategy and structure changes), 그리고 iv) 문화변동(culture changes)을 들었다.[4]

B. J. Hodge 등은 '조직변동(조직개혁)'의 유형을 i) 목표와 전략(goals and strategy)의 변 동, ii) 사람(people)의 변동, iii) 생산품과 서비스(products and services)의 변동, iv) 기술 (technology)의 변동, v) 조직발전(organizational development), vi) 구조와 설계(structure and design)의 변동, 그리고 vii) 문화변동(culture change)으로 분류하였다.[5]

개혁추진의 방법이나 수단을 기준으로 한 유형론들도 흔히 볼 수 있다. 예컨대 John M. Ivancevich 등은 조직개혁관리의 접근방법을 i) 강압적 권력을 통한 변동관리(managing change through power), ii) 이성적 논리를 통한 변동관리(managing change through reason), iii) 재교육을 통한 변동관리(managing change through reeducation) 등 세 가지로 분류하였다.[6]

개혁의 급진성 또는 점진성을 기준으로 급진적 개혁과 점진적 개혁을 구분하는 유형론들이 근래 많은 관심을 모으고 있다.

급진적 개혁(radical or revolutionary reform)은 조직의 패러다임 또는 준거틀을 바꾸는 개혁이며, 대개 조직 전체의 변혁을 가져오는 개혁이다. 점진적 개혁(incremental or evolutionary reform)은 조직의 전반적인 균형상태는 유지하는 가운데 조직의 특정 부분에 초점을 맞춘 일련의 순차적인 개혁이다.[7]

급진적 조직개혁의 접근방법을 논의하는 사람들은 리엔지니어링(reengineering or business process reengineering)이나 리스트럭처링(restructuring)이라는 개념을 사용하기도 한다. 두 가지 개념이 모두 급진적 개혁을 지칭한다는 점에 대해 많은 논자들이 의견을 같이 하는 것으로 보인다. 그러나 두 개념의 범위에 대해서는 이견 또는 혼선이 있다. 리엔지니어링과 리스트럭처링을 구별하여 전자는 과정의 개혁을, 후자는 구조의 개혁을 지칭하는 것으로 규정하는 사람들이 있는가 하면, 리엔지니어링에 급진적인 조직개혁을 모두 포괄시키기도 하고 리엔지니어링과 리스트럭처링을 같은 뜻으로 혼용하는 논자도 없지 않다. 다수의 연구인들은 리엔지니어링이라는 개념 속에 과정의 개혁뿐만 아니라 구조의 개혁도 포괄시키고 있다.[8]

전자엔지니어링(e-engineering)도 조직개혁의 한 접근방법으로 제안되어 있다. 이것은 조직활동의 개선을 위해 각종 정보체제를 도입하는 접근방법이다.

II. 조직개혁의 과정

1. 조직개혁과정의 활동단계

조직개혁은 개념적으로 구별할 수 있는 일련의 단계들을 내포하는 행동과정을 통해 이루어진다. 조직개혁의 과정에 포함된 단계들과 그들 사이의 연관적 작용관계를 통합적으로 규정하는 것은 매우 어렵고 조심스러운 과제이다. 개혁이 이루어지는 상황과 접근방법에 따라 개혁과정에 포함되는 구체적인 단계와 행동수단들은 서로 달라질 수 있다. 조직개혁을 연구하는 사람들이 말하는 조직개혁 행동과정의 단계들도 다양하다. 그러나 그들의 다양한 의견에 내재하는 공통점을 찾아볼 수는 있다.

개혁행동과정에 관한 단계이론들을 빠짐없이 통합하기는 어렵다. 그러나 대다수의 이론들이 비슷한 요소들을 지니고 있으므로 이를 대강 포괄하는 단계모형을 만들 수 있다. 개혁행동단계를 i) 인지단계, ii) 입안단계, iii) 시행단계(집행단계), 그리고 iv) 평가단계로 나누면 많은 단계모형들을 별 무리없이 포용할 수 있을 것으로 생각한다.[9]

1) 인지단계

인지단계(認知段階: awareness stage)는 현실수준(실적)이 기대수준(기준)에 미달하는 차질(discrepancies)을 발견하고 개혁의 필요를 확인하며 그에 관한 합의를 형성하는 단계이다. 인지단계에서는 기준, 실적 및 양자 사이의 차질이 확인된다. 그리고 개혁의 필요에 대한 견해차이가 노출되고 조정된다.[a]

인지단계에서는 i) 차질이라는 문제를 인식하는 것, ii) 관련자들이 보이는 인식의 차이를 조정하여 합의를 이룩하는 것, iii) 인식되고 합의된 차질의 문제를 개혁이 필요한 문제로 확인하는 것 등이 중요한 행동과제로 된다.

❶ 비교의 기준　실적과 비교할 기대수준 또는 기준으로는 이상적인 최적수준(ideal optimum level), 현실적인 최적수준(practical optimum level), 만족수준(satisficing level) 등을 생각할 수 있다. 이상적인 최적수준은 완전무결한 상태를 만들려고 할 때의 기준이다. 현실적인 최적수준은 주어진 조건 하에서 가능한 최선의 상태를 만들려고 할 때의 기준이다. 만족수준은 개혁추진자들이 주어진 조건 하에서 만족할 수 있는 상태를 만들려고 할 때의 기준이다.

기대수준을 현재의 관점에서 규정한 현재의 기대수준(present desired level)과 미래의 관점에서 미래에 달성하려는 목표를 규정한 예측적 기대수준(projected desired level)으로 구분하기도 한다.

❷ 차질발생의 계기　기준과 실적의 차질은 현실수준의 저하 때문에 생길 뿐만 아니라 기대수준의 변동 때문에 생기기도 한다. 실적에는 변함이 없으나 기준이 높아짐으로 말미암아 기준과 실적의 차질이 빚어지는 경우도 많다.

❸ 문제인지의 저해요인　개혁을 추진해야 할 사람들이나 그 밖의 관련자들이 기준과 실적의 차질을 깨닫지 못하는 경우가 많다. 차질이 있음을 알더

---

[a] 여기서 말하는 '실적'은 현실수준을 지칭하는 것이다. 실행된 성과뿐만 아니라 실천행동까지를 포함하는 넓은 개념이다.

라도 그것을 개혁의 필요성 확인과 합의로 연결하지 못하는 일도 많다. 개혁의 요청이나 개혁의 확산을 권력중추에서 억압 또는 방해하는 일까지도 있다.

문제인지를 저해하는 핵심적 요인은 조직구성원들의 타성적·현상유지적이며 기존이익의 옹호에 집착하는 행동성향이라고 할 수 있다. 이를 조장하는 관료조직의 분위기도 문제이다.

❹ 문제인지의 촉진 현상유지적 성향 때문에 조직이 침체·쇠락하는 것을 막으려면 개혁필요의 인지를 촉진하고, 개혁의 동기를 유발하고, 개혁에 대한 불안감을 해소하기 위해 노력해야 한다.

그러한 노력의 일환으로 개혁필요인지의 기능을 제도화하기도 한다. 인지기능 제도화의 예로 관리자들에게 조직개혁의 역할을 공식적으로 맡기는 것, 연구개발의 책임을 지는 참모를 두는 것, 외부 전문가들을 고용하여 그들이 개혁필요의 인지를 촉진하도록 하는 것, 정기적인 조직진단을 실시하는 것, 제안제도·고충처리제도를 설치·운영하는 것 등을 들 수 있다.

2) 입안단계

개혁의 필요를 확인한 다음에는 개혁의 실천방안을 모색한다. 입안단계(立案段階: formulation stage)에서는 기준과 실적 사이의 차질을 해소할 수 있는 대안을 탐색하여 채택한다. 개혁의 목표체계, 개혁실현의 내용과 전략을 결정하여 개혁실천계획을 수립한다.

❶ 합리적 선택의 제약 개혁을 입안한다는 말은 사전적 준비를 한다는 뜻이다. 입안단계에서는 미래로 향한 행동계획을 미리 세워야 하기 때문에 미래의 불확실성을 극복하고 개혁에 따르는 위험을 최소화하기 위해 노력해야 한다.

합리적 분석의 과정을 통해서 개혁을 입안할 수 있으면 가장 이상적일 것이다. 그러나 조직개혁의 실제에서 합리적 입안을 이루어내기는 매우 어렵다. 목표설정에서부터 행동대안채택에 이르기까지 타협과 양보로 합리성을 제약할 수 있다.

❷ 목표상태의 설정 조직개혁의 입안에서는 기본적인 개혁목표로부터 차례로 이어지는 하위목표들의 체계를 수립해야 한다. 그리고 목표체계에 따라 개혁으로 구현하려는 목표상태를 설정해야 한다.

❸ 추진전략의 수립　입안단계에서 결정해야 할 개혁추진의 기본적 전략은 개혁의 우선순위 또는 순서에 관한 전략, 개혁동기유발전략, 그리고 저항극복전략이다. 조직개혁의 목표상태를 총체적으로 설정해 놓은 기본계획의 범위 내에서 순차적으로 개혁사업을 추진하는 전략은 여러 국면에 걸쳐 체계화되어야 한다. 그리고 개혁추구의 동기유발, 외재적 장애제거, 개혁의 시행과 정착화에 방해가 될 저항의 극복 등에 관한 전략과 방법을 결정해야 한다.

3) 시행단계

시행단계(施行段階: implementation stage)에서는 입안된 개혁사업을 실천에 옮기고 개혁을 정착시킨다. 입안된 개혁을 현실화하는 단계에서는 먼저 추진주체를 선정 또는 조직하고 필요한 지지와 인적·물적 자원을 동원해야 한다. 개혁의 시행에는 필요한 만큼의 적응성이 있어야 한다. 개혁의 영향을 받게 될 사람들의 태도를 개혁에 유리하게 변화시키고 개혁에 대한 저항을 극복하는 일도 시행단계의 중요과제이다.

❶ 적응적 시행　개혁이 입안된 대로 정확히 시행되는 경우도 있겠지만 시행단계에서 많건 적건 개혁안을 수정하지 않을 수 없는 경우도 있다. 개혁을 입안할 때에 시행단계에서 발생할 모든 사태를 예측하기는 어려울 뿐만 아니라 예측했던 상황이 개혁을 실현하는 동안에 변동될 수도 있다. 그러므로 개혁의 시행은 상황변화에 적응할 수 있는 융통성을 지녀야 한다.

그러나 개혁안의 시행이 적응적이어야 한다고 해서 시행과정이 상황변화에 끌려다니기만 하도록 방치할 수는 없다. 본래의 개혁안을 온전하게 실현하기 위해 변화하는 조건을 통제하는 것이 바람직하고 또 그것이 가능할 때에는 조건변화를 통제하도록 힘써야 한다.

❷ 저항의 극복　조직개혁의 시행단계에서 현상유지상태의 교란이 가장 크게 노출된다. 개혁이 논의만 되는 것이 아니라 현실화되기 때문에 심한 저항이 나타날 수 있다. 그러므로 개혁의 시행단계에서는 저항을 극복하는 문제가 특별히 큰 비중을 차지한다. 실천으로 옮겨진(도입된) 개혁을 정착시켜 새로운 질서를 형성하기 위해서도 저항은 지속적으로 극복해야 한다.

4) 평가단계

평가단계(評價段階: evaluation stage)에서는 조직개혁의 진행상황과 성과 등을 분석·평가하여 그 결과를 개혁과정의 적절한 단계에 환류시키거나 새로운 개혁과정을 촉발하는 정보로 제공한다. 평가작업은 개혁이 당초의 처방대로 실현되었는가를 확인해 보는 목적도 지녔지만, 평가의 궁극적인 목적은 평가의 결과를 환류시킴으로써 조직개혁활동을 개선하거나 새로 촉발하려는 것이다.

❶ 평가·환류의 기능과 시기   평가결과의 환류는 진행된 개혁활동을 수정하거나 새로운 개혁활동을 유발할 수 있기 때문에 평가·환류의 작용은 개혁활동의 흐름을 순환적인 과정으로 만드는 기능을 한다.

합리적 모형이 적용될 수 있는 경우가 아니라면 평가·환류는 개혁의 진행과정에서도 수시로 행해져야 한다. 평가단계를 개혁과정의 마지막 단계로 배열하는 것은 설명의 편의를 위한 단순화이다.

환류된 평가정보에 따라 잘못된 개혁은 시정하고 재개혁해야 하지만, 성공적인 개혁은 정착시키고 승계하여야 한다. 승계라고 하는 것은 조직의 최고관리자 등 개혁의사결정자들이 교체되어도 전임자들이 한 개혁을 계속 유지한다는 뜻이다. 실제로는 개혁의 승계를 방해하는 장애들이 많다. 사람이 바뀔 때마다 기존의 개혁프로그램과는 다른 일을 벌이려 하기 때문에 개혁을 위한 개혁이라느니 조령모개라느니 하는 비판을 받는 일이 흔하다.[10]

❷ 평가의 대상   조직개혁의 평가대상은 상당히 포괄적이다. 조직개혁사업의 모든 국면이 평가대상으로 될 수 있다. 입안단계에서 처방한 개혁의 목표가 제대로 성취되었는가를 알아보기 위해 개혁의 목표(기준)와 실적(결과적 변수)을 비교·분석하는 것이 평가단계의 기초적 임무라고 할 수 있다. 그러나 평가의 임무가 거기에 국한되는 것은 아니다. 목표실현에 영향을 미치는 개혁의 과정, 전략, 자원, 개혁의 장기적 영향, 개혁추진자의 구성, 개혁목표 등도 모두 평가의 대상이 된다. 그 밖에도 필요에 따라 평가대상은 크게 확대될 수 있다.

❸ 환류의 상대적 중요성   환류의 중요성은 개혁과정에 관한 모형과 그것이 적용되는 상황에 따라 달라질 수 있다. 합리적 모형에서는 오류 없는 개

표 5-1-1 개혁과정의 단계에 관한 여러 가지 견해

주창자	개혁과정의 단계
Lewin(1947)	해빙(解氷: unfreezing) - 변동야기(changing) - 재결빙(再結氷: refreezing)
Parsons, Smelser(1956)	불만 - 교란의 증상 - 긴장의 극복 - 새로운 주장의 용인 - 실천방안결정 - 쇄신의 시행(施行) - 쇄신의 정착화
Mann, Neff(1961)	개혁 전의 조직상태 - 개혁 필요의 인정 - 개혁에 관한 계획 - 개혁의 시행(施行) - 개혁의 정착화
Rogers(1962)	인지 - 관심 - 평가 - 시행(試行: 시험적 실시) - 채택
Mosher(1967)	긴장의 증가 - 개혁 필요인식의 촉발 - 개혁방안의 검토 - 토론, 협상 및 결정 - 가능성 검토 - 시행(施行)
Caiden(1969)	필요의 인지 - 목표·전략·전술 설정 - 시행(施行) - 평가
Hage, Aiken(1970)	평가 - 개혁안의 제시 - 시행(施行) - 정착화
Zaltman, Brooker(1971)	지각 - 동기유발 - 태도결정 - 정당화 - 시행(試行) - 평가 - 채택 또는 거부 - 해결
Bedeian(1980)	최고관리층에 대한 개혁압력 - 개혁 필요에 대한 각성 - 최고관리층의 개입 - 내부문제에 대한 인식의 변화 - 문제영역의 진단 - 구체적인 문제의 확인 - 새로운 해결방안의 개발 - 새로운 행동방안의 채택 결심 - 새로운 해결방안의 실험적 적용 - 결과의 검토 - 긍정적인 결과에 의한 행동강화 - 새로운 방안의 수용
Daft, Steers(1986)	변동 필요의 인식 - 문제진단과 해결방안 탐색 - 변동대안의 선택과 채택 - 집행을 위한 계획의 수립 - 변동의 집행 - 계속적 집행 또는 거부
Maher, Hall(1998)	문제의 탐색 - 변동요구의 진단 - 변동야기를 위한 과정 또는 체제의 안출과 설계 - 새로운 과정 또는 체제의 시행(施行) - 새로운 과정 또는 체제가 올바른 변동을 가져왔는지 확인하기 위한 추적조사
Hodge, Anthony, Gales(2003)	환경과 조직 내적 조건의 검색 - 바람직한 조건과 현재조건 사이의 차이 확인 - 지각과 평가의 명료화 - 계획과 분석 - 변동목표의 결정 - 변동전술과 프로그램의 결정 - 행태의 해빙 - 변동계획의 평가 - 계획의 조정과 수정 - 계획의 시행(施行) - 추적조사 - 행태의 재결빙
Schermerhorn, Jr., Hunt, Osborn(2011)	아이디어 창출 - 초기시험 - 가능성 결정 - 최종적 시행

혁단계의 순차적 진행을 전제하기 때문에 환류는 별로 중요하지 않다. 반면 비합리성과 불확실성의 개입을 전제하는 모형에서는 환류의 중요성이 크게

부각된다.

조직개혁의 과정을 구성하는 행동단계들은 다양하게 분류되고 있다. 독자들이 참고할 수 있도록 그 예를 소개하려 한다. 〈표 5-1-1〉은 개혁, 쇄신, 변동 등 여러 가지 표현을 써서 조직이나 행정체제 또는 사회 전반의 계획적 변동을 논의하는 사람들이 제시한 개혁행동의 단계들을 요약한 것이다.[11]

2. 조직변동을 설명하는 이론

개혁은 변동에 대한 개입이다. 조직개혁은 조직변동의 과정에 개입하여 바람직한 변동을 성취하려는 과정이다. 이러한 인위적 개입과정의 단계들을 위에서 설명하였다. 그런데 조직의 변동 자체를 설명하는 이론들도 많다. 개혁은 넓은 의미의 변동에 포함된다. 개혁은 변동의 일종이므로 변동과정에 대한 이론들에서 개혁과정설계에 관한 지혜를 얻을 수 있다.

조직의 변동에 관한 이론들을 몇 가지로 범주화해 소개하려 한다.[12]

1) 생애주기이론

생애주기이론(生涯週期理論: life cycle theory)은 조직이 생겨나면서부터 없어질 때까지 겪는 변동을 생물체의 생애주기에 비유해서 설명하는 이론이다.

생애주기이론의 근본적인 가정은 변동을 본래적·내재적(immanent)이라고 보는 것이다. 체제에 내재된 기제(형태·논리·암호·프로그램 등)가 변동과정을 규제하며 현재의 상태 속에 이미 예정되어 있는 방향으로 체제를 움직여 나간다고 전제한다. 환경적 사건이나 과정이 체제의 변동에 영향을 미칠 수 있으나 그것은 내재적 기제가 매개한다고 본다.

생애주기이론의 이론구조는 단일방향적·일원론적 변동순서(unitary sequence)를 규정하는 것이다. 그러한 변동순서의 규정은 단계론적·누적적·결합적인 특성을 지닌다. 전단계에서 얻은 특성은 다음 단계에서 유지된다고 보기 때문에 누적적이라고 한다. 각 변동단계는 공동의 과정 안에서 서로 연결된다고 보기 때문에 결합적(접속적: conjunctive)이라고 한다.

변동과정에 포함시키는 단계들은 논자에 따라 조금씩 서로 다르다. 조직의 생애주기를 탄생·성장·성숙·노화·사망이라는 단계들로 나누기도 하고,

탄생·성장·성숙·부흥·쇠퇴로 나누기도 하고, 탄생·전환·사망으로 나누기도 한다. 각 단계를 다시 잘게 구분하는 이론들도 있다. 예컨대 성장의 단계를 창의성을 통한 성장·지시를 통한 성장·위임을 통한 성장·조정을 통한 성장·협력을 통한 성장으로 세구분하는 이론도 있고,13) 쇠퇴와 사망의 단계를 정보차단(blinded)·무행동(無行動: 문제를 해결하려는 행동을 하지 않는 단계)·잘못된 행동·위기·해체로 세구분하는 이론도 있다.14)

2) 목 표 론

목표론 또는 목표원인이론(目標論 또는 目標原因理論: teleological theory)은 변동이 어떤 목표 또는 목표상태를 향해 진행된다고 설명하는 이론이다.

이 이론은 목표가 있고 적응성이 있는 개인들이 조직을 구성한다고 전제한다. 조직을 구성하는 사람들은 개인적으로 또는 집단적으로 목표상태를 구상하고 이를 달성하기 위한 행동을 하고 그 진척상황을 검색한다고 본다. 목표론은 발전을 목표설정·집행·평가·수정의 사이클이라고 이해한다.

목표론은 체제이론의 동일종국성(equifinality)이라는 개념을 원용한다. 서로 다른 출발조건과 통로를 거쳐서도 같은 종국상태 또는 목표상태에 도달할 수 있다고 설명한다. 따라서 목표론은 사태진전의 순서나 궤도를 미리 정하지 않는다. 목표론적 과정에는 미리 정해진 규칙이나 변동단계의 고정된 순서가 없다고 한다. 이 점이 생애주기이론과 다른 것이다. 그 대신 목표론은 목표상태에 도달하는 데 필요한 요건이 무엇인지에 대해 관심을 갖는다.

3) 변증법적 과정이론

변증법적 과정이론(辨證法的 過程理論: dialectical theory)은 지배적인 위치에 서려고 서로 경쟁하는 상충적 사건·세력·가치들로 구성된 다원적 세계에 조직이 존재한다고 전제한다. 그리고 서로 대립하는 세력들 사이에 형성되는 상대적인 힘의 균형에 관련시켜 안정과 변동을 설명한다. 안정은 투쟁과 타협을 통해 얻어지는 것이며, 그것은 반대세력들 사이의 현상유지를 굳혀 준다고 한다. 변동은 반대세력이 기득권 세력의 현상유지에 도전할 수 있는 힘을 얻었을 때 일어난다고 한다. 변동의 과정은 정·반·합(正·反·合)의 단계를 거친다고 한다. 테제(正: thesis)를 옹호하는 현상유지에 반대세력의 안티테제(反:

antithesis)가 도전하고, 그러한 갈등을 해결하면 새로운 상태인 진테제(合: synthesis)가 나타난다는 것이다.

4) 진화이론

진화이론(進化理論: evolutionary theory)은 조직의 진화를 조직군(組織群: populations of organizations)의 구조적 양태에 발생하는 누적적·확률론적 변동이라고 본다.

조직의 변동은 생물학적 진화에서처럼, 변종 또는 변이(變異)·선택·보존의 연속적인 사이클을 통해 진행된다고 한다. 변이는 새로운 양태의 창출이다. 새로운 양태의 창출은 비의도적·우연적인 경우가 많다고 한다. 어떤 양태의 선택은 양태들 사이의 경쟁과 환경에 의한 선택으로 결정된다. 보존은 어떤 조직양태를 유지하고 지속시키는 것이다.

5) 제도이론

제도이론(制度理論: institutional theory)은 조직들이 경쟁적인 환경에서 살아남고 성장하기 위해 어떻게 정당성을 높이려 하는가를 연구하면서 상호모방과 유질동상(類質同像: isomorphism)이라는 개념을 사용해 조직의 변동을 설명한다. 조직의 변동은 조직 간 상호모방으로 유질동상화의 수준 또는 유사성의 수준이 높아져가는 과정이라고 한다.

제도이론의 설명에 따르면 신생조직들은 살아남고 성장하기 위해 이해관계자들에 대한 자기존재의 정당성을 높이려 한다. 정당성을 높이려면 조직이 처한 제도적 환경으로부터 많은 규칙과 행동규범을 받아들여 채택해야 한다. 그렇게 하는 지름길은 제도적 환경에서 성공한 조직들의 목표, 구조, 문화 등을 모방하는 것이다. 이 방법은 제도적 환경의 규범을 수용하는 간접적 통로이다. 조직들은 성장하면서 서로 모방하기 때문에 조직들이 유사해지는 유질동상화의 수준이 높아진다고 한다.15)

III. 개혁의 촉발과 개혁추진자

조직에는 현상유지적 관성이 있고 변동을 싫어하는 보수적 성향이 있는 가 하면, 기존의 상태를 타파하고 변화를 추구하려는 세력이 또한 있게 마련 이다. 그리고 조직 내외에서 개혁을 촉구하는 조건 또는 요청은 끊임없이 생 성하여 조직에 압력을 가하게 된다. 그러한 압력은 문제의 인지와 그에 따른 개혁을 촉진한다.

현상타파의 성향을 지닌 사람들은 개혁의 요청에 민감하고 흔히 개혁을 능동적으로 수용한다. 개혁적 성향이 강한 사람들은 개혁을 주도하는 개혁추 진자로 나서기도 한다. 개혁추진자의 역할은 공식적인 절차에 따라 부여되기 도 한다.

1. 개혁촉발·유도의 동인

기대되는 기준과 현실의 차질이 지각되고 그것이 개혁추진으로 연결되려 면 그에 필요한 만큼의 불만(dissatisfaction)이 조성되어야 한다. 불만을 조성하 는 계기는 매우 복잡하다. 관련 여건의 변화가 없더라도 대상조직의 구성원들 이 스스로 불만을 느껴 개혁을 추진할 수도 있다. 그러나 조직개혁의 실제에 서 불만은 조직 내외의 조건변화로 인해 조성되는 경우가 대부분이다. 그리고 조직 외부의 여러 세력들이 불만을 전달 또는 야기하는 경우도 많다.

1) 불만야기의 계기

조직 내외에서 개혁을 촉발하는 불만야기의 출처가 될 수 있는 것은 무수히 많기 때문에 그것을 모두 열거할 수는 없다. 다만 주요 범주들을 예 시할 수는 있다.

⑴ 환경적 요인   조직의 환경으로부터 투입되는 불만야기요인들이 있다. 가장 넓게는 정치적·경제적·사회적·문화적·기술적 환경 등 일반적 환 경의 변동을 불만야기의 외재적 계기로 볼 수 있다. 보다 구체적으로는 i) 국 민 일반 또는 고객집단이 특정한 대상조직 또는 조직사회 전반에 불만을 전 달하는 것, ii) 정치적·행정적 조치로 조직의 개혁을 요구하는 것, iii) 법제(法

制)의 변화가 조직개혁의 의무를 부과하는 것, iv) 조직의 활동에 관련된 기술
이 변하는 것, v) 구체적 환경의 조직들이 경쟁하고 협력하는 과정에서 대상
조직의 개혁을 자극하는 것, vi) 관련학계의 전문적 연구가 개혁을 촉발하는
것 등을 외재적 불만야기요인의 예로 들 수 있다.

(2) 조직 내적 요인　조직 내부에서 조성되는 불만야기요인들이 있다.

조직 내의 전반적인 조건변화는 모두 개혁을 촉발하는 불만야기요인으로
될 수 있다. 보다 구체적인 예로 i) 조직의 목표와 정책이 변하는 것, ii) 조직
의 구조와 과정, 자원, 행태적 요인 등이 변하는 것, iii) 조직구성원들이 근무
조건 등에 대한 불만을 표출하는 것, iv) 조직의 효율성이 현저히 떨어지거나
조직이 위기에 봉착하는 것, v) 계획적인 조직진단을 실시하여 적극적으로 불
만을 확인하는 것 등을 들 수 있다.

2) 개혁촉발과 수용이 용이한 조직의 특징

어떤 조직에서 불만이 쉽게 표출되고 또 잘 받아들여져 개혁으로 연결되
느냐 하는 것은 조직 내외의 조건에 따라 달라질 수 있다. 이에 관한 경험적
연구들은 대단히 많다. 여기서는 개혁이 용이한 조직의 특성에 관한 경험적
연구들의 주요 가설들만을 예시하려 한다.

개혁이 용이한 조직의 특성에 관한 가설의 예로 i) 복잡성이 높은 것, ii)
분권화의 수준이 높은 것, iii) 공식화의 수준이 낮은 것, iv) 계층화의 수준이
낮은 것, v) 생산활동의 양보다는 질을 중시하는 것, vi) 대인관계가 원활한
것, vii) 개혁의 승인절차가 복잡하지 않은 것 등을 들 수 있다.

이러한 가설들을 지지해 주는 경험적 연구가 적지 않다. 그러나 아직 보
편화할 단계는 아니다. 사람에 따라서는 이른바 '서구적 편견'(Western bias)
또는 '현대적 편견'(modern bias)을 반영하는 가설들이라고 비판하기도 한다.

2. 개혁추진자

조직개혁의 행동과정에는 개혁을 주도하는 개혁추진자(change agent or
reformer)가 있어야 한다. 개혁을 선도·관리하는 사람은 조직 내의 권력중추
에 속해 있는 사람일 수도 있고, 그런 사람들을 견제하려는 사람들일 수도 있

다. 개혁추진자는 조직 밖에서 나올 수도 있다.

개혁추진자들의 개인적 특성과 역할은 모두 같은 것이 아니다. 그리고 개혁추진자의 특성이나 역할의 효율성은 상황에 따라 달라질 수밖에 없다. 그러나 이 방면의 연구인들은 개혁에 앞장서는 개혁추진자들의 개인적 특성과 역할에 관한 일반이론을 발전시키기 위해 노력해 왔다. 여기서는 그러한 이론들을 몇 가지 소개하는 데 그치려 한다. 다음에 소개할 이론들은 대개 규범적·처방적 성향을 짙게 띠고 있다는 점에 유의하기 바란다.

1) 개혁추진자의 개인적 특성

(1) Johns의 이론　E. A. Johns는 개혁추진자의 개인적 특성으로 i) 성장추구적이고 새로운 경험을 원하는 성향, ii) 수단보다는 목표에 더 큰 관심을 갖는 성향, iii) 새로운 일을 위해 위험을 무릅쓸 수 있는 성향, iv) 여러 가지 행동대안에 대한 개방적 태도, v) 성취지향적이고 스스로 책임지는 자유를 누리려는 욕망, 그리고 vi) 다양한 관심과 취미를 열거하였다.16)

(2) Barnett의 이론　H. G. Barnett는 개혁을 주장하거나 쉽게 수용하는 사람들의 유형을 네 가지로 구분하였다. 네 가지의 유형이란 i) 기성질서로부터 소외되어 있으며 기성질서를 싫어하고 그에 대해 정신적으로 거리감을 가지고 있는 사람(the dissident), ii) 기성질서에 무관심한 사람(the indifferent), iii) 기성질서를 추종하다가 거기서 실망한 사람(the disaffected), 그리고 iv) 다른 사람들의 성공을 시기하고 변동의 야기로 인하여 잃게 되는 것이 다른 사람들의 경우보다 적을 것이라고 생각하는 사람(the resentful)을 말한다.17)

(3) Jennings의 이론　E. E. Jennings는 개혁추진자를 i) 권력욕이 강하고 무슨 일이 있더라도 권력을 유지하려는 사람(prince), ii) 정력과 의지력이 탁월한 사람(superman), 그리고 iii) 사명감이 강하고 사명의 완수를 위해 자기가 가진 모든 것을 바칠 각오가 되어 있는 사람(heroes)으로 구분하였다.18)

(4) Zawacki와 Warrick의 이론　Robert A. Zawacki와 D. D. Warrick은 성공적인 개혁추진자가 갖추어야 할 능력 내지 자질로 i) 조직 내의 문제를 정확하게 진단하고 좋은 개혁안을 만들 수 있는 능력, ii) 간결한 제안서(보고서)를 작성할 수 있는 능력, iii) 개혁의 성공을 믿는 열성적 신념, iv) 내재적 동기유발, v) 실패와 좌절에 건설적으로 대처할 수 있는 능력, vi) 진실

성과 온화한 인간미, vii) 환류를 주고받는 데 효율적일 수 있는 능력, viii) 정보를 판단할 때의 신중성, ix) 남의 말을 경청하고 조언하는 능력, x) 목표지향성, xi) 자기가 아는 것을 남에게 가르치려는 의욕, xii) 희망적인 분위기를 만드는 능력, xiii) 유머감각, xiv) 솔선수범(언행일치) 등 열네 가지를 열거하였다.[19]

(5) Smither 등의 이론　Robert D. Smither, John M. Houston 그리고 Sandra D. McIntire는 성공적인 개혁추진자의 특성으로 i) 능숙한 의사전달기술, ii) 이론에 기초한 문제해결능력의 우수성, iii) 능숙한 교육훈련기술, iv) 자기 자신에 대한 명확한 인식 등 네 가지를 들었다.[20]

2) 개혁추진자의 역할

개혁추진자의 역할에 관한 논의는 준거로 삼는 개인 또는 집단이 다르면 달라질 수 있다. 개혁을 추진하는 관리자의 역할, 변혁적 리더의 역할, 그리고 조직발전 컨설턴트의 역할을 구분하여 살펴보기로 한다.

(1) 관리자의 역할　Patrick H. Irwin과 Frank W. Langham, Jr.는 유의미한 변동을 추구하는 최고관리층이 해야 하는 일로 i) 변동요구세력의 확인, ii) 개인과 조직의 변동추구능력 확인, iii) 변동에 유리한 분위기의 조성, iv) 변동추구노력에 대한 관련자들의 가담유도, v) 변동추구에 필요한 조직단위 등의 설치, vi) 행동화의 유도, vii) 변동계획의 수립, viii) 변동의 시행, ix) 위험과 갈등의 최소화 등 아홉 가지를 들었다.[21]

Joseph S. Fiorelli와 Howard Margolis는 대규모 조직의 개혁과정(large systems change)에서 관리자와 개혁추진자들이 지켜야 할 수칙으로 i) 직원들의 참여를 촉진할 것, ii) 직원들의 신념과 지각을 파악하고 이를 개혁에 유리하도록 바꿀 것, iii) 상호신뢰와 모험에 유리한 분위기를 조성할 것, iv) 개혁의 성과에 따라 관련자들에게 보상을 실시할 것, v) 달성가능한 신장목표(伸張目標: stretch goal)를 설정할 것, vi) 모든 개혁노력의 초점(기본적인 틀)을 제시할 것, vii) 개혁의 목표와 과정을 쉽게 설명할 것, viii) 경직된 업무규칙 등 개혁을 가로막는 장벽을 제거할 것, ix) 개혁문제에 지속적으로 주의를 집중하고 일관성을 유지할 것, x) 관리자들의 교체가 있더라도 개혁추진에 일관성을 유지할 것을 제시하였다.[22]

(2) 변혁적 리더의 역할   John W. Newstrom은 개혁을 추진하는 변혁적 리더(transformational leader)의 역할로 i) 조직의 미래에 대한 비전(vision)의 창출과 전파, ii) 리더의 카리스마에 의한 조직구성원들의 설득과 동기유발, 그리고 iii) 지속적 발전을 위한 조직구성원들의 학습촉진을 들었다.[23)

(3) 조직발전 컨설턴트의 역할   Jeanne W. Lippitt과 Bruce Westley는 조직발전 컨설턴트의 임무로 i) 문제의 진단, ii) 대상체제의 변동추구동기와 능력에 대한 평가, iii) 개혁추진자 자신의 동기와 자원의 평가, iv) 적절한 변동목표의 선정, v) 적절한 지원역할(helping role)의 선정, vi) 대상체제와의 관계설정과 유지, vii) 변동단계의 확인과 단계진행의 유도, viii) 적절한 기술과 행동방식의 구체적인 선택 등 여덟 가지를 들었다.[24)

Chris Argyris는 i) 대상체제 내에서 타당한 정보를 산출하는 것, ii) 조직의 개혁대상문제를 구성원들이 자유스럽고 정통하게(정보에 근거해서: informed) 선택할 수 있도록 촉진하는 것, iii) 대상체제의 구성원들이 변동과정에 대한 내적 집념을 강화하도록 조력하는 것 등을 개혁추진자의 임무로 열거하였다.[25)

Thomas G. Cummings와 Christopher G. Worley는 조직발전시행자(OD practitioners)의 역할(핵심능력)로 i) 상담과정의 관리, ii) 분석과 진단, iii) 적합한 개입방법의 설계와 선택, iv) 개혁목표추구의 촉진과 과정상담, v) 고객(의뢰조직)의 개혁능력 발전, vi) 변동개입에 대한 평가 등 여섯 가지를 열거하였다.[26)

IV. 개혁에 대한 저항

1. 저항의 정의

앞서 몇 차례 언급한 바와 같이 개혁을 촉구하고 지지하는 세력이 있는가 하면 그것을 반대하는 세력이 또한 있게 마련이다. 조직개혁은 현상유지적인 상태를 인위적으로 변동시키기 때문에 거의 언제나 다소간의 저항에 봉착하게 된다.

여기서 말하는 저항(抵抗: resistance)은 개혁에 반대하는 적대적 태도와 행동이다. 저항은 적대적 태도와 행동이라는 행태적 징상을 수반하는 심리상 태라고 규정할 수도 있다.

서항의 이유는 다양하다. 개혁의 내용을 잘 모르기 때문에 저항할 때도 있고, 감정적인 이유로 저항할 때도 있으며, 이성적·합리적인 이유를 들어 저 항할 때도 있다.

저항의 징상(徵狀)으로 나타나는 태도와 행동의 심각성과 그 양태도 물론 상황에 따라 다르다. 저항이 매우 심각하고 그것 때문에 개혁이 실패로 돌아 가는 경우도 있다. 개혁이 사소하기 때문에 저항 또한 경미하고 따라서 특별 한 저항극복의 노력이 필요하지 않을 때도 있다. 개혁조치의 대상이 되는 사 람들이 개혁을 환영하기 때문에 직접적인 저항의 징상이 감지되지 않을 때도 있다.b)

저항의 징상이 개혁 그 자체나 개혁을 주장하는 사람들에 대한 공개적 적대행동으로 노골화되는 경우가 있는가 하면 간접적이고 완곡한 반발의 형 태로 나타나는 경우도 있다. 개혁에 무관심하거나 비협조적인 태도를 보이는 것도 저항의 한 징상이라고 할 수 있다. 이러한 소극적 저항은 개혁행동을 완 전히 좌절시키지는 않더라도 개혁효과의 지속 또는 정착을 방해하는 중요한 요인이 될 수 있다.

2. 저항의 기능

저항이 좋은가 나쁜가는 누가 그것을 평가하고 판단하느냐에 따라서 달 라질 수 있다. 개혁추진자들은 대개 저항을 나쁘다고 규정하려 할 것이다. 반 면 저항자들은 저항을 옹호하고 정당화하려 할 것이다. 제3자적 입장에서 중 립적인 관찰을 시도하는 사람들의 평가는 그러한 당사자들의 입장과는 또 다 를 수 있다. 이 분야의 연구인들 가운데 다수는 개혁에 대한 저항이 항상 나쁘 다고만 단언할 수 없다고 말한다. 나쁜 저항이 있는가 하면 바람직한 저항도 있다고 설명한다.

이와 같이 저항은 상대론적 해석이 가능한 국면을 지니고 있다. 그러나

---

b) 그런 경우에도 제3의 관련자들이 저항할 수 있다. 예컨대 공무원의 보수를 대폭 인상하는 데 에 공무원들은 반대하지 않겠지만 납세자들은 반발할 수 있다.

절대적인 국면을 완전히 결여하는 것은 아니다. 한 시대의 사회문화·조직문
화가 그 선악을 절대적으로 평가해 줄 수 있는 저항들도 있다.

1) 저항의 역기능

저항의 역기능은 개혁을 방해하거나 좌절시키는 바람직하지 않은 기능
이다.

객관적인 입장을 표방하는 조직개혁연구인들은 지난날 저항의 역기능에
초점을 맞춘 일반이론을 폈다. 지금도 연구인들은 역기능적 저항의 극복방안
에 대해 더 많은 관심을 보이고 있다. 연구인들은 적어도 바람직하지 않은 저
항이 더 많다는 사실을 시인하고 있는 것 같다.

개혁추진자의 입장에서는 바람직하지 못한 저항의 범위를 당연히 더 넓
게 규정할 것이다. 필요한 개혁을 정당하게 입안하고 시행한다고 생각하는 개
혁추진자들은 개혁에 대한 저항을 극복 또는 완화하도록 노력하지 않을 수
없다. 저항을 극복하지 못하면 개혁은 처음부터 좌절되거나 왜곡되기 쉬우며
비록 개혁이 시행되더라도 그 효율성이 저하될 것이다.

2) 저항의 순기능

저항의 순기능은 조직을 위해 바람직한 기능이다. 현대조직개혁론은 순
기능적 저항에 대해서도 주의를 환기시키고 있다. 이른바 순기능적 저항도 있
다고 말하는 일반이론가들의 논점을 보면 다음과 같다.[27]

❶ 방어적 기능　순기능적인 저항은 조직이라는 인간의 집합체에 필요한
기본적 질서를 유지하는 데 도움이 된다고 한다. 저항은 안정유지와 변동추구
의 상충되는 요청을 조정하는 역할을 해낼 수 있다. 좋지 않거나 불필요한 변
동을 거부하고 바람직한 변동만을 선택함으로써 조직의 혼란과 와해를 방지
하는 방어적 역할은 저항의 순기능적 역할이라고 한다.

❷ 개혁추진의 신중성 제고　저항발생의 가능성을 예상하는 경우 개혁추
진자들은 개혁의 입안과 시행에 보다 더 신중을 기하게 된다. 저항의 발생은
입안된 개혁안의 신중한 재검토를 유도한다. 그러므로 저항은 개혁과정의 과
오를 시정하는 데 필요한 자극을 제공할 수 있다고 한다. 저항은 개혁의 적정
한 입안·시행을 보장하기 위한 견제·균형시스템의 한 축을 담당할 수 있다.

저항의 이러한 기능은 조직개혁의 창의성을 높이는 데 기여할 수 있다. 관련자들의 생각하는 틀을 넓혀 확장적 사고를 촉진할 수 있기 때문이다.

❸ 문제영역발견 촉진   저항은 개혁이 어려움에 봉착할 수 있는 문제영역을 확인하는 데 도움을 준다. 개혁추진자들은 문제가 심각해지기 전에 시정행동을 할 수 있다.

❹ 의사전달·감정문제 인지의 촉진   저항은 개혁에 관한 의사전달을 촉진하는 자극제가 될 수 있다. 그리고 저항은 개혁의 영향을 받게 될 사람들의 감정에 대한 정보를 개혁추진자들에게 제공하여 그들이 대응행동을 할 수 있게 한다. 저항자들은 감정발산의 기회를 얻게 되며 그들은 개혁에 대해 더 많이 생각하고 말하게 된다. 그 과정에서 개혁에 대한 이해가 증진될 수 있다.

저항의 순기능을 논의할 때에는 논리적 비일관성이라는 문제에 대해 해명할 필요가 있다. 논리적 비일관성이란 개혁을 '바람직한 것'으로 정의하고 이를 반대·좌절시키려는 저항에도 '바람직한 것'이 있다고 주장하는 모순에 관한 문제이다.

순기능적 저항에 관한 주장이 논리적 갈등을 모면할 수 있게 해 주는 것은 개혁사업의 형식주의와 개혁사업의 부분적 불완전성이라고 생각한다. 고도의 형식주의 때문에 표방한 개혁과 실질이 다른 양두구육(羊頭狗肉)의 경우, 즉 바람직한 변동이라고 표방하고 있지만 그 실질적 내용은 바람직하지 못할 경우, 저항의 순기능이 정당화될 수 있다. 그리고 개혁사업의 주된 내용이 바람직하지만 부분적·지엽적 국면에서 부정적 요소를 지니고 있을 경우 부정적인 부분에 대한 저항이 있다면 개혁도 저항도 함께 바람직하다고 말할 수 있다.c)

3. 저항의 원인

저항의 이유를 논의하는 이론의 주류는 크게 두 가지로 범주화해 볼 수

c) 논자에 따라서는 바람직하다고 생각되는 저항을 저항의 개념에서 제외하려 하고 있다. 예컨대 Zander는 반대와 저항의 개념을 구별하고 개혁에 대한 모든 반대가 저항은 아니라고 하였다. 반대 가운데는 정당한 근거가 있고 논리적으로 합당한 반대가 있는데 그것은 저항으로 볼 수 없다고 하였다. Alvin Zander, "Resistance to Change—Its Analysis and Prevention," in Alton C. Bartlett and Thomas A. Kayser, eds., *Changing Organizational Behavior*(Prentice-Hall, 1973), p. 404.

있다. 그 첫째는 저항을 야기할 가능성이 있는 상황적 조건들을 설명하는 이론이다. 그 둘째는 저항을 야기할 수 있는 인간의 심리적 상태(상황적 조건에 대한 인식과 반응)를 설명하는 이론이다. 전자는 '상황적 원인'에 대한 설명이며 후자는 '심리적 원인'에 대한 설명인데 양자는 긴밀히 연관되어 있다.[d]

1) 저항야기의 상황적 조건

저항의 심리적 원인을 형성할 가능성이 있는 상황적 조건들을 간추려 보면 다음과 같다.[28]

(1) 일반적 장애 조직개혁의 촉발 자체를 좌절시키거나 저항을 야기할 수 있는 일반적인 장애(obstacles)들이 있다.

그 예로 i) 일반적 환경의 혼란, ii) 경제적 빈곤(자원 부족), iii) 조직 자체의 무능력, iv) 관료화된 조직의 경직성, v) 법령이나 조직 간의 협약과 같이 조직행동을 공식적·비공식적으로 제약하는 요인, vi) 기존상태에 투입된 많은 매몰비용(sunk cost), vii) 보수적 조직문화 등을 들 수 있다.

이러한 장애들은 그것 자체가 개혁을 좌절시킬 수도 있고 저항을 야기할 수도 있다. 개혁의 장애 가운데는 조직개혁의 대상이 되어야 할 것들이 많다. 일부의 장애요인들에는 개혁을 촉진할 수 있는 요소들도 내포되어 있다.

(2) 개혁추진자의 문제 개혁추진자의 지위나 신망이 낮다든지 그가 불신의 대상으로 되어 있다든지 하는 문제가 있을 때에 저항이 유발될 수 있다.

(3) 개혁안 자체의 문제 개혁의 목표와 내용에 저항유발요인이 들어 있을 수 있다.

개혁안이 개혁의 필요를 충족시킬 수 없을 때, 기존상태 또는 다른 대안보다 못할 때, 과거에 시도하였다가 실패한 것일 때, 그리고 성과의 불확실성이 높은 것일 때 저항의 조건을 만들 수 있다. 개혁안이 사회적 규범이나 기존의 신념체계에 어긋날 때 저항이 야기될 수 있다. 개혁안이 이익 상실 또는 불

---

d) 저항의 원인을 분류하는 방식은 여러 가지이다. 심리적 원인과 상황적 원인을 구분하지 않고 섞어서 설명하는 방식이 있다. 심리적 원인만을 저항의 원인으로 제시하는 연구인들도 적지 않다. 심리적 원인을 '개인차원의 원인'이라 규정하고 상황적 원인의 일부를 '조직차원의 원인'이라 부르는 사람들도 있다. 저항원인의 기본적 범주를 세분하는 경우도 있다. 예컨대 개인의 심리적 요인, 개혁추진자의 특성, 개혁의 내용, 개혁의 방법, 개혁단계, 저항자의 특성 등을 기준으로 저항의 이유를 분류하는 연구인도 있다.

편 야기의 원인으로 될 때 저항이 생길 수 있다. 이익 상실 또는 불편 야기의
내용은 다양하다. 그 예로 보수나 기타 자원배분의 감소와 같은 경제적 이익
상실, 권력관계의 변화로 인한 자율성 상실 또는 지위 격하, 실직, 직무만족의
손상, 재적응·재학습의 필요 발생, 사회적 유대의 와해 등을 들 수 있다.e)

(4) 추진방법과 절차의 문제　개혁추진의 방법과 절차의 문제들 때문에도
저항이 야기될 수 있다.

문제의 진단과 개혁결정의 과정에 관련자들의 참여가 봉쇄되고 합의가
원활히 이루어지지 않았을 때, 개혁안 제시의 방법과 수단이 강압적일 때, 특
정인의 잘못을 문책하는 형식으로 개혁안이 제시되었을 때, 의사전달에 장애
가 있어 개혁안의 내용이 관련자들에게 잘 알려지지 않았을 때, 개혁의 영향
을 받는 사람들 사이에 신뢰와 협조관계가 결여되어 있을 때, 그리고 개혁추
진의 시기가 적절하지 않을 때와 같이 개혁추진의 방법과 절차에 무리가 있
으면 저항이 생길 수 있다.

(5) 행위자의 개인적 특성　개혁대상자나 기타 저항야기의 가능성이 있는
관련자들의 성격, 습관, 지각 등이 저항의 조건으로 될 수 있다. 사고의 폐쇄
성·경직성이 높고 보수적이며 변동적응력이 약한 사람들은 기질적으로 저항
할 가능성이 높다고 한다. 개인적 특성의 차이는 같은 외재적 조건 하에서도
개혁에 대한 반응이 사람에 따라 다를 수 있음을 설명해 준다.

끝으로 언급해 둘 것은 위에 열거한 여러 가지 '문제' 또는 '잘못'이 없더
라도 개혁 그 자체가 변동을 싫어하는 사람들에게 저항의 상황적 조건으로
될 수 있다는 점이다. 위에 열거한 요인들은 저항의 가능성과 그 강도를 더욱

---

e) 개혁안의 수용 또는 거부(저항)에 영향을 미치는 개혁안의 특성을 논의한 이론들은 많다. 예
컨대 Gerald Zaltman 등은 개혁안의 채택 또는 거부에 영향을 미치는 개혁안의 특성
(attributes of innovation)을 열아홉 가지로 나누어 열거하였다. 열아홉 가지 특성이란, ① 비
용, ② 투자에 대비한 수익, ③ 능률성, ④ 모험과 불확실성, ⑤ 결과에 대한 설명의 용이성
(communicability), ⑥ 기성질서와의 양립가능성, ⑦ 복잡성, ⑧ 과학성의 수준, ⑨ 지각된 상
대적 이점, ⑩ 개혁안의 출처(origin), ⑪ 적시성(시간선상의 종착역적 특성: terminality), ⑫
이전상태로의 복귀 가능성(개혁안 시행중 또는 시행 후 철회하거나 취소하는 것이 얼마나 쉬
운가에 관한 특성), ⑬ 심리적 관여의 수준, ⑭ 대인관계에 대한 영향, ⑮ 영향의 범위
(publicness versus privateness), ⑯ 승인단계의 수, ⑰ 순차적인 수정의 용이성, ⑱ 문열이로
서의 능력(개혁안의 채택·시행이 다른 개혁안의 채택에 길을 열어 주는 정도: gateway
capacity), ⑲ 대규모의 개혁을 유발하는 촉발제적 작용을 말한다. Zaltman *et al.*,
Innovations & Organizations(John Wiley & Sons, 1973), pp. 32~45.

높일 수 있는 조건이라고 이해하여야 한다.

2) 저항의 심리적 원인: 상황적 조건에 대한 반응

개혁의 영향을 받는 사람들로 하여금 개혁에 저항하도록 하는 심리적 이유 또는 인식은 사람에 따라 그리고 상황에 따라 다를 수 있으므로 저항의 심리적인 바탕을 모두 기술하는 것은 불가능하다. 다만 중요한 범주를 다음과 같이 예시할 수는 있다.[29]

(1) 개혁내용에 대한 이해부족과 불신   개혁의 내용을 잘 모르면 저항할 가능성이 크다. 개혁과정의 비밀주의나 의사전달의 장애 때문에 개혁의 필요와 목적을 이해하고 수용하는 데 필요한 정보가 개혁의 영향을 받을 사람들에게 적절히 전달되지 않으면 몰이해로 인한 저항이 생길 수 있다. 전달된 정보를 잘못 이해하여 저항할 수도 있다. 개혁의 결정과정에서 소외되었다고 생각할 때, 그리고 개혁추진자들의 의도를 불신할 때에도 저항할 가능성이 크다.

(2) 새로운 상황에 대한 불안감   개혁이 가져올 새로운 상황(미지의 상황)에 대한 불안감이 저항의 원인으로 될 수 있다. 기존질서 속에서 안정감을 느끼고 있는 사람들은 개혁으로 새롭게 펼쳐질 상황에 대해 불안감을 느끼게 된다. 개혁의 내용이 기존질서로부터 이탈하는 정도가 클수록 불안감은 커질 것이다.

(3) 재적응의 부담   새로운 상황에 적응해야 하는 심리적 부담, 재학습의 부담 등을 인식하면 저항할 수 있다. 개혁이 기존의 사회적 유대를 단절시키고 새로운 사회관계의 형성을 강요하여 심리적 부담을 안겨준다고 생각할 때 사람들은 저항하게 된다. 업무변화·기술변화로 인한 재학습의 필요가 발생한다고 생각하면 재학습이 싫어서 저항할 수 있다.

(4) 자존심 손상   인정감이나 자존심이 손상되었다고 생각하기 때문에 저항할 수도 있다. 개혁추진자가 일방적으로 개혁을 추진하면서 과거의 실적을 비난하거나 특정한 개인의 잘못을 지목하여 개혁의 대상으로 삼을 때, 그리고 개혁안을 공격적이고 권위주의적인 방법으로 밀어붙일 때 인정감과 자존심의 손상을 느낄 가능성은 커질 것이다.

(5) 이익침해 인식   개혁이 개인적 이익을 침해한다고 생각할 때 사람들은 개혁에 저항할 가능성이 크다. 앞서 지적한 바와 같이 이익침해의 인식

은 보수의 감소나 감원의 위험이 있다고 생각하는 것, 지위가 격하된다고 생각하는 것, 직무 상 자기실현이 좌절된다고 생각하는 것, 권력을 잃는다고 생각하는 것 능 다양하다.

(6) 필요성과 성과에 대한 의문　개혁의 필요와 성과에 대해 의문을 가진 사람들은 개혁에 저항할 수 있다. 특정한 개혁이 성취하려는 목표상태가 기존 상태보다 나을 것이 없다고 생각하거나 다른 개혁대안이 더 효율적이라고 생각할 때, 그리고 개혁안의 실현이 불가능하다고 생각하거나 개혁의 이익보다 비용이 더 크다고 생각할 때 사람들은 저항할 수 있다. 같은 내용의 개혁을 과거에 시도했다가 실패한 경험이 있는 사람은 확신을 가지고 개혁에 저항할 가능성이 크다.

3) 저항의 심리적 과정

위에서 본 바와 같은 여러 가지 심리적 원인이 만들어내는 반응은 획일적인 것이 아니다. 저항의 상황적 조건이 있고 사람이 그것을 지각하여 저항의 심리적 원인을 형성한다고 해서 그것을 바로 저항이라고 하지는 않는다. 저항을 야기할 수 있는 상황적 조건에 대한 지각이 저항동기유발의 심리적 과정을 통해서 태도와 행동이라는 저항의 징상으로 전환되어야 저항이 있다고 본다. 동일한 원인이 있더라도 그것이 유발하는 저항의 징상은 개인적 특성과 상황적 조건에 따라 달라질 수 있다.

　　조직개혁에 대한 저항의 원인을 범주화한 유형론은 대단히 많다. 몇 가지 예를 보려 한다.

　　John W. Newstrom은 저항원인의 유형을 i) 논리적·합리적(logical-rational) 원인 ii) 심리적·감성적(psychological-emotional) 원인, 그리고 iii) 사회적(sociological) 원인으로 구분하였다. 논리적·합리적 원인은 사실, 합리적 사고, 논리, 과학 등에 기초한 것이다. 심리적·감성적 원인은 감정이나 느낌에 기초한 것이다. 사회적 원인은 집단의 이익이나 규범에 기초한 것이다.[30]

　　John W. Slocum, Jr.와 Don Hellriegel은 저항의 원인을 개인적 저항원인과 조직 상의 저항원인으로 크게 범주화하고 개인적 저항원인에는 i) 지각(방어적 지각 등의 착오: perceptions), ii) 성격(personality), iii) 습관(habit), iv) 권력과 영향력에 대한 위협(threats to power and influence), v) 미지에 대한 두려움(fear of the unknown), 그리고 vi) 경제적 이유(economic reasons)를 포함시켰다. 조직 상의

저항원인에는 i) 조직설계(organization design), ii) 조직문화(organizational culture), iii) 자원의 제약(resource limitations), iv) 고정적 투자(fixed investments), 그리고 v) 조직 간의 협약(interorganizational agreements)을 포함시켰다.[31]

Jerald Greenberg와 Robert A. Baron은 저항의 원인을 '변동에 대한 개인적 장애'와 '변동에 대한 조직 상의 장애'로 대별하였다. 개인적 장애로는 i) 경제적 불안(economic insecurity), ii) 미지에 대한 두려움(fear of the unknown), iii) 사회적 관계에 대한 위협(threats to social relationships), iv) 습관(habit), v) 변동필요 인식의 실패(failure to recognize need for change) 등을 들었다. 조직 상의 장애로는 i) 구조적 관성(structural inertia), ii) 작업집단의 관성(work group inertia), iii) 기존의 권력균형에 대한 위협(threats to existing balance of power), iv) 실패의 경험(previously unsuccessful change efforts) 등을 들었다.[32]

Gareth R. Jones는 저항원인을 조직차원의 원인, 집단차원의 원인, 그리고 개인차원의 원인으로 대별하였다. 조직차원의 저항원인에는 i) 권력과 갈등(power and conflict), ii) 기능적 지향성의 차이(differences in functional orientation), iii) 기계적 구조(mechanistic structure), iv) 조직문화(organizational culture) 등을 포함시켰다. 집단차원의 저항원인에는 i) 집단규범(group norms), ii) 집단응집성(group chesiveness), iii) '집단사고'와 집념의 확대(Groupthink and escalation of commitment) 등을 포함시켰다. 개인차원의 저항원인에는 i) 불확실성과 불안(uncertainty and insecurity), ii) 선택적 지각과 기억(selective perception and retention), 그리고 iii) 습관(habit)을 포함시켰다.[33]

4. 저항극복의 방법

개혁추진자는 바람직하지 않은 저항의 증상과 원인을 정확하게 진단하고 구체적인 경우에 적합한 저항극복의 전략과 수단을 동원해야 한다. 저항을 야기할 수 있는 상황적 조건을 고치기도 하고 심리적 원인을 해소 또는 억제하기도 해야 한다.

저항의 유형이 다양한 만큼 저항을 극복하는 데 쓸 수 있는 방법도 다양하다. 구체적인 경우에 맞게 선택하여 사용할 수 있는 저항극복의 방법들을 범주화해 놓은 일반이론들도 많다. 저자는 저항극복방법의 여러 가지 유형론을 참고하여 저항극복방법의 일반적 범주를 i) 강제적 방법, ii) 규범적·사회적 방법, 그리고 iii) 공리적·기술적 방법으로 분류하였다.

1) 강제적 방법

(1) 정 의 강제적 방법(强制的 方法: coercive method)은 개혁추진자가 강압적 권력을 행사하여 제재를 가하거나 그것을 위협하거나 또는 계서적 권한의 일방적 행사로 저항을 극복하는 방법이다.

강제적 방법은 저항을 근본적으로 해결하지 못하고 그것을 단지 단기적으로 또는 피상적으로 억압하는 대증요법(對症療法)일 때가 많다. 강제적 방법을 쓸 때 개혁의 영향을 받는 사람들은 소외감을 느끼게 되므로 장래에 더 큰 저항을 야기할 위험이 있다.

강제적 방법은 긴급을 요하는 상황에서 신속히 저항을 극복할 필요가 있을 때에 개혁추진자가 강력한 권력을 가지고 있으면 유효하게 사용할 수도 있다. 그러나 여러 가지 부작용 때문에 대체로 바람직하지 못한 또는 마지막으로 의지해야 할 방법이라고 보는 것이 오늘날 연구인들의 지배적인 견해이다.

(2) 수 단 강제적 방법의 수단으로는 다음과 같은 것을 들 수 있다.

❶ 명 령 계서적 권한에 근거한 명령으로 저항을 억제한다.

❷ 제 재 물리적 제재나 기타 신분 상의 불이익처분을 가함으로써 저항을 억압한다.

❸ 긴장조성 의식적으로 긴장을 고조시켜 개혁에 추종하지 않을 수 없게 한다.

❹ 권력구조 개편 권력구조를 일방적으로 개편하여 저항집단의 세력을 약화시킨 다음 개혁을 관철한다.

2) 규범적·사회적 방법

(1) 정 의 규범적·사회적 방법(規範的·社會的 方法: normative-social method)은 개혁의 규범적 당위성에 대한 인식을 높이고 사회적·심리적 지원을 제공함으로써 개혁의 수용을 유도하려는 방법이다. 저항의 동기를 약화시키고 오히려 개혁에 적극적으로 가담하게 하려는 방법이다.

규범적·사회적 방법은 저항의 가장 근본적인 해결책이다. 조직의 인간화를 주장하는 오늘날의 연구인들이 이 방법을 가장 선호한다. 그러나 끈기 있는 노력과 시간을 많이 들여야 하는 방법이다.

(2) 수 단 규범적·사회적 방법의 수단으로는 다음과 같은 것을 들 수 있다.

❶ 신망 제고·솔선수범 개혁추진자의 카리스마 또는 신망을 높여 개혁의 수용을 쉽게 한다. 그리고 개혁이 요구하는 행동을 개혁추진자와 상관들이 솔선수범함으로써 부하들이 그것을 본받게 한다.

❷ 의사전달·참여 촉진 의사전달과 참여를 원활하게 한다. 개혁의 의사결정과정에 대한 참여의 폭을 넓히고 시행과정에서 재량의 범위를 넓힘으로써 자발적인 협력을 유도한다. 원활한 의사전달로 개혁의 내용을 잘 알리고 잘 모르는 미래의 상태에 대한 불안감을 해소한다. 개혁이 조직 전체를 위해 바람직하다고 설득한다.

❸ 사명감 고취 조직 전체의 목표추구에 대한 사명감을 고취하고, 개혁의 실행에서 개인적으로 맡아야 할 역할의 중요성을 규정·인식시킨다.

❹ 적응지원 개혁에 적응하는 데 필요한 시간을 충분히 주고 불만과 긴장을 노출·해소할 수 있는 기회를 제공한다.

❺ 가치갈등 해소 개혁이 추구하는 새로운 가치가 기존의 가치와 양립할 수 있음을 강조하거나 양자가 별로 다르지 않다는 점을 강조함으로써 가치갈등으로 인한 저항을 극복한다.

❻ 교육·자기계발 교육훈련과 자기계발을 촉진한다. 고착적인 사고방식과 '협착한 안목'(tunnel vision)으로 인한 저항을 극복하고 개혁이 도입하는 새로운 기술을 익힐 수 있도록 하기 위해 교육훈련을 실시한다. 그리고 자기평가와 발전노력을 통해서 모든 조직구성원들이 개혁의 필요를 스스로 깨닫게 하는 분위기를 조성한다.

3) 공리적·기술적 방법

(1) 정 의 공리적·기술적 방법(功利的·技術的 方法: utilitarian-technical method)은 관련자들의 이익침해를 방지 또는 보상하고 개혁과정의 기술적 요인을 조정함으로써 저항을 극복하거나 회피하는 방법이다.

개혁으로 인해 분명히 이익의 손실을 입게 될 집단이 있고 그들이 저항하는 경우, 개혁을 위해 노력한 만큼의 혜택이 없다고 생각하는 사람들이 저항하는 경우, 개혁추진의 기술적 국면에 대한 저항이 있는 경우 등에 대응해 신속한 효과를 볼 수도 있는 방법이다.

　그러나 비용이 많이 들고 장기적인 효과를 기대하기 어렵다. 저항을 근본적으로 극복하지 못하고 저항에 양보하거나 굴복하는 결과를 빚을 수 있다. 그리고 지나친 기술적 조작에는 후유증이 따를 수도 있다.

　(2) 수　단　공리적·기술적 방법의 수단으로는 다음과 같은 것을 들 수 있다.

　❶ 임용 상의 불이익 방지　개혁으로 임용 상의 변동이 필요하게 된 경우 해당자들이 불이익을 받지 않는다는 보장을 담은 임용계획을 세워 제시한다.

　❷ 경제적 보상　개혁으로 경제적 손실을 입게 될 사람들에게 보상을 실시한다. 보상을 결정할 때에는 대개 협상을 하게 된다. 협상을 통해 이익과 손실을 교환할 수 있게 한다.

　❸ 개혁의 이익에 대한 홍보　개혁의 일반적인 가치와 그것이 개인에게 줄 이익을 알려줌으로써 저항을 극복한다.

　❹ 시기조정　개혁의 시기를 적절히 조정함으로써 저항을 피한다.

　❺ 적응성 제고　개혁과정의 적응성을 높이고 개혁의 방법과 기술을 융통성 있게 수정함으로써 저항을 회피한다.

　저항극복의 방법 또는 전략은 다양하게 분류되고 있다. 저자가 참고한 몇 가지 유형론을 예시하려 한다.

　G. N. Jones는 저항극복의 전략을 i) 강제적 전략(coercive strategy), ii) 규범적 전략(normative strategy), iii) 공리적 전략(utilitarian stategy), 그리고 iv) 중립적인 것 같은 전략(neutral-like strategy)으로 분류하였다. 여기서 중립적인 것 같은 전략이란 앞의 세 가지 범주에 속하지 않는(소속이 불분명한) 그 밖의 '기술적' 전략들이다.[34]

　John P. Kotter와 Leonard A. Schlesinger는 저항을 다루는 방법으로 i) 교육과 의사전달(education and communication), ii) 참여와 관여(participation and involvement), iii) 촉진과 지지(facilitation and support), iv) 협상과 협약(negotiation and agreement), v) 조종과 포용(manipulation and cooptation), vi) 명시적·묵시적 강제(explicit and implicit coercion)를 열거하였다.[35]

　Paul. C. Nutt는 계획적 변동의 시행전술이라는 표현을 써서 저항을 극복하고 개혁을 원활히 시행하는 데 쓸 수 있는 방법을 i) 개입전술(介入戰術: intervention tactics), ii) 참여전술(participation tactics), iii) 설득전술(persuasion tactics), 그리고 iv) 포고전술(布告戰術: edict tactics)로 분류하였다. 여기서 개입전술이란 조직발전 컨설턴트의 개혁유도 노력과 유사하지만, 그보다 강력하고 적극적으로 관리자들이 개혁을 선도하는 전술이다. 포고전술이란 관리자들이 각종 권력을 행사하여 개혁을 밀고 나가는 전술을 말한다.36)

Jerald Greenberg와 Robert A. Baron은 저항극복방법으로 i) 정치적 역동성의 형성(유력한 사람들의 지지획득: shape political dynamics), ii) 저항자의 확인과 무력화(identify and neutralize change resisters), iii) 직원교육(educate the workforce), iv) 참여촉진(involve employees in the change efforts), v) 건설적 행동에 대한 보상(reward constructive behaviors), vi) 학습조직만들기(create a learning organization), vii) 상황의 고려(상황에 따른 저항극복방법의 선택: take the situation into account) 등을 열거하였다.37)

저항극복전략은 개혁을 성공으로 이끌려는 전략이다. 개혁을 성공적으로 추진하려면 지지적 요인들은 강화하고 저항적 요인들은 약화시켜야 한다. Kurt Lewin은 그러한 이치를 힘의 장에 관한 이론(force field theory)으로 설명하였다.38)

힘의 장에 관한 이론은 변동을 사건(event)이 아니라 반대방향으로 작용하는 힘(세력: forces)의 역동적 균형이 달라지는 데서 비롯되는 현상이라고 설명한다. 어떤 상황에서 서로를 밀어내리는 대립적인 힘이 균형을 이루면 그 상황의 현상유지상태가 형성된다고 한다. 변동추구세력이 강화되거나 변동저항세력이 약화될 때 또는 이 두 가지 변화가 함께 일어날 때 현상유지가 깨어지고 변동이 일어난다고 한다.

Lewin은 조직개혁추진자들이 변동야기를 위해 할 수 있는 일을 i) 변동압력을 증대시키는 것, ii) 저항세력을 약화시키거나 제거하는 것, iii) 저항세력을 개혁지지세력으로 변화시키는 경우와 같이 힘의 방향을 바꾸는 것 등 세 가지로 범주화하였다.

02 '조직발전': 행태적 접근방법

Ⅰ. 조직발전이란 무엇인가?

1. 조직발전의 연혁

오늘날 '조직발전'(組織發展: OD: organization development)이라는 말은 조직개혁의 행태적 접근방법을 지칭하는 관용어로 널리 받아들여지고 있다. 조직발전이 조직개혁의 한 접근방법으로 성립된 역사는 별로 오래지 않다. 조직발전은 1940년대에 태동하여 1950년대를 거치면서 터를 잡기 시작한 접근방법이다.

조직발전의 지적 연원은 초창기 인간관계론의 연구에까지 거슬러 올라가 찾을 수도 있다. 1930년대에 Elton Mayo 팀은 Hawthorne 공장에서 상담프로그램을 통해 개인의 욕구와 조직현실 사이의 간격을 좁혀보려고 하였다. 이 프로그램은 행태과학자가 조직 내의 사회적 과정에 직접 개입한 최초의 시도라고 평가되기도 한다. 그러나 초기 인간관계론자들의 노력이 조직발전을 본격적으로 출범시켰다고는 보기 어렵다.[1]

1940년대에 Kurt Lewin을 필두로 한 행태과학자들이 실험실적 훈련기법(laboratory training methods)과 태도조사환류기법(survey feedback methods)을 개발하여 조직의 실제에 적용함으로써 조직발전을 출범시키는 데 직접 기여하였다. 지금 말한 두 가지 기법은 조직발전 성립 초기의 두 가지 원류 또는 지주라고 평가되고 있다.[2]

그 후 조직발전의 성립과 성장에 기여한 연구가 확산되었다. 그 예로 i) 역할연기와 같은 개입기법을 발전시킨 소시오메트리(sociometry: 집단구성원

간의 관계연구)의 분야, ii) 사회체제의 내적 역학관계를 연구한 응용인류학의 분야, iii) 1950~1960년대에 미국의 연방훈련소(National Training Laboratory)에서 개발한 리더십훈련과 감수성훈련, iv) 1960년대에 발전된 임상심리학과 상담심리학, v) 1930년대부터 1950년대에 이르기까지 심리학자들의 조력을 받아 기업체들이 변동관리의 새로운 시도를 한 실천적 조사연구, vi) 집단 간 및 조직 간 관계에 관한 이론 그리고 조직구조의 설계에 관한 이론, vii) A. Maslow의 인간주의심리학과 자기실현에 관한 이론, viii) 집단에 관한 인간관계론적 연구, ix) 런던 타비스톡연구소(Tavistock Institute of Human Relations)의 사회적·기술적 연구경향(조직을 업무의 기술적 국면과 인간적 국면이 교호작용하는 개방체제로 보는 관점) 등을 들 수 있다.

비록 역사는 짧지만 1960년대와 1970년대를 거치는 동안 조직발전운동은 주로 구미 선진국들에서 급속히 성장·전파되었다. 조직발전의 원리와 가정들은 인간주의적 편향을 강하게 지니고 있는 현대조직학의 연구경향에 부합된다. 조직발전은 조직활동의 인간화와 민주화의 추진에 요긴한 도구이다. 그리고 민주적 제도의 운영에 필요한 능력을 기르는 데 크게 기여할 수 있는 도구이다.

2. 조직발전의 관점: 기본적 가정

조직발전은 변화를 겪어 왔고 그 관심영역은 날로 넓어지고 있기 때문에 조직발전의 엄밀한 한계를 정하는 데는 애로가 있다. 그러나 조직발전이라는 접근방법의 독자성을 인정하는 데 필요한 공통적 특성을 확인하는 것은 가능할 만큼 관점의 통합이 이루어져 있다.

인간주의심리학(humanistic psychology)의 영향을 많이 받고 있는 조직발전론의 전제적 이론 또는 그 기초를 이루는 가정들을 보면 다음과 같다.[3]

1) 개인에 관한 가정

조직구성원인 개인에 대한 조직발전론의 가정은 다음과 같다.

❶ 성장·발전 욕구 인간은 자기실현과 성장·발전을 원하는 욕구를 지니고 있다. 사람들은 책임 있는 일을 맡으려 하고 직무수행을 통해 발전하려

하는 욕구와 잠재적 능력을 가지고 있다. 인간의 능동적 발전가능성에 대해 낙관할 수 있다.

❷ 전통적 조직의 제약   인간의 성장·발전에 관한 욕구와 잠재적 능력은 전통적인 조직에서 충분히 발로되거나 개발되지 못하고 있다.

❸ 성장·발전을 지지하는 조건   개방적인 의사전달과 갈등문제에 대한 정면대응을 촉진하고 지지적인 분위기를 조성함으로써 개인의 성장과 조직의 효율화를 동시에 추구할 수 있다.

2) 집단에 관한 가정

집단에 관한 조직발전론의 가정은 다음과 같다.

❶ 구성원에 대한 영향   조직구성원들에게는 준거집단, 특히 작업집단이 매우 중요하다. 조직구성원들은 집단 내에서 인정을 받고 협조적으로 일하기를 원하며 또한 집단으로부터 많은 영향을 받는다.

❷ 구성원의 기여를 촉진하는 조건   집단 내의 대인관계가 개방적이고 솔직하며 상호지원적이면 개인의 집단에 대한 기여는 크게 향상될 수 있다.

❸ 조직에 대한 영향   집단은 조직에 도움을 줄 수도 있고 해를 끼칠 수도 있다.

3) 조직에 관한 가정

조직에 관한 조직발전론의 가정은 다음과 같다.

❶ 조직과 개인의 관계   조직의 목표와 조직구성원의 목표는 양립 또는 통합될 수 있다.

❷ 조직과 집단의 관계   조직은 중첩적이고 상호의존적인 작업집단들로 구성된다. 조직과 조직 내의 집단들은 서로 영향을 미친다.

❸ 억압 또는 지지의 조건   과잉적 통제와 규칙적용, 경직된 구조, 승패가 걸린 경쟁을 조장하는 조직 내의 분위기는 집단적 문제해결, 개인의 성장과 직무만족에 불리한 작용을 한다. 이와는 달리 사람들 사이의 신뢰·지원·협력을 촉진하는 조직 내의 민주적 분위기는 집단적 문제해결, 개인의 성장과 직무만족에 유리한 작용을 한다. 조직 내의 민주적 분위기 조성에 기여하도록 조직설계를 수정할 수 있다.

3. 조직발전의 정의

조직발전은 행태과학적 지식과 기술을 활용하여 조직의 목표와 개인의 성장욕구를 결부시킴으로써 조직개혁을 성취하려는 과정이다. 조직발전은 조직의 인간적 측면을 중시하여 인간의 잠재력을 최대한으로 개발함으로써 조직 전체의 개혁을 도모하려는 체제론적 접근방법이며 응용행태과학(행동주의 과학)에 의존하는 것이다. 조직발전은 조직 내의 인간적 가치를 향상시키면서 동시에 조직 전체의 효율성을 높이려는 접근방법이다. 조직발전은 또한 조직의 공식적 영역과 비공식적 영역 사이에 일관성을 높이고 개인과 조직의 융통성·적응성·창의성·민주성을 높이려는 노력이라고 할 수 있다.

조직발전은 계획적 과정이며 지속적으로 추진해야 하는 과정이다. 조직발전은 전문적인 컨설턴트의 조력과 조직구성원들의 적극적인 참여 그리고 관리층의 지원을 필요로 하는 과정이다. 조직발전의 과정에는 진단·실천(개입)·과정유지라는 기본적 구성요소가 포함된다. 조직발전은 실제적 자료(경험적 증거)에 기초를 둔 진단적 과정이다.

조직발전의 원리, 방법, 절차와 가치전제에 나타나는 주요 특성을 보면 다음과 같다.[4]

❶ 인간주의적 가치 조직발전은 인간주의적 가치에 기초를 두고 있다. 조직발전은 조직구성원의 성장·발전 욕구와 성장·발전 잠재력에 관한 적극적 신념에 바탕을 두고 있다. 따라서 자율적이고 능동적인 인간속성에 초점을 맞추고 인간이 능동적으로 주도하는 개혁을 강조한다.

❷ 체제론적 관점 조직발전은 조직을 하나의 체제로 보고 조직이라는 총체적 체제의 개선을 궁극적인 목표로 삼는다. 조직의 구성부분별로 조직발전활동이 전개되는 경우가 많지만, 조직발전의 궁극적인 목표는 그러한 개별적 활동들을 조정·통합하여 조직 전체의 개혁을 달성하는 것이다. 그리고 조직발전은 전체적인 연관요소의 동반개혁 없이는 개별적인 부분에 대한 개혁은 성공할 수 없다고 보기 때문에 조직 전반에 걸친 다차원적 개입을 추구한다.

❸ 행태과학의 응용 조직발전은 조직의 실천적인 문제를 해결하려는 응용행태과학(應用行態科學)의 일종이다. 조직발전은 여러 행태과학의 지식과 기술을 응용한 계획적 개입을 통해 사람들의 가치체계·태도·행동 등을 변화시

켜 조직의 기능과 문화를 개혁하려는 접근방법이다. 계획적인 행태과학적 개입방법은 행동지향적이며, 사람들이 경험을 통해 스스로 배우는 경험학습(experiential learning)을 강조한다.

조직발전이 응용행태과학적 접근방법이라고 하는 말은 경험적 자료에 바탕을 둔 진단적 접근방법이라는 의미를 내포한다. 자료에 기초한 진단과정은 여러 분야에 걸쳐 있으나 조직발전의 인간주의적·행태주의적 편향 때문에 임상적·요법적 과정(臨床的·療法的 過程)들이 중요시되고 있다.

❹ 계획적 변동 조직발전은 체계적이고 계획적인 변동노력이다. 조직발전은 그 자체의 과학적 합리성을 강조하기 때문에 개혁의 목표, 방법, 자원동원 등에 관해 치밀한 계획을 수립하여 실천한다. 조직발전은 목표 그리고 목표설정과정을 중요시한다. 목표의 강조는 조직발전이 계획적이라는 의미규정에 이미 포함되어 있는 것이기도 하다.a)

❺ 집단과 과정의 중시 조직발전의 개입대상에는 개인, 집단, 조직, 개인과 개인의 관계, 집단과 집단의 관계 등이 널리 포함되지만 이 가운데서 집단이 가장 중요시된다. 조직발전에서는 작업집단 내의 관계와 과정, 업무수행방법, 문화 등을 바꾸는 것이 조직에 항구적이고 지속적인 개선을 가져오는 주된 방법이라고 본다. 관심의 초점이 집단에 있더라도 그것은 항상 '조직 내의 집단'으로 파악된다. 조직이라는 체제의 총체적 변동을 위한 노력의 일환으로 집단의 변동을 추구한다.

조직발전은 또한 과정지향적(oriented to process)이다. 조직발전의 관심은 업무의 내용이나 조직구조 등에도 미친다. 그러나 주된 관심의 대상은 대인관계·집단·조직의 과정이다. 여러 과정 가운데서도 특히 인간적·사회적 과정, 문제해결을 지향하는 협동적 과정을 더 중요시한다. 조직발전의 대체적인 경향은 이러한 과정들에 인간주의적 가치체계를 도입하고 민주적 분위기를 조성하려는 것이다.

---

a) 조직발전의 목표들을 보면 인간적·사회적 과정에 초점을 맞추고 반관료제적인 결과를 가져올 수 있는 방안들을 처방하는 등 조직발전의 지향성을 반영하는 것들이 주류를 이루고 있음을 알 수 있다. 조직발전의 실제에서 흔히 보는 목표의 예로 조직구성원 간의 신뢰증진, 집단적 문제해결능력 향상, 전문적 권력에 의한 직위 상의 권한 보강, 의사전달의 개방화, 조직구성원의 직무수행동기 강화, 협동적 문제해결능력 향상, 개인과 집단의 자율성 향상, 조직의 융통성 제고, 갈등관리 개선, 조직의 지속적인 개혁장치 개발 등을 들 수 있다.

그리고 조직발전에서는 변동노력 자체를 계속적인 과정으로 보고 그러한 과정의 합리성을 높이기 위해서도 노력한다.

❻ 컨설턴트의 활용과 협동적 노력   조직발전에서는 행태과학적 지식과 기술에 조예가 있는 컨설턴트(상담자: consultant)를 참여시켜 그로 하여금 개혁추진자의 역할을 맡게 한다.b)

컨설턴트가 개혁추진자의 역할을 맡는다고 하지만 그가 조직발전의 책임을 독차지하는 것은 아니다. 조직발전은 협동적 노력과 자발적·능동적 개혁을 강조한다. 조직발전은 컨설턴트, 고급관리자, 그리고 관련 조직구성원이라는 3당사자의 적극적인 참여와 책임분담 그리고 협동을 통해서 진행되어야 하는 과정이다.

❼ 지속적 추진   조직발전은 지속적·장기적 노력이 필요한 프로젝트이다. 조직발전에 종사하는 사람들의 안목은 장기적이다. 그들은 당장의 문제해결 뿐만 아니라 적응적 조직의 장기적인 발전에 깊은 관심을 가진다. 실제로 조직발전의 방법을 적용하여 조직에 의미 있는 개혁을 가져오려면 지속적·장기적으로 협동적인 노력을 해야 한다.

오늘날 조직발전의 의미에 관한 연구인들의 견해는 대체로 위의 개념정의에 수렴되고 있다. 그러나 논자에 따라서는 표현이 서로 다르고, 내용 또한 약간씩 다른 개념정의들을 하고 있다는 점에도 유의할 필요가 있다. 그 예를 몇 가지 보기로 한다.

Warren G. Bennis는 "조직발전이란 새로운 기술·시장조건·도전, 그리고 변동자체의 어지러운 속도에 보다 잘 적응할 수 있도록 신념, 태도, 가치, 그리고 조직구조를 변동시키려는 복잡한 교육전략이며 변동에 대한 대응을 말한다"고 하였다.5)

Richard Beckhard는 "조직발전은 행태과학의 지식을 활용하여 조직의 여러 과정에 계획적으로 개입함으로써 조직의 효율성과 건강을 향상시키려는 노력이며 조직 전반에 걸쳐 하향적으로 관리되는 계획적 노력이다"고 정의하였다.6)

R. A. Schmuck은 "조직발전은 체제개선을 위해 반성적(reflexive), 자기분석적 방법을 써서 행태과학을 적용하는 계획적·지속적 노력이라고 정의할 수 있다. … 체제개선에는 개인목표와 조직목표의 통합이라는 요소가 포함된다"고 하였다.7)

Warner Burke와 Warren Schmidt는 "조직발전은 행태과학의 지식과 기술을 활

---

b) 개혁을 추진하는 컨설턴트는 대개 외부의 전문가이지만, 경우에 따라서는 조직 내부인도 미리 훈련을 받아 컨설턴트의 역할을 맡을 수 있다. 컨설턴트는 행태과학자, OD 전문가, OD 실천가, OD상담자, 개입자(interventionist), 개혁추진자 등으로 다양하게 불리고 있다.

용하여 조직의 목표와 성장 · 발전하려는 개인의 욕망을 통합함으로써 조직의 효율성을 높이려는 과정이다"고 하였다.[8]

Wendell French와 Cecil Bell, Jr.는 "조직발전은 보다 효율적이고 협력적으로 조직문화를 관리하여 조직의 문제해결과정과 재개발과정(renewal process)을 개선하려는 장기적 노력이며, 컨설턴트의 조력을 받고, 응용행태과학의 이론과 기술을 적용하는 것이다"고 정의하였다.[9]

앞에서 지적한 바와 같이 조직발전이라고 하는 접근방법은 변천해 왔다. 그 과정에서 새로운 가치와 방법들을 채택하는 변형들을 만들어 냈다. 그러한 변형들 가운데 하나가 1980년대에 등장한 조직혁신(組織革新: OT: organizational transformation)이다.[10]

조직혁신(조직변혁)은 조직의 광범하고 급진적이며 근본적인 개혁을 지칭한다. 조직혁신의 주요 특징은 다음과 같다.[c]

첫째, 조직을 보는 사고의 틀과 조직설계의 패러다임을 근본적으로 바꾸기 위해 전면적이고 급진적인 개혁을 추진한다. 조직혁신은 조직의 특성 전반에 걸친 포괄적이고 광범한 변동을 추구한다. 그리고 급진적 개혁을 도모한다. 문화개혁 · 전략개혁 · 자율적 조직설계발전 등 급진적 개혁에 적합한 개입방법들을 사용한다.

둘째, 통합적 · 전략적 변동을 추구한다. 환경변동과 조직변동의 관계를 중시한다. 급진적 변동의 추진은 조직과 환경의 적합도를 높이거나 미래의 환경을 바람직하게 만들기 위한 노력이라고 설명한다.

셋째, 개혁추진에 대한 관리자들의 적극적 역할과 비전 제시를 강조한다.

---

c) 조직혁신을 조직발전의 한 유형으로 볼 것인지 아니면 독자적인 접근방법이라 규정할 것인지 속단하기 어렵다고 할 수도 있다. 그러나 다수의 조직발전연구인들은 OT를 OD의 일종으로 규정한다. 예컨대 Porras와 Silvers는 계획적 변동개입의 유형을 전통적인 OD와 새로운 OT로 구분하고 OT를 '제2세대 OD'라 불렀다. Jerry I. Porras and Robert C. Silvers, "Organization Development and Transformation," in Wendell L. French, C. H. Bell, Jr., and R. A. Zawacki, eds., *Organization Development and Transformation: Managing Effective Change*, 5th ed.(McGraw-Hill, 2000), pp. 80~99.

4. 조직발전의 과정: 실천적 조사연구

조직발전연구인들은 구체적인 상황에 따라 달라질 수 있다는 것을 전제하면서 조직발전 행동과정에 관한 일반적 모형들을 개발해 왔다. 조직발전의 기본적 행동과정에 관한 방법론적 모형으로 널리 수용되고 있는 것은 실천적 조사연구모형이다. 이 모형의 활용도가 높기 때문에 이를 조직발전과 거의 동일시하는 사람들이 많다.11) 저자도 이 모형을 조직발전의 대표적인 행동과정 모형으로 보고 다음에 그 내용을 검토하려 한다.

1) 실천적 조사연구의 정의

조직발전에서 사용하는 실천적 조사연구모형(實踐的 調査研究模型: action research model)은 실천적인 문제들의 해결책을 찾기 위해 사실발견과 실험에 쓰는 과학적 방법을 적용하는 모형이다. 이 모형의 적용은 과학자, 전문적 실천가, 그리고 문외한(아마추어)의 협동적 노력을 통해서 이루어진다.12)

이 모형의 특징으로는 i) 응용행태과학에 기초를 두고 있다는 것, ii) 실천적인 문제에 관한 연구라는 것, iii) 현재와 장래의 실천적인 행동을 인도하려는 목표지향적·행동지향적 조사연구라는 것, iv) 과학자와 실천가를 연결하며 외부전문가와 조직구성원의 참여 및 협동적 노력을 강조한다는 것, v) 면밀한 진단을 통해 얻은 자료에 기초를 두고 환류를 강조한다는 것 등을 들 수 있다.

실천적 조사연구에 쓰이는 방법들을 진단적(diagnostic) 방법, 참여적(participant) 방법, 경험적(empirical) 방법, 그리고 실험적(experimental) 방법으로 분류하기도 한다.d)

---

d) 진단적 방법은 과학자가 문제를 진단하고 자기의 지식과 경험에 비추어 개선안을 권고하는 방법이다. 참여적 방법은 처방안을 실천해야 할 사람들이 조사연구와 실행의 전 과정에 참여하는 방법이다. 경험적 방법은 사람들의 행동과 그 효과를 기록하여 검토하는 과정에서 개선안을 찾게 하는 방법이다. 실험적 방법은 실험실적 상황에서 가설을 검증하는 방법이다. Isadore Chein, Stuart Cook, and John Harding, "The Field of Action Research," *American Psychologist*(vol. 3, 1948), pp. 43~50.

2) 다른 조사연구와의 구별

실천적 조사연구는 조사연구(調查研究: research)의 일종이다. 여러 유형의 조사연구와 비교해 보면 실천적 조사연구의 의미를 보다 분명하게 이해할 수 있을 것이다. 조사연구의 유형들을 분류하고 비교한 Peter Clark의 설명을 보기로 한다.

Clark은 조사연구의 유형을 다섯 가지로 분류하고 그 가운데 하나의 유형인 실천적 조사연구를 나머지 네 가지 유형과 대비시켰다. 그가 분류한 다섯 가지 조사연구의 유형은 i) 순수기초적 조사연구(pure basic research), ii) 기초적·객관적 조사연구(basic objective research), iii) 평가적 조사연구(evaluation research), iv) 응용적 조사연구(applied research), 그리고 v) 실천적 조사연구이다.[13)]

Clark이 조사연구의 유형을 분류하면서 사용한 기준은 i) 이론발전에 기여하려는 것인가? 또는 조직의 실천적인 문제를 해결하려는 것인가? ii) 조사연구에서 얻은 지식의 주된 전파통로는 무엇인가? iii) 봉사 또는 기여하려는 대상집단(audience)이 어떤 것인가? 등 세 가지이다. 그가 제시한 다섯 가지 조사연구의 특성은 다음과 같다.

❶ 순수기초적 조사연구 이 조사연구는 기초과학(basic discipline)의 발전에 기여하기 위해 이론적인 의문을 조명·입증 또는 해결하려고 한다. 조사연구의 결과는 일반화(보편화)의 수준이 높으며, 그 주된 전파통로는 학술지이다. 기여대상집단은 학계이다. 연구결과가 널리 보급되고 그것을 조직의 실무자들이 활용할 수 있게 되려면 어느 정도 시간이 지나야 한다.

❷ 기초적·객관적 조사연구 이 조사연구는 어떤 지식응용의 영역에서 발생하는 일반적인 문제를 다룬다. 조직에 관한 문제의 연구이지만 구체적인 문제를 해결하려는 것이 아니라 모든 조직에 적용할 수 있는 이론의 개발을 목적으로 한다. 연구결과의 전파통로는 전문직업분야의 정기간행물(professional journals)과 학술지(learned journals)이다. 전파대상은 과학자 그리고 전문적 실천가이다.

❸ 평가적 조사연구 이 조사연구는 조직활동의 어떤 국면에 대한 평가(실사)를 제공하려는 것이다. 이 조사연구는 목표확인, 성공도 측정의 구체

적 기준결정, 실적의 측정, 실적과 목표(기준)의 비교, 실적과 목표의 차질에
관한 보고의 순서로 진행된다. 연구결과의 주된 전파통로는 연구를 요구한
의뢰인(sponsor)에 대한 보고서이다. 연구결과는 전문직업분야의 간행물에
가끔 게재되기도 하고 연구인들 사이에서 토론대상이 되기도 한다. 이 연구
의 원칙적인 봉사대상은 의뢰인이다.

❹ 응용적 조사연구　이 조사연구는 적절한 지식을 적용하여 의뢰체제
의 실천적인 문제를 해결하려는 것이다. 응용연구는 행태과학분야의 훈련을
받은 실무자들이 수행한다. 봉사대상은 의뢰인이라는 단일집단이다. 연구결
과는 보고서의 형식으로 기록되기도 하지만 그렇지 않을 때도 많다. 연구를
요구·주관하고 연구를 실제로 수행한 소수인원 이외의 사람들에게 연구결
과가 전파되는 일은 드물다.

❺ 실천적 조사연구　이 조사연구는 조직의 실천적인 문제해결에 기여하
면서 동시에 사회과학의 발전에 기여하려는 것이다. 이론과의 연관성이 있는
실천적 문제를 연구함으로써 조직변동에 직접 가담하고 동시에 학문적 지식
의 축적에도 기여하려고 한다.

이 조사연구의 주도자(감독: task masters)는 의뢰인, 행태과학을 응용하는
실무자, 그리고 학계이다. 연구결과의 전파통로는 의뢰인에 대한 보고서, 학
술지, 전문직업분야의 간행물 등이다. 이 조사연구의 봉사대상은 혼합적이다.
의뢰인, 과학자, 그리고 조직 내의 전문적 실천가를 봉사대상 또는 기여대상
으로 한다.

3) 실천적 조사연구의 과정

실천적 조사연구는 진단적·행동지향적·순환적 과정을 통해서 대상조직
(고객조직 또는 의뢰조직)의 필요와 목표 등 여러 조건에 적합하도록 조직발전을
추진한다.

⑴ 기본적 단계　조직발전을 위한 실천적 조사연구의 과정에 포함되는
기본적 요소 또는 단계는 i) 자료수집·환류, ii) 기본계획 수립, iii) 선택된 기
법의 적용과 그에 관한 자료수집·환류, iv) 자료의 분석과 평가·실행계획 수
립·실행으로 요약할 수 있다.[14] 이러한 단계들의 활동은 연속적·순환적으로
진행된다.

조직발전을 위한 실천적 조사연구과정의 기본적 요소가 어떻게 배열되고 조합되느냐 하는 것은 구체적 상황과 조직발전 전문가의 전략에 따라 달라질 수 있다.ｅ) 여기서는 전형적이라고 생각되는 과정의 진행을 예시하려 한다.

❶ 자료수집과 환류   대상조직의 의뢰인 또는 의뢰인집단이 조직의 문제를 인지하고 컨설턴트(조직발전 전문가)와 상의하여 문제에 대한 해결책을 찾기로 합의하면 컨설턴트가 진단작업을 시작한다. 컨설턴트는 문제를 규명하고 문제해결의 방안을 결정하는 데 필요한 자료를 수집하여 의뢰인에게 제공(환류)한다.

❷ 기본계획 수립   자료의 제공이 있으면 컨설턴트와 대상조직의 관계자들은 자료를 검토하고 협동적인 노력을 통해 변동목표와 실행기법 등에 관한 기본계획을 수립한다.

❸ 선택된 기법의 적용·그에 관한 자료수집·환류   기본계획에 따라 선택된 기법을 적용하고 컨설턴트는 그에 관한 관찰자료를 대상조직에 환류한다.

❹ 자료의 분석과 평가·실행계획 수립·실행   대상조직은 환류된 자료와 자체적으로 획득한 자료를 종합하여 분석·평가하고 구체적인 개혁목표가 무엇이며 어떻게 거기에 도달할 수 있을 것인가에 대하여 실행계획을 세워 그것을 실행에 옮긴다. 계획의 실행으로 변동이 일어나면 그에 관한 자료를 수집하여 환류함으로써 되풀이되는 개입의 연결고리를 만들 수 있다.

(2) 되풀이되는 과정   기본적 단계들을 거쳐 사람들의 행태 등 개입대상에 변화가 일어나면 한 차례의 실천적 조사연구의 과정이 매듭지어진다고 볼 수 있다. 그러나 첫 번째 변동유발이 있은 다음에도 실천적 조사연구의 과정이 순환적으로 되풀이되는 경우가 많다.

첫 번째의 실천적 조사연구과정이 진행된 다음 이를 되풀이할 때에는 상담자가 또다시 자료를 수집하여 조직의 상태를 재진단하고 그 결과를 대상조직의 관계자들에게 환류시킨다. 대상조직은 스스로 수집한 자료와 환류된 자료를 분석·평가하여 실행계획을 세운다. 실행계획에 따른 실행이 있으

---

e) 실천적 조사연구과정의 단계구분에 관하여 학자들 사이에 완전한 의견의 일치가 있는 것은 아니다. 사람에 따라서는 ① 문제의 인지, ② 진단, ③ 개입으로 구분하기도 하고, ① 자료수집, ② 진단, ③ 개입, ④ 실행으로 구분하거나 ① 진단, ② 목표상태 설정, ③ 실행, ④ 평가, ⑤ 실천적 조사연구의 제도화로 구분하기도 한다. 실천적 조사연구의 제도화란 그것이 조직에서 상시 가동될 수 있도록 관리과정에 내장된다는 뜻이다.

면 그에 이어서 다시 진단·환류·평가·실행계획·실행 등의 단계들이 되풀이된다.

II. 조직발전의 개입기법

1. 개입기법의 분류

조직발전은 개입(介入: intervention)이라는 실천행동을 통해 실행된다. 개입이란 조직의 개선을 목적으로 하는 일련의 조직화된 활동을 의미한다. 조직발전을 실천하는 개입은 무엇인가 '일어나게 하는 것'이며 동시에 무엇인가 '일어나고 있는 것'이라고 말할 수 있다.

개입에서 사용하는 기술 또는 기법은 다양하다. 조직발전이라는 접근방법 자체가 계속 성장하고 있기 때문에, 그 기법도 끊임없이 발전하는 모습을 보이고 있다. 개입기법들을 범주화한 유형론이 여럿 나와 있다. 여기서는 Wendell L. French와 Cecil H. Bell, Jr.가 만든 세 가지 유형론을 소개하려 한다.[15] 예시된 기법들은 유형범주 간에 많이 중첩된다. 이 점 유념하고 보기 바란다.

(1) 대상자와 초점에 따른 분류 French와 Bell, Jr.의 첫 번째 유형론은 대상자가 개인인가 아니면 집단인가에 관한 기준과 개입의 초점이 임무(task)에 있는가 아니면 과정(process)에 있는가에 관한 기준에 따라 기법의 범주들을 분류하였다.

첫째, 개인과 임무에 초점을 맞춘 기법의 예로는 역할분석기법(role analysis technique), 직무교육, 직무풍요화 등을 들었다.

둘째, 개인과 과정에 초점을 맞춘 기법의 범주에는 생애계획(life planning), 개인을 대상으로 상담·지도하는 과정상담, 개인 간 갈등의 제3자 중재 등을 포함시키고 있다.

셋째, 집단과 임무에 초점을 맞춘 기법의 범주에는 태도조사환류기법, 팀발전, 집단 간의 관계개선(intergroup activities) 등을 포함시키고 있다.

넷째, 집단과 과정에 초점을 맞춘 기법의 범주에는 태도조사환류기법, 과정상담, 팀발전, 친근자집단훈련(family T-group) 등을 포함시키고 있다.

(2) 대상자에 따른 분류   두 번째 유형론은 개입대상자에 따라 i) 개인들을 대상으로 하는 기법(생애 및 경력계획, 역할분석, 감수성훈련 등), ii) 2인조와 3인조의 사람들을 대상으로 하는 기법(과정상담, 개인 간 갈등의 제3자 중재 등), iii) 집단을 대상으로 하는 기법(팀발전, 태도조사환류기법 등), iv) 집단 간의 관계를 대상으로 하는 기법(집단 간 관계개선, 투영기법 등), 그리고 v) 조직 전체를 대상으로 하는 기법(기술적·구조적 요인의 개선, 계획활동 등)의 범주를 분류하였다.

(3) 변동기제에 따른 분류   세 번째 유형론은 기법들이 지니는 효용성의 인과적 기제(causal mechanism) 또는 기초요인을 기준으로 하여 i) 변동기제가 환류인 기법(과정상담, 투영기법 등), ii) 변동기제가 사회문화적 규범의 변동에 대한 인식인 기법(팀발전, 인간관계훈련 등), iii) 변동기제가 향상된 교호작용과 의사전달인 기법(태도조사환류기법, 투영기법 등), iv) 변동기제가 문제에 대한 정면대응과 이견의 해소를 위한 노력인 기법(문제해결집회, 투영기법 등), 그리고 v) 변동기제가 새로운 지식·기술의 교육인 기법(과정상담, 계획수립훈련 등)을 구분하였다.

많은 개입기법들 가운데서 특정한 상황의 요청에 맞는 것을 선택하고 배합하여 사용할 때에는 i) 관련자(relevant people)의 참여를 보장할 것, ii) 제기된 문제를 해결하는 데 지향될 것, iii) 개혁목표의 성취에 효율적으로 기여할 것, iv) 이론과 경험을 통한 학습을 포괄할 수 있도록 할 것, v) 학습의 자유스러운 분위기를 조성할 것, vi) 문제해결의 방법을 배우고 배우는 방법도 배우게 할 것, vii) 사람들이 온전한 인격체(as a whole person)로 가담할 수 있게 할 것 등 적합성의 기준을 고려하여야 한다.

2. 주요기법의 설명

여기서는 많은 개입기법들 가운데서 가장 자주 거론되는 것들을 골라 그 내용을 간단히 설명하려 한다.[16]

(1) 실험실적 훈련   실험실적 훈련(實驗室的 訓練: laboratory training, sensitivity training, T-group training)은 소수인원으로 구성된 집단을 대상으로 인위적인 상황에서 실시하는 훈련이다. 인위적 상황이란 훈련을 위해 계획적

으로 꾸며놓은 상황을 말한다. 이 훈련에서는 참여자들이 자기의 태도와 행동을 반성하고 자기의 행동이 다른 사람들에게 미치는 영향을 검토하도록 지원하고 유도함으로써 태도와 행동을 변화시키려고 한다.

❶ 특 징   실험실적 훈련의 특징은 다음과 같다.

첫째, 경험과 감성을 중요시하고 지식을 행동으로 옮길 수 있는 능력을 기르는 데 역점을 둔다.

둘째, 참여자들이 자기의 지각·태도·행동을 반성하고 그 영향을 평가할 수 있는 상황을 연출한다. 그러한 상황에서 경험을 통해 지각·태도·행동을 스스로 바꾸게 한다.

셋째, 훈련집단을 자체분석의 대상(a self-analytic body)으로 삼게 한다. 집단구성원들은 집단상황을 연구의 대상으로 삼아 그 안에서 자기 자신의 문제, 자기가 다른 사람에게 미치는 영향, 집단적 과정에 대한 자기의 반응 등을 검토한다.

넷째, 실험실적 훈련은 비정형적 상황에서 실시한다. 외적 간섭과 기성질서의 영향이 최소화되도록 꾸며진 모호한 상황에서 참여자들이 새로운 대안을 자유스럽게 그리고 자율적으로 탐색할 수 있도록 한다.

다섯째, 실험실적 훈련은 '어떻게 배울 것인가를 배우게 하는'(learning how to learn) 기법이다. 참여자들은 서로 돕고 지원하는 가운데서 무엇을 어떻게 배울 것인가에 대해 배우게 된다.

❷ 종 류   실험실적 훈련에는 여러 가지 종류가 있다. 이를 범주화한 유형론도 여러 가지이다. 두 가지 예를 보기로 한다.

첫째, 달성하려는 훈련의 목표가 무엇인가에 따라서 개인발전훈련(personal development laboratory), 인간관계훈련(human relations laboratory or encounter group), 집단역학적 훈련(group dynamics laboratory), 조직의 문제해결훈련 (organizational laboratory), 팀훈련(teams and team laboratory) 등을 구분할 수 있다.

개인발전훈련에서는 훈련에 참여하는 개인의 자아(self)가 관심의 초점이 된다. 이것은 개인에게 자기의 행태를 자각할 수 있는 기회를 제공하려는 훈련이다. 인간관계훈련은 대인관계의 본질을 탐색하고 이해하게 하려는 훈련이다. 집단역학적 훈련에서는 집단현상 자체에 주의를 집중하게 하여 참여자들로 하여금 집단적 과정을 진단하고 그에 개입하는 방법을 배우게 한다. 조직의 문제해결훈련은 집단 간의 관계, 조직 내의 갈등, 목표형성과정 등 조직 전반의 문제에 관한 훈련이며, 비교적 많은 인원을 참여시킨다. 팀훈련은 하나의 팀이 업무수행에서 일상적으로 봉착하는 문제들을 논의하고 해결방안을 탐색하게 하는 훈련이다.

둘째, 훈련에 어떤 사람들이 참가하느냐에 따라 친근자집단(親近者集團: 'family' group)에 대한 훈련, 유사친근자집단(類似親近者集團: 'cousins' group)에 대한 훈련, 생소한 집단('stranger' group)에 대한 훈련을 구분한다.

친근자집단은 직접적인 업무관계를 맺고 있으며 서로 잘 아는 사람들로 구성되는 집단이다. 유사친근자집단은 같은 조직에 근무하기 때문에 서로 알고 있을 가능성은 있으나 직접적인 업무 상의 관계는 없는 사람들로 구성되는 집단이다. 생소한 집단은 훈련이 시작되기 전까지는 서로 전혀 모르는 사람들로 구성되는 집단이다.

(2) 팀 발 전   팀발전(team-building or team development)은 조직 내에 있는 여러 가지 팀들을 개선하고 그 효율성을 높이려는 개입기법이다. 팀의 구성원들이 협조적인 관계를 형성하여 임무수행의 효율화를 도모할 수 있게 하려는 것이 팀발전의 목적이다.

❶ 가 정   팀발전의 가정은 i) 팀이 기술적인 구조이며 동시에 사회적인 체제라는 것, ii) 팀구성원들이 공동목표의 달성을 위해 서로 협조하고 힘을 합칠 때 팀의 효율성은 비로소 높아질 수 있다는 것, 그리고 iii) 팀구성원의 복지가 향상되고 정서적인 욕구가 충족되어야만 팀의 유지와 효율성 제고가 가능하다는 것이다.

❷ 과 정   팀발전의 대상이나 구체적인 목표는 다양하기 때문에 개입의 세부적인 과정은 사정에 따라 조금씩 달라질 수 있다. 그러나 기본적으로 거치는 행동단계는 대체로 비슷하다. 팀발전의 과정에 포함되는 단계는 i) 개시단계(initiating team development), ii) 자료수집단계(collecting the data), iii) 계획단계(planning the meeting), iv) 실시단계(conducting the meeting), 그리고 v) 평가단계(follow-up and evaluation)이다.

개시단계는 팀구성원들이 집단활동에서 생기는 문제를 지각하고 팀발전을 개시할 것인가, 그리고 팀발전의 목표를 어떻게 설정할 것인가에 대해 결정을 하는 단계이다. 그런 결정의 과정에는 관리자와 팀구성원들이 함께 참여한다.

자료수집단계에서는 여러 가지 방법을 써서 팀구성원들로부터 팀발전의 계획을 세우는 데 필요한 자료를 수집하고 분석한다. 자료를 수집하고 분석할 때에는 대개 컨설턴트의 조력을 받는다.

계획단계에서는 관리자, 컨설턴트 그리고 대상팀의 구성원들이 협조하여 팀발전을 위한 모임(회합: meeting)의 기간, 활동의 내용과 순서 등에 관한 계획을 수립한다.

실시단계에서는 계획에 따라 팀구성원들이 모임을 갖고 문제의 해결방안을 탐색하여 채택한다. 이때에도 컨설턴트의 조력을 받지만, 그의 역할은 적극적인 것이 아니다.

실시단계가 끝난 뒤 약간의 시간간격을 두고 팀의 구성원들이 다시 모여 평가단계의 활동을 하게 된다. 평가단계에서는 채택하기로 한 행동방안이 어느 정도나 실현되었는가, 장애요인은 무엇이었는가, 행동방안의 효율적인 실현을 위해 어떤 지원을 받아야 하는가 등을 확인한다. 그리고 채택했던 행동방안의 실현이 팀의 개선에 얼마나 기여했는가를 평가한다. 행동방안의 실현 과정에서 배운 경험을 토대로 행동계획을 수정하거나 새로운 행동계획을 세운다.

(3) 과정상담   과정상담(過程相談: P-C: process consultation)은 개인 또는 집단이 조직 내의 과정적 문제를 지각하고 이해하며 해결할 수 있도록 제3자인 컨설턴트가 도와주는 활동이다.[f)]

과정상담의 초점은 조직 내의 인간적 과정(human processes)이다. 과정상담에서는 조직구성원(특히 관리자)의 인간적 과정에 대한 진단능력과 문제해결능력을 향상시키려고 한다. 과정상담에서 중요시되는 이른바 인간적 과정은 의사전달과정, 집단구성원의 역할수행에 관한 과정, 집단적 의사결정의 과정, 집단의 규범과 성장에 관한 과정, 리더십, 권력과정, 집단 간의 과정 등이다.

과정상담에서 컨설턴트(과정상담자)는 조직구성원들이 조직 내의 인간적 과정과 그 개선방법을 이해하고 과정 상의 문제들을 스스로 해결할 수 있도

---

f) Edgar Schein은 여러 가지 형태로 적용되어 오던 과정상담의 기법을 종합·정리하여 과정상담에 관한 일반이론을 정립한 사람으로 지목되고 있다.

록 돕는다. 컨설턴트의 궁극적인 임무는 그가 할 수 있는 일을 대상조직의 구성원들이 독자적으로 할 수 있도록 그들의 능력을 길러주는 것이다. 대상조직의 구성원들은 문제를 스스로 확인할 수 있는 능력을 기르고 문제의 진단과 해결책의 탐색에 능동적으로 참여해야 한다. 컨설턴트가 제시한 해결책의 채택 여부는 조직구성원들이 스스로 결정해야 한다.

❶ 단 계 과정상담의 단계는 i) 관계설정단계(establishing contact and defining a relationship), ii) 개입방법결정단계(selecting a setting and a method of work), iii) 자료수집단계(gathering the data), iv) 개입단계(intervention), v) 평가 및 철수단계(evaluation of results and disengagement) 등으로 구분된다. 여기서 관계설정단계라고 하는 것은 컨설턴트가 대상조직의 관계자와 접촉하고 탐색적인 면담을 통해 과정상담에 관한 공식적 계약과 심리적 계약을 맺는 단계를 말한다.

❷ 방 법 개입의 방법에는 i) 의제설정(논의사항 선택: agenda-setting), ii) 관찰결과나 기타 자료의 환류(feedback of observations or other data), iii) 개인지도 또는 상담(coaching or counseling of individuals), iv) 구조변경의 제안(structural suggestions) 등이 있다. 컨설턴트들은 여기에 열거된 순서대로 개입방법을 사용하는 것이 보통이다. 의제설정방법을 제일 먼저 그리고 가장 많이 사용한다. 구조변경을 제안하는 방법은 드물게 쓰인다.

의제설정은 과정적인 문제에 대한 조직구성원들의 감수성을 높이고 그러한 문제를 진단하는 데 흥미를 느끼도록 하기 위한 활동을 지칭한다. 과정 상의 중요문제에 주의를 끌기 위해 질문을 하는 것, 어떤 과정을 분석할 모임을 주선하는 것, 어떤 과정의 결과를 반성할 시간을 할애하도록 종용하는 것 등이 의제설정에 포함되는 활동의 예이다.

(4) 태도조사환류기법   태도조사환류기법(態度調査還流技法: survey feedback method)은 조직 전체에 걸쳐 구성원들의 태도를 체계적으로 조사하고 그 결과를 조직 내 모든 계층의 개인과 집단에 환류시켜 그들이 환류된 자료를 분석하고 개선방안을 탐색하도록 하는 개입기법이다. 이 개입기법의 주요도구는 태도조사와 워크숍(연구집회: workshop)이다.

❶ 단 계 태도조사환류기법의 적용단계는 다음과 같다.[17]

첫째, 컨설턴트(OD 전문가)와 조직의 최고관리층이 협의하여 조사설계를 한다.

둘째, 모든 조직구성원으로부터 자료를 수집한다.

셋째, 조직의 최고관리층으로부터 시작하여 계서제 상의 모든 집단에 하향적으로 자료수집의 결과를 환류시킨다. 즉 최고관리층에서 먼저 자료를 검토한 다음 순차적으로 아래 계층의 집단에서 자료를 검토하게 한다.

넷째, 각 집단의 상관은 부하들과 함께 환류된 자료에 관한 워크숍을 갖는다. 워크숍에서는 자료를 해석하는 데 부하들이 적극적으로 기여하게 한다. 조사설계에 참여했던 컨설턴트는 워크숍에도 참여해 조력한다. 각 계층의 워크숍에서는 개혁의 계획을 수립하고 그에 관한 자료를 아래 계층의 집단에 제시할 계획을 세운다.

❷ 전통적인 방법과의 구별 조직발전의 개입기법인 태도조사환류기법은 몇 가지 점에서 전통적인 태도조사기법과 구별된다.

첫째, 전통적인 방법은 대개 하급직원들의 태도만을 조사하지만 태도조사환류기법은 전 직원의 태도를 조사한다.

둘째, 전통적인 방법은 원칙적으로 고급관리자들에게 조사자료를 환류시키지만 태도조사환류기법은 모든 작업집단의 구성원들에게 자료를 환류시킨다.

셋째, 전통적인 방법은 고급관리자들이 조사자료를 해석하고 개혁방안을 결정하도록 한다. 태도조사환류기법은 모든 작업집단이 워크숍을 통해 자료를 해석하고 개혁방안을 결정하도록 한다.

넷째, 전통적인 방법의 경우 제3자인 전문가는 조사를 설계하여 실시하고 결과에 대한 보고서를 제출하는 것으로 임무를 끝낸다. 태도조사환류기법을 적용할 때에는 전문가와 조직의 고급관리층이 협의하여 조사를 설계하고 실시하며 워크숍의 계획과 진행에 전문가가 개입한다.

(5) 관리유형도를 사용하는 조직발전 관리유형도(管理類型圖)를 사용하는 조직발전(grid organization development)은 Robert Blake와 Jane Mouton이 개발한 조직발전의 기법이다. 이것은 관리유형도(managerial grid)라는 분석틀을 적용해 개인, 집단, 집단 간의 관계, 그리고 조직 전체의 효율화를 도모하려는 기법이다.[18]

❶ 관리유형도 관리유형도는 '생산(일 또는 결과)에 대한 관심'과 '사람에

대한 관심'을 기준으로 하여 관리의 유형을 다섯 가지로 구분하고 있다. 다섯 가지 유형이란 빈약형, 친목형, 임무중심형, 절충형, 그리고 단합형을 말한다. 단합형이 가장 효율적인 관리유형이라고 보는 것은 관리유형도를 사용하는 조직발전의 기본적인 가정이다. 관리유형도에 대해서는 제4장 제3절에서 설명하였다.

❷ 단 계   관리유형도를 사용하는 조직발전은 여섯 단계의 활동을 거쳐 진행된다.

첫째, 관리자 전원을 대상으로 관리유형에 관한 세미나를 실시한다. 준비단계에서 선발되어 훈련받은 관리자들은 이 첫째 단계의 세미나를 이끄는 역할을 맡는다. 관리유형에 관한 세미나를 통해 관리자들이 각자의 관리방식을 평가하고 문제해결, 비판, 의사전달, 협동적인 작업집단육성에 필요한 기술 등을 배우고 연습하게 한다. 첫째 단계의 훈련에서 관리자들이 단합형의 관리방식을 배우게 한다.

둘째, 작업집단에 초점을 두어 협동적인 작업관계를 발전시킨다. 첫째 단계에서 배운 지식을 실제에 적용하여 작업관계를 개선하게 한다.

셋째, 집단 간의 관계를 개선한다.

넷째, 조직 전체의 이상적인 목표상태(ideal strategic corporate model)에 대한 전략적 계획을 세운다. 넷째 단계의 관심대상은 조직 전체이다.

다섯째, 조직 전체에 관한 발전계획을 시행한다.

여섯째, 준비단계로부터 다섯째 단계에 이르기까지의 활동을 측정하고 평가한다.

(6) 직무풍요화와 직무확장   직무풍요화와 직무확장은 기술적·구조적 변동을 통한 조직발전의 기법이다.

❶ 직무풍요화   직무풍요화(職務豊饒化: job enrichment)는 직무를 맡는 사람의 책임성과 자율성을 높이고, 직무수행에 관한 환류가 원활히 이루어지도록 직무를 재설계하는 것이다. 재설계대상인 직무는 수직적으로 연관된 기능들이다.[g] 직무를 재설계할 때에는 수직적으로 연관된 기능들을 책임이 더 큰 하나의 기능으로 묶어 심리적으로 보다 의미 있는(보람 있는) 직무를 만든다.

---

g) 수직적으로 연관된 기능이란 책임수준이 서로 다른 기능들이 연관되어 있음을 뜻한다. 하급집행기능에 그와 연관된 감독기능을 합쳐 하나의 직무로 꾸미는 것은 직무풍요화의 한 예이다.

직무풍요화는 참여적인 방법으로 추진한다. 즉 직무담당자의 의견을 들어 직무를 개편한다.

직무풍요화는 사람들이 직무수행 그 자체로부터 만족을 얻고 내재적으로 직무수행동기를 유발할 수 있다고 설명하는 동기이론에 기초를 둔 기법이다.[h] 그러므로 직무풍요화에서는 직무에 심리적 영양소(psychological nutrients)를 투입하여 보다 의미 있는 직무로 만들고 직무담당자의 성숙과 자기실현을 촉진하려 한다. 여기서 심리적 영양소란 책임성과 자율성, 성취의 기회, 성취에 대한 인정, 새로운 것을 배우고 보다 복잡한 일을 맡을 수 있는 기회 등을 말한다.

직무풍요화가 직무의 재설계라는 고립적인 조치만으로 성공하기는 어렵다. 관리자들의 인간관과 관리방식이 직무풍요화를 뒷받침할 수 있도록 되어야 하며 직무기술제도, 근무성적평정제도, 보수제도 등이 직무풍요화를 지지할 수 있도록 개선되어야 한다. 관리자들은 부하들을 자기실현적 인간으로 보고 그러한 인간모형에 착안한 관리전략을 채택해야 한다. 조직 내의 직무는 유동적인 것으로 다루어져야 한다. 직무기술서와 직무변동에 연관된 과정들, 그리고 직위 간의 관계는 융통성 있고 적시성 있게 조정될 수 있어야 한다. 직무수행의 실적이 좋은 사람에게는 점진적으로 더 많은 책임을 부여하고 늘어난 책임에 부합하는 보수를 지급해야 한다. 보수는 성과급이라야 한다.

❷ 직무확장   직무확장(職務擴張: job enlargement)은 기존의 직무에 수평적으로 연관된(책임수준이 같은) 직무요소 또는 기능들을 보태는 수평적 직무부가의 방법이다. 새로이 합쳐지는 직무요소들이 반드시 기존의 직무요소들과 동질적이어야 한다거나, 하나의 통합된 직무로 결합될 수 있어야 하는 것은 아니다. 이질적인 직무요소들도 하나의 직무에 추가할 수 있다.

직무확장의 목적은 직무담당자들의 대기시간을 줄여 작업량과 수입을 늘리는 것, 직무수행의 지루함과 피로를 줄이는 것, 생산활동의 질을 높이고 노동비용을 감축하는 것 등이다. 직무확장이 조직사회의 실제에서 개인과 조직에 다 같이 유익한 결과를 가져왔다는 보고들이 많다. 그러나 개인의 동기유발에 별로 유효한 방법이 아니라는 비판도 있다. 권태로운 일을 하나가 아니

---

h) 직무풍요화에 근거정을 제공하는 이론은 Frederick Herzberg의 욕구충족요인이원론이라고 한다.

라 여럿 부과함으로써 권태로움을 단순히 농축시킬 뿐이라고 비판한다.

(7) 스트레스 관리 　조직에 참여하는 직업생활인들은 여러 가지 스트레스를 경험한다. 그것이 지나치면 조직과 개인에게 해를 끼치기 때문에 당사자와 조직은 이를 계획적으로 관리하지 않으면 안 된다.[19)]

스트레스는 예사롭지 않은 부담을 주는 환경(행동·사건·상황 등)에 대한 사람의 정신적·육체적 반응으로서 사람의 행태를 적응 또는 변동시키는 것이다. 직업생활에서 겪게 되는 스트레스(job stress)는 업무환경에 대한 사람들의 반응양태 가운데 하나이다. 스트레스에는 영업직원이 경기침체에 직면했을 때 받는 것과 같은 부정적 스트레스도 있고, 새로운 직위에 승진했을 때 받는 것과 같은 긍정적 스트레스(eustress)도 있다. 긍정적 스트레스는 직무성취와 직무만족의 증진에 기여하는 자극제가 될 수 있다. 거의 모든 사람이 스트레스를 야기할 수 있는 조건에 노출되지만 그에 대한 반응은 사람에 따라 서로 다를 수 있다.

❶ 원　인 　조직생활에서 겪게 되는 스트레스의 구체적인 원인(스트레스 유발요인: stressors)은 수없이 많겠지만 이를 세 가지로 크게 범주화해 볼 수 있다.

첫째, 업무수행에 관련된 원인으로 역할모호성, 역할갈등, 윤리적 딜레마, 작업장의 물리적 조건(조명·온도·소음·공기오염), 업무과다 또는 업무과소 등을 들 수 있다. 업무수행에 영향을 미치는 조직설계, 관리과정, 사업목표, 조직문화 등 조직 전반의 문제도 스트레스의 원인이 될 수 있다.

둘째, 대인관계에서 비롯되는 원인으로 외부 사람들과의 접촉이 많은 경우, 다른 부서 사람들과의 접촉이 많은 경우, 상하 간 또는 동료 간의 관계가 나쁜 경우, 조직의 전반적인 심리적 분위기가 소외적·적대적인 경우 등을 들 수 있다.

셋째, 개인적 요인으로 현재의 지위가 본인의 기대만 못할 경우, 직업적 안정성이 결여된 경우, 근무장소의 지리적 변동이 잦은 경우 등을 들 수 있다. 스트레스를 잘 받는 개인의 성격, 변동에 대한 적응능력 부족, 기술적 능력 부족도 스트레스를 야기하거나 악화시키는 원인이 될 수 있다.

여기서는 조직구성원의 직업생활에 국한하여 스트레스의 원인을 범주화하였다. 사람에게 스트레스를 줄 수 있는 요인은 그 밖에도 많다. 정치적·경제적 불확실성이나 사회적 기술의 격변과 같은 환경적 요인도 있고 경제적 어려움이나 가족 내의 불화와 같은 개인생활의 많은 문제들이 사람에게 스트레스를 줄 수 있다. 직원들은 조직외적 원인 때문에 받는 스트레스를 직장에 가지고 들어온다. 그러므로 스트레스 관리에 임하는 사람들은 그러한 조직외적 스트레스도 외면할 수 없다.

❷ 영 향 스트레스의 존재가 해롭기만 한 것은 물론 아니다. 적정한 스트레스는 사람의 동기를 유발하고 생활에 활력을 주기도 한다. 그러나 지나친 스트레스는 부정적인 육체적·심리적·행태적 반응을 야기한다.

부정적 스트레스는 사람들의 육체적 건강과 심리적 안녕을 해치고 질병에 걸리게 할 수 있고, 수명을 단축시킬 수 있다. 사람들이 초조감, 불안감, 좌절감에 시달리게 할 수 있다. 결근, 이직, 태업, 생산성 감소 등으로 인해 업무수행에 지장을 주고 의사결정의 효율성을 저하시킬 수 있다.

고강도의 스트레스를 장기간 받은 사람은 번아웃(burnout: 탈진; 정신·신경의 쇠약)이라는 반응을 보일 수 있다. 번아웃은 육체적·정신적으로 쇠약해져서 스트레스에 대항할 힘을 잃은 상태이다. 사람들이 번아웃 상태에 빠지면 스트레스로 인한 부정적 증상이 심하게 나타난다.

사람이 자신의 안전에 대한 중대위협에 직면하여 받는 스트레스는 트라우마(trauma: 精神的 外傷; 쇼크)를 초래할 수 있다. 트라우마는 사람의 자기능력에 대한 신념과 자아인식이 와해되는 상태이다. 트라우마에 빠진 사람은 임무수행에 실패하며 환경의 희생물이라는 느낌을 가지고 정서적 혼란증상을 보이게 된다.

❸ 극복대책 스트레스의 피해를 막으려면 개인과 조직은 스트레스를 감소·완화하는 극복노력을 해야 한다. 스트레스 극복방법은 두 가지 범주로 분류할 수 있다.

첫째, 업무에 관련된 극복방안이 있다. 직무를 풍요화하는 것, 역할을 명료화하는 것, 시간관리를 효율화하는 것, 업무를 위임하는 것, 필요한 정보를 얻고 업무조력을 받는 것, 업무협력을 강화하는 것 등은 업무에 관련된 문제 해결방안의 예이다. 구체적인 스트레스 야기에 직결되는 것이 아니더라도 전반적인 업무환경을 개선하여 직원들의 욕구충족수준을 높이면 그들의 스트레스 취약성을 낮출 수 있다.[i]

---

i) 스트레스를 얼마나 잘 느끼는가를 설명하는 데 스트레스 취약성, 스트레스 민감성, 스트레스

둘째, 개인적·정서적 극복방안이 있다. 이 방안의 예로 완벽주의를 완화하고 달성 불가능한 성취기준을 포기하는 것, 주변으로부터 사회적·정서적 지지를 구하는 것, 모호한 상황에 대한 아량을 키우는 것, 운동이나 충분한 수면 또는 식이요법을 통해 건강을 유지하는 것, 이완·긴장완화의 기술을 습득하는 것 등을 들 수 있다. 여기서 긴장완화기술이란 명상, 근육이완운동, 심호흡, 편안한 자세유지 등을 말한다.

위의 극복활동을 돕기 위해 조직은 건강증진 프로그램, 부하들에게 스트레스를 덜 주는 감독방식을 습득시키는 감독자훈련, 그리고 감수성훈련, 참선, 인사상담, 시간관리 개선, 대인관계 개선 등에 관한 워크숍을 운영해야 한다. 조직설계, 관리과정, 사업목표 등 스트레스 야기의 간접적 조건이 될 수 있는 요소들도 개선해야 한다.

(8) 투영기법 투영기법(投影技法: organizational mirror)은 조직 내의 어떤 단위 또는 부서가 그와 연관된 다른 부서로부터 자기 부서에 관한 정보를 얻게 하는 기법이다. 여기서 다른 부서라고 하는 것은 조직 내의 부서뿐만 아니라 납품업자, 고객 등을 포함하는 넓은 뜻의 행동단위이다.

투영기법을 쓸 때 대상집단(단위, 부서)은 자기 집단에 대한 정보(평가정보)를 상대방으로부터 받기만 한다. 상대방에 대한 정보를 다시 투영해 주지는 않는다. 대상집단이 자기에 관한 정보를 어떤 방법으로 얻는가 하는 것은 조직발전 컨설턴트들의 조언을 들어 결정한다. 흔히 채택되는 것은 대상집단과 상대방집단의 구성원 일부가 작은 팀을 구성하여 대상집단의 문제를 확인하고 해결방안을 탐색해 나가는 방법이다.

(9) 직면회합 직면회합(直面會合: confrontation meeting)은 조직의 관리자 전원이 하루 동안 모여 조직 전체의 건강을 논의하도록 하는 기법이다. 관리자집단은 일련의 활동을 통해 주요 문제를 확인하고 그 원인을 분석하며 해결방안과 실천일정을 결정한다.

직면회합은 여섯 단계의 활동으로 구성된다.

문턱 등의 개념들이 사용되기도 한다. 스트레스 문턱(stress threshold)은 사람이 부정적 스트레스를 형성하지 않고 견딜 수 있는 스트레스 유발요인의 수준을 지칭한다. 이것은 스트레스 유발요인과 마주친 사람이 보여주는 관용적 태도 또는 내성의 수준이다. 스트레스 문턱이 낮으면 스트레스에 대한 취약성이 높다. John W. Newstrom, *Organizational Behavior at Work*, 13th ed. (McGraw-Hill, 2011), pp. 399~400.

첫째, 분위기조성단계에서는 상급관리자들이 모임의 취지를 설명하고 허심탄회한 토론을 부탁하는 등의 활동을 한다.

둘째, 정보수집단계에서는 조직의 문제가 무엇인지에 관한 정보를 모은다. 이 작업은 6명 내외의 소집단들을 구성하여 진행한다. 각 소집단의 결론은 보고자가 정리한다.

셋째, 정보공유화의 단계에서 각 소집단의 보고자들은 자기집단의 결론을 전체회의에 보고한다. 전체회의에서는 회의주재자가 문제 또는 항목들을 정리하여 적은 수의 제목 아래 묶는다.

넷째, 우선순위결정 및 집단행동계획의 단계에서 회합참여자들은 소집단들이 제기한 문제들을 심의한다. 그리고 문제해결의 우선순위와 시정조치의 단계를 결정한다.

다섯째, 최상급관리자집단이 후속조치를 결정하는 단계에서는 직면회합참여자들이 해산한 뒤에 최상급관리자집단은 남아 회합에서 얻은 정보에 기초하여 실천계획을 세운다. 이 계획은 다른 회합참여자들에게 전달된다.

여섯째, 평가단계에서는 한 달 내지 6주일 후에 최상급관리자들이 모여 계획실천의 진행상황을 심사·평가한다.

(10) 긍정적 탐색 긍정적 탐색(肯定的 探索: appreciative inquiry)은 조직의 독특한 요소 또는 특별한 강점을 알아내고 그것을 업무개선에 활용하는 장점발굴방법이다. 이것은 조직의 문제나 실책이 아니라 장점과 성공사례에 초점을 맞추는 방법이다.

긍정적 탐색은 2~3일 동안 대규모 집단의 토론으로 진행된다. 토론의 과정은 i) 조직의 장점 발견(discovery), ii) 미래상태의 예상(dreaming), iii) 새로운 비전의 설정(design), iv) 새로운 비전의 실천방안 결정(definition of organization's destiny) 등 네 가지 단계를 거친다.

긍정적 탐색은 문제를 확인하고 그 해결책을 찾는 문제중심적 방법들과 구별된다. 긍정적 탐색기법을 옹호하는 사람들은 문제중심적 방법들이 과거의 실패에 눈을 돌리게 하고 약점에 초점을 맞추면서 새로운 비전은 창출하지 못한다고 비판한다. 문제중심적 방법들은 누군가를 비난하게 되고 따라서 방어적 반응을 유발하게 된다고 한다. 반면 긍정적 탐색은 조직이 이미 잘하고 있는 행동을 더욱 발전시키기 때문에 비난·방어로 인한 역효과를 피할 수 있다고 한다.

III. 조직발전의 한계와 성공조건

조직발전의 인간중심주의적 접근방법은 개혁의 심리적 수용을 촉진하고 자발적·능동적 개혁을 유도하는 데 효율적인 방법이다. 조직 전체를 학습조직화하는 데 기여할 수 있다. 조직구성원들의 고급욕구 충족과 직무만족의 향상에 기여할 수 있다. 조직구성원들의 조직목표에 대한 헌신을 강화하고 생산성을 향상시킬 수 있다. 갈등해결을 쉽게 하고 팀워크를 강화할 수 있다. 조직발전의 효용 은 이 밖에도 여러 가지가 있을 것이다.

그러나 조직발전의 효용을 실제로 거두어들이는 일은 쉽지 않다. 현실적인 제약이나 장애 때문에 조직발전을 적용해 보려는 시도 자체가 좌절될 수도 있고 조직발전의 추진이 왜곡될 수도 있다.

1. 조직발전의 한계

1) 접근방법에 내재된 제약

조직발전을 비판하는 사람들이 지적하는 조직발전의 제약 또는 한계는 다음과 같다.[20]

❶ 구조적·기술적 문제의 경시 구조적·기술적 요인을 간과하거나 소홀히 다루는 경향이 있다. 구조적·기술적 기법들이 쓰이기도 하지만 그것이 조직발전기법의 주류는 아니다.

❷ 문화적 편견 조직발전은 인간의 자기실현과 성장·성숙에 관한 성장이론을 기초로 하여 사랑과 신뢰 그리고 협동을 가치기준으로 삼는 규범적 처방을 한다. 이러한 편향을 지닌 조직발전은 일종의 문화적 편견을 반영하는 접근방법이라고 할 수 있다. 동기요인추구자들이 주축을 이루고 있는 조직이 아니면 적용하기 어려운 접근방법이다.

❸ 많은 시간과 비용의 소모 많은 시간과 비용이 드는 접근방법이다. 조직이 장기간에 걸쳐 능동적으로 줄기차게 노력하고, 많은 비용을 투입해야 한

다. 그리고 유능한 조직발전 전문가를 확보하기도 어렵다.

❹ 문화적 갈등   조직발전의 결과 집단 내 또는 조직 내에 형성되는 문화와 환경의 문화가 서로 부합되지 않으면 문화적 갈등이 빚어지고 조직발전의 효과도 떨어진다.

❺ 집단지향성의 문제   조직발전은 집단적 과정을 중시하기 때문에 조직의 생산성 향상에는 오히려 소홀해질 수 있다. '집단사고'의 폐단이 빚어질 수도 있다.

❻ 평가의 애로   조직발전의 효과가 나타날 때까지 시간이 오래 걸린다. 조직발전의 개혁대상에는 측정하기 힘든 요인들이 많다. 조직발전의 효과와 다른 영향요인의 효과를 분리하기도 어렵다. 이런 조건들이 조직발전의 효과 평가를 어렵게 한다.

2) 실천 상의 장애: 실책의 위험

조직발전이라는 접근방법의 본래적인 제약요인이라고 할 수는 없지만, 대상조직에 필요한 조건이 갖추어져 있지 않기 때문에 또는 적용 상의 잘못 때문에 빚어지는 장애와 실패도 많다. 조직발전의 실천과정에서 흔히 저질러지는 실책들을 보면 다음과 같다.[21]

❶ 컨설턴트의 실책   컨설턴트(조직발전 전문가)의 무능, 편견이나 무성의 때문에 또는 고의로 저지르는 비윤리적 행동, 실수 등이 문제로 될 수 있다.[j]

❷ 컨설턴트에 대한 지나친 의존   컨설턴트의 본래 임무는 조직의 자체적 개혁능력을 육성하고 철수하는 것이다. 그런데 조직구성원들의 자율성과 능동성이 발휘되지 않으면 컨설턴트에 대한 의존이 지나치고 습관화될 수 있다.

❸ 최고관리층의 실책   대상조직의 최고관리층이 조직발전방법을 불신하거나 그릇된 목적에 사용할 수 있다. 조직발전을 조직구성원들에게 생산성을 높이도록 압력을 가하는 고도의 조종술로 남용할 수 있다.

---

j) 컨설턴트가 무능하거나 헌신적 봉사의 의욕을 갖고 있지 않은 경우도 문제이지만 '컨설턴트의 윤리'를 지키지 못하는 것은 더 큰 문제이다. 연구에 치우쳐 조직발전의 목적을 소홀히 하는 경우, 진단된 사실을 개인적 이해관계 때문에 왜곡하는 경우, 비밀에 부쳐야 할 개인적 정보를 누설하여 사생활을 침해하고 심리적 손상을 입히는 경우, 환경적·심리적 조종과 조작으로 의뢰인의 자유선택을 제약하는 경우, 컨설턴트의 주관적 선호 때문에 문제와 상황에 불구하고 언제나 같은 기법을 사용하는 경우 등을 컨설턴트의 윤리규범 위배사례로 들 수 있다.

❹ 통합적 노력의 실패　조직발전과 다른 접근방법에 의한 조직개혁을 통합적으로 추진하지 않으면 일관성 없는 결과를 빚게 된다.

❺ 가치수용의 실패　조직발전의 가치가 조직의 일부 계층에서만 받아들여지거나, 조직발전을 수용하는 입장이 계층마다 다를 경우에는 마찰이 일어나고 조직발전의 효과도 제대로 발휘될 수 없다.

❻ 목표와 방법의 왜곡　조직발전이 선량주의(選良主義: elitism)에 빠지기 쉽다. 조직의 효율성(합리성)에만 관심을 집중할 수 있다. 기존의 권력체제를 강화하는 도구로 쓰일 수 있다.

조직발전이 실제로는 전통적 관리자들의 관심사인 조직의 효율화에 치중하고 인간개발이나 직업생활의 질을 향상시키는 문제에는 소홀한 사례가 많다고 한다. 조직발전이 하향적인 인간개조를 추구하고 관리층의 의뢰와 문제한정에 따라 추진되기 때문에 선량주의에 빠지고, 쇄신보다는 기존의 권력체제를 강화하는 데 쓰일 수 있다고 한다.

3) 정부부문에서 가중되는 제약

조직발전을 실천하려 할 때 봉착하게 되는 장애는 물론 조직에 따라 다를 수 있다. 조직발전을 정부부문의 조직에 적용하려 하는 경우 경험하게 되는 제약 또는 장애는 민간부문의 경우와는 다른 특성을 가지고 있다.[22]

❶ 정치적·경제적 제약　조직발전의 필요에 대한 결정이 정치적으로 왜곡 또는 훼손되기도 하고 미리 배정된 예산의 규제 때문에 조직발전의 추진이 좌절되기도 한다.

❷ 적시성 확보의 애로　조직발전사업은 거대한 관료제 내의 복잡한 과정을 거쳐 입안해야 하고, 외부의 많은 권력중추들이 이를 승인해야 하기 때문에 사업집행의 적시성을 확보하기가 어렵다.

❸ 방어적·폐쇄적 대응　정부조직은 여론과 정치적 통제에 민감하기 때문에 조직진단자료가 왜곡되거나 사장될 위험이 크다. 공무원들은 자신이나 조직을 외부의 통제중추들로부터 보호하기 위해 조직발전의 대상이 될 조직 내의 문제들을 은폐하여 조직발전이 시작되지 못하게 할 수 있다. 보안과 기밀유지를 강조하는 분위기는 개방적 문제해결을 추구하는 조직발전의 성향에 배치된다.

❹ 창의성을 억압하는 제도   정치적 제약, 법적 제약, 절차의 경직성, 권한중심적 지위체제 등 전통적 정부관료제의 특질은 선례답습을 조장한다. 이것은 창의적 직무수행을 촉진하려는 조직발전을 제약한다.

❺ 최고관리층의 빈번한 교체와 단기적 안목   최고관리층의 빈번한 교체 그리고 단기적인 정책성과를 요구하는 정치적 압력은 조직발전의 일관성 있는 추진을 어렵게 한다.

❻ 더욱 어려운 평가   정부조직의 산출 가운데는 평가하기 어려운 것이 많기 때문에 조직발전의 효과평가도 그만큼 더 어렵다.

2. 조직발전의 성공에 필요한 조건

조직발전프로젝트가 의도한 성과를 거둘 수 있으려면 앞서 지적한 실패의 조건은 없어져야 하며 성공에 필요한 조건이 갖추어져야 한다. 조직발전의 성공적인 추진을 뒷받침해 줄 조건들을 간추려 보면 다음과 같다.[23)]

❶ 조직발전의 필요에 대한 인식   개혁을 요구하는 조직 내외의 압력이 있어야 하며, 조직 내의 책임 있는 직위에 있는 사람들이 개혁의 필요를 인지하고 조직발전을 통해 개혁을 추진하려고 결심해야 한다. 조직의 최고관리층은 조직발전을 지지하고 지원해야 한다.

❷ 유능한 개혁추진자의 확보   유능하고 의욕 있는 컨설턴트를 확보해야 한다. 그와 함께 개혁추진자의 역할을 수행할 조직 내의 조직발전 실천가들을 확보해야 한다.

❸ 참여와 협력   모든 계층의 조직구성원들이 조직발전과정에 능동적으로 참여해야 한다. 컨설턴트와 조직구성원은 긴밀하게 협력해야 한다. 개혁추진자들은 참여와 협력을 촉진하기 위해 조직구성원들에게 조직발전의 목표와 내용을 잘 알려야 한다.

❹ 조직의 융통성과 상호지원적 분위기   조직 내에 상호지원적인 분위기를 조성해야 한다. 그리고 조직은 변동요청을 받아들일 수 있는 융통성을 발휘해야 한다.

❺ 중간성과에 의한 신뢰구축   조직구성원들이 조직발전의 초기적 성과나 중간결산을 보고 조직발전의 유용성 그리고 장래의 성공 가능성을 깨닫고

신뢰하도록 해야 한다.

❻ 과학성의 강화　조직발전과정 그 자체의 과학적 합리성을 높여야 한다.

❼ 지지적 보상체제　조직발전의 처방에 따른 변동노력을 지지하고 촉진할 수 있는 보상체제를 갖추어야 한다.

03 조직과 환경

Ⅰ. 조직의 환경이란 무엇인가?

1. 조직의 경계와 환경

조직은 경계를 가지고 있으며 경계 밖의 환경과 교호작용한다. 조직에는 경계가 있기 때문에 조직과 그 환경이 구별될 수 있다. 그러나 경계가 조직을 환경으로부터 단절시키고 고립시키는 것은 아니다. 조직과 환경은 조직의 경계를 넘나드는 거래를 한다. 조직은 내외의 불확실한 영향에 노출된 개방체제이다.

조직과 그 환경은 끊임없이 교호작용하며 양자는 서로 영향을 미치기 때문에 조직현상을 온전하게 이해하려면 조직과 환경의 상호적인 관계를 파악해야 한다. 현대조직학의 개방체제론적 접근방법은 환경관계 규명의 필요성을 강조한다.

1) 조직의 경계

(1) 경계의 정의   조직의 경계(境界: boundaries)는 조직과 환경을 구분해 주는 사회현상을 지칭하는 개념이다. 경계라는 개념을 통해 조직과 환경을 구별한다. 우리가 채택하는 경계개념은 원칙적으로 사람들의 행동이 만들어내는 사회적 현상을 지칭한다. 조직구성원들의 경계적 작용은 조직과 환경을 구별해 주고 양자의 연계관계를 설정한다. 사람들의 행동이 경계를 설정하기 때문에 경계의 위치는 시간적·공간적으로 유동적일 수 있다.

(2) 경계적 작용   사람들이 엮어내는 조직의 경계적 작용에는 i) 생산활

동을 위한 투입의 획득 그리고 생산된 산출의 처분, ii) 투입과 산출의 선별, iii) 장·단기의 적응을 위한 정보의 획득, iv) 조직의 대외적인 대표, v) 외적 압력과 위협에 대한 조직의 보호 능이 포함된다.[1)]

(3) 경계의 지표 연구인들이 조직의 경계를 알아내려 할 때에 쓸 수 있는 직접·간접의 지표라고 제시한 것들은 대단히 많다.[2)] 교호작용률을 지표로 써서 교호작용이 현저히 줄어드는 곳을 조직의 경계로 규정해야 한다는 제안이 있는가 하면, 조직구성원이 하는 활동의 내용과 특성, 영향력의 차등점, 정보유통의 차등점, 구성원의 자격에 관한 규범적 기준, 근무시간과 같은 조직활동의 시간적 한계 등을 경계확인의 지표로 삼자는 제안도 있다. 조직의 핵심기술을 경계확인의 지표로 삼아야 한다는 주장도 있는데 그에 따르면 조직의 경계는 기술중추를 둘러싸고 투입·산출을 조절하는 조직단위들이라고 한다. 담장·대문 등 물적 시설도 경계를 밝히는 데 간접적인 지표로 쓸 수 있다고 한다. 그러나 대부분의 연구인들은 그와 같은 물적 시설과 조직의 경계를 동일시하지 않는다. 경계를 사람들이 행동으로 엮어내는 사회현상으로 보고 그것을 물리적 현상과 구별하려 하기 때문이다.

2) 조직의 환경

(1) 환경의 정의 가장 일반적으로 환경(環境: environment)은 '조직 밖에 있는 모든 것' 또는 '대상조직이 아닌 모든 것'이라고 정의할 수 있다. 그러나 이 정도의 모호한 정의는 조직과 환경의 관계를 실제로 분석하는 데 거의 도움을 주지 못한다. 조직연구인들은 그러한 일반적 정의에 여러 가지 한정(제한)을 붙여 환경이라는 개념을 보다 구체화하고 있다.

대체로 볼 때 조직연구인들은 조직과 '관련된' 환경에 우선적인 주의를 기울임으로써 환경의 범위를 사실상 한정하려 한다. 그리고 조직은 그의 환경을 선택하며 그 나름대로 환경의 범위와 특성을 지각한다고 주장함으로써 환경의 의미를 좀더 명료화하려는 시도를 보이기도 한다.

(2) 환경유형론 조직연구인들은 환경을 범위·차원·특성에 따라 분류하거나 환경의 하위 부문에 대한 개념을 발전시킴으로써 구체적인 연구의 목적에 따라 사용하는 환경개념의 의미를 한정하기도 한다. 환경유형론의 예를 몇 가지 보기로 한다.[3)]

첫째, 환경적 요소를 모두 포괄하는 일반적 환경과 조직 간의 관계로 형성되거나 그에 결부된 환경적 요인만을 포함하는 구체적 환경을 구분하는 유형론이 있다.

둘째, 구체적 환경을 개별적인 조직, 조직집합을 구성하는 조직, 조직망을 구성하는 조직, 그리고 유사조직군을 구성하는 조직으로 분류하는 유형론이 있다. 이러한 유형론은 구체적 환경의 분석수준에 관련하여 뒤에 설명할 것이다.

셋째, 조직이 직접 교호작용하는 직접적(1차적) 환경과 간접적으로 교호작용하는 간접적(2차적 또는 원거리적) 환경을 구분하는 유형론이 있다.

넷째, '대상조직이 인식하는 환경'과 조직을 연구하는 '외부인이 인식하는 환경'을 구분하기도 한다.

다섯째, 환경의 범위를 한정하는 개념으로 영역(domain), 지배권(territory), 적소(適所: niche), 과업환경(task environment), 업계(industry), 시장(market) 등이 쓰이고 있다.

영역은 조직의 구체적인 임무수행에 직결된 서비스의 분야와 대상을 지칭한다. 예컨대 병원의 영역은 진료대상인구와 진료대상질병 등이 한정한다. 지배권은 조직이 지배력을 행사하거나 행사하려고 하는 환경이다. 적소는 어떤 조직유형의 생존과 성장에 유리한 환경이다. 과업환경은 조직의 목표설정과 그 달성에 영향을 미치는 고객, 공급업자, 경쟁자, 규제기관 등으로 구성된 환경이다. 업계는 서로 대체가능한 산출물을 생산하면서 경쟁하는 조직들로 구성된 환경이다. 시장은 대상조직의 산출물 또는 그것을 대체할 수 있는 경쟁적 산출물을 사용하는 고객들의 집합을 지칭한다.

여섯째, 복잡성의 수준, 불확실성의 수준, 변동의 수준, 경쟁의 수준, 조직의 의존도 등을 기준으로 환경적 특성을 분류하는 유형론들이 있다.

2. 조직의 환경에 대한 연구

조직의 환경에 관해 논의할 주제의 선택을 구상하면서 연구인들의 누적된 관심사가 무엇인지를 고려하였다. 연구활동의 범주화에서 답을 찾았다. 조직과 환경의 관계에 대한 지금까지의 연구활동을 몇 가지로 범주화해보면 다음과 같다.

첫째, 조직과 환경은 관련되어 있으며 그 관련성은 매우 중요하다는 것을 일반적으로 주장하는 데 그치는 이론들이 있다.

둘째, 환경의 부분적인 요인에 국한하여 조직과 환경의 관계를 경험적으로 분석한 연구들이 있다.

셋째, 조직 간의 관계에 주의를 한정한 연구들이 있다.

넷째, 일반적 환경의 구성부문과 그 특성에 관한 유형론을 만든 이론들이 있다.

다섯째, 조직과 환경은 어떻게 교호작용하는가, 특히 조직은 환경에 어떻게 적응하며 또한 환경에 어떻게 영향을 미치는가에 대한 일반이론을 정립해 보려는 연구들이 있다.

근래의 연구동향을 보면 많은 연구인들이 조직 간의 관계를 경험적인 차원에서 규명해 보려는 일에 이끌리고 있음을 알 수 있다. 그리고 세계화된 경쟁적 환경, 환경적 격동성과 불확실성이 조직에 미치는 영향에 대한 연구인들의 관심도 높다.

II. 일반적 환경

조직의 일반적 환경(general environment)이란 조직 밖에 있는 현상으로서 연구대상인 조직에 실제적으로 또는 잠재적으로 영향을 미치는 모든 것을 말한다.

앞에서 언급한 바와 같이 환경을 가장 일반적으로 정의할 때에는 조직 밖에 있는 모든 것이라고 표현하기도 한다. 그러나 조직을 연구하는 사람들이 실제로 관심을 갖는 일반적 환경은 조직 밖의 모든 것 가운데서 연구대상인 조직의 이해에 유의미하게 연관된 부분들이다.

조직과 관련 있는 환경의 범위는 연구하는 사람의 관점에 따라서 그리고 구체적인 연구의 필요에 따라서 여러 가지로 달리 규정될 수 있다. 실재하는 조직이 선택하는 환경의 범위도 다양하다. 어떤 조직은 그것이 속해 있는 지역사회를 환경으로 삼을 수 있다. 어떤 조직은 그 환경을 소속국가의 경계 내에 국한시킬 수 있다. 어떤 조직은 지구 전체를 그 환경으로 규정할 수 있다. 다국적기업이나 국제기구들은 세계무대를 그들의 직접적인 환경으로 규정할 것이다. 어떤 경우에나 좁은 환경은 차례로 이어지는 상위의 환경(보다 넓은 환경)과 영향을 주고 받는다.

환경에 대한 연구인들의 시야는 점점 넓혀져 왔다. 국내적 환경의 연구에서 세계적 환경의 연구로 관심을 확대하고 있다. 국내적 환경을 논의하는 사람들도 세계적 환경(global environment)을 그 맥락으로 삼는다.

다음에 국내적 환경을 우선적인 준거로 삼아 환경의 주요 부문을 분류하고 환경적 특성에 관한 유형론들을 소개하려 한다. 논의의 전제는 세계적 환경을 국내적 환경의 맥락 내지 여건이라고 보는 것이다.[a]

1. 일반적 환경의 주요 부문

조직에 영향을 미치거나 영향을 미칠 잠재적 가능성을 지닌 일반적 환경은 i) 정치적·법적 환경, ii) 경제적 환경, iii) 문화적 환경, iv) 기술적 환경, v) 사회적 생태, vi) 자연적·물적 생태 등 여섯 가지 하위부문으로 나누어 볼 수 있다. 이러한 하위부문들이 무엇을 의미하는가에 대해 간단히 설명하려 한다.

1) 정치적·법적 환경

정치적·법적 환경이란 정치체제의 구조와 과정, 그리고 정치체제가 산출하는 법적 규범체제를 말한다. 정치적·법적 환경은 조직의 공식적 정당성을 규정하고 활동의 한계를 설정한다. 법적 규범을 산출하는 정치적 과정은 조직의 지위와 자원획득능력에 직접 또는 간접의 영향을 미친다. 대부분의 조직들은 법규범의 체제 속에서 정당성의 근거를 얻기 때문에 법규에서 무엇을 요구하거나 또는 금지하면 그에 따라야 한다. 조직에 관련된 법규범이 달라지면 조직은 그에 대응하는 변화를 겪지 않을 수 없다.

물론 구체적인 법규범 또는 정치과정적 작용의 영향을 얼마나 강하게 그리고 직접적으로 받느냐 하는 것은 조직에 따라 다르다. 법적·정치적 제약을

---

a) 조직이 처한 현대적 환경(시대적 배경)의 특성은 제1장 제3절의 II항에서 설명하였다.

받는 정도의 차이는 조직의 특성에 중요한 영향을 미친다.

2) 경제적 환경

경제적 환경이란 경제체제의 상태를 말한다. 조직이 소속되어 있는 사회의 경제적 조건은 조직의 목표와 규모, 사업 등에 많은 영향을 미친다. 경제적 조건은 경우에 따라서 조직의 생성 또는 존속 자체를 좌우하는 결정적 요인으로 작용할 수도 있다. 경제적 환경의 영향을 받는 양태는 조직에 따라 다르겠지만 한 나라의 경제상태와 전혀 무관한 조직은 있기 어렵다.

경쟁적인 시장에서 자원을 획득하고 또 산출을 판매해야 하는 사기업체의 경우 경제체제로부터 받는 영향을 가장 뚜렷하게 관찰할 수 있다. 경기의 변동이나 시장의 수요·공급조건 변동은 기업활동에 민감하게 반영된다.

경제체제의 조건은 사기업체뿐만 아니라 다른 분야의 조직들에도 영향을 미친다. 주로 조세수입에 의존하는 정부조직의 규모와 활동도 경제적 환경의 영향을 받는다. 경제적 조건은 조세수입의 양과 유형에 영향을 미치기 때문이다. 회원들의 회비로 운영되는 자발적 조직들도 일반적인 경제사정의 영향을 받지 않을 수 없다.

3) 문화적 환경

문화적 환경은 사회적 문화체제의 조건이다. 문화체제가 다름에 따라 사람들이 현실을 지각하는 방법, 인과관계에 대한 신념, 정당성의 규정, 권력에 대한 태도, 시간관념, 개인적 욕구수준 등은 달라질 수 있다. 문화적 조건은 조직구성원들의 가치기준과 행태에 영향을 미치고 결국은 조직의 구조와 과정에 영향을 미친다. 그리고 일반화된 사회적 가치·규범·역할의 존재, 조직은 어떻게 되어야 한다는 공통적 인식의 존재 등은 조직의 설계와 행태에 영향을 미치는 제약요인이 된다. 조직 자체가 문화적 산물이라고 설명할 수도 있다.

4) 기술적 환경

조직이 속해 있는 사회의 기술수준과 그에 관한 정보전달체제는 조직의 구조와 과정에 매우 큰 영향을 미친다. 기술에는 자연과학적 기술뿐만 아니라 관리적·행정적 기술도 포함된다.

조직이 처해 있는 환경에서 새로운 기술이 개발되면 그것은 오래지 않아 널리 전파되고 조직은 유지 또는 성장을 위해 새로운 관련기술을 흡수하게 된다. 조직이 사용하는 기술이 다르면 그에 관련된 기술적 환경도 다르게 된다. 조직에 따라 다른 기술적 환경의 특성은 조직의 구조와 과정을 결정하는 하나의 요인으로 작용한다.

5) 사회적 생태

조직이 처해 있는 사회의 인구학적 조건, 조직사회의 조건, 사회적 계층을 포함한 사회구조의 특성은 조직의 사회적 생태(scocial ecology)를 형성한다. 조직이 접촉해야 하는 인구집단의 규모·성장률·구성에 변동이 일어나면 조직은 조만간 그에 적응하지 않을 수 없다. 조직사회의 밀도가 어느 정도인가, 그리고 대상조직이 직접적으로 접촉해야 할 조직의 수와 종류는 어떠한가 하는 것도 대상조직에 영향을 미치는 요인이다. 사회적 계층구분의 엄격성, 분화정도 등 사회적 구조의 일반적 특성도 조직에 영향을 미친다.

6) 자연적·물적 생태

자연적·물적 생태(natural, physical ecology)에는 무생물적인 자연자원, 기후, 지형 등 물리적 조건, 사람이 이용할 수 있는 식량과 기타 동식물 등 생물학적 조건이 포함된다. 이러한 조건들이 조직에 영향을 미칠 것은 자명하다. 조직의 존속과 활동이 자연적·물적 생태에 영향을 미치는 측면도 근래에 들어서는 많은 논란의 대상이 되고 있다. 대규모의 산업체들이 자연을 훼손하고 공해를 야기하는 일이 심각해졌기 때문인 것으로 보인다.

어떤 환경적 부문 하나가 고립적으로 조직에 영향을 미치는 경우도 없지 않겠으나 그것은 예외적인 현상이라 해야 할 것이다. 환경의 부문들은 서로 연관되어 있으며 교호작용을 하고 있기 때문에, 어느 한 부문에 일어난 변화는 다른 부문에 영향을 미치게 마련이다. 대개의 경우 환경의 여러 부문이 조직에 미치는 영향은 복합적·연관적이다. 세계적 환경도 직접적·간접적 영향을 미친다.

일반적 환경의 주요 부문을 분류하는 작업을 한 사람들은 대단히 많다. 그들의 분류에는 공통점도 있지만 서로 다른 점도 있다. 몇 가지 예를 보기로 한다.

Richard Hall은 일반적 환경을 i) 기술적 조건, ii) 법적 조건, iii) 정치적 조건, iv) 경제적 조건, v) 인구학적 조건(demographic conditions), vi) 생태적 조건(ecological conditions), vii) 문화적 조건으로 구분하였다.[4]

Daniel Katz와 Robert Kahn은 일반적 환경을 i) 문화적 환경, ii) 정치적 환경, iii) 경제적 환경, iv) 정보 및 기술적 환경, v) 물적 환경(physical environment) 등 다섯 가지 부문으로 구분하였다.[5]

David Easton은 1960년대에 이미 환경논의의 국제적 시야를 보여 주었다. 그는 우리가 말하는 조직이 아니라 정치체제의 환경을 분류하였으나 국제적 환경까지를 포함시킨 그의 환경분류는 조직연구인들도 참고할 만하다. Easton은 정치체제의 환경을 먼저 국제적 환경(extra-societal environment or international society)과 국내적 환경(intra-societal environment)으로 구분하였다. 국제적 환경은 i) 국제정치체제, ii) 국제적 생태체제, ii) 국제적 사회체제로 분류하였다. 국내적 환경은 i) 생태체제, ii) 생물체제, iii) 성격체제(personality system), iv) 사회체제로 대별하고 이 가운데서 사회체제는 다시 i) 문화체제, ii) 사회구조, iii) 경제체제, iv) 인구학적 체제, v) 그 밖의 하위체제로 구분하였다.[6]

B. J. Hodge, William P. Anthony, 그리고 Lawrence M. Gales는 일반적 환경의 부문을 i) 업계(industry), ii) 문화부문, iii) 법적·정치적 부문, iv) 경제적 부문, v) 기술적 부문, vi) 인적자원부문, vii) 물적자원부문, 그리고 viii) 소비자와 고객부문으로 분류하였다.[7]

2. 환경적 특성의 분류

조직의 환경은 무수한 요소들을 내포하고 있으며 각 요소 하나하나의 특성은 또한 무한하게 다양하기 때문에 미세한 환경적 요소들이 지닌 특성들을 한꺼번에, 그리고 상세하게 분류하는 작업은 거의 불가능하다. 그러나 일반적 환경을 전체적으로 파악하여 그 기본적 특성을 몇 가지로 유형화해 보는 것은 가능하다.

지금까지 나온 환경유형론들 가운데서 Emery와 Trist, Katz와 Kahn, Aldrich, Bach, 그리고 Scott의 유형론을 살펴보기로 한다.

1) Emery와 Trist의 유형론

F. E. Emery와 E. L. Trist는 환경적 구성요소 간의 관계에 착안하여 환경

의 기본유형을 네 가지로 분류하였다. 단순한 환경으로부터 점차 복잡성과 불확실성이 높아져가는 단계를 의식하면서 분류한 네 가지 환경유형은 다음과 같다.8)

(1) 평온한 무작위적 환경　이것은 가장 단순한 환경유형이다. 평온한 무작위적 환경(placid, randomized environment)은 환경적 요소들이 안정되어 있고 무작위적(無作爲的)으로 분포되어 있는 환경이다. 이런 환경 속에서 선과 악(좋은 것과 나쁜 것)은 어느 정도 변함없는 속성을 지닌다. 아메바(amoeba)가 처해 있는 환경, 태아가 처해 있는 환경, 유목민이 처해 있는 환경 등을 평온한 무작위적 환경의 예로 들 수 있다.

(2) 평온한 집약적 환경　　평온한 집약적 환경(placid, clustered environment)은 환경적 요소가 안정되어 있고 비교적 변하지 않지만, 그러한 요소들이 일정한 유형에 따라 군집(群集)되어 있는(조직화되어 있는) 환경을 말한다. 계절의 지배를 받는 식물의 환경, 유아의 환경, 그리고 농업, 광업 등 일차산업의 환경을 평온한 집약적 환경의 예로 들 수 있다.

(3) 교란적·반응작용적 환경　교란적·반응작용적 환경(disturbed-reactive environment)은 위의 두 가지 환경유형과는 질적으로 차이가 있는 역동적 환경이다. 교란적·반응작용적 환경에서는 대상체제와 유사한 체제들이 등장하여 상호작용하고 경쟁하기 때문에 각 체제는 서로 다른 체제의 반응을 고려하지 않을 수 없게 된다. 예컨대 유아기를 벗어난 사람들은 다른 사람들과 연관을 맺어가면서 교란적·반응작용적 환경 속에서 살게 된다. 이러한 환경유형은 그 복잡성과 불확실성에 있어서 다음에 이야기할 격동의 장에는 미치지 못한다. 소수독점에 관한 경제이론은 교란적·반응작용적 환경에 관한 이론의 한 예이다.

(4) 격동의 장　격동의 장(소용돌이의 장: turbulent field)은 매우 복잡하고 급속하게 변동하는 환경이다. 환경 내의 특정한 구성부분들이 벌이는 상호작용에서뿐만 아니라 환경이라는 장(場: field) 자체로부터 역동적인 과정이 야기되는 환경유형이 격동의 장이다. 환경이 매우 복잡하고 구성요소들이 여러 갈래로 얽히고 설켜 있기 때문에 환경 자체에 원생적(原生的: autochthonous)인 역동적 과정이 내재되어 있는 경우 이것을 격동의 장이라 부른다. 격동의 장에서는 특정한 구성체제 간의 교호작용에서 빚어지는 복잡성이나 불확실성을

훨씬 초과하는 복잡성과 불확실성이 나타난다. 격동의 장에 나타나는 복잡성과 불확실성은 개별적인 구성체제들의 예측능력과 통제능력으로 대응할 수 있는 수준을 훨씬 초과하는 것이다.

2) Katz와 Kahn의 유형론

Daniel Katz와 Robert L. Kahn은 환경적 특성의 중요한 국면(important dimensions)을 네 가지로 나누고, 각 국면마다 대조적인(반대되는) 특성을 이원화시킨 다음, 어느 한쪽의 극단적인 특성과 그 반대의 극단적인 특성을 잇는 연속선상에 특정한 환경의 위치가 설정된다고 설명하였다. 네 가지 국면의 대조적인 특성을 보면 다음과 같다.9)

(1) 안정성과 격동성　안정성과 격동성(stability－turbulence)은 환경의 변동양상에 관한 특성이다. 극단적으로 안정된 환경은 불변하는 환경이다. 극단적으로 격동하는 환경은 예측이 대단히 어렵거나 불가능한 변동을 겪고 있는 환경이다.

(2) 다양성과 동질성　다양성과 동질성(diversity－homogeneity)은 환경의 구성요소가 얼마나 다양한가에 관한 특성이다. 환경이 잡다한 이질적 요소들을 내포하는 경우도 있고 동질적인 요소로만 구성되어 있는 경우도 있다.

(3) 집약성과 무작위성　집약성과 무작위성(clustering－randomness)은 환경 자체가 얼마나 조직화되어 있느냐에 관한 특성이다. 환경은 고도로 집약화·조직화되어 있는 경우도 있고 무작위적이거나 무정부적인 상태를 보이고 있는 경우도 있다.

(4) 궁핍성과 풍족성　궁핍성과 풍족성(scarcity－munificence)은 자연적·물적 환경에 관련하여 가장 뚜렷하게 나타나는 특성이다. 그러나 궁핍성과 풍족성이 자연적·물적 환경에 국한된 특성은 아니다. 기술부문이나 경제부문 등에서도 그러한 특성을 쉽게 관찰할 수 있다.

3) Aldrich의 유형론

Howard Aldrich는 환경적 특성의 국면을 일곱 가지로 나누었다. 그가 분류한 환경적 특성의 일곱 가지 국면은 다음과 같다.10)

(1) 안정성 또는 불안정성　안정성 또는 불안정성(stability or instability)은 환경적 요소들의 유동률에 관한 특성이다. 환경을 구성하는 요소들의 유동수준이 낮으면 안정성이 높고 유동수준이 높으면 불안정성이 높다.

(2) 동질성 또는 이질성　동질성 또는 이질성(homogeneity or heterogeneity)은 대상조직이 다루어야 할 외부의 개인 또는 조직들이 얼마나 유사한가에 관한 특성이다.

(3) 집중성 또는 분산성　집중성과 분산성(concentration or dispersion)은 대상조직이 다루어야 할 환경적 요인들이 어떻게 분포되어 있는가에 관한 특성이다.

(4) 환경적 용량　환경적 용량(environmental capacity)은 조직이 사용할 수 있는 자원을 환경이 얼마나 가지고 있느냐에 관한 특성이다. 환경적 용량은 환경의 자원풍족도에 관한 지표이다.

(5) 영역에 대한 합의　영역에 대한 합의(domain consensus)는 조직들 사이에 영역에 대한 합의가 이루어지고 있는 수준에 관한 특성이다. 이것은 대상조직이 환경 내의 영역을 주장하는 데 대해 다른 조직들이 그것을 어느 정도나 인정하는가 또는 부인하는가에 관한 특성이라고 말할 수 있다.

(6) 격동성 또는 평온성　격동성 또는 평온성(turbulence or placidness)은 환경적 교란과 변동에 관한 특성이다.

(7) 조직에 의한 변동유발 가능성 또는 변동유발 불가능성　변동유발 가능성 또는 변동유발 불가능성(mutability or immutability)은 조직이 환경을 변동시키거나 조작할 수 있는 가능성이 어느 정도인가에 관한 특성이다.

4) Bach의 유형론

George L. Bach는 기업체가 거래하는 시장을 준거로 삼아 환경의 유형을 네 가지로 분류하였다.11)

(1) 완전경쟁의 환경　완전경쟁(순수한 경쟁: pure competition)의 환경은 동일한 산물을 내는 '많은' 판매자들이 경쟁하는 환경(시장)이다.

(2) 독점적 경쟁의 환경　독점적 경쟁(monopolistic competition)의 환경은 서로 대체할 수 있는 가능성이 큰 산물을 내는 '상당수의' 판매자들이 경쟁하는 환경이다.

(3) 소수독점의 환경　소수독점(oligopoly)의 환경은 서로 대체할 수 있는 가능성이 큰 산물을 내는 '소수의' 판매자가 독점적인 지위를 누리는 환경이다.

(4) 완전독점의 환경　완전독점(순수한 독점: pure monopoly)의 환경은 하나의 판매자가 대체가능성이 없는 하나의 산물을 공급하고 있는 환경이다.

5) Scott의 유형론

W. Richard Scott는 환경적 특성을 연구하는 데 두 가지 접근방법이 쓰여 왔다고 하였다. 그 첫째는 환경을 정보의 출처로 이해하고 불확실성의 수준에 초점을 맞추는 접근방법이다. 그 둘째는 환경을 자원의 저장소로 이해하고 조직의 자원의존도에 초점을 맞추는 접근방법이다. Scott는 이러한 두 가지 접근방법의 차이에 착안하여 불확실성에 영향을 미치는 네 가지 국면과 자원의존도에 영향을 미치는 세 가지 국면을 분류하였다.[12]

(1) 불확실성에 영향을 미치는 국면　환경의 불확실성을 좌우하는 환경적 특성으로는 i) 동질성 또는 이질성의 수준(degree of homogeneity−heterogeneity), ii) 안정성 또는 변동성의 수준(degree of stability−change), iii) 연결성 또는 고립성의 수준(대상조직이 환경적 요소와 연계되어 있는 정도: degree of interconnectedness−isolation), iv) 조직화 또는 비조직화의 수준(degree of organization−nonorganization)을 들었다.

환경의 이질, 변동성, 연결성이 각각 크고 비조직화의 수준은 높을 때 그 불확실성은 커진다고 한다.[b]

---

b) Gareth R. Jones는 환경적 불확실성의 수준에 영향을 미치는 요인(불확실성의 출처)으로 환경의 복잡성(complexity), 환경의 역동성(dynamism), 그리고 환경의 풍족성(richness)을 들었다. 환경이 복잡하고, 역동성이 높고(불안정하고), 궁핍할수록 환경의 불확실성이 높아진다고 하였다. Gareth R. Jones, *Organizational Theory, Design and Change*, 7th ed.(Pearson, 2013), pp. 87~90.

Richard L. Daft는 환경적 불확실성의 결정요인으로 단순성·복잡성 국면(simple−complex dimension)과 안정성·불안정성 국면(stable−unstable dimension)을 들었다. 그는 이 두 가지 기준의 조합으로 환경적 불확실성의 유형을 ① 낮은 불확실성(단순성+안정성), ② 중하위 수준의 불확실성(복잡성+안정성), ③ 중상위 수준의 불확실성(단순성+불안정성), 그리고 ④ 높은 불확실성(복잡성+불안정성)으로 분류하였다. 이러한 Daft의 분류틀은 Robert Duncan(1972)의 논문에 기초를 둔 것이다. Daft, *Understanding the Theory and Design of Organizations*, 10th ed.(South−Western, 2010), pp. 226~228.

(2) 의존성에 영향을 미치는 국면   환경에 대한 조직의 자원의존도를 좌우하는 환경적 특성으로는 i) 풍족성 또는 궁핍성의 수준(degree of munificence−scarcity), ii) 집중성 또는 분산성의 수준(필요한 자원의 분포양태: degree of concentration−dispersion), iii) 조직화 또는 비조직화의 수준(degree of organization−nonorganization)을 들었다.

자원의 궁핍성·집중성·조직화의 수준이 높으면 조직의 환경에 대한 의존도는 높아진다고 한다.

III. 조직과 환경의 교호작용

1. 상호적 영향관계

1) 전략적 선택론과 환경적 결정론의 절충

조직과 환경은 교호작용하며 서로 영향을 미친다. 조직의 환경에 대한 관계는 독립변수적이며 또한 종속변수적이다. 이런 설명은 조직의 적응에 관한 전략적 선택론(theory of strategic choice)과 환경적 결정론(theory of environmental determinism)을 함께 포용하여 양자를 절충하는 현대조직학의 입장을 반영하는 것이다.[c]

현대조직학은 조직과 환경의 관계 속에 전략적 선택론이 주장하는 측면과 환경적 결정론이 주장하는 측면이 혼합되어 있으며, 그 혼합수준은 구체적인 경우에 따라 다르다고 본다. 전략적 선택이 지배적인 경우와 환경적 결정이 지배적인 경우를 잇는 연속선상에 무수히 많은 중간양태들이 있을 수 있다고 설명한다.

조직의 변동은 조직의 자율적 선택과 환경적 결정의 영향을 함께 받는다는 것, 그리고 조직과 환경의 영향관계는 상호적이라는 것을 전제하고 환경적 영향에 대한 조직의 반응과 조직이 환경에 미치는 영향이라는 문제를 검토하

---

c) 전략적 선택론은 조직의 변동 또는 적응이 조직의 관리적 결정에 따라 자율적·자발적으로 이루어진다는 이론이다. 환경적 결정론은 조직의 적응 또는 변동이 환경적 영향에 따라 결정된다는 이론이다.

려 한다.

2) 상호적 영향관계의 유형

환경결정론에 부합하는 상황과 전략적 선택론에 부합하는 상황을 잇는 연속선상에 배열되는 조직의 대응양태는 실로 다양하다. 이를 일반적으로 분류한 유형론도 많다. 두 가지 예를 보기로 한다.[13]

Lawrence G. Hrebiniak과 William F. Joyce는 전략적 선택과 환경적 결정의 양태를 네 가지 범주로 유형화하였다. 네 가지 유형이란 i) 환경적 결정이 지배적이고 자율적 선택은 극히 제한되어 있는 자연선택형(natural selection), ii) 환경적 결정의 영향도 크고 전략적 선택의 폭도 큰 분화형(differentiation), iii) 조직의 의도적이고 자율적인 선택이 지배적인 전략적 선택형(strategic choice), 그리고 iv) 전략적 선택이나 환경적 결정의 수준이 다 같이 낮기 때문에 점증적이고 우연적인 변동만이 일어나게 되어 있는 미분화형(undifferentiated choice)을 말한다.

B. J. Hodge와 W. P. Anthony는 환경과 조직의 연계(linkages)를 네 가지로 유형화하였다. 네 가지 연계는 i) 조직이 환경적 영향을 막고 움츠리는 봉쇄(imperviousness), ii) 조직이 환경과의 연계를 상당히 선택적으로 설정하는 선택적 봉쇄(selective imperviousness), iii) 환경의 영향에 조직이 순응하는 적응(adaptation), 그리고 iv) 조직이 환경에 소극적으로 적응할 뿐만 아니라 적극적으로 환경의 변화를 유도하기도 하는 능동적 적응(action-adaptation)이다.

2. 환경적 영향에 대한 조직의 반응

환경 속에 존재하는 조직은 삼투해 오는 환경적 영향과 압력을 적응적으로 극복해야 한다. 환경적 조건이 급속하게 변동하고 복잡해져감에 따라 조직의 적응적 극복활동은 더욱 중요한 것으로 되어가고 있다. 조직과 환경의 연관성이 매우 높고, 고도로 경쟁적인 환경이 격변하고 있는 현대사회에서 적자생존의 원칙은 그 어느 때보다 가차 없이 적용되기 때문에 조직들은 살아남고 그 효율성을 유지 또는 향상시키기 위해 환경적 압력에 적응하거나 그것

을 극복 또는 통제하려는 노력을 강화하지 않을 수 없다.d)

환경의 영향과 조직의 반응에 관련된 문제들을 환경적 영향에 대한 조직의 적응, 조직이 주도하는 환경통제, 조직의 생성에 유리한 환경적 조건이라는 세 가지 주제로 나누어 검토하려 한다.

1) 환경적 영향에 대한 조직의 적응

환경적 영향에 대한 조직의 적응을 연구하는 사람들의 관심사를 두 갈래로 나누어 범주화해 볼 수 있다. 그 하나는 적응행동과정의 효율화이며 다른 하나는 조직의 적응체제화이다.

⑴ 적응행동의 과정   조직이 환경에 적응하는 과정을 연구하는 사람들은 단계이론을 발전시키고 단계별 활동의 효율화를 처방한다. 적응단계에 대한 연구인들의 설명을 모아 요약하면 다음과 같다.14)

❶ 인 지   조직의 적응활동은 환경적 변화에 대한 인지에서부터 시작된다. 조직에 중요한 영향을 미칠 환경적 변화는 정확하고 적시성 있게 인지되어야 한다. 조직은 환경적 변동의 정확하고 신속한 인지를 촉진하기 위해 필요한 장치와 프로그램을 개발하기도 하고 외부의 조력을 받기도 한다. 시장조사, 소비자심리연구, 여론조사 등을 맡는 용역업체들은 환경적 변화에 대한 조직의 인지능력을 보완해 줄 수 있다.

❷ 정보의 수집과 처리   환경적 변화를 인지한 다음에는 그러한 변화에 대응하는 활동을 하는 데 필요한 정보를 수집하여 분석하고 적응방안을 선택한다. 이 단계에서는 환경적 변화에 적응하는 데 필요한 정보를 적응행동방안의 결정권이 있는 사람 또는 조직단위에 적절하게 전달하여 납득시키는 문제가 특히 중요하다.

❸ 변동의 실현   환경적 변화에 대한 적응방안이 결정되었으면 그에 따라 조직 내의 변동을 실천에 옮긴다. 이 단계에서 변동에 대한 저항을 극복하는 과제가 전면에 부각된다.

❹ 변동의 정착   바람직하지 못한 부작용을 제거 또는 관리하면서 조직

---

d) Edgar H. Schein은 환경에 대한 조직의 능동적 및 피동적 적응을 함께 설명하는 데 적응적 극복(adaptive-coping)이라는 개념을 사용하고 있다. Schein, *Organizational Psychology* (Prentice-Hall, 1965), pp. 98~106.

내에 실현된 변동을 정착시켜간다.

❺ 변동결과의 전달   조직 내적 변동의 결과를 환경에 전달함으로써 변화된 환경의 지지를 확보한다. 조직은 내부적 변동을 통해서 환경적 변화에 부응하는 새로운 재화·용역·정보 등을 산출한다.

❻ 환 류   환경의 상태를 지속적으로 탐색하여 조직 내적 변동(적응)의 성공 여부에 관한 환류를 받아 평가해야 한다. 환경적 변화를 처음 인지할 때와 마찬가지로 정확하고 적시성 있는 환류를 받도록 노력해야 한다. 환류를 평가한 결과 재적응이 필요하다고 판단되면 적응과정의 단계들을 다시 밟아야 한다.

(2) 적응친화적 조직의 조건   적응과정에서 얼마나 성공적으로 일을 해내느냐 하는 것은 조직에 따라서 다르다. 어떤 조직은 적응을 잘 하는 반면 어떤 조직은 적응하는 데 어려움을 겪거나 실패한다. 그렇다면 환경적 변화에 성공적으로 적응할 수 있는 조직의 조건은 무엇인가? 이 방면 연구인들이 자주 지적하는 조건들 세 가지만 보기로 한다.

❶ 정보획득·전달의 능력   환경적 변화에 대한 정보를 신뢰성 있고 타당성 있게 획득하고 전달할 수 있는 능력이 있어야 한다.

❷ 융통성과 창의성   필요한 변동을 실현할 수 있는 내적 융통성과 창의성을 갖춘 학습조직이어야 한다. 내적 융통성은 행태적인 것과 구조적인 것을 포함한다. 조직의 변동·개혁이 용이한 구조적 특성에 관해서는 조직개혁을 논의할 때 이미 설명하였다.

❸ 적응지지적 분위기   조직은 자유스럽고 지원적인 분위기를 조성하여 창의적 적응을 촉진할 수 있어야 한다. 그리고 적응활동을 조직의 목표에 따라 통합시킬 수 있는 능력을 가지고 있어야 한다.

2) 환경적 영향을 통제하려는 조직의 전략

조직은 환경적 영향을 수용하여 그 요청에 맞게 스스로를 변동시키기도 하지만, 다른 한편으로는 환경적 영향을 대응적·방어적으로 통제하여 환경의 지지를 얻고 환경의 불확실성을 줄이거나 완충하려 한다.

환경으로부터의 교란을 막거나 완충하려는 조직의 전략은 직접적인 것과 간접적인 것으로 나누어 볼 수 있다.[15)]

(1) 직접적 통제   직접적 통제전략의 예는 다음과 같다.

❶ 교란적 요소의 배제·완충   환경으로부터 조직에 들어오는 교란적 요소를 배제 또는 완충한다.e)

❷ 수요·공급의 통제   수요·공급의 변동을 예측하고 대환경적(對環境的) 거래로 수요·공급의 기복을 통제한다. 대환경적 거래의 대표적인 예는 환경의 불확실성을 줄이기 위한 협상과 각종 계약이다.

❸ 환경적 요인의 포용   조직에 중요한 환경적 요인을 포용 또는 수용하여 조직을 확장한다. 원자재공급업체의 매입, 회사촌(company town)의 건설, 경쟁회사의 합병, 조직 간 공동사업 수행을 위한 새로운 조직의 설립 등이 그 예이다.

(2) 간접적 통제   간접적 통제전략의 예는 다음과 같다.

❶ 자원축적·산출 다양화   조직은 잉여자원을 늘리고 산출을 다양화하는 방법을 써서 환경적 교란의 충격을 완화한다.

❷ 의존관계의 축소   조직은 특정한 환경적 투입의 대안을 마련함으로써 그것을 공급하던 환경적 단위에 대한 의존도를 줄인다.

❸ 홍 보   홍보활동을 강화함으로써 일반대중과 유력한 조직들의 지지를 얻어 장래의 위기를 예방한다.

❹ 세력연대   환경에 대한 통제능력이 강한 보다 큰 조직 또는 세력과 연계를 맺어 그 비호를 받는다.

3) 조직의 생성과 환경적 조건

조직의 생성과 발전에 유리한 환경적 조건이 무엇인가에 관한 연구들이 많다. 일반적인 차원에서, 조직군(組織群)의 차원에서, 또는 개별적 조직의 차원에서 진행된 그런 연구들은 환경적 조건이 조직에 미치는 영향이 어떤 것인지를 이해하는 데 많은 도움을 준다. 새로운 조직의 탄생에 유리한 환경적 조건을 일반적으로 논의한 이론들을 여기에 예시하려고 한다.

(1) Stinchcombe의 이론   Arthur Stinchcombe은 새로운 조직이 탄생하

---

e) 환경의 불확실성으로 인한 교란을 배제 또는 완충하기 위해 조직들은 환경에 관한 정보탐색의 강화, 경계작용의 강화, 완충작용구조(buffering units)의 확충, 조직의 구조분화, 조정능력 강화 등의 수단을 동원한다. Daft, *op. cit.*, pp. 228~233.

려면 몇 가지의 기본적 조건과 그것을 뒷받침해 주는 환경적 조건이 구비되어야 한다고 주장하였다. 추론컨대, 이 방면 연구의 초기적 작품인 Stinchcombe의 이론은 산업혁명·조직혁명이 일어나고 자본주의적 경제가 성장하기 시작하던 산업화시대, 그리고 기업조직을 준거로 삼은 듯하다.[16]

Stinchcombe이 말한 기본적 조건은 다른 환경적 조건들과 무관하지 않다. 조직생성에 필요한 기본적 조건들은 일반적 환경의 조건과 조직생성을 연결하는 매개변수라고 할 수 있다. 기본적 조건은 다음의 네 가지이다.

첫째, 사회 내에 변동의 가능성이 있고 사회의 어떤 기능 또는 임무를 수행하는 데 새로운 방법을 쓰는 것이 바람직하다고 생각하는 인구집단이 있어야 한다. 둘째, 새로운 조직을 만들려는 사람들이 조직형성의 비용보다 편익이 더 크다고 생각해야 하며, 그러한 편익이 조직을 만드는 사람들에게 돌아간다는 기대를 가져야 한다. 셋째, 새로운 조직을 만들려는 사람들이 조직출범에 필요한 자원을 가지고 있어야 한다. 넷째, 새로운 조직을 만들려는 사람들이 현상유지적인 세력의 저항을 극복할 수 있는 힘을 가지고 있어야 한다.

조직의 생성에 중요한 영향을 미치는 일반적 환경의 지표와 그 조건은 다음과 같다.

첫째 지표는 국민의 교육수준과 문맹퇴치율(general literacy)이다. 문맹률이 낮고 전문교육제도가 발달해 있을수록 새로운 조직의 생성이 용이하게 된다. 둘째 지표는 도시화이다. 도시화율이 높으면 조직생성이 용이하다. 셋째 지표는 화폐경제의 발달이다. 화폐경제의 발달은 조직생성을 용이하게 한다. 넷째 지표는 사회의 정치적 기반이다. 정치적 변혁기나 혁명기에는 자원배분의 기준이 달라지기 때문에 새로운 조직을 만들기가 쉬워진다. 다섯째 지표는 조직사회의 밀도(organizational density)이다. 사회 내에 조직이 많고 다양할수록 새로운 조직의 생성가능성은 커진다. 여섯째 지표는 기술적 조건이다. 조직생성시의 기술수준은 조직의 특성과 생존가능성에 영향을 미친다. 영향의 내용은 경우에 따라 달라질 수 있다. 신설되는 조직의 기술이 사회의 지배적인 기술수준과 양립할 수 있는 것이면 신생조직의 생존가능성이 높아질 수 있다. 새로운 기술을 사용하는 신생조직은 정착되어 있는 기존의 조직사회로부터 위협을 받을 수 있다. 그러나 반대의 경우도 생각할 수 있다. 새로운 기술을 사용하는 신생조직들에 밀려 낡은 조직들이 쇠퇴·사멸하는 예도 많다.

(2) Pennings의 이론   Johannes Pennings는 조직탄생의 환경적 결정요인을 i) 도시의 규모와 분화정도로 표시되는 도시화 수준(urban level), ii) 조직의 수 또는 밀도, 규모 및 발전단계로 표시되는 조직사회화 수준(population level), iii) 저축과 벤처 캐피털(모험자본: venture capital), 세제지원(稅制支援), 정부규제, 정부사업 등을 포괄하는 경제적 자원(economic resources), 그리고 iv) 대학 기타 지식창출조직의 존재, 인구의 교육수준, 일반적인 생활의 질, 도시지역의 구심성, 기업설립을 존중하는 사회적 분위기(entrepreneurial climate) 등을 포괄하는 사회적 자원(social resources)으로 범주화하였다.[17]

(3) Marrett의 이론   Corai Marrett는 조직생성에 유리한 환경적 조건 가운데서 '유사한 조직들의 존재'를 특히 강조하였다. 새로 만들어질 조직과 유사한 조직들에서 새 조직에 참여할 사람들은 기술훈련 등 경험을 축적할 수 있으며, 유사한 조직들과의 사회적 유대는 신설조직의 발전에 도움이 될 수 있다고 하였다.[18]

3. 조직이 환경에 미치는 영향

1) 조직과 사회변동

환경적 영향에 대한 조직의 반응을 설명하면서 환경을 통제하려는 조직의 노력에 대해서도 언급하였다. 조직이 환경에 미치는 영향이 소극적·방어적 통제노력에 국한되는 것은 물론 아니다. 조직이 환경에 보다 적극적으로 개입하여 환경변동을 유발할 수 있다.

조직사회화가 촉진되고, 영역이 매우 광범한 대규모의 조직들이 많이 생겨남에 따라 조직들은 사회변동을 선도·관리하거나 사회변동을 저지할 수 있는 강한 힘을 가지게 되었다. 사회변동을 추진하려는 사람들이나 저지하려는 사람들은 조직이라는 수단을 통해서 그 뜻을 펴려 한다.

(1) 조직변동을 통한 사회변동 유발   조직의 내적 변동에 사회변동 유발의 효과가 따를 수 있다.

조직구성원들의 구성을 바꾸면 외부의 사회구조에 영향을 미친다. 조직이 업무수행방법이나 관리의 전략을 변동시킴으로써 간접적으로 사회변동을 초래할 수도 있다. 조직구성원들의 교화를 통해서 사회변동을 가져오기 위해 설립한 조직들도 있다. 그리고 사회변동을 유발하기 위해 조직들이 일부러 내적 변동을 야기하는 경우도 있을 것이다. 그러나 조직의 내적 변동으로 인한 사회변동의 유발은 대부분 간접적이며 부수적인 결과이다. 조직에 필요한 변동을 실현하다 보니 결과적으로 사회변동을 유발하게 된다는 말이다.

(2) 능동적 개입을 통한 사회변동 유발 조직은 환경에 능동적으로 개입하는 직접적인 방법을 통해서 사회변동을 유발할 수도 있다. 조직이 자기이익 옹호를 위해 벌이는 대외적 활동의 결과가 사회변동을 유발할 수도 있다. 그러나 우리의 특별한 관심사는 사회변동 자체를 목적으로 하는 조직의 활동이다.

사회적 변동의 선도 또는 관리를 위해 설립한 조직들은 공공부문에서 많이 찾아볼 수 있다. 급속한 사회변동 또는 국가발전을 실현하려는 정부부문의 변동추진세력들은 조직이 변동유발의 강력한 수단 또는 요새(要塞)가 될 수 있다는 점을 확인하고, 쇄신적 성향을 지닌 조직을 만들어 변동목적을 달성하려고 한다.f)

(3) 사회변동에 대한 저항 조직이 언제나 변동의 주역만을 맡는 것은 아니다. 사회변동에 직접·간접으로 저항하는 세력으로서도 작용한다.

조직사회를 집합적으로 파악하면 현상유지적·변동저항적 성향이 더 강할 것으로 생각된다. 조직들은 시간의 흐름에 따라 보수화되어 가는 경향이 있다. 그리고 조직들은 자기들의 생존과 이익에 배치되는 환경적 변동에 대해서 대부분 반발하는 성향을 보인다.

2) 기관형성

기관형성(機關形成: institution building)은 미국의 일부 발전문제 연구인들이 후진국에 대한 기술원조사업의 지침을 제시하려는 실용적 가치를 노려 개발하고 보급시킨 발전추진의 접근방법이다. 1962년 미국 피츠버그대학교 (University of Pittsburgh)에서 발족한 기관형성에 관한 대학 간 합동연구사업

---

f) 사회변동의 추진주체가 되는 조직에 관해 일찍이 관심을 보인 연구인들 가운데서 자주 거명되는 사람은 Philip Selznick이다. 그의 TVA(테네시 강 유역 개발공사: Tennessee Valley Authority)에 관한 연구는 변동추진조직연구의 고전(古典)이라 할 수 있다. 그는 TVA에 관한 연구를 한 지 10여 년 후에 조직을 과격한 정치적 혁명의 도구로 사용함으로써 조직을 무기화하는 문제에 관해서도 식견을 보여주었다.

이 기관형성운동을 시동시켰다. 거기서 Milton Esman과 Hans Blaise는 기관 형성의 기본모형을 만드는 주역을 맡았다. 그 뒤 이 모형의 발전과 적용에 여러 사람이 가담하게 되었으며, 1970년대에는 기관형성에 관한 대학 간의 협동사업을 인디애나대학교(Indiana University)의 국제발전연구소가 주도하였다.

(1) 기관형성의 정의   기관형성이란 가치관, 역할, 그리고 자연과학적·사회과학적 기술의 변화를 가져오고 새로운 규범을 정립하거나 육성 또는 보호하며 그 환경으로부터 지지와 협조를 받을 수 있는 공식조직을 새로 만들거나 고치기 위해 계획하고 구성하며 지도하는 과정을 말한다.[19]

기관형성이라는 접근방법은 발전의 요새 또는 교두보가 될 수 있는 새로운 경향의 조직을 만들고 강화하는 프로그램이 국가발전을 촉진하는 수단으로 가장 효과적이라고 전제한다. 그리고 조직이 생존·봉사·변동야기의 전략을 차례로 추구하도록 처방한다.

기관형성의 접근방법에서 말하는 기관(institution)은 기관화된 공식조직을 뜻한다. 조직이 추구하는 임무가 내재화되고 환경과의 교호작용이 정착되는 것을 기관화(institutionalization)라고 한다. 기관형성작업의 성공 여부를 판단하는 기준은 기관성(기관화의 정도: institutionality)이다. 기관성 판단의 기준은 세 가지이다. 첫째 기준은 조직이 없어지지 않고 살아남는 능력(ability to survive)이다. 둘째 기준은 쇄신적 조직이 가지는 가치가 그 환경에서 어느 정도나 인정되고 있느냐에 관한 것이다. 셋째 기준은 조직이 가진 쇄신적 요소를 다른 사회적 단위들이 어느 정도나 받아들이고 그에 따르느냐에 관한 것이다.

(2) 기관형성변수   기관형성을 하려면 그 작업과정에서 고려해야 할 중요한 변수 또는 조사연구의 대상이 될 요소가 규정되어 있어야 한다. 하나의 기관을 연구할 때 반드시 검토해야 할 대상이 되는 조직의 중요 국면을 기관형성변수라 한다. 기관형성모형의 내용은 기관형성변수에 관한 개념체계로 구성되어 있다. 기관형성모형에 포함되는 기관형성변수에는 기관변수(기관 자체의 속성에 관한 변수)와 연계변수(기관과 환경의 연계에 관한 변수)가 있다.

❶ 기관변수   기관변수(institution variables)에는 리더십, 닥트린, 사업, 자원, 내부구조가 포함된다. 여기서 리더십(leadership)은 리더들의 능력이다. 기관 내에서 리더라 할 때는 기관의 닥트린과 사업내용을 결정하고 기관의 운영과 대외관계를 지휘하는 일을 맡는 사람을 말한다. 닥트린(신조: doctrine)은

기관의 사회적 활동을 이끌어 갈 가치, 목표, 그리고 운영방법을 규정한 것을 말한다. 닥트린은 기관의 목표와 활동방향에 관한 기대를 표현해 주는 일련의 명제라고 할 수도 있다. 사업(program)은 기관의 산출이 되는 활동이다. 사업은 닥트린을 작동화시킨 것이다. 자원(resources)은 기관이 받아들이는 인적·물적·기술적 투입이며 기관이 활용하는 정보도 여기에 포함된다. 내부구조 (internal structure)는 기관의 유지와 활동을 위해 만든 구조이다. 구조에는 역할과 권한의 배분, 의사전달과 의사결정의 절차, 역할담당자(조직의 구성원)들의 특성 등이 포함된다. 기관형성모형에서는 조직구성원들의 특성과 동기적 요인, 그리고 일부의 과정적 요인들까지 구조적 변수에 포함시켜 고찰한다.

❷ 연계변수   기관은 환경의 지지 획득, 저항극복, 자원의 교환, 환경의 개조, 가치와 규범의 이전 등을 위해 환경과 연계를 맺는다. 연계는 기관이 관련 있는 사회부문과의 상호의존관계를 설정하는 교호작용의 과정이라고 할 수 있다.

연계변수(linkage variables)에는 수권적 연계, 기능적 연계, 규범적 연계, 확산적 연계 등 네 가지가 있다. 수권적 연계(enabling linkages)는 기관의 활동에 필요한 권한과 자원의 배분을 통제하는 외부의 조직이나 사회집단과의 연계를 말한다. 기능적 연계(functional linkages)는 생산활동에서 상호 협력적이거나 보완적인 관계에 있는 조직들과의 연계이다. 규범적 연계(normative linkages)는 자기 기관의 닥트린과 관련된 규범이나 가치를 가진 다른 조직들과의 연계이다. 확산적 연계(넓게 흩어진 연계: diffused linkages)는 어떤 공식적 조직의 구성원이라고 특정하기 어려운 여러 사람들과의 연계이다. 확산적 연계를 분석할 때에는 기관에 대한 여론이나 대중매체 등이 매개하는 일반대중과의 관계를 검토해야 한다.

IV. 구체적 환경: 조직 간의 관계

구체적 환경(specific environment)은 대상조직(focal organization)과 구체적으로 교호작용하는 외부의 조직이나 개인이라고 정의될 때가 흔히 있다. 그런데 구체적 환경의 개인들은 대개 어떤 조직과 연관을 맺고 있다. 그리고 환경을 구성하는 조직들은 개인들보다 현저히 중요한 영향을 대상조직에 미친다. 환경의 집약화추세가 강해지고 조직사회의 밀도가 높아짐에 따라 환경적 조직들이 전체 환경에서 차지하는 비중은 날로 커지고 있다. 이러한 이유때문인지 오늘날 구체적 환경을 논의하는 연구인들 다수는 환경적 조직에 관심을 한정한다.

여기서는 환경적 조직 그리고 조직 간의 관계에 초점을 맞추어 구체적 환경을 논의하려 한다.

1. 조직 간 관계의 분석수준

조직 간의 관계에 대한 분석의 수준 또는 차원은 연구인에 따라서 그리고 연구의 목적에 따라서 달라질 수 있다. 조직 간 관계의 범위와 분석의 초점은 연구인의 필요와 관점에 따라 달라질 수 있다는 말이다.

다양한 분석수준 가운데서 중요한 몇 가지를 범주화해 보려 한다.[20]

(1) 개별조직 간의 관계 조직 간의 관계를 개별조직 간의 관계(dyad or pairwise relationship)로 파악하는 가장 단순한 분석수준이 있다. 조직 간의 관계를 개별조직 간의 관계로 구성하고 그것을 분석수준으로 삼는다는 말은 하나의 조직이 다른 하나의 조직과 교호작용하는 관계에 주의를 한정한다는 뜻이다.

(2) 조직집합 조직 간의 관계를 조직집합(組織集合: organization-set)으로 파악하고 그것을 분석수준으로 삼는 접근방법이 있다. 조직집합을 분석수준으로 삼는 접근방법에서는 특정한 대상조직의 입장에서 환경적 조직들과의 관계를 이해하려 한다. 이 접근방법은 대상조직과 환경적 조직들 하나하나와의 관계에 초점을 맞춘다.

William M. Evan은 조직집합에 관한 이론발전에 개척적인 역할을 하였다. 그는 대상조직과 교호작용하는 조직들로 구성되는 조직의 모임을 조직집합이라고 정의하였다. 대상조직과 조직집합을 구성하는 다른 조직들 사이의 관계를 중개하는 것은 경계업무담당직원(boundary personnel)의 역할집합, 정보의 흐름, 재화 또는 용역의 흐름, 조직구성원의 교류 등이라고 하였다.[21]

Evan은 분석대상이 될 수 있는 조직집합의 중요 국면으로 i)조직집합에

그림 5-3-1 조직집합과 조직망의 분석대상

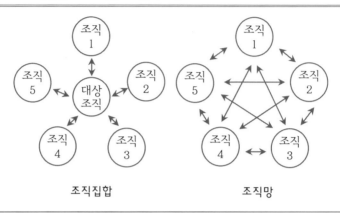

조직집합   조직망

포함되는 조직들이 대상조직에 투입을 제공하는 조직인가 또는 대상조직의 산출을 받아들이는 조직인가에 관한 국면, ii) 조직집합에 포함되는 조직들이 대상조직에 대한 비교준거조직인가 아니면 규범준거조직인가에 관한 국면, iii) 조직집합의 규모, iv) 투입조직의 집중도, v) 구성원의 조직 간 중첩, vi) 목표와 가치의 조직 간 중첩, vii) 경계업무담당직원의 수와 특성 등을 열거하였다. 여기서 비교준거조직이란 대상조직이 그의 실적을 평가할 때 비교의 기준으로 삼는 조직을 말한다. 규범준거조직은 그 목표와 가치를 대상조직이 수용하는 조직이다. 투입조직의 집중도란 대상조직이 자원을 얻기 위해 의존하는 투입조직들이 얼마나 집중되어 있느냐에 관한 기준이다.g)

　　(3) 조 직 망　　조직 간의 관계를 조직망(組織網: 조직 네트워크: organizational network or interorganizational field)으로 파악하고 그것을 분석수준으로 삼는 접근방법이 있다. 조직망은 구체적으로 연계되어 있는 모든 조직

---

g) 조직집합의 특성국면에 관한 의견은 여러 가지이다. 예컨대 Schmidt와 Kochan은 Evan과 다른 주장을 하고 있다. 그들은 조직 간 관계의 중요 국면을 ① 교호작용의 빈도(frequency of interaction), ② 교호작용으로부터 얻는 편익(benefits from interaction), ③ 합의의 공식화(formalization of agreements), ④ 교호작용의 조건설정(setting terms of interaction), ⑤ 긴장의 정도(extent of tension), ⑥ 다른 조직의 영향(influence of other organization), ⑦ 갈등의 정도(extent of conflict), ⑧ 다른 조직의 중요성(importance of other organization), ⑨ 목표의 양립가능성(compatiblility of goals), ⑩ 협상(bargaining in relationship) 등으로 나누었다. Stuart M. Schmidt and Thomas A. Kochan, "Interorganizational Relationships: Patterns and Motivations," ASQ(vol. 22, no. 2, June 1977), pp. 220~234.

들 사이의 관계유형으로 구성된다. 조직망을 분석수준으로 삼는 접근방법은 조직망에 포함되는 조직들을 연결하는 관계의 유형 또는 망에 초점을 맞춘다. 특정한 대상조직과의 관계만을 보는 것이 아니라 어떤 관계유형을 빚어내는 조직들 사이의 다방향적 관계를 모두 분석하려 한다. 이 점에서 조직망의 분석수준은 조직집합의 분석수준과 구별된다. 〈그림 5-3-1〉을 참조하기 바란다.

조직망의 양태(특성)는 다양하다. 조직망의 특성을 규정하는 주요 국면으로는 ① 조직망에 포함된 조직의 수(size), ② 조직 간 연계의 수(density), ③ 조직집약군의 수(clustering: number of dense regions), ④ 하나 또는 일단의 조직들이 지배적인가의 여부(centrality), ⑤ 안정성(stability), ⑥ 인기조직(stars), 중계조직(bridges), 문지기조직(gatekeepers), 그리고 고립조직(isolates)의 존재 등을 들 수 있다.[22]

네트워크와 초연결(超連結: hyper－connectivity)은 4차 산업혁명시대의 한 핵심적 단면이다. 우리는 네트워크의 시대, 초연결의 시대에 살고 있다는 말을 할 수 있다. 그만큼 조직현상 연구에서도 네트워크에 관한 연구가 활발하다. 첨단정보기술과 여러 학문분야의 지식을 동원하는 학제적 연구들이 다양한 네트워크들의 복잡한 관계들을 분석하는 데 도전하고 있다.[h]

조직 네트워크에 관한 연구가 확산되면서 사용하는 개념들도 새롭게 개척되고 다양화되고 있다.[i]

---

h) 복잡한 연결망에 대한 학제적 연구의 한 예로 Watts의 '복잡한 연결망'(complex network)에 관한 이론을 들 수 있다. 그는 컴퓨터 시뮬레이션과 수학적 기법을 활용하는 데서 출발해 복잡한 네트워크의 분석에 적용할 학제적 모형을 만들었다. 고길곤, "Duncan J. Watts의 복잡한 연결망 이론," 오석홍 외 편, 조직학의 주요이론, 제6판 (법문사, 2024), pp. 616~624.

i) 근래 조직망(조직 네트워크)과 유사하거나 그에 연관되거나 그것을 대체하는 개념의 사용이 늘어나고 있다. 그 한 예로 네트워크 공동체(network community)라는 개념을 들 수 있다. 네트워크 공동체는 사회체제 내에 있는 밀집적(densely connected)이고 서로 중첩되지 않는 행동자들의 구조화된 집단이라고 정의된다. 밀집적이라고 하는 것은 상호작용의 거리가 짧고 구성단위 간의 응집성이 높다는 뜻이다. 구성단위 간의 거래비용은 비교적 적고 정보 등 자원의 균질성은 높다고 한다. 여기서 행동자란 원칙적으로 조직을 지칭한다. Maxim Sytch and Adam Tatarynowicz, "Exploring the Locus of Invention: The Dynamics of Network Communities and Firms' Invention Productivity," *Academy of Management Journal*(Vol. 57, No. 1, 2014), pp. 249~279. 네트워크 조직도 중요한 연관 개념이다. 중심조직의 통제력이 비교적 크고 외부조직 또는 그 구성부분과의 연계가 보다 긴밀한 경우에 대개 네트워크 조직이라는 이름을 붙인다. 그러나 정의하는 사람마다 네트워크 조직과 조직 네트워크의 구별은 달라질 수 있다.

(4) 유사조직군   조직 간의 관계를 유사조직군(類似組織群: population of organizations)에 국한하여 고찰하는 접근방법이 있다. 유사조직군은 유사한 조직들의 모임이다. 유사한 조직의 선별에는 구조의 유사성, 기능의 유사성 등 여러 가지 기준이 쓰일 수 있다. 유사조직군은 조직집합의 수준에서 또는 조직망의 수준에서 분석될 수 있다.

2. 조직 간 교호작용의 양태

조직들 사이에 일어날 수 있는 교호작용의 양태는 실제로 수 없이 많을 것이다. 조직을 연구하는 사람들이 조직 간의 관계에 본격적인 관심을 갖게 된 이래 조직 간 교호작용의 양태에 관한 유형론이 많이 만들어졌다. 그러한 유형론의 예를 몇 가지 보기로 한다.

(1) Thompson과 McEwen의 유형론   James D. Thompson과 William McEwen은 조직 간의 관계를 i) 협력적인 관계와 ii) 경쟁적인 관계로 대별하고, 협력적인 관계는 다시 협상, 포용, 그리고 연합으로 구분하였다.[23] 이에 관해서는 제3장 제1절에서 조직의 목표를 논의할 때 설명하였다.

(2) Jones의 유형론   Gareth R. Jones는 기업조직이 자원의존관계를 관리하는 전략에 초점을 맞추어 조직 간 관계를 공생적 의존관계(symbiotic interdependencies)와 경쟁적 의존관계(competitive interdependencies)로 대별하였다.[24]

공생적 의존관계를 관리하는 전략으로는 i) 좋은 평판(good reputation) 만들기, ii) 포용, iii) 전략적 제휴, iv) 새로운 조직의 설립을 위한 합작투자, 그리고 v) 인수·합병을 들었다. 전략적 제휴라고 하는 것은 자원의 공동사용에 관한 합의를 뜻한다. 경쟁적 의존관계를 관리하는 전략으로는 i) 담합, ii) 기업연합(카르텔: cartel), iii) 제3자를 통한 조정, iv) 전략적 제휴, 그리고 v) 인수·합병을 들었다.

(3) Hodge와 Anthony의 유형론   B. J. Hodge와 William P. Anthony 는 조직 간 협력관계(조직 간 협력전략)의 양태를 i) 수직적 통합, ii) 수평적 통합, iii) 연합, iv) 겸임중역제(중역들이 서로 다른 회사의 중역을 겸임하는 방법: interlocking directorate), v) 호혜적 교환관계(reciprocity), vi) 사회적 연결(관련

조직들의 주요 관리자들이 사회적으로 교류하는 관계: social interlocking) 등 여섯 가지로 분류하였다.[25]

(4) Klonglan 등의 유형론 Gerald E. Klonglan과 그 동료들은 조직 간의 협력관계를 여덟 가지 양태로 분류하였다.[26]

협력의 강도(强度)가 낮은 데서 높은 데로 진행되는 순서에 따라 열거한 교호작용의 여덟 가지 유형은 i) 조직책임자가 다른 조직의 존재를 의식하는 관계, ii) 조직책임자들이 서로 면식을 갖게 된 관계, iii) 조직책임자들이 교호작용하는 관계, iv) 뉴스레터, 각종 보고서 등을 조직 간에 교환하는 정보교환의 관계, v) 자본, 물자, 인력 등 자원을 교환하는 협상관계, vi) 다른 조직의 구성원을 대상조직의 의사결정구조에 참여시키는 포용의 관계, vii) 조직들이 공동의 사업을 입안하여 실천하는 협동적·연합적 관계, 그리고 viii) 조직들 사이에 서로의 기능과 활동을 공동으로 활용할 수 있도록 문서화된 계약을 체결한 관계이다.

(5) Warren의 유형론 Roland L. Warren은 조직들이 네트워크로 연계되는 양태를 i) 일원적 관계(unitary context), ii) 연방적 관계(federative context), iii) 연합적 관계(coalitional context), 그리고 iv) 자율선택의 관계(social choice context)로 분류하였다. 이러한 분류는 조직들이 의사결정과정에서 어떻게 교호작용하는가를 기준으로 한 것이다.[27]

일원적 관계(중앙집권적 관계)는 연계된 조직들의 상위체제가 통제력을 가지고 조직들의 정책과 사업을 채택하는 데 최종적인 결정권을 행사하고 있는 관계이다. 연방적 관계는 조직들이 각기 독자적인 목표를 가지고 있지만 보다 포괄적인 공동의 목표를 설정하기 위해 상위의 의사결정구조를 구성하고 참여하는 관계이다. 이 경우 상위구조의 의사결정은 참여조직들의 인준을 받아야 효력을 발생한다.

연합적 관계는 조직들이 각기의 의사결정구조와 목표를 따로 가지고 있지만 목표가 유사한 조직들이 비공식적·임시적으로 협조하는 관계이다. 자율선택의 관계는 조직들이 개별적으로 모든 의사결정을 하고 있으며, 그들 사이에 공동의 의사결정을 위한 공식적이거나 비공식적인 구조가 형성되어 있지 않은 관계이다.

(6) Hall의 유형론 Richard H. Hall은 교호작용의 빈도, 공식화수준, 협

조성, 발생원인 등을 기준으로 조직 간 관계의 복합적 분류를 보여 주었다.[28]

그는 빈도를 기준으로 i) 일상적 접촉, ii) 간헐적 접촉, 그리고 iii) 드문 접촉을 구분하였다. 공식화의 수준을 기준으로 하여 i) 고도로 공식화된 관계, ii) 중간 정도로 공식화된 관계, iii) 공식화의 수준이 낮은 관계를 구분하였으며, 협조성을 기준으로 하여 i) 협조적 관계, ii) 중립적 관계, 그리고 iii) 갈등관계를 구분하였다.

조직 간 관계의 발생 이유 또는 기초를 기준으로 i) 조직들이 자기 이익의 확대를 위해 맺는 조직 간의 교환적 관계, ii) 법령의 규정에 따라 설정된 조직 간의 관계, iii) 공동적인 사업의 조정을 위한 조직 간의 관계, 그리고 iv) 조직 간의 경쟁 또는 갈등으로 말미암아 형성되는 조직 간의 관계를 구분하였다.

제1장

제1절

1) Stephen K. Bailey, "Objectives of the Theory of Public Administration," in James C. Charlesworth, ed., *Theory and Practice of Public Administration: Scope, Objectives, and Methods*(American Academy of Political and Social Science, 1968), p. 128.
2) *Ibid.*, pp. 128~139.

제2절

1) ① Taylor, *Scientific Management*(Harper & Row, 1947). 이 책에 Taylor의 *Shop Management*(1903), *Principles of Scientific Management*(1911), *Testimony to the Special House Committee of Congress*(1912) 등이 모두 포함되어 있다.

② Gulick and Urwick, eds., *Papers on the Science of Administration*(Columbia University, 1937). 이 책이 쓰여진 것은 1923년이라고 한다. 이 책의 주된 논조는 고전적인 것이지만 신고전기의 경향을 담은 논문들도 싣고 있다.

③ Follett, *Creative Experience*(Longman, 1924), "The Giving of Orders," in H. C. Metcalf and L. Urwick, eds., *Dynamic Administration*(Harper, 1941), pp. 50~70. 모든 조직에 적용될 수 있는 원리를 제창한 점에서 Follett을 고전이론가로 분류하지만 그의 조직관 속에는 신고전적 요소도 적지 않게 포함되어 있다.

④ Fayol, *General and Industrial Management*(Pitman, 1949), Translated by Constance Storrs from the original, *Administration Industrielle et Générale*, 1916.

⑤ Weber, *The Theory of Social and Economic Organizations*(Free Press of Glencoe, 1947), translated by A. M. Henderson and T. Parsons; H. H. Gerth and C. W. Mills, eds., *From Max Weber: Essays in Sociology*(Routledge & Kegan Paul, 1948).

⑥ Mooney, *The Principles of Organization*(Harper & Brothers, 1939). Mooney는 Gulick 과 함께 관리의 기능을 지칭하는 「POSDCORB」라는 '간략기억기호'(mnemonic device)를 널리 보급하는 데 기여하였다.

2) Weber, *ibid.*; David P. Rebovich and Lynne De Lay, "Organization Theory: Individual Discretion and Organizational Control," in Jack Rabin, Samuel Humes, and Brian S. Morgan, eds., *Managing Administration*(Marcel Dekker, 1984), p. 7; Gary Dessler, *Organization Theory: Integrating Structure and Behavior*(Prentice-Hall, 1980), p. 25.

3) Gulick and Urwick, *op. cit.*; Fayol, *op. cit.*; Mooney, *op. cit.*; Mooney and Allen Reilly,

    Onward Industry(Harper & Row, 1931); W. Richard Scott, *Organizations: Rational, Natural and Open Systems*(Prentice-Hall, 1981), pp. 64~67.

4) Taylor, *op. cit.*; Fremont E. Kast and James E. Rosenzweig, *Organization and Management*, 4th ed.(McGraw-Hill, 1986), pp. 59~62; Scott, *ibid.*, pp. 62~64; Dessler, *op. cit.*, pp. 17~18; George H. Rice, Jr. and Dean W. Bishoprick, *Conceptual Models of Organization*(Prentice-Hall, 1971), pp. 36~40; David H. Rosenbloom, Robert S. Kravchuk, and Richard M. Clerkin, *Public Administration: Uuderstanding Management, Politics, and Law in the Public Sector*, 8th ed. (McGraw—Hill, 2015), pp. 154~156.

5) Jack H. Knott and Gary J. Miller, *Reforming Bureaucracy: The Politics of Institutional Choice*(Prentice-Hall, 1987), pp. 58~59.

6) Charles Perrow, "The Short and Glorious History of Organizational Theory," *Organizational Dynamics*(Summer 1973), pp. 3~4.

7) Gaus, *Reflections on Public Administration*(University of Alabama Press, 1947); Richard J. Stillman, Ⅱ, *Public Administration: Concepts and Cases*, 9th ed.(Wadsworth, 2010), pp. 78~85.

8) Selznick, *TVA and the Grass Roots*(University of California Press, 1949); Clark, *Adult Education in Transition*(University of California Press, 1956); Messinger, "Organizational Transformation: A Case Study of a Declining Social Movement," *American Sociological Review*(vol. 20, Feb. 1955), pp. 3~10.

9) Amitai Etzioni, *Modern Organizations*(Prentice-Hall, 1964), p. 32; Mayo, *The Human Problems of an Industrial Civilization*(Macmillan, 1933), *The Social Problems of an Industrial Civilization*(Routledge & Kegan Paul, 1949); Roethlisberger and Dickson, *Management and the Worker*(Harvard University Press, 1939); Kast and Rosenzweig, *op. cit.*, p. 82; Rosenbloom, Kravchuk, and Clerkin, *op. cit.*, pp. 156~159.

제3절

1) James C. Charlesworth, ed., *Integration of the Social Sciences through Policy Analysis*(American Academy of Political and Social Science, 1972).

2) Alfred Kuhn, *Unified Social Science*(Dorsey Press, 1975).

3) Dwight Waldo, *Organization Theory: Revisiting the Elephant*(Manuscript prepared for *Public Administration Review*, 1978), pp. 8~9.

4) Fremont E. Kast and James E. Rosenzweig, *Organization and Management: A Systems and Contingency Approach*, 4th ed.(McGraw-Hill, 1986), p. 90.

5) Lex Donaldson, *In Defence of Organization Theory: A Reply to the Critics*(Cambridge University Press, 1985), pp. 107~108; David Silverman, *The Theory of Organizations: A Sociological Framework*(Basic Books, 1971), pp. 126~127; Rayburn Barton and William L. Chappell, Jr., *Public Administration: The Work of Government*(Scott, Forseman, 1985), pp. 287~288.

6) Schein, *Organizational Culture and Leadership*(Jossey-Bass, 1985), pp. 1~22; David H. Rosenbloom, Robert S. Kravchuk, and Richard M. Clerkin, *Public Administration: Uuderstanding Management, Politics, and Law in the Public Sector*, 8th ed. (McGraw—Hill, 2015), pp. 175~177.

7) Richard L. Daft, *Understanding the Theory and Design of Organizations*, 10th ed.(South-Western, 2010), p. 373.

8) Fremont E. Kast and James E. Rosenzweig, "General Systems Theory: Applications for Organization and Management," originally published in *Academy of Management Journal*(December 1972), pp. 447~465, cited from J. M. Shafritz and J. Steven Ott, eds.,

Classics of Organization Theory, 2nd ed.(Dorsey Press, 1987), p. 278.

9) Louis C. Gawthrop, *Public Sector Management, Systems, and Ethics*(Indiana University Press, 1984), p. 9ff.; John M. Ivancevich, Robert Konopaske, and Michael Tatteson, *Organizational Behavior and Management*, 8th ed.(McGraw-Hill, 2008), pp. 23~24.

10) Bertalanffy, "General Systems Theory: A New Approach to Unity of Science," *Human Biology*(Vol. 23, Dec. 1951), pp. 303~361; A. D. Hall and R. E. Fagen, "Definition of a System," *General Systems*(Yearbook of the Society for the Advancement of General Systems Theory, no. 1, 1956), pp. 1~10.

11) Johnson, Kast and Rosenzweig, *The Theory and Management of Systems*(McGraw-Hill, 1963), p. 5.

12) Rice, Jr. and Bishoprick, *Conceptual Models of Organizations*(Prentice-Hall, 1971), pp. 163~164.

13) Henry, *Public Administration and Public Affairs*, 13th ed.(Routledge, 2018), p. 383.

14) Churchman, *The Systems Approach*(Delta Book, 1979), p. 29.

15) Daft, *Organization Theory and Design*, 7th ed.(South-Western College Publishing, 2001), p. 14.

16) W. Richard Scott, *Organizations: Rational, Natural and Open Systems*(Prentice-Hall, 1981), pp. 113~114; Claudia B. Schoonhoven, "Problems with Contingency Theory: Testing Assumptions Hidden within the Language of Contingency 'Theory'," *ASQ*(vol. 26, no. 3, Sep. 1981), pp. 349~377; John W. Newstrom, *Organizational Behavior: Human Behavior at Work*, 13th ed.(McGraw-Hill, 2011), p. 13.

17) 하연섭, "James G. March와 Johan P. Olsen의 신제도이론," 오석홍 편, 「행정학의 주요이론」(법문사, 2005), 771~779쪽; James G. March and Johan P. Olsen, *Rediscovering Institutions: The Organizational Basis of Politics*(Free Press, 1989); Walter W. Powell and Paul J. Dimaggio, eds., *The New Institutionalism in Organizational Analysis*(University of Chicago Press, 1991); Douglass C. North, *Institutions, Institutional Change and Economic Performance*(Cambridge University Press, 1990); John Hudson and Stuart Lowe, *Understanding the Policy Process: Analysing Welfare Policy and Practice*(Policy Press, University of Bristol, 2004), pp. 148~161.

18) Richard H. Hall, *Organization: Structures, Processes, and Outcomes*, 5th ed.(Prentice-Hall, 1991), pp. 274~276.

19) *Ibid.*, pp. 277~281; Gareth R. Jones, *Organizational Theory, Design, and Change*, 7th.(Pearson, 2013), p. 91; Deana Malatesta and Craig R. Smith, "Lessons from Resource Dependence Theory for Contemporary Public and Nonprofit Management," *Public Administration Review*(Vol. 74, Iss. 1, Jan./Feb. 2014), pp. 14~25.

20) Hall, *Ibid.*, pp. 285~286; Jones, *ibid.*, pp. 101~107; 최병선, "Oliver E. Williamson의 조직의 경제이론," 오석홍 외 편, 조직학의 주요이론, 제6판(법문사, 2024), 53~60쪽.

21) 권순만·김난도, "행정의 조직경제학적 접근: 대리인이론의 행정학적 함의를 중심으로," 한국행정학보(29권 1 호, 1995), 77~96쪽; 권순만, "Terry Moe의 공공조직의 정치경제학: 관료제의 대리인이론 및 조직경제학적 접근," 오석홍 편, 행정학의 주요이론(법문사, 2019), 271~281쪽.

22) B. J. Hodge, William P. Anthony, and Lawrence M. Gales, *Organization Theory: A Strategic Approach*, 6th ed.(Prentice-Hall, 2003), pp. 222~237.

23) *Ibid.*, p. 230.

24) Karen M. Hult and Charles Walcott, *Governing Public Organizations*(Brooks/Cole, 1990); Laurence E. Lynn, Jr. and Others, "Studying Governance and Public Management: Why? How?," Carolyn J. Heinrich and L. E. Lynn, Jr.(eds.), *Governance and Performance: New Perspectives*(Georgetown University Press, 2000), pp. 1~33.

25) 김영평, "정보화 사회와 정부구조의 변화," 사회과학의 새로운 지평(한국사회과학연구협의회, 1996), 27~55쪽; 노화준, 기획과 결정을 위한 정책분석론(박영사, 1999), 158~172쪽; 김용

운·김용국, 제3의 과학혁명: 프랙탈과 카오스의 세계(우성, 2000); 요하임 부블라트 지음, 염영록 옮김, 카오스와 코스모스(생각의 나무, 2003); Stephen H. Kellert, *In the Wake of Chaos*(University of Chicago Press, 1993); 윤영수·채승병, 복잡계 개론(삼성경제연구소, 2006).

제4절

1) James G. March and Herbert A. Simon, *Organizations*(John Wiley and Sons, 1958), p. 1.

2) Lex Donaldson, *In Defence of Organization Theory: A Reply to the Critics*(Cambridge University Press, 1985), p. 17.

3) Weber, *The Theory of Social and Economic Organization*, translated by A. M. Henderson and Talcott Parsons(The Free Press, 1947), pp. 136~152, cited from Richard H. Hall, *Organizations: Structure and Process*, 5th ed.(Prentice-Hall, 1991), p. 29.

4) Barnard, *Functions of the Executive*(Harvard University Press, 1938), p. 73 and pp. 82~95.

5) Selznick, *TVA and the Grass Roots*(University of California Press, 1953).

6) Katz and Kahn, *The Social Psychology of Organizations*(John Wiley and Sons, Inc., 1966), p. 47.

7) Pfiffner and Sherwood, *Administrative Organization*(Prentice-Hall, 1960), pp. 28~30.

8) Scott, "Theory of Organizations," in Robert E. L. Faris, ed., *Handbook of Modern Sociology*(Paul McNally and Co., 1964), p. 488.

9) Hall, *Organizations: Structure and Process*, 5th ed.(Prentice-Hall, 1991), p. 32.

10) Parsons, *Structure and Process in Modern Society*(The Free Press, 1960), pp. 45~46.

11) Etzioni, *A Comparative Analysis of Complex Organizations*(Free Press of Glencoe, 1961).

12) Blau and Scott, *Formal Organizations*(Chandler, 1962), pp. 40~58.

13) Henry, *Public Administration and Public Affairs*, 13th ed.(Routledge, 2018), pp. 56~70.

14) Mintzberg, *The Structuring of Organizations*(Prentice-Hall, 1979), *Structuring in Fives: Designing Effective Organizations*(Prentice-Hall, 1983), *Power in and Around Organizations*(Prentice-Hall, 1983); Laurence Siegel and Irving M. Lane, *Personnel and Organizational Psychology*, 2nd ed.(Irwin, 1987), pp. 550~555.

15) Mintzberg, "Managing Government, Governing Management," *Harvard Business Review*(May/June 1996), pp. 75~83.

16) Keidel, Seeing *Organizational Patterns: A New Theory and Language of Organizational Design*(Berrett-Koehler, 1995).

17) Cox, Jr., *Cultural Diversity in Organizations: Theory, Research & Practice*(Berrett-Koehler, 1994), pp. 225~230.

18) Haas, Hall and Johnson, "Toward an Empirically Derived Taxonomy of Organizations," in Raymond V. Bowers, ed., *Studies on Behavior in Organizations*(University of Georgia Press, 1966), pp. 157~180.

19) Hall, *Organizations: Structure and Process*, 1st ed.(Prentice-Hall, 1972), pp. 60~61.

제2장

제1절

1) John W. Slocum, Jr. and Don Hellriegel, *Principles of Organizational Behavior*, 12th ed.(South-Western, 2009), p. 128.

2) *Ibid.*; Craig C. Pinder, *Work Motivation: Theory, Issues, and Applications*(Scott, Foresman and Co., 1984), pp. 8~14; Jerald Greenberg and Robet A. Baron, *Behavior in Organizations*, 8th ed.(Prentice-Hall, 2003), pp. 190~191.

3) Berelson and Steiner, *Human Behavior*(Harcourt, Brace and World, 1964), p. 240.

4) Zimbardo, Weber and Johnson, *Psychology*, 3rd ed.(Allyn and Bacon, 2000), p. 314.

5) Greenberg and Baron, *op. cit.*, p. 90.

6) Slocum, Jr. and Hellriegel, *op. cit.*, p. 126.

7) Nicholson, *The Blackwell Encyclopedic Dictionary of Organizational Behavior*(Blackwell, 1995), p. 330.

8) Slocum, Jr. and Hellriegel, *op. cit.*, p. 128; Henry Murray, *Explorations in Personality* (Oxford University Press, 1938), pp. 123~124; Pinder, *op. cit.*, pp. 44~45; John M. Ivancevich, Robert Konopaske, and Michael Tatteson, *Organizational Behavior and Management*, 8th ed.(McGraw-Hill, 2008), p. 111.

9) Norman Maier, *Psychology in Industrial Organizations*, 4th ed.(Houghton Mifflin, 1973); Pinder, *ibid.*, pp. 70~76.

10) Webb and Norton, *Human Resources Administration: Personnel Issues and Needs in Education*, 5th ed.(Pearson, 2009), pp. 149~154.

11) Nelson and Quick, *Understanding Organizational Behavior*, 3rd ed.(Thomson South-Western, 2008), pp. 123~139.

12) Apter, "Motivation," in Adam Kuper and Jessica Kuper, *The Social Science Encyclopedia* (Routledge and Kegan Paul, 1985), pp. 543~544.

13) Zimbardo *et al.*, *op. cit.*, pp. 316~319.

14) Schein, *Organizational Psychology*, 3rd ed.(Prentice-Hall, 1980), pp. 50~72.

15) Thompson, *Organizations in Action*(McGraw-Hill, 1967), pp. 101~116.

16) Presthus, *The Organizational Society: An Analysis and a Theory*(Random House, 1962), pp. 134~145.

17) Vroom, *Work and Motivation*(Wiley & Sons, 1964); Alan C. Filley and Robert J. House, *Managerial Process and Organizational Behavior*(Scott, Foresman and Co., 1969), pp. 360~363.

18) Porter and Lawler, Ⅲ, *Managerial Attitudes and Performance*(Irwin-Dorsey, 1968), "The Effect of Performance on Job Satisfaction," *Industrial Relations*(vol. 7, no. 23, October 1967), pp. 20~28.

19) Georgopoulos, Mahoney, and Jones, Jr., "A Path-Goal Approach to Productivity," *Journal of Applied Psychology*(vol. 41, no. 6, December 1957), pp. 345~353.

20) Adams, "Inequity in Social Exchange," in L. Berkowitz, ed., *Advances in Experimental Psychology*(Academic Press, 1965); G. S. Homans, *Social Behavior: Its Elementary Forms*(Harcourt, Brace & World, 1961); E. Jacques, *Equitable Payment*(Wiley, 1961); M. Patchen, *The Choice of Wage Comparisons*(Prentice-Hall, 1961); John W. Newstrom, *Organizational Behavior: Human Behavior at Work*, 13th ed.(McGraw-Hill, 2011), pp. 129~132.

21) R. D. Pritchard, "Equity Theory: A Review and Critique," *Organizational Behavior and Human Performance*(vol. 4, 1969), p. 206.

22) Robert L. Dipboye, Carlla S. Smith, and William C. Howell, *Understanding Industrial*

and Organizational Psychology: An Integrated Approach(Harcourt Brace, 1994), pp. 102~106.

23) John R. Anderson, *Learning and Memory: An Integrative Approach*(John Wiley & Sons, 1995), pp. 4~5; John R. Schermerhorn, Jr., James G. Hunt, Richard N. Osborn, and Mary Uhl-Bien, *Organizational Behavior*, 11th ed.(John Wiley & Sons, 2011), pp. 18~19.

24) Schermerhorn, Jr. *et al., ibid.,* pp. 98~103; Anderson, *ibid.,* pp. 39~152.

25) Edward C. Tolman and C. H. Honzik, "'Insight' in Rats," *Psychology*(University of California, vol. 4), pp. 215~232.

26) Randall B. Dunham, *Organizational Behavior, People and Processes in Management*(Irwin, 1984), pp. 132~142; Pinder, *op. cit.,* pp. 187~233; Schermerhorn, Jr. *et al., op. cit.,* pp. 98~103; Newstrom, *op. cit.,* pp. 118~122.

27) F. Luthans and R. Kreitner, *Organizational Behavior Modification*(Scott, Foresman and Co., 1975).

28) Senge, *The Fifth Discipline: The Art and Practice of the Learning Organi-zation*(Doubleday, 1994); 손태원, "Peter M. Senge의 학습조직론: 제5의 수련," 오석홍 외 편, 조직학의 주요이론, 제6판(법문사, 2024), 525~535쪽.

29) Garvin, "Building a Learning Organization," in Wendell L. French, et al.,(eds.), *Organization Development and Transformation: Managing Effective Change*, 5th ed.(McGraw-Hill, 2000), pp. 281~394

30) Robbins and Judge, *Organizational Behavior*, 18th ed. (Pearson, 2019), pp. 639~640.

31) Daft, *Understanding the Theory and Design of Organizations*, 10th ed.(South-Western, 2010), pp. 30~35

32) Dipboye *et al., op. cit.,* pp. 121~129; Robbins and Judge, *op. cit.,* pp. 228~230.

33) R. Kanfer, "Motivation Theory and Industrial and Organizational Psychology," in M. Dunnette and L. Hough, eds., *The Handbook of Industrial and Organizational Psychology*, 2nd ed.(Consulting Psychologists Press, 1991, vol. 1), pp. 75~170; Dipboye *et al., ibid.,* pp. 129~133.

34) Katzell and Thompson, "An Integrative Model of Work Attitudes, Motivation and Performance," *Human Performance*(1990, vol. 3), pp. 63~85.

제2절

1) Maslow, *Motivation and Personality*, 2nd ed.(Harper & Row, 1970). 1st ed. in 1954. 욕구단계이론의 요점은 이미 1940년대 초에 발표하였다. cf., Maslow, "A Theory of Human Motivation," *Psychological Review*(vol. L, 1943), pp. 370~396.

2) Paul Hersey and Kenneth H. Blanchard, *Management of Organizational Behavior: Utilizing Human Resources*, 2nd ed.(Prentice-Hall, 1972), pp. 23~27.

3) David Lawless, *Effective Management: Social Psychological Approach*(Prentice-Hall, 1972), p. 87.

4) Alderfer, "An Empirical Test of a New Theory of Human Needs," *Organizational Behavior and Human Performance*(vol. 4, no. 2, May 1969), pp. 142~175.

5) McClelland, "Business Drive and National Achievement," *Harvard Business Review*(July-August 1962), pp. 99~112; John M. Ivancevich, Robert Konopaske, and Michael Tatteson, *Organizational Behavior and Management*, 8th ed.(McGraw-Hill, 2008), pp. 119~120.

6) Murray, *Exploration in Personality*(Oxford University Press, 1938).

7) Herzberg, B. Mausner, R. Peterson, and D. Capwell, *Job Attitudes: Review of Research and Opinion*(Psychological Services of Pittsburgh, 1957); Herzberg, B. Mausner, and B. B. Snyderman, *The Motivation to Work*(Wiley, 1959); Herzberg, *Work and the Nature of Man*(World Publishing Co., 1966).

8) Edger F. Huse and James L. Bowditch, *Behavior in Organizations: A Systems Approach to Managing*(Addison-Wesley, 1973), p. 69.

9) Hersey and Blanchard, *op. cit.*, p. 56.

10) McGregor, "Adventures in Thought and Action," *Proceedings of the Fifth Anniversary Convention of the School of Industrial Management, MIT*(MIT Press, 1957), The Human Side of Enterprise(McGraw-Hill, 1960), Chapters 3 and 4.

11) Lundstedt, "Consequences of Reductionism in Organization Theory," *PAR*(vol. 32, no. 4, July/August 1972), pp. 328~333.

12) Lawless, *op. cit.*, pp. 361~363.

13) Ouchi, *Theory* Z(Addison-Wesley, 1981).

14) Likert, *The Human Organization: Its Management and Value*(McGraw-Hill, 1967); Paul Hersey and Kenneth H. Blanchard, *Management of Organizational Behavior: Utilizing Human Resources*, 2nd ed.(Prentice-Hall, 1972), pp. 60~64.

15) Argyris, *Personality and Organization*(Harper & Row, 1957), *Interpersonal Competence and Organizational Effectiveness*(Dorsey Press, 1962), *Integrating the Individual and the Organization*(John Wiley & Sons, 1964), *Understanding Organizational Behavior*(Tavistock, 1960).

제3절

1) Robert S. Feldman, *Understanding Psychology*(McGraw-Hill, 1996), p. 465; Philip G. Zimbardo, A. L. Weber and R. L. Johnson, *Psychology*, 3rd ed.(Allyn and Bacon, 2000), p. 383.

2) Feldman, *ibid.*, pp. 464~485; Zimbardo *et al.*, *ibid.*, pp. 381~399; A. B. (Rami) Shani and James B. Lau, *Behavior in Organizations: An Experiential Approach*, 8th ed.(McGraw-Hill, 2005), pp. 200~201.

3) John W. Slocum, Jr. and Don Hellriegel, *Principles of Organizational Behavior*, 12th ed.(South-Western, 2009), pp. 44~46.

4) Delroy L. Paulhus and Kevin M. Williams, "The Dark Triad of Personality: Narcissism, Machiavellianism, and Psychopathy," *Journal of Research in Personality* (vol. 36, iss. 6, 2002), pp.556~563; J. F. Rauthmann, "The Dark Triad and Interpersonal Perception : Similarities and Differences in the Social Consequences of Narcissism, Machiavellianism, and Psychopathy," *Social Psychological and Personality Science* (vol. 3, 2012), pp. 487~496; Stephen P. Robbins and Timothy A. Judge, *Organizational Behavior*, 18th ed. (Pearson, 2019), pp.150~152.

5) David Lawless, *Effective Management: Social Psychological Approach*(Prentice-Hall, 1972), pp. 52~61.

6) Freud, *Interpretation of Dreams*(Basic Books, 1900), *Group Psychology and the Analysis of the Ego*(Hogarth, 1922); Jung, *Psychological Types*(Harcourt, 1923).

7) McClelland, *The Achieving Society*(Van Nostrand Co., 1961), "Business Drive and National Achievement," *Harvard Business Review*(vol. XL, July-August 1962), pp. 99~112, "That Urge to Achieve," in David A. Kolb and Others, eds., *Organizational Psychology: A Book of Readings*(Prentice-Hall, 1974), pp. 147~162.

8) Presthus, *The Organizational Society*, revised ed.(St. Martin's Press, 1978), Chapters, 5,

6, 7, 8.

9) Ramos, "Models of Man and Administrative Theory," *PAR*(vol. 32, no. 3, May/June 1972), pp. 241~246.

10) Downs, *Inside Bureaucracy*(Little, Brown and Co., 1967), Chapters 8 and 9.

11) Dunham, *Organizational Behavior*(Irwin, 1984), pp. 223~225.

12) Reissman, "A Study of Role Conceptions in Bureaucracy," *Social Forces*(No. 27, March 1949), pp. 305~310.

13) Gross, *The Managing of Organizations: The Administrative Struggle*, vol. 1(The Free Press of Glencoe, 1964), pp. 398~403.

14) Nigel Nicholson, ed., *The Blackwell Encyclopedic Dictionary of Organizational Behavior*(Blackwell, 1995), p. 409; Sheldon S. Zalkind and Timothy W. Costello, "Perception: Implications for Administration," in Kolb and others, eds., *op. cit.*, pp. 224~236; Zimbardo *et al.*, *op. cit.*, pp. 161~202.

15) Fred Luthans, *Organizational Behavior*, 4th ed.(McGraw-Hill, 1985), pp. 153~178; Dunham, *op. cit.*, pp. 240~267; John R. Schermerhorn, Jr., James G. Hunt, Richard N. Osborn, and Mary Uhl-Bien, *Organizational Behavior*, 11th ed.(John Wiley & Sons, 2011), pp. 86~88; Shani and Lau, *op. cit.*, p. 273.

16) Schermerhorn, Jr. *et al.*, *ibid.*, pp. 84~85; Edgar F. Huse and James L, Bowditch, *Bahavior in Organizations: A Systems Approach to Managing*, 2nd ed.(Addison-Wesley, 1977), p. 122; Slocum, Jr. and Hellriegel, *op. cit.*, pp. 73~77; Debra L. Nelson and James C. Quick, *Understanding Organizational Behavior*, 3rd ed.(Thomson South-Western, 2008), pp. 79~81.

17) Schermerhorn, Jr. *et al.*, *ibid.*, pp. 90~92; Huse and Bowditch, *ibid.*, pp. 123~125; Slocum, Jr. and Hellriegel, *ibid.*, pp. 79~89.

18) E. E. Jones and P. S. Pitman, "Toward a General Theory of Strategic Self-Presentation," in J. Sields, ed., *Psychological Perspective on the Self*(Lawrence Erlbaum, 1982), pp. 231~262.

19) Nelson and Quick, *op. cit.*, pp. 93~103; Robbins and Judge, *op. cit.*, pp. 77~82; Slocum, Jr. and Hellriegel, *op. cit.*, pp. 51~58; John W. Newstrom, *Organizational Behavior: Human Behavior at Work*, 13th ed.(McGraw-Hill, 2011), pp. 219~225.

20) Robbins and Judge, *ibid.*, p. 81; Slocum, Jr. and Hellriegel, *ibid.*, p. 52.

21) Nelson and Quick, *op. cit.*, p. 94; Ricky W. Griffin and Gregory Moorhead, *Organizational Behavior: Managing People and Organizations*, 11th ed.(South-Western, 2014), pp. 72~73.

22) *Ibid.*, pp. 105~107; Robbins and Judge, *op. cit.*, pp. 105~115; John M. Ivancevich, Robert Konopaske, and Michael Tatteson, *Organizational Behavior and Management*, 8th ed.(McGraw-Hill, 2008), pp. 97~102; Chih-Wei Hsieh *et al.*, "Motivational Bases and Emotional Labor: Assessing the Impact of Public Service Motivation," *Public Administration Review*(Vol. 72, No. 2, Carch/April 2012), pp. 241~251; 신황용, "공공봉사동기, 감정노동 및 조직성과 간의 구조적 인과관계", 행정논총(제59권 제2호, 2021.6), 201~235쪽.

23) Edgar H. Schein, *Organizational Culture and Leadership*(Jossey-Bass, 1985), pp. 1~22; Robert G. Isaac, "Organizational Culture: Some New Perspectives," in R. T. Golembiewski, ed., *Handbook of Organizational Behavior*(Dekker, 1993), pp. 93~94; 차재호·나운영 역, 세계의 문화와 조직(학지사, 1995), 29~32쪽.

24) Schein, *ibid.*

25) Denison, *Corporate Culture and Organizational Effectiveness*(Wiley, 1990), p. 2.

26) Hofstede, *Cultures and Organizations: Software of the Mind*(London: McGraw-Hill, 1991); 차재호·나운영 역, 앞의 책, 261쪽.

27) Hodge, William P. Anthony, and Lawrence M. Gales, *Organization Theory: A Strategic Approach*, 6th ed.(Prentice-Hall, 2003), p. 248.

28) George and Jones, *Organizational Behavior*, 3rd ed.(Prentice-Hall, 2002), p. 508.

29) Hodge *et al.*, *op. cit.*; Schein, *op. cit.*; Issac, *op. cit.*; 차재호·나운영, 앞의 책, 29~31쪽.

30) Elber W. Stewart and James A. Glynn, *Introduction to Sociology*(McGraw-Hill, 1985), p. 75; 김경동, 현대의 사회학(박영사, 1997), 35~36쪽; 이광규, 문화인류학개론(일조각, 1985), 35~36쪽.

31) Jerald Greenberg and Robert A. Baron, *Behavior in Organizations*(Prentice-Hall, 2003), p. 518; Robbins and Judge, *op. cit.*, pp. 548~549.

32) C. Siehl and L. Martin, "The Role of Symbolic Management," in J. G. Hunt *et al.*, eds., *Leaders and Managers*(Pergamon Press, 1984), pp. 227~269; Stewart and Glynn, *op. cit.*, pp. 83~85.

33) Taylor Cox, Jr., *Cultural Diversity in Organizations*(Berret-Koehler, 1994), p. 11ff.

34) Greenberg and Baron, *op. cit.*, pp. 519~521.

35) Slocum, Jr. and Hellriegel, *op. cit.*, pp. 469~473.

36) 차재호·나운영, 앞의 책, 273쪽.

37) 김경동, 앞의 책, 42~44쪽.

38) Hodge *et al.*, *op. cit.*, pp. 249~256; Slocum, Jr. and Hellriegel, *op. cit.*, pp. 476~480.

39) Christian Scholz, "Corporate Culture and Strategy—The Problem of Strategic Fit," *Long Range Planning*(vol. 26, no. 4, August 1987), pp. 79~85.

40) Peter F. Drucker, *Managing for the Future: The 1990's and Beyond*(Truman Talley, 1992), p. 194.

41) Issac, *op. cit.*, p. 95; Cox, Jr. *op. cit.*, pp. 242~261; Slocum, Jr. and Hellriegel, *op. cit.*, pp. 467~468; Thomas G. Cummings and Christopher G. Worley, *Organization Development & Change*(South-Western, 2009), pp. 526~528.

제4절

1) cf., Edgar H. Schein, *Organizational Psychology*, 3rd ed.(Prentice-Hall, 1978), p. 145; Edgar F. Huse and James L. Bowditch, *Behavior in Organizations*(Addison-Wesley, 1973), pp. 110~112; A. Paul Hare, "Small Groups in Organizations," in Robert T. Golembiewski, ed., *Handbook of Organizational Behavior*(Marcel Dekker, 1993), pp. 62~63; Jerald Greenberg and Robert A. Baron, *Behavior in Organizations*, 8th ed.(Prentice-Hall, 2003), pp. 273~274.

2) Schein, *ibid.*, pp. 149~153.

3) Schein, *ibid.*, pp. 152~153; Huse and Bowditch, *op. cit.*, pp. 114~117; Greenberg and Baron, *op. cit.*, pp. 274~275.

4) John M. Ivancevich, Robert Konopaske, and Michael Tatteson, *Organizational Behavior and Management*, 8th ed.(McGraw-Hill, 2008), pp. 273~279; John W. Slocum, Jr. and Don Hellriegel, *Principles of Organizational Behavior*, 12th ed.(South-Western, 2009), pp. 320~350; Stephen P. Robbins and Timothy A. Judge, *Organizational Behavior*, 18th ed.(Pearson, 2019), pp. 325~334; Greenberg and Baron, *ibid.*, pp. 291~309; John W. Newstrom, *Organizational Behavior: Human Behavior at Work*, 13th ed.(McGraw-Hill, 2011), p. 335; Gareth R. Jones, *Organizational Theory, Design, and Change*, 7th.(Pearson, 2013), pp. 163~164; Ricky W. Griffin and Gregory Moorhead, *Organizational Behavior: Managing People and Organizations*, 11th ed.(South-Western, 2014), pp. 266~275.

5) Dunham, *Organizational Behavior*(Irwin, 1984), pp. 300~303.

6) Luthans, *Organizational Behavior*, 4th ed.(McGraw-Hill, 1987), pp. 361~362.

7) Marvin E. Shaw, *Group Dynamics: The Psychology of Small Group Behavior* (McGraw-Hill, 1971); Ivancevich *et al.*, *op. cit.*, pp. 263~264; Greenberg and Baron, *op. cit.*, pp. 275~276.

8) Thibaut and Kelley, *The Social Psychology of Groups*(Wiley, 1959).

9) Homans, *The Human Group*(Harcourt, Brace & World, 1950).

10) Jowell and Reitz, *Group Effectiveness in Organizations*(Scott, Foresman, 1981).

11) Olmsted, *Social Groups, Roles, and Leadership*(Michigan State University, 1961), pp. 12~16.

12) M. E. Shaw, *Group Dynamics*, 3rd ed.(McGraw-Hill, 1981), pp. 213~215; B. Lott, "Group Cohesiveness: A Learning Phenomenon," *The Journal of Social Psychology*(vol. 55, 1961), p. 297; Slocum, Jr. and Hellriegel, *op. cit.*, p. 346; Griffin and Moorhead, *op. cit.*, pp. 248~250.

13) Schein, *op. cit.*, pp. 172~181; M. Sherif *et al.*, *Intergroup Conflict and Cooperation: The Robbers Cave Experiment*(University Book Exchange, 1961); R. R. Blake and J. S. Mouton, "Reactions to Intergroup Competition under Win-Lose Conditions," *Management Science*(vol. 7, 1961), pp. 420~435; John R. Schermerhorn, Jr., J. G. Hunt, R. N. Osborn, and Mary Uhl-Bien, *Organizational Behavior*, 11th ed.(John Wiley & Sons, 2011), pp. 190~192.

14) Schein, *Process Consultation*, 2nd ed.(Addison-Wesley, 1988), pp. 69~75.

15) Norman R. F. Maier, "Assets and Liabilities in Group Problem Solving: The Need for an Integrative Function," *Psychological Review*(vol. 74, no. 4, July 1967), pp. 239~249; Schermerhorn, Jr. *et al.*, *op. cit.*, pp. 195~200; Robbins and Judge, *op. cit.*, pp. 307~311; Griffin and Moorhead, *op. cit.*, pp. 251~257.

16) *Ibid.*

17) 임창희, 조직행동(학현사, 1996), 334~335쪽.

제3장

제1절

1) Amitai Etzioni, *Modern Organizations*(Prentice-Hall, 1964), p. 6.

2) Richard L. Daft, *Understanding the Theory and Design of Organizations*, 10th ed.(South-Western, 2010), pp. 108~109; Edward Gross and Amitai Etzioni, *Organizations in Society*(Prentice-Hall, 1985), p. 8; Debra L. Nelson and James C. Quick, *Understanding Organizational Behavior*, 3rd ed.(Thomson South-Western, 2008), pp. 154~156.

3) John H. Barrett, *Individual Goals and Organizational Objectives: A Study of Integration Mechanisms*(Institute for Social Research, The University of Michigan, 1970).

4) Charles Perrow, *Organizational Goals*(mimeo., University of Pittsburgh, 1964), *Organizational Analysis: A Sociological View*(Wadsworth Publishing Company, 1970), pp. 133~174.

5) Parsons, *Structure and Process in Modern Societies*(The Free Press of Glencoe, 1960), pp. 45~46.

6) Etzioni, *A Comparative Analysis of Complex Organizations: On Power, Involvement, and Their Correlates*(The Free Press of Glencoe, 1961), pp. 72~73. 이 밖에 Clark, Diamond, Scott 등이 쓴 글에서도 대사회적 목표개념의 용례를 찾아볼 수 있다. S. D. Clark, *Church and Sect in Canada*(University of Toronto Press, 1948); Sigmund Diamond, "From Organizations to Society? Virginia in the Seventeenth Century," *American Journal of*

Sociology(vol. 63, 1958), pp. 457~475; Francis G. Scott, "Action Theory and Research in Social Organization," *American Journal of Sociology*(vol. 64, 1959), pp. 386~396.

7) cf., Mayer N. Zald, "Differential Perception of Goals," in Fremont J. Lyden, George A. Shipman, and Morton Kroll, eds., *Policies, Decisions, and Organization*(Meredith Corporation, 1969), pp. 158~162; David Silverman, *The Theory of Organizations: A Sociological Framework*(Basic Books, Inc., 1971), pp. 9~11.

8) Mintzberg, *Power In and Around Organizations*(Prentice-Hall, 1983), pp. 246~247.

9) Gross, *Organizations and Their Managing*(Free Press, 1968), pp. 273~274.

10) Daft, *op. cit.*, pp. 106~108.

11) Richard L. Daft and Richard M. Steers, *Organizations: A Micro/Macro Approach*(Scott, Foresman and Company, 1986), pp. 327~329; Mintzberg, *op. cit.*, pp. 252~263.

12) Sills, *The Volunteers*(Free Press, 1957), pp. 62~69.

13) Michels, *Political Parties*(The Free Press of Glencoe, 1949).

14) Merton, *Social Theory and Social Structure*(The Free Press of Glencoe, 1957), pp. 199~201.

15) Cyert and March, *A Behavioral Theory of the Firm*(Prentice-Hall, 1963), pp. 26~43.

16) Perrow, "The Analysis of Goals in Complex Organizations," *American Sociological Review*(vol. 26, 1961), pp. 67~69.

17) Alexander, "Goal Setting and Growth in an Uncertain World: A Case Study of a Local Community Organization," *PAR*(vol. 36, no. 2, March-April 1976), pp. 182~191.

18) Thompson and McEwen, "Organizational Goals and Environment: Goal-Setting as an Interaction Process," *American Sociological Review*(vol. 23, 1958), reprinted in the Bobbs-Merrill Reprint Series in the Social Science, no. 291.

19) Selznick, *op. cit.*

20) Clark, "Organizational Adaptation and Precarious Values," *American Sociological Review*(vol. 21, no. 3, June 1956), pp. 327~336.

21) Gibson, Ivancevich, and Donnelly, Jr., *Organizations: Behavior*, Structure, Processes, 10th ed. (McGraw-Hill, 2000), pp. 19~23.

22) Cameron, "Critical Questions in Assessing Organizational Effectiveness," *Organizational Dynamics*(vol. 9, no. 2, Autumn 1980), p. 65.

23) Daft, *op. cit.*, pp. 118~123.

24) Hodge, Anthony, and Gales, *Organization Theory: A Strategic Approach*, 6th ed. (Prentice-Hall, 2003), pp. 68~75.

25) Amitai Etzioni, "Two Approaches to Organizational Analysis: A Critique and a Suggestion," *ASQ*(vol. 5, September 1960), pp. 257~278; Joseph A. Litterer, *The Analysis of Organizations*(John Wiley & Sons, 1967), pp. 47~48; Perry Levinson, "Evaluation of Social Welfare Programs: Two Research Models," *Welfare in Review*(vol. 4, no. 10, December 1966), pp. 5~12; Jaisingh Ghorpade, ed., *Assessment of Organizational Effectiveness: Issues, Analysis, and Readings*(Goodyear Publishing Co.,1971), pp. 85~87.

26) Rice, "A Model for the Empirical Study of a Large Social Organization," in Ghorpade, ed., *ibid.*, pp. 89~100.

27) Price, *Organizational Effectiveness: An Inventory of Propositions*(Richard D. Irwin, 1968).

28) Litterer, *op. cit.*, pp. 148~149.

29) John M. Ivancevich, Robert Konopaske, and Michael Tatteson, *Organizational Behavior and Management*, 8th ed.(McGraw-Hill, 2008), pp. 24~26.

30) Bennis, "Towards a 'Truely' Scientific Management: The Concept of Organization Health," in Ghorpade, *op. cit.*, pp. 116~143.

31) Schein, *Organizational Psychology*, 3rd ed.(Prentice-Hall, 1980), pp. 230~231.

32) Yuchtman and Seashore, "A System Resource Approach to Organizational Effectiveness," *ASQ*(vol. 32, no. 6, December 1967), pp. 377~395.

33) Hall, *Organizations: Structure and Process*, 5th ed.(Prentice-Hall, 1991), pp. 265~272.

제2절

1) Daniel Katz and Robert L. Kahn, *The Social Psychology of Organizations*(John Wiley & Sons, 1966), pp. 182~197.; David J. Lawless, *Effective Management: Social Psychological Approach*(Prentice-Hall, 1972), p. 283.

2) Robert Dubin, *The World of Work*(Prentice-Hall, 1958), p. 38; Chester I. Barnard, "The Functions of Status System," Robert Merton, *et al.*, ed., *Reader in Bureaucracy*(Free Press of Glencoe, 1952), p. 243; Robert Presthus, *The Organizational Society: An Analysis and a Theory*(Random House, 1962), p. 148; Stephen P. Robbins and Timothy A. Judge, *Organizational Behavior*, 18th ed.(Pearson, 2019), pp. 301~302.

3) Fremont E. Kast and James E. Rosenzweig, *Organization and Management: A Systems and Contingency Approach*, 4th ed.(McGraw-Hill, 1985), pp. 308~310.

4) Lawless, *op. cit.*, pp. 247~257; Nancy Morse, *Satisfactions of the White-Collar Job*(University of Michigan, 1953).

5) Presthus, *op. cit.*, pp. 148~156; John M. Pfiffner and Frank P. Sherwood, *Administrative Organization*(Prentice-Hall, 1960), pp. 286~287.

6) Pfiffner and Sherwood, *ibid.*, pp. 287~289; Presthus, *ibid.*, pp. 152~153; Herbert A. Simon *et al.*, *Public Administration*(Alfred A. Knopf, 1962), pp. 209~210.

7) D. Marvick, *Career Perspectives in a Bureaucratic Setting*(University of Michigan Press, 1954), pp. 52~54.

8) R. A. Dahl, "The Concept of Power," *Behavioral Science*(vol. 2, 1957), pp. 210~215.

9) cf., Richard H. Hall, *Organizations: Structure and Process*, 5th ed.(Prentice-Hall, 1991), pp. 109~111; Dahl, *ibid.*, pp. 202~203; Robert Bierstedt, "An Analysis of Social Power," *American Sociological Review*(vol. 15, no. 6, December 1950), p. 730; Nigel Nicholson, ed., *The Blackwell Encyclopedic Dictionary of Organizational Behavior*(Blackwell, 1995), pp. 437~439; Jeffrey Pfeffer, *Power in Organizations*(Pitman, 1981); Robbins and Judge, *op. cit.*, p. 437.

10) Richard M. Emerson, "Power Dependence Relations," *American Sociological Review*(vol. 27, no. 1, February 1962), p. 32; Gerald R. Salancik, "An Index of Subgroup Influence in Dependency Networks," *ASQ*(vol. 31, no. 2, June 1986), pp. 194~211; Robbins and Judge, *ibid.*, pp. 440~442.

11) Lawless, *op. cit.*, pp. 230~231; D. J. Hickson, C. R. Hinings, C. A. Lee, R. E. Schneck, and J. M. Pennings, "A Strategic Contingencies Theory of Intraorganizational Power," in W. E. Scott and L. L. Cummings, eds., *Readings in Organizational Behavior and Human Performance*(Richard Irwin, 1973), pp. 540~549.

12) Mark Philp, "Power," in Adam Kuper and Jessica Kuper, eds., *The Social Science Encyclopedia*(Routledge & Kegan Paul, 1985), pp. 635~638.

13) French, Jr. and Raven, "The Bases of Social Power," in D. Cartwright, ed., *Studies in Social Power*(University of Michigan Press, 1959), pp. 118~149.

14) Abraham Kaplan, "Power in Perspective," in R. L. Kahn and E. Boulding, eds., *Power and Conflict in Organizations*(Basic Books, 1964), pp. 13~15.

15) Robbins and Judge, *op. cit.*, pp. 443~444; Richard L. Daft, *Understanding the Theory and Design of Organizations*, 10th ed.(South-Western, 2010), pp. 283~285.

16) Chester I. Barnard, *The Functions of the Executive*(Harvard University Press, 1938), pp. 161~184.

17) Etzioni, *A Comparative Analysis of Complex Organizations*(Free Press, 1961), pp. 23~67

and revised ed.(1975), pp. 5~10 and pp. 126~174.

18) Warren, "Power, Visibility, and Conformity in Formal Organizations," *American Sociological Review*(vol. 33, no. 6, December 1968), pp. 951~970.

19) Szilagyi, Jr. and Wallace, Jr., *Organizational Behavior and Performance*, 3rd ed.(Scott, Foresman, 1983), pp. 242~245.

20) Barnard, *op. cit.*; Simon *et al.*, *op. cit.*, pp. 184~185.

21) Pfeffer, *op. cit.*, pp. 97~135.

22) Lawless, *op. cit.*, pp. 236~239.

23) Pfeffer, *op. cit.*, pp. 289~308.

24) John R. Schermerhorn, Jr., James G. Hunt, Richard N. Osborn, and Mary Uhl-Bien, *Organizational Behavior*, 11th ed.(John Wiley & Sons, 2011), pp. 292~300.

25) *Ibid.*

26) *Ibid.*, pp. 289~292; Jay M. Shafritz, E. W. Russell and Christopher P. Borick, *Introducing Public Administration*, 5th ed.(Pearson Longman, 2007), pp. 314~315; David E. Bowen and Edward E. Lawler, Ⅲ, "The Empowerment of Service Workers: What, Why, How and When," *Sloan Management Review*(Spring 1992), pp. 31~39; Jay Conger and R. Kanungo, "The Empowerment Process: Theory and Practice," *Academy of Management Review*(July, 1988), p. 474; John W. Newstrom, *Organizational Behavior: Human Behavior at Work*, 13th ed.(McGraw-Hill, 2011), pp. 195~196.

27) G. M. Spreitzer, M. A. Kizilos, and S. W. Nason, "A Dimensional Analysis of the Relationship between Psychological Empowerment and Effectiveness, Satisfaction and Strain," *Journal of Management*(vol. 23, 1997), pp. 679~704.

28) Robbins, *Organizational Behavior*, 11th ed.(Prentice-Hall, 2005), p. 470.

29) Slocum, Jr. and Hellriegel, *Principles of Organizational Behavior*, 12th ed.(South-Western, 2009), p. 430.

30) Daft, *Understanding the Theory and Design of Organizations*, 10th ed.(South-Western, 2010), p. 487.

31) Gibson *et al.*, *Organizations: Begavior, Structure, Processes*, 10th ed. (McGraw-Hill, 2000) p. 178.

32) Jones, *Organizational Theory, Design and Change*, 7th ed.(Pearson, 2013), p. 262.

33) Schermerhorn, *et al.*, *Organizational Behavior*, 11th ed.(John Wiley & Sons, 2011) p. 424.

34) Woodward, *Management and Technology*(London: Her Majesty's Stationery Office, 1958), *Industrial Organization: Theory and Practice*(Oxford University Press, 1965).

35) Thompson, *Organizations in Action*(McGraw-Hill, 1967), pp. 14~19.

36) Perrow, *Organizational Analysis: A Sociological View*(Wadsworth Publishing Co., 1970), pp. 75~85.

37) Daft, *op. cit.*, pp. 418~442; John R. Schermerhorn, Jr., J. G. Hunt, R. N. Osborn, and Mary Uhl-Bien, *Organizational Behavior*, 11th ed.(John Wiley & Sons, 2011), pp. 426~428; David H. Rosenbloom, Robert S. Kravchuk, and Richard M. Clerkin, *Public Administration: Uuderstanding Management, Politics, and Law in the Public Sector*, 8th ed. (McGraw-Hill, 2015), pp. 354~355; Robert B. Denhardt and Janet V. Denhardt, *Public Administration: An Action Orientation*, 6th ed.(Thomson Wadsworth, 2009), pp. 374~381.

38) Daft, *ibid.*, pp. 442~444; Jennifer M. George and Gareth R. Jones, *Organizational Behavior*, 3rd ed.(Prentice-Hall, 2002), p. 560.

제3절

1) Richard Hall, *Organizations: Structure and Process*(Prentice-Hall, 1977), pp. 104~108; John Child, "Predicting and Understanding Organizational Structure," *ASQ*(vol. 18, no. 1, March 1973), pp. 168~185.

2) Hall, *Organizations: Structure and Process*, 5th ed.(Prentice-Hall, 1991), pp. 52~63; Debra L. Nelson and James C. Quick, *Understanding Organizational Behavior*, 3rd ed.(Thomson South-Western, 2008), p. 360.

3) Blau and Schoenherr, *The Structure of Organizations*(Basic Books, 1971), p. 16

4) Ivancevich *et al.*, *Organizational Behavior and Management*, 8th ed. (McGraw-Hill, 2008), pp. 460~461

5) Hage, "An Axiomatic Theory of Organizations," *ASQ*(vol. 10, no. 3, December 1965), p. 294

6) Zaltman *et al.*, *Innovations and Organizations*(John Wiley & Sons, 1973), pp. 134~135.

7) John M. Pfiffner and Frank P. Sherwood, *Administrative Organization*(Prentice-Hall, 1960), pp. 208~210.

8) Pugh *et al.*, "Dimensions of Organizational Structure," *ASQ*(vol. 13, no. 1, Mar. 1969), p. 75.

9) Jones, *Organizational Theory, Design and Change*, 7th ed.(Pearson, 2013), p. 128.

10) Nicholson, ed., *The Blackwell Encyclopedic Dictionary of Organizational Behavior* (Blackwell, 1995), p. 182.

11) Robbins and Judge, *Organizational Behavior*, 18th ed.(Pearson, 2019), pp. 514~515.

12) Hage and Aiken, *Social Change in Complex Organizations*(Random House, 1970), p. 43.

13) *Ibid.*, p. 38.

14) Zaltman *et al.*, *op. cit.*, p. 143.

15) Greenberg and Baron, *Behavior in Organizations*, 8th ed.(Prentice-Hall, 2003), p. 554.

16) Herbert A. Simon, Donald W. Smithburg, and Victor A. Thompson, *Public Administration* (Alfred A. Knopt, 1962), pp. 275~279; Hall, *Organizations*, 5th ed., pp. 78~83; Greenberg and Baron, *ibid.*, pp. 554~555; Richard L. Daft, *Understanding the Theory and Design of Organizations*, 10th ed.(South-Western, 2010), pp. 58~60.

17) Luther H. Gulick, "Notes on the Theory of Organization," Gulick and Lyndall Urwick, eds., *Papers on the Science of Administration*(Institute of Public Administration, New York, 1937), pp. 1~45; Henri Fayol, *Industrial and General Administration*(English translation by J. A. Coubrough, *International Management Association*, Geneva, 1930); Frederick W. Taylor, *Shop Management*(Harper and Brothers, 1911).

18) Fayol, *ibid.*

19) Gulick, *op. cit.*, pp. 2~3.

20) *Ibid.*, p. 2.

21) Charles Babbage, *On the Economy of Machinery and Manufactures*(Carey & Lea, 1832), pp. 121~130; Joseph A. Litterer, *The Analysis of Organizations*(John Wiley & Sons, 1965), pp. 164~167.

22) Gulick, *op. cit.*, p. 12ff.

23) Victor A. Thompson, *Modern Organization*(Alfred A. Knopf, 1961), p. 58; Bertram M. Gross, *The Managing of Organizations: The Administrative Struggle*(vol. 1, The Free Press, 1964), p. 372.

24) Simon, "The Proverbs of Administration," *PAR*(Winter 1946), pp. 53~67, and *Administrative Behavior: A Study of Decision-Making Processes in Administrative*

Organization(The Free Press, 1957), p. 20ff.

25) Urwick, "Are the Classics Really Out of Date?" S. A. M., *Advanced Management Journal* (July 1969), pp. 4~12.

26) Thompson, *op. cit.*, p. 26.

27) March and Simon, *Organizations*(John Wiley & Sons, 1958), pp. 76~77 and pp. 94~97.

28) William H. Newman, *Administrative Action: The Techniques of Organization and Management*(Prentice-Hall, 1951), p. 125ff.

29) Marcia W. Blenko, Michael C. Mankins, and Paul Rogers, "The Decision-Driven Organization," *Harvard Business Review*(June 2010), pp. 54~62.

30) Child, *Organization: A Guide to Problems and Practice*(Harper & Row, 1977), pp. 80~84.

31) Edmund P. Learned and Audrey T. Sproat, *Organization Theory and Policy: Notes for Analysis*(Richard D. Irwin, 1966), pp. 45~46; William H. Newman and Charles E. Summer, *The Process of Management*(Prentice-Hall, 1961), p. 79.

32) Litterer, *op. cit.*, pp. 345~348; Pfiffner and Sherwood, *op. cit.*, pp. 175~179; John R. Schermerhorn, Jr., J. G. Hunt and R. N. Osborn, *Organizational Behavior*, 7th ed. (John Wiley & Sons, 2000), pp. 219~221.

33) Graicunas, "Relationship in Organization," Gulick and Urwick, eds., *op. cit.*, pp. 183~187.

34) Child, *Organization*, *op. cit.*, pp. 61~71; C. W. Barkdull, "Span of Control: A Method of Evaluation," *Michigan Business Review*(vol. 15, 1963), pp. 25~32; H. Stieglitz, "Optimizing Span of Control," *Management Record*(vol. 24, 1962), pp. 25~29.

35) Fritz Morstein Marx, *The Administrative State*(University of Chicago Press, 1957), pp. 17~33.

36) H. H. Gerth and C. Wright Mills, eds. and trans., *From Max Weber: Essays in Sociology*(Oxford University Press, 1946); A. M. Henderson and T. Parsons, eds. and trans., *The Theory of Social and Economic Organization by Max Weber*(Macmillan Company, 1947).

37) Gouldner, *Patterns of Industrial Bureaucracy*(The Free Press, 1954).

38) Victor A. Thompson, *op. cit.*, Ch. 8; Warren G. Bennis, "Organizational Development and the Fate of Bureaucracy," *Industrial Management Review*(vol. 7, 1966), pp. 41~55; Howard E. McCurdy, *Public Administration, A Synthesis*(Cummings Publishing Company, 1977), pp. 85~90; Jack H. Knott and Gary J. Miller, *Reforming Bureaucracy: The Politics of Institutional Choice*(Prentice-Hall, 1987), Ch. 9; Alan R. Gitelson *et al.*, *American Government*, 4th ed.(Houghton Mifflin, 1996), pp. 363~366; Robert K. Merton, "Bureaucratic Structure and Personality," in Merton *et al.*, ed., *Reader in Bureaucracy*(The Free Press, 1954), pp. 361~371.; David H. Rosenbloom, Robert S. Kravchuk, and Richard M. Clerkin, *Public Administration: Understanding Management, Politics, and Law in the Public Sector*, 8th ed.(McGraw-Hill, 2015), pp. 153~154.

39) Goodsell, *The Case for Bureaucracy: Public Administration Polemic*, 2nd ed.(Chatham House, 1985).

40) Kaufman, "Fear of Bureaucracy: A Raging Pandemic," *PAR*(vol. 41, no. 1, 1981), pp. 1~9; 박경효, "Herbert Kaufman의 관료제를 위한 변론," 오석홍 편, 행정학의 주요이론(법문사, 2019), 668~676쪽.

41) Jeques, "In Praise of Hierarchy," *Harvard Business Review*(January-February 1990).

42) Riggs, "Modernity and Bureaucracy," *PAR*(vol. 57, no. 4, 1997), pp. 347~353.

43) Meier, "Bureaucracy and Democracy: The Case for More Bureaucracy and Less Democracy," *PAR*(vol. 57, no. 3, 1997), pp. 193~199.

44) Schulz, "Limits to Bureaucratic Growth: The Density Dependence of Organizational Rule Births," *ASQ*(vol. 43, no. 4, 1998), pp. 844~876.

45) Golembiewski, "Organization Patterns of the Future: What They Mean to Personnel

Administration," *Personnel Administration*(November–December 1969), pp. 9~24.

46) David I. Cleland and William R. King, *Systems Analysis and Project Management* (McGraw–Hill, 1975), p. 234ff.; Child, *Organization*, *op. cit.*, pp. 86~93; Chris Argyris, "Today's Problems with Tomorrow's Organizations," *Journal of Management Studies*(vol. 4, no. 1, February 1967), pp. 31~55; Daft, *op. cit.*, pp. 75~78.

47) Howard M. Carlisle, "Are Functional Organizations Becoming Obsolete?" *Management Review*(January 1969), pp. 4~6.

48) McCurdy, *op. cit.*, p. 349.

49) Bennis, *op. cit.*

50) Kirkhart, "Toward a Theory of Public Administration," Frank Marini, ed., *Toward a New Public Administration: The Minnobrook Perspective*(Chandler, 1971), pp. 158~164.

51) White, Jr., "The Dialectical Organization: An Alternative to Bureaucracy," *PAR*(vol. 29, no. 1, January–February 1969), p. 35ff., "Organization and Administration for New Technological and Social Imperatives," in Dwight Waldo, ed., *Public Administration in a Time of Turbulence*(Chandler, 1971), pp. 151~168.

52) Welch, *Work in America*(General Electric, 1990); Stephen P. Robbins and Timothy A. Judge, *Organizational Behavior*, 13th ed.(Pearson, 2009), pp. 566~567.

53) Thayer, *An End to Hierarchy! An End to Competition!*(New Viewpoints, 1973).

54) Linden, *Seamless Government*(Jossey–Bass, 1994).

55) John W. Slocum, Jr. and Don Hellriegel, *Principles of Organizational Behavior*, 12th ed.(South–Western, 2009), pp. 448~450.

56) *Ibid.*, p. 448; Daft, *op. cit.*, pp. 251~253; Jones, *op. cit.*, pp. 193~194.

57) Schermerhorn, Jr., *et al.*, *op. cit.*, p. 258; B. J. Hodge, William P. Anthony, and Lawrence M. Gales, *Organization Theory: A Strategic Approach*, 6th ed.(Prentice–Hall, 2003), pp. 208~211.

58) Patricia Aburdene, *Megatrends 2010: The Rise of Conscious Capitalism*(Hampton Roads, 2005), pp. 66~89; Robbins and Judge, *Organizational Behavior*, 18th ed., *op. cit.*, pp. 565~567.

제4장

제1절

1) March and Simon, *Organizations*(John Wiley & Sons, 1958), p. 161.

2) Thayer, *Administrative Communication*(Richard D. Irwin, 1961), p. 283.

3) Scott and Mitchell, *Organization Theory: Structural and Behavioral Analysis*(Irwin, 1976).

4) Dunham, *Organization Behavior*(Irwin, 1984), p. 273.

5) Schermerhorn, Jr., J. G. Hunt, R. N. Osborn, and Mary Uhl–Bien, *Organizational Behavior*, 11th ed.(John Wiley & Sons, 2011), p. 256.

6) Griffin and Moorhead, *Organizational Behavior: Managing People and Organzations*, 11th ed.(South–Western, 2014), p. 295.

7) Newstrom, *Organizationl Behavior: Human Behavior at Work*, 13th ed.(McGraw–Hill, 2011), p. 49.

8) Greenberg and Baron, *Behavior in Organizations*, 8th ed.(Prentice–Hall, 2003), p. 381.

9) Ruesch and Bateson, *Communication: The Social Matrix of Psychiatry*(W. W. Norton

and Co., 1951), Ch. 2.

10) Roberts, Charles A. O'Reilly, IV., Gene E. Breton, and Lyman W. Porter, "Organizational Theory and Organizational Communications: A Communications Failure?" *Human Relations*(vol. 27, no. 4, May 1974), p. 515.

11) Greenberg and Baron, *op. cit.*, pp. 321~329; John W. Slocum, Jr. and Don Hellriegel, *Principles of Organizational Behavior*, 12th ed.(South-Western, 2009), pp. 243~245.

12) Greenberg and Baron, *ibid.*, pp. 322~326; Newstrom, *op. cit.*, pp. 58~59; Stephen P. Robbins and Timothy A. Judge, *Organizational Behavior*, 18th ed.(Pearson, 2019), pp. 372~373.

13) Joseph A. Litterer, *The Analysis of Organizations*(John Wiley & Sons, 1965), p. 257ff.; Herbert G. Hicks and C. Ray Gullett, *The Management of Organizations*(McGraw-Hill, 1976), p. 483ff.; Schermerhorn, Jr. *et al.*, *op. cit.*, pp. 256~258; Slocum, Jr. and Hellriegel, *op. cit.*, pp. 226~230.

14) Karl W. Deutch, *The Nerves of Government: Models of Political Communication and Control*(The Free Press, 1966), p. 94.

15) Don Hellriegel and John W. Slocum, Jr., *Organizational Behavior*, 10th ed.(South-Western, Thompson Learning, 2004), pp. 299~302.

16) Alex Bavelas, "Communication Patterns in Task Oriented Groups," *Journal of the Acoustical Society of America*(vol. 22, 1950), pp. 725~730.

17) David J. Lawless, *Effective Management: Social Psychological Approach*(Prentice-Hall, 1972), p. 139.

18) cf., Harold J. Leavitt, "Some Effects of Certain Communication Patterns on Group Performance," *Journal of Abnormal and Social Psychology*(vol. 46, 1951), pp. 38~50; A. Bavelas and D. Barrett, "An Experimental Approach to Organizational Communication," *Personnel*(vol. 27, no. 5, 1951), pp. 366~371; Harold Guetzkow and Herbert A. Simon, "The Impact of Certain Communication Nets upon Organization and Performance in Task Oriented Groups," *Management Science*(vol. 1, 1955), pp. 233~250; Richard H. Hall, *Organizations: Structure and Process*, 5th ed.(Prentice-Hall, 1991), pp. 169~177; Robbins and Judge, *op. cit.*, pp. 360~361.

19) cf., Hall, *ibid.*, pp. 177~179; Schermerhorn, Jr. *et al.*, *op. cit.*, pp. 259~260; John M. Ivancevich, Robert Konopaske, and Michael Tatteson, *Organizational Behavior and Management*, 8th ed.(McGraw-Hill, 2008), pp. 363~366; Robbins and Judge, *op. cit.*, pp. 377~383; Stephanie L. Dailey and Larry Browning, "Retelling Stories in Organizations: Understanding the Function of Narrative Repetition," *Academy of Management Review*(Vol. 39, No. 1, 2014), pp. 22~43.

20) cf., Herbert A. Simon, *Administrative Behavior*(Macmillan Company, 1959), pp. 162~163; Peter M. Blau and W. Richard Scott, *Formal Organizations*(Chandler Pub. Co., 1962), pp. 121~124; Schermerhorn, Jr. *et al.*, *op. cit.*, p. 342; Nicholas Henry, *Public Administration and Public Affairs*, 12th ed.(Pearson, 2013), p. 82.

21) cf., Harold Guetzkow, "Communicatons in Organizations," in James G. March, ed., *Handbook of Organizations*(Rand McNally & Co., 1965), pp. 551~556; Scott and Mitchell, *op. cit.*, pp. 158~164.

22) J. G. Miller, "The Magical Number 7, Plus or Minus Two: Some Limits on Our Capacity for Processing Information," *Psychological Review*(vol. 63, 1956), pp. 81~97, and "Information Input., Overload, and Psychopathology," *American Journal of Psychiatry*(no. 116, 1960), pp. 695~704.

23) K. Davis, *The Dynamics of Organizational Behavior*(McGraw-Hill, 1967); M. Beer and E. Huse, "A Systems Approach to Organizational Development," *Journal of Applied Behavior*(vol. 8, no. 1, January-February 1972), pp. 79~100; Lawless, *op. cit.*, pp. 134~137: Hall, *op. cit.*, pp. 179~181; Ivancevich *et al.*, *op. cit.*, pp. 367~370;

Greenberg and Baron, *op. cit.*, pp. 340~348.

24) Anthony Downs, *Inside Bureaucracy*(Little, Brown and Co., 1967), pp. 118~120.

25) Paul E. Levy *et al.*, "Situational and Individual Determinants of Feedback Seeking: A Closer Look at the Process," *Organizational Behavior and Human Decision Processes*(vol. 62, no. 1, April 1995), pp. 23~37.

26) cf., Jerald Hage, *Communication and Organizational Control*(John Wiley & Sons, 1974), p. 241.

27) Gary L. Kreps, *Organizational Communication*(Longman, 1990), pp. 250~251; Ivancevich *et al.*, *op. cit.*, p. 370; Slocum, Jr. and Hellriegel, *op. cit.*, pp. 235~242.

28) B. J. Hodge, William P. Anthony, and Lawrence M. Gales, *Organization Theory: A Strategic Approach*, 6th ed.(Prentice-Hall, 2003), pp. 286~289.

29) Donald A. Marchand, "Information Management in Public Organizations: Defining a New Resource Management Function," in Forest Horton, Jr. and Donald A. Marchand, eds., *Information Management in Public Administration*(Information Resources Press, 1982), pp. 58~65; B. J. Hodge and William P. Anthony, *Organization Theory: A Strategic Approach*, 4th ed.(Allyn and Bacon, 1991), pp. 153~158.

30) Marchand, *ibid.*, pp. 65~68.

31) Hodge, Anthony and Gales, *op. cit.*, p. 290.

32) 김지수, 정보화사회의 추진을 위한 정보화개념의 정립(서울대 석사학위논문, 1986), 20~21쪽; 한국전자통신연구소, 전기통신용어사전(1985), 614쪽; 김여성, "컴퓨터란?" 행정과 전산 (총무처 정부전자계산소, 10권 1 호, 1988. 3), 103~104쪽; M. J. Riley, ed., *Management Information Systems*, 2nd ed.(Holpen-Day, 1981), pp. 71~72; Forest Horton, Jr., "Needed: A New Doctrine for Information Resources Management," in Horton, Jr. and Marchand, eds., *op. cit.*, pp. 51~52; R. G. Murdick, J. E. Ross, and J. R. Claggett, *Information Systems for Modern Management*, 3rd ed.(Prentice-Hall, 1984), p. 6.

33) Hodge, Anthony and Gales, *op. cit.*, pp. 277~285.

34) 노화준, "우리나라 행정에 있어서 컴퓨터의 활용이 행정에 미친 영향," 행정논총(26권 1 호, 1988), 117~119쪽; Howard E. McCurdy, *Public Administration: A Synthesis*(Cummings Publishing Co., 1977), p. 236; Hodge and Anthony, *op. cit.*, pp. 160~163; Nicholas Henry, *Public Administration and Public Affairs*, 12th ed.(Pearson Longman, 2013), p. 156; Richard L. Daft, *Understanding the Theory and Design of Organizations*, 10th ed.(South-Western, 2010), pp. 420~421.

35) 박기식 외 공저, 인간과 기계의 공존을 위한 AI의 윤리적 설계 (대영문화사, 2023), 21~56쪽.

36) Daft, *ibid.*, pp. 433~435; Elias M. Awad and Hassan M. Ghaziri, *Knowledge Management*(Pearson Education Inc., 2004); Rajshree Agarwal *et al.*, "Knowledge Transfer Through Inheritance: Spinout Generation, Development, and Survival," *Academy of Management Journal*(vol. 47, no. 4, August 2004), pp. 501~522.

제2절

1) Herbert A. Simon, *Administrative Behavior*, 2nd ed.(Macmillan, 1957); William J. Gore, *Administrative Decision Making: A Heuristic Model*(John Wiley & Sons, 1964), p. 19; Fred Luthans, *Organizational Behavior*, 4th ed.(McGraw-Hill, 1987), p. 588.

2) Simon, *ibid.*, p. 1.

3) Ivancevich, Robert Konopaske, and Michael Tatteson, *Organizational Behavior and Management*, 8th ed.(McGraw-Hill, 2008), p. 381.

4) Daft, *Understanding the Theory and Design of Organizations*, 10th ed. (South-Western, 2010), p. 298.

5) Jones, *Organizational Theory, Design, and Change*, 7th ed.(Pearson, 2013), p. 356.

6) Herbert A. Simon, *The New Science of Management Decision*(Prentice-Hall, 1960), pp. 1~8.

7) Dalton E. Mcfarland, *Management Principles and Practices*, 4th ed.(Macmillan, 1974), p. 268.

8) Daniel Katz and Robert L. Kahn, *The Social Psychology of Organizations*, 2nd ed.(John Wiley & Sons, 1978), pp. 487~494; Henry Mintzberg, Duru Raisinghani, and André Théorét, "The Structure of Unstructured Decision Processes," *ASQ*(vol. 21, no. 2, June 1976), pp. 251~260; William G. Scott and Terence R. Mitchell, *Organization Theory: A Structural and Behavioral Analysis*(Richard D. Irwin, 1972), pp. 165~172; Cyril Sofer, *Organizations in Theory and Practice*(Basic Books, 1972), pp. 157~175; Jerald Greenberg and Robert A. Baron, *Behavior in Organizations*, 8th ed.(Prentice-Hall, 2003), pp. 359~361.

9) 오석홍, 행정학 제7판(박영사, 2016), 452쪽.

10) Mintzberg *et al., op. cit.*, p. 255.

11) Simon, *The Shape of Automation*(Harper & Row, 1965), p. 54.

12) Katz and Kahn, *op. cit.*, pp. 487~494.

13) Mintzberg *et al., op. cit.*, pp. 246~275.

14) Ivancevich *et al., op. cit.*, pp. 384~389.

15) Greenberg and Baron, *op. cit.*, pp. 539~540.

16) *Ibid.*, pp. 369~372; Richard H. Hall, *Organizations: Structures, Processes, and Outcomes*, 5th ed.(Prentice-Hall, 1991), pp. 155~160; Adam Kuper and Jessica Kuper, eds., *The Social Science Encyclopedia*(Routledge & Kegan Paul, 1985), pp. 687~688; James G. March and Herbert A. Simon, *Organizations*(Wiley, 1966), p. 136ff.

17) Pounds, "The Process of Problem Finding," *Industrial Management Review*(Fall 1969), pp. 1~19.

18) Thompson and Tuden, "Strategies, Structures, and Processes of Organizational Decision," in James D. Thompson *et al.*, eds., *Comparative Studies in Administration*(University of Pittsburgh Press, 1959), Ch. 12.

19) Greenberg and Baron, *op. cit.*, pp. 376~383; Jennifer M. George and Gareth R. Jones, *Organizational Behavior*, 3rd ed.(Prentice-Hall, 2002), pp. 473~477; David H. Rosenbloom, Robert S. Kravchuk, and Richard M. Clerkin, *Public Administration: Understanding Management, Politics, and Law in the Public Sector*, 8th ed.(McGraw-Hill, 2015), p. 348; Pier V. Mannucci, "Developing Improvisation Skills: The Influence of Individual Organization", *Administrative Science Quarterly* (Sep. 2021, Vol. 66, Iss. 3), pp. 612~658.

20) Pervaiz K. Ahmed and Charles D. Shepherd, *Innovation Management: Context, Strategies, Systems and Processes*(Pearson, 2010), pp.43~48; Michael D. Mumford, Kimberly S. Hester, and Issac C. Robledo, "Creativity in Organizations: Importance and Approaches," Michael D. Mumford (ed.), *Handbook of Organizational Creativity* (Elsevier, 2012), pp. 4~6.

21) Wallas, *The Art of Thought*(Harcourt Brace, 1926).

22) Parnes, R. B. Noller, and A. M. Biondi, *Guide to Creative Action*(Scibner's Sons, 1977).

23) Ahmed and Shepherd, *op. cit.*, pp. 48~49.

24) Mumford, M. I. Mobley, C. E. Uhlman, R. Reiter-Palmon, and L. Doares, "Process Analytic Models of Creative Capacities," *Creativity Research Journal*, (vol. 4, 1991), pp. 91~122.

25) Ahmed and Shepherd, *op. cit.*, pp. 50~64.

26) Amabile, "Motivating Creativity in Organizations: On Doing What You Love and Loving What You Do," *California Management Review* (vol. 40, no. 1, Fall 1997), pp. 39~58.

27) Sternberg, *Wisdom, Intelligence and Creativity Synthesized* (Cambridge University Press, 2003).

28) Csikszentmiha´lyi, "Implications of a Systems View of Creativity," R.J. Sternberg(ed.), *Handbook of Creativity* (Cambridge University Press, 1999), pp. 313~335.

29) Ahmed and Shepherd, *op. cit.*, pp. 63~64; R. W. Woodman, J. E. Sawyer, and R. W. Griffin, "Toward a Theory of Organizational Creativity," *Academy of Management Review* (vol. 18, 1993), pp. 293~321.

30) Michael D. Mumford, Kimberly Hester, and Issac Robledo, "Methods in Creativity Research: Multiple Approaches, Multiple Levels," Mumford(ed.), *op. cit.*, pp. 39~65; Selcuk Acar and Mark A. Runco, "Creative Abilities: Divergent Thinking," Mumford(ed.), *op. cit.*, pp. 115~136.

31) Jerald Greenberg and Robert A. Baron, *Behavior in Organizations*, 8th ed. (Prentice-Hall, 2003), p. 533; John W. Slocum and Don Hellriegel, *Principles of Organizational Behavior*, 12th ed.(South-Western, 2009), pp. 413~416; Ahmed and Shepherd, *ibid.*, pp. 64~73.

32) Jeffrey D. Greene, *Public Administration in the New Century: A Concise Introduction* (Thomson Wadsworth, 2005), pp. 372~378; Charles T. Goodsell, "Balancing Competing Values," in James L. Perry(ed.), *Handbook of Public Administration*(Jossey-Bass, 1989), pp. 575~584; Slocum and Hellriegel, *ibid.*, pp. 393~395; 오석홍, 앞의 책, 188~192쪽.

33) Slocum, Jr. and Helliegel, *op. cit.*, p. 329; Hugh J. Arnold and Daniel C. Feldman, *Organizational Behavior*(McGraw-Hill, 1986), pp. 396~402.

34) Simon, *Administrative Behavior*, *op. cit.*, Models of Man, *Social and Rational*(Wiley, 1957); March and Simon, *op. cit.*

35) L. R. Beach and T. R. Mitchell, "Image Theory: A Behavioral Theory of Image Making in Organizations," B. Staw and L. L. Cumming, eds., *Research in Organizational Behavior*(vol. 12, 1990), pp. 1~41; Greeberg and Baron, *op. cit.*, pp. 374~375.

36) Cyert and March, *A Behavioral Theory of the Firm*(Prentice-Hall, 1963).

37) Phillip J. Cooper *et al.*, *Public Administration for the Twenty-First Century*(Harcourt Brace, 1998), pp. 166~170.

38) Lindblom, "The Science of Muddling Through," *PAR*(vol. 19, Spring 1959), pp. 79~88.

39) Etzioni, "Mixed Scanning: A 'Third' Approach to Decision Making," *PAR*(vol. 27, no. 5, December 1967), pp. 385~392.

40) Dror, "Muddling Through — 'Science' or Inertia?" *PAR*(vol. 24, no. 3, September 1964), reprinted in A. Etzioni, ed., *Readings on Modern Organizations*(Prentice-Hall, 1969), pp. 166~171; Dror, *Public Policymaking Reexamined*(Chandler Pub. Co., 1968).

41) 박광국, "Graham T. Allison의 의사결정의 본질," 오석홍 외 편, 정책학의 주요이론(법문사, 2000), 233~243쪽; Allison, *Essence of Decision: Explaining the Cuban Missile Crisis*(Little, Brown & Co., 1971).

42) Slocum, Jr. and Hellriegel, *op. cit.*, pp. 411~412.

43) 김정수, "John D. Steinbruner의 사이버네틱 정책결정이론," 오석홍 외 편, 위의 책, 249~258쪽; Steinbruner, *Cybernetic Theory of Decision: New Dimensions of Political Analysis*(Princeton University Press, 1974).

44) Cohen, March, and Olsen, "A Garbage Can Model of Organizational Choice," *ASQ*(vol. 17, no. 1, March 1972), pp. 1~25; March and Olsen, eds., *Ambiguity and Choice in Organizations*(Universiteps-farbaget, 1979).

45) Daft, *op. cit.*, pp. 320~324.

제3절

1) Fred E. Fiedler and Martin M. Chemers, *Leadership and Effective Management*(Scott, Foresman and Co., 1974), pp. 2~3.

2) Paul Hersey and Kenneth H. Blanchard, *Management of Organizational Behavior: Utilizing Human Resources*, 3rd ed.(Prentice-Hall, 1977), p. 84; Richard L. Daft. *Leadership: Theory and Practice*(Dryden Press, 1999), pp. 5~6.

3) Jago, "Leadership Perspectives in Theory and Research," *Management Science*(vol. 28, 1982), p. 315.

4) Daft, *op. cit.*, p. 5.

5) Schermerhorn, Jr., Hunt, Osborn, and Uhl-Bien, *Organizational Behavior*, 11th ed.(John Wiley & Sons, 2011), p. 306.

6) Slocum, Jr. and Hellriegel, *Principles of Organizational Behavior*, 12th ed.(South-Western, 2009), p. 262.

7) French, *Human Resources Management*, 5th ed.(Houghton Mifflin, 2003), p. 81.

8) Daniel Katz and Robert L. Kahn, *The Social Psychology of Organizations*, 2nd ed. (Wiley, 1978), pp. 530~534.

9) Selznick, *Leadership in Administration: A Sociological Interpretation*(Harper & Row, 1957), pp. 61~64.

10) Krech, R. S. Crutchfield, and E. L. Ballachey, *Individual in Society*(McGraw-Hill, 1962).

11) cf., Robert L. Dipboye, Carlla S. Smith, and William C. Howell, *Understanding Industrial and Organizational Psychology: An Integrated Approach*(Harcourt Brace, 1994), pp. 240~277; Robert J. House and Ram N. Aditya, "The Social Scientific Study of Leadership: Quo Vadis?" *Journal of Management*(vol. 23, no. 3, 1997), pp. 409~473; Schermerhorn, Jr. *et al.*, *op. cit.*, pp. 306~317.

12) Shetty, "Leadership and Organization Character," in R. A. Zawacki and D. D. Warrick, eds., *Organization Development: Managing Change in the Public Sector*(IPMA, 1976), p. 62(originally published in *Personnel Administration*, July-August 1970).

13) Bavelas, "Leadership: Man and Function," *ASQ*(vol. 4, no. 4, March 1960), pp. 491~498.

14) Kaufman, *Social Psychology*(Holt, Rinehart and Winston, 1973), pp. 432~436.

15) Daft, *op. cit.*, pp. 62~121.

16) R. Stogdill, "Personal Factors Associated with Leadership: A Survey of the Literature," *Journal of Psychology*(vol. 25, 1948), pp. 35~71; R. D. Mann, "A Review of Relationships between Personality and Performance in Small Groups," *Psychological Bulletin*(vol. 56, 1959), pp. 241~270; C. A. Gibb, "Leadership," in G. Lindzey and E. Aronson, eds., *The Handbook of Social Psychology*(vol. 4, Addison-Wesley, 1969), pp. 205~282; W. O. Jenkins, "A Review of Leadership Studies with Particular Reference to Military Problems," *Psychological Bulletin*(no. 44, 1947), pp. 54~79.

17) McClelland, *Human Motivation*(Scott, Foresman, 1985).

18) D. C. McClelland, *Power: The Inner Experience*(Irvington, 1975).

19) Kenny *et al.*, "Rotation Designs in Leadership Research," *Leadership Quarterly*(vol. 3, no. 1, 1992), pp. 25~41.

20) House, "A 1976 Theory of Charismatic Leadership," in J. G. Hunt and L. L. Larson, eds., *The Leadership: The Cutting Edge*(Southern Illinois University Press, 1977), pp. 189~207.

21) House and Aditya, *op. cit.*, pp. 439~443.

22) R. Kahn and D. Katz, "Leadership Practices in Relation to Productivity and Morale," in D. Cartwright and A. Zander, eds., *Group Dynamics: Research and Theory*(Row,

Peterson, 1960); D. Katz, N. Macoby, and N. C. Morse, Productivity, *Supervision, and Morale in an Office Situation*(Survey Research Center, University of Michigan, 1950); D. Katz, N. Macoby, G. Gurin, and L. G. Floor, Productivity, *Supervision and Morale among Railroad Workers*(Survey Research Center, University of Michigan, 1951).

23) Fleishman, E. F. Harris, and R. D. Burtt, *Leadership and Supervision in Industry*(Ohio State University Press, 1955); Fleishman and E. F. Harris, "Patterns of Leadership Behavior Related to Employee Grievances and Turnover," *Personnel Psychology*(vol. 51, 1962), pp. 45~53; R. M. Stogdill and A. E. Coons, eds., *Leader Behavior: Its Description and Measurement*(Bureau of Business Research, Ohio State University, 1957); A. W. Haplin, *The Leadership Behavior of School Superintendents*(Midwest Administration Center, University of Chicago, 1959).

24) Blake and Mouton, *Building a Dynamic Corporation through Grid Organization Development*(Addison-Wesley, 1969).

25) House and Aditya, *op. cit.*, pp. 430~443; R. M. Dienesch and R. C. Liden, "Leader-Member Exchange Model of Leadership: A Critique and Further Development," *Academy of Management Review*(July 1986), pp. 618~634.

26) Fiedler, *A Theory of Leadership Effectiveness*(McGraw-Hill, 1967).

27) Hersey and Blanchard, *op. cit.*, 3rd ed., pp. 103~107 and pp. 133~149.

28) Hersey and Blanchard, *ibid.*

29) F. E. Fiedler and J. E. Garcia, *New Approaches to Effective Leadership: Cognitive Resource and Organizational Performance*(Wiley, 1987).

30) Victor H. Vroom and Phillip W. Yetton, *Leadership and Decision-Making*(University of Pittsburgh Press, 1973); Vroom and Arthur Jago, *The New Leadership: Managing Participation in Organizations*(Prentice-Hall, 1988).

31) James G. Hunt, "Organizational Leadership: The Contingency Paradigm and Its Challenges," in Barbara Kellerman, ed., *Leadership: Multidisciplinary Perspectives*(Prentice-Hall, 1984), pp. 124~130.

32) Daft, *op. cit.*, pp. 111~113; John W. Newstrom, *Organizational Behavior: Human Behavior at Work*, 13th ed.(McGraw-Hill, 2011), pp. 186~187; Stephen P. Robbins and Timothy A. Judge, *Organizational Behavior*, 18th ed.(Pearson, 2019), pp. 419~420.

33) Jay M. Shafritz and E. W. Russell, *Introducing Public Administration*(Addison-Wesley, 1997), pp. 368~370; Warren Bennis, "Transformative Power and Leadership," Thomas J. Sergiovanni and John E. Corbally, eds., *Leadership and Organizational Culture*(University of Illinois Press, 1984), pp. 64~71; John M. Ivancevich, Robert Konopaske, and Michael Tatteson, *Organizational Behavior and Management*, 8th ed.(McGraw-Hill, 2008), pp. 430~433; Slocum, Jr. and Hellrigel, *op. cit.*, pp. 301~305; Robbins and Judge, *ibid.*, pp. 406~407.

34) Burns, *Leadership*(Harper & Row, 1978).

35) Bennis and Nanus, *Leaders: The Strategies for Taking Charge*(Harper & Row, 1985).

36) Bass *et al.*, "Biography and the Assessment of Transformational Leadership at World Class Level," *Journal of Management*(vol. 13, 1987), pp. 7~19.

37) Ivancevich *et al.*, *op. cit.*, p. 432.

38) Slocum, Jr. and Hellriegel, *op. cit.*, p. 301.

39) B. S. Pawar and K. K. Eastman, "The Nature and Implications of Contextual Influences on Transformational Leadership: A Conceptual Examination," *Academy of Management Review*(vol. 22, no. 1, 1997), pp. 80~109.

40) Pawar and Eastman, *op. cit.*; Dipboye *et al.*, *op. cit.*, p. 278; Slocum, Jr. and Hellriegel, *op. cit.*, p. 309.

41) Dipboye, *ibid.*, pp. 278~279.

42) Robbins and Judge, *op. cit.*, pp. 403~405; R. J. House and P. M. Podsakoff,

"Leadership Effectiveness: Past Perspectives and Future Directions for Research," in J. Greenberg, ed., *Organizational Behavior: The State of the Science*(Erlbaum, 1994), pp. 45~82; B. M. Bass, *Leadership and Performance Beyond Expectations*(Free Press, 1985).

43) Jeffrey S. Luke, *Catalytic Leadership: Strategies for an Interconnected World*(Jossey-Bass, 1998).

44) Shafritz and Russell, *op. cit.*, pp. 364~365; Ivancevich *et al.*, *op. cit.*, pp. 430~432.

45) House and Aditya, *op. cit.*, pp. 456~459.

46) Jerry W. Gilley and Ann Maycunich, *Beyond the Learning Organization*(Perseus Books, 2000), pp. 61~85.

47) Slocum, Jr. and Hellriegel, *op. cit.*, pp. 296~299; A. B. Avolio and A. Luthans, *The High Impact Leader: Authentic Resilient Leadership That Gets Results and Sustains Growth*(McGraw-Hill, 2005).

48) Selznick, *Leadership in Administration: A Sociological Interpretation*(Row, Peterson, 1957).

49) Katz and Kahn, *op. cit.*, pp. 538~539.

50) Daft, *op. cit*, pp. 124~126, 365~369.

51) Robbins, *Organizational Behavior*, 9th ed.(Prentice-Hall, 2001), pp. 330~332, and pp. 334~335; Robbins and Judge, *op. cit.*, pp. 411~413.

52) Newstrom, *op. cit.*, pp. 176~178.

53) Schermerhorn, Jr. *et al.*, *op. cit.*, pp. 332~334.

54) Griffin and Moorhead, *Organizational Behavior: Managing People and Organizations*, 11th ed.(South-Western, 2014), pp. 363~364.

55) Kelley, *The Power of Followership*(Doubleday, 1992).

56) *Ibid.*; Daft, *op. cit.*, pp. 400~409; Newstrom, *op. cit.*, p. 176.

57) Scott and Mitchell, *Organization Theory: A Structural and Behavioral Analysis*(Irwin, 1972), p. 236; Fiedler and Chemers, *op. cit.*, pp. 140~152.

58) Jerald Greenberg and Robert A. *Baron, Behavior in Organizations*, 8th ed.(Prentice-Hall, 2003), pp. 502~507; Fiedler and Chemers, *ibid.*

제4절

1) Warren G. Bennis, Kenneth D. Benne, and Robert Chin, eds., *The Planning of Change*, 2nd ed.(Holt, Rinehart and Winston, Inc., 1969), p. 152; Stephen P. Robbins and Timothy A. Judge, *Organizational Behavior*, 18th ed.(Pearson, 2019), pp. 482~483.

2) Stephen P. Robbins, *Managing Organizational Conflict: A Nontraditional Approach* (Prentice-Hall, 1974), pp. 25~27.

3) cf., Leonard Rico, "Organizational Conflict: A Framework for Reappraisal," *Industrial Management Review*(Fall 1964), p. 67; Kenneth Thomas, "Conflict and Conflict Management," in Marvin D. Dunnette, *Handbook of Industrial and Organizational Psychology*(Rand McNally, 1976), pp. 891~892; Zhiyong Lan, "A Conflict Resolution Approch to Public Administration," *PAR*(vol. 57, no. 1, 1997), pp. 28~29.

4) Robbins and Judge, *op. cit.*, pp. 473~476.

5) March and Simon, *Organizations*(John Wiley and Sons, 1958), p. 112ff.

6) Schermerhorn, Jr., James G. Hunt, Richard N. Osborn, and Mary Uhl-Bien, *Organizational Behavior*, 11th ed.(John Wiley & Sons, 2011), pp. 240~241.

7) Pondy, "Organizational Conflict: Concepts and Models," *ASQ*(vol. 12, no. 2, September 1967), pp. 296~320.

8) Lan, *op. cit.*, pp. 30~31.

9) Joseph A. Litterer, "Conflict in Organization: A Reexamination," in Henry L. Tosi and W. Clay Hamner, eds., *Organizational Behavior and Management: A Contingency*

Approach(St. Clair Press, 1974), pp. 322~324; Robert L. Dipboye, Carlla S. Smith, and William C. Howell, *Understanding Industrial and Organizational Psychology: An Integrated Approach*(Harcourt Brace, 1994), pp. 195~198.; Jerald Greenberg and Robert A. Baron, *Behavior in Organizations*, 8th ed.(Prentice-Hall, 2003), pp. 416~417; John W. Newstrom, *Organizational Behavior: Human Behavior at Work*, 13th ed.(McGraw-Hill, 2011), pp. 277~298; Gareth R. Jones, *Organizational Theory, Design and Change*, 7th ed.(Pearson, 2013), pp. 417~418.

10) Fink, "Some Conceptual Difficulties in the Theory of Social Conflict," *Journal of Conflict Resolution*(December 1968), pp. 412~460.

11) Pondy, *op. cit.*

12) March and Simon, *op. cit.*, pp. 113~117.

13) Dipboye *et al.*, *op. cit.*, pp. 195~198.

14) Greenberg and Baron, *op. cit.*, pp. 416~417.

15) March and Simon, *op. cit.*, pp. 121~129.

16) Miller and Dollard, *Social Learning and Imitation*(New Haven, 1941); Miller, "Comments on Theoretical Models, Illustrated by the Development of Conflict Behavior," *Journal of Personality*(vol. 52, 1951), pp. 82~100.

17) Pondy, *op. cit.*; Robbins, *Organizational Behavior*, *op. cit.*, pp. 424~433; John R. Schermerhorn, Jr., J. G. Hunt R. N. Osborn and Mary Uhl-Bien, *Organizational Behavior*, 11th ed.(John Wiley & Sons, 2011), p. 236.

18) Kenwyn K. Smith, "The Movement of Conflict in Organizations: The Joint Dynamics of Splitting and Triangulation," *ASQ*(vol. 34, no. 1, March 1989), pp. 1~20; Priti P. Shah *et al.*, "Things Are not Always What They Seem: The Origins and Evolution of Intragroup Conflict", *Administrative Science Quarterly* (Jun. 2021, Vol. 66, Iss. 2) pp. 426~474.

19) Schermerhorn, Jr. *et al.*, *op. cit.*, pp. 238~241.

20) Litterer, *op. cit.*, pp. 325~326.

21) Dipboye *et al.*, *op. cit.*, pp. 199~202.

22) Robbins, *Managing Organizational Conflict*, pp. 395~403; John M. Ivancevich, Robert Konopaske, and Michael Tatteson, *Organizational Behavior and Management*, 8th ed.(McGraw-Hill, 2008), pp. 298~309; Schermerhorn, Jr. *et al.*, *op. cit.*, pp. 238~249; John W. Slocum, Jr. and Don Hellriegel, *Principles of Organizational Behavior*, 12th ed.(South-Western, 2009), pp. 363~380; Jones, *op, cit.*, pp. 421~422.

23) Blake, H. Shepard, and J. Mouton, *Managing Intergroup Conflict in Industry*(Gulf Pub. Co., 1964).

24) Shepard, "Responses to Situations of Competition and Conflict," in R. L. Kahn and K. E. Boulding, eds., *Power and Conflict in Organizations*(Basie Books, 1964), pp. 127~135.

25) March and Simon, *op. cit.*, pp. 129~130.

26) Stephenson, Jr. and Pops, "Conflict Resolution Methods and the Policy Process," *PAR*(vol. 49, no. 5, Sep.- Oct. 1989), pp. 436~473.

27) Hodge and Anthony, *Organization Theory: A Strategic Approach*, 4th ed.(Allyn and Bacon, 1991), pp. 551~555.

28) cf., E. L. Normanton, *The Accountability and Audit of Governments: A Comparative Study*(Manchester University Press, 1966), p. 23; P. M. Marcus and D. Cafgna, "Control in Modern Organizations," *PAR*(vol. 25, no. 2, June 1965), p. 122; B. C. Lemke and J. D. Edward, *Administrative Control and Executive Action*(Charles E. Merril Books, Inc., 1961), p. 8; Schermerhorn, Jr. *et al.*, *op. cit.*, pp. 397~398; Jones, *op, cit.*, p. 117.

29) Amitai Etzioni, "Organizational Control Structure," in James G. March, ed., *Handbook of Organizations*(Rand McNally, 1965), pp. 650~651.

30) Herman Finer, "Administrative Responsibility in Democratic Government," *PAR*(vol. 1,

no. 4, Summer 1941), p. 336.

31) Terry L. Cooper, *The Responsible Administrator: An Approach to Ethics for the Administrative Role*(Kennikat Press, 1982), pp. 42~55.

32) Joseph Litterer, *The Analysis of Organizaations*(John Wiley & Sons, 1965), p. 284; H. C. Hicks and C. R. Gullett, *The Management of Organizations*, 3rd ed.(McGraw-Hill, 1976), pp. 499~501.

33) Amitai Etzioni, *A Comparative Analysis of Complex Organizations*(Free Press, 1961).

34) Oliver E. Williamson, *Markets and Hierarchies*(Free Press, 1975); Dave Ulrich *et al.*, "Designing Effective Organizational Systems," James L. Perry, ed., *Handbook of Public Administration*(Jossey-Bass, 1990), pp. 156~157; William G. Ouchi, "Markets, Bureaucracies, and Clans," *ASQ*(vol. 25, 1980), pp. 129~141; Richard L. Daft, *Understanding the Theory and Design of Organizations*, 10th ed.(South-Western, 2010), pp. 470~473.

35) Grover Starling, *Managing the Public Sector*, 3rd ed.(Dorsey Press, 1986), p. 133.

36) Suckhong Oh, "A Separate Monitoring Agency in the Administrative Control System"(Doctoral Dissertation, University of Pittsburgh, 1969), pp. 98~107.

37) Hicks and Gullett, *op. cit.*, p. 499.

38) Schermerhorn, Jr. *et al.*, *op. cit.*, pp. 397~398.

39) A. C. Filley and R. J. House, *Managerial Process and Organizational Behavior*(Scott, Foresman, 1969), pp. 200~202.

40) Fremont E. Kast and James E. Rosenzweig, *Organization and Management*, 4th ed.(McGraw-Hill, 1986), pp. 512~514.

41) Anthony Downs, *Inside Bureaucracy*(Little, Brown, 1967), pp. 146~147.

42) Gordon Tullock, *The Politics of Bureaucracy*(Public Affairs Press, 1965), pp. 196~197.

43) Dorwin Cartwright, "Influence, Leadership, Control," in March, ed., *Handbook of Organizations*, p. 21.

제5절

1) cf., James E. Swiss, *Public Management Systems*(Prentice-Hall, 1991), pp. 1~4; Paul Hersey and Kenneth H. Blanchard, *Management of Organizational Behavior*, 2nd ed.(Prentice-Hall, 1972), pp. 3~7; Richard L. Daft, *Understanding the Theory and Design of Organizations*, 10th ed.(South-Western, 2010), p. 11.

2) Drucker, *The Practice of Management*(Harper, 1954); McGregor, "An Uneasy Look at Performance Appraisal," *Harvard Business Review*(vol. 35, 1957), pp. 89~94; McGregor, *The Human Side of Enterprise*(McGraw-Hill, 1960).

3) George Odiorne, *Management by Objectives*(Pitman, 1964); John Garrett and S. D. Walker, *Management by Objectives in the Civil Service*(Civil Service Department, CAS Occasional Paper no. 10, London, Her Majesty's Stationery Office, 1969), pp. 3~4; Swiss, *op. cit.*, p. 63; Stephen P. Robbins and Timothy A. Judge, *Organizational Behavior*, 18th ed.(Pearson, 2019), pp. 227~228.

4) Stephen J. Carroll, Jr. and Henry L. Tosi, Jr., *Management by Objectives: Applications and Research*(Macmillan Co., 1973), pp. 130~140.

5) Rodney H. Brady, "MBO Goes to Work in the Public Sector," *Harvard Business Review*(vol. 51, no. 2, March-April 1973), pp. 65~74.

6) Locke *et al.*, "Goal Setting and Task Performance: 1969~1980," *Psychological Bulletin*(vol. 90, July-November 1981), pp. 125~152.

7) *Ibid.*; Robbins and Judge, *op. cit.*, pp. 224~228; John W. Slocum, Jr. and Don

730 후주

Hellriegel, *Principles of Organizational Behavior*, 12th ed.(South-Western, 2009), pp. 162~174; John R. Schermerhorn, Jr., J. G. Hunt, R. N. Osborn, and Mary Uhl-Bien, *Organizational Behavior*, 11th ed.(John Wiley & Sons, 2011), pp. 121~122; Ricky W. Griffin and Gregory Moorhead, *Organizational Behavior: Managing People and Organizations*, 11th ed.(South-Western, 2014), pp. 152~153.

8) David K. Carr and D. Littman, *Excellence in Government: Total Quality Management in the 1990s*, 2nd ed.(Cooper & Lybrand, 1993), p. 3.

9) Warren H. Schmidt and Jerome P. Finnigan, *TQ Manager*(Jossey-Bass, 1993), pp. 3~9; Patrick E. Connor, "Total Quality Management: A Selective Comments on Its Human Dimensions, with Special Reference to Its Downside," *PAR*(vol. 57, no. 6, 1997), pp. 501~508; Schermerhorn, Jr. *et al.*, *op. cit.*, p. 224; Robert B. Denhardt and Joseph W. Grubbs, *Public Administration: An Action Orientation*, 4th ed.(Wadsworth, 2003), pp. 318~319.

10) Steven Cohen and Ronald Brand, *Total Quality Management in Government*(Jossey-Bass, 1993), p. 6 and pp. 76~106.

11) Connor, *op. cit.*, pp. 505~507; Mark J. Zbaracki, "The Rhetoric and Reality of Total Quality Management," *ASQ*(vol. 43, no. 3, 1998), pp. 602~635.

12) Nicholas Henry, *Public Administration and Public Affairs*, 9th ed.(Prentice-Hall, 2004), pp. 203~204.

13) Jay M. Shafritz, E. W. Russell and Christopher P. Borick, *Introducing Public Administration*, 5th ed.(Pearson Longman, 2007), pp. 341~342; James L. Mercer, *Public Management in Lean Years*(Quorum Books, 1992), pp. 140~143; Robert B. Denhardt and Janet V. Denhardt, *Public Administration: An Action Orientation*, 6th ed.(Thomson Wadsworth, 2009), pp. 180~186.

14) Mercer, *ibid.*, pp. 144~146.

15) Shafritz *et al.*, *op. cit.*, p. 343.

16) Shafritz *et al.*, *op. cit.*, pp. 321~323; Donald F. Kettl, *The Global Public Management Revolution*, 2nd ed.(Brookings Ins., 2005), pp. 47~48.

17) *Ibid.*; Grover Starling, *Managing the Public Sector*, 5th ed.(Harcourt Brace, 1998), p. 447.

18) James E. Swiss, "A Framework for Assessing Incentives in Results-Based Management," *PAR*, vol. 65, no. 5(Sep./Oct. 2005), pp. 592~602; Robert D. Behn, "Why Measure Performance? Different Purposes Require Different Measures," *PAR*, vol. 63, no. 5(Sep./Oct. 2003), pp. 586~605.

19) Melvin Dubnick, "Accountability and the Promise of Performance: In Search of the Mechanisms," *Public Performance and Management Review*, vol. 28, no. 3(Mar. 2005), pp. 376~417; Arie Halachmi, "Performance Measurement, Accountability, and Improved Performance," *Public Performance and Management Review*(vol. 25, no. 4, Apr. 2002), pp. 370~374; Theodore H. Poister *et al.*, "Does Performance Management Lead to Better Outcomes? Evidence from the U.S. Public Transit Industry," *PAR*(Vol. 73, Iss. 4, Jul./Aug. 2013), pp. 625~636.

20) R. Denhardt and J. Denhardt, *op. cit.*, pp. 390~391; Poister, *ibid.*

21) 신유근, 현대경영학(다산출판사, 1997), 303~311쪽.

22) Christopher Pollitt, *Managerialism and Public Services*, 2nd ed.(Blackwell, 1993); Spencer Zifcak, *New Managerialism: Administrative Reform in Whitehall and Canberra*(Open University Press, 1994); Kettl, *op. cit.*, pp. 8~18; Swan Ferlie and Louis Fitzgerald, "The Sustainability of the New Public Management in the UK," in Kate Mclaughlin *et al.*, eds., *New Public Management: Current Trends and Future Prospects*(Routledge, 2002), pp. 343~344.

23) Henry Mintzberg, "Managing Government," *Harvard Business Review*(May/June 1996), p. 81.

제5장

제1절

1) 오석홍, "행정개혁론," 행정논총(24권 2호, 1988), 88~111쪽; *Gerald Caiden, Administrative Reform*(Aldine Publishing Co., 1969), pp. 65~70; Saul M. Katz, *Striving for the Heavenly Society: The Tactics of Development*(University of Pittsburgh, 1975); Jennifer M. George and Gareth R. Jones, *Organizational Behavior*, 3rd ed.(Prentice-Hall, 2002), p. 645; B. J. Hodge, William P. Anthony, and Lawrence M. Gales, *Organization Theory: A Strategic Approach*, 6th ed.(Prentice-Hall, 2003), p. 328.
2) Jay Galbraith, *Designing Complex Organizations*(Addison-Wesley, 1973), p. 1.
3) Huse and Bowditch, *Behavior in Organizations: A Systems Approach to Managing*, 2nd ed.(Addison-Wesley, 1977), pp. 283~286.
4) Daft, *Understanding the Theory and Design of Organizations*, 10th ed. (South-Western, 2010), pp. 371~373.
5) Hodge *et al., op. cit.*, pp. 334~343.
6) Ivancevich, Robert Konopaske, and Michael Tatteson, *Organizational Behavior and Management*, 8th ed.(McGraw-Hill, 2008), pp. 481~482.
7) Alan D. Meyer, James B. Goes, and Geottrey R. Brooks, "Organizations in Disequilibrium: Environmental Jolts and Industry Revolutions," in George Huber and William H. Glick eds., *Organizational Change and Redesign*(Oxford University Press, 1992), pp. 66~111; Gareth R. Jones, *Organizational Theory, Design and Change*, 7th ed.(Pearson, 2013), p. 303.
8) Russell M. Linden, *Seamless Government*(Jossey-Bass, 1994), p. 75ff.; George and Jones, *op. cit.*, pp. 657~660; Stephen P. Robbins, *Organizational Behavior*, 11th ed.(Prentice-Hall, 2005), pp. 563~564; Jones, *ibid.*, pp. 307~308.
9) cf., Jerald Hage and Michael Aiken, *Social Change in Complex Organizations*(Random House, 1973), pp. 92~107; Gerald Zaltman *et al., Innovations & Organizations*(John Wiley & Sons, 1973), pp. 58~59; Caiden, *op. cit.*, pp. 127~164; Hodge *et al., op. cit.*, pp. 330~333; Edgar Schein, *Organizational Psychology*, 3rd ed.(Prentice-Hall, 1980), pp. 244~246; Jared J. Llorens, Donald E. Klingner, and John Nalbandian, *Public Personnel Management: Contexts and Strategies*, 7th ed. (Routledge, 2018), pp. 234~236.
10) Ellen Schall, "Public Sector Succession: A Strategic Approach to Sustaining Innovation," *PAR*(vol. 57, no. 1, 1997), pp. 4~10.
11) cf., Hage and Aiken, *op. cit.*, pp. 92~106; Zaltman *et al., op. cit.*, pp. 52~69; Arthur G. Bedeian, *Organizations: Theory and Analysis*(Dryden Press, 1980), p. 307; Caiden, *op. cit.*, pp. 127~129; Richard Daft and Richard Steers, *Organizations: A Micro/Macro Approach*(Scott, Foresman Co., 1986), p. 569; John R. Schermerhorn, Jr., James G. Hunt, and Richard N. Osborn, *Organizational Behavior*, 7th ed.(John Wiley & Sons, 2000), p. 403; Hilary Maher and Pauline Hall, *Agents of Change*(Oak Tree Press, 1998), p. 8; Hodge *et al., op. cit.*, p. 330.
12) Richard H. Hall, *Organizations: Structures, Processes, and Outcomes*, 5th ed.(Prentice-Hall, 1991), pp. 185~197; Robert D. Smither, John M. Houston, and Sandra D. McIntire, *Organization Development: Strategies for Changing Environments*(Harper Collins, 1996), pp. 36~38; Nigel Nicholson, ed., *The Blackwell Encyclopedic Dictionary of Organizational Behavior*(Blackwell, 1995), pp. 366~373; Hodge *et al., op. cit.*, pp. 175~181; Richard C. Box, *Critical Social Theory in Public Administration*(M. E. Sharpe, 2005), pp. 15~20.

13) L. E. Greiner, "Evolution and Revolution as Organizations Grow," *Harvard Business Review*(Jul.-Aug. 1972), pp. 37~46 cited by Jones, *op. cit.*, pp. 338~342.

14) W. Weitzel and E. Jonssen, "Decline in Organizations: A Literature Integration and Extention," *ASQ*(Vol. 34, 1989) pp. 91~109 cited by Jones, *ibid.*, pp. 347~349.

15) Jones, *ibid.*, pp. 336~338.

16) Johns, *The Sociology of Organizational Change*(Pergamon Press, 1973), p. 81.

17) Barnett, *Innovation: The Basis of Cultural Change*(McGraw-Hill, 1953), pp. 380~404.

18) Jennings, *An Anatomy of Leadership*(Harper, 1960).

19) Zawacki and Warrick, eds., *Organization Development: Managing Change in the Public Sector*(International Personnel Management Association, 1976). pp. 202~204.

20) Smither *et al.*, *op. cit.*, p. 63.

21) Irwin and Langham, Jr., "Change Seekers," *Harvard Business Review*(Jan.-Feb. 1966), pp. 82~91.

22) Fiorelli and Margolis, "Managing and Understanding Large Systems Change: Guidelines for Executives and Change Agents," *Organization Development Journal*(vol. 11, no. 3, Fall 1993), pp. 1~13.

23) Newstrom, *Organizational Behavior: Human Behavior at Work*, 13th ed.(McGraw-Hill, 2011), pp. 369~370.

24) Lippitt and Westley, *The Dynamics of Planned Change*(Harcourt Brace and Jovanovich, 1958), pp. 91~123.

25) Argyris, *Intervention Theory and Method*(Addison-Wesley, 1970), pp. 16~20.

26) Cummings and Worley, *Organization Development and Change*(South-Western College Publishing, 2001), p. 48.

27) Donald Klein "Some Notes on the Dynamics of Resistance to Change: The Defender Role," in Alton C. Bartlett and Thomas A. Kayser, eds., *Changing Organizational Behavior*(Prentice-Hall, 1973), pp. 425~433; Newstrom, *op. cit.*, p. 368.

28) Johns, *op. cit.*, pp. 33~61; Zaltman *et al.*, *op. cit.*, pp. 85~104; Herbert Kaufman, *The Limits of Organizational Change*(University of Alabama Press, 1971), pp. 5~67; Alvin Zander, "Resistance to Change-Its Analysis and Prevention," in Bartlett and Kayser, eds., *op. cit.*, pp. 405~433; George and Jones, *op. cit.*, pp. 649~651; John W. Slocum, Jr. and Don Hellriegel, *Principles of Organizational Behavior*, 12th ed.(South-Western, 2009), pp. 501~507; Alice H. Y. Hon, Matt Bloom, and J. Michael Grant, "Overcoming Resistance to Change and Enhancing Creative Performance," *Journal of Management*(Vol. 40, No. 3, Mar. 2014), pp. 919~941; Namratal Malhotra *et al.*, "Handling Resistance to Change When Societal and Workplace Logics Conflict", *Administrative Science Quarterly* (Jun. 2021, Vol. 66, Iss. 2), pp. 475~520.

29) *Ibid.*; Bedeian, *op. cit.*, pp. 294~297; 오석홍, "개혁실패의 원인," 행정논총(34권 2호, 1996), 57~77쪽.

30) Newstrom, *op. cit.*, pp. 366~367.

31) Slocum, Jr. and Hellriegel, *op. cit.*, pp. 501~507.

32) Greenberg and Baron, *Behavior in Organizations*, 8th ed.(Prentice-Hall, 2003), pp. 601~603.

33) G. R. Jones, *op. cit.*, pp. 300~302.

34) G. N. Jones, "Strategies and Tactics of Planned Organizational Change," *Philippine Journal of Public Administration*(vol. 10, no. 4, 1996), pp. 320~342.

35) Kotter and Schlesinger, "Choosing Strategies for Change," *Harvard Business Review* (March-April 1979), pp. 106~113.

36) Nutt, "Tactics of Implementation," *Academy of Management Journal*(Vol. 29, No. 2, June 1986), pp. 255~257.

37) Greenberg and Baron, *op. cit.*, pp. 604~606.

38) Lewin, *Field Theory in Social Science*(Harper & Row, 1951); Slocum, Jr. and Hellriegel, *op. cit.*, pp. 507~509.

제2절

1) Michael Beer, "The Technology of Organization Development," in Marvin D. Dunnette, ed., *Handbook of Industrial and Organizational Psychology*(Rand McNally, 1976), pp. 938~939.

2) Wendel L. French and Cecil H. Bell, Jr., *Organization Development*(Prentice-Hall, 1973), p. 21ff.; Edgar H. Schein, *Organizational Psycholodgy*, 3rd ed.(Prentice-Hall, 1980), pp. 239~240; James L. Bowditch and Anthony F. Buono, *A Primer on Organizational Behavior*(John Wiley & Sons, 1985), p. 177; Wendell L. French and Cecil H. Bell, Jr., "A History of Organization Development," in Wendell L. French, C. H. Bell, Jr., and R. A. Zawacki, eds., *Organization Development and Transformation: Managing Effective Change*(McGraw-Hill, 2000), pp. 20~42.

3) Robert D. Smither, John M. Houston, and Sandra D. McIntire, *Organization Development: Strategies for Changing Environments*(Harper Collins, 1996), p. 6; French and Bell, Jr., *Organization Development*, pp. 65~73; Edgar F. Huse and James L. Bowditch, *Behavior in Organizations*(Addison-Wesley, 1973), pp. 285~286; Edgar F. Huse, *Organizational Development and Change*, 2nd ed.(West Publishing Co., 1980), pp. 29~30; John W. Newstrom, *Organizational Behavior*, 13th ed.(McGraw-Hill, 2011), pp. 376~377.

4) Smither *et al.*, *op. cit.*, pp. 4~7; French and Bell, Jr., *Organization Development*, p. 21ff.; Alan C. Filley, Robert J. House, and Steven Kerr, *Managerial Process and Organizational Behavior*, 2nd ed.(Scott, Foresman, Pub. Co., 1976), p. 488; Patrick E. Connor, "A Critical Inquiry into Some Assumptions and Values Characterizing OD," in Daniel Robey and Steven Altman, eds., *Organization Development: Progress and Perspectives*(Macmillan, 1982), pp. 59~60; Hugh J. Arnold and Daniel C. Feldman, *Organizational Behavior*(McGraw-Hill, 1986), p. 521; Newstrom, *ibid.*, p. 378.

5) Bennis, "Theory and Method in Applying Behavioral Science to Planned Organizational Change," *Journal of Applied Behavioral Science*(Oct.-Nov.-Dec. 1965), p. 346.

6) Beckhard, *Organization Development: Strategies and Models*(Addison-Wesley, 1969), p. 9.

7) Schmuck and Miles, *Organization Development in Schools*(National Press, 1971), p. 92.

8) Burke and Schmidt, "Management and Organization Development: What Is the Target of Change?" *Personnel Administration*(Mar.-Apr. 1971), pp. 44~56.

9) French and Bell, Jr., *Organization Development*, pp. 15~20.

10) French, Bell, and Zawacki, eds., *op. cit.*, pp. 11~12; Thomas G. Cummings and Christopher G. Worley, *Organization Development and Change*, 9th ed.(South-Western, 2009), pp. 505~509.

11) Schein, *op. cit.*, p. 239.

12) French and Bell, Jr., *Organization Development*, p. 87; Stephen M. Corey, *Action Research to Improve School Practices*(Columbia University, 1953), p. 6; Newton Margulies and John Wallace, *Organizational Change: Techniques and Applications*(Scott, Foresman and Co., 1973), pp. 25~26; Stephen P. Robbins and Timothy A. Judge, *Organizational Behavior*, 18th ed.(Pearson, 2019), p. 633.

13) Clark, *Action Research and Organizational Change*(Harper & Row, 1972), Ch. 2.

14) French and Bell, Jr., *Organization Development*, pp. 84~96; Margulies and Wallace, *op. cit.*

15) French and Bell, Jr., *ibid.*, p. 97ff.

16) *Ibid.*, p. 97ff.; Margulies and Wallace, *op. cit.*, p. 655ff.; Huse and Bowditch, *op. cit.*, p. 290ff.; Edgar H. Schein, *Process Consultation: It's Role in Organization Development* (Addison-Wesley, 1969); David A. Kolb and Alan L. Frohman, "An Organization Development Approach to Consulting," *Sloan Management Review*(vol. 12, no. 1, Fall 1970), pp. 51~66; Andrzej Huczynski, *Encyclopedia of Organizational Change Methods* (Gower Publishing Co., 1987); Cummings and Worley, *op. cit.*, pp. 252~503; Robbins and Judge, *op. cit.*, pp. 613~616.

17) Floyd C. Mann, "Studying and Creating Change," in W. G. Bennis, K. D. Benne, and R. Chin, *The Planning of Change*(Holt, Rinehart & Winston, 1961), pp. 605~613.

18) Blake and Mouton, *Buiding a Dynamic Corporation through Grid Organization Development*(Addison-Wesley, 1969), p. 63.

19) John M. Ivancevich, Robert Konopaske, and Michael Tatteson, *Organizational Behavior and Management*, 8th ed.(McGraw-Hill, 2008), pp. 223~245; Robbins and Judge, *op. cit.*, pp. 641~651; Cummings and Worley, *op. cit.*, pp. 479~487; Jessica Breaugh. "Too Stressed To Be Engaged? The Role of Basic Needs Satisfaction in Understanding Work Stress and Public Sector Engagement", *Public Personnel Management* (Vol. 50, No. 1, Mar. 2021), pp. 84~108.

20) French and Bell, Jr., *Organization Development*, pp. 194~197; Huse and Bowditch, *op. cit.*, pp. 302~303; Phillip J. Cooper *et al.*, *Public Administration for the Twenty-First Century*(Harcourt Brace, 1998), pp. 250~251; Newstrom, *op. cit.*, p. 381.

21) Beckhard, *op. cit.*, pp. 93~96; Argyris, *Intervention Theory and Method: A Behavioral Science View*(Addison-Wesley, 1973), pp. 127~141; Connor, *op. cit.*, p. 59; Richard E. Walton and Donald P. Warwick, "The Ethics of Organization Development," in Robey and Altman, *op. cit.*, pp. 41~57; Cooper *et al.*, *ibid.*; Newstrom, *ibid.*

22) Zawacki and Warrick, *op. cit.*, pp. 6~9; Edward J. Giblin, "Organization Development: Public Sector Theory and Practice," *Public Personnel Management*(vol. 5, no. 2, March-April 1976); Robert T. Golembiewski, *Humanizing Public Organizations*(Lomond Publications, 1985) p. 14ff.

23) French and Bell, Jr., *op. cit.*, pp. 147~157; Beckhard, *op. cit.*, p. 97; Schein, Organizational Psychology, *op. cit.*, p. 249; Argyris, *op. cit.*, p. 149; Ivancevich *et al.*, *op. cit.*, pp. 505~506.

제3절

1) J. Stacy Adams, "Interorganizational Processes and Organization Boundary Activities," in Barry M. Staw and Larry L. Cummings, eds., *Research in Organizational Behavior*, vol. 2(JAI Press, 1980), pp. 321~355.

2) W. Richard Scott, Organizations: Rational, *Natural, and Open Systems*(Prentice-Hall, 1981), pp. 180~181; B. J. Hodge and William P. Anthony, *Organization Theory: A Strategic Approach*, 4th ed.(Allyn and Bacon, 1991), pp. 110~111.

3) William Starbuck, "Organizations and Their Environments," in Marvin D. Dunnette, ed., *Handbook of Industrial and Organizational Psychology*(Rand McNally, 1976), pp. 1070~1086; Richard L. Daft, *Understanding the Theory and Design of Organizations*, 10th ed.(South-Western, 2010), pp. 220~223.

4) Hall, *Organizations: Structure and Process*, 5th ed.(Prentice-Hall, 1991), pp. 203~210.

5) Katz and Kahn, *The Social Psychology of Organizations*, 2nd ed.(John Wiley, 1978), p. 124.

6) Easton, *A Framework for Political Analysis*(Prentice-Hall, 1965), pp. 69~75.

7) Hodge, Anthony, and Gales, *Organization Theory: A Strategic Approach*, 6th ed.(Prentice-Hall, 2003), p. 84.

8) Emery and Trist, "The Causal Texture of Organizational Environments," *Human Relations* (vol. 18, 1965), pp. 21~32.

9) Katz and Kahn, *op. cit.*, pp. 124~130.

10) Aldrich, "An Organization-Environment Perspective on Cooperation and Conflict in the Manpower Training System," in Anant R. Negandhi, ed., *Inter-Organization Theory*(Kent State University Press, 1975).

11) Bach, *Microeconomics*(Prentce-Hall, 1977).

12) Scott, *op. cit.*, pp. 168~169.

13) Hrebiniak and Joyce, "Organizational Adaptation: Strategic Choice and Environmental Determinism," *ASQ*(vol. 30, no. 3, Sep. 1985), pp. 336~349; Hodge and Anthony, *op. cit.*, pp. 124~128.

14) Edgar Schein, *Organizational Psychology*(Prentice-Hall, 1965), pp. 98~106; Daft, *op. cit.*, p. 228.

15) Katz and Kahn, *op. cit.*, pp. 130~132; Scott, *op. cit.*, pp. 190~205; Edward Gross and Amitai Etzioni, *Organizations in Society*(Prentice-Hall, 1985), pp. 173~184.

16) Stinchcombe, "Social Structure and Organizations," in James G. March, ed., *Handbook of Organizations*(Rand McNally, 1965), pp. 142~193.

17) Pennings, "Environmental Influences on the Creation Process," in John R. Kimberly et al., eds., *Organizational Life Cycle*(Jossey-Bass, 1980), pp. 144~160.

18) Marrett, "Influences on the Rise of New Organizations: The Formation of Women's Medical Societies," *ASQ*(vol. 25, no. 2, June 1980), pp. 185~199.

19) Milton J. Esman and Hans C. Blaise, *Institution Building Research: The Guiding Concepts* (mimeo., University of Pittsburgh, 1966); Joseph W. Eaton, ed., *Institution Building and Development*(Sage Publications, 1972); Melvin G. Blase, *Institution Buliding: A. Source Book*(MUCIA Program of Advanced Study in Institution Development and Technical Assistance Methodology, Indiana University, 1973); Amy G. Mann, ed., *Institution Building: A Reader*(MUCIA Program of Advanced Studies in Institution Building and Technical Assistance Methodology, Indiana University, 1975).

20) Hall, *op. cit.*, pp. 217~223; Scott, *op. cit.*, pp. 170~174.

21) R. K. Merton, *Social Theory and Social Structure*, rev. ed.(Free Press, 1957), pp. 368~380; Evan, "The Organization-Set: Toward a Theory of Interorganizational Relations," in J. D. Thompson, ed., *Organizational Design and Research*(University of Pittsburgh Press, 1966), Ch. 4.

22) Noel M. Tichy, Michael L. Tushman, and Charles Fombrun, "Social Network Analysis for Organizations," *Academy of Management Review*(vol. 4, 1979), pp. 507~519.

23) Thompson and McEwen, "Organizational Goals and Environment: Goal Setting as an Interaction Process," *American Sociological Review*(vol. 23, 1958), reprinted in the Bobbs-Merrill Reprint Series in the Social Science, no. 291.

24) Jones, *Organizational Theory, Design, and Change*, 7th.(Pearson, 2013), pp. 92~101.

25) Hodge and Anthony, *op. cit.*, pp. 194~202.

26) Klonglan, Richard D. Warren, Judy M. Winkelpleck, and Steven K. Paulson, "Interorganizational Measurement in the Social Service Sector: Differences by Hierarchical Level," *ASQ*(vol. 22, no. 4, Dec. 1976), pp. 675~687.

27) Warren, "The Interorganizational Field as a Focus for Investigation," *ASQ*(vol. 12, no. 4, Dec. 1967), pp. 396~419.

28) Hall, *Organizations*, 2nd ed.(1977), pp. 322~329.

찾아보기

ㄱ

갈등　559

갈등관리　557

감성지능　204

감정　200

감정노동　202

강압적 권력　295

강압적 조직　78

개방형 조직　80

개혁에 대한 저항　635

개혁촉발　631

개혁추진자　631, 632

객관적 책임론　577

거래비용이론　54

거래적 리더십　548

거버넌스이론　57

격동의 장　685

견인이론　375

경계 없는 조직　392

경험주의이론　28

계산전략　466

계서제　343

계서제 없는 조직　393

계서제의 원리　334

고객만족관리　610

고전이론　10

고전적 관료제론　15

고전적 조건화이론　125

공리적 조직　78

공식적 집단　222

공식화　328

공익조직　79

과정상담　663

과정이론　103, 112

과학적 관리학파　17

관료정치모형　502

관료제모형　364

관료제의 병폐　370

관리　587

관리과정　587

관리과학　42

관리유형도　525

관리자의 기능　336

관리체제 유형론　168

교화모형　253

교환모형　252

구체적 환경 698

권력 291

권력의 크기 297

권위형 리더십 539

귀납적 학습이론 127

규범적 조직 78

균형적 성적표 271

근본적 귀속의 착오 194

근접효과 194

긍정적 탐색 671

기계적 관료제 85

기관형성 696

기능별 십장제 20

기대성 착오 193

기대이론 113

기술 309

기업조직 79

ㄴ

내용이론 102, 104

내재적 동기유발 136

네트워크 조직 398

능률주의 12

ㄷ

다문화적 조직 91

다섯 가지 중요 성격요소 176

다원적 조직 90

단순구조 84

대리인이론 55

대사회적 목표 255

대안선택 465

대조효과로 인한 착오 194

델파이기법 244

동기 98

동기요인 154

동기요인추구자 157

동작연구 20

동질성의 원리 334

ㄹ

리더십 512

리더십발전 555

리더십에 관한 다원적 영향모형 536

리더십에 관한 대체이론 537

리더십에 관한 상황이론 528

리더십에 관한 속성이론 518

리더십에 관한 의사결정모형 536

리더십에 관한 통로－목표이론 535

리더십에 관한 행태이론 522

ㅁ

만족모형 489

명령계통의 원리 335

명령통일의 원리 335

명목집단기법 243

명시적 욕구이론 153

목표관리 592

목표론 629

목표모형 273

목표변동 262

목표설정이론 596

목표의 대치 264

목표의 승계 263

목표의 조정 260

무의사결정 455

문제발견 462

문화개혁 214

미성숙 171

미성숙－성숙이론 168

미시간 그룹 523

민주형 리더십 540

ㅂ

반관료제적 모형 384

발전이론 41

발전적 리더십 549

방어적 지각의 착오 193

방임적 리더십 540

변증법적 과정이론 629

변증법적 조직 390

변증법적 토론기법 245

변혁적 리더십 543

보상적 권력 295

복잡계 60

복잡성 326

복잡성이론 60

복잡한 인간모형 110

복합구조 379

봉사조직 79

부성화의 원리 334

분권화 329

분배된 리더십 549

분산적 조직 396

분업의 원리 333

브레인스토밍 245

비공식적 집단 222

비교조직론 41

비언어적 의사전달 416

ㅅ

사이버네틱 정책결정모형 503

사회적 능률 23

사회적 인간 107

사회적 학습이론 126

상충모형 279

상황적응적 접근방법 49

생산목표 256

생애주기이론 628

생존·관계·성장이론 151

생태론 27

선택적 지각의 착오 193

성격 174

성과－만족이론 116

성과관리 605

성장이론 141

성취동기에 관한 이론 520

성취욕구 152, 179

성취지향적 인간 179
수단적 조건화이론 125
수용모형 254
스트레스 668
시간연구 20
신고전이론 21
신공공관리 610
신제도론 51
실증주의 22
실천적 조사연구 655
실험실적 훈련 660
쓰레기통모형 505

ㅇ

애드호크라시 86
언어적 의사전달 416
X이론 160
여성주의적 조직연구 41
역할 283
연쇄적 착오 192
연합적 이념형 388
영감적 리더십 546
영감적 전략 468
영성조직 404
오하이오 그룹 523
Y이론 162
욕구 100
욕구단계이론 142
욕구좌절 101
욕구충족요인이원론 153

위생요인 154
유사조직군 702
유익한 갈등 561
유형화의 착오 192
의사결정 449
의사결정의 윤리성 484
의사전달 410
의사전달망 422
의사전달의 장애 426
이기적 착오 194
ESG 610
이음매 없는 조직 395
인간관계론 28
인간관이론 97
인상관리 195
인식론적 평가이론 136
인식론적 학습이론 126
인지자원이론(cognitive resource
    theory) 536
임시체제 86

ㅈ

자기 리더십 537
자기실현의 욕구 144
자기실현인 145
자기실현적 인간 108
자기조직화 60
자원의존이론 53
자율적 조직 89
잠재적 리더십이론 527

잠재적 학습이론   126

저항야기의 상황적 조건   639

저항의 심리적 원인   641

적응적·유기적 구조   386

전략적 관리   603

전문적 관료제   85

전문적 권력   295

전산화된 정보관리체제   442

전자적 의사전달   417

전통적 관리모형   589

점증적 모형   493

정당한 권력   295

정보   439

정보과다   431

정보관리체제   437

정보기술   317

정보비대칭성   56

정신적 조직   404

정신적 조직(영성조직)   403

제국건설   372

제도이론   630

조작적 조건화이론   125

조정의 원리   334

조직개혁   615

조직개혁의 과정   622

조직개혁의 접근방법   618

조직과정모형   502

조직군생태론   53

조직망   700

조직목표   249

조직몰입   198

조직문화   205

조직문화론   44

조직발전   648, 651

조직변동   628

조직사회화   37

조직의 경계   677

조직의 구조   282

조직의 규모   324

조직의 정의   69

조직의 정치   303

조직의 환경   677, 678

조직이론   3

조직이론사   6

조직집합   699

조직학습   132

조직혁신   654

주관적 책임론   577

준거적 권력   295

중복탐색모형   495

지각   189

지식관리   444

지위   287

Z이론   164

직면회합   670

직무관여   198

직무만족   197

직무수행동기   98

직무특성이론   137

직무풍요화   666

직무확장 667

진실한 리더십 550

진화이론 630

집권화 329

집념의 확대 470

집단 217, 218

집단 간의 경쟁 235

집단의 응집성 232

집단적 문제해결 240

ㅊ

착오 191

참모조직 343, 354

창의성 471

창의성 제약요인 479

창의성발휘의 요건 475

창의적 의사결정 471

책임 577

체제론적 접근방법 45

체제모형 275

체제유지적 목표 257

체제자원모형 278

초기치민감성 59

촉매적 리더십 548

총체적 품질관리 598

최적정책결정모형 498

최초효과 194

추종자의 역할 552

ㅋ

카리스마틱 리더십 546

기리스마틱 리더십이론 521

ㅌ

타협모형 491

타협전략 467

탈전통의 관리모형 590

태도 196

태도조사환류기법 664

테일러주의 18

통솔범위 358

통솔범위의 원리 335

통제 574

통제과정 574

통제적 조직 89

투사 192

투영기법 670

투자자의 목표 256

팀 223

팀발전 662

ㅍ

파생적 목표 257

파킨슨의 법칙 372

판단전략 467

폐쇄통제회로 581

폐쇄형 조직 80

피터의 원리 373

ㅎ

학습된 욕구에 관한 이론 152

학습이론 124

학습조직 133

할거적 양태 85

합리성 458

합리적·경제적 인간 105

합리적 의사결정모형 488

합리적 의사결정의 제약요인 458

합리적 행위자모형 501

해로운 갈등 561

행동수정 129

행렬구조 379

행위이론 43

행정상의 격언 28

행정관리학파 16

행태과학 42

현대이론 33

현상학 34

협동적 조직 89

형평이론 119

호손효과 29

호혜적 조직 79

혼돈이론 58

확장적 사고 478

획일적 조직 90

효율적 추종자 553

훈련된 무능 371

힘 실어주기 305

저자약력

법학사, 서울대학교 법과대학
행정학 석사, 서울대학교 행정대학원
행정학 박사, 미국 University of Pittsburgh
서울대학교 행정대학원 교수
서울대학교 행정대학원 원장
서울대학교 교수윤리위원회 위원
한국행정학회 회장·고문
한국인사행정학회 고문
조직학연구회 고문
한국조직학회 고문
한국거버넌스학회 고문
현재: 서울대학교 행정대학원 명예교수

저서

인사행정론, 행정학, 한국의 행정, 행정개혁론, 전환시대의 한국행정, 통치하기 어려운 나라,
몰염치 사회의 민주주의, 행정개혁실천론(편저), 행정학의 주요이론(편저), 조직학의 주요이론(편저),
정책학의 주요이론(편저), 발전행정론(공저), 국가발전론(공저), 한국행정사(공저), 조직행태론(공저) 등

제12판
조직이론

제12판발행	2024년 7월 15일
지은이	오석홍
펴낸이	안종만·안상준
편 집	전채린
기획/마케팅	최동인
표지디자인	Ben Story
제 작	고철민·김원표
펴낸곳	(주)박영사

서울특별시 금천구 가산디지털2로 53, 210호(가산동, 한라시그마밸리)
등록 1959. 3. 11. 제300-1959-1호(倫)

전 화	02)733-6771
f a x	02)736-4818
e-mail	pys@pybook.co.kr
homepage	www.pybook.co.kr
ISBN	979-11-303-2062-5 93350

copyright©오석홍, 2024, Printed in Korea

정 가   39,000원